Langenscheidt Schulwörterbuch

Deutsch als Fremdsprache

Herausgeber
Professor Dr. Dieter Götz †

AF629958

Langenscheidt

Langenscheidt
Schulwörterbuch Deutsch als Fremdsprache

Herausgeber: Professor Dr. Dieter Götz †
Bearbeitet von: Anette Dralle

Entwickelt auf der Basis des
Langenscheidt Schulwörterbuch Deutsch als Fremdsprache
ISBN 978-3-12-514154-4

Warenzeichen, Marken und gewerbliche Schutzrechte
Wörter, die unseres Wissens eingetragene Warenzeichen oder Marken oder sonstige gewerbliche Schutzrechte darstellen, sind als solche – soweit bekannt – gekennzeichnet.
Die jeweiligen Berechtigten sind und bleiben Eigentümer dieser Rechte. Es ist jedoch zu beachten, dass weder das Vorhandensein noch das Fehlen derartiger Kennzeichnungen die Rechtslage hinsichtlich dieser gewerblichen Schutzrechte berührt.

1. Auflage 2024 (1,03 - 2026)
© PONS Langenscheidt GmbH,
Stöckachstraße 11, 70190 Stuttgart 2024
Alle Rechte vorbehalten

www.langenscheidt.com/kontakt

Projektleitung: Helen Schmidt
Typgografisches Konzept: Arndt Knieper, München
und uteweber-grafikdesign, Geretsried
Covergrafik: Shutterstock/AVIcon, Jane Kelly, davooda, linear design, Ismail Geiushov
Satz: Claudia Wild; Konstanz; uteweber-grafikdesign, Geretsried; Lumina Datamatics Ltd.
Druck und Bindung: Publikum d.o.o.

ISBN 978-3-12-514575-7

Beispiel	Erklärung
das **Pär·chen** (-s, -) zwei junge Leute, die verliebt sind ≈ Liebespaar	Erklärungen in Normalschrift
die **Pel·le** (-, -n) die dünne Haut von Kartoffeln, Obst, Wurst o. Ä. ≈ Schale	Wörter mit ähnlicher Bedeutung nach ≈
der **Leicht·sinn** (-es) leichtsinniges Verhalten ↔ Vorsicht	Wörter mit gegensätzlicher Bedeutung nach ↔
der **Kies** (-es) **1** viele kleine Steine, die am Fluss, am Rand der Straße oder auf Fußwegen liegen ⟨*feiner, grober Kies*⟩ **K** Kiesweg **2** *gesprochen* ⟨*viel, wenig, ein Haufen Kies*⟩ ≈ Geld	Arabische Ziffern helfen, die einzelnen Bedeutungen zu unterscheiden
sal·zig ADJEKTIV mit dem Geschmack von Salz ⟨*ein salziger Geschmack; etwas schmeckt salzig*⟩ „*Meerwasser schmeckt salzig*"	Typische Wortverbindungen in spitzen Klammern
mit·ge·hen (*ist*) mit jemandem irgendwohin gehen „*Willst du nicht zur Party mitgehen?*"	Beispiele in Kursivschrift und Anführungszeichen
ab·schi·cken (*hat*) **etwas abschicken** Post an jemanden senden ⟨*einen Brief, ein Paket abschicken*⟩	Muster zur Satzbildung in fetter Schrift
der **Schutt** (-(e)s) Steine, Reste von Mauern usw., die man nicht mehr braucht **K** Bauschutt **ID** **etwas liegt in Schutt und Asche** Städte oder Gebäude sind völlig zerstört	Redewendungen nach **ID** in fetter Schrift
die **Kon·fi·tü·re** (-, -n) eine Marmelade, in der manche Früchte noch ganz sind **K** Erdbeerkonfitüre	Zusammengesetzte Wörter mit dem Stichwort nach **K**
der **No·tar** (-s, -e) ein Jurist, der beruflich bestätigt (beglaubigt), dass Dokumente echt sind, der Testamente ausarbeitet usw. • *hierzu* **No·ta·rin** *die*	Abgeleitete Wörter nach •

Inhalt

Tipps für die Benutzung

1 Welche Wörter sind in diesem Wörterbuch zu finden?

Das **Schulwörterbuch Deutsch als Fremdsprache** enthält Erklärungen zu rund 35.000 aktuellen und häufigen Wörtern, Wendungen und Beispielen. Die Erklärungen sind leicht zu verstehen. Es gibt außerdem viele weitere Hinweise zur Verwendung der Wörter.

2 Was steht wo im Wörterbuch?

Alphabetische Reihenfolge

Die Stichwörter sind alphabetisch geordnet. Die Buchstaben *ä*, *ö* und *ü* sind wie *a*, *o* und *u* eingeordnet:

Bar – Bär – barfuß; hohl – Höhle – Hohn

Der Buchstabe *ß* gilt als Variante von *ss* und ist so eingeordnet:

beispielsweise – beißen – Beitrag

Bei Stichwörtern mit gleicher Buchstabenfolge stehen kleingeschriebene Wörter vor großgeschriebenen Wörtern:

heil – Heil; mal – Mal

Abkürzungen, Abkürzungswörter

Häufige Abkürzungen, z. B. **v. Chr.**, **MwSt** usw., sind in einem eigenen Eintrag erklärt. Alle Abkürzungen, die in diesem Wörterbuch verwendet werden, sind ganz hinten im Buch erklärt.

Zusammengesetzte Wörter: K

Manche Wörter bestehen aus mehreren Wörtern: *Wohnung* → *Wohnungstür* → *Wohnungstürschlüssel*. Man erkennt oft die Bedeutung des ganzen

Wortes, wenn man die einzelnen Teile kennt. Solche Wörter stehen nach dem Zeichen **K**.

> der **Mo·nat** (-*s*, -*e*) **1** ... **K** Monatslohn, monatelang; Sommermonat ...

Abgeleitete Wörter: •

Manche Wörter gehören zu dem Wort, das in einem Eintrag erklärt wird. Diese stehen am Ende des Eintrags nach dem Zeichen •. Bei diesen wird nur die Wortart genannt oder der Artikel angegeben.

> **ge·stal·ten** (*gestaltete, hat gestaltet*) ... • *hierzu* **Ge·stal·tung** *die*

Gleich geschriebene Wörter

Wörter, die man gleich schreibt, die aber nicht dasselbe bedeuten, andere Formen haben oder anders ausgesprochen und betont werden, sind durch Ziffern voneinander unterschieden:

> die **Bank**[1] (-, *Bän·ke*) **1** auf einer Bank (z. B. im Park) können mehrere Personen nebeneinander sitzen ...
> die **Bank**[2] (-, -*en*) **1** Banken machen Geschäfte mit Geld; ...

Elemente der Wortbildung

Wichtige Teile für die Bildung von Wörtern sind in einem eigenen Eintrag erklärt, z. B. Vorsilben und Nachsilben (*auf-*, *be-*, *-heit*, *-ung*). Die Angabe *nicht/begrenzt/sehr produktiv* zeigt an, wie oft diese Elemente in anderen Wörtern vorkommen können.

> **ab-** (*im Verb, betont und trennbar, sehr produktiv; Diese Verben werden so gebildet: abschreiben, schrieb ab, abgeschrieben*) **1** **abfahren, abfliegen, abreisen; etwas abschicken** ...

Idiomatische Wendungen, Redensarten: ID

Feste Wendungen (z. B. *Hier ist die Hölle los*) findet man meist in dem Eintrag für das erste Substantiv in der Wendung – nach dem Zeichen ID: **etwas auf die Seite legen** steht deshalb nach ID im Eintrag Seite.

„Extras": Wörter und Situationen, Abbildungen

Im Abschnitt Extras ab Seite 667 stehen Hinweise auf Wörter, die man in verschiedenen Situationen verwenden kann. Mit diesen kann man z. B. über Schule und Ausbildung usw. sprechen.
Die Abbildungen in diesem Wörterbuch zeigen z. B., wie man die Teile eines Autos oder Fahrrads nennt.

Hinweise: ℹ

Weitere Informationen über ein Stichwort oder eine Verwendung stehen nach dem Zeichen ℹ.

3 Die Schreibung der Wörter

Die Rechtschreibung

Wenn bei einem Wort mehrere Schreibweisen stehen, ist die zuerst angegebene Schreibweise die normale:

der **Jo·ghurt**, **Jo·gurt** ['jo:gʊrt] ...

Die Trennung der Wörter

Viele Wörter kann man am Ende einer Zeile trennen. Punkte im Stichwort zeigen, wo man das Wort trennen kann. Das Wort Ge·wohn·heit kann so getrennt werden: *Ge-wohnheit* oder *Gewohn-heit*.
Bei manchen langen Wörtern zeigt ein Strich, aus welchen einzelnen Wörtern oder Silben sie bestehen: Fach|ober·schu·le. Man kann es an dieser Stelle auch trennen: *Fach-oberschule*.

4 Hinweise zur Wortart und zu den Wortformen

Substantive

Bei Substantiven steht der bestimmte Artikel immer vor dem Stichwort:

das **Au·ge** (*-s, -n*) ...

Nach dem Stichwort steht der Genitiv in der Einzahl und der Nominativ in der Mehrzahl in *Kursivschrift* und in runden Klammern, hier: (*-s, -n*). Vor der Form der Mehrzahl steht ein Komma. Der Strich „-" steht für das Stichwort. Der Genitiv in der Einzahl ist also *des Auges* und der Nominativ in der Mehrzahl *die Augen*.

Steht nur ein Strich allein, wird das Stichwort in der Form nicht verändert:

das **Bröt·chen** (*-s, -*) ...

Der Genitiv in der Einzahl ist *des Brötchens*, der Nominativ in der Mehrzahl ist *die Brötchen*.

Eingeklammerte Teile können weggelassen werden:

das **Öl** (*-(e)s, -e*) ...

Der Genitiv in der Einzahl ist also *des Öls* oder *des Öles*, der Nominativ in der Mehrzahl ist *die Öle*.

Wenn sich in der Mehrzahl die Schreibung oder die Betonung ändert, ist die vollständige Form angegeben:

die **Maus** (*-, Mäu·se*) ...

der **Di·rek·tor** (*-s, Di·rek·to·ren*) ...

Wenn es mehrere Formen für die Mehrzahl gibt, steht das Zeichen / zwischen ihnen. Wenn man zwischen den Formen nicht wählen kann, steht die jeweilige Form bei der entsprechenden Ziffer:

das **Wort** (*-(e)s, Wor·te/Wör·ter*) **1** (*Mehrzahl: Wörter*) ... **2** (*Mehrzahl: Worte*) ...

Bei zusammengesetzten Substantiven steht keine Angabe. Die Formen des Genitivs und der Mehrzahl sind die gleichen wie bei dem Grundwort (hier: *Brett*):

> das **Fẹns·ter·brett** eine schmale Platte aus Holz, ...

Wenn das Substantiv nur in der Einzahl gebraucht wird, ist nur der Genitiv in der Einzahl angegeben:

> der **Mu̲t** (-(e)s) ...

Verben

In diesem Abschnitt ist der Aufbau der Einträge für Verben erklärt. Eine Liste mit den wichtigsten unregelmäßigen Verben steht im Abschnitt **Extras** ab Seite 706.

Die Formen

Nach dem Stichwort (in der Grundform) stehen in runden Klammern die Formen der 3. Person der Einzahl im Präteritum (hier: *mischte*) und des Perfekts (hier: *hat gemischt*):

> **mị·schen** (*mischte, hat gemischt*) ...

Bei unregelmäßigen Verben steht auch die Form der 3. Person des Präsens in der Einzahl, wenn sie vom Stamm der Grundform abweicht:

> **ge̲·ben** (*gibt, gab, hat gegeben*) ...

Wenn das Verb in den zusammengesetzten Zeiten mit *sein* gebildet wird, steht beim Perfekt die Angabe *ist*:

> **kọm·men** (*kam, ist gekommen*) ...

Wenn das Verb in den zusammengesetzten Zeiten mit *haben* gebildet wird, steht beim Perfekt die Angabe *hat*:

> **sa̲·gen** (*sagte, hat gesagt*) ...

Wenn eine Konstruktion mit *sein* oder mit *haben* möglich ist, steht *hat/ist*:

schwịm·men (*schwamm, hat/ist geschwommen*) ...

Bei Verben, die immer mit *sich* (oder *mich, dich* usw.) verwendet werden, steht:

be·dạn·ken (*bedankte sich, hat sich bedankt*) **sich (bei jemandem) (für etwas) bedanken** ...

Bei Verben mit einer Vorsilbe (z. B. *an-, auf-, ein-, hinter-, unter-* usw.) vor der Form des Grundverbs steht nur das Hilfsverb, das in den zusammengesetzten Zeiten verwendet wird:

zu̱·ma·chen (*hat*) ...

Bei zusammengesetzten Verben sind die Vergangenheitsformen angegeben, wenn das Verb nicht trennbar ist oder das Perfekt ohne *ge-* gebildet wird:

über·ho̱·len (*überholte, hat überholt*)

In den Einträgen der Vorsilben (z. B.: **um-**) zeigt ein Muster für die Formen der Vergangenheitsform und des Perfekts, ob die Vorsilbe abgetrennt wird oder nicht und ob im Perfekt das *ge-* des Verbs erhalten bleibt oder nicht:

ụm-[1] (*im Verb, betont und trennbar, sehr produktiv; Diese Verben werden so gebildet: umwerfen, warf um, umgeworfen*) ...

um-[2] (*im Verb, unbetont, nicht trennbar, begrenzt produktiv; Diese Verben werden so gebildet: umfließen, umfloss, umflossen*) ...

Adjektive und Adverbien

Form

Adjektive sind so angegeben, wie sie in einem Satz nach einer Form des Hilfsverbs *sein* stehen können, z. B. wie in *Die Straße ist breit*:

bre̱it ADJEKTIV (*breiter, breitest-*) ...

Bei Adjektiven, die nie ohne Endung verwendet werden, steht ein Strich am Ende des Wortes:

lẹtz·t- *ADJEKTIV* ...

Bei Adjektiven, die nicht verändert werden können, steht *nur in dieser Form:*

li̲·la *ADJEKTIV nur in dieser Form* ≈ violett
„Sie trägt ein lila Kleid"

Unregelmäßige Formen des Komparativs und des Superlativs sind so angegeben:

ạrm *ADJEKTIV (ärmer, ärmst-)* ...

Verwendung

Wörter mit der Angabe *ADJEKTIV* können vor einem Substantiv verwendet werden, z. B. *der schlechte Film*. Man kann sie auch nach einem Verb wie *sein* verwenden , z. B. wie in *Der Film war schlecht*. Die Verwendung wie in *Er hat schlecht gearbeitet* ist auch möglich. Ein Adjektiv wie z. B. *echt* kann man auch so verwenden: *Das war ein echt komischer Film*.
Die Wortart *ADVERB* bezeichnet Wörter wie *fort, bald, dorthin* usw.:

ạn·ders *ADVERB* ...

Weitere Wortarten

Die anderen Wortarten sind in den Einträgen so bezeichnet:

- *ARTIKEL*, z. B. *der, die, das, ein, dieser*
- *BINDEWORT*, z. B. *aber, obwohl*
- *FRAGEWORT*, z. B. *wer?, wann?, welche?*
- *PARTIKEL*, z. B. *eigentlich, schon*
- *PRONOMEN*, z. B. *ich, du, wir, alle*
- *ZAHLWORT*, z. B. *eins, zwei, drei*

Diese Bezeichnungen werden nicht streng als Fachwörter verwendet. Sie sollen nur dabei helfen, den Gebrauch des Wortes zu verstehen.

Die sogenannten Ausrufe werden durch ein Ausrufezeichen markiert: *au!, oh!*

Bei Wörtern, die zu verschiedenen Wortarten gehören, stehen Angaben wie z. B. *ARTIKEL/PRONOMEN*, oder die Verwendung steht in dem entsprechend markierten Abschnitt:

> **dein** *ARTIKEL* **1** ...
> *PRONOMEN* **2** ... **3** ...

5 Wie oder wo werden die Wörter gebraucht?

gesprochen – geschrieben – admin

Manche Wörter oder Wortverbindungen verwendet man meist, wenn man mit Freunden oder Bekannten spricht. Sie sind als *gesprochen* markiert. Wörter, die man fast nur in geschriebenen Texten verwendet, sind mit *geschrieben* markiert.
Einige Wörter werden fast nur in Geschäftsbriefen, bei Behörden, in offiziellen Dokumenten usw. gebraucht. Sie sind mit *admin* gekennzeichnet:

> das **Schrei·ben** (-s, -); *admin* ...

gesprochen! und *gesprochen* ▲: Verstehen – aber nicht verwenden

Schimpfwörter, Flüche und solche Wörter, die als vulgär, ordinär, verletzend oder beleidigend gelten, sind mit *gesprochen* ▲ markiert. Diese Wörter sollte man nicht verwenden!

> die **Schei·ße** (-); *gesprochen* ▲ ...

Wörter, die man sehr vorsichtig benutzen sollte, sind als *gesprochen!* markiert.

> der **Po** (-s, -s); *gesprochen!* ...

Hinweise auf einen verletzenden, rassistischen, sexistischen oder aggressiven Gebrauch stehen in der Erklärung.

Sprache und Region

Wörter, die meist oder nur in einigen Regionen gebraucht werden, sind so markiert:

- Ⓓ in Deutschland verwendet
- Ⓐ in Österreich verwendet
- Ⓒⓗ in der deutschsprachigen Schweiz verwendet
- Wenn Artikel, Hilfsverben oder Wortformen besonders oft im Norden oder Süden Deutschlands verwendet werden, steht *süddeutsch* oder *norddeutsch*.

Die Einstellung des Sprechenden

Manche Verwendungen drücken eine besondere Absicht des Sprechenden aus. Diese sind so gekennzeichnet:

- *abwertend:* als negative Bewertung verwendet
- *humorvoll:* im Scherz verwendet, um eine freundliche, positive Einstellung auszudrücken , z. B. *Erleuchtung* statt *gute Idee*.
- *ironisch:* so, dass man das Gegenteil von dem sagt, was man meint, z. B. „Das hat mir gerade noch gefehlt" statt „Das kann ich in dieser Situation wirklich nicht gebrauchen".

6 Bedeutungen und Verwendungsangaben: der Aufbau der Einträge

Die Beschreibung und Gliederung

Nach dem Stichwort und den Angaben zu Aussprache und Grammatik werden die Bedeutung und die Verwendung erklärt.
Bei Wörtern, die mehrere Verwendungen haben, sind die Erklärungen nummeriert.

Strukturformeln: Stichwörter im sprachlichen Kontext

Vor allem bei Verben dient die Gliederung mit den Ziffern dazu, verschiedene Konstruktionen zu unterscheiden:

> **ent·schei·den** (*entschied, hat entschieden*) **1** **etwas entscheiden** ... **2** **über etwas** (*Akkusativ*) **entscheiden** ... **3** **sich (für jemanden/etwas) entscheiden; sich (zu jemandem/etwas) entscheiden** ...

Eine Art Formel (fett gedruckt) zeigt, wie das Stichwort grammatisch konstruiert wird: Die erste Verwendung von **entscheiden** hat ein Akkusativobjekt; die zweite hat eine Präposition. Die letzte wird mit *sich* verwendet. Die Erklärung, die dann folgt, gilt nur für das Stichwort in der jeweiligen Konstruktion.

Lange Einträge zu Verben wie z. B. **halten** sind nach der Bedeutung gegliedert. (Siehe dazu auch den Abschnitt „Wegweiser" auf Seite 17.)

Bei der Formel **etwas empfinden** erkennt man an der Erklärung mit den Angaben zu den häufigen Wortverbindungen, was mit dem Wort *etwas* gemeint ist und dass das Objekt in dieser Bedeutung im Akkusativ verwendet werden muss:

> **emp·fin·den** (*empfand, hat empfunden*) **etwas empfinden** das genannte Gefühl haben ⟨*Durst, Hitze, Schmerzen, Liebe, Angst, Trauer, Hass empfinden*⟩

Teile, die man verwenden kann, aber nicht verwenden muss, stehen in runden Klammern:

> **er·ho·len** (*erholte sich, hat sich erholt*) **1** **sich (von etwas) erholen** ...

Man kann z. B. sagen: *Er hat sich erholt* oder *Er hat sich von der Arbeit erholt.*

Wenn ein Schrägstrich (/) zwischen zwei Angaben steht, kann man zwischen beiden Möglichkeiten wählen:

> **kẹn·nen** *(kannte, hat gekannt)* ...
> **3 jemanden/etwas kennen** wissen, wer jemand oder was etwas ist *⟨jemanden dem Namen nach kennen⟩ „Ich kenne dieses Spiel, das haben meine Eltern immer gespielt"* ...

Man kann also z. B. sagen: *Ich kenne ihn* oder *Ich kenne seinen Namen,* aber nicht: *Ich kenne.*

Die Wörter, die anstelle von *etwas* im Satz verwendet werden, müssen eine bestimmte Form haben. Diese Formen sind angegeben:

> **er·ịn·nern** *(erinnerte, hat erinnert)*
> **1 jemanden an etwas** *(Akkusativ)* **erinnern** ...

Man sagt also: *Ich werde ihn an den Termin erinnern.*

Hinweise auf die Konstruktion gibt auch die Form von *jemand*:
jemand (Nominativ) – ***jemanden*** (Akkusativ) – ***jemandem*** (Dativ) – ***jemandes*** (Genitiv).

> der **Ver·dạcht** *(-(e)s)* **1 ein Verdacht (gegen jemanden)** ...

Bei Präpositionen, die immer dieselbe Form fordern – z. B. *gegen* (immer mit Akkusativ) –, wird diese nicht angegeben. Diese Angabe steht im Eintrag der jeweiligen Präposition.

In den Strukturformeln gibt es noch mehr hilfreiche Informationen:

> **fa̲h·ren** *(fährt, fuhr, hat/ist gefahren)*
> ... **7 jemanden/etwas (mit etwas) irgendwohin fahren** ...

Die Angabe **irgendwohin** bedeutet „hin zu einem Ort, zu dem genannten Ort, in eine Richtung, in die genannte Richtung". Ein Beispiel: *Er hat Petra mit dem Auto nach München gefahren.*

Weitere allgemeine Angaben dieser Art sind:

- *irgendwann* (eine Zeitangabe)
- *irgendwie* (eine Beschreibung einer Art und Weise oder eines Zustands)
- *irgendwo* (eine Ortsangabe)
- *irgendwoher* (die Richtung von einem Ort zu einem Ziel hin)

Die Erklärung

Die Beschreibung der Verwendung beginnt mit der Erklärung in möglichst einfachem Wortschatz. Danach folgen häufige Verbindungen mit anderen Wörtern, Wörter mit ähnlicher oder gegenteiliger Bedeutung, Beispiele und Zusammensetzungen.

Wörter mit ähnlicher Bedeutung: ≈

Andere Wörter mit ähnlicher Bedeutung stehen nach dem Zeichen ≈.

die **Furcht** (-) ... ≈ Angst ...

Wörter mit gegensätzlicher Bedeutung: ↔

Wörter nach dem Zeichen ↔ sind eine Art Gegenteil der betreffenden Erklärung:

au·ßen *ADVERB* ... ↔ innen ...

Typische Wortverbindungen

Wörter, die oft zusammen vorkommen, stehen nach der Erklärung zwischen spitzen Klammern.

das **Meer** (-(e)s, -e) **1** ... ⟨*das weite, glatte, raue, offene Meer; auf das Meer hinausfahren; ans Meer fahren; am Meer sein; im Meer baden*⟩ ...

Auch die Beispiele enthalten oft typische Wortkombinationen.

Beispiele

Zwischen den Anführungszeichen („") stehen Beispiele. Sie sind *kursiv* gedruckt. Am Ende steht in der Regel kein Punkt. Mehrere Beispiele sind durch das Zeichen | getrennt. Zu einigen Beispielen gibt es Erklärungen in gerader Schrift:

> **ge·gen·ei·nạn·der** ADVERB ... *„Gerd und Peter kämpften gegeneinander"* Gerd kämpfte gegen Peter, und Peter gegen Gerd | *„Die Spione wurden gegeneinander ausgetauscht"*

Wenn **etwas** aus der Strukturformel durch einen Nebensatz ersetzt wird, sind Wörter wie dass, ob oder zu in den Beispielen blau gedruckt:

> **trau·rig** ADJEKTIV **1** **traurig (über etwas** (Akkusativ)**)** ... *„Bist du traurig darüber, dass wir ihn nicht wiedersehen werden?"* ...

Zusammengesetzte Wörter: K

Nach dem Zeichen K stehen Zusammensetzungen mit dem Stichwort, deren Bedeutung man aus den einzelnen Teilen erschließen kann. Beim Stichwort **Branche** wird so z. B. klar, welche Bereiche der Wirtschaft man als Branche bezeichnen kann:

> die **Bran·che** ['brã:ʃə]; (-, -*n*) ... K Lebensmittelbranche, Textilbranche

Die „Wegweiser"

Sehr lange Einträge haben „Wegweiser". Sie sind in Großbuchstaben geschrieben, unterstrichen und stehen vor Verwendungen mit einem wichtigen gemeinsamen Merkmal.

> **frisch** ADJEKTIV (*frischer, frischest-*) LEBENSMITTEL, BLUMEN: **1** gerade erst geerntet ... **2** nicht haltbar gemacht ... **3** **etwas frisch halten** ... NEU: **4** erst vor Kurzem entstanden ... **5** noch nicht benutzt ... VOLL ENERGIE: **6** ausgeruht, nicht müde ... LUFT, WASSER, WIND: **7** kühl und nicht verschmutzt ... MIT VERB: **8** **sich frisch machen** ... **9** **frisch** *+Partizip Perfekt* ...

Abgeleitete Wörter: •

Wörter, die ohne Änderung der Bedeutung von einem Stichwort abgeleitet sind, stehen nach dem Zeichen • am Ende des Eintrags.
Vor abgeleiteten Wörtern, die zu allen Verwendungen gehören, steht *hierzu*. Sonst zeigen Ziffern an, zu welcher Verwendung sie gehören.

> **ähn·lich** ADJEKTIV **1** **ähnlich (wie jemand/etwas)** ... • *zu* (1) **Ähn·lich·keit** *die*

Die Aussprache des Deutschen

1 Angaben im Stichwort

Ein Punkt unter einem Vokal zeigt an, dass es sich um einen kurzen Laut handelt:
Fẹns·ter, Rạt·te, Tịsch, Mụ̈t·ze.

Ein Strich unter einem Vokal zeigt an, dass ein langer Laut vorliegt. Dabei ist *ie* wie [iː] auszusprechen: **Ta̱g, Ra̱hmen, Mi̱e̱·te, Be̱e̱·re, Se̱·gen, Me̱hl.** Betonte Diphthonge erhalten ebenfalls diesen Strich: **Gle̱i̱s, Ha̱u̱s, Le̱u̱·te.**

Bei zwei verschiedenen Betonungs- oder Aussprachemöglichkeiten wird das Stichwort wiederholt: **ụnheimlich, unhe̱i̱mlich; Republi̱k, Republịk.**

Länge oder Kürze wird nur für den jeweils betonten Vokal bzw. Diphthong angegeben:
Frü̱h·lings·tag, Ko̱·pi·lot. Hier wird also das lange [aː] von *-tag* (**Ta̱g**) bzw. das lange [oː] von *-pilot* (**Pi·lo̱t**) nicht besonders gekennzeichnet.

2 Angaben in Lautschrift

Bei einzelnen Lauten, Teilen eines Wortes oder ganzen Wörtern, deren Aussprache möglicherweise Probleme bereitet, werden Angaben in Lautschrift gegeben. Diese Angaben stehen immer zwischen eckigen Klammern: **Cam·ping** ['kɛmpɪŋ]; **ent·lạr·ven** [-f-]. Der Buchstabe *v* in **entlarven** wird [f] gesprochen, nicht [v].

3 Die verwendeten Lautschrift-Symbole

Vokale

Symbol	Beispiel	Beispiel in Lautschrift
a	hat	hat
aː	Tag	taːk
ɐ	bitter	'bɪtɐ
ɐ̯	leer	leːɐ̯
ã	balancieren	balã'siːrən
ãː	Balance	balãːs(ə)
e	Tenor	te'noːɐ̯
eː	fehlen	'feːlən
ɛ	hätte	'hɛtə
ɛː	wählen	'vɛːlən
ɛ̃ː	Satin	za'tɛ̃ː
ə	Affe	'afə
i	Triumph	tri'ʊmf
iː	viel	fiːl
i̯	Studium	'ʃtuːdi̯ʊm
ɪ	bitte	'bɪtə
o	Poesie	poe'ziː
oː	rot	roːt
o̯	Toilette	to̯a'lɛtə
õ	Fondue	fõ'dyː
õː	Fonds	fõː
ɔ	toll	tɔl
ø	ökonomisch	øko'noːmɪʃ
øː	hören	'høːrən
œ	Pumps	pœmps
u	kulant	ku'lant
uː	Schuhe	'ʃuːə
u̯	aktuell	ak'tu̯ɛl
ʊ	null	nʊl
y	dynamisch	dy'naːmɪʃ
yː	über, Mühe	'yːbɐ, 'myːə

Symbol	Beispiel	Beispiel in Lautschrift
y̆	Nuance	'ny̆ã:sə
ʏ	synchron	zʏn'kro:n

Vokale: Diphthonge

Symbol	Beispiel	Beispiel in Lautschrift
ai̯	steil	ʃtai̯l
aɪ̯	online	'onlaɪ̯n
au̯	Laut	lau̯t
eɪ̯	Aids	eɪ̯dz
ou̯	Know-how	nou̯'hau̯
oʊ̯	Homepage	'hoʊ̯mpeɪ̯tʃ
ɔy̯	heute	'hɔy̯tə

Konsonanten

Symbol	Beispiel	Beispiel in Lautschrift
b	Ball	bal
ç	ich	ɪç
x	achten	'axtn̩
d	du	du:
d͜ʒ	Jazz	d͜ʒɛs
f	Vater	'fa:tɐ
g	gern	gɛrn
h	Hut	hu:t
j	ja	ja:
k	Kunst	kʊnst
l	Lust	lʊst
l̩	Nebel	'ne:bl̩
m	Moment	mo'mɛnt
m̩	großem	'gro:sm̩
n	nett	nɛt
n̩	reden	're:dn̩
ŋ	lang, Mangel	laŋ, 'maŋl̩
p	Pelz	pɛl͜ts

Symbol	Beispiel	Beispiel in Lautschrift
r	**Ring**	rɪŋ
s	**Nest, Ruß**	nɛst, ruːs
ʃ	**Schotte**	'ʃɔtə
t	**Tag**	taːk
t͜s	**Zunge, Benzin**	't͜sʊŋə, bɛn't͜siːn
t͜ʃ	**Putsch**	pʊt͜ʃ
v	**Wasser, Vase**	'vasə, 'vaːzə
z	**sagen, Reise**	'zaːgn̩, 'ra͜izə
ʒ	**Manege**	ma'neːʒə

Sonderzeichen

'	Der Betonungsakzent steht vor der betonten Silbe.
ː	Das Längenzeichen nach einem Vokal drückt aus, dass dieser lang gesprochen wird.
~	Das Zeichen für nasalierte Vokale steht über dem betreffenden Laut.
‿	Der Bindebogen verbindet zusammengehörige Laute, wie z. B. Diphthonge.
◌̯	Der kleine Halbkreis unter einem Vokal zeigt an, dass der Vokal innerhalb der Silbe nur mitklingt, aber nicht besonders hervorgehoben wird. Diese Angabe befindet sich bei y über dem Vokalzeichen: y̆
◌̩	Das Zeichen für die silbischen Konsonanten l̩, m̩ und n̩, also Konsonanten, die mit einem ə-Laut kombiniert werden und deshalb eine eigene Silbe bilden.
|	Der senkrechte Strich zeigt einen Knacklaut vor Vokalen an, der in Wörtern wie **beachten** [bə'|axtn̩] vorkommt. Bevor der betonte Vokal (hier das a) gesprochen wird, entsteht eine kleine Pause; für das folgende a wird neu angesetzt.

A

das **A, a** [aː]; (-, -/*gesprochen auch* -s) der erste Buchstabe des Alphabets

das **Ä, ä** [ɛː]; (-, -/*gesprochen auch* -s) der Umlaut des *a*

à [a] PRÄPOSITION *mit Akkusativ* gibt zusammen mit einer Zahl den Preis, das Gewicht o. Ä. einer Sache an *„zwei Briefmarken à 145 Cent"* ⓘ Das folgende Substantiv wird ohne Artikel verwendet.

ạb PRÄPOSITION *mit Dativ* **1** nennt den Ort, Punkt oder Zeitpunkt, bei dem etwas beginnt ↔ bis *„Auf der Heimfahrt hat es ab Dortmund geregnet"* | *„Ab 18 darf man wählen"* ⓘ → Extras, S. 717: **Präpositionen**
ADVERB **2** **von irgendwann/irgendwo ab** verwendet, um einen Ort, Punkt oder Zeitpunkt zu bezeichnen, an dem etwas beginnt ⟨*von heute, jetzt, hier, Mittwoch ab*⟩ **3** steht in Fahrplänen zwischen Ort und Zeitpunkt der Abfahrt eines Zuges, Busses o. Ä. ↔ an *„München ab 8:32 Uhr, Augsburg an 9:05 Uhr"* **4** **etwas ist (von etwas) ab** etwas ist von der Stelle getrennt, wo es ursprünglich war *„An meinem Mantel sind zwei Knöpfe ab"* **5** **ab und zu**; **ab und an** nicht oft ≈ manchmal

ạb- (*im Verb, betont und trennbar, sehr produktiv; Diese Verben werden so gebildet: abschreiben, schrieb ab, abgeschrieben*) **1** **abfahren, abfliegen, abreisen**; **etwas abschicken** *und andere* drückt aus, dass sich jemand/etwas von einem Ort entfernt oder von einem Ort entfernt wird *„Wir fuhren in Köln morgens um sieben ab"* Wir verließen Köln um sieben Uhr **2** **etwas abbeißen, abhacken, abmähen, abschneiden, abtrennen** *und andere* drückt aus, dass etwas (mit einem Werkzeug) von etwas getrennt wird *„Er sägte den Ast ab"* Er trennte den Ast mit einer Säge vom Baum **3** **etwas abbürsten, abkratzen, absaugen, abschleifen, abwischen** *und andere* drückt aus, dass Schmutz o. Ä. entfernt wird und etwas auf diese Weise sauber, frei von etwas wird *„Sie wischte den Staub von den Regalen ab/Sie wischte die Regale ab"* Sie entfernte mit einem Lappen den Staub, der auf den Regalen lag **4** **etwas abdrehen, abschalten, absperren, abstellen** *und andere* drückt aus, dass die Funktion, der Betrieb eines Gerätes o. Ä. beendet wird *„Er drehte die Heizung ab"* Er drehte an der Heizung, sodass sie nicht mehr heizte **5** **etwas abmalen, abschreiben, abtippen, abzeichnen** *und andere* drückt aus, dass ein Vorbild oder ein Original imitiert wird *„Die Schüler zeichnen eine Statue ab"* Die Schüler zeichnen eine Statue, die so aussieht wie die Statue, die vor ihnen steht

ạb·bau·en (*hat*) **1** **etwas abbauen** wertvolle Stoffe aus der Erde holen ⟨*Erz, Eisen, Kohle (im Tagebau, unter Tage) abbauen*⟩ ≈ fördern **2** **etwas abbauen** etwas für den Transport in kleine Teile zerlegen ⟨*eine Baracke, ein Gerüst, einen Stand, ein Zelt abbauen*⟩ ↔ aufbauen • *hierzu* **Ạb·bau** *der*

ạb·bie·gen **jemand/etwas biegt ab** (*ist*) jemand/eine Straße ändert die Richtung ⟨*(nach) links/rechts abbiegen*⟩

die **Ạb·bil·dung** (-, -*en*) ein Bild (meist eine Zeichnung) vor allem in einem Buch, das einen Text ergänzt *„ein

Schulbuch mit vielen farbigen Abbildungen" ⓘ Abkürzung: *Abb.*

ab·bre·chen **1** **etwas (von etwas) abbrechen** (*hat*) etwas Hartes von etwas anderem trennen, indem man es bricht *„einen dürren Ast vom Baum abbrechen"* **2** **etwas abbrechen** (*hat*) etwas vor der üblichen Zeit oder dem gewünschten Ziel (plötzlich) beenden ⟨*eine Beziehung, ein Studium, eine Verhandlung, eine Veranstaltung abbrechen*⟩ **3** **etwas bricht ab** (*ist*) etwas Hartes bricht und wird so geteilt oder von etwas getrennt ⟨*ein Bleistift, ein Messer*⟩ **4** **etwas bricht ab** (*ist*) etwas hört plötzlich auf *„Die Musik brach plötzlich ab"*

ab·bu·chen (*hat*) **etwas (von etwas) abbuchen** Geld(beträge) von einem Konto wegnehmen *„Die Miete wird vom Konto abgebucht"* • *hierzu* **Ab·bu·chung** *die*

das **Abc** [abeˈtseː]; (-, -) die Buchstaben von A bis Z

ab·dre·hen **1** **sich/etwas abdrehen** (*hat*) das Gesicht oder den Körper von jemandem/etwas weg in eine andere Richtung drehen ≈ abwenden ↔ zuwenden **2** **etwas abdrehen** *gesprochen* (*hat*) etwas stoppen, indem man einen Hahn schließt oder einen Schalter dreht ⟨*das Gas, die Heizung, den Strom, das Wasser abdrehen*⟩ ≈ abschalten, abstellen ↔ aufdrehen

der **Abend** (-s, -e) **1** die Tageszeit von ungefähr 18 bis 24 Uhr ⟨*am frühen, späten Abend; am Abend; gegen Abend*⟩ ↔ Morgen **K** Abendsonne; Sonntagabend **2** *Adverb* + **Abend** am Abend des genannten Tages ⟨*gestern, heute, morgen Abend*⟩ ⓘ mit den Namen von Wochentagen zusammengeschrieben: *Sie arbeitet Montagabend* **3** eine gesellschaftliche Veranstaltung am Abend *„ein bunter Abend"* mit einem abwechslungsreichen Programm **4** **der Heilige Abend** der 24. Dezember **ID** **Guten Abend!** verwendet als Gruß, wenn man eine Person am Abend trifft oder sich von ihr verabschiedet ⟨*jemandem einen guten Abend wünschen*⟩ • *zu* (1) **abend·lich** ADJEKTIV

das **Abend·es·sen** die Mahlzeit, die man abends isst *„Was gibts heute zum Abendessen?"*

abends ADVERB am Abend ↔ morgens

das **Aben·teu·er** (-s, -) ein spannendes und aufregendes Erlebnis oder eine Aktion mit Gefahren **K** Abenteuerurlaub • *hierzu* **Aben·teu·rer** *der*

aber BINDEWORT **1** leitet einen Gegensatz, Widerspruch oder eine Einschränkung ein; die Satzstellung ist die eines Hauptsatzes *„Ich habe jetzt leider keine Zeit, aber wir könnten uns vielleicht morgen treffen"*
PARTIKEL *unbetont* **2** verwendet, um zu sagen, dass etwas ungewöhnlich ist oder nicht so zu erwarten war *„Ist das aber kalt!"* **3** verwendet, um Ungeduld oder Ärger auszudrücken *„Jetzt sei aber endlich still!"* **4** verwendet, um zu protestieren *„Aber warum denn?"* **5** verwendet, um meist eine positive Antwort auf eine Frage zu verstärken *„Kommst du mit?" – „Aber ja/Aber gern/Aber sicher/Aber natürlich!"*

ab·fah·ren **1** (*ist*) eine Fahrt oder Reise beginnen ↔ ankommen *„Schnell jetzt, in fünf Minuten fahren wir/fährt der Zug ab!"* **2** **die Reifen abfahren** (*hat*) die Reifen durch häufiges Fahren abnutzen • *zu* (1) **ab·fahr·be·reit** ADJEKTIV

die **Ab·fahrt** **1** der Beginn einer Fahrt oder Reise ↔ Ankunft *„Die Abfahrt des Zuges verzögert sich noch um ein paar Minuten"* **2** eine Straße, auf der man die Autobahn verlässt ≈ Ausfahrt ↔ Auffahrt **3** eine Strecke (beim Skifahren o. Ä.), die vom Berg ins Tal führt *„eine anspruchsvolle Abfahrt"* • *zu* (1) **ab·fahrt·be·reit** ADJEKTIV

der **Ab·fall** Reste, die man nicht mehr braucht und wegwirft ≈ Müll **K** Abfalleimer; Küchenabfälle

ab·fal·len (*ist*) **1** **etwas fällt ab** etwas löst sich von etwas anderem und fällt herunter *„Im Herbst fallen die Blätter der Bäume ab"* **2** **etwas fällt ab** etwas verläuft schräg nach unten ↔ ansteigen *„Die Straße fällt hier steil ab"* **3** **etwas fällt ab** etwas wird niedriger oder schlechter *„Nachts fielen die Temperaturen empfindlich ab"* **4** **etwas fällt (von etwas) (für jemanden) ab** *gesprochen* jemand bekommt etwas nebenbei als Gewinn, Vorteil oder Anteil *„Was fällt für mich ab, wenn ich euch helfe?"*

ab·flie·gen **jemand/etwas fliegt ab** (*ist*) ein Flugzeug (bzw. dessen Besatzung) startet und fliegt weg *„Unsere Maschine ist/Wir sind pünktlich abgeflogen"*

der **Ab·flug** der Start eines Flugzeugs **K** Abflugszeit

der **Ab·fluss** eine Stelle, an der eine Flüssigkeit abfließt *„Der Abfluss des Waschbeckens ist verstopft"*

ab·fra·gen (*hat*) **1** **(jemanden) (etwas) abfragen** einer Person Fragen über etwas stellen, um ihre Kenntnisse zu prüfen *„Der Lehrer fragte den Schüler die Vokabeln ab"* **2** **etwas abfragen** sich von einem Computer Daten geben lassen

die **Ab·ga·be** **1** der Vorgang, einer Person eine verlangte Sache zu geben *„die pünktliche Abgabe der Abschlussarbeit"* **K** Abgabetermin **i** nicht in der Mehrzahl verwendet **2** **die Abgabe (an jemanden)** der Verkauf (einer Ware) (an jemanden) *„Abgabe von Alkohol nur an Erwachsene!"* **3** das Abgeben des Stimmzettels bei einer Wahl **K** Stimmabgabe **i** nicht in der Mehrzahl verwendet **4** Geld, das für einen speziellen Zweck an den Staat oder eine Institution gezahlt werden muss **K** Sozialabgaben

das **Ab·gas** (*-es, -e*) Gase, die entstehen, wenn etwas verbrennt **K** Auspuffabgase

ab·ge·ben (*hat*) **1** **etwas (bei jemandem) abgeben** einer Person etwas in die Hand geben *„die Schularbeiten beim Lehrer abgeben"* **2** **etwas abgeben** etwas verkaufen oder verschenken *„Junge Kätzchen kostenlos abzugeben"* **3** **(jemandem) etwas abgeben** jemandem einen Teil von einer Sache geben, die man besitzt *„Willst du mir nicht ein Stück von deiner Schokolade abgeben?"* **4** **seine Stimme abgeben** bei einer Wahl die Hand heben oder Namen auf einer Liste ankreuzen und die Liste in eine Urne werfen ≈ wählen

ab·ge·hen (*ist*) **1** **von etwas abgehen** einen Ort verlassen, wenn man mit etwas fertig ist, oder eine Ausbildung beenden *„nach der zehnten Klasse von der Schule abgehen"* **2** **etwas geht (von etwas) ab** *gesprochen* etwas löst sich *„Mir ist ein Knopf vom Mantel abgegangen"* **3** **jemand/etwas geht jemandem ab** *gesprochen* jemand/etwas fehlt einer Person *„Wo warst du denn so lange? Du bist mir schon abgegangen"*

der/die **Ab·ge·ord·ne·te** (*-n, -n*) ein gewähltes Mitglied eines Parlaments **K** Bundestagsabgeordnete **i** *ein Abgeordneter; der Abgeordnete; den, dem, des Abgeordneten*

ab·hal·ten (*hat*) **1** **jemanden von etwas abhalten** jemanden daran hindern, etwas zu tun *„Sei ruhig und halte mich nicht ständig vom Lernen ab!"* **2** **etwas abhalten** etwas veranstalten, stattfinden lassen ⟨*eine Sitzung, einen Kurs, Wahlen abhalten*⟩ **3** **etwas hält etwas ab** etwas bewirkt, dass Schnee, Licht, Hitze o. Ä. nicht eindringt *„Laub auf Gemüsebeeten soll den Frost abhalten"*

ab·hän·gen[1] (*hing ab, hat abgehangen*) **etwas hängt von etwas ab** etwas ist durch den genannten Umstand bedingt oder bestimmt ⟨*etwas hängt vom Glück, Wetter, Zufall ab*⟩

ab·hän·gen[2] (*hängte ab, hat abgehängt*) **1** **etwas abhängen** etwas von einem Haken oder Nagel nehmen ⟨*ein Bild abhängen*⟩ **2** **etwas (von etwas) abhängen** eine Verbindung lösen ⟨*einen Wagen, einen Waggon abhängen*⟩ **3** **jemanden abhängen** *gesprochen* jemanden hinter sich lassen, weil man schneller oder besser ist ⟨*einen Verfolger, einen Konkurrenten abhängen*⟩

ab·hän·gig *ADJEKTIV* **1** **(von jemandem) abhängig sein** die Hilfe, Unterstützung o. Ä. von einer Person brauchen ⟨*von den Eltern abhängig sein*⟩ ↔ selbstständig **2** **etwas ist abhängig von etwas** etwas ist durch das Genannte bedingt ⟨*vom Erfolg, Wetter, Zufall abhängig*⟩ **3** **abhängig (von etwas)** süchtig nach etwas *„Ihr Freund ist (von Drogen und Tabletten) abhängig"* • *hierzu* **Ab·hän·gig·keit** *die*

ab·he·ben (*hat*) **1** **etwas abheben** eine Geldsumme vom Bankkonto o. Ä. nehmen ↔ einzahlen *„500 Euro vom Girokonto abheben"* **2** **(den Telefonhörer) abheben** ans Telefon gehen, wenn man angerufen wird ≈ abnehmen ↔ auflegen **3** **etwas hebt ab** etwas hebt sich beim Start in die Luft ⟨*ein Flugzeug*⟩ ↔ landen

ab·ho·len (*hat*) **1** **etwas abholen** etwas, das bereit liegt oder das bestellt wurde, mitnehmen *„beim Bäcker die bestellten Brötchen abholen"* **2** **jemanden abholen** eine Person an einem vereinbarten Ort treffen und mit ihr weggehen oder -fahren *„Ich hole dich vom/am Bahnhof ab"* • *hierzu* **Ab·ho·lung** *die*

ab·hö·ren (*hat*) **1** **jemandem etwas abhören; jemanden abhören** jemanden durch Fragen prüfen ≈ abfragen *„einem Schüler die Vokabeln abhören"* **2** **jemanden/etwas abhören** (als Arzt) eine Person auf die Geräusche des Herzens oder der Lunge untersuchen **3** **jemanden/etwas abhören** etwas heimlich mit anhören ⟨*Telefongespräche abhören*⟩ • *zu* (3) **ab·hör·si·cher** *ADJEKTIV*

das **Abi·tur** (*-s, -e*) die abschließende Prüfung an einem Gymnasium, die man bestehen muss, um an der Universität zu studieren **K** Abiturzeugnis

ab·kom·men (*ist*) **1** **vom Weg abkommen** sich (ohne es zu wollen) von der Richtung entfernen, in die man sich bereits bewegt hat **2** **von der Straße abkommen** beim Fahren mit den Reifen auf den Boden neben der Straße geraten

ab·kür·zen (*hat*) **1** **etwas abkürzen** zwischen zwei Orten einen kürzeren Weg als den normalen finden **2** **etwas abkürzen** Buchstaben weglassen, damit ein Wort kürzer wird *„Und so weiter" kürzt man „usw." ab"*

die **Ab·kür·zung** (*-, -en*) **1** ein kürzerer Weg zwischen zwei Orten als der normale ⟨*eine Abkürzung gehen, nehmen*⟩ **2** ein abgekürztes Wort *„Fa." ist die Abkürzung von „Firma"* **K** Abkürzungsverzeichnis

die **Ab·la·ge** **1** ein Fach o. Ä. (im Büro) für Briefe und Dokumente **2** ein Brett oder Fach, auf das man Kleider legen kann **K** Hutablage

der **Ab·lauf** **1** die Art und Weise, wie ein Geschehen oder eine Handlung verläuft **K** Arbeitsablauf **2** die (meist zeitliche) Reihenfolge einer Sache **K** Tagesablauf

ab·lau·fen **1** **etwas läuft irgendwie ab** (*ist*) etwas geschieht auf die genannte Weise *„Wie soll das Programm ablaufen?"* **2** **etwas läuft ab** (*ist*) etwas geht zu Ende ⟨*eine Frist, eine Wartezeit*⟩ **3** **etwas läuft ab** (*ist*) etwas wird ungültig **4** **etwas läuft ab** (*ist*) etwas fließt weg (oft: in den Abfluss) *„In der Dusche läuft das Wasser schlecht ab"*

ab·le·gen (*hat*) **1** **(etwas) ablegen** ein Kleidungsstück vom Körper nehmen ≈ ausziehen ↔ anziehen *„Wollen Sie nicht (den Mantel) ablegen?"* **2** **etwas ablegen** eine Prüfung machen **3** **ein Geständnis ablegen** (vor Gericht oder vor der Polizei) zugeben, dass man ein Verbrechen begangen hat

ab·leh·nen (*hat*) **1** **etwas ablehnen** etwas nicht annehmen, weil man es nicht haben will oder kann ⟨*ein Amt, eine Einladung, ein Geschenk ablehnen*⟩ **2** **etwas ablehnen** sich weigern, etwas zu tun • *hierzu* **Ab·leh·nung** *die*

ab·len·ken (*hat*) **1** **etwas lenkt et-**

was ab etwas lenkt etwas in eine andere Richtung **2** **(jemanden) (von etwas) ablenken** die Aufmerksamkeit einer Person auf etwas anderes lenken *„jemanden von der Arbeit ablenken"*

ạb·lö·sen (*hat*) **jemanden ablösen** die Tätigkeit oder Arbeit einer anderen Person (für eine begrenzte Zeit) übernehmen *„einen Kollegen bei der Arbeit ablösen"* • *hierzu* **Ạb·lö·sung** *die*

ạb·ma·chen (*hat*) **1** **etwas (von etwas) abmachen** *gesprochen* einen Gegenstand, der eng mit einem anderen Gegenstand verbunden ist, lösen oder entfernen ↔ anbringen *„ein Schild/ein Plakat von der Wand abmachen"* **2** **etwas (mit jemandem) abmachen** einen Termin mit jemandem vereinbaren • *zu* (2) **Ạb·ma·chung** *die*

ạb·mel·den (*hat*) **1** **jemanden (bei etwas/von etwas) abmelden** offiziell mitteilen, dass eine Person oder man selbst nicht mehr Mitglied sein oder an etwas teilnehmen will ↔ anmelden *„die Kinder beim Turnverein abmelden"* **2** **etwas abmelden** der zuständigen Institution mitteilen, dass ein Fahrzeug, Telefon o. Ä. nicht mehr benutzt wird ↔ anmelden • *hierzu* **Ạb·mel·dung** *die*

die **Ạb·nah·me** (-) **1** ≈ Kauf **2** der Verlust von Körpergewicht *„Eine Abnahme von 10 Pfund ist bei dieser Diät durchaus möglich"*

ạb·neh·men (*hat*) **1** **etwas abnehmen** etwas von der bisherigen Position herunternehmen *„Nimm bitte die Mütze ab!"* **2** **jemandem etwas abnehmen** einen schweren Gegenstand oder eine schwierige Aufgabe für jemanden übernehmen *„jemandem eine Last/ein großes Problem abnehmen"* **3** **jemandem etwas abnehmen** etwas von jemandem verlangen und es behalten *„Ihm wurde wegen zu schnellen Fahrens der Führerschein abgenommen"* **4** **jemandem etwas abnehmen** *gesprochen* einer Person glauben, was sie erzählt *„Hat er dir abgenommen, dass du krank warst?"* **5** **(etwas) abnehmen** an Gewicht verlieren ↔ zunehmen *„Ich habe schon drei Kilo abgenommen!"* **6** **etwas nimmt ab** etwas wird immer weniger, reduziert sich *„Die Zahl der Geburten nimmt ständig ab"*

die **Ạb·nei·gung** **eine Abneigung (gegen jemanden/etwas)** ein starkes Gefühl, dass man eine Person oder Sache nicht mag ↔ Zuneigung

ạb·nut·zen (*hat*) **etwas abnutzen** etwas durch häufigen Gebrauch im Wert mindern oder in der Funktion schlechter machen ⟨*Kleider, Geräte, ein Sofa, einen Stuhl abnutzen*⟩ • *hierzu* **Ạb·nut·zung** *die*

das **Ạbo** (-s, -s); *gesprochen* Kurzwort für *Abonnement*

das **Abon·ne·ment** [abɔn(ə)'mã:]; (-s, -s) **ein Abonnement (für etwas)** eine Vereinbarung, mit der man sich verpflichtet, etwas regelmäßig und über einen längeren Zeitraum zu kaufen ⟨*ein Abonnement für eine Zeitung, eine Zeitschrift, das Theater*⟩

abon·nie·ren (*abonnierte, hat abonniert*) **etwas abonnieren** etwas für einen längeren Zeitraum (und daher meist zu einem billigeren Preis) bestellen ⟨*eine Zeitung, eine Zeitschrift abonnieren*⟩

ạb·rech·nen (*hat*) am Ende eines Zeitraums eine Rechnung machen *„Die Kassiererin muss jeden Abend genau abrechnen"*

die **Ạb·rei·se** der Beginn einer Reise ⟨*bei der Abreise*⟩ **K** Abreisetag

ạb·rei·ßen **1** **etwas (von etwas) abreißen** (*hat*) etwas durch Reißen von etwas trennen *„ein Blatt vom Kalender abreißen"* **2** **etwas abreißen** etwas Gebautes in Teile zerlegen und diese wegbringen ⟨*ein Gebäude, ein Gerüst abreißen*⟩ **3** **etwas reißt ab** (*ist*) etwas hört plötzlich auf oder wird unterbrochen ⟨*die Telefonverbindung, der Kontakt*⟩

ạb·ru·fen (*hat*) **etwas abrufen** Daten aus dem Speicher eines Computers holen

ạb·run·den (*hat*) **1** **etwas abrunden** etwas rund machen ⟨*eine Kante, eine Ecke abrunden*⟩ **2** **etwas (auf etwas** (*Akkusativ*)**) abrunden** eine Zahl auf die nächste runde oder volle Zahl bringen, indem man etwas davon abzieht (oder seltener etwas hinzufügt) ↔ aufrunden *„10,35 € auf 10 € abrunden"*

ạb·sa·gen (*hat*) **1** **etwas absagen** mitteilen, dass etwas nicht stattfindet ⟨*ein Konzert, eine Konferenz, den Besuch absagen*⟩ ↔ ankündigen **2** **(jemandem) absagen** jemandem mitteilen, dass etwas Geplantes nicht stattfinden kann ↔ zusagen *„Sie wollte kommen, aber dann hat sie abgesagt"*

der **Ạb·satz** **1** der Teil eines geschriebenen Textes, der mit einer neuen Zeile beginnt und meist aus mehreren Sätzen besteht ≈ Abschnitt *„einen/mit einem neuen Absatz beginnen"* **2** der Verkauf von Waren ⟨*etwas findet großen, guten, reißenden Absatz*⟩ **3** der erhöhte Teil der Schuhsohle unter der Ferse ⟨*flache/niedrige, hohe Absätze*⟩ **i** → Abb. unter **Schuh**

ạb·schaf·fen (*schaffte ab, hat abgeschafft*) **etwas abschaffen** Gesetze oder Regelungen nicht mehr gültig sein lassen ⟨*die Todesstrafe abschaffen*⟩ • *hierzu* **Ạb·schaf·fung** *die*

ạb·schal·ten (*hat*) **(etwas) abschalten** mit einem Schalter bewirken, dass ein Motor oder ein elektrisches Gerät nicht mehr in Betrieb ist ↔ einschalten *„den Fernseher abschalten"*

ạb·schät·zen (*hat*) **etwas abschätzen** überlegen, wie etwas (vor allem in Zukunft) sein könnte *„abschätzen, wie lange etwas noch dauern wird"*

der **Ạb·scheu** *seltener die;* (*-s/-*) **Abscheu (vor/gegenüber jemandem/etwas)** ⟨*haben, empfinden*⟩ ein physischer oder moralischer Ekel, ein heftiger Widerwille, eine sehr starke Abneigung

ab·scheu·lich ADJEKTIV **1** aus moralischer Sicht sehr schlecht **2** so unangenehm, dass man es nicht ertragen kann ⟨*ein Gestank; abscheulich aussehen, riechen*⟩ ≈ ekelhaft

ạb·schi·cken (*hat*) **etwas abschicken** Post an jemanden senden ⟨*einen Brief, ein Paket abschicken*⟩

ạb·schie·ben **jemanden abschieben** (*hat*) eine Person zwingen, das Land sofort zu verlassen, weil man nicht will, dass diese dort lebt ⟨*Asylsuchende, Geflüchtete, unerwünschte Personen abschieben*⟩ **K** Abschiebehaft • *hierzu* **Ạb·schie·bung** *die*

der **Ạb·schied** (*-(e)s, -e*) **der Abschied (von jemandem/etwas)** die Situation, die Worte und die Geste, wenn man selbst oder eine andere Person weggeht *„ein tränenreicher Abschied"* **K** Abschiedsbrief

ạb·schlep·pen (*hat*) **jemanden/etwas abschleppen** ein kaputtes Fahrzeug mithilfe eines anderen Fahrzeugs irgendwohin ziehen

ạb·schlie·ßen (*hat*) **1** **etwas abschließen** etwas mit einem Schlüssel verschließen ⟨*einen Schrank, eine Tür, eine Wohnung abschließen*⟩ ↔ aufschließen **2** **etwas abschließen** etwas wie geplant beenden *„Für diese Stelle benötigen Sie eine abgeschlossene Ausbildung"* **3** **etwas abschließen** sich mit jemandem über etwas einigen oder etwas unterschreiben und in Kraft setzen ⟨*eine Versicherung, einen Vertrag, eine Wette abschließen*⟩ ≈ vereinbaren

der **Ạb·schluss** **1** das geplante (erfolgreiche) Ende einer Sache ⟨*der Abschluss des Studiums, der Arbeit, der Untersuchung, der Verhandlung*⟩ **2** die Prüfung, mit der eine Ausbildung endet ⟨*einen Abschluss machen*⟩ **K** Abschlussprüfung; Schulabschluss

ạb·schnei·den (*hat*) **1** **(sich** (*Dativ*)**) etwas abschneiden** etwas durch Schneiden von etwas trennen *„Blumen/ein Stück Kuchen abschneiden"* **2** **(bei etwas) irgendwie abschneiden** die genannte Art von Ergebnis erzielen ⟨*bei einem Test gut, schlecht abschneiden*⟩

der **Ạb·schnitt** **1** ein inhaltlich zusammengehöriger Teil eines Texts *„Der Aufsatz gliedert sich in drei Abschnitte"* **2** ein begrenzter Zeitraum ≈ Periode **K** Lebensabschnitt **3** ein Teil eines Gebietes, einer Strecke **K** Autobahnabschnitt

ab·schre·cken (*hat*) **1** **jemanden (von etwas) abschrecken** jemanden durch Androhen oder Zeigen von etwas Negativem dazu bringen, eine geplante Handlung nicht auszuführen *„jemanden durch hohe Strafen vom Stehlen abschrecken"* **2** **etwas abschrecken** einen heißen Gegenstand schnell mit kaltem Wasser abkühlen ⟨*gekochte Eier, Eisen abschrecken*⟩

die **Ab·schre·ckung** (-, *-en*) das Abschrecken z. B. eines Gegners oder Verbrechers

ab·schrei·ben (*hat*) **1** **(etwas) (von jemandem) abschreiben** einen Text einer anderen Person übernehmen oder kopieren und behaupten, dass man den Text selbst verfasst hat **2** **etwas (von/aus etwas) abschreiben** einen Text lesen und dabei noch einmal schreiben

der **Ab·schuss** **1** der Vorgang, z. B. eine Rakete oder Kanonenkugel in die Luft zu schießen **2** das Töten von wilden Tieren durch Schüsse

ab·seits PRÄPOSITION *mit Genitiv* seitlich von etwas entfernt ⟨*abseits des Weges, der Straße*⟩ ⓘ auch zusammen mit *von: abseits vom Trubel*

der **Ab·sen·der** (*-s, -*) **1** die Person, die einen Brief, ein Paket, eine E-Mail, eine SMS o. Ä. abschickt ↔ Empfänger **2** der Name und die Adresse des Absenders, die auf einem Brief o. Ä. stehen ⓘ Abkürzung: *Abs.*

ab·set·zen (*hat*) GEGENSTÄNDE: **1** **etwas absetzen** etwas vom Kopf oder der Nase herunternehmen ⟨*den Hut, die Mütze, die Brille absetzen*⟩ ≈ abnehmen ↔ aufsetzen **2** **etwas absetzen** etwas Schweres kurz auf den Boden stellen, bevor man es wieder hochhebt *„Ich muss den Koffer mal kurz absetzen"* PERSONEN: **3** **jemanden irgendwo absetzen** jemanden mit dem Auto an den genannten Ort bringen und dort aussteigen lassen *„jemanden am Flughafen absetzen"* **4** **jemanden absetzen** jemanden aus dem Amt entlassen ⟨*den König, die Regierung absetzen*⟩ ↔ einsetzen

die **Ab·sicht** (-, *-en*) **1** **die Absicht (zu +Infinitiv)** das, was eine Person bewusst tun will *„Er hatte die Absicht, nach Amerika auszuwandern"* **2** **etwas mit/ohne Absicht tun** etwas ganz bewusst/aus Versehen tun

ab·sicht·lich ADJEKTIV bewusst und mit Absicht, nicht aus Versehen

ab·so·lut ADJEKTIV **1** *gesprochen* so, dass es eine Grenze erreicht hat, die nicht mehr übertroffen wird *„Das ist absoluter Blödsinn/absolut blödsinnig!"* **2** ohne Störung oder Einschränkung ⟨*Frieden, Konzentration, Ruhe, Stille*⟩ **3** → Mehrheit

ab·sper·ren (*hat*) **1** **etwas absperren** eine Sperre errichten und so verhindern, dass jemand an einen Ort gehen kann ⟨*die Unglücksstelle absperren*⟩ **2** **(etwas) absperren** etwas mit einem Schlüssel oder Riegel sicher schließen ⟨*eine Tür, eine Wohnung absperren*⟩

die **Ab·sper·rung** (-, *-en*) ein Zaun, ein Band o. Ä., an dem man nicht vorbeigehen oder vorbeifahren darf ⟨*eine Absperrung errichten, umgehen, niederreißen*⟩

ab·spie·len (*hat*) **etwas spielt sich ab** etwas geschieht, ereignet sich *„Die Schießerei spielte sich auf offener Straße ab"*

ab·stam·men (*stammte ab*); *kein Perfekt* **von jemandem/etwas abstammen** der Nachkomme (z. B. ein Kind, ein Enkel) von jemandem oder etwas sein ⟨*von einer guten Familie abstammen*⟩ • *hierzu* **Ab·stam·mung** *die*

der **Ab·stand** **1** **ein Abstand (von/zu jemandem/etwas)** eine (relativ geringe) räumliche Entfernung zwischen zwei Dingen/Personen ≈ Zwischenraum *„beim

Autofahren großen Abstand zum Vordermann halten" **K** Zeilenabstand **2** **ein Abstand (auf jemanden/etwas); ein Abstand (zu jemandem/etwas)** die Zeit, die zwischen zwei Aktionen, Ereignissen o. Ä. liegt ⟨*in kurzen Abständen aufeinanderfolgen, wiederkehren*⟩ **3** **mit Abstand** *+Superlativ* mit großem Vorsprung *„Er war mit Abstand der Jüngste in der Klasse"*

ab·stau·ben (*hat*) **etwas abstauben** den Staub von einem Gegenstand entfernen ⟨*die Bücher, den Schrank abstauben*⟩

ab·stei·gen (*ist*) **(von etwas) absteigen** von etwas heruntersteigen ⟨*vom Fahrrad, vom Pferd absteigen*⟩

ab·stel·len (*hat*) **1** **etwas irgendwo abstellen** etwas, das man (zurzeit) nicht braucht, an einen geeigneten Platz bringen *„einen alten Schrank auf dem Speicher abstellen"* **K** Abstellkammer **2** **etwas (irgendwo) abstellen** etwas (Schweres) irgendwohin stellen ⟨*ein Tablett, einen Koffer abstellen*⟩ **3** **etwas abstellen** etwas mit einem Schalter oder Hahn außer Betrieb setzen ⟨*das Gas, das Licht, eine Maschine, den Motor, den Strom, das Wasser abstellen*⟩ ≈ abschalten

ab·stim·men (*hat*) **Personen stimmen (über jemanden/etwas) ab** Personen geben ihre Stimme ab, um über eine Person oder Sache zu entscheiden ⟨*geheim, offen, durch Handzeichen über einen Antrag abstimmen*⟩

die **Ab·stim·mung** **die Abstimmung (über etwas)** eine Entscheidung, bei der mehrere Personen ihre Stimme abgeben ⟨*eine geheime, namentliche Abstimmung*⟩

abs·trakt ADJEKTIV (*abstrakter, abstraktest-*) **1** nur in der Theorie, ohne erkennbaren Bezug zur Wirklichkeit ⟨*eine Darstellung, ein Vortrag, Wissen*⟩ ↔ konkret **2** so, dass keine bekannten Gegenstände zu sehen sind ⟨*die Kunst, die Malerei, ein Gemälde*⟩

ab·stür·zen (*ist*) **1** **jemand/etwas stürzt ab** jemand/etwas fällt aus großer Höhe hinunter ⟨*ein Flugzeug*⟩ **2** **etwas stürzt ab** ein Computer reagiert auf keine Eingabe mehr und muss abgeschaltet werden ⟨*ein Computer, ein Programm stürzt ab*⟩

ab·stüt·zen (*hat*) **etwas abstützen** etwas so stützen, dass es nicht umfallen oder einstürzen kann ⟨*eine Brücke, ein Dach, eine Mauer abstützen*⟩

das **Ab·teil** ein kleiner Raum für wenige Personen in einem Zug **K** Schlafwagenabteil

die **Ab·tei·lung** ein relativ selbstständiger Teil innerhalb einer Behörde, einer Firma, eines Kaufhauses, eines Krankenhauses usw.

ab·tra·gen (*hat*) **1** **etwas abtragen** einen Teil des Erdbodens wegnehmen *„mit dem Bagger eine Schicht Erde abtragen"* **2** **etwas abtragen** ein Kleidungsstück durch häufiges Tragen abnutzen *„abgetragene Schuhe"*

ab·tren·nen (*hat*) **etwas (von etwas) abtrennen** etwas (das mit etwas verbunden ist) von etwas trennen *„die Knöpfe (vom Mantel) abtrennen"*

ab·tre·ten **1** **etwas (an jemanden) abtreten** (*hat*) einer anderen Person etwas geben, auf das man eigentlich selbst ein Recht hat *„Der Übersetzer hat die Rechte an den Verlag abgetreten"* **2** **(sich** (*Dativ*)**) die Schuhe abtreten** (*hat*) die Sohlen der Schuhe sauber machen, bevor man in ein Haus geht

ab·trock·nen **1** **(jemandem) etwas abtrocknen; jemanden abtrocknen** (*hat*) einen Körperteil mit einem Tuch trocken machen *„Trockne dir erst mal die Hände ab"* **2** **(etwas) abtrocknen** (*hat*) Geschirr mit einem Tuch trocken machen

ab·war·ten (*hat*) **(jemanden/etwas) abwarten** warten, bis jemand kommt oder bis etwas geschieht ⟨*eine günstige Gelegenheit, jemandes Ankunft, den weiteren Verlauf der Entwicklung abwarten*⟩

ab·wärts ADVERB in Richtung nach

unten ↔ aufwärts *„Der Weg kam mir abwärts viel kürzer vor"*

ạb·wa·schen (*hat*) **1** **(etwas) abwaschen** Geschirr mit Wasser sauber machen *„Ich koche und du wäschst ab, in Ordnung?"* **2** **etwas abwaschen** etwas mit Wasser entfernen *„Die Farbe kann man nicht mehr abwaschen"*

das **Ạb·was·ser** (-s, *Ab·wäs·ser*) Wasser, das schmutzig ist, weil es in einem Haus oder in Fabriken usw. benutzt wurde **K** Abwasserkanal

ạb·wech·seln [-ks-] (*hat*) **1** **eine Person wechselt sich mit jemandem (bei etwas) ab; Personen wechseln sich (bei etwas) ab** zwei oder mehrere Personen tun etwas im Wechsel *„Wir wechseln uns bei langen Fahrten immer ab"* **2** **etwas wechselt sich mit etwas ab; Dinge wechseln sich ab** etwas geschieht oder zeigt sich in regelmäßigem Wechsel mit etwas anderem *„In seinem Leben wechselten (sich) Glück und Unglück ständig ab"*

die **Ạb·wechs·lung** [-ks-]; (-, *-en*) **1** eine unterhaltsame Unterbrechung des Alltags *„viel Abwechslung haben"* **2** eine (interessante) Folge von verschiedenen Dingen *„Abwechslung ins Programm bringen"* ℹ nicht in der Mehrzahl verwendet • *hierzu* **ạb·wechs·lungs·reich** ADJEKTIV

ạb·wei·chen (*wich ab, ist abgewichen*) **1** **von etwas abweichen** die Richtung verändern ⟨*vom Kurs, von der Route abweichen*⟩ **2** **jemand/etwas weicht von etwas ab** jemand/etwas unterscheidet sich von etwas ⟨*von der Wahrheit abweichen*⟩ • *hierzu* **Ạb·wei·chung** *die*

ạb·we·send ADJEKTIV **1** nicht da, wo man/es sein sollte ↔ anwesend *„Der Schüler war bei der Prüfung abwesend"* **2** nicht (auf das Wesentliche) konzentriert ↔ aufmerksam *„Sie sah mich abwesend an"* • *zu* (1) **Ạb·we·sen·de** *der/die*

die **Ạb·we·sen·heit** (-) das (körperliche) Abwesendsein ⟨*während/in jemandes Abwesenheit*⟩ ↔ Anwesenheit

ạb·wi·schen (*hat*) **etwas abwischen** etwas durch Wischen entfernen oder sauber machen *„den Tisch abwischen"*

ạb·zie·hen **1** **etwas (von etwas) abziehen** (*hat*) etwas durch Ziehen entfernen ⟨*den Zündschlüssel abziehen*⟩ **2** **etwas abziehen** (*hat*) eine Hülle durch Ziehen von etwas entfernen ⟨*die Betten, die Bettbezüge abziehen*⟩ **3** **etwas (von etwas) abziehen** (*hat*) eine Zahl oder Summe um etwas geringer machen *„jemandem Punkte abziehen"* | *„Wenn man zwei von fünf abzieht, bleibt ein Rest von drei"* **4** **etwas zieht ab** (*ist*) etwas bewegt sich von einem Ort weg ⟨*ein Gewitter, Nebel, Rauch*⟩

der **Ạb·zug** **1** das Geld, das vom Lohn jeden Monat abgezogen wird, um Steuern, Versicherungen zu zahlen *„hohe monatliche Abzüge haben"* **2** um zu schießen, drückt man auf den Abzug der Pistole, des Gewehrs

ạb·zwei·gen **etwas zweigt (irgendwohin) ab** (*ist*) eine Straße oder ein Weg geht weg von der bisherigen Richtung und in eine andere ⟨*etwas zweigt nach links/rechts ab*⟩

die **Ạb·zwei·gung** (-, *-en*) ein abzweigender Weg, eine abzweigende Straße *„die rechte Abzweigung nehmen"*

ạch! **1** verwendet, um Bedauern oder Schmerz auszudrücken *„Ach, das tut mir aber leid!"* **2** verwendet, um einen Wunsch oder Sehnsucht auszudrücken *„Ach, wäre die Prüfung doch schon vorbei!"* **3** **ach ja** verwendet, um zu sagen, dass man sich an etwas erinnert *„Ach ja, jetzt weiß ich, wen du meinst!"* **4** **Ach so!** verwendet, um zu sagen, dass man etwas plötzlich verstanden hat **5** **Ach wo/Ach woher/Ach was!** verwendet, um zu sagen, dass man jemandes Vermutung, Behauptung o. Ä. ablehnt

die **Ạch·se** [-ks-]; (-, *-n*) **1** eine Stange, die als Teil eines Fahrzeugs zwei gegenüberliegende Räder verbindet **K** Hinterachse **2** eine gedachte oder gezeichnete Linie, die bei einer Drehung ihre Lage nicht verändert ⟨*sich um die eigene Achse drehen*⟩ **K** Erdachse, x-Achse, y-Achse

die **Ạch·sel** [-ks-]; (-, *-n*) die Stelle, an welcher die Arme in den Körper übergehen

ạcht ZAHLWORT/ADJEKTIV **1** (als Zahl, Ziffer) 8 **i** → Extras, S. 700: **Zahlen** und Beispiele unter **vier** **2** **zu acht** (mit) insgesamt 8 Personen *„zu acht einen Ausflug machen"* **3** in einer Reihenfolge an der Stelle acht ≈ 8. **i** → Beispiele unter **viert-** **ID** **in/vor acht Tagen** *gesprochen* in/vor einer Woche

die **Ạcht** (-, *-en*) **1** die Zahl 8 **2** jemand oder etwas mit der Ziffer/Nummer 8 (z. B. ein Spieler, ein Bus o. Ä.)

ạch·tel ADJEKTIV *nur in dieser Form* den 8. Teil einer Sache bildend ≈ ⅛ *„ein achtel Liter"*

ạch·ten (*achtete, hat geachtet*) **1** **jemanden achten** eine hohe Meinung von einer Person haben (z. B. wegen ihrer Leistungen oder ihres Wissens) **2** **jemanden/etwas achten** eine Person oder Sache mit Respekt behandeln (auch wenn man sie nicht mag) ⟨*die Mitmenschen, die Gefühle anderer achten*⟩ **3** **auf jemanden/etwas achten** jemandem Aufmerksamkeit schenken oder an jemandem/etwas Interesse haben ≈ beachten *„Während des Vortrags achtete er kaum auf die Zuhörer"* **4** **auf jemanden/etwas achten** eine Person oder Sache beobachten, um zu verhindern, dass etwas Unangenehmes passiert ⟨*auf ein Kind achten*⟩ ≈ aufpassen

die **Ạch·tung** (-) **1** die gute Meinung, die man von jemandem hat ⟨*in jemandes Achtung steigen, fallen*⟩ **2** **die Achtung (vor jemandem/etwas)** die respektvolle Behandlung einer Person oder Sache ≈ Respekt ↔ Missachtung **3** **Achtung!** verwendet, um jemanden vor einer Gefahr zu warnen oder um jemanden auf etwas aufmerksam zu machen *„Achtung, Stufe!"*

acht·zehn ['axtse:n] ZAHLWORT (als Zahl) 18 **i** → Extras, S. 700: **Zahlen**

acht·zig ['axtsɪç, -ɪk] ZAHLWORT **1** (als Zahl) 80 **i** → Extras, S. 700: **Zahlen** **2** **Anfang/Mitte/Ende achtzig sein** ungefähr 80 bis 83/84 bis 86/87 bis 89 Jahre alt sein

der **Ạcker** (*-s, Äcker*) eine große Fläche, auf der ein Bauer z. B. Getreide oder Kartoffeln anbaut ⟨*einen Acker bearbeiten, bebauen, bestellen, pflügen*⟩ ≈ Feld **K** Ackerland; Kartoffelacker

der **Adạp·ter** (*-s, -*) ein kleines Gerät oder ein Zwischenstück, das man benutzt, um ein Gerät an eine Stromquelle anzuschließen oder um zwei Geräte zu verbinden, die sonst nicht zusammenpassen

die **A̲der** (*-, -n*) in den Adern fließt das Blut durch den Körper **K** Pulsader

das **Ạd·jek·tiv** [-f]; (*-s, -e*) ein Wort, das man deklinieren und meist auch steigern kann, das im Deutschen entweder beim Verb oder vor dem Substantiv steht und das diesem eine Eigenschaft/ein Merkmal zuschreibt *„Der Satz „Das kleine Kind ist krank" enthält die Adjektive „klein" und „krank"*

die **Ad·rẹs·se** (*-, -n*) **1** die Angabe des Namens, der Straße und des Wohnorts einer Person ⟨*die Adresse angeben, aufschreiben, hinterlassen*⟩ **K** Adressenverzeichnis **2** eine Folge von Buchstaben und Zeichen, die man in einen Computer eingeben muss, um jemanden über das Internet zu erreichen **K** E-Mail-Adresse, Internetadresse

der **Ad·vẹnt** [-v-]; (*-(e)s*) **1** die Zeit vom vierten Sonntag vor Weihnachten bis Weihnachten ⟨*im Advent*⟩ **2** **erster/zweiter/dritter/vierter Advent** der erste/zweite/dritte/vierte Sonntag in der Adventszeit

der **Ad·vẹnts·ka·len·der** ein Kalender für Kinder für die Zeit vom 1. bis zum 24. Dezember mit 24 geschlossenen Fenstern, von denen jeden Tag eines geöffnet werden darf. Dahinter ist ein

Bild, Schokolade o. Ä.

ler **Ad·vents·kranz** ein Kranz aus Tannenzweigen mit vier Kerzen, von denen man am ersten Adventssonntag eine anzündet, am zweiten zwei usw.

ADVENTSKRANZ

las **Ad·verb** [-v-]; (-s, *Ad·ver·bi·en* [-i̯ən]) Adverbien werden im Satz nicht verändert und geben an, wann, wo, wie, warum usw. etwas geschieht ≈ Umstandswort *„Der Satz „Sie ist gestern hier gewesen" enthält die Adverbien „gestern" und „hier"*

die **Af·fä·re** (-, *-n*) **1** ein (unangenehmer) Vorfall, eine (peinliche) Angelegenheit **2** eine Liebesbeziehung

ler **Af·fe** (*-n, -n*) ein Säugetier, das dem Menschen ähnlich ist und gerne (auf Bäume) klettert ⓘ *der Affe; den, dem, des Affen*

as) **Af·ri·ka** (*-s*) der drittgrößte Kontinent der Erde • *hierzu* **Af·ri·ka·ner** *der;* **Af·ri·ka·ne·rin** *die;* **af·ri·ka·nisch** *ADJEKTIV*

ler **Af·ter** (*-s, -*) der Ausgang des Darms, durch den feste Reste der Nahrung ausgeschieden werden

die **Agen·tur** (-, *-en*) **1** eine Geschäftsstelle eines Unternehmens **K** Versicherungsagentur **2** Kurzwort für *Nachrichtenagentur* **3** Kurzwort für *Werbeagentur* **4** **Agentur für Arbeit** Ⓓ eine staatliche Behörde, deren Aufgabe es ist, Arbeitsplätze zu vermitteln und sich um Leute zu kümmern, die einen Beruf haben wollen oder arbeitslos sind

die **Ag·gres·si·on** (-, *-en*) **1** von Aggression spricht man, wenn Tiere und Menschen Gewalt anwenden, kämpfen oder Macht ausüben ⟨*zu Aggressionen neigen*⟩ **2** **Aggressionen (gegen jemanden/etwas)** ein Gefühl der Wut oder Ablehnung

ag·gres·siv [-f] *ADJEKTIV* **1** mit der Neigung zu Aggressionen ⟨*ein Mensch, ein Verhalten; aggressiv reagieren*⟩ ≈ streitsüchtig **2** ohne Rücksicht ⟨*eine Fahrweise; aggressiv fahren*⟩ ↔ defensiv • *zu* (1) **Ag·gres·si·vi·tät** *die*

ah·nen (*ahnte, hat geahnt*) **1** **etwas ahnen** von einem (zukünftigen) Geschehen eine vage Vorstellung oder Vermutung haben ⟨*ein Geheimnis, die Wahrheit ahnen*⟩ ≈ vermuten **2** **etwas ahnen** das Gefühl haben, dass etwas Unangenehmes passieren wird ⟨*ein Unglück, ein Unheil ahnen*⟩

ähn·lich *ADJEKTIV* **1** **ähnlich (wie jemand/etwas)** in wichtigen, auffallenden Merkmalen übereinstimmend ↔ anders *„Mandarinen schmecken so ähnlich wie Orangen"* **2** **und Ähnliches/oder Ähnliches** verwendet nach einer Aufzählung von Dingen vergleichbarer Art *„Bücher, Zeitschriften und Ähnliches"* ⓘ Abkürzung: *u. Ä./o. Ä.* • *zu* (1) **Ähn·lich·keit** *die*

die **Ah·nung** (-, *-en*) **1** ein vages Gefühl von einem Ereignis (in der Zukunft) oder von einer Sache, über die man nicht viel weiß **2** **(von etwas) eine Ahnung haben** etwas wissen oder sich etwas vorstellen können *„Ich hatte ja keine Ahnung, dass du schon zurück bist" | „Habt ihr eine Ahnung, wie der Unfall passiert ist?"* **3** **(von etwas) (eine) Ahnung haben** in einem Bereich Kenntnisse haben, die man durch Lernen erworben hat *„Er hat von Technik absolut keine Ahnung"* • *hierzu* **ah·nungs·los** *ADJEKTIV*

(das) **Aids** [eɪdz]; (-) eine ansteckende Krankheit, welche die Abwehrkräfte des Körpers so schwächt, dass man viele andere Krankheiten bekommt und meist an einer dieser Krankheiten stirbt **K** Aidstest; aidsinfiziert

das **Ak·kor·de·on** (*-s, -s*) ein tragbares Musikinstrument mit Tasten und Knöpfen, bei dem die Töne durch Ziehen und Drücken des mittleren Teils erzeugt werden und das vor allem für Volksmusik verwendet wird **i** → Abb. unter **Instrumente**

der **Ak·ku** (-s, -s) Kurzwort für *Akkumulator*

der **Ak·ku·mu·la·tor** (-s, *Ak·ku·mu·la·to·ren*) ein Gerät, mit dem man Strom speichert ⟨*einen Akkumulator aufladen*⟩

der **Ak·ku·sa·tiv** [-f]; (-s, -e) der Kasus, in dem vor allem das Objekt eines Verbs steht ⟨*etwas steht im Akkusativ*⟩ ≈ Wenfall *„In dem Satz „Ich habe sie gefragt" steht „sie" im Akkusativ"* **K** Akkusativobjekt

der **Akt** (-(e)s, -e) **1** *geschrieben* etwas, das mit Absicht getan worden ist oder getan werden soll ≈ Tat **2** ein größerer Abschnitt eines Theaterstücks, der meist aus mehreren Szenen besteht

die **Ak·te** (-, -n) eine (geordnete Sammlung von) Unterlagen zu einem Fall oder Thema ⟨*eine Akte bearbeiten, ablegen*⟩ **K** Aktenordner, Aktenschrank; Gerichtsakte, Polizeiakte **ID** **etwas zu den Akten legen** etwas als abgeschlossen oder erledigt ansehen

die **Ak·tie** ['aktsi̯ə]; (-, -n) eine von vielen Urkunden über einen Anteil am Kapital und am Gewinn eines großen Unternehmens ⟨*die Aktien steigen, fallen; Geld in Aktien anlegen*⟩ **K** Aktienkurs

die **Ak·ti·on** [-'tsi̯oːn]; (-, -en) **1** eine gemeinsame Handlung, mit der ein Ziel erreicht werden soll **K** Rettungsaktion, Spendenaktion **2** *geschrieben* das, was eine Person tut ≈ Handlung

ak·tiv [-f] ADJEKTIV so, dass man gern und freiwillig etwas tut oder sich für ein Ziel einsetzt ⟨*politisch, sexuell aktiv sein; sich aktiv an etwas beteiligen*⟩ • *hierzu* **Ak·ti·vi·tät** [-v-] *die*

ak·tu·ell ADJEKTIV gegenwärtig vorhanden und wichtig oder interessant ⟨*ein Ereignis, ein Problem, ein Thema, ein Theaterstück*⟩ • *hierzu* **Ak·tu·a·li·tät** *die*

akut ADJEKTIV (*akuter, akutest-*) **1** im Augenblick sehr dringend ⟨*eine Frage, ein Problem*⟩ **2** ⟨*eine Erkrankung*⟩ so, dass sie plötzlich kommt und schnell und heftig verläuft

der **Ak·zent** (-(e)s, -e) **1** die typische Art, die Laute einer Sprache auszusprechen, die zeigt, aus welchem Land oder Gebiet jemand stammt ⟨*mit starkem, ausländischem Akzent sprechen*⟩ **2** ein Zeichen über einem Buchstaben, das anzeigt, welche Silbe betont ist (z. B. im Spanischen) oder wie ein Vokal ausgesprochen wird (z. B. im Französischen) • *zu* (1) **ak·zent·frei** ADJEKTIV

ak·zep·tie·ren (*akzeptierte, hat akzeptiert*) **1** **etwas akzeptieren** mit etwas einverstanden sein ⟨*ein Angebot, einen Vorschlag, eine Bedingung akzeptieren*⟩ **2** **etwas akzeptieren** etwas gelten lassen, mit etwas zufrieden sein ⟨*jemandes Entschuldigungen, Gründe (für etwas) akzeptieren*⟩

der **Alarm** (-(e)s, -e) **1** ein Signal (z. B. das Heulen einer Sirene oder das Läuten einer Glocke), das vor einer Gefahr warnen soll ⟨*Alarm auslösen, geben, läuten*⟩ **2** **blinder Alarm** die Situation, wenn Alarm ausgelöst wird oder große Aufregung herrscht, obwohl es keine akute Gefahr gibt

alar·mie·ren (*alarmierte, hat alarmiert*) **jemanden alarmieren** jemanden zum Einsatz, zu Hilfe rufen ⟨*die Feuerwehr, die Polizei, die Bergwacht, den Nachbarn alarmieren*⟩

der **Alb·traum** ein Traum von schrecklichen Erlebnissen ⟨*einen Albtraum haben*⟩

das **Al·bum** (-s, *Al·ben/gesprochen auch* -s) ein Buch mit ziemlich dicken Blättern, in dem man vor allem Briefmarken oder Fotos sammelt **K** Fotoalbum

der **Al·ko·hol** [-ho(ː)l]; (-s, -e) **1** eine farblose, leicht brennbare Flüssigkeit, die z. B. in Bier und Wein enthalten ist oder die zur Desinfizierung verwendet wird *„Dieser Schnaps enthält 40 % Alkohol"* **2** verwendet als Bezeichnung für alle Getränke, die Alkohol enthalten und von denen man betrunken werden kann ⓘ nicht in der Mehrzahl verwendet • zu (1) **al·ko·ho·lisch** *ADJEKTIV*; **al·ko·hol·frei** *ADJEKTIV*

all *ARTIKEL/PRONOMEN* **1** verwendet, um die maximale Menge, Größe, Stärke o. Ä. des Genannten zu bezeichnen *„alle Menschen dieser Welt"* **2** für solche Personen oder Dinge verwendet, die genannt wurden oder in der Situation vorhanden sind *„Er hat alles aufgegessen" | „Sind jetzt endlich alle da?"* **ID** **vor allem** verwendet, um etwas hervorzuheben ≈ besonders, hauptsächlich *„Die Bergtour war schön, aber vor allem sehr anstrengend"* ⓘ Abkürzung: *v. a.*

das **All** (-s) ⟨*das All erforschen*⟩ ≈ Weltraum *„einen Satelliten ins All schicken"*

al·le → all

al·lein *nur in dieser Form ADJEKTIV* **1** ohne andere Personen ⟨*jemanden allein lassen; allein sein wollen*⟩ *„Ich verreise/wohne ganz gern allein"* **2** traurig, weil man keinen Kontakt zu anderen Menschen hat ≈ einsam *„Hier in der Stadt fühle ich mich so allein ohne dich"* **3** **von allein** ohne dass jemand aktiv wird, etwas dazu tut *„Die Flasche ist ganz von allein umgefallen"*
PARTIKEL **4** keine andere Person, nichts anderes *„Du allein kannst mir noch helfen"*

al·ler·dings *ADVERB unbetont* verwendet, um etwas Gesagtes einzuschränken ≈ jedoch *„Das Essen war gut, allerdings etwas teuer"*

die **Al·ler·gie** (-, -n [-ˈgiːən]) **eine Allergie (gegen etwas)** wenn man eine Allergie hat, reagiert der Körper auf etwas Harmloses sehr empfindlich, vor allem mit Schnupfen oder Hautausschlägen

al·ler·gisch *ADJEKTIV* **allergisch (gegen etwas)** an einer Allergie leidend *„Ihre Haut ist allergisch gegen Haarspray"*

al·les → all

all·ge·mein *ADJEKTIV* **1** bei allen, von allen ⟨*allgemein bekannt, beliebt, üblich (sein)*⟩ **2** alle oder alles betreffend ⟨*die (politische, wirtschaftliche) Lage, die Not, die Lieferbedingungen*⟩ **3** **im Allgemeinen** in den meisten Fällen

der **All·tag** der normale Ablauf des Lebens, der ständig im gleichen Rhythmus geschieht und wenig Abwechslung oder Freude mit sich bringt ⟨*im Alltag; der graue, triste, monotone Alltag*⟩ ⓘ nicht in der Mehrzahl verwendet

die **Al·pen** *Mehrzahl* verwendet als Bezeichnung für das höchste europäische Gebirge

das **Al·pha·bet** [-f-]; (-(e)s, -e) die feste Reihenfolge der Buchstaben einer Sprache ⟨*das lateinische, griechische, kyrillische Alphabet*⟩ *„Bücher nach dem Alphabet ordnen"* • hierzu **al·pha·be·tisch** *ADJEKTIV*

der **Alp·traum** → Albtraum

als *BINDEWORT* ZEIT: **1** Das Ereignis des *als*-Satzes geschieht zur gleichen Zeit wie das Ereignis des Hauptsatzes ≈ während *„Als ich gehen wollte, (da) läutete das Telefon"* **2** Das Ereignis des Hauptsatzes geschah schon vor dem Ereignis des *als*-Satzes und dauerte noch an *„Als er nach Hause kam, (da) war seine Frau bereits fort"* **3** (*mit dem Plusquamperfekt*) Das Ereignis des *als*-Satzes geschah schon vor dem Ereignis des Hauptsatzes ≈ nachdem *„Als er gegangen war, (da) fing das Fest erst richtig an"* **4** verwendet, um einen Zeitpunkt anzugeben VERGLEICH, KONTRAST: **5** verwendet, um einen Vergleich zu ziehen *„Er ist größer als du"* ⓘ In der gesprochenen Sprache wird beim Vergleich auch *wie* verwendet. ERKLÄRUNG: **6** verwendet, um einen Zweck, eine Funktion zu nennen *„einen Raum als Gästezimmer benutzen"*

al·so *ADVERB* **1** verwendet, um eine logische Schlussfolgerung auszudrücken ≈ folglich *„Es brannte Licht, also musste jemand da sein"*
PARTIKEL **2** verwendet, um ein Gespräch zu beenden oder sich zu verabschieden *„Also dann, auf Wiedersehen und viel Spaß!"*

alt *ADJEKTIV* (älter, ältest-) LEBEWESEN:

■1 schon seit vielen Jahren lebend oder vorhanden ⟨*Menschen, Tiere, Pflanzen*⟩ ↔ jung *„Er ist nicht sehr alt geworden"* ■2 verwendet, um das Alter zu nennen oder danach zu fragen *„Wie alt bist du?"* DINGE: ■3 schon vor langer Zeit entstanden oder hergestellt ↔ frisch *„Das Brot schmeckt aber ziemlich alt"* BEI BEZIEHUNGEN: ■4 schon lange Zeit in der genannten Beziehung zu jemandem ⟨*ein Kunde, ein Freund*⟩ ≈ langjährig ↔ neu ■5 ehemalig, von früher ⟨*ein Kollege, ein Schüler, ein Lehrer*⟩

der **Al·tar** (-(e)s, *Al·tä·re*) ein Tisch (vor allem in christlichen Kirchen), an dem der Priester steht und religiöse Handlungen durchführt

der/die **Al·te** (-n, -n) als Bezeichnung für alte Personen verwendet ■K Altenpflege, Altenpfleger ⓘ *ein Alter; der Alte; den, dem, des Alten*

äl·ter ADJEKTIV *Komparativ* von *alt „Sie ist zwei Jahre älter als ich"*

das **Al·ter** (-s) ■1 die Anzahl der Jahre, die ein Mensch, ein Tier oder eine Pflanze bereits gelebt hat *„Er starb im Alter von 60 Jahren"* ■2 ein Stadium des Lebens, in dem man ein gewisses Alter erreicht hat ⟨*ein schwieriges, gefährliches Alter; im fortgeschrittenen, hohen Alter*⟩ ■K Erwachsenenalter, Kindesalter ■3 die Zeit, seit der eine Sache existiert *„das Alter eines Kunstgegenstandes schätzen"* ■4 der letzte Abschnitt des Lebens, in dem man bereits lange lebt *„Im Alter lässt oft die Konzentration nach"* ■K Alterserscheinung, Altersschwäche

al·ter·na·tiv [-f] ADJEKTIV ■1 *geschrieben* ⟨*ein Konzept, ein Plan, ein Programm*⟩ so, dass sie eine zweite Möglichkeit sein können ■2 in starkem Gegensatz zu dem stehend, was bisher üblich war ⟨*eine Politik, eine Ernährungsweise; Energiequellen, Lebensformen*⟩

die **Alt·stadt** der älteste (meist historische) Teil einer Stadt

das **Alu** (-s); *gesprochen* Kurzwort für *Aluminium* ■K Alufolie

das **Alu·mi·ni·um** (-s) ein leichtes, silbriges Metall, aus dem z. B. Fahrräder, Flugzeugteile und Kochtöpfe hergestellt werden ⓘ chemisches Zeichen: *Al*

am PRÄPOSITION MIT ARTIKEL ■1 an dem ⓘ *Am* kann nicht durch *an dem* ersetzt werden in geografischen Namen (*Frankfurt am Main*), in Datumsangaben (*am Dienstag, am 20. Mai*) und in festen Wendungen wie: *am Ende sein, etwas am Stück kaufen.* ■2 verwendet, um den Superlativ von Adjektiven und Adverbien zu bilden *„schön, schöner, am schönsten"* | *„viel, mehr, am meisten"*

am·bu·lant ADJEKTIV so, dass der Patient dabei nicht im Krankenhaus bleiben muss ⟨*eine Behandlung*⟩ ↔ stationär

die **Am·bu·lanz** (-, -en) ■1 ≈ Rettungswagen ■2 eine Abteilung in einem Krankenhaus, in welcher die Patienten ambulant behandelt werden

die **Amei·se** (-, -n) ein kleines Insekt, das in gut organisierten Gemeinschaften lebt und Hügel baut, in denen die Gruppe lebt ⓘ → Abb. unter **Insekt**

(das) **Ame·ri·ka** (-s) ■1 der zweitgrößte Kontinent der Erde ■K Mittelamerika, Nordamerika, Südamerika ■2 *gesprochen* die Vereinigten Staaten von Amerika ≈ USA • *zu* (2) **Ame·ri·ka·ner** *der; zu* (2) **Ame·ri·ka·ne·rin** *die; zu* (2) **ame·ri·ka·nisch** ADJEKTIV

die **Am·pel** (-, -n) Ampeln stehen vor allem an Kreuzungen und regeln durch Licht (das blinkt oder die Farbe wechselt) den Verkehr *„Er verlor den Führerschein, weil er bei Rot über die Ampel fuhr"*

das **Amt** (-(e)s, *Äm·ter*) ■1 eine offizielle Stellung (z. B. beim Staat, in der Kirche), die mit Aufgaben und Pflichten verbunden ist ⟨*für ein Amt kandidieren*⟩ ■2 eine öffentliche (zentrale oder örtliche) Institution ≈ Behörde *„das Amt für Forstwirtschaft"* ■K Arbeitsamt, Gesundheitsamt

amt·lich ADJEKTIV von einem Amt

oder einer Behörde ‹*ein Schreiben, eine Bekanntmachung, eine Bescheinigung*›

amü·sie·ren (*amüsierte, hat amüsiert*) **1** **etwas amüsiert jemanden** etwas bringt jemanden zum Lachen *„Sein komisches Gesicht amüsierte uns"* **2** **sich (irgendwie) amüsieren** auf angenehme oder lustige Weise die Zeit verbringen ↔ langweilen *„Amüsierst du dich (gut)?"*

an[1] PRÄPOSITION ORT: **1** *mit Dativ* direkt neben oder sehr nahe bei jemandem/etwas *„an der Hauptstraße wohnen"* ⓘ → Extras, S. 717: **Präpositionen** **2** *mit Dativ* in Kontakt zu einem Objekt oder einer Fläche *„Das Bild hängt an der Wand"* ⓘ → Extras, S. 717: **Präpositionen** **3** *mit Akkusativ* verwendet, um die Richtung einer Bewegung zu beschreiben, die zu einem Kontakt oder zu Nähe führt *„sich an den Tisch setzen"* ⓘ → Extras, S. 717: **Präpositionen** ZEIT: **4** *mit Dativ* verwendet, um einen Tag oder eine Tageszeit anzugeben, im Süddeutschen auch vor der Bezeichnung von Festtagen *„an meinem Geburtstag"* | *„an Weihnachten"* ⓘ Zur Angabe des Datums wird *am* verwendet: *am 1. Mai, am 24. Oktober*. INSTITUTION: **5** *mit Dativ* verwendet, wenn jemand in einer Institution arbeitet oder Schüler ist *„die Lehrer und Schüler an der Mittelschule"* **6** *mit Akkusativ* verwendet, wenn jemand Schüler oder Mitarbeiter einer Institution wird *„An welche Universität willst du denn gehen/wechseln?"* ALS ERGÄNZUNG: **7** *mit Dativ* drückt aus, dass eine Tätigkeit noch nicht beendet ist *„an einem Brief schreiben"* **8** *mit Dativ* verwendet mit bestimmten Verben, um eine Ergänzung anzuschließen *„an Typhus erkranken/leiden/sterben"* | *„an einem Kurs teilnehmen"* **9** *mit Akkusativ* verwendet mit bestimmten Verben, um eine Ergänzung anzuschließen *„Ich denke oft an unseren Urlaub in Sizilien"* | *„an Gott glauben"* | *„sich an jemanden/etwas erinnern"* **10** *mit Dativ* verwendet mit bestimmten Substantiven und Adjektiven, um eine Ergänzung anzuschließen *„an einem Unfall schuld sein"* SONSTIGE VERWENDUNGEN: **11** **an was** *gesprochen* ≈ woran

an[2] ADVERB **1** gibt in Fahrplänen die Zeit an, zu der ein Zug, Bus o. Ä. irgendwo ankommt ↔ ab *„Zürich Hauptbahnhof an 16:44"* **2** **von ... an** gibt einen örtlichen Ausgangspunkt an *„Von hier an wird das Gelände sumpfig"* **3** **von ... an** gibt den zeitlichen Ausgangspunkt von etwas an ≈ ab *„Von Montag an bin ich im Urlaub"* **4** **etwas ist an** *gesprochen* etwas ist angeschaltet, in Betrieb ↔ aus *„Das Licht ist an"*

an- (*im Verb, betont und trennbar, sehr produktiv; Diese Verben werden so gebildet: anschreiben, schrieb an, angeschrieben*) **1** **etwas (an etwas** (*Dativ/Akkusativ*)**) anbinden, ankleben, anknoten, anschrauben** *und andere* drückt aus, dass man etwas irgendwo festmacht *„Er nagelte die Latte am Zaun an"* Er machte die Latte mit Nägeln am Zaun fest **2** **etwas anbeißen, anbohren, annagen, ansägen** *und andere* drückt aus, dass eine Handlung nur für kurze Zeit oder nur zu einem geringen Grad ausgeführt wird **3** **jemanden anbetteln, angähnen, anlächeln, anschreien**; **jemanden/etwas ansehen, anstarren** *und andere* drückt aus, dass eine Handlung auf eine Person/Sache gerichtet ist, eine Person/Sache als Ziel hat *„Der Hund bellte den Briefträger an"* Der Hund bellte in die Richtung des Briefträgers

die **Ana·ly·se** [-'lyːzə]; (-, -*n*) der Vorgang oder ein Text, bei dem man etwas analysiert ‹*eine kritische, wissenschaftliche Analyse durchführen, vornehmen*›

ana·ly·sie·ren (*analysierte, hat analysiert*) **etwas analysieren** etwas in Bezug auf einzelne Merkmale oder Eigenschaften untersuchen, um dadurch Klarheit über die Strukturen zu bekommen ‹*eine Beziehung, einen Satz, einen Text, einen Traum, ein Musikstück, ein Buch analysieren*›

der **Ạn·bau** (-(e)s, -ten) **1** der Teil, den man nachträglich an ein Gebäude anbaut oder angebaut hat **2** der Vorgang, Pflanzen auf einem Feld oder Beet anzubauen ⟨*der Anbau von Getreide, Kartoffeln, Gemüse, Wein*⟩
ⓘ nicht in der Mehrzahl verwendet

ạn·bau·en (*hat*) **1 (etwas (an etwas** (*Akkusativ*))) **anbauen** etwas nachträglich an ein Gebäude bauen *„eine Garage (an das Haus) anbauen“* ⓘ als Ergebnis oft mit Dativ: *die Garage war am Haus angebaut* **2 etwas anbauen** Pflanzen auf ein Feld oder Beet pflanzen, um später Getreide, Gemüse, Früchte usw. zu ernten

ạn·bie·ten (*hat*) **1 (jemandem) etwas anbieten** einer Person durch Worte oder Gesten zeigen, dass man ihr etwas Angenehmes, Nützliches oder Hilfreiches geben will *„Er bot mir an, mich ins Theater zu begleiten“* | *„Darf ich euch etwas (zum Trinken) anbieten?“* **2 (jemandem) etwas anbieten** für etwas werben, das man verkaufen will *„auf dem Markt Waren (zum Verkauf) anbieten“* **3 etwas bietet sich (für etwas) an** etwas ist eine günstige Möglichkeit oder gut geeignet *„Bei den vielen Feiertagen bietet es sich doch geradezu an, jetzt Urlaub zu machen“*

ạn·dau·ernd ADJEKTIV *oft abwertend* so oft, dass es lästig ist oder stört ≈ ständig *„Sie fragt mich andauernd dasselbe“*

ạn·de·r- **1** nicht gleich, sondern verschieden *„Er möchte in einer anderen Stadt leben“* **2** verwendet, um den Rest eines Paares oder einer Gruppe von Personen oder Gegenständen zu bezeichnen *„Wo sind die anderen (Mädchen) aus eurer Gruppe?“* **3** nicht die Sache oder Person, von der gerade die Rede ist, sondern eine, die es auch gibt *„Kann ich bitte ein anderes Glas haben?“*

ạn·de·rer·seits ADVERB → einerseits

ạ̈n·dern (*änderte, hat geändert*) **1 etwas ändern** etwas in eine andere, neue oder bessere Form bringen ⟨*das Aussehen, das Verhalten, den Plan, die Richtung ändern*⟩ **2 jemand/etwas ändert sich** jemand/etwas nimmt eine andere Eigenschaft oder Form, ein anderes Verhalten an ⟨*ein Mensch, das Wetter, die Lage*⟩

ạn·ders ADVERB **1** nicht auf die gleiche Art und Weise ⟨*anders denken, fühlen*⟩ *„Er verhält sich anders, als wir erwartet haben“* **2** verwendet nach Fragewörtern (z. B. *wann, wo*) und Adverbien, um eine Alternative zu nennen *„Hier ist es nicht, es muss irgendwo anders sein“*

ạn·ders·wo ADVERB; *gesprochen* an irgendeinem anderen Ort ≈ woanders *„Du musst das Auto anderswo parken“*

ạn·dert·hạlb ZAHLWORT ein Ganzes und ein Halbes (1½) ≈ eineinhalb

die **Ạ̈n·de·rung** (-, -en) **eine Änderung** (+*Genitiv*); **eine Änderung (von jemandem/etwas)** der Vorgang oder das Ergebnis des Änderns *„die Änderung eines Gesetzes beschließen“* | *„am Bauplan eine Änderung vornehmen“*

die **Ạn·deu·tung** ein ungenauer Hinweis auf etwas *„Sie sprach nur in Andeutungen von ihren Zukunftsplänen“*

an·ei·nạn·der ADVERB **1** eine Person/Sache an die andere oder an der anderen *„zwei Schläuche aneinander befestigen“* **2** verwendet, um eine Gegenseitigkeit auszudrücken *„Wir denken oft aneinander“* Ich denke oft an sie, und sie denkt oft an mich

ạn|er·ken·nen (*erkannte an/selten auch anerkannte, hat anerkannt*) **1 jemanden/etwas anerkennen** jemanden/etwas positiv beurteilen ⟨*jemandes Leistungen anerkennen*⟩ **2 etwas anerkennen** etwas respektieren, achten und befolgen ⟨*eine Abmachung, eine Regel, eine Vorschrift anerkennen*⟩ **3 jemanden/etwas (als etwas** (*Akkusativ*)) **anerkennen** jemanden/etwas als gültig und rechtmäßig betrachten *„Diese Prüfung/Dieser Abschluss wird bei uns nicht anerkannt“*

der **Ạn·fall** bei einem Anfall hat man

plötzlich starke Symptome einer Krankheit ⟨*ein asthmatischer, epileptischer Anfall*⟩ *„ein Anfall akuter Atemnot"* **K** Hustenanfall

an·fal·len ein Tier fällt jemanden an (*hat*) ein Tier greift Personen oder andere Tiere an und verletzt diese

der **An·fang** **1** der Zeitpunkt, zu dem etwas anfängt, beginnt *„den Anfang des Films verpassen"* **2** die Stelle, wo etwas anfängt oder der Teil, mit dem etwas anfängt *„Das Buch hat einen spannenden Anfang"* ❶ zu 1 und 2: *Beginn* hat die gleiche Bedeutung, ist aber nicht so häufig wie *Anfang* und wird meist in schriftlichen Texten verwendet. **3** **Anfang** *+Zeitangabe* am Anfang des genannten Zeitraums *„Anfang nächster Woche"* **4** **von Anfang an** sofort, nicht erst in einer späteren Phase **ID** **den Anfang machen** als Erster etwas beginnen

an·fan·gen (*hat*) **1** **etwas fängt (irgendwann) an** etwas findet von einem Zeitpunkt an statt *„Das Konzert fängt um 8 Uhr an"* **2** **etwas fängt irgendwo an** etwas erstreckt sich von der genannten Stelle aus *„Hinter dieser Bergkette fangen die Dolomiten an"* **3** **etwas fängt mit etwas an** etwas hat etwas als Beginn *„Der Film fing mit einer Liebesszene an"* **4** **etwas fängt irgendwie an** etwas ist in der ersten Zeit irgendwie *„Die Beschwerden fingen ganz harmlos an, wurden aber immer schlimmer"* **5** **(etwas/mit etwas) anfangen** den ersten Teil einer Sache machen *„Wer von euch hat den/mit dem Streit angefangen?"* | *„Das Auto fängt allmählich an zu rosten/zu rosten an"* ❶ zu 1 – 5: *Anfangen* und *beginnen* sind fast immer austauschbar, allerdings benutzt man *beginnen* meist in schriftlichen Texten und *anfangen* im Gespräch; die Gegensatzpaare sind *anfangen* und *aufhören*, *beginnen* und *(be)enden*. **ID** **mit jemandem/etwas nicht viel/nichts anfangen können** **a** jemanden/etwas nicht verstehen **b** mit einer Person nicht gern zusammen sein bzw. etwas nicht gern tun

der **An·fän·ger** (-s, -) eine Person, die gerade mit einer Ausbildung oder Tätigkeit beginnt ⟨*Kurse für Anfänger*⟩ • *hierzu* **An·fän·ge·rin** *die*

an·fangs ADVERB zuerst, am Anfang *„Anfangs war er noch schüchtern"*

an·fas·sen (*hat*) **1** **jemanden/etwas anfassen** jemanden/etwas mit der Hand berühren oder greifen *„Er fasst mich immer an, wenn er mit mir spricht"* **2** **jemanden irgendwie anfassen** mit jemandem in der genannten Weise umgehen ⟨*jemanden rau, hart, sanft anfassen*⟩ **ID** **Fass doch mal mit an!** *gesprochen* Hilf doch mal mit!

der **An·flug** **im/beim Anflug auf etwas** (*Akkusativ*) in der letzten Phase des Flugs vor der Landung *„Das Flugzeug befindet sich im Anflug auf Paris"*

die **An·fra·ge** eine Frage oder Bitte um Auskunft *„Wir bekamen sehr viele Anfragen nach Ferienwohnungen"* Sehr viele Leute wollten Ferienwohnungen buchen

das **An·füh·rungs·zei·chen** (-s, -) die Zeichen „ und ". Sie zeigen in geschriebenen Texten an, dass etwas wörtliche Rede, ein Zitat oder ironisch gemeint ist ⟨*etwas in Anführungszeichen setzen*⟩ ❶ Die Zeichen ‚ und ' heißen *einfache Anführungszeichen*.

die **An·ga·be** (-, -n) die Information, die man einer Person gibt ⟨*falsche, genaue, richtige Angaben machen*⟩ *„Wir müssen Ihre Angaben natürlich überprüfen"* **K** Ortsangabe, Zeitangabe

an·ge·ben (*hat*) **1** **(jemandem) etwas angeben** etwas nennen, um so einer Person eine Information zu geben ⟨*den Namen, die Adresse angeben*⟩ *„Er gab als Grund für die Verspätung an, dass er den Bus verpasst habe"* **2** **(mit etwas) angeben** *gesprochen, abwertend* übertrieben stolz von einer Sache erzählen, um von anderen Leuten bewundert zu werden ≈ prahlen *„Gib doch nicht so an mit deinem neuen Auto!"* • zu (2) **An-**

ge·ber *der; zu* (2) **ạn·ge·be·risch** *ADJEKTIV*

ạn·geb·lich *ADJEKTIV* drückt aus, dass etwas behauptet wird, man aber Zweifel daran hat *„Er soll angeblich sehr reich sein"*

das **Ạn·ge·bot** (-(e)s, -e) **1** das Anbieten einer Ware zum Kauf 〈*jemandem ein günstiges Angebot machen*〉 **2** **das Angebot (an etwas** (*Dativ*)**)** die Menge der angebotenen Waren *„ein reichhaltiges Angebot (an Obst/Zeitschriften)"*

ạn·ge·bro·chen *ADJEKTIV* (zum Essen oder Trinken) schon geöffnet 〈*eine Weinflasche, eine Packung*〉

ạn·ge·hen **1** **etwas geht an** *gesprochen* (*ist*) etwas beginnt zu brennen 〈*das Feuer, der Ofen, das Licht*〉 ↔ ausgehen **2** **etwas (irgendwie) angehen** (*hat/süddeutsch* Ⓐ Ⓒⓗ *ist*) *anfangen, etwas (auf die genannte Weise) zu behandeln, zu lösen versuchen „Wir müssen diese Aufgaben jetzt endlich mal angehen"* **3** **etwas geht jemanden (et)was/nichts an** (*ist*) eine Person ist von der genannten Angelegenheit betroffen/nicht betroffen *„Das sind meine Probleme, die gehen dich gar nichts an"*

ạn·ge·hö·ren (*gehörte an, hat angehört*) **einer Sache** (*Dativ*) **angehören** Mitglied oder Teil meist einer Gruppe oder Organisation sein 〈*einem Verein, einem Komitee angehören*〉 • *hierzu* **ạn·ge·hö·rig** *ADJEKTIV*

der/die **Ạn·ge·hö·ri·ge** (-n, -n) **1** die Mitglieder einer Familie oder der Verwandtschaft *„die Angehörigen eines Unfallopfers verständigen"* **K** Familienangehörige **2** eine Person, die Mitglied einer Gruppe oder Organisation ist **K** Betriebsangehörige ⓘ *ein Angehöriger; der Angehörige; den, dem, des Angehörigen*

der/die **Ạn·ge·klag·te** (-n, -n) eine Person, die vor Gericht steht, weil sie eine Straftat begangen haben soll ⓘ *ein Angeklagter; der Angeklagte; den, dem, des Angeklagten*

die **Ạn·gel** (-, -n) **1** ein Stab, an dem eine Schnur mit einem Haken hängt. Mit einer Angel fängt man Fische 〈*die Angel auswerfen; einen Fisch an der Angel haben*〉 **K** Angelhaken **2** ein Stück Metall, das dazu dient, eine Tür oder ein Fenster beweglich am Rahmen zu befestigen **K** Türangel

die **Ạn·ge·le·gen·heit** ein Sachverhalt oder ein Problem 〈*eine dringende, peinliche Angelegenheit regeln; sich in fremde Angelegenheiten mischen*〉 **K** Privatangelegenheit

ạn·geln (*angelte, hat geangelt*) **(etwas) angeln** Fische mit der Angel fangen 〈*angeln gehen*〉

ạn·ge·nehm *ADJEKTIV* so, dass etwas ein erfreuliches, positives Gefühl hervorruft *„Ich war angenehm überrascht"*

ạn·ge·se·hen *ADJEKTIV* von anderen Leuten sehr geachtet, respektiert 〈*ein Mitbürger*〉

ạn·ge·sichts *PRÄPOSITION mit Genitiv* aus dem genannten Grund ≈ wegen *„angesichts drohender Verluste Einsparungen vornehmen"* ⓘ auch zusammen mit *von*: *angesichts von 10 % Umsatzrückgängen*

ạn·ge·stellt *ADJEKTIV* **(irgendwo) angestellt** bei einer Firma oder Institution beschäftigt 〈*fest angestellt sein*〉 *„bei einer Bank angestellt sein"*

der/die **Ạn·ge·stell·te** (-n, -n) eine Person, die für ein monatliches Gehalt bei einer Firma oder Behörde arbeitet 〈*ein leitender, kaufmännischer Angestellter*〉 **K** Bankangestellte, Büroangestellte ⓘ a) *ein Angestellter; der Angestellte; den, dem, des Angestellten*; b) *Angestellte* einer Firma sind entweder alle Mitarbeiter mit fester Stelle oder diejenigen Personen, die im Büro arbeiten, im Unterschied zu Arbeitern und Handwerkern.

ạn·ge·wie·sen *ADJEKTIV* **auf jemanden/etwas angewiesen sein** jemanden/etwas unbedingt brauchen oder benötigen

ạn·ge·wöh·nen (*hat*) **jemandem etwas angewöhnen** etwas zur Gewohnheit werden lassen *„Er hat sich angewöhnt, jeden Abend einen Spaziergang zu machen"*

die **An·ge·wohn·heit** eine meist schlechte Eigenschaft oder ein störendes Verhalten, das sich jemand angewöhnt hat ⟨*eine schlechte, seltsame Angewohnheit*⟩

an·ge·zo·gen ADJEKTIV *gesprochen* so, dass man Kleider am Körper trägt ↔ nackt *„Bist du schon angezogen?"*

an·grei·fen (*hat*) **1** **(jemanden/etwas) angreifen** mit Waffen gegen eine Person, ein Land o. Ä. zu kämpfen beginnen **2** **jemanden/etwas angreifen** jemanden/etwas mündlich oder schriftlich stark kritisieren *„Der Redner griff die Politik der Regierung scharf an"* • *hierzu* **An·grei·fer** *der*

der **An·griff** **1** **ein Angriff (gegen/auf jemanden/etwas)** das Angreifen eines Gegners, Feindes ⟨*einen Angriff fliegen, abwehren, zurückschlagen*⟩ ≈ Offensive **2** **ein Angriff (gegen/auf jemanden/etwas)** das scharfe Kritisieren und Angreifen ≈ Vorwurf *„Die Zeitung richtete heftige Angriffe gegen die Regierung"* **ID** **etwas in Angriff nehmen** anfangen, eine Aufgabe oder Arbeit durchzuführen

die **Angst** (-, *Ängs·te*) **1** **Angst (vor jemandem/etwas)** der psychische Zustand einer Person, die bedroht wird oder in Gefahr ist ⟨*große Angst haben, bekommen; jemandem Angst einflößen*⟩ *„Hast du Angst (davor), überfallen zu werden?"* ⓘ *jemand hat Angst*, aber: *jemandem ist angst* (kleingeschrieben) **2** **Angst (um jemanden/etwas)** die ernsthafte Sorge, dass jemandem etwas Schlimmes passiert oder dass man jemanden/etwas verliert *„Angst um den Arbeitsplatz haben"* ⓘ nicht in der Mehrzahl verwendet

ängst·lich ADJEKTIV **1** mit der Eigenschaft, leicht und oft Angst zu bekommen **2** voll Angst *„Die Katze versteckte sich ängstlich unter dem Schrank"*

an·gur·ten (*gurtete an, hat angegurtet*) **jemanden angurten** einer anderen Person oder sich selbst im Auto oder Flugzeug einen Sicherheitsgurt anlegen *„Du musst dich noch angurten!"*

an·ha·ben (*hat*) **etwas anhaben** *gesprochen* ein Kleidungsstück angezogen haben, es tragen *„ein neues Hemd anhaben"* ⓘ Bei Mützen, Hüten o. Ä. sagt man *aufhaben*: *Er hatte einen Helm auf.* **ID** **jemandem/etwas (et)was/nichts anhaben können** **a** beweisen/nicht beweisen können, dass jemand schuldig ist **b** jemandem/etwas einen/keinen Schaden zufügen können *„Wir warteten in der Hütte, wo uns das Gewitter nichts anhaben konnte"*

an·hal·ten (*hat*) **1** **jemand/etwas hält an** ein Fahrzeug bewegt sich nicht mehr weiter *„an der roten Ampel anhalten"* ⓘ Fahrzeuge halten an, Fußgänger bleiben stehen **2** **etwas hält an** der genannte Zustand oder Vorgang hört nicht auf, besteht weiter *„Wir hoffen, dass das gute Wetter noch lange anhält"* **3** **jemanden/etwas anhalten** dafür sorgen, dass jemand/etwas aufhört, sich zu bewegen **4** **die Luft/den Atem anhalten** absichtlich längere Zeit nicht atmen

an·hand PRÄPOSITION *mit Genitiv* verwendet, um die Mittel, Informationen o. Ä. zu nennen, die für eine Vorgehensweise oder Entscheidung benutzt werden *„Das Gericht fällte das Urteil anhand der Indizien"* ⓘ auch zusammen mit *von*: *Er wurde anhand von Indizien verurteilt*

an·hän·gen (*hängte an, hat angehängt*) **etwas (an etwas** (*Akkusativ*)**) anhängen** etwas an etwas hängen oder befestigen *„einen Waggon an den Zug anhängen"*

der **An·hän·ger** (-s, -) **1** ein Wagen ohne eigenen Motor, der an ein Fahrzeug angehängt und von diesem gezogen wird **2** ein Schmuckstück, das man an einer Kette tragen kann **3** eine Person, die von einer Person oder Sache (z. B. von einer Partei, einer Ideologie oder einer Mannschaft) überzeugt ist *„ein Anhänger der Opposition"* • *zu* (3) **An·hän·ge·rin** *die*

an·he·ben (*hob an, hat angehoben*) **1** **etwas anheben** einen Gegenstand (für kurze Zeit) nach oben heben *„Heb mal kurz deinen Teller an, dass ich den Tisch abwischen kann"* **2** **etwas anheben** die Menge steigern oder die Qualität verbessern ⟨*die Löhne, den Lebensstandard anheben*⟩ ≈ erhöhen • *zu* (2) **An·he·bung** *die*

an·hö·ren (*hat*) **1** **(sich** (*Dativ*)**) etwas anhören** (aufmerksam) zuhören, was jemand sagt oder erzählt, was gesungen oder gespielt wird *„Hast du dir die CD schon angehört?"* **2** **jemanden anhören** eine Person das sagen lassen, was sie sagen möchte **3** **jemand/etwas hört sich irgendwie an** *gesprochen* jemand oder etwas macht den genannten (meist akustischen) Eindruck *„Dein Vorschlag hört sich nicht schlecht an"*

der **An·ker** (*-s, -*) den Anker wirft man aus einem Schiff oder Boot ins Wasser, damit es an einer Stelle bleibt

die **An·kla·ge** eine Beschuldigung vor Gericht gegen jemanden, ein Verbrechen begangen zu haben

an·klop·fen (*hat*) an die Tür klopfen, weil man in einen Raum treten will

an·kom·men (*ist*) **1** **jemand/etwas kommt (irgendwo) an** eine Person oder Sache erreicht das Ziel eines Weges *„Seid ihr gut in Italien angekommen?"* **2** **jemand/etwas kommt (bei einer Person) an** jemand/etwas ruft bei einer Person eine positive Reaktion hervor oder ist einer Person sympathisch *„Der Vorschlag kam bei allen (gut) an"* **3** **etwas kommt auf jemanden/etwas an** etwas hängt von einer Person/Sache ab *„Es kommt auf die Bezahlung an, ob ich den Job annehme"* **4** **jemandem kommt es auf etwas** (*Akkusativ*) **an** etwas ist für jemanden sehr wichtig *„Mir kommt es darauf an, dass alle zufrieden sind"*

an·kreu·zen (*kreuzte an, hat angekreuzt*) **etwas ankreuzen** (vor allem auf einem Formular oder in einer Prüfung) eine Frage beantworten, indem man ein Kreuz (in ein Kästchen) macht *„eine Antwort richtig ankreuzen"*

an·kün·di·gen (*hat*) **etwas ankündigen** ein bevorstehendes Ereignis (öffentlich) bekannt geben ⟨*ein Konzert, den Besuch ankündigen*⟩ *„die Veröffentlichung eines Buches ankündigen"* • *hierzu* **An·kün·di·gung** *die*

die **An·kunft** (*-*) das Ankommen an einem Ort ↔ Abfahrt/Abflug *„die verspätete Ankunft eines Flugzeugs melden"* **K** Ankunftszeit

die **An·la·ge** **1** ein Gelände, das für einen Zweck bestimmt und gestaltet worden ist **K** Freizeitanlage, Sportanlage **2** **eine öffentliche Anlage** ≈ Park **3** **eine Anlage (zu etwas)** eine Fähigkeit, eine Eigenschaft oder ein Talent, die bei einer Person von Geburt an vorhanden sind ≈ Veranlagung *„Sie hat gute Anlagen, die gefördert werden sollten"* **4** das Anlegen von Geld oder etwas, das man kauft, um Geld anzulegen ≈ Investition *„Das Haus ist eine sichere Anlage"* **5** eine technische Einrichtung oder ein Gerät ⟨*elektrische, technische Anlagen*⟩

der **An·lass** (*-es, An·läs·se*) **1** ein (meist feierliches) gesellschaftliches Ereignis ⟨*ein besonderer, feierlicher, festlicher Anlass*⟩ **2** eine Ursache, die plötzlich etwas bewirkt *„Das ist kein Anlass zur Besorgnis"*

an·las·sen (*hat*) **1** **etwas anlassen** *gesprochen* ein Kleidungsstück weiterhin am Körper tragen *„Lass deine Jacke an, wir gehen gleich wieder hinaus in die Kälte"* **2** **etwas anlassen** *gesprochen* ein elektrisches Gerät oder einen Motor weiterhin in Betrieb lassen *„den Fernseher anlassen"* **3** **etwas anlassen** den Motor eines Fahrzeugs (meist mithilfe des Zündschlüssels) in Gang setzen ⟨*den Motor, ein Auto anlassen*⟩ ≈ starten

an·läss·lich PRÄPOSITION *mit Genitiv; geschrieben* verwendet, um den Grund für etwas zu nennen *„Anlässlich seines

Jubiläums gab es eine große Feier"

an·lau·fen 1 **etwas läuft an** (*ist*) etwas beginnt, kommt allmählich in Gang *„Die Kampagne läuft an"* 2 **angelaufen kommen** (*ist*) in die Richtung laufen, in der sich eine Person befindet und zu ihr kommen *„Als er die Tür aufschloss, kam der Hund bellend angelaufen"* 3 **ein Schiff läuft etwas an** (*hat*) ein Schiff fährt zu einem Ort, um dort zu bleiben

an·le·gen (*hat*) 1 **etwas anlegen** etwas planen und gestalten ⟨*einen Park, ein Beet anlegen*⟩ 2 **etwas anlegen** Kapital so einsetzen, dass es Gewinn bringt *„Geld gewinnbringend/in Aktien anlegen"* 3 **(jemandem) etwas anlegen** (bei jemandem) etwas so befestigen, dass es hält ⟨*jemandem einen Verband, Handschellen, Fesseln anlegen*⟩ 4 **ein Schiff legt irgendwo an** ein Schiff kommt im Hafen, am Ufer an und wird dort festgemacht ↔ ablegen 5 **sich mit jemandem anlegen** *gesprochen* (absichtlich) einen Streit mit einer Person provozieren

an·leh·nen (*hat*) 1 **etwas/sich (an etwas** (*Dativ/Akkusativ*)**) anlehnen** etwas/sich gegen etwas lehnen *„ein Brett an einer/an eine Wand anlehnen"* 2 **etwas anlehnen** etwas teilweise, jedoch nicht ganz schließen, sodass ein kleiner Spalt offen bleibt ⟨*eine Tür, ein Fenster (nur) anlehnen*⟩

die **An·lei·tung** 1 **eine Anleitung (für/zu etwas)** ein nützlicher Hinweis oder eine Regel dafür, wie man eine neue Aufgabe oder eine Arbeit richtig erledigen kann 2 **eine Anleitung (für/zu etwas)** ein Zettel oder ein Heft mit Hinweisen und Informationen, wie man etwas tut, ein Gerät benutzt oder wie etwas funktioniert K Gebrauchsanleitung

das **An·lie·gen** (-s, -) ein Problem o. Ä., das man meist als Frage oder Bitte an jemanden stellt ⟨*ein Anliegen an jemanden haben; ein Anliegen vorbringen*⟩

an·ma·chen (*hat*) 1 **etwas anmachen** *gesprochen* vor allem das Licht, ein elektrisches Gerät oder einen Motor in Funktion setzen ≈ einschalten 2 **etwas (mit etwas) anmachen** etwas mit Zutaten vermischen und dadurch würzen ⟨*den Salat (mit Essig und Öl) anmachen*⟩

an·ma·len (*hat*) **etwas anmalen** mit einem Pinsel oder einem Stift eine große Fläche farbig machen *„die Tür blau anmalen"*

an·mel·den (*hat*) 1 **jemanden/etwas (bei einer Person) anmelden** mit einer Person einen Termin für ein Treffen oder einen Besuch vereinbaren ⟨*das Kind beim Arzt anmelden*⟩ 2 **jemanden (zu etwas) anmelden** mitteilen, dass eine Person oder man selbst an etwas teilnehmen will ⟨*jemanden zu einem Kurs, Lehrgang anmelden*⟩ 3 **jemanden/etwas (irgendwo) anmelden** jemanden oder eine Sache bei einer Behörde eintragen, registrieren lassen ⟨*das Auto, eine Veranstaltung, eine Demonstration anmelden*⟩ ↔ abmelden *„Nach der Ankunft in der Bundesrepublik muss man sich beim Einwohnermeldeamt anmelden"*

die **An·mel·dung** 1 das Anmelden eines Besuchs, der Teilnahme, eines Wohnsitzes oder eines Anspruchs *„Bei der Anmeldung habe ich bereits gesagt, dass wir zu dritt kommen"* 2 ein Schalter oder Büro bei einer Firma, in einer Arztpraxis o. Ä., an dem man sagt, dass man angekommen ist ≈ Empfang

die **An·nah·me** (-, -n) 1 das, was man aufgrund von Informationen glaubt ⟨*eine falsche, richtige Annahme; der Annahme sein, dass …*⟩ ≈ Vermutung *„Gehe ich recht in der Annahme, dass Sie hier neu sind?"* Ist meine Vermutung richtig? 2 der Vorgang, wenn man das nimmt oder akzeptiert, was eine andere Person einem geben will *„Der Empfänger hat die Annahme des Paketes verweigert"* | *„Beamten ist die Annahme von Geschenken von Kunden verboten"* 3 der Vorgang, wenn eine Vorschlag, eine Bedingung, ein Antrag usw. akzeptiert wird

an·neh·men (*hat*) **1** **(etwas) annehmen** etwas, das man von einer Person bekommt, gerne nehmen und behalten ⟨*ein Geschenk, ein Paket annehmen*⟩ **2** **(etwas) annehmen** etwas akzeptieren oder mit etwas einverstanden sein ⟨*einen Antrag, eine Einladung, einen Vorschlag annehmen*⟩ **3** **(etwas) annehmen** etwas aufgrund von den Informationen glauben, die man hat ≈ vermuten *„Ich nehme an, dass das so richtig ist"* | *„Er nahm an, das Problem lösen zu können"* ℹ Das Objekt ist meistens ein Nebensatz.

die **An·non·ce** [a'nõ:sə]; (-, -*n*) eine Anzeige in einer Zeitung ⟨*eine Annonce aufgeben; auf eine Annonce antworten*⟩

ano·nym [-'ny:m] ADJEKTIV ohne den Namen des Verfassers, Absenders usw. ⟨*ein Brief, ein Leserbrief, ein Anruf*⟩ *„Der Spender möchte anonym bleiben"*

der **Ano·rak** (-*s*, -*s*) eine sportliche Jacke (meist mit Kapuze), die gut gegen Wasser und Wind schützt und z. B. beim Skifahren getragen wird

an·pas·sen (*hat*) **1** **Dinge einer Sache** (*Dativ*) **anpassen** Dinge so gestalten, dass sie zu einer Situation oder Bedingung passen oder für sie geeignet sind *„die Kleidung der Jahreszeit anpassen"* **2** **eine Person/Sache passt sich (jemandem/etwas) an; eine Person/Sache passt sich (an jemanden/etwas) an** Eine Person/Sache verändert sich so, dass die Person ohne Schwierigkeiten mit anderen Personen oder den genannten Umständen leben kann *„sich den/an die Kollegen anpassen"*

an·pro·bie·ren (*hat*) **(etwas) anprobieren** ein Kleidungsstück anziehen, damit man sieht, ob es die richtige Größe hat und ob man es schön findet *„Ich möchte gern diese drei Kostüme anprobieren"* • *hierzu* **An·pro·be** *die*

die **An·re·de** die sprachliche Form, in der man sich mündlich oder am Anfang eines Briefs an jemanden wendet ⟨*eine förmliche, höfliche, vertrauliche Anrede*⟩

an·re·den (*hat*) **1** **jemanden anreden** sich mit Worten an jemanden wenden ≈ ansprechen **2** **jemanden irgendwie anreden** in einer vorgegebenen sprachlichen Form mit jemandem sprechen ⟨*jemanden mit du, mit Sie, mit dem Vornamen/Nachnamen/Titel anreden*⟩ *„Unser Chef liebt es, mit „Herr Direktor" angeredet zu werden"*

an·re·gen (*hat*) **1** **etwas anregen** die Idee zu etwas geben *„Sie regte an, das Haus zu verkaufen"* **2** **etwas regt jemanden/etwas an** etwas hat eine belebende, aktivierende Wirkung auf eine Person oder Sache ⟨*etwas regt die Fantasie, den Appetit an*⟩

die **An·rei·se** die Fahrt zum Reiseziel *„Die Anreise dauerte 6 Stunden"*

an·rei·sen (*ist*) zum Reiseziel fahren *„Wir sind erst gestern mit dem Wohnwagen angereist"*

an·rich·ten (*hat*) **1** **etwas anrichten** (meist ohne Absicht) etwas tun, das ein negatives Ergebnis hat ⟨*Chaos, Schaden, Unheil, ein heilloses Durcheinander anrichten*⟩ **2** **etwas anrichten** die bereits zubereiteten Speisen (vor allem auf großen Tellern oder in Schüsseln) zusammenstellen

der **An·ruf** eine telefonische Verbindung oder ein Gespräch am Telefon mit jemandem ⟨*auf einen dringenden Anruf warten*⟩ *„Ist ein Anruf für mich gekommen?"*

an·ru·fen (*hat*) **(jemanden) anrufen; bei jemandem anrufen** mit jemandem per Telefon in Kontakt treten *„Hat jemand angerufen?"* • *hierzu* **An·ru·fer** *der*

ans PRÄPOSITION *mit Artikel* an das ℹ *Ans* kann nicht durch *an das* ersetzt werden in Verbindungen mit einem substantivierten Infinitiv (*ans Aufhören denken*) und in Wendungen wie: *etwas kommt ans Licht.*

die **An·sa·ge** (im Radio/Fernsehen, bei einer Veranstaltung oder am Bahnhof) der (kurze) Text, mit dem man jemanden/etwas ansagt

ạn·sa·gen (*hat*) **jemanden/etwas ansagen** (im Radio/Fernsehen, bei einer Veranstaltung oder am Bahnhof) die Zuhörer/Zuschauer/Reisenden informieren, welche Sendung, welcher Programmteil, welcher Künstler oder welcher Zug als Nächstes kommt

ạn·schaf·fen (*hat*) **1** **(sich** (*Dativ*)**) etwas anschaffen** einen Gegenstand kaufen, der meist groß ist und viel Geld kostet *„Ich habe mir einen Wohnwagen/eine neue Waschmaschine angeschafft"* **2** **((jemandem) etwas) anschaffen** *gesprochen* jemandem etwas befehlen

ạn·schal·ten (*hat*) **(etwas) anschalten** ein elektrisches Gerät in Betrieb setzen ≈ einschalten ↔ abschalten *„eine Lampe/den Fernseher anschalten"*

ạn·schau·en (*hat*) **jemanden/etwas anschauen** die Augen auf jemanden/etwas richten, oft um zu zeigen, dass man aufmerksam ist oder um etwas zu prüfen ≈ ansehen *„Schau mich an, wenn ich mit dir rede!"* | *„Diese Verletzung sollte sich mal ein Arzt anschauen"*

der **Ạn·schlag** **1** **ein Anschlag (auf jemanden/etwas)** ein krimineller Versuch, aus politischen Gründen jemanden zu töten oder etwas zu zerstören ≈ Attentat **K** Bombenanschlag, Mordanschlag **2** **ein Anschlag (an etwas** (*Dativ*)**)** ein Papier oder Plakat, das zur Bekanntmachung öffentlich aushängt ≈ Aushang *„die Anschläge am Schwarzen Brett beachten"*

ạn·schla·gen **1** **etwas (an etwas** (*Dativ/Akkusativ*)**) anschlagen** (*hat*) eine Information durch einen Anschlag öffentlich bekannt machen *„Die Termine für die nächsten Vorstellungen werden am Schwarzen Brett/an das Schwarze Brett angeschlagen"* **2** **(sich** (*Dativ*)**) etwas (an etwas** (*Dativ*)**) anschlagen** (*hat*) (unabsichtlich) mit einem Körperteil gegen etwas stoßen und sich dabei wehtun *„Ich habe mir den Kopf an der Tür angeschlagen"* **3** **einen ernsten/unverschämten/scharfen Ton anschlagen** (*hat*) ernst/unverschämt usw. mit jemandem sprechen **4** **etwas schlägt an** etwas zeigt Wirkung *„Na, hat die Behandlung/Diät schon angeschlagen?"*

ạn·schlie·ßen (*hat*) **1** **etwas (an etwas** (*Dativ/Akkusativ*)**) anschließen** etwas mit einer Leitung oder einem System fest verbinden *„den Schlauch am/an den Wasserhahn anschließen"* **2** **etwas schließt (sich) an etwas** (*Akkusativ*) **an** *geschrieben* etwas folgt (zeitlich) auf etwas *„An die Premiere schloss (sich) eine Diskussion mit dem Regisseur an"* **3** **sich jemandem anschließen** zu einer Person oder Gruppe kommen und auch das tun, was sie tut *„Da er ganz allein im Ausland war, schloss er sich einer Gruppe junger Amerikaner an"*

ạn·schlie·ßend ADVERB *geschrieben* (zeitlich) direkt nach etwas ≈ danach

der **Ạn·schluss** **1** die Verbindung mit einem System von Leitungen **K** Stromanschluss, Wasseranschluss **2** die telefonische Verbindung mit dem Gesprächspartner ⟨*keinen Anschluss bekommen*⟩ **3** eine öffentliche Verkehrsverbindung, die von einem Ort weiter in die gewünschte Richtung führt *„In Hamburg haben Sie um 20 Uhr Anschluss nach Kiel"* **4** persönliche Kontakte zu anderen Leuten ⟨*Anschluss suchen, finden, haben*⟩ **i** nicht in der Mehrzahl verwendet **5** **im Anschluss an etwas** (*Akkusativ*) *geschrieben* (zeitlich) direkt nach etwas

ạn·schnal·len (*hat*) **jemanden anschnallen** (meist im Auto oder Flugzeug) den Sicherheitsgurt um die Hüfte und den Oberkörper legen und festmachen **K** Anschnallpflicht

ạn·schrau·ben (*hat*) **etwas (an etwas** (*Dativ/Akkusativ*)**) anschrauben** etwas an etwas mit Schrauben befestigen

die **Ạn·schrift** die Straße und der Ort, wo jemand wohnt ⟨*seine Anschrift nennen*⟩ ≈ Adresse

ạn·se·hen (*hat*) **1** **jemanden/etwas ansehen** den Blick aufmerksam auf jemanden/etwas richten ≈ anschauen *„Sieh* *mich bitte an, wenn ich mit dir rede"* **2** **sich** (*Dativ*) **jemanden/etwas ansehen** eine Person oder Sache längere Zeit aufmerksam betrachten und sie so prüfen *„Hast du dir den Vertrag schon genauer angesehen?"* **3** **sich** (*Dativ*) **etwas ansehen** als Zuschauer etwas sehen oder zu einer Veranstaltung gehen *„sich ein Theaterstück/ein Fußballspiel (im Fernsehen) ansehen"* **4** **jemandem etwas ansehen** an dem Äußeren oder dem Gesichtsausdruck einer Person etwas erkennen *„Man konnte ihm das schlechte Gewissen deutlich ansehen"* **5** **jemanden/etwas für/als etwas ansehen** meinen, dass eine Person oder eine Sache das Genannte ist oder die genannte Eigenschaft hat *„Ich sehe ihn nicht als meinen Freund an"*

ạn·set·zen (*hat*) **1** **etwas ansetzen** bestimmen, wann etwas stattfindet *„Das Treffen ist für nächste Woche angesetzt"* **2** **etwas irgendwie ansetzen** die Summe, die Höhe einer Sache schätzen *„die Kosten relativ hoch ansetzen"* **3** **etwas setzt etwas an** etwas wird allmählich von einer Schicht bedeckt ⟨*etwas setzt Kalk, Rost an*⟩ **4** **etwas setzt sich an** etwas bildet sich und bleibt haften ⟨*Rost, Schimmel*⟩

die **Ạn·sicht** (-, *-en*) **1** **eine Ansicht (über jemanden/etwas)**; **eine Ansicht (zu etwas)** die Meinung zu einer Person oder Sache, nachdem man darüber nachgedacht hat ⟨*anderer Ansicht sein; meiner Ansicht nach*⟩ *„Er teilte uns seine politischen Ansichten mit"* **2** die Seite einer Sache, die man gerade sieht ⟨*die vordere, hintere Ansicht des Hauses*⟩ **K** Seitenansicht

an·sọns·ten ADVERB **1** falls nicht ≈ sonst *„Du musst mir die Wahrheit sagen. Ansonsten kann ich dir nicht helfen"* **2** wenn man die genannte Sache nicht berücksichtigt, weil sie nicht so wichtig ist *„Letzte Woche war ich erkältet, aber ansonsten fühle ich mich zurzeit sehr gut"*

ạn·span·nen (*hat*) **1** **(ein Tier) anspannen** ein Tier vor den Wagen spannen ⟨*ein Pferd, einen Ochsen anspannen*⟩ **2** **etwas anspannen** etwas durch Ziehen oder Spannen straff machen ⟨*ein Seil, einen Draht anspannen*⟩ **3** **etwas anspannen** etwas in einen Zustand der Spannung bringen ⟨*die Nerven, die Muskeln anspannen*⟩

die **Ạn·span·nung** **1** das Anspannen und das Einsetzen von Kraft *„unter Anspannung aller Kräfte"* **i** nicht in der Mehrzahl verwendet **2** ein Zustand extremer Belastung oder psychischer Spannung ≈ Stress

ạn·sprech·bar ADJEKTIV in der Lage, sich mit jemandem zu beschäftigen oder eine Mitteilung entgegenzunehmen *„Erst eine Woche nach dem Unfall war er wieder ansprechbar"*

ạn·spre·chen (*hat*) **1** **jemanden ansprechen** sich mit Worten an jemanden wenden *„Er hat sie einfach auf der Straße angesprochen"* **2** **etwas ansprechen** in einem Gespräch mit einem Thema beginnen ⟨*ein Problem ansprechen*⟩ **3** **jemanden (auf etwas** (*Akkusativ*)**/wegen etwas) ansprechen** sich mit Worten in einer Angelegenheit an jemanden wenden *„Ich werde ihn darauf ansprechen, ob er mir helfen kann"* **4** **eine Person/Sache spricht jemanden an** eine Person/Sache ruft eine positive Reaktion bei jemandem hervor oder gefällt jemandem *„Diese Art von Musik spricht mich nicht an"* **5** **(auf etwas** (*Akkusativ*)**) ansprechen** auf etwas positiv reagieren *„Der Patient spricht auf die Behandlung an"* **6** **etwas spricht bei jemandem an** etwas wirkt so, dass sich jemandes Zustand verbessert *„Das Medikament spricht bei dem Patienten nicht an"*

der **Ạn·sprech·part·ner** eine Person, mit der man sprechen kann, wenn man Fragen oder Probleme hat

ạn·sprin·gen **1** **ein Tier springt jemanden an** (*hat*) ein Tier nähert sich einer Personen oder anderen Tieren mit einem Sprung, um diese anzugreifen **2** **etwas springt an** (*ist*) etwas kommt in Gang oder beginnt zu laufen ⟨*der Motor, das Auto*⟩ *„Wenn es sehr kalt ist, springt unser Auto oft nicht an"*

der **An·spruch** **1** **ein Anspruch (an jemanden/etwas)** (oft relativ hohe) Erwartungen oder Forderungen, die man an eine andere Person oder eine Situation hat ⟨*den Ansprüchen gerecht werden*⟩ *„Er stellt hohe Ansprüche an die Mitarbeiter"* **2** **(ein) Anspruch auf etwas** das Recht, etwas zu bekommen oder in der genannten Weise behandelt zu werden ⟨*Anspruch auf Urlaub, Schadenersatz haben*⟩ **3** **etwas in Anspruch nehmen** *geschrieben* etwas (das man angeboten bekommen hat) für sich nutzen, gebrauchen

der **An·stand** (-(*e*)*s*) das Benehmen, welches den Verhaltensnormen einer Gesellschaft entspricht ⟨(*keinen*) *Anstand haben*⟩

an·stän·dig *ADJEKTIV* **1** so, wie es die Gesellschaft erwartet ⟨*sich anständig benehmen, kleiden*⟩ **2** einen guten Charakter zeigend *„Er ist ein anständiger Kerl"* **3** *gesprochen* so, dass man damit zufrieden sein kann ⟨*ein Gehalt, eine Leistung, eine Mahlzeit, eine Portion*⟩

an·star·ren (*hat*) **jemanden/etwas anstarren** den Blick starr auf jemanden oder etwas richten

an·statt *BINDEWORT* **1** drückt Alternativen aus: das im Hauptsatz Genannte trifft zu, wird gewünscht oder vorgeschlagen o. Ä. – und nicht das, was man nach *anstatt* sagt ≈ statt *„Er hat den ganzen Nachmittag gespielt, anstatt zu lernen"*
PRÄPOSITION mit Genitiv, gesprochen auch mit Dativ **2** als Ersatz für, als Alternative zu ≈ statt *„Er kam anstatt seiner Frau"* ⓘ → Extras, S. 717: **Präpositionen**

an·ste·cken (*hat*) **1** **jemanden (mit etwas) anstecken** eine Krankheit, die man selbst hat, auf jemanden übertragen ≈ infizieren *„Er hat mich mit seiner Grippe angesteckt"* **2** **(jemandem) etwas anstecken** jemandem oder sich selbst etwas am Körper oder an einem Kleidungsstück befestigen ⟨*sich* (*Dativ*) *eine Brosche anstecken*⟩ • *zu* (1) **An·ste·ckung** *die*

an·ste·ckend *ADJEKTIV* auf andere Menschen oder Tiere übertragbar ⟨*eine Krankheit*⟩

an·ste·hen *hat/süddeutsch* Ⓐ Ⓒⓗ *ist* sich in eine Reihe mit anderen Personen stellen und warten, bis man an die Reihe kommt ⟨*an der Kasse, am Schalter anstehen*⟩

an·stel·le, an Stel·le *PRÄPOSITION mit Genitiv* stellvertretend für ≈ (an)statt *„Anstelle des Meisters führte der Lehrling die Reparatur aus"* ⓘ auch zusammen mit *von*: *Anstelle von Bäumen wurden Hecken gepflanzt*

an·stel·len (*hat*) **1** **etwas anstellen** das Gas, Wasser o. Ä. in einer Leitung mit einem Schalter zum Fließen bringen ↔ abstellen *„die Heizung/den Herd anstellen"* **2** **etwas anstellen** ein elektrisches Gerät mit einem Schalter in Betrieb setzen ≈ einschalten *„den Fernseher/das Radio anstellen"* **3** **jemanden anstellen** jemandem gegen Bezahlung meist für längere Zeit Arbeit geben ≈ einstellen *„Ich habe mich bei der Zeitung beworben und wurde sofort angestellt"* **4** **etwas anstellen** *gesprochen* etwas tun, was verboten ist oder unangenehme Folgen hat *„Die Kinder sind so ruhig, wahrscheinlich haben sie wieder etwas angestellt"* **5** **sich (um etwas) anstellen** sich in eine Reihe mit anderen Personen stellen (vor allem vor der Kasse oder einem Schalter) ⟨*sich hinten anstellen*⟩ ≈ anstehen **6** **sich irgendwie anstellen** *gesprochen* meist beim Lösen eines Problems oder einer Aufgabe geschickt oder ungeschickt sein ⟨*sich geschickt, dumm anstellen*⟩

der **An·stieg** (-(*e*)*s*, -*e*) **1** eine Strecke, die an einem Berg nach oben führt ≈ Steigung ⓘ nicht in der Mehrzahl verwendet **2** der Weg auf einen Hügel oder einen Berg **3** die Situation, wenn etwas steigt, höher wird **K** Temperaturanstieg ℹ nicht in der Mehrzahl verwendet

an·sto·ßen **1** **jemanden/etwas anstoßen** (*hat*) jemandem oder etwas (oft ohne Absicht) einen leichten Stoß geben *„Ich habe mir das Knie am Tisch angestoßen"* **2** **eine Person stößt mit jemandem (auf jemanden/etwas) an** (*hat*); **Personen stoßen (auf jemanden/ etwas) an** (*haben*) Personen stoßen vor dem Trinken die gefüllten Gläser leicht gegeneinander, um jemanden zu ehren oder etwas zu feiern

an·strei·chen (*hat*) **1** **etwas anstreichen** (mit einem Pinsel) einen Gegenstand oder eine Fläche ganz mit Farbe bemalen ‹*den Zaun anstreichen*› **2** **etwas anstreichen** etwas in einem Text markieren

an·stren·gen (*strengte an, hat angestrengt*) **1** **sich/etwas anstrengen** sich große Mühe geben, ein Ziel zu erreichen ‹*sich körperlich anstrengen*› *„Er hat sich sehr angestrengt, um den Gästen einen schönen Abend zu bieten"* **2** **etwas strengt jemanden/etwas an** etwas belastet eine Person oder den genannten Körperteil stark *„Das lange Gespräch hat mich sehr angestrengt"*

die **An·stren·gung** (-, *-en*) **1** das Einsetzen geistiger oder körperlicher Kräfte, um ein Ziel zu erreichen ‹*Anstrengungen machen, unternehmen*› **2** die starke Belastung geistiger oder körperlicher Kräfte, die zur Folge hat, dass man müde wird *„Die Tour war mit großen körperlichen Anstrengungen verbunden"*

der **An·teil** **1** **ein Anteil (an etwas** (*Dativ*)**)** der Teil einer Sache, auf den jemand ein Recht hat oder an dem jemand beteiligt ist ‹*auf den eigenen Anteil verzichten*› *„jemandes Anteil am Gewinn"* **2** **der Anteil** (+*Genitiv*) *geschrieben* ein Teil im Verhältnis zum Ganzen *„Der überwiegende Anteil der Bevölkerung ist gegen das neue Gesetz"*

die **An·ten·ne** (-, *-n*) ein Stab (z. B. am Radio, am Auto) oder eine Konstruktion von Stäben (am Hausdach) aus Metall zum Empfangen von Funk-, Radio- oder Fernsehsignalen

der **An·trag** (-(e)s, *An·trä·ge*) **1** **ein Antrag (auf etwas** (*Akkusativ*)**)** die schriftliche Bitte, etwas (genehmigt) zu bekommen ‹*einen Antrag stellen, einreichen*› *„Du könntest Antrag auf eine Fristverlängerung stellen"* **2** das Formular für einen Antrag ‹*einen Antrag ausfüllen*› **3** ein Vorschlag, der meist eine Forderung enthält und über den abgestimmt wird ‹*einen Antrag stellen, annehmen, ablehnen*›

an·trei·ben (*hat*) **1** **jemanden (zu etwas) antreiben** jemanden (meist mit Worten) dazu bringen, etwas zu tun oder sich in der genannten Weise zu verhalten ‹*jemanden zur Arbeit, zur Eile antreiben*› **2** **etwas treibt etwas an** etwas setzt oder hält ein Gerät oder Fahrzeug in Funktion *„Das Spielzeugboot wird von einem Motor angetrieben"*

an·tre·ten **1** **etwas antreten** (*hat*) mit etwas Neuem beginnen ‹*eine Stelle, eine Arbeit, ein Studium antreten*› **2** **etwas antreten** (*hat*) etwas beginnen, nachdem man alle notwendigen Vorbereitungen getroffen hat ‹*die Reise, den Heimweg antreten*› **3** **(gegen jemanden) antreten** (*ist*) an einem Wettkampf teilnehmen, gegen jemanden spielen, laufen o. Ä. **4** **zu etwas antreten** (*ist*) an einen Ort kommen, um dort seine Pflicht zu tun ‹*pünktlich zum Dienst antreten*›

an·tun (*hat*) **jemandem etwas antun** so handeln, dass es für jemanden negative Folgen hat ‹*jemandem ein Leid, ein Unrecht antun*›

die **Ant·wort** (-, *-en*) **eine Antwort (auf etwas** (*Akkusativ*)**)** eine mündliche oder schriftliche Äußerung, mit der man vor allem auf eine Frage, eine Bitte oder einen Brief reagiert ↔ Frage *„Ich habe immer noch keine Antwort auf meinen Brief erhalten"*

ant·wor·ten (*antwortete, hat geant-*

wortet) **(jemandem) (auf etwas** *(Akkusativ))* **antworten** auf eine Frage, Bitte oder einen Brief eine Antwort geben ⟨*mit Ja oder Nein antworten*⟩ *„Du hast auf meine Frage noch nicht geantwortet"*

der **An·walt** (-(e)s, *An·wäl·te*) Kurzwort für *Rechtsanwalt* • *hierzu* **An·wäl·tin** *die*

die **An·wei·sung** **1** *geschrieben* der Auftrag, etwas (auf die genannte Weise) zu tun ⟨*jemandes Anweisungen befolgen*⟩ ≈ Befehl *„Ich hatte strikte Anweisung vom Chef, die Papiere nicht aus der Hand zu geben"* **2** ein Heft oder kleines Buch mit Hinweisen oder Instruktionen ≈ Anleitung **K** Gebrauchsanweisung

an·wen·den (*wendete/wandte an, hat angewendet/angewandt*) **etwas anwenden** etwas zu einem Zweck benutzen ⟨*Gewalt anwenden; eine List, einen Trick anwenden*⟩

der **An·wen·der** (-s, -) eine Person, die ein Computerprogramm benutzt

die **An·wen·dung** (-, *-en*) **1** das Anwenden eines Mittels *„Unter Anwendung eines Tricks schaffte es der Betrüger, in die Wohnung zu kommen"* **K** Anwendungsbereich **i** nicht in der Mehrzahl verwendet **2** ein Computerprogramm, das der Benutzer selbst startet ≈ App

an·we·send ADJEKTIV sich an einem Ort befindend ↔ abwesend *„bei einer Veranstaltung anwesend sein"* • *hierzu* **An·we·sen·de** *der/die*

die **An·we·sen·heit** (-) die Tatsache, dass sich jemand an einem Ort befindet ↔ Abwesenheit *„Die Parade fand in Anwesenheit des Präsidenten statt"*

der **An·woh·ner** (-s, -) eine Person, die an oder neben etwas (meist einer Straße o. Ä.) wohnt *„die Anwohner der Fußgängerzone"*

die **An·zahl** **1** **die Anzahl** (+*Genitiv*); **die Anzahl (an Personen/Dingen)** die zählbare Menge von Personen oder Dingen eines Ganzen *„Die Anzahl der Mitglieder unseres Vereins ist gestiegen"* **i** nicht in der Mehrzahl verwendet **2** **eine Anzahl** (+*Genitiv*); **eine Anzahl (von Personen/Dingen)** eine unbestimmte, nicht genau zählbare Menge von Personen oder Dingen ⟨*eine geringe, große, stattliche Anzahl*⟩ **i** nicht in der Mehrzahl verwendet; Ist *Anzahl* das Subjekt des Satzes, steht das Verb meist in der Einzahl, kann aber auch in der Mehrzahl stehen: *Bei dem Fest war/waren eine große Anzahl von Gästen anwesend.*

die **An·zah·lung** der erste Teil des Gesamtpreises einer Ware, den man zahlen muss, damit man die Ware bekommt

das **An·zei·chen** **1** etwas äußerlich Sichtbares, das etwas Zukünftiges ankündigt ⟨*die Anzeichen eines Gewitters, einer Krankheit*⟩ ≈ Vorzeichen **2** etwas äußerlich Sichtbares, das einen Zustand erkennen lässt *„keine Anzeichen von Trauer/Reue zeigen"*

die **An·zei·ge** (-, *-n*) **1** ein (meist kurzer) Text, den man in einer Zeitung oder Zeitschrift drucken lässt, weil man etwas verkaufen will oder etwas sucht ⟨*eine Anzeige aufgeben*⟩ **2** die öffentliche Bekanntmachung (in einer Zeitung) eines familiären Ereignisses **K** Todesanzeige **3** eine Mitteilung meist an die Polizei, dass eine Person (vermutlich) eine Straftat begangen hat ⟨*Anzeige gegen jemanden erstatten*⟩ **4** An der Anzeige eines Geräts kann man Messungen oder andere Informationen ablesen

an·zei·gen (*hat*) **1** **jemanden anzeigen** einer Behörde (meist der Polizei) mitteilen, dass jemand eine Straftat begangen hat **2** **etwas zeigt etwas an** etwas gibt Messungen oder andere Informationen über etwas *„Die Waage zeigt 75 Kilo an"*

an·zie·hen (*hat*) **1** **jemandem etwas anziehen; jemanden anziehen** den Körper mit Kleidung bedecken ↔ ausziehen *„Ich muss mir nur noch eine Jacke anziehen"* | *„Zieh dich warm an, es ist kalt draußen"* **2** **eine Person/Sache zieht jemanden an** die genannte Person oder Sache ist für jemanden sehr interessant *„Viele Leute fühlten sich durch die Werbung angezogen"* **3** **eine Schraube anziehen** eine Schraube so drehen, dass sie fest sitzt **4** **die Handbremse anziehen** die Handbremse in einem Fahrzeug durch Ziehen benutzen **5** **irgendwie angezogen sein** Kleidung mit der genannten Eigenschaft tragen ⟨*gut, schick, schlecht angezogen sein*⟩ *„Er ist immer sehr schick angezogen"*

der **An·zug** ein Anzug (vor allem für Männer) besteht aus einer langen Hose und einer Jacke aus dem gleichen Stoff **K** Anzughose, Anzugjacke **i** → Abb. unter **Bekleidung**

an·zün·den (*hat*) **(sich** (*Dativ*)**) etwas anzünden** bewirken, dass etwas brennt ⟨*ein Feuer, einen Ofen, eine Kerze anzünden*⟩

das **Apart·ment** (*-s, -s*) eine komfortable Wohnung, in der meist nur eine Person lebt

der **Ap·fel** (*-s, Äp·fel*) eine rundliche Frucht mit weißem Fruchtfleisch, einer roten, grünen oder gelben Schale und kleinen braunen Kernen **K** Apfelbaum, Apfelkuchen, Apfelsaft **i** → Abb. unter **Obst**

die **Ap·fel·si·ne** (*-, -n*) ≈ Orange

der **Apo·stroph** [-f]; (*-s, -e*) das grafische Zeichen ', das anzeigt, dass z. B. ein Vokal oder eine Silbe ausgelassen wurde ≈ Auslassungszeichen *„Der Apostroph in „Da kommt 'n Hund" ersetzt ein „e" und ein „i"*

die **Apo·the·ke** (*-, -n*) ein Geschäft, in dem man Arzneimittel kaufen kann (vor allem solche Mittel, die ein Arzt verschrieben hat) • *hierzu* **Apo·the·ker** *der*

der **Ap·pa·rat** (*-(e)s, -e*) ein kompliziertes technisches Gerät **K** Fotoapparat

der **Ap·pe·tit**, **Ap·pe·tit**; (*-(e)s*) **1** **Appetit (auf etwas** (*Akkusativ*)**)** das Bedürfnis oder Verlangen, etwas zu essen ⟨*keinen, großen Appetit (auf etwas) haben, bekommen; den Appetit anregen, verderben*⟩ *„Hast du Appetit auf Fisch?"* **2** **Guten Appetit!** verwendet als höfliche Formel, bevor man anfängt zu essen

die **Ap·ri·ko·se** (*-, -n*) eine ovale, kleine Frucht mit orangefarbener samtiger Schale und einem großen, flachen Kern **K** Aprikosenmarmelade **i** → Abb. unter **Obst**

der **Ap·ril** (*-(s), -e*) der vierte Monat des Jahres ⟨*im April; Anfang, Mitte, Ende April; am 1., 2., 3. April*⟩

die **Ar·beit** (*-, -en*) **1** **die Arbeit (an etwas** (*Dativ*)**)** eine Tätigkeit, bei der man geistige oder/und körperliche Kräfte einsetzt und mit der man einen Zweck verfolgt ⟨*an die Arbeit gehen*⟩ *„die Arbeit an einem Projekt"* **K** Arbeitsmaterial; Gartenarbeit, Hausarbeit **2** die Tätigkeit, die man als Beruf ausübt **K** Arbeitserlaubnis, Arbeitsstunde, Arbeitsvertrag; Halbtagsarbeit, Ganztagsarbeit **i** nicht in der Mehrzahl verwendet **3** ⟨*Arbeit finden, suchen; die Arbeit verlieren; zur/in die Arbeit gehen*⟩ ≈ Arbeitsplatz **i** nicht in der Mehrzahl verwendet **4** das Ergebnis einer planvollen Tätigkeit ⟨*eine wissenschaftliche Arbeit*⟩ *„die Arbeiten eines Künstlers ausstellen"* **5** eine schriftliche oder praktische Prüfung *„Der Lehrer ließ eine Arbeit schreiben"*

ar·bei·ten (*arbeitete, hat gearbeitet*) **1** eine körperliche oder geistige Tätigkeit verrichten ⟨*gewissenhaft, fleißig arbeiten*⟩ **2** eine Tätigkeit als Beruf ausüben ⟨*halbtags, ganztags arbeiten*⟩ *„in der Fabrik arbeiten"* | *„als Elektriker arbeiten"* **3** **etwas arbeitet** etwas erfüllt regelmäßig eine Funktion ⟨*das Herz, die Lunge*⟩ **4** **an etwas** (*Dativ*) **arbeiten** (z. B. als Autor oder Handwerker) mit der Herstellung einer Sache beschäftigt sein *„Sie arbeitet gerade an einem historischen Roman"* **5** **an sich** (*Dativ*) **arbeiten** versuchen, die eigenen Fähigkeiten oder Eigenschaften zu verbessern *„Ein Sänger muss hart an sich arbeiten, um eine Rolle in einer Oper zu bekommen"*

der **Ar·bei·ter** (-s, -) eine Person, die körperlich arbeitet, um so den Lebensunterhalt zu verdienen ⟨*ein gelernter, ungelernter Arbeiter*⟩ K Bauarbeiter, Hafenarbeiter • *hierzu* **Ar·bei·te·rin** *die*

der **Ar·beit·ge·ber** (-s, -) eine Person oder Firma, die Leute als Arbeiter oder Angestellte beschäftigt und ihnen dafür Geld bezahlt ↔ Arbeitnehmer • *hierzu* **Ar·beit·ge·be·rin** *die*

der **Ar·beit·neh·mer** (-s, -) eine Person, die bei einer Firma angestellt ist und für ihre Arbeit bezahlt wird ↔ Arbeitgeber • *hierzu* **Ar·beit·neh·me·rin** *die*

das **Ar·beits·amt** eine staatliche Behörde, deren Aufgabe es ist, Arbeitsplätze zu vermitteln und sich um Leute zu kümmern, die einen Beruf haben wollen oder arbeitslos sind

ar·beits·los ADJEKTIV (meist wegen der schlechten wirtschaftlichen Situation) ohne Anstellung und Arbeit *„Er wurde entlassen und ist jetzt arbeitslos"*

der/die **Ar·beits·lo·se** (-n, -n) eine Person, die arbeitslos ist K Arbeitslosenversicherung ⓘ *ein Arbeitsloser; der Arbeitslose; den, dem, des Arbeitslosen*

die **Ar·beits·lo·sig·keit** (-) **1** der Zustand, arbeitslos zu sein **2** der Mangel an Arbeitsplätzen

der **Ar·beits·platz** **1** eine Stellung oder Beschäftigung, die für jemanden im Beruf zur Verfügung steht ⟨*ein sicherer Arbeitsplatz; den Arbeitsplatz verlieren*⟩ ≈ Arbeitsstelle **2** der Platz oder Raum, wo jemand arbeitet ⟨*die Sicherheit am Arbeitsplatz*⟩

der **Ar·beits·schritt** eine einzelne Stufe in einem Arbeitsprozess *„Wir müssen jeden Arbeitsschritt genau dokumentieren"*

die **Ar·beits·stel·le** eine Stellung oder Beschäftigung, die für jemanden als Beruf zur Verfügung steht ⟨*eine neue Arbeitsstelle suchen*⟩

die **Ar·beits·zeit** die Anzahl von Stunden, die ein Arbeitnehmer pro Tag, Woche oder Monat arbeiten muss ⟨*eine feste Arbeitszeit*⟩

der **Ar·chi·tekt** (-en, -en) eine Person, die auf einer Hochschule ausgebildet wurde, um beruflich Pläne für Bauwerke zu entwerfen und deren Fertigstellung zu beaufsichtigen ⓘ *der Architekt; den, dem, des Architekten* • *hierzu* **Ar·chi·tek·tin** *die*

die **Ar·chi·tek·tur** (-, -en) **1** die Wissenschaft, die sich mit der Gestaltung von Gebäuden, Plätzen o. Ä. beschäftigt ⟨*Architektur studieren*⟩ ⓘ nicht in der Mehrzahl verwendet **2** die Art und Weise, in der ein Bauwerk künstlerisch gestaltet wurde *„die Architektur eines griechischen Tempels bewundern"* ⓘ nicht in der Mehrzahl verwendet **3** die Bauwerke in einem Land, einer Region oder einer Epoche ≈ Baustil *„die Architektur des alten Griechenland"*

die **Are·na** (-, Are·nen) eine ovale oder runde Anlage (für sportliche Veranstaltungen usw.) mit in Stufen ansteigenden Sitzreihen K Zirkusarena

arg ADJEKTIV (*ärger, ärgst-*) **1** mit sehr negativen Konsequenzen ⟨*eine List, ein Streich*⟩ ≈ schlimm, übel **2** in negativer Weise das normale Maß überschreitend ≈ furchtbar, schrecklich *„arge Schmerzen haben"* **3** *gesprochen* ≈ sehr

der **Är·ger** (-s) **1** **Ärger (über jemanden/etwas)** Ärger fühlen wir z. B. dann, wenn andere gemein oder ungerecht zu uns sind *„Sie konnte ihren Ärger über seine Unfreundlichkeit nicht verbergen"* ⓘ *Ärger* ist stilistisch neutral, *Wut* wird eher im Gespräch verwendet und *Zorn* in schriftlichen Texten. **2** **Ärger (mit jemandem/etwas)** unangenehme Erlebnisse oder negative Erfahrungen, die Ärger machen ⟨*viel, keinen Ärger bekommen, haben*⟩

är·ger·lich ADJEKTIV **1** **ärgerlich (über jemanden/etwas)** Ärger über jemanden/etwas verspürend oder zeigend ⟨*leicht, schnell ärgerlich werden*⟩ **2** so, dass es Ärger hervorruft ⟨*ein Ereignis, ein Vorfall*⟩

är·gern (*ärgerte, hat geärgert*) **1** **jemanden ärgern** sich so verhalten oder so handeln, dass eine andere Person Ärger empfindet *„Hör auf, deinen Bru-*

der zu ärgern!" **2** **etwas ärgert jemanden** etwas bewirkt, dass jemand Ärger empfindet *„Es ärgert mich, dass das nicht geklappt hat"* **3** **sich (über jemanden/etwas) ärgern** Ärger über jemanden/etwas empfinden

das **Ar·gu·ment** (-(*e*)*s*, -*e*) **ein Argument (für jemanden/etwas); ein Argument (gegen jemanden/etwas)** etwas, womit man eine Behauptung, einen Standpunkt begründet oder rechtfertigt ⟨*ein stichhaltiges, überzeugendes Argument*⟩ *„Argumente für und gegen Atomkraftwerke vorbringen"* • *hierzu* **ar·gu·men·tie·ren** (*hat*)

arm ADJEKTIV (*ärmer, ärmst-*) **1** mit nicht genug Besitz und Geld ↔ reich *„Sie waren so arm, dass sie oft hungern mussten"* **2** so, dass man mit einer Person Mitleid empfindet *„Peter, der arme Kerl, hat sich ein Bein gebrochen"* **3** **arm an etwas** (*Dativ*) so, dass von einer Sache nur sehr wenig vorhanden ist *„Ihre Ernährung ist arm an Vitaminen"*

der **Arm** (-(*e*)*s*, -*e*) einer der beiden Körperteile des Menschen oder Affen, die an den Schultern anfangen und bis zu den Händen reichen ⟨*der rechte, linke Arm; die Arme ausbreiten, ausstrecken, verschränken; den Arm um jemanden/um jemandes Schulter legen*⟩ ❶ → Abb. unter **Körper**

das **Arm·band** ein Band (vor allem aus Leder) oder eine Kette, die man am Handgelenk trägt

die **Arm·band|uhr** eine Uhr, die (mit einem Leder- oder Metallband) am Handgelenk getragen wird

der/die **Ar·me** (-*n*, -*n*) Leute, die sehr arm sind ❶ *ein Armer; der Arme; den, dem, des Armen*

die **Ar·mee** (-, -*n* [-'meːən]) **1** alle militärischen Einrichtungen und Soldaten eines Staates **2** die Soldaten eines Staates, die vorwiegend auf dem Boden kämpfen ≈ Heer

der **Är·mel** (-*s*, -) der Teil eines Kleidungsstücks, der den Arm teilweise oder ganz bedeckt ⟨*die Ärmel hochkrempeln*⟩ *„ein Kleid mit langen Ärmeln"*

die **Ar·mut** (-) der Zustand, arm zu sein, sehr wenig Geld und Besitz zu haben ⟨*in Armut leben; in einem Land herrscht bittere, drückende Armut*⟩ ↔ Reichtum

der **Ar·rest** (-(*e*)*s*, -*e*) eine Strafe, bei der man nur kurze Zeit im Gefängnis bleiben muss (vor allem in der Armee)

ar·ro·gant ADJEKTIV; *abwertend* ⟨*ein Mensch*⟩ so, dass er eine tatsächliche oder eingebildete Überlegenheit den anderen Menschen in verletzender Weise zeigt *„Seine arrogante Art macht ihn unsympathisch"* • *hierzu* **Ar·ro·ganz** *die*

die **Art** (-, -*en*) **1** **Art (und Weise)** meist mit einem Adjektiv verwendet, um anzugeben, wie etwas gemacht wird *„Das Problem kann man auf verschiedene Arten lösen"* **2** **eine Art** +*Genitiv*; **eine Art von jemandem/etwas** man unterscheidet verschiedene Arten von ähnlichen Dingen oder Personen und bildet so Gruppen mit gemeinsamen Merkmalen ≈ Sorte, Kategorie *„Welche Art Bücher/von Büchern bevorzugen Sie?"* **3** die charakteristische Eigenschaft einer Person oder Sache *„Sie hat eine sehr sympathische Art"* ❶ nicht in der Mehrzahl verwendet

der **Ar·ti·kel**, **Ar·ti·kel**; (-*s*, -) **1** ein geschriebener Text in einer Zeitung, Zeitschrift o. Ä. ⟨*einen Artikel schreiben, verfassen*⟩ **K** Zeitungsartikel **2** eine Sorte von Gegenständen, die verkauft wird ≈ Ware *„Dieser Artikel ist gerade im Sonderangebot"* **3** eine Wortart, die unter anderem das Genus eines Substantivs bezeichnet *„Der" ist der bestimmte, „ein" der unbestimmte männliche Artikel"* **4** ein Abschnitt eines Gesetzes oder Vertrags *„nach Paragraf fünf, Artikel zwei des Grundgesetzes (§ 5 Art. 2. GG)"* ❶ Abkürzung: *Art.*

der **Arzt** (-*es*, *Ärz·te*) eine Person, die an einer Universität ausgebildet wurde, damit sie Kranke heilen kann ⟨*zum Arzt gehen*⟩ ≈ Doktor *„Bei welchem Arzt sind Sie in Behandlung?"* **K** Augenarzt, Kinderarzt, Zahnarzt ⓘ → Extras, S. 673: **Beim Arzt** • *hierzu* **Ärz·tin** *die*; **ärzt·lich** ADJEKTIV

die **Asche** (-, -n) das graue Pulver, das übrig bleibt, wenn etwas verbrannt ist

der **Aschen·be·cher** ein Gefäß für die Asche und die Reste von Zigaretten o. Ä. ⟨*die Zigarette im Aschenbecher ausdrücken*⟩

das **Asi·en** ['a:zi̯ən] (-s) der größte Kontinent der Erde

aso·zi·al ADJEKTIV **1** *meist abwertend* für die Gesellschaft schädlich **2** *gesprochen, abwertend* so, dass Personen unangenehm auffallen, weil sie ungepflegt, vulgär und aggressiv sind • *hierzu* **Aso·zi·a·le** *der/die*

aß *Präteritum, 1. und 3. Person Singular* → essen

das **Ass** (-es, -e) die höchste Spielkarte

der **Ast** (-(e)s, Äs·te) ein Teil eines Baumes, der aus dem Stamm wächst

das **Asyl** [a'zy:l]; (-(e)s, -e) **1** das Recht auf Aufenthalt, das ein Staat einer Person aus dem Ausland gewährt, um sie vor Verfolgung zu schützen ⟨*um Asyl bitten; (jemandem) politisches Asyl gewähren*⟩ **K** Asylantrag, Asylbewerber ⓘ nicht in der Mehrzahl verwendet **2** eine Unterkunft für Personen ohne Wohnung ≈ Heim

der **Asy·lant** (-en, -en) eine oft negativ verwendete Bezeichnung für eine Person, die um politisches Asyl bittet oder die Asyl bekommt ⓘ *der Asylant; den, dem, des Asylanten; Asylbewerber* oder *Asylsuchender* sind neutralere Ausdrücke • *hierzu* **Asy·lan·tin** *die*

der **Atem** (-s) **1** die Luft, die sich von der Lunge zu Mund oder Nase bewegt und umgekehrt ⟨*den Atem anhalten*⟩ **2** **außer Atem sein** erschöpft sein und nicht gut atmen können

at·men (*atmete, hat geatmet*) wenn wir atmen, kommt frische Luft in unsere Lunge

die **At·mos·phä·re** [-f-]; (-, -n) **1** die Mischung aus Gasen, die einen Planeten umgibt *„Die Atmosphäre der Erde besteht aus Luft"* ⓘ nicht in der Mehrzahl verwendet **2** die Stimmung innerhalb einer Gruppe ⓘ nicht in der Mehrzahl verwendet • *zu* (1) **at·mos·phä·risch** ADJEKTIV

das **Atom** (-s, -e) der kleinste, chemisch nicht mehr teilbare, charakteristische Teil eines Elements **K** Atomkern

das **At·ten·tat** (-(e)s, -e) **ein Attentat (auf/gegen jemanden/etwas)** ein Mord(versuch) aus politischen Gründen ⟨*ein Attentat verüben*⟩ ≈ Anschlag • *hierzu* **At·ten·tä·ter** *der*

das **At·test** (-(e)s, -e) eine ärztliche Bescheinigung über den gesundheitlichen Zustand einer Person

at·trak·tiv [-f] ADJEKTIV **1** so, dass Personen (oder Firmen) Interesse daran bekommen ⟨*ein Angebot, ein Preis, ein Standort*⟩ **2** äußerlich anziehend ≈ hübsch

das **At·tri·but** (-(e)s, -e); *geschrieben* ein Wort, das allem vor einem Substantiv steht und dieses so näher bestimmt • *hierzu* **at·tri·bu·tiv** ADJEKTIV

au! verwendet als Ausruf des Schmerzes

die **Au·ber·gi·ne** [obɛr'ʒi:nə]; (-, -n) eine längliche, meist violette Frucht, die man als Gemüse isst ⓘ → Abb. unter **Gemüse**

auch ADVERB **1** für die eine Person oder Sache gilt das Gleiche wie für eine andere Person oder Sache *„Mein Radio ist kaputt!" – „Meines funktioniert auch nicht."*

PARTIKEL *unbetont* **2** verwendet, um zu betonen, dass eine Aussage auf alle/alles zutrifft, einschließlich der genannten Person/Sache (von der es nicht unbedingt zu erwarten war) ≈ selbst, sogar *„Sie geht jeden Tag spazieren, auch wenn es regnet" | „Auch der schönste Tag geht einmal zu Ende"* **3** in Fragen verwendet, wenn man sich vergewissern will, dass etwas so ist, wie es sein sollte *„Vergisst du das auch ganz bestimmt nicht?"* **4** verwendet, um jemanden dazu zu ermahnen, etwas zu tun *„Sei* *auch schön brav bei der Oma!“* **5** verwendet, um eine Erklärung zu verstärken *„Er ist schon ziemlich alt, darum hört er auch so schlecht“*

auf¹ PRÄPOSITION *mit Dativ/Akkusativ*
ORT: **1** *mit Dativ* verwendet, um einen Kontakt von oben zu bezeichnen ↔ unter *„Das Glas steht auf dem Tisch“* ⓘ → Extras, S. 717: **Präpositionen** **2** *mit Akkusativ* bezeichnet die Richtung einer Bewegung, bei der eine Fläche von oben her berührt wird ↔ unter *„den Koffer auf den Boden stellen“* ⓘ → Extras, S. 717: **Präpositionen** **3** *mit Akkusativ* bezeichnet die Richtung einer Bewegung von unten nach oben *„Markus steigt auf eine Leiter“* **4** **auf etwas** (*Akkusativ*) **zu** in Richtung zu einem Ziel hin *„Das Schiff bewegte sich auf den Hafen zu“* INSTITUTION: **5** *mit Dativ* in den Räumen einer Institution *„Ich war gerade auf der Bank“* **6** *mit Dativ* in einer Schule *„Habt ihr auf der Realschule auch Informatik?“* VERANSTALTUNG: **7** *mit Dativ* bei einer Veranstaltung, bei einem Treffen *„Ich war auf der Hochzeit meiner besten Freundin“* TÄTIGKEIT: **8** *mit Dativ* während der genannten Tätigkeit *„auf der Fahrt nach Berlin“* ZEIT: **9** *mit Akkusativ* während eines Zeitraums ART UND WEISE: **10** *mit Akkusativ* verwendet zur Bezeichnung der Art und Weise *„Sie sagte etwas auf Englisch“* GRUND: **11** *mit Akkusativ* nennt den Grund, warum etwas geschieht oder getan wird *„auf Befehl/Wunsch des Chefs“*

auf² ADVERB **1** verwendet, um jemanden aufzufordern, etwas zu öffnen ↔ zu *„Mund auf!“* **2** **etwas ist auf** *gesprochen* etwas ist offen ↔ geschlossen *„Das Fenster war die ganze Nacht auf“* **3** **etwas ist auf** *gesprochen* etwas ist für die Kunden geöffnet *„Die Bäckerei ist bis 13 Uhr auf“* **4** **jemand ist auf** *gesprochen* jemand ist nicht mehr oder noch nicht im Bett *„Ich bin heute schon seit sechs Uhr auf“* **ID** **auf und ab** hin und zurück oder nach oben und wieder nach unten *„im Zimmer auf und ab gehen“*

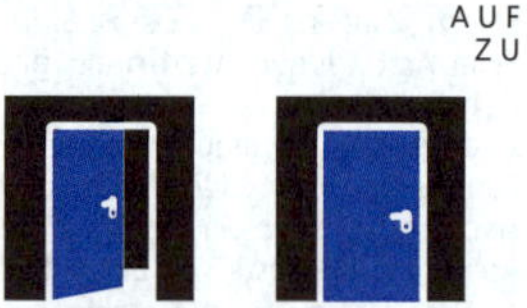

auf / offen zu / geschlossen

auf- (*im Verb, betont und trennbar, sehr produktiv; Diese Verben werden so gebildet: aufschreiben, schrieb auf, aufgeschrieben*) **1** **etwas aufblättern, aufhacken, aufklappen, aufknöpfen, aufschrauben** *und andere* drückt aus, dass etwas geöffnet wird *„Er stieß mit dem Fuß die Tür auf“* Er stieß mit dem Fuß gegen die Tür, um sie zu öffnen **2** **aufhorchen, auflachen, aufschluchzen, aufschreien; etwas blitzt auf, flackert auf, flammt auf** *und andere* drückt aus, dass eine Handlung plötzlich beginnt *„Er stöhnte auf, als er sich den Fuß anstieß“* Er stöhnte plötzlich, als er sich den Fuß anstieß **3** **etwas (auf etwas** (*Akkusativ*)**) aufdrucken, aufdrücken, aufnähen, aufsprühen** *und andere* drückt aus, dass man die eine Sache mit der anderen in Kontakt bringt *„Er klebte eine Briefmarke auf das Kuvert auf“* Er drückte eine Briefmarke auf das Kuvert **4** **aufsteigen, auftauchen; ein Vogel flattert auf, fliegt auf; etwas spritzt auf, wirbelt auf** *und andere* drückt aus, dass durch eine Handlung oder einen Vorgang jemand/etwas nach oben oder in die Höhe kommt *„Das vorbeifahrende Auto wirbelte viel Staub auf“* Das Auto wirbelte den Staub in die Luft

der **Auf·bau** (*-(e)s, -ten*) **1** das Aufbauen eines Gerüsts, Lagers usw. ↔ Abbau ⓘ nicht in der Mehrzahl verwendet **2** das erneute Aufbauen von etwas Zerstörtem ↔ Abbruch ⓘ nicht in der Mehrzahl verwendet **3** die Organisation, Schaffung oder Errichtung eines (funktionierenden) Systems *„den wirtschaftlichen Aufbau fördern"* ❶ nicht in der Mehrzahl verwendet **4** die Gliederung, Struktur einer Sache ⟨*der Aufbau einer Rede, einer Oper, eines Bildes*⟩ ❶ nicht in der Mehrzahl verwendet **5** eine Sache, die oben auf etwas anderes gebaut wurde ⟨*die Aufbauten von Gebäuden, Kraftfahrzeugen, Schiffen*⟩

auf·bau·en (*hat*) **1 etwas aufbauen** etwas (aus einzelnen Teilen) zusammensetzen und irgendwohin stellen ⟨*ein Gerüst, ein Zelt, eine Baracke aufbauen*⟩ ≈ aufstellen **2 etwas aufbauen** etwas entstehen lassen, schaffen (und organisieren) ⟨*eine Fabrik, eine Organisation, eine Partei aufbauen*⟩ **3 etwas baut auf etwas** (*Dativ*) **auf** etwas hat etwas als Grundlage, Voraussetzung *„Der Unterricht an der Universität baut meist auf dem Schulwissen auf"*

auf·be·kom·men (*hat*); *gesprochen* **1 etwas aufbekommen** etwas Geschlossenes öffnen können *„Ich hab die Tür nicht aufbekommen"* **2 etwas aufbekommen** (vom Lehrer) eine Aufgabe gestellt bekommen ⟨*Hausaufgaben aufbekommen*⟩

auf·be·wah·ren (*bewahrte auf, hat aufbewahrt*) **etwas aufbewahren** etwas (meist Wertvolles) für eine gewisse Zeit sicher lagern *„Schmuck im Safe aufbewahren"* • *hierzu* **Auf·be·wah·rung** *die*

auf·bla·sen (*hat*) **etwas aufblasen** etwas (mit dem Mund) mit Luft füllen ⟨*einen Luftballon, eine Luftmatratze aufblasen*⟩

auf·blei·ben (*ist*) **1** noch nicht zum Schlafen ins Bett gehen *„Die Kinder dürfen bis neun Uhr aufbleiben"* **2 etwas bleibt auf** etwas ist weiterhin offen

auf·bre·chen **1 (zu etwas) (irgendwohin) aufbrechen** (*ist*) (irgendwohin) fortgehen, sich auf den Weg machen *„zu einer Expedition aufbrechen"* **2 etwas bricht auf** (*ist*) etwas öffnet sich von selbst ⟨*eine Eisdecke, eine Knospe, eine Narbe*⟩ **3 etwas aufbrechen** (*hat*) etwas (Verschlossenes) mit Gewalt oder schnell und ungeduldig öffnen ⟨*eine Tür, ein Schloss aufbrechen*⟩

der **Auf·bruch** der Beginn einer Reise ❶ nicht in der Mehrzahl verwendet

auf·dre·hen (*hat*) **etwas aufdrehen** durch Öffnen eines Hahnes oder Ventils eine Flüssigkeit oder ein Gas strömen lassen ⟨*den Hahn, das Gas, das Wasser aufdrehen*⟩ ↔ zudrehen

auf·ei·nan·der ADVERB **1** eine Person/Sache auf die andere oder auf der anderen *„Man darf diese zerbrechlichen Gegenstände nicht aufeinander lagern"* **2** drückt eine Gegenseitigkeit aus *„Sie nehmen Rücksicht aufeinander"*

der **Auf·ent·halt** (-(e)s, -e) **1** die Anwesenheit (einer Person) an einem Ort für eine begrenzte Zeit *„ein einjähriger Aufenthalt im Ausland"* **2** die kurze Unterbrechung einer Fahrt oder Reise *„Der Zug hat in Köln 15 Minuten Aufenthalt"*

auf·fal·len (*ist*) **jemand/etwas fällt (jemandem) auf** jemand/etwas erregt durch etwas Besonderes Aufmerksamkeit *„Sie fiel durch ihre Intelligenz auf"*

auf·fäl·lig ADJEKTIV so, dass es auffällt ⟨*Kleidung, ein Benehmen*⟩ • *hierzu* **Auf·fäl·lig·keit** *die*

auf·fan·gen (*hat*) **1 etwas auffangen** etwas, das fällt oder fliegt, mit den Händen aus der Luft greifen ⟨*einen Ball auffangen*⟩ **2 jemanden auffangen** eine Person mit den Händen greifen und so verhindern, dass sie stürzt

die **Auf·fas·sung** **eine Auffassung (von etwas)/(über etwas** (*Akkusativ*)**); die Auffassung, dass …** die Meinung, die man darüber hat, wie etwas ist oder sein sollte ⟨*jemandes Auffassung teilen; der Auffassung sein, dass …*⟩ ≈ Vorstellung *„Nach meiner Auffassung ist das falsch"* **K** Arbeitsauffassung

auf·for·dern (*hat*) **1 jemanden (zu etwas) auffordern** jemanden um etwas bitten *„Er forderte sie auf, sich zu setzen"* **2 jemanden zu etwas auffordern** von einer Person offiziell verlangen, dass sie etwas tut • *hierzu* **Auf·for·de·rung** *die*

auf·füh·ren (*hat*) **1 etwas aufführen** ein künstlerisches Werk (auf einer Bühne) einem Publikum zeigen ‹*ein Schauspiel, ein Ballett, eine Oper aufführen*› **2 sich irgendwie aufführen** *gesprochen* sich irgendwie verhalten, benehmen ‹*sich gut, unmöglich* (= *schlecht*) *aufführen*›

die **Auf·füh·rung** ein Musik- oder Theaterstück, das aufgeführt und dem Publikum gezeigt wird

die **Auf·ga·be 1** etwas, das man tun muss ‹*eine interessante, unangenehme Aufgabe*› ≈ Verpflichtung **K** Aufgabenbereich, Aufgabengebiet **2** der Zweck oder die Funktion, die von jemandem/etwas erfüllt werden sollen *„Ampeln haben die Aufgabe, den Verkehr zu regeln"* **3** ein meist mathematisches Problem ‹*eine Aufgabe lösen; jemandem eine Aufgabe stellen*› **K** Rechenaufgabe **4** der Auftrag, etwas zu senden, zu veröffentlichen oder zu bearbeiten ‹*die Aufgabe eines Pakets, eines Inserats, einer Bestellung*› **i** nicht in der Mehrzahl verwendet **5** die vorzeitige Beendigung einer Sache oder eines Vorhabens (in einer oft schwierigen Situation) ‹*die Aufgabe des Berufs; jemanden zur Aufgabe zwingen*› **i** nicht in der Mehrzahl verwendet

auf·ge·ben (*hat*) ZUR BEARBEITUNG, LÖSUNG: **1 etwas aufgeben** einer Person oder Institution etwas geben, damit es bearbeitet oder transportiert wird ‹*einen Brief, ein Paket aufgeben; eine Annonce, eine Anzeige bei der Zeitung aufgeben*› **2 (jemandem) etwas aufgeben** (als Lehrer) den Schülern Arbeiten geben, welche sie zu Hause erledigen müssen ‹*Hausaufgaben, eine Übersetzung aufgeben*› ALS ENDE: **3** keine Hoffnung mehr auf Erfolg haben und daher mit etwas nicht weitermachen *„Der Läufer hatte solche Schmerzen, dass er kurz vor dem Ziel aufgeben musste"* **4 etwas aufgeben** etwas, das man regelmäßig getan hat, nicht mehr tun ‹*das Rauchen, Trinken aufgeben*› ↔ anfangen

auf·ge·hen (*ist*) **1 etwas geht auf** etwas öffnet sich ‹*ein Fenster, eine Tür, ein Regenschirm, eine Knospe*› ↔ zugehen **2 etwas geht auf** etwas wird über dem Horizont sichtbar ‹*die Sonne, der Mond*› ↔ untergehen **3 etwas geht auf** etwas löst sich ‹*ein Knoten, eine Naht*› **4 etwas geht auf** etwas hat ein Resultat ohne Rest *„Die Rechnung geht glatt auf"*

auf·ge·ho·ben PARTIZIP PERFEKT **ID (bei jemandem/irgendwo) gut aufgehoben sein** *gesprochen* irgendwo am richtigen oder an einem sicheren Ort sein (und von jemandem gut betreut oder beaufsichtigt werden)

auf·ge·legt ADJEKTIV **gut/schlecht aufgelegt sein** in guter/schlechter Laune sein

auf·grund, **auf Grund** PRÄPOSITION *mit Genitiv* verwendet, um den Grund oder die Ursache zu nennen ≈ wegen *„Aufgrund des schlechten Wetters konnte das Fest nicht stattfinden"* **i** auch zusammen mit *von*: *aufgrund von Zeugenaussagen*

auf·ha·ben (*hat*); *gesprochen* **1 etwas aufhaben** etwas geöffnet haben *„die Augen aufhaben"* **2 etwas aufhaben** eine Kopfbedeckung oder Brille aufgesetzt haben ‹*einen Hut, einen Helm, eine Mütze, eine Brille aufhaben*› **3 etwas aufhaben** etwas als Hausaufgabe machen müssen **4 etwas hat auf** etwas ist geöffnet ‹*ein Geschäft, ein Büro*› *„Hat der Bäcker noch auf?"*

auf·hal·ten (*hat*) **1 jemanden/etwas aufhalten** jemanden/etwas (für kurze Zeit) an der Fortsetzung einer Tätigkeit oder eines Weges hindern *„Der Stau hat mich aufgehalten"* **2 (jemandem) etwas aufhalten** für jemanden (oft als höfliche Geste) eine Tür geöffnet halten **3 sich irgendwo aufhalten** für eine längere Zeit an einem Ort sein *„sich in* *den USA/bei Verwandten aufhalten"*

auf·hän·gen (*hängte auf, hat aufgehängt*) **1** **etwas (irgendwo) aufhängen** etwas an oder über etwas hängen ⟨*Wäsche zum Trocknen aufhängen*⟩ *„Er hat das Bild an der Wand/an einem Nagel aufgehängt"* **2** **jemanden aufhängen** jemanden oder sich selbst mit einem Strick um den Hals töten, den man z. B. an einen Baum hängt

auf·he·ben (*hat*) **1** **etwas aufheben** etwas in die Hand nehmen, das vorher auf dem Boden lag *„am Strand eine schöne Muschel aufheben"* **2** **(jemandem) etwas aufheben** etwas nicht verbrauchen oder wegwerfen, sondern für später behalten ≈ aufbewahren *„ein Stück Kuchen für den nächsten Tag aufheben"* **3** **etwas aufheben** *geschrieben* eine Regelung nicht länger gültig sein lassen ⟨*eine Verordnung, ein Gesetz aufheben*⟩ ≈ abschaffen • *zu* (3) **Auf·he·bung** *die*

auf·hö·ren (*hat*) **1** **aufhören zu** *+Infinitiv* etwas nicht länger tun *„Ende des Monats höre ich auf zu arbeiten"* **2** **(mit etwas) aufhören** etwas nicht länger tun *„mit dem Rauchen aufhören"* **3** **etwas hört auf** etwas ist zu Ende *„Endlich hörte der Sturm auf"*

auf·klap·pen **etwas aufklappen** (*hat*) einen Teil oder mehrere Teile einer Sache so bewegen, dass sich der Gegenstand öffnet ⟨*einen Koffer, einen Liegestuhl, ein Taschenmesser aufklappen*⟩

auf·klä·ren (*hat*) **1** **etwas aufklären** den wahren Sachverhalt erkennbar machen ⟨*ein Verbrechen, einen Irrtum, Widersprüche aufklären*⟩ **2** **jemanden über etwas** (*Akkusativ*) **aufklären** jemandem etwas Kompliziertes verständlich machen oder jemanden über etwas informieren *„Der Anwalt klärte ihn über seine Rechte auf"*

die **Auf·klä·rung** (*-, -en*) **1** das Aufklären ⟨*die Aufklärung eines Verbrechens, eines Missverständnisses*⟩ **2** Informationen über Probleme oder Situationen **3** das Erklären sexueller Vorgänge (meist gegenüber Kindern) *„In der Schule gehört die Aufklärung zum Biologieunterricht"*

der **Auf·kle·ber** (*-s, -*) ein kleiner Zettel oder ein kleines Bild, die man zu einem Zweck auf etwas klebt **K** Gepäckaufkleber

auf·kom·men (*ist*) **etwas kommt auf** etwas entsteht und verbreitet sich ⟨*ein Gerücht, (gute) Stimmung, Zweifel, Langeweile*⟩

auf·le·gen (*hat*) **1** **etwas auflegen** etwas zu einem Zweck auf etwas anderes legen *„eine Schallplatte auflegen und abspielen"* **2** **(den Telefonhörer) auflegen** ein Telefongespräch beenden ↔ abheben

auf·lö·sen (*hat*) **1** **etwas löst sich (in etwas** (*Dativ*)**) auf** etwas verliert den Zusammenhalt oder die feste Form *„Salz löst sich in Wasser auf"* **2** **etwas löst sich auf** etwas hört auf zu bestehen ⟨*eine Menschenmenge, ein Verein, ein Stau*⟩ **3** **etwas (in etwas** (*Dativ*)**) auflösen** etwas in eine Flüssigkeit tun, damit es die Form verliert *„eine Tablette in Wasser auflösen"* • *hierzu* **Auf·lö·sung** *die*

auf·ma·chen (*hat*) **1** **etwas aufmachen** *gesprochen* etwas Geschlossenes öffnen ⟨*einen Brief, eine Flasche, eine Tür, den Mund aufmachen*⟩ ↔ zumachen **2** **etwas aufmachen** *gesprochen* ein neues Geschäft oder eine Firma gründen ≈ eröffnen **3** **etwas macht auf** *gesprochen* etwas wird (zum ersten Mal oder z. B. am Morgen) für Kunden geöffnet ⟨*ein Geschäft, ein Amt*⟩ ↔ schließen *„Diese Boutique hat letzte Woche neu aufgemacht"*

auf·merk·sam ADJEKTIV **1** mit allen Sinnen und Gedanken auf etwas konzentriert ⟨*aufmerksam zuhören, zuschauen*⟩ **2** sehr rücksichtsvoll, höflich und hilfsbereit *„Das ist sehr aufmerksam von Ihnen!"* **3** **eine Person (auf jemanden/etwas) aufmerksam machen** das Interesse einer Person auf eine andere Person oder Sache lenken

die **Auf·merk·sam·keit** (-, *-en*) **1** die Konzentration auf eine Sache, reges Interesse ⟨*eine Person/Sache erregt jemandes Aufmerksamkeit*⟩ ⓘ nicht in der Mehrzahl verwendet **2** ein höfliches, hilfsbereites Benehmen ⓘ nicht in der Mehrzahl verwendet **3** eine freundliche, hilfsbereite Handlung oder ein kleines Geschenk *„der Gastgeberin eine kleine Aufmerksamkeit überreichen"*

die **Auf·nah·me** (-, *-n*) **1** das Aufnehmen von Flüchtlingen, Gästen, Patienten usw. ⓘ nicht in der Mehrzahl verwendet **2** das Aufnehmen eines neuen Mitglieds in eine Organisation, einen Verein o. Ä. **K** Aufnahmeantrag, Aufnahmegebühr ⓘ nicht in der Mehrzahl verwendet **3** das Aufnehmen und Einfügen in eine Liste oder einen Plan ⓘ nicht in der Mehrzahl verwendet **4** ein Bild, das mit einem Fotoapparat oder einer Filmkamera gemacht wurde ≈ Fotografie **5** der Vorgang, Musik, Filme o. Ä. auf CDs, DVDs usw. aufzunehmen bzw. die so aufgenommenen Dinge **K** Aufnahmestudio **6** das Aufnehmen einer Tätigkeit, das Beginnen mit etwas ⟨*die Aufnahme von Verhandlungen*⟩ ⓘ nicht in der Mehrzahl verwendet

auf·neh·men (*hat*) PERSONEN: **1** **jemanden aufnehmen** jemanden bei sich im Haus oder Land bleiben, wohnen oder schlafen lassen ⟨*Flüchtlinge, Gäste aufnehmen*⟩ *„jemanden im Krankenhaus aufnehmen"* einer Person ein Bett als Patient geben **2** **jemanden (in etwas** (*Akkusativ*)**) aufnehmen** jemanden als Mitglied, Schüler, Mitarbeiter o. Ä. akzeptieren *„Die Schule hat 120 neue Schüler aufgenommen"* FILM, DVD: **3** **etwas aufnehmen** Musik, Filme o. Ä. auf Bändern, Filmen oder Datenträgern speichern *„Die Band hat eine neue CD aufgenommen"* BEGINN: **4** **jemand/etwas nimmt etwas auf** jemand/etwas beginnt mit etwas *„Die Fabrik hat den Betrieb/die Produktion aufgenommen"* REAKTION: **5** **etwas irgendwie aufnehmen** auf etwas in genannter Weise reagieren *„Er nahm die Nachricht mit großer Erleichterung auf"*

auf·pas·sen (*hat*) **1** die Aufmerksamkeit auf etwas (oft Wichtiges) lenken, sich konzentrieren *„Pass auf, dass dich niemand sieht!"* **2** **auf jemanden/etwas aufpassen** jemanden/etwas beobachten, sodass nichts Unerwünschtes passiert ≈ beaufsichtigen *„auf die Kinder aufpassen"*

auf·pum·pen (*hat*) **etwas aufpumpen** etwas durch Pumpen mit Luft füllen und prall machen ⟨*einen Reifen, einen Fußball aufpumpen*⟩

auf·räu·men (*hat*) **(etwas) aufräumen** herumliegende Dinge an ihren Platz bringen, um Ordnung zu schaffen *„den Schreibtisch/das Zimmer aufräumen"*

auf·re·gen (*regte auf, hat aufgeregt*) **1** **etwas regt jemanden auf** jemand wird unruhig und nervös, weil er mit Spannung auf etwas wartet, oder jemand ärgert sich über etwas *„In der Nacht vor der Prüfung war sie so aufgeregt, dass sie nicht schlafen konnte"* **2** **sich (über jemanden/etwas) aufregen** starke Gefühle haben, vor allem weil man mit Sorge auf etwas wartet oder in Wut gerät *„Reg dich nicht so auf, es wird schon nichts passieren!"*

auf·re·gend ADJEKTIV ⟨*ein Erlebnis, ein Film*⟩ spannend und so, dass sie jemanden begeistern

die **Auf·re·gung** ein Zustand oder ein Ereignis, bei dem jemand nervös oder erregt (und sehr aktiv) ist ⟨*in Aufregung geraten*⟩ ↔ Ruhe *„In der Aufregung der Hochzeitsvorbereitungen hat sie ganz vergessen, die Blumen zu bestellen"*

auf·rei·ßen **1** **etwas aufreißen** (*hat*) etwas meist durch Zerreißen der Hülle öffnen ⟨*einen Brief, einen Beutel aufreißen*⟩ **2** **etwas aufreißen** (*hat*) etwas plötzlich und schnell öffnen ⟨*den Mund, das Fenster aufreißen*⟩ **3** **etwas reißt auf** (*ist*) etwas bekommt einen

Riss *„Die Tüte riss auf, und alles fiel heraus"*

auf·rol·len (*hat*) **etwas aufrollen** etwas so wickeln, dass eine Rolle daraus entsteht ⟨*einen Teppich, ein Plakat aufrollen*⟩

auf·ru·fen (*hat*) **1 jemanden aufrufen** den Namen einer Person nennen, die gerade wartet, um ihr so zu sagen, dass sie nun an der Reihe ist ⟨*einen Patienten, einen Zeugen aufrufen*⟩ **2 jemanden aufrufen** einen Schüler während des Unterrichts etwas fragen **3 (Personen) zu etwas aufrufen** eine große Gruppe von Personen auffordern, etwas zu tun *„Die Gewerkschaften riefen zum Streik auf"* • *zu* (3) **Auf·ruf** *der*

auf·run·den (*hat*) **etwas aufrunden** eine Zahl auf die nächste runde oder volle Zahl bringen, indem man etwas hinzufügt ↔ abrunden *„4,86 € auf 5 € aufrunden"*

auf·rüs·ten (*hat*) **etwas aufrüsten** vor allem einen Computer mit einer besseren Ausstattung ergänzen *„einen Computer mit einem schnelleren Prozessor aufrüsten"* • *hierzu* **Auf·rüs·tung** *die*

aufs PRÄPOSITION *mit Artikel* auf das
ⓘ *Aufs* kann in Wendungen wie *das Leben aufs Spiel setzen* nicht durch *auf das* ersetzt werden.

der **Auf·satz** **1** ein Text, der von einem Schüler geschrieben wird und der ein Thema behandelt, das vom Lehrer gestellt wurde **K** Aufsatzthema **2** ein relativ kurzer Text in einer Zeitschrift über ein wissenschaftliches Thema

auf·schlie·ßen (*hat*) **1 (etwas) (mit etwas) aufschließen** ein Schloss mit einem Schlüssel öffnen ⟨*eine Tür, eine Kasse, ein Haus aufschließen*⟩ ↔ abschließen **2** nach vorne rücken und so die Lücken in einer Reihe schließen *„Bitte aufschließen!"*

der **Auf·schnitt** eine Mischung von Scheiben verschiedener Sorten Wurst, Schinken oder Käse **K** Wurstaufschnitt

AUFSCHNITT

der Käse-aufschnitt — der Wurst-aufschnitt

auf·schrei·ben (*hat*) **(jemandem) etwas aufschreiben** etwas schreiben, damit man es nicht vergisst *„Ich habe mir die Adresse aufgeschrieben"*

die **Auf·schrift** eine schriftliche Information über den Gegenstand, an dem sie befestigt ist *„eine Flasche mit der Aufschrift „Gift!""*

der **Auf·schwung** eine Verbesserung vor allem der wirtschaftlichen Lage *„ein leichter Aufschwung am Arbeitsmarkt"*

das **Auf·se·hen** (-s) die Situation, dass ein Ereignis o. Ä. von vielen Personen beachtet und diskutiert wird *„Sein neues Buch sorgte für großes Aufsehen"* • *hierzu* **auf·se·hen·er·re·gend** ADJEKTIV

auf·set·zen (*hat*) PERSON: **1 sich aufsetzen** vom Liegen zum Sitzen kommen *„sich im Bett aufsetzen"* AM KOPF: **2 (jemandem) etwas aufsetzen** einer Person oder sich selbst eine Kopfbedeckung auf den Kopf setzen ⟨*einen Hut, einen Helm, eine Mütze aufsetzen*⟩ **3 eine Brille aufsetzen** eine Brille auf die Nase setzen AM BODEN: **4 ein Flugzeug setzt (auf etwas** *Dativ/Akkusativ*) **auf** ein Flugzeug landet am Boden AM HERD: **5 etwas aufsetzen** etwas auf den Herd stellen, damit es kochen kann ⟨*Wasser, die Milch, das Essen aufsetzen*⟩ GESICHTSAUSDRUCK: **6 etwas aufsetzen** dem eigenen Gesicht einen besonderen Ausdruck geben *„eine furchterregende Miene aufsetzen"* ALS TEXT: **7 etwas aufsetzen** einen Entwurf für etwas schreiben

die **Auf·sicht** **1 die Aufsicht (über jemanden/etwas)** die Beobachtung und Kontrolle, um Schaden zu vermeiden oder um zu garantieren, dass etwas nach den Vorschriften getan wird *⟨Aufsicht führen, haben⟩ „Dieses Experiment darf nur unter Aufsicht eines Chemikers ablaufen"* **K** Aufsichtsbehörde **i** nicht in der Mehrzahl verwendet **2** eine Person, die jemanden/etwas beaufsichtigt *„die Aufsicht im Museum"*

auf·sper·ren (*hat*) **etwas (mit etwas) aufsperren** *⟨eine Tür aufsperren⟩* ≈ aufschließen

der **Auf·stand** der aktive Widerstand und Kampf einer Gruppe gegen Personen, die Macht über sie haben *⟨einen Aufstand blutig niederschlagen⟩* **K** Bauernaufstand • *hierzu* **auf·stän·disch** ADJEKTIV; **Auf·stän·di·sche** *der/die*

auf·ste·hen **1** (*ist*) aus einer liegenden oder sitzenden Position in eine stehende Position kommen *„Sie stand auf und bot mir ihren Sitzplatz an"* **2** (*ist*) (nach dem Aufwachen oder nach einer Krankheit) das Bett verlassen

auf·stei·gen (*ist*) **1** **jemand/etwas steigt auf** jemand/etwas steigt nach oben *„Der Ballon stieg rasch auf"* **2** **(zu etwas) aufsteigen** eine höhere soziale, berufliche Position erhalten *„zum Abteilungsleiter aufsteigen"*

auf·stel·len (*hat*) **1** **etwas aufstellen** etwas aus einzelnen Teilen zusammensetzen und an einen Ort stellen *⟨ein Zelt, ein Gerüst, eine Baracke aufstellen⟩* ≈ aufbauen **2** **Dinge aufstellen** Dinge (in einer Ordnung) irgendwohin stellen *„die Schachfiguren aufstellen"* **3** **etwas aufstellen** etwas meist öffentlich äußern, aussprechen *⟨eine Behauptung, eine Forderung aufstellen⟩* **4** **etwas aufstellen** etwas aus einzelnen Teilen zu einem Ganzen zusammenfügen *⟨eine Bilanz, eine Liste, einen Plan, ein Programm, eine Rechnung aufstellen⟩* **5** **einen Rekord aufstellen** eine neue Bestleistung in einer sportlichen Disziplin erreichen **i** Wenn man einen Rekord *bricht*, übertrifft man die Leistung einer anderen Person. **6** **jemanden (als etwas) (für etwas) aufstellen** jemanden bei einer Wahl als Kandidaten melden ≈ nominieren **7** **Personen stellen sich (irgendwie) auf** mehrere Personen stellen sich so, dass eine Ordnung hergestellt wird *⟨Personen stellen sich nebeneinander, in Zweierreihen, im Kreis auf⟩*

der **Auf·stieg** (-(e)s, -e) **1** das Gehen oder der Weg vom Tal zum Berg hinauf **2** eine Verbesserung der Lebensverhältnisse *⟨der soziale, wirtschaftliche Aufstieg⟩*

der **Auf·trag** (-(e)s, *Auf·trä·ge*) **1** die Anweisung zur Erledigung einer Aufgabe *⟨jemandem einen Auftrag erteilen, geben; einen Auftrag bekommen, erledigen, ausführen⟩* **2** die Bestellung von Waren oder Dienstleistungen *⟨etwas in Auftrag geben⟩ „den Auftrag an das billigste Bauunternehmen vergeben"*

auf·tra·gen (*hat*) **1** **jemandem etwas auftragen** jemanden bitten oder verpflichten, etwas zu tun *⟨jemandem Grüße auftragen⟩ „Mir wurde aufgetragen, hier aufzupassen"* **2** **etwas (auf etwas** (*Akkusativ*)**) auftragen** eine dünne Schicht auf etwas streichen und gleichmäßig verteilen *⟨Lack, Farbe, Creme, Make-up, Salbe auftragen⟩*

auf·tre·ten **1** **irgendwie auftreten** (*ist*) sich gegenüber anderen auf die genannte Art und Weise verhalten *⟨(un)sicher, arrogant, überheblich auftreten⟩* **2** **irgendwie auftreten** (*ist*) den Fuß/die Füße in der genannten Art auf den Boden setzen *⟨leise, laut, vorsichtig auftreten⟩* **3** **etwas tritt auf** (*ist*) etwas entsteht plötzlich und unerwartet *⟨eine Epidemie, ein Problem⟩* **4** (*ist*) in einem Theater oder Film eine Rolle spielen oder vor einem Publikum singen, Musik machen usw.

der **Auf·tritt** das Verhalten, wenn andere Leute zuschauen (vor allem bei einem Schauspieler auf der Bühne) *„Das war ein toller Auftritt!"*

auf·wa·chen (*ist*) aufhören zu schlafen, wach werden *„Habe ich dich geweckt oder bist du von selbst aufge-*

wacht?"

auf·wach·sen (*ist*) **irgendwo/irgendwie aufwachsen** die Kindheit und Jugend irgendwo/irgendwie verbringen ⟨*auf dem Land, in der Stadt aufwachsen*⟩

der **Auf·wand** (-(*e*)*s*) alles, was eingesetzt oder verwendet wird, um ein Ziel zu erreichen oder um einen Plan zu realisieren ⟨*unnötigen, übertriebenen Aufwand betreiben*⟩ K Arbeitsaufwand, Zeitaufwand

auf·wän·dig → aufwendig

auf·wär·men (*hat*) **1** **etwas aufwärmen** etwas Gekochtes noch einmal warm machen *„am Abend die Reste vom Mittagessen aufwärmen"* **2** **sich aufwärmen** den frierenden Körper wieder warm machen

auf·wärts ADVERB nach oben ↔ abwärts *„Aufwärts kam mir der Weg viel länger vor"* K Aufwärtstrend

auf·we·cken (*hat*) **jemanden aufwecken** ≈ wecken

auf·wei·sen (*hat*) **1** **etwas aufweisen** etwas erreichen und vorzeigen ⟨*Erfolge aufweisen können*⟩ **2** **jemand/etwas weist etwas auf** jemand/etwas hat die genannten Merkmale oder Eigenschaften *„Die Ware weist zahlreiche Mängel auf"*

auf·wen·dig ADJEKTIV mit viel Aufwand verbunden und meist sehr teuer *„die aufwendige Inszenierung eines Dramas"*

auf·zäh·len (*hat*) **Personen/Dinge aufzählen** mehrere Personen oder Dinge der Reihe nach einzeln nennen *„Sie zählte auf, was sie auf die Reise mitnehmen musste"* • *hierzu* **Auf·zäh·lung** *die*

auf·zie·hen MIT DEN HÄNDEN: **1** **etwas aufziehen** (*hat*) etwas durch Ziehen öffnen ⟨*den Vorhang aufziehen*⟩ **2** **etwas aufziehen** (*hat*) eine Feder so spannen, dass sie einen Mechanismus antreibt *„ein Spielzeugauto zum Aufziehen"* MIT WORTEN: **3** **jemanden (mit etwas) aufziehen** *gesprochen* (*hat*) Witze über etwas machen, um jemanden damit zu ärgern *„Alle ziehen ihn wegen seiner komischen Aussprache auf"* KINDER, TIERE: **4** **jemanden aufziehen** (*hat*) ein Kind oder ein junges Tier ernähren und pflegen, bis es groß und selbstständig ist **5** **etwas zieht auf** (*ist*) etwas entsteht oder kommt näher ⟨*Nebel, ein Gewitter, Wolken*⟩

der **Auf·zug** im Aufzug kann man in einem Gebäude senkrecht nach oben und unten in andere Stockwerke fahren ≈ Lift *„Nehmen wir den Aufzug oder die Treppe?"*

das **Au·ge** (-*s*, -*n*) **1** das Organ, mit dem Menschen und Tiere sehen *„ein Kind mit braunen Augen"* | *„Sie schämte sich so, dass sie ihm nicht in die Augen sehen konnte"* K Augenarzt, Augenfarbe **2** die Punkte auf einer Seite eines Würfels, eines Dominosteins o. Ä. **i** nur in der Mehrzahl verwendet **3** der Wert, den eine Spielkarte in einem Spiel hat ≈ Punkt *„Das Ass zählt elf Augen"* **4** **ein blaues Auge** dunkle Stellen der Haut um das Auge herum (nach einem Schlag oder Stoß) **5** **mit bloßem Auge** ohne Brille, Fernglas o. Ä. **6** **unter vier Augen** zwischen nur zwei Personen ID **jemanden/etwas nicht aus den Augen lassen** jemanden/etwas scharf und lange beobachten; **etwas fällt/springt/sticht ins Auge** etwas ist sehr deutlich zu sehen oder

AUGE

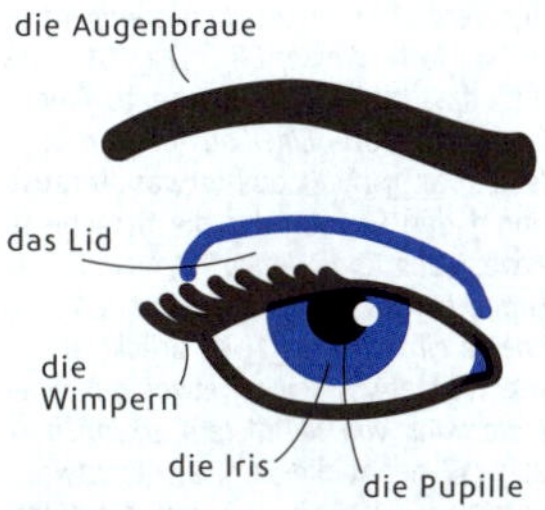

klar zu erkennen; **jemandem etwas vor Augen führen** jemandem etwas verständlich, deutlich machen; **so weit das Auge reicht** so weit man sehen kann, bis zum Horizont

der **Au·gen·blick** ein ganz kurzer Zeitraum ⟨*der richtige, entscheidende Augenblick für etwas*⟩ ≈ Moment „*Warten Sie bitte einen Augenblick, sie kommt gleich*" ID **im Augenblick** jetzt; **im letzten Augenblick** gerade noch rechtzeitig

au·gen·blick·lich *ADJEKTIV* **1** in diesem Augenblick, zurzeit ≈ momentan **2** ohne Zeit zu verlieren ≈ sofort „*Verlassen Sie augenblicklich den Raum!*"

der **Au·gust** (-(e)s/-, -e) der achte Monat des Jahres ⟨*im August; Anfang, Mitte, Ende August; am 1. August*⟩ ⓘ Abkürzung: *Aug.*

aus[1] *PRÄPOSITION mit Dativ* RICHTUNG: **1** bezeichnet die Richtung einer Bewegung von innen nach außen „*den Bleistift aus der Schublade nehmen*" **2** bezeichnet die Richtung einer Bewegung von einem Ausgangspunkt weg „*Wind aus Osten*" HERKUNFT: **3** verwendet, um anzugeben, woher eine Person oder Sache kommt oder stammt „*Er kommt aus Sizilien*" MATERIAL: **4** verwendet zur Bezeichnung des Materials, mit dem etwas gemacht wird „*eine Kette aus Gold*" ⓘ Statt *aus was* verwendet man *woraus*. VERÄNDERUNG: **5** nennt die Form, den Zustand o. Ä. einer Person/Sache vor einer Veränderung „*Bei Minustemperaturen wird aus Wasser Eis*" TEIL: **6** drückt aus, dass eine Person/Sache zu einer Gruppe gehört „*Einer aus der Klasse fehlt*" GRUND: **7** **aus (etwas heraus)** nennt den Grund oder die Ursache für etwas „*aus Angst lügen*" | „*Aus einer Laune heraus lud er alle Freunde in die Kneipe ein*" DISTANZ: **8** drückt aus, wie weit etwas reicht „*etwas aus einer Entfernung von 100 Metern erkennen*" ZEIT: **9** nennt die Zeit, in der etwas entstanden ist „*ein Foto aus der Kinderzeit*" EINVERSTÄNDNIS: **10** **von mir/ihm/ihr/... aus** *gesprochen* drückt aus, dass jemand einverstanden ist „*Kann ich hier rauchen?*" – „*Von mir aus.*"

aus[2] *ADVERB* **1** verwendet, um jemanden aufzufordern, etwas außer Funktion zu setzen ↔ an „*Licht aus!*" **2** **etwas ist aus** *gesprochen* etwas ist zu Ende oder vorbei „*Das Spiel ist aus, wenn einer zwanzig Punkte hat*" **3** **etwas ist aus** *gesprochen* etwas brennt nicht mehr ⟨*das Feuer, die Kerze*⟩ **4** **etwas ist aus** *gesprochen* ein elektrisches Gerät, ein Motor o. Ä. ist nicht in Betrieb, nicht eingeschaltet ↔ an **5** **es ist aus (und vorbei) mit etwas** *gesprochen* etwas ist zu Ende oder gescheitert „*Mit meiner Gutmütigkeit ist es jetzt endgültig aus!*"

das **Aus** (-) **1** der Raum, der außerhalb des Spielfeldes liegt ⟨*den Ball ins Aus schießen*⟩ **2** *gesprochen* das Ende eines Zustands ⟨*etwas ist das Aus für jemanden/etwas*⟩

aus- (*im Verb, betont und trennbar, sehr produktiv; Diese Verben werden so gebildet: ausschreiben, schrieb aus, ausgeschrieben*) **1** **ausatmen**; **etwas (aus etwas) ausgießen, ausgraben, ausleeren, ausräumen** *und andere* drückt aus, dass etwas nach außen kommt „*die Einkäufe aus dem Auto ausladen*" die Einkäufe aus dem Auto laden, herausholen **2** **etwas ausgießen, auskratzen, ausladen, auslöffeln, ausschütten, austrinken** *und andere* drückt aus, dass etwas leer gemacht wird „*Sie presste eine Orange aus*" Sie presste die Orange so lange, bis kein Saft mehr darin war **3** **etwas ausblasen, ausknipsen, ausmachen, auspusten, austreten** *und andere* drückt aus, dass ein Gerät außer Funktion gesetzt wird oder dass eine Flamme oder ein Licht nicht mehr brennt „*Er schaltete die Lampe aus*" Er drückte auf den Knopf, sodass die Lampe nicht mehr leuchtete

aus·bau·en (*hat*) **1** **etwas ausbauen** ein Teil aus einer Sache mit Werkzeug entfernen ‹*einen Motor ausbauen*› **2** **etwas ausbauen** etwas erweitern, vergrößern und verbessern ‹*das Straßennetz, die Machtposition, den Vorsprung ausbauen*› **3** **(etwas) ausbauen** eine noch ungenutzte Fläche bewohnbar machen oder ein Haus größer machen ‹*den Keller, das Dach ausbauen*› • *hierzu* **Aus·bau** *der; zu* (2) **aus·bau·fä·hig** *ADJEKTIV*

aus·beu·ten (*beutete aus, hat ausgebeutet*) **jemanden ausbeuten** von einer Person Leistungen verlangen oder erzwingen, damit man selbst davon profitiert, ohne dafür genug zu bezahlen • *hierzu* **Aus·beu·tung** *die*

aus·bil·den (*hat*) **jemanden (zu etwas/als etwas) ausbilden** (jemanden) in einem Beruf unterrichten ‹*einen Lehrling ausbilden; jemanden zum Facharbeiter ausbilden*› • *hierzu* **Aus·bil·der** *der*

die **Aus·bil·dung** der Vorgang oder Zeitraum, wenn jemand die Dinge lernt, die er in seinem zukünftigen Beruf können und wissen muss ‹*sich in der Ausbildung befinden*›

aus·bre·chen **1** **(aus etwas) ausbrechen** (*ist*) sich (oft mit Gewalt) aus einer unangenehmen Situation befreien ‹*aus dem Gefängnis, aus einem Käfig ausbrechen*› **2** **etwas bricht aus** (*ist*) etwas beginnt oder entsteht plötzlich und heftig ‹*Feuer, Jubel, eine Hungersnot, eine Krankheit, ein Krieg, eine Panik, eine Seuche*›

aus·brei·ten (*hat*) **1** **Dinge ausbreiten** Gegenstände übersichtlich nebeneinander hinlegen (um sie jemandem zu zeigen) ‹*Geschenke, Waren ausbreiten*› **2** **etwas ausbreiten** etwas auseinanderfalten und offen (vor jemanden) hinlegen ‹*einen Plan, eine Decke ausbreiten*› **3** **etwas ausbreiten** etwas weit nach außen strecken ‹*jemand breitet die Arme aus; ein Vogel breitet die Flügel aus*› **4** **etwas breitet sich aus** etwas wird immer größer und bedeckt schließlich eine große Fläche ‹*das Feuer, der Nebel, eine Stadt*› **5** **etwas breitet sich aus** etwas ergreift oder betrifft viele Menschen ‹*eine Unruhe, eine Seuche*› • *zu* (4,5) **Aus·brei·tung** *die*

der **Aus·bruch** **1** **der Ausbruch (aus etwas)** die gewaltsame Befreiung meist aus dem Gefängnis **2** der plötzliche, heftige Beginn einer Sache ‹*der Ausbruch eines Krieges, einer Krankheit*› ⓘ nicht in der Mehrzahl verwendet **3** das (explosionsartige) Herausschleudern von Lava ≈ Eruption **K** Vulkanausbruch

aus·che·cken (*hat*) **(aus etwas) auschecken** am Ende des Aufenthalts in einem Hotel das Zimmer räumen und den Schlüssel zurückgeben ‹*aus einem Hotel auschecken*›

die **Aus·dau·er** **1** der Eifer und die Geduld, die man über lange Zeit hat, wenn man etwas Schwieriges oder Unangenehmes tut „*Bisher hat sie wenig Ausdauer gezeigt und jedes Hobby recht schnell wieder aufgegeben*" ⓘ nicht in der Mehrzahl verwendet **2** die Fähigkeit, den Körper lange anzustrengen, ohne müde zu werden „*Ein Marathonläufer braucht viel Ausdauer*" **K** Ausdauertraining ⓘ nicht in der Mehrzahl verwendet • *zu* (2) **aus·dau·ernd** *ADJEKTIV*

aus·deh·nen (*hat*) **1** **etwas ausdehnen** die Länge, Fläche oder das Volumen einer Sache größer machen „*ein Gummiband/ein Gebiet ausdehnen*" **2** **etwas ausdehnen** etwas lange oder länger dauern lassen „*ausgedehnte Spaziergänge machen*" **3** **etwas dehnt sich aus** etwas bekommt einen größeren Umfang, ein größeres Volumen „*Luft dehnt sich bei Erwärmung aus*" • *hierzu* **Aus·deh·nung** *die*

aus·den·ken (*hat*) **(sich** (*Dativ*)**) etwas ausdenken** etwas durch (intensives) Überlegen finden oder planen ‹*(sich (Dativ)) eine Geschichte, eine Überraschung ausdenken*›

der **Aus·druck**[1] (*-(e)s, Aus·drü·cke*) **1** ein

gesprochenes oder geschriebenes Wort oder eine feste Wendung ⟨*ein passender, treffender Ausdruck*⟩ **2** die Gefühle, die sich in jemandes Gesicht zeigen ⟨*ein fröhlicher, leidender, zufriedener Ausdruck*⟩ **3** **etwas zum Ausdruck bringen** *geschrieben* etwas äußern, ausdrücken **4** **etwas kommt (in etwas** (*Dativ*)) **zum Ausdruck** etwas zeigt sich, etwas wird deutlich *„Seine Meinung kommt in seinem Verhalten deutlich zum Ausdruck"* • *zu* (2) **aus·drucks·los** ADJEKTIV

der **Aus·druck**² (-(*e*)*s*, *Aus·dru·cke*) die gedruckte Wiedergabe eines Texts, der im Computer gespeichert ist oder war **K** Computerausdruck

aus·dru·cken (*hat*) **etwas ausdrucken** einen gespeicherten Text gedruckt wiedergeben *„eine Datei ausdrucken"*

aus·drü·cken (*hat*) **1** **etwas ausdrücken** die Flüssigkeit aus einer Sache entfernen, indem man sie fest drückt *„den Saft aus einer Zitrone ausdrücken"* | *„einen Schwamm ausdrücken"* **2** **eine Zigarette ausdrücken** die Zigarette gegen etwas drücken, bis sie nicht mehr brennt **3** **etwas (irgendwie) ausdrücken** etwas (in der genannten Art) sagen oder schreiben *„einen Sachverhalt verständlich ausdrücken"* **4** **etwas drückt etwas aus** etwas zeigt an, wie sich jemand fühlt *„Sein Gesicht drückt Ratlosigkeit aus"* **5** **sich irgendwie ausdrücken** in der genannten Weise sprechen oder schreiben ⟨*sich gewählt, ungenau ausdrücken*⟩

aus·drück·lich ADJEKTIV klar und deutlich (formuliert) oder mit besonderem Nachdruck ⟨*etwas ist ausdrücklich erlaubt, verboten, erwünscht; etwas ausdrücklich betonen*⟩ *„Er wurde auf seinen ausdrücklichen Wunsch hin versetzt"*

aus·ei·nan·der ADVERB räumlich voneinander getrennt *„Die Häuser liegen weit auseinander"*

aus·ei·nan·der·ge·hen (*ist*) **1** **etwas geht auseinander** eine Beziehung zwischen Menschen geht zu Ende ⟨*eine Ehe, eine Freundschaft*⟩ **2** in verschiedene Richtungen weggehen ⟨*eine Menschenmenge*⟩ **3** **Ansichten/Meinungen** *usw.* **gehen auseinander** sie sind verschieden **4** **etwas geht auseinander** *gesprochen* etwas geht kaputt, verliert Teile

aus·ei·nan·der·hal·ten (*hat*) **Personen/Dinge auseinanderhalten (können)** den Unterschied zwischen ähnlichen Personen/Dingen erkennen

die **Aus·ei·nan·der|set·zung** (-, -*en*) **1** **eine Auseinandersetzung (mit jemandem/etwas)** eine intensive und kritische Beschäftigung mit jemandem/etwas **2** **eine Auseinandersetzung (mit jemandem)** ein Streit oder Kampf (mit jemandem) ⟨*eine heftige, blutige, militärische Auseinandersetzung mit jemandem haben*⟩

aus·fah·ren **1** **jemanden ausfahren** (*hat*) jemanden z. B. im Auto oder Kinderwagen zu seinem Vergnügen herumfahren **2** **etwas ausfahren** (*hat*) Waren mit dem Auto transportieren und an verschiedene Kunden liefern **3** **etwas ausfahren** (*hat*) etwas nach außen gleiten lassen ⟨*die Antenne, das Fahrwerk, die Landeklappen ausfahren*⟩

die **Aus·fahrt** **1** eine Stelle, an der man aus einem Hof, einer Garage o. Ä. hinausfahren kann ⟨*die Ausfahrt frei halten; jemandem die Ausfahrt versperren*⟩ ↔ Einfahrt **K** Hafenausfahrt **2** eine Straße, in die man abbiegt, um die Autobahn zu verlassen ↔ Auffahrt **K** Autobahnausfahrt **3** das Wegfahren aus einem begrenzten Raum (z. B. einem Bahnhof) ↔ Einfahrt *„Die Ausfahrt des Zuges verzögert sich um 10 Minuten"*

der **Aus·fall** **1** der Verlust von Haaren oder Zähnen auf natürliche Weise **K** Haarausfall ℹ nicht in der Mehrzahl verwendet **2** der Umstand, dass etwas Erwartetes oder Geplantes nicht stattfindet ⟨*der Ausfall des Unterrichts, einer Veranstaltung*⟩ **3** die Situation, in der jemand für eine begrenzte Zeit nicht mehr arbeitet oder etwas nicht mehr funktioniert ⟨*der Ausfall eines Mitarbeiters, eines Triebwerks*⟩

aus·fal·len (*ist*) **1** **etwas fällt (jemandem/einem Tier) aus** etwas löst sich aufgrund des Alters oder einer Krankheit vom Körper ⟨*die Haare, die Zähne, die Federn*⟩ **2** **etwas fällt aus** etwas findet nicht statt ⟨*ein Konzert, der Unterricht, eine Fernsehsendung*⟩ **3** **etwas fällt aus** etwas funktioniert nicht mehr ⟨*der Strom, ein Signal, eine Maschine*⟩ **4** **etwas fällt irgendwie aus** etwas ist am Ende irgendwie, hat das genannte Ergebnis *„Die Ernte fiel schlecht aus"*

der **Aus·flug** eine Wanderung oder Fahrt zu einem interessanten Ort *„einen Ausflug in die Berge machen"* **K** Ausflugsort, Ausflugsverkehr; Sonntagsausflug

aus·füh·ren (*hat*) HANDELN: **1** **etwas ausführen** etwas in die Tat umsetzen, verwirklichen ⟨*einen Befehl, einen Plan, eine Idee ausführen*⟩ AUS DEM HAUS: **2** **jemanden ausführen** jemanden zum gemeinsamen Besuch eines Lokals, einer Veranstaltung o. Ä. einladen und mitnehmen *„eine junge Frau zum Essen/zum Tanz ausführen"* AUS DEM LAND: **3** **etwas ausführen** etwas exportieren ⟨*Rohstoffe, Getreide, Waren ausführen*⟩ IN DETAILS: **4** **etwas ausführen** detailliert über etwas sprechen oder schreiben ⟨*eine Idee, eine Theorie näher ausführen*⟩ • *zu* (1) **aus·führ·bar** ADJEKTIV

aus·führ·lich ADJEKTIV sehr genau, mit vielen Details ⟨*eine Beschreibung, ein Bericht; etwas ausführlich erläutern*⟩ • *hierzu* **Aus·führ·lich·keit** *die*

aus·fül·len (*hat*) **etwas ausfüllen** Fehlendes in einem Text ergänzen, das Betreffende in die Lücken eines Textes hineinschreiben ⟨*ein Formular, einen Fragebogen ausfüllen*⟩

die **Aus·ga·be** FINANZIELL: **1** eine Summe, die man für etwas zahlen muss ⟨*die Ausgaben beschränken, kürzen*⟩ ↔ Einnahmen **2** **laufende Ausgaben** Geld (z. B. für die Miete), das man regelmäßig zahlen muss ↔ Einkünfte AKTION: **3** das Verteilen von Essen, Fahrkarten, Gepäck usw. **K** Bücherausgabe **i** nicht in der Mehrzahl verwendet VON BÜCHERN, ZEITSCHRIFTEN: **4** die Form, in der ein Buch veröffentlicht wird ⟨*die erste, zweite, neueste Ausgabe*⟩ **K** Gesamtausgabe **5** die Nummer oder Folge einer Zeitung, Zeitschrift oder einer regelmäßigen Sendung (z. B. im Fernsehen) *„die heutige Ausgabe des „Spiegels"*

der **Aus·gang** **1** die Tür, durch die man einen Raum oder ein Gebäude verlässt ↔ Eingang *„Alle Ausgänge waren versperrt"* **K** Notausgang **2** die Stelle, an der eine Fläche, ein Gebiet o. Ä. endet ⟨*am Ausgang des Dorfes, Waldes*⟩ **K** Ortsausgang **3** (bei Soldaten) die Erlaubnis, nach dem Dienst die Kaserne zu verlassen ⟨*Ausgang haben*⟩ **K** Ausgangssperre **i** nicht in der Mehrzahl verwendet **4** die Art und Weise, wie etwas endet ≈ Ende *„ein Unfall mit tödlichem Ausgang"* **i** nicht in der Mehrzahl verwendet

aus·ge·ben (*hat*) **1** **etwas (für etwas) ausgeben** Geld zahlen, um eine Ware oder Leistung zu bekommen *„Er gibt im Monat 100 Euro für sein Hobby aus"* **2** **Dinge (an Personen) ausgeben** Dinge an mehrere Personen verteilen *„Essen/Getränke/Gutscheine an die Mitarbeiter ausgeben"* **3** **(jemandem) etwas ausgeben** jemanden zu einem Getränk einladen *„den Freunden eine Runde Bier ausgeben"* **4** **jemanden/etwas für/als etwas ausgeben** sagen, dass eine Person oder Sache eine andere Person oder Sache ist, um jemanden zu täuschen *„Um sie zu beeindrucken, gab er sich als Arzt aus"*

aus·ge·bucht ADJEKTIV so, dass es keine Plätze mehr gibt *„Der Flug nach New York ist bereits ausgebucht"*

aus·ge·hen (*ist*) **1** **(mit jemandem) ausgehen** abends (mit jemandem) zu einer Veranstaltung, in ein Lokal o. Ä.

gehen **2** **etwas geht (jemandem) aus** etwas geht zu Ende (obwohl es noch gebraucht wird) ‹*das Geld, die Geduld, die Kraft geht jemandem aus*› **3** **etwas geht aus** etwas hört auf, in Funktion zu sein, zu leuchten oder zu brennen ‹*der Fernseher, das Radio, der Motor, das Licht, die Kerze, das Feuer*› ↔ angehen **4** **etwas geht irgendwie aus** etwas endet auf die genannte Weise ↔ anfangen *„Wenn das nur gut ausgeht!"* **5** **etwas geht von jemandem aus** jemand organisiert etwas oder sorgt dafür, dass etwas geschieht **6** **von etwas ausgehen** etwas voraussetzen, etwas als Basis betrachten *„Ich gehe davon aus, dass alle einverstanden sind"*

aus·ge·nom·men BINDEWORT **1** das, was nach *ausgenommen* gesagt wird, relativiert die meist allgemeine Aussage des Hauptsatzes ≈ außer *„Sie ist immer guter Laune, ausgenommen vielleicht vor dem Frühstück"* ⓘ Wortstellung wie im Hauptsatz
PRÄPOSITION **2** so, dass etwas auf alle/alles zutrifft, nur nicht auf das, worauf sich *ausgenommen* bezieht ≈ außer *„Alle waren gekommen, ausgenommen der Präsident"*

aus·ge·rech·net PARTIKEL **1** *unbetont* so, dass man etwas von der genannten Person nicht erwartet hätte (und deswegen meist überrascht oder verärgert ist) *„Ausgerechnet in Renate musste er sich verlieben!"* **2** **ausgerechnet** *+Zeitangabe unbetont* verwendet, um zu sagen, dass etwas zu einem sehr ungünstigen oder unpassenden Zeitpunkt passiert *„Ausgerechnet heute bin ich krank, wo ich doch einen wichtigen Termin habe!"* **3** *unbetont* so, dass man etwas für unwahrscheinlich hält *„Warum sollte jemand ausgerechnet mein Auto stehlen?"*

aus·ge·schlos·sen ADJEKTIV ≈ unmöglich *„Ein Irrtum ist ausgeschlossen"*

aus·ge·spro·chen ADJEKTIV **1** sehr groß oder besonders auffällig *„Sie hat eine ausgesprochene Vorliebe für Schokolade"* **2** verwendet, um Adjektive oder Adverbien zu verstärken ≈ sehr *„Ich finde dieses Handbuch ausgesprochen hilfreich"*

aus·ge·zeich·net ADJEKTIV sehr gut *„Das Essen schmeckt ausgezeichnet"*

aus·glei·chen (*hat*) **1** **etwas (durch etwas) ausgleichen** wenn man einen Nachteil durch etwas Positives ausgleicht, wird der Nachteil weniger wichtig oder verliert seine Wirkung *„Er gleicht seine mangelnde technische Begabung durch viel Fleiß aus"* **2** **etwas gleicht sich aus** zwischen zwei Dingen besteht ein Gleichgewicht *„Einmal hilft er mir und einmal ich ihm, das gleicht sich eigentlich immer irgendwie aus"*

aus·gra·ben (*hat*) **etwas ausgraben** etwas durch Graben aus der Erde nehmen ‹*eine Pflanze, einen Schatz ausgraben*›

der **Aus·guss** das Rohr eines Beckens, durch welches das Wasser abfließt

aus·hal·ten (*hat*) **etwas aushalten** schwierige Bedingungen o. Ä. ertragen können *„die Hitze nicht länger aushalten können"*

der **Aus·hang** eine öffentliche Information, die man an einem dafür bestimmten Platz lesen kann

aus·hän·gen[1] (*hängte aus, hat ausgehängt*) **etwas aushängen** etwas aus der Befestigung heben ‹*einen Fensterladen aushängen*›

aus·hän·gen[2] (*hing aus, hat ausgehangen*) **etwas hängt aus** etwas hängt an einer für alle sichtbaren Stelle ‹*die Speisekarte, der Fahrplan, die Ankündigung*›

aus·kom·men (*ist*) **1** **mit jemandem (gut/schlecht) auskommen** ein gutes/schlechtes Verhältnis zu jemandem haben *„Kommt ihr gut miteinander aus oder streitet ihr häufig?"* **2** **mit jemandem/etwas auskommen; ohne jemanden/etwas (irgendwie) auskommen** mit wenig oder ohne die genannte Person/Sache leben oder etwas schaffen *„Evi muss ohne Auto auskommen"* die **Aus·kunft** (-, *Aus·künf·te*) **1** **eine Auskunft (über jemanden/etwas)** eine Information, die man auf eine Frage erhält ⟨*jemanden um (eine) Auskunft bitten; jemandem (eine) Auskunft geben*⟩ **2** die Stelle (z. B. am Bahnhof), bei der man um Auskunft bitten kann ⟨*die Auskunft anrufen*⟩ ≈ Information **K** Fahrplanauskunft ⓘ nicht in der Mehrzahl verwendet

aus·la·chen (*hat*) **jemanden auslachen** sich über eine Person lustig machen, indem man über sie lacht

aus·la·den (*hat*) **1** **(etwas) ausladen** etwas, das in einem Fahrzeug transportiert wurde, herausnehmen *„die Möbel aus dem Lieferwagen ausladen"* **2** **etwas ausladen** ein Fahrzeug, Flugzeug o. Ä. von den Dingen, die darin transportiert wurden, frei machen *„einen Lieferwagen ausladen"*

das **Aus·land** (*-s*) jedes Land, das nicht das eigene ist ⟨*ins Ausland reisen; ins Ausland gehen (um dort zu leben); Waren aus dem Ausland importieren*⟩ ↔ Inland **K** Auslandsreise • *hierzu* **aus·län·disch** ADJEKTIV

der **Aus·län·der** (*-s, -*) eine Person, die Staatsbürger eines fremden Landes ist *„Viele Ausländer leben schon seit mehreren Jahrzehnten hier"* **K** Ausländeramt, Ausländerpolitik; ausländerfeindlich • *hierzu* **Aus·län·de·rin** *die*

aus·las·sen (*hat*) **1** **jemanden/etwas auslassen** jemanden/etwas (in einer Reihenfolge) nicht berücksichtigen, etwas nicht sagen, schreiben oder tun *„beim Abschreiben aus Versehen einen Satz auslassen"* **2** **etwas auslassen** *gesprochen* etwas ausgeschaltet lassen ⟨*das Licht, den Strom, den Fernseher, die Heizung auslassen*⟩ **3** **etwas an jemandem auslassen** jemanden aus Ärger, Enttäuschung oder Zorn schlecht behandeln ⟨*seine Launen, die Wut an jemandem auslassen*⟩

aus·lau·fen (*ist*) **1** **etwas läuft aus** etwas fließt durch ein Loch aus einem Gefäß heraus *„Der Tank hatte ein Leck und nun ist das ganze Öl ausgelaufen"* **2** **etwas läuft aus** etwas wird leer, weil die Flüssigkeit herausfließt **3** **ein Schiff läuft aus** ein Schiff verlässt einen Hafen, um aufs Meer zu fahren **4** **etwas läuft aus** etwas geht (allmählich) zu Ende ⟨*ein Kurs, ein Programm, ein Vertrag*⟩

aus·le·gen (*hat*) **1** **etwas auslegen** etwas an eine Stelle legen, wo es jeder ansehen kann ⟨*Waren im Schaufenster auslegen; Listen zum Eintragen auslegen*⟩ **2** **etwas mit etwas auslegen** etwas als Schutz auf den Boden legen ⟨*ein Zimmer mit Teppichen, eine Schublade mit Papier auslegen*⟩ **3** **etwas für etwas auslegen** ein technisches Gerät oder ein Gebäude so planen oder bauen, dass es die genannte Leistung oder Kapazität hat *„Das Stadion ist für 30000 Besucher ausgelegt"* **4** **etwas (irgendwie) auslegen** eine Geschichte oder Erscheinung nach eigenen Vorstellungen erklären ⟨*einen Text, einen Roman falsch auslegen*⟩ **5** **jemandem etwas auslegen; etwas für jemanden auslegen** jemandem das Geld für etwas leihen *„Kannst du das Geld für die Kinokarte für mich auslegen?"* • zu (3,4) **Aus·le·gung** *die*

die **Aus·lei·he** (-, *-n*) **1** ein Schalter in einer Bibliothek, an dem man Bücher ausleihen kann ⓘ nicht in der Mehrzahl verwendet **2** das Ausleihen von Büchern, Filmen usw. für eine begrenzte Zeit

aus·lei·hen (*hat*) **1** **(jemandem) etwas ausleihen** jemandem etwas für kurze Zeit zur (meist kostenlosen) Benutzung geben *„Mein Rad kann ich dir nicht ausleihen"* **2** **(sich (*Dativ*)) etwas (bei/von jemandem) ausleihen** sich etwas geben lassen, das man für eine begrenzte Zeit (meist kostenlos) benutzen darf *„Kann ich (mir) einen Bleistift bei dir ausleihen?"*

aus·lö·sen (*hat*) **1** **etwas löst etwas aus** eine Person oder Sache ist der Grund für die genannte Reaktion oder

Wirkung *„Der Vorfall löste internationale Proteste aus"* **2** **jemanden auslösen** Geld zahlen, damit jemand frei wird ⟨*Gefangene, Geiseln auslösen*⟩ • *hierzu* **Aus·lö·sung** *die*

der **Aus·lö·ser** (-s, -) **1** ein Knopf, Schalter o. Ä., mit dem man einen Mechanismus in Bewegung setzt *„auf den Auslöser drücken und ein Foto machen"* **2** der Grund oder der Anlass für etwas *„Das Attentat war Auslöser einer Revolte"*

aus·ma·chen (*hat*) **1** **etwas ausmachen** bewirken, dass etwas nicht mehr brennt ⟨*das Feuer, eine Kerze, eine Zigarette ausmachen*⟩ ↔ anzünden **2** **etwas ausmachen** *gesprochen* bewirken, dass ein technisches Gerät nicht mehr in Funktion ist ≈ ausschalten ↔ einschalten **3** **etwas macht etwas aus** etwas hat den genannten Wert oder ist wichtig ⟨*etwas macht wenig, nichts, eine Menge aus*⟩ *„Die Differenz macht drei Meter aus"* **4** **jemand macht etwas mit einer Person aus; Personen machen etwas aus** *gesprochen* meist zwei Personen vereinbaren oder verabreden etwas *„Hast du mit dem Zahnarzt schon einen Termin ausgemacht?"* **5** **etwas macht jemandem etwas aus** *gesprochen* etwas stört jemanden (in der genannten Weise) *„Macht es Ihnen etwas aus, wenn ich rauche?"* **6** **etwas macht jemandem nichts aus** *gesprochen* etwas stört jemanden nicht *„Hitze macht mir nichts aus"*

aus·ma·len (*hat*) **etwas ausmalen** Zeichnungen oder vorgegebene Umrisse farbig machen ⟨*Figuren in einem Malbuch ausmalen*⟩

die **Aus·nah·me** (-, -*n*) **1** eine Person/Sache, die von der Regel oder Norm abweicht und etwas Besonderes ist ⟨*mit einigen, wenigen Ausnahmen*⟩ *„Alle ohne Ausnahme waren gekommen"* **K** 6Ausnahmegenehmigung **2** **eine Ausnahme machen** anders handeln als sonst *„Das geht normalerweise nicht, aber machen wir doch mal eine Ausnahme"*

aus·nahms·wei·se ADVERB abweichend von einer Regelung, einem Prinzip o. Ä. ⟨*etwas ausnahmsweise erlauben*⟩ *„Ihr könnt ausnahmsweise schon jetzt heimgehen"*

aus·nut·zen (*hat*) **1** **jemanden ausnutzen** von den Diensten oder der Arbeit einer anderen Person profitieren, ohne sie angemessen zu belohnen oder zu bezahlen ≈ ausbeuten *„billige Arbeitskräfte schamlos ausnutzen"* **2** **etwas (zu/für etwas) ausnutzen** etwas (zu dem genannten Zweck) verwenden oder nutzen ⟨*eine Gelegenheit, die Zeit, das gute Wetter ausnutzen*⟩ • *hierzu* **Aus·nut·zung** *die*

aus·pa·cken (*hat*) **1** **etwas auspacken** etwas aus einem Koffer oder der Verpackung nehmen ↔ einpacken *„seine Sachen aus dem Koffer auspacken"* **2** **(etwas) auspacken** einen Behälter leer machen, indem man den Inhalt herausnimmt ⟨*einen Koffer, ein Paket, eine Reisetasche auspacken*⟩ ↔ packen

aus·pres·sen (*hat*) **etwas auspressen** Obst pressen, damit der Saft herauskommt ⟨*Orangen, Zitronen auspressen*⟩

aus·pro·bie·ren (*probierte aus, hat ausprobiert*) **etwas (an jemandem/etwas) ausprobieren** etwas zum ersten Mal benutzen oder anwenden, um festzustellen, ob es gut ist oder funktioniert *„ausprobieren, ob/wie etwas funktioniert"*

der **Aus·puff** (-s, -*e*) ein Rohr, durch welches die Abgase aus einer Maschine oder aus einem Motor nach außen geleitet werden **i** → Abb. unter **Auto**

aus·rech·nen (*hat*) **etwas ausrechnen** etwas durch Rechnen feststellen ⟨*die Entfernung, Differenz, Geschwindigkeit, Kosten ausrechnen*⟩

die **Aus·re·de** ein Grund, der als Entschuldigung vorgebracht wird und oft nicht wahr ist

aus·rei·chen (*hat*) **etwas reicht aus** etwas ist in genügender Menge vorhanden *„Das Heizöl muss bis März ausreichen"*

aus·rei·chend ADJEKTIV Ⓓ verwendet als Bezeichnung für die relativ schlechte Schulnote 4 (auf der Skala von 1 bis 6 bzw. *sehr gut* bis *ungenügend*), mit der man eine Prüfung o. Ä. gerade noch bestanden hat ⟨*„ausreichend" im Aufsatz, im Test haben, bekommen*⟩ ⓘ → Extras, S. 691: **Noten**

die **Aus·rei·se** das Verlassen eines Landes (mit einem Verkehrsmittel) ↔ Einreise *„Bei der Ausreise werden die Pässe kontrolliert"* ⓘ nicht in der Mehrzahl verwendet

aus·rei·sen (*ist*) **(aus einem Land) ausreisen** ein Land (offiziell) verlassen

aus·rei·ßen **1** **(jemandem) etwas ausreißen** (*hat*) etwas durch Reißen entfernen *„jemandem ein Haar ausreißen"* **2** **(aus/von irgendwo) ausreißen** (*ist*) weglaufen, weil man eine Situation unangenehm findet ⟨*von zu Hause ausreißen*⟩ • *zu* (2) **Aus·rei·ßer** *der*

aus·rü·cken (*ist*) **rückt aus** sie fährt in einer größeren Gruppe zu einem Einsatz

der **Aus·ruf** ein kurzer, plötzlicher Ruf als Ausdruck einer Emotion ⟨*ein Ausruf des Schreckens, der Überraschung*⟩

aus·ru·fen (*hat*) **etwas ausrufen** plötzlich und kurz etwas rufen *„Toll!", rief sie aus, als sie von dem Vorschlag hörte"*

das **Aus·ru·fe|zei·chen** das Zeichen *!*, verwendet am Ende eines Ausrufs, eines Wunsches, einer Aufforderung oder eines Befehls (z. B. *Achtung!*; *Halt!*; *Kommen Sie bald wieder!*)

aus·ru·hen (*hat*) **sich (von etwas) ausruhen** nach einer Anstrengung ruhen und sich erholen ⟨*sich von der Arbeit ausruhen*⟩

die **Aus·rüs·tung** alle Gegenstände, die jemand für einen Zweck braucht **K** Skiausrüstung

aus·rut·schen (*ist*) auf glattem Boden rutschen (und hinfallen)

die **Aus·sa·ge** (-, -*n*) **1** **eine Aussage (über jemanden/etwas)** das, was über einen Sachverhalt gesagt, geäußert wird *„nach Aussage eines Fachmanns"* **2** **eine Aussage (zu etwas)** (vor allem vor Gericht oder bei der Polizei) ein Bericht über einen Vorfall oder einen Unfall ⟨*die Aussage verweigern, widerrufen*⟩

aus·sa·gen (*hat*) **1** **etwas sagt etwas (über jemanden/etwas) aus** etwas bringt etwas zum Ausdruck **2** **(etwas) aussagen** (vor Gericht, bei der Polizei) über einen Vorfall oder Unfall berichten *„Er sagte aus,* dass *er zur Tatzeit zu Hause gewesen sei"*

aus·schal·ten (*hat*) **1** **etwas ausschalten** mit einem Schalter einen Motor oder ein elektrisches Gerät ausmachen **2** **jemanden/etwas ausschalten** verhindern, dass jemand handeln kann oder dass etwas wirksam wird ⟨*die Konkurrenz, störende Einflüsse ausschalten*⟩ • *zu* (2) **Aus·schal·tung** *die*

aus·schei·den **1** (*ist*) an einem Spiel oder Wettkampf nicht mehr teilnehmen können (weil man verloren hat, verletzt ist o. Ä.) *„Wegen einer Verletzung musste er nach der 2. Runde ausscheiden"* **2** **etwas (aus etwas) ausscheiden** (*hat*) ⟨*Exkremente, Kot, Harn, Urin*⟩ durch den Darm oder die Blase nach außen abgeben

aus·schla·fen (*hat*) so lange schlafen, bis man nicht mehr müde ist *„Morgen will ich endlich einmal ausschlafen"*

der **Aus·schlag** **1** eine Erkrankung, die Flecken und Entzündungen auf der Haut entstehen lässt *„einen Ausschlag an den Händen haben"* **2** die Bewegung eines Pendels oder Zeigers zur Seite

aus·schlie·ßen (*hat*) **1** **jemanden ausschließen** die Tür so schließen, dass andere oder man selbst nicht mehr in die Wohnung, ins Haus kommen können ≈ aussperren **2** **jemanden (aus etwas) ausschließen** bestimmen, dass jemand nicht mehr Mitglied einer Gruppe oder Organisation ist *„Wegen seines schlechten Verhaltens wurde er aus der Partei ausgeschlossen"* **3** je-

manden (von etwas) ausschließen beschließen, dass jemand nicht (mehr) teilnehmen, mitmachen darf ⟨*jemanden von einer Sitzung, vom Unterricht ausschließen*⟩ **4** **etwas von etwas ausschließen** bestimmen, dass etwas bei etwas nicht berücksichtigt wird *„Reduzierte Ware ist vom Umtausch ausgeschlossen"* **5** **etwas ausschließen** sich sicher sein, dass etwas falsch ist, nicht zutrifft *„Die Polizei schließt Mord als Todesursache aus"*

aus·schließ·lich ADVERB **1** so, dass etwas nur für die genannte Person/Sache gilt *„Der Parkplatz ist ausschließlich für Kunden reserviert"*
PRÄPOSITION *mit Genitiv oder Dativ* **2** mit Ausnahme von ≈ außer *„Versichert ist das ganze Gepäck ausschließlich (der) Wertgegenstände"* die Wertgegenstände sind nicht versichert ⓘ → Extras, S. 717: **Präpositionen**

aus·schnei·den (*hat*) **etwas (aus etwas) ausschneiden** (aus Papier, Stoff usw.) Stücke schneiden *„Kinder schneiden gern Figuren aus"*

der **Aus·schnitt** **1** (an Kleidern, Blusen) die etwas weitere Öffnung für Kopf und Hals ⟨*ein weiter, tiefer, runder Ausschnitt*⟩ **2** ein begrenzter, oft inhaltlich repräsentativer Teil eines Ganzen ⟨*ein Ausschnitt eines Buches, eines Konzerts, einer Radiosendung*⟩

aus·schrei·ben (*hat*) **etwas ausschreiben** ein Wort mit allen Buchstaben, nicht abgekürzt schreiben

der **Aus·schuss** **1** eine Gruppe von Personen, die aus einer größeren Gruppe ausgewählt ist, um besondere Aufgaben zu erfüllen oder sich um Probleme zu kümmern ⟨*einen Ausschuss einsetzen*⟩ ≈ Kommission **2** Waren von schlechter Qualität oder Produkte mit Fehlern ⓘ nicht in der Mehrzahl verwendet

aus·schüt·ten (*hat*) **etwas ausschütten** etwas aus einem Gefäß schütten *„das Wasser ausschütten"*

aus·se·hen (*hat*) **1** **irgendwie aussehen** (aufgrund äußerer Merkmale) den genannten Eindruck machen oder eine optische Wirkung erzielen ⟨*gut, krank, freundlich, hübsch aussehen*⟩ **2** **etwas sieht irgendwie aus** etwas macht aufgrund von Anzeichen den genannten Eindruck *„Die Situation der Arbeitslosen sieht ungünstig aus"* **3** **mit etwas sieht es gut/schlecht aus** *gesprochen* die Chancen, dass etwas stattfindet oder dass etwas so ist, wie erwartet, sind gut/schlecht *„Es regnet schon seit Stunden, da sieht es schlecht aus mit unserem Ausflug"*

das **Aus·se·hen** (-s) die Art und Weise, wie jemand aussieht *„Du solltest die Menschen nicht nach ihrem Aussehen beurteilen"*

au·ßen ADVERB **1** auf der Seite, die am weitesten vom Zentrum entfernt und der Umgebung zugewandt ist ↔ innen *„Sein Mantel ist innen rot gefüttert und außen grau"* **K** Außenseite **2** außerhalb eines geschlossenen Raumes ≈ draußen *„Kein Laut dringt nach außen"* **K** Außentemperatur

der **Au·ßen·mi·nis·ter** der Minister eines Landes, der für die Beziehungen zum Ausland verantwortlich ist • *hierzu* **Au·ßen·mi·nis·te·rin** *die*; **Au·ßen·mi·nis·te·ri·um** *das*

der **Au·ßen·spie·gel** ein Spiegel außen am Fahrzeug, in dem man den Verkehr hinter sich beobachten kann ⓘ → Abb. unter **Auto**

au·ßer PRÄPOSITION *mit Dativ* **1** mit Ausnahme von *„Außer einer leichten Prellung war er unverletzt"* | *„Der Zug verkehrt täglich außer sonntags"* **2** **außer** *+Substantiv ohne Artikel* so, dass eine Person oder Sache nicht in einem Bereich, Zustand oder einer Situation ist ≈ außerhalb *„Sie sah dem Zug noch nach, als er schon außer Sichtweite war"* | *„Der Schwerverletzte ist außer Lebensgefahr"* **3** **außer sich** (*Dativ*) **sein (vor etwas)** in einem Zustand mit sehr starken Gefühlen sein *„Ich war außer mir vor Sorge um dich!"*

BINDEWORT 4 zusätzlich zu einer Sache oder Person oder gleichzeitig *„Außer Gold wird auch Uran abgebaut"* 5 In dem *außer*-Satz wird ein Fall genannt, in dem das im Hauptsatz Gesagte nicht geschieht *„Wir gehen morgen schwimmen, außer es regnet"* ..., wenn es nicht regnet 6 drückt eine Einschränkung aus *„Sie geht überhaupt nicht mehr aus dem Haus, außer um einzukaufen"* Sie geht nur noch zum Einkaufen aus dem Haus

äu·ße·r- ADJEKTIV auf der Seite, welche der Umgebung zugewandt ist, auf der Außenseite ⟨*die äußere Mauer, Schicht*⟩

au·ßer·dem ADVERB verwendet, um zu sagen, dass noch eine Sache hinzukommt oder der Fall ist ≈ zusätzlich *„Der Verein hat zwei Sportplätze, außerdem kann man in der Halle trainieren"*

au·ßer·ge·wöhn·lich ADJEKTIV das normale Maß übertreffend, über es hinausgehend *„eine außergewöhnliche Begabung"* | *„außergewöhnlich fleißig sein"*

au·ßer·halb PRÄPOSITION *mit Genitiv* 1 nicht im genannten Zeitraum *„Außerhalb der Hochsaison ist es hier sehr ruhig"* 2 nicht im genannten Gebiet oder Bereich *„außerhalb des Hauses/der Stadt"* ℹ auch zusammen mit *von*: *außerhalb von Köln*
ADVERB 3 nicht in der Stadt selbst, nicht im Stadtgebiet *„Da er weit außerhalb wohnt, braucht er über eine Stunde bis ins Zentrum der Stadt"*

äu·ßern (*äußerte, hat geäußert*) 1 **etwas äußern** etwas mündlich oder schriftlich zum Ausdruck bringen ⟨*eine Ansicht, eine Meinung, einen Verdacht, eine Vermutung, Unzufriedenheit äußern*⟩ ≈ mitteilen 2 **sich zu etwas äußern** (mündlich oder schriftlich) eine offizielle Stellungnahme zu einem Problem abgeben *„Der Regierungssprecher wollte sich zu den Fragen nicht äußern"* 3 **sich (über jemanden/etwas) äußern** die eigene Meinung über eine Person oder Sache sagen 4 **etwas äußert sich irgendwie/in etwas** (*Dativ*) etwas wird irgendwie/in Form einer Sache nach außen sichtbar oder erkennbar *„Wie äußert sich diese Krankheit?"*

au·ßer·or·dent·lich ADJEKTIV 1 weit über dem Durchschnitt ⟨*eine Begabung, eine Energie, eine Leistung, ein Mensch*⟩ 2 vom Gewohnten, von der normalen Ordnung abweichend ⟨*eine Sitzung, eine Vollmacht*⟩

äu·ßerst ADJEKTIV 1 im höchsten Maße ≈ extrem *„mit äußerster Vorsicht vorgehen"* 2 am weitesten entfernt ⟨*am äußersten Ende, Rand*⟩ *„im äußersten Süden Italiens"* 3 in höchstem Maße ungünstig ⟨*im äußersten Fall*⟩ ≈ schlimmst-

die **Äu·ße·rung** (-, *-en*) das, was jemand zu einem Thema (als persönliche Meinung) sagt oder schreibt ≈ Bemerkung *„Er bereut seine unbedachte Äußerung"* K Meinungsäußerung

aus·set·zen (*hat*) 1 **jemanden aussetzen** ein Kind oder ein Haustier irgendwohin bringen und dort zurücklassen, ohne sich weiter darum zu kümmern 2 **jemanden/etwas einer Sache** (*Dativ*) **aussetzen** jemand, man selbst, ein Tier oder eine Sache kommt mit einem negativen Einfluss oder einer unangenehmen Sache in Berührung *„Wir sind ständig radioaktiver Strahlung ausgesetzt"* 3 **etwas (für etwas) aussetzen** eine Belohnung für etwas versprechen *„tausend Euro für Hinweise auf den Täter aussetzen"* 4 **(et)was/nichts (an jemandem/etwas) auszusetzen haben/finden** jemanden/etwas kritisieren/nicht kritisieren *„Er ist nie zufrieden, er hat an allem etwas auszusetzen"* 5 **(an jemandem/etwas) ist (et)was/nichts auszusetzen**; **(an jemandem/etwas) gibt es (et)was/nichts auszusetzen** es gibt etwas/nichts zu kritisieren *„An deinen Kochkünsten gibt es nichts auszusetzen"* 6 **(etwas/mit etwas) aussetzen** eine Pause machen, für kurze Zeit nicht weitermachen *„beim Würfelspiel (eine Runde) aussetzen müssen"* 7 **etwas setzt aus** etwas funktioniert plötzlich (für kurze Zeit) nicht mehr ⟨*ein Motor, jemandes Herz*⟩ • *zu* (1,3) **Aus·set·zung** *die*

die **Aus·sicht** (-, *-en*) **1** **Aussicht (auf etwas** (*Akkusativ*)**)** der freie Blick auf die Umgebung ⟨*gute, eine herrliche Aussicht* (*auf das Meer, auf die Berge*) *haben*⟩ ≈ Ausblick **K** Aussichtspunkt **i** nicht in der Mehrzahl verwendet **2** **Aussicht (auf etwas** (*Akkusativ*)**)** die berechtigte Erwartung, dass etwas geschehen wird ⟨(*keine*) *Aussicht*(*en*) *auf Erfolg haben*⟩ ≈ Hoffnung

die **Aus·spra·che** **1** die Art, wie jemand einen Laut/mehrere Laute mit dem Mund produziert, artikuliert ⟨*eine korrekte, undeutliche Aussprache haben*⟩ **i** nicht in der Mehrzahl verwendet **2** die Art, wie eine Sprache gesprochen wird *„Im Englischen kann man nicht immer eindeutig von der Schreibung auf die Aussprache schließen"* **i** nicht in der Mehrzahl verwendet **3** ein offenes Gespräch, in dem ein Problem geklärt wird

aus·spre·chen (*hat*) **1** **etwas aussprechen** eine Folge von Lauten mit dem Mund produzieren *„den Namen laut und deutlich aussprechen"* | *„Wie spricht man dieses Wort aus?"* **2** **etwas aussprechen** etwas mündlich oder schriftlich mitteilen oder ausdrücken ⟨*einen Wunsch, das Bedauern, eine Kritik* (*offen*) *aussprechen*⟩ **3** zu Ende sprechen *„Lass mich bitte aussprechen!"* **4** **sich für/gegen jemanden/etwas aussprechen** *geschrieben* einer Person oder einem Vorschlag zustimmen bzw. eine Person oder einen Vorschlag ablehnen *„Die Mehrheit sprach sich für den Streik aus"* **5** **eine Person spricht sich mit jemandem aus**; **Personen sprechen sich aus** Personen klären (nach einem Streit) im Gespräch ihre unterschiedlichen Ansichten und Meinungen

aus·stat·ten (*stattete aus, hat ausgestattet*) **1** **jemanden mit etwas ausstatten** jemandem etwas für einen Zweck geben oder mitgeben *„jemanden mit warmer Kleidung ausstatten"* **2** **etwas mit etwas ausstatten** Dinge hinzufügen, die sinnvoll und nützlich sind *„Das Auto ist mit vier Airbags ausgestattet"*

die **Aus·stat·tung** (-, *-en*) **1** die Einrichtung (vor allem die Möbel) in einer Wohnung **2** die Instrumente oder Geräte, die in einem Gebäude oder in einem Fahrzeug vorhanden sind *„die Ausstattung einer Klinik"*

aus·stei·gen (*ist*) **1** **(aus etwas) aussteigen** ein Fahrzeug verlassen ⟨*aus dem Auto, Bus, Flugzeug, Zug aussteigen*⟩ ↔ einsteigen **2** **(aus etwas) aussteigen** *gesprochen* aufhören, bei einem Projekt oder in einem Geschäft mitzuarbeiten *„Er stieg* (*aus dem Unternehmen*) *aus, weil man ihm zu wenig bezahlte"*

aus·stel·len (*hat*) **1** **(etwas) ausstellen** Gegenstände in der Öffentlichkeit, im Schaufenster oder in einer Ausstellung präsentieren ⟨*Handarbeiten, Kunstwerke ausstellen*⟩ **2** **(jemandem) etwas ausstellen** ein Dokument für eine Person schreiben und es ihr geben ⟨*jemandem einen Pass, eine Bescheinigung, ein Zeugnis ausstellen*⟩ *„Der Arzt stellte ihr ein Attest aus"* • *hierzu* **Aus·stel·ler** *der*

die **Aus·stel·lung** eine Veranstaltung, bei der interessante, sehenswerte oder neue Objekte dem Publikum gezeigt werden *„eine Ausstellung antiker Möbel"*

aus·sto·ßen (*hat*) **1** **jemanden (aus etwas) ausstoßen** einer Person, die unerwünscht ist, verbieten, weiterhin in einer Gemeinschaft zu bleiben ≈ ausschließen **2** **etwas ausstoßen** plötzlich die genannten Laute von sich geben ⟨*einen Fluch, einen Seufzer, einen Schrei ausstoßen*⟩

aus·stre·cken (*hat*) **1** **etwas ausstrecken** einen Teil des Körpers in die Länge dehnen ⟨*die Arme, die Beine ausstrecken*⟩ *„Die Schnecke streckte ihre Fühler aus"* **2** **sich (irgendwo) ausstrecken** sich bequem hinlegen und die Beine von sich strecken

aus·su·chen (*hat*) **(eine Person/eine Sache (für jemanden/etwas)) aussuchen; ((jemandem) eine Person/eine Sache) aussuchen** beschließen, eine von den vorhandenen Personen oder Sachen wegen ihrer Eigenschaften für einen Zweck zu wählen und zu nehmen ≈ auswählen *„für die Hochzeit ein passendes Geschenk aussuchen" | „Jasmin durfte sich eine Puppe aussuchen"*

der **Aus·tausch** **1** das Ersetzen eines meist kaputten Teils einer Maschine durch ein neues Teil *„der Austausch eines schadhaften Motors"* ℹ nicht in der Mehrzahl verwendet **2** bei einem Austausch wird eine Person irgendwohin geschickt (und von dort wird dafür eine andere Person aufgenommen) ⟨*der Austausch von Botschaftern, Studenten*⟩ **K** Schüleraustausch ℹ nicht in der Mehrzahl verwendet

aus·tau·schen (*hat*) **etwas austauschen** ein kaputtes Teil einer Maschine durch ein neues Teil ersetzen ⟨*einen Motor austauschen*⟩ • *hierzu* **aus·tausch·bar** ADJEKTIV

aus·tei·len (*hat*) **(jemandem/an jemanden) Dinge austeilen** von einer vorhandenen Menge jedem Einzelnen einen Teil geben *„den Kindern das Essen austeilen" | „Prospekte an die Passanten austeilen"*

(das) **Aus·tra·li·en** [-i̯ən]; (-s) der kleinste Kontinent der Erde • *hierzu* **Aus·tra·li·er** *der*; **Aus·tra·li·e·rin** *die*; **aus·tra·lisch** ADJEKTIV

aus·trin·ken (*hat*) **1** **(etwas) austrinken** ein Glas, eine Tasse o. Ä. durch Trinken leeren **2** **(etwas) austrinken** eine Flüssigkeit in einem Glas o. Ä. ganz trinken

aus·ver·kauft ADJEKTIV **1** restlos verkauft *„Die Eier sind leider heute schon ausverkauft"* **2** so, dass alle Eintrittskarten dafür verkauft wurden ⟨*ein Konzert, eine Kinovorstellung*⟩

die **Aus·wahl** **1** das Aussuchen aus einer Menge von Personen oder Dingen ⟨*freie Auswahl haben*⟩ ℹ nicht in der Mehrzahl verwendet **2** **eine Auswahl (an Dingen** (*Dativ*)) die Menge, aus der ausgewählt werden kann *„Zum Frühstück gab es eine große Auswahl an Wurst und Käse"* ℹ nicht in der Mehrzahl verwendet **3** **eine Auswahl treffen** meist mehrere Dinge/Personen aus einer Menge aussuchen ℹ nicht in der Mehrzahl verwendet

aus·wäh·len (*hat*) **(eine Person/Sache (für jemanden/etwas)) auswählen; ((jemandem) eine Person/Sache) auswählen** Personen oder Sachen wegen ihrer Eigenschaften für einen Zweck wählen und nehmen ≈ aussuchen *„Wähl dir aus dem Angebot etwas Passendes aus" | „Sie wurde für den Wettkampf ausgewählt"*

aus·wan·dern (*ist*) das Heimatland verlassen, um in einem anderen Land zu leben • *hierzu* **Aus·wan·de·rung** *die*

aus·wärts ADVERB **1** nicht in dem Ort, in dem man wohnt ⟨*auswärts arbeiten*⟩ **2** **von auswärts** von einem anderen Ort

aus·wei·chen (*wich aus, ist ausgewichen*) **(jemandem/etwas) ausweichen** um jemanden/etwas herumgehen, -fahren oder zur Seite treten, um nicht getroffen zu werden oder um einen Zusammenstoß zu vermeiden *„Durch einen Sprung auf die Seite konnte er dem Auto gerade noch ausweichen"*

der **Aus·weis** (*-es, -e*) ein Dokument, das von einer Institution ausgestellt ist und das angibt, welche Person der Inhaber ist, wo sie Mitglied ist oder wozu sie berechtigt ist ⟨*ein (un)gültiger Ausweis; einen Ausweis beantragen, ausstellen, vorzeigen; die Ausweise kontrollieren*⟩ **K** Ausweiskontrolle; Behindertenausweis, Bibliotheksausweis, Studentenausweis ℹ → auch **Personalausweis**

aus·wei·sen (*hat*) **1** **jemanden (aus einem Land) ausweisen** (als Behörde) eine Person, die nicht erwünscht ist, offiziell auffordern, das Land sofort zu verlassen ⟨*Diplomaten, Reporter, Ausländer ausweisen*⟩ **2** **etwas ausweisen**

etwas durch eine Rechnung, Liste oder Statistik deutlich machen oder belegen ⟨*Gewinne, Verluste, Ausgaben ausweisen*⟩ **3** **sich (als etwas) ausweisen** mit dem Pass/Ausweis beweisen, wer man ist ⟨*sich als Journalist, Reporter ausweisen*⟩ • *zu* (1,2) **Aus·wei·sung** *die*

aus·wen·dig ADVERB ohne einen Text als Vorlage zu haben, aus/nach dem Gedächtnis ⟨*ein Gedicht, Lied auswendig vortragen*⟩

die **Aus·wir·kung** **eine Auswirkung (auf jemanden/etwas)** die meist negativen Folgen, die etwas für jemanden/etwas hat *„Die Auswirkungen des Krieges auf die Bevölkerung waren verheerend"*

aus·wrin·gen (*hat*) **etwas auswringen** etwas (z. B. ein nasses Tuch oder nasse Wäsche) so stark drehen und pressen, dass das Wasser heraustropft

die **Aus·zeich·nung** **1** ein Preis oder Orden, mit dem man eine Person für ihre Verdienste auszeichnet und lobt ⟨*jemandem eine Auszeichnung verleihen*⟩ **2** eine besondere Ehrung *„Die Wahl zum Vorsitzenden war für ihn eine besondere Auszeichnung"*

aus·zie·hen **1** **(jemandem) etwas ausziehen** (*hat*) einer anderen Person oder sich selbst ein Kleidungsstück vom Körper nehmen ↔ anziehen *„Zieh dir bitte die Schuhe aus!"* **2** **jemanden ausziehen** (*hat*) jemandem oder sich selbst (alle) Kleidungsstücke vom Körper nehmen ⟨*sich nackt ausziehen*⟩ ↔ anziehen **3** **etwas ausziehen** (*hat*) einen Gegenstand dadurch länger, breiter oder größer machen, dass man ineinandergeschobene Teile auseinanderzieht ⟨*eine Antenne, den Tisch, die Couch ausziehen*⟩ **K** Ausziehtisch **4** **(aus etwas) ausziehen** (*ist*) (mit allen Möbeln usw.) eine Wohnung für immer verlassen ↔ einziehen *„Familie Schmidt ist gestern ausgezogen"* **5** **Personen ziehen aus etwas aus** (*ist*) Personen verlassen einen Ort in einer Gruppe gemeinsam *„Die Hochzeitsgesellschaft zog feierlich aus der Kirche aus"*

der/die **Aus·zu·bil·den·de** (-*n*, -*n*); *admin* ein Jugendlicher/eine Jugendliche, der/die in einem Betrieb oder einer Behörde einen Beruf erlernt ≈ Lehrling ❶ *ein Auszubildender; der Auszubildende; den, dem, des Auszubildenden*

der **Aus·zug** **1** das Ausziehen aus einer Wohnung ↔ Einzug *„jemandem beim Auszug helfen"* **2** eine schriftliche Mitteilung über einen begrenzten Teil von Daten **K** Kontoauszug

das **Au·to** (-*s*, -*s*) ein Fahrzeug mit vier Rädern und Motor *„Bist du zu Fuß oder mit dem Auto da?"* **K** Autofahrer, Autopanne, Autounfall; Lastauto, Personenauto; Polizeiauto

die **Au·to·bahn** eine sehr breite Straße, die aus zwei getrennten Fahrbahnen besteht, keine Kreuzung hat und die nur von Fahrzeugen benutzt werden darf, die mindestens 60 km/h fahren können ⟨*auf der Autobahn fahren*⟩ **K** Autobahnauffahrt, Autobahnausfahrt

der **Au·to·mat** (-*en*, -*en*) ein Apparat, in den man meist Geld einwirft, um Dinge wie Zigaretten, Briefmarken oder Fahrkarten zu bekommen *„sich am Bahnhof ein Getränk aus dem Automaten holen"* ❶ *der Automat; den, dem, des Automaten*

die **Au·to·ma·tik** (-, -*en*) eine Automatik regelt und überwacht einen mechanischen Vorgang *„ein Auto mit Automatik"* bei dem man nicht selbst schalten muss

au·to·ma·tisch ADJEKTIV **1** ohne dass ein Mensch die Aktion ausführen oder starten muss ⟨*eine Bremse, eine Kamera, ein Signal, eine Tür*⟩ **2** ohne, dass man sich bewusst darauf konzentrieren muss, wie von selbst erfolgend ⟨*etwas ganz automatisch tun*⟩

der **Au·tor** (-*s*, *Au·to·ren*) eine Person, die einen meist literarischen oder wissenschaftlichen Text geschrieben hat **K** Kinderbuchautor, Romanautor • *hierzu* **Au·to·rin** *die*

die **Au·to·ri·tät** (-, -*en*) **1** das große An-

AUTO

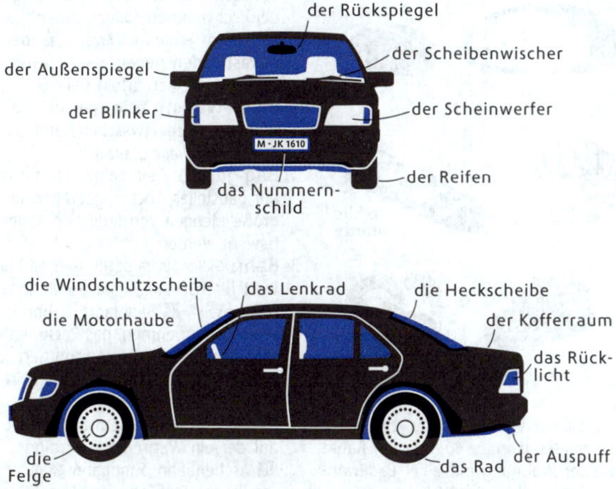

sehen oder die Macht, die eine Person oder eine Institution (wegen besonderer Fähigkeiten oder aus Tradition) hat ⟨*elterliche, kirchliche, staatliche Autorität*⟩ **2** eine Person, die aufgrund ihrer hervorragenden Leistungen auf einem Gebiet großes Ansehen genießt ⟨*als Autorität auf/in einem Gebiet gelten*⟩

die **Axt** (-, *Äx·te*) mit Äxten fällt man Bäume oder hackt man Holz

der **Azu̲·bi** (-s, -s); *gesprochen* Kurzwort für *Auszubildende* • *hierzu* **Azu̲·bi** *die*

B

das **B, b** [beː]; (-, -/*gesprochen auch*-s) der zweite Buchstabe des Alphabets ⟨*ein großes B; ein kleines b*⟩

das **Ba·by** [ˈbeːbi]; (-s, -s) **1** ein kleines Kind im ersten Lebensjahr ≈ Säugling **2** **ein Baby bekommen/erwarten** schwanger sein

der **Bạch** (-(e)s, *Bä·che*) ein kleiner Wasserlauf, der nicht die Größe eines Flusses hat

die **Bạ·cke** (-, -n) die Backen sind die weichen Teile des Gesichts neben dem Mund ≈ Wange ⓘ → Abb. unter **Gesicht**

bạ·cken (*bäckt/backt, backte/veraltet buk, hat gebacken*) **(etwas) backen** einen Teig aus Mehl usw. machen und im Backofen heiß machen ⟨*Brot, Plätzchen, einen Kuchen, Waffeln backen*⟩ ⓘ → Abb. nächste Seite

der **Bạ̈·cker** (-s, -) eine Person, die beruflich Brot, Brötchen, Kuchen usw. für den Verkauf herstellt • *hierzu* **Bạ̈·cke·rin** *die*

die **Bä·cke·rei̲** (-, -en) ein Betrieb (mit Laden), in dem Brot, Brötchen, Kuchen usw. für den Verkauf hergestellt werden

das **Ba̲d** (-(e)s, *Bä·der*) **1** das Wasser, das man in eine Wanne füllt, um (jeman-

den, sich selbst oder etwas) zu baden ⟨*ein heißes, warmes Bad*⟩ **2** ein Raum in einer Wohnung mit einer Badewanne oder Dusche *„eine Wohnung mit zwei Zimmern, Küche und Bad"* **K** Badezimmer **3** ein Gelände oder Gebäude, wo man (meist nachdem man Eintritt bezahlt hat) baden kann **K** Schwimmbad, Freibad, Hallenbad **4** der Aufenthalt im Wasser zum Vergnügen oder Schwimmen *„Ein Bad in diesem Fluss ist gefährlich"* ⓘ nicht in der Mehrzahl verwendet **5** ein Ort, in dem viele Menschen mit Wasser medizinisch behandelt werden **K** Heilbad, Kurbad ⓘ oft als Teil von Ortsnamen: *Bad Wörishofen* **6** **ein Bad nehmen** sich in Wasser (meist in einer Wanne) tauchen, um sich zu waschen

der **Ba·de·an·zug** ein einteiliges Kleidungsstück, das Mädchen und Frauen zum Schwimmen tragen

ba·den (*badete, hat gebadet*) **1** **jemanden/etwas baden** jemanden, ein Tier oder einen Teil des Körpers in Wasser (in einer Wanne) tauchen, um sie zu waschen, zu erfrischen oder zu heilen ⟨*ein Baby, einen Patienten, eine Wunde baden*⟩ **2** den eigenen Körper baden ⟨*kalt, warm, heiß baden*⟩ **3** in einem Fluss, See, Schwimmbad usw. (zum Vergnügen) schwimmen ⟨*baden gehen*⟩ *„Sie badet am liebsten im Meer"* **ID** **(bei/mit etwas) baden gehen** *gesprochen* mit einem Plan keinen Erfolg haben

die **Ba·de·wan·ne** eine Wanne, in der man den Körper waschen kann ⟨*in der Badewanne liegen, sitzen*⟩

der **Bag·ger** (-s, -) ein Fahrzeug, mit dem auf Baustellen Löcher gegraben und große Mengen von Erde und Steinen bewegt werden

die **Bahn** (-, *-en*) AUF SCHIENEN: **1** Kurzwort für *Eisenbahn* ⟨*mit der Bahn fahren, reisen*⟩ **K** Bahnfahrt, Bahnreise **2** ein Unternehmen, das Personen und Waren mit der Bahn transportiert *„Die Bahn erhöht ihre Preise"* ⓘ nicht in der Mehrzahl verwendet BEIM SPORT: **3** die Strecke in einem Sportstadion, auf der ein Wettrennen stattfindet **K** Aschenbahn, Sandbahn **4** einer der markierten Streifen einer Strecke, auf denen die Teilnehmer eines Wettbewerbs nebeneinander laufen, schwimmen, fahren *„Der Favorit startet auf Bahn 3"* WEG: **5** der Weg, den ein fliegender oder kreisender Körper zurücklegt *„Der Satellit bewegt sich auf einer kreisförmigen Bahn um die Erde"* **K** Flugbahn SONSTIGE VERWENDUNGEN: **6** ein längliches und schmales Stück, das von Textilien, Tapeten oder Papier abgeschnitten wird **K** Stoffbahn, Tapetenbahn

der **Bahn·hof** (-(e)s, *Bahn·hö·fe*) **1** eine Stelle, an der Züge halten und Personen ein- und aussteigen oder Dinge ein- und ausgeladen werden ⟨*ein Zug fährt, rollt in den Bahnhof ein; jemanden am/vom Bahnhof abholen; jemanden zum Bahnhof bringen, begleiten; auf dem Bahnhof*⟩ **2** ein großes Gebäude auf einem Bahnhof, in dem sich Automaten und Schalter für Fahrkarten, kleine Geschäfte, Toiletten usw. befinden ⟨*im Bahnhof*⟩ **K** Bahnhofshalle, Bahnhofsrestaurant der **Bahn·steig** (-(e)s, -e) die erhöhte Plattform auf einem Bahnhof parallel zu den Gleisen, an denen Züge halten, damit Personen ein- und aussteigen können

der **Bahn|über·gang** die Stelle, an der eine Straße oder ein Weg ein Bahngleis überquert

die **Bak·te·rie** [-riə]; (-, -n) Lebewesen, die so klein sind, dass man sie nicht sehen kann und von denen einige Arten Krankheiten erregen können *„Antibiotika wirken nur gegen Bakterien, nicht gegen Viren"*

bald ADVERB **1** nach relativ kurzer Zeit ⟨*bald danach; bald darauf; so bald wie möglich*⟩ **2** innerhalb einer relativ kurzen Zeit ≈ schnell *„Er hatte den komplizierten Mechanismus bald verstanden"*

der **Bal·ken** (-s, -) ein langes, schweres Stück Holz (mit viereckigem Querschnitt), das vor allem beim Bau von Häusern verwendet wird

der **Bal·kon** [bal'kɔŋ, bal'koːn, bal'kõː]; (-s, -s/-e) eine Plattform (mit einem Geländer oder einer Mauer), die an die Außenwand eines Gebäudes gebaut ist ⟨*auf den Balkon (hinaus)gehen; sich auf den Balkon setzen*⟩ **K** Balkonpflanze

BALKON

der **Ball** (-(e)s, Bäl·le) ZUM SPIELEN: **1** Bälle sind rund und man spielt damit ⟨*(mit einem) Ball spielen; den Ball abspielen, werfen, ins Tor schießen, fangen; jemandem den Ball zuspielen, zuwerfen*⟩ *„Der Ball landete im Tor/im Korb"* **K** Gummiball; Tennisball ZUM TANZEN: **2** eine relativ große, festliche Tanzveranstaltung ⟨*auf einen Ball gehen*⟩ **K** Ballkleid; Faschingsball

der **Bal·lon** [ba'lɔŋ, ba'loːn, ba'lõː]; (-s, -s/-e) **1** eine große Hülle, die mit heißer Luft oder mit Gas gefüllt wird und fliegen kann ⟨*Ballon fahren*⟩ **2** Kurzwort für *Luftballon*

das **Ball·spiel** ein Spiel mit einem Ball, das als Wettkampf zwischen zwei Mannschaften ausgetragen wird *„Fußball ist ein Ballspiel"*

die **Ba·na·ne** (-, -n) eine längliche tropische Frucht mit gelber Schale bzw. die Pflanze, an der diese Früchte wachsen **K** Bananenschale, Bananenstaude
i → Abb. unter **Obst**

band *Präteritum, 1. und 3. Person Singular* → binden

das **Band**[1] (-(e)s, Bän·der) **1** ein dünner, schmaler Streifen aus Stoff, Seide, Leder o. Ä., mit dem etwas verbunden, verstärkt oder geschmückt wird ⟨*ein Band knoten, zerschneiden*⟩ *„ein Band im Haar tragen"* **K** Gummiband, Armband, Haarband **2** das starke, elastische Gewebe in der Form eines Bandes, das die Knochen im Körper zusammenhält ⟨*(sich (Dativ)) die Bänder überdehnen, zerren*⟩ **3** ein Band verwendet man, um Personen oder Material zu transportieren (z. B. im Bergbau, am Flughafen) **K** Förderband, Laufband
ID **am laufenden Band** immer wieder, ohne Unterbrechung

der **Band**[2] (-(e)s, Bän·de) **1** eines von mehreren Büchern, die zusammen ein Werk oder eine Reihe bilden *„ein Werk in zehn Bänden"* **2** ein Buch, das eine Sammlung oder eine Auswahl von Texten oder Bildern enthält **K** Bildband

die **Band**[3] [bɛnt]; (-, -s) eine Gruppe von Musikern, die moderne Musik wie Rock, Jazz usw. spielt ⟨*in einer Band spielen*⟩ **K** Jazzband, Rockband

die **Ban·de** (-, -n) VON PERSONEN: **1** eine

(meist organisierte) Gruppe von Personen, die Verbrechen planen und begehen ⟨*der Anführer einer Bande*⟩ **K** Diebesbande **2** *abwertend oder humorvoll* eine Gruppe vor allem von Kindern oder Jugendlichen, die gemeinsam etwas unternehmen

die **Bạnk**[1] (-, *Bän·ke*) **1** auf einer Bank (z. B. im Park) können mehrere Personen nebeneinander sitzen **K** Parkbank **2** ein Tisch mit einem Stuhl in der Schule **K** Schulbank

die **Bạnk**[2] (-, *-en*) **1** Banken machen Geschäfte mit Geld; wir haben unser Geld bei einer Bank auf einem Konto und können uns bei einer Bank Geld leihen ⟨*zur/auf die Bank gehen; ein Konto bei der Bank haben, eröffnen*⟩ **K** Bankkonto **2** das Gebäude, in dem eine Bank Kunden bedient

der **Bạnk·au·to·mat** ein Automat, bei dem man sich Geld holen kann, wenn die Bank geschlossen hat

bar ADJEKTIV in Form von Münzen oder Geldscheinen ⟨*bares Geld*⟩ *„Möchten Sie bar oder mit Karte bezahlen?"* **K** Barzahlung

die **Bar** (-, *-s*) **1** ein Lokal, in dem man an einer langen Theke sitzen kann und in dem manchmal auch kleine Mahlzeiten serviert werden ⟨*in eine Bar gehen*⟩ **K** Barmusik **2** eine erhöhte Theke in einem Lokal oder einer Diskothek, an der man auf hohen Stühlen sitzt ⟨*an der Bar sitzen*⟩

der **Bär** (*-en, -en*) ein großes, schweres Raubtier mit dickem Pelz, das süße Nahrung (vor allem Honig) liebt ⟨*der Bär brummt*⟩ **K** Braunbär, Eisbär ⓘ *der Bär; den, dem, des Bären* • *hierzu* **Bä·rin** *die*

bar·fuß ADVERB ohne Schuhe und Strümpfe ⟨*barfuß gehen, laufen, herumlaufen, sein*⟩

das **Bar·geld** Münzen oder Geldscheine als Zahlungsmittel *„Ich habe kein Bargeld bei mir, kann ich auch mit Karte zahlen?"* ⓘ nicht in der Mehrzahl verwendet

der **Bạr·ren** (*-s, -*) **1** ein Turngerät mit zwei parallelen Stangen aus Holz, die von Stützen gehalten werden ⟨*am Barren turnen*⟩ **2** ein längliches, viereckiges Stück Gold, Silber o. Ä. **K** Goldbarren

die **Bar·ri·e·re** [ba'ri̯e:rə]; (*-, -n*) wenn irgendwo eine Barriere errichtet ist, ist es schwer, dorthin zu gehen

bar·ri·e·re·frei [ba'ri̯e:rə-] ADJEKTIV ohne Treppen und Stufen, mit breiten Türen usw., vor allem für Menschen mit Behinderung geeignet

der **Bart** (*-(e)s, Bär·te*) die kräftigen Haare im Gesicht des Mannes, zwischen Mund und Nase, an den Backen und am Kinn *„Lässt du dir einen Bart wachsen?"* **K** Barthaar; Vollbart

die **Ba·sis** (*-, Ba·sen*) **1** **eine Basis (für etwas)** eine Basis ist das, was zuerst da sein muss, damit etwas entstehen kann und damit man etwas weiter entwickeln kann ≈ Grundlage *„eine solide Basis für eine Zusammenarbeit schaffen"* **K** Basiswissen; Verhandlungsbasis **2** ein Block aus Stein o. Ä., auf dem eine Säule oder ein Pfeiler steht ≈ Sockel **3** in einer Basis sind Truppen stationiert ≈ Stützpunkt **K** Militärbasis **4** von einer Basis werden Raketen gestartet ≈ Startrampe **5** die einfachen Mitglieder einer Partei oder Gewerkschaft, die keine Führungsfunktionen haben

der **Bạss** (*-es, Bäs·se*) **1** die tiefste Stimmlage bei Männern ⟨*Bass singen*⟩ ⓘ nicht in der Mehrzahl verwendet **2** die tiefste Stimmlage, die nur mit manchen Instrumenten (z. B. Orgel, Kontrabass, Bassgitarre) gespielt werden kann **3** verwendet als Kurzwort für Musikinstrumente, welche den Bass spielen (z. B. Bassgeige, Bassgitarre) **4** die tiefen Töne auf einer Musikaufnahme

bạs·teln (*bastelte, hat gebastelt*) **(etwas) basteln** (als Hobby) meist kleine Gegenstände aus Papier, Holz, Draht, Stoff usw. zusammenbauen oder herstellen *„ein Modellflugzeug basteln"* **K** Bastelbuch

B

bat *Präteritum, 1. und 3. Person Singular* → bitten

die **Bat·te·rie** (-, *-n* [-'riːən]) **1** ein Apparat, in dem chemische Prozesse ablaufen, die elektrischen Strom erzeugen *„Die Batterie seines Autos ist leer und muss aufgeladen werden"* **K** Autobatterie **2** viele mobile Geräte (z. B. Armbanduhren, Taschenlampen) brauchen Batterien, die sie mit Strom versorgen ⟨*neue Batterien einlegen, einsetzen; die Batterien wechseln*⟩

der **Bau**[1] (-(*e*)*s*, *-ten*) **1** das Herstellen von Häusern, Straßen, Brücken usw. *„Der Bau ihres Hauses geht nur langsam voran"* **K** Bauarbeiten, Baumaterial, Baukosten **i** nicht in der Mehrzahl verwendet **2** die Konstruktion und Herstellung von technischen Geräten, Fahrzeugen, Motoren oder Musikinstrumenten **K** Flugzeugbau, Maschinenbau **i** nicht in der Mehrzahl verwendet **3** der Ort oder Platz, an dem etwas gebaut wird ≈ Baustelle **K** Baugerüst, Bauzaun **i** nicht in der Mehrzahl verwendet **4** ein (meist ziemlich großes) Bauwerk oder Gebäude *„Das Kolosseum in Rom ist ein gigantischer Bau"* **5** **etwas befindet sich im/in Bau; etwas ist im/in Bau** etwas wird gerade gebaut

der **Bau**[2] (-(*e*)*s*, *-e*) eine Höhle unter der Erde, in der manche Tiere (z. B. Füchse, Dachse, Kaninchen) leben **K** Fuchsbau

der **Bauch** (-(*e*)*s*, *Bäu·che*) **1** der Bauch ist der weiche vordere Teil des Körpers unterhalb der Rippen *„Schläfst du auf dem Bauch oder auf dem Rücken?"* **i** → Abb. unter **Körper** **2** Einen Bauch bekommt man, wenn man zu viel isst und sich zu wenig bewegt **3** *gesprochen* der innere Teil des Bauches, vor allem der Magen **K** Bauchschmerzen

bau·en (*baute, hat gebaut*) **1** **(etwas) bauen** etwas aus verschiedenen Teilen und Materialien (z. B. Holz, Stein, Zement) nach einem Plan errichten oder herstellen (lassen) ⟨*eine Brücke, eine Straße, ein Haus bauen*⟩ **2** **etwas bauen** ein technisches Produkt aus mehreren Teilen nach einem Plan herstellen ⟨*Fahrzeuge, Maschinen, Musikinstrumente bauen*⟩

der **Bau·er** (*-n*/*selten -s, -n*) eine Person, die auf dem Land wohnt und (als Beruf) Vieh hält oder züchtet und/oder Getreide, Kartoffeln usw. anpflanzt

der **Bau·kas·ten** ein Kasten mit Teilen aus Holz oder Metall oder Plastik, Schrauben usw., mit denen Kinder spielen und etwas bauen können

der **Baum** (-(*e*)*s*, *Bäu·me*) eine große Pflanze mit einem Stamm aus Holz, aus dem Äste mit Zweigen wachsen, die Nadeln oder Blätter tragen ⟨*einen Baum pflanzen, fällen*⟩ **K** Baumstamm; Laubbaum, Nadelbaum

BÄUME

der Laubbaum der Nadelbaum

die **Baum·wol·le** **1** die langen, weißen Fasern an den Samen einer Pflanze, aus denen Garn hergestellt wird **i** nicht in der Mehrzahl verwendet **2** Garn oder Gewebe, das aus Baumwolle hergestellt und meist zu Textilien verarbeitet wird *„ein Pullover aus 100 % Baumwolle"* **K** Baumwollhemd **i** nicht in der Mehrzahl verwendet

die **Bau·stel·le** auf einer Baustelle wird gerade ein Haus gebaut, eine Straße repariert o. Ä. *„Betreten der Baustelle verboten!"*

die **Bau·ten** *Mehrzahl* → Bau

das **Bau·werk** das, was erbaut worden ist, z. B. ein Turm, ein Wohnhaus, eine Schule o. Ä.

be·ach·ten (*beachtete, hat beachtet*) **1** **etwas beachten** so handeln, wie es

B

etwas verlangt oder empfiehlt ‹*Gesetze, Ratschläge, Regeln beachten*› ↔ missachten *„beim Autofahren die Verkehrsregeln beachten"* **2** **jemanden/etwas beachten** an jemandem/etwas ganz bewusst ein Interesse zeigen ↔ ignorieren *„Ich glaube, ich habe wenig Chancen bei ihr, sie beachtet mich kaum"* **i** meist verneint oder mit einer Einschränkung wie *kaum*

der **Bea·mer** ['bi:mɐ]; (-s, -) ein Gerät, das die Bilder von einem Computer oder Fernseher groß an der Wand zeigt

der **Be·am·te** (-*n*, -*n*) Beamte arbeiten für den Staat oder eine Behörde, sie haben besondere Rechte und Pflichten **K** Beamtenlaufbahn; Finanzbeamte, Polizeibeamte **i** *ein Beamter; der Beamte; den, dem, des Beamten* • *hierzu* **Be·am·tin** *die*

be·an·tra·gen (*beantragte, hat beantragt*) **etwas (bei jemandem/etwas) beantragen** versuchen, durch einen schriftlichen Antrag (meist an eine Behörde) etwas zu bekommen ‹*eine Aufenthaltsgenehmigung, ein Visum, Sozialhilfe beantragen*› *„Als er seinen Job verlor, beantragte er Arbeitslosengeld"* • *hierzu* **Be·an·tra·gung** *die*

be·ant·wor·ten (*beantwortete, hat beantwortet*) **etwas beantworten** auf eine Frage antworten

be·ar·bei·ten (*bearbeitete, hat bearbeitet*) **1** **etwas bearbeiten** für etwas verantwortlich sein, es prüfen und meist darüber entscheiden ‹*eine Akte, einen Antrag, einen Fall, ein Sachgebiet bearbeiten*› **2** **etwas bearbeiten** eine Arbeit über etwas schreiben ‹*ein Thema, eine Aufgabe bearbeiten*› **3** **etwas (mit etwas) bearbeiten** etwas so verändern, dass es die gewünschte Form oder Beschaffenheit hat ‹*Holz, Metall, Rohstoffe, einen Acker bearbeiten*› • *hierzu* **Be·ar·bei·ter** *der*

be·at·men (*beatmete, hat beatmet*) **jemanden beatmen** einer Person, die nicht mehr selbst atmen kann, mit dem eigenen Mund oder mit einer Maschine Luft in den Mund oder die Nase blasen ‹*einen Patienten künstlich beatmen; ein Unfallopfer von Mund zu Mund beatmen*› • *hierzu* **Be·at·mung** *die*

be·auf·sich·ti·gen (*beaufsichtigte, hat beaufsichtigt*) **jemanden/etwas beaufsichtigen** darauf achten, dass jemand oder etwas sich so verhält oder funktioniert, wie es erwünscht oder vorgeschrieben ist ‹*Arbeiter, jemandes Arbeit, Kinder beaufsichtigen*›

be·ben (*bebte, hat gebebt*) **etwas bebt** etwas wird vor allem durch den Knall einer Explosion oder durch ein Erdbeben erschüttert ‹*die Häuser, die Mauern, die Erde*›

der **Be·cher** (-s, -) **1** ein einfaches Gefäß zum Trinken (meist ohne Henkel) *„aus einem Becher trinken"* **K** Pappbecher, Plastikbecher **2** ein Becher, der für andere Zwecke als zum Trinken verwendet wird **K** Eierbecher, Messbecher

BECHER

das **Be·cken** (-s, -) **1** ein relativ großer Behälter für Wasser, der meist in der Küche oder im Bad ist und der zum Waschen und Spülen dient **K** Spülbecken, Waschbecken **2** ein großer Behälter, der (im Boden) künstlich angelegt ist und mit Wasser gefüllt wird, sodass man z. B. darin schwimmen kann **K** Planschbecken, Schwimmbecken **3** der gebogene Teil vor allem des menschlichen Skeletts, welcher die Wirbelsäule mit den Beinen verbindet und vor dem Organe wie z. B. der Darm liegen **K** Beckenknochen

be·dan·ken (*bedankte sich, hat sich bedankt*) **sich (bei jemandem) (für etwas) bedanken** (jemandem) Dank für etwas zum Ausdruck bringen *„Hast du dich (bei deiner Tante) schon (für das Geschenk) bedankt?"*

er **Be·darf** (-(e)s) **1** **der Bedarf (an jemandem/etwas)** die Zahl oder Menge an Menschen, Dingen oder Leistungen, die man zu einem Zweck braucht *„An neuen Wohnungen besteht großer Bedarf"* **K** Energiebedarf **2** **bei Bedarf** wenn es nötig ist **3** **(je) nach Bedarf** wie man es gerade benötigt

be·dau·ern (*bedauerte, hat bedauert*) **1** **jemanden bedauern** einer Person, der es nicht gut geht, Mitgefühl oder Sympathie zeigen *„einen kranken Menschen bedauern"* **2** **etwas bedauern** etwas schade finden, sich nicht darüber freuen *„Er bedauerte, dass er sie nicht persönlich kennenlernen konnte"*

as **Be·dau·ern** (-s) das Gefühl der Traurigkeit oder Enttäuschung

be·de·cken (*bedeckte, hat bedeckt*) **1** **jemanden/etwas (mit etwas) bedecken** meist eine Decke oder ein Tuch über jemanden/etwas legen **2** **etwas bedeckt etwas** etwas bildet eine Schicht auf etwas (so dass es nicht mehr zu sehen ist) *„Schnee bedeckte die Wiesen"*

be·den·ken (*bedachte, hat bedacht*) **etwas bedenken** etwas (vor allem im Hinblick auf etwas, das noch geschehen wird) prüfend überlegen *„Er fährt immer ohne Helm Motorrad, ohne zu bedenken, wie gefährlich das ist"*

das **Be·den·ken** (-s, -) **Bedenken (gegen jemanden/etwas)** Zweifel oder Befürchtungen in Bezug auf jemanden/etwas *„Haben Sie irgendwelche Bedenken, dass das Projekt ein Misserfolg werden könnte?"*

be·deu·ten (*bedeutete, hat bedeutet*) **1** **etwas bedeutet etwas** eine Sache oder ein Verhalten ist in der genannten Weise zu verstehen oder zu interpretieren *„Rotes Licht im Verkehr bedeutet, dass man anhalten oder warten muss"* ⓘ kein Passiv **2** **etwas bedeutet etwas** etwas wird durch sprachliche Mittel ausgedrückt *„Weißt du, was das Wort „Prisma" bedeutet?"* ⓘ kein Passiv **3** **etwas bedeutet etwas** ein Sachverhalt hat einen anderen zur Folge *„Wenn ich noch länger warten muss, bedeutet das für mich, dass ich den Zug verpasse"* ⓘ kein Passiv **4** **(jemandem) etwas bedeuten** (für jemanden) wichtig, viel wert sein *„Luxus bedeutet mir nichts"* ⓘ kein Passiv

die **Be·deu·tung** (-, -en) **1** das, was mit Sprache, Zeichen, einem Verhalten o. Ä. ausgedrückt werden soll *„Das Wort „Bank" hat mehrere Bedeutungen"* **2** der Umstand, dass eine Person oder Sache wichtig ist oder eine besondere Wirkung hat *„Diese Entscheidung ist von entscheidender Bedeutung für unsere Zukunft"*

be·die·nen (*bediente, hat bedient*) **1** **(jemanden) bedienen** (als Kellner) einem Gast Speisen und Getränke (an den Tisch) bringen ≈ servieren **2** **jemanden bedienen** (als Verkäufer) einem Kunden durch Ratschläge beim Kauf helfen *„Werden Sie schon bedient?"* **3** **jemanden bedienen** für eine Person etwas tun, weil sie selbst es nicht tun will oder kann *„Wenn er abends nach Hause kommt, lässt er sich gern von seiner Frau bedienen"* **4** **etwas bedienen** meist ein relativ großes Gerät oder eine Maschine korrekt gebrauchen und ihre Funktionen kontrollieren *„Du bist alt genug, um zu wissen, wie man eine Waschmaschine bedient"* **5** **sich bedienen** sich etwas zu essen oder trinken nehmen, meist nachdem es angeboten wurde ≈ zugreifen *„Hier sind ein paar belegte Brote! Bedient euch bitte!"*

die **Be·die·nung** (-, -en) **1** das Bedienen eines Gastes in einem Restaurant ⟨*inklusive Bedienung; mit/ohne Bedienung*⟩ ⓘ nicht in der Mehrzahl verwendet **2** das Bedienen eines Kunden ⓘ nicht in der Mehrzahl verwendet **3** das Bedienen einer Maschine **K** Bedienungs-

B

fehler ⓘ nicht in der Mehrzahl verwendet **4** eine Person, die in einem Lokal bedient *„Bedienung, zahlen bitte!"* ⓘ *Bedienung* wird sowohl für Männer als auch Frauen verwendet; als Anrede wirkt die Bezeichnung unhöflich.

die **Be·dịn·gung** (-, *-en*) **1** eine Forderung oder Voraussetzung, von der viel abhängt ⟨*(jemandem) eine Bedingung stellen; jemandes Bedingungen erfüllen*⟩ **2** **Bedingungen für etwas** vertraglich festgelegte Regelungen **K** Lieferbedingungen, Zahlungsbedingungen ⓘ nur in der Mehrzahl verwendet **3** Umstände, die jemanden/etwas beeinflussen ⟨*gute, (un)günstige Bedingungen*⟩ *„unter erschwerten Bedingungen arbeiten"* ⓘ nur in der Mehrzahl verwendet

be·dro̱·hen (*bedrohte, hat bedroht*) **1** **jemanden (mit etwas) bedrohen** jemandem mit Worten oder Taten drohen *„jemanden mit einer Pistole bedrohen"* **2** **etwas bedroht jemanden** etwas stellt für jemanden eine Gefahr dar *„Epidemien und Naturkatastrophen bedrohen die Menschheit"* • *hierzu* **Be·dro̱·hung** *die*

das **Be·dụ̈rf·nis** (*-ses, -se*) **ein Bedürfnis (nach etwas)** die Notwendigkeit oder der Wunsch, etwas zu bekommen, das man braucht ⟨*ein Bedürfnis nach Liebe, Schlaf haben, verspüren*⟩ **K** Sicherheitsbedürfnis

be·ei̱·len (*beeilte sich, hat sich beeilt*) **sich (bei/mit etwas) beeilen** etwas schneller als üblich tun, um ein Ziel rechtzeitig zu erreichen oder um rechtzeitig fertig zu werden *„Beeil dich ein bisschen, sonst kommen wir zu spät!"*

be·ei̱n·flus·sen (*beeinflusste, hat beeinflusst*) **1** **eine Person/Sache beeinflusst jemanden** eine Person oder Sache bewirkt, dass jemand die eigene Meinung oder das eigene Verhalten ändert *„Du solltest dich nicht von unberechtigter Kritik beeinflussen lassen"* **2** **etwas beeinflusst etwas** eine Sache hat eine deutliche Wirkung auf etwas *„Der Golfstrom beeinflusst unser Klima sehr"*

be·ẹn·den (*beendete, hat beendet*) **etwas beenden** meist eine Tätigkeit zu Ende führen oder sie nicht weitermachen ⟨*einen Streit, eine Unterhaltung, die Lehre beenden*⟩ ↔ beginnen • *hierzu* **Be·ẹn·dung** *die*

be·ẹr·di·gen (*beerdigte, hat beerdigt*) **jemanden beerdigen** einen Verstorbenen meist im Rahmen einer Trauerfeier in einem Sarg ins Grab legen (lassen) • *hierzu* **Be·ẹr·di·gung** *die*

die **Bee̱·re** (-, *-n*) eine von vielen kleinen, meist süßen essbaren Früchten, die auf manchen kleinen Pflanzen oder Sträuchern wachsen (z. B. Erdbeeren, Himbeeren, Brombeeren, Johannisbeeren, Heidelbeeren)

das **Bee̱t** (*-(e)s, -e*) ein relativ kleines, meist rechteckiges Stück Boden (in einem Garten), auf dem Blumen, Gemüse oder Salat angepflanzt werden ⟨*ein Beet anlegen, umgraben*⟩ **K** Blumenbeet

be·fa̱hl *Präteritum, 1. und 3. Person Singular* → befehlen

der **Be·fe̱hl** (*-(e)s, -e*) **der Befehl (zu etwas)** eine (von einem Vorgesetzten ausgegebene) mündliche oder schriftliche Mitteilung, dass etwas getan werden muss ⟨*jemandem einen Befehl geben, erteilen*⟩ *„Der General gab den Befehl zum Angriff/anzugreifen"*

be·fe̱h·len (*befiehlt, befahl, hat befohlen*) **(jemandem) etwas befehlen** jemandem einen Befehl erteilen

be·fẹs·ti·gen (*befestigte, hat befestigt*) **etwas (an etwas** (*Dativ*)**) befestigen** etwas (z. B. mit Schrauben, Nägeln, einer Schnur) so mit etwas in Kontakt bringen, dass es fest ist *„ein Regal an der Wand befestigen"* • *hierzu* **Be·fẹs·ti·gung** *die*

be·fie̱hlt *Präsens, 3. Person Singular* → befehlen

be·fịn·den (*befand, hat befunden*) **sich irgendwo befinden** *geschrieben* an dem genannten Ort oder der genannten Stelle sein *„Das Büro des Chefs be-

findet sich im dritten Stock"

be·foh·len PARTIZIP PERFEKT → befehlen

be·fol·gen (*befolgte, hat befolgt*) **etwas befolgen** etwas so ausführen oder einhalten, wie es verlangt oder empfohlen wird ⟨*Befehle, Gesetze, Vorschriften befolgen; Ratschläge, Hinweise befolgen*⟩ • *hierzu* **Be·fol·gung** *die*

be·för·dern (*beförderte, hat befördert*) **1** **jemanden/etwas (mit/in etwas** (*Dativ*)**) (irgendwohin) befördern** jemanden/etwas vor allem mit einem Transportmittel von einem Ort an einen anderen bringen ≈ transportieren *„Pakete mit der Post befördern"* **2** **jemanden (zu etwas) befördern** jemandem eine höhere dienstliche Stellung geben *„Sie wurde zur Abteilungsleiterin befördert"* • *hierzu* **Be·för·de·rung** *die*

be·frei·en (*befreite, hat befreit*) **1** **jemanden (aus/von etwas) befreien** durch eine (oft gewaltsame) Aktion erreichen, dass man selbst, eine andere Person oder ein Tier nicht länger gefangen oder in einer gefährlichen Situation ist ⟨*jemanden aus dem Gefängnis, von den Fesseln befreien*⟩ *„einen Verletzten aus dem brennenden Auto befreien"* **2** **jemanden/etwas von etwas befreien** von einer Person, sich selbst oder einer Sache etwas Unangenehmes oder Störendes nehmen *„das Auto vom Schnee befreien"* • *hierzu* **Be·frei·ung** *die*

be·frie·di·gend ADJEKTIV **1** so, dass es die Beteiligten zufrieden macht *„eine befriedigende Lösung finden"* **2** so, dass man damit zufrieden sein kann ⟨*eine Leistung*⟩ ≈ durchschnittlich **3** Ⓓ verwendet als Bezeichnung für die durchschnittliche Note 3 (auf der Skala von 1 – 6 bzw. von *sehr gut* bis *ungenügend*) ⟨ *„befriedigend" in etwas* (*Dativ*) *haben, bekommen*⟩

die **Be·frie·di·gung** (-) das Gefühl, wenn man erfolgreich war oder jetzt das hat, was man sich gewünscht hatte

der **Be·fund** (-(*e*)*s*, -*e*) das Ergebnis einer meist medizinischen Untersuchung

be·fürch·ten (*befürchtete, hat befürchtet*) **etwas befürchten** der Meinung sein, dass etwas Gefährliches oder Unangenehmes geschehen könnte *„Er befürchtet, dass er entlassen wird/entlassen zu werden"* • *hierzu* **Be·fürch·tung** *die*

be·gabt ADJEKTIV **(für etwas) begabt** ⟨*ein Schüler, ein Künstler*⟩ so, dass sie eine Begabung (für etwas) haben ≈ talentiert *„Sie ist handwerklich/vielseitig begabt"*

die **Be·ga·bung** (-, -*en*) **eine Begabung (für/zu etwas)** die angeborene Fähigkeit eines Menschen, (auf dem genannten Gebiet) überdurchschnittliche geistige oder körperliche Leistungen zu vollbringen ⟨*eine musikalische, natürliche Begabung haben*⟩ ≈ Talent

be·gann *Präteritum, 1. und 3. Person Singular* → beginnen

be·ge·ben (*begibt sich, begab sich, hat sich begeben*); *geschrieben* **1** **sich irgendwohin begeben** irgendwohin gehen *„Nach der Begrüßung begaben sich die Gäste in den Speisesaal"* **2** **sich in (ärztliche) Behandlung begeben** sich wegen einer Krankheit von einem Arzt behandeln lassen **3** **sich in Gefahr begeben** sich in Gefahr bringen

be·geg·nen (*begegnete, ist begegnet*) **jemandem begegnen** mit jemandem zufällig irgendwo zusammenkommen *„Wir sind uns/einander gestern in der Stadt begegnet"*

be·gehrt ADJEKTIV ⟨*ein Titel, ein Fachmann, ein Künstler*⟩ so, dass sie meist von vielen gewollt oder gewünscht werden ≈ beliebt

be·geis·tern (*begeisterte, hat begeistert*) **1** **jemand/etwas begeistert (eine Person)** jemand/etwas beeindruckt eine Person so, dass sie ein starkes Gefühl der Bewunderung oder Freude empfindet und dieses offen zeigt **2** **sich für jemanden/etwas begeistern** sich sehr für eine Person oder eine Sache interessieren *„Sie konnte sich nie für Mathe-*

B

matik begeistern"

be·geis·tert ADJEKTIV **(von jemandem/etwas) begeistert** voller Begeisterung *„Die Jugendlichen waren von dem Rockkonzert begeistert"*

die **Be·geis·te·rung** (-) **Begeisterung (über etwas** (*Akkusativ*)) ein Gefühl großer Freude und des intensiven Interesses

der **Be·ginn** (-s) **1** der Zeitpunkt, zu dem etwas anfängt ≈ Anfang ↔ Ende *„bei Beginn der Veranstaltung"* | *„schon zu Beginn des Jahrhunderts"* **2** die Stelle, an der etwas anfängt ≈ Anfang ↔ Ende *„der Beginn eines Buches/der Autobahn"*

be·gin·nen (*begann, hat begonnen*) **1 (etwas/mit etwas) beginnen** mit einer Tätigkeit anfangen *„die/mit der Arbeit beginnen"* | *„Sie begann, ein Bild* zu *malen"* **2 etwas beginnen** bewirken, dass etwas anfängt oder entsteht ⟨*einen Krieg, einen Streit, ein Gespräch, eine Unterhaltung beginnen*⟩ **3 etwas beginnt (irgendwann)** etwas fängt (zu dem genannten Zeitpunkt) an *„Es beginnt zu regnen"* **4 etwas beginnt irgendwo** etwas fängt an der genannten Stelle an *„Hinter der Brücke beginnt die Autobahn"*

be·glei·ten (*begleitete, hat begleitet*) **jemanden (irgendwohin) begleiten** mit einer Person zusammen (irgendwohin) gehen oder fahren, um ihr Gesellschaft zu leisten oder um sie zu schützen *„Nach dem Film begleitete er sie nach Hause"*

be·gra·ben (*begräbt, begrub, hat begraben*) **1 jemanden begraben** einen Verstorbenen in ein Grab legen und dieses mit Erde füllen **2 etwas begräbt jemanden/etwas (unter sich** (*Dativ*)) Erdmassen, Trümmer oder eine Schneelawine decken eine Person oder Sache bei einem Unglück zu *„Die Lava des Vulkans begrub ein ganzes Dorf unter sich"*

das **Be·gräb·nis** (*-ses, -se*) der Vorgang, bei dem ein Verstorbener im Rahmen einer Trauerfeier begraben wird ⟨*einem Begräbnis beiwohnen*⟩ ≈ Beerdigung **K** Begräbnisfeier

be·grei·fen (*begriff, hat begriffen*) **etwas begreifen** wissen oder erkennen, wie etwas ist oder warum es so ist ≈ verstehen, kapieren *„Ich kann diese komplizierten Formeln nicht begreifen"*

be·gren·zen (*begrenzte, hat begrenzt*) **1 etwas begrenzen** Grenzen für ein Gebiet oder einen Zeitraum setzen **2 etwas begrenzen** verhindern, dass etwas größer wird ⟨*einen Schaden, ein Risiko begrenzen*⟩

be·grenzt ADJEKTIV nicht sehr groß *„Es steht nur eine begrenzte Anzahl von Plätzen zur Verfügung"*

der **Be·griff** (*-(e)s, -e*) ein Ausdruck oder Wort, die eine Sache bezeichnen *„Aquarell" ist ein Begriff aus der Malerei"*

be·grün·den (*begründete, hat begründet*) **etwas (mit etwas) begründen** einen Grund/Gründe für etwas angeben (vor allem um sich zu rechtfertigen) ⟨*ein Verhalten, eine Meinung, die Abwesenheit begründen*⟩

die **Be·grün·dung** (*-, -en*) **eine Begründung (für etwas)** etwas, das als Grund für etwas angegeben wird ⟨*etwas als Begründung angeben, vorbringen*⟩

be·grü·ßen (*begrüßte, hat begrüßt*) **1 jemanden begrüßen** jemanden (bei der Ankunft) mit einem Gruß empfangen *„Der Außenminister wurde bei seiner Ankunft auf dem Flughafen von seinem Amtskollegen begrüßt"* **2 etwas begrüßen** *geschrieben* etwas als sehr positiv oder erfreulich betrachten ⟨*einen Vorschlag, eine Entscheidung begrüßen*⟩ • *zu* (1) **Be·grü·ßung** *die*; *zu* (2) **be·grü·ßens·wert** ADJEKTIV

be·hal·ten (*behält, behielt, hat behalten*) **1 etwas behalten** etwas, das man (bekommen) hat, nicht wieder zurückgeben oder aufgeben (müssen) *„Sie können das Wechselgeld behalten!"* **2 etwas behalten** etwas in unveränderter Weise, im bisherigen Zustand haben ⟨*den Humor, die Nerven, die Übersicht behalten; etwas behält die*

Gültigkeit, den Wert⟩ ≈ bewahren **3 etwas behalten (können)** sich etwas merken (können) ↔ vergessen *„Er kann mühelos viele Telefonnummern behalten"* **4 jemanden (irgendwo) behalten** jemanden nicht (von dem genannten Ort) weggehen lassen *„einen Verdächtigen in Haft/einen Patienten im Krankenhaus behalten"* **5 etwas irgendwo behalten** etwas dort lassen, wo es ist *„die Mütze auf dem Kopf/die Hände in den Hosentaschen behalten"* **6 etwas für sich behalten** niemandem von einer Sache erzählen ⟨*ein Geheimnis, eine Neuigkeit für sich behalten*⟩

r **Be·häl·ter** (-s, -) in Behälter tut man Dinge, Flüssigkeiten oder Gase, um diese zu lagern oder zu transportieren *„Kisten, Tonnen, Gläser, Dosen und Flaschen sind Behälter"* **K** Wasserbehälter **i** vergleiche **Gefäß** **i** → Abb. nächste Seite

be·han·deln (*behandelte, hat behandelt*) **1 jemanden irgendwie behandeln** jemandem gegenüber das genannte Verhalten zeigen ⟨*jemanden gut, schlecht, ungerecht, wie ein kleines Kind behandeln*⟩ **2 etwas irgendwie behandeln** ein technisches Gerät oder ein Material in der genannten Weise gebrauchen/handhaben *„die Gläser vorsichtig behandeln"* **3 jemanden/etwas (mit etwas) behandeln** (als Arzt) versuchen, eine Person, eine Verletzung oder eine Krankheit mit geeigneten Mitteln zu heilen *„eine offene Wunde mit Jod behandeln"* **4 etwas behandeln** sich im Unterricht, in einer Diskussion, in einem Text oder Film mit einem Thema beschäftigen • *hierzu* **Be·hand·lung** *die* **i** → Abb. nächste Seite

be·haup·ten (*behauptete, hat behauptet*) **etwas behaupten** sagen, dass etwas richtig und wahr ist, obwohl man es nicht beweisen kann *„Seine Frau behauptet, er sei nicht zu Hause/dass er nicht zu Hause ist"*

die **Be·haup·tung** (-, *-en*) eine Aussage oder Erklärung, in der etwas behauptet wird ⟨*eine Behauptung aufstellen, widerlegen, zurücknehmen*⟩

be·he·ben (*behob, hat behoben*) **etwas beheben** etwas Unangenehmes oder Störendes beseitigen ⟨*einen Schaden, einen Fehler, eine Bildstörung beheben*⟩

be·herr·schen (*beherrschte, hat beherrscht*) **1 etwas beherrschen** etwas so gut gelernt haben, dass man es ohne Fehler oder Schwierigkeiten anwenden oder gebrauchen kann *„Seine Schwester beherrscht drei Fremdsprachen"* **2 jemanden/etwas beherrschen** jemanden/etwas unter Kontrolle haben *„Sie konnte ihre Leidenschaft/ihren Zorn kaum beherrschen"* **3 etwas beherrscht etwas** etwas ist charakteristisch für etwas *„Hektik beherrscht seinen Alltag"* **4 sich beherrschen** nicht so handeln, wie man es wegen heftiger Gefühle gerne täte ⟨*sich gut/nicht beherrschen können*⟩ *„Er musste sich sehr beherrschen, um sachlich zu bleiben"*

be·hin·dern (*behinderte, hat behindert*) **1 jemanden (bei etwas) behindern** eine Person, die etwas tun möchte, dabei stören *„Der Ring behinderte sie bei der Arbeit, also nahm sie ihn ab"* **2 etwas behindern** eine negative, störende Wirkung auf etwas haben ⟨*den Verkehr, die Sicht, den Verlauf eines Spiels behindern*⟩

be·hin·dert ADJEKTIV mit einem ernsthaften und dauerhaften gesundheitlichen Schaden ⟨*geistig, körperlich, mehrfach behindert*⟩ *„ein behindertes Kind haben"* **K** gehbehindert, sehbehindert **i** *Behindert* wird oft auch beleidigend verwendet.

der/die **Be·hin·der·te** (*-n, -n*) **i** Der Begriff *Behinderter* wird heutzutage von vielen als abwertend empfunden. *Mensch mit Behinderung* ist ein neutralerer Ausdruck; *ein Behinderter; der Behinderte; den, dem, des Behinderten* • *hierzu* **be·hin·der·ten·ge·recht** ADJEKTIV

die **Be·hin·de·rung** (-, *-en*) **1** der Vorgang, wenn jemand/etwas behindert wird oder eine Person jemanden/etwas

BEHÄLTER UND GEFÄSSE

der Eimer

der Topf

das Vorratsglas

das Wasserglas

der Korb

die Flasche

die Dose

die Tasse

die Tonne

das Fass

der Becher

das Päckchen
die Packung

die Kanne

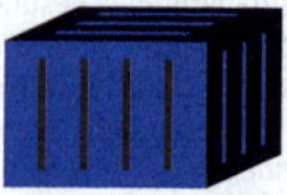
die Kiste

der Karton

die Vase

die Schachtel
die Box

der Kanister

die Schüssel

behindert *„Durch Baustellen kommt es zu Behinderungen im Straßenverkehr"* **2** ein ernsthafter und dauerhafter gesundheitlicher Schaden *„Menschen mit körperlicher oder geistiger Behinderung"*

die **Be·hör·de** (-, *-n*) eine von mehreren zentralen oder örtlichen Institutionen, die von Staat, Kommunen oder Kirchen damit beauftragt werden, administrative oder gerichtliche Aufgaben durchzuführen ≈ Amt *„Wenn man ein Haus bauen will, muss man sich bei der zuständigen Behörde die Genehmigung holen"* • *hierzu* **be·hörd·lich** *ADJEKTIV*

bei *PRÄPOSITION mit Dativ* ORT: **1** in der Nähe einer Person/Sache, nicht weit entfernt *„Der Kiosk ist direkt/gleich beim Bahnhof"* **2** am genannten Ort, in Wohnung oder Heimat einer Person *„Wir feiern die Party bei Dieter"* BEZIEHUNG, ZUSAMMENHANG: **3** drückt aus, dass zur genannten Person, Institution oder Firma eine berufliche oder geschäftliche Beziehung besteht *„ein Konto bei der Bank eröffnen"* **4** bezeichnet die Person oder Sache, die die genannte Eigenschaft hat oder im genannten Zustand ist *„Bei meinem Auto sind die Bremsen kaputt"* ANWESENHEIT: **5** mit jemandem zusammen *„bei jemandem im Auto sitzen"* ZEIT: **6** nennt einen Zeitpunkt, an dem etwas geschieht, gilt o. Ä. *„Der Saal war bei Beginn des Konzerts überfüllt"* **7** drückt aus, dass eine Handlung gerade abläuft *„beim Mittagessen sein"* SITUATION: **8** nennt die Situation, in der etwas geschieht *„bei einem Unfall verletzt werden"*

bei·be·hal·ten (*behält bei, behielt bei, hat beibehalten*) **etwas beibehalten** etwas (bewusst) nicht ändern, bei etwas bleiben *„Die Regierung behielt ihren bisherigen politischen Kurs bei"* • *hierzu* **Bei·be·hal·tung** *die*

bei·brin·gen (*hat*); *gesprochen* **jemandem etwas beibringen** ≈ lehren *„jemandem das Tanzen beibringen"*

beich·ten (*beichtete, hat gebeichtet*) **(jemandem) (etwas) beichten** als Katholik während einer Beichte dem Priester sagen, welche Sünden man begangen hat ⟨*seine Sünden beichten*⟩

bei·de *ADJEKTIV* **1** verwendet, um zwei Personen, Sachen oder Vorgänge zusammenfassend zu nennen, die der Sprecher als bekannt voraussetzt *„Meine beiden Töchter sind bereits verheiratet"* | *„Ihr beide kommt immer zu spät"* **2** *beide* bezieht sich auf zwei Personen, Sachen oder Vorgänge gleichzeitig, wobei der Gegensatz zu nur einer dieser Personen usw. betont wird *„Meine Töchter sind beide verheiratet"* nicht nur eine Tochter **3** **beides** verwendet, um das Gemeinsame an zwei Sachen oder Vorgängen zu betonen *„Ein Wochenende in Hamburg oder zwei Tage in einem Hotel: Beides wäre zwar sehr schön, aber leider zu teuer"*

bei·des *PRONOMEN* → beide

bei·ei·nan·der *ADVERB* eine Person/Sache neben der anderen, zu einer Gruppe vereinigt ≈ zusammen *„Zu Weihnachten ist die ganze Familie beieinander"*

der **Bei·fah·rer** eine Person, die in einem Auto neben dem Fahrer sitzt • *hierzu* **Bei·fah·re·rin** *die*

der **Bei·fall** (-*(e)s*) Beifall ist, wenn das Publikum in die Hände klatscht, weil es die Vorführung, den Vortrag o. Ä. gut findet ⟨*Beifall klatschen*⟩ ≈ Applaus

beige [be:ʃ] *ADJEKTIV* von einer hellen, gelblich braunen Farbe (wie Sand) *„ein beiges Hemd"*

das **Beil** (-*(e)s*, -*e*) eine kleine Axt

die **Bei·la·ge** (-, *-n*) **1** **eine Beilage (zu etwas)** Gemüse, Kartoffeln, Nudeln o. Ä., die man zu einem Hauptgericht isst *„Als Beilagen zum Steak gab es Reis und Bohnen"* **2** ein Werbeprospekt, der in eine Zeitung oder Zeitschrift gelegt oder geheftet ist

beim *PRÄPOSITION mit Artikel* bei dem ⓘ *Beim* kann nicht durch *bei dem* ersetzt werden in Verbindungen mit ei-

B

nem substantivierten Infinitiv (*jemandem beim Kartenspielen zusehen*) und in Wendungen wie: *Das geht beim besten Willen nicht.*

das **Bein** (-(e)s, -e) **1** einer der beiden Körperteile des Menschen (bestehend aus Oberschenkel, Unterschenkel und Fuß), mit denen man läuft, geht oder steht ⟨*die Beine ausstrecken, spreizen, übereinanderschlagen*⟩ ⓘ → Abb. unter **Körper** **2** einer von zwei, vier oder mehr Körperteilen des Tieres, auf denen es steht oder sich fortbewegt *„Spinnen haben acht Beine"* **3** eines der dünnen Teile eines Möbelstücks oder Geräts, auf denen es steht **K** Stuhlbein, Tischbein **4** einer der beiden länglichen Teile einer Hose, die die Beine bedecken **K** Hosenbein

bei·nah, bei·na·he PARTIKEL **1** drückt aus, dass etwas (eine Handlung, ein Ereignis, die Verwirklichung eines Plans o. Ä.) erst im letzten Moment verhindert wird ≈ fast *„Ich hätte heute schon beinahe einen Unfall verursacht"* **2** drückt aus, dass die genannte Zahl, Größe, Menge, Qualität o. Ä. (noch) nicht ganz erreicht ist ≈ fast *„Er ist beinahe so groß wie sie"*

das **Bei·spiel** (-s, -e) **1** **ein Beispiel (für etwas)** etwas, das oft aus einer Anzahl gleichartiger Dinge als typisch herausgegriffen wird, um etwas Charakteristisches zu zeigen, um etwas Abstraktes zu illustrieren oder um eine Behauptung zu bekräftigen ⟨*etwas an einem Beispiel/anhand eines Beispiels erklären, erläutern, veranschaulichen, zeigen; etwas mit Beispielen belegen*⟩ **K** Beispielsatz **2** **zum Beispiel** verwendet, um ein Beispiel anzukündigen *„Viele Tiere, zum Beispiel Elefanten, haben ein sehr gutes Gedächtnis"* ⓘ Abkürzung: *z. B.*

bei·spiels|wei·se ADVERB verwendet, um ein Beispiel zu nennen *„Viele Tiere, beispielsweise Elefanten, haben ein gutes Gedächtnis"*

bei·ßen (*biss, hat gebissen*) BEIM ESSEN: **1** **in etwas** (*Akkusativ*) **beißen** die Zähne in eine Sache drücken, um sie zu essen ⟨*in ein Brötchen, in einen Apfel beißen*⟩ **2** **in/auf etwas** (*Akkusativ*) **beißen** (beim Essen) etwas unabsichtlich mit den Zähnen verletzen ⟨*sich* (*Dativ*) *in/auf die Zunge, die Lippen beißen*⟩ ALS ANGRIFF: **3** **jemanden (in etwas** (*Akkusativ*)**) beißen** jemanden mit den Zähnen verletzen *„Der Hund hat mich ins Bein gebissen"* | *„Er wurde von einer Giftschlange gebissen"* INSEKTEN, FISCHE, GASE: **4** **ein Insekt beißt (jemanden)** *gesprochen* Ein Insekt sticht in die Haut eines Menschen und saugt Blut aus **5** **etwas beißt (in etwas** (*Dativ*)**)** ein Geruch oder Gas ist/riecht stechend oder scharf *„ein beißender Geruch"* **6** **etwas beißt sich mit etwas**; **Farben beißen sich** *gesprochen* Farben passen nicht zusammen

der **Bei·trag** (-(e)s, *Bei·trä·ge*) **1** **ein Beitrag (für etwas)** die Summe Geld, die ein Mitglied regelmäßig pro Monat/Jahr vor allem an einen Verein oder an eine Versicherung zahlt *„Er zahlt 30 Euro Beitrag pro Jahr für die Mitgliedschaft im Sportverein"* **K** Versicherungsbeitrag; Mitgliedsbeitrag **2** **ein Beitrag (zu etwas)** die Leistung, die eine Person für ein gemeinsames Ziel bringt *„einen Beitrag zum Umweltschutz leisten"* **3** **ein Beitrag (zu etwas)/(über etwas** (*Akkusativ*)**)** ein Bericht oder Aufsatz, die das Publikum oder die Leser über ein Thema informieren

be·kämp·fen (*bekämpfte, hat bekämpft*) **1** **jemanden bekämpfen** so handeln, dass die genannte Person gehindert wird, etwas zu tun **2** **etwas bekämpfen** so handeln, dass die genannte Sache verschwindet oder weniger wird *„Ungeziefer/den Missbrauch von Drogen bekämpfen"* • hierzu **Be·kämp·fung** *die*

be·kannt ADJEKTIV **1** im Gedächtnis vieler Menschen vorhanden ⟨*ein Lied, ein Schauspieler*⟩ **2** **als jemand/etwas bekannt** mit dem Ruf, etwas zu sein *„Er* *ist als Lügner bekannt"* **3** **für etwas bekannt** wegen einer positiven Eigenschaft geschätzt bzw. wegen einer negativen Eigenschaft nicht geschätzt *„Anette ist bekannt dafür, dass sie sehr großzügig ist"* **4** **etwas ist (jemandem) bekannt** etwas ist so, dass jemand es kennt oder davon gehört hat *„Mir ist nichts von einer neuen Regelung bekannt"* Ich habe noch nichts von einer neuen Regelung gehört | *„Es darf nicht bekannt werden, dass ..."* **5** **eine Person ist ((mit) jemandem) bekannt; Personen sind miteinander bekannt** Personen kennen sich **6** **etwas bekannt geben/machen** etwas (z. B. durch die Presse) der Öffentlichkeit mitteilen *„Der Minister gab seinen Rücktritt bekannt"* **7** **eine Person mit jemandem bekannt machen; Personen miteinander bekannt machen** (als Dritter) eine Person einer anderen Person vorstellen *„Darf ich Sie mit meiner Frau bekannt machen?"* • *zu* (1 – 4)

Be·kannt·heit *die*; *zu* (6) **Be·kannt·ga·be** *die*

der/die **Be·kann·te** (*-n*, *-n*) eine Person, die man persönlich kennt und gelegentlich trifft, ohne befreundet zu sein ↔ Fremde(r) *„im Biergarten zufällig zwei alte Bekannte treffen"* ℹ *ein Bekannter; der Bekannte; den, dem, des Bekannten*

die **Be·kannt·schaft** (-, *-en*) **1** **mit etwas Bekanntschaft machen** *gesprochen* mit etwas meist Unangenehmem in Kontakt kommen, es kennenlernen **2** **jemandes Bekanntschaft machen** jemanden kennenlernen

das **Be·kennt·nis** (*-ses*, *-se*) **1** das Bekennen einer Schuld oder einer unmoralischen Tat **2** die Zugehörigkeit zu einer Religion ≈ Konfession

be·kla·gen (*beklagte*, *hat beklagt*) **sich (bei jemandem) (über eine Person/Sache) beklagen** jemandem deutlich sagen, dass man mit einer Person/Sache nicht zufrieden ist oder sie als störend empfindet ≈ beschweren

be·klei·det ADJEKTIV **(mit etwas) bekleidet sein** (die genannte) Kleidung tragen *„Er war mit einer kurzen Hose und einem T-Shirt bekleidet"*

die **Be·klei·dung** die Kleidungsstücke, die man für einen Zweck oder zu einer Jahreszeit trägt ≈ Kleidung *„leichte Bekleidung für den Sommer"* **K** Sportbekleidung

BEKLEIDUNG

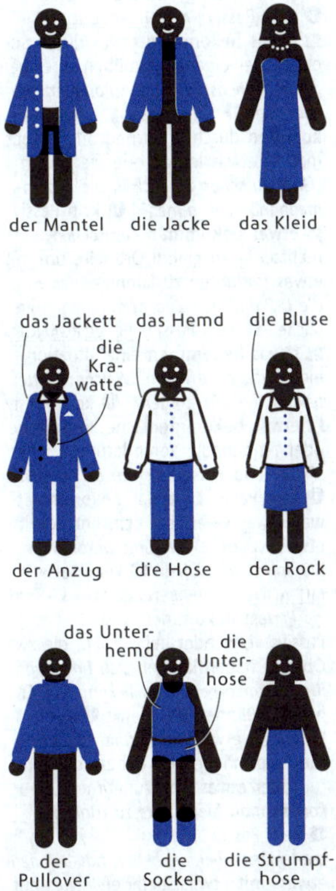

B

be·kọm·men (*bekam, hat bekommen*) ALS EMPFÄNGER: **1** **etwas (von jemandem) bekommen** wenn eine Person jemandem etwas bringt, gibt, schickt, schenkt oder verkauft, bekommt man es von ihr *„Zur Belohnung bekam sie von ihrem Vater ein Fahrrad"* ❶ kein Passiv **2** **etwas (von jemandem) bekommen** wenn eine Person jemandem etwas sagt oder schreibt, bekommt man es von ihr *„Sie bekam viele Glückwünsche zum Geburtstag"* ❶ kein Passiv ALS HANDELNDER: **3** **etwas bekommen** etwas durch Suchen oder eigenes Bemühen erreichen *„in der Innenstadt keinen Parkplatz bekommen"* ❶ kein Passiv **4** **etwas bekommen** durch Erfahrung oder Information etwas lernen oder verstehen *„Hast du schon Einblick in die Zusammenhänge bekommen?"* ❶ kein Passiv **5** **etwas bekommen** *gesprochen* rechtzeitig an einem Ort sein, um mit etwas mitfahren zu können ⟨*den Bus, die U-Bahn, den Zug bekommen*⟩ ≈ erreichen ❶ kein Passiv BEI VORGÄNGEN: **6** **etwas bekommen** eine Situation, eine Wirkung erleben *„Welches Wetter bekommen wir morgen?"* ❶ kein Passiv **7** **etwas bekommen** eine körperliche oder emotionale Veränderung erleben *„Fieber und Halsschmerzen bekommen"* ❶ kein Passiv **8** **etwas bekommt etwas** etwas verändert sich, entwickelt etwas Neues *„Die Bäume bekommen Blüten/frische Blätter"* ❶ kein Passiv MIT ANDEREN VERBEN: **9** **etwas** *+Partizip Perfekt* **bekommen** anstelle des Passivs verwendet bei Verben, die zwei Objekte haben können *„Ich habe (von ihm) Blumen geschenkt bekommen"* Er hat mir Blumen geschenkt ❶ kein Passiv **10** **etwas zu** *+Infinitiv* **bekommen** die Möglichkeit haben, etwas zu tun oder etwas wahrzunehmen *„Bekommt man hier nichts zu trinken?"* ❶ kein Passiv

be·la̱·den (*belädt, belud, hat beladen*) **etwas (mit etwas) beladen** etwas auf eine Fläche (meist eines Fahrzeugs) laden *„einen Lastwagen mit Erde beladen"*

der **Be·la̱g** (-(e)s, *Be·lä·ge*) **1** eine Schicht aus einem Material, mit der etwas bedeckt wird, um es vor Abnutzung oder Reibung zu schützen **K** Fußbodenbelag **2** eine dünne Schicht aus Schmutz oder Bakterien, die sich auf etwas gebildet hat ⟨*ein Belag auf der Zunge, auf den Zähnen, auf dem Spiegel*⟩ **K** Zahnbelag **3** etwas, das man auf eine Scheibe Brot oder ein Brötchen legt (z. B. Wurst oder Käse)

be·lạs·ten (*belastete, hat belastet*) **1** **jemanden (mit/durch etwas) belasten** bewirken, dass jemand viel psychische oder physische Kraft braucht *„jemanden mit Problemen/zusätzlicher Arbeit stark belasten"* **2** **jemand/etwas belastet etwas (mit/durch etwas)** eine Person oder Sache sorgt für eine störende oder schädliche Wirkung auf etwas *„Die Abgase belasten die Luft"* **3** **etwas (mit etwas) belasten** bewirken, dass schwere Dinge in oder auf etwas sind *„Die Brücke brach zusammen, da sie zu stark belastet wurde"*

be·lạ̈s·ti·gen (*belästigte, hat belästigt*) **1** **jemanden (mit etwas) belästigen** eine andere Person stören oder ärgern, indem man immer wieder etwas von ihr möchte **2** **jemanden belästigen** eine Person nicht in Ruhe lassen oder versuchen, sie zu etwas zu zwingen, was sie nicht will ⟨*ein Mädchen, eine Frau unsittlich belästigen*⟩ • *hierzu* **Be·lạ̈s·ti·gung** *die*

die **Be·lạs·tung** (-, -*en*) **1** das, wodurch jemand belastet wird und was so das Leben schwierig macht *„Seine Krankheit stellt für ihn eine schwere Belastung dar"* **2** das, wodurch etwas belastet und beschädigt wird *„Bleifreies Benzin bedeutet eine geringere Belastung der Umwelt"* **K** Umweltbelastung **3** das Gewicht, das eine Fläche, einen Körper oder eine (technische) Konstruktion belastet

der **Be·le̱g** (-(e)s, -*e*) **ein Beleg (für etwas)** meist eine Rechnung oder Quittung, die bestätigen, dass man etwas bezahlt, bekommen oder getan hat K Zahlungsbeleg

be·le·gen (*belegte, hat belegt*) **1** **etwas (mit etwas) belegen** eesbare Dinge auf ein Brot, ein Brötchen, einen Tortenboden o. Ä. legen *„einen Tortenboden mit Erdbeeren/ein Brot mit Wurst belegen"* **2** **etwas (mit/durch etwas) belegen** etwas durch einen Beleg nachweisen oder beweisen *„Ausgaben/Spenden durch Quittungen belegen"* **3** **etwas belegen** sich als Student für einen Kurs anmelden **4** **etwas belegen** (als Sportler) in einem Wettkampf den genannten Rang erreichen *„den zweiten Platz belegen"*

be·legt ADJEKTIV **1** von Personen besetzt ⟨*ein Zimmer, ein Hotel*⟩ ↔ frei *„Alle Betten des Krankenhauses sind zurzeit belegt"* **2** **(mit etwas) belegt** so, dass Wurst oder Käse darauf liegt ⟨*ein Brot, ein Brötchen*⟩ **3** **ein Anschluss/eine Nummer ist belegt** ein Telefon wird gerade benutzt, kann keine anderen Anrufe bekommen

be·lei·di·gen (*beleidigte, hat beleidigt*) **jemanden (durch/mit etwas) beleidigen** die Gefühle oder Ehre einer Person durch Worte oder Handlungen verletzen *„eine beleidigende Bemerkung"*

be·lei·digt ADJEKTIV in den Gefühlen oder in der Ehre verletzt ⟨*tief, zutiefst, tödlich beleidigt*⟩ *„Sie ist wegen jeder Kleinigkeit beleidigt"*

die **Be·lei·di·gung** (*-, -en*) eine Äußerung oder eine Handlung, die jemandes Gefühle oder Ehre verletzt ⟨*eine schwere Beleidigung*⟩

be·leuch·ten (*beleuchtete, hat beleuchtet*) **etwas (mit etwas) beleuchten** etwas durch Licht oder Lampen hell machen *„Die Bühne wurde mit Scheinwerfern beleuchtet"*

die **Be·leuch·tung** (*-, -en*) Lampen oder Kerzen, die etwas beleuchten ⟨*eine künstliche, elektrische, festliche Beleuchtung*⟩

be·lie·big ADJEKTIV **1** gleichgültig welcher, welche, welches *„zu jeder beliebigen Zeit erreichbar sein"* **2** so, wie man es will und wie man es gut findet *„Die Reihenfolge ist beliebig"*

be·liebt ADJEKTIV **1** **(bei jemandem) beliebt** (von vielen) sehr geschätzt ⟨*ein Politiker, ein Spiel, ein Urlaubsland*⟩ *„Er war bei seinen Kollegen sehr beliebt"* **2** **(bei jemandem) beliebt** sehr verbreitet oder oft benutzt ⟨*ein Aufsatzthema, eine Ausrede, eine Redensart*⟩ **3** **sich (bei jemandem) beliebt machen** sich (bewusst) so verhalten, dass es jemandem gefällt • zu (1,2) **Be·liebt·heit** *die*

bel·len (*bellte, hat gebellt*) **ein Hund bellt** ein Hund gibt die Laute von sich, die für seine Art typisch sind

be·loh·nen (*belohnte, hat belohnt*) **jemanden (für etwas) (mit etwas) belohnen** einer Person etwas geben, weil sie geholfen oder Gutes getan hat *„Sie belohnte ihn für seine Hilfe mit 100 Euro"*

die **Be·loh·nung** (*-, -en*) **eine Belohnung (für etwas)** das, was jemand als Anerkennung für eine gute Tat o. Ä. bekommt ⟨*etwas als/zur Belohnung bekommen*⟩

be·merk·bar ADJEKTIV **1** so, dass man es sehen, hören oder riechen kann *„ein kaum bemerkbarer Farbunterschied"* **2** **sich bemerkbar machen** sich so verhalten, dass andere Menschen aufmerksam werden und reagieren *„Der Verletzte versuchte vergeblich, sich bemerkbar zu machen"*

be·mer·ken (*bemerkte, hat bemerkt*) **1** **jemanden/etwas bemerken** jemanden/etwas sehen, hören oder riechen *„Es kam zu einem Zusammenstoß, weil der Autofahrer den Radfahrer zu spät bemerkt hatte"* **2** **etwas bemerken** durch Überlegen oder Nachdenken etwas erkennen *„Hast du denn nicht bemerkt, dass man dich betrügen wollte?"* **3** **etwas (zu etwas) bemerken** etwas (zu dem genannten Thema) sagen *„Nebenbei bemerkt, das Essen war miserabel"*

die **Be·mer·kung** (*-, -en*) **eine Bemer-**

B

kung über jemanden/etwas eine kurze, oft mündliche Äußerung zu einer Sache oder Person

be·mü·hen (*bemühte, hat bemüht*) **sich (um etwas) bemühen**; **sich bemühen zu** +*Infinitiv* sich Mühe geben, um etwas zu erreichen *„Sie bemüht sich, bessere Noten zu bekommen"*

be·nach·tei·li·gen (*benachteiligte, hat benachteiligt*) **eine Person (gegenüber jemandem) benachteiligen** eine Person schlechter behandeln als andere Leute oder jemandem weniger geben als anderen Leuten • *hierzu* **Be·nach·tei·li·gung** *die*

be·neh·men (*benimmt sich, benahm sich, hat sich benommen*) **sich irgendwie benehmen** das genannte Verhalten zeigen ⟨*sich gut, unhöflich, anständig (gegenüber jemandem) benehmen*⟩ *„Benimm dich doch nicht wie ein kleines Kind!"* **ID** **Benimm dich!** Verhalte dich anständig!

das **Be·neh·men** (*-s*) die Art und Weise, wie man sich in Gesellschaft von anderen Leuten verhält ⟨*ein gutes, schlechtes Benehmen*⟩ ≈ Manieren

be·nei·den (*beneidete, hat beneidet*) **jemanden (um etwas) beneiden** Neid empfinden, weil man die Fähigkeiten einer anderen Person oder das, was dieser Person gehört, selbst gern hätte *„Alle beneiden mich um mein neues Mountainbike"*

be·nen·nen (*benannte, hat benannt*) **1** **etwas benennen** das richtige Wort für etwas sagen (können) *„Ich kann diese Pflanze nicht benennen"* **2** **eine Person/Sache (nach jemandem/etwas) benennen** einer Person oder Sache einen Namen geben *„den Sohn nach dem Großvater benennen"*

be·no·ten (*benotete, hat benotet*) **etwas benoten** einer Leistung eine Note geben *„eine Schularbeit benoten"* • *hierzu* **Be·no·tung** *die*

be·nö·ti·gen (*benötigte, hat benötigt*) **jemanden/etwas benötigen** jemanden/etwas (zu einem Zweck) haben müssen ≈ brauchen *„zur Einreise ein Visum benötigen"* | *„dringend benötigte Ersatzteile"*

be·nut·zen (*benutzte, hat benutzt*) **1** **etwas (zu/für etwas) benutzen** etwas für eine Tätigkeit nehmen ≈ verwenden *„ein Handtuch zum Trocknen benutzen"* **2** **etwas (zu/für etwas) benutzen** mit dem genannten Verkehrsmittel fahren ⟨*das Auto, das Fahrrad, die U-Bahn benutzen*⟩ • *hierzu* **Be·nut·zung** *die*

der **Be·nut·zer** (*-s, -*) eine Person, die etwas benutzt **K** Bibliotheksbenutzer, Wörterbuchbenutzer • *hierzu* **Be·nut·ze·rin** *die*

be·nutzt ADJEKTIV nicht mehr frisch ⟨*Wäsche*⟩ ≈ gebraucht *„Ist das Handtuch schon benutzt?"*

das **Ben·zin** (*-s*) eine Flüssigkeit, die leicht brennt und die als Treibstoff für Motoren verwendet wird ⟨*bleifreies Benzin; Benzin tanken*⟩ **K** Benzinkanister, Benzinverbrauch

be·ob·ach·ten (*beobachtete, hat beobachtet*) **jemanden/etwas beobachten** eine Person, eine Sache oder einen Vorgang lange betrachten, um genau zu erkennen, was geschieht ⟨*jemanden/etwas heimlich, kritisch, genau beobachten; sich beobachtet fühlen*⟩

die **Be·ob·ach·tung** (*-, -en*) **1** das Beobachten *„Die Versuchstiere stehen unter ständiger Beobachtung"* **2** eine Feststellung als Ergebnis einer Beobachtung ⟨*seine Beobachtungen notieren, mitteilen*⟩

be·quem ADJEKTIV **1** so, dass man sich darin oder damit wohlfühlt ⟨*ein Auto, ein Kleid, ein Sessel, Schuhe*⟩ *„Auf deinem Sofa sitzt man sehr bequem"* **2** ⟨*eine Ausrede, ein Weg*⟩ so, dass sie keine Mühe machen ≈ leicht *„Der See ist in einer Stunde zu Fuß bequem zu erreichen"*

be·ra·ten (*berät, beriet, hat beraten*) **1** **jemanden beraten** jemandem durch einen Rat (bei einer Entscheidung) helfen ⟨*sich beraten lassen*⟩ *„Ein Fachmann hat mich bei/in dieser Sache beraten"*

B

2 **eine Person berät etwas mit jemandem; Personen beraten etwas** zwei oder mehrere Personen besprechen ein Problem *„Sie berieten, was sie tun sollten/ob sie das tun sollten"*

der **Be·ra·ter** (-s, -) eine Person, die (beruflich) jemanden auf einem Gebiet berät **K** Steuerberater • *hierzu* **Be·ra·te·rin** *die*

die **Be·ra·tung** (-, -en) **1** das Erteilen von Rat und Auskunft auf einem Gebiet **K** Beratungsgespräch; Berufsberatung **i** nicht in der Mehrzahl verwendet **2** das gemeinsame Besprechen eines Problems, eines Falles o. Ä. ≈ Besprechung *„Das Gericht zog sich zur Beratung zurück"*

be·rech·nen (*berechnete, hat berechnet*) **1** **etwas berechnen** durch Rechnen herausfinden, wie groß etwas ist ≈ ausrechnen *„den Benzinverbrauch berechnen"* **2** **(jemandem) etwas berechnen** jemanden eine Summe Geld für eine Dienstleistung bezahlen lassen *„Für die Arbeit berechne ich Ihnen 80 Euro"*

be·rech·tigt ADJEKTIV **1** aus Gründen, die allgemein anerkannt und überprüfbar sind ⟨*ein Einwand, eine Forderung, eine Hoffnung, ein Vorwurf*⟩ ≈ legitim **2** **zu etwas berechtigt sein** das Recht haben, etwas zu tun *„Kinder sind nicht berechtigt, Alkohol zu kaufen"*

die **Be·rech·ti·gung** (-, -en) **die Berechtigung (zu etwas)** das Recht oder die Erlaubnis, etwas zu tun *„Haben Sie die Berechtigung, hier zu parken?"*

der **Be·reich** (-(e)s, -e) **1** eine Fläche oder ein Raum, die meist durch ein charakteristisches Merkmal von ihrer Umgebung abgegrenzt sind *„Die Fahrkarte gilt nur im Bereich der Stadt"* **2** ein Fach- oder Aufgabengebiet, das von anderen abgegrenzt ist *„Dieses Problem fällt nicht in den Bereich meiner Pflichten"* **K** Aufgabenbereich

be·reit ADJEKTIV **1** **(zu etwas) bereit** für einen Zweck zur Verfügung stehend *„Wir sind bereit zur Abfahrt"* **2** **(zu etwas) bereit** mit dem Willen, (die genannten) Erwartungen oder Forderungen zu erfüllen ⟨*sich (zu etwas) bereit erklären, zeigen*⟩ *„Wärst du bereit, dieses Risiko einzugehen?"*

be·rei·ten (*bereitete, hat bereitet*) **1** **eine Person/Sache bereitet jemandem etwas** eine Person/Sache hat bei jemandem eine geistige oder psychische Wirkung *„Dieses Problem hat ihm schlaflose Nächte bereitet"* **2** **(jemandem) etwas bereiten** *geschrieben* die nötigen Dinge tun, um etwas benutzen, verwenden zu können ⟨*jemandem ein Bad, das Bett, das Essen, einen Tee bereiten*⟩

be·reits PARTIKEL *unbetont* **1** relativ früh oder früher als erwartet ≈ schon *„Er kommt bereits morgen, nicht erst übermorgen"* **2** relativ spät oder später als erwartet ≈ schon *„Es war bereits Mitternacht, als sie ins Bett gingen"* **3** in der Vergangenheit, vor dem jetzigen Zeitpunkt oder vor einem anderen Ereignis ≈ schon *„Wir hatten bereits mit dem Essen angefangen, als er nach Hause kam"* **4** drückt aus, dass etwas wenig, aber ausreichend ist ≈ schon *„Bereits sehr geringe Mengen radioaktiver Strahlung können Krebs erzeugen"*

die **Be·reit·schaft** (-, -en) **1** der Zustand, in dem etwas zum sofortigen Gebrauch zur Verfügung steht *„Die Fahrzeuge stehen in Bereitschaft"* **i** nicht in der Mehrzahl verwendet **2** **die Bereitschaft (zu etwas)** der Wille, etwas (oft Schwieriges oder Unangenehmes) zu tun *„die Bereitschaft zur Mitarbeit"* **i** nicht in der Mehrzahl verwendet **3** ein Dienst, bei dem vor allem Polizisten, Soldaten, Sanitäter o. Ä. immer darauf vorbereitet sein müssen, um in einem Notfall ihre Arbeit tun zu können ⟨*Bereitschaft haben*⟩ **K** Bereitschaftsdienst

be·reu·en (*bereute, hat bereut*) **etwas bereuen** an eine eigene Tat denken und dabei wünschen, dass man sie nicht getan hätte

der **Berg** (-(e)s, -e) **1** Berge sind viel höher

als das Land um sie herum ⟨*auf einen Berg steigen, klettern*⟩ ↔ Tal **2** eine Landschaft, die aus Bergen und Tälern besteht ≈ Gebirge *„in die Berge fahren"* ❶ nur in der Mehrzahl verwendet

das **Berg·werk** eine Grube oder eine Anlage mit Gängen unter der Erde und technischen Einrichtungen zur Gewinnung von Mineralien oder Kohle

der **Be·richt** (-(e)s, -e) **ein Bericht (über jemanden/etwas)** das, was jemand über/von etwas erzählt oder schreibt *„einen ausführlichen Bericht über den Unfall geben"*

be·rich·ten (*berichtete, hat berichtet*) **(jemandem) etwas berichten** jemandem (auf meist objektive Weise) sagen, was man gesehen oder gehört hat ⟨*jemandem alles, vieles, allerlei, nichts berichten*⟩ *„Korrespondenten berichten, dass es zu einer Revolte gekommen sei"*

der **Ber·li·ner** (-s, -) **1** eine Person, die in der Stadt Berlin wohnt oder dort geboren ist **2** ≈ Pfannkuchen, Krapfen • *zu* (1) **Ber·li·ne·rin** *die*

be·rück·sich·ti·gen (*berücksichtigte, hat berücksichtigt*) **1 etwas berücksichtigen** bei Überlegungen an etwas denken, etwas in die Gedanken einbeziehen ≈ beachten *„Wenn man berücksichtigt, dass sie erst seit zwei Jahren Klavier lernt, kann sie es schon gut"* **2 jemanden berücksichtigen** bei einer Auswahl jemandem eine Chance geben ⟨*einen Bewerber, einen Kandidaten berücksichtigen*⟩

der **Be·ruf** (-(e)s, -e) man arbeitet in einem Beruf, den man gelernt hat, um das Geld zu verdienen, das man zum Leben braucht ⟨*einen Beruf erlernen, ergreifen, ausüben, wählen*⟩ **K** Berufsausbildung

be·ruf·lich ADJEKTIV **1** in Bezug auf den Beruf ⟨*eine Fortbildung; beruflich verreist*⟩ *„Ich habe hier beruflich zu tun"* **2** als Beruf *„Was machen Sie beruflich?"*

die **Be·rufs·schu·le** eine Schule, die man neben der normalen Berufsausbildung (als Lehrling) besuchen muss **K** Berufsschullehrer ❶ → Extras, S. 692: Schule und Ausbildung • *hierzu* **Be·rufs·schü·ler** *der*

be·rufs·tä·tig ADJEKTIV einen Beruf ausübend ↔ arbeitslos • *hierzu* **Be·rufs·tä·ti·ge** *der/die*; **Be·rufs·tä·tig·keit** *die*

be·ru·hi·gen [bə'ruːɪgn̩] (*beruhigte, hat beruhigt*) **1 jemanden beruhigen** bewirken, dass eine Person wieder ruhig wird, nachdem sie sich aufgeregt hat **2 sich beruhigen** nach großer Aufregung wieder ruhig werden *„Als wir das Kind trösteten, beruhigte es sich und hörte auf zu weinen"*

be·ru·hi·gend [bə'ruːɪgn̩t] ADJEKTIV mit der Wirkung, dass man wieder ruhig wird ⟨*ein Medikament, Trost, Musik*⟩ *„Die Farbe Grün wirkt beruhigend auf mich"*

die **Be·ru·hi·gung** [bə'ruːɪgʊŋ]; (-) das Erreichen eines ruhigen seelischen Zustands *„ein Medikament zur Beruhigung"*

be·rühmt ADJEKTIV wegen besonderer Merkmale oder Leistungen bei sehr vielen Leuten bekannt und anerkannt ⟨*plötzlich, über Nacht berühmt werden*⟩ ≈ prominent *„ein berühmter Schriftsteller"*

be·rüh·ren (*berührte, hat berührt*) **1 jemanden/etwas berühren** so nahe an einen Menschen, ein Tier oder eine Sache herankommen, dass kein Zwischenraum bleibt *„Ihr Kleid berührte fast den Boden"* **2 jemanden/etwas berühren** die Finger oder die Hand leicht auf einen Menschen, ein Tier oder eine Sache legen ≈ anfassen *„Am Käfig stand „Bitte nicht berühren!""*

die **Be·rüh·rung** (-, -en) **1** das Berühren, der Kontakt mit jemandem/etwas *„Vermeiden Sie jede Berührung mit dem giftigen Stoff!"* **2** das Kennenlernen einer Person/Sache ⟨*mit jemandem/etwas in Berührung kommen*⟩

die **Be·sat·zung** (-, -en) alle Personen, die auf einem Schiff, in einem Flugzeug, Raumschiff o. Ä. arbeiten **K** Besatzungsmitglied

be·schä·di·gen (*beschädigte, hat beschädigt*) **etwas beschädigen** einer Sa-

B

che Schaden zufügen *„Bei dem Zusammenstoß wurde das Auto schwer beschädigt"*

be·schaf·fen[1] (*beschaffte, hat beschafft*) **(jemandem) etwas beschaffen** dafür sorgen, dass eine Person oder man selbst eine Sache bekommt, die gebraucht wird ≈ besorgen *„Wer kann ihm eine Wohnung beschaffen?"* • hierzu **Be·schaf·fung** *die*

be·schaf·fen[2] ADJEKTIV **etwas ist irgendwie beschaffen** etwas ist im genannten Zustand, hat die genannte Eigenschaft *„Das Material ist so beschaffen, dass es Druck aushält"*

be·schäf·ti·gen (*beschäftigte, hat beschäftigt*) [1] **jemanden beschäftigen** jemandem gegen Bezahlung eine (regelmäßige) Arbeit geben *„Der Betrieb beschäftigt 150 Personen"* [2] **jemanden (mit etwas) beschäftigen** jemandem etwas zu tun geben *„Kinder muss man ständig beschäftigen, damit sie sich nicht langweilen"* [3] **etwas beschäftigt jemanden** etwas bringt jemanden zum Nachdenken *„Diese Frage beschäftigt mich schon seit längerer Zeit"* [4] **sich mit jemandem beschäftigen** sich um eine Person kümmern *„Unsere Oma beschäftigt sich viel mit ihren Enkeln"* [5] **sich (mit etwas) beschäftigen** die Zeit mit einer Sache verbringen *„Er beschäftigt sich gern mit seinen Blumen"*

be·schäf·tigt ADJEKTIV [1] **irgendwo beschäftigt sein** bei einer Firma o. Ä. gegen Bezahlung arbeiten *„Sie ist in einem Reisebüro/bei der Deutschen Bahn beschäftigt"* [2] **(mit etwas) beschäftigt sein** gerade dabei sein, etwas zu tun *„Sie war gerade damit beschäftigt, den Rasenmäher zu reparieren"*

ie **Be·schäf·ti·gung** (-, *-en*) [1] eine Tätigkeit, mit der man die Zeit verbringt *„Sport zu treiben ist eine gesunde Beschäftigung"* [2] die Arbeit, die man macht, um Geld zu verdienen ⟨*einer (geregelten) Beschäftigung nachgehen*⟩

er **Be·scheid** (-(e)s, *-e*) [1] **Bescheid (über etwas** (*Akkusativ*)**)** eine erwartete Information über etwas ⟨*jemandem Bescheid geben, sagen; Bescheid bekommen*⟩ *„Sag mir bitte Bescheid, ob du zu meiner Party kommen kannst!"* ⓘ nicht in der Mehrzahl und immer ohne Artikel verwendet [2] **ein Bescheid (über etwas** (*Akkusativ*)**)** eine Nachricht über die Entscheidung einer Behörde [K] Steuerbescheid [3] **(über jemanden/etwas) Bescheid wissen** (über jemanden/etwas) viel wissen oder informiert sein ⓘ nicht in der Mehrzahl und immer ohne Artikel verwendet

be·schei·den ADJEKTIV [1] so, dass man nur geringe Ansprüche hat und auch dann zufrieden ist, wenn man nur relativ wenig hat [2] ohne Luxus ⟨*ein Haus, eine Mahlzeit*⟩ ≈ einfach [3] nicht den Erwartungen und Bedürfnissen entsprechend *„Wegen des schlechten Wetters fiel die Ernte recht bescheiden aus"* • zu (1) **Be·schei·den·heit** *die*

die **Be·schei·ni·gung** (-, *-en*) **eine Bescheinigung (über etwas** (*Akkusativ*)**)** ein Blatt Papier, auf dem etwas bestätigt ist

be·schleu·ni·gen (*beschleunigte, hat beschleunigt*) **(etwas) beschleunigen** die Geschwindigkeit höher werden lassen ⟨*das Tempo, die Fahrt beschleunigen*⟩ *„Dieses Auto beschleunigt in 15 Sekunden von 0 auf 100 Stundenkilometer"*

die **Be·schleu·ni·gung** (-, *-en*) [1] das Beschleunigen ⓘ nicht in der Mehrzahl verwendet [2] der Grad, in dem ein Fahrzeug schneller werden kann *„Das Auto hat eine gute Beschleunigung"*

be·schlie·ßen (*beschloss, hat beschlossen*) **etwas beschließen** nach längerer Überlegung sich entscheiden oder bestimmen, was gemacht wird *„Er beschloss, sich ein neues Auto zu kaufen"*

der **Be·schluss** (*-es, Be·schlüs·se*) **ein Beschluss (über etwas** (*Akkusativ*)**); der Beschluss (zu** +*Infinitiv*) meist eine offizielle Entscheidung einer oder mehrerer Personen, etwas zu tun *„auf/laut Beschluss der Versammlung"*

be·schrän·ken (*beschränkte, hat be-*

B

schränkt) **etwas (auf etwas** *(Akkusativ)*) **beschränken** einer Sache eine Grenze setzen *⟨Ausgaben, Kosten, den Import, die Zahl der Teilnehmer beschränken⟩* *„Die Redezeit ist auf 5 Minuten beschränkt"*

be·schränkt ADJEKTIV *abwertend* mit wenig Intelligenz ≈ dumm

be·schrei·ben *(beschrieb, hat beschrieben)* **(jemandem) eine Person/Sache beschreiben** die Merkmale einer Person oder einer Sache nennen, damit man eine genaue Vorstellung davon bekommt *„Können Sie uns beschreiben, wie das passiert ist?"*

die **Be·schrei·bung** (-, *-en*) eine Aussage oder ein Bericht, die jemanden/etwas beschreiben *„Seine Beschreibung trifft genau auf den Verdächtigen zu"*

be·schul·di·gen *(beschuldigte, hat beschuldigt)* **jemanden (einer Sache** *(Genitiv)*) **beschuldigen** behaupten, dass jemand etwas Negatives getan hat oder an etwas schuld ist *⟨jemanden des Betrugs, des Diebstahls, des Verrats beschuldigen⟩* • *hierzu* **Be·schul·dig·te** *der/die*

be·schüt·zen *(beschützte, hat beschützt)* **eine Person (vor jemandem/etwas) beschützen** ≈ schützen *„ein Kind vor Gefahren beschützen"* • *hierzu* **Be·schüt·zer** *der*

die **Be·schwer·de** (-, *-n*) **1** **eine Beschwerde (gegen/über jemanden)** eine mündliche oder schriftliche Äußerung, mit der man sich bei jemandem über eine Person oder Sache beschwert *„Er hat wegen des Lärms eine Beschwerde gegen seinen Nachbarn vorgebracht"* **2** die Probleme, die man aufgrund des Alters oder einer Krankheit mit einem Körperteil oder einem Organ hat *„Ich darf keine fetten Speisen essen, sonst bekomme ich Beschwerden mit dem Magen"* **K** Herzbeschwerden, Schluckbeschwerden **i** nur in der Mehrzahl verwendet • *zu* (2) **be·schwer·de·frei** ADJEKTIV

be·schwe·ren *(beschwerte, hat beschwert)* **sich (bei jemandem) (über eine Person/Sache) beschweren** jemandem mitteilen, dass man mit einer Person, einer Situation oder einer Sache überhaupt nicht zufrieden ist *„Sie beschwerte sich bei ihrem Chef darüber, dass sie viel zu viel Arbeit hatte"*

be·sei·ti·gen *(beseitigte, hat beseitigt)* **etwas beseitigen** bewirken, dass etwas nicht mehr vorhanden ist *⟨Abfall, einen Fleck, ein Problem, Missstände, ein Missverständnis beseitigen⟩* *„Der Einbrecher beseitigte alle Spuren"* • *hierzu* **Be·sei·ti·gung** *die*

der **Be·sen** (-s, -) Ein Besen hat einen langen Stiel und unten Borsten und wird zum Fegen und Kehren verwendet *„den Hof mit dem Besen fegen"* **K** Besenstiel

BESEN

be·ses·sen PARTIZIP PERFEKT **1** → besitzen
ADJEKTIV **2** **(von etwas) besessen sein** etwas auf übertriebene Weise in den Mittelpunkt des eigenen Lebens stellen *⟨von einer Idee, einer Leidenschaft, einem Wunsch besessen sein⟩*

be·set·zen *(besetzte, hat besetzt)* **1** **etwas besetzen** einen Platz für eine andere Person oder sich selbst frei halten *⟨einen Platz im Bus, im Theater, neben sich (Dativ) für jemanden besetzen⟩* **2** **etwas (mit jemandem) besetzen** jemandem einen Posten oder eine Aufgabe geben *„eine Rolle mit einem bekannten Schauspieler besetzen"* **3** **Soldaten besetzen etwas** Soldaten dringen in ein fremdes Gebiet ein und bleiben als Eroberer dort **4** **Personen besetzen etwas** eine Gruppe hält sich längere Zeit an einem Ort auf, um Forderungen durchzusetzen oder um zu demonstrieren *„Demonstranten besetzten die Zufahrt zum Kernkraftwerk"*

be·sẹtzt ADJEKTIV **1** **etwas ist besetzt** etwas wird gerade von jemandem benutzt ⟨*ein Stuhl, die Toilette*⟩ **2** **etwas ist besetzt** etwas hat keine freien Sitzplätze mehr *„Der Zug war bis auf den letzten Platz besetzt"* **3** **es/das Telefon ist besetzt** jemand telefoniert gerade mit der Person, die man selbst anrufen möchte

be·sịch·ti·gen (*besichtigte, hat besichtigt*) **etwas besichtigen** irgendwohin gehen und etwas (genau) ansehen, um es kennenzulernen ⟨*eine Stadt, eine Kirche, ein Haus besichtigen*⟩

die **Be·sịch·ti·gung** (-, *-en*) das Besichtigen *„Die Besichtigung des Doms ist ab 10 Uhr möglich"* **K** Schlossbesichtigung

be·sie·gen (*besiegte, hat besiegt*) **1** **jemanden besiegen** in einem Wettkampf besser sein als die genannte Person **2** **etwas besiegen** etwas unter Kontrolle bekommen ⟨*seine Müdigkeit besiegen*⟩ ≈ überwinden • *zu* (1) **Be·sieg·te** *der/die*

der **Be·sịtz** (*-es*) alles, was jemandem gehört ⟨*privater, staatlicher Besitz*⟩ ≈ Eigentum **K** Landbesitz

be·sịt·zen (*besaß, hat besessen*) **1** **etwas besitzen** über Dinge verfügen, die man gekauft oder auf andere Weise bekommen hat ⟨*ein Haus, einen Hof, ein Grundstück, ein Auto, viel Geld, Aktien besitzen*⟩ **2** **etwas besitzen** eine Eigenschaft, Qualität oder ein Wissen haben ⟨*Fantasie, Talent, Mut, Geschmack besitzen*⟩

der **Be·sịt·zer** (*-s, -*) eine Person, die etwas besitzt *„Das Restaurant wechselte den Besitzer"* • *hierzu* **Be·sịt·ze·rin** *die*

be·sọn·de·r- ADJEKTIV **1** sich vom Gewöhnlichen, Normalen unterscheidend ⟨*unter besonderen Umständen*⟩ ≈ außergewöhnlich *„Hat sie besondere Merkmale/Kennzeichen?"* **2** von einer spezifischen Art ≈ speziell *„Für diese Tätigkeit benötigen Sie eine besondere Ausbildung"*

be·sọn·ders ADVERB **1** in auffallend starkem Maße ⟨*etwas besonders betonen, hervorheben*⟩ *„Heute schmeckt das Essen besonders gut"* **2** **nicht besonders** *gesprochen* nicht gut, sondern eher schlecht *„Ich fühle mich heute gar nicht besonders"* **3** verwendet, um den folgenden Teil des Satzes hervorzuheben *„Besonders im Januar war es diesen Winter sehr kalt"*

be·sọr·gen (*besorgte, hat besorgt*) **(jemandem) etwas besorgen** sich darum kümmern, dass jemand etwas bekommt ≈ beschaffen *„Ich muss noch schnell Brot besorgen"*

be·sọrgt ADJEKTIV **besorgt (um jemanden/wegen etwas)** voll Sorge ⟨*um jemandes Sicherheit, Leben besorgt sein*⟩ *„Der Arzt ist wegen ihres hohen Blutdrucks besorgt"*

be·sprẹ·chen (*bespricht, besprach, hat besprochen*) **etwas (mit jemandem) besprechen** mit anderen Personen über etwas sprechen *„ein Problem mit einem Kollegen besprechen"*

die **Be·sprẹ·chung** (-, *-en*) **eine Besprechung (über etwas** (*Akkusativ*)**)** ein Treffen oder eine Sitzung, bei denen etwas besprochen wird ⟨*auf/in einer Besprechung sein*⟩

bẹs·ser ADJEKTIV **1** **besser (als jemand/etwas)** verwendet als Komparativ zu *gut* *„Heute ist das Wetter besser als gestern"* **2** *meist ironisch* zu einer hohen sozialen Schicht gehörig ⟨*nur in besseren Kreisen verkehren; etwas Besseres sein wollen*⟩ **3** drückt aus, dass man etwas für eine sinnvolle Lösung hält *„Ich glaube, wir sollten jetzt besser gehen"* Es wäre gut, wenn wir jetzt gehen

die **Bẹs·se·rung** (-) **1** der Übergang in einen erwünschten (besseren) Zustand ⟨*eine gesundheitliche, wirtschaftliche, soziale Besserung*⟩ **2** **Gute Besserung!** verwendet, um einem Kranken zu

B

wünschen, dass er bald wieder gesund wird ⟨*jemandem gute Besserung wünschen*⟩

bẹs·t- ADJEKTIV **1** verwendet als Superlativ zu *gut „Das ist der beste Kuchen, den ich je gegessen habe" | „Dieses Kleid gefällt mir am besten" | „Er ist der Beste seiner Mannschaft"* **2** sehr gut *„Wir sind die besten Freunde" | „Das Wetter war nicht gerade das beste"* war ziemlich schlecht **3** **Es ist das Beste (, wenn ...)** es ist sinnvoll oder angebracht *„Ich glaube, es ist das Beste, du überlegst dir das noch mal"* **4** **am besten** verwendet, um zu sagen, dass etwas die vernünftigste Lösung ist *„Du gehst jetzt am besten ins Bett, damit du morgen ausgeschlafen bist"* **ID** **sein Bestes geben** etwas so gut wie möglich tun

der **Be·stạnd** (-(e)s, *Be·stän·de*) **der Bestand (an Dingen** (*Dativ*) **)** die Menge an vorhandenen Gütern, Geld oder Waren ⟨*der Bestand an Waren, Vieh*⟩

der **Be·stạnd·teil** ein Teil eines kompletten Ganzen ⟨*etwas ist ein wesentlicher Bestandteil einer Sache; etwas in die Bestandteile zerlegen*⟩ *„Eiweiße und Fette sind wichtige Bestandteile der Nahrung des Menschen"*

be·stä̱·ti·gen (*bestätigte, hat bestätigt*) **1** **etwas bestätigen** von einer Aussage sagen, dass sie richtig ist ⟨*etwas offiziell, schriftlich bestätigen*⟩ *„Ich glaube, das ist verboten worden." – „ Ja, das stimmt, das kann ich bestätigen."* **2** **etwas bestätigen** durch einen Brief oder eine Unterschrift offiziell mitteilen, dass man etwas bekommen hat **3** **etwas bestätigt etwas** etwas zeigt, dass eine Vermutung richtig ist *„Der Bluttest bestätigte seinen Verdacht, dass er nicht der Vater des Kindes ist"* **4** **jemanden (in etwas** (*Dativ*)**) (als etwas) bestätigen** entscheiden, dass eine Person ihr Amt, ihre Stellung weiterhin behält **5** **etwas bestätigt sich** etwas erweist sich als richtig *„Der Verdacht auf Krebs hat sich nicht bestätigt"*

die **Be·stä̱·ti·gung** (-, *-en*) **1** das Bestätigen, dass etwas richtig oder gültig ist ⟨*die Bestätigung einer Nachricht, eines Urteils, eines Verdachts*⟩ **2** **eine Bestätigung (über etwas** (*Akkusativ*)**)** ein Schriftstück oder eine mündliche Erklärung, die etwas bestätigen *„eine Bestätigung über den Erhalt der Ware"* **K** Empfangsbestätigung

be·stẹ·chen (*besticht, bestach, hat bestochen*) **jemanden (mit etwas) bestechen** einer Person heimlich Geld oder Geschenke geben, damit sie so entscheidet, wie man es wünscht ⟨*einen Richter, einen Zeugen mit Geld bestechen*⟩

das **Be·stẹck** (-(e)s, -e) die Geräte (Messer, Gabel und Löffel), die man zum Essen verwendet ⓘ in der Mehrzahl nur mit Mengenangaben: *fünf Bestecke* (= 5 Messer, 5 Gabeln und 5 Löffel)

be·ste̱·hen (*bestand, hat bestanden*) EXISTENZ: **1** **etwas besteht** etwas existiert oder ist vorhanden *„Die Gefahr einer Überschwemmung besteht nicht mehr" | „Unsere Firma besteht nun seit mehr als*

BESTECK

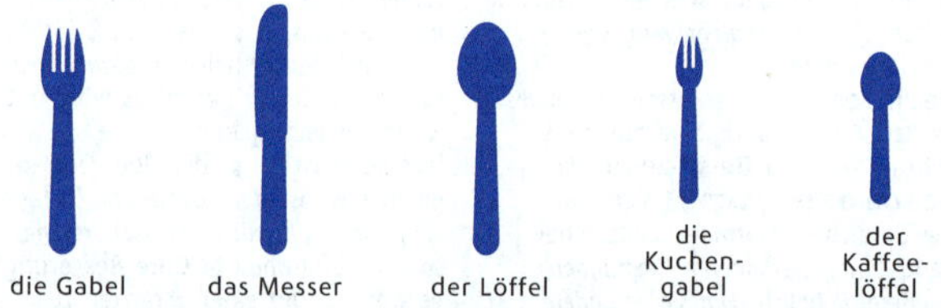

zehn Jahren" BESCHAFFENHEIT: **2** **etwas besteht aus etwas** etwas ist aus dem genannten Stoff oder Material *„Der Tisch besteht aus Holz"* **3** **etwas besteht aus etwas** etwas hat mehrere Teile *„Die Wohnung besteht aus fünf Zimmern, Küche und Bad"* SONSTIGES: **4** **(gegenüber jemandem) auf etwas** (*Dativ*) **bestehen** deutlich sagen, dass man bei einer Forderung, Meinung o. Ä. bleibt *„Sie bestand darauf, mitzukommen"* **5** **(etwas) bestehen** bei einer Prüfung, einem Test oder bei etwas Gefährlichem Erfolg haben *„Er hat (das Examen mit der Note „gut") bestanden"*

be·stel·len (*bestellte, hat bestellt*) **1** **etwas (bei jemandem/etwas) bestellen** einer Person oder Firma den Auftrag geben, eine Ware zu liefern ⟨*Ersatzteile, Möbel, ein Buch bestellen; etwas schriftlich, telefonisch, online, im Internet bestellen*⟩ *„Wann wird die bestellte Ware geliefert?"* **K** Bestellschein **2** **etwas bestellen** darum bitten, dass etwas reserviert wird ⟨*Kinokarten, Theaterkarten, ein Hotelzimmer bestellen*⟩ **3** **(etwas) bestellen** in einem Lokal der Bedienung sagen, was man essen oder trinken will *„Ich möchte gern ein Glas Wein bestellen"* **4** **jemanden (irgendwohin) bestellen** jemandem den Auftrag geben, an einen Ort zu kommen ⟨*einen Handwerker (ins Haus), ein Taxi (vor die Tür) bestellen*⟩ **5** **(jemandem) etwas (von einer Person) bestellen** jemandem eine Nachricht von einer anderen Person überbringen ≈ausrichten *„Bestelle ihm viele Grüße von mir!"* **6** **etwas bestellen** den Boden so bearbeiten, dass Pflanzen wachsen können ⟨*ein Feld, den Acker bestellen*⟩ • *zu* (1,2) **Be·stel·ler** *der*

die **Be·stel·lung** (*-, -en*) **1** **eine Bestellung (über etwas** (*Akkusativ*)**)** der Auftrag, durch den man etwas bestellt **2** die bestellte Ware *„Ihre Bestellung liegt zum Abholen bereit"*

bes·tens ADVERB sehr gut, ausgezeichnet *„Das hat ja bestens geklappt!"*

be·stim·men (*bestimmte, hat bestimmt*) **1** **etwas bestimmen** entscheiden, dass das Genannte offiziell gilt ⟨*das Ziel, einen Zeitpunkt bestimmen*⟩ ≈festlegen **2** **etwas für jemanden/etwas bestimmen** etwas einer Person oder einem Zweck zukommen lassen *„Das Geld ist für dich allein bestimmt!" | „Im Budget sind 15 Millionen für den Straßenbau bestimmt"* **3** **etwas bestimmen** etwas auf wissenschaftliche Weise prüfen und herausfinden ≈feststellen *„das Alter eines Bauwerks bestimmen"* **4** **über jemanden/etwas bestimmen** darüber entscheiden, was jemand tun soll oder wie etwas verwendet oder gestaltet wird *„Über meine Freizeit bestimme ich!"*

be·stimmt ADJEKTIV **1** so, dass eine Menge, ein Ausmaß, ein Zeitpunkt o. Ä. beschlossen und bekannt ist *„Der Preis soll eine bestimmte Höhe nicht überschreiten"* **2** von anderen Personen/Dingen deutlich unterschieden (hier aber nicht genauer beschrieben) *„ein bestimmtes Buch schon lange suchen"* **3** so, dass es Entschlossenheit demonstriert *„Der Ton des Kunden war höflich, aber bestimmt"*
ADVERB **4** sehr wahrscheinlich ⟨*ganz bestimmt*⟩ *„Du wirst bestimmt Erfolg haben bei deiner Arbeit"*

be·stra·fen (*bestrafte, hat bestraft*) **1** **jemanden (für/wegen etwas) bestrafen** einer Person wegen ihres Verhaltens eine Strafe geben ⟨*jemanden hart bestrafen*⟩ *„Er wurde wegen Diebstahls mit drei Monaten Gefängnis bestraft"* **2** **etwas bestrafen** für die genannte Tat eine Strafe bestimmen *„Zuwiderhandlungen werden bestraft!"* • *zu* (1) **Be·stra·fung** *die*

be·strah·len (*bestrahlte, hat bestrahlt*) **jemanden/etwas bestrahlen** jemanden/etwas mit wärmenden oder radioaktiven Strahlen medizinisch behandeln *„ein Geschwür/den Rücken bestrahlen"* • *hierzu* **Be·strah·lung** *die*

der **Be·such** (*-(e)s, -e*) **1** ein Aufenthalt im

B

Haus oder der Wohnung einer anderen Person, die man besucht ⟨*bei jemandem zu Besuch sein; (zu jemandem) zu Besuch kommen*⟩ **2** das Besuchen einer Veranstaltung oder eines Ortes *„Der Besuch des Museums lohnt sich"* **3** eine Person, die eine andere Person besucht ⟨*Besuch bekommen, erwarten, haben*⟩ ℹ nicht in der Mehrzahl verwendet **4** das Lernen an einer Schule oder Universität ℹ nicht in der Mehrzahl verwendet

be·su·chen (*besuchte, hat besucht*) **1** **jemanden besuchen** zu einer Person gehen oder fahren, um für einen kurzen Zeitraum bei ihr zu sein ⟨*einen Freund, einen Verwandten besuchen; einen Patienten im Krankenhaus besuchen*⟩ **2** **etwas besuchen** bei einer Veranstaltung o. Ä. anwesend sein **3** **etwas besuchen** für kurze Zeit an einen Ort oder in ein Land reisen, um interessante Dinge zu sehen und zu erleben **4** **etwas besuchen** regelmäßig am Unterricht einer Schule oder Universität teilnehmen

der **Be·su·cher** (-s, -) eine Person, die eine Veranstaltung, ein Land oder einen Ort besucht ⟨*die Besucher eines Konzerts, eines Theaters, eines Museums*⟩ *„Der Kölner Dom beeindruckt alle Besucher"* **K** Kinobesucher • *hierzu* **Be·su·che·rin** *die*

be·täu·ben (*betäubte, hat betäubt*) **jemanden/etwas betäuben** ein Medikament geben, damit jemand oder ein Tier (an einem Körperteil) keine Schmerzen hat ⟨*die Finger, den Arm betäuben*⟩

die **Be·täu·bung** (-, *-en*) **1** das Betäuben gegen Schmerzen (eines Menschen, eines Tieres oder eines Körperteils) ℹ nicht in der Mehrzahl verwendet **2** der Zustand, in dem ein Mensch oder Tier ohne Bewusstsein ist *„sich von einer leichten Betäubung schnell wieder erholen"*

be·tei·li·gen (*beteiligte, hat beteiligt*) **1** **jemanden (an etwas** (*Dativ*)**) beteiligen** einer anderen Person einen Teil von dem eigenen Gewinn geben ⟨*jemanden am Geschäft, am Umsatz beteiligen*⟩ *„Bist du am Gewinn beteiligt?"* **2** **jemanden (an etwas** (*Dativ*)**) beteiligen** jemandem die Möglichkeit geben, bei etwas aktiv mitzumachen *„Die Bürger werden an der Straßenplanung beteiligt"* **3** **sich (an etwas** (*Dativ*)**) beteiligen** bei etwas aktiv mitmachen ⟨*sich an einer Diskussion, einem Spiel beteiligen*⟩ **4** **sich (an etwas** (*Dativ*)**) beteiligen** gemeinsam mit anderen Personen Geld zahlen oder investieren, um etwas zu realisieren • *hierzu* **Be·tei·li·gung** *die*

be·ten (*betete, hat gebetet*) **(für jemanden/um etwas) (zu einem Gott) beten** die Worte sprechen, mit denen man (einen) Gott lobt, um etwas bittet oder für etwas dankt

der **Be·ton** [be'tɔŋ, be'to:n, be'tõ:]; (-s) eine Mischung aus Zement, Sand, Kies und Wasser, die zum Bauen verwendet wird und die nach dem Trocknen sehr hart wird ⟨*Beton mischen*⟩ *„eine Brücke aus Beton"* **K** Betonmischmaschine, Betonpfeiler

be·to·nen (*betonte, hat betont*) **1** **etwas betonen** eine Silbe oder ein Wort hervorheben, indem man es kräftig ausspricht ⟨*eine betonte Silbe*⟩ *„Das Wort „Allergie" wird auf der letzten Silbe betont"* **2** **etwas betonen** auf etwas besonders hinweisen ≈ hervorheben *„Der Redner betonte, dass er mit dieser Regelung nicht zufrieden sei"*

be·to·nie·ren (*betonierte, hat betoniert*) **(etwas) betonieren** etwas mit Beton bauen

be·tont PARTIZIP PERFEKT → betonen

die **Be·to·nung** (-, *-en*) **1** die Stelle im Wort oder im Satz, die etwas lauter oder höher gesprochen wird ≈ Akzent *„In dem Wort „Verfassung" liegt die Betonung auf der zweiten Silbe"* **2** das Hinweisen auf die Wichtigkeit einer Aussage oder Tatsache ≈ Hervorhebung ℹ nicht in der Mehrzahl verwendet

be·trạch·ten (*betrachtete, hat betrachtet*) **1** **jemanden/etwas betrachten** jemanden/etwas genau ansehen *„ein Kunstwerk/jemandes Verhalten betrachten"* **2** **jemanden/etwas als etwas betrachten** von einer Person/Sache die genannte Meinung haben ⟨*jemanden als Feind, Freund betrachten; etwas als falsch, notwendig betrachten*⟩ • *hierzu* **Be·trạch·tung** *die*; *zu* (1) **Be·trạch·ter** *der*

der **Be·trag** (*-s, Be·trä·ge*) eine Summe Geld *„ein Betrag von 12 €"*

be·tra·gen (*beträgt, betrug, hat betragen*) **etwas beträgt etwas** etwas hat das genannte Ausmaß oder den genannten Wert *„Die Entfernung vom Hotel zum Strand beträgt 500 Meter"*

be·trẹf·fen (*betrifft, betraf, hat betroffen*) **etwas betrifft jemanden/etwas** etwas ist für jemanden/etwas wichtig oder relevant *„Der Naturschutz ist eine Aufgabe, die uns alle betrifft"*

be·trei·ben (*betrieb, hat betrieben*) **1** **etwas (irgendwie) betreiben** auf dem genannten Gebiet aktiv sein, etwas tun ⟨*Forschung, Handel, Landwirtschaft, Politik, Sport betreiben*⟩ **2** **etwas betreiben** für die Organisation eines meist wirtschaftlichen Unternehmens verantwortlich sein ⟨*ein Geschäft, ein Gewerbe, ein Hotel betreiben*⟩ • *zu* (2) **Be·trei·ber** *der*

be·tre·ten (*betritt, betrat, hat betreten*) **etwas betreten** in einen Raum hineingehen ⟨*ein Zimmer betreten*⟩ ↔ verlassen

be·treu·en (*betreute, hat betreut*) **1** **jemanden betreuen** auf eine Person aufpassen und für sie sorgen ⟨*eine Jugendgruppe, Kinder, Kranke betreuen*⟩ **2** **etwas betreuen** in einem Bereich, in einem Gebiet oder bei einer Gruppe von Personen dafür sorgen, dass alles gut funktioniert *„ein Projekt betreuen"* **3** eine erwachsene Person, die sich wegen einer psychischen Krankheit oder einer Behinderung nicht allein um ihre Angelegenheiten kümmern kann, als offizieller Vertreter unterstützen • *hierzu* **Be·treu·ung** *die*; **Be·treu·er** *der*

der **Be·trieb** (*-(e)s, -e*) EINES UNTERNEHMENS: **1** in einem Betrieb arbeiten die Mitarbeiter einer Firma, um Waren zu produzieren, Geschäfte zu machen oder um Kunden Dienste anzubieten ≈ Firma *„In unserem Betrieb sind 200 Personen beschäftigt"* **K** Betriebsangehörige(r); Industriebetrieb ZUSTAND, VORGANG: **2** das Arbeiten von technischen Apparaten und Einrichtungen ⟨*eine Maschine in Betrieb nehmen*⟩ **K** Betriebsstörung ⓘ nicht in der Mehrzahl verwendet **3** die Aktivitäten und Arbeiten, die an einer Stelle oder in einer Institution ablaufen ⟨*den Betrieb aufhalten, lahmlegen*⟩ *„Am Samstagabend war reger Betrieb im Restaurant"* ⓘ nicht in der Mehrzahl verwendet **4** **etwas ist in Betrieb** ein Gerät, eine Maschine o. Ä. ist eingeschaltet und funktioniert *„Die Heizung ist im Sommer nicht in Betrieb"* **5** **etwas ist außer Betrieb** ein Gerät, eine Maschine o. Ä. ist nicht eingeschaltet oder funktioniert nicht *„Der Aufzug ist leider außer Betrieb"*

die **Be·triebs·an·lei·tung** eine Broschüre oder ein Heft, die erklären, wie man eine (meist relativ große und komplizierte) Maschine bedient

der **Be·triebs·rat** ein Gremium, das von den Arbeitnehmern eines Betriebs alle vier Jahre neu gewählt wird und die Aufgabe hat, die Interessen der Arbeitnehmer gegenüber dem Arbeitgeber zu vertreten **K** Betriebsratswahlen

das **Be·triebs·sys·tem** ein Programm, das ein Computer braucht, um überhaupt arbeiten und andere Programme bearbeiten zu können

be·trịn·ken (*betrank sich, hat sich betrunken*) **sich betrinken** von einem alkoholischen Getränk so viel trinken, dass man sich nicht mehr unter Kontrolle hat

be·trọf·fen ADJEKTIV **1** **(von etwas)**

B

betroffen mit Problemen oder Schäden wegen der genannten Sache *„die vom Hochwasser betroffenen Gebiete"* **2** **betroffen (über etwas** (*Akkusativ*)**)** durch etwas Schlimmes oder Trauriges emotional sehr bewegt • *zu* (2) **Be·trof·fen·heit** *die*

der **Be·trug** (-(*e*)*s*) eine Handlung, mit der man jemanden betrügt ⟨*einen Betrug begehen, verüben; etwas durch Betrug* (*an jemandem*) *erlangen*⟩ **K** Versicherungsbetrug

be·trü·gen (*betrog, hat betrogen*) **1** **jemanden (um etwas) betrügen** jemanden bewusst täuschen, meist um damit Geld zu bekommen *„jemanden beim Kauf eines Gebrauchtwagens betrügen"* **2** **eine Person (mit jemandem) betrügen** außerhalb der Ehe (oder einer Paarbeziehung) sexuelle Kontakte haben • *zu* (1) **be·trü·ge·risch** ADJEKTIV; *zu* (1) **Be·trü·ger** *der*

be·trun·ken ADJEKTIV in dem Zustand, in dem man sich befindet, wenn man zu viel Alkohol getrunken hat ⟨*leicht, völlig betrunken*⟩ ↔ nüchtern • *hierzu* **Be·trun·ke·ne** *der/die*

das **Bett** (-(*e*)*s*, *-en*) **1** das Möbelstück, in dem man schläft ⟨*im Bett liegen; ins/zu Bett gehen, sich ins Bett legen*⟩ **K** Bettdecke, Bettlaken **2** **das Bett machen** das Bett nach dem Schlafen in Ordnung bringen

bet·teln (*bettelte, hat gebettelt*) **(um etwas) betteln** jemanden um Geld (oder andere Dinge) bitten, weil man arm ist

der **Bett·ler** (-*s*, -) eine Person, die arm ist und bettelt • *hierzu* **Bett·le·rin** *die*

das **Bett·tuch** ein großes Tuch, das man über die Matratze des Bettes legt und auf dem man schläft ≈ Laken

das **Bett·zeug** *gesprochen* die Decken, Kissen und Tücher auf einem Bett

beu·gen (*beugte, hat gebeugt*) **1** **etwas beugen** einen Körperteil aus der normalen Haltung nach unten, nach hinten oder zur Seite bewegen ⟨*den Arm, die Knie, den Kopf, den Nacken, den Rücken beugen*⟩ ↔ strecken **2** **sich irgendwohin beugen** im Stand den Oberkörper in die genannte Richtung bewegen ⟨*sich nach vorn, aus dem Fenster, über ein Kind beugen*⟩ ↔ aufrichten • *hierzu* **Beu·gung** *die*

die **Beu·le** (-, *-n*) **1** eine Stelle, an welcher die Haut nach einem Stoß oder Schlag dick geworden ist *„Nach dem Sturz hatte er eine dicke Beule an der Stirn"* **2** eine Stelle, an der ein Gegenstand durch einen Stoß eine andere Form bekommen hat *„Das Auto hat bei dem Unfall nur eine kleine Beule bekommen"*

be·un·ru·hi·gen (*beunruhigte, hat beunruhigt*) **jemanden beunruhigen** jemanden unruhig oder besorgt machen • *hierzu* **Be·un·ru·hi·gung** *die*

be·ur·tei·len (*beurteilte, hat beurteilt*) **jemanden/etwas (irgendwie/nach etwas) beurteilen** sich eine Meinung darüber bilden (und diese äußern), wie jemand/etwas ist ⟨*jemanden/etwas falsch, richtig beurteilen*⟩ ≈ bewerten *„Kannst du beurteilen, ob das stimmt?"* | *„Man sollte Leute nicht danach beurteilen, wie sie aussehen"*

die **Beu·te** (-) **1** etwas, das jemand zu Unrecht (oft mit Gewalt) an sich nimmt *„Die Diebe teilen sich die Beute"* **K** Diebesbeute **2** ein Tier, das von anderen Tieren gefangen und gefressen wird **K** Beutetier

der **Beu·tel** (-*s*, -) ein relativ kleiner Behälter in der Form eines Sackes (vor allem aus Stoff, Leder oder Plastik) *„Fleisch in einem Beutel einfrieren"* **K** Geldbeutel, Müllbeutel

die **Be·völ·ke·rung** (-, *-en*) die (Zahl der) Personen, die in einer Stadt, einer Region oder einem Land wohnen ⟨*die einheimische, ländliche, weibliche Bevölkerung*⟩ *„Die Bevölkerung nimmt ständig zu"* **K** Bevölkerungswachstum, Bevölkerungsgruppe

be·vor BINDEWORT verwendet, um zu sagen, dass eine Handlung zeitlich früher als eine andere abläuft *„Bevor wir essen können, musst du den Tisch de-*

B

cken" ⓘ *Bevor* kann z. B. mit *kurz, lange* oder *noch* näher bestimmt werden: *Kurz bevor er kommen wollte, hatte er einen Unfall.*

be|vor·zu·gen (*bevorzugte, hat bevorzugt*) **1** **eine Person (vor/gegenüber jemandem) bevorzugen** so handeln, dass jemand im Vergleich zu anderen Personen Vorteile hat ↔ benachteiligen **2** **eine Person/Sache (vor jemandem/etwas) bevorzugen** eine Person oder Sache lieber mögen als eine andere Person oder Sache ≈ vorziehen • zu (1) **Be·vor·zu·gung** *die*

be·wa·chen (*bewachte, hat bewacht*) **1** **jemanden bewachen** aufpassen, dass jemand nicht wegläuft oder ausbricht ⟨*einen Gefangenen, einen Verbrecher bewachen*⟩ **2** **etwas bewachen** aufpassen, dass niemand ein Haus o. Ä. betritt, der kein Recht dazu hat • *hierzu* **Be·wa·chung** *die*; **Be·wa·cher** *der*

be·waff·net ADJEKTIV **irgendwie bewaffnet**; **mit etwas bewaffnet** mit Waffen der genannten Art ausgerüstet *„Mit einem Messer bewaffnet ging er auf mich los"*

be·währt ADJEKTIV **1** seit relativ langer Zeit für einen Zweck verwendet und dafür gut geeignet ⟨*ein Medikament, eine Methode*⟩ **2** seit relativ langer Zeit irgendwo tätig und gut geeignet *„ein bewährter Journalist"*

be·wäl·ti·gen (*bewältigte, hat bewältigt*) **etwas bewältigen** eine schwierige Aufgabe mit Erfolg ausführen ⟨*eine Arbeit, eine Schwierigkeit mit Mühe, kaum, spielend bewältigen*⟩ • *hierzu* **Be·wäl·ti·gung** *die*

be·we·gen[1] (*bewegte, hat bewegt*) **1** **sich bewegen** die eigene Lage, Haltung o. Ä. ändern *„sich vor Schmerzen kaum bewegen können"* | *„Die Fahne bewegte sich leicht im Wind"* **2** **sich (irgendwohin) bewegen** an einen anderen Ort gehen oder fahren *„Der Wachsoldat bewegt sich stundenlang nicht von der Stelle"* **3** **sich bewegen** den Körper durch Sport, vor allem durch Laufen oder Wandern gesund halten *„Du musst dich mehr bewegen, sonst wirst du zu dick!"* **4** **jemanden/etwas (irgendwohin) bewegen** bewirken, dass eine Person oder Sache an einen anderen Ort oder in eine andere Position kommt *„Seit dem Unfall kann er das linke Bein nicht mehr bewegen"* **5** **etwas bewegt jemanden** etwas lässt in jemandem Gefühle entstehen *„Der Film hat mich tief bewegt"*

be·we·gen[2] (*bewog, hat bewogen*) **jemanden zu etwas bewegen** bewirken, dass jemand etwas tut ⟨*jemanden zur Mitarbeit, Teilnahme an etwas bewegen*⟩ *„Was hat ihn wohl dazu bewogen, dich noch einmal anzurufen?"*

be·weg·lich ADJEKTIV (von Teilen eines Gegenstandes) so, dass ihre Lage oder Richtung bei normalem Gebrauch geändert wird *„Die Puppe hat bewegliche Beine und Arme"* • *hierzu* **Be·weg·lich·keit** *die*

die **Be·we·gung** (-, *-en*) AKTIVITÄT: **1** das Bewegen eines Körperteils ⟨*eine Bewegung mit dem Arm machen; eine fließende, heftige, ruckartige, ungeschickte Bewegung*⟩ **K** Armbewegung, Handbewegung **2** körperliche Übungen, die man macht, um gesund und fit zu bleiben *„Der Arzt hat ihr viel Bewegung empfohlen"* ⓘ nicht in der Mehrzahl verwendet VORGANG: **3** die Änderung der Position, Lage oder Stellung eines Körpers ⟨*etwas in Bewegung bringen, setzen, halten; etwas setzt sich, gerät, kommt, ist, bleibt in Bewegung*⟩ *„Der Zug setzte sich langsam in Bewegung"* **4** eine starke gefühlsmäßige Reaktion auf etwas Positives oder Negatives ≈ Erregung *„Der Angeklagte nahm das Urteil ohne sichtbare Bewegung auf"* GRUPPE: **5** eine Gruppe von Menschen, die ein gemeinsames Ziel haben ⟨*sich einer Bewegung anschließen*⟩ **K** Friedensbewegung, Arbeiterbewegung, Studentenbewegung

der **Be·weis** (*-es, -e*) **1** **ein Beweis (für etwas)** Tatsachen oder Argumente,

B

welche die Richtigkeit einer Vermutung, Äußerung o. Ä. deutlich machen ⟨*ein schlüssiger, überzeugender Beweis*⟩ *„Der Angeklagte wurde aus Mangel an Beweisen freigesprochen"* **2** **ein Beweis** (+*Genitiv*/**für etwas**) ein sichtbares Zeichen für eine innere Haltung oder Fähigkeit *„Als Beweis seiner Liebe kaufte er ihr einen teuren Ring"* **K** Vertrauensbeweis

be·wei·sen (*bewies, hat bewiesen*) **1** **(jemandem) etwas beweisen** jemandem vor allem mit Tatsachen und Argumenten die Richtigkeit einer Behauptung, Vermutung o. Ä. zeigen *„Es lässt sich nicht mehr beweisen,* ob *der Angeklagte zur Tatzeit angetrunken war"* **2** **(jemandem) etwas beweisen** deutlich zeigen, dass man die genannte Meinung, Eigenschaft oder Fähigkeit hat *„durch die richtigen Worte Einfühlungsvermögen beweisen"*

be·wer·ben (*bewirbt sich, bewarb sich, hat sich beworben*) **sich (irgendwo) (um etwas) bewerben** durch ein Schreiben und/oder ein Gespräch versuchen, eine Arbeitsstelle zu bekommen *„Hiermit bewerbe ich mich um einen Ausbildungsplatz zum Industriekaufmann"* • *hierzu* **Be·wer·ber** *der*

die **Be·wer·bung** (-, *-en*) **1** **eine Bewerbung (um etwas)** der Vorgang, bei dem man sich um etwas bewirbt ⟨*die Bewerbung um eine Stelle, um einen Ausbildungsplatz, um einen Studienplatz*⟩ *„die Bewerbung bei einer Firma"* **2** **eine Bewerbung (um etwas)** der Brief, mit dem sich jemand um eine Stelle bewirbt ⟨*eine Bewerbung abfassen, einreichen*⟩ *„Auf die Ausschreibung der Stelle gingen mehr als 100 Bewerbungen ein"* **K** Bewerbungsformular, Bewerbungsunterlagen

be·wer·ten (*bewertete, hat bewertet*) **jemanden/etwas bewerten** (ausgehend von einem Maßstab, einer Skala o. Ä.) beurteilen, wie gut oder schlecht eine Leistung, ein Verhalten usw. ist ⟨*etwas gerecht, positiv, zu hoch bewerten*⟩ ≈ benoten *„Der Lehrer bewertete das Referat mit einer guten Note"*

die **Be·wer·tung** (-, *-en*) **1** Worte, Noten oder Punkte, welche die Leistung einer Person beschreiben *„Der Schüler ist mit der Bewertung seines Aufsatzes nicht zufrieden"* **2** die Feststellung eines Wertes ⟨*die Bewertung des Besitzes*⟩

be·wir·ken (*bewirkte, hat bewirkt*) **etwas bewirken** etwas als Ergebnis herbeiführen oder als Wirkung hervorrufen ≈ verursachen *„Gemeinsam können wir viel Positives bewirken"*

be·wo·gen PARTIZIP PERFEKT → bewegen²

be·woh·nen (*bewohnte, hat bewohnt*) **etwas bewohnen** in einer Wohnung, in einem Haus usw. wohnen *„ein Reihenhaus bewohnen"* • *hierzu* **Be·woh·ner** *der*; **be·wohn·bar** ADJEKTIV

be·wun·dern (*bewunderte, hat bewundert*) **1** **jemanden bewundern**; **etwas (an jemandem) bewundern** eine Person oder eine ihrer Eigenschaften o. Ä. sehr gut finden *„Ich bewundere sie wegen ihrer Geduld mit den drei Kindern"* **2** **etwas bewundern** etwas mit Freude ansehen, weil es schön oder eindrucksvoll ist • *hierzu* **Be·wun·de·rer** *der*; **Be·wun·de·rin** *die*

die **Be·wun·de·rung** (-) ein Gefühl der großen Anerkennung für jemanden/etwas *„Ich empfinde große Bewunderung für ihren Mut"*

be·wusst ADJEKTIV **1** so, dass man dabei die Folgen voraussieht und mit ihnen rechnet ⟨*etwas bewusst tun*⟩ ≈ absichtlich *„eine bewusst falsche Anschuldigung"* **2** in einem Zustand, in dem man alles klar versteht *„Er war zu jung, um den Krieg bewusst zu erleben"* **3** **jemand ist sich** (*Dativ*) **einer Sache** (*Genitiv*) **bewusst**; **jemandem ist etwas bewusst** etwas ist jemandem klar ⟨*sich* (*Dativ*) *der/keiner Schuld bewusst sein*⟩

be·wusst·los ADJEKTIV ohne Bewusstsein, ohnmächtig ⟨*bewusstlos sein, werden, zusammenbrechen, zu Boden fallen*⟩ • *hierzu* **Be·wusst·lo·se** *der/*

B

das **Be·wụsst·sein** (-s) **1** der Zustand, in dem jemand (physisch) dazu in der Lage ist, die eigene Existenz und die Umgebung normal wahrzunehmen ⟨*das Bewusstsein verlieren, wiedererlangen; wieder zu Bewusstsein kommen; bei/ohne Bewusstsein sein*⟩ **2** der Zustand, in dem man sich einer Sache bewusst ist und entsprechend handelt **K** Pflichtbewusstsein, Verantwortungsbewusstsein

be·zah·len (*bezahlte, hat bezahlt*) **1** **(etwas) bezahlen** für einen Gegenstand, den man kauft, für eine geleistete Arbeit o. Ä. Geld zahlen ⟨*etwas bar, mit Karte bezahlen*⟩ *„Er bezahlte das neue Auto in Raten"* **2** **(etwas) bezahlen** eine Schuld mit der verlangten Summe Geld zahlen ⟨*eine Rechnung, die Schulden, die Miete*⟩ **3** **jemanden (für etwas) bezahlen** einer Person für die Arbeit, die sie leistet, Geld zahlen *„einen Handwerker bezahlen"*

die **Be·zah·lung** (-, -*en*) **1** das Bezahlen ⟨*die Bezahlung in Raten, der Ware, der Arbeit, des Studiums, der Rechnung*⟩ **2** das Geld, das jemand für geleistete Arbeit bekommt

be·zeich·nen (*bezeichnete, hat bezeichnet*) **1** **jemanden/etwas (als etwas) bezeichnen** einer Person/Sache das richtige, zutreffende Wort zuordnen *„Jemanden, der eine Wohnung mietet, bezeichnet man als „Mieter"* **2** **jemanden/etwas als etwas bezeichnen** jemandem, sich selbst oder einer Sache eine Eigenschaft oder einen Namen zuordnen *„etwas als schön/teuer bezeichnen"*

die **Be·zeich·nung** (-, -*en*) **eine Bezeichnung (für jemanden/etwas)** ein Wort für eine Sache oder Person ≈ Name *„eine Blume mit einer deutschen und einer lateinischen Bezeichnung"* **K** Pflanzenbezeichnung, Tierbezeichnung

be·zie·hen (*bezog, hat bezogen*) **1** **etwas (mit etwas) beziehen** ein Kissen, eine Decke oder eine Matratze in Bettwäsche hüllen **2** **etwas beziehen** Möbel und andere Dinge in ein Gebäude tragen, um dort zu wohnen oder eine Firma, ein Geschäft zu führen *„Ein Elektrounternehmen bezieht die leer stehende Schule"* **3** **etwas (durch/über jemanden/von jemandem) beziehen** *geschrieben* eine Ware von einem Händler kaufen *„Wir beziehen unser Heizöl seit Jahren von dieser Firma"* **4** **etwas (von jemandem/aus etwas) beziehen** von einer Firma, einer Behörde o. Ä. regelmäßig Geld bekommen ⟨*Arbeitslosengeld, Sozialhilfe, eine Rente, Wohngeld beziehen*⟩ **5** **etwas auf etwas** (*Akkusativ*) **beziehen** etwas in einem Zusammenhang oder unter einem Aspekt betrachten *„Bezogen auf die geforderte Leistung ist die Bezahlung schlecht"* **6** **etwas auf 'sich** (*Akkusativ*) **beziehen** glauben, dass man Gegenstand oder Ziel einer Äußerung oder einer Handlung ist *„Er hat die Kritik auf sich bezogen und ist nun beleidigt"* **7** **etwas bezieht sich auf etwas** (*Akkusativ*) etwas hängt mit etwas zusammen *„Auf welchen Punkt bezieht sich Ihre Frage?"*

die **Be·zie·hung** (-, -*en*) **1** **eine Beziehung (zwischen Dingen** (*Dativ*)**)** wenn eine Sache auf eine andere einen Einfluss hat, die Ursache oder der Grund dafür ist, dann besteht zwischen beiden eine Beziehung *„die niedrige Wahlbeteiligung mit dem schönen Wetter in Beziehung setzen"* | *„Sein Selbstmord steht sicher in Beziehung zu seiner langen Krankheit"* **2** **Beziehungen (mit/zu jemandem/etwas)** wenn Personen, Institutionen oder Staaten miteinander verhandeln, Verträge schließen, Informationen austauschen usw., dann bestehen zwischen ihnen Beziehungen ⟨*verwandtschaftliche, freundschaftliche, wirtschaftliche Beziehungen; die Beziehungen (zu jemandem) abbrechen*⟩ **3** **eine Beziehung (mit/zu jemandem)** meist sexuelle Kontakte zu jemandem ⟨*eine feste, intime, sexuelle Beziehung*

B

mit/zu jemandem haben/unterhalten⟩ **4** **Beziehungen (zu jemandem)** Kontakte (zu jemandem), die von Vorteil sind *„Durch die Beziehungen ihres Vaters bekam sie einen guten Ferienjob"* ⓘ nur in der Mehrzahl verwendet

be·zie·hungs·wei·se BINDEWORT verbindet zwei verschiedene Aussagen, die beide richtig oder sinnvoll sind ≈ oder ⓘ Abkürzung: *bzw.*

der **Be·zirk** (-(e)s, -e) ein Gebiet, das für einen Zweck oder durch ein Merkmal abgegrenzt ist ⟨*ein ländlicher, städtischer Bezirk*⟩ ≈ Gegend *„die Kunden eines Bezirks betreuen"* **K** Stadtbezirk

der **Be·zug** (-(e)s, *Bezüge*) TEXTILIEN: **1** eine dünne Hülle aus Stoff zum Schutz für ein Kissen, eine Decke oder eine Matratze **K** Bettbezug, Kissenbezug **2** der Stoff, der die Polster eines Möbelstücks bedeckt **K** Lederbezug, Stoffbezug WAREN, GELD: **3** das regelmäßige Kaufen einer Ware *„der Bezug einer Zeitung"* ⓘ nicht in der Mehrzahl verwendet **4** das Beziehen regelmäßiger Zahlungen ⟨*zum Bezug einer Rente, von Arbeitslosengeld, Kindergeld berechtigt sein*⟩ ⓘ nicht in der Mehrzahl verwendet **5** das Gehalt, das Einkommen, die Rente o. Ä. *„Seine monatlichen Bezüge belaufen sich auf fast 4.000 Euro"* ⓘ nur in der Mehrzahl verwendet ⓘ nur in der Mehrzahl verwendet; → Extras, S. 672: **Arbeit** REFERENZ: **6** **in Bezug auf jemanden/etwas** die genannte Person oder Sache betreffend *„In Bezug auf seinen Beruf ist er sehr gewissenhaft"*

der **BH** [be:'ha:]; (-s, -s); *gesprochen* ≈ Büstenhalter

die **Bi·bel** (-, -n) **1** eine Sammlung der Schriften, die Grundlage der jüdischen Religion (Altes Testament) und der christlichen Religion (Altes und Neues Testament) ist ⓘ nicht in der Mehrzahl verwendet **2** ein Exemplar der Bibel als Buch

die **Bi·b·lio·thek** (-, -en) eine große Sammlung von Büchern, die nach Sachgebieten geordnet sind und auch ausgeliehen werden können ⟨*eine öffentliche, städtische Bibliothek*⟩

bie·gen (*bog, hat/ist gebogen*) **1** **etwas biegen** (*hat*) etwas durch Druck in der Form so verändern, dass es nicht mehr gerade ist ⟨*eine Stange, einen Draht, ein Blech biegen*⟩ **2** **in/um etwas** (*Akkusativ*) **biegen** (*ist*) durch eine Änderung der Richtung irgendwohin gehen oder fahren *„Das Auto bog um die Ecke"*

BIEGEN

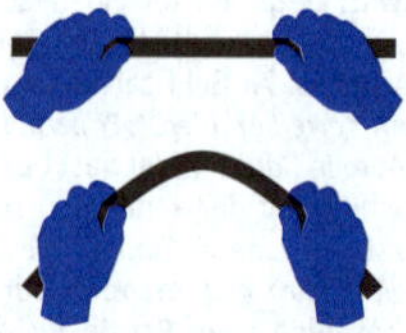

bieg·sam ADJEKTIV **1** so, dass man es biegen kann, ohne dass es bricht *„ein biegsamer Stock"* **2** sehr beweglich und gut trainiert *„einen biegsamen Körper haben"* • *hierzu* **Bieg·sam·keit** *die*

die **Bie·ne** (-, -n) ein Insekt (mit einem Giftstachel), das Honig und Wachs produziert ⟨*von einer Biene gestochen werden*⟩ **K** Bienenhonig ⓘ → Abb. unter **Insekt**

das **Bier** (-(e)s, -e) **1** ein bitteres alkoholisches Getränk, das vor allem aus Wasser und Getreide (und Hefe) hergestellt wird ⟨*helles, dunkles Bier; ein Fass, Glas, Krug, Kasten/Träger Bier*⟩ **2** ein Glas mit Bier darin (meist ein viertel oder halber Liter) ⟨*ein kleines, großes Bier*⟩ *„Bitte noch zwei Bier!"*

bie·ten (*bot, hat geboten*) **1** **(jemandem) etwas bieten** einer Person etwas geben, was sie braucht *„Flüchtlingen ein Zuhause bieten"* **2** **(jemandem) etwas bieten** ein Programm veranstalten, das jemand nutzen kann *„Das Hotel bietet (seinen Gästen) vielfältige Freizeitmöglichkeiten"* **3** **etwas bietet (jemandem) etwas** etwas ist mit der Chance ver-

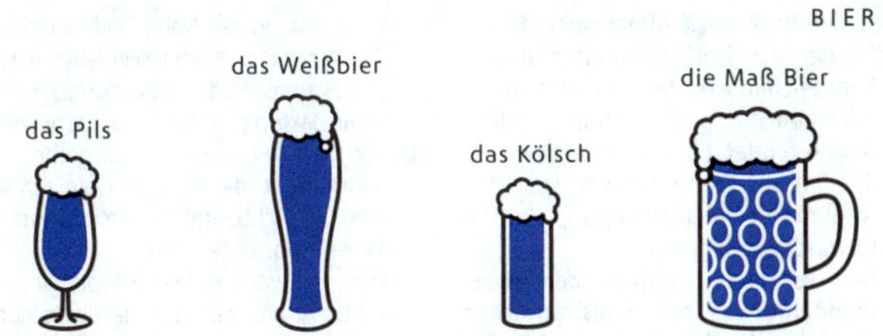

bunden, etwas zu tun *„Der Posten bietet (mir) die Chance zum beruflichen Aufstieg“* **4** **etwas bietet (jemandem) etwas** etwas hat eine positive Eigenschaft, die jemand nutzen kann *„Ein großes Auto bietet mehr Komfort“* **5** **(etwas (für/auf etwas** (*Akkusativ*)**)) bieten**; **jemandem etwas bieten** (bei einer Versteigerung) eine Summe nennen, die man bereit ist, für einen Gegenstand zu zahlen *„Er hat 4.000 Euro für das Gemälde geboten“* | *„Verkaufst du mir das Spiel? Ich biete dir 20 Euro dafür“* **6** **etwas bietet sich (jemandem)** Möglichkeiten, Gelegenheiten sind für jemanden vorhanden *„Dem Gefangenen bot sich die Gelegenheit zur Flucht“*

die **Bi·lạnz** (-, *-en*) eine Aufstellung, in der man die Einnahmen und Ausgaben einer Firma miteinander vergleicht ⟨*eine Bilanz aufstellen*⟩

das **Bịld** (-(e)s, *-er*) **1** das, was man meist mit Farben und auf künstlerische Weise auf eine Fläche malt oder zeichnet ⟨*ein Bild malen, zeichnen, einrahmen, aufhängen*⟩ **K** Bildergalerie, Bilderrahmen **2** eine Fotografie ⟨*ein Bild (von jemandem/etwas) machen*⟩ **K** Passbild, Urlaubsbild **3** ein gedrucktes Bild in einem Buch o. Ä. ≈ Abbildung **4** das, was man z. B. beim Fernsehen auf dem Bildschirm oder im Kino auf der Leinwand sieht

bịl·den (*bildete, hat gebildet*) **1** **etwas bildet etwas** etwas stellt durch die eigene Form oder Stellung etwas dar und hat eine Funktion *„Der Fluss bildet die Grenze zwischen beiden Staaten“* **2** **etwas bilden** eine sprachliche Form entstehen lassen, indem man verschiedene Wörter oder Wortteile zusammenfügt *„von einem Wort den Plural bilden“* **3** **Personen bilden etwas** mehrere Personen kommen zu einer Gruppe (mit einer bestimmten Form) zusammen *„Elf Fußballspieler bilden eine Mannschaft“* **4** **etwas bildet sich** etwas entsteht (meist langsam) *„Am Himmel bilden sich Wolken“*

der **Bịld·schirm** der Teil eines Fernsehgeräts oder eines Computers, auf dem das Bild oder der Text erscheint

die **Bịl·dung** (-, *-en*) **1** das (durch Erziehung) erworbene Wissen und Können auf verschiedenen Gebieten (auch was soziale Normen betrifft) ⓘ nicht in der Mehrzahl verwendet **2** der Vorgang, wenn Formen wachsen, entstehen, gebildet werden *„Neue Schuhe fördern die Bildung von Blasen“* **K** Knospenbildung, Wolkenbildung ⓘ nicht in der Mehrzahl verwendet **3** ein Wort, das aus mehreren Teilen zusammengesetzt wurde **K** Wortbildung **4** das Zusammenkommen von Personen zu einer Gruppe ⟨*die Bildung einer Arbeitsgruppe, einer Regierung*⟩ **K** Gruppenbildung

bịl·lig ADJEKTIV **1** so, dass es relativ wenig Geld kostet ↔ teuer *„Äpfel sind diese Woche besonders billig“* **K** Billigflug **2** *abwertend* von schlechter Qualität *„Er trug einen billigen Anzug“* **K** Billigware

bịn *Präsens, 1. Person Singular* → sein

die **Bịn·de** (-, *-n*) **1** ein langer Streifen aus Stoff, den man um verletzte Körper-

B

stellen wickelt **K** Augenbinde **2** ein Streifen aus Stoff, den man z. B. als Kennzeichen um den Oberarm trägt oder den man einer Person vor die Augen bindet **K** Armbinde **3** ein Streifen aus Watte, der von Frauen während der Menstruation in die Unterwäsche gelegt wird

bịn·den (*band, hat gebunden*) **1** **jemanden/etwas (mit etwas) an etwas** (*Akkusativ*) **binden** eine Person/Sache meist mit einem Strick so an etwas festmachen, dass sie dort bleibt ≈ anbinden *„ein Boot mit einer Leine an einen Pfahl binden"* **2** **etwas um etwas binden** um etwas ein Band o. Ä. legen und die Enden aneinander festmachen *„Er band sich eine Krawatte um den Hals"* **3** **etwas (zu etwas) binden** Dinge mit einem Band, einem Draht o. Ä. zusammenfassen ⟨*einen Strauß, einen Kranz, einen Besen binden*⟩ **4** **sich binden** sich für einen Lebenspartner entscheiden *„Ich will mich noch nicht binden"*

der **Bịn·de·strich** ein kurzer Strich (-), der zusammengehörige Wörter verbindet oder auf die Verbindung zu einem später folgenden Wort hinweist ⓘ Der *Bindestrich* kann auch zur Verdeutlichung gesetzt werden: *Teeei/Tee-Ei, Schifffahrt/Schiff-Fahrt.*

das **Bịn·de·wort** (-(e)s, *Bin·de·wör·ter*) ≈ Konjunktion

bio-, Bio- ['bi:o-] *im Adjektiv und Substantiv, betont, begrenzt produktiv* **Biobauer, Bioladen**; **Bioprodukte, Biolebensmittel, Biokost** *und andere gesprochen* so, dass kein Gift, künstlichen Dünger, Kunststoffe usw. verwendet werden *„In meinem Biogarten wird nur mit Mist und Kompost gedüngt"*

die **Bio·lo·gie** (-) die Wissenschaft, die sich mit allen Formen des Lebens von Menschen, Tieren und Pflanzen beschäftigt ⓘ als Schul- oder Studienfach oft abgekürzt zu *Bio*

bio·lo·gisch ADJEKTIV **1** zur Biologie gehörig oder sie betreffend *„eine biologische Untersuchung"* **2** so oder wirkend, dass es der Natur und Tieren und Pflanzen nicht schadet ⟨*ein Waschmittel, eine Hautcreme*⟩ **3** ⟨*eine Waffe*⟩ gefährliche Bakterien oder Viren benutzend

die **Bịr·ne** (-, *-n*) eine saftige, gelbgrüne Baumfrucht, die zum Stiel hin schmaler wird **K** Birnbaum, Birnenkompott ⓘ → Abb. unter **Obst**

bịs BINDEWORT **1** Der *bis*-Satz gibt den Zeitpunkt an, wann die Handlung oder Situation des Hauptsatzes zu Ende ist *„Ich bleibe hier, bis der Regen aufhört"* | *„Bis du zurück bist, bin ich mit meiner Arbeit fertig"* PRÄPOSITION ZEIT: **2** *mit Akkusativ* verwendet, um den Zeitpunkt zu nennen, zu dem ein Zustand, eine Handlung o. Ä. zu Ende war, ist oder sein wird *„Das Geschäft ist von morgens acht bis abends sechs geöffnet"* (nach sechs Uhr ist es geschlossen) ⓘ auch mit einer weiteren Präposition verwendet, die dann den Kasus des folgenden Substantivs oder Pronomens bestimmt: *Sie bleibt bis zum Sonntag; Er lernt bis in die Nacht hinein* **3** *mit Akkusativ* verwendet mit einer Zeitangabe als Formel, wenn man sich von jemandem verabschiedet, den man wiedersehen wird *„Bis bald/morgen/später/Montag/nächste Woche!"* ORT: **4** *mit Akkusativ* verwendet mit einer Ortsangabe, die den Endpunkt eines Weges, einer Fahrt (oder eines Teils davon) nennt *„Bis Stuttgart fahre ich mit dem Auto, dann nehme ich den Zug"* **5** **bis** *+Präposition +Ortsangabe* verwendet, um den Endpunkt eines Gebietes, eines Weges, einer Fahrt o. Ä. zu nennen *„Wie weit ist es bis nach Innsbruck?"* | *„Die Polizei folgte dem Dieb bis in seine Wohnung"* ⓘ Der Kasus hängt von der zweiten Präposition ab. MIT PRÄPOSITION: **6** **bis** *+Präposition* verwendet, um anzugeben, wo eine Grenze ist *„Er stand bis an die Knie/bis zu den Knien im Wasser"* | *„Der Kanister fasst bis zu fünf Liter"* | *„bis zur Erschöpfung marschieren"* **7** **bis auf jemanden/etwas** alle mit Ausnahme der genannten Person(en)/

Sache(n) ≈ außer *„Bis auf zwei haben alle Studenten die Prüfung bestanden"* ZWISCHEN ZAHLEN: **8** *Zahl* + **bis** +*Zahl* verwendet, um die untere und obere Grenze einer Maß- oder Zeitangabe zu nennen *„Der Vortrag dauert zwei bis drei Stunden"*

bis·her, **bis·her** ADVERB (von einem Zeitpunkt in der Vergangenheit) bis zum heutigen Tag, bis jetzt *„Bisher haben wir es immer so gemacht"*

der **Biss** (*-es, -e*) **1** der Vorgang, bei dem ein Mensch oder ein Tier in etwas beißt *„der giftige Biss einer Kobra"* **2** die Wunde, die durch einen Biss entsteht **K** Bisswunde

biss *Präteritum, 1. und 3. Person Singular* → beißen

biss·chen PRONOMEN *nur in dieser Form* **1** **ein bisschen** so, dass die Menge oder Intensität nur klein oder gering ist *„Hast du ein bisschen Zeit für mich?"* | *„Ich fürchte mich ein bisschen"* **2** **ein bisschen** eine kurze Zeit *„Warte noch ein bisschen, gleich hört es auf zu regnen"*

biss·fest ADJEKTIV so zubereitet, dass das Nahrungsmittel noch über eine gewisse Härte verfügt ⟨*Nudeln bissfest kochen*⟩ *„Das Gemüse sollte noch bissfest sein"*

bist *Präsens, 2. Person Singular* → sein

bit·te PARTIKEL **1** verwendet, um einen Wunsch, einen Vorschlag, eine Aufforderung o. Ä. höflich auszudrücken *„Reichst du mir mal die Butter, bitte?"* **2** *betont* verwendet (als Antwort auf eine Frage), um Zustimmung auszudrücken *„Darf ich das Fenster aufmachen?" – „Bitte!"* **3** **Bitte (sehr/schön)!** *betont* verwendet als höfliche Antwort, nachdem sich jemand (mündlich) bedankt hat *„Vielen Dank!" – „Bitte (schön)!"* **4** *betont* **Bitte (sehr/schön)!** verwendet, um jemandem etwas anzubieten **5** *betont* **(Ja,) bitte!** verwendet, um etwas anzunehmen, das jemand anbietet *„Möchten Sie noch einen Kaffee?" – „(Ja,) bitte!"* **6** **Ja, bitte?** *betont* verwendet, wenn man einen Telefonanruf bekommt oder jemand vor der Haustür steht. Man fragt damit, warum jemand anruft oder gekommen ist **7** **('Wie) bitte?** verwendet, um eine Person aufzufordern, das zu wiederholen, was sie gerade gesagt hat, meist weil man es akustisch nicht verstanden hat **8** **Na bitte!** *gesprochen betont* verwendet, um zu sagen, dass man mit etwas ohnehin gerechnet hat *„Na bitte! Was habe ich gesagt? Sie hat es vergessen!"*

die **Bit·te** (*-, -n*) **eine Bitte (an jemanden) (um etwas)** ein Wunsch, der an jemanden gerichtet ist ⟨*eine dringende, große, kleine Bitte*⟩

bit·ten (*bat, hat gebeten*) **(jemanden) um etwas bitten** einen Wunsch an jemanden richten, damit er erfüllt wird ⟨*jemanden dringend, höflich, herzlich, eindringlich um etwas bitten*⟩ *„jemanden um einen Gefallen/um Auskunft bitten"*

bit·ter ADJEKTIV **1** von (oft als unangenehm empfundenem) herbem Geschmack, wie z. B. die Kerne eines Apfels oder Bier ⟨*eine Medizin, ein Tee*⟩ ↔ süß **2** auf unangenehme Weise intensiv ⟨*eine bittere Enttäuschung erleben; etwas bitter bereuen; etwas bitter nötig haben*⟩

die **Blä·hung** ['blɛːʊŋ]; (*-, -en*) Gase, die sich bei der Verdauung im Bauch bilden ⟨*Blähungen haben; an Blähungen leiden*⟩

blank ADJEKTIV (*blanker, blankst-*) (sauber,) glatt und glänzend ⟨*etwas blank polieren, reiben, scheuern*⟩

die **Bla·se** (*-, -n*) **1** Luft bildet runde Blasen in Wasser usw. ⟨*Blasen bilden sich, platzen, steigen auf*⟩ **K** Luftblase, Seifenblase **2** vor allem wenn man sich verbrennt oder zu enge Schuhe trägt, bilden sich Blasen unter der Haut, die mit Flüssigkeit gefüllt sind **K** Brandblase **3** die Blase ist das Organ, in dem sich der Urin sammelt, bevor er ausgeschieden wird ⟨*die Blase entleeren*⟩ **K** Blasenentzündung

bla·sen (*bläst, blies, hat geblasen*) **1** **(irgendwohin) blasen** die Lippen so

B

formen, wie wenn man „O" sagt und die Luft kräftig (irgendwohin) ausstoßen *„ins Feuer blasen, damit es besser brennt"* **2** **etwas bläst** etwas weht stark ⟨*der Wind, der Sturm*⟩ **3** **(etwas) blasen** mit einem Musikinstrument Töne produzieren, indem man es an den Mund hält und bläst **K** Blasmusik

blass ADJEKTIV (*blasser/blässer, blassest-/blässest-*) **1** fast ohne die gesunde, natürliche Farbe ⟨*Haut, ein Gesicht, ein Teint; blass aussehen, werden; blass vor Schreck*⟩ **2** ohne kräftigen Farbton ↔ leuchtend *„ein blasses Grün"* **K** blassblau, blassgrün • *zu* (1) **Bläs·se** *die*

das **Blatt** (-(*e*)*s*, *Blät·ter*) **1** Blätter sind die flachen, grünen Teile an Pflanzen *„Die Bäume bekommen/verlieren schon ihre Blätter"* **K** Ahornblatt, Kleeblatt, Salatblatt *usw.* **2** ein rechteckiges Stück Papier ⟨*ein beschriebenes, leeres Blatt*⟩ *„Hast du mal ein Blatt Papier für mich?"* **K** Kalenderblatt **i** Bei Mengenangaben wird auch *Blatt* als Mehrzahl verwendet: *1000 Blatt Druckerpapier.* **3** ≈ Zeitung **K** Extrablatt, Wochenblatt **4** die Karten, die ein Spieler bei einem Kartenspiel bekommen hat ⟨*ein gutes, schlechtes Blatt haben*⟩

blät·tern (*blätterte, hat/ist geblättert*) **1** **in etwas** (*Dativ*) **blättern** (*hat*) die Seiten eines Buches oder einer Zeitung kurz betrachten und schnell zu den nächsten Blättern weitergehen **2** **etwas blättert (von etwas)** (*ist*) etwas löst sich in kleinen, flachen Stücken von etwas und fällt herunter ⟨*die Farbe, der Anstrich*⟩

blau ADJEKTIV (*blauer, blau*(*e*)*st-*) **1** von der Farbe des Himmels bei sonnigem Wetter *„blaue Augen haben"* **2** **jemand ist blau** *gesprochen* jemand hat zu viel Alkohol getrunken ≈ betrunken • *zu* (1) **Blau** *das*

das **Blech** (-*s*, -*e*) **1** ein Metall, das zu einer dünnen Schicht gewalzt wurde *„Das Blech ist verrostet"* **K** Blechdose **2** Kurzwort für *Backblech*

das **Blei** (-*s*) ein sehr schweres, relativ weiches, grau glänzendes Metall ⟨*schwer wie Blei*⟩ **i** chemisches Zeichen: Pb

blei·ben (*blieb, ist geblieben*) **1** **(irgendwo) bleiben** einen Ort, einen Platz (für einen Zeitraum) nicht verlassen *„Sie ist krank und bleibt heute im Bett"* | *„Er bleibt noch bis morgen, dann fährt er nach Hause"* **2** **(irgendwie) bleiben; etwas** (*Nominativ*) **bleiben; in etwas** (*Dativ*) **bleiben** weiterhin so sein wie bisher *„am Leben bleiben"* nicht sterben | *„Bleibt das Wetter so wie heute?"* **3** *Verb* + **bleiben** weiterhin im genannten Zustand, in der genannten Lage sein ⟨*hängen, liegen, sitzen, stehen bleiben*⟩ **4** **bei etwas bleiben** etwas, das man bereits gedacht oder gesagt hat, nicht ändern ⟨*bei einer Ansicht, einem Entschluss, einer Meinung bleiben*⟩ **5** **etwas bleibt (jemandem) (zu** +*Infinitiv*) etwas ist (oft als einzige Möglichkeit) noch für jemanden übrig, steht noch zur Verfügung *„Uns blieb nicht viel Zeit"* | *„Mir bleibt nur noch zu hoffen, dass sie wieder gesund wird"* **6** **es bleibt bei etwas** etwas wird nicht geändert, behält Gültigkeit, nichts anderes kommt hinzu *„Bleibt es bei unserer Abmachung?"* **ID** **Das bleibt unter uns!** Das soll keine andere Person erfahren

der **Blei·stift** ein Stift aus Holz, mit dem man schwarze Striche machen, schreiben und zeichnen kann ⟨*einen Bleistift* (*an*)*spitzen*⟩

blen·den (*blendete, hat geblendet*) **etwas blendet (jemanden)** etwas scheint einer Person so hell ins Gesicht, dass sie nichts oder nicht viel sehen kann *„Die Sonne blendet (mich)"*

der **Blick** (-(*e*)*s*, -*e*) **1** **ein Blick (auf jemanden/etwas)** der Vorgang, die Augen kurz auf jemanden/etwas zu richten ⟨*jemandes Blick fällt auf jemanden/etwas*⟩ *„Bevor er in den Zug einstieg, warf er noch einen Blick auf den Fahrplan"* **2** der Ausdruck, den die Augen einer Person haben ⟨*einen durchdringenden, sanften, verzweifelten Blick haben*⟩ **i** nicht in der Mehrzahl verwen-

B

det **3** **ein Blick (auf etwas** (*Akkusativ*)**)** die Möglichkeit, etwas von einer Stelle aus zu sehen ≈ Aussicht *„ein Zimmer mit Blick aufs Gebirge"* ❶ nicht in der Mehrzahl verwendet

bli·cken (*blickte, hat geblickt*) **1** **irgendwohin blicken** die Augen/den Blick irgendwohin richten *„zur Seite blicken"* **2** **irgendwie blicken** den genannten Gesichtsausdruck haben ⟨*finster, freundlich, streng blicken*⟩

blieb *Präteritum, 1. und 3. Person Singular* → bleiben

blies *Präteritum, 1. und 3. Person Singular* → blasen

blind ADJEKTIV **1** ohne die Fähigkeit, zu sehen *„Der Hund ist auf dem linken Auge blind"* **2** ohne zu sehen, was man tut (z. B. weil es dunkel ist oder man nicht hinsieht) *„Den Weg finde ich blind!"* **3** ohne vorher zu prüfen, ob etwas gut oder richtig oder ob jemand ehrlich ist ⟨*Gehorsam, Glaube, Vertrauen; jemandem blind gehorchen, vertrauen*⟩ **4** so, dass die Gefühle sehr stark sind und man deshalb nicht mehr vernünftig handelt ⟨*Angst, Hass, Wut; blind vor Eifersucht, Hass, Liebe, Wut sein*⟩ **5** **blind (für etwas)** so, dass man etwas Unangenehmes oder die Wahrheit nicht erkennt *„Liebe macht blind"*

blin·ken (*blinkte, hat geblinkt*) **1** **etwas blinkt** etwas leuchtet in kurzen Abständen auf *„Nachts blinken die Lichter der Stadt"* **2** beim Autofahren den Blinker betätigen *„Er bog nach rechts ab, ohne zu blinken"*

der **Blin·ker** (*-s, -*) Blinker sind die Lichter am Auto, mit denen man zeigt, dass man abbiegen will ❶ → Abb. unter **Auto**

blin·zeln (*blinzelte, hat geblinzelt*) die Augen mehrmals hintereinander schnell auf- und zumachen ⟨*mit den Augen blinzeln*⟩

der **Blitz** (*-es, -e*) ein sehr helles Licht, das man bei einem Gewitter plötzlich ganz kurz am Himmel sieht ⟨*Blitz und Donner; irgendwo schlägt ein Blitz ein*⟩ **K** Blitzschlag

blit·zen (*blitzte, hat geblitzt*) **1** **es blitzt** am Himmel sind Blitze zu sehen *„Es blitzt und donnert"* **2** **(jemanden) blitzen** *gesprochen* ein Fahrzeug, das zu schnell fährt oder an einer roten Ampel nicht hält, mit einer speziellen Kamera fotografieren

der **Block** (*-(e)s, -s/Blö·cke*) **1** (*Mehrzahl: Blöcke*) ein schweres, massives Stück Holz, Metall oder Stein mit Kanten **K** Eisblock, Steinblock **2** (*Mehrzahl: Blocks/Blöcke*) ein großes Wohngebäude mit mehreren Etagen **K** Wohnblock **3** (*Mehrzahl: Blocks/Blöcke*) eine Gruppe mehrerer (meist gleicher oder ähnlicher) Häuser, die aneinandergebaut oder im Viereck um einen Innenhof gebaut sind **K** Häuserblock **4** (*Mehrzahl: Blocks/Blöcke*) eine ziemlich große Zahl gleich großer Papierblätter, die an einer Seite zusammengeheftet sind, damit man sie einzeln abreißen kann **K** Schreibblock, Zeichenblock

die **Block·flö·te** eine Flöte aus Holz mit acht Löchern ❶ → Abb. unter **Instrument**

blo·ckie·ren (*blockierte, hat blockiert*) **1** **etwas blockieren** eine Sperre errichten, um zu verhindern, dass ein Weg oder ein Zugang benutzt werden kann *„Die Demonstranten blockierten die Straße mit alten Autos"* **2** **etwas blockiert etwas** etwas liegt so auf einem Weg o. Ä., dass man nicht daran vorbeifahren oder vorbeigehen kann *„Ein umgestürzter Lastwagen blockiert die Autobahn"*

blöd, **blö·de** ADJEKTIV; *gesprochen, abwertend* **1** mit wenig Intelligenz oder ohne Überlegung ⟨*ein Fehler, eine Frage, Gerede; sich blöd anstellen*⟩ ≈ dumm *„Er ist viel zu blöd, um das zu begreifen"* **2** verwendet, um Ärger über jemanden/etwas auszudrücken ≈ dumm *„Das blöde Auto springt nicht an!"* **3** unangenehm (und ärgerlich) ⟨*eine Angelegenheit, ein Gefühl, eine Geschichte*⟩ ≈ dumm • *zu* (1) **Blöd·heit** *die; zu* (3) **blö·der·wei·se** ADVERB

der **Blöd·sinn** *abwertend* etwas, das keinen Sinn hat, dummes Zeug ⟨*Blödsinn* *reden, schreiben, treiben*⟩ ≈ Unsinn ⓘ nicht in der Mehrzahl verwendet

blond ADJEKTIV [1] von gelblicher, heller Farbe ⟨*ein Bart, Locken; jemandes Haar*⟩ [K] dunkelblond [2] mit blondem Haar ⟨*ein Mädchen, ein Junge*⟩ [K] blond gelockt

bloß ADJEKTIV [1] ohne Kleidung ≈ nackt *„mit bloßem Oberkörper in der Sonne sitzen"* [2] ohne etwas Schützendes darauf, daran o. Ä. *„auf dem bloßen Erdboden liegen"* [3] ohne etwas Zusätzliches (darin, davor, dabei o. Ä.) *„etwas mit bloßem Auge erkennen"* ohne Brille, Fernglas o. Ä. [4] nichts anderes als *„Was er sagt, sind bloße Vermutungen"* ADVERB UND PARTIKEL [5] ≈ nur ⓘ *Bloß* kann fast immer anstelle von *nur* stehen, aber *nur* ist wesentlich häufiger.

blü·hen ['bly:ən] (*blühte, hat geblüht*) **etwas blüht** etwas hat gerade eine Blüte oder mehrere Blüten *„Die Mandelbäume blühen im März"*

die **Blu·me** (-, *-n*) [1] eine relativ kleine Pflanze mit auffälligen Blüten [K] Blumenbeet ⓘ → Abb. unter **Pflanze** [2] eine Blüte oder mehrere Blüten an einem Stiel oder Stängel ⟨*Blumen pflücken, schneiden, trocknen; ein Strauß Blumen*⟩ [K] Blumenstrauß, Blumenvase

die **Blu·se** (-, *-n*) ein Kleidungsstück aus leichtem Stoff, das Mädchen und Frauen am Oberkörper tragen ⟨*eine kurzärmelige, langärmelige Bluse*⟩ ⓘ → Abb. unter **Bekleidung**

das **Blut** (-*(e)s*) die rote Flüssigkeit in den Adern von Menschen und Tieren ⟨*jemandem Blut abnehmen; Blut spenden*⟩ [K] Blutuntersuchung, Blutverlust

der **Blut·druck** der Druck, den das strömende Blut in den Adern erzeugt ⟨*den Blutdruck messen*⟩

die **Blü·te** (-, *-n*) [1] der Teil einer Pflanze, der meist durch die Farbe oder den Duft besonders auffällt und aus dem sich die Frucht entwickelt *„ein Baum mit rosa Blüten"* [K] Blütenblatt [2] die Zeit, in der Pflanzen blühen [K] Baumblüte

blu·ten (*blutete, hat geblutet*) Blut (aus einer Wunde) verlieren *„Der Verletzte blutete aus dem Mund"* | *„eine heftig blutende Wunde"* • *hierzu* **Blu·tung** *die*

der **Bo·den** (*-s, Bö·den*) [1] die oberste Schicht der Erde, in der die Pflanzen wachsen *„Kartoffeln wachsen am besten in lockerem und sandigem Boden"* [2] die Fläche (im Freien und in Räumen), auf der man steht und geht/auf der (in Räumen) die Möbel stehen oder auf der man (im Freien) baut ⟨*auf den/zu Boden fallen, sinken, stürzen; auf dem/am Boden liegen; den Boden fegen, kehren, (auf)wischen, putzen*⟩ [K] Bodenbelag ⓘ nicht in der Mehrzahl verwendet [3] die unterste, horizontale Fläche eines Behälters o. Ä. *„Am Boden des Tanks hat sich Schmutz abgesetzt"* [4] die unterste Fläche eines Gewässers ≈ Grund *„auf dem/am Boden des Meeres"* [K] Meeresboden [5] der unbewohnte Raum direkt unter dem Dach eines Gebäudes [K] Bodenkammer; Dachboden

bog *Präteritum, 1. und 3. Person Singular* → biegen

der **Bo·gen** (*-s, -/Bö·gen*) [1] ein Teil einer nicht geraden Linie ≈ Kurve *„Der Fluss/Weg macht/beschreibt einen Bogen"* [2] ein Stück Mauer in der Form eines Bogens, das zwei Pfeiler oder Mauern verbindet [K] Torbogen [3] einen Bogen braucht man, um Geige, Cello usw. zu spielen [K] Geigenbogen [4] einen Bogen braucht man, um mit Pfeilen zu schießen ⟨*den Bogen spannen*⟩ [K] Bogenschießen [5] ein großes, rechteckiges Stück Papier für besondere Zwecke ⟨*ein Bogen Geschenkpapier, Packpapier, Zeichenpapier*⟩ [K] Briefbogen • *zu* (1) **bo·gen·för·mig** ADJEKTIV

die **Boh·ne** (-, *-n*) [1] eine Gemüsepflanze, die als kleiner Busch vorkommt oder an Stangen hochwächst und längliche, meist grüne Früchte hat [2] die Frucht der Bohne [K] Bohnensuppe ⓘ → Abb. unter **Gemüse** [3] der ovale Kern der Bohne ⟨*weiße, dicke Bohnen*⟩

boh·ren (*bohrte, hat gebohrt*) [1] **(etwas) (irgendwohin) bohren** mit einem

BOGEN

der Bogen (2)

der Bogen (3)

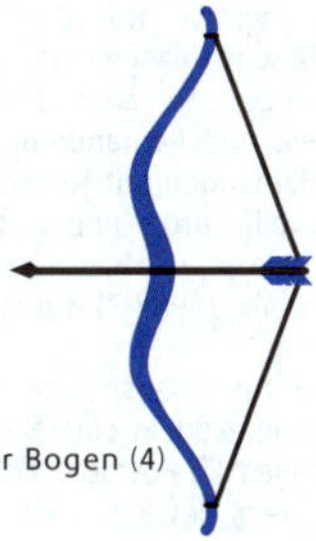

der Bogen (4)

Werkzeug ein Loch oder eine Öffnung in etwas machen ⟨*einen Brunnen, ein Loch bohren*⟩ [K] Bohrloch, Bohrmaschine [2] **(mit etwas) irgendwo bohren** etwas in eine Öffnung oder Fläche drücken und dabei drehen *„mit dem Finger in der Nase bohren"*

der **Boh·rer** (-s, -) ein Stab aus Metall, den man (meist mit einer Bohrmaschine) in hartes Material dreht und drückt, um Löcher zu machen (i) → Abb. unter **Werkzeug**

die **Bom·be** (-, -n) Bomben sind Waffen, die explodieren, wenn sie ihr Ziel treffen oder berührt werden ⟨*eine Bombe legen, entschärfen; Bomben (aus Flugzeugen) abwerfen*⟩ [K] Bombenanschlag, Bombendrohung; Atombombe

der **Bon·bon** [bɔŋ'bɔŋ, bõ'bõ:, 'bɔŋbɔŋ] *süddeutsch* Ⓐ *das*; (-s, -s) Bonbons sind hart, süß und bunt und werden aus Zucker gemacht ⟨*ein Bonbon lutschen*⟩ [K] Hustenbonbon

boos·tern ['bu:stɐn] (*boosterte, hat geboostert*) [1] **jemanden boostern** bei jemandem eine Auffrischungsimpfung durchführen *„Bist du schon geboostert?"* [2] **etwas boostern** die Wirkung von etwas wieder verstärken ⟨*das Immunsystem boostern*⟩ • zu (1) **Boos·ter·imp·fung** *die*

das **Boot** (-(e)s, -e) Boote sind kleine Fahrzeuge, mit denen man über das Wasser fährt [K] Paddelboot, Ruderboot (i) zu *Ruderboot* → Abb. unter **Schiff**

(der) **Bord** (-(e)s) [1] der obere, seitliche Rand eines Schiffes ⟨*jemanden/etwas über Bord werfen*⟩ [2] **an Bord** (+*Genitiv*) auf einem Schiff, in einem schnellen Zug, einem Flugzeug oder einem Raumschiff *„Der Kapitän begrüßte die Passagiere an Bord seiner Boeing"* [3] **an/von Bord gehen** ein Schiff, Flugzeug oder Raumschiff betreten/verlassen

der **Bord·stein** der Rand des Bürgersteigs, der aus länglichen Steinen besteht

bor·gen (*borgte, hat geborgt*) [1] **jemandem etwas borgen** jemandem etwas für kurze Zeit zur (meist kostenlosen) Benutzung geben ≈ leihen *„Kannst du mir deinen Schirm borgen?"* [2] **(sich (Dativ)) etwas (bei/von jemandem) borgen** sich etwas geben lassen, das man für kurze Zeit (meist kostenlos) benutzen darf ≈ ausleihen *„Er muss (sich) Geld bei seinem Sohn borgen"*

die **Bör·se** (-, -n) ein Markt, an dem die Preise von Aktien usw. oder von Waren (z. B. Gold, Kaffee) festgesetzt werden *„An der New Yorker Börse fiel der Kurs des Dollars"*

die **Bors·te** (-, -n) [1] ein steifes, dickes Haar vor allem des Schweins [2] ein künstlich hergestelltes Haar in der Art einer Borste, aus dem man Bürsten, Besen und Pinsel macht *„die Borsten der Zahnbürste"* (i) → Abb. unter **Besen**

bö·se ADJEKTIV [1] so, dass man anderen Personen absichtlich schadet oder gegen wichtige moralische Regeln verstößt ⟨*ein Mensch, Gedanken, Taten*⟩

≈schlecht ↔gut *„Das war nicht böse gemeint"* **2** sehr unangenehm ≈schlimm ↔gut *„eine böse Überraschung erleben"* **3** **(jemandem) böse sein**; **(auf jemanden/mit jemandem) böse sein** voller Ärger und Wut auf jemanden sein

bot *Präteritum, 1. und 3. Person Singular* → bieten

der **Bo·te** (*-n, -n*) eine Person, die man schickt, um jemandem eine Nachricht zu überbringen **K** Postbote ⓘ *der Bote; den, dem, des Boten* • *hierzu* **Bo·tin** *die*

die **Bot·schaft** (*-, -en*) NACHRICHT: **1** **eine Botschaft (für eine Person) (von jemandem)** eine Nachricht oder offizielle Mitteilung, die man einer Person bringen lässt ⟨*eine geheime Botschaft; jemandem eine Botschaft (über)senden; für jemanden eine Botschaft hinterlassen*⟩ POLITIK: **2** die offizielle diplomatische Vertretung eines Staates in einem anderen Staat *„Als er in Italien seinen Pass verloren hatte, wandte er sich an die deutsche Botschaft in Rom"*

die **Box** (*-, -en*) **1** ein Behälter mit Deckel **K** Kühlbox ⓘ → Abb. unter **Verpackung** **2** die Lautsprecher, die zu einer Musikanlage gehören **3** der abgeteilte Platz für ein Pferd in einem Stall **K** Pferdebox **4** ein Bereich an einer Rennstrecke, an dem die Autos eines Teams gewartet werden **K** Boxenstopp

bo·xen (*boxte, hat geboxt*) **(gegen jemanden) boxen** nach festen Regeln mit den Fäusten mit jemandem kämpfen **K** Boxkampf

der **Bo·xer** (*-s, -*) eine Person, welche die Sportart Boxen ausübt • *hierzu* **Bo·xe·rin** *die*

brach *Präteritum, 1. und 3. Person Singular* → brechen

brach·te *Präteritum, 1. und 3. Person Singular* → bringen

die **Bran·che** ['brã:ʃə]; (*-, -n*) alle Betriebe und Geschäfte, die mit der Herstellung oder dem Verkauf ähnlicher Produkte und Leistungen beschäftigt sind **K** Lebensmittelbranche, Textilbranche

der **Brand** (*-(e)s, Brän·de*) ein Feuer, das meist großen Schaden anrichtet ⟨*ein Brand bricht aus, wütet; einen Brand bekämpfen, löschen, verursachen*⟩ **K** Brandgefahr, Brandschutz; Waldbrand

brann·te *Präteritum, 1. und 3. Person Singular* → brennen

bra·ten (*brät, briet, hat gebraten*) **1** **etwas braten** etwas in heißem Fett in der Pfanne oder im Backofen braun und gar werden lassen ⟨*Fleisch, Fisch, ein Kotelett braten*⟩ **2** **etwas brät** etwas wird (in der Pfanne oder im Backofen) braun und gar *„Die Gans muss zwei Stunden braten"*

der **Bra·ten** (*-s, -*) ein (meist großes) Stück Fleisch, das im Herd oder an einem Spieß gebraten wird oder wurde ⟨*ein knuspriger, saftiger Braten; den Braten in den Ofen schieben; den Braten anschneiden*⟩ **K** Gänsebraten, Rinderbraten, Schweinebraten

die **Brat·sche** (*-, -n*) ein Musikinstrument, das ähnlich wie eine Geige aussieht, aber etwas größer ist und tiefer klingt ⓘ → Abb. unter **Instrument**

der **Brauch** (*-(e)s, Bräu·che*) Handlungen, die (schon seit langem) zu einer bestimmten Zeit normalerweise getan werden *„Es ist ein alter Brauch, an Weihnachten Geschenke zu machen"* **K** Hochzeitsbrauch, Osterbrauch

brau·chen (*brauchte, hat gebraucht*) BENÖTIGEN: **1** **eine Person/Sache (für jemanden) brauchen**; **eine Person/Sache (für/zu etwas) brauchen** eine Person/Sache (zu dem genannten Zweck) haben müssen ≈benötigen *„Diese Pflanze braucht viel Licht und Wasser"* **2** **etwas braucht etwas** für etwas ist etwas nötig *„Diese Arbeit braucht Zeit/Geduld"* VERBRAUCHEN: **3** **etwas brauchen** etwas für einen Zweck nehmen und verwenden, sodass es nicht mehr da ist *„Mein Auto braucht 7 Liter Benzin auf 100 Kilometer"* GEBRAUCHEN: **4** **jemanden/etwas (irgendwie) brauchen kön-**

nen irgendeine Verwendung für jemanden/etwas haben *„Können Sie noch Helfer brauchen?"* MIT INFINITIV: **5 nicht zu** *+Infinitiv* **brauchen** etwas nicht tun müssen *„Ihr braucht nicht länger zu warten"* **6 nur/bloß zu** *+Infinitiv* **brauchen** nichts anderes tun müssen als etwas *„Du brauchst nur auf den Knopf zu drücken, dann geht es los"*

die **Braue** (-, *-n*) einer der beiden Bogen über dem Auge, die aus feinen Haaren bestehen **K** Augenbraue ⓘ → Abb. unter **Auge** und **Gesicht**

brau·en (*braute, hat gebraut*) **etwas brauen** Bier herstellen

die **Brau·e·rei** (-, *-en*) **1** eine Firma, die Bier braut **2** das Gebäude, in dem Bier gebraut wird

braun ADJEKTIV (*brauner/bräuner, braunst-/bräunst-*) **1** von der Farbe, die Schokolade und Erde haben *„braune Augen haben"* **K** dunkelbraun **2** von relativ dunkler Hautfarbe (weil man lange in der Sonne war) ↔ blass *„ganz braun im Gesicht sein"* **3 braun gebrannt** vom Aufenthalt in der Sonne gebräunt • zu (1) **Braun** *das*

die **Braut** (-, *Bräu·te*) eine Frau am Tag ihrer Hochzeit **K** Brautkleid, Brautstrauß

der **Bräu·ti·gam** (*-s, -e*) ein Mann am Tag der eigenen Hochzeit

brav [-f] ADJEKTIV (*braver/gesprochen bräver* [-v-], *bravst-/gesprochen brävst* [-f-]) den Erwachsenen gehorchend ⟨*ein Kind*⟩ ≈ folgsam *„Wenn du brav bist, bekommst du ein Eis"*

bre·chen (*bricht, brach, hat/ist gebrochen*) HARTES: **1 etwas bricht** (*ist*) etwas teilt sich unter äußerem Druck oder durch Gewalt in zwei oder mehrere Stücke *„Am Nachmittag brach der Damm und der Fluss ergoss sich über die Felder"* **2 etwas brechen** (*hat*) etwas Hartes mit Gewalt in Stücke teilen oder von etwas trennen *„mit einer Stange Steine aus einer Mauer brechen"* **3 sich** (*Dativ*) **etwas brechen** (*hat*) sich so verletzen, dass ein Knochen in Teile bricht *„Er hat sich beim Skifahren das Bein gebrochen"* BESTEHENDES: **4 etwas brechen** (*hat*) sich nicht an ein Versprechen, nicht an eine gültige Regelung halten ⟨*ein Gesetz, einen Vertrag, ein Versprechen, den Waffenstillstand brechen*⟩ **5 einen Rekord brechen** (*hat*) durch eine bessere Leistung bewirken, dass der alte Rekord nicht mehr gilt BEI ÜBELKEIT: **6 (etwas) brechen** (*hat*) etwas aus dem Magen durch den Mund von sich geben ⟨*Blut, Galle brechen*⟩ ≈ erbrechen *„Ihm war schlecht und er musste brechen"* **ID etwas ist brechend/zum Brechen voll** *gesprochen* ein Lokal, ein Zug o. Ä. ist so voll, dass kein Platz mehr für weitere Personen da ist

der **Brei** (*-(e)s, -e*) eine gekochte, dickflüssige Speise aus z. B. Grieß, Haferflocken, Kartoffeln, Reis **K** Grießbrei, Kartoffelbrei

breit ADJEKTIV (*breiter, breitest-*) **1** so, dass es von der einen Seite zur anderen relativ weit ist ⟨*ein Fluss, eine Straße, ein Bett*⟩ ↔ schmal **2** so, dass die bezeichnete Strecke die kürzere ist ↔ lang *„Die Küche ist vier Meter lang und drei Meter breit"* **3** so, dass die gennannte Strecke von links nach rechts geht (und nicht von vorne nach hinten) ↔ hoch, tief *„Der Schrank ist 1,50 m breit und 40 cm tief"* **4** sehr viele Menschen betreffend ⟨*die Öffentlichkeit, die Masse, ein Interesse; eine breit angelegte Untersuchung*⟩

BREIT
SCHMAL

die **Brei·te** (-, *-n*) **1** (im Vergleich zur Länge oder Höhe) die kleinere horizontale Strecke einer Fläche oder eines Körpers *„Das Volumen eines Würfels berechnet man, indem man die Länge mit

B

der Breite und der Höhe multipliziert" **2** (im Gegensatz zur Höhe und Tiefe) die horizontale Strecke eines Gegenstandes, den man von vorn sieht *„Das Tor hat eine Breite von nur zwei Metern"* **3** die Entfernung eines Ortes vom Äquator ⟨*nördliche, südliche Breite*⟩ *„Rio de Janeiro liegt auf dem 22. Grad südlicher Breite"*

die **Brem·se** (-, -n) **1** mit der Bremse kann man ein Fahrzeug oder eine Maschine langsamer machen oder anhalten ⟨*die Bremsen quietschen; die Bremse betätigen*⟩ *„Das Unglück geschah, weil die Bremsen versagt haben"* **K** Bremspedal **2** ein Hebel oder Pedal, mit dem man die Bremse benutzt ⟨*(auf) die Bremse drücken, treten*⟩ **K** Handbremse, Notbremse

brem·sen (*bremste, hat gebremst*) **1** **(etwas) bremsen** mithilfe einer Bremse die Geschwindigkeit eines Fahrzeugs reduzieren ⟨*eine Lokomotive, einen Wagen bremsen; kurz, scharf bremsen*⟩ **2** **etwas bremsen** etwas so beeinflussen, dass es langsamer wird ⟨*eine Entwicklung bremsen*⟩

bren·nen (*brannte, hat gebrannt*) FEUER: **1** **etwas brennt** etwas produziert Flammen oder Glut (und wird dabei verbraucht) ⟨*ein Feuer, eine Kerze, ein Streichholz, eine Zigarette*⟩ **2** **etwas brennt** etwas wird vom Feuer zerstört oder beschädigt *„Die Scheune brennt. Da hat der Blitz eingeschlagen"* HITZE, LICHT: **3** **etwas brennt** ein Gerät, das Wärme oder Licht produziert, ist in Betrieb ⟨*der Herd, die Lampe, der Ofen*⟩ *„Er hat in der ganzen Wohnung das Licht brennen lassen"* SCHMERZEN: **4** **etwas brennt** etwas macht ein unangenehmes Gefühl oder Schmerzen *„Das Desinfektionsmittel brannte in der Wunde"* **5** **etwas brennt** ein Körperteil ist entzündet und schmerzt *„die Augen brennen"* HERSTELLUNG: **6** **eine CD/eine DVD brennen** Daten auf einer CD oder DVD speichern

das **Brett** (-(e)s, -er) **1** ein langes, flaches (und relativ breites) geschnittenes Stück Holz ⟨*Bretter schneiden, sägen*⟩ **K** Bretterbude, Bretterwand **2** eine Platte (aus Holz oder Pappe), die in Quadrate oder in Linien eingeteilt ist und auf der man Spielfiguren hin und her bewegt, z. B. bei Schach oder Mühle **K** Brettspiel; Schachbrett **3** **das Schwarze/schwarze Brett** eine Tafel, an der wichtige und aktuelle Informationen angebracht sind

der **Bre·xit** ['brɛksɪt]; (-s) der Ausstieg Großbritanniens aus der EU ⟨*harter/weicher Brexit*⟩

die **Bre·ze** (-, -n) ≈ Brezel

die **Bre·zel** (-, -n) ein salziges Stück Gebäck, das ungefähr die Form einer 8 hat **i** → Abb. unter **backen**

bricht *Präsens, 3. Person Singular* → brechen

der **Brief** (-(e)s, -e) eine persönliche, schriftliche Mitteilung in einem Umschlag, die man an jemanden schickt ⟨*jemandem/an jemanden einen Brief schreiben*⟩ **K** Briefpapier, Briefumschlag

der **Brief·kas·ten** **1** ein Behälter an Straßen, in den man Briefe und Postkarten wirft, damit sie von der Post befördert werden ⟨*ein Briefkasten wird geleert*⟩ **2** ein Behälter an Häusern und Wohnungstüren für die Post und Zeitungen, die man bekommt

die **Brief·mar·ke** Briefmarken kauft man von der Post und klebt sie auf Briefe, Pakete usw., bevor man sie abschickt **K** Briefmarkensammlung

die **Brief·ta·sche** eine kleine Mappe, in der man Ausweis, Geldscheine usw. mit sich trägt

der **Brief·trä·ger** eine Person, die beruflich Briefe und Päckchen zu den Empfängern bringt ≈ Postbote • *hierzu* **Brief·trä·ge·rin** *die*

briet *Präteritum, 1. und 3. Person Singular* → braten

die **Bril·le** (-, -n) geschliffene Gläser, die man in einem Gestell auf der Nase trägt, damit man besser sehen kann ⟨*eine Brille für die Nähe, Ferne; eine Brille brauchen, tragen, aufsetzen, abnehmen, putzen*⟩

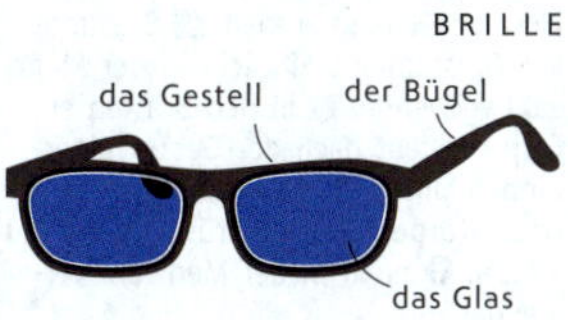

K Brillengestell; Sonnenbrille

brin·gen (*brachte, hat gebracht*) **1** **etwas irgendwohin bringen; jemandem etwas bringen** bewirken, dass etwas an den genannten Ort oder zu der genannten Person gelangt *„Er hat die Briefe zur Post gebracht"* **2** **jemanden irgendwohin bringen** jemanden (zu Fuß oder mit einem Fahrzeug) irgendwohin begleiten *„Er brachte sie nach dem Kino nach Hause"* **3** **etwas bringt etwas** ein Massenmedium informiert das Publikum oder unterhält es mit etwas *„Das Fernsehen bringt heute Abend einen tollen Film"* **4** **etwas bringt etwas** etwas hat etwas zum Ergebnis *„Das bringt nur Ärger"* **5** **jemanden zu etwas bringen** erreichen, dass jemand etwas tut *„Er konnte mich immer wieder zum Lachen bringen"* **6** **etwas nicht über sich** (*Akkusativ*) **bringen** sich nicht entschließen können, etwas (Unangenehmes) zu tun *„Ich bringe es nicht über mich, ihm die Wahrheit zu sagen"* **7** **jemanden um etwas bringen** einer Person Schaden zufügen, indem man ihr etwas wegnimmt *„Der Dieb hat die alte Frau um ihre Ersparnisse gebracht"* **8** **etwas bringt etwas mit sich** etwas hat etwas zur Folge *„Mein Job bringt es mit sich, dass ich oft im Ausland bin"*

brö·ckeln (*bröckelte, hat/ist gebröckelt*) **etwas bröckelt (von etwas)** (*ist*) etwas zerfällt in kleine Stücke (und fällt von irgendwo herunter) ‹*Gestein, der Putz*› *„Der Putz bröckelt schon von der Mauer"*

der **Bro·cken** (*-s, -*) **ein Brocken** (*+Substantiv*) Brocken sind Stücke mit unregelmäßiger Form, in die z. B. ein Stein zerbricht oder die man von einem Brot abreißt

die **Bro·schü·re** (*-, -n*) ein kleines Heft oder Buch mit Informationen

der **Brö·sel** *süddeutsch* Ⓐ *das;* (*-s, -*) sehr kleine Stückchen meist von Brot, Brötchen oder Kuchen

brö·seln (*bröselte, hat gebröselt*) **etwas bröselt** etwas ist so trocken, dass Krümel abfallen ‹*ein Kuchen, ein Brötchen*›

das **Brot** (*-(e)s, -e*) **1** ein wichtiges Nahrungsmittel, das aus Mehl, Wasser, Salz und Hefe o. Ä. gebacken wird ‹*ein Laib, eine Scheibe Brot*› K Vollkornbrot, Weißbrot ℹ nicht in der Mehrzahl verwendet **2** Brot als einzelnes, ganzes Stück, wie es gebacken wird *„Hole bitte zwei Brote vom Bäcker"* K Brotkorb, Brotkrümel, Brotmesser, Brotrinde ℹ → Abb. unter **backen**; zu *Brotkorb* → Abb. unter **Frühstück**; zu *Brotkrümel* → Abb. unter **Stück**; **3** eine Scheibe, die vom Brot abgeschnitten wird ‹*Brote schmieren, streichen*› *„ein Brot mit Wurst und Käse belegen"* K Butterbrot, Käsebrot, Wurstbrot ℹ → Abb. unter **Stück** ID **das tägliche Brot** **a** alles, was man jeden Tag zum Essen braucht **b** das, was jemand jeden Tag erlebt oder aushalten muss *„Kummer und Sorgen waren unser tägliches Brot"*

das **Bröt·chen** (*-s, -*) Brötchen sind rund oder oval, werden meist aus Weizenmehl gebacken und vor allem zum Frühstück gegessen K Käsebrötchen, Wurstbrötchen ℹ → Abb. unter **backen**

der **Bruch** (*-(e)s, Brü·che*) **1** Bei einem Bruch wird ein Gegenstand unter äußerem Druck in zwei oder mehrere Stücke geteilt ‹*etwas geht zu Bruch/in die Brüche* (= *etwas bricht*)› **2** die Missachtung einer mündlichen oder schriftlichen Regelung ‹*der Bruch eines Vertrages, des Waffenstillstands*› K Vertragsbruch ℹ nicht in der Mehrzahl verwendet **3** der Zustand, dass ein Knochen in zwei oder mehrere

B

Stücke gebrochen ist ⟨*ein einfacher, glatter, komplizierter, offener Bruch*⟩ K Beinbruch 4 eine Zahl, die so geschrieben wird, dass eine Zahl über dem Strich (der Zähler) durch eine andere Zahl unter dem Strich (den Nenner) zu teilen ist, z. B. 1/9, 3/4 K Bruchrechnen, Bruchstrich, Bruchzahl

die **Brü·cke** (-, *-n*) **eine Brücke (über etwas** (*Akkusativ*)**)** Brücken baut man über Hindernisse im Weg, wie z. B. über Flüsse, Täler, Eisenbahnlinien ⟨*über eine Brücke fahren; eine Brücke passieren*⟩ *„Die Brücke spannt sich/führt über den Fluss"* K Brückengeländer; Eisenbahnbrücke

der **Bru·der** (*-s, Brü·der*) 1 ein männlicher Verwandter, der dieselben Eltern hat ⟨*mein jüngerer, älterer, leiblicher Bruder*⟩ ↔ Schwester *„Wie viele Geschwister hast du?" – „Einen Bruder und zwei Schwestern."* ℹ → Abb. unter **Familie** 2 ein Mitglied eines katholischen Ordens ≈ Mönch ℹ auch als Anrede verwendet: *Bruder Konrad*

die **Brü·he** ['bry:ə]; (-, *-n*) die Flüssigkeit, die entsteht, wenn man Fleisch, Knochen oder Gemüse in Wasser kocht K Fleischbrühe

brü·hen ['bry:ən] (*brühte, hat gebrüht*) **etwas brühen** ein Getränk mit heißem Wasser zubereiten ⟨*Kaffee, Tee brühen*⟩

brum·men (*brummte, hat gebrummt*) **etwas brummt** etwas erzeugt tiefe, lang gezogene, monotone Laute ⟨*eine Fliege, ein Käfer, ein Bär, ein Motor, ein Flugzeug*⟩

der **Brun·nen** (*-s, -*) 1 ein tiefes Loch, das in die Erde gegraben (und oft von einer Mauer umgeben) ist, um daraus Wasser holen zu können ⟨*einen Brunnen bohren, graben; Wasser aus dem Brunnen holen*⟩ *„Der Brunnen ist versiegt"* Er gibt kein Wasser mehr K Brunnenwasser 2 ein künstlerisch gestaltetes Becken meist mit einer Wasserfontäne K Springbrunnen

die **Brust** (-, *Brüs·te*) 1 der vordere Teil des Oberkörpers mit den Rippen, der Herz und Lunge enthält K Brustmuskel, Brustumfang ℹ nicht in der Mehrzahl verwendet 2 in den Brüsten einer Frau entsteht nach der Geburt eines Kindes Milch K Brustkrebs ℹ → Abb. unter **Körper** 3 beide Brüste einer Frau ≈ Busen ℹ nicht in der Mehrzahl verwendet

das **Brust·schwim·men** mit dem Bauch nach unten schwimmen und dabei die Arme im Wasser gleichzeitig nach vorn und anschließend nach außen und hinten bewegen

die **Brust·war·ze** jede der beiden kleinen dunklen Spitzen an der Brust ℹ → Abb. unter **Körper**

bru·tal ADJEKTIV ohne Rücksicht und mit roher Gewalt ⟨*ein Mensch, ein Verbrechen; jemanden brutal misshandeln*⟩ ≈ grausam • *hierzu* **Bru·ta·li·tät** *die*

brü·ten (*brütete, hat gebrütet*) **ein Tier brütet** ein Huhn, ein Vogel o. Ä. sitzt so lange auf befruchteten Eiern, bis die Jungtiere ausschlüpfen

brut·to ADVERB 1 zusammen mit der Verpackung ↔ netto *„Das Päckchen Kaffee wiegt ein Kilogramm brutto/brutto ein Kilogramm"* K Bruttogewicht 2 (von Löhnen, Gehältern o. Ä.) bevor Steuern und Versicherungsbeiträge abgezogen sind ↔ netto *„Sie verdient nur 1.400 Euro brutto im Monat"* K Bruttolohn

das **Buch** (*-(e)s, Bü·cher*) 1 ein Buch besteht aus vielen Blättern Papier und einem festen Umschlag ⟨*ein Buch aufschlagen, zuklappen; in einem Buch blättern*⟩ K Buchumschlag; Bücherregal; Malbuch, Notizbuch, Tagebuch 2 der Text in einem Buch ⟨*ein spannendes, langweiliges Buch; ein Buch schreiben, drucken, herausgeben, lesen*⟩ K Schulbuch, Kochbuch 3 in den Büchern einer Firma werden Einnahmen und Ausgaben notiert und gegenübergestellt ⟨*die Bücher führen*⟩ 4 **über etwas** (*Akkusativ*) **Buch führen** ständig Daten in eine Liste eintragen *„Sie führt gewissenhaft Buch über ihre Einnahmen* *und Ausgaben"*

bu·chen (*buchte, hat gebucht*) **1** **(etwas (für jemanden)) buchen** (für jemanden) einen Platz für eine Reise, in einem Hotel o. Ä. reservieren lassen ⟨*ein Zimmer, eine Kabine, einen Flug buchen*⟩ *„Buchen Sie für uns bitte einen Flug nach Rio de Janeiro"* **2** **etwas buchen** etwas in einem Buch notieren oder registrieren ⟨*Geld auf ein Konto buchen*⟩ • *hierzu* **Bu·chung** *die*

die **Bü·che·rei** (-, *-en*) eine meist öffentliche Bibliothek, in der man Bücher ausleihen kann **K** Schulbücherei, Stadtbücherei

die **Buch·hal·tung** **1** das systematische Notieren und Registrieren der Einnahmen und Ausgaben in einem Betrieb o. Ä. **i** nicht in der Mehrzahl verwendet **2** die Abteilung eines Betriebs, in der die Buchhaltung gemacht wird

die **Buch·hand·lung** ein Laden, in dem man Bücher kaufen kann

die **Büch·se** ['bʏksə]; (-, *-n*) ein Gefäß aus Metall, in dem Lebensmittel konserviert werden ≈ Dose **K** Konservenbüchse

der **Buch·sta·be** (*-ns, -n*) eines der grafischen Zeichen, aus denen geschriebene Wörter bestehen *„Das Wort „Rad" besteht aus drei Buchstaben"* **K** Großbuchstabe, Kleinbuchstabe

buch·sta·bie·ren (*buchstabierte, hat buchstabiert*) **(etwas) buchstabieren** die Buchstaben eines Wortes in ihrer Reihenfolge einzeln nennen *„Buchstabieren Sie bitte langsam und deutlich Ihren Namen!"*

die **Bucht** (-, *-en*) der Teil eines Meeres oder Sees, der sich in Form eines Bogens ins Land hinein erstreckt **K** Meeresbucht

der **Bu·ckel** (*-s, -*) eine stark nach außen gebogene Stelle am Rücken *„Der alte Mann hat einen Buckel"*

bü·cken (*bückte sich, hat sich gebückt*) **sich bücken** den Oberkörper nach vorn und nach unten bewegen (oft um mit der Hand den Boden zu berühren)

das **Bud·get** [bʏ'dʒeː]; (*-s, -s*) **1** das Geld, das jemandem, einer Institution usw. in einem begrenzten Zeitraum für einen besonderen Zweck zur Verfügung steht **2** ein Plan, in dem bestimmt wird, wie viel Geld der Staat (z. B. durch Steuern) einnimmt und wie viel er ausgibt ≈ Etat

das **Büf·fet** [bʏ'feː]; (*-s, -s*) **1** **ein (kaltes/warmes) Büffet** (vor allem bei Festen) die kalten/warmen Speisen, die auf einem langen Tisch zur Auswahl stehen und die man sich meist selbst nehmen kann **2** ein Tisch in einem Lokal, auf dem Speisen und Getränke zur Auswahl stehen

der **Bü·gel** (*-s, -*) **1** Kurzwort für *Kleiderbügel „die Kleider auf Bügel hängen"* **2** einer der beiden seitlichen Teile der Brille, die man über die Ohren legt **i** → Abb. unter **Brille**

das **Bü·gel·ei·sen** (*-s, -*) ein elektrisches Gerät, mit dem man durch Hitze Kleidung und andere Dinge aus Stoff glatt macht **K** Dampfbügeleisen

bü·geln (*bügelte, hat gebügelt*) **(etwas) bügeln** Kleidungsstücke oder Stoffe mit einem heißen Bügeleisen glatt machen ⟨*eine Hose, eine Bluse bügeln*⟩ **K** Bügelbrett, Bügelwäsche

die **Büh·ne** (-, *-n*) die (leicht erhöhte) Fläche in einem Theater, auf der die Schauspieler zu sehen sind ⟨*auf die Bühne treten*⟩

der **Bund** (*-(e)s, Bün·de*) **1** eine organisierte Verbindung von zwei oder mehreren Partnern ⟨*sich zu einem Bund zusammenschließen; einem Bund beitreten, angehören*⟩ ≈ Vereinigung **K** Ärztebund **2** (in einem Staat wie Deutschland oder Österreich) der gesamte Staat im Gegensatz zu den einzelnen Bundesländern *„Bund und Länder"* **K** Bundeshauptstadt, Bundesregierung **3** ein fester Stoffstreifen, der einen Rock oder eine Hose an der Taille abschließt **K** Hosenbund **4** ein Bündel aus Pflanzen (-teilen) meist von Blumen, Kräutern oder Gemüse ⟨*ein Bund Petersilie, Radieschen*⟩

der **Bun·des·kanz·ler** Ⓐ Ⓓ der Chef der

B

Bundesregierung • *hierzu* **Bun·des·kanz·le·rin** *die*

das **Bun·des·land** Ⓓ Ⓐ ein Land, das zusammen mit anderen einen Bundesstaat bildet

die **Bun·des·li·ga** Ⓓ die höchste Spielklasse in einer Sportart ⟨*in die Bundesliga aufsteigen; aus der Bundesliga absteigen*⟩ **K** Eishockeybundesliga, Fußballbundesliga

der **Bun·des·rat** **1** Ⓓ Ⓐ eine Art Parlament, das nicht direkt gewählt wird, sondern sich aus Vertretern der einzelnen Bundesländer zusammensetzt. Der Bundesrat wirkt bei manchen Aufgaben des Bundestags/Nationalrats mit ⓘ nicht in der Mehrzahl verwendet **2** Ⓒⓗ die Regierung der Schweiz ⓘ nicht in der Mehrzahl verwendet **3** Ⓐ Ⓒⓗ ein Mitglied des Bundesrats • *zu* (3) **Bun·des·rä·tin** *die*

die **Bun·des·re·pub·lik** Kurzwort für *Bundesrepublik Deutschland* ⓘ nicht in der Mehrzahl verwendet

der **Bun·des·staat** **1** ein Staat, der aus mehreren Ländern besteht **2** ein Land als Teil des Bundes

die **Bun·des·stra·ße** Ⓓ Ⓐ eine relativ breite Straße, die größere Teile des Landes verbindet

der **Bun·des·tag** Ⓓ das direkt gewählte Parlament in der Bundesrepublik Deutschland **K** Bundestagsmitglied ⓘ nicht in der Mehrzahl verwendet; vergleiche **Bundesrat**

die **Bun·des·wehr** (-); Ⓓ die Armee der Bundesrepublik Deutschland *„Auslandseinsätze der Bundeswehr"* **K** Bundeswehrsoldat

das **Bünd·nis** (*-ses, -se*) **ein Bündnis (mit jemandem)** ein Zusammenschluss von Partnern (meist von Staaten), der auf einem Vertrag basiert und der oft den Zweck hat, dass man sich gegenseitig hilft ⟨*ein Bündnis eingehen, schließen*⟩ **K** Bündnispartner

bunt ADJEKTIV (*bunter, buntest-*) **1** mit mehreren verschiedenen (leuchtenden) Farben ⟨*ein Bild, ein Blumenstrauß, ein Kleid*⟩ ≈ farbig **K** Buntspecht **2** mit gemischtem Inhalt ⟨*ein Abend, ein Programm*⟩

der **Bunt·stift** ein Zeichen- oder Malstift mit einer farbigen Mine

die **Burg** (*-, -en*) früher wohnten Herrscher in Burgen mit dicken Mauern, um sich vor Feinden zu schützen *„die Burgen des Rheintals"* **K** Burggraben, Burgruine; Ritterburg ⓘ nicht verwechseln: *Schlösser* sind prunkvoll und *Burgen* dienen dem Schutz vor Feinden

der **Bür·ger** (*-s, -*) **1** eine Person mit der Staatsbürgerschaft eines Landes *„die Rechte und Pflichten der Bürger"* **K** Bürgerpflicht; Staatsbürger **2** ein Einwohner einer Stadt oder Gemeinde, ein Mitglied der Gesellschaft • *hierzu* **Bür·ge·rin** *die*

die **Bür·ger·ini·ti·a·ti·ve** eine Gruppe von Bürgern, die versucht, die Aufmerksamkeit der Öffentlichkeit auf solche Probleme zu lenken, die von der Regierung oder der Gemeinde nicht oder nur schlecht gelöst wurden ⟨*eine Bürgerinitiative gründen*⟩

der **Bür·ger·meis·ter**, **Bür·ger·meis·ter** der oberste Repräsentant einer Stadt oder Gemeinde • *hierzu* **Bür·ger·meis·te·rin**, **Bür·ger·meis·te·rin** *die*

der **Bür·ger·steig** (in Städten) ein besonderer, meist erhöhter Weg für Fußgänger an der Seite einer Straße ⟨*den Bürgersteig benutzen; auf dem Bürgersteig bleiben*⟩ ≈ Gehsteig, Gehweg

das **Bü·ro** (*-s, -s*) in Büros werden die schriftlichen Arbeiten, die Verwaltung und Organisation von Firmen und Institutionen erledigt

die **Bü·ro·klam·mer** eine Klammer aus gebogenem Draht, mit der man Blätter zusammenheftet ⓘ → Abb. unter **Klammer**

die **Bürs·te** (*-, -n*) mit einer Bürste (und deren Borsten) pflegt man etwas und macht es sauber **K** Haarbürste, Kleiderbürste, Zahnbürste

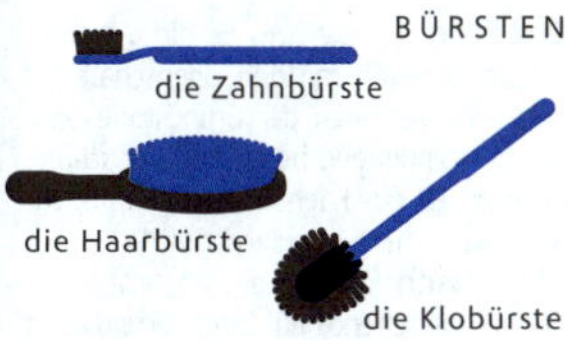

bürs·ten (*bürstete, hat gebürstet*) **1** **etwas (von etwas) bürsten** etwas mit einer Bürste entfernen ⟨*Staub, Schmutz von den Kleidern, Schuhen bürsten*⟩ **2** **etwas bürsten** etwas mit einer Bürste behandeln und somit pflegen oder säubern ⟨*das Haar, die Zähne, die Haut bürsten*⟩

er **Bus** (*-ses, -se*) ein langes und großes Auto mit vielen Sitzplätzen, in dem Fahrgäste befördert werden ≈ Omnibus **K** Busfahrer, Bushaltestelle, Buslinie; Fernbus, Reisebus, Schulbus

er **Busch** (*-(e)s, Bü·sche*) **1** eine Pflanze ohne Stamm mit vielen Ästen aus Holz ≈ Strauch **K** Holunderbusch **i** → Abb. unter **Pflanze** **2** eine trockene Zone vor allem in Afrika und Australien, in der meist nur niedrige Büsche wachsen **i** nicht in der Mehrzahl verwendet

er **Bu·sen** (*-s, -*) beide Brüste der Frau **i** → Abb. unter **Körper**

bü·ßen (*büßte, hat gebüßt*) **etwas (mit etwas) büßen (müssen)** die negativen Folgen eines großen Fehlers, den man gemacht hat, (als Strafe) ertragen (müssen)

er **Büs·ten·hal·ter**, **Büs·ten·hal·ter** ein Wäschestück für Frauen, welches die Brüste stützt oder formt **i** Abkürzung: *BH*

e **But·ter** (*-*) ein Fett, das man aus Milch macht und aufs Brot streicht oder zum Kochen und Backen verwendet **K** Butterdose, Buttermesser **i** → Abb. unter **Frühstück**

b.w. Abkürzung für *bitte wenden* → wenden

bzw. Abkürzung für *beziehungsweise*

C

das **C, c** [tseː]; (*-, -/gesprochen auch -s*) der dritte Buchstabe des Alphabets ⟨*ein großes C; ein kleines c*⟩

ca. [ˈtsɪrka] Abkürzung für *circa*

das **Cab·rio** [k-]; (*-s, -s*) Kurzwort für *Cabriolet*

das **Cab·ri·o·let** [kabrioˈleː]; (*-s, -s*) ein Auto, bei dem man das Dach nach hinten klappen kann ↔ Limousine

das **Ca·fé** [kaˈfeː]; (*-s, -s*) eine Gaststätte, in der man Kaffee trinken und Kuchen essen kann **K** Straßencafé

die **Ca·fe·te·ria** [kafetəˈriːa]; (*-, -s*) ein Restaurant, in dem man sich Speisen und Getränke meist selbst holt

cam·pen [ˈkɛmpn̩] (*campte, hat gecampt*) **(irgendwo) campen** eine kürzere Zeit während des Urlaubs in einem Zelt oder Wohnwagen wohnen *„Wir campen am Seeufer"*

das **Cam·ping** [ˈkɛmpɪŋ]; (*-s*) der Aufenthalt im Zelt oder Wohnwagen während des Urlaubs **K** Campingausrüstung, Campingplatz, Campingurlaub

die **CD** [tseːˈdeː]; (*-, -s*) Compact Disc eine runde Scheibe aus Kunststoff, auf der Daten (Texte, Bilder, Musik) gespeichert sind

der **CD-Play·er** [tseːˈdeːpleːjɐ]; (*-s, -*) ein elektronisches Gerät, mit dem man CDs abspielen kann

die **CD-ROM** [tsedeˈrɔm]; (*-, -(s)*) eine CD mit Daten, die ein Computer lesen, aber nicht verändern kann *„ein Programm auf CD-ROM"*

das **Cel·lo** [ˈtʃɛlo]; (*-s, Cel·li*) ein großes Instrument mit tiefem Klang, das wie eine große Geige aussieht und das man beim Spielen zwischen den Knien hält **i** → Abb. unter **Instrument**

Cel·si·us [ˈtsɛlzi̯ʊs] verwendet als Bezeichnung für eine Skala, mit welcher die Temperatur gemessen wird *„Wasser kocht bei hundert Grad Celsius"* 100 °C **i** Abkürzung: C

der **Cent** (-(s), -(s)) **1** [tsɛnt] die kleinste Einheit der europäischen Währung *„Ein Euro hat 100 Cent"* ⓘ Der Plural lautet *Cents*, wenn man von einzelnen Münzen spricht und *Cent*, wenn man von der Summe spricht. Abkürzung nach Zahlen: *c.* oder *ct.* **2** [sɛnt] die kleinste Einheit der amerikanischen Währung *„Ein Dollar hat 100 Cent"* ⓘ Abkürzung nach Zahlen: ¢

CH [tse:'ha:] Confoederatio Helvetica verwendet als Bezeichnung für die Schweiz (meist bei Adressen und Kraftfahrzeugen)

die **Chan·ce** ['ʃã:sə, ʃã:s]; (-, *-n*) **eine Chance (auf etwas** (*Akkusativ*)) eine günstige Gelegenheit, die Möglichkeit oder die Wahrscheinlichkeit, etwas zu erreichen ⟨*eine Chance verpassen, wahrnehmen*⟩ *„Du hast gute Chancen, im Beruf weiterzukommen"* | *„Sein Plan hatte nicht die geringste Chance auf Erfolg"*

das **Cha·os** ['ka:ɔs]; (-) ein sehr großes Durcheinander (oft verbunden mit Zerstörung) *„Was habt ihr hier wieder für ein Chaos angerichtet?"*

der **Cha·rak·ter** [ka-]; (-s, *Cha·rak·te·re*) **1** alle Eigenschaften, die das Verhalten (eines Menschen, eines Tieres, einer Gruppe) bestimmen und somit von anderen unterscheiden ≈ Wesen *„Was hat der nur für einen fiesen Charakter!"* **K** Charakterfehler, Charakterschwäche **2** ein besonderes Merkmal einer Sache *„eine Landschaft von südländischem Charakter"* **3** eine Figur (mit entsprechenden Eigenschaften oder Merkmalen) in einem Schauspiel, Roman o. Ä.

der **Charme** [ʃarm]; (-s) die sympathische Art, die eine Person oder Sache attraktiv macht *„Er ließ seinen Charme spielen, um mich zu überreden"* Er benutzte seinen Charme dazu

der **Chef** [ʃɛf]; (-s, -s) ein Mann, der eine Gruppe von Mitarbeitern leitet ⟨*der Chef der Firma, des Betriebs, des Unternehmens, des Konzerns*⟩ *„einen strengen Chef haben"* **K** Firmenchef

die **Che·mie** [çe-, ke-]; (-) **1** die Wissenschaft, die sich mit den Eigenschaften und dem Verhalten der Grundstoffe und ihrer Verbindungen beschäftigt *„Er studiert Chemie"* **2** ein Fach in der Schule, in welchem Chemie gelehrt wird

che·misch ['çe:-, 'ke:-] ADJEKTIV die Chemie betreffend, auf ihren Grundlagen beruhend ⟨*ein Experiment, die Industrie*⟩

chic [ʃɪk] ADJEKTIV → schick • *hierzu* **Chic** *der*

chi·ne·sisch [çi-, ki-] ADJEKTIV in Bezug auf China, seine Bewohner oder deren Sprache

der **Chip** [tʃɪp]; (-s, -s) **1** auf Chips werden die Informationen in einem Computer usw. gespeichert **2** Tüten mit knusprigen Chips aus Kartoffeln kauft man im Supermarkt **K** Kartoffelchips

der **Chor** [ko:ɐ̯]; (-(e)s, *Chö·re*) **1** eine Gruppe von Personen, die gemeinsam singen ⟨*ein gemischter Chor; einen Chor leiten*⟩ **K** Chorleiter; Kirchenchor **2** ein gemeinsames Rufen oder Sprechen mehrerer Personen ⟨*etwas im Chor sprechen*⟩ *„Willkommen!", riefen alle im Chor"* **3** der nach Osten gerichtete Teil einer Kirche, in dem der Altar steht

der **Christ** [krɪst]; (*-en, -en*) ein Mitglied einer christlichen Religion ⟨*ein gläubiger, überzeugter, getaufter Christ*⟩ ⓘ *der Christ; den, dem, des Christen* • *hierzu* **Chris·tin** *die*

das **Chris·ten·tum** [k-]; (-s) der Glaube, dessen Grundlage die Lehre von Jesus Christus ist ⟨*sich zum Christentum bekennen; jemanden zum Christentum bekehren*⟩

christ·lich [k-] ADJEKTIV der Lehre von Jesus Christus folgend ⟨*der Glaube, die Religion*⟩

(der) **Chris·tus** [k-]; (*Chris·ti*) **vor/nach Christus** vor/nach dem Beginn der Zeitrechnung, die besonders in Europa und Amerika verwendet wird ⓘ Abkürzung: *v. Chr./n. Chr.*

die **Chro·nik** [k-]; (-, *-en*) ein Bericht, welcher die geschichtlichen Ereignisse in ihrer genauen Reihenfolge schildert

chro·nisch [k-] ADJEKTIV ⟨*eine Krank-*

heit, Schmerzen⟩ so, dass sie sehr lange dauern *„eine chronische Erkältung haben"*

cir·ca ['tsɪrka] *ADVERB* → zirka

r **Clown** [klaun]; (-s, -s) eine Person meist im Zirkus, die lustig geschminkt ist, Späße macht und die Zuschauer zum Lachen bringt [K] Zirkusclown

r **Club** [k-]; (-s, -s) → Klub

r **Code** [koːt, koʊd]; (-s, -s) einen Code benutzt man, wenn man will, dass nur der beabsichtigte Empfänger eine Nachricht verstehen kann • *hierzu* **co·die·ren** (*hat*); **Co·die·rung** *die*

s/die **Co·la** ['koːla]; (-(s)/-, -/-s) eine braune Limonade, die Koffein enthält [K] Coladose

r **Com·pu·ter** [kɔm'pjuːtɐ]; (-s, -) eine elektronische Anlage, die Daten speichern und wiedergeben und schnell rechnen kann ⟨*am Computer arbeiten; Daten in den Computer eingeben, mit dem Computer erfassen*⟩ [K] Computerkenntnisse, Computerprogramm

cool [kuːl] *ADJEKTIV; gesprochen* [1] ruhig, gelassen und überlegen ⟨*cool bleiben*⟩ [2] verwendet, um jemanden/etwas sehr positiv zu bewerten *„ein cooler Typ"*

Co·ro·na *ohne Artikel* [1] *gesprochen* Kurzwort für *Coronavirus* [2] *gesprochen* Kurzwort für die Erkrankung, die durch das Coronavirus ausgelöst wird ⟨*Corona haben; gegen Corona geimpft sein*⟩ [K] Corona-App, Corona-Impfung, Coronakrise, Coronavirus

e **Couch** [kautʃ]; (-, -s/*auch* -en) ≈ Sofa

r **Cou·sin** [ku'zɛ̃ː]; (-s, -s) der Sohn einer Schwester oder eines Bruders der Eltern ≈ Vetter ⓘ → Abb. unter **Familie**

e **Cou·si·ne** [ku'ziːnə]; (-, -n), **Kusine** die Tochter einer Schwester oder eines Bruders der Eltern ⓘ → Abb. unter **Familie**

CO·VID-19, **Co·vid-19** *ohne Artikel* Kurzwort für *corona virus disease 2019*: Atemwegserkrankung, die durch das Coronavirus ausgelöst wird ⟨*an COVID-19 erkrankt sein*⟩

e **Creme** [kreːm]; (-, -s/Ⓐ Ⓒⓗ -n [-ən]) [1] eine dickflüssige, oft schaumige, süße Speise *„eine Torte mit Creme füllen"* [K] Cremespeise; Schokoladencreme [2] eine weiche, fettige Masse (oft mit Parfüm) in Tuben oder kleinen Dosen, die man auf die Haut reibt [K] Handcreme, Sonnencreme • *hierzu* **cre·mig** *ADJEKTIV*

D

D

das **D**, **d** [deː]; (-, -/*gesprochen auch* -s) der vierte Buchstabe des Alphabets ⟨*ein großes D; ein kleines d*⟩

da *ADVERB* ORT: [1] meist zusammen mit einer Geste verwendet, um auf einen Ort zu verweisen, wo der Sprecher nicht ist ⟨*da drinnen, draußen, drüben, oben, unten, vorn*⟩ ≈ dort ↔ hier *„Da sind die Schlüssel!"* [2] *gesprochen* verwendet als begleitenden Kommentar, wenn man jemandem etwas gibt *„Da hast du zehn Euro für die Fahrkarte"* [3] *gesprochen* oft zusammen mit einer Geste verwendet, um eine Person aufzufordern, einen Ort zu verlassen, oder um ein Tier zu vertreiben *„Platz da/Weg da/Aus dem Weg da!"* DA + SEIN: [4] **jemand ist da** jemand ist anwesend oder zu Hause *„Ist Klaus da?"* [5] **etwas ist da** etwas ist vorhanden *„Ist noch Brot da?"* [6] **jemand/etwas ist da** *gesprochen* jemand/etwas ist irgendwo angekommen *„Der Zug müsste schon längst da sein"* [7] **jemand/etwas ist für/zu etwas da** eine Person/Sache hat die genannte Aufgabe, etwas dient einem Zweck *„Geld ist dafür/dazu da, dass man es ausgibt"* *BINDEWORT* ZEIT: [8] zum genannten Zeitpunkt *„Morgen kann ich nicht, da habe ich einen Termin"* GRUND: [9] verwendet, um einen Nebensatz einzuleiten, der den Grund für etwas nennt ≈ weil *„Da es so viel geschneit hatte, konnten wir nicht spazieren gehen"* | *„Die Reparatur dauert noch etwas, da wir* noch Ersatzteile bestellen müssen"

da-[1] *(im Verb, betont und trennbar, nicht produktiv; Diese Verben werden so gebildet: daliegen, lag da, dagelegen)* **dableiben, daliegen, dasitzen, dastehen** *und andere* drückt aus, dass sich jemand oder etwas an einem Ort befindet oder an einem Ort, den alle Personen kennen *„Kannst du mir das Buch dalassen? Ich würde es gerne lesen"* Lass bitte das Buch hier bei mir

da-[2], **da·r-** IM ADVERB: **1** **dabei, dafür, damit, danach, davor** *und andere* verwendet, um ein Substantiv oder einen Satzteil nicht zu wiederholen *„Da drüben ist mein Auto und daneben das von meinem Chef"* neben meinem Auto **2** **dabei, dafür, damit, danach, davor** *und andere* verwendet, um auf die Ergänzung eines Verbs hinzuweisen, die aus einem Satz mit *dass, weil* oder Infinitiv besteht *„Ich habe das Problem dadurch gelöst, dass ich den Termin verschoben habe"* Ich habe das Problem durch eine Verschiebung des Termins gelöst IM BINDEWORT: **3** **dabei, dafür, dagegen** verwendet in einem Nebensatz, der einen Gegensatz oder eine Einschränkung enthält *„Mein Bruder steht gern früh auf, ich dagegen schlafe lieber bis elf Uhr"*

da·bei, dabei *ADVERB* **1** bei der genannten Sache oder Tätigkeit *„jemandem dabei helfen, die Wohnung zu tapezieren"* beim Tapezieren der Wohnung **2** **jemand ist da'bei** jemand ist bei etwas anwesend oder macht mit *„War sie (bei dem Gespräch) dabei?"* **3** **etwas ist da'bei** etwas ist zusätzlich vorhanden *„War bei dem Gerät keine Gebrauchsanleitung dabei?"* **4** **es/da ist nichts da'bei** *gesprochen* das ist nicht schlimm, schwierig oder gefährlich *BINDEWORT* **5** leitet eine Aussage ein, die man als Widerspruch oder Gegensatz zum Hauptsatz verstehen kann *„Er ist schon ein Filmstar, da'bei ist er fast noch ein Kind"*

da·bei·ha·ben *(hat); gesprochen* **jemanden/etwas dabeihaben** von jemandem begleitet werden oder etwas bei sich haben *„Hast du deinen Ausweis dabei?"*

das **Dach** (-(e)s, *Dä·cher*) **1** die Konstruktion, die ein Gebäude (oben) bedeckt ⟨*ein steiles, flaches Dach*⟩ *„Der Orkan hat viele Dächer abgedeckt"* **K** Dachfenster, Dachziegel **2** die Konstruktion, die ein Fahrzeug (oben) bedeckt **K** Autodach

der **Dach·bo·den** der nicht bewohnte Raum direkt unter dem (schrägen) Dach eines Gebäudes

die **Dach·rin·ne** eine Rinne (meist aus Blech) am Rand eines Daches, durch welche das Regenwasser abfließt

dach·te *Präteritum, 1. und 3. Person Singular* → denken

der **Da·ckel** (-s, -) ein kleiner Hund mit langem Körper und sehr kurzen Beinen **i** → Abb. unter **Hund**

da·durch *ADVERB*, **da·durch** durch die genannte Sache oder Tätigkeit *„Ich habe das Problem dadurch gelöst, dass ich den Termin verschoben habe"* durch eine Verschiebung des Termins

da·für, da·für *ADVERB* **1** für die genannte Sache oder Tätigkeit *„Er hat das Auto verkauft und noch 2.000 Euro da'für bekommen"* für das Auto *BINDEWORT* **2** leitet eine Aussage ein, die im Gegensatz zum Vorhergehenden steht *„Sie ist eine sehr gute Schwimmerin, dafür läuft sie relativ langsam"*

da·ge·gen, da·ge·gen *ADVERB* **1** gegen die genannte Sache oder Tätigkeit *„Du bist ja heiser! Dagegen hilft warmer Tee am besten"* gegen die Heiserkeit *BINDEWORT* **2** *gesprochen* im Vergleich mit jemandem/etwas *„Mein Bruder steht gern früh auf, ich da'gegen schlafe lieber lange"*

da·heim *ADVERB* **1** in der eigenen Wohnung *„Um 10 Uhr bist du wieder daheim!"* **2** dort, wo man geboren oder aufgewachsen ist

da·her, da·her *ADVERB* aus dem genannten Grund ≈ deshalb *„Sie will abnehmen, 'daher isst sie so wenig"*

da·hin, **da·hin** ADVERB **1** an den genannten Ort, in die genannte Richtung *„Wir wollten nach München. Auf dem Weg da'hin hatten wir einen Unfall"* ℹ Wenn man auf eine bestimmte Stelle zeigt, wird die erste Silbe betont. **2** **bis 'dahin** bis zu dem genannten Zeitpunkt *„Nächste Woche sind die Prüfungen. Bis dahin muss ich noch viel lernen"*

da·hin·ten ADVERB dort hinten *„Hier habe ich gewohnt, und dahinten ist meine frühere Schule"*

da·hin·ter, **da·hin·ter** ADVERB hinter der genannten oder hinter die genannte Sache *„Siehst du den Busch? Die Kinder verstecken sich da'hinter"* hinter dem Busch

da·las·sen (*hat*) **jemanden/etwas dalassen** *gesprochen* jemanden/etwas von einem Ort nicht mitnehmen, wennn man von dort weggeht *„Du kannst deine Sachen ruhig dalassen"*

da·mals ADVERB verwendet, um sich auf einen Zeitpunkt in der Vergangenheit zu beziehen, über den gerade gesprochen wird *„Als damals die Schule brannte, hatten wir schulfrei"*

die **Da·me** (-, -*n*) **1** verwendet als höfliche Anrede oder Bezeichnung für eine Frau ↔ Herr *„Meine Damen und Herren, ich freue mich, Sie heute Abend hier begrüßen zu dürfen"* **K** Damenbekleidung, Damen(fahr)rad **2** eine Frau, die durch ihre Kleidung und ihr Verhalten vornehm wirkt ⟨*eine echte, feine Dame*⟩ ↔ Herr **3** eine wichtige Figur beim Schach, die in alle Richtungen beliebig weit ziehen kann ≈ Königin **4** eine Spielkarte, auf der eine Frau zu sehen ist und deren Wert zwischen König und Bube liegt **K** Herzdame, Karodame, Kreuzdame, Pikdame

da·mit, **da·mit** ADVERB **1** mit der genannten Sache oder Tätigkeit *„Er nahm einen Lappen und putzte damit das Fahrrad"* mit dem Lappen **2** drückt aus, dass etwas die Folge der genannten Sache ist ≈ darum *„Er spielt sehr gut Fußball und hat damit die Chance, einmal Profi zu werden"*
BINDEWORT **3** der Nebensatz mit *damit* nennt das Ziel oder den Zweck einer Handlung *„Ich helfe dir, da'mit du schneller fertig wirst"*

der **Damm** (-(*e*)*s*, *Däm·me*) mit einem Damm kann man Flüsse zu Seen stauen oder Land vor Überschwemmungen schützen ⟨*einen Damm aufschütten, bauen*⟩

däm·men (*dämmte, hat gedämmt*) **etwas dämmt (etwas)** etwas bildet eine schützende Schicht und verringert so die Wirkung einer Sache ⟨*etwas dämmt die Wärme, den Schall*⟩

die **Däm·me·rung** (-) **1** die Zeit am frühen Morgen, wenn es hell wird (bevor die Sonne aufgeht) **K** Morgendämmerung **2** die Zeit am Abend, wenn es langsam dunkel wird ⟨*bei Einbruch der Dämmerung*⟩ **K** Abenddämmerung

der **Dampf** (-(*e*)*s*, *Dämp·fe*) die warme, sehr feuchte Luft, die vor allem beim Kochen von Wasser entsteht *„Durch den Dampf sind die Küchenfenster beschlagen"* **K** Dampfbad; Wasserdampf

damp·fen (*dampfte, hat gedampft*) **etwas dampft** etwas ist so heiß oder wird so erwärmt, dass Dampf entsteht *„Das heiße Essen dampft auf dem Tisch"*

dämp·fen (*dämpfte, hat gedämpft*) **1** **etwas dämpft etwas** etwas senkt die Intensität von Geräuschen und Stößen **2** **etwas dämpfen** Kleidung o. Ä. mit einem Bügeleisen und mit Wasserdampf glätten *„die Bluse dämpfen"* • zu (1) **Dämp·fung** *die*

der **Damp·fer** (-*s*, -) ein meist relativ großes Schiff, das mit Dampfkraft angetrieben wird **K** Raddampfer

da·nach, **da·nach** ADVERB **1** später als die genannten Tätigkeit ≈ nachher *„Jetzt macht sie Abitur und danach will sie studieren"* nach dem Abitur
BINDEWORT **2** später als die genannte Tätigkeit ≈ nachher *„Jetzt essen wir erst mal, danach können wir uns unterhalten"*

da·ne·ben, **da·ne·ben** ADVERB **1** neben die genannte oder der genannten Sache oder Person *„Da drüben ist mein*

D

Auto und daneben das von meinem Chef" neben meinem Auto **2** zusätzlich zu der genannten Tätigkeit ≈ außerdem *„Sie studiert Musik und gibt daneben noch Musikstunden"* zusätzlich zu ihrem Studium

dank *PRÄPOSITION mit Dativ/Genitiv* verwendet, um den Grund für einen meist positiven Vorgang oder Zustand zu nennen ≈ aufgrund *„Sie konnte das Problem dank ihrer Erfahrung lösen"*
ⓘ → Extras, S. 717: **Präpositionen**

der **Dank** (-(e)s) **der Dank (für etwas)** das Gefühl oder die Worte der Anerkennung für Hilfe, Freundlichkeit o. Ä. ⟨*jemandem zu Dank verpflichtet sein; Besten/Herzlichen/Schönen Dank!*⟩ *„Haben Sie vielen Dank für Ihre Hilfe!"*
ⓘ → Extras, S. 676: **Danke!**

dank·bar *ADJEKTIV* **1** **(jemandem) (für etwas) dankbar** voll Freude darüber, dass jemand hilft oder freundlich ist *„Ich bin Ihnen für Ihre Hilfe sehr dankbar"* **2** **dankbar für etwas** so, dass man sich über eine Sache freut, die man positiv findet *„Er langweilte sich sehr und war für jede Ablenkung dankbar"* **3** sinnvoll und befriedigend ⟨*eine Arbeit, eine Aufgabe*⟩ ≈ lohnend • *hierzu* **Dank·bar·keit** *die*

dan·ke **1** **danke (für etwas)** verwendet, um jemandem Dank auszudrücken ⟨*Danke/danke sagen; danke sehr!; danke schön!*⟩ *„Danke für das Geschenk!"* | *„Danke (dafür), dass Sie mir geholfen haben"* **2** **(nein) danke** verwendet, um eine Einladung oder ein Angebot höflich abzulehnen *„Möchten Sie noch Tee?" – „Nein danke"* **3** verwendet als höfliche Antwort auf freundliche Grüße, Fragen o. Ä. *„Wie geht es dir?" – „Danke, gut"*

dan·ken (*dankte, hat gedankt*) **jemandem (für etwas) danken** einer Person sagen, dass man dankbar ist *„Er dankte ihr für das Geschenk"*

das **Dan·ke·schön** (-) etwas (Gesagtes oder Geschenktes), mit dem man jemandem zeigt, wie dankbar man für etwas ist *„Ich möchte Ihnen für Ihre Hilfe ein herzliches Dankeschön sagen"*
ⓘ aber: *Oh, danke schön!* (getrennt geschrieben)

dann *ADVERB* **1** zeitlich nach dem Erwähnten ≈ später *„Wir sind zuerst zum Essen und dann ins Kino gegangen"* **2** zu dem genannten Zeitpunkt (in der Zukunft) *„Er darf erst dann aufstehen, wenn er wieder gesund ist"* **3** (in einer Reihenfolge) (räumlich) hinter der erwähnten Person oder Sache ≈ dahinter *„An der Spitze des Konvois fuhren Polizisten auf Motorrädern, dann folgte der Wagen mit dem Staatspräsidenten"* **4** unter den genannten Umständen, in diesem Fall *„Wenn er das nicht versteht, dann ist er selbst schuld"* | *„Selbst dann, wenn du recht hättest, könnte ich dir nicht helfen"* **5** verwendet, wenn man etwas folgert, das noch bestätigt werden soll *„Dann ist sie also seine Schwester?"* **6** **wer/was (denn) dann?** welche andere Person oder welche andere Sache statt der Genannten *„Wenn er das nicht macht, wer dann?"*

da·ran, **da·ran** *ADVERB* an der genannten Sache oder an die genannte Sache oder Tätigkeit *„Er hat eine Gräte verschluckt und wäre fast da'ran erstickt"* an der Gräte | *„Ich muss noch tanken. Erinnerst du mich bitte da'ran?"* an das Tanken

da·rauf, **da·rauf** *ADVERB* **1** auf die genannte oder auf der genannten Sache oder Tätigkeit *„Ich habe darauf gewartet, dass sie so reagiert"* auf eine solche Reaktion **2** *nachgestellt* direkt danach, anschließend *„im Jahr da'rauf"* im nächsten Jahr | *„Sie verließ das Zimmer, kam aber gleich/kurz darauf zurück"*

da·rauf·hin, **da·rauf·hin** *ADVERB* **1** als Folge dessen, was vorher geschehen ist, oder als Reaktion *„Es gab einen Eklat. Daraufhin verließen alle Gäste den Saal"* **2** im Hinblick auf das Genannte *„Das Obst wird daraufhin überprüft, ob es schädliche Substanzen enthält"*

da·raus, **da·raus** *ADVERB* aus der genannten Sache oder Tätigkeit *„Sie nahm den Becher und trank daraus"* aus dem Becher

darf *Präsens, 1. und 3. Person Singular* → dürfen

da·rin, **dar·in** *ADVERB* in der genannten Sache oder Tätigkeit *„Die Aufgabe besteht darin, die Fläche des Dreiecks zu berechnen"* in der Berechnung der Fläche des Dreiecks

das **Dar·le·hen** [-leː(ə)n]; (-s, -) eine Geldsumme, die man für begrenzte Zeit z. B. von einer Bank bekommt und die man (meist mit Zinsen) zurückzahlen muss ⟨*ein Darlehen aufnehmen, zurückzahlen*⟩ ≈ Kredit

der **Darm** (-(e)s, *Där·me*) im Darm wird die Nahrung, die vorher im Magen war, weiter verdaut, bevor der Rest den Körper (durch den After) verlässt

da·rü·ber, **da·rü·ber** *ADVERB* über die genannte oder über der genannten Sache *„Preise von 200 Euro und da'rüber"* von über 200 Euro | *„Ich habe mich darüber geärgert, dass mein Vorschlag abgelehnt wurde"* über die Ablehnung meines Vorschlags

da·rum, **da·rum** *ADVERB* **1** um die genannte Sache oder Tätigkeit *„Ihr Finger blutete, und so machte sie einen Verband da'rum"* um den Finger **2** aus dem genannten Grund ≈ deshalb *„Sie war krank. Darum konnte sie nicht kommen"*

da·run·ter, **da·run·ter** *ADVERB* unter die genannte Sache oder der genannten Sache, Gruppe von Personen/Dingen oder Tätigkeit *„Er leidet sehr darunter, dass er allein ist"* unter dem Alleinsein

das → der

das **Da·sein** (-s); *geschrieben* das Leben vor allem eines Menschen *„Sein ganzes Dasein war bestimmt von der Musik"*

dass *BINDEWORT* **1** der *dass*-Satz ist das Subjekt für den ganzen Satz *„Dass ich dich beleidigt habe, tut mir leid"* **2** der *dass*-Satz ist das Objekt für den ganzen Satz (oft mit hinweisendem Adverb mit da-/dar-) *„Er hat sich darauf verlassen, dass sie ihm hilft"* **3** der *dass*-Satz beschreibt genauer, was ein Substantiv bezeichnet (z. B. um welche Meinung, welche Hoffnung, welchen Verdacht es sich handelt) *„Er war von seiner Überzeugung, dass alles noch klappen würde, nicht abzubringen"* **4** der *dass*-Satz drückt eine Wirkung oder Folge aus, oft mit *so* im Hauptsatz eingeleitet *„Er fuhr so schnell an, dass die Reifen quietschten"*

das·sel·be → derselbe

die **Da·tei** (-, -en) eine Sammlung von Daten, die geordnet (und gespeichert) werden ⟨*eine Datei erstellen, abspeichern*⟩

die **Da·ten** *Mehrzahl* **1** → Datum **2** alles, was in einem Computer gespeichert wird (Informationen, Texte, Bilder, Musik usw.) ⟨*Daten eingeben, speichern, abrufen*⟩ **3** **jemandes persönliche Daten** Angaben wie Name, Adresse, Beruf, Alter usw. einer Person

die **Da·ten·bril·le** **1** ein augennaher Monitor oder Minicomputer in Brillenform **2** ein Gerät zum Aufsetzen, mit dem man in virtuelle Welten eintauchen kann

der **Da·tiv** [-f]; (-s, -e) der Kasus, den z. B. die Präpositionen *von, seit* oder *mit* nach sich ziehen ⟨*etwas steht im Dativ*⟩ *„Die Präposition „seit" fordert den Dativ: „seit dem letzten Jahr"* **K** Dativobjekt

das **Da·tum** (-s, *Da·ten*) das Datum bezeichnet den Tag, den Monat und das Jahr von Ereignissen usw. mit einer Zahl *„Der Brief trägt das Datum des/vom 12.9.2008"* **K** Datumsstempel; Geburtsdatum

die **Dau·er** (-) ein begrenzter Zeitraum, während dessen etwas gültig ist oder geschieht ⟨*auf/für unbestimmte Dauer*⟩

dau·er·haft *ADJEKTIV* ⟨*eine Freundschaft, eine Lösung, ein Friede*⟩ so, dass sie lange halten oder existieren

dau·ern (*dauerte, hat gedauert*) **1** **etwas dauert** *+Zeitangabe* etwas besteht während des genannten Zeitraums oder findet in dieser Zeit statt *„Die Verhandlungen dauerten bis spät in die Nacht"* **2** **es dauert** *+Zeitangabe* (**, bis** ...) die genannte Zeit ist für etwas erforderlich *„Es dauerte drei Wochen, bis ich seinen Brief bekam"*

dau·ernd *ADJEKTIV* zu häufig ≈ständig ↔ selten *„Dauernd macht er Fehler"*

der **Dau·men** (-s, -) der kurze, kräftige Finger, den man gegen die anderen vier Finger drücken kann *„Kinder lutschen gern am Daumen"* ℹ → Abb. unter **Hand** und **Nagel**

da·von, **da·von** *ADVERB* von der genannten Sache oder Tätigkeit *„Da ist eine Bar und nicht weit davon ist eine Disko"* von der Bar | *„Wir haben davon gesprochen, dass Paul bald befördert wird"* von Pauls bevorstehender Beförderung

da·vor, **da·vor** *ADVERB* vor die genannte oder vor der genannten Sache oder Tätigkeit *„Der Film beginnt um acht Uhr. Davor kommt nur Werbung"* vor dem Film | *„Sie hat keine Angst da'vor zu sterben"* keine Angst vor dem Tod

da·zu, **da·zu** *ADVERB* zu der genannten Sache oder Tätigkeit *„Ich koche Reis mit Gemüse da'zu"* zu dem Reis | *„Ich kam kaum dazu, mich mal auszuruhen"* Ich hatte kaum Zeit zum Ausruhen

da·zu·ge·hö·ren (*hat*) **eine Person/Sache gehört zu jemandem/etwas dazu** eine Person ist Teil einer Gruppe/eine Sache ist Teil eines Ganzen, einer Menge *„Er verkauft seine Angel und alles, was dazugehört"* • *hierzu* **da·zu·ge·hö·rig** *ADJEKTIV*

da·zwi·schen, **da·zwi·schen** *ADVERB* zwischen die oder den genannten Sachen, Orten, Zeitpunkten oder Tätigkeiten *„Am Vormittag finden zwei Vorträge statt. Da'zwischen ist eine kleine Pause"* zwischen den beiden Vorträgen

das **Deck** (-(e)s, -s) **1** die waagrechte Fläche, welche den Innenraum eines Schiffs nach oben abschließt ⟨*auf/an, unter Deck sein*⟩ **2** ein Stockwerk auf einem großen Schiff

die **De·cke** (-, -n) **1** mit einer Decke aus weichem Material hält man sich z. B. im Bett warm ⟨*jemanden mit einer Decke zudecken*⟩ **K** Bettdecke **2** Zimmer haben an den Seiten Wände, unten einen Fußboden und oben eine Decke *„Die Lampe hängt von der Decke herab/an der Decke"*

der **De·ckel** (-s, -) z. B. Dosen, Töpfe und Kisten haben oben einen Deckel, damit man sie zumachen kann *„den Deckel des Glases abschrauben"* **K** Topfdeckel

de·cken (*deckte, hat gedeckt*) LEGEN: **1** **etwas über jemanden/etwas decken** etwas zum Wärmen oder als Schutz auf eine Person oder Sache legen *„Zum Schutz gegen Frost decken wir im Herbst Tannenzweige über die Rosen"* **2** **das Dach (mit etwas) decken** Ziegel o. Ä. auf das Dach legen, damit kein Regen in das Haus kommt **3** **(den Tisch) decken** für eine Mahlzeit Geschirr, Besteck, Gläser usw. auf den Tisch tun *„für zwei Personen decken"* SCHÜTZEN: **4** **jemanden/(jemandem) etwas decken** eine Person oder Sache vor Angriffen o. Ä. schützen ⟨*jemandem den Rücken decken*⟩ **5** **jemanden/etwas decken** durch Lügen oder Schweigen dafür sorgen, dass jemand für eine verbotene Handlung nicht verantwortlich gemacht wird BEDARF, KOSTEN: **6** **etwas decken** dafür sorgen, dass genug von einer Ware vorhanden ist ⟨*den Bedarf (an etwas (Dativ)), die Nachfrage (nach etwas) decken*⟩ **7** **etwas deckt etwas** etwas bringt so viel Geld ein, dass entstandene Kosten finanziert werden können *„Die Einnahmen haben nicht mal die Unkosten gedeckt"* ÜBEREINSTIMMUNG: **8** **etwas deckt sich mit etwas**; **Dinge decken sich** Dinge sind gleich oder ähnlich, widersprechen sich nicht ⟨*Ansichten, Aussagen, Beobachtungen, Informationen, Meinungen decken sich*⟩

der **De·fekt** (-(e)s, -e) ein technischer Fehler in einer Maschine

de·fekt *ADJEKTIV* so, dass ein technisches Gerät o. Ä. nicht (mehr) funktioniert ≈kaputt *„Eine defekte elektrische Leitung führte zu dem Brand"*

de·fen·siv, **de·fen·siv** [-f] *ADJEKTIV* **1** nicht zum Angriff, sondern zur Ver-

DECKEL

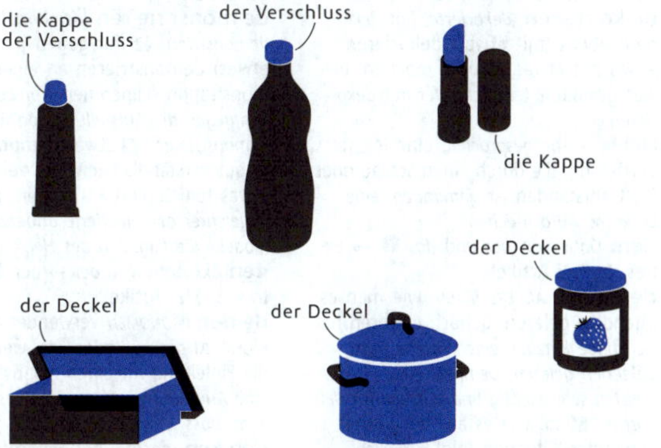

teidigung bestimmt ⟨*eine Strategie, Waffen*⟩ ↔ offensiv **2** mit Rücksicht auf andere Personen ⟨*defensiv fahren*⟩ ↔ aggressiv

de·fi·nie·ren (*definierte, hat definiert*) **etwas (irgendwie) definieren** die Bedeutung eines Wortes oder Begriffs genau beschreiben oder bestimmen „*Abstrakte Begriffe wie „Freiheit" sind schwer zu definieren*"

De·fi·ni·ti·on [-'tsjo:n]; (-, *-en*); *geschrieben* die Erklärung eines Begriffs „*Versuchen Sie eine kurze Definition des Begriffs „Klassik"!*"

De·fi·zit (*-s, -e*) ein Geldbetrag, der fehlt, weil man mehr Geld ausgibt als man einnimmt ⟨*ein Defizit decken*⟩

dehn·bar ADJEKTIV ⟨*Materialien*⟩ so, dass man sie dehnen kann „*ein dehnbares Gewebe*"

deh·nen (*dehnte, hat gedehnt*) **1** **etwas dehnen** etwas länger oder breiter machen, indem man (von beiden Seiten) daran zieht „*einen Gummi so lange dehnen, bis er reißt*" **2** **etwas dehnen** vor allem Arme und Beine strecken, um die Muskeln und Sehnen elastischer zu machen **K** Dehnübungen **3** **etwas dehnt sich** etwas wird länger, größer oder weiter „*Der Pullover hat sich beim Waschen gedehnt*" • zu (1,2) **Deh·nung** *die*

der **Deich** (*-(e)s, -e*) ein Wall aus Erde, den man am Meer aufschüttet, um das Land vor Überschwemmungen zu schützen

dein ARTIKEL **1** *zur 2. Person Singular* (*du*) *dein* verwendet man in einer Situation, in welcher man eine Person mit *du* anspricht. Man bezeichnet damit Dinge, Zustände, Vorgänge, Handlungen und Personen, welche mit der angesprochenen Person in Zusammenhang sind „*mit deiner Mutter und deinem Vater*" | „*nach deiner Ankunft*" ⓘ → Extras, S. 716: **Pronomen**

PRONOMEN **2** *2. Person Singular* (*du*) verwendet, um sich auf eine (oft bereits erwähnte) Sache oder Person zu beziehen, die zu der angesprochenen Person gehört „*Ist das mein Bleistift oder deiner?*" ⓘ → Extras, S. 715/716: **Pronomen** **3** *2. Person Singular* (*du*), *Genitiv* „*Wir erinnern uns deiner*" ⓘ → Extras, S. 715: **Pronomen**

die **De·ko·ra·ti·on** [-'tsjo:n]; (-, *-en*) die Dinge, mit denen man z. B. einen

Raum schmückt ≈ Schmuck

de·ko·rie·ren (*dekorierte, hat dekoriert*) **etwas (mit etwas) dekorieren** etwas mit etwas schöner machen, etwas gestalten ⟨*ein Schaufenster dekorieren*⟩

die **Del·le** (-, *-n*); *gesprochen* eine leichte Vertiefung, die durch einen Schlag oder Stoß entstanden ist *„jemandem eine Delle ins Auto machen"*

dem *Dativ* von *der* und *das* ⓘ → Extras, S. 712: **Artikel**

dem·nach ADVERB **1** so, wie man es irgendwo gelesen, gehört, erfahren hat *„Ich habe kürzlich einen Artikel über Bakterien gelesen. Demnach sind die meisten sehr wichtig und nützlich für den Körper"* **2** so, wie es aus der vorher erwähnten Situation folgt ≈ folglich **3** so, wie es in Regeln, Vorschriften, Gesetzen formuliert ist

dem·nächst, **dem·nächst** ADVERB in naher Zukunft ≈ bald *„Sie werden demnächst heiraten"*

die **De·mo** (-, *-s*); *gesprochen* Kurzwort für *Demonstration*

die **De·mo·kra·tie** (-, *-n* [-'tiːən]) **1** eine Staatsform, in der die Bürger die Regierung selbst wählen *„Ein wesentliches Prinzip der Demokratie ist die Pressefreiheit"* **2** das Prinzip, nach dem die Mehrheit einer Gruppe Entscheidungen fällt ⟨*Demokratie in der Familie, in der Schule, am Arbeitsplatz*⟩ ⓘ nicht in der Mehrzahl verwendet

de·mo·kra·tisch ADJEKTIV **1** den Prinzipien der Demokratie entsprechend ⟨*eine Partei, ein Staat, eine Verfassung, Wahlen*⟩ **2** nach dem Prinzip, dass das gilt, was die Mehrheit will ⟨*eine Entscheidung*⟩ *„Der Beschluss wurde demokratisch gefasst"*

die **De·monst·ra·ti·on** [-'tsi̯oːn]; (-, *-en*) **1** eine Versammlung einer (meist relativ großen) Gruppe von Menschen im Freien, um für oder gegen etwas zu protestieren *„eine Demonstration gegen Atomkraftwerke"* **K** Demonstrationsverbot; Friedensdemonstration **2** der Vorgang, zu zeigen, wie etwas funktioniert

de·monst·rie·ren (*demonstrierte, hat demonstriert*) **1** **(für/gegen jemanden/etwas) demonstrieren** an einer Demonstration teilnehmen *„für den Frieden/gegen die Aufstellung von Raketen demonstrieren"* **2** **etwas demonstrieren** in gut verständlicher Weise zeigen, wie etwas funktioniert ≈ vorführen *„Der Biologielehrer demonstrierte anhand eines Modells die Funktion des Herzens"*

den *Akkusativ* von *der* → der ⓘ → Extras, S. 712: **Artikel**

de·nen PRONOMEN verwendet als Dativ Plural zu *der, die* oder *das*, wenn diese die Einleitung für einen Relativsatz sind *„Die Angeklagten, denen zur Last gelegt wird, dass …"*

den·ken (*dachte, hat gedacht*) **1** **(etwas) denken** mit dem Verstand arbeiten, Ideen haben, Schlüsse ziehen o. Ä. *„Er war so müde, dass er nicht mehr vernünftig denken konnte"* | *„Das ist aber seltsam", dachte sie"* **K** Denkfehler ⓘ Solange man nicht schläft, denkt man ohne bewusste Anstrengung fast die ganze Zeit. Wenn man aber *überlegt* oder über etwas *nachdenkt*, ist das meistens eine bewusste Entscheidung. **2** **(etwas) denken** eine Meinung oder Vermutung darüber haben, wie eine Person oder Sache vielleicht ist oder sein wird ≈ glauben *„Ich denke, dass es funktionieren wird"* | *„Ob sie wohl noch kommt?" – „Ich denke schon/nicht"* **3** **etwas von jemandem denken** glauben, dass eine Person die genannte Eigenschaft oder Fähigkeit hat *„Ich hätte nie von ihm gedacht, dass er so gemein sein könnte"* **4** **an jemanden/etwas denken** sich an Personen, Dinge oder Ereignisse erinnern, sie nicht vergessen *„Denk bitte daran, den Hund zu füttern!"* **5** **an jemanden/etwas denken** das Interesse, die Gedanken auf andere Personen oder sich selbst oder auf Situationen konzentrieren *„Er ist sehr egoistisch und denkt immer nur an sich selbst"* **6** **an etwas denken** darüber nachdenken, etwas zu tun, zu kaufen o. Ä. *„Wie wäre es mit diesem Laptop?" – „Ich dachte eigentlich eher an ein Tablet"*

s **Dẹnk·mal** (-s, *Denk·mä·ler*) Denkmäler werden an öffentlichen Plätzen aufgestellt, um an wichtige Personen oder wichtige Ereignisse zu erinnern ≈ Monument

dẹnn BINDEWORT **1** der Satz mit *denn* gibt einen Grund an. Der Grund ist oft schon bekannt oder leicht zu verstehen ≈ weil *„Die Autorin kennt sich mit Erziehung aus, denn sie hat selbst vier Kinder"* **2** **besser/schlimmer/weniger/... denn je (zuvor)** besser/schlimmer/weniger/... als zu irgendeiner Zeit zuvor *„Dieses Jahr war das Wetter schlechter denn je"* PARTIKEL **3** *unbetont* Fragen mit *denn* sind freundlicher, zeigen Interesse *„Wie gehts dir denn?" | „Was machst du denn da?"* **4** *unbetont* in Fragen kann *denn* auch Überraschung oder Zweifel ausdrücken *„Geht das denn wirklich?"* **5** *unbetont* in Frage- und Aussagesätzen kann *denn* auch Ungeduld, einen Vorwurf oder Kritik ausdrücken *„Muss das denn sein?"* **6** **es sei denn, ...** nur dann, wenn etwas geschehen oder der Fall sein sollte ≈ außer *„Das wird er nicht schaffen, es sei denn, ein Wunder geschieht"*

dẹn·noch ADVERB drückt einen Widerspruch aus ≈ trotzdem *„Die Arbeit war schwer, dennoch hatte ich Spaß daran"*

s **De̱o** (-(s), -s); *gesprochen* Kurzwort für *Deodorant* **K** Deoroller, Deospray, Deostift

s **De·o·do·rạnt** (-s, -s) ein kosmetisches Mittel gegen Körpergeruch

e **De·po·ni̱e** (-, -n [-'ni:ən]) ein großer Platz, an dem Müll o. Ä. gelagert wird **K** Mülldeponie

de̱r, di̱e, da̱s BESTIMMTER ARTIKEL +SUBSTANTIV: **1** verwendet vor Substantiven, die etwas bezeichnen, das es nur einmal gibt *„die Erde" | „der Mond"* **2** verwendet, wenn die genannte Sache nur einmal in der Situation vorhanden ist oder wenn sie eindeutig identifiziert werden kann *„Gib mir bitte die Schere" | „Hast du dir die Hände gewaschen?"* **3** verwendet vor Substantiven, die durch Angaben näher bestimmt sind, so dass man das, was bezeichnet wird, identifizieren kann *„Die grüne Hose gefällt mir gut"* PRONOMEN IM RELATIVSATZ: **4** verwendet, um einen Nebensatz einzuleiten und dabei auf ein vorausgehendes Substantiv oder Pronomen hinzuweisen *„das Buch, das er gelesen hat" | „zwei Freundinnen, mit denen ich mich gestern getroffen habe"* ℹ → Extras, S. 714: **Pronomen**

de̱·ren PRONOMEN verwendet als Genitiv Plural zu *der, die* oder *das*, wenn diese die Einleitung für einen Relativsatz sind *„die beiden Schwestern, deren Haus wir benutzen konnten"* ℹ → Extras, S. 714: **Pronomen**

der·sẹl·be, die·sẹl·be, das·sẹl·be ARTIKEL/PRONOMEN **1** drückt aus, dass es sich nicht um verschiedene Personen/Dinge, sondern nur um eine einzige Person/Sache handelt *„Das ist doch dieselbe Person wie auf dem Foto" | „Jeden Tag sehe ich hier dieselben Spaziergänger"* **2** **dasselbe** etwas, das mit einer anderen Sache gleich ist oder dieser sehr ähnlich ist *„Ich esse einen Salat und dann eine Pizza. Und du?" – „Ich möchte dasselbe"* ℹ → Extras, S. 714: Tabelle unter **derjenige**

de̱r·zeit ADVERB in der Gegenwart

dẹs·halb ADVERB aus diesem Grund *„Sie kann sehr gut singen und will deshalb Sängerin werden"*

das **De·sign** [di'za̱in]; (-s, -s) der Entwurf und die Gestaltung eines (industriellen) Produkts *„Möbel mit modernem Design"* **K** Autodesign, Textildesign

dẹs·sen verwendet als Genitiv Singular zu *der*, um einen Zusammenhang (z. B. Besitz) auszudrücken *„mein Bruder, dessen Computer wir benutzen durften"* ℹ → Extras, S. 714: **Pronomen**

das **Des·sert** [dɛ'se:ɐ̯]; (-s, -s) eine süße Speise, die zum Abschluss eines Essens serviert wird ≈ Nachtisch, Nachspeise

dẹs·to BINDEWORT ≈ umso → je

D

des·we·gen *ADVERB* aus diesem Grund ≈ deshalb

das **De·tail** [de'taiː]; (-s, -s); *geschrieben* ein einzelner, meist kleiner Teil eines größeren Ganzen ⟨*etwas bis ins kleinste Detail beschreiben, erzählen*⟩ ≈ Einzelheit *„Der Zeuge konnte sich an alle Details des Unfalls erinnern"*

deu·ten (*deutete, hat gedeutet*) **1** **etwas (als etwas/irgendwie) deuten** etwas, dessen Sinn oder Zweck nicht sofort klar ist, erklären oder erläutern ⟨*ein Gedicht, einen Traum deuten*⟩ ≈ interpretieren *„Darf ich Ihr Schweigen als Zustimmung deuten?"* **2** **(mit etwas) irgendwohin deuten** (meist mit dem Finger) auf eine Person/Sache, in eine Richtung zeigen *„Ich sah den Vogel erst, als sie mit dem Finger auf ihn deutete"* • *zu* (1) **Deu·tung** *die*

deut·lich *ADJEKTIV* **1** gut zu erkennen ⟨*etwas deutlich fühlen, hören, sehen, wahrnehmen (können)*⟩ **2** ⟨*eine Aussprache, eine Schrift*⟩ so klar und genau, dass man sie gut verstehen, sehen oder hören kann *„Kannst du nicht ein bisschen deutlicher sprechen?"* • *hierzu* **Deut·lich·keit** *die*

deutsch *ADJEKTIV* **1** zu Deutschland und den deutschen Bürgern gehörig ⟨*die Geschichte, der Staat, die Staatsangehörigkeit, das Volk*⟩ **2** in der Sprache, die in Deutschland, Österreich und in Teilen der Schweiz gesprochen wird ⟨*deutsch (mit jemandem) reden, sprechen; sich deutsch unterhalten*⟩ *„die deutsche Übersetzung der Werke Shakespeares"* ⓘ aber: *etwas auf Deutsch sagen* (großgeschrieben)

(das) **Deutsch** (-(s)) **1** *ohne Artikel* die deutsche Sprache ⟨*Deutsch lernen, verstehen; (kein) Deutsch sprechen; etwas auf Deutsch sagen; sich (mit jemandem) auf Deutsch unterhalten*⟩ *„Was heißt das auf Deutsch?"* **K** Deutschkurs **2** *ohne Artikel* die deutsche Sprache und Literatur als Unterrichtsfach in der Schule **K** Deutschlehrer **ID** **auf gut Deutsch** deutlicher und direkter ausgedrückt

der/die **Deut·sche**[1] (-n, -n) eine Person mit der deutschen Staatsangehörigkeit ⓘ *ein Deutscher; der Deutsche; den, dem, des Deutschen*

das **Deut·sche**[2] (-n) die deutsche Sprache ⟨*etwas ins Deutsche, aus dem Deutschen übersetzen*⟩ ⓘ *das Deutsche; dem, des Deutschen*

(das) **Deutsch·land** (-s) der Staat in Mitteleuropa, in dem die Deutschen leben *„im heutigen Deutschland"* **K** Norddeutschland, Süddeutschland

der **De·zem·ber** (-(s), -) der zwölfte Monat des Jahres ⟨*im Dezember, Anfang, Mitte, Ende Dezember; am 1., 2., 3. Dezember*⟩ *„Im Dezember ist Weihnachten"* ⓘ Abkürzung: *Dez.*

d. h. Abkürzung für *das heißt* → heißen

Di Abkürzung für *Dienstag*

der **Di·a·be·tes** (-) eine Krankheit, bei der jemand zu viel Zucker im Blut hat ≈ Zuckerkrankheit

der **Di·a·be·ti·ker** (-s, -) eine Person, die Diabetes hat • *hierzu* **Di·a·be·ti·ke·rin** *die*

dia·go·nal *ADJEKTIV* **1** so, dass sie zwei Ecken eines Vielecks, die nicht nebeneinanderliegen, verbindet **2** schräg, quer verlaufend *„ein Hemd mit diagonalen Streifen"*

der **Di·a·lekt** (-(e)s, -e) die Variante einer Sprache, an der man erkennen kann, aus welcher Region der Sprecher kommt *„Für Ausländer ist es schwer, den bayerischen Dialekt zu verstehen"*

der **Di·a·log** (-(e)s, -e) **1** *geschrieben* ein Gespräch zwischen zwei oder mehreren Personen ⟨*einen Dialog führen*⟩ **2** alle Gespräche in einem Film, Theaterstück o. Ä.

die **Di·ät** (-, -en) **1** eine Art der Ernährung, bei der man man wenig isst, um so Gewicht zu verlieren ⟨*eine Diät machen*⟩ **2** eine spezielle Nahrung, die ein Kranker bekommt und die z. B. wenig Salz oder Fett enthält ⟨*jemanden auf Diät setzen; Diät essen, halten* (müssen)› ≈ Schonkost

dịch PRONOMEN *2. Person Singular (du), Akkusativ „Ich hoffe, dass ich dich bald wieder besuchen kann" | „Schämst du dich denn gar nicht?"* ⓘ → Extras, S. 715: **Pronomen**

dịcht ADJEKTIV *(dichter, dichtest)* **1** mit wenig Platz zwischen den einzelnen Teilen, Personen oder Dingen ‹*Gestrüpp, Gewühl, Haar*› *„Morgens herrscht auf den Straßen dichter Verkehr"* **K** dichtbesiedelt, dichtgedrängt **2** so, dass man kaum oder überhaupt nicht hindurchsehen kann ‹*Nebel, Qualm, Rauch, ein Schneetreiben, eine Wolkendecke*› **3** so, dass Luft oder Wasser nicht hindurchdringen *„Ist das Boot/das Dach/das Fass dicht?"* **K** luftdicht, schalldicht, wasserdicht **4** **etwas steht dicht bevor** etwas wird bald geschehen **5** **dicht an/bei/hinter etwas** *(Dativ)* ganz nahe bei oder hinter einer Person oder Sache

dịch·ten *(dichtete, hat gedichtet)* **1** **(etwas) (über jemanden/etwas) dichten** ein literarisches Werk (in Form von Versen) verfassen **2** **etwas dichtet (etwas)** ein Material macht etwas dicht **3** **etwas dichten** etwas dicht machen ‹*Fugen, ein Leck dichten*›

der **Dịch·ter** (-s, -) eine Person, die Dramen und Gedichte schreibt *„Goethe war ein großer Dichter"* **K** Dichterlesung ⓘ Autoren, die Romane o. Ä. schreiben, nennt man *Schriftsteller.* • *hierzu* **Dịch·te·rin** *die*

dịck ADJEKTIV **1** mit relativ großem Querschnitt ↔ dünn *„ein dickes Seil" | „ein Brot dick mit Wurst belegen"* **2** verwendet nach Maßangaben, um die Größe des Durchmessers anzugeben *„Das Kabel ist fünf Millimeter dick und zehn Meter lang"* **K** fingerdick, zentimeterdick, meterdick **3** mit (zu) viel Fett am Körper ≈ fett ↔ schlank *„Iss nicht so viel Süßigkeiten, das macht dick!"* • *zu (2)* **Dị·cke** *die; zu (3)* **Dị·cke** *der/die*

dịck·flüs·sig ADJEKTIV so, dass etwas nur sehr schwer und langsam fließt ‹*ein Brei, eine Masse, Öl, Sirup, Teig*› ↔ dünnflüssig

die → der

DICK
DÜNN

der **Dieb** (-(e)s, -e) eine Person, die etwas stiehlt ‹*einen Dieb fangen, fassen, auf frischer Tat ertappen*› *„Der Dieb erbeutete Schmuck im Wert von tausend Euro"* **K** Autodieb, Fahrraddieb • *hierzu* **Die·bin** *die*

der **Dieb·stahl** (-(e)s, *Dieb·stäh·le*) das verbotene Nehmen (Stehlen) von Dingen, die anderen Leuten gehören

die **Die·le** (-, -n) ein Vorraum, der direkt hinter dem Eingang in einem Haus liegt und in dem sich meist die Garderobe befindet

die·nen *(diente, hat gedient)* **1** **etwas dient einer Sache** *(Dativ)* etwas fördert oder unterstützt eine Sache *„Die Fortschritte in der Medizin dienen der Gesundheit der Menschen"* **2** **etwas dient (jemandem) als/zu etwas** etwas wird von einer Person zu einem Zweck benutzt *„Die Schere dient mir auch als Brieföffner"*

der **Die·ner** (-s, -) eine Person, die in einem privaten Haushalt gegen Lohn arbeitet und andere Personen (z. B. beim Essen) bedient • *hierzu* **Die·ne·rin** *die*

der **Dienst** (-(e)s, -e) ARBEIT: **1** die Stunden, in denen man am Arbeitsplatz sein muss und arbeitet ‹*im/außer Dienst sein; Dienst haben, machen, tun*› *„Hast du morgen Dienst?"* **K** Dienstbeginn, Dienstschluss; Nachtdienst ⓘ nicht in der Mehrzahl verwendet **2** ein Arbeitsverhältnis bei einer Behörde, in der Armee o. Ä. ‹*jemanden*

D

aus dem Dienst entlassen, vom Dienst suspendieren⟩ ⓘ nicht in der Mehrzahl verwendet BEREICH, EINRICHTUNG, ABTEILUNG: **3** eine Einrichtung, Firma oder Abteilung mit einer Aufgabe im Bereich der Dienstleistungen **K** Kundendienst, Rettungsdienst **4** **der öffentliche Dienst** alle Angestellten der Städte, Gemeinden und des Staats bzw. die Arbeit dieser Personen LEISTUNG: **5** etwas, das man für eine andere Person tut, um ihr zu helfen o. Ä. **K** Botendienst; Freundschaftsdienst VON DINGEN, KENNTNISSEN: **6** **etwas tut seinen Dienst/seine Dienste** etwas funktioniert

der **Diens·tag** der zweite Tag der Woche ⟨*am Dienstag; letzten, diesen, nächsten Dienstag; Dienstag früh*⟩ **K** Dienstagabend, Dienstagmorgen; dienstagabends ⓘ Abkürzung: *Di*

diens·tags *ADVERB* an jedem Dienstag, regelmäßig am Dienstag *„Dienstags gehe ich immer in die Sauna"*

die **Dienst·leis·tung** eine berufliche Tätigkeit, bei der man keine Waren produziert, sondern etwas für andere Leute oder für Firmen, Behörden o. Ä. tut, wie z. B. als Arzt, Verkäufer, Beamter usw.

dies ≈ dieses → dieser

der **Die·sel** (-s, -) **1** Öl, das statt Benzin für manche Motoren verwendet wird **K** Dieselmotor ⓘ nicht in der Mehrzahl verwendet; in dieser Verwendung auch: *das Diesel* **2** *gesprochen* ein Auto mit einem Motor, der Öl statt Benzin verbrennt *„Er fährt einen Diesel"*

die·sel·be → derselbe

die·ser, **die·se**, **die·ses** *ARTIKEL/PRONOMEN* **1** verwendet, um ausdrücklich auf eine Person oder Sache hinzuweisen (oft, indem man auch darauf zeigt) *„Dieses Kleid gefällt mir gut"* **2** verwendet, um etwas bereits Erwähntes hervorzuheben *„Dieser Fall liegt doch schon Jahre zurück"* **3** verwendet, um einen genauen Zeitpunkt oder Zeitraum in der Vergangenheit oder Zukunft anzugeben *„Am 28. Mai wird er 60. An diesem Tag gibt es ein großes Fest"* **4** **dies(es)** wie ein Substantiv verwendet, um sich (zusammenfassend) auf einen bereits erwähnten Satz oder Text zu beziehen *„Er beschloss, uns bei der Arbeit zu helfen. Dies war für uns von großem Nutzen"* **5** wie ein Substantiv verwendet, um wieder auf das gerade Genannte zu verweisen (oft in demselben Satz) *„Martins Computer ist besser als dieser hier"*

dies·mal *ADVERB* bei dieser Gelegenheit, in diesem Fall *„Diesmal ist zum Glück noch alles gut gegangen!"* • hierzu **dies·ma·li·g-** *ADJEKTIV*

dies·seits *PRÄPOSITION mit Genitiv*; *geschrieben* auf der Seite, auf der sich der Sprecher befindet ↔ jenseits *„Diesseits der Grenze verläuft eine Straße"* ⓘ auch zusammen mit *von*: *diesseits vom Gebirge*

di·gi·tal *ADJEKTIV* **1** so, dass Werte nur als Zahlen und nicht auf einem Zifferblatt, einer Skala o. Ä. angezeigt werden ⟨*ein Messgerät, eine Uhr, eine Waage*⟩ **K** Digitaluhr **2** mit moderner elektronischer Technik, ohne herkömmliche Verfahren und Mittel (wie Bildröhren, Filmstreifen usw.) *„eine E-Mail mit digitaler Unterschrift"* **K** Digitalkamera

das **Dik·tat** (-(e)s, -e) ein Text, der meist den Schülern vorgelesen und von diesen aufgeschrieben wird, damit sie richtig schreiben lernen ⟨*ein Diktat geben, schreiben*⟩ *„Sie hat nur zwei Fehler im Diktat"*

dik·tie·ren (*diktierte, hat diktiert*) **(jemandem) (etwas) diktieren** einer Person etwas (langsam und deutlich) vorsprechen, damit sie es mitschreiben kann

die **Di·men·si·on** (-, -en) **1** *geschrieben* die Größe vor allem eines Gebäudes *„ein Gebäudekomplex von gewaltigen Dimensionen"* ⓘ nur in der Mehrzahl verwendet **2** *geschrieben* ein sehr hohes Maß an etwas Negativem ≈ Ausmaß

„Die Pest hat im Mittelalter verheerende Dimensionen angenommen" ⓘ nur in der Mehrzahl verwendet **3** die Länge, Breite oder Höhe einer Sache *„Eine Fläche hat zwei, ein Körper hat drei Dimensionen"*

das **Dịng**[1] (-(e)s, -e) **1** ein Gegenstand oder eine Sache, die nicht genauer bezeichnet werden *„Sie hat auf die Reise nur die wichtigsten Dinge mitgenommen"* **2** Sachverhalte, die jemanden betreffen ⟨*persönliche, private, öffentliche, schulische Dinge*⟩ ≈ Angelegenheiten *„Wir mussten noch einige wichtige Dinge besprechen"* ⓘ nur in der Mehrzahl verwendet **ID** **vor allen Dingen** besonders, vor allem

das **Dịng**[2] (-(e)s, -er); *gesprochen* verwendet, wenn man eine Sache nicht genauer bezeichnen kann oder will oder wenn man Kritik ausdrücken will *„Was ist denn das für ein seltsames Ding?"*

der/die/das **Dịngs**, **Dịngs·bums**, **Dịngs·da**; (-); *gesprochen* eine Person oder Sache, deren Name dem Sprecher im Augenblick nicht einfällt *„Der Dings – wie heißt er denn gleich (wieder) – kommt heute Abend auch zur Versammlung"*

der **Di·no·sau·ri·er** (-s, -) verwendet als Bezeichnung für jede Art der (meist sehr großen) Reptilien, die vor Millionen von Jahren gelebt haben

das **Dip·lom** (-s, -e) **1** ein Zeugnis über ein abgeschlossenes Studium an der Universität oder über eine bestandene Prüfung in einem Handwerksberuf *„Gestern haben die Absolventen ihre Diplome bekommen"* **2** ein akademischer Rang, den man erreicht, wenn man eine Prüfung in manchen Fächern an der Universität oder Fachhochschule bestanden hat ⟨*ein Diplom erwerben, machen*⟩ **K** Diplomstudium

dir PRONOMEN *2. Person Singular (du), Dativ „Soll ich dir einen Kaffee machen?"* | *„Warum nimmst du dir nicht ein paar Tage Urlaub?"* ⓘ → Extras, S. 715: **Pronomen**

di·rẹkt ADJEKTIV (*direkter, direktest-*) **1** auf dem kürzesten Weg zu einem Ort führend *„Diese Straße geht direkt zum Bahnhof"* **K** Direktflug **2** **direkt** *+Präposition +Substantiv* in unmittelbarer Nähe der genannten Person/des genannten Orts *„Sie wohnt direkt am Meer"* | *„Sie stand direkt neben ihm"* **3** **direkt nach/vor etwas** zeitlich unmittelbar nach/vor etwas *„Ich gehe direkt nach der Arbeit nach Hause"* **4** ohne (vermittelnde) Person oder Institution dazwischen ⟨*sich direkt an jemanden wenden*⟩ *„Eier direkt vom Bauernhof kaufen/beziehen"* **5** nicht sehr höflich, vorsichtig oder diskret ⟨*jemandem eine direkte Frage stellen; jemandem etwas direkt ins Gesicht sagen*⟩ ≈ offen **6** **(eine) direkte Verbindung irgendwohin** eine Verkehrsverbindung mit dem Bus, dem Zug o. Ä., bei der man nicht umsteigen muss

PARTIKEL *unbetont* **7** *oft ironisch* verwendet, um zu sagen, dass man positiv überrascht ist ≈ tatsächlich *„Heute bist du ja mal direkt pünktlich!"* ausnahmsweise • zu (5) **Di·rẹkt·heit** *die*

der **Di·rẹk·tor** (-s, *Di·rek·to·ren*) der Leiter einer meist öffentlichen Institution **K** Museumsdirektor • *hierzu* **Di·rek·to·rin** *die*

die **Dis·ko·thek** (-, -en) ein Lokal, in dem moderne Tanzmusik gespielt wird

dis·kri·mi·nie·ren (*diskriminierte, hat diskriminiert*) **1** **jemanden diskriminieren** eine Person wegen ihrer Nationalität, Hautfarbe, Religion o. Ä. schlechter behandeln als andere Leute **2** **jemanden/etwas diskriminieren** durch (falsche) Behauptungen über eine Person oder etwas dem Ruf oder Ansehen dieser Person schaden • *hierzu* **Dis·kri·mi·nie·rung** *die*

die **Dis·kus·si·on** (-, -en) **eine Diskussion (über etwas** (*Akkusativ*)**)**; **eine Diskussion** (*+Genitiv*) ein ernsthaftes Gespräch zwischen Personen, die über ein Thema verschiedene Meinungen haben ⟨*sich an einer Diskussion beteiligen*⟩

dis·ku·tie·ren (*diskutierte, hat disku-*

D

tiert) **eine Person diskutiert mit jemandem (über etwas** *(Akkusativ)*); **Personen diskutieren (über etwas** *(Akkusativ)*) zwei oder mehrere Personen führen ein relativ langes und intensives Gespräch über ein Thema *„über Politik diskutieren"*

die **Dis·zi·p·lin** (-, *-en*) **1** das Einhalten von Regeln und Vorschriften (vor allem innerhalb einer Gemeinschaft oder als Schüler, Soldat) *„In der Armee herrscht strenge Disziplin"* ❶ nicht in der Mehrzahl verwendet **2** die Eigenschaft, dass eine Person ihre Pflichten auch dann erfüllt, wenn sie keine Lust dazu hat oder müde ist *„Er hat nicht genug Disziplin, um das Studium durchzuhalten"* ❶ nicht in der Mehrzahl verwendet **3** ein Teilgebiet des Sports ≈ Sportart *„Der Weitsprung ist eine Disziplin der Leichtathletik"*

di·vi·die·ren [-v-] *(dividierte, hat dividiert)* **(eine Zahl durch eine Zahl) dividieren** berechnen, wie oft eine kleinere Zahl in einer größeren Zahl enthalten ist ≈ teilen *„Sechs dividiert durch zwei ist (gleich) drei (6 : 2 = 3)"*

Do Abkürzung für *Donnerstag*

doch BINDEWORT **1** Der *doch*-Satz beschreibt ein Ergebnis, welches das Gegenteil von dem ist, was beabsichtigt, gewünscht oder erwartet wurde ≈ aber *„Er tat alles, um rechtzeitig fertig zu werden, doch es gelang ihm nicht"* **2** trotz des vorher erwähnten Umstands ≈ trotzdem *„Sie wollte eigentlich nicht wegfahren, aber sie hat es doch gemacht/hat es aber doch gemacht"* ❶ In dieser Verwendung wird *doch* immer betont. *Doch* wird oft mit *aber* oder mit *und* kombiniert

PARTIKEL *unbetont* **3** in Aussagesätzen wird *doch* verwendet, um etwas zu begründen. Von dem genannten Grund wird angenommen, dass er bekannt oder offensichtlich ist, der Angesprochene soll zustimmen *„Ich muss nach Hause, es ist doch schon spät"* **4** drückt in Fragen aus, dass man sich sicher ist, die Antwort auf die Frage eigentlich zu kennen *„Das war doch so, oder?"* **5** (in Fragen, welche die Form von Aussagesätzen haben) verwendet, um zu sagen, dass man Zweifel oder Sorgen hat und auf eine beruhigende Antwort hofft *„Das schaffst du doch hoffentlich?"* **6** verwendet als zustimmende Antwort auf Fragen, die eine Vermutung oder Hoffnung ausdrücken *„Hast du denn Zeit dafür?" – „Aber ja/sicher doch!"* **7** verwendet, um Aufforderungen zu verstärken *„Schrei doch nicht so laut!"* ❶ Mit *bitte* oder *mal* wirkt die Aufforderung eher höflich, mit *endlich* wirkt sie ungeduldig oder vorwurfsvoll: *Hör doch endlich auf!*

das **Dock** (-(e)s, -s) eine Anlage, in der Schiffe außerhalb des Wassers gebaut oder repariert werden

der **Dok·tor** [-to:ɐ̯, -tɐ]; (-s, *Dok·to·ren*) **1** *gesprochen* verwendet als Anrede oder Bezeichnung für einen Arzt ⟨*einen Doktor brauchen, holen; zum Doktor gehen, müssen*⟩ **2** ein akademischer Grad und Titel *„Er ist Doktor der Biologie"* hat einen Doktortitel in Biologie ❶ nicht in der Mehrzahl verwendet; Abkürzung: *Dr.; der Bericht des Doktors,* aber: *der Bericht Doktor Meiers; Doktor* wird in der Anrede in Verbindung mit einem Familiennamen abgekürzt geschrieben (*Sehr geehrter Herr Dr. Müller!*), ohne Familiennamen ausgeschrieben (*Sehr geehrter Herr Doktor!*) • zu (2) **Dok·to·rin** [-to:rɪn] *die*

das **Do·ku·ment** (-(e)s, *-e*) Ausweise, Zeugnisse, Urkunden usw. sind wichtige Dokumente *„Welche Dokumente muss ich für die Anmeldung des Autos vorlegen?"*

do·ku·men·ta·risch ADJEKTIV ⟨*eine Aufnahme, ein Film, eine Darstellung*⟩ so, dass sie nur auf Tatsachen beruhen

die **Do·ku·men·ta·ti·on** [-ˈtsjo:n]; (-, *-en*) **1 eine Dokumentation (über etwas** *(Akkusativ)*/**zu etwas)** eine Sammlung von Dokumenten (z. B. Urkunden, Daten und Fakten zu einem Thema) **2 eine Dokumentation (über etwas** *(Akku-*

sativ)/**zu etwas**) eine dokumentarische Sendung im Fernsehen oder Radio

dol·met·schen (*dolmetschte, hat gedolmetscht*) **(etwas) dolmetschen** das, was jemand sagt, (meist sofort) mündlich in eine andere Sprache übersetzen

der **Dol·met·scher** (*-s, -*) eine Person, die (meist beruflich) etwas dolmetscht • *hierzu* **Dol·met·sche·rin** *die*

der **Dom** (*-(e)s, -e*) eine große Kirche, meist die Kirche eines Bischofs (vor allem im deutschsprachigen Raum und in Italien) *„der Kölner Dom"* ⓘ → Abb. unter **Kirche**

der **Don·ner** (*-s, -*) das laute Geräusch, das man nach einem Blitz hört **K** Donnergrollen, Donnerschlag

don·nern (*donnerte, hat/ist gedonnert*) **es donnert** (*hat*) ein Donner ist zu hören *„Es blitzt und donnert"*

der **Don·ners·tag** (*-(e)s, -e*) der vierte Tag der Woche; ⟨*am Donnerstag; letzten, diesen, nächsten Donnerstag; Donnerstag früh*⟩ **K** Donnerstagabend, Donnerstagmorgen; donnerstagabends ⓘ Abkürzung: *Do*

don·ners·tags ADVERB an jedem Donnerstag

doof ADJEKTIV; *gesprochen, abwertend* sehr dumm • *hierzu* **Doof·heit** *die*

der **Dop·pel·punkt** das Satzzeichen *:* , das vor direkter Rede, vor Aufzählungen und Beispielen steht

dop·pelt ADJEKTIV **1** zweimal so viel von einer Sache *„Dafür brauchen wir die doppelte Menge Mehl"* **2** so, dass etwas zweimal getan wird statt einmal *„Ich will das nicht doppelt machen müssen"*

das **Dop·pel·zim·mer** ein Zimmer für zwei Personen in einem Hotel o. Ä.

das **Dorf** (*-(e)s, Dör·fer*) ein relativ kleiner Ort auf dem Land, oft mit Bauernhöfen ⟨*aus einem Dorf kommen, sein; auf dem Dorf aufwachsen, wohnen*⟩ *„Er hat genug vom Stadtleben, er zieht jetzt aufs Dorf"* **K** Dorfkirche

der **Dorn** (*-(e)s, -en*) ein harter, spitzer Teil am Stängel einer Pflanze, wie z. B. am Stiel einer Rose • *hierzu* **dor·nig** ADJEKTIV

dort ADVERB **1** verwendet, um darauf hinzuweisen, wo jemand/etwas ist *„Hat jemand meine Brille gesehen?" – „Sie ist dort, wo du sie liegen gelassen hast"* **2** **dort** +*Ortsangabe* (oft zusammen mit einer Geste) verwendet, um auf eine Stelle oder einen Ort zu verweisen ⟨*dort drüben, hinten, vorn, oben, unten*⟩ ⓘ zu 1 und 2: Mit *dort* wird oft auf eine Stelle verwiesen, die weiter von der Bezugsperson entfernt ist als bei *da*

dort·hin, dort·hin ADVERB zu dem gezeigten oder genannten Ort hin

die **Do·se** (*-, -n*) **1** ein Behälter mit Deckel zum Aufbewahren von kleinen Dingen **K** Butterdose, Keksdose ⓘ → Abb. *Behälter und Gefäße* unter **Behälter** **2** ein Behälter aus Blech, in dem konservierte Lebensmittel, Getränke usw. verpackt sind bzw. die Menge der so verpackten Sache ≈ Büchse *„Thunfisch in Dosen"*

der **Do·sen·öff·ner** ein Gerät, mit dem man Konservendosen öffnen kann

die **Do·sis** (*-, Do·sen*) **1** die Menge eines Medikaments oder Rauschgifts, die auf einmal oder in einem begrenzten Zeitraum genommen wird **2** die Menge an (radioaktiver) Strahlung, die man meist zu medizinischen Zwecken bekommt

der/das **Down·load** ['daʊnloʊd]; (*-s, -s*) **1** das Herunterladen von Programmen oder Dateien aus dem Internet *„Vorsicht! Der Download dieser Dateien kann teuer werden"* **2** das heruntergeladene Programm oder die heruntergeladenen Dateien *„Darf ich die Downloads auf meine Festplatte speichern?"*

Dr. Doktor **Dr.** +*Name/Zusatz* ein akademischer Grad und Titel *„Dr. Müller"* | *„Dr. med."* Doktor der Medizin

der **Dra·che** (*-n, -n*) (vor allem in Märchen und Sagen) ein großes, gefährliches Tier mit Flügeln, Schuppen und Krallen, das Feuer spuckt ⓘ *der Drache; den, dem, des Drachen*

der **Draht** (*-(e)s, Dräh·te*) ein dünnes langes Stück Metall, wie es z. B. für Zäune und elektrische Leitungen benutzt wird **K** Drahtrolle

das **Dra·ma** (*-s, Dra·men*) **1** ein Text (in

Dialogen), der im Theater gespielt wird *⟨ein Drama aufführen, inszenieren, spielen⟩* ≈ Theaterstück *„Hamlet" ist ein berühmtes Drama von Shakespeare"* **2** ein aufregendes Geschehen *„Das Drama der Kindesentführung nahm ein glückliches Ende"* **K** Geiseldrama

dra·ma·tisch ADJEKTIV **1** aufregend und spannend (und gefährlich) *⟨eine Rettungsaktion, eine Situation⟩ „Am Unfallort spielten sich dramatische Szenen ab"* **2** (plötzlich und) heftig, mit großem Ausmaß *„Der Fehler hatte dramatische Auswirkungen/Folgen"*

dran ADVERB; *gesprochen* **1** ≈ daran *„Ich glaub nicht dran" | „Pass auf die Lampe auf! Stoss dich nicht dran!"* **2** **jemand ist dran** eine Person wird als Nächste behandelt, bedient oder muss als Nächste etwas tun *„Bin ich jetzt dran mit Würfeln?"*

drang *Präteritum, 1. und 3. Person Singular* → dringen

der **Drang** (-(e)s) **der Drang (nach/zu etwas)** ein starkes Bedürfnis (nach etwas/etwas zu tun) *⟨einen inneren, unwiderstehlichen Drang verspüren; einem Drang folgen, nachgeben⟩ „der Drang nach Freiheit"* **K** Bewegungsdrang, Freiheitsdrang

drän·geln [-ŋl̩n] *(drängelte, hat gedrängelt); gesprochen* **(irgendwohin) drängeln; sich irgendwohin drängeln** in einer Menge von Menschen die anderen Leute leicht stoßen usw., um schneller ans Ziel zu kommen

drän·gen *(drängte, hat gedrängt)* **1** **jemanden (irgendwohin) drängen** drücken oder schieben, sodass eine Person gegen ihren Willen irgendwohin gelangt *⟨jemanden zur Seite, hinaus, auf die Straße drängen⟩* **2** **jemanden (zu etwas) drängen** energisch versuchen, jemanden davon zu überzeugen, etwas zu tun *„Er drängte sie zum Verkauf des Hauses"* **3** **Personen drängen irgendwohin** viele Personen versuchen, gegen Widerstand irgendwohin zu kommen *„Als das Feuer ausbrach, drängten alle zu den Türen"* **4** **die Zeit drängt** man hat nicht mehr viel Zeit **5** **sich irgendwohin drängen** andere Menschen drücken oder schieben, um selbst irgendwohin zu kommen *„Kurt drängt sich in jeder Schlange nach vorne"*

drau·ßen ADVERB **1** außerhalb des Raumes, in dem man gerade ist, meist im Freien ↔ drinnen *„Er steht draußen vor der Tür" | „Die Kinder gehen zum Spielen nach draußen"* **2** weit von bewohnten Gebieten entfernt *„draußen auf dem Meer"*

der **Dreck** (-(e)s) *gesprochen* alle Dinge (wie z. B. Schmutz und Abfall), die bewirken, dass etwas nicht sauber ist *⟨voller Dreck sein⟩ „Dreck vom Fußboden aufkehren"*

dre·ckig ADJEKTIV; *gesprochen* voller Dreck *⟨dreckige Hände, Füße; sich bei einer Arbeit dreckig machen⟩* ≈ schmutzig **ID** **jemandem geht es dreckig** *gesprochen* jemandem geht es sehr schlecht

dre·hen ['dreːən] *(drehte, hat gedreht)* IM KREIS: **1** **jemanden/etwas drehen** eine Person, sich selbst oder eine Sache um das eigene Zentrum oder um die eigene Achse bewegen *„Die Schraube sitzt so fest, dass man sie nicht mehr drehen kann" | „einen Schalter nach rechts/auf Ein drehen"* **K** Drehstuhl, Drehtür **2** **(an etwas** *(Dativ)*) **drehen** ein kleines Teil drehen, das zu einem größeren Gegenstand gehört *„Er drehte an den Knöpfen des Funkgeräts"* **3** **etwas dreht sich um etwas** etwas bewegt sich in einem Kreis um einen Punkt/eine Achse herum *„Die Erde dreht sich um die Sonne"* FORMEN, HERSTELLEN: **4** **(etwas) drehen** mit der Kamera Aufnahmen für einen Film machen **K** Drehort UM EIN THEMA: **5** **etwas/es dreht sich um jemanden/etwas** jemand/etwas ist Thema einer Sache, eines Gesprächs *„Ihre Unterhaltungen drehen sich ständig um das Wetter"*

drei ZAHLWORT (als Zahl, Ziffer) 3 **i** → Extras, S. 700: **Zahlen** und Beispiele unter **vier**

die **Drei** (-, *-en*) **1** die Zahl 3 **2** Ⓓ eine Schulnote (auf der Skala von 1 – 6), mit der man eine Prüfung durchschnittlich bestanden hat

das **Drei·eck** (-s, -e) eine Fläche, die von drei geraden Linien begrenzt ist • *hierzu* **drei·eckig** ADJEKTIV

drei·hun·dert ZAHLWORT (als Zahl) 300

drei·ßig ZAHLWORT **1** (als Zahl) 30 ⓘ → Extras, S. 700: **Zahlen** **2** **Anfang/Mitte/Ende dreißig sein** ungefähr 30 bis 33/34 bis 36/37 bis 39 Jahre alt sein

drei·tau·send, drei·tau·send ZAHLWORT (als Zahl) 3000

drei·zehn ZAHLWORT (als Zahl) 13 ⓘ → Extras, S. 700: **Zahlen**

dres·sie·ren (*dressierte, hat dressiert*) **ein Tier dressieren** einem Tier Kunststücke o. Ä. lehren *„Tiere für den Zirkus dressieren"*

drin ADVERB; *gesprochen* **1** verwendet, um eine Ortsangabe mit *in* zu verstärken *„In der Dose sind ja keine Kekse mehr drin!"* **2** in einem Haus, Gebäude, Raum, Zimmer o. Ä. ↔ draußen

drin·gen (*drang, hat/ist gedrungen*) **1** **etwas dringt irgendwohin** (*ist*) etwas gelangt durch etwas hindurch an die genannte Stelle *„Regen dringt durch das Dach"* **2** **auf etwas** (*Akkusativ*) **dringen** (*hat*) energisch fordern, dass etwas getan wird *„auf sofortige Erledigung einer Arbeit dringen"*

drin·gend ADJEKTIV **1** so, dass es sofort getan oder bearbeitet werden muss ⟨*Arbeiten, ein Fall*⟩ ≈ eilig *„Ich muss dringend den Arzt sprechen"* **2** sehr wichtig für jemanden und deshalb eindringlich formuliert ⟨*eine Bitte, ein Gesuch, eine Frage; jemanden dringend vor etwas warnen*⟩ ≈ nachdrücklich

drin·nen ADVERB **1** im Haus, nicht im Freien ⟨*drinnen sein, arbeiten*⟩ *„Draußen ist es kalt, aber hier drinnen ist es warm"* **2** innerhalb eines Raumes, Gebäudes o. Ä. ↔ draußen *„Von drinnen hörte man laute Musik"*

dritt ADJEKTIV **1** in einer Reihenfolge an der Stelle 3; (als Zahl) 3. ⓘ → Beispiele unter **viert-** **2** als Substantiv verwendet, um Personen, Länder usw. zu bezeichnen, die an etwas nicht direkt beteiligt sind *„geheime Informationen an Dritte weitergeben"* **3** **zu dritt** (mit) insgesamt drei Personen *„zu dritt ins Schwimmbad gehen"*

drit·tel ADJEKTIV *nur in dieser Form* den 3. Teil einer Menge bildend ≈ ⅓

das **Drit·tel** (-s, -) der dritte Teil einer Sache *„Ein Drittel der Strecke liegt schon hinter uns"*

drit·tens ADVERB verwendet bei einer Aufzählung, um anzuzeigen, dass etwas an dritter Stelle kommt

die **Dro·ge** (-, -n) ein Rauschgift wie z. B. Heroin oder Kokain ⟨*harte, weiche Drogen; unter dem Einfluss von Drogen stehen*⟩ **K** Drogensucht, drogenabhängig

die **Dro·ge·rie** (-, -n [-ˈriːən]) in einer Drogerie kauft man vor allem Produkte zur Körperpflege und für die Gesundheit (aber keine Medikamente, die der Arzt verschreibt)

dro·hen (*drohte, hat gedroht*) **1** **(jemandem) mit etwas drohen** einer Person durch Gesten zeigen, dass man sie bestrafen (z. B. schlagen) wird, wenn sie ihr Verhalten nicht ändert ⟨*jemandem mit dem Finger, mit der Faust, mit einem Knüppel drohen*⟩ **2** **(jemandem) (mit etwas) drohen; (jemandem) drohen zu** +*Infinitiv* einer Person sagen, dass man etwas für sie Unangenehmes tun wird, wenn sie sich nicht wie gewünscht verhält *„Sie drohte (ihrem Mann) mit der Scheidung"* **K** Drohbrief **3** **etwas droht (jemandem/etwas)** etwas Unangenehmes könnte bald (mit einer Person oder Sache) geschehen ⟨*eine drohende Gefahr*⟩ *„Der Firma droht der Bankrott"*

die **Droh·ne** (-, -n) **1** eine männliche Biene **2** ein ferngesteuertes Fluggerät, auch als Waffe ⟨*eine Drohne fliegen lassen*⟩ **K** Drohnenflug, Drohnenangriff

die **Dro·hung** (-, -en) Worte oder Gesten, mit denen man jemandem droht ⟨*eine Drohung aussprechen, ausstoßen, wahr machen*⟩

drü·ben ADVERB auf der anderen Seite z. B. einer Grenze, einer Straße oder eines Ozeans ⟨*da drüben, dort drüben*⟩

D

„Hier sind wir noch in Hessen, aber dort drüben beginnt bereits Bayern"

der **Drụck**[1] (-(e)s, *Drü·cke*) **1** Druck entsteht, wenn eine Kraft auf eine Fläche, einen Körper, ein Gas oder eine Flüssigkeit wirkt ⟨*etwas hat, steht unter Druck*⟩ *„Je tiefer man taucht, desto größer wird der Druck in den Ohren"* **K** Innendruck; Luftdruck; Überdruck **2** **ein Druck (auf etwas** (*Akkusativ*)**)** das Drücken, das Benutzen eines Hebels, einer Taste usw. *„Mit einem Druck auf diesen Knopf kann man das Licht ausmachen"* **K** Knopfdruck **i** nicht in der Mehrzahl verwendet **3** die psychische Belastung oder der starke Einfluss, wenn man zu einem Verhalten gedrängt oder gezwungen wird ⟨*jemanden unter Druck setzen; unter Druck arbeiten, handeln*⟩ *„Die Massendemonstrationen verstärkten den Druck auf die Regierung"* **K** Leistungsdruck, Zeitdruck **i** nicht in der Mehrzahl verwendet

der **Drụck**[2] (-(e)s, *-e*) **1** ein (meist maschinelles) Verfahren, mit dem Texte, Bilder und Muster (in großen Mengen) auf Papier oder Stoff übertragen werden **K** Druckmaschine; Buchdruck **i** nicht in der Mehrzahl verwendet **2** ein gedrucktes Bild, Buch oder Stoffmuster *„Das Gemälde ist nicht echt, es ist nur ein Druck"* **3** **etwas geht in Druck** etwas wird gedruckt

drụ·cken (*druckte, hat gedruckt*) **1** **etwas (auf etwas** (*Akkusativ*)**) drucken** Buchstaben, Muster oder Bilder mit mechanischen Mitteln auf Papier, Stoff o. Ä. bringen oder übertragen **2** **(Dinge) drucken** Bücher, Zeitungen usw. produzieren, mit Texten und Bildern, die auf Papier gedruckt sind

drụ̈·cken (*drückte, hat gedrückt*) MIT KRAFT: **1** **jemanden/etwas irgendwohin drücken** eine Person oder Sache mit Kraft (von sich weg) irgendwohin bewegen ↔ ziehen *„einen Hebel nach unten drücken"* | *„Sie wurde im Gewühl an/gegen die Wand gedrückt"* **2** **(jemanden/etwas) irgendwohin drücken** Kraft oder das eigene Gewicht auf eine andere Person oder eine Sache wirken lassen und so die Form, Größe oder Lage verändern ≈ pressen *„Senf aus der Tube drücken"* | *„Ich habe mir als Kind die Nase am Schaufenster des Spielwarengeschäfts platt gedrückt"* **3** **(etwas) drücken; auf etwas** (*Akkusativ*) **drücken** einen Finger oder die Hand fest auf etwas legen oder den Fuß auf etwas stellen, damit etwas geschieht ⟨(*auf*) *den Auslöser, die Hupe, die Klingel, den Knopf drücken;* (*auf*) *die Bremse, das Gaspedal, die Kupplung drücken*⟩ NEGATIV BEEINFLUSSEN: **4** **etwas drücken** etwas auf ein niedrigeres Niveau bringen ⟨*die Löhne, die Preise, die Noten drücken*⟩ **5** **etwas drückt etwas; etwas drückt auf etwas** (*Akkusativ*) etwas hat einen negativen Einfluss auf eine Sache *„Das Wetter drückte auf unsere Stimmung"* SONSTIGE VERWENDUNGEN: **6** **etwas drückt (jemanden) (irgendwo)** man hat ein unangenehmes Gefühl, weil etwas zu klein, zu eng oder zu schwer ist ⟨*der Verband, die Schuhe, die Hose, der Rucksack, der Schulranzen*⟩ **7** **sich (vor etwas** (*Dativ*)**/um etwas) drücken** *gesprochen, abwertend* eine unangenehme Aufgabe oder Pflicht nicht erfüllen *„sich vor dem Aufräumen/um den Abwasch drücken"*

der **Drụ·cker** (*-s, -*) **1** eine Person, die beruflich mit dem Druck von Büchern, Zeitungen usw. zu tun hat **2** eine Maschine, die Daten und Texte, die in einem Computer gespeichert sind, auf Papier druckt **K** Laserdrucker; Farbdrucker • zu (1) **Drụ·cke·rin** *die*

die **Dru·cke·rei** (*-, -en*) eine Firma oder Werkstatt, in der Bücher, Zeitungen usw. gedruckt werden

drụm ADVERB; *gesprochen* ≈ darum

du PRONOMEN *2. Person Singular* **1** verwendet als Anrede an eine Person, die man gut kennt (Freunde, Verwandte usw.) oder an ein Kind *„Hast du Lust, ins Kino zu gehen?"* **i** a) → Extras, S. 715: **Pronomen** und S. 671: **Anrede**; b)

In Briefen können *du, dich, dir, dein* usw. großgeschrieben werden. **2** **eine Person ist mit jemandem per du; Personen sind per du** Personen sagen *du* zueinander, duzen sich

der **Dü·bel** (-*s*, -) ein kleines Rohr aus Plastik, das man in ein (gebohrtes) Loch in einer Mauer steckt, um Schrauben hineinzudrehen

du·cken (*duckte sich, hat sich geduckt*); *gesprochen* **sich ducken** den Kopf senken und den Oberkörper oder die Knie so beugen, dass man einer Gefahr (oder einem Stoß) ausweichen kann *„Er muss sich ducken, damit er durch die Tür kommt"*

der **Duft** (-(*e*)*s*, *Düf·te*) ein angenehmer Geruch

duf·ten (*duftete, hat geduftet*) **1** **etwas duftet** etwas hat einen angenehmen Geruch *„Diese Rosen duften sehr intensiv"* **2** **jemand/etwas duftet nach etwas** jemand/etwas hat einen besonderen, angenehmen Geruch *„Die Seife duftet nach Lavendel"*

dul·den (*duldete, hat geduldet*) **1** **etwas dulden** zulassen, dass etwas (mit dem man nicht einverstanden ist) geschieht ≈ tolerieren *„In dieser Sache dulde ich keinen Widerspruch"* ❶ meist verneint **2** **jemanden (irgendwo) dulden** erlauben, dass sich eine Person an einem Ort aufhält (obwohl man sie dort nicht haben mag und man es ihr verbieten könnte) *„Benimm dich gut, wir sind hier nur geduldet"* • hierzu **Dul·dung** *die*

dumm ADJEKTIV (*dümmer, dümmst-*) **1** mit wenig Intelligenz (ganz allgemein oder auch nur in der augenblicklichen Situation) ↔ klug *„Natürlich begreife ich das! Ich bin doch nicht dumm!"* **2** so, dass jemand nicht genug nachdenkt, bevor er handelt ≈ unvernünftig *„Es war sehr dumm von dir, im Regen spazieren zu gehen. Jetzt bist du erkältet!"* **3** unangenehm, ärgerlich oder mit negativen Folgen ⟨*ein Fehler, ein Zufall, eine Angewohnheit*⟩ *„Mir ist da etwas Dummes/eine dumme Geschichte passiert"*

die **Dumm·heit** (-, -*en*) **1** mangelnde Intelligenz ❶ nicht in der Mehrzahl verwendet **2** eine dumme und nicht überlegte Handlung oder Äußerung ⟨*eine Dummheit machen, begehen*⟩ *„Es war eine große Dummheit von dir, ihm das zu sagen"* **3** unsinnige, übermütige Handlungen ⟨*Dummheiten machen*⟩ ≈ Unsinn ❶ nur in der Mehrzahl verwendet

dumpf ADJEKTIV (*dumpfer, dumpfst-*) Geräusche sind dumpf, wenn sie durch die weite Entfernung nicht laut zu hören sind *„das dumpfe Grollen des Donners"*

die **Dü·ne** (-, -*n*) ein Hügel aus Sand am Meer oder in der Wüste

dun·kel ADJEKTIV (*dunkler, dunkelst-*) **1** mit nur wenig oder ohne Licht (wie in der Nacht oder am späten Abend) ⟨*ein Zimmer, eine Straße; im Dunkeln sitzen*⟩ ↔ hell ❶ *dunkel → ein dunkles Zimmer* **2** **es wird dunkel** es wird Abend **3** (in der Farbe) mit relativ viel Schwarz vermischt ⟨*eine Hautfarbe, Augen, Haar, Brot, Bier*⟩ ↔ hell *„ein Stoff in dunklem Blau"* **K** dunkelblau, dunkelrot **4** ⟨*Klänge, Töne, eine Stimme*⟩ ≈ tief ↔ hell **5** ungenau, ohne Details ⟨*eine Ahnung, ein Verdacht, eine Erinnerung*⟩ *„Ich kann mich nur dunkel an ihn erinnern"* **6** mit negativen Erfahrungen verbunden ≈ unerfreulich *„Das waren die dunkelsten Stunden in meinem Leben"*

die **Dun·kel·heit** (-) der Zustand, in dem kein Licht da ist

dünn ADJEKTIV **1** von relativ geringem Umfang oder Durchmesser, von relativ geringer Dicke ↔ dick *„eine dünne Scheibe vom Braten abschneiden"* | *„eine Salbe dünn auf die Wunde auftragen"* **2** mit sehr wenig Fett (und Muskeln) am Körper ≈ mager ↔ dick, fett *„Du bist ja so dünn, bekommst du denn nicht genug zu essen?"* **3** mit viel Wasser und wenig anderem Inhalt ⟨*Kaffee, Tee, eine*

Suppe, eine Brühe⟩ ↔ stark, kräftig **4** ⟨*ein Stimmchen*⟩ leise, schwach und relativ hoch **5** **dünn besiedelt** mit nur wenigen Einwohnern

DICK
DÜNN

dick dünn

durch[1] *PRÄPOSITION mit Akkusativ* RICHTUNG: **1** **durch etwas (hindurch)** bezeichnet die Richtung einer Bewegung an der einen Stelle in einen Raum oder in ein Gebiet hinein und an einer anderen wieder hinaus *„Wir fahren von Deutschland durch Frankreich nach Spanien"* **2** **durch etwas (hindurch)** bezeichnet eine Bewegung auf der einen Seite einer Öffnung hinein und auf der anderen Seite wieder heraus *„Sie ging durch die Tür"* **3** bezeichnet eine Bewegung zu mehreren Orten in einem Gebiet oder mehreren Punkten in einem Raum *„Abends gingen wir noch durch die Straßen"* ZEIT: **4** *Zeitangabe im Akkusativ* + **durch** bezeichnet einen Zeitraum, von dessen Anfang bis zu dessen Ende etwas dauert oder getan wird *„Die ganze Nacht durch konnte sie nicht schlafen"* MITTEL: **5** nennt die Handlung, die Methode oder das Mittel, mit denen ein Ziel oder eine Wirkung erreicht wird *„Durch Drücken dieses Knopfes schaltet man die Anlage ein"* | *„Er überzeugte mich durch gute Argumente"* GRUND, URSACHE: **6** nennt den Grund oder die Ursache für eine Situation ≈ wegen *„Durch die vielen Abkürzungen sind SMS oft schwer zu verstehen"* | *„Durch ihre freundliche Art ist sie sehr beliebt"* PASSIV: **7** nennt im Passivsatz oder passiven Konstruktionen die Person oder Sache, die etwas tut ≈ von *„Alle Arbeiten werden bei uns durch Fachleute ausgeführt"*

durch[2] *ADVERB; gesprochen* **1** verwendet als verkürzte Form für viele Verben mit *durch-*, um zu sagen, dass eine Tätigkeit ganz oder erfolgreich beendet ist *„Der Zug ist schon durch"* durchgefahren | *„Das Fleisch ist durch"* durchgebraten **2** *Uhrzeit* + **durch** es ist kurz nach der genannten Uhrzeit *„Wie spät ist es?" – „Vier (Uhr) durch"* **3** **durch und durch** in sehr hohem Maße *„durch und durch nass sein"*

durch-[1] (*im Verb, betont und trennbar, sehr produktiv; Diese Verben werden so gebildet: durchfahren, fuhr durch, durchgefahren*) **1** **(durch etwas) durchgehen, durchklettern, durchreisen, durchreiten, durchschwimmen** *und andere* bezeichnet eine Bewegung von einer Seite eines Raumes, eines Gebietes oder einer Öffnung zur anderen *„Er reichte ihr den Koffer durch das Zugfenster durch"* Er reichte ihr den Koffer von draußen ins Abteil (oder aber vom Abteil nach draußen) **2** **etwas (durch etwas) durchfühlen, durchschmecken; jemanden/etwas (durch etwas) durchhören** *und andere* drückt aus, dass ein Vorgang trotz eines Hindernisses möglich ist *„Das Fenster ist schmutzig! Ich kann kaum durchsehen"* Das Fenster ist so schmutzig, dass man kaum sehen kann, was auf der anderen Seite ist **3** **etwas durchdiskutieren, durchnummerieren, durchrechnen** *und andere* drückt aus, dass etwas vollständig, von Anfang bis Ende, gemacht wird *„Er hat das dicke Manuskript durchgelesen"* Er hat es von Anfang bis Ende gelesen **4** **etwas durchbeißen, durchbrechen, durchreißen, durchschneiden; etwas bricht, reißt durch** *und andere* drückt aus, dass durch eine Handlung, einen Vorgang zwei (oder mehrere) Teile entstehen *„Sie sägte das Brett durch"* Sie sägte das Brett in zwei Teile **5** **etwas durchlaufen, durchliegen, durchsitzen; etwas rostet durch** *und andere* drückt aus, dass etwas durch eine Belastung oder langen Gebrauch völlig abgenutzt oder kaputt wird *„Er hat seine Hose an den Knien durchgewetzt"* Seine Hose hat an den Knien Löcher bekommen

durch-² (*im Verb, unbetont, nicht trennbar, sehr produktiv; Diese Verben werden so gebildet: durchfahren, durchfuhr, durchfahren*) **etwas durchfliegen, durchschreiten, durchsegeln, durchwandern, durchwaten** *und andere* bildet aus Verben ohne Objekt solche Verben, die dann ein Objekt im Akkusativ haben. Man bezeichnet damit eine Bewegung von einer Seite eines Raumes, eines Gebietes zur anderen oder zu vielen Punkten innerhalb eines Raumes oder Gebietes *„Sie hat schon ganz Europa durchreist"* Sie ist schon in sehr viele Länder Europas gereist | *„Der Wolf durchschwamm den Fluss"* Er schwamm von einer Seite des Flusses zur anderen

durch·aus, durch·aus ADVERB etwas ist wahrscheinlich, wahr oder richtig *„Es ist durchaus möglich, dass es heute noch regnet"*

durch·brin·gen (*hat*) **1 jemanden durchbringen** eine Person, die krank, schwach oder verletzt ist, so pflegen, dass sie nicht stirbt **2 jemanden (mit etwas) durchbringen** in einer schweren Zeit für jemanden oder sich selbst sorgen *„Nach dem Tod ihres Mannes musste sie die Kinder allein durchbringen"*

durch·dre·hen (*drehte durch, hat/ist durchgedreht*) **1 Räder/Reifen drehen durch** (*ist*) Räder oder Reifen kommen wegen fehlenden Widerstands nicht vorwärts, sondern drehen sich auf der Stelle *„Auf Glatteis drehen die Räder durch"* **2** *gesprochen* (*ist*) sehr nervös werden, die Nerven verlieren

durch·ei·nan·der, durch·ei·nan·der ADVERB **1** ohne Ordnung *„Nach dem Fest lagen Flaschen und Aschenbecher durcheinander auf dem Boden herum"* **2 (ganz/völlig) durcheinander sein** (sehr) verwirrt sein

das **Durch·ei·nan·der, Durch·ei·nan·der**; (-*s*) der Zustand, in dem Dinge ohne Ordnung irgendwo herumliegen oder -stehen ≈ Unordnung

durch·fah·ren (*ist*) **1 (durch etwas) durchfahren** durch eine enge Stelle, eine Öffnung fahren *„durch ein Tor durchfahren"* **2** bis zu dem genannten Ort, dem genannten Zeitpunkt oder den genannten Zeitraum fahren und dabei nicht anhalten *„Der Zug fährt bis Stuttgart durch"*

der **Durch·fall** (-(*e*)*s*, *Durch·fäl·le*) eine Krankheit, bei der man flüssigen Kot ausscheidet ⟨*Durchfall haben, bekommen*⟩ ⓘ medizinische Bezeichnung: *Diarrhöe*

durch·fal·len (*ist*) **1 jemand/etwas fällt (durch etwas) durch** jemand/etwas fällt durch eine Öffnung o. Ä. ⟨*etwas fällt durch ein Gitter, ein Loch, ein Netz, einen Rost, ein Sieb durch*⟩ **2 (bei etwas/in etwas** (*Dativ*)**) durchfallen** eine Prüfung nicht bestehen *„im Abitur durchfallen"*

durch·füh·ren (*hat*) **etwas durchführen** etwas (nach einem Plan) machen ⟨*ein Experiment, einen Versuch, eine Reparatur durchführen*⟩ • *hierzu* **Durch·füh·rung** *die*

der **Durch·gang** (-(*e*)*s*, *Durch·gän·ge*) **1 ein Durchgang (zu etwas); ein Durchgang zwischen Dingen** (*Dativ*) eine meist relativ enge Verbindung zwischen zwei Räumen, Gebäuden o. Ä., durch die man gehen kann *„Bitte den Durchgang frei halten!"* **2** das Überqueren einer Fläche oder eines Gebiets, die anderen Personen gehören *„Durchgang verboten!"* ⓘ nicht in der Mehrzahl verwendet

durch·ge·hen (*ist*) **1 (durch etwas) durchgehen** durch eine Öffnung gehen *„durch ein Tor durchgehen"* **2 etwas geht (durch etwas) durch** *gesprochen* etwas ist kleiner als eine Öffnung und passt deshalb hindurch *„Die Tür ist so schmal, dass der Tisch nicht durchgeht"* **3 etwas geht (durch etwas) durch**

D

gesprochen etwas dringt durch etwas *„Das Wasser geht durch meine Schuhe durch"*

dụrch·ge·hend ADVERB **jemand/etwas hat durchgehend geöffnet; etwas ist durchgehend offen/geöffnet** ein Geschäft, eine öffentliche Einrichtung ist ohne Mittagspause geöffnet

dụrch·grei·fen (*hat*) **1** **(durch etwas) durchgreifen** durch eine Öffnung greifen ⟨*durch ein Gitter, einen Zaun, einen Spalt durchgreifen*⟩ **2** **(gegen jemanden) (irgendwie) durchgreifen** srteng sein und unerwünschtes oder verbotenes Verhalten bestrafen

dụrch·hal·ten (*hat*) **etwas durchhalten** in einer sehr unangenehmen oder schwierigen Situation seine (körperliche oder seelische) Kraft nicht verlieren *„Obwohl er krank war, hielt er die Strapazen der Reise gut durch"*

dụrch·kom·men (*ist*) **1** **(durch etwas) durchkommen** durch einen Ort o. Ä. gehen oder fahren, ohne dort anzuhalten *„Der Zug nach Leipzig muss gleich durchkommen"* **2** *gesprochen* an einer Verletzung oder Krankheit nicht sterben *„Hoffentlich kommt er durch!"* **3** **(durch etwas) durchkommen** *gesprochen* durch ein Hindernis, eine enge Stelle gelangen können ⟨*durch eine Absperrung, ein Loch, eine Menschenmenge, das Gewühl durchkommen*⟩

dụrch·las·sen (*hat*) **jemanden/etwas (durch etwas) durchlassen** jemandem erlauben, durch eine Absperrung, ein Hindernis o. Ä. zu gehen oder zu fahren *„Die Wachen dürfen Personen ohne Ausweis nicht durchlassen"*

dụrch·lau·fen **1** **(durch etwas) durchlaufen** (*ist*) durch etwas hindurchgehen o. Ä., ohne dort länger stehen zu bleiben **2** **etwas läuft (durch etwas) durch** (*ist*) etwas dringt langsam durch etwas durch *„Der Kaffee ist noch nicht (durch den Filter) durchgelaufen"*

der **Dụrch·mes·ser** (-s, -) die Länge einer geraden Linie in der Mitte durch einen Kreis oder eine Kugel *„Der Durchmesser beträgt das Doppelte des Radius"*

dụrch·neh·men (*hat*) **etwas durchnehmen** sich in der Schule, im Unterricht mit einem Thema (Lehrstoff) gründlich beschäftigen

die **Dụrch·rei·se** (-, -*n*) **auf der Durchreise sein; sich auf der Durchreise befinden** während einer Reise kurze Zeit an einem Ort bleiben, bevor man zu einem Ziel weiterreist *„Bleiben Sie längere Zeit in Frankfurt?" – „Nein, ich bin nur auf der Durchreise."*

die **Dụrch·sa·ge** (-, -*n*) die Mitteilung einer Information im Radio, im Fernsehen oder über Lautsprecher ⟨*eine aktuelle, wichtige Durchsage bringen, machen*⟩

der **Dụrch·schnitt** (-(*e*)*s*, -*e*) **1** die Zahl, die sich ergibt, wenn man die Summe aus mehreren Zahlen bildet und die Summe dann durch die Anzahl der Zahlen teilt ≈ Mittelwert, arithmetisches Mittel *„Der Durchschnitt von drei, fünf und sieben ist/beträgt fünf"* (3 + 5 + 7) : 3 = 5 **2** das normale, übliche Maß ⟨*etwas liegt über, unter dem Durchschnitt*⟩ *„Peters Leistungen in der Schule liegen weit über dem Durchschnitt"* **3** **im Durchschnitt** in den meisten Fällen ≈ normalerweise *„Ich schlafe im Durchschnitt sieben Stunden pro Tag"*

dụrch·schnitt·lich ADJEKTIV **1** dem Durchschnitt entsprechend, im Durchschnitt *„Die Firma produziert durchschnittlich 100 Maschinen pro Tag"* **2** weder sehr gut noch sehr schlecht ⟨*eine Begabung, eine Leistung*⟩ *„von durchschnittlicher Intelligenz"*

dụrch·set·zen (*hat*) **1** **etwas (gegen/etwas jemanden) durchsetzen** erreichen, dass etwas gemacht oder realisiert wird, obwohl andere Personen dagegen sind ⟨*ein Gesetz, eine Regelung durchsetzen; den eigenen Willen durchsetzen*⟩ *„Ich konnte meine Absichten/Pläne nicht gegen den Widerstand des Vorstands durchsetzen"* **2** **sich durchsetzen** trotz Widerstands die Ziele erreichen • *hierzu* **Dụrch·set·zung** *die*

durch·sich·tig ADJEKTIV so, dass man (wie z. B. bei Glas oder Wasser) hindurchsehen kann *„eine durchsichtige Folie"*

durch·strei·chen (*hat*) **etwas durchstreichen** einen Strich durch etwas Geschriebenes oder Gezeichnetes machen (um zu sagen, dass es falsch oder ungültig ist)

durch·su·chen (*durchsuchte, hat durchsucht*) **1** **etwas (nach jemandem/etwas) durchsuchen** in einem Gebiet, Raum nach jemandem/etwas suchen, in einem Behälter o. Ä. nach etwas suchen *„alle Taschen nach einem Schlüssel durchsuchen"* **2** **jemanden (nach etwas) durchsuchen** in jemandes Kleidung nach etwas (z. B. Drogen, einer Waffe) suchen *„Die Polizei durchsuchte ihn"* • *hierzu* **Durch·su·chung** *die*

dür·fen¹ (*darf, durfte, hat dürfen*); *Modalverb* **1** *Infinitiv* + **dürfen** die Erlaubnis oder das Recht haben, etwas zu tun *„Früher hat man erst mit 21 wählen dürfen"* | *„So etwas darf man doch nicht sagen!"* **2** *Infinitiv* + **dürfen** verwendet, um eine Bitte, eine Aufforderung, einen Rat oder einen Wunsch auszusprechen *„Darf ich mich setzen?"*

dür·fen² (*darf, durfte, hat gedurft*); *gesprochen* **1** **(etwas) dürfen** die Erlaubnis haben, etwas zu tun *„Heute gehe ich ins Kino" – „Darfst du das denn überhaupt?" – „Natürlich darf ich!"* **2** **irgendwohin dürfen** die Erlaubnis oder Berechtigung haben, irgendwohin zu gehen, zu fahren o. Ä. *„Dürfen wir heute ins Schwimmbad?"* ℹ Die Perfektform ist *gedurft*, wenn *dürfen* allein steht. Nach einem anderen Verb steht *dürfen*: *Das hätten wir früher nicht gedurft/nicht tun dürfen.*

dürr ADJEKTIV **1** ⟨*Holz, Äste, Zweige, Laub, Gras*⟩ ≈ trocken **2** mit wenig Muskeln und mager

der **Durst** (-(*e*)*s*) das Gefühl, etwas trinken zu müssen ⟨*Durst bekommen, haben/verspüren; den Durst löschen/stillen*⟩

durs·tig ADJEKTIV mit dem Wunsch, etwas zu trinken *„hungrig und durstig sein"*

die **Du·sche**, **Du·sche**; (-, -*n*) man stellt sich unter eine Dusche, um sich mit Wasser zu waschen ⟨*die Dusche auf-/zudrehen*⟩ *„Er steht morgens immer so lange unter der Dusche"*

du·schen, **du·schen** (*duschte, hat geduscht*) **(jemanden) duschen** eine Person oder sich selbst unter die Dusche stellen und waschen *„(sich) nach dem Sport heiß duschen"*

die **Dü·se** (-, -*n*) das enge Ende eines Rohres, durch das Flüssigkeiten oder Gase mit hoher Geschwindigkeit hinausgepresst werden

du·zen (*duzte, hat geduzt*) **jemanden duzen** jemanden mit *du* anreden ↔ siezen *„die Kollegen duzen"* ℹ → Extras, S. 671: **Anrede**

der **Dy·na·mo**, **Dy·na·mo** ['dy:-, 'dʏ-]; (-*s*, -*s*) eine kleine Maschine (vor allem an einem Fahrrad), mit der man elektrischen Strom für eine Lampe erzeugt

E

das **E**, **e** [e:]; (-, -/ *gesprochen auch* -*s*) der fünfte Buchstabe des Alphabets ⟨*ein großes E; ein kleines e*⟩

E-, ['e:]; *im Substantiv, begrenzt produktiv* **das E-Auto, der E-Bass, das E-Bike, die E-Gitarre** *und andere* als Kurzform für *Elektro-* verwendet

die **Eb·be** (-, -*n*) der niedrige Stand des Wassers am Meer ↔ Flut

eben ADJEKTIV **1** ohne Berge oder Hügel und Täler ⟨*Land, eine Straße*⟩ ≈ flach *„Die Umgebung von Hannover ist ziemlich eben"* **2** an allen Stellen gleichmäßig hoch ⟨*eine Fläche*⟩ *„ein ebener Fußboden"* ADVERB **3** sehr kurz vor dem jetzigen Zeitpunkt *„Ich bin eben (erst) nach Hause gekommen"* **4** in diesem Augenblick ≈ jetzt *„Er kommt eben die Treppe herunter"*

PARTIKEL **5** *unbetont* verwendet, um zu sagen, dass etwas nicht geändert werden kann und akzeptiert werden muss *„Das ist eben nicht mehr zu ändern"*

die **Ebe·ne** (-, -n) **1** ein großes, flaches Stück Land ⟨*eine weite Ebene*⟩ *„Zwischen den beiden Bergketten erstreckt sich eine fruchtbare Ebene"* **2** ein Stockwerk (in einem großen modernen Gebäude) ⟨*auf der 1., 2., 3. Ebene; Ebene 1*⟩

eben·falls ADVERB **1** drückt aus, dass für jemanden/etwas das Gleiche gilt wie für eine andere Person/Sache ≈ auch *„Als ich die Party verließ, ging er ebenfalls"* **2** verwendet, um einen Wunsch oder Gruß zu erwidern *„Guten Appetit/Gute Nacht!" – „Danke, ebenfalls!"*

eben·so ADVERB **1** im gleichen Maße ⟨*ebenso gut, lange, oft, sehr, viel, wenig*⟩ ≈ genauso *„Sie spielt ebenso gern Fußball wie ihr Bruder"* **2** drückt aus, dass für jemanden/etwas das Gleiche gilt wie für eine andere Person/Sache ≈ ebenfalls *„Dieser Antrag wurde ebenso abgelehnt"*

das **Echo** (-s, -s) die Erscheinung, dass Gerufenes noch einmal zu hören ist, wenn es auf einen Berg o. Ä. trifft

echt ADJEKTIV (echter, echtest-) **1** nicht gefälscht, nicht kopiert oder imitiert ↔ falsch *„ein Armband aus echtem Gold"* **2** nicht nur dem äußeren Schein nach ≈ wahr ↔ unecht

PARTIKEL *betont* **3** *gesprochen* verwendet, um in Form von Fragen Überraschung oder Begeisterung auszudrücken ≈ tatsächlich *„Das schenke ich dir" – „Echt? Super!"* • *zu* (1,2) **Echt·heit** *die*

die **Ecke** (-, -n) **1** der Punkt, wo sich zwei Linien oder Flächen treffen und einen Winkel (oft von 90°) bilden ⟨*die Ecken eines Buches, Tisches, Würfels, Zimmers*⟩ *„Ich habe mich an der Ecke des Schrankes gestoßen"* **2** der Ort, an dem sich zwei Straßen treffen *„das Haus an der Ecke"* **3** *gesprochen* ein kleines Stück ⟨*eine Ecke Wurst, Käse*⟩

eckig ADJEKTIV mit Ecken ↔ rund *„ein eckiger Tisch"*

RUND
ECKIG

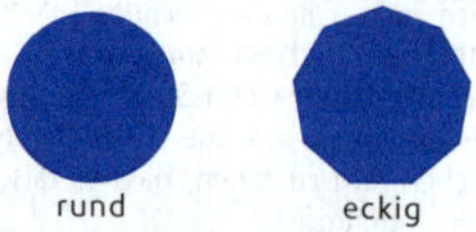

edel ADJEKTIV (*edler, edelst-*) **1** so, dass eine Person nicht egoistisch ist, sondern auch an andere Menschen denkt und nach hohen moralischen Prinzipien handelt ≈ selbstlos ℹ *edel → eine edle Tat* **2** von sehr guter Qualität (und teuer) ⟨*Schmuck, Wein, Hölzer*⟩

der **Edel·stein** ein Stück eines seltenen, wertvollen Minerals (z. B. eines Smaragds oder Diamanten) *„ein Ring mit Edelsteinen"*

der **Ef·fekt** (-(e)s, -e) **1** das Ergebnis einer Handlung ⟨*etwas hat keinen, wenig, großen Effekt*⟩ ≈ Wirkung *„Deine ständige Kritik hat den Effekt, dass niemand mit dir arbeiten will"* **2** eine Sache, die dazu dient, Aufmerksamkeit (und Bewunderung oder Erstaunen) zu bewirken ⟨*ein optischer, modischer, billiger, plumper Effekt*⟩ ≈ Trick

ef·fek·tiv [-f] ADJEKTIV mit guter Wirkung, vorhandene Möglichkeiten gut nutzend *„Er könnte effektiver arbeiten, wenn er nicht dauernd gestört würde"* • *hierzu* **Ef·fek·ti·vi·tät** *die*

egal ADJEKTIV; *gesprochen* **1** **etwas ist egal** etwas ist ohne Bedeutung für eine Sache oder nicht wichtig *„Es ist egal, ob du heute kommst oder morgen"* **2** **etwas ist jemandem egal** etwas interessiert jemanden nicht *„Mir ist egal, wann du nach Hause kommst"*

der **Ego·ist** [ego'ɪst]; (*-en, -en*); *abwertend* eine Person, die immer nur an sich selbst und den eigenen Vorteil denkt ℹ *der Egoist; den, dem, des Egoisten* • *hierzu* **ego·is·tisch** ADJEKTIV

die **Ehe** ['eːə]; (-, -n) **1** eine Ehe ist die Beziehung, die zwei Personen haben, die miteinander verheiratet sind **K** Ehepartner, Ehering **2** **die Ehe brechen** sexuelle Kontakte außerhalb der Ehe haben

e **Ehe·frau** die Frau, mit der ein Mann verheiratet ist ≈ Frau ⓘ → Abb. unter **Familie**

ehe·ma·lig *ADJEKTIV* drückt aus, dass eine Beziehung oder Funktion in der Vergangenheit bestanden hat, aber heute nicht mehr ≈ früher- *„Im ehemaligen Fabrikgebäude sind jetzt moderne Apartments entstanden"*

r **Ehe·mann** der Mann, mit dem eine Frau verheiratet ist ≈ Mann ⓘ → Abb. unter **Familie**

s **Ehe·paar** zwei Personen (meist ein Mann und eine Frau), die miteinander verheiratet sind

eher ['eːɐ] *ADVERB* **1** zu einem früheren Zeitpunkt *„je eher, umso besser"* **2** *gesprochen* so, dass die eine Beschreibung besser passt als die andere ≈ mehr *„Die Sonne ist heute eher rot als gelb"*

e **Eh·re** (-, *-n*) **1** das Bewusstsein einer Person, Würde zu haben und Respekt zu verdienen ⟨*jemandes Ehre verletzen*⟩ ⓘ nicht in der Mehrzahl verwendet **2** eine Handlung oder ein Zeichen, mit denen andere Menschen einer Person/Sache Respekt erweisen ⟨*jemandem Ehre, große Ehren erweisen*⟩

eh·ren (*ehrte, hat geehrt*) **1** **jemanden ehren** einer Person zeigen, dass man sie respektiert *„die Eltern ehren"* **2** **jemanden (mit etwas) (für etwas) ehren** jemandem eine Auszeichnung verleihen *„jemanden mit einer Urkunde für seine Leistungen ehren"*

eh·ren·amt·lich *ADJEKTIV* so, dass eine Person für ihre Arbeit nicht bezahlt wird • *hierzu* **Eh·ren·amt** *das*

er **Ehr·geiz** ein starkes Bemühen um Erfolg und Ruhm ⓘ nicht in der Mehrzahl verwendet • *hierzu* **ehr·gei·zig** *ADJEKTIV*

ehr·lich *ADJEKTIV* **1** so, dass eine Person die Wahrheit sagt, nicht lügt und nichts verschweigt ≈ aufrichtig *„Sei ehrlich, glaubst du das?" – „Ehrlich gesagt, nein."* **2** so, dass eine Person niemanden betrügt *„ein ehrlicher Mensch"* **3** nicht vorgetäuscht, sondern wirklich empfunden ⟨*Gefühle, Freude, Trauer*⟩ • *hierzu* **Ehr·lich·keit** *die*

die **Eh·rung** (-, *-en*) eine Zeremonie, bei der jemand geehrt wird **K** Siegerehrung

das **Ei** (-(*e*)*s*, *-er*) **1** weibliche Vögel und andere Tiere legen Eier; Eier haben eine harte Schale oder feste Hülle, in der sich ein junges Tier entwickelt ⟨*ein Vogel, eine Schlange, eine Schildkröte legt Eier; ein Tier brütet Eier aus; ein Tier schlüpft aus dem Ei*⟩ **K** Hühnerei **2** das Ei eines Huhns, das man isst ⟨*ein weiches/weich gekochtes, hartes/hart gekochtes Ei; Eier kochen*⟩ **K** Eierschale **3** eine Zelle im Körper von Frauen und Tieren, aus denen sich ein Baby entwickeln kann, wenn sie mit einer männlichen Samenzelle zusammenkommt *„Das reife Ei wird befruchtet und nistet sich in der Gebärmutter ein"* **K** Eizelle • *zu* (2) **ei·för·mig** *ADJEKTIV*

der **Eid** (-(*e*)*s*, *-e*) ein feierliches Versprechen, die Wahrheit zu sagen

der **Ei·er·be·cher** ein kleines Gefäß, in dem ein gekochtes Ei serviert wird ⓘ → Abb. unter **Frühstück**

der **Ei·fer** (*-s*) das starke Bemühen, ein Ziel zu erreichen ⟨*blinder Eifer*⟩ *„Heute gehe ich voller Eifer an die Arbeit, gestern war ich nicht so fleißig"*

die **Ei·fer·sucht** **Eifersucht (auf jemanden)** die oft übertriebene Angst eines Menschen, die Liebe oder Aufmerksamkeit eines anderen Menschen an eine dritte Person zu verlieren ⓘ nicht in der Mehrzahl verwendet

ei·fer·süch·tig *ADJEKTIV* **eifersüchtig (auf jemanden/etwas)** voll Eifersucht

das **Ei·gelb** (-(*e*)*s*, *-e*) der gelbe Teil von Hühnereiern

ei·gen *ADJEKTIV* **1** so, dass etwas der genannten Person, Firma oder Institution gehört *„Mit 18 Jahren hatte er schon*

E

ein eigenes Auto" **2** so, dass etwas von der genannten Person selbst kommt oder die genannte Person selbst betrifft *„Es war meine eigene Schuld, dass es nicht funktioniert hat"*

ei·gen·ar·tig ADJEKTIV aufgrund ungewöhnlicher Eigenschaften auffällig, schwer verständlich oder schwer erklärbar *„Was ist das für ein eigenartiges Geräusch?"*

ei·gens ADVERB nur für einen besonderen Zweck *„Ich habe den Kuchen eigens für dich gebacken"*

die **Ei·gen·schaft** (-, *-en*) **1** durch ihre Eigenschaften unterscheiden sich Personen oder Dinge voneinander oder sind sie sich ähnlich *„Dieses Metall hat die Eigenschaft, leicht verformbar zu sein"* **2** **in einer/jemandes Eigenschaft als etwas** *geschrieben* in der genannten Funktion oder Aufgabe *„Er sprach in seiner Eigenschaft als Parteichef"*

ei·gent·lich PARTIKEL **1** verwendet, um auf einen Sachverhalt hinzuweisen, welcher dem Gesprächspartner meist nicht bekannt oder für diesen nicht erkennbar ist *„Eigentlich heißt sie Birgit, aber jeder nennt sie Biggi"* **2** verwendet, wenn man von etwas überzeugt ist und man einen Irrtum kaum für möglich hält *„Eigentlich müsste der Brief jetzt fehlerfrei sein"* **3** wenn man es genau nimmt *„Eigentlich darf ich es dir noch nicht sagen, aber ich krieg den Job"* ADJEKTIV **4** den wichtigsten Punkt betreffend *„Das eigentliche Problem liegt woanders"* **5** der Realität entsprechend ≈ wirklich *„Seine eigentlichen Absichten zeigte er erst später"* **6** so, wie es zu Beginn war ≈ anfänglich *„die eigentliche Bedeutung eines Wortes"*

das **Ei·gen·tum** (-s) das, was einer Person, Firma, Institution usw. gehört ≈ Besitz

der **Ei·gen·tü·mer** (-s, -) die Person, der eine Sache als Eigentum gehört • *hierzu* **Ei·gen·tü·me·rin** *die*

eig·nen (*eignete sich, hat sich geeignet*) **1** **sich (irgendwie) für etwas eignen** die Eigenschaften oder Fähigkeiten haben, die nötig sind, um die genannte Funktion zu erfüllen *„Sie eignet sich gut für diesen Beruf"* **2** **etwas eignet sich (irgendwie) als etwas** etwas hat die Eigenschaften, die nötig sind, um den genannten Zweck zu erfüllen *„Kork eignet sich gut als Isoliermaterial"*

die **Ei·le** (-) **1** das Bemühen oder der Zwang, etwas schnell zu tun *„Ich habe in der Eile vergessen, einen Schirm mitzunehmen"* **K** Eiltempo **2** **in Eile sein** (zu) wenig Zeit haben *„Ich kann jetzt nicht reden, ich bin in Eile"*

ei·lig ADJEKTIV **1** sehr wichtig und daher schnell zu erledigen *„Dieser Brief ist sehr eilig, bring ihn bitte gleich zur Post!"* **2** **es eilig haben** keine oder nur wenig Zeit haben

der **Ei·mer** (-s, -) ein rundes Gefäß (meist aus Plastik oder Blech) vor allem für Flüssigkeiten oder Abfall, das einen Bügel zum Tragen hat **K** Abfalleimer **i** → Abb. *Behälter und Gefäße* unter **Behälter**

ein, ei·ne, ein ARTIKEL *unbetont* **1** verwendet, um eine Person/Sache zu bezeichnen, die in den Worten oder im Text vorher noch nicht genannt wurde *„Ich wohne in einem großen Haus"* **i** Den unbestimmten Artikel gibt es nur in der Einzahl: *ein altes Haus → alte Häuser. Ein* wird in der gesprochenen Sprache oft abgekürzt: *Da kommtn/kommt 'n Hund mit 'nem langen Schwanz;* → auch Extras, S. 712: **Artikel** **2** verwendet, um eine (beliebige) einzelne von mehreren vorhandenen Sachen zu bezeichnen *„Hast du ein Blatt Papier für mich?"* **3** verwendet, um eine nicht genau benannte Person/Sache als Vertreter einer Menge, Art oder Gattung zu bezeichnen *„Ein Hund bleibt dir immer treu"* ZAHLWORT *betont* **4** verwendet, um bei zählbaren Begriffen den Zahlenwert 1 auszudrücken *„Jetzt warten wir schon eine Stunde"* **i** oft durch *nur* oder *einzig-* verstärkt: *Ich hatte nur noch 'einen Euro/einen 'einzigen Euro in der*

Tasche **5** *nur in dieser Form* verwendet zur Bezeichnung der Uhrzeit 1 Uhr bzw. 13 Uhr *„Es ist schon 'ein Uhr"* ⓘ aber: *Es ist eins*

ADVERB **6** verwendet als Aufschrift bei Schaltern usw., mit denen etwas eingeschaltet wird ≈ an ↔ aus

PRONOMEN **7** **einen/einem** verwendet als Akkusativ bzw. Dativ von *man „Das kann einem schon mal passieren"* **8** *gesprochen* verwendet in manchen Wendungen *„jemandem eine reinhauen"* jemandem eine Ohrfeige geben | *„einen trinken"* ein Getränk mit Alkohol trinken

ei·nan·der PRONOMEN so, dass jede Person oder Sache in einer Gruppe das Gleiche für den/die anderen oder mit dem/den anderen tut ≈ sich *„Die vielen Autos behindern einander"*

e **Ein·bahn|stra·ße** eine Straße, auf der man nur in einer Richtung fahren darf

er **Ein·band** (-(e)s, *Ein·bän·de*) **1** der feste Teil eines Buches, der die Seiten zusammenhält und schützt ⟨*ein lederner, kartonierter Einband*⟩ **2** eine Hülle (meist aus Plastik), in die ein Heft oder Buch (zum Schutz) gesteckt wird

ein·bau·en (*hat*) **etwas (in etwas** (*Akkusativ*)**) einbauen** genau passende Teile in etwas, das schon vorhanden ist, einfügen und befestigen ⟨*Möbel* (*in die Küche*) *einbauen*⟩ **K** Einbauküche

e **Ein·bil·dung** (-, *-en*) **1** die Gedanken oder die Vorstellung, die sich jemand von einer Person oder Sache macht ≈ Fantasie *„Dieses Problem existiert nur in seiner Einbildung"* existiert nicht wirklich ⓘ nicht in der Mehrzahl verwendet **2** etwas, das man sich nur einbildet und nicht wirklich ist *„Ich habe ihn deutlich gesehen, es war sicherlich keine Einbildung"* **3** eine unangenehme Art, mit der man zeigt, dass man sich für besser hält als andere Personen ≈ Arroganz ⓘ nicht in der Mehrzahl verwendet

er **Ein·blick** **(ein) Einblick (in etwas** (*Akkusativ*)**)** ein erster kurzer Eindruck einer neuen Tätigkeit, eines neuen Gebiets o. Ä. ⟨*einen Einblick bekommen, gewinnen*⟩ *„Einen umfassenden Einblick in meine neue Arbeit konnte mir mein Chef in der kurzen Unterredung nicht vermitteln"*

ein·bre·chen (*hat/ist*) **1** **in etwas** (*Akkusativ*) **einbrechen** (*ist*); **in etwas** (*Dativ*) **einbrechen** (*hat*); **bei jemandem/etwas einbrechen** (*hat/ist*) sich mit Gewalt den Zugang zu einem Haus, Raum o. Ä. verschaffen (und dann dort etwas stehlen) *„Die Täter brachen nachts in die Bank ein"* **2** **(in etwas** (*Dativ/Akkusativ*)**) einbrechen** (*ist*) durch etwas, das an einer Stelle bricht, nach unten fallen *„Er ist beim Schlittschuhfahren im/ins Eis eingebrochen"*

der **Ein·bre·cher** (-s, -) eine Person, die irgendwo (mit Gewalt) einbricht

der **Ein·bruch** das gewaltsame Einbrechen in ein fremdes Haus *„In der Nacht gab es einen Einbruch in ein/in einem Juweliergeschäft"*

ein·che·cken **1** am Flughafen Ticket und Ausweis zeigen, um einen Platz im Flugzeug zu bekommen **2** sich im Hotel zur Übernachtung anmelden und einen Zimmerschlüssel bekommen

ein·cre·men (*cremte ein, hat eingecremt*) **1** **jemanden eincremen** jemandem oder sich selbst Creme in die Haut reiben **2** **(jemandem) etwas eincremen** Creme in die Haut oder auf eine Oberfläche reiben ⟨*sich* (*Dativ*) *das Gesicht eincremen*⟩

ein·deu·tig ADJEKTIV **1** völlig klar und verständlich, nicht falsch zu verstehen *„Ihre Antwort auf meine Einladung war ein eindeutiges Nein"* **2** so, dass es keinen Zweifel geben kann *„Der Verteidiger lieferte den eindeutigen Beweis für die Unschuld des Angeklagten"*

der **Ein·druck** (-(e)s, *Ein·drü·cke*) **1** **ein Eindruck von jemandem/etwas; ein Eindruck auf jemanden; der Eindruck, dass ...** wenn wir einer Person oder Sache begegnen, bekommen wir einen Eindruck davon, wie sie (wahrscheinlich) ist *„Ich habe den Eindruck, dass hier etwas nicht in Ordnung ist"* **2** **ein Eindruck auf jemanden** wenn eine Person oder Sache Eindruck auf uns macht, bekommen wir eine sehr gute Meinung von ihr, großen Respekt oder Angst ⟨*einen guten, einen schlechten Eindruck auf jemanden machen*⟩ • zu (2) **ein·drucks·voll** ADJEKTIV

E

ei·ne → ein

ein·ein·halb ZAHLWORT *nur in dieser Form* ein Ganzes plus die Hälfte davon *„Ich warte seit eineinhalb Wochen auf einen Brief von ihm"*

ei·nem **1** → ein **2** → man

ei·nen **1** → ein **2** → man

ei·ner **1** → ein **2** → man

der **Ei·ner** (-s, -) **1** ein Ruderboot, in dem nur eine Person sitzen kann **K** Einerkajak **2** (in einer Zahl mit mehr als einer Stelle) die erste Stelle (von rechts bzw.) vor dem Komma *„beim Addieren alle Hunderter, alle Zehner, alle Einer untereinanderschreiben"* **i** nur in der Mehrzahl verwendet

ei·ner·seits BINDEWORT **einerseits … andererseits** verwendet, um zwei gegensätzliche Aussagen oder Fakten gegenüberzustellen *„Einerseits möchte er gerne in der Großstadt wohnen, andererseits ist ihm das Leben dort zu teuer"*

ei·nes → ein

ein·fach ADJEKTIV **1** schnell zu verstehen oder zu bewältigen, nicht kompliziert ⟨*eine Aufgabe, eine Lösung, ein Problem, eine Rechnung*⟩ ≈ leicht ↔ schwierig **2** ohne jeden Luxus ⟨*Kleidung, eine Mahlzeit*⟩ ≈ schlicht **3** nur für die Fahrt von einem Ort zum anderen gültig, aber nicht zurück ⟨*eine Fahrkarte*⟩ *„(Nach) München einfach, bitte!"* PARTIKEL **4** *gesprochen* drückt aus, dass etwas ohne Probleme bzw. ohne viel nachzudenken möglich ist oder wäre *„Komm doch einfach mal bei mir vorbei!"* • zu (1,2) **Ein·fach·heit** *die*

ein·fah·ren (*hat/ist*) **1** **etwas fährt (in etwas** (*Akkusativ*)**) ein** (*ist*) ein Zug oder ein Schiff fährt in den Bahnhof bzw. Hafen *„Der Zug aus Mannheim fährt in Kürze ein"* **2** **etwas einfahren** (*hat*) einen Teil einer Maschine durch eine Mechanik nach innen bewegen *„Nach dem Start fährt das Flugzeug sein Fahrwerk ein"*

die **Ein·fahrt** **1** eine Stelle, an der man in einen Hof, eine Garage o. Ä. hineinfahren kann ↔ Ausfahrt **K** Hofeinfahrt **2** die Einfahrt ist das langsame Fahren eines Zugs, kurz bevor er im Bahnhof hält **i** nicht in der Mehrzahl verwendet

der **Ein·fall** ein plötzlicher Gedanke, eine neue Idee ⟨*ein guter, glänzender, verrückter Einfall; einen Einfall haben*⟩

ein·fal·len (*ist*) **1** **etwas fällt jemandem ein** jemand hat eine Idee oder denkt an etwas *„Ist das alles, was dir zu diesem Problem einfällt?"* **2** **etwas fällt jemandem ein** jemand erinnert sich wieder an etwas *„In letzter Minute fiel ihm ein, dass er einen Termin beim Zahnarzt hatte"* **3** **etwas fällt ein** Teile z. B. eines alten Gebäudes fallen auseinander und nach unten ≈ einstürzen *„Das Dach der alten Scheune ist eingefallen"*

der **Ein·fluss** (-es, *Ein·flüs·se*) **1** **ein Einfluss (auf jemanden/etwas)** die Wirkung (von jemandem oder etwas) auf eine andere Person, Sache oder eine Situation ⟨*ein guter, nachhaltiger, schädlicher, schlechter Einfluss*⟩ *„Er stand unter dem Einfluss von Alkohol, als der Unfall passierte"* **2** gesellschaftliches Ansehen und Macht • zu (2) **ein·fluss·reich** ADJEKTIV

ein·frie·ren (*hat/ist*) **1** **etwas einfrieren** (*hat*) Lebensmittel bei sehr kalten Temperaturen (ca. −18 °C) konservieren ⟨*Fleisch, Gemüse, Brot einfrieren*⟩ ↔ auftauen **2** **etwas friert ein** (*ist*) das Wasser in einem See, Bach, Rohr usw. wird zu Eis *„eine eingefrorene Wasserleitung"*

ein·fü·gen (*hat*) **1** **etwas (in etwas** (*Akkusativ*)**) einfügen** etwas als neuen Teil in etwas Vorhandenes tun *„Steine in ein Mosaik einfügen"* | *„Anmerkungen in einen Text einfügen"* **2** **jemand/etwas**

fügt sich irgendwie (in etwas (*Akkusativ*)**) ein** eine Person oder Sache ist so, dass sie (nicht) zu anderen Menschen oder Dingen passt *„Der neue Spieler fügt sich gut in unsere Mannschaft ein"*

ein·füh·ren (*hat*) **1 etwas (irgendwohin) einführen** Waren im Ausland kaufen und in das eigene Land bringen ≈ importieren *„Erdöl aus Saudi-Arabien nach Europa einführen"* **2 etwas (irgendwohin) einführen** etwas vorsichtig in eine Öffnung schieben *„Die Ärzte führten einen Schlauch in den Magen des Patienten ein"*

e **Ein·füh·rung** **1** ein Text oder eine mündliche Erklärung, die das Grundwissen zu einem Thema vermitteln *„eine Einführung in die Psychologie"* **2** das vorsichtige Schieben eines Gegenstands in eine Öffnung *„die Einführung der Sonde in den Magen"* ⓘ nicht in der Mehrzahl verwendet

ein·fül·len (*hat*) **etwas (in etwas** (*Akkusativ*)**) einfüllen** etwas in einen Behälter schütten, gießen o. Ä. *„Wein in eine Flasche einfüllen"*

e **Ein·ga·be** das Eingeben von Daten in einen Computer

er **Ein·gang** **1** eine Tür, ein Tor oder eine andere Öffnung, durch die man in ein Gebäude, einen Raum oder Bereich gelangt ↔ Ausgang *„die Kirche durch einen seitlichen Eingang betreten"* **K** Eingangstor, Eingangstür; Haupteingang **2** *admin* der Zeitpunkt, zu dem etwas beim Empfänger (meist einer Firma) ankommt ⓘ nicht in der Mehrzahl verwendet

ein·ge·ben (*hat*) **etwas (in etwas** (*Akkusativ*)**) eingeben** Daten oder Informationen in einen Computer tippen

ein·ge·bil·det ADJEKTIV **1 (auf etwas** (*Akkusativ*)**) eingebildet** von der eigenen Überlegenheit sehr überzeugt (und deshalb arrogant) **2** nur in den Gedanken und nicht in Wirklichkeit vorhanden ‹*eine Krankheit*›

ein·ge·hen (*ist*) **1 etwas geht ein** ein Kleidungsstück wird beim Waschen kleiner oder enger **2 ein Tier/eine Pflanze geht ein** ein Tier oder eine Pflanze verliert (vor allem wegen einer Krankheit) allmählich alle Kraft und stirbt **3 auf jemanden/etwas eingehen** sich (intensiv) mit jemandem/etwas befassen ‹*auf jemandes Fragen, jemandes Probleme eingehen*› **4 auf etwas eingehen** etwas akzeptieren ‹*auf ein Angebot, einen Vorschlag eingehen*› **5 etwas (mit jemandem) eingehen** zu jemandem Beziehungen herstellen, meist indem man einen Vertrag schließt ‹*Verpflichtungen eingehen*› **6 ein/kein Risiko (bei/mit etwas) eingehen** etwas/nichts riskieren

ein·grei·fen (*hat*) **(in etwas** (*Akkusativ*)**) eingreifen** eine Handlung oder Entwicklung (an der man nicht direkt beteiligt ist) lenken, stören oder stoppen *„Der Lehrer griff nur manchmal in die Diskussion der Schüler ein"*

ein·hal·ten (*hat*) **1 etwas einhalten** sich an etwas, wozu man sich verpflichtet oder entschlossen hat, halten ‹*einen Termin, eine Verabredung, ein Versprechen einhalten*› **2 etwas einhalten** etwas so lassen, wie es im Augenblick ist ‹*eine Geschwindigkeit, eine Richtung, einen Kurs einhalten*› • *hierzu* **Ein·hal·tung** *die*

ein·hän·gen (*hängte ein, hat eingehängt*) **1 etwas einhängen** etwas an einen Haken, in einen Rahmen o. Ä. hängen und es dadurch befestigen ‹*einen Anhänger, ein Fenster, eine Tür einhängen*› **2 (etwas) einhängen** ein Telefongespräch beenden ≈ auflegen ↔ abnehmen

die **Ein·heit** (-, *-en*) **1** wenn verschiedene Dinge (oder Personen) zusammengehören und gut zusammenpassen, dann bilden sie zusammen eine Einheit ‹*eine harmonische, untrennbare Einheit*› *„einen Beitrag zur inneren Einheit eines Staates leisten"* **2** eine Größe (wie z. B. ein Meter, ein Kilo oder ein Liter), die als Maß verwendet wird *„In welcher*

Einheit misst man in England die Temperatur?" **K** Längeneinheit **3** eine relativ große Gruppe von Soldaten, Polizisten o. Ä. *„Er wurde in eine andere Einheit versetzt"* **K** Polizeieinheit

ein·heit·lich *ADJEKTIV* **1** für alle gleich ⟨*Kleidung, eine Regelung, eine Währung*⟩ *„eine bundesweit einheitliche Telefonnummer"* **2** so, dass es keine großen Unterschiede gibt ⟨*Ansichten, eine Auffassung*⟩ • *hierzu* **Ein·heit·lich·keit** *die*

ein·ho·len (*hat*) **1 jemanden/etwas einholen** schneller gehen oder fahren als eine andere Person oder ein Fahrzeug und sie deswegen erreichen *„Der führende Läufer wurde kurz vor dem Ziel von den anderen eingeholt"* **2 etwas einholen** eine fehlende Menge kleiner machen, indem man schneller wird oder mehr arbeitet ⟨*eine Verspätung, einen Vorsprung, die verlorene Zeit, das Versäumte einholen*⟩

ein·hun·dert, **ein·hun·dert** *ZAHLWORT* (als Zahl) 100 ≈ hundert ❶ → Extras, S. 700: **Zahlen**

ei·nig *ADJEKTIV* **jemand ist sich** (*Dativ*) **mit jemandem (über eine Sache) einig**; **Personen sind sich** (*Dativ*) **(über eine Sache) einig** Personen haben die gleiche Meinung (über eine Sache) oder finden eine gemeinsame Lösung, Entscheidung *„In Ordnung, wir sind uns also einig!"* • *hierzu* **Ei·nig·keit** *die*

ei·ni·g- *ARTIKEL/PRONOMEN* **1** eine unbestimmte Anzahl, die nicht groß ist ≈ mehrere *„für einige Tage verreisen"* | *„Einige der Äpfel waren faul"* ❶ nur in der Mehrzahl verwendet **2** eine relativ kleine Menge oder ein relativ kleiner Umfang *„Dazu braucht es einige Übung"* ❶ nicht in der Mehrzahl verwendet **3** (*meist betont*) ziemlich viel *„Das wird noch 'einige Zeit dauern"*

ei·ni·gen (*einigte, hat geeinigt*) **jemand einigt sich (mit jemandem) (auf/über eine Sache)**; **Personen einigen sich (auf/über eine Sache)** Personen (die unterschiedliche Meinungen oder Streit haben) finden eine Lösung, die für alle akzeptabel ist *„Sie einigten sich auf einen Kompromiss"*

ei·ni·ger·ma·ßen *PARTIKEL* verwendet, um eine Aussage abzuschwächen ≈ ziemlich *„Ich bin einigermaßen sicher, dass sie kommt"*

ei·ni·ges → einig-

die **Ei·ni·gung** (-, *-en*); *geschrieben* der Vorgang oder das Ergebnis, wenn Personen oder Gruppen eine Lösung zu einem Problem finden, die für alle akzeptabel ist

der **Ein·kauf** **1** das Einkaufen, Erwerben ⟨*Einkäufe machen*⟩ *„Achten Sie beim Einkauf auf unsere Sonderangebote!"* **2** die Waren, die man eingekauft hat

ein·kau·fen (*hat*) **(etwas) einkaufen** Waren, die man täglich braucht (meist Lebensmittel), kaufen *„Er hat vergessen, Brot einzukaufen"*

das **Ein·kaufs·zent·rum** ein Gebäude (oder mehrere Gebäude nebeneinander) mit mehreren Geschäften

das **Ein·kom·men** (*-s*, -) Einkommen ist Geld, das man vor allem durch Arbeit, Geschäfte, Renten, Zinsen usw. (regelmäßig) bekommt ❶ → Extras, S. 672: **Arbeit**

ein·la·den (*hat*) **1 etwas (in etwas** (*Akkusativ*)**) einladen** etwas, das irgendwohin transportiert werden soll, in ein Fahrzeug bringen *„Die Spediteure luden die vollen Kisten (in den Lkw) ein"* **2 eine Person (zu etwas) einladen** eine Person darum bitten, als Besuch zu jemandem nach Hause zu kommen *„Ich habe ein paar gute Freunde zum Abendessen/zu uns eingeladen"* **3 jemanden (irgendwohin/zu etwas) einladen** mit jemandem etwas gemeinsam unternehmen und alle Kosten, die dabei entstehen, bezahlen *„Mein Freund hat mich ins Kino eingeladen"*

die **Ein·la·dung** (-, *-en*) **eine Einladung (zu etwas)** eine Bitte an eine andere Person, zu Besuch zu kommen oder als Gast irgendwohin mitzukommen ⟨*eine Einladung bekommen, annehmen, ab-*

lehnen〉 „Ich habe ihm eine Einladung zu meiner Party geschickt"

r **Ein·lass** (*-es, Ein·läs·se*); *geschrieben* ≈ Zutritt *„Einlass ab 08:00 Uhr"*

ein·las·sen (*hat*) **1** **jemanden (irgendwohin) einlassen** *geschrieben* eine Tür oder ein Tor öffnen, damit jemand in ein Gebiet oder Gebäude kommen kann *„Der Pförtner ließ mich (in die Fabrik) ein"* **2** **etwas (in etwas** (*Akkusativ*)**) einlassen** einen relativ großen Behälter mit Wasser füllen *〈(Wasser in) ein Becken, einen Kanal, eine Wanne einlassen〉 „Lass bitte Wasser (in die Badewanne) ein!"* **3** **sich auf etwas** (*Akkusativ*) **einlassen** mit etwas anfangen, bei etwas mitmachen und dabei unangenehme Folgen riskieren *„sich auf krumme Geschäfte einlassen"*

ein·lau·fen **1** **etwas läuft (irgendwohin) ein** (*ist*) eine relativ große Menge Wasser fließt in etwas hinein und füllt es *〈die Badewanne, den Swimmingpool einlaufen lassen〉 „Ich lass dir schon mal das Wasser für ein Bad einlaufen"* **2** **etwas läuft (irgendwo/irgendwohin) ein** (*ist*) ein Schiff kommt im Hafen an *„Der Tanker lief in den/im Hafen ein"* **3** **etwas läuft ein** (*ist*) etwas wird beim Waschen kleiner oder enger *〈ein T-Shirt, ein Pullover〉* ≈ schrumpfen

ein·le·gen (*hat*) **1** **etwas einlegen** in den genannten Gang schalten, vor allem beim Autofahren *〈den ersten, zweite Gang, den Rückwärtsgang einlegen〉* **2** **etwas (gegen etwas) einlegen** förmlich gegen etwas protestieren *〈Beschwerde, Einspruch, sein Veto, Widerspruch einlegen〉* **3** **etwas (in etwas** (*Akkusativ*)**) einlegen** etwas irgendwo so in etwas legen, dass es benutzt werden kann *〈einen Film, eine CD, eine DVD einlegen〉* **4** **etwas (in etwas** (*Akkusativ*)**) einlegen** Lebensmittel konservieren und würzen, indem man sie in eine Flüssigkeit legt *„Gurken (sauer/in Essig) einlegen"*

ein·lei·ten (*hat*) **1** **etwas einleiten** *admin* als zuständiger Beamter oder zuständige Behörde veranlassen, dass eine Behörde aktiv wird *〈diplomatische/gerichtliche/juristische Maßnahmen, Schritte, einen Prozess, eine Untersuchung, ein Verfahren einleiten〉* **2** **etwas in etwas** (*Akkusativ*) **einleiten** Flüssigkeiten in etwas fließen lassen *〈Abwässer, Rückstände in einen Kanal, in einen Fluss einleiten〉*

die **Ein·lei·tung** **1** ein relativ kurzer Text, der am Anfang eines Buches, Aufsatzes usw. steht und den Leser auf das Thema vorbereitet **2** das Einleiten einer Flüssigkeit

ein·log·gen (*loggte sich ein, hat sich eingeloggt*) **sich in etwas** (*Dativ*) **einloggen** sich mit dem Benutzernamen oder einer Zahlenkombination in einem Computersystem anmelden

ein·lö·sen (*hat*) **etwas einlösen** wenn eine Person einen Gutschein o. Ä. einlöst, bekommt sie selbst oder die andere Person den Wert, der auf dem Gutschein genannt ist • *hierzu* **Ein·lö·sung** *die*

ein·mal ADVERB **1** (nur) ein einzelnes, einziges Mal ↔ mehrmals *„Kannst du das noch einmal wiederholen?"* **2** zu irgendeiner Zeit (in der Vergangenheit oder Zukunft) ≈ irgendwann *„Waren Sie schon einmal in Spanien?"* **3** **auf 'einmal** ≈ plötzlich *„Auf einmal brach der Ast"* **4** **auf 'einmal** zur gleichen Zeit *„Iss doch nicht alles auf einmal!"* PARTIKEL *unbetont* **5** **nicht einmal** selbst die geringste Erwartung wurde nicht erfüllt *„Er hat sich für das Geschenk nicht einmal bedankt"* und auch nicht darüber gefreut **6** **erst einmal** ≈ zuerst, zunächst *„Darüber muss ich erst einmal nachdenken"*

ein·ma·lig ADJEKTIV **1** so, dass etwas nur ein einziges Mal geschieht *〈eine Abfindung, eine Ausgabe, eine Einnahme, ein Vorgang, eine Zahlung〉* **2** *gesprochen* sehr selten und sehr günstig *〈eine Chance, eine Gelegenheit〉* **3** *gesprochen* von sehr guter Qualität *„Das Essen war einmalig (gut)"* die **Ein·nah·me** (-, -n) **1** das Geld, das man für eine Arbeit oder durch Verkaufen, Vermieten oder als Zinsen o. Ä. bekommt ↔ Ausgaben *„Die Einnahmen der Firma sind im letzten Jahr erheblich gestiegen"* **2** das Einnehmen eines Medikaments oder einer Mahlzeit ⓘ nicht in der Mehrzahl verwendet

ein·neh·men (*hat*) **1 etwas einnehmen** Geld für geleistete Arbeit, durch Geschäfte, Miete, Zinsen usw. bekommen *„Durch das Mietshaus nimmt er im Jahr 40.000 Euro ein"* **2 etwas einnehmen** ein Medikament schlucken *„Sie müssen die Tropfen dreimal täglich einnehmen"*

ein·ord·nen (*hat*) **1 etwas (in etwas** (*Akkusativ*)**) einordnen** etwas an einen Platz tun, der dafür bestimmt wurde *„Ich habe die Namen alphabetisch in die Kartei eingeordnet"* **2 sich irgendwo einordnen** als Autofahrer, Radfahrer o. Ä. auf eine andere Spur (einer Straße) wechseln, z. B. um abzubiegen *„Du musst dich jetzt links einordnen"*

ein·pa·cken (*hat*) **etwas (in etwas** (*Akkusativ*)**) einpacken** etwas in eine Hülle oder einen Behälter tun *„die Blumen in Seidenpapier einpacken"*

ein·par·ken (*hat*) **(irgendwo) einparken** mit einem Fahrzeug in eine Parklücke fahren

ein·rei·ben (*hat*) **etwas (in etwas** (*Akkusativ*)**) einreiben** eine Flüssigkeit oder eine Creme durch Reiben in etwas eindringen lassen *„eine Salbe in die Haut einreiben"*

ein·rei·sen (*ist*) über die Grenze in ein Land kommen *„nach Italien einreisen"* | *„Die Flüchtlinge durften in das Land nicht einreisen"* **K** Einreisevisum • *hierzu* **Ein·rei·se** *die*

ein·rei·ßen **1 etwas einreißen** (*hat*) ein Gebäude o. Ä. zerstören, um den Platz wieder nutzen zu können ⟨*ein Haus, eine Mauer, eine Wand einreißen*⟩ **2 etwas einreißen** (*hat*) einen Riss in etwas machen ⟨*ein Stück Papier einreißen*⟩ **3 etwas reißt ein** (*ist*) etwas bekommt einen Riss *„Das Blatt ist unten eingerissen"*

ein·rich·ten (*hat*) **etwas einrichten** wenn man eine Wohnung o. Ä. einrichtet, dann bringt man alle Möbel und Dinge hinein, die nötig sind, um die Wohnung zu benutzen *„Nachdem meine Tochter ausgezogen ist, habe ich mir ihr Zimmer als Büro eingerichtet"*

die **Ein·rich·tung** **1** alle Möbel und Gegenstände eines Raumes oder einer Wohnung ⟨*eine alte, bequeme, schöne, hässliche Einrichtung*⟩ **2** eine Sache, die von einem Staat, einer Gemeinde, einer Organisation o. Ä. als Angebot geschaffen wird ⟨*eine gemeinnützige, kirchliche, kulturelle, öffentliche, staatliche Einrichtung*⟩ *„Die Stadtbibliothek ist eine kommunale Einrichtung"*

eins ZAHLWORT **1** (als Zahl, Ziffer) 1 *„eins plus/und eins ist/macht/gibt zwei"* 1 + 1 = 2 ⓘ → Extras, S. 700: **Zahlen** und Beispiele unter **vier**
PRONOMEN **2** *gesprochen* verwendet, um eine Sache zu bezeichnen, die nicht näher beschrieben werden soll oder nicht bekannt ist ≈ etwas *„Eins verstehe ich nicht: Woher hat sie meine Adresse?"* **3** *gesprochen* verwendet, um eine (beliebige) einzelne von mehreren möglichen Sachen zu bezeichnen ≈ eines *„Ich brauche ein neues Hemd und zwar eins, das zu meiner roten Krawatte passt"*

die **Eins** (-, -en) **1** die Zahl 1 *„eine Eins würfeln"* **2** die beste Schulnote (auf der Skala von 1 – 6 bzw. *sehr gut* bis *ungenügend*) ⟨*eine Eins in etwas* (*Dativ*) *haben, bekommen*⟩ *„Sie hat in Englisch eine Eins"* **3** eine Person/Sache mit der Nummer 1 (z. B. ein Bus, ein Sportler)

ein·sam ADJEKTIV ohne Kontakt zu anderen Menschen (und deshalb traurig) ⟨*sich einsam fühlen*⟩ *„Viele alte Menschen leiden darunter, dass sie so einsam sind"* • *hierzu* **Ein·sam·keit** *die*

ein·sam·meln (*hat*) **Dinge einsammeln** vor allem in einer Klasse, Gruppe o. Ä. sich von den einzelnen Personen etwas geben lassen ⟨*Geld, die Hefte* *einsammeln*⟩

r **Ein·satz** **1** die Verwendung einer Maschine, eines Geräts oder Mittels *„der Einsatz von Computern zur Datenspeicherung"* **2** das Einsetzen von Personen für eine Aufgabe oder Arbeit *„Wegen einer Verletzung ist sein Einsatz im nächsten Spiel gefährdet"* **3** das Verhalten, wenn man sich Mühe gibt, für ein Ziel viel tut *„Ihr müsst mehr Einsatz zeigen, wenn wir noch gewinnen wollen"* ⓘ nicht in der Mehrzahl verwendet **4** eine Aktion, an der Militär, die Polizei usw. beteiligt ist **K** Feuerwehreinsatz **5** das Geld, um das man spielt oder das man auf etwas wettet ⟨*hohe, niedrige Einsätze*⟩ **6** ein Teil, das man zusätzlich in etwas setzen und wieder herausnehmen kann *„ein Topf mit einem Einsatz"*

ein·schal·ten (*hat*) **etwas einschalten** ein Gerät mit einem Schalter zum Funktionieren bringen ⟨*ein Radio, einen Fernsehapparat, einen Motor, einen Apparat, das Licht, einen Sender einschalten*⟩

ein·schät·zen (*hat*) **jemanden/etwas irgendwie einschätzen** die genannte Meinung von jemandem/etwas haben ⟨*jemanden/etwas richtig, falsch, positiv, negativ einschätzen*⟩ ≈ beurteilen • *hierzu* **Ein·schät·zung** *die*

ein·schen·ken (*hat*) **(jemandem) (etwas) einschenken** (jemandem) ein Getränk in ein Glas, eine Tasse usw. gießen *„Darf ich Ihnen noch ein Glas Wein einschenken?"*

ein·schla·fen (*ist*) anfangen zu schlafen *„Ich bin erst weit nach Mitternacht eingeschlafen"*

ein·schla·gen (*hat/ist*) RICHTUNG: **1** **etwas einschlagen** (*hat*) in die genannte Richtung gehen oder fahren ⟨*eine Richtung, einen Weg, eine Route einschlagen*⟩ MIT SCHLÄGEN: **2** **etwas einschlagen** (*hat*) etwas Flaches zerbrechen, indem man kräftig dagegenschlägt ⟨*eine Fensterscheibe einschlagen*⟩ **3** **etwas (in etwas** (*Akkusativ*)**) einschlagen** (*hat*) auf einen meist relativ langen Gegenstand schlagen, bis er in etwas steckt, ohne sich zu bewegen *„einen Nagel in die Wand einschlagen"* BOMBE, BLITZ: **4** **etwas schlägt (in etwas** (*Akkusativ*)**) ein** (*hat/ist*) etwas dringt mit lautem Knall irgendwo ein *„In diese Eiche hat einmal der Blitz eingeschlagen"*

ein·schlie·ßen (*hat*) **1** **jemanden (in etwas** (*Dativ/Akkusativ*)**) einschließen** verhindern, dass jemand einen Raum verlässt, indem man die Tür mit einem Schlüssel o. Ä. verschließt *„Die Häftlinge werden in ihren/ihre Zellen eingeschlossen"* **2** **etwas (in etwas** (*Dativ/Akkusativ*)**) einschließen** verhindern, dass jemand an etwas gelangen kann, indem man es in einen Behälter tut und diesen mit einem Schlüssel o. Ä. verschließt *„Er schloss die Diamanten im/in den Safe ein"*

ein·schließ·lich PRÄPOSITION *mit Dativ/Genitiv* drückt aus, dass das Genannte auch mit berücksichtigt wird oder wurde ≈ inklusive *„Der Preis beträgt 25 Euro einschließlich Porto und Verpackung"* ⓘ → Extras, S. 717: **Präposi- tionen**

ein·schmie·ren (*hat*); *gesprochen* **jemanden/etwas (mit etwas) einschmieren; (jemandem) etwas (mit etwas) einschmieren** Fett, Creme oder Öl auf der Haut oder einer Fläche verteilen

ein·schrän·ken (*schränkte ein, hat eingeschränkt*) **1** **jemand/etwas schränkt eine Person (in etwas** (*Dativ*)**) ein** eine Person oder Sache sorgt dafür, dass eine Person weniger Möglichkeiten oder Rechte hat *„Er fühlte sich in seiner Freiheit eingeschränkt"* **2** **etwas einschränken** etwas nicht mehr so oft oder in geringerem Umfang tun als bisher *„Nach der Krankheit schränkte er das Rauchen/Essen ein"* rauchte/aß er weniger **3** **etwas einschränken** sagen, dass etwas nur unter besonderen Bedingungen zutrifft ⟨*eine Äußerung, eine Behauptung einschränken*⟩

die **Ein·schrän·kung** (*-, -en*) **1** das Einschränken und das Ergebnis davon

E

⟨*Einschränkungen machen, vornehmen*⟩ *„Wenn du keine Einschränkungen machst, wirst du die Pläne nie realisieren können"* **2** eine Äußerung, mit der man sagt, dass etwas nur unter besonderen Bedingungen richtig oder sinnvoll ist ⟨*eine Einschränkung machen*⟩

E

ein·schrei·ben (*hat*) **sich (irgendwo) einschreiben** den eigenen Namen in eine Liste eintragen, um an etwas teilzunehmen oder in etwas aufgenommen zu werden *„sich an der Universität einschreiben"* sich als Student anmelden • *hierzu* **Ein·schrei·bung** *die*

das **Ein·schrei·ben** meist ein Brief, den man mit der Post schickt und registrieren lässt. Man kann dann beweisen, dass man den Brief abgeschickt hat und dass er angekommen ist ⟨*etwas als/per Einschreiben schicken*⟩

ein·schu·len (*hat*) **jemanden einschulen** ein Kind (zum ersten Mal) in eine Schule schicken bzw. aufnehmen • *hierzu* **Ein·schu·lung** *die*

ein·sei·tig ADJEKTIV **1** nur auf einer Seite eines Gegenstandes, der zwei Seiten hat ⟨*ein Druck*⟩ *„Das Papier ist einseitig bedruckt"* **2** *abwertend* nur für einen Teil oder einen Aspekt zutreffend (und nicht für das Ganze) *„Du siehst das Problem zu einseitig"* **3** nur auf einer Seite des Körpers/Organs ⟨*eine Lähmung, eine Lungenentzündung*⟩ • *zu* (2) **Ein·sei·tig·keit** *die*

ein·set·zen (*hat*) **1** **etwas (in etwas** (*Akkusativ*)**) einsetzen** ein meist bisher fehlendes Teil in etwas setzen ⟨*jemandem einen künstlichen Zahn einsetzen*⟩ **2** **etwas einsetzen** etwas verwenden, um eine Aufgabe zu erfüllen *„Wegen des Schneefalls mussten Räumfahrzeuge eingesetzt werden"* **3** **jemanden einsetzen** jemandem eine Aufgabe im genannten Bereich geben *„Die neuen Mitarbeiter werden im Außendienst eingesetzt"* **4** **etwas einsetzen** das Geld, das man in ein Geschäft investiert oder bei einem Glücksspiel riskiert ⟨*viel Geld einsetzen*⟩ **5** **etwas setzt ein** *geschrieben* etwas, das längere Zeit dauern wird, fängt an ⟨*Lärm, Regen, Schneefall*⟩ *„Nach der Pause setzte die Musik wieder ein"* **6** **sich (für jemanden/etwas) einsetzen** sehr viel dafür tun, dass man selbst (oder eine andere Person) ein Ziel erreicht *„Sie hat sich tatkräftig für die Interessen der Mieter eingesetzt"*

die **Ein·sicht** (-, *-en*) **1** **Einsicht (in etwas** (*Akkusativ*)**)** eine Erkenntnis, die einen komplizierten Zusammenhang betrifft *„Die Psychoanalyse führt zu ganz neuen Einsichten in die menschliche Psyche"* **2** die Erkenntnis, dass man Fehler gemacht hat ⟨*zur Einsicht kommen*⟩ ≈ Reue ⓘ nicht in der Mehrzahl verwendet **3** *admin* das Lesen von Dokumenten, die in einem Amt o. Ä. sind (und die Erlaubnis dafür) ⟨*Einsicht in die Akten haben, nehmen*⟩ ⓘ nicht in der Mehrzahl verwendet

ein·sper·ren (*hat*) **1** **jemanden (in etwas** (*Dativ/Akkusativ*)**) einsperren** ≈ einschließen **2** **jemanden einsperren** *gesprochen* jemanden ins Gefängnis bringen

ein·spra·chig ADJEKTIV in oder mit nur einer Sprache ⟨*Unterricht; ein Wörterbuch*⟩

einst ADVERB; *geschrieben* **1** vor langer Zeit ≈ früher *„Auf diesem Schloss lebte einst ein König"* **2** weit in der Zukunft *„Einst wird der Tag kommen, an dem wir uns wiedersehen"*

ein·ste·cken (*hat*) **1** **etwas einstecken** einen kleinen Gegenstand in die Tasche stecken, um ihn mitzunehmen ⟨*einen Schlüssel, ein Taschentuch einstecken*⟩ **2** **etwas (in etwas** (*Akkusativ*)**) einstecken** etwas in eine Öffnung eines Apparates oder eines Mechanismus stecken, damit er funktioniert ⟨*einen Stecker (in eine Steckdose) einstecken*⟩

ein·stei·gen (*ist*) **1** **(in etwas** (*Akkusativ*)**) einsteigen** in das Innere eines Fahrzeugs gehen oder steigen ⟨*in ein Auto, einen Bus, ein Flugzeug, einen Zug einsteigen*⟩ **2** **(in etwas** (*Akkusativ*)**) einsteigen** durch das Fenster in einen

Raum gelangen, um dort etwas Verbotenes zu tun *„Die Diebe sind über den Balkon in die Wohnung eingestiegen"*

ein·stel·len (*hat*) **1 jemanden einstellen** jemanden zum Mitarbeiter einer Firma, Behörde o. Ä. machen ⟨*Lehrlinge, Arbeiter, Lehrer einstellen*⟩ ↔ entlassen **2 etwas (irgendwie/auf etwas** (*Akkusativ*)**) einstellen** ein technisches Gerät so regulieren, dass es in der gewünschten Weise funktioniert *„ein Radio leiser einstellen"* **3 etwas einstellen** *geschrieben* etwas, das man längere Zeit getan hat, nicht mehr tun ⟨*den Betrieb, die Produktion, die Zahlungen, eine Suchaktion, das Rauchen einstellen*⟩ **4 sich auf jemanden/etwas einstellen** sich auf jemanden/etwas vorbereiten *„Stell dich schon mal darauf ein, dass das nicht einfach wird"* | *„Auf so viele Gäste waren wir nicht eingestellt"*

die **Ein·stel·lung** **1** der Vorgang, bei dem jemand für eine Arbeit eingestellt wird *„die Einstellung neuer Mitarbeiter"* **K** Einstellungsgespräch **2** das Einstellen und Regulieren eines technischen Gerätes ⓘ nicht in der Mehrzahl verwendet **3** der Vorgang, mit etwas aufzuhören, es zu beenden *„die Einstellung der Arbeiten"* **4 eine Einstellung (zu etwas)** die Art, wie man über etwas denkt oder wie man etwas beurteilt ⟨*eine fortschrittliche, negative, offene Einstellung*⟩

der **Ein·stieg** (-(e)s, -e) die Tür oder Öffnung, durch die man in einen Bus, ein Flugzeug, eine Straßenbahn o. Ä. einsteigt *„Kein Einstieg!"*

ein·stim·mig ADJEKTIV **1** so, dass alle Anwesenden mit „ja" stimmen ⟨*ein Beschluss*⟩ **2** so, dass alle die gleichen Noten singen oder spielen ⟨*ein Lied*⟩ • *hierzu* **Ein·stim·mig·keit** *die*

der **Ein·sturz** das Einstürzen z. B. eines Hauses, einer Mauer o. Ä. **K** Einsturzgefahr

ein·stür·zen (*ist*) **etwas stürzt ein** etwas fällt oder stürzt in Teilen oder als Ganzes nach unten ⟨*ein Dachstuhl, ein Gebäude, ein Haus, eine Mauer*⟩

ein·tau·send ZAHLWORT (in Ziffern) 1000 ≈ tausend ⓘ → Extras, S. 700: **Zahlen** und Beispiele unter **vier**

ein·tei·len (*hat*) **1 etwas (in etwas** (*Akkusativ*)**) einteilen** ein Ganzes in mehrere Teile gliedern *„Das Buch ist in drei Kapitel eingeteilt"* **2 jemanden (zu/für etwas) einteilen** jemandem für einen Zeitraum eine von mehreren möglichen Aufgaben geben *„Ich wurde für den Nachtdienst eingeteilt"* **3 jemanden/etwas (nach etwas) (in etwas** (*Akkusativ*)**) einteilen** bestimmen, dass jemand/etwas (wegen der genannten Eigenschaft) zu einer Gruppe gehört, die Teil einer größeren Gruppe ist *„Die Boxer werden nach ihrem Gewicht in Klassen eingeteilt"* **4 (sich** (*Dativ*)**) etwas einteilen** (sich) eine Arbeit oder die Zeit für etwas in verschiedene Abschnitte teilen *„Du teilst dir den Tag so schlecht ein, dass du deine Arbeit nicht schaffen kannst!"* • *hierzu* **Ein·tei·lung** *die*

der **Ein·topf** ein einfaches Essen, für das verschiedene Gemüse oder Gemüse und Fleisch zusammen in einem Topf gekocht werden

der **Ein·trag** (-(e)s, *Ein·trä·ge*) **1** das Eintragen von Namen oder Wörtern ⓘ nicht in der Mehrzahl verwendet **2** die Namen, Wörter oder Zahlen in einer Liste o. Ä. ⟨*einen Eintrag suchen, ändern, löschen*⟩

ein·tra·gen (*hat*) **jemanden/etwas (in/auf etwas** (*Dativ/Akkusativ*)**) eintragen** den Namen einer Person (oder auch andere Wörter) in ein Buch, Heft oder eine Liste schreiben • *hierzu* **Ein·tra·gung** *die*

ein·tre·ten (*hat/ist*) **1 etwas eintreten** (*hat*) mit dem Fuß etwas mit Gewalt öffnen oder ein Loch hineinmachen *„eine Tür eintreten"* **2 (in etwas** (*Akkusativ*)**) eintreten** (*ist*) (durch die Tür oder ein Tor) in einen Raum gehen **3 (in etwas** (*Akkusativ*)**) eintreten** (*ist*) Mitglied in einer Organisation, Gruppe werden ⟨*in eine Partei, einen Verein, ein*

E

Kloster eintreten⟩

der **Ein·tritt** die Berechtigung, etwas zu besuchen, an etwas teilzunehmen o. Ä. *„Der Eintritt (ins Museum) ist frei"* **K** Eintrittskarte

ein·ver·stan·den ADJEKTIV **(mit etwas) einverstanden sein** etwas, das jemand sagt oder tut, akzeptieren *„Ich bin mit deinem Vorschlag einverstanden"* | *„Ich bin (damit) einverstanden, dass es so gemacht wird"*

ein·wan·dern (*ist*) **(irgendwo) einwandern** in ein fremdes Land gehen, um dort für immer zu bleiben *„Personen, die in unser Land/nach Deutschland einwandern"* • *hierzu* **Ein·wan·de·rer** *der*; **Ein·wan·de·rin** *die*

Ein·weg- *im Substantiv, betont, begrenzt produktiv* **die Einwegflasche, das Einweggeschirr, der Einweghandschuh, die Einwegverpackung** *und andere* drückt aus, dass etwas nur ein einziges Mal benutzt und dann weggeworfen wird

ein·wei·chen (*weichte ein, hat eingeweicht*) **1 etwas einweichen** etwas längere Zeit in Wasser oder eine andere Flüssigkeit legen, um es weich zu machen ⟨*Bohnen, Erbsen, Linsen einweichen*⟩ **2 Wäsche einweichen** Wäsche in Wasser mit Waschpulver legen, bevor man es richtig wäscht

ein·wei·hen (*hat*) **etwas einweihen** ein neues Gebäude o. Ä. feierlich eröffnen *„Am Sonntag wurde unser neues Rathaus eingeweiht"* • *hierzu* **Ein·wei·hung** *die*

ein·wei·sen (*hat*) **1 jemanden (irgendwohin) einweisen** veranlassen, dass eine Person, die krank ist, ein Verbrechen begangen hat o. Ä., an den genannten Ort kommt und dort längere Zeit bleiben muss ⟨*jemanden in eine Klinik, ein Heim, in das Gefängnis, in die Psychiatrie einweisen*⟩ **2 jemanden/etwas (in etwas (*Akkusativ*)) einweisen** dem Fahrer eines Fahrzeugs o. Ä. Zeichen geben, damit er an die gewünschte Stelle fährt oder um einen Unfall zu vermeiden ⟨*jemanden/ein Fahrzeug in eine Parklücke einweisen*⟩ • *zu* (1) **Ein·wei·sung** *die*

ein·wer·fen (*hat*) **1 etwas (in etwas (*Akkusativ*)) einwerfen** einen Brief in einen Briefkasten oder Münzen in einen Automaten stecken *„Kannst du die Karte an meine Eltern einwerfen, wenn du in die Stadt gehst?"* **2 etwas einwerfen** ein Fenster mit einem Ball, Stein o. Ä. treffen und es so kaputt machen

ein·wi·ckeln (*hat*) **etwas (in etwas (*Akkusativ*)) einwickeln** etwas in etwas wickeln, meist um es zu schützen oder zu schmücken ⟨*ein Geschenk, ein Paket in Papier einwickeln*⟩

der **Ein·woh·ner** (*-s, -*) eine Person, die in einer Gemeinde/Stadt oder in einem Land wohnt und nicht nur zu Besuch dort ist *„München hat mehr Einwohner als Frankfurt"* **K** Einwohnerzahl • *hierzu* **Ein·woh·ne·rin** *die*

die **Ein·zahl** ≈ Singular

ein·zah·len (*hat*) **(etwas) (auf etwas (*Akkusativ*)) einzahlen** bei einer Bank o. Ä. Geld zahlen, damit es auf ein Konto kommt *„Ich möchte 200 € auf mein Konto einzahlen"*

die **Ein·zah·lung** der Betrag, den man einzahlt oder eingezahlt hat

die **Ein·zel·heit** (*-, -en*) ein einzelnes Merkmal einer Sache ⟨*etwas in allen Einzelheiten erzählen*⟩ ≈ Detail

das **Ein·zel·kind** ein Kind, das keinen Bruder und keine Schwester hat

ein·zeln ADJEKTIV **1** so, dass eine Person/Sache allein und nicht mit anderen zusammen ist *„ein einzelner Schuh"* | *„die Geschenke einzeln verpacken"* **2 jeder/jede/jedes einzelne** verwendet, um sich auf alle oder auf alles ohne Ausnahme zu beziehen *„Jeder einzelne Fehler muss verbessert werden"* **3 einzelne Personen/Dinge** verwendet, um eine unbestimmte, relativ geringe Zahl zu nennen (von Personen/Dingen, die aus dem Zusammenhang bekannt sind) *„Nur einzelne Zuschauer waren gekommen"*

ein·zie·hen **1 etwas einziehen** (*hat*) etwas, das im Wasser oder in der Luft war, (wieder) zu sich holen ‹*eine Fahne, ein Netz, ein Segel einziehen*› ≈ einholen **2** **etwas einziehen** (*hat*) einen Teil des Körpers an den Körper ziehen, meist um ihn zu schützen oder um ihn kleiner erscheinen zu lassen ‹*den Kopf, den Bauch einziehen*› **3** **etwas zieht etwas ein** eine Behörde, Firma oder Institution holt Geld, auf das sie Anspruch hat, vom Konto einer Person **4** **der Staat zieht etwas ein** (*hat*) der Staat nimmt aufgrund eines Gesetzes einer Person, Firma o. Ä. ihren Besitz weg **5** **(irgendwo) einziehen** (*ist*) in neue Räume, in ein neues Haus o. Ä. ziehen, um dort zu wohnen oder zu arbeiten ‹*in ein Haus, eine Wohnung, ein neues Zimmer einziehen*› **6** **eine Gruppe zieht (in etwas** (*Akkusativ*)**) ein** (*ist*) mehrere Personen gehen oder marschieren in einer oder mehreren Reihen in ein Gebiet oder einen Raum „*Die Mannschaft zog ins Stadion ein*" **7** **etwas zieht (in etwas** (*Akkusativ*)**) ein** (*ist*) etwas wird von einer Oberfläche oder Sache aufgesaugt ‹*das Wasser, das Öl, die Creme, die Salbe zieht ein*›

ein·zig ADJEKTIV nur die genannte(n) Person(en)/Sache(n) und keine andere(n) ‹*der/die/das Einzige; die Einzigen; kein Einziger*›

der **Ein·zug** **1** das Einziehen in eine neue Wohnung **2** das Einziehen von Geld, Vermögen o. Ä.

das **Eis** (*-es*) **1** Wasser, das so kalt ist, dass es zu einer harten Masse geworden ist ‹*das Eis schmilzt, taut, bricht*› **K** Eisfläche, Eisschicht **2** Eis in Form von Würfeln o. Ä. „*Whisky mit Eis*" **K** Eiswürfel **3** eine Fläche von Eis in einem Stadion, auf einem See o. Ä. ‹*aufs Eis gehen*› „*Das Eis trägt noch nicht*" **K** Eisstadion **4** eine süße, kalte Masse aus Milch oder Wasser, Zucker und Früchten o. Ä., die man vor allem im Sommer isst ‹*Eis essen; ein Eis lutschen; Eis am Stiel*› **K** Himbeereis, Vanilleeis; Eiswaffel

das **Ei·sen** (*-s, -*) **1** ein relativ schweres Metall von grauer Farbe, das in feuchter Luft leicht rostet (und dann rötlich braun wird) ‹*Eisen schmelzen, gießen, schmieden*› **K** Eisenkette, Eisenstange **i** nicht in der Mehrzahl verwendet; Chemisches Zeichen: *Fe* **2** *geschrieben* ein Stück Eisen, das man am Huf eines Pferdes befestigt ≈ Hufeisen • *zu* (1) **ei·sen·hal·tig** ADJEKTIV

die **Ei·sen·bahn** **1** ein System für den Transport von Personen und Gütern, das aus Zügen besteht, die auf Schienen fahren und an Bahnhöfen halten **i** nicht in der Mehrzahl verwendet **2** ein Zug, der aus einer Lokomotive und meist mehreren Wagen (den Waggons) besteht **K** Eisenbahnschiene, Eisenbahnschranke, Eisenbahnwaggon

das **Eis·ho·ckey** ein Spiel mit Schlittschuhen auf Eis; zwei Mannschaften versuchen, eine runde Scheibe (den Puck) mit Schlägern ins Tor des Gegners zu schießen **K** Eishockeyschläger

ei·sig ADJEKTIV sehr kalt ‹*Wind, Wasser, Kälte*›

der **Eis·lauf** die Fortbewegung mit Schlittschuhen auf einer Fläche mit Eis **i** nicht in der Mehrzahl verwendet • *hierzu* **eis·lau·fen** (*ist*); **Eis·läu·fer** *der*

ei·tel ADJEKTIV (*eitler, eitelst-*) *abwertend* ‹*ein Mensch*› so, dass er bewundert werden will und sich daher in besonderer Weise benimmt oder kleidet **i** *eitel → ein eitler Mann*

das **Ei·weiß** (*-es, -/-e*) (*Mehrzahl: Eiweiß*) der klare bzw. weiße Teil vom Hühnerei „*Man nehme drei Eiweiß*"

der **Ekel** (*-s*) **Ekel (vor/gegenüber jemandem/etwas)** eine sehr starke Abneigung gegen jemanden/etwas, die man körperlich spürt ‹*Ekel vor etwas haben*› „*Ich empfinde Ekel vor/gegenüber Schlangen und Spinnen*"

ekeln (*ekelte, hat geekelt*) **sich (vor jemandem/etwas) ekeln** Ekel (vor jemandem oder etwas) empfinden „*Er ekelte sich vor dem Geruch*"

EKG [eːkaːˈgeː] Elektrokardiogramm

E

eine Untersuchung des Herzens, bei der man die schwachen elektrischen Ströme des Herzens misst und grafisch zeigt

ek·lig ADJEKTIV so, dass das Gefühl von Ekel entsteht ⟨*ein Geruch, ein Geschmack*⟩

elas·tisch ADJEKTIV so, dass sich ein Material leicht dehnen lässt ⟨*ein Band, eine Binde*⟩ • *hierzu* **Elas·ti·zi·tät** *die*

ele·gant ADJEKTIV (*eleganter, elegantest-*) **1** harmonisch und geschmackvoll (gestaltet) ⟨*eine Frisur, ein Kleid, ein Kostüm, ein Mantel*⟩ **2** geschmackvoll gekleidet und gepflegt ⟨*eine Dame, ein Herr*⟩ • *hierzu* **Ele·ganz** *die*

der **Elek·tri·ker** (-s, -) eine Person, die beruflich alle Arbeiten an elektrischen Leitungen oder Elektrogeräten macht • *hierzu* **Elek·tri·ke·rin** *die*

elek·trisch ADJEKTIV **1** auf Elektrizität beruhend, sie betreffend ⟨*Strom, Spannung, Ladung, Widerstand*⟩ *„Er bekam einen elektrischen Schlag, als er das defekte Kabel berührte"* **2** mit Elektrizität betrieben ⟨*eine Heizung, ein Rasierapparat, ein Rasenmäher*⟩

die **Elekt·ri·zi·tät** (-) Elektrizität ist die Energie in Blitzen und Batterien usw. ⟨*Elektrizität erzeugen; die Versorgung mit Elektrizität*⟩ ≈ Strom

Elekt·ro- *im Substantiv, betont, begrenzt produktiv* **das Elektroauto, das Elektrofahrzeug, das Elektrogerät, der Elektroherd, die Elektrolok, der Elektromotor, der Elektroofen** *und andere* mit elektrischem Strom betrieben ≈ elektrisch

die **Elekt·ro·nik** (-) **1** ein Gebiet der Technik, das sich damit beschäftigt, sehr kleine und komplizierte Bauteile zu entwickeln und herzustellen, die man z. B. für Computer, Fernsehgeräte usw. benötigt **2** alle komplizierten technischen Geräte oder Bauelemente, die mit elektrischem Strom funktionieren *„In modernen Autos ist sehr viel Elektronik verbaut "* • *hierzu* **elekt·ro·nisch** ADJEKTIV

das **Ele·ment** (-(e)s, -e) **1** eine meist typische, charakteristische Eigenschaft einer Sache *„Freie Wahlen und der Schutz der Menschenrechte sind grundlegende Elemente der Demokratie"* **2** ein Teil einer Konstruktion, eines Systems **K** Bauelement **3** eine der über 100 chemischen Substanzen (wie z. B. Wasserstoff, Kupfer, Uran), aus deren Verbindungen alles in der Welt besteht ⟨*ein radioaktives Element*⟩ **4** **die vier Elemente** Feuer, Wasser, Luft und Erde

das **Elend** (-s) **1** Armut und Not *„das Elend der Kinder in der Dritten Welt"* **K** Elendsquartier, Elendsviertel **2** eine Lage, in der jemand viel Kummer hat und sehr unglücklich ist

elf ZAHLWORT (als Zahl) 11 ⓘ → Extras, S. 700: **Zahlen** und Beispiele unter **vier**

elf·tel ADJEKTIV *nur in dieser Form* den 11. Teil einer Menge bildend ≈ 1/11

das **Elf·tel** (-s, -) der 11. Teil (1/11) einer Menge

elf·tens ADVERB verwendet bei einer Aufzählung, um anzuzeigen, dass etwas an 11. Stelle kommt

die **Eli·te** (-, -n) eine Gruppe ausgewählter Personen, der Besten ⟨*die sportliche, gesellschaftliche, akademische Elite*⟩ **K** Eliteschule

der **Ell·bo·gen** (-s, -) das Gelenk, das Oberarm und Unterarm verbindet ⓘ → Abb. unter **Körper**

die **El·tern** *Mehrzahl* **1** Vater und Mutter ⟨*die biologischen Eltern*⟩ *„Sie hatte sehr liebevolle Eltern"* **2** ein Paar, bei dem ein Kind aufwächst **K** Adoptiveltern, Pflegeeltern • *zu* (1) **el·tern·los** ADJEKTIV

die **E-Mail** ['i:meɪl]; (-, -s) eine elektronische Nachricht, die wie ein Brief gestaltet ist ⟨*eine E-Mail schreiben, tippen, senden, bekommen, lesen, beantworten, weiterleiten*⟩ **K** E-Mail-Anhang ⓘ → Extras, S. 675: **Brief und E-Mail** • *hierzu* **e-mai·len**

das **Emo·ji** [e'mo:dʒi]; (-s, -s) kleines grafisches Symbol, das man vor allem in den Messengerdiensten verwendet; Emojis stehen für Sachverhalte oder Gefühlslagen ⟨*sich neue Emojis herunterladen*⟩

emp·fahl *Präteritum, 1. und 3. Person Singular* → empfehlen

emp·fand *Präteritum, 1. und 3. Person Singular* → empfinden

r **Emp·fang** (-(e)s, *Emp·fän·ge*) **1** der Vorgang, bei dem man etwas von jemandem bekommt *„eine Quittung über den Empfang einer Zahlung ausschreiben"* **K** Empfangsbescheinigung ⓘ nicht in der Mehrzahl verwendet **2** der Vorgang der Begrüßung ‹*jemandem einen begeisterten, freundlichen, frostigen Empfang bereiten*› ⓘ nicht in der Mehrzahl verwendet **3** eine (offizielle) Feier zu Ehren einer wichtigen Persönlichkeit ‹*für jemanden einen Empfang geben*› **4** die technische Qualität eines Funksignals ‹*einen guten, schlechten Empfang haben*› *„Ich habe hier mit dem Handy keinen Empfang"* ⓘ nicht in der Mehrzahl verwendet **5** die Stelle in einem Hotel, zu der die Gäste gehen, wenn sie ankommen ‹*sich am Empfang melden*› ≈ Rezeption **6** **etwas in Empfang nehmen** etwas bekommen, das einem eine Person gibt

emp·fan·gen (*empfängt, empfing, hat empfangen*) **1** **etwas (von jemandem) empfangen** etwas (von jemandem) bekommen ‹*ein Geschenk, einen Brief, einen Auftrag empfangen*› **2** **jemanden (irgendwie) empfangen** jemanden (irgendwie) begrüßen ‹*jemanden freundlich, höflich, herzlich, kühl empfangen*› **3** **etwas empfangen** mithilfe entsprechender Geräte etwas hören oder sehen ‹*einen Funkspruch, eine Sendung empfangen*›

er **Emp·fän·ger** (-s, -) **1** eine Person, die eine Sache (vor allem eine Zahlung oder Nachricht) bekommt **K** Zahlungsempfänger **2** ein Gerät, mit dem man Sendungen oder Funksprüche empfangen kann **K** Rundfunkempfänger • *zu* (1) **Emp·fän·ge·rin** *die*

emp·feh·len (*empfiehlt, empfahl, hat empfohlen*) **1** **(jemandem) eine Person/Sache empfehlen** jemandem eine Person oder Sache nennen, die für einen Zweck geeignet oder günstig wäre *„Dieses Buch kann ich dir sehr empfehlen"* **2** **(jemandem) etwas empfehlen** jemandem raten, etwas zu tun *„Der Arzt hat mir empfohlen, auf Alkohol* zu *verzichten"*

die **Emp·feh·lung** (-, *-en*) ein (guter) Rat oder Vorschlag *„Auf seine Empfehlung habe ich den Arzt gewechselt"*

emp·fin·den (*empfand, hat empfunden*) **etwas empfinden** das genannte Gefühl haben ‹*Durst, Hitze, Schmerzen, Liebe, Angst, Trauer, Hass empfinden*›

emp·find·lich ADJEKTIV **1** so, dass eine Stelle am Körper schnell und oft wehtut ‹*ein Zahn*› **2** so, dass eine Person schnell oft krank wird **3** so, dass etwas schonend behandelt werden muss (weil es leicht zu beschädigen ist) ‹*eine Haut, ein Stoff, ein Teppich, eine Pflanze*› **4** so, dass jemand leicht zu kränken oder zu beleidigen ist *„Das war doch nicht als Kritik gemeint, sei doch nicht so empfindlich!"* **5** so, dass ein Messgerät o. Ä. sehr schnell reagiert, feine Unterschiede feststellt • *hierzu* **Emp·find·lich·keit** *die*

emp·fing *Präteritum, 1. und 3. Person Singular* → empfangen

emp·foh·len PARTIZIP PERFEKT → empfehlen

emp·fun·den PARTIZIP PERFEKT → empfinden

em·pört ADJEKTIV so, dass deutlich wird, dass man sich ärgert ≈ entrüstet *„Sie wies die Vorwürfe empört zurück"*

die **Em·pö·rung** (-); *geschrieben* das Gefühl, wenn man ein Verhalten oder Zustände schlecht oder ungerecht findet und nicht akzeptieren will *„Seine taktlosen Bemerkungen riefen allgemein Empörung hervor"*

das **En·de** (-s, *-n*) **1** die Stelle, an der etwas aufhört oder nach der es etwas nicht mehr gibt ‹*am Ende der Straße, der Stadt, des Zuges*› ↔ Anfang ⓘ nicht in der Mehrzahl verwendet **2** der Zeitpunkt, zu dem etwas aufhört oder nach dem es etwas nicht mehr gibt ‹*am Ende der Woche, des Monats, des*

E

Jahres⟩ ⓘ nicht in der Mehrzahl verwendet **3** das letzte Stück oder der letzte Teil einer Sache ⟨*das Ende einer Schnur, einer Wurst*⟩ *„Der Roman hat ein ziemlich überraschendes/trauriges Ende"* **4** **Ende** *+Zeitangabe* am Ende des genannten Zeitraums *„Er kommt Ende nächster Woche/Ende Januar"* **5** **Ende** *+Zahl* ungefähr so alt wie die genannte Zahl plus 7 – 9 Jahre ⟨*Ende zwanzig, dreißig, vierzig sein*⟩ **ID** **am Ende sein** erschöpft sein und nicht mehr wissen, was man tun soll; **etwas zu Ende bringen** eine Aufgabe oder eine Arbeit (erfolgreich) beenden; **etwas nimmt kein Ende** etwas Negatives, Lästiges o. Ä. hört nicht auf; **etwas geht zu Ende** etwas endet; **am Ende der Welt** weit weg von jeder größeren Stadt

ẹn·den (*endete, hat geendet*) **1** **etwas endet irgendwo** etwas kommt räumlich an ein Ende *„Dort endet die Straße"* **2** **etwas endet irgendwann** etwas kommt zeitlich zu einem Ende *„Der Kurs endet im Mai"* **3** **etwas endet irgendwie** etwas kommt irgendwie zum Schluss *„Unsere Diskussionen enden immer im Streit"* **4** **etwas endet auf etwas** (*Dativ*) etwas hat den genannten Buchstaben, die genannte Silbe, das genannte Wort o. Ä. am Schluss stehen *„Vater" endet auf „r"*

ẹnd·gül·tig ADJEKTIV so, dass etwas nicht mehr verändert werden (kann) ⟨*ein Bescheid, ein Entschluss, eine Entscheidung, eine Fassung, eine Version, eine Niederlage*⟩ *„Ich habe noch nichts Endgültiges gehört"*

ẹnd·lich ADVERB **1** verwendet, um (nach einer langen Wartezeit) Erleichterung auszudrücken *„Gott sei Dank, wir sind endlich da!"* | *„Na endlich!"* **2** verwendet, um Ungeduld auszudrücken *„Kommst du jetzt endlich?"*
ADJEKTIV **3** so, dass es einen Anfang und ein Ende hat ↔ unendlich *„Nach Meinung vieler Physiker ist das Weltall endlich"*

ẹnd·los ADJEKTIV so, dass etwas (scheinbar) kein Ende hat ⟨*eine Autokolonne, eine Diskussion, die Wartezeit*⟩

das **Ẹnd·spiel** das letzte und entscheidende Spiel, in dem der Sieger eines Wettkampfes mit mehreren Teilnehmern ermittelt wird ≈ Finale *„Hast du einen Tipp, welche Mannschaften das Endspiel erreichen/bestreiten werden?"*

die **Ẹnd·sta·ti·on** die letzte Haltestelle einer Bus-, Straßenbahn-, U-Bahnlinie o. Ä.

die **Ener·gie** (-, -*n* [-'giːən]) **1** wir brauchen körperliche, geistige und seelische Energie, um etwas leisten zu können ⟨*voller Energie sein*⟩ **2** Energie wird vor allem gebraucht, um elektrische Geräte anzutreiben und Häuser zu heizen und zu beleuchten **K** Energieverbrauch, Energieverschwendung; Solarenergie

enẹr·gisch ADJEKTIV mit Temperament ⟨*ein Mensch, ein Auftreten; energisch protestieren*⟩ ≈ nachdrücklich *„Ich muss diesen Vorwurf energisch von mir weisen!"*

ẹng ADJEKTIV **1** mit wenig Platz zwischen den Seiten ⟨*eine Gasse, eine Straße, ein Tal*⟩ ↔ breit **2** so, dass Personen/Dinge sehr dicht nebeneinander sind *„Sie saßen eng umschlungen auf dem Sofa"* **3** so, dass Kleidung direkt am Körper liegt ⟨*eng anliegend*⟩ ↔ weit *„eine enge Jeans"* **4** so, dass sich Personen gut kennen und mögen ⟨*mit jemandem eng befreundet sein*⟩

WEIT
ENG

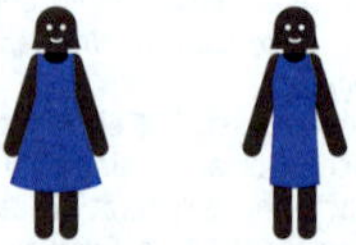

weit   eng

das **En·ga·ge·ment** [ãgaʒ(ə)'mãː]; (-s, -s) **1** der persönliche Einsatz für etwas, das einem sehr wichtig erscheint ⟨*etwas mit großem Engagement tun*⟩ ⓘ nicht in der Mehrzahl verwendet **2** ein Vertrag mit einem Künstler für einen oder mehrere Auftritte *„ein En-*

gagement für zwei Jahre bekommen"

en·ga·gie·ren [ãga'ʒiːrən] (*engagierte, hat engagiert*) **1** **jemanden engagieren** einem Künstler einen Vertrag für Auftritte geben ‹*einen Schauspieler an ein Theater, eine Band für ein Konzert/einen Ball engagieren*› **2** **sich (für jemanden/etwas) engagieren** sehr viel dafür tun, dass ein Ziel erreicht oder Personen geholfen wird ‹*sich politisch, sozial engagieren; ein engagierter Mitarbeiter*› ≈ sich einsetzen *„Sie engagierte sich sehr für die Rechte verfolgter Minderheiten"*

die **Ẹn·ge** (-, -*n*) **1** der Mangel an Platz *„Im Bus herrschte drangvolle Enge"* große Enge ℹ nicht in der Mehrzahl verwendet **2** eine enge Stelle meist im Meer, durch die man z. B. mit einem Schiff fahren kann **K** Meerenge

der **Ẹn·gel** (-*s*, -) **1** nach christlicher Vorstellung ein Wesen, das von Gott als Bote zu den Menschen geschickt wird. Engel sehen oft wie Menschen mit Flügeln aus **K** Schutzengel **2** ein guter Mensch, der anderen Menschen hilft ‹*ein guter, hilfreicher, rettender Engel*› *„Wie lieb von dir, du bist wirklich ein Engel!"*

der **En·kel** ['ɛŋkl̩]; (-*s*, -) das Kind des Sohnes oder der Tochter **K** Enkelkind ℹ → Abb. unter **Familie** • *hierzu* **Ẹn·ke·lin** *die*

enọrm ADJEKTIV außergewöhnlich groß, hoch oder stark *„Die Kosten stellen eine enorme Belastung für mich dar"*

ent·bịn·den (*entband, hat entbunden*) (als Frau) ein Kind gebären *„Sie hat gestern entbunden"*

die **Ent·bịn·dung** (-, -*en*) der Vorgang, wenn ein Kind geboren wird (aus Sicht der Mutter oder des Arztes) ≈ Geburt **K** Entbindungsstation

ent·dẹ·cken (*entdeckte, hat entdeckt*) **1** **etwas entdecken** etwas finden, was vielen Menschen bisher unbekannt war *„Kolumbus hat Amerika entdeckt"* **2** **jemanden/etwas (irgendwo) entdecken** jemanden/etwas (vor allem nach einer Suche) irgendwo treffen oder finden *„Ich entdeckte Blutspuren am Boden"*

die **Ent·dẹ·ckung** (-, -*en*) das, was entdeckt worden ist *„Der Forscher veröffentlichte seine wissenschaftlichen Entdeckungen"*

die **Ẹn·te** (-, -*n*) Enten sind Vögel mit einem breiten Schnabel, die gut schwimmen können ‹*die Ente quakt, schnattert*› **K** Entenbraten ℹ → Abb. unter **Tier**

ent·fạl·len (*entfällt, entfiel, ist entfallen*) **1** **etwas entfällt** *geschrieben* etwas findet nicht statt *„Meine Sprechstunde muss heute leider entfallen"* **2** **etwas entfällt jemandem** jemand kann sich (für kurze Zeit) an etwas nicht erinnern *„Es tut mir Leid, aber ihr Name ist mir entfallen"*

ent·fẹr·nen (*entfernte, hat entfernt*); *geschrieben* **1** **etwas (aus/von etwas) entfernen** bewirken, dass etwas nicht mehr da ist *„einen Fleck aus einer Hose entfernen"* **2** **sich entfernen** nicht an einem Ort bleiben, sondern weggehen, wegfahren o. Ä.

ent·fẹrnt ADJEKTIV **1** nicht nah, sondern weit weg ‹*ein weit entferntes Land*› **2** in der genannten Entfernung *„20 km von der Stadt entfernt"*

die **Ent·fẹr·nung** (-, -*en*) **1** der Abstand zwischen zwei Punkten, Orten ≈ Distanz *„Die Entfernung zwischen den beiden Städten beträgt 60 km"* | *„Der Turm ist selbst aus großer Entfernung gut zu erkennen"* **2** der Vorgang, eine Sache oder sich selbst von einem Ort, einer Stelle zu entfernen *„ein Mittel zur Entfernung von Flecken"* ℹ nicht in der Mehrzahl verwendet

ent·ge̲·gen PRÄPOSITION *mit Dativ* im Gegensatz oder im Widerspruch zu *„entgegen unserer Abmachung"* | *„dem Befehl entgegen"*

ent·ge̲·gen·ge·setzt ADJEKTIV **1** so, dass sich die eine Person/Sache in die Richtung bewegt, aus der die andere Person/Sache kommt ≈ umgekehrt *„Sie ist in die entgegengesetzte Richtung ge-*

E

fahren" **2** auf der Seite, wo man nicht ist und die weiter entfernt ist ≈ gegenüberliegend *„Sie steht auf der entgegengesetzten Straßenseite"*

ent·glei·sen (*entgleiste, ist entgleist*) **etwas entgleist** etwas kommt aus den Gleisen ⟨*ein Zug, eine Straßenbahn, ein Waggon*⟩

E

ent·hal·ten (*enthält, enthielt, hat enthalten*) **1** **eine Sache enthält etwas** etwas ist als Inhalt in einer Sache (z. B. in einem Behälter) *„Die Flasche enthält einen Liter Milch"* **2** **etwas ist in etwas** (*Dativ*) **enthalten** etwas ist bei einem Preis o. Ä. bereits berücksichtigt *„In dem Mietpreis sind alle Nebenkosten enthalten"*

ent·kof·fe·i·niert ADJEKTIV ⟨*ein Kaffee*⟩ so, dass er nur noch sehr wenig Koffein enthält

ent·lang PRÄPOSITION *mit Dativ, Akkusativ oder* (*selten*) *Genitiv* etwas ist parallel zu etwas anderem oder verläuft an der ganzen Länge von etwas anderem *„Die Straße entlang waren viele Autos geparkt"* | *„Entlang der Straße standen viele Zuschauer"*

ent·las·sen (*entlässt, entließ, hat entlassen*) **1** **jemanden entlassen** jemanden nicht weiter bei sich arbeiten lassen *„Wegen der Wirtschaftskrise mussten 200 Arbeiter entlassen werden"* **2** **jemanden (aus etwas) entlassen** jemandem erlauben, eine Institution zu verlassen, weil der Zweck des Aufenthalts dort erfüllt ist ⟨*jemanden aus der Schule, aus dem Krankenhaus, aus dem Gefängnis entlassen*⟩

die **Ent·las·sung** (*-, -en*) **1** die Kündigung des Arbeitsvertrags durch den Arbeitgeber ≈ Kündigung **2** die Erlaubnis, meist eine Institution (z. B. ein Gefängnis, ein Krankenhaus) zu verlassen

ent·las·ten (*entlastete, hat entlastet*) **jemanden entlasten** jemandem bei dessen Arbeiten und Pflichten helfen *„Die Krankenschwestern müssten durch zusätzliches Personal entlastet werden"* • *hierzu* **Ent·las·tung** *die*

ent·schär·fen (*entschärfte, hat entschärft*) **etwas entschärfen** dafür sorgen, dass eine Bombe oder Mine nicht mehr explodieren kann

ent·schei·den (*entschied, hat entschieden*) **1** **etwas entscheiden** eine Lösung von mehreren möglichen wählen und beschließen, was geschehen soll *„Eine so wichtige Angelegenheit kann ich nicht allein entscheiden"* **2** **über etwas** (*Akkusativ*) **entscheiden** bestimmen, was in einer Angelegenheit getan werden soll oder was richtig ist *„Über Schuld oder Unschuld des Angeklagten wird ein Gericht entscheiden"* **3** **sich (für jemanden/etwas) entscheiden**; **sich (zu jemandem/etwas) entscheiden** nach längerem Nachdenken eine von zwei oder mehreren Personen/Möglichkeiten wählen *„Ich kann mich nicht entscheiden, wohin ich in Urlaub fahren soll"*

ent·schei·dend ADJEKTIV sehr stark ≈ grundlegend *„Unsere Beziehung hat sich entscheidend verändert"*

die **Ent·schei·dung** (*-, -en*) **1** der Vorgang, etwas oder sich zu entscheiden oder dessen Ergebnis ⟨*eine Entscheidung treffen*⟩ *„Er machte sich die Entscheidung, ins Ausland zu gehen, nicht leicht"* **2** ein Tor, ein Punkt o. Ä., mit dem man Sieger wird *„Die Entscheidung fiel bereits in der zehnten Spielminute"*

ent·schlie·ßen (*entschloss sich, hat sich entschlossen*) **sich zu etwas entschließen** den Willen haben, etwas zu tun (meist nachdem man darüber nachgedacht hat) *„Wir haben uns entschlossen, ein Haus zu kaufen"*

ent·schlos·sen ADJEKTIV **zu etwas fest entschlossen sein** den festen Willen zu etwas haben • *hierzu* **Ent·schlos·sen·heit** *die*

der **Ent·schluss** (*-es, Ent·schlüs·se*) der feste Wille, etwas zu tun (meist nach genauem Nachdenken) ⟨*ein fester, plötzlicher, schwerer, weiser Entschluss; einen Entschluss fassen, in die Tat umsetzen, bereuen*⟩

ent·schụl·di·gen (*entschuldigte, hat entschuldigt*) **1** **jemanden/etwas (mit etwas) entschuldigen** Gründe für das Verhalten einer Person oder für eine Situation nennen und um Verständnis bitten *„Sie entschuldigte ihr Zuspätkommen mit den schlechten Straßenverhältnissen"* **2** **jemanden (irgendwo) entschuldigen** begründen, warum eine Person ihrer Verpflichtung nicht nachkommen kann *„Die Mutter entschuldigte das kranke Kind in der Schule"* **3** **etwas entschuldigen** nicht böse oder ärgerlich über etwas sein *„Entschuldigen Sie bitte die Störung!"* **4** **sich (bei jemandem für etwas) entschuldigen** (jemanden für etwas) um Verzeihung bitten *„Du musst dich dafür nicht entschuldigen"*

e **Ent·schụl·di·gung** (-, *-en*) **1** die Gründe, die man angibt, um ein (falsches) Verhalten zu erklären 〈*nach einer Entschuldigung suchen*〉 **2** Worte, mit denen sich jemand für etwas entschuldigt **3** das Verzeihen eines Fehlers 〈*jemanden für etwas um Entschuldigung bitten*〉 ≈ Nachsicht, Verzeihung

as **Ent·sẹt·zen** (*-s*) das Gefühl, wenn etwas so schrecklich ist, dass man nicht reagieren kann 〈*vor Entsetzen wie gelähmt sein*〉

ent·spạn·nen (*entspannte, hat entspannt*) **1** **etwas entspannt (jemanden)** etwas macht eine Person für eine kurze Zeit frei von einer Belastung, so dass sie sich erholen kann *„Lesen entspannt"* **2** **etwas entspannt (etwas)** etwas macht die Muskeln locker *„Massage entspannt den Körper"* **3** **sich (bei etwas/mit etwas) entspannen** sich bei einer angenehmen Tätigkeit erholen *„Manche Leute können sich nur beim Fernsehen entspannen"*

ie **Ent·spạn·nung** der Vorgang, bei dem jemand/etwas locker wird (oder das Ergebnis dieses Vorgangs)

ent·sprẹ·chen (*entspricht, entsprach, hat entsprochen*) **etwas entspricht einer Sache** (*Dativ*) etwas ist einer anderen Sache (ungefähr) gleich oder mit ihr gleichwertig *„Das, was er sagt, entspricht nicht der Wahrheit"*

ent·sprẹ·chend ADJEKTIV **1** so, dass es zur genannten Situation oder Sache passt *„Ich fand das ziemlich unverschämt und habe entsprechend darauf reagiert"* PRÄPOSITION *mit Dativ* **2** zur genannten Situation oder Sache passend *„Der Fall wurde der Sachlage entsprechend entschieden"* ⓘ steht vor oder nach dem Substantiv

ent·ste̱·hen (*entstand, ist entstanden*) **1** **etwas entsteht** etwas (Neues) fängt an zu sein oder sich zu entwickeln *„Hier entsteht eine Schule"* Hier wird eine Schule gebaut **2** **etwas entsteht** etwas wird durch die genannte Ursache bewirkt *„Bei dem Unfall entstand ein erheblicher Sachschaden"* • *hierzu* **Ent·ste̱·hung** *die*

ent·täu̱·schen (*enttäuschte, hat enttäuscht*) **jemanden enttäuschen** nicht so sein, wie eine Person es erwartet hat und sie dadurch traurig oder unzufrieden machen *„Sie war enttäuscht, dass ihm das Geschenk nicht gefiel"*

die **Ent·täu̱·schung** **1** das, was jemanden enttäuscht *„Dieser Abend war eine einzige (große) Enttäuschung für mich"* **2** der Zustand, enttäuscht zu sein *„Er konnte seine Enttäuschung nicht verbergen"* ⓘ nicht in der Mehrzahl verwendet

die **Ent·wạr·nung** die Mitteilung oder das Signal (z. B. der Sirene), dass eine Gefahr vorüber ist

ent·we·der ['ɛntveːdɐ, ɛnt'veː-] BINDEWORT **1** **entweder … oder** drückt aus, dass es zwei oder mehr Möglichkeiten gibt. Man kann damit Sätze oder Teile von Sätzen verbinden *„Also, entweder gehen wir jetzt zurück oder weiter, aber wir sollten hier nicht so lange herumstehen"* **2** **entweder … oder** verwendet, um Konsequenzen anzudrohen, wenn eine Forderung nicht erfüllt wird *„Entweder du räumst jetzt dein Zimmer auf oder wir gehen morgen nicht *in den Zoo"*

ent·wer·fen (*entwirft, entwarf, hat entworfen*) **etwas entwerfen** sich etwas Neues ausdenken und dann als Zeichnung oder mit Worten anderen Personen deutlich machen ⟨*einen Bauplan, ein Kleid, ein Modell, ein Programm, ein Projekt entwerfen*⟩ *„In diesem Roman wird eine neue Gesellschaftsform entworfen"*

ent·wer·ten (*entwertete, hat entwertet*) **1** **etwas entwerten** eine Briefmarke, Fahrkarte o. Ä. mit einer Markierung kennzeichnen, damit sie kein zweites Mal benutzt werden kann **2** **etwas entwerten** den Wert einer Sache reduzieren ⟨*Geld entwerten*⟩ • *hierzu* **Ent·wer·tung** *die*

der **Ent·wer·ter** (-*s*, -) ein Gerät in Straßenbahnen, Bussen usw., in das man die Fahrkarte steckt, um sie zu stempeln, damit sie für diese Fahrt gültig ist

ent·wi·ckeln (*entwickelte, hat entwickelt*) **1** **etwas entwickeln** etwas erfinden und dann auch (meist nach relativ langer Zeit) herstellen *„Das Modell wurde speziell für den deutschen Markt entwickelt"* **2** **etwas entwickeln** etwas entstehen oder besser werden lassen ⟨*eine Fähigkeit entwickeln*⟩ **3** **etwas entwickelt sich (irgendwie)** etwas Neues fängt an oder entsteht *„Bei dem Brand entwickelten sich giftige Gase"*

die **Ent·wick·lung** (-, -*en*) **1** die Phase oder das Ergebnis der Entwicklung von neuen Dingen *„Die Wissenschaftler arbeiten an der Entwicklung des neuen Medikaments"* **2** der Vorgang, bei dem sich jemand/etwas verändert *„Die Medien üben einen starken Einfluss auf die Entwicklung junger Menschen aus"* **3** das Entstehen einer Sache *„Feuchtes Holz verbrennt unter starker Entwicklung von Rauch"*

der **Ent·wurf** **1** eine ungefähre Zeichnung, mit deren Hilfe man etwas bauen, konstruieren o. Ä. will ⟨*einen Entwurf ausarbeiten*⟩ ≈ Skizze *„der Entwurf eines Bungalows"* **2** ein Text, der die wichtigsten Punkte oder Gedanken schon enthält, aber noch nicht ganz fertig ist ⟨*der Entwurf eines Gesetzes, eines Vertrages, einer Rede, einer Verfassung*⟩

ent·zie·hen (*entzog, hat entzogen*) **1** **jemandem etwas entziehen** jemandem etwas nicht länger geben, gewähren ⟨*jemandem seine Hilfe, Unterstützung, Freundschaft, sein Vertrauen entziehen*⟩ **2** **jemandem etwas entziehen** jemandem ein Recht oder eine Erlaubnis wegnehmen ⟨*jemandem den Führerschein, eine Konzession, die Kompetenzen entziehen*⟩ **3** **sich jemandem/etwas entziehen** sich vom Einfluss von jemandem/etwas befreien

ent·zün·den (*entzündete, hat entzündet*) **1** **etwas entzündet sich** eine Stelle am/im Körper wird rot, schwillt an, tut weh und/oder füllt sich mit Eiter ⟨*die Augen, die Mandeln, eine Wunde*⟩ **2** **etwas entzündet sich** etwas fängt von selbst zu brennen an *„Das Heu hat sich im Stall entzündet"* • *hierzu* **ent·zünd·lich** ADJEKTIV

die **Ent·zün·dung** (-, -*en*) eine kranke Stelle am oder im Körper, die rot und geschwollen ist ⟨*eine chronische, schmerzhafte Entzündung*⟩ *„eine Entzündung der Augen"* **K** Blinddarmentzündung, Lungenentzündung, Mandelentzündung

die **Epo·che** (-, -*n*) ein relativ langer Zeitabschnitt, der durch wichtige Ereignisse oder Bedingungen gekennzeichnet ist ⟨*am Beginn einer neuen Epoche stehen*⟩

er PRONOMEN *3. Person Singular* verwendet anstelle eines Substantivs, um eine Person oder Sache zu bezeichnen, deren grammatisches Geschlecht maskulin ist (und die schon genannt wurde oder in der Situation bekannt ist) *„Mein Bruder ist im Moment nicht da. Er kommt erst am Abend wieder"* | *„Ich habe mir den roten Rock gekauft. Er hat mir am besten gefallen"* **i** → Extras, S. 715: **Pronomen**

das **Er·be**[1] (-*s*) der Besitz, der nach dem

Tod einer Person meist an die Verwandten weitergeht **K** Erbanspruch; erbberechtigt **ID** **ein Erbe antreten** Eigentümer eines Erbes werden

der **Er·be²** (-n, -n) eine Person, die ein Erbe bekommt ⟨*der alleinige, gesetzliche, rechtmäßige Erbe*⟩ ℹ *der Erbe; den, dem, des Erben* • *hierzu* **Er·bin** *die*

er·ben (*erbte, hat geerbt*) **(etwas) (von jemandem) erben** etwas von einer Person nach ihrem Tod bekommen

er·bre·chen (*erbrach, hat erbrochen*) **(etwas/sich) erbrechen** den Inhalt des Magens durch den Mund nach außen bringen *„Er erbrach (alles, was er gegessen hatte)" | „Vor Aufregung musste sie sich erbrechen"*

die **Erb·se** (-, -n) **1** eine Pflanze mit relativ großen, kugelförmigen grünen Samen, die sich in einer länglichen Hülse befinden **2** die Samen der Erbse, die als Gemüse gegessen werden **K** Erbsensuppe ℹ → Abb. unter **Gemüse**

das **Erd·be·ben** (-s, -) eine Erschütterung der (Oberfläche der) Erde, die manchmal so stark ist, dass sie Häuser zerstört *„Auf das Erdbeben folgten in den nächsten Tagen noch einige leichtere Erdstöße"* **K** Erdbebengebiet, Erdbebenopfer

die **Erd·bee·re** eine kleine, rote, süße, saftige Frucht, die an kleinen Pflanzen wächst und außen kleine Körner hat **K** Erdbeerkuchen, Erdbeermarmelade ℹ → Abb. unter **Obst**

die **Er·de** (-, -n) **1** der Planet, auf dem wir leben *„Die Erde dreht sich in einem Jahr einmal um die Sonne"* **K** Erdkugel, Erdoberfläche ℹ nicht in der Mehrzahl verwendet **2** die Oberfläche der Erde, auf der man geht und steht ≈ Boden *„Pass auf, dass das Glas nicht auf die/zur Erde fällt"* **K** Erdboden ℹ nicht in der Mehrzahl verwendet **3** das Material, in dem Pflanzen wachsen (können) und aus dem die oberste Schicht der Erde besteht ⟨*fruchtbare, krümelige, sandige Erde*⟩ ≈ Erdreich *„im Garten die Erde umgraben"* **K** Erdklumpen; Blumenerde

das **Erd·ge·schoss**, **Erd·ge·schoß** Ⓐ das Stockwerk eines Hauses, das auf der gleichen Höhe wie die Straße liegt

die **Erd·kun·de** **1** die Wissenschaft, die sich mit den Ländern, Meeren, dem Klima, der wirtschaftlichen Nutzung der Erde usw. beschäftigt ≈ Geografie ℹ nicht in der Mehrzahl verwendet **2** ein Fach in der Schule, in dem Erdkunde unterrichtet wird **K** Erdkundelehrer ℹ nicht in der Mehrzahl verwendet

das **Erd·öl** ein Öl, das in tiefen Schichten der Erde vorkommt und aus dem man z. B. Benzin, Heizöl usw. macht

er·drü·cken (*erdrückte, hat erdrückt*) **etwas erdrückt jemanden** etwas drückt so stark gegen die Brust, dass der Mensch oder das Tier stirbt

der **Erd·rutsch** das (meist plötzliche, unerwartete) Rutschen nach unten von großen Mengen Erde

er·eig·nen (*ereignete sich, hat sich ereignet*) **etwas ereignet sich** etwas (meist Ungewöhnliches) geschieht ≈ passieren *„Das Zugunglück ereignete sich am frühen Morgen"*

das **Er·eig·nis** (-ses, -se) etwas (Besonderes oder Ungewöhnliches), das (oft überraschend) geschieht ⟨*ein Ereignis tritt ein*⟩ *„Das Konzert war ein großes Ereignis für das kleine Dorf"*

er·fah·ren¹ (*erfährt, erfuhr, hat erfahren*) **1** **etwas (über jemanden/etwas) erfahren** eine neue Information (über jemanden/etwas) bekommen *„Ich habe aus der Zeitung erfahren, dass sie gestorben ist"* **2** **von etwas erfahren** die Information bekommen, dass etwas geschehen oder geplant ist *„Hast du noch rechtzeitig von der Terminänderung erfahren?"*

er·fah·ren² ADJEKTIV **(in etwas** (*Dativ*)**) erfahren** geübt und sicher auf einem Fachgebiet oder in einer Tätigkeit *„Er ist ein erfahrener Pilot"*

die **Er·fah·rung** (-, -en) **1** ein Wissen oder Können, das man nicht theoretisch aus Büchern, sondern in der Praxis durch eigene Erlebnisse bekommt ⟨*Erfahrung* *haben; etwas aus eigener Erfahrung wissen〉 „Er hat viel Erfahrung in seinem Beruf"* **K** Erfahrungsaustausch; Lebenserfahrung **2** Erlebnisse, aus denen man etwas lernt 〈*Erfahrungen machen, sammeln*〉

er·fạs·sen (*erfasste, hat erfasst*) **1** **etwas erfassen** das Wesentliche einer Sache verstehen ≈ begreifen *„Er hat sofort erfasst, worum es mir ging"* **2** **jemanden/etwas erfassen** *admin* eine Gruppe von Personen oder Dingen in einer Liste, Statistik o. Ä. sammeln 〈*etwas statistisch erfassen*〉 **3** **etwas erfassen** Daten in einen Computer tippen **4** **etwas erfasst jemanden/etwas** etwas reißt jemanden/etwas durch die eigene Bewegung mit *„Der Radfahrer wurde von einem Auto erfasst"* • *zu* (2,3) **Er·fạs·sung** *die*

er·fịn·den (*erfand, hat erfunden*) **1** **etwas erfinden** durch Forschung o. Ä. etwas Neues konstruieren oder etwas auf eine neue Art nutzen *„Alfred Nobel hat das Dynamit erfunden"*
ⓘ Man *erfindet* etwas, was es vorher noch nicht gab, man *entdeckt* etwas, was vorher nicht bekannt war. **2** **jemanden/etwas erfinden** von einer Person/Sache erzählen, die es nur in der Fantasie gibt *„Die Figuren des Films sind frei erfunden"* • *zu* (1) **Er·fịn·der** *der*

die **Er·fịn·dung** (*-, -en*) das Neue, das jemand erfunden hat *„Das Rad war eine sehr wichtige Erfindung"*

der **Er·fọlg** (*-(e)s, -e*) **1** das positive Ergebnis oder Ziel, das man haben wollte und erreicht hat 〈*mit etwas Erfolg haben; Erfolg (bei jemandem) haben; etwas mit/ohne Erfolg tun*〉 ↔ Misserfolg *„Seine Bewerbung hat wenig Aussicht auf Erfolg"* **K** Erfolgschancen **2** **Erfolg versprechend** 〈*eine Idee, ein Plan*〉 so, dass sie wahrscheinlich Erfolg bringen werden

er·fọl·gen (*erfolgte, ist erfolgt*) **1** **etwas erfolgt (auf etwas** (*Akkusativ*)**/nach etwas)** etwas geschieht als Folge, Konsequenz einer Sache **2** **etwas erfolgt (irgendwann/irgendwo)** *admin* etwas wird (irgendwann/irgendwo) getan ≈ stattfinden *„Die Auszahlung des Geldes erfolgt später"*

er·fọlg·reich ADJEKTIV **1** mit positivem Ergebnis 〈*erfolgreich abschneiden, bestehen*〉 ↔ erfolglos *„ein erfolgreicher Versuch"* **2** mit vielen Erfolgen ↔ erfolglos *„ein erfolgreicher Sänger"*

er·fọr·der·lich ADJEKTIV **erforderlich (für etwas)** unbedingt nötig ≈ notwendig *„Für das Studium an einer Universität ist in Deutschland das Abitur erforderlich"*

er·fọr·dern (*erforderte, hat erfordert*) **etwas erfordert** 〈*Geduld, Konzentration, Mut, viel Geld, Zeit*〉 *geschrieben* für etwas ist Geduld, Konzentration usw. unbedingt nötig *„Diese Aufgabe erfordert viel Sachkenntnis"*

er·fọr·schen (*erforschte, hat erforscht*) **etwas erforschen** etwas (meist wissenschaftlich) so genau untersuchen, dass man etwas Neues darüber lernt • *hierzu* **Er·fọr·schung** *die*

er·freu·lich ADJEKTIV so (schön), dass man froh oder glücklich darüber ist *„Es ist sehr erfreulich, dass du die Prüfung bestanden hast"*

er·freut ADJEKTIV **(über etwas** (*Akkusativ*)**) erfreut** voller Freude über etwas ≈ froh *„Ich war sehr erfreut, dass er kam"*

er·frie·ren (*erfror, hat/ist erfroren*) (*ist*) sterben, weil es sehr kalt ist 〈*Menschen, Pflanzen, Tiere*〉

er·frị·schen (*erfrischte, hat erfrischt*) **sich (mit etwas/durch etwas) erfrischen** etwas tun oder etwas zu sich nehmen, damit man (wieder) frisch und munter wird *„sich mit einer kalten Dusche erfrischen"*

er·frị·schend ADJEKTIV angenehm kühl und wohlschmeckend 〈*ein Getränk*〉

er·fụ̈l·len (*erfüllte, hat erfüllt*) AUFGABE, FUNKTION: **1** **etwas erfüllen** das tun, was man einer Person versprochen hat oder was sie erwartet oder fordert 〈*eine Aufgabe, einen Auftrag, einen*

Vertrag, die Pflicht erfüllen〉 ZUKUNFT, WUNSCH: **2 jemandem etwas erfüllen** das tun, was man jemandem oder sich selbst gewünscht hat *〈jemandem eine Bitte, jemandem/sich selbst einen Traum, einen Wunsch erfüllen〉*

er·gän·zen (*ergänzte, hat ergänzt*) **1 etwas (durch etwas) ergänzen** etwas vollständig machen, indem man etwas (Fehlendes) hinzufügt *〈eine Sammlung, die Vorräte ergänzen〉* **2 Personen ergänzen sich/einander** Personen passen gut zueinander, weil die eine Person Eigenschaften und Fähigkeiten hat, die der anderen Person fehlen (und umgekehrt)

e **Er·gän·zung** (-, *-en*) **1** der Vorgang, etwas Zusätzliches hinzuzufügen *„Ist eine Ergänzung der Sammlung geplant?"* **2** etwas Zusätzliches, das hinzugefügt wird oder wurde *„Ich habe bei Ihrem Manuskript ein paar Ergänzungen angebracht"*

er·ge·ben (*ergibt, ergab, hat ergeben*) ERGEBNIS, RESULTAT: **1 etwas ergibt etwas** eine Rechnung hat das genannte Ergebnis *„Die Summe von vier und zwei ergibt sechs (4 + 2 = 6)"* **2 etwas ergibt etwas** etwas hat zur Folge, dass etwas bekannt oder bewiesen wird *„Die Untersuchung hat ergeben, dass er völlig gesund ist"* **3 etwas ergibt Sinn** etwas ist sinnvoll *„Diese Aussage ergibt keinen Sinn"* ENTWICKLUNG, SITUATION: **4 wenn sich die Gelegenheit/Möglichkeit ergibt** wenn es gerade passt oder möglich ist IM KAMPF, KONFLIKT: **5 sich (jemandem) ergeben** (z. B. im Krieg oder als Verbrecher) aufhören zu kämpfen/nicht mehr zu fliehen versuchen ≈ kapitulieren *„Als er von den Polizisten eingekreist war, hob er die Hände und ergab sich"*

as **Er·geb·nis** (*-ses, -se*) **1** die Folge von einem Ereignis oder Vorgang ≈ Resultat **K** Forschungsergebnis, Wahlergebnis **2** das gewünschte Ziel, der gewünschte Erfolg einer Handlung *〈etwas hat etwas zum Ergebnis〉 „Die Verhandlungen führten bislang zu keinem Ergebnis/blieben bislang ohne Ergebnis"* **3** die Zahl, die bei einer Rechenaufgabe als Lösung ermittelt wird *〈ein falsches, richtiges Ergebnis〉 „Das Ergebnis der Addition von drei und zwei ist fünf"* **K** Endergebnis • *zu* (1,2) **er·geb·nis·los** ADJEKTIV

er·grei·fen (*ergriff, hat ergriffen*) **1 jemanden irgendwo/etwas ergreifen** jemanden/etwas mit der Hand fassen und festhalten *„Er ergriff sie am Arm/bei der Hand und führte sie auf den Balkon"* **2 jemanden ergreifen** eine Person (die gesucht wird oder auf der Flucht ist) fangen oder verhaften ≈ fassen *„Die Polizei ergriff den Dieb, als er über die Grenze fliehen wollte"* **3 etwas ergreifen** sich für eine Handlungsweise oder Sache entscheiden und aktiv werden *„einen Beruf ergreifen"* einen Beruf wählen | *„die Flucht ergreifen"* flüchten | *„das Wort ergreifen"* (in einer Debatte, Diskussion) über etwas zu sprechen anfangen • *zu* (2,3) **Er·grei·fung** *die*

er·hal·ten (*erhält, erhielt, hat erhalten*) **1 etwas (von jemandem/etwas) erhalten** etwas von einer anderen Person oder von einer Institution bekommen *〈ein Schreiben, eine Antwort, einen Bescheid erhalten〉* **2 etwas erhalten** etwas als Endprodukt oder Ergebnis bekommen *„Wenn man Kupfer und Messing mischt, erhält man Bronze"* **3 etwas erhalten** (durch die richtigen Maßnahmen) bewirken, dass etwas weiter existiert oder in gutem Zustand bleibt *„ein historisches Bauwerk erhalten"* | *„den Körper/sich durch Sport gesund erhalten"* **4 jemanden (irgendwie) am Leben erhalten** durch medizinische Maßnahmen verhindern, dass jemand stirbt • *zu* (3,4) **Er·hal·tung** *die*

er·hält·lich ADJEKTIV **irgendwo erhältlich** drückt aus, dass man etwas kaufen kann *„Das Medikament ist nur in Apotheken erhältlich"* | *„Dieses Modell ist leider nicht mehr erhältlich"*

er·he·ben (*erhob, hat erhoben*); *geschrieben* NACH OBEN: **1** **etwas erheben** etwas nach oben bewegen, heben ⟨*mit erhobener Hand*⟩ **2** **ein Flugzeug/ein Vogel erhebt sich** ein Flugzeug/ein Vogel fliegt in die Höhe **3** **etwas erhebt sich** etwas ragt steil nach oben *„Vor ihren Augen erhob sich ein hoher Berg"* VERLANGEN, FORDERN: **4** **etwas erheben** (bei einer offiziellen Stelle) etwas schriftlich oder mündlich melden ⟨*Anspruch auf etwas, einen Einwand gegen etwas erheben; Anklage, Einspruch, Klage erheben*⟩ **5** **etwas erheben** etwas als Zahlung von jemandem fordern ⟨*Beiträge, eine Gebühr, eine Steuer erheben*⟩

er·heb·lich ADJEKTIV; *geschrieben* wichtig oder groß (in Ausmaß oder Menge) *„Der Unfall hat erhebliche Kosten verursacht"*

er·hö·hen (*erhöhte, hat erhöht*) **1** **etwas (um etwas) erhöhen** meist ein Bauwerk höher machen *„einen Damm um zwei Meter erhöhen"* **2** **jemand/etwas erhöht eine Sache (um etwas)** jemand/etwas sorgt dafür, dass eine Sache steigt, größer, intensiver oder mehr wird ≈ steigern ↔ senken *„Die Löhne werden um fünf Prozent erhöht"* **3** **etwas erhöht sich um/auf etwas** (*Akkusativ*) eine Zahl oder Summe wird größer ≈ steigen ↔ sinken

er·ho·len (*erholte sich, hat sich erholt*) **1** **sich (von etwas) erholen** sich ausruhen und entspannen, um verlorene Kraft wieder zu bekommen ⟨*sich gut, kaum, völlig erholen*⟩ **2** **sich (von etwas) erholen** nach einem Schreck oder Schock wieder ruhig werden

die **Er·ho·lung** (-) der Vorgang, bei dem man sich ausruht und wieder zu Kräften kommt ⟨*Erholung brauchen*⟩ *„Er fährt zur Erholung ins Gebirge"* **K** Erholungsheim

er·in·nern (*erinnerte, hat erinnert*) **1** **jemanden an etwas** (*Akkusativ*) **erinnern** einer Person sagen, dass sie das Genannte nicht vergessen darf oder soll *„Erinnere mich bitte daran, dass ich morgen einen Termin beim Arzt habe"* **2** **jemand/etwas erinnert (jemanden) an eine Person/etwas** eine Person oder Sache ist einer anderen Person oder Sache ziemlich ähnlich (und deswegen denkt man bei der einen an die andere) *„Seine Art zu lächeln erinnerte mich an seinen Vater"* **3** **sich (an jemanden/etwas) erinnern** eine Person oder Sache im Gedächtnis behalten oder wieder an sie denken *„Jetzt erinnere ich mich wieder, wo ich die Tasche hingelegt habe"*

die **Er·in·ne·rung** (-, *-en*) **eine Erinnerung (an jemanden/etwas)** ein Eindruck von Personen oder Ereignissen der Vergangenheit, den man im Bewusstsein hat ⟨*eine Erinnerung in jemandem wecken*⟩ *„Ich habe nur noch schwache Erinnerungen daran, wie es in meiner frühen Kindheit war"*

er·käl·ten (*erkältete sich, hat sich erkältet*) **sich erkälten** eine Erkältung bekommen *„Wenn du dich nicht wärmer anziehst, wirst du dich noch erkälten"*

die **Er·käl·tung** (-, *-en*) eine Krankheit (mit Schnupfen, Husten), die man meistens im Winter hat ⟨*eine (leichte, starke) Erkältung haben, bekommen*⟩

er·ken·nen (*erkannte, hat erkannt*) **1** **jemanden/etwas erkennen** jemanden/etwas so deutlich sehen, dass man weiß, wen oder was man vor den Augen hat *„Aus dieser Entfernung kann ich die Zahlen nicht erkennen"* **2** **etwas erkennen** etwas richtig beurteilen oder einschätzen (das man bisher nicht so gesehen hatte) *„Sie hat ihren Irrtum noch rechtzeitig erkannt"* • *hierzu* **er·kenn·bar** ADJEKTIV

die **Er·kennt·nis** (-, *-se*) **1** ein neues Wissen, das jemand durch wissenschaftliches Forschen oder durch Nachdenken bekommt *„Aus dieser Testreihe sollen Erkenntnisse über die Ursachen von Krebs gewonnen werden"* **2** die Einsicht, dass etwas so ist oder so getan werden muss ⟨*zu einer Erkenntnis gelangen, kommen*⟩ *„Die Politiker sind *zu der Erkenntnis gekommen, dass der Umweltschutz bisher vernachlässigt worden ist"*

er·klä·ren (*erklärte, hat erklärt*) FUNKTIONSWEISE, GRÜNDE: **1** **(jemandem) etwas erklären** einer Person einen Sachverhalt klar und verständlich machen *„Er erklärte mir ausführlich, wie ein Radio funktioniert"* **2** **etwas erklärt etwas** etwas ist der Grund für etwas *„Der Schaden am Motor erklärt, warum wir einen so hohen Benzinverbrauch hatten"* OFFIZIELL: **3** **etwas erklären** etwas aufgrund des eigenen Amtes offiziell verkünden *„Der Minister erklärte seinen Rücktritt"* **4** **etwas erklären** etwas (meist mit der eigenen Unterschrift) offiziell bestätigen *„Sie erklärte ihr Einverständnis zur Änderung des Vertrags"* **5** **sich mit etwas einverstanden/zufrieden erklären** (offiziell) sagen, dass man mit etwas einverstanden oder zufrieden ist **6** **jemanden zu etwas erklären** offiziell verkünden, dass eine Person einen Titel, ein Amt o. Ä. bekommt *„jemanden zum Sieger erklären"* • *zu* (2) **er·klär·bar** ADJEKTIV

die **Er·klä·rung** (-, -en) **1** **eine Erklärung zu etwas** die Worte, mit denen man einen Sachverhalt oder ein Verhalten beschreibt ⟨*jemandem eine Erklärung geben, schuldig sein*⟩ **2** **eine Erklärung für etwas** etwas, das die Ursache einer Situation ist oder sein könnte ⟨*eine Erklärung suchen, finden; etwas ist die Erklärung für etwas*⟩ **3** **eine Erklärung über etwas** (*Akkusativ*)**/zu etwas** eine offizielle Mitteilung über Pläne oder Fakten (oft durch eine Unterschrift bestätigt) ⟨*eine Erklärung abgeben, machen, unterschreiben*⟩ *„Die Regierung gab eine Erklärung zu dem Skandal ab"* **K** Einverständniserklärung, Kriegserklärung, Liebeserklärung

er·kun·di·gen (*erkundigte sich, hat sich erkundigt*) **sich nach jemandem/etwas erkundigen** Fragen stellen, um Informationen über eine Person oder Sache zu erhalten *„sich nach jemandes Befinden erkundigen"* | *„Ich habe mich am Bahnhof erkundigt, wann der nächste Zug nach Essen fährt"*

er·lan·gen (*erlangte, hat erlangt*) **etwas erlangen** etwas (meist Positives) erreichen oder bekommen ⟨*Achtung, Berühmtheit, die Freiheit, Geltung, Gewissheit, die Herrschaft über jemanden/etwas erlangen*⟩

er·lau·ben (*erlaubte, hat erlaubt*) **1** **(jemandem) etwas erlauben** einverstanden sein, dass jemand etwas tun darf ↔ verbieten *„Wer hat dir erlaubt wegzugehen?"* **2** **etwas erlaubt (jemandem) etwas** etwas macht etwas für jemanden möglich ⟨*die Mittel, die Umstände, die Verhältnisse, die Zeit erlauben etwas*⟩ **3** **sich** (*Dativ*) **etwas erlauben** sich das Recht nehmen, etwas zu tun (meist gegen den Willen einer anderen Person) *„Ich erlaube mir, darauf hinzuweisen, dass Sie mir noch Geld schulden"*

die **Er·laub·nis** (-, -se) **1** wenn man die Erlaubnis zu etwas hat, dann darf es tun, ist es nicht verboten ⟨*(jemanden) um Erlaubnis (für etwas) bitten; die Erlaubnis zu etwas bekommen/erhalten, haben; jemandem die Erlaubnis (zu etwas) geben, erteilen, verweigern*⟩ *„Sie bat um die Erlaubnis, früher nach Hause gehen zu dürfen"* **2** ein Dokument, das bestätigt, dass jemand etwas tun darf ⟨*eine Erlaubnis beantragen, vorlegen*⟩ **K** Aufenthaltserlaubnis, Einreiseerlaubnis, Fahrerlaubnis

er·läu·tern (*erläuterte, hat erläutert*) **(jemandem) etwas erläutern** einer Person einen komplizierten Sachverhalt ausführlich erklären, sodass sie diesen verstehen kann *„jemandem einen Plan erläutern"* • *hierzu* **Er·läu·te·rung** *die*

er·le·ben (*erlebte, hat erlebt*) **1** **jemanden/etwas erleben** selbst dabei sein, wenn etwas geschieht oder etwas selbst fühlen, selbst tun usw. *„Er erlebte eine Überraschung, als sie sich bei ihm entschuldigte"* | *„Diesen Sänger muss man einmal erlebt haben, er ist einfach*

E

toll" **2** **etwas erleben** zum Zeitpunkt eines Ereignisses noch am Leben sein *„Sie will noch ihren hundertsten Geburtstag erleben"*

das **Er·leb·nis** (*-ses, -se*) **1** eine Sache, die man erlebt *„Gestern hatte ich ein schreckliches Erlebnis: Ich wäre fast überfahren worden"* **2** ein sehr schönes, eindrucksvolles Ereignis o. Ä. *„Das Konzert war wirklich ein Erlebnis"*

er·le·di·gen (*erledigte, hat erledigt*) **1** **etwas erledigen** das tun, was man tun soll oder was nötig ist (meist eine Arbeit oder Aufgabe) *„Ich muss noch meine Einkäufe erledigen"* **2** **jemanden erledigen** *gesprochen, abwertend* jemanden ermorden, töten **3** **etwas hat sich erledigt** es gibt keinen Grund mehr, in einer Angelegenheit aktiv zu werden *„Das Problem hat sich erledigt"*

er·le·digt ADJEKTIV **1** abgeschlossen, beendet ⟨*ein Fall, eine Sache*⟩ **2** *gesprochen* sehr müde, erschöpft, ruiniert

er·leich·tern (*erleichterte, hat erleichtert*) **1** **(jemandem) etwas erleichtern** eine Sache für jemanden einfacher, bequemer oder angenehmer machen *„Moderne Geräte erleichtern oft die Arbeit"* **2** **etwas erleichtert jemanden** etwas befreit jemanden von Kummer oder Sorgen *„Diese Nachricht hat uns alle sehr erleichtert"*

er·leich·tert ADJEKTIV **erleichtert (über etwas** (*Akkusativ*)**)** froh, dass etwas Unangenehmes vorbei oder etwas Schlimmes nicht passiert ist *„Sie war erleichtert (darüber), dass ihm nichts passiert war"*

die **Er·leich·te·rung** (*-, -en*) **1** das Erleichtern einer relativ schweren oder komplizierten Arbeit *„Eine Waschmaschine stellt eine große Erleichterung im Haushalt dar"* **2** **Erleichterung (über etwas** (*Akkusativ*)**)** das Gefühl, von einem schweren seelischen Druck befreit zu sein *„ein Seufzer der Erleichterung"* ⓘ nicht in der Mehrzahl verwendet **3** die Hilfen oder Erlaubnisse, die z. B. eine Person bekommt, damit sie für etwas weniger bezahlen muss oder manche Tätigkeiten einfacher werden **K** Parkerleichterung

er·lei·den (*erlitt, hat erlitten*) **1** **etwas erleiden** etwas Unangenehmes erleben ⟨*Angst, Enttäuschungen, Schmerzen erleiden*⟩ **2** **etwas erleiden** eine unangenehme Erfahrung machen ⟨*eine Einbuße, eine Niederlage, Verluste erleiden*⟩

er·lie·gen (*erlag, ist erlegen*) **1** **einer Sache** (*Dativ*) **erliegen** an etwas sterben *„Er erlag gestern seiner Krankheit/den schweren Verletzungen"* **2** **etwas bringt etwas zum Erliegen** etwas setzt etwas (eine Zeit lang) außer Betrieb oder bringt es zum Stillstand *„Das Gewitter brachte den Funkverkehr zum Erliegen"* **3** **etwas kommt zum Erliegen** etwas wird durch jemanden oder etwas zum Stillstand gebracht

er·mah·nen (*ermahnte, hat ermahnt*) **jemanden (zu etwas) ermahnen** jemanden nachdrücklich dazu auffordern, etwas zu tun oder sich besser zu verhalten *„jemanden zur Vorsicht ermahnen"* • *hierzu* **Er·mah·nung** *die*

er·mit·teln (*ermittelte, hat ermittelt*) **1** **jemanden/etwas ermitteln** eine Person oder Sache suchen und schließlich finden ≈ feststellen *„Die Polizei konnte den Täter nicht ermitteln"* **2** **gegen jemanden ermitteln** Beweise oder Indizien für die Schuld einer Person sammeln, um sie vor Gericht stellen zu können • *hierzu* **Er·mitt·lung** *die*

er·mög·li·chen (*ermöglichte, hat ermöglicht*) **(jemandem) etwas ermöglichen** (jemandem) etwas möglich machen *„Seine Eltern ermöglichten ihm das Studium"*

er·mor·den (*ermordete, hat ermordet*) **jemanden ermorden** an jemandem einen Mord begehen • *hierzu* **Er·mor·dung** *die*

er·näh·ren (*ernährte, hat ernährt*) **1** **jemanden (mit etwas) ernähren** einen Menschen oder ein Tier mit Nahrung versorgen *„ein Baby mit Mutter-*

milch ernähren" **2** **jemanden (mit/von etwas) ernähren** (mit etwas) für den eigenen Lebensunterhalt oder den Lebensunterhalt einer anderen Person sorgen *„Du bist alt genug, eine Familie/dich selbst zu ernähren"* **3** **sich (von etwas) ernähren** von (der genannten) Nahrung leben *„Füchse ernähren sich hauptsächlich von Mäusen"* | *„sich vegetarisch ernähren"* • *hierzu* **Er·näh·rung** *die*

er·neut ADJEKTIV; *geschrieben* noch einmal (stattfindend) *„Als er sich verbeugte, erklang erneut Beifall"* | *„Aus dem Kriegsgebiet wurden erneute Kampfhandlungen gemeldet"*

ernst ADJEKTIV **1** ruhig und nachdenklich oder traurig *„ein ernstes Gesicht machen"* | *„Sie hatte Mühe, ernst zu bleiben"* **2** mit wichtigem oder traurigem Inhalt ⟨*ein Buch, ein Film, ein Gespräch*⟩ **3** mit großen, unangenehmen Folgen ⟨*ein Fehler, ein Mangel, ein Problem, ein Versagen*⟩ ≈ ernsthaft **4** das Leben oder die Gesundheit sehr gefährdend ⟨*eine Erkrankung, eine Gefahr, eine Verletzung, jemandes Zustand*⟩ **5** **etwas ernst meinen** etwas wirklich so meinen (nicht als Scherz o. Ä.) und planen, entsprechend zu handeln **6** **etwas ernst nehmen** etwas als wichtig, gefährlich o. Ä. einschätzen und entsprechend handeln

der **Ernst** (-es) **1** eine Haltung oder Einstellung, bei der man ruhig und nachdenklich, nicht fröhlich ist *„Sie ging mit viel Ernst an ihre neue Aufgabe heran"* **2** **etwas ist jemandes Ernst; jemandem ist (mit) etwas Ernst** etwas ist tatsächlich so gemeint, wie es eine Person gesagt hat *„Es war ihm bitterer Ernst mit der Drohung"* **3** **(mit etwas) Ernst machen** einen Plan oder eine Drohung in die Tat umsetzen **4** **allen Ernstes/im Ernst** verwendet, um zu sagen, dass etwas tatsächlich so (gemeint) ist, auch wenn es unwahrscheinlich erscheint *„Er wird die Arbeit allen Ernstes allein machen!"* | *„Ich kündige." – „Im Ernst?"*

ernst·haft ADJEKTIV **1** seriös und verantwortungsbewusst und oft in ernster Stimmung *„Er ist ein ernsthafter Mensch/wirkt sehr ernsthaft"* **2** ruhig und nachdenklich ≈ ernst *„Sie unterhielten/führten ein ernsthaftes Gespräch"* **3** tatsächlich, ernst gemeint und mit der Absicht, auch entsprechend zu handeln ⟨*eine Absicht, ein Angebot, eine Bitte, ein Vorschlag*⟩ *„Er hat ernsthaft versucht, sich um das Problem zu kümmern"* **4** gefährlich oder mit großen unangenehmen Folgen ⟨*eine Erkrankung, ein Fehler, eine Folge, eine Gefahr, ein Problem, eine Verletzung; jemanden ernsthaft gefährden, verletzen*⟩ ≈ ernst *„Die Maschine ist ernsthaft beschädigt"*

die **Ern·te** (-, -n) **1** das Ernten von Obst, Gemüse, Getreide usw. *„bei der Ernte helfen"* **K** Erntezeit; Kartoffelernte, Obsternte **i** nicht in der Mehrzahl verwendet **2** das, was man geerntet hat *„Dieses Jahr war die Ernte sehr groß/gut"*

ern·ten (*erntete, hat geerntet*) **etwas ernten** die Dinge (Getreide, Obst, Gemüse usw.), die man meist auf dem Feld oder im Garten angebaut hat, sammeln, mähen oder pflücken *„Früher wurde das Korn mit der Sense geerntet, heute macht das meist ein Mähdrescher"*

er·obern (*eroberte, hat erobert*) **1** **etwas erobern** ein Land, eine Stadt o. Ä. in einem Krieg dem Feind wegnehmen und unter die eigene Herrschaft bringen **2** **jemanden/etwas erobern** die Liebe oder Freundschaft eines Menschen für sich gewinnen *„Mit seinem Charme versucht er, die Frauen zu erobern"* • *zu* (1) **Er·obe·rer** *der*

er·öff·nen (*eröffnete, hat eröffnet*) **1** **etwas eröffnen** etwas, das neu gebaut oder eingerichtet wurde, den Kunden oder Benutzern zur Verfügung stellen ⟨*einen Laden, ein Lokal, ein Museum, eine neue Autobahn, eine Fluglinie eröffnen*⟩ ↔ schließen **2** **etwas (mit etwas) eröffnen** etwas offiziell begin-

E

nen lassen ↔ beenden *„Die Feier wurde mit einer Rede des Bürgermeisters eröffnet“* **3** **das Feuer eröffnen** anfangen zu schießen **4** **ein Konto eröffnen** ein neues Konto bei einer Bank einrichten **5** **etwas eröffnet** etwas wird für die Öffentlichkeit zugänglich ⟨*ein Geschäft, ein Kino, ein Museum, ein Schwimmbad*⟩ • *hierzu* **Er·öff·nung** *die*

ero·tisch ADJEKTIV **1** ⟨*eine Ausstrahlung, eine Frau, ein Mann, ein Buch, eine Darstellung, ein Film*⟩ so, dass sie sexuell anziehend oder anregend wirken **2** ⟨*ein Bedürfnis, ein Erlebnis*⟩ ≈ sexuell • *hierzu* **Ero·tik** *die*

er·pres·sen (*erpresste, hat erpresst*) **jemanden (mit etwas) erpressen** eine Person (meist durch die Drohung, dass man etwas öffentlich bekannt gibt) dazu zwingen, dass sie etwas gibt (z. B. Geld, Informationen) • *hierzu* **Er·pres·sung** *die*

er·ra·ten (*errät, erriet, hat erraten*) **etwas erraten** etwas, das man nicht weiß oder kennt, richtig raten ⟨*jemandes Absichten, Gedanken, Gefühle erraten*⟩ *„Du hasts erraten!“*

der **Er·re·ger** (-*s*, -) Erreger (wie Viren, Bakterien usw.) sind der Grund für Krankheiten

die **Er·re·gung** (-, -*en*) der Zustand, in dem man nervös oder verärgert ist ⟨*in heftige Erregung geraten; die Erregung nicht verbergen können*⟩

er·rei·chen (*erreichte, hat erreicht*) **1** **jemanden/etwas erreichen** so nahe an eine Person oder Sache herankommen, dass man sie berühren kann *„Wenn ich mich strecke, kann ich die Zimmerdecke gerade noch erreichen“* **2** **etwas erreichen** an einen Ort, eine Stelle kommen *„In wenigen Minuten erreichen wir Hamburg“* **3** **etwas erreichen** gerade noch zur rechten Zeit zu einem Bus, Zug o. Ä. kommen, bevor er wegfährt ↔ verpassen **4** **jemanden erreichen** mit jemandem (meist telefonisch) sprechen können *„Ich konnte ihn zu Hause nicht erreichen“* **5** **etwas erreichen** Erfolg haben oder etwas schaffen, was positiv ist *„Sie hat schon viel in ihrem Leben erreicht“* • *hierzu* **er·reich·bar** ADJEKTIV

er·rich·ten (*errichtete, hat errichtet*) **1** **etwas errichten** ein großes Bauwerk bauen ⟨*eine Brücke, ein Hochhaus, einen Palast, einen Staudamm, ein Theater errichten*⟩ **2** **etwas errichten** etwas aufbauen oder hinstellen (das man später wieder zerlegen und an einem anderen Ort aufbauen kann) ⟨*Barrikaden, ein Gerüst, Tribünen, Zelte errichten*⟩ • *hierzu* **Er·rich·tung** *die*

der **Er·satz** (-*es*) **1** **ein Ersatz für jemanden/etwas** eine Person oder Sache, die an die Stelle einer anderen Person oder Sache tritt und diese ersetzt *„Wir brauchen für das heutige Spiel unbedingt einen Ersatz für unseren erkrankten Torwart“* **K** Ersatzrad; Zahnersatz **2** **Ersatz für etwas** die Wiedergutmachung eines Schadens oder Verlustes ⟨*Ersatz für entgangenen Gewinn, einen Schaden, einen Verlust; Ersatz fordern, leisten*⟩ ≈ Entschädigung **K** Schadenersatz

das **Er·satz·teil** ein Teil, das in eine Maschine oder ein Gerät gebaut werden kann, um ein defektes Teil zu ersetzen *„Der Staubsauger war so alt, dass keine Ersatzteile mehr zu bekommen waren“* **K** Ersatzteillager

er·schaf·fen (*erschuf, hat erschaffen*) **jemanden/etwas erschaffen** *geschrieben* (meist mit göttlicher Kraft) jemanden/etwas entstehen lassen *„Gott erschuf den Menschen“* • *hierzu* **Er·schaf·fung** *die*

er·schei·nen (*erschien, ist erschienen*) **1** **etwas erscheint (irgendwo)** etwas wird irgendwo sichtbar *„Da erschien ein Flugzeug am Horizont“* **2** **jemand/etwas erscheint irgendwo** eine Person oder Sache kommt dorthin, wo sie erwartet wird *„Er ist nicht zum Frühstück erschienen“* **3** **etwas erscheint (irgendwo)** etwas wird veröffentlicht ⟨*ein Buch, eine Zeitschrift, etwas erscheint täglich, wöchentlich, monatlich, regelmäßig*⟩

„Bei welchem Verlag erscheint das Werk?" **4** **eine Person/Sache erscheint (jemandem) irgendwie** eine Person oder Sache macht (auf jemanden) den genannten Eindruck *„Es erscheint (mir) merkwürdig, dass er noch nicht da ist"*

er·schie·ßen (*erschoss, hat erschossen*) **jemanden erschießen** jemanden, sich oder ein Tier durch einen Schuss töten

er·schla·gen (*erschlug, hat erschlagen*) **jemanden (mit etwas) erschlagen** jemanden durch einen oder mehrere Schläge mit einem schweren Gegenstand töten

er·schöp·fen (*erschöpfte, hat erschöpft*) **etwas erschöpft jemanden** etwas strengt jemanden so an, dass seine körperlichen oder geistigen Kräfte völlig verbraucht sind ‹*völlig erschöpft sein*›

e **Er·schöp·fung** (-, *-en*) ein Zustand sehr großer körperlicher oder geistiger Müdigkeit

er·schre·cken[1] (*erschrickt, erschrak, hat/ist erschrocken*) **(vor jemandem/etwas) erschrecken** (*ist*) plötzlich Angst, einen Schreck bekommen *„Er erschrickt sogar vor kleinen Hunden, wenn sie bellen"*

er·schre·cken[2] (*erschreckte, hat erschreckt*) **jemanden (irgendwie) erschrecken** bewirken, dass jemand einen Schreck bekommt ‹*jemanden sehr, zu Tode erschrecken*› *„Der laute Knall hat mich erschreckt"*

er·set·zen (*ersetzte, hat ersetzt*) **1** **(einer Person) jemanden/etwas ersetzen** an die Stelle einer Person/Sache treten, wenn diese nicht (mehr) da ist *„Niemand kann einem Kind die Mutter ersetzen"* **2** **eine Person/Sache (durch eine Person/Sache) ersetzen** eine Person oder Sache an die Stelle einer anderen Person oder Sache bringen, wenn diese nicht mehr da ist *„einen alten Fernseher durch einen neuen ersetzen"* **3** **(jemandem) etwas ersetzen** jemandem Geld geben für einen Schaden, einen Verlust o. Ä. (und für den man verantwortlich ist) *„Bei einem Unfall ersetzt die Haftpflichtversicherung Schäden an fremden Fahrzeugen"* • zu (1,2) **er·setz·bar** ADJEKTIV

erst ADVERB **1** **erst ((ein)mal)** verwendet, um das zu nennen, was zeitlich am Anfang steht oder womit eine Reihe von Ereignissen beginnt ≈ zuerst *„Erst mache ich das Abitur. Dann sehen wir weiter"* | *„Überleg dir das erst noch mal, bevor du dich endgültig entscheidest"* **2** später als erwartet ↔ schon *„Ich bin erst gegen Mittag aufgewacht"* **3** vor nicht sehr langer Zeit *„Ich habe ihn erst gestern gesehen"* **4** **es ist erst** *+Zeitangabe* verwendet, um zu sagen, dass es noch relativ früh ist ↔ schon *„Bleib noch ein bisschen, es ist erst halb elf"* **5** weniger als erwartet oder erwünscht ↔ schon *„Ich lese schon seit einer Stunde und habe trotzdem erst sechs Seiten geschafft"* ℹ *Nur* und *erst* haben eine ähnliche Bedeutung. Wenn man aber sagt: *Ich habe nur drei Weihnachtskarten bekommen*, so erwartet man nicht, dass noch weitere Karten kommen. Sagt man: *Ich habe erst drei Weihnachtskarten bekommen*, so hofft man, dass sich das noch ändert. PARTIKEL *unbetont* **6** verwendet, um eine Aussage zu steigern oder stark zu betonen *„Ich bin ziemlich nervös." – „Und 'ich erst!"* **7** **erst 'recht** die Entschlossenheit einer Person wird stärker und nicht (wie gewünscht) weniger *„Wenn ich ihr verbiete, Süßigkeiten zu kaufen, tut sie es erst recht"*

ers·t- ADJEKTIV **1** in einer Reihenfolge an der Stelle eins; (als Zahl) 1. ℹ → Beispiele unter **viert-** **2** in einer Reihe oder Rangfolge den Anfang bildend *„im ersten Stock wohnen"* direkt über dem Erdgeschoss | *„(im Auto) den ersten Gang einlegen"* den niedrigsten Gang | *„Ich sitze in der ersten Reihe"* ganz vorne **3** so, dass es der Anfang eines Zustands oder einer Entwicklung ist *„Dieses Jahr fiel der erste Schnee be-*

E

reits im September" **4** in Bezug auf die Qualität an der Spitze stehend *„im Zug erster Klasse fahren"*

er·stạt·ten (*erstattete, hat erstattet*) **jemandem etwas erstatten** *geschrieben* einer Person das Geld, das sie für einen Zweck ausgegeben hat, zurückzahlen *„Aufwendungen wie Fahrkosten o. Ä., die Ihnen im Zusammenhang mit Ihrer Bewerbung entstehen, werden Ihnen selbstverständlich erstattet"* • *hierzu* **Er·stạt·tung** *die*

er·staun·lich ADJEKTIV so, dass man darüber staunt *„Sie verfügt über ein erstaunliches Wissen auf diesem Gebiet"*

der/die **Ers·te** (*-n, -n*) **1** eine Person, die bei einem (sportlichen) Wettbewerb die beste Leistung erzielt hat *„beim 100--Meter-Lauf Erster werden"* **2** **der Erste (des Monats)** der erste Tag eines Monats *„Die Zahlung ist am Ersten fällig"* ⓘ *Erster; der Erste; den, dem, des Ersten*

er·stẹ·chen (*ersticht, erstach, hat erstochen*) **jemanden (mit etwas) erstechen** jemanden durch einen oder mehrere Stiche mit einem Messer o. Ä. töten

er·stẹl·len (*erstellte, hat erstellt*) **etwas erstellen** einen Text oder einen Plan fertig machen ≈ausarbeiten • *hierzu* **Er·stẹl·lung** *die*

ers·tens ADVERB (bei Aufzählungen) an erster Stelle der Reihenfolge oder im Rang *„Ich komme nicht mit. Erstens ist mir der Weg zu weit und zweitens habe ich keine Lust dazu"*

der **Erst·kläss·ler** (*-, -*) ein Kind, das (mit ca. sechs Jahren) in die erste Klasse einer Grundschule geht • *hierzu* **Erst·kläss·le·rin** *die*

er·strẹ·cken (*erstreckte sich, hat sich erstreckt*) **1** **etwas erstreckt sich (von etwas) bis zu etwas** etwas hat die genannte räumliche Größe *„Die Alpen erstrecken sich im Osten bis zur ungarischen Tiefebene"* **2** **etwas erstreckt sich über/auf etwas** (*Akkusativ*) etwas dauert die genannte Zeit *„Die medizinischen Versuche erstreckten sich über einen Zeitraum von acht Jahren"*

er·tei·len (*erteilte, hat erteilt*) **(jemandem) etwas erteilen** *geschrieben* verwendet zusammen mit einem Substantiv, um ein Verb zu umschreiben *„(jemandem) einen Befehl erteilen"* jemandem etwas befehlen | *„jemandem eine Erlaubnis erteilen"* jemandem etwas erlauben | *„jemandem Unterricht erteilen"* jemanden unterrichten

er·tö·nen (*ertönte, ist ertönt*) **etwas ertönt** etwas ist zu hören ⟨*Musik, eine Stimme, eine Melodie*⟩

er·tra·gen (*erträgt, ertrug, hat ertragen*) **etwas ertragen** etwas Unangenehmes so akzeptieren, wie es ist ⟨*Kälte, Schmerzen, eine Krankheit ertragen (müssen)*⟩

er·trạ̈n·ken (*ertränkte, hat ertränkt*) **jemanden ertränken** einen Menschen oder ein Tier so lange unter Wasser halten, bis er/es tot ist

er·trịn·ken (*ertrank, ist ertrunken*) sterben, weil man (als Folge eines Unfalls) zu lange unter Wasser gewesen ist *„Er ist beim Baden im Meer ertrunken"*

er·wạch·sen [-ks-] ADJEKTIV aufgrund des Alters kein Kind, kein Jugendlicher/keine Jugendliche mehr ≈volljährig *„Er hat zwei erwachsene Töchter"*

der/die **Er·wạch·se·ne** [-ks-]; (*-n, -n*) ein Mensch, der aufgrund des Alters kein Kind oder Jugendlicher mehr ist ⓘ *ein Erwachsener; der Erwachsene; den, dem, des Erwachsenen*

er·wäh·nen (*erwähnte, hat erwähnt*) **jemanden/etwas erwähnen** (im Zusammenhang mit einer anderen Sache) kurz von jemandem/etwas sprechen oder schreiben ⟨*jemanden/etwas lobend, namentlich erwähnen*⟩ *„Er erwähnte nur kurz, dass er einen Unfall hatte, Genaueres hat er nicht dazu gesagt"* • *hierzu* **Er·wäh·nung** *die*; **er·wäh·nens·wert** ADJEKTIV

er·wạr·ten (*erwartete, hat erwartet*) **1** **jemanden/etwas erwarten** darauf warten, dass jemand kommt oder dass etwas geschieht ⟨*jemanden/etwas sehnsüchtig, ungeduldig erwarten*⟩ *„Sie erwartete ihn an der verabredeten Stelle im Park"* **2** **etwas erwarten** etwas für sehr wahrscheinlich halten *„Ich hatte erwartet, dass die deutsche Mannschaft gegen England verliert"* **3** **(von jemandem/etwas) etwas erwarten** den Anspruch haben oder fordern, dass jemand eine Leistung bringt oder Kenntnisse hat, dass etwas geschieht o. Ä. *„Von den Bewerbern werden gute Fremdsprachenkenntnisse erwartet"*

die **Er·wạr·tung** (-, *-en*) das, was jemand von einer Person oder Sache hofft, wünscht oder verlangt ⟨*jemandes Erwartungen erfüllen, enttäuschen*⟩ *„Der neue Trainer hat die in ihn gesetzten Erwartungen voll und ganz erfüllt"* • *hierzu* **er·wạr·tungs·voll** ADJEKTIV

er·wei·tern (*erweiterte, hat erweitert*) **etwas erweitern** eine Fläche, ein Gebäude o. Ä. größer machen *„Der Flughafen hat nicht genügend Kapazität und muss erweitert werden"* • *hierzu* **Er·wei·te·rung** *die*

er·wẹr·ben (*erwirbt, erwarb, hat erworben*); *geschrieben* **etwas erwerben** wertvolle, teure Dinge kaufen *„ein Grundstück erwerben"*

er·wị·schen (*erwischte, hat erwischt*); *gesprochen* **1** **jemanden erwischen** eine Person noch erreichen, um mit ihr zu sprechen, kurz bevor sie weg ist *„Sieh zu, dass du ihn noch am Vormittag erwischst, später ist er nicht mehr da"* **2** **etwas erwischen** ein Verkehrsmittel noch erreichen, bevor es abfährt ↔ verpassen *„den Bus in letzter Sekunde noch erwischen"* **3** **etwas erwischen** etwas im letzten Augenblick greifen oder fassen können *„Ich habe die Vase gerade noch erwischt, bevor sie heruntergefallen wäre"* **4** durch Zufall oder Glück etwas bekommen *„im Bus einen Sitzplatz erwischen"* **5** **jemanden erwischen** eine Person, die etwas Verbotenes getan hat, fangen (und festnehmen) **6** **jemanden (bei etwas) erwischen** sehen oder beobachten, wie jemand etwas Verbotenes tut

er·wụ̈nscht ADJEKTIV **1** so, wie man es sich gewünscht hat *„Die wissenschaftliche Untersuchung brachte das erwünschte Resultat"* **2** so, dass ein Verhalten oder eine Person willkommen ist *„Rauchen ist hier nicht erwünscht!"* ℹ oft verneint

er·wụ̈r·gen (*erwürgte, hat erwürgt*) **jemanden (mit etwas) erwürgen** eine Person töten, indem man sie würgt

er·zäh·len (*erzählte, hat erzählt*) **1** **(jemandem) etwas erzählen**; **(etwas) erzählen** jemandem ein Erlebnis oder Ereignis (meist mündlich) auf unterhaltsame Weise mitteilen ⟨*(jemandem) eine Anekdote, eine Geschichte, ein Märchen, Witze erzählen*⟩ *„Habe ich dir eigentlich schon erzählt, wen ich gestern getroffen habe?"* **2** **(jemandem) etwas (von einer Person/Sache) erzählen**; **(jemandem) etwas (über eine Person/Sache) erzählen** jemandem eine Information über eine andere Person oder eine Sache geben ≈ mitteilen *„Sie hat uns erzählt, dass ihr Mann schwer erkrankt ist"*

der **Er·zäh·ler** (*-s, -*) eine Person, die etwas erzählt **K** Märchenerzähler • *hierzu* **Er·zäh·le·rin** *die*

die **Er·zäh·lung** (-, *-en*) das Erzählen ⟨*jemandes Erzählung lauschen, zuhören*⟩

er·zeu·gen (*erzeugte, hat erzeugt*) **1** **etwas erzeugen** bewirken, dass etwas entsteht *„Der Autor erzeugt Spannung in seinem Kriminalroman"* **2** **etwas erzeugen** Waren, Dinge in großen Mengen herstellen ⟨*landwirtschaftliche Produkte, Milch, Strom erzeugen*⟩ ≈ produzieren • *hierzu* **Er·zeu·gung** *die*

er·zie·hen (*erzog, hat erzogen*) **jemanden (zu etwas) erziehen** das Verhalten und den Charakter eines Kindes durch die Art, wie man mit ihm umgeht, beeinflussen ⟨*jemanden antiautoritär, frei, streng, zur Selbstständigkeit erziehen*⟩ *„Die Eltern haben ihren Sohn zu einem tüchtigen Menschen erzogen"*

die **Er·zie·hung** (-) **1** alle Maßnahmen

E

und Methoden, mit denen man jemanden erzieht **K** Erziehungsmethode **2** das Benehmen, das jemand als Ergebnis der Erziehung hat *„Ihr fehlt jede Erziehung"* Sie benimmt sich schlecht

er·zie·len (*erzielte, hat erzielt*) **etwas erzielen** das, was man sich zum Ziel gesetzt hat, erreichen ⟨*einen Erfolg, einen Gewinn, eine Wirkung, gute Resultate erzielen*⟩

es PRONOMEN *3. Person Singular* FÜR EINE PERSON/SACHE: **1** verwendet anstelle des Substantivs, um eine Person oder Sache zu bezeichnen, deren grammatisches Geschlecht sächlich ist *„Das Baby weint. Nimm es doch auf den Arm!"* | *„Das ist ein großes Problem. Es wird nicht leicht zu lösen sein"* ⓘ → Extras, S. 715: **Pronomen** **2** verwendet mit dem Verb *sein* anstelle von *er* oder *sie*, wenn ein Substantiv auf das Verb folgt *„Da kommt jemand! Es ist Frau Meyer"* UNPERSÖNLICH: **3** verwendet als Subjekt bei Verben, die unpersönlich konstruiert werden *„Mich juckt es überall"* | *„Es geht ihr gut"* | *„Es regnet/schneit/hagelt/donnert/blitzt"* **4** verwendet als formales Objekt in manchen Wendungen und als Bezug auf einen Teil des Gespräches oder Textes vorher *„Ich weiß es nicht"* | *„Ich halts/halt's hier nicht mehr aus"* ⓘ In der gesprochenen Sprache wird *es* oft zu *s* abgekürzt.

der **Esel** (-s, -) ein Tier mit langen Ohren und oft grauem Fell, das wie ein kleines Pferd aussieht

ess·bar ADJEKTIV ⟨*Beeren, Früchte, Pilze*⟩ so, dass man sie essen kann und dabei nicht stirbt ↔ giftig

es·sen (*isst, aß, hat gegessen*) **1** (**etwas**) **essen** Nahrung in den Mund nehmen (, kauen) und schlucken *„zwei Scheiben Brot essen"* | *„Iss nicht so hastig!"* ⓘ vergleiche **fressen** **2** (**etwas**) **essen gehen** irgendwohin gehen, um dort zu essen *„Wir gehen heute Pizza essen"* **3** **zu Mittag/zu Abend essen** die Mahlzeit am Mittag oder Abend zu sich nehmen **4** **sich satt essen** so viel essen, bis man satt ist

das **Es·sen** (-s, -) **1** der Vorgang, bei dem man Nahrung zu sich nimmt *„Essen ist lebensnotwendig"* ⓘ nicht in der Mehrzahl verwendet **2** ein Gericht, das man am Mittag oder am Abend zu sich nimmt ⟨*ein warmes, kaltes Essen; das/ein Essen kochen, machen, servieren, vorbereiten*⟩ *„Das Essen steht auf dem Tisch"* **K** Abendessen, Mittagessen **3** eine Mahlzeit mit anderen Personen zusammen oder in einem Restaurant ⟨*mit jemandem zum Essen gehen; jemanden zum Essen einladen*⟩ **4** alles, was Menschen oder Tiere essen ⟨*gesundes, eiweißreiches, schwer verdauliches Essen*⟩ ≈ Nahrung ⓘ nicht in der Mehrzahl verwendet

der **Es·sig** (-s) eine saure Flüssigkeit, mit der man z. B. Salate würzt oder Gurken konserviert ⟨*etwas in Essig einlegen; Salat mit Essig und Öl anmachen*⟩ **K** Essiggurke; Obstessig, Weinessig

der **Ess·löf·fel** der (relativ große) Löffel, mit dem man z. B. Suppe isst

die **Eta·ge** [-ʒə]; (-, -n); *geschrieben* alle Räume in einem Gebäude, die auf gleicher Höhe (über dem Erdgeschoss) liegen ⟨*die erste, zweite, dritte, unterste, oberste Etage*⟩ ≈ Stock

die **Etap·pe** (-, -n) ein Abschnitt oder Teil einer Strecke, der ohne längere Pause gefahren wird *„die dritte Etappe der Tour de France"* **K** Etappensieger

der **Etat** [e'ta:]; (-s, -s) **1** ein Plan für die Ausgaben und Einnahmen eines Staates, einer Gemeinde o. Ä. ⟨*den Etat aufstellen, beraten, erweitern/erhöhen/aufstocken, kürzen, verabschieden*⟩ *„Zusätzliche Mittel für den Hochschulbau sind im Etat nicht vorgesehen"* **2** das Geld, das ein Staat, eine Gemeinde, Behörde o. Ä. (für einen Bereich) ausgeben kann ≈ Haushalt, Budget *„Die Mittel für den Umbau der Schule muss die Stadt aus ihrem eigenen Etat aufbringen"*

etc. *geschrieben* Abkürzung für *et cetera* ≈ und so weiter

das **Eti·kett** (-(e)s, -en/-s) ein kleines Schild

an Waren mit Angaben wie Inhalt, Material, Preis oder Größe **K** Preisetikett

ẹt·wa ADVERB **1** drückt aus, dass die Angabe einer Größe, Menge, Zeit oder eines Ortes nicht genau ist, sondern ungefähr *„Hier etwa/Etwa hier ereignete sich der Unfall" | „Etwa 20 Personen werden kommen"* **2** **so etwa** drückt aus, dass ein Ablauf o. Ä. nur ungefähr beschrieben wird *„So etwa könntest du die Aufgabe lösen"* **3** **in etwa** zum größten Teil, ungefähr *„Du hast die Frage in etwa richtig beantwortet"*
PARTIKEL *unbetont* **4** drückt in Fragesätzen Sorge, Überraschung oder Entsetzen aus und die Hoffnung auf eine beruhigende Antwort *„Du bist doch nicht etwa krank?"* Ich bin besorgt um dich | *„Kommt dein Bruder etwa auch mit?"* Das ist mir aber gar nicht recht

ẹt·was *nur in dieser Form* ALS PRONOMEN: **1** verwendet als Subjekt oder Akkusativobjekt, um Dinge und Situationen zu bezeichnen, die nicht näher beschrieben werden oder nicht bekannt sind *„Ich würde ihr gern etwas schenken, aber ich weiß nicht was " | „Ich möchte noch etwas sagen"* **2** verwendet, wenn von einer bestimmten Sache die Rede ist, die erst später beschrieben wird oder später dem Hörer bekannt wird *„Da ist noch etwas: Franz hat deine Bücher zurückgebracht"* **3** drückt aus, dass eine Sache positiv und beeindruckend ist *„Unser Sohn hat es zu etwas gebracht"* Er hat Erfolg in seinem Leben | *„Er hat eine Eins im Examen geschrieben, und das will etwas heißen"* ... das ist eine tolle Leistung **4** wenn *etwas* vor einem Adjektiv steht, das wie ein Substantiv verwendet wird (z. B. *etwas Altes*), dann bezeichnet es solche Dinge oder Situationen, welche die genannte Eigenschaft haben *„Heute wollen wir etwas Neues kennenlernen"*
ANDERE VERWENDUNGEN: **5** ≈ ein bisschen, ein wenig ↔ viel *„Gibst du mir noch etwas Suppe?" | „Wir sind etwas früher als erwartet angekommen"*

euch PRONOMEN *2. Person Mehrzahl (ihr), Akkusativ und Dativ „Ich habe euch schon erwartet" | „Nehmt euch doch noch ein Stück Kuchen" | „Habt ihr euch schon kennengelernt?"* ⓘ → Extras, S. 715: **Pronomen**

eu·er ARTIKEL **1** *zur 2. Person Singular (ihr) euer* verwendet man in einer Situation, in welcher man zwei oder mehr Person mit *ihr* anspricht. Man bezeichnet damit Dinge, Zustände, Vorgänge, Handlungen oder Personen, welche mit den angesprochenen Personen in Zusammenhang sind *„Horst und Katrin, sind das eure Kinder?" | „Was macht ihr nach eurer Ankunft im Hotel?"* ⓘ *euer Haus → eure Nachbarn;* → Extras, S. 716: **Pronomen**
PRONOMEN **1** *2. Person Mehrzahl (ihr)* verwendet, um sich auf eine (oft bereits erwähnte) Sache oder Person zu beziehen, die zu den Person gehört, die man mir *ihr* anspricht *„Unsere Kinder spielen gern mit (den) euren"* ⓘ → Extras, S. 715/716: **Pronomen** **2** *2. Person Mehrzahl (ihr), Genitiv „Wir erinnern uns euer"* ⓘ → Extras, S. 715: **Pronomen**

eu·r- → euer

der **Eu·ro** (-(s), -(s)) die gemeinsame Währung einiger Staaten in Europa *„Ein Euro hat 100 Cent" | „Dieses Buch kostet 10 Euro"* **K** Eurocent ⓘ Symbol: €

(das) **Eu·ro·pa** (-s) der Kontinent, der von Portugal (im Westen) bis zum Ural (im Osten) und von Finnland (im Norden) bis Italien (im Süden) reicht **K** Mitteleuropa, Osteuropa, Südeuropa, Westeuropa

der **Eu·ro·pä·er** (-s, -) eine Person, die in Europa geboren ist und zu einer europäischen Nation gehört • *hierzu* **Eu·ro·pä·e·rin** *die*

eu·ro·pä·isch ADJEKTIV Europa betreffend

evan·ge·lisch [evaŋ'ge:-] ADJEKTIV zu der (protestantischen) Kirche oder Konfession gehörig, die durch Luthers

Reformation entstanden ist ⟨*ein Pfarrer*⟩ ⓘ Abkürzung: *ev.*

even·tu·ell [evɛn'tu̯ɛl] ADJEKTIV unter besonderen Bedingungen ≈ vielleicht „*Eventuell fahre ich diesen Sommer nach Italien*" ⓘ Abkürzung: *evtl.*

E

ewig ADJEKTIV **1** ohne Ende in der Zeit (und auch ohne Anfang) **2** für immer gültig ⟨*Wahrheiten*⟩ **3** *gesprochen* sehr lange (Zeit) „*Ich habe dich schon ewig nicht mehr gesehen*"

die **Ewig·keit** (-, -en) **1** *geschrieben* eine Dauer ohne Ende ⓘ nicht in der Mehrzahl verwendet **2** *gesprochen* eine Zeit, die viel zu lange dauert „*Wir haben uns ja seit einer Ewigkeit nicht mehr gesehen!*" **3** (im christlichen Glauben) das Leben bei Gott nach dem Tod

Ex- ['ɛks-] *im Substantiv, betont, begrenzt produktiv* **der Exkanzler, der Exminister, der Exweltmeister**; **jemandes Exfrau, Exfreund, Exmann** *und andere* drückt aus, dass eine Person die genannte Funktion oder Rolle, die genannte Beziehung zu einer Person nicht mehr hat

exakt ADJEKTIV (*exakter, exaktest-*) **1** so, dass es die Sache genau trifft ⟨*ein Ausdruck, eine Formulierung*⟩ „*Sie drückt sich sehr exakt aus*" **2** sehr gründlich ⟨*eine Arbeit, ein Arbeiter; etwas exakt ausführen, durchführen*⟩

das **Exa·men** (-s, -/*Exa·mi·na*) die Prüfung, die man am Ende eines Studiums, eines Kurses, einer Ausbildung macht ⟨*ein mündliches, schriftliches Examen; ein Examen machen, ablegen, bestehen, wiederholen; durch das Examen fallen*⟩ ≈ Abschlussprüfung **K** Staatsexamen

das **Ex·emp·lar** (-s, -e) ein einzelnes Stück oder Individuum (z. B. ein Tier, eine Pflanze, ein Buch) aus einer Gruppe oder Menge der gleichen Art ⟨*ein einzelnes, seltenes, wertvolles Exemplar*⟩ „*Diese Briefmarke existiert nur noch in wenigen Exemplaren*"

die **Exis·tenz** (-, -en) **1** die Situation, dass eine Person, ein Tier oder eine Sache (vorhanden) ist, existiert ⟨*die Existenz (einer Sache) behaupten, bestätigen, bestreiten, leugnen*⟩ „*Die Existenz von Leben auf anderen Planeten ist nicht bewiesen*" ⓘ nicht in der Mehrzahl verwendet **2** das Leben des Menschen, meist in Bezug darauf, wie es geführt wird, ob es schwierig oder leicht ist **K** Existenzangst ⓘ nicht in der Mehrzahl verwendet **3** der Beruf o. Ä. als finanzielle Lebensgrundlage ⟨*sich* (*Dativ*) *eine Existenz aufbauen*⟩ **K** Existenzgrundlage, Existenzminimum

exis·tie·ren (*existierte, hat existiert*) da sein, vorhanden sein „*Diese Bedrohung existiert nur in deiner Einbildung*"

ex·klu·si·ve [-'ziːvə] PRÄPOSITION *mit Genitiv oder Dativ* so, dass etwas nicht dabei, nicht berücksichtigt ist ≈ ohne ↔ inklusive „*Der Preis beträgt 60 Euro exklusive Porto und Verpackung*" ⓘ → Extras, S. 717: **Präpositionen**

exo·tisch ADJEKTIV aus einem fernen (meist tropischen) Land ⟨*Tiere, Pflanzen*⟩

das **Ex·pe·ri·ment** (-(e)s, -e) ein wissenschaftlicher Versuch ⟨*ein Experiment durchführen; ein Experiment glückt/gelingt, scheitert/misslingt*⟩ „*Aus einem Experiment ergab sich, dass Bienen Farben sehen können*"

der **Ex·per·te** (-n, -n) **ein Experte (für etwas/in etwas** (*Dativ*)) eine Person, die sehr viel über ein Fachgebiet weiß ↔ Laie „*ein Experte für internationale Politik*" | „*Experten auf dem Gebiet der Atomenergie*" **K** Finanzexperte, Kunstexperte, Wirtschaftsexperte ⓘ *der Experte; den, dem, des Experten* • *hierzu* **Ex·per·tin** *die*

ex·plo·die·ren (*explodierte, ist explodiert*) **1** **etwas explodiert** etwas wird mit einem lauten Geräusch oder einem Knall plötzlich zerrissen, platzt oder verbrennt ⟨*ein Gebäude, ein Haus, eine Bombe, Sprengstoff*⟩ „*Das Flugzeug explodierte in der Luft*" **2** **etwas explodiert** etwas wird in sehr kurzer Zeit sehr viel mehr oder höher ⟨*die Kosten, die Preise*⟩ „*In vielen armen Ländern ex-*

plodiert die Bevölkerungszahl" [3] *gesprochen* plötzlich sehr wütend werden

e **Ex·plo·si·on** (-, *-en*) das Explodieren z. B. einer Bombe ⟨*eine heftige, laute, schwere Explosion; eine Explosion auslösen, verursachen*⟩ [K] Explosionsgefahr; Gasexplosion

er **Ex·port** (-(*e*)*s*, *-e*) [1] die Lieferung von Waren in ein anderes Land ≈ Ausfuhr ↔ Import *„Die Wirtschaft Japans ist auf den Export angewiesen"* [K] Exportartikel [i] nicht in der Mehrzahl verwendet [2] exportierte Waren ≈ Ausfuhren ↔ Importe [K] Getreideexporte • *zu* (1) **Ex·por·teur** [-'tøːɐ̯] *der*

er **Ex·press** (*-es*) [1] ein schneller Zug, der nur an wichtigeren Orten hält [K] Intercityexpress [2] **per Express** so, dass Post sofort nach ihrer Ankunft am Zielort zum Empfänger gebracht wird [K] Expressversand

ex·tra ADJEKTIV *nur in dieser Form; gesprochen* [1] über das Übliche hinausgehend ≈ zusätzlich [2] nicht mit anderen Personen oder Sachen zusammen, sondern getrennt *„Tun Sie den Käse bitte in ein extra Papier!"*

as **Ext·ra** (*-s, -s*) Dinge, die man beim Kauf einer Ware zusätzlich wählen kann und zusätzlich bezahlen muss *„ein Auto mit vielen Extras"*

ext·rem ADJEKTIV [1] sehr weit vom normalen Maß entfernt ⟨*Armut, Hitze, Temperaturen; extrem hoch, niedrig, gefährlich, schwierig, teuer*⟩ *„In der Arktis herrscht extreme Kälte"* [K] Extremfall [2] so, dass sich jemand (oft mit Gewalt) für politische Ziele einsetzt, die sich stark von den Zielen der Mehrheit unterscheiden ⟨*Ansichten, eine Gruppierung; extrem links, rechts*⟩ ≈ radikal

F

F

das **F, f** [ɛf]; (-, *-/ gesprochen auch -s*) der sechste Buchstabe des Alphabets ⟨*ein großes F; ein kleines f*⟩

die **Fab·rik** (-, *-en*) ein industrieller Betrieb, in dem mit Maschinen Waren in großer Menge hergestellt werden ⟨*eine Fabrik gründen, leiten*⟩ *„Er arbeitet als Schlosser in einer Fabrik"* [K] Fabrikarbeiter; Papierfabrik

das **Fach** (-(*e*)*s*, *Fä·cher*) [1] ein Teil eines Behälters oder eines Möbelstücks, der durch Wände abgegrenzt ist und in dem etwas aufbewahrt wird *„eine Aktentasche mit mehreren Fächern"* [K] Wäschefach [2] ein spezielles Gebiet vor allem der (wissenschaftlichen) Lehre und Forschung, auf dem jemand arbeitet oder ausgebildet wird ⟨*ein Fach studieren, beherrschen, unterrichten*⟩ *„die Fächer Deutsch und Englisch"* [K] Fachgebiet, Fachwissen; Unterrichtsfach [ID] **vom Fach sein** Fachmann sein

die **Fach|hoch·schu·le** Ⓓ eine spezielle Art von Hochschule, in der die praktische Ausbildung der Studenten wichtiger ist als an Universitäten [i] → Extras, S. 692: **Schule und Ausbildung**

die **Fach·leu·te** *Mehrzahl* → Fachmann

der **Fach·mann** (-(*e*)*s*, *Fach·leu·te*) **ein Fachmann (für etwas)** eine Person, die ihren eigenen Beruf oder ihr eigenes Fach beherrscht ≈ Experte ↔ Laie *„Er ist (ein) Fachmann für Heizungstechnik"* [K] Heizungsfachmann • *hierzu* **Fach·frau** *die*

die **Fach|ober·schu·le** Ⓓ eine Art Gymnasium, in dem die Schüler auch praktisch ausgebildet werden

die **Fa·ckel** (-, *-n*) ein Stab (aus Holz), der am oberen Ende eine Schicht hat, die hell brennt ⟨*eine Fackel anzünden, lö-*

schen⟩

der **Fa·den** (-*s*, *Fä·den*) ein Stück Garn oder Schnur (meist aus Baumwolle oder Wolle), das z. B. zum Nähen verwendet wird ⟨*einen Faden einfädeln, auf die Nadel fädeln, verknoten, vernähen, abschneiden; ein Faden reißt*⟩ **K** Nähfaden, Baumwollfaden ⓘ → Abb. unter **Schnur** **ID** **der rote Faden** ein Gedanke oder ein Motiv, die z. B. in einem Buch oder einem Film immer wiederkehren und einen inhaltlichen Zusammenhang herstellen

das **Fa·gott** (-(*e*)*s*, -*e*) ein Blasinstrument aus Holz in der Form eines langen Rohres, das sehr tiefe Töne erzeugt ⓘ → Abb. unter **Fagott**

fä·hig ['fɛːɪç] *ADJEKTIV* **1** **zu etwas fähig sein** (aufgrund körperlicher oder intellektueller Voraussetzungen) etwas tun können *„Sie war vor Schreck nicht fähig, ein vernünftiges Wort zu sagen"* **2** durch Begabung, Können oder Wissen für etwas sehr gut geeignet ≈ begabt *„ein außerordentlich fähiger Mitarbeiter"*

die **Fä·hig·keit** ['fɛːɪç-]; (-, -*en*) **die Fähigkeit (zu etwas)** die Eigenschaft oder das Talent, die es jemandem möglich machen, etwas zu tun *„seine handwerklichen Fähigkeiten unter Beweis stellen"* | *„Er besaß die Fähigkeit, sich einfach und verständlich auszudrücken"*

fahn·den (*fahndete, hat gefahndet*) **nach jemandem/etwas fahnden** intensiv nach einem Verbrecher oder z. B. gestohlenen Dingen suchen *„Die Polizei fahndet nach dem Dieb/nach Rauschgift"*

die **Fah·ne** (-, -*n*) ein meist rechteckiges Stück Stoff in verschiedenen Farben (mit Zeichen), das z. B. einem Land oder einem Verein als Symbol dient und an einer Stange hängt ⟨*eine Fahne hissen, auf Halbmast setzen, einholen, schwenken; eine Fahne weht, flattert im Wind*⟩ ≈ Flagge **K** Fahnenmast; Staatsfahne

die **Fahr·bahn** der Teil der Straße, der für Fahrzeuge bestimmt ist ≈ Straße *„Bei regennasser Fahrbahn geriet das Auto ins Schleudern"*

die **Fäh·re** (-, -*n*) ein Schiff, das regelmäßig über einen See oder Fluss hin- und herfährt, um Menschen und Waren zu transportieren ⟨*mit der Fähre fahren, übersetzen; die Fähre legt ab/an*⟩ *„die Fähre über den Rhein"* **K** Autofähre, Personenfähre

fah·ren (*fährt, fuhr, hat/ist gefahren*) **1** **irgendwohin fahren; (mit etwas) fahren** (*ist*) sich mit einem Fahrzeug auf ein Ziel hin bewegen ⟨*mit dem Auto, Fahrrad, Motorrad, Bus, Taxi, Zug fahren*⟩ *„im Urlaub ans Meer fahren"* | *„Fahren wir mit dem Rad oder gehen wir zu Fuß?"* **2** **irgendwie fahren** (*ist*) sich mit einem Fahrzeug, das man selbst steuert, auf die genannte Weise fortbewegen **3** **etwas fährt** (*ist*) ein Fahrzeug bewegt sich mithilfe eines Motors fort ⟨*ein Auto, ein Schiff, eine Straßenbahn, ein Zug*⟩ *„Das Auto fährt mit einer Geschwindigkeit von 100 Stundenkilometern"* **4** **etwas fährt** (*ist*) ein öffentliches Verkehrsmittel transportiert regelmäßig auf einer Strecke Personen ⟨*der Bus, die Fähre, die Straßenbahn, die U-Bahn, der Zug*⟩ *„Dieser Zug fährt nicht an Sonn- und Feiertagen"* **5** **etwas fahren** (*hat*) ein Fahrzeug selbst lenken, regelmäßig benutzen (und besitzen) *„Auto fahren lernen"* | *„Ihr neuer Freund fährt einen Porsche"* **6** **etwas fahren** (*ist*) sich mithilfe der genannten Sache (meist zum eigenen Vergnügen) fortbewegen ⟨*Achterbahn, Karussell, Rollschuh, Schlitten, Schlittschuh, Ski fahren*⟩ **7** **jemanden/etwas (mit etwas) irgendwohin fahren** (*hat*) jemanden/etwas mit einem Fahrzeug an einen Ort bringen, transportieren *„einen Schwerverletzten (mit dem Krankenwagen) ins Krankenhaus fahren"* **8** **(jemandem) durch/über etwas** (*Akkusativ*) **fahren** (*hat*) mit einer gleichmäßigen Bewegung durch/über etwas streichen *„Ich fuhr mir mit den Fingern durch die Haare"* r **Fah·rer** (-s, -) **1** eine Person, die ein Fahrzeug selbst lenkt ⟨*ein sicherer, umsichtiger, rücksichtsloser Fahrer*⟩ **K** Autofahrer, Fahrradfahrer, Motorradfahrer **2** eine Person, die beruflich ein Fahrzeug lenkt *„Der Fahrer des Präsidenten kam bei dem Anschlag ums Leben"* **K** Busfahrer, Lastwagenfahrer, Taxifahrer • *hierzu* **Fah·re·rin** *die*

e **Fahr·kar·te** wenn man mit dem Bus, mit dem Zug usw. fahren will, muss man eine Fahrkarte kaufen **K** Fahrkartenautomat, Fahrkartenschalter; Busfahrkarte, Zugfahrkarte

r **Fahr·plan** der Fahrplan bestimmt, wo und wann ein Bus, Zug o. Ä. hält. Den Fahrplan gibt es auch als Liste auf Papier, im Internet usw. ⟨*im Fahrplan nachsehen*⟩ **K** Fahrplanänderung

s **Fahr·rad** ein Fahrrad hat zwei Räder, Pedale, einen Sattel und einen Lenker ⟨(*mit dem*) *Fahrrad fahren*⟩ **K** Fahrradfahrer, Fahrradtour; Damenfahrrad, Herrenfahrrad **i** In der gesprochenen Sprache sagt man statt *Fahrrad* oft *Rad*

e **Fahr·schu·le** eine private Schule, in der man lernt, wie man Auto, Motorrad o. Ä. fährt • *hierzu* **Fahr·schü·ler** *der*

die **Fahrt** (-, *-en*) die Reise mit einem Fahrzeug (an ein Ziel) *„eine Fahrt nach Paris machen/unternehmen"* | *„Nach sechs Stunden Fahrt erreichten wir endlich Verona"* **K** Fahrtrichtung; Zugfahrt

die **Fähr·te** (-, *-n*) die Fußspuren und der Geruch eines Tieres, das gejagt wird

das **Fahr·zeug** (-(*e*)*s*, *-e*) Fahrzeuge wie Autos, Fahrräder, Züge, Boote oder Schlitten benutzen wir, um schnell und bequem an einen Ort zu kommen oder Lasten zu transportieren **K** Schienenfahrzeug, Wasserfahrzeug

fair [fɛːɐ̯] ADJEKTIV **1** so, dass die Rechte aller Personen berücksichtigt werden und niemand benachteiligt wird ⟨*ein Urteil, ein Verhalten; fair bleiben, handeln, sein*⟩ ≈ gerecht **2** so, dass die Regeln genau beachtet und keine Tricks angewendet werden (vor allem beim Sport) ⟨*ein Wettkampf; fair kämpfen, spielen*⟩

der/das **Fakt** (-(*e*)*s*, *-en*) *geschrieben* Tatsache ≈ Faktum

der **Fak·tor** (-s, *Fak·to·ren*) **1** ein Element, das zusammen mit anderen Elementen eine Wirkung oder ein Ergebnis hat *„Technische Mängel und menschliches*

FAHRRAD

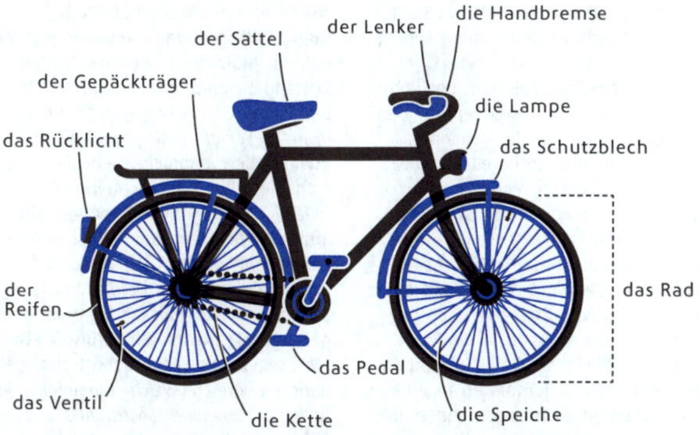

F

Versagen waren die Faktoren, die zur Katastrophe in dem Atomkraftwerk führten" **2** jede Zahl, die mit einer anderen multipliziert wird *„eine Zahl in ihre Faktoren zerlegen"*

der **Fạll** (-(e)s, *Fäl·le*) NACH UNTEN: **1** das Fallen auf den Boden ≈ Sturz *„sich bei einem Fall schwer verletzen"* ANGELEGENHEIT: **2** **ein Fall** +*Genitiv*/**von etwas**; **der Fall, dass ...** eine Situation, die eintreten kann oder die jemanden betrifft ⟨*in diesem, keinem, jedem Fall*⟩ *„Was würdest du in meinem Fall tun?"* wenn du in meiner Situation wärest **K** Notfall, Unglücksfall **3** **ein Fall** +*Genitiv*/**von etwas** ein konkretes Ereignis, das als Beispiel für eine allgemeine Lage oder eine Entwicklung gesehen wird *„Dieses Unglück ist ein typischer Fall von Unachtsamkeit"* **K** Einzelfall, Extremfall, Normalfall **4** eine Angelegenheit, die vor allem von der Polizei oder vor Gericht untersucht wird ⟨*einen Fall untersuchen, vor Gericht bringen, bearbeiten, zu den Akten legen* (= *nicht weiter bearbeiten*)⟩ **K** Kriminalfall, Mordfall KASUS: **5** die grammatische Kategorie, die bestimmt, welche Form ein Wort in einem Satz hat ≈ Kasus *„Die vier Fälle im Deutschen heißen Nominativ, Akkusativ, Dativ und Genitiv"* **ID** **auf/für alle Fälle** vorsichtshalber; **auf jeden Fall/auf alle Fälle** **a** ganz bestimmt, mit Sicherheit **b** jedenfalls; **auf keinen Fall** ganz bestimmt nicht, unter keinen Umständen; **für den Fall, dass ...** um auf die genannte, mögliche Situation vorbereitet zu sein *„Für den Fall, dass es regnet, habe ich einen Schirm dabei"*; **etwas ist (nicht) der Fall** etwas ist (nicht) so *„Es ist oft der Fall, dass zu große Hektik schadet"*

die **Fạl·le** (-, *-n*) **1** in/mit Fallen fängt man Tiere ⟨*eine Falle aufstellen; Fallen stellen, legen*⟩ *„Die Maus ist in die Falle gegangen"* **K** Mausefalle **2** **jemandem eine Falle stellen**; **jemanden in eine Falle locken** einen Trick anwenden, um eine Person zu täuschen und ihr dadurch zu schaden *„Der Prüfer hat mir mit seiner Frage eine Falle gestellt, und ich bin darauf hereingefallen"*

fạl·len (*fällt, fiel, ist gefallen*) RÄUMLICH: **1** **etwas fällt** etwas bewegt sich (aufgrund des eigenen Gewichts) nach unten (und bleibt liegen) *„Im Herbst fällt das Laub von den Bäumen"* **2** **jemand fällt** eine Person, die geht, steht oder sitzt, verliert das Gleichgewicht ≈ stürzen *„Er rutschte er aus und fiel zu Boden"* | *„Das Kind stolperte und fiel auf die Knie"* **3** **etwas fällt (von irgendwoher) irgendwohin** etwas gelangt (von irgendwoher) an die genannte Stelle ⟨*Licht, (die) Sonne, Schatten*⟩ *„Durch die Ritzen des Fensterladens fiel das Licht ins Zimmer"* IM NIVEAU, WERT: **4** **etwas fällt** etwas wird im Ausmaß oder Niveau geringer ⟨*die Temperatur, der Druck*⟩ ≈ sinken ↔ steigen *„Der Wasserspiegel des Rheins ist um einen Meter gefallen"* **5** **etwas fällt** etwas wird im Wert geringer ⟨*ein Aktienkurs, ein Preis, ein Wertpapier*⟩ ↔ steigen EREIGNIS, GESCHEHEN: **6** **etwas fällt** etwas wird ausgeführt oder durchgeführt, etwas ereignet sich ⟨*eine Entscheidung, ein Urteil, ein Beschluss*⟩ *„Das erste Tor fiel in der fünften Spielminute"* | *„Bei der Verfolgungsjagd fielen mehrere Schüsse"* wurde mehrmals geschossen **7** **jemand fällt in etwas** (*Akkusativ*) jemand kommt (plötzlich) in den genannten Zustand ⟨*jemand fällt in schwere Depressionen, in ein Koma, in Ohnmacht, in tiefen Schlaf, in Ungnade*⟩ **8** **durch etwas fallen** *gesprochen* eine Prüfung nicht bestehen ⟨*durchs Abitur, Examen fallen*⟩ ZUORDNUNG: **9** **etwas fällt auf/in etwas** (*Akkusativ*) etwas gehört zur genannten Zeit *„Der 1. Mai fällt dieses Jahr auf einen Donnerstag"* | *„In die Zeit um 1200 fällt die Blüte des Minnesangs"* **10** **etwas fällt in/unter etwas** (*Akkusativ*) eine Sache gehört zum genannten Bereich *„Welche Dinge fallen in/unter die Kategorie „Sperrmüll"?"*

fạ̈l·len (*fällte, hat gefällt*) **1** **einen**

Baum fällen (mit einer Säge oder einem Beil) einen Baum von seinen Wurzeln trennen, sodass er zu Boden fällt **2** **eine Entscheidung (über etwas** (*Akkusativ*)) **fällen** *geschrieben* beschließen, etwas zu tun oder sich für bzw. gegen eine Sache entscheiden **3** **ein Urteil (über jemanden/etwas) fällen** *geschrieben* zu einem negativen Urteil kommen *„Der Kritiker fällte ein vernichtendes Urteil über den Film"*

fal·len las·sen, fal·len·las·sen (*ließ fallen, hat fallen lassen/fallenlassen*) **etwas fallen lassen** aufhören, sich mit etwas zu beschäftigen ⟨*einen Gedanken, einen Plan, ein Projekt, ein Thema fallen lassen*⟩ ≈ aufgeben

fäl·lig ADJEKTIV **1** *admin* so, dass man etwas zu dem genannten Zeitpunkt bezahlen muss *„Die Miete ist am Ersten jeden Monats fällig"* **2** so, dass es zu einem Zeitpunkt notwendig ist oder stattfindet *„Die Reparatur des Autos war schon längst fällig"*

falls BINDEWORT mit *falls* wird eine wenig wahrscheinliche Bedingung oder Möglichkeit eingeleitet *„Falls du ihn noch treffen solltest/noch triffst, grüß ihn bitte von mir"* | *„Falls ich komme, dann nur mit dem Zug"*

r **Fall·schirm** mit einem Fallschirm sinkt man langsam zur Erde, nachdem man aus einem Flugzeug o. Ä. gesprungen ist

falsch ADJEKTIV (*falscher, falschest-*) **1** so, dass es den Tatsachen nicht entspricht, einen Irrtum oder Fehler enthält ⟨*von jemandem/etwas einen falschen Eindruck haben; etwas falsch verstehen*⟩ ↔ richtig *„Die Uhr geht falsch"* **2** so, dass es der Wahrheit nicht entspricht (in der Absicht, jemanden zu täuschen oder zu betrügen) ⟨*falsche Angaben, Versprechungen machen*⟩ *„unter falschem Namen reisen"* **3** etwas Echtes, Natürliches imitierend ⟨*Edelsteine, Zähne*⟩ ≈ künstlich ↔ echt **4** einem Original nachgebildet in der Absicht, jemanden damit zu betrügen ⟨*Banknoten, ein Pass*⟩ ≈ gefälscht ↔ echt **K** Falschgeld **5** anders als gewollt *„Ich bin versehentlich in den falschen Zug eingestiegen"* **6** mit Fehlern oder Mängeln ⟨*ein Wort falsch aussprechen, betonen, schreiben; falsch singen*⟩ ↔ richtig

fäl·schen (*fälschte, hat gefälscht*) **etwas fälschen** eine genaue Kopie einer Sache machen, um damit jemanden zu täuschen oder zu betrügen ⟨*Banknoten, Geld, eine Urkunde, ein Gemälde*⟩

F

die **Fal·te** (-, *-n*) **1** eine der Linien in der Haut, die z. B. beim Lachen entstehen und die vor allem ältere Menschen im Gesicht haben **K** Lachfalte **2** eine unregelmäßige Linie in einem Stoff, die beim Benutzen von selbst entsteht **3** eine gerade Linie, die entsteht, wenn man Papier oder Stoff knickt und mit der Hand bzw. dem Bügeleisen flach drückt *„Falten in die Hosenbeine bügeln"* **K** Bügelfalte • zu (1) **fal·tig** ADJEKTIV

FALTEN

fal·ten (*faltete, hat gefaltet*) **etwas falten** ein Stück Papier oder Stoff knicken und es mit der Hand flach drücken (und diesen Vorgang mehrmals wiederholen) ⟨*ein Handtuch, eine Serviette, ein Blatt Papier falten*⟩ ≈ zusammenlegen

die **Fa·mi·lie** [-i̯ə]; (-, *-n*) **1** die Eltern und ihr Kind oder ihre Kinder ⟨*Familie haben; eine Familie gründen*⟩ *„Wohnt hier Familie Huber?"* **K** Familienfeier, Familienfoto, Familienvater **2** alle miteinander verwandten Personen, auch diejenigen aus früheren Generationen, die schon tot sind ⟨*in eine alte, vornehme*

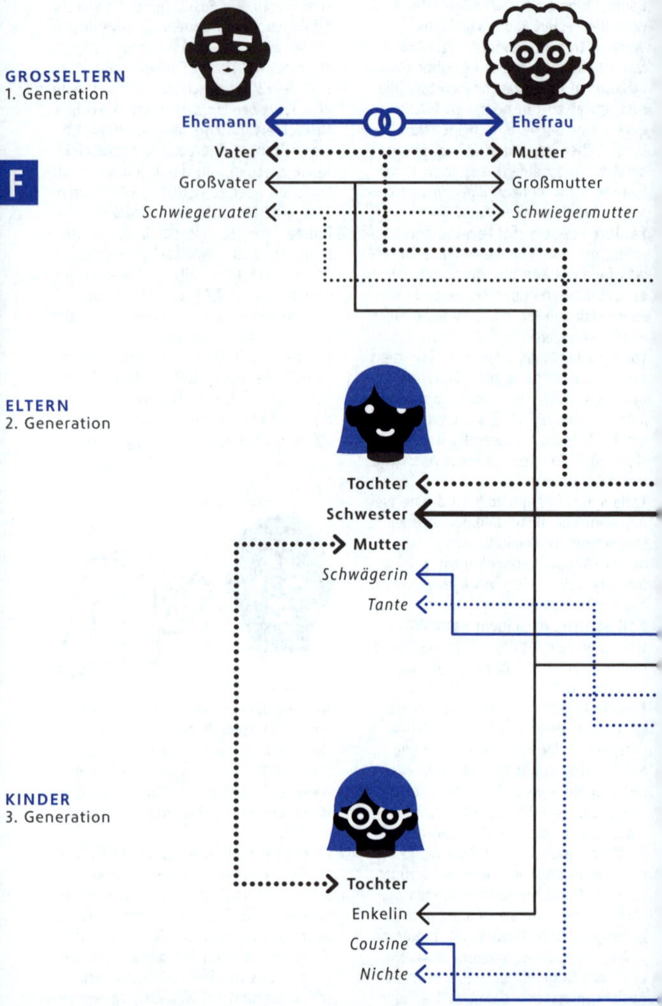
GROSSELTERN
1. Generation
Ehemann
Ehefrau
Vater
Mutter
Großvater
Großmutter
Schwiegervater
Schwiegermutter
ELTERN
2. Generation
Tochter
Schwester
Mutter
Schwägerin
Tante
KINDER
3. Generation
Tochter
Enkelin
Cousine
Nichte

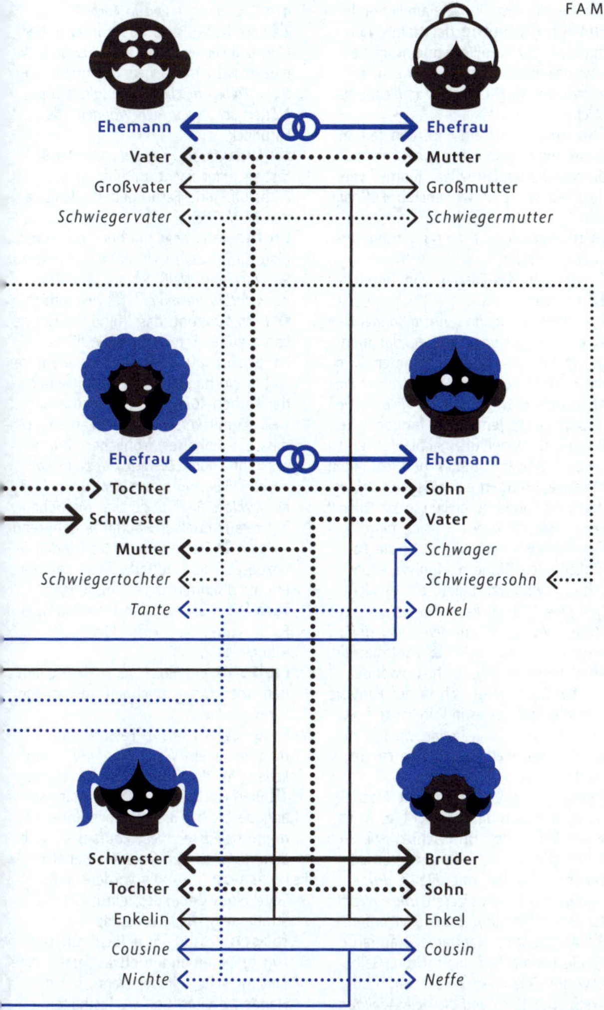
Ehemann
Ehefrau
Vater
Mutter
Großvater
Großmutter
Schwiegervater
Schwiegermutter
Ehefrau
Ehemann
Tochter
Sohn
Schwester
Vater
Mutter
Schwager
Schwiegertochter
Schwiegersohn
Tante
Onkel
Schwester
Bruder
Tochter
Sohn
Enkelin
Enkel
Cousine
Cousin
Nichte
Neffe

F

F

Familie einheiraten〉 **K** Familiengrab

der **Fa·mi·li·en·na·me** der Name, den man mit der Familie gemeinsam hat ≈ Nachname ↔ Vorname *„Er heißt mit Vornamen „Karl" und mit Familiennamen „Meier"*

der **Fan** [fɛn]; (-s, -s) **ein Fan (von jemandem/etwas)** *gesprochen* eine Person, die von jemandem/etwas (immer wieder) begeistert ist **K** Fanclub; Fußballfan

fand *Präteritum, 1. und 3. Person Singular* → finden

der **Fang** (-(e)s) das Fangen von Tieren **K** Fischfang

fan·gen (*fängt, fing, hat gefangen*) **1** **ein Tier fangen** ein Tier (das man gejagt hat) zu fassen bekommen, ihm die Freiheit nehmen *„Die Katze hat eine Maus gefangen"* | *„Hast du viele Fische gefangen?"* **2** **jemanden fangen** einer Person, die wegläuft, nachlaufen und sie zu fassen bekommen und festhalten **3** **(etwas) fangen** einen Gegenstand, der durch die Luft fliegt, greifen *„einen Ball mit beiden Händen fangen"* | *„Hier, fang!"*

die **Fan·ta·sie** (-, -n [-'ziːən]) **1** die Fähigkeit, sich Dinge, Ereignisse, Menschen usw. vorzustellen, die es nicht gibt 〈*viel, wenig, keine Fantasie haben*〉 *„Grüne Männchen auf dem Mars sind Produkte der Fantasie"* **K** Fantasiewelt **i** nicht in der Mehrzahl verwendet **2** etwas, das man sich in der Fantasie vorstellt und das es in Wirklichkeit nicht gibt 〈*etwas ist pure, reine, bloße Fantasie*〉 ↔ Realität • *zu* (1) **fan·ta·sie·voll** ADJEKTIV

die **Far·be** (-, -n) **1** die optische Erscheinung, die es möglich macht, z. B. bei einer Ampel den Unterschied zwischen den Signalen rot, gelb und grün zu sehen 〈*die gelbe, rote, blaue, grüne, braune, schwarze, weiße Farbe*〉 *„Welche Farbe hat ihr Auto? Beige oder braun?"* **K** Augenfarbe, Haarfarbe, Hautfarbe **2** die Farben Rot, Blau, Grün, Gelb usw. im Gegensatz zu Schwarz und Weiß *„Das Buch enthält viele Abbildungen. Die meisten sind in Farbe"* **K** Farbdruck, Farbfoto **i** nicht in der Mehrzahl verwendet **3** eine flüssige Substanz, mit der man einen Gegenstand anmalt 〈*Farben mischen*〉 *„Die (alte) Farbe blättert schon von den Wänden"* **K** Farbfleck

fär·ben (*färbte, hat gefärbt*) **etwas färben** einer Sache mithilfe eines Farbstoffs eine Farbe geben 〈*Wolle, einen Stoff färben*〉

far·big ADJEKTIV **1** mit den Farben Rot, Blau, Grün, Gelb usw. (im Gegensatz zu Schwarz und Weiß) ≈ bunt *„eine Zeichnung farbig ausmalen"* **K** zweifarbig **i** *Farbig* betont, dass mindestens eine Farbe außer Schwarz und Weiß vorhanden ist, *bunt* betont, dass mehrere Farben vorhanden sind. **2** mit einer der Farben 〈*Glas, Licht*〉 ↔ schwarz, weiß **3** mit verschiedenen Farben, sodass ein lebhafter, fröhlicher Eindruck entsteht ≈ bunt *„Die Masken beim Karneval in Venedig bieten dem Betrachter ein farbiges Bild"* **4** zu den Menschen mit relativ dunkler Hautfarbe gehörend ↔ weiß **i** Der Gebrauch von *farbig* in Bezug auf die Hautfarbe wird von vielen als diskriminierend empfunden.

farb·los ADJEKTIV ohne eine (kräftige) Farbe 〈*Lack, Glas; eine Flüssigkeit*〉 ≈ durchsichtig

der **Farb·stift** ein Holz- oder Filzstift, mit dem man farbig zeichnen oder malen kann ≈ Buntstift

das **Fass** (-es, *Fäs·ser*) in Fässern lagert man vor allem Wein, Bier und Chemikalien *„für das Fest ein Fass Bier kaufen"* **K** Bierfass, Weinfass **i** Als Mengenangabe bleibt *Fass* oft unverändert: *drei Fass/Fässer Wein kaufen;* → Abb. *Behälter und Gefäße* unter **Behälter**

die **Fas·sa·de** (-, -n) die vordere äußere Seite eines Gebäudes, die meist zur Straße zeigt **K** Glasfassade

fas·sen (*fasste, hat gefasst*) MIT DER HAND: **1** **jemanden/etwas fassen** eine Person/Sache mit der Hand, mit den Händen greifen und sie festhalten

↔ loslassen *„den Rettungsring mit beiden Händen fassen" | „das Messer am Griff fassen"* **2** **irgendwohin fassen** mit der Hand, mit den Händen eine Sache berühren *„an den warmen Ofen/ins Wasser fassen"* FANGEN: **3** **jemanden fassen** einen Verbrecher finden und gefangen nehmen ↔ freilassen *„Der Polizei gelang es, den Bankräuber zu fassen"* VERSTEHEN: **4** **etwas kaum/nicht fassen (können)** kaum/nicht verstehen können, warum etwas geschehen ist und auch die Folgen noch nicht beurteilen können *⟨das Glück/Unglück (noch) gar nicht fassen können⟩* RÄUMLICH: **5** **etwas fasst etwas** ein Raum hat Platz für die genannte Zahl von Menschen, bzw. ein Behälter kann die genannte Menge Flüssigkeit aufnehmen *„Das Stadion fasst 70000 Menschen" | „Der Tank fasst 3000 Liter/3 m³ Wasser"*

die **Fas·sung** (-, *-en*) **1** die Fähigkeit, Gefühle durch den Willen zu beherrschen und nicht nach außen zu zeigen *⟨die Fassung bewahren, verlieren⟩ „Er ist durch nichts aus der Fassung zu bringen"* **2** in die Fassung eines elektrischen Geräts (z. B. einer Lampe) schraubt man ein Teil hinein (z. B. eine Glühbirne), damit Strom in die Teile fließen kann *„eine Glühbirne in die Fassung schrauben"* **3** eine Art Rahmen, in dem etwas befestigt ist ≈ Einfassung **K** Brillenfassung

fast PARTIKEL **1** **fast** *+Adjektiv/Adverb* so, dass die genannte Eigenschaft oder Menge nicht ganz erreicht wird ≈ annähernd *„Der Eimer war fast voll"* **2** **fast** *+Verb* so, dass eine mögliche oder wahrscheinliche Handlung nicht eingetreten ist ≈ beinahe *„Ich wäre fast verzweifelt, wenn du mir nicht geholfen hättest"*

fas·ten (*fastete, hat gefastet*) aus religiösen Gründen weniger (und kein Fleisch) essen

fau·chen (*fauchte, hat gefaucht*) **ein Tier faucht** ein Tier macht Geräusche wie eine erschrockene oder wütende Katze *„Der Tiger fauchte, als die Zuschauer zu nahe an den Käfig kamen"*

faul ADJEKTIV (*fauler, faulst-*) **1** ohne Lust zu arbeiten oder aktiv zu sein ↔ fleißig *„faul in der Sonne liegen"* **2** voll von Bakterien und deshalb verdorben, nicht mehr brauchbar oder essbar *⟨ein Apfel, ein Ei, Fleisch, Holz, Wasser⟩* • zu (1) **Faul·heit** *die*

fau·len (*faulte, hat/ist gefault*) **etwas fault** etwas verdirbt und wird faul *⟨Obst, Gemüse; die Zähne⟩*

die **Faust** (-, *Fäus·te*) die geschlossene Hand *⟨eine Faust machen; mit der Faust drohen, auf den Tisch schlagen⟩* **K** Faustschlag

FAUST

der **Fa·vo·rit** [-v-]; (*-en, -en*) **Favorit (auf etwas** (*Akkusativ*)**)** derjenige Teilnehmer an einem Wettkampf, von welchem die meisten Leute glauben, dass er gewinnen wird *⟨klarer Favorit sein⟩* **K** Favoritenrolle; Meisterschaftsfavorit ⓘ *der Favorit; den, dem, des Favoriten* • *hierzu* **Fa·vo·ri·tin** *die*

das **Fa·zit** (*-s, -s/-e*); *geschrieben* das abschließende Urteil über eine Sache *⟨ein Fazit ziehen⟩* ≈ Schlussfolgerung *„Als Fazit der Untersuchung kann festgehalten werden, dass immer mehr Leute das Rauchen aufgeben"*

der **Feb·ru·ar** (*-s*) der zweite (und kürzeste) Monat des Jahres *⟨im Februar, Anfang, Mitte, Ende, Februar; am 1., 2., 3. Februar⟩* ⓘ Abkürzung: *Feb.*

die **Fe·der** (-, *-n*) **1** Federn bedecken den Körper eines Vogels, wärmen das Tier und machen das Fliegen möglich *⟨ein Kissen mit Federn füllen⟩* **K** Federkissen; Gänsefeder **2** ein kleiner, spitzer Gegenstand aus Metall, der am Ende eines Federhalters befestigt wird und zum Schreiben oder Zeichnen verwen-

F

det wird ⟨*die Feder in das Tintenglas eintauchen*⟩ **K** Schreibfeder **3** ein Teil aus Metall meist in Form einer Spirale, das dazu dient, einen Stoß, Druck oder Zug auszugleichen bzw. Druck oder Zug auszuüben

FEDER

die Feder (1) die Feder (3)

fe·gen (*fegte, hat/ist gefegt*) **etwas fegen** (*hat*) etwas sauber machen, indem man mit einem Besen o. Ä. den Staub und Schmutz entfernt ⟨*den Fußboden fegen*⟩

feh·len (*fehlte, hat gefehlt*) **1 etwas fehlt** etwas ist nicht (mehr) vorhanden „*An seinem Mantel fehlt ein Knopf*" **2 etwas fehlt jemandem** etwas steht einer Person nicht zur Verfügung, obwohl sie es benötigt „*Ihm fehlte das Geld, um sich ein neues Auto zu kaufen*" **3 eine Person fehlt jemandem** *gesprochen* jemand ist traurig, weil die genannte Person nicht da ist „*Komm doch bald nach Hause, du fehlst mir sehr", schrieb sie in ihrem Brief*"

der **Feh·ler** (-s, -) **1** etwas, das falsch ist (vor allem ein Irrtum oder eine Störung in einem System) ⟨*ein grober, häufiger, leichter, schwerer Fehler*⟩ „*Die Ursache des Unglücks war ein technischer Fehler*" **K** Fehlersuche; Druckfehler, Rechenfehler, Tippfehler **2** ein Verhalten oder eine Entscheidung, die der Situation oder den Umständen nicht angemessen sind „*Es war ein Fehler (von mir), ihn so anzuschreien*" **3** eine schlechte charakterliche Eigenschaft oder ein körperlicher Mangel vor allem eines Menschen „*Jeder Mensch hat seine Fehler*" **K** Sprachfehler • *zu* (1) **feh·ler·los** *ADJEKTIV*

die **Fei·er** (-, *-n*) eine festliche Veranstaltung, die z. B. wegen eines Geburtstags oder Jubiläums stattfindet ⟨*eine öffentliche, private Feier; eine Feier veranstalten*⟩ **K** Abschiedsfeier, Geburtstagsfeier, Weihnachtsfeier

der **Fei·er·abend** **1** das Ende der täglichen Arbeitszeit ⟨*Feierabend haben, machen*⟩ „*Um fünf Uhr ist in der Fabrik Feierabend*" **2** die Zeit nach der täglichen beruflichen Arbeit (meist der Abend) „*Am Feierabend liest und musiziert er immer*"

fei·er·lich *ADJEKTIV* ernst und festlich ⟨*eine Atmosphäre, eine Handlung, eine Rede, eine Stimmung, eine Umgebung, eine Zeremonie*⟩ ≈ festlich „*Es war ein feierlicher Augenblick, als man ihm den Nobelpreis überreichte*"

fei·ern (*feierte, hat gefeiert*) **1 etwas feiern** die Bedeutung eines Ereignisses dadurch ausdrücken, dass man eine Feier macht ⟨(*den*) *Geburtstag,* (*die*) *Hochzeit, Weihnachten, Abschied, Wiedersehen feiern*⟩ **2 (ein Fest) feiern** ein Fest veranstalten „*Am Samstag feiern wir*"

der **Fei·er·tag** ein Tag, an dem man nicht arbeitet, weil an diesem Tag ein wichtiges religiöses oder geschichtliches Ereignis stattfand ⟨*ein kirchlicher, ein gesetzlicher Feiertag*⟩ ↔ Werktag **K** Nationalfeiertag, Weihnachtsfeiertag

feig, **fei·ge** *ADJEKTIV* ohne Mut, ängstlich „*Er ist zu feig, um seine Meinung offen zu sagen*" • *hierzu* **Feig·heit** *die*

die **Fei·le** (-, *-n*) ein Werkzeug in Form eines Metallstabs mit vielen kleinen Zähnen oder Rillen, mit dem man die Oberflächen von Holz- und Metallstücken glatt macht

fei·len (*feilte, hat gefeilt*) **etwas feilen** etwas mit einer Feile bearbeiten ⟨*sich* (*Dativ*) *die Fingernägel feilen*⟩

fein *ADJEKTIV* **1** sehr dünn ⟨*Gewebe, Haar, eine Linie, ein Wasserstrahl*⟩ ↔ dick **2** aus sehr kleinen Teilchen (bestehend) ⟨*Mehl, Zucker, Sand; fein gemahlener Kaffee*⟩ **K** feingemahlen **3** fähig, mit den Sinnesorganen auch ganz leise Geräusche, schwache Gerüche usw. wahrzunehmen ⟨*ein Gehör, eine Nase*⟩ ≈ empfindlich **4** von sehr guter Qualität ⟨*Gebäck, Pralinen, Seife, Weine*⟩ **5** *gesprochen* verwendet, um zu sagen, dass etwas positiv oder schön ist *„Das hast du fein gemacht"* **6** **sich fein machen** *gesprochen* festliche Kleidung anziehen

Feind (-(e)s, -e) **1** eine Person, die eine andere Person hasst und versucht, ihr zu schaden ↔ Freund **2** die Menschen eines Landes bzw. die Soldaten eines Staates, mit dem das eigene Land Krieg führt ⟨*den Feind angreifen, besiegen; vor dem Feind flüchten*⟩ **K** Feindesland ⓘ nicht in der Mehrzahl verwendet • zu (1) **Fein·din** *die*

feind·lich ADJEKTIV **1** wie ein Feind und aggressiv ⟨*jemandem feindlich gesinnt sein*⟩ **2** zum militärischen Gegner gehörend ⟨*Stellungen, Truppen; ein Sender*⟩

Feld (-(e)s, -er) **1** eine relativ große abgegrenzte Fläche Land, auf der z. B. Weizen, Kartoffeln oder Rüben angebaut werden ≈ Acker **K** Feldblume, Feldmaus; Maisfeld **2** ein meist rechteckiger oder quadratischer Teil einer Fläche (z. B. auf einem Formular oder in einem Schachspiel), der dadurch entstanden ist, dass die Fläche aufgeteilt wurde *„die Felder eines Formulars ausfüllen"* **3** eine abgegrenzte, meist durch Linien markierte Fläche, die vor allem für Ballspiele genutzt wird **K** Fußballfeld, Spielfeld

Fel·ge (-, -n) der Teil eines Rades, auf dem der Reifen festgemacht ist ⓘ → Abb. unter **Auto** und **Fahrrad**

Fell (-(e)s, -e) **1** die dicht wachsenden Haare, die den Körper mancher Tiere bedecken *„einem Hund das Fell bürsten"* **2** die Haut eines Tieres mit den dichten Haaren, die darauf wachsen ⟨*einem Tier das Fell abziehen*⟩ **K** Fellmütze; Bärenfell

Fels **1** eine große und sehr harte Masse aus Stein ⓘ nur in dieser Form und nicht in der Mehrzahl verwendet **2** ≈ Felsen **K** Felsbrocken

der **Fel·sen** (-s, -) eine große Masse aus festem Gestein (z. B. an der Küste des Meeres) als Teil der Erdoberfläche ⟨*auf einen Felsen klettern*⟩ **K** Felsenküste

das **Fens·ter** (-s, -) **1** Fenster gibt es in Häusern und Fahrzeugen, damit man nach draußen sehen kann ⟨*ein Fenster öffnen, schließen; aus dem Fenster sehen; ein Fenster ist/steht offen, ist geschlossen/zu, klemmt*⟩ *„Er kurbelte das Fenster herunter und fragte einen Passanten nach dem Weg"* **K** Fensterrahmen, Fensterscheibe, Fenstersims; Autofenster, Küchenfenster **2** ein geöffnetes Programm im Computer hat ein eigenes Fenster am Monitor ⟨*ein Fenster aktivieren, anklicken, öffnen, schließen*⟩ **K** Dialogfenster

das **Fens·ter·brett** eine schmale Platte aus Holz, Metall oder Stein unter einem Fenster

der **Fens·ter·platz** ein Sitzplatz neben dem Fenster, z. B. im Bus oder Zug

die **Fe·ri·en** [-i̯ən]; *Mehrzahl* **1** der Zeitraum, in dem Institutionen (wie z. B. Schulen, Universitäten oder Ämter) geschlossen sind ⟨*Ferien haben, machen; in den Ferien sein*⟩ *„Die Ferien beginnen dieses Jahr am ersten August"* **K** Schulferien, Sommerferien **2** die Zeit, in der man verreisen kann, weil man nicht arbeiten oder in die Schule gehen muss ⟨*Ferien haben, machen; die Ferien irgendwo verbringen*⟩ ≈ Urlaub *„Ferien an der See"* **K** Ferienhaus, Ferienjob **3** **die großen Ferien** die lange Zeit im Sommer, in der man nicht zur Schule muss ≈ Sommerferien

das **Fer·kel** (-s, -) **1** ein junges Schwein **2** *gesprochen, abwertend* verwendet als Schimpfwort für eine Person, die schmutzig oder unordentlich ist *„Wasch dir mal die Hände, du Ferkel!"*

fern ADJEKTIV **1** **fern (von jemandem/etwas)** räumlich weit (vom Sprecher) entfernt, in großer Distanz ⟨*Länder*⟩ ↔ nahe *„Von fern sah man den Zug kommen"* **2** (vom Standpunkt des

F

Sprechers aus) zeitlich weit in der Zukunft oder Vergangenheit ⟨*in ferner Zukunft, Vergangenheit*⟩ *„Der Tag ist nicht mehr fern, an dem wir uns wiedersehen werden"*

die **Fern·be·die·nung** ein kleines technisches Gerät, mit dem man ein anderes Gerät, eine Maschine (z. B. einen Fernsehapparat) von einem weiter entfernten Platz aus bedienen kann

F

der **Fern·bus** ein Linienbus, der weite Strecken zu größeren Städten oder Feriengebieten fährt

die **Fer·ne** (-) eine große räumliche Distanz (von einem Standort aus gesehen) *„In der Ferne zeichnen sich die Berge am Horizont ab"*

das **Fern·glas** (*-es, Fern·glä·ser*) ein optisches Gerät (mit zwei Rohren), durch das man Menschen und Dinge in der Ferne größer sieht als mit bloßem Auge

das **Fern·rohr** ein optisches Gerät (mit einem Rohr), durch das man Dinge sieht, die sehr weit entfernt sind ≈ Teleskop

fern·se·hen (*sieht fern, sah fern, hat ferngesehen*) Sendungen im Fernsehen ansehen *„Kinder sollten nicht stundenlang fernsehen"*

das **Fern·se·hen** (-s) **1** eine Technik, mit der man über große Entfernungen Bilder und Ton übermitteln kann *„Das Fernsehen ist eine Erfindung des 20. Jahrhunderts"* **K** Fernsehantenne **2** die Institution, die das Fernsehen organisiert *„Das Fernsehen bringt ab nächster Woche eine neue Familienserie"* **K** Fernsehgebühren, Fernsehstudio **3** das Programm, das vom Fernsehen gesendet wird *„Was gibt es heute Abend im Fernsehen?"* **K** Fernsehprogramm, Fernsehsendung

der **Fern·se·her** (*-s, -*); *gesprochen* ein Gerät, mit dem man die Sendungen des Fernsehens empfangen kann ⟨*ein tragbarer Fernseher*⟩

fern·steu·ern (*steuerte fern, hat ferngesteuert*) **etwas fernsteuern** ein technisches Gerät, ein Fahrzeug o. Ä. mithilfe eines Geräts aus einiger Entfernung oder von einer Zentrale aus steuern ⟨*ein Flugzeug, einen Satelliten, eine Rakete fernsteuern*⟩ • *hierzu* **Fern·steu·e·rung** *die*

die **Fer·se** (-, *-n*) der hinterste Teil des Fußes, vor allem beim Menschen *„sich einen Dorn in die Ferse treten"* ⓘ → Abb. unter **Fuß**

fer·tig ADJEKTIV **1** ganz vorbereitet und bereit, etwas zu tun *„zur Abreise fertig sein"* | *„sich zur Abreise fertig machen"* **2** als Ganzes vollständig hergestellt *„Kommt bitte zu Tisch. Das Essen ist fertig"* **3** *gesprochen* müde und erschöpft *„Nach der Rennerei war ich völlig fertig"*

das **Fer·tig·ge·richt** ein fertig gekochtes Essen, das man im Geschäft kauft und das man nur noch warm zu machen braucht

die **Fer·tig·keit** (-, *-en*) **1** die Fähigkeit, etwas gut und rasch tun zu können ≈ Geschick *„Sie hat sich eine gewisse Fertigkeit im Malen erworben"* ⓘ nicht in der Mehrzahl verwendet **2** die Fähigkeiten und speziellen Kenntnisse, die man vor allem für einen Beruf braucht ⓘ nur in der Mehrzahl verwendet

die **Fes·sel** (-, *-n*) eine Kette, ein Riemen, ein Strick o. Ä., mit denen man jemanden fesselt

fes·seln (*fesselte, hat gefesselt*) **jemanden (an etwas** (*Akkusativ*)**) fesseln** einer Person Arme oder Beine so zusammenbinden, dass sie sich nicht mehr bewegen kann ⟨*jemanden an Händen und Füßen fesseln*⟩

fest ADJEKTIV (*fester, festest-*) **1** *ohne Steigerung* nicht flüssig oder gasförmig, sondern so, dass es die äußere Form behält ⟨*Nahrung*⟩ *„Eis ist Wasser in festem Zustand"* **2** so hart oder haltbar, dass es nicht reißt oder bricht ⟨*Gestein; ein Faden, ein Gewebe*⟩ ≈ stabil *„Für die Bergwanderung braucht man feste Schuhe"* **3** ohne (größeren) Zwischenraum, in engem Kontakt mit einem Material oder einem Körper ⟨*ein Verband, ein Knoten; etwas fest verbinden*⟩ *„Sie fror und zog die Jacke fester um ihre Schultern"* **4** mit (körperlicher) Kraft

⟨*ein Händedruck*⟩ „*vor Wut die Lippen fest aufeinanderpressen*" **5** so, dass es gleich bleibt und nicht wechselt oder sich den Umständen anpasst ⟨*ein Einkommen, ein Preis, ein Wohnsitz, ein Freundeskreis*⟩ ≈ konstant

Fẹst (-(e)s, -e) **1** eine Veranstaltung, bei der sich mehrere Personen treffen, um miteinander zu feiern und fröhlich zu sein ⟨*ein Fest veranstalten, feiern*⟩ ≈ Feier **K** Festessen, Festsaal; Familienfest, Sommerfest **2** der Tag oder die Tage, an denen ein wichtiges religiöses Ereignis gefeiert wird „*Zu Weihnachten feiern die Christen das Fest der Geburt Christi*" **K** Weihnachtsfest

fẹst·hal·ten (*hat*) **1** **jemanden/etwas (mit etwas) (an etwas** (*Dativ*)**) festhalten** jemanden/etwas meist mit den Händen greifen und halten ⟨*jemanden am Arm, Mantel festhalten; einen Hund (am Halsband) festhalten*⟩ ↔ loslassen **2** **jemanden (irgendwo) festhalten** jemanden daran hindern, einen Ort zu verlassen ↔ freilassen „*jemanden an der Grenze festhalten*" **3** **an etwas** (*Dativ*) **festhalten** sich an etwas halten ⟨*an alten Gewohnheiten festhalten*⟩ **4** **sich (an jemandem/etwas) festhalten** eine Person oder etwas ergreifen (z. B. damit man nicht stürzt) „*sich (mit den Händen) am Geländer festhalten*"

Fẹs·ti·ger (-s, -) eine Flüssigkeit, welche der Frisur Halt gibt **K** Haarfestiger

Fẹs·ti·val [-val, -vəl]; (-s, -s) eine große kulturelle Veranstaltung, die meist mehrere Tage dauert ≈ Festspiele „*ein Festival des modernen Theaters*" **K** Filmfestival, Rockfestival

Fẹst·land eine große Masse von Land, die eine Einheit bildet „*das griechische Festland und die griechischen Inseln*" ❶ nicht in der Mehrzahl verwendet

fẹst·le·gen (*hat*) **etwas festlegen** *geschrieben* (offiziell) erklären, dass etwas gilt ⟨*die Gebühren, den Preis für etwas, einen Termin, einen Zeitpunkt, die Tagesordnung festlegen*⟩

fẹst·lich ADJEKTIV **1** zu einem Fest passend ⟨*ein Essen, Kleidung*⟩ „*ein festlich geschmückter Saal*" **2** in Form einer Veranstaltung, bei der man etwas feiert ⟨*ein Empfang, eine Premiere*⟩

fẹst·ma·chen (*hat*) **etwas irgendwo festmachen** bewirken, dass etwas irgendwo fest und eng verbunden ist und dort bleibt ≈ befestigen

die **Fẹst·nah·me** (-, -n) eine Handlung (vor allem der Polizei), durch die jemand in Haft genommen wird

fẹst·neh·men (*hat*) **jemanden festnehmen** (vor allem als Polizist) jemanden (vorläufig) in Haft nehmen ≈ verhaften „*Die Polizei nahm bei der Demonstration zehn Randalierer fest*"

das **Fẹst·netz** beim Festnetz sind die Leitungen fest verlegt und führen am Ende jeweils direkt zum einzelnen Endkunden „*Kann ich dich auch übers Festnetz erreichen?*" **K** Festnetzanschluss, Festnetznummer

fẹst·ste·hen *hat/süddeutsch* Ⓐ Ⓒⓗ *ist* **etwas steht fest** etwas ist endgültig entschieden oder bekannt, ist nicht zu ändern „*Mein Entschluss steht fest*" | „*Steht schon fest, wann sie heiraten?*"

fẹst·stel·len (*hat*) **1** **etwas feststellen** (vor allem durch Nachforschen, Untersuchen, Prüfen) Informationen über etwas bekommen ≈ ermitteln „*Man hat festgestellt, dass die Schäden an den Bäumen auf die Luftverschmutzung zurückzuführen sind*" **2** **etwas (an jemandem/etwas) feststellen** etwas an jemandem bemerken oder erkennen ⟨*eine Veränderung (an jemandem/etwas) feststellen*⟩ • *hierzu* **fẹst·stell·bar** ADJEKTIV

fẹtt ADJEKTIV (*fetter, fettest-*) **1** mit viel Fett ⟨*Fleisch, Käse, Milch, Quark, Speck*⟩ ↔ mager **K** fettarm **2** *gesprochen, abwertend* mit viel Fett am Körper ≈ dick ↔ schlank **3** mit dickeren Strichen gedruckt und daher auffällig **K** Fettdruck

das **Fẹtt** (-(e)s, -e) **1** die weiße oder gelbe Schicht, die bei Menschen und Tieren direkt unter der Haut ist (und z. B. die Aufgabe hat, den Körper warm zu halten) **K** Fettgewebe ❶ nicht in der

F

Mehrzahl verwendet **2** eine (feste) Masse, die man aus dem Fett von Tieren oder Pflanzen gewinnt und die man oft beim Kochen (oder Braten) braucht *„Kartoffeln in Fett (an)braten"* **K** Pflanzenfett, Schweinefett ⓘ nicht in der Mehrzahl verwendet **3** eine feste oder flüssige Substanz, die vor allem aus den Zellen von Tieren und Pflanzen gewonnen wird (und die im Wasser nicht löslich ist) ⟨*pflanzliche, tierische Fette*⟩

fet·tig ADJEKTIV voller Fett

der **Fet·zen** (*-s, -*) ein abgerissenes kleines Stück Papier oder Stoff (mit einer unregelmäßigen Form) *„ein Blatt Papier in kleine Fetzen reißen"*

feucht ADJEKTIV (*feuchter, feuchtest-*) **1** nicht trocken und auch nicht ganz nass *„Wäsche lässt sich gut bügeln, wenn sie noch feucht ist"* **2** mit viel Wasserdampf in der Luft ⟨*Wetter, ein Klima*⟩ *„Sie verträgt die feuchte Hitze der Tropen nicht"* **K** feuchtwarm

die **Feuch·tig·keit** (*-*) **1** der Wasserdampf oder die leichte Nässe, die in der Luft enthalten sind **K** Luftfeuchtigkeit **2** die leichte Nässe, die in etwas ist ⟨*etwas gibt viel Feuchtigkeit ab; etwas saugt viel Feuchtigkeit auf*⟩ *„Durch die Feuchtigkeit der Wand bildet sich Schimmel"*

das **Feu·er** (*-s, -*) **1** Feuer gibt es, wenn Dinge (z. B. Kohle, Holz oder Öl) verbrennen und Flammen, Licht und Wärme entstehen ⟨*das Feuer brennt, erlischt; das Feuer (im Herd, im Ofen, im Kamin) anzünden, anmachen, schüren, ausgehen lassen*⟩ **K** Feuerholz; Kaminfeuer **2** ein Feuer, das Dinge zerstört und gefährlich ist ⟨*Feuer legen; ein Feuer eindämmen, löschen*⟩ ≈ Brand *„Das Feuer brach in einem Lagerhaus aus und griff rasch auf die umliegenden Häuser über"* **K** Feueralarm ⓘ nicht in der Mehrzahl verwendet **3** **jemandem Feuer geben** jemandem die Zigarette anzünden **4** **Feuer!** verwendet als Ausruf um Hilfe oder zur Warnung, wenn ein Feuer ausgebrochen ist **5** das (häufige) Schießen mit Gewehren o. Ä. ⟨*das Feuer (auf jemanden) eröffnen, einstellen*⟩ ≈ Beschuss **K** Kanonenfeuer ⓘ nicht in der Mehrzahl verwendet

der **Feu·er·lö·scher** (*-s, -*) ein Behälter aus Eisen, der Schaum enthält, mit dem man einen kleinen Brand löschen kann

der **Feu·er·mel·der** (*-s, -*) ein Gerät, mit dem man (Feueralarm geben und) die Feuerwehr rufen kann

feu·ern (*feuerte, hat gefeuert*) **auf jemanden/etwas feuern** mit einem Gewehr oder einer Pistole (mehrere Male) auf jemanden/etwas schießen

die **Feu·er·wehr** (*-, -en*) eine Gruppe von Personen, deren (berufliche) Aufgabe es ist, Brände zu löschen *„Als er den Rauch aus dem Haus aufsteigen sah, alarmierte er sofort die Feuerwehr"* **K** Feuerwehrauto, Feuerwehrleiter, Feuerwehrmann

das **Feu·er·werk** Feuerwerke sind die bunten Lichter und kleinen Explosionen am Himmel, mit denen man z. B. das neue Jahr feiert

das **Feu·er·zeug** (*-(e)s, -e*) ein kleines Gerät, mit dem man Zigaretten und Kerzen anzünden kann **K** Gasfeuerzeug

das **Fie·ber** (*-s*) die zu hohe Temperatur des Körpers, die ein Symptom für eine Krankheit ist ⟨*hohes, leichtes Fieber; Fieber bekommen, haben; Fieber messen; das Fieber fällt, steigt; mit Fieber im Bett liegen*⟩ *„Er hat 39 Grad Fieber"* **K** Fieberthermometer, fieberkrank

fiel *Präteritum, 1. und 3. Person Singular* → fallen

fies ADJEKTIV (*fieser, fiesest-*); *gesprochen, abwertend* ⟨*ein Kerl, ein Typ*⟩ ≈ böse

die **Fi·gur** (*-, -en*) **1** die äußere Erscheinung, Gestalt eines Menschen und ihre Proportionen ⟨*eine gute, schlanke, tolle Figur haben*⟩ *„Als Model muss sie sehr auf ihre Figur achten und isst daher sehr wenig"* **K** Idealfigur **2** eine Person, die in einem Roman, Film o. Ä. vorkommt **K** Romanfigur **3** die (meist künstlerisch) geformte oder gezeichnete Abbildung eines Menschen oder Tieres ⟨*eine Figur aus Holz, Porzellan, Ton*⟩ **K** Porzellanfigur **4** ein kleiner Gegenstand (meist aus Holz oder Plastik), der bei Brettspielen (wie z. B. Schach) verwendet wird ⟨*die Figuren aufstellen; mit einer Figur ziehen*⟩ **K** Schachfigur

die **Fi·li·a·le** (-, -n) **1** ein (meist kleines) Geschäft, das eine Person zusätzlich zu ihrem ersten Geschäft an einer anderen Stelle führt *„Der Bäcker gründet eine Filiale am Rand der Stadt"* **K** Filialgeschäft **2** eines von mehreren Büros oder Geschäften meist einer Bank oder einer Versicherung, die in einem anderen Teil der Stadt oder in einem anderen Ort geführt werden ⟨*eine Filiale eröffnen, leiten*⟩ **K** Filialleiter

der **Film** (-(e)s, -e) **1** Filme, die im Kino oder im Fernsehen gezeigt werden, erzählen eine Geschichte in bewegten Bildern *„Der Film läuft seit vielen Wochen im Kino"* **K** Filmkamera, Filmstar, Filmstudio; Dokumentarfilm, Liebesfilm, Zeichentrickfilm **2** eine dünne Schicht (auf der Oberfläche einer Sache), die meist als Schutz dient ⟨*ein öliger, wasserundurchlässiger Film*⟩ *„Das Sonnenöl bildet einen schützenden Film auf der Haut"* **K** Ölfilm

fil·men (*filmte, hat gefilmt*) **(jemanden/etwas) filmen** von jemandem/etwas mit einer Filmkamera Aufnahmen machen, einen Film drehen

der **Fil·ter** (-s, -) **1** ein feines Sieb, Tuch oder Papier, durch die man Flüssigkeit, Gas oder Rauch leitet, um verschiedene Stoffe voneinander zu trennen ⟨*etwas durch einen Filter gießen; einen Filter einbauen*⟩ **K** Staubfilter **2** eine Tüte, in die man Kaffee gibt, um darüber heißes Wasser zu gießen *„Gib bitte einen neuen Filter in die Kaffeemaschine!"* **K** Filtertüte

fil·tern (*filterte, hat gefiltert*) **etwas filtern** eine Flüssigkeit oder ein Gas durch einen Filter leiten, damit sie sauber werden *„verschmutzte Luft filtern"* | *„Wasser filtern, um es von Schlamm zu reinigen"*

der **Filz** (-es, -e) **1** ein weiches Material, das aus vielen feinen Tierhaaren oder Fasern zusammengepresst wird und aus dem man z. B. Hüte macht **K** Filzhut ⓘ nicht in der Mehrzahl verwendet **2** verschiedene Arten, Formen oder Farben von Filz ⓘ nur in der Mehrzahl verwendet

der **Filz·stift** ein Stift mit einer weichen Spitze aus Filz, mit dem man farbig schreiben (und malen) kann

das **Fi·na·le** (-s, -/-s) der letzte Wettkampf einer Reihe von Wettkämpfen, dessen Sieger dann einen Pokal oder einen Titel gewinnt ⟨*ins Finale kommen; im Finale stehen*⟩ ≈ Endspiel **K** Finalspiel

das **Fi·nanz·amt** das Amt, an das man die Steuern zahlt

die **Fi·nan·zen** *Mehrzahl* das Geld (vor allem die Einnahmen und Ausgaben) eines Staates, einer Institution oder einer Firma **K** Finanzministerium

fi·nan·zi·ell ADJEKTIV **1** in Bezug auf das Geld, die Finanzen ⟨*Mittel, Probleme, Reserven, Schwierigkeiten; die Situation; eine Krise*⟩ *„Er kann sich ein neues Auto derzeit finanziell nicht leisten"* **2** durch/mit Geld ⟨*Hilfe, Unterstützung; jemanden finanziell unterstützen*⟩ *„sich finanziell an einem Unternehmen beteiligen"*

fi·nan·zie·ren (*finanzierte, hat finanziert*); *geschrieben* **etwas (durch/mit etwas) finanzieren** das nötige Geld für etwas bereitstellen *„Mehrere Unternehmen finanzieren das Projekt"* • *hierzu* **Fi·nan·zie·rung** *die*

fin·den (*fand, hat gefunden*) **1 jemanden/etwas finden** (zufällig oder nach gezieltem Suchen) irgendwo eine Person/Sache sehen ≈ entdecken *„einen Geldschein (auf der Straße) finden"* | *„den richtigen Weg finden"* **2 jemanden/etwas finden** (durch eigenes Bemühen) eine Person oder Sache, die man sich gewünscht hat, für sich bekommen ⟨*eine neue Arbeitsstelle, eine Wohnung, viele Freunde finden; bei jemandem Hilfe* *finden)* **3** **etwas finden** durch Nachdenken erreichen, dass man eine Idee, eine (gute) Lösung hat *„Er konnte den Fehler in der Rechnung nicht finden"* **4** **jemanden/etwas irgendwie finden** die genannte Art von Meinung über eine Person oder Sache haben *„Ich finde unseren neuen Nachbarn sehr nett"* | *„Ich finde es kalt hier"* **5** **finden** (+*Nebensatz*) die Meinung haben, dass … ≈ meinen *„Findest du nicht auch, dass er jetzt viel älter aussieht?"* | *„Ich finde, er lügt"* **6** **irgendwohin finden** suchend an einen Ort kommen *„Wir hatten uns verlaufen, aber schließlich doch noch zurück zum Hotel gefunden"*

der **Fịn·der** (-*s*, -) eine Person, die etwas (zufällig) findet, das eine andere Person verloren hat • *hierzu* **Fịn·de·rin** *die*

fịng *Präteritum, 1. und 3. Person Singular* → fangen

der **Fịn·ger** [-ŋɐ]; (-*s*, -) **1** eines der fünf Glieder an der Hand des Menschen oder des Affen, mit denen er greift ⟨*mit den Fingern schnipsen*⟩ *„einen goldenen Ring am Finger tragen"* **K** Fingernagel, Fingerspitze ⓘ Die fünf Finger heißen *Daumen, Zeigefinger, Mittelfinger, Ringfinger, kleiner Finger*; → Abb. unter **Hand**; zu *Fingernagel* → Abb. unter **Nagel** **2** **der kleine Finger** der kürzeste und schmalste Finger der Hand

der **Fịn·ger·ab·druck** **1** das Muster von Linien auf der Haut der Finger(kuppen) **2** **jemandes Fingerabdrücke abnehmen** (bei der Polizei) jemandes Fingerkuppen zuerst in Tinte und dann auf ein Stück Papier drücken

die **Fịr·ma** (-, *Fir·men*) Firmen produzieren Waren, handeln mit Waren oder bieten Dienste an ≈ Unternehmen **K** Baufirma, Beratungsfirma

der **Fịsch** (-(*e*)*s*, -*e*) **1** ein Tier, das eine meist längliche Form hat, im Wasser lebt und mit Flossen schwimmt ⟨*einen Fisch angeln, fangen*⟩ *„Fische haben Schuppen und atmen durch Kiemen"* **K** Fischhändler, Fischschuppe; Meeresfisch ⓘ → Abb. unter **Tier** **2** der Fisch als Speise ⟨*gebackener, gebratener, geräucherter Fisch*⟩ *„Fisch ist reich an Eiweiß"* **K** Fischfilet ⓘ nicht in der Mehrzahl verwendet

fị·schen (*fischte, hat gefischt*) **(etwas) fischen** versuchen, mit einer Angel oder mit einem Netz Fische usw. zu fangen *„Heringe fischen"* | *„Jeden Tag fährt er zum Fischen aufs Meer"*

der **Fị·scher** (-*s*, -) eine Person, die (vor allem beruflich) Fische fängt **K** Fischerboot, Fischerdorf, Fischernetz

fịt *ADJEKTIV* (durch sportliches Training) bei guter Gesundheit *„Er hält sich durch Gymnastik und Dauerläufe fit"*

flạch *ADJEKTIV* (*flacher, flach(e)st-*) **1** ohne (auffällige) Erhebung oder Vertiefung ⟨*ein Gebiet, ein Land, ein Brett; sich flach* (= *ausgestreckt*) *auf den Boden legen*⟩ ≈ eben **2** nicht sehr hoch ⟨*ein Bau, ein Gebäude, Schuhe*⟩ ≈ niedrig ↔ hoch *„Schuhe mit flachen Absätzen"* **K** Flachbau **3** so, dass es sich nur ganz wenig nach unten erstreckt, nur geringe Tiefe hat ⟨*eine Schüssel, ein Teller, ein Gewässer, ein Flussbett*⟩ ≈ niedrig

die **Flạ̈·che** (-, -*n*) **1** ein ebenes Gebiet mit einer begrenzten Länge und Breite *„Vor dem Supermarkt kann man auf einer großen Fläche parken"* **K** Eisfläche, Tanzfläche, Wasserfläche **2** verwendet, um die Größe von geometrischen Formen zu berechnen die keinen Raum nach oben oder unten haben *„Die Fläche des Kreises beträgt 20 cm^2"* **K** Flächeninhalt; Kreisfläche

der **Flạ·den** (-*s*, -) ein Kuchen oder Brot, die sehr flach sind **K** Fladenbrot

die **Flạg·ge** (-, -*n*) eine kleine Fahne z. B. am Mast eines Schiffes

die **Flạm·me** (-, -*n*) der obere (bläulich oder gelblich brennende) Teil des Feuers, der sich bewegt ⟨*eine helle, schwache, starke Flamme*⟩ *„Flammen schlugen aus dem Dach des brennenden Hauses"* **K** Gasflamme, Kerzenflamme

die **Flạ·sche** (-, -*n*) **1** viele Getränke werden in Flaschen aus Glas oder Plastik verkauft ⟨*eine schlanke, bauchige Flasche*⟩ *„Bier in Flaschen abfüllen“* | *„eine Flasche Wein aufmachen/entkorken“* **K** Flaschenbier, Flaschenpfand; Bierflasche, Weinflasche ⓘ → Abb. *Behälter und Gefäße* unter **Behälter** **2** eine Flasche mit einem Sauger für Babys bzw. die Nahrung in solch einer Flasche ⟨*einem Kind die Flasche geben*⟩ **K** Babyflasche

flau ADJEKTIV (*flauer, flau(e)st-*) **jemandem ist flau** *gesprochen* eine Person fühlt sich nicht wohl, weil ihr ein wenig übel oder schwindlig ist

flech·ten (*flicht, flocht, hat geflochten*) **etwas flechten** drei oder mehr Stränge z. B. von Haar, Wolle oder Stroh so über- und untereinanderlegen, dass ein Band oder ein Zopf entsteht

FLECHTEN

er **Fleck** (-*(e)s*, -*e*) **1** eine schmutzige Stelle, vor allem aus Stoff *„sich mit Farbe Flecke auf das neue Hemd machen“* **K** Blutfleck, Fettfleck **2** *gesprochen* eine Stelle, ein Punkt ⟨*sich nicht vom Fleck rühren*⟩ *„Die Handbremse klemmt. Ich kriege den Wagen nicht vom Fleck“* ich kann den Wagen nicht bewegen **3** *gesprochen* eine kleine Fläche in einer Landschaft, einem Gebiet ⟨*ein schöner, herrlicher, stiller Fleck*⟩ ⓘ meist in Verbindung mit positiven Adjektiven und oft auch in der verkleinerten Form *Fleckchen*

s **Fleisch** (-*(e)s*) **1** die weiche Substanz am Körper von Menschen und Tieren, die unter der Haut liegt und die Knochen umhüllt (vor allem die Muskeln) *„Der Löwe riss ein großes Stück Fleisch aus dem Körper der Antilope“* **2** Teile des Fleisches von Tieren, die man z. B. gekocht oder gebraten isst ⟨*fettes, frisches, mageres, rohes, zähes, gebratenes, geräuchertes Fleisch*⟩ **K** Hühnerfleisch, Rindfleisch, Schweinefleisch **3** die weichen Teile von Früchten und manchen Gemüsearten, die man isst *„das saftige Fleisch der Tomaten“* **K** Fruchtfleisch

die **Fleisch·brü·he** eine klare Suppe, die durch Kochen von Fleisch und Knochen entsteht

der **Flei·scher** (-*s*, -) eine Person, die beruflich schlachtet, Fleisch verkauft, Wurst macht ≈ Metzger

der **Fleiß** (-*es*) die konzentrierte und intensive Arbeit und Beschäftigung mit etwas *„Der Schüler zeigt wenig Fleiß beim Lernen“*

flei·ßig ADJEKTIV mit Fleiß und Ausdauer, mit viel Arbeit ⟨*ein Handwerker, eine Hausfrau, ein Schüler, Ameisen, Bienen*⟩ ↔ faul

fle·xi·bel ADJEKTIV (*flexibler, flexibelst-*) **1** so weich, dass man die Form verändern kann, ohne dass es dabei kaputt geht ⟨*(ein) Material, ein Rohr, eine Stange*⟩ **2** in der Lage oder geeignet, sich veränderten Bedingungen anzupassen ⟨*eine Haltung, eine Planung; flexibel reagieren*⟩ *„den Tagesablauf flexibel gestalten“* ⓘ *flexibel → eine flexible Haltung* • *hierzu* **Fle·xi·bi·li·tät** *die*

der **Fle·xi·ta·ri·er** [flɛksiˈtaːri̯ɐ]; (-*s*, -) Flexitarier ernähren sich hauptsächlich, aber nicht ausschließlich fleischlos • *hierzu* **fle·xi·ta·risch** ADJEKTIV; **Fle·xi·ta·ri·e·rin** [flɛksiˈtaːri̯ərɪn] *die*

flicht *Präsens, 3. Person Singular* → flechten

fli·cken (*flickte, hat geflickt*) **(etwas) flicken** etwas (meist einen Gegenstand aus Stoff), das ein Loch hat oder zerrissen ist, (mit einem Flicken) ausbessern/reparieren ⟨*eine zerrissene Hose, einen Fahrradschlauch, ein Fischernetz, ein Segel flicken*⟩

die **Flie·ge** (-, -*n*) **1** Fliegen sind Insekten, die sich gern auf Lebensmittel und Kot setzen *„eine lästige Fliege fangen“* **K** Fliegengitter **i** → Abb. unter **Insekt** **2** eine kleine Krawatte in Form einer Schleife, die Männer zu sehr eleganten Anzügen tragen

flie·gen (*flog, hat/ist geflogen*) **1 ein Tier fliegt** (*ist*) ein Vogel, ein Insekt o. Ä. bewegt sich mit Flügeln aus eigener Kraft durch die Luft *„Der Schmetterling fliegt von Blüte zu Blüte“* **2 etwas fliegt** (*ist*) etwas bewegt sich mit technischer Hilfe durch die Luft ⟨*ein Flugzeug, ein Hubschrauber, ein Raumschiff*⟩ *„Die Rakete fliegt zum Mond“* **3 (irgendwohin) fliegen** (*ist*) (als Pilot oder als Passagier) mit einem Flugzeug an einen Ort reisen *„Fährst du mit dem Zug nach Paris?“ – „Nein, ich fliege“* **4 etwas fliegt irgendwo(hin)** (*ist*) etwas wird durch eine von außen wirkende Kraft (wie z. B. Wind) durch die Luft bewegt *„Der Ball flog durchs Fenster“* wurde von jemandem durchs Fenster geworfen **5** *gesprochen* (meist wegen falschem Verhalten) den Job verlieren oder aus der Schule entlassen werden

der **Flie·ger** (-*s*, -); *gesprochen* **1** ≈ Flugzeug *„Flieger aus Papier basteln“* **K** Papierflieger **2** ≈ Pilot *„Er ist Flieger bei der Luftwaffe“*

flie·hen ['fliːən] (*floh, ist geflohen*) **(aus etwas, vor jemandem/etwas) (irgendwohin) fliehen** (aus Angst oder um einen sicheren Platz zu suchen) schnell und meist heimlich einen Ort verlassen ⟨*vor den Feinden, dem Unwetter fliehen; über die Grenze, ins Ausland fliehen*⟩ ≈ flüchten *„Der Verbrecher ist aus dem Gefängnis geflohen“* | *„Viele Menschen mussten vor dem Krieg fliehen“*

die **Flie·se** (-, -*n*) im Bad sind Boden und Wände mit Fliesen bedeckt, die man leicht reinigen kann

das **Fließ·band** in Fabriken werden einzelne Teile usw. auf Fließbändern durch die Hallen bewegt und zusammengebaut oder bearbeitet ⟨*am Fließband arbeiten, stehen; etwas am Fließband herstellen*⟩ *„Heute rollt der tausendste Traktor vom Fließband“*

flie·ßen (*floss, ist geflossen*) **1 etwas fließt (irgendwohin)** eine Flüssigkeit (z. B. das Wasser in einem Fluss) bewegt sich irgendwohin *„Die Donau fließt ins Schwarze Meer“* **2 etwas fließt** etwas bewegt sich gleichmäßig und ohne Unterbrechung fort ⟨*der Verkehr, der elektrische Strom*⟩

flie·ßend ADJEKTIV ohne Mühe und ohne eine Pause ≈ flüssig *„fließend französisch sprechen“* | *„fließend lesen“*

flocht *Präteritum, 1. und 3. Person Singular* → flechten

die **Flo·cke** (-, -*n*) **1** ein kleines Stück einer weichen, lockeren Masse (wie z. B. Schnee, Schaum, Wolle oder Watte) *„Der Schnee wirbelte in dicken Flocken herab“* **K** Schneeflocke **2** ein Getreidekorn, das so bearbeitet wurde, dass es wie ein kleines, dünnes Plättchen aussieht *„Getreide zu Flocken verarbeiten“* **K** Haferflocke

flog *Präteritum, 1. und 3. Person Singular* → fliegen

floh *Präteritum, 1. und 3. Person Singular* → fliehen

der **Floh** [floː]; (-*(e)s, Flö·he*) ein sehr kleines Insekt ohne Flügel, das hoch und weit springt und als Parasit auf Tieren lebt *„Der Hund hat Flöhe“*

der **Floh·markt** ein Markt, auf dem meist kleine oder bereits gebrauchte Gegenstände verkauft werden

floss *Präteritum, 3. Person Singular* → fließen

das **Floß** (-*es, Flö·ße*) ein einfaches Wasserfahrzeug aus großen Holzteilen (z. B. Baumstämmen), die miteinander zu einer ebenen Fläche zusammengebunden sind

die **Flos·se** (-, -*n*) Fische o. Ä. bewegen ihre Flossen, um zu schwimmen **K** Schwanzflosse **i** → Abb. unter **Tier**

die **Flö·te** (-, -*n*) ein Musikinstrument aus Holz oder Metall in Form eines Rohrs, auf dem man bläst ⟨*Flöte spielen*⟩

flott ADJEKTIV (*flotter, flottest-*) *gesprochen* mit relativ hoher Geschwindigkeit ⟨*eine Bedienung, ein Tempo*⟩ ≈ rasch, schnell

„Der Bau (des Hauses) geht flott voran"

er **Fluch** (-(e)s, *Flü·che*) **1** **ein Fluch (über jemanden/etwas)** ein Wort oder Worte, das/die man in großer Wut oder in großem Hass spontan sagt **2** **ein Fluch (gegen jemanden)** (magische) Worte, mit denen man jemandem etwas Böses wünscht

flu·chen (*fluchte, hat geflucht*) **(etwas) fluchen** böse Worte, Flüche aussprechen *„Verdammt", fluchte er"*

ie **Flucht** (-, *-en*) **die Flucht (aus etwas, vor jemandem/etwas)**; **die Flucht (irgendwohin)** das Fliehen ⟨*auf der Flucht (vor jemandem) sein; jemandem zur Flucht verhelfen*⟩ *„die Flucht aus dem Gefängnis"* **K** Fluchtauto, Fluchtversuch **ID** **die Flucht ergreifen** fliehen

flüch·ten (*flüchtete, hat/ist geflüchtet*) **(aus etwas) (irgendwohin) flüchten**; **(vor jemandem/etwas) (irgendwohin) flüchten** (*ist*) einen Ort sehr schnell verlassen, weil plötzlich eine akute Gefahr droht *„Als das Feuer ausbrach, flüchteten die Hotelgäste auf das Dach"*

er **Flücht·ling** (-s, *-e*) eine Person, die (z. B. wegen eines Krieges) ein Land, die Heimat verlässt bzw. verlassen muss *„einem Flüchtling Asyl gewähren"* **K** Flüchtlingslager

er **Flug** (-(e)s, *Flü·ge*) **1** die Fortbewegung des Vogels in der Luft *„den ruhigen Flug des Adlers beobachten"* **i** nicht in der Mehrzahl verwendet **2** die schnelle Bewegung eines Flugzeugs o. Ä. *„den Flug der Rakete auf den Radarschirmen verfolgen"* **K** Flughöhe, Flugzeit; Weltraumflug **i** nicht in der Mehrzahl verwendet **3** eine Reise durch die Luft (im Flugzeug) ⟨*einen angenehmen, (un)ruhigen Flug haben; einen Flug buchen*⟩ *„Wegen des dichten Nebels mussten alle Flüge von und nach London gestrichen werden"* **K** Fluggast, Flugkapitän, Flugpreis, Flugticket

er **Flug·be·glei·ter** jemand, der sich beruflich in Flugzeugen um die Passagiere kümmert • *hierzu* **Flug·be·glei·te·rin** *die*

der **Flü·gel** (-s, -) VON VÖGELN, FLUGZEUGEN: **1** Vögel und viele Insekten haben Flügel, mit denen sie fliegen können ⟨*ein Vogel schlägt mit den Flügeln*⟩ **K** Schmetterlingsflügel **2** eine der zwei Flächen, mit deren Hilfe Flugzeuge fliegen ≈ Tragfläche VON GEBÄUDEN, FENSTERN, GERÄTEN: **3** der linke oder der rechte Teil einer symmetrischen Sache *„die Flügel eines Altars/eines Fensters"* | *„der linke/rechte Flügel der Lunge"* **K** Flügeltür; Fensterflügel, Lungenflügel **4** Ventilatoren, Windmühlen usw. haben viele Flügel, die sich im Kreis drehen **K** Windmühlenflügel **5** der seitliche Teil eines großen Gebäudes *„Im östlichen Flügel des Krankenhauses ist die Chirurgie untergebracht"* **K** Seitenflügel MUSIKINSTRUMENT: **6** ein großes Klavier, dessen Deckel man öffnen kann **K** Konzertflügel

FLÜGEL

F

die **Flug·ge·sell·schaft** eine Firma, die gegen Bezahlung Personen oder Fracht befördert

der **Flug·ha·fen** ein großes Gelände, auf dem Flugzeuge starten und landen **K** Flughafengebäude, Flughafengebühr, Flughafengelände

der **Flug·lot·se** eine Person, die (über Funk) das Starten und Landen der Flugzeuge vom Boden aus steuert • *hierzu* **Flug·lot·sin** *die*

das **Flug·zeug** (-(e)s, -e) Flugzeuge transportieren Personen und Dinge durch die Luft ⟨*ein Flugzeug startet, hebt ab, fliegt irgendwohin, landet, stürzt ab*⟩ *„An Bord des Flugzeugs befinden sich 200 Passagiere"* **K** Flugzeugabsturz, Flugzeugentführung, Flugzeugunglück; Passagierflugzeug; Düsenflugzeug, Segelflugzeug

der **Flur** (-(e)s, -e) ein meist langer, schmaler Raum im Innern einer Wohnung, eines Gebäudes, von dem aus man in die einzelnen Zimmer geht ≈ Gang

der **Fluss** (-es, *Flüs·se*) **1** in Flüssen fließt relativ viel Wasser auf einem langen, natürlichen Weg durchs Land ⟨*ein breiter, tiefer, reißender Fluss; der Lauf, die Mündung, die Quelle eines Flusses; ein Fluss fließt/mündet ins Meer, in einen See*⟩ *„Der Fluss trat über die Ufer und überschwemmte das Land"* **K** Flussufer; Gebirgsfluss **2** *geschrieben* der gleichmäßige Ablauf einer Bewegung oder eines Vorgangs ohne Unterbrechungen ⟨*der Fluss der Arbeit, der Ereignisse, einer Rede*⟩ **K** Gedankenfluss, Verkehrsfluss ⓘ nicht in der Mehrzahl verwendet

flüs·sig ADJEKTIV so, dass es fließen kann *„Wachs wird flüssig, wenn man es erwärmt"*

die **Flüs·sig·keit** (-, -en) **1** Wasser, Milch, Blut usw. sind Flüssigkeiten **K** Bremsflüssigkeit **2** alle (flüssigen) Substanzen, die man trinkt, weil sie der Körper braucht *„Bei Fieber soll man viel Flüssigkeit zu sich nehmen"* ⓘ ohne Artikel und nicht in der Mehrzahl verwendet

flüs·tern (*flüsterte, hat geflüstert*) **(etwas) flüstern** sehr leise sprechen, etwas sehr leise sagen ⟨*jemandem etwas ins Ohr flüstern*⟩

die **Flut** (-, -en) **1** das Steigen des Wassers (Wasserspiegels) im Meer, das durch die Anziehungskraft des Mondes bewirkt wird ⟨*die Flut kommt*⟩ ↔ Ebbe *„Das Schiff lief mit der Flut aus"* ⓘ nicht in der Mehrzahl verwendet **2** *geschrieben* große Mengen von Wasser (die in Bewegung sind) ⟨*aufgewühlte, tosende Fluten*⟩ *„Viele Menschen ertranken in den Fluten des Hochwassers"* **K** Wasserflut

das **Foh·len** (-s, -) ein junges Pferd

der **Föhn** (-(e)s, -e) **1** ein elektrisches Gerät, mit dem man sich die Haare trocknet **2** ein warmer Südwind, der auf der nördlichen Seite der Alpen auftritt **K** Föhnwetter ⓘ nicht in der Mehrzahl verwendet

föh·nen (*föhnte, hat geföhnt*) **jemanden föhnen** die Haare einer Person (oder die eigenen) mit einem Föhn trocknen

die **Fol·ge** (-, -n) **1** **eine Folge** (+*Genitiv*/**von etwas**) etwas, das sich nach und aufgrund einer Handlung, eines Geschehens ereignet ⟨(*etwas hat*) *böse, schlimme, unangenehme, verheerende Folgen*⟩ *„Sie starb an den Folgen des Autounfalls"* **2** eine Reihe von Dingen, die in zeitlich (relativ) kurzen Abständen nacheinander kommen *„Die Autos auf der Autobahn fuhren in dichter Folge"* **3** eines von mehreren Teilen eines Ganzen, einer Serie, die in festen Abständen nacheinander kommen (z. B. eine Episode einer Fernsehserie) *„Die nächste Folge des dreiteiligen Kriminalfilms sehen Sie am kommenden Montag"*

fol·gen[1] (*folgte, ist gefolgt*) **1** **jemandem/etwas folgen** sich hinter jemandem/etwas her in derselben Richtung bewegen *„Der Hund folgte der Blutspur im Schnee"* **2** **einer Sache** (*Dativ*) **folgen** sich nach etwas richten, einer Sache entsprechend handeln ⟨*jemandes*

Rat, Anordnungen, Befehlen folgen〉 **3** **etwas folgt (auf) etwas** (*Dativ*) etwas kommt in der Reihenfolge oder ereignet sich zeitlich nach etwas *„Auf Regen folgt Sonnenschein“* | *„im folgenden Jahr“*

fọl·gen² (*folgte, hat gefolgt*) **ein Kind/Tier folgt (jemandem)** *gesprochen* ein Kind/ein Hund o. Ä. tut das, was die Eltern/Besitzer sagen ≈ gehorchen *„Der Hund folgt mir aufs Wort“* gehorcht immer sofort

fọl·gend ADJEKTIV verwendet, um sich auf Personen/Sachen zu beziehen, die (in einer Liste) genannt werden *„Folgende Schüler haben die Prüfung bestanden: ...“*

fọlg·lich ADVERB als Konsequenz oder Ergebnis einer Sache ≈ deshalb *„Die Firma machte Bankrott, folglich mussten alle Mitarbeiter entlassen werden/alle Mitarbeiter mussten folglich entlassen werden“*

die **Fo·lie** [-li̯ə]; (-, -*n*) ein sehr dünnes Material (meist aus Kunststoff oder Metall), mit dem man Gegenstände (z. B. Lebensmittel) verpackt, abdeckt oder isoliert

die **Fọl·ter** (-) der Vorgang, wenn jemand gefoltert wird *„Er ist bei der Folter gestorben“* **K** Folterinstrument **i** nicht in der Mehrzahl verwendet

fọl·tern (*folterte, hat gefoltert*) **jemanden foltern** einer Person körperliche Schmerzen zufügen (vor allem, um sie zu einem Geständnis oder zu einer Aussage zu zwingen)

der **Fö̱n®** (-(*e*)*s*, -*e*) ein elektrisches Gerät, mit dem man sich die Haare trocknet

der **Fonds** [fõː]; (- [fõː(s)], - [fõːs]) **1** Geld, das als Vorrat für einen Zweck bestimmt ist 〈*einen Fonds einrichten*〉 **K** Hilfsfonds **2** eine Art, Geld anzulegen; man zahlt Geld in den Fonds, mit dem eine Gesellschaft Aktien, Immobilien usw. kauft, um Gewinne zu machen **K** Immobilienfonds

fọr·dern (*forderte, hat gefordert*) **(von jemandem/etwas) etwas fordern** einer Person oder Institution (energisch und nachdrücklich) sagen, dass man etwas von ihr will ≈ verlangen *„Die Entführer forderten von den Eltern/der Regierung ein hohes Lösegeld“*

fọ̈r·dern (*förderte, hat gefördert*) **1** **jemanden/etwas fördern** eine Person oder Sache so unterstützen (z. B. durch persönliches Engagement oder finanzielle Mittel), dass sie sich gut weiterentwickelt *„junge Künstler/die Wissenschaft fördern“* **2** **etwas fördern** Kohle, Öl, Erz o. Ä. in großer Menge aus der Erde holen, um sie wirtschaftlich zu nutzen **K** Förderanlage, Fördermenge

die **Fọr·de·rung** (-, -*en*) **eine Forderung (an jemanden); eine Forderung (nach etwas)** das, was von jemandem verlangt, gefordert wird 〈*eine berechtigte, maßlose, unannehmbare Forderung; eine Forderung erfüllen; auf einer Forderung bestehen*〉 *„Die Arbeitgeber lehnten die Forderung der Gewerkschaften nach mehr Lohn ab“*

die **Fọ̈r·de·rung** (-) **1** eine meist finanzielle Hilfe von Firmen, reichen Personen, Stiftungen oder vom Staat 〈*die Föderung von Ausbildung, Engagement, Krankenhäusern, Kindergärten, Kunst, Künstlern, Kunst, Museen, Schülern, sozialen Einrichtungen, Studenten*〉 ≈ Unterstützung *„die Förderung begabter Schüler durch eine Stiftung“* **K** Ausbildungsförderung **2** der Vorgang, etwas mit Maschinen in großer Menge aus der Erde zu holen 〈*die Förderung von Rohstoffen*〉 **K** Kohleförderung

die **Fo·rẹl·le** (-, -*n*) ein (mittelgroßer) Fisch, der vor allem in kalten Bächen und in kleineren Gewässern lebt und der gut schmeckt

die **Fọrm** (-, -*en*) GESTALT, ZUSTAND: **1** die äußere plastische Gestalt, in der ein Gegenstand erscheint, vor allem in Hinsicht auf die Linien, die ihn begrenzen ≈ Gestalt *„Die Erde hat die Form einer Kugel“* **K** Eiform, Würfelform **2** **in Form** (+*Genitiv*/**von etwas**) in dem Zustand, in dem etwas erscheint oder vorhanden ist *„Niederschläge in Form*

F

von Regen/Schnee/Hagel" VON PERSONEN: **3** die körperliche oder geistige Verfassung und Leistung, die verlangt wird ⟨*gut, schlecht in Form sein; (nicht) in Form sein*⟩ **K** Bestform, Höchstform **i** nicht in der Mehrzahl verwendet ART UND WEISE: **4** die Art und Weise, in der etwas existiert, in der es organisiert oder strukturiert ist *„die Ehe als Form des Zusammenlebens von Mann und Frau"* **K** Regierungsform, Staatsform **5** die vorgeschriebenen Regeln, Konventionen, die bestimmen, wie man sich gegenüber anderen Leuten verhalten soll ⟨*sich über gesellschaftliche Formen hinwegsetzen*⟩ *„die strengen Formen am königlichen Hof"* **K** Umgangsform GEGENSTAND: **6** ein Gegenstand, der innen hohl ist oder der Vertiefungen hat und in den man eine lockere oder flüssige Masse (z. B. Teig oder geschmolzenes Metall) gibt, die dann fest wird *„den Kuchenteig in eine Form aus Blech füllen"* **K** Backform, Kuchenform

F

for·mal *ADJEKTIV* **1** die Art und Weise, in welcher ein Inhalt gegliedert und aufgebaut wird ↔ inhaltlich *„der formale Aufbau eines Dramas"* **2** in Bezug auf die Bestimmungen des Gesetzes, die Regeln o. Ä. *„Der Prozess musste wegen eines formalen Fehlers unterbrochen werden"*

das **For·mat** (-(e)s, -e) die Größe oder Form, in der Papier, Bücher usw. hergestellt werden *„Fotos mit dem Format 18 × 24"* **K** Buchformat, Postkartenformat

die **For·mel** (-, -n) **1** eine Kombination von Buchstaben, Zahlen oder Zeichen als (verkürzter) Ausdruck z. B. eines mathematischen Lehrsatzes, einer chemischen Verbindung oder einer physikalischen Regel *„Die chemische Formel für Wasser ist „H_2O"* **2** **Formel 1** [-'ains] eine Kategorie von sehr schnellen Rennwagen **K** Formel-1-Rennen

for·mell *ADJEKTIV* **1** korrekt und höflich, so wie es die Regeln und Konventionen erfordern ⟨*eine Begrüßung, eine Einladung, ein Empfang*⟩ **2** den Vorschriften entsprechend ⟨*ein Abkommen, eine Einigung*⟩ ≈ offiziell

das **For·mu·lar** (-s, -e) ein Blatt Papier (wie es z. B. bei einer Behörde oder Bank verwendet wird), auf dem Angaben oder Fragen gedruckt sind, die man ergänzen oder beantworten muss ⟨*ein Formular ausfüllen, unterschreiben*⟩ **K** Anmeldeformular, Einzahlungsformular, Überweisungsformular

for·mu·lie·ren (*formulierte, hat formuliert*) **etwas (irgendwie) formulieren** etwas, das man (mündlich oder schriftlich) ausdrücken will, in eine entsprechende sprachliche Form bringen *„einen Gedanken präzise formulieren" | „eine Frage formulieren"*

for·schen (*forschte, hat geforscht*) **1** etwas systematisch und mit wissenschaftlichen Methoden untersuchen, um darüber mehr Wissen zu bekommen *„Er forscht auf dem Gebiet der Kernphysik"* **2** **nach jemandem/etwas forschen** *geschrieben* sehr gründlich, intensiv nach jemandem/etwas suchen *„Er forscht in alten Archiven nach der Herkunft seiner Familie"*

der **For·scher** (-s, -) eine Person, die wissenschaftlich arbeitet und forscht ≈ Wissenschaftler **K** Naturforscher • *hierzu* **For·sche·rin** *die*

die **For·schung** (-, -en) **1** das Forschen und Suchen nach Wissen *„Kopernikus hat bei seinen Forschungen herausgefunden, dass sich die Erde um die Sonne bewegt"* **2** die Wissenschaft (die sich mit einem speziellen Gebiet befasst) ⟨*die naturwissenschaftliche, medizinische Forschung; der neueste Stand der Forschung*⟩ *„Sie ist in der Forschung tätig"* **i** nicht in der Mehrzahl verwendet

fort *ADVERB* **1** **jemand/etwas ist fort** eine Person oder Sache befindet sich nicht (mehr) an dem Ort, an dem sie war *„Mein Fahrrad ist fort!"* **2** **fort sein** weggegangen, weggefahren oder verreist sein *„Sie ist drei Wochen fort ge-*

wesen"

fọrt·be·we·gen (*bewegte fort, hat fortbewegt*) **sich/etwas (irgendwie) fortbewegen** sich selbst oder Dinge an einen anderen Ort bewegen *„Der Tunnel war so niedrig, dass ich mich auf Händen und Knien fortbewegen musste" | „Mit vereinten Kräften konnten wir den Felsen von der Straße fortbewegen"*

fọrt·bil·den (*hat*) **sich (in etwas** (*Dativ*)**) fortbilden** spezielle Kenntnisse oder die Allgemeinbildung erweitern (meist indem man spezielle Kurse oder Seminare besucht) ≈ weiterbilden *„Die Sekretärin will sich in IT fortbilden"* • *hierzu* **Fọrt·bil·dung** *die*

fọrt·fah·ren (*ist*) einen Ort verlassen und an einen anderen fahren ≈ wegfahren

fọrt·füh·ren (*hat*) **etwas fortführen** *geschrieben* mit etwas, das eine andere Person angefangen hat, ohne Unterbrechung weitermachen ≈ fortsetzen *„Nach dem Tod des Vaters führt der Sohn das Unternehmen fort"* • *hierzu* **Fọrt·füh·rung** *die*

er/die **Fọrt·ge·schrit·te·ne** (*-n, -n*) eine Person, die an einer Ausbildung schon längere Zeit teilgenommen und schon viele Kenntnisse oder Fertigkeiten hat ↔ Anfänger ⓘ *ein Fortgeschrittener; der Fortgeschrittene; den, dem, des Fortgeschrittenen*

er **Fọrt·schritt** 1 die ständige Verbesserung und Entwicklung der Wissenschaft, der Technik (und der Lebensqualität) ⟨*der medizinische, wirtschaftliche Fortschritt*⟩ *„der unaufhaltsame Fortschritt der Technik"* ⓘ nicht in der Mehrzahl verwendet 2 das positive Ergebnis von Bemühungen *„Er macht große/keine Fortschritte mit seiner Doktorarbeit"* ⓘ nur in der Mehrzahl verwendet

fọrt·schritt·lich ADJEKTIV so, dass sie (ein Beispiel für) den Fortschritt sind

fọrt·set·zen (*hat*) **etwas fortsetzen** nach einer Unterbrechung mit etwas weitermachen *„Nach einer kurzen Rast setzten sie die Fahrt fort"*

die **Fọrt·set·zung** (*-, -en*) 1 das Fortsetzen einer Tätigkeit *„die Fortsetzung der Arbeit nach der Mittagspause"* ⓘ nicht in der Mehrzahl verwendet 2 der Teil z. B. eines Romans oder einer Fernsehserie, der auf einen vorhergehenden Teil (desselben Romans bzw. derselben Fernsehserie) folgt ≈ Folge *„Jede Woche erscheint eine neue Fortsetzung des Romans in der Sonntagszeitung" | „Fortsetzung folgt!"* K Fortsetzungsroman

das **Fo·to** (*-s, -s*) **ein Foto** (*+Genitiv*/**von jemandem/etwas**) ein Bild, das man mit einer Kamera macht ⟨*ein Foto machen, schießen*⟩ *„ein Album mit alten Fotos"* K Fotoalbum; Farbfoto ⓘ Anstelle von *Foto, fotogen* usw. findet man vor allem in älteren Texten auch *Photo, photogen* usw.

der **Fo·to·graf** (*-en, -en*) eine Person, die beruflich Fotos macht K Berufsfotograf, Hobbyfotograf ⓘ *der Fotograf; den, dem, des Fotografen* • *hierzu* **Fo·to·gra·fin** *die*

die **Fo·to·gra·fie** (*-, -n* [-ˈfiː(ə)n]) 1 die Technik oder die Kunst, mithilfe einer Kamera genaue Bilder von Menschen, Tieren oder Dingen zu machen ⟨*die digitale Fotografie*⟩ ⓘ nicht in der Mehrzahl verwendet 2 ein Bild, das durch Fotografie entsteht ≈ Foto • *hierzu* **fo·to·gra·fisch** ADJEKTIV

fo·to·gra·fie·ren (*fotografierte, hat fotografiert*) **(jemanden/etwas) fotografieren** (von jemandem/etwas) ein Foto machen *„das Brautpaar vor der Kirche fotografieren" | „Ich fotografiere gern"*

die **Fo·to·ko·pie** ein weiteres Exemplar eines Textes o. Ä., das eine Art Foto auf normalem Papier ist

fo·to·ko·pie·ren (*fotokopierte, hat fotokopiert*) **(etwas) fotokopieren** eine Fotokopie von etwas machen

Fr Abkürzung für *Freitag*

Fr. verwendet als Abkürzung von *Frau* in Verbindung mit Namen *„Fr. Maier"*

die **Fracht** (-, *-en*) die Dinge, die mit großen Fahrzeugen transportiert werden ≈ Ladung **K** Frachtschiff

der **Frach·ter** (*-s*, -) ein Schiff, das Waren transportiert

die **Fra·ge** (-, *-n*) **1** **eine Frage (nach jemandem/etwas)** eine mündliche oder schriftliche Äußerung, mit der man eine andere Person um eine Information bittet ⟨*jemandem/an jemanden eine Frage stellen; eine Frage beantworten, bejahen, verneinen*⟩ ↔ Antwort **K** Fragesatz **2** ein Problem, das gelöst werden muss *„Die Außenminister beschäftigten sich mit Fragen der Abrüstung"* **3** das Problem, von dem eine Entscheidung abhängt **K** Geldfrage, Kostenfrage

F

der **Fra·ge·bo·gen** ein Formular, auf dem Fragen stehen, die man beantworten soll

fra·gen (*fragte, hat gefragt*) **1** **(jemanden) (etwas) fragen; (eine Person) nach jemandem/etwas fragen** mit einer Person sprechen, um etwas von ihr zu erfahren *„Gehst du mit mir ins Kino?", fragte er (sie)" | „eine Verkäuferin nach dem Preis einer Ware fragen"* **2** **(jemanden) (um Erlaubnis) fragen** eine Person bitten, dass sie jemandem erlaubt, etwas zu tun *„Er nahm das Auto, ohne zu fragen"* **3** **(jemanden) um Rat fragen** eine Person bitten, dass sie jemandem mit ihren Ideen und ihren Vorschlägen bei etwas hilft **4** **sich fragen, ob/warum/wie/...** über ein Problem nachdenken, zu dem man noch keine Antwort weiß *„Ich frage mich, wo ich meine Brille hingelegt habe"*

das **Fra·ge·wort** ein Wort, mit dem eine Frage beginnt (z. B. „wer", „wann", „warum")

das **Fra·ge·zei·chen** das Zeichen ?, das am Ende eines Fragesatzes steht

der **Fran·ken** (*-s*, -) **(Schweizer) Franken** die Währung des Geldes in der Schweiz *„Ein Franken hat hundert Rappen"*

der **Frank·fur·ter**[1] (*-s*, -) eine Person, welche in der Stadt Frankfurt wohnt oder dort geboren ist • *hierzu* **Frank·fur·te·rin** *die*

die **Frank·fur·ter**[2] (-, -) ein Würstchen aus Schweinefleisch, das man in Wasser heiß macht ≈ Wiener

fran·kie·ren (*frankierte, hat frankiert*) **etwas frankieren** eine Briefmarke auf einen Brief oder ein Päckchen kleben

fraß *Präteritum, 3. Person Singular* → fressen

die **Frau** (-, *-en*) **1** eine erwachsene, weibliche Person ⟨*eine alleinstehende, berufstätige, emanzipierte, geschiedene, verheiratete Frau*⟩ ↔ Mann **K** Frauenzeitschrift **2** Kurzwort für *Ehefrau* ⟨*seine ehemalige, zukünftige, geschiedene, verstorbene Frau*⟩ ↔ Mann *„Er hat sich von seiner Frau scheiden lassen"* **3** im Gespräch und in Briefen als Teil der Anrede vor dem Familiennamen oder Titel einer Frau verwendet ↔ Herr *„Guten Tag, Frau Müller!"* ⓘ nicht in der Mehrzahl verwendet; *Frau* wird heute auch als Anrede für unverheiratete Frauen verwendet. Die Anrede *Fräulein* wird nicht mehr benutzt.

frech ADJEKTIV **frech (zu jemandem)** ohne den üblichen Respekt gegenüber einer anderen Person ⟨*ein Kind, ein Kerl, ein Lümmel, eine Antwort, eine Lüge; frech grinsen*⟩ ≈ unverschämt *„Sei nicht so frech zu mir!"* • *hierzu* **Frech·heit** *die*

frei ADJEKTIV (*freier, frei(e)st-*) NICHT GEFANGEN: **1** wenn Menschen oder Tiere frei sind, sind sie nicht gefangen oder eingesperrt und können gehen, wohin sie wollen ⟨*frei lebende Tiere*⟩ *„Nach zehn Jahren Gefängnis ist er jetzt wieder frei"* NICHT ABHÄNGIG: **2** so, dass etwas nur vom eigenen Willen, der eigenen Entscheidung abhängt *„Es war ihr freier Wille zu heiraten"* NICHT BEDECKT, BESETZT, VERSPERRT: **3** so, dass etwas nicht durch ein Hindernis versperrt ist ⟨*die Ausfahrt frei halten, machen*⟩ *„Ist der Weg jetzt frei?"* **4** so, dass etwas nicht von anderen Personen benutzt wird oder besetzt ist ⟨*jeman-*

dem einen Platz/Sitz frei halten, machen〉 *„Ist dieser Platz noch frei?"* **5** so, dass etwas nicht von einer Schicht bedeckt ist *„Der Schnee schmilzt, die Straßen sind schon wieder frei"* **K** eisfrei **6** so, dass dort nichts geschrieben steht 〈*eine Zeile, den Rand frei lassen*〉 *„ein paar freie Seiten"* **7** ohne eine Begrenzung, wie z. B. einen Zaun, eine Mauer oder ein Dach *„unter freiem Himmel schlafen"* OHNE PFLICHTEN ODER PROBLEME: **8** nicht von Pflichten bestimmt, sondern für Hobbys und Erholung verfügbar *„Die Mutter von den drei kleinen Kindern beklagte sich, dass sie nie eine freie Minute hätte"* OHNE KOSTEN: **9** so, dass man nichts dafür bezahlen muss ≈ gratis, kostenlos *„Der Eintritt ist für Schüler und Studenten frei"* BEI FILMEN, SPIELEN: **10** **frei ab 6/12/18/… Jahren** drückt aus, ab welchem Alter ein Film angesehen oder ein Computerspiel gespielt werden darf

das **Frei·bad** ein öffentliches Schwimmbad im Freien

(das) **Freie** **1** **im Freien** nicht in einem Gebäude, sondern draußen (in der Natur) *„im Freien übernachten"* **2** **ins Freie** nach draußen (in die Natur) *„Er trat ins Freie, um die Sterne zu beobachten"*

die **Frei·heit** (-, *-en*) **1** der Zustand, frei und nicht gefangen zu sein 〈*einer Person, einem Tier die Freiheit schenken, zurückgeben; (wieder) in Freiheit sein*〉 ↔ Gefangenschaft ⓘ nicht in der Mehrzahl verwendet **2** der Zustand, frei und unabhängig zu sein ≈ Unabhängigkeit *„Freiheit, Gleichheit, Brüderlichkeit" lautete die Parole der Französischen Revolution"* **K** Meinungsfreiheit, Religionsfreiheit ⓘ nicht in der Mehrzahl verwendet **3** ein besonderes Recht, das jemandem gewährt wird *„als toleranter Vater den Kindern viele Freiheiten lassen"*

die **Frei·kar·te** eine Eintrittskarte, die nichts kostet

frei·las·sen, frei las·sen (*hat*) **1** **jemanden freilassen** eine Person, die irgendwo gefangen ist, die Freiheit wiedergeben und ihr erlauben, dorthin zu gehen, wohin sie will **2** **ein Tier freilassen** ein Tier nicht mehr (im Käfig) gefangen halten • *hierzu* **Frei·las·sung** *die*

der **Frei·tag** (*-s, -e*) der fünfte Tag der Woche 〈*am Freitag; letzten, diesen, nächsten Freitag; Freitag früh*〉 **K** Freitagabend, Freitagmorgen; freitagabends ⓘ Abkürzung: *Fr*

frei·tags ADVERB jeden Freitag 〈*freitags abends, mittags*〉 *„Freitags schließt das Büro um 15 Uhr"*

frei·wil·lig ADJEKTIV aus eigenem Willen, ohne Zwang *„Er musste den Aufsatz nicht schreiben, er hat es freiwillig gemacht"*

die **Frei·zeit** die Zeit (meist abends und am Wochenende), in der man weder im Beruf noch im Haushalt arbeiten muss *„In ihrer Freizeit treibt sie viel Sport"* **K** Freizeitbeschäftigung, Freizeitkleidung, Freizeitvergnügen ⓘ nicht in der Mehrzahl verwendet

fremd ADJEKTIV (*fremder, fremdest-*) **1** zu einem anderen Land oder Volk als dem eigenen gehörend 〈*Sitten; eine Sprache*〉 *„Der Autor erzählt in seinem Buch von fremden Ländern und Völkern"* **2** **(jemandem) fremd** (jemandem) von früher her nicht bekannt *„fremde Städte bereisen"* **3** auf eine andere Person bezogen oder zu ihr gehörend *„Misch dich doch nicht immer in fremde Angelegenheiten!"*

der/die **Frem·de** (*-n, -n*) **1** eine Person, die man nicht kennt *„Die Mutter ermahnte das Kind, nicht mit einem Fremden mitzugehen"* **2** eine Person aus einem anderen Ort, einer anderen Gegend oder einem anderen Land *„Nur selten kommt ein Fremder in das einsame Bergdorf"* **K** Fremdenhass ⓘ *ein Fremder; der Fremde; den, dem, des Fremden*

frem·den·feind·lich ADJEKTIV feindlich gegenüber Ausländern 〈*eine Äußerung, eine Gesinnung, eine Haltung*〉 ≈ ausländerfeindlich • *hierzu* **Frem·den·feind·lich·keit** *die*

der **Frem·den·füh·rer** eine Person, die (beruflich) Touristen eine Stadt, ein

F

Land oder eine Gegend zeigt • *hierzu* **Frem·den·füh·re·rin** *die*

fremd·schä·men (*hat*) **sich (für jemanden/etwas) fremdschämen** sich für eine Person oder eine Aktion schämen, obwohl man selbst nicht beteiligt ist *„Das ist einfach nur zum Fremdschämen!"*

die **Fremd·spra·che** eine Sprache, die nicht vom eigenen Volk gesprochen wird und die man zusätzlich zur eigenen Sprache lernen kann ⟨*eine Fremdsprache lernen, beherrschen, (fließend) sprechen*⟩ ↔ Muttersprache *„Deutsch als Fremdsprache lernen"*

F

das **Fremd·wort** (-(e)s, *Fremd·wör·ter*) ein Wort, das aus einer anderen Sprache in die eigene Sprache übernommen wurde und das geschrieben oder gesprochen noch fremd wirkt *„Sauce" ist ein Fremdwort aus dem Französischen, das heute in der deutschen Sprache meist „Soße" schreibt"*

fres·sen (*frisst, fraß, hat gefressen*) **1 ein Tier frisst (etwas)** ein Tier nimmt feste Nahrung zu sich *„Affen fressen gern Bananen"* | *„Meine Katze frisst mir aus der Hand"* **2 (etwas) fressen** *gesprochen* ⚠ als Mensch (oft viel, gierig oder unappetitlich) essen **3 etwas frisst etwas** *gesprochen* etwas braucht eine große Menge einer Sache ⟨*etwas frisst viel (Energie, Geld, Kraft, Strom)*⟩ *„Sein Sportwagen frisst 15 Liter Benzin auf 100 Kilometer"*

die **Freu·de** (-, -n) **1** das Gefühl von Glück oder Zufriedenheit, das mit einer Person oder Sache verbunden ist ⟨*eine große, tiefe, wahre, echte Freude; jemandem (mit etwas) eine (kleine, große) Freude bereiten, machen*⟩ *„Es ist mir eine Freude, Sie heute hier zu sehen!"* ⓘ nicht in der Mehrzahl verwendet **2 die Freude (an jemandem/etwas)** der über längere Zeit andauernde Zustand des Glücks oder der Zufriedenheit in Bezug auf eine Person oder Sache ⟨*Freude an den Kindern, an der Arbeit haben; jemandem die Freude (an etwas) nehmen, verderben*⟩ **K** Lebensfreude **3 die Freude (über etwas** (*Akkusativ*)) das kurze oder momentane Gefühl des Glücks oder der Zufriedenheit in Bezug auf etwas ⟨*Freude über etwas empfinden, äußern, zum Ausdruck bringen*⟩

freu·en (*freute, hat gefreut*) **1 sich (über etwas** (*Akkusativ*)) **freuen** wegen etwas ein Gefühl der Freude empfinden ⟨*sich sehr, ehrlich, riesig freuen*⟩ *„Ich freue mich, Sie wiederzusehen"* **2 sich auf jemanden/etwas freuen** die Ankunft oder den Besuch einer Person (oder ein anderes Ereignis) mit Spannung und Freude erwarten *„sich auf den Urlaub freuen"* **3 etwas freut jemanden** etwas macht jemanden froh oder glücklich *„Es freut mich, dass du auch mitkommst"*

der **Freund** (-(e)s, -e) **1 ein Freund (von jemandem)** eine Person, die man sehr gut kennt und zu der man über eine relativ lange Zeit eine enge Beziehung hat ⟨*ein guter, treuer, wahrer Freund*⟩ *„Markus macht mit ein paar Freunden eine Radtour um den Chiemsee"* | *„Ein Freund von mir ist Energieberater"* **K** Schulfreund **2 jemandes Freund** ein Junge oder Mann, der mit einem Mädchen oder einer Frau befreundet ist (und mit ihr zusammenlebt) ⟨*ein fester, langjähriger Freund*⟩ *„Sie fährt mit ihrem Freund in Urlaub"* **3** eine Person, von der man in einem Konflikt, Streit o. Ä. unterstützt wird ⟨*politische Freunde*⟩ ↔ Gegner **K** Parteifreund • *hierzu* **Freun·din** *die*

freund·lich ADJEKTIV **1 freundlich (zu jemandem)** zu anderen Menschen höflich und hilfsbereit *„jemanden freundlich anlächeln/begrüßen"* ⓘ → auch **Gruß** **2** so, dass man darüber froh ist oder dass es angenehm ist ⟨*eine Atmosphäre, ein Klima, eine Umgebung, Wetter*⟩

die **Freund·lich·keit** (-, -en) **1** das freundliche Verhalten gegenüber anderen Menschen *„Ich wurde überall mit großer Freundlichkeit empfangen"* ⓘ nicht in der Mehrzahl verwendet **2** eine freundliche Handlung, Geste

die **Freund·schaft** (-, -en) die Beziehung, die zwischen Freunden besteht

der **Frie·den** (-s) **1** der Zustand, in dem Völker und Staaten in Ruhe nebeneinanderleben und eventuelle Konflikte nicht mit Waffen, sondern durch Verhandlungen lösen ⟨*den Frieden bewahren, sichern*⟩ ↔ Krieg **K** Friedenspolitik **2** der Zustand von Harmonie und gegenseitigem Verständnis vor allem im privaten Bereich ⟨*der eheliche, häusliche Frieden; Frieden halten, den Frieden stören*⟩ ↔ Streit „*mit seinen Nachbarn in Ruhe und Frieden leben*" **K** Hausfrieden

der **Fried·hof** ein Platz, wo die Toten begraben werden ⟨*jemand liegt auf dem Friedhof (begraben); auf den Friedhof gehen*⟩ **K** Friedhofskapelle

fried·lich *ADJEKTIV* **1** ohne Anwendung von Gewalt und Waffen ⟨*eine Demonstration, eine Revolution*⟩ „*einen Konflikt zwischen zwei Staaten mit friedlichen Mitteln lösen*" **2** zu zivilen, nicht militärischen Zwecken „*die friedliche Nutzung der Kernenergie*" **3** so, dass es keinen Ärger, Streit oder Kämpfe gibt ⟨*Absichten, ein Mensch, ein Tier, ein Zusammenleben*⟩ ↔ aggressiv • zu (3) **Fried·lich·keit** *die*

frie·ren (*fror, hat/ist gefroren*) **1** **(an etwas** (*Dativ*)**) frieren** (*hat*) eine starke, unangenehme Kälte fühlen „*In den dünnen Schuhen wirst du im Winter (an den Füßen) frieren*" **2** **etwas friert (zu etwas)** (*ist*) etwas gefriert (zu etwas) ↔ tauen „*Das Tauwasser ist zu Eiszapfen gefroren*" **3** **es friert** (*hat*) die Temperatur ist unter 0 °C „*Laut Wetterbericht wird es heute Nacht frieren*" **4** **jemanden friert (es)** *gesprochen* (*hat*) jemand friert „*Ohne Handschuhe hat es mich (an den Händen) gefroren*"

die **Fri·ka·del·le** (-, -n) eine flache, runde, gebratene Masse aus Hackfleisch, Weißbrot, Zwiebeln und Ei

frisch *ADJEKTIV* (*frischer, frischest-*) LEBENSMITTEL, BLUMEN: **1** gerade erst geerntet, erzeugt o. Ä., nicht gelagert ⟨*Brot, Eier, Fisch, Fleisch, Gemüse*⟩ ↔ alt **2** nicht haltbar gemacht, nicht konserviert ⟨*Gemüse, Kräuter*⟩ **K** Frischfleisch, Frischmilch **3** **etwas frisch halten** Lebensmittel, Blumen o. Ä. kühl und so lagern, dass sie relativ lange Zeit in gutem Zustand bleiben **K** Frischhaltefolie NEU: **4** erst vor Kurzem entstanden ⟨*eine Spur, eine Wunde*⟩ „*Die Erinnerung an das schreckliche Erlebnis ist noch ganz frisch*" **5** noch nicht benutzt ≈ sauber, neu „*ein frisches Hemd anziehen*" VOLL ENERGIE: **6** ausgeruht, nicht müde oder erschöpft „*sich nach einem Mittagsschlaf wieder frisch fühlen*" LUFT, WASSER, WIND: **7** kühl und nicht verschmutzt bzw. reich an Sauerstoff ⟨*Luft, Wasser, Wind*⟩ ↔ abgestanden „*frisches Wasser aus dem Brunnen holen*" **K** Frischluft MIT VERB: **8** **sich frisch machen** sich nach der Arbeit o. Ä. waschen, kämmen (und die Kleidung wechseln) **9** **frisch** *+Partizip Perfekt* gerade erst in den genannten Zustand gebracht oder gekommen „*Vorsicht, frisch gestrichen!*" | „*Meine Haare sind frisch gewaschen*" ❶ Diese Kombinationen können auch zusammengeschrieben werden: *frischgebackenes Brot, frischgekochte Eier*

das **Frisch·fleisch** frisches Fleisch

der **Frisch·kä·se** weicher, weißer Käse, den man aufs Brot streichen kann

der **Fri·seur** [fri'zøːɐ̯]; (-s, -e) eine Person, deren Beruf es ist, Haare (und Bart) anderer Menschen zu schneiden und zu pflegen **K** Friseursalon • hierzu **Fri·seu·rin** *die*

fri·sie·ren (*frisierte, hat frisiert*) **1** **jemanden frisieren** jemandem oder sich selbst das Haar mit einem Kamm oder mit einer Bürste ordnen „*stets gut frisiert sein*" **2** **etwas frisieren** *gesprochen* einen Motor so verändern, dass er eine größere Leistung bringt ⟨*ein Auto, einen Motor, ein Motorrad frisieren*⟩ ≈ tunen

F

der **Fri·sör** (-s, -e) → Friseur

frisst *Präsens, 2. und 3. Person Singular* → fressen

die **Frist** (-, -en) **eine Frist (von** +*Zeitangabe*) **(für etwas)** ein Zeitraum, innerhalb dessen etwas erledigt sein muss ⟨*jemandem eine Frist setzen; eine Frist beginnt, läuft, läuft ab*⟩ *„Ich gebe Ihnen eine Frist von acht Tagen, um den Schaden zu beseitigen"* **K** Kündigungsfrist, Lieferfrist, Zahlungsfrist

F

die **Fri·sur** (-, -en) die Art und Weise, wie jemandes Haar geschnitten und frisiert ist ⟨*eine neue, moderne Frisur haben; sich (Dativ) eine neue Frisur machen lassen*⟩ **K** Kurzhaarfrisur, Lockenfrisur

froh ADJEKTIV (*froher, froh(e)st-*) **1** voller Freude ⟨*froh gelaunt, gestimmt sein*⟩ ≈ glücklich ↔ traurig *„Unter dem Weihnachtsbaum sah man nur frohe Gesichter"* **2** so, dass es Freude bringt ⟨*eine Botschaft, eine Nachricht*⟩ **3** **froh (um/über etwas** (*Akkusativ*)) **sein** dankbar, erleichtert sein *„Sie war froh (darüber), dass ihr Sohn den Unfall ohne Verletzungen überstanden hatte"* | *„Ich bin froh um jede Hilfe"*

fröh·lich ADJEKTIV in freudiger und lebhafter Stimmung ⟨*ein Fest, Gelächter, ein Lied, ein Tanz; fröhlich feiern, lachen*⟩ ↔ traurig • *hierzu* **Fröh·lich·keit** *die*

die **Front** (-, -en) **1** die Seite eines Gebäudes, die zur Straße zeigt und an der meist der Haupteingang liegt ≈ Fassade **K** Häuserfront, Schaufensterfront **2** der vordere Teil eines Kraftfahrzeugs *„Bei dem Aufprall wurde die Front des Wagens eingedrückt"* **K** Frontscheibe, Frontscheinwerfer **3** eine Luftmasse, die andere Temperaturen, ein anderes Wetter mit sich bringt *„Von Westen her nähert sich eine Front kalter Meeresluft"* **K** Gewitterfront **4** das Gebiet, in dem während eines Krieges gekämpft wird ⟨*an der Front kämpfen, sterben*⟩ ℹ nicht in der Mehrzahl verwendet

fror *Präteritum, 1. und 3. Person Singular* → frieren

der **Frosch** (-es, *Frö·sche*) ein kleines (meist grünes oder bräunliches Tier) mit glatter Haut und ohne Schwanz, das große Hinterbeine zum Springen und Schwimmen hat *„Frösche quaken nachts im Teich"*

der **Frost** (-(e)s, *Frös·te*) ein Wetter, bei dem die Temperatur der Luft unter 0 °C liegt und bei dem Wasser gefriert ⟨*leichter, starker, strenger Frost*⟩ *„Für morgen ist Frost angesagt"* **K** Frostschaden, Frostschutzmittel; Bodenfrost • *hierzu* **frost·frei** ADJEKTIV

der/das **Frot·tee**, **Frot·tee**; (-s, -s) ein Stoff mit einer rauen Oberfläche, der sehr warm ist und mit dem man sich gut abtrocknen kann **K** Frotteehandtuch

die **Frucht** (-, *Früch·te*) Früchte wachsen an Bäumen und Sträuchern. Viele davon kann man essen, manche sind süß ⟨*eine reife, saftige, süße Frucht essen*⟩ *„Äpfel, Bananen, Erdbeeren und Orangen sind Früchte"* **K** Fruchteis, Fruchtjoghurt, Fruchtsaft

frucht·bar ADJEKTIV so, dass Pflanzen gut darauf wachsen können ⟨*ein Acker, ein Boden, die Erde, das Land*⟩ • *hierzu* **Frucht·bar·keit** *die*

früh ADJEKTIV (*früher* ['fryːɐ], *früh(e)st-* ['fryː(ə)st-]) **1** am Anfang eines Zeitabschnitts (liegend) ⟨*früh am Morgen, Tag, Abend*⟩ ↔ spät *„am frühen Morgen aufstehen"* **K** Frühsommer **2** vor der erwarteten, üblichen, regulären Zeit ⟨*ein Tod, ein Winter; früh aufstehen, zu Bett gehen*⟩ **3** am Morgen, morgens *„Morgen früh muss ich zum Arzt"*

die **Frü·he** [fryːə]; (-); *geschrieben* der Beginn des Tages

frü·her ['fryːɐ] ADVERB **1** in einer vergangenen Zeit, in der Vergangenheit *„Er lebte früher in Wien"*
ADJEKTIV **2** vorhergehend, ehemalig ⟨*ein Freund, Kollege, Mitarbeiter*⟩

frü·hes·tens ADVERB nicht früher als zu der genannten Zeit *„Die neue Autobahn ist frühestens in drei Jahren fertig"*

das **Früh·jahr** der Teil des Jahres zwischen

Winter und Sommer ≈ Frühling

Früh·ling (-*s*, -*e*) die Jahreszeit der drei Monate, die auf den Winter folgen ⟨*es wird Frühling*⟩ „*Offiziell dauert der Frühling* (*auf der nördlichen Hälfte der Erde*) *vom 21. März bis zum 21. Juni*" **K** Frühlingsanfang, Frühlingstag

Früh·stück (-(*e*)*s*, -*e*) die erste Mahlzeit des Tages am Morgen ⟨*etwas zum Frühstück essen*⟩ „*Zum Frühstück gibt es Tee oder Kaffee*" **K** Frühstücksbüffet, Frühstücksei, Frühstückspause

früh·stü·cken (*frühstückte, hat gefrühstückt*) **(etwas) frühstücken** etwas zum Frühstück essen ⟨*ein Ei, Müsli frühstücken*⟩

Frust (-(*e*)*s*); *gesprochen* der Zustand, wenn jemand enttäuscht oder frustriert ist ⟨*einen Frust haben*⟩

frust·rie·ren (*frustrierte, hat frustriert*) **etwas frustriert jemanden** etwas macht eine Person mutlos und unglücklich (meist weil sie keinen Erfolg hat) • *hierzu* **frus·triert** ADJEKTIV

der **Fuchs** [-ks]; (-*es*, *Füch·se*) ein Raubtier, das wie ein kleiner Hund aussieht, in einer Art Höhle (dem Bau) im Wald lebt und dessen Fell meist rotbraun und am Bauch weiß ist

die **Fu·ge** (-, -*n*) ein sehr schmaler Zwischenraum zwischen den einzelnen Teilen, aus denen etwas gemacht ist, z. B. zwischen den Steinen einer Mauer

fü·gen (*fügte, hat gefügt*) **1** **etwas an etwas** (*Akkusativ*) **fügen** Dinge so zusammenbringen, dass daraus ein Ganzes wird „*Beim Bau einer Mauer muss man einen Stein an den anderen fügen*" **2** **etwas in etwas** (*Akkusativ*) **fügen** *geschrieben* etwas zu einem Teil eines

FRÜHSTÜCK

Ganzen, einer Reihe machen *„einen Stein in eine Lücke fügen"* **3** **sich (jemandem/etwas) fügen** *geschrieben* jemandem gehorchen, sich nicht (mehr) weigern *„Sie fügte sich widerspruchslos den Wünschen ihres Vaters"*

füh·len (*fühlte, hat gefühlt*) **1** **etwas fühlen** mithilfe der Nerven Berührungen, Schmerzen usw. am Körper spüren *„die Wärme der Sonne auf der Haut fühlen"* **2** **etwas fühlen** Freude, Trauer, Sorge usw. empfinden *„Mitleid mit jemandem fühlen"* **3** **nach etwas fühlen** mit der Hand nach etwas suchen, nach etwas tasten *„Er fasste an seine Jacke und fühlte nach der Brieftasche"* **4** **sich irgendwie fühlen** den Zustand des Körpers in der genannten Art spüren ⟨*sich gesund, krank, jung, alt, wie gerädert fühlen*⟩ *„Hast du immer noch Kopfschmerzen, oder fühlst du dich schon besser?"* **5** **sich irgendwie fühlen** den seelischen Zustand in der genannten Art wahrnehmen ⟨*sich allein, fremd, glücklich, unbehaglich, unwohl fühlen*⟩ **6** **sich irgendwie fühlen** glauben, dass man in der genannten Lage ist ⟨*sich bedroht, betrogen, verfolgt, schuldig, überflüssig fühlen*⟩ *„Ich fühlte mich verpflichtet, ihm zu helfen"*

der **Füh·ler** (*-s, -*) eines von mindestens zwei länglichen Organen, z. B. bei Insekten und Schnecken, mit denen diese Tiere tasten, riechen und schmecken können

fuhr *Präteritum, 1. und 3. Person Singular* → fahren

füh·ren (*führte, hat geführt*) AN EINEN ORT: **1** **jemanden (irgendwohin) führen** mit einer Person oder einem Tier irgendwohin gehen, damit es an dem gewünschten Ort (ohne Unfall) ankommt *„ein Kind an/bei der Hand (über die Straße) führen"* ⓘ Man *treibt* ein Tier vor sich her und *führt* es hinter sich her. **2** **jemanden (durch etwas) führen** mit einer Person irgendwohin gehen oder fahren und ihr dabei Informationen geben *„Touristen durch die Stadt/durch eine Ausstellung führen"* ALS CHEF, LEITER: **3** **etwas führen** die Leitung eines Geschäfts oder einer Organisation haben ⟨*einen Betrieb, eine Firma, ein Unternehmen führen*⟩ ≈ leiten ALS VERANTWORTLICHER: **4** **etwas führen** etwas tun, für das man verantwortlich ist ⟨*die Geschäfte, den Haushalt (für jemanden) führen; Regie führen; Krieg, einen Prozess (gegen jemanden/etwas) führen*⟩ ALS HANDELNDER: **5** **etwas führen** *admin* ein Fahrzeug selbst steuern ≈ lenken *„Er erhielt die Erlaubnis, ein schweres Motorrad zu führen"* **6** **etwas zu Ende führen** etwas (mit Erfolg) beenden IM WETTKAMPF: **7** **jemand/eine Mannschaft führt** eine Person oder Mannschaft ist dabei, einen Wettkampf oder ein Spiel zu gewinnen *„Der FC Bayern führt (mit fünf Punkten Vorsprung)"* RICHTUNG, ZIEL: **8** **etwas führt irgendwohin** etwas verläuft zu dem genannten Ziel oder in die genannte Richtung *„Führt dieser Weg zum Bahnhof?"*

der **Füh·rer** (*-s, -*) **1** eine Person, die einer Gruppe Interessantes und Schönes in der Natur, in Städten, Museen o. Ä. zeigt und erklärt *„Die Besteigung des Berges ist nur mit einem Führer möglich"* **K** Fremdenführer **2** eine Person, die ein Geschäft, eine Organisation o. Ä. leitet *„der Führer einer Delegation/der Opposition im Parlament"* **K** Geschäftsführer **3** *admin* eine Person, die ein Fahrzeug lenkt ≈ Fahrer *„Der Führer des Fahrzeugs ist nach dem Unfall geflüchtet"* **K** Kranführer, Lokführer **4** ein Heft oder Buch, in dem die Sehenswürdigkeiten einer Stadt, eines Landes o. Ä. beschrieben werden *„einen Führer von Rom kaufen"* **K** Reiseführer • zu (1 – 3) **Füh·re·rin** *die*

der **Füh·rer·schein** **1** ein Dokument, das einer Person erlaubt, Autos, Motorräder oder Lastwagen zu lenken *„Wegen Trunkenheit am Steuer wurde ihm der Führerschein entzogen"* **2** **den Führerschein machen** Fahrunterricht nehmen und eine Prüfung ablegen, um den Führerschein zu bekommen

Füh·rung (-, *-en*) **1** die Besichtigung (meist einer Sehenswürdigkeit) mit einer Person, die einem dazu Erklärungen gibt *„an einer Führung durch das Museum/das Schloss teilnehmen"* **2** das Führen, die Leitung einer Organisation oder Institution *„jemandem die Führung eines Betriebes übertragen"* ⓘ nicht in der Mehrzahl verwendet **3** eine Gruppe von Personen, die z. B. einen Betrieb oder eine Organisation führt **K** Parteiführung ⓘ nicht in der Mehrzahl verwendet **4** die führende (und leitende) Position, die jemand (z. B. auf wirtschaftlichem oder sportlichem Gebiet) hat ⟨*die Führung übernehmen*⟩ *„Der Läufer der französischen Mannschaft liegt mit zehn Sekunden Vorsprung in Führung"* ⓘ nicht in der Mehrzahl verwendet

fül·len (*füllte, hat gefüllt*) **1 etwas (mit etwas) füllen** einen Behälter mit etwas (ganz oder teilweise) vollmachen *„die Gläser (bis zum Rand/zur Hälfte) (mit Wein) füllen"* **2 etwas in etwas** (*Akkusativ*) **füllen** etwas in einen Behälter geben *„Bonbons in eine Dose füllen"* **3 einen Zahn füllen** (als Zahnarzt) einen Zahn mit einer Füllung versehen

Fül·ler (-s, -) Füller haben eine Feder zum Schreiben und innen eine Patrone mit Tinte, die man auswechseln kann **K** Schulfüller

Fül·lung (-, *-en*) **1** ein Material, mit dem z. B. ein Bett, ein Kissen, eine Matratze o. Ä. gefüllt ist **2** die Masse, mit der ein Loch in einem Zahn ausgefüllt wird **K** Zahnfüllung **3** eine Masse (meist eine Mischung aus verschiedenen Zutaten und Gewürzen), mit der Speisen (Gänse, Pasteten, Rouladen o. Ä.) gefüllt werden

Fund (-(*e*)s, *-e*) ein Gegenstand, den jemand (gesucht und) gefunden hat ⟨*ein einmaliger, seltener, überraschender Fund*⟩ *„Er hat seinen Fund beim Fundbüro abgeliefert"* **K** Fundsache, Fundstelle

das **Fund·bü·ro** eine Behörde, bei der man gefundene Gegenstände abgeben bzw. verlorene Gegenstände abholen kann

fünf ZAHLWORT (als Zahl, Ziffer) 5 ⓘ → Extras, S. 700: **Zahlen** und Beispiele unter **vier**

die **Fünf** (-, *-en*) **1** die Zahl 5 **2** jemand/etwas mit der Nummer 5 **3** eine sehr schlechte Schulnote (auf der Skala von 1 – 6), mit der man eine Prüfung nicht (mehr) bestanden hat ≈ mangelhaft

der **Fün·fer** (-s, -); *gesprochen* **1** fünf richtige Zahlen im Lotto (mit denen man einen relativ hohen Preis gewinnt) **2** eine Münze im Wert von 5 Cent, Rappen usw.

fünf·hun·dert ZAHLWORT (als Zahl) 500

der **Fünf·hun·der·ter** *gesprochen* ein Geldschein im Wert von 500 Euro o. Ä.

fünft- ADJEKTIV **1** in einer Reihenfolge an der Stelle fünf; (als Zahl) 5. ⓘ → Beispiele unter **viert-** **2 der fünfte Teil (von etwas)** (als Zahl) $\frac{1}{5}$ **3 zu fünft** (mit) insgesamt 5 Personen

fünf·tau·send ZAHLWORT (als Zahl) 5000

fünf·tel ADJEKTIV *nur in dieser Form* den 5. Teil eines Ganzen bildend ≈ $\frac{1}{5}$

das **Fünf·tel** (-s, -) der fünfte Teil eines Ganzen

fünf·tens ADVERB verwendet bei einer Aufzählung, um anzuzeigen, dass etwas an 5. Stelle kommt

fünf·zehn ZAHLWORT (als Zahl) 15 ⓘ → Extras, S. 700: **Zahlen** und Beispiele unter **vier**

fünf·zig ZAHLWORT (als Zahl) 50 ⓘ → Extras, S. 700: **Zahlen** und Beispiele unter **vier**

die **Fünf·zig** (-, *-en*) die Zahl 50

der **Fünf·zi·ger** (-s, -); *gesprochen* eine Münze im Wert von 50 Cent, Rappen usw. oder ein Geldschein im Wert von 50 Euro, Franken usw.

fünf·zigs·t- ADJEKTIV **1** in einer Reihenfolge an der Stelle 50 ≈ 50. **2 der**

fünfzigste Teil (von etwas) ≈ 1/50

der **Fụnk** (-s) die (drahtlose) Übermittlung von Informationen durch elektromagnetische Wellen *„über Funk Hilfe herbeirufen"*

der **Fụn·ke** (*-ns, -n*) ein glühendes Teilchen, das von einem brennenden oder heftig geriebenen Gegenstand wegspringt *„Bei dem Brand sprangen Funken auf die benachbarten Gebäude über"* ⓘ *der Funke; den, dem Funken; des Funkens*

fụn·keln (*funkelte, hat gefunkelt*) **etwas funkelt** etwas wird unregelmäßig, abwechselnd sehr hell und wieder dunkler ⟨*ein Edelstein, ein Stern, ein Glas*⟩

die **Funk·ti·on** [-'tsjo:n]; (-, *-en*) **1** die Aufgabe oder der Zweck, den eine Person/Sache innerhalb eines Systems hat *„Hat dieser Knopf hier an der Maschine eine bestimmte Funktion?"* **2** das Amt, die Stellung, die jemand in einer Organisation, z. B. einer Partei, hat ≈ Aufgabe *„Er hat in der Gewerkschaft die Funktion des Vorsitzenden inne"*

funk·ti·o·nie·ren [-tsjo-] (*funktionierte, hat funktioniert*) **1** **etwas funktioniert** etwas erfüllt einen Zweck oder eine Funktion *„Der Aufzug ist repariert, jetzt funktioniert er wieder"* **2** **etwas funktioniert** etwas läuft ohne größere Probleme und Fehler ab *„Die Organisation der Sportveranstaltung funktionierte reibungslos"*

für PRÄPOSITION *mit Akkusativ* ZIEL, ZWECK, NUTZEN: **1** nennt das Ziel oder den Zweck einer Sache *„für etwas sparen"* | *„eine Gebrauchsanweisung für den Fernsehapparat"* **2** nennt die Person(en), die betroffen oder Ziel einer Handlung oder Sache sind *„Das Geschenk ist für dich"* | *„ein Kurs für Fortgeschrittene"* **3** nennt die Person oder Sache, die einen Vorteil oder Nutzen von etwas hat ↔ gegen *„Er hat bei der Wahl für den Kandidaten der Opposition gestimmt"* **4** nennt die Gelegenheit oder den Fall, in denen etwas gilt *„Was hast du für Sonntag/für die Party geplant?"* **5** *gesprochen* nennt die Sache, die verhindert oder beseitigt oder deren negative Wirkung schwächer gemacht werden soll ≈ gegen *„ein Medikament für Kopfschmerzen"* GRUND: **6** nennt den Grund einer Sache ≈ wegen *„Der Angeklagte wurde für den Betrug hart bestraft"* VERTRETUNG, TAUSCH: **7** nennt die Person oder Sache, die vertreten, ausgetauscht oder ersetzt wird ≈ statt *„Mein Vater hat für mich unterschrieben, weil ich noch nicht volljährig bin"* VERGLEICH: **8** im Vergleich zu dem, was üblich oder meistens der Fall ist *„Für die Jahreszeit ist es viel zu kalt"* PREIS: **9** verwendet, um den Preis einer Sache anzugeben *„Er hat sich ein Auto für 20.000 Euro gekauft"* **ID** **für 'sich** allein, ohne andere Personen

die **Fụrcht** (-) **Furcht (vor jemandem/etwas)** *geschrieben* das Gefühl, das man hat, wenn man in Gefahr ist ⟨*Furcht und Schrecken verbreiten*⟩ ≈ Angst *„Die Kinder versteckten sich aus Furcht vor dem Gewitter"*

fụrcht·bar ADJEKTIV **1** so, dass es Furcht, Schrecken erregt ⟨*eine Ahnung, eine Katastrophe, ein Traum, ein Verbrechen, ein Verdacht*⟩ ≈ schrecklich *„Etwas Furchtbares ist passiert"* **2** sehr unangenehm ≈ schlimm *„Der Straßenlärm ist furchtbar"* **3** *gesprochen* verwendet, um (meist negative) Adjektive, Verben oder Adverbien zu verstärken *„Er ärgert sich furchtbar"* | *„Er ist furchtbar erschrocken"*

fụ̈rch·ten (*fürchtete, hat gefürchtet*) **sich (vor jemandem/etwas) fürchten** Angst (vor einer Person/Sache) haben *„Das Kind fürchtet sich im Dunkeln"* | *„sich vor Hunden fürchten"*

fürs PRÄPOSITION MIT ARTIKEL für das *„ein Foto fürs Album"* ⓘ *Fürs* kann in der Wendung *fürs Erste* nicht durch *für das* ersetzt werden.

der **Fụ̈rst** (*-en, -en*) eine Person, die die Macht über ein Land oder ein Volk hat

≈ Herrscher *„Kürzlich wurde das Grab eines keltischen Fürsten entdeckt"* ⓘ *der Fürst; den, dem, des Fürsten* • *hierzu* **Fürs·tin** *die*

Fuß (*-es, Fü·ße*) **1** der unterste Teil des Beines, auf dem Menschen und Affen stehen ⟨*mit bloßen Füßen; kalte Füße haben*⟩ *„Er hat sich beim Sport den Fuß verstaucht"* **2** der (meist kurze) unterste, tragende Teil eines Gegenstands (z. B. eines Möbelstücks), auf dem der Gegenstand steht *„die Füße des Schrankes"* **3** **zu Fuß (gehen)** nicht mit einem Fahrzeug (fahren, sondern gehen) *„Ich bin zu Fuß hier"* | *„Die Burg erreicht man nur zu Fuß"*

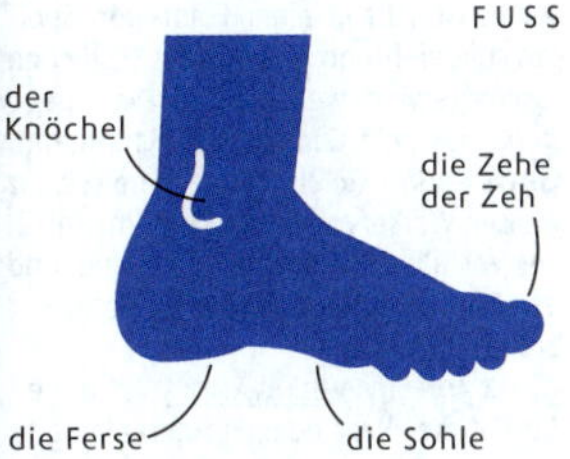

r **Fuß·ball** **1** ein Ballspiel zwischen zwei Mannschaften mit je elf Spielern, bei dem jede Mannschaft versucht, den Ball mit dem Fuß oder Kopf in das Tor des Gegners zu schießen ⟨*Fußball spielen*⟩ *„Fußball ist sein Lieblingssport"* **K** Fußballbundesliga, Fußballfeld, Fußballschuh, Fußballspiel, Fußballstadion, Fußballverein, Fußballweltmeister ⓘ ohne Artikel und nicht in der Mehrzahl verwendet **2** der Ball aus Leder, mit dem man Fußball spielt

r **Fuß·bo·den** im Haus oder Zimmer ist der Fußboden die Fläche, auf der man geht und auf der die Möbel stehen ⟨*den Fußboden wischen, kehren*⟩ **K** Fußbodenbelag

r **Fuß·gän·ger** (*-s, -*) eine Person, die auf Straßen oder Wegen zu Fuß geht *„Die Fußgänger überquerten die Straße an einer Ampel"* **K** Fußgängerampel, Fußgängerweg • *hierzu* **Fuß·gän·ge·rin** *die*

die **Fuß·gän·ger·zo·ne** ein Bereich im Zentrum einer Stadt, der nur für Fußgänger (und nicht für Autos) bestimmt ist

die **Fuß·mat·te** **1** eine Matte (vor der Tür), auf der man den Schmutz von den Schuhen entfernt **2** eine Matte, die in einem Badezimmer z. B. als Schutz vor dem kalten Fußboden dient

das **Fut·ter** (*-s*) **1** die Nahrung, die Tiere fressen ⟨*ein Tier sucht (nach) Futter*⟩ *„dem Papagei frisches Futter geben"* **K** Futternapf; Fischfutter; Dosenfutter **2** der Stoff o. Ä. auf der Innenseite von Kleidungsstücken, Lederwaren o. Ä. *„ein Jackett mit glänzendem Futter"*

füt·tern (*fütterte, hat gefüttert*) MIT NAHRUNG: **1** **jemanden (mit etwas) füttern** jemandem (mit einem Löffel) das Essen in den Mund schieben ⟨*einen Kranken, ein kleines Kind füttern*⟩ **2** **ein Tier (mit etwas) füttern** einem Tier Nahrung, Futter geben *„das Vieh mit Heu füttern"* MIT STOFF: **3** **etwas füttern** in Kleidungsstücke, Lederwaren o. Ä. ein Futter nähen ⟨*gefütterte Stiefel*⟩

G

das **G, g** [geː]; (*-, -/ gesprochen auch -s*) der siebente Buchstabe des Alphabets ⟨*ein großes G; ein kleines g*⟩

gab *Präteritum, 1. und 3. Person Singular* → geben

die **Ga·bel** (*-, -n*) **1** Gabeln haben Spitzen, mit denen man Essen aufspießen kann ⟨*mit Messer und Gabel essen*⟩ *„Das Besteck besteht aus Messer, Gabel und Löffel"* ⓘ → Abb. unter **Besteck** **2** mit großen Gabeln wendet man Heu und Stroh und schaufelt Mist **K** Heugabel

3 an einer Gabel teilt sich ein Weg oder Fluss in zwei Teile • zu (1) **ga·bel·för·mig** ADJEKTIV

gäh·nen (*gähnte, hat gegähnt*) den Mund weit öffnen und tief atmen, weil man müde ist oder sich langweilt

die **Ga·le·rie** (-, -*n* [-'ri:ən]) 1 ein großer Raum (oder ein Geschäft), in dem Kunstwerke ausgestellt (und verkauft) werden K Gemäldegalerie 2 eine Halle, ein Gang o. Ä. in Schlössern und Burgen, in denen eine Sammlung von Kunstwerken ist K Ahnengalerie, Gemäldegalerie

G

der **Gal·gen** (-*s*, -) ein Gerüst aus Balken, an dem Menschen an einem Seil aufgehängt werden, die zum Tode verurteilt sind

die **Gal·le** (-, -*n*) 1 eine bittere Flüssigkeit, die von der Leber produziert wird und die hilft, Fette zu verdauen ℹ nicht in der Mehrzahl verwendet 2 ein Organ, in dem die Galle gespeichert wird ≈ Gallenblase

der **Ga·lopp** (-*s*) die schnellste Art, in der sich ein Pferd bewegt ⟨*im Galopp reiten*⟩

galt *Präteritum, 1. und 3. Person Singular* → gelten

gam·meln (*gammelte, hat gegammelt*); *gesprochen* 1 **etwas gammelt** etwas wird schlecht, verdirbt *„Das Brot gammelt"* 2 *abwertend* leben, ohne eine feste Arbeit zu haben und ohne Pläne für die Zukunft zu machen

der **Gang** (-(*e*)*s*, *Gän·ge*) RAUM, WEG: 1 ein schmaler, langer Raum in einer Wohnung mit Türen zu den einzelnen Zimmern ≈ Flur *„Das Wartezimmer des Arztes war so überfüllt, dass ich auf dem Gang warten musste"* K Hausgang 2 der Weg neben oder zwischen den Sitzreihen im Kino, Theater, Bus oder Flugzeug K Mittelgang BEWEGUNG: 3 die Art und Weise, wie sich jemand beim Gehen bewegt ⟨*ein federnder, schleppender Gang*⟩ ℹ nicht in der Mehrzahl verwendet 4 das Gehen mit einer Absicht oder zu einem Ziel ⟨*der Gang zum Zahnarzt, zum Bäcker*⟩ *„in der Stadt ein paar Gänge zu erledigen haben"* K Spaziergang ℹ nicht in der Mehrzahl verwendet BEI FAHRZEUGEN: 5 Autos, Fahrräder usw. haben mehrere Gänge für die verschiedenen Geschwindigkeiten ⟨*den ersten, zweiten Gang einlegen*⟩ *„vom dritten in den vierten Gang schalten"* K Gangschaltung; Rückwärtsgang FUNKTION, ABLAUF: 6 der Zustand, wenn sich ein Gerät oder eine Maschine bewegt und funktioniert ⟨*etwas in Gang bringen/setzen, in Gang halten; etwas kommt in Gang*⟩ *„Kannst du den Rasenmäher wieder in Gang bringen?"* 7 der Ablauf eines Vorgangs BEIM ESSEN: 8 ein einzelnes Gericht in einer Folge von Speisen, die während eines meist festlichen Essens serviert werden *„Das Diner bestand aus acht Gängen"* K Hauptgang

die **Gans** (-, *Gän·se*) ein großer, meist ganz weißer Wasservogel mit langem Hals, der vor allem wegen des Fleisches und der Federn gehalten wird K Gänsebraten, Gänsefeder

ganz ADJEKTIV VOLLSTÄNDIG: 1 ohne Ausnahme, Rest oder Einschränkung ≈ gesamt *„Die ganze Familie war versammelt"* | *„Ich habe dir nicht die ganze Wahrheit gesagt"* 2 **der/die/das ganze** +*Substantiv*; **die ganzen** +*Substantiv gesprochen* die gesamte Menge ≈ alle(s) *„Hast du die ganzen Bonbons aufgegessen?"* | *„Das ganze Mehl ist schon verbraucht"* NICHT KAPUTT: 3 *gesprochen* ohne Beschädigung, nicht defekt ≈ heil, unbeschädigt *„Das Glas, das auf den Boden gefallen ist, ist ganz geblieben"* ℹ meist nach einem Verb wie *sein* MENGE: 4 *gesprochen* drückt aus, dass die genannte Menge groß ist *„Er hat eine ganze Menge/einen ganzen Haufen Bücher"*

ADVERB 5 ohne Rest oder Einschränkung ≈ völlig *„Er hat den Kuchen ganz aufgegessen"* | *„Das ist mir ganz egal"* 6 verwendet, um Adjektive oder Adverbien zu verstärken ≈ sehr *„Er wurde ganz traurig, als er das hörte"* 7 verwendet, um eine Aussage einzuschränken und abzuschwächen ≈ ziemlich *„Der Film hat mir ganz gut gefallen"* ⓘ In dieser Bedeutung ist *ganz* immer unbetont und kann so von anderen Bedeutungen unterschieden werden: *Das Wasser ist 'ganz warm* (= es ist sehr warm); *Das Wasser ist ganz 'warm* (= es ist ziemlich warm). **8** **'ganz schön** *gesprochen* im Vergleich zu einer anderen Sache viel größer, intensiver o. Ä. ≈ ziemlich *„Hier ist es ganz schön kalt"*

Gan·ze (-n) das Ganze ist alles zusammen als Einheit *„Die einzelnen Stücke des Albums bilden zusammen ein harmonisches, in sich gerundetes Ganzes"* ⓘ *ein Ganzes; das Ganze; den, dem, des Ganzen*

ganz·tä·gig ADJEKTIV **1** (ohne größere Pause) von morgens bis abends oder 24 Stunden am Tag *„Das Lokal ist ganztägig geöffnet"* **2** **ganztägig arbeiten** die volle Arbeitszeit (von ca. acht Stunden) am Tag arbeiten

ganz·tags ADVERB den ganzen Tag, vormittags und nachmittags ⟨*ganztags arbeiten*⟩ ≈ Vollzeit ↔ halbtags *„Seit sie ein Kind hat, arbeitet sie nicht mehr ganztags, sondern nur noch halbtags"* **K** Ganztagsjob, Ganztagstätigkeit

gar ADJEKTIV (*garer, garst-*) **1** so, dass Speisen durch Kochen, Braten o. Ä. weich sind und gegessen werden können ⟨*Fleisch, Gemüse*⟩ *„das Fleisch gar kochen"*

ADVERB **2** *betont* verwendet, um eine Verneinung zu verstärken ⟨*gar kein, gar nicht(s)*⟩ ≈ überhaupt *„Diese Unverschämtheit lasse ich mir auf gar keinen Fall bieten!"*

die **Ga·ra·ge** [-ʒə]; (-, -n) ein Gebäude oder Teil eines Gebäudes, in dem Autos, Motorräder o. Ä. abgestellt werden ⟨*das Auto in die Garage bringen, fahren, stellen; das Auto aus der Garage holen*⟩ **K** Garageneinfahrt, Garagentor

die **Ga·ran·tie** (-, -n [-'tiːən]) **1** **(eine) Garantie (für etwas)** eine Erklärung, in der man sagt, dass etwas wahr ist oder dass es fest versprochen ist ⟨*(keine) Garantie für etwas übernehmen*⟩ *„Ich kann Ihnen keine Garantie geben, dass Sie den Job bekommen"* **2** **(eine) Garantie (auf etwas** (*Akkusativ*)**)** die schriftliche Erklärung des Herstellers einer Ware, dass einige der Fehler oder Schäden, die während einer vereinbarten Zeit nach dem Kauf auftreten, kostenlos beseitigt werden ⟨*etwas hat noch Garantie, keine Garantie mehr; die Garantie auf/für etwas ist abgelaufen*⟩ *„Auf diese Uhr gebe ich Ihnen zwei Jahre Garantie"* **K** Garantieschein

ga·ran·tie·ren (*garantierte, hat garantiert*) **1** **(jemandem) etwas garantieren** jemandem etwas ganz fest versprechen *„Ich garantiere Ihnen, dass Sie mit diesem Produkt viel Freude haben werden"* **2** **(jemandem) etwas garantieren** durch Verträge oder Gesetze erklären, dass jemand unter dem Schutz der genannten Rechte ist *„In der Verfassung werden die Menschenrechte garantiert"*

ga·ran·tiert ADVERB ganz sicher, bestimmt *„Er wird garantiert wieder zu spät kommen"*

die **Gar·de·ro·be** (-, -n) **1** die Kleidung (mit Ausnahme der Unterwäsche), die jemand besitzt ⟨*eine elegante, feine Garderobe besitzen*⟩ **2** ein Brett o Ä. mit Haken, an die man Mäntel und Jacken hängt *„den Mantel an die Garderobe hängen"* **K** Garderobenhaken **3** ein Raum (vor allem in einem Theater, Museum o. Ä.), in dem die Besucher ihre Garderobe, oft gegen eine Gebühr, aufbewahren können ⟨*etwas an der Garderobe abgeben, abholen*⟩

die **Gar·di·ne** (-, -n) ein dünner, durchsichtiger Stoff, der im Zimmer vor dem Fenster hängt ⟨*die Gardine/Gardinen aufziehen, vorziehen/zuziehen, aufhängen, abnehmen*⟩ **K** Gardinenleiste, Gardinenstange

ga·ren (*garte, hat gegart*) **etwas garen** Speisen heiß machen und so gar werden lassen

G

gä·ren *(gärte/gor, hat gegärt/hat/ist gegoren)* **etwas gärt** *(hat)* etwas wird sauer, weil durch chemische Prozesse Alkohol oder Säure entsteht (z. B. bei der Herstellung von Bier, Wein, Essig) • *hierzu* **Gä·rung** *die*

das **Garn** (-(e)s/-e) ein Faden aus mehreren Fasern zum Nähen oder Stricken ⟨*etwas aus grobem Garn stricken, weben; mit feinem Garn nähen, sticken*⟩ **K** Garnrolle; Nähgarn

G

gar·nie·ren *(garnierte, hat garniert)* **etwas (mit etwas) garnieren** Speisen mit essbaren Dingen schmücken *„eine Torte mit Weintrauben und Kirschen garnieren"* • *hierzu* **Gar·nie·rung** *die*

der **Gar·ten** (-s, *Gär·ten*) **1** im Garten hat man Blumen, Rasen, Gemüsepflanzen und Bäume und verbringt dort Freizeit ⟨*einen Garten anlegen; im Garten arbeiten; etwas im Garten anbauen*⟩ *„Die Kinder spielen im Garten hinter dem Haus"* **K** Gartenarbeit, Gartenschere, Gartenstuhl; Gemüsegarten; Schlossgarten **2** **ein botanischer Garten** ein öffentlicher Park, in dem man viele (auch seltene) Pflanzen sehen kann **3** **ein zoologischer Garten** *geschrieben* ein Park, in dem man Tiere in Gehegen oder Käfigen beobachten kann ≈ Zoo

der **Gärt·ner** (-s, -) eine Person, die (beruflich) vor allem Gemüse, Bäume oder Blumen anbaut und verkauft • *hierzu* **Gärt·ne·rin** *die*

die **Gärt·ne·rei** (-, *-en*) eine Firma, die vor allem Pflanzen und Sträucher anbaut und verkauft

das **Gas** (*-es, -e*) **1** eine nicht feste, nicht flüssige Substanz, die wie Luft ist ⟨*ein brennbares, giftiges, explosives Gas*⟩ *„einen Luftballon mit Gas füllen"* **K** Gasflasche; Giftgas **2** ein Gas, das leicht brennt und das man zum Kochen und Heizen verwendet *„Aus der defekten Leitung im Herd strömte Gas aus"* **K** Gasexplosion, Gasheizung, Gasherd, Gasleitung; Erdgas **i** nicht in der Mehrzahl verwendet **3** **Gas geben** *gesprochen* schneller fahren, indem man auf das Gaspedal tritt ≈ beschleunigen

das **Gas·pe·dal** das Pedal im Auto, auf das man tritt, damit das Auto (schneller) fährt

die **Gas·se** (-, *-n*) eine schmale Straße, an der links und rechts Häuser stehen

der **Gast** (-(e)s, *Gäs·te*) **1** eine Person, die man zu einem relativ kurzen Besuch in das eigene Haus eingeladen hat ⟨*ein gern gesehener, willkommener, seltener Gast*⟩ *„Wir haben heute Abend Gäste"* **K** Gästezimmer **2** eine Person, die in einem Hotel wohnt oder in einem Lokal isst und dafür bezahlt **K** Feriengast, Hotelgast **3** **irgendwo zu Gast sein** irgendwo (privat oder z. B. in einem Hotel) als Gast sein

gast·freund·lich ADJEKTIV gern bereit, Gäste bei sich aufzunehmen und ihnen Essen usw. zu geben

der **Gast·ge·ber** eine Person, die gerade Gäste bei sich hat ⟨*ein aufmerksamer, freundlicher Gastgeber*⟩ • *hierzu* **Gast·ge·be·rin** *die*

das **Gast·haus** eine ländlich, traditionell eingerichtete Gaststätte ⟨*im Gasthaus essen*⟩

der **Gast·hof** ein Gasthaus, in dem man auch übernachten kann

die **Gast·stät·te** in Gaststätten kann man für Geld essen und trinken ≈ Lokal **K** Sportgaststätte

die **Gat·tung** (-, *-en*) **1** eine Kategorie von einzelnen Dingen mit wichtigen gemeinsamen Merkmalen *„Lyrik, Epik und Dramatik sind literarische Gattungen"* **K** Kunstgattung **2** eine Kategorie im System der Lebewesen *„In der Familie „Katzen" gibt es eine Gattung „Großkatzen", zu der z. B. die Arten Löwe, Tiger und Leopard gehören"*

der **Gau·men** (-s, -) der Teil des Mundes, welcher das Innere des Mundes nach oben abschließt

der **Gau·ner** (-s, -); *gesprochen* eine Person, die stiehlt oder andere Leute betrügt

geb. **geb.** +*Datum* Abkürzung für *geboren*

Ge·bäck (-(e)s) kleine gebackene (meist süße) Stücke aus Teig *„seinen Gästen zum Tee Gebäck anbieten"* K Gebäckstück; Salzgebäck, Weihnachtsgebäck

ge·bä·ren (*gebärt/veraltend gebiert, gebar, hat geboren*) **(ein Kind) gebären** als Frau ein Baby zur Welt bringen *„Wann bist du geboren?"*

Ge·bäu·de (-s, -) ein großes Haus, in dem relativ viele Leute wohnen, arbeiten oder sich aufhalten *„Was ist das für ein Gebäude?" – „Das ist das Nationaltheater"* K Bahnhofsgebäude, Schulgebäude

ge·ben (*gibt, gab, hat gegeben*) EINER PERSON: SACHE, GELD: **1** **jemandem etwas geben** etwas in die Hände oder in Nähe einer Person legen oder stellen, sodass sie es bekommt ↔ nehmen *„einem Kind ein Glas Milch geben"* **2** **jemandem etwas geben** jemandem etwas als Geschenk überlassen ≈ schenken **3** **(jemandem) etwas für etwas geben** etwas für etwas bezahlen **4** **jemandem (etwas) zu** +*Infinitiv* **geben** einer Person etwas geben, damit sie etwas tut *„einem Gast zu essen und zu trinken geben"* EINER PERSON: ABSTRAKTES: **5** **(jemandem) etwas geben** erlauben oder dafür sorgen, dass jemand etwas bekommt *„einem Reporter ein Interview geben" | „jemandem noch eine Chance geben"* **6** **(jemandem) etwas geben** verwendet zusammen mit einem Substantiv, um ein Verb zu umschreiben *„(jemandem) eine Antwort geben"* jemandem antworten | *„(jemandem) einen Befehl geben"* (jemandem) etwas befehlen | *„(jemandem) eine Erlaubnis geben"* (jemandem) etwas erlauben | *„jemandem einen Rat geben"* jemandem etwas raten | *„(jemandem) Unterricht geben"* (jemanden) unterrichten AN EINEN ORT: **7** **etwas irgendwohin geben** etwas irgendwohin legen, stellen usw. *„den Kuchen in den Ofen geben"* ERZEUGNIS: **8** **ein Tier/etwas gibt etwas** ein Tier/etwas erzeugt, produziert etwas, was der Mensch nutzt *„Die Kuh gibt Milch"* ERGEBNIS: **9** **etwas gibt etwas** *gesprochen* etwas hat etwas als Ergebnis *„Vier mal fünf gibt zwanzig"* MEINUNG, ÄUSSERUNG, EINSTELLUNG: **10** **jemandem/etwas etwas geben** die Meinung haben oder äußern, dass eine Person oder Sache etwas hat *„Gibst du dem Projekt eine Chance?"* **11** **etwas 'von sich** (*Dativ*) **geben** etwas sagen SPIELKARTEN: **12** beim Kartenspielen die Karten verteilen *„Du gibst!"* EXISTENZ: **13** **es gibt jemanden/etwas** jemand/etwas existiert, ist tatsächlich vorhanden *„Kängurus gibt es nur in Australien" | „Damals gab es noch kein Telefon"* EREIGNIS: **14** **es gibt etwas** etwas geschieht, ereignet sich *„Morgen soll es Regen geben"* ANGEBOT: **15** **es gibt etwas** etwas wird zu essen oder zu trinken angeboten *„Was gibts heute zum Mittagessen?"* MÖGLICHKEIT, NOTWENDIGKEIT: **16** **es gibt etwas zu** +*Infinitiv* es ist möglich oder nötig, etwas zu tun *„Vor der Reise gibt es noch viel zu erledigen"*

das **Ge·bet** (-(e)s, -e) **1** das Beten (als Handlung) *„die Hände zum Gebet falten"* **2** der Text, den man beim Beten spricht ⟨*ein Gebet sprechen*⟩ K Gebetbuch; Tischgebet

ge·be·ten PARTIZIP PERFEKT → bitten

das **Ge·biet** (-(e)s, -e) **1** ein (meist relativ großer) Teil einer Gegend oder Landschaft ⟨*ein fruchtbares, sumpfiges Gebiet*⟩ *„Die Lüneburger Heide ist ein Gebiet, das unter Naturschutz steht"* K Industriegebiet, Waldgebiet **2** ein staatliches Territorium oder ein Teil davon *„Das andere Seeufer ist schon Schweizer Gebiet"* K Staatsgebiet **3** das Fach oder das Thema, mit dem sich jemand (beruflich) beschäftigt ≈ Bereich *„Die Mechanik und die Elektronik sind zwei wichtige Gebiete der Physik"* K Fachgebiet, Forschungsgebiet • zu (1) **ge·biets·wei·se** ADJEKTIV

ge·bil·det ADJEKTIV **1** mit einer guten Erziehung und Bildung *„ein sehr gebildeter Mensch"* **2** so, dass deutlich wird,

G

dass jemand gebildet ist und viel weiß

das **Ge·bir·ge** (-s, -) eine Gruppe von hohen Bergen ⟨*im Gebirge leben; ins Gebirge fahren*⟩ *„Der Himalaya ist das höchste Gebirge der Welt"* **K** Gebirgsdorf, Gebirgssee, Gebirgstal

das **Ge·biss** (-*es*, -*e*) alle Zähne eines Menschen oder Tieres

ge·bis·sen PARTIZIP PERFEKT → beißen

das **Ge·blä·se** (-s, -) ein Gerät, das einen Luftstrom erzeugt, damit man etwas wärmen, kühlen oder lüften kann

G

ge·blie·ben PARTIZIP PERFEKT → bleiben

ge·bo·gen PARTIZIP PERFEKT → biegen

ge·bo·ren PARTIZIP PERFEKT **1** → gebären

ADJEKTIV **2** verwendet, um den Familiennamen zu nennen, den jemand vor der Ehe hatte *„Frau Meier, geborene/geb. Müller"* **3** drückt aus, dass jemand am genannten Ort, im genannten Land geboren wurde *„Er ist ein geborener Berliner"* **4** sehr begabt, gut geeignet für eine besondere Tätigkeit ⟨*für/zu etwas geboren sein*⟩ *„Er ist der geborene Sänger"*

ge·bor·gen PARTIZIP PERFEKT **1** → bergen

ADJEKTIV **2** beschützt, sicher ⟨*sich irgendwo, bei jemandem geborgen fühlen*⟩ • *zu* (2) **Ge·bor·gen·heit** *die*

das **Ge·bot** (-(*e*)*s*, -*e*) **1 ein Gebot** (+*Genitiv*) etwas, das man tun soll, weil es ein Gesetz, ein moralischer oder religiöser Grundsatz oder die Vernunft vorschreibt **2** *geschrieben* eine (amtliche) Anordnung **3 die Zehn Gebote** die Gesetze, die Moses von Gott auf dem Berg Sinai empfangen hat

ge·bo·ten PARTIZIP PERFEKT → bieten

ge·bracht PARTIZIP PERFEKT → bringen

der **Ge·brauch** (-(*e*)*s*) **1 der Gebrauch** +*Genitiv*/**von etwas** das Verwenden, Gebrauchen ≈ Benutzung *„Die Schüler müssen den Gebrauch eines Wörterbuches üben"* **K** Gebrauchsgegenstand **2 etwas ist in/im Gebrauch** etwas wird regelmäßig benutzt, verwendet **3 vor/nach Gebrauch** bevor man etwas verwendet/nachdem man etwas verwendet hat *„die Flasche vor Gebrauch gut schütteln/nach Gebrauch wieder verschließen"*

ge·brau·chen (*gebrauchte, hat gebraucht*) **etwas gebrauchen** etwas (zum genannten Zweck oder auf die genannte Art) verwenden oder benutzen *„Er gebraucht Fremdwörter, um die Leute zu beeindrucken"*

die **Ge·brauchs·an·lei·tung** ≈ Gebrauchsanweisung

die **Ge·brauchs·an·wei·sung** ein Text und die Bilder, die man zusammen mit einer gekauften Ware bekommt, in denen erklärt wird, wie man sie verwendet *„Lies erst die Gebrauchsanweisung durch, bevor du das Gerät einschaltest!"*

ge·braucht ADJEKTIV **1** schon verwendet und daher nicht mehr neu, sauber oder frisch ⟨*ein Handtuch, Hemd*⟩ *„Wohin mit den gebrauchten Taschentüchern?"* **2** nicht neu im Laden gekauft, sondern vom vorigen Besitzer übernommen ⟨*ein Auto, Möbel*⟩ *„gebrauchte Kleidung am Flohmarkt kaufen"* **K** Gebrauchtwagen

die **Ge·bühr** (-, -*en*) eine Geldsumme, die man für manche (öffentliche) Dienste einer Institution, eines Anwalts, eines Arztes usw. zahlen muss ⟨*Gebühren erheben, erhöhen, senken, bezahlen/entrichten; etwas gegen (eine) Gebühr bekommen, leihen*⟩ *„Muss ich beim Geldwechseln Gebühren bezahlen?"* **K** Gebührenerhöhung; Anmeldegebühr, Rundfunkgebühr • *hierzu* **ge·büh·ren·frei** ADJEKTIV

ge·bun·den PARTIZIP PERFEKT → binden

die **Ge·burt** (-, -*en*) der Vorgang, bei dem ein Baby oder ein Tier aus dem Leib der Mutter kommt ⟨*vor, bei, nach der Geburt; von Geburt an*⟩ **K** Geburtsdatum, Geburtsjahr, Geburtsort, Geburtsurkunde **i** vergleiche **Entbindung**

der **Ge·burts·na·me** der Familienname

der Eltern, den man nach der Geburt erhalten hat

Ge·burts·tag 1 der Jahrestag der Geburt von einer Person ⟨*Geburtstag feiern, haben; jemandem zum Geburtstag gratulieren*⟩ *„Alles Gute zum Geburtstag!"* K Geburtstagsfeier, Geburtstagsgeschenk, Geburtstagskarte, Geburtstagstorte 2 **jemandes Geburtstag** *admin* das Datum der Geburt einer Person

Ge·büsch (-(e)s, -e) mehrere Büsche, die dicht beieinanderstehen

ge·dacht PARTIZIP PERFEKT 1 → denken

ADJEKTIV 2 **für jemanden/etwas (als etwas) gedacht**; **irgendwie/als etwas gedacht** für einen Zweck vorgesehen *„Die Blumen sind als Geschenk für Mutter gedacht"* 3 nur in der Vorstellung, nicht wirklich vorhanden *„eine gedachte Linie entlanggehen"*

Ge·dächt·nis (-ses, -se) 1 die Fähigkeit, sich an etwas erinnern zu können ⟨*ein gutes/schlechtes Gedächtnis haben; das Gedächtnis verlieren*⟩ K Namensgedächtnis, Zahlengedächtnis 2 ein Speicher im Gehirn, in welchem die Informationen über Gelerntes und Erlebtes sind ⟨*etwas im Gedächtnis behalten, bewahren; etwas aus dem Gedächtnis verlieren*⟩ ❶ nicht in der Mehrzahl verwendet

Ge·dan·ke (-ns, -n) 1 das Resultat des Denkens ⟨*ein kluger, vernünftiger Gedanke*⟩ ≈ Überlegung ❶ *der Gedanke; des Gedankens; den, dem Gedanken* 2 das, was jemandem plötzlich in den Sinn, ins Bewusstsein kommt ⟨*jemandem kommt ein guter Gedanke*⟩ ≈ Idee *„Dein Hinweis bringt mich auf einen (guten) Gedanken"* 3 der Vorgang des Denkens ⟨*(tief/ganz) in Gedanken verloren, versunken sein; jemandes Gedanken erraten, lesen (können)*⟩ ❶ nur in der Mehrzahl verwendet

Ge·dan·ken·strich das Zeichen –, das verwendet wird, um in einem Text eine Pause im Satz zu markieren

das **Ge·deck** (-(e)s, -e); *geschrieben* das Geschirr und das Besteck, das eine Person bei einer Mahlzeit benutzt

das **Ge·dicht** (-(e)s, -e) ein (kurzer) Text meist in Reimen, der in Verse und Strophen gegliedert ist ⟨*ein Gedicht schreiben/verfassen, auswendig lernen, aufsagen*⟩ *„Der Erlkönig" ist ein bekanntes Gedicht von Goethe"*

ge·drun·gen PARTIZIP PERFEKT → dringen

die **Ge·duld** (-) 1 die Fähigkeit oder die Bereitschaft, lange und ruhig auf etwas zu warten ⟨*viel, wenig, keine, eine engelhafte Geduld haben*⟩ 2 die Fähigkeit, sich zu beherrschen und etwas zu ertragen, das unangenehm oder ärgerlich ist ⟨*die Geduld verlieren; mit der Geduld am Ende sein*⟩ ≈ Beherrschung 3 **Geduld (für/zu etwas)** die Fähigkeit, eine schwierige und lange dauernde Arbeit zu machen ≈ Ausdauer *„Ich habe keine Geduld (dazu/dafür), das Modell zu bauen"*

ge·dul·den (*geduldete sich, hat sich geduldet*) **sich gedulden** *geschrieben* mit Geduld warten

ge·ehrt ADJEKTIV verwendet als Teil einer höflichen Anrede, vor allem in Briefen *„Sehr geehrte Frau Kunze"*

ge·eig·net ADJEKTIV **(als/für/zu etwas) geeignet** für einen Zweck passend ⟨*eine Maßnahme, ein Mittel; im geeigneten Moment*⟩ *„Bücher sind immer als Geschenk geeignet"* | *„Sie ist für schwere Arbeit nicht geeignet"*

die **Ge·fahr** (-, -en) wenn etwas Schlimmes geschehen könnte, ist das eine Gefahr ⟨*eine akute, ernste, tödliche Gefahr; in Gefahr geraten, kommen, sein; jemanden/etwas in Gefahr bringen*⟩ *„Schadstoffe in der Luft sind eine Gefahr für den Wald"* K Gefahrenzone; Ansteckungsgefahr, Explosionsgefahr, Unfallgefahr • *hierzu* **ge·fahr·los** ADJEKTIV

ge·fähr·den (*gefährdete, hat gefährdet*) **jemanden/etwas gefährden** jemanden/etwas in Gefahr bringen *„Durch seinen Leichtsinn hat der Bus-*

G

G

fahrer die Fahrgäste unnötig gefährdet" • *hierzu* **Ge·fähr·dung** *die*

ge·fähr·lich ADJEKTIV **gefährlich (für jemanden/etwas)** so, dass eine Gefahr für jemanden/etwas besteht *„Krebs ist eine sehr gefährliche Krankheit"* | *„Rennfahrer leben gefährlich"* • *hierzu* **Ge·fähr·lich·keit** *die*

das **Ge·fäl·le** (-s, -) der Grad, mit dem ein Gelände, eine Straße, ein Fluss usw. schräg nach unten verläuft, sich neigt ≈ Neigung ↔ Steigung *„Die Straße hat ein Gefälle von 8 %"*

ge·fal·len (*gefällt, gefiel, hat gefallen*) **eine Person/Sache gefällt jemandem** eine Person/Sache ist so, dass sich jemand darüber freut oder es schön findet ID **sich** (*Dativ*) **etwas gefallen lassen** *gesprochen* sich gegen etwas nicht wehren, sondern es ruhig ertragen *„Warum lässt du dir seine Gemeinheiten gefallen?"*

der **Ge·fal·len** (-s) etwas, das man aus Freundlichkeit für jemanden tut ⟨*jemandem einen (großen, kleinen) Gefallen tun/erweisen*⟩ *„Kannst du mir einen großen Gefallen tun und mir ein Buch aus der Stadt mitbringen?"*

ge·fan·gen ADJEKTIV **1** **jemanden gefangen halten** jemanden in einem Gefängnis o. Ä., ein Tier in einem Käfig o. Ä. halten und nicht weggehen lassen **2** **jemanden gefangen nehmen** meist im Krieg einen Soldaten fangen ℹ Ein Verbrecher wird von der Polizei *festgenommen* oder *verhaftet*. • *zu (2)* **Ge·fan·gen·nah·me** *die*

der/die **Ge·fan·ge·ne** (-n, -n) **1** eine Person, die im Gefängnis ist ⟨*ein politischer Gefangener*⟩ ≈ Häftling **K** Strafgefangene **2** eine Person, die im Krieg vom Feind gefangen genommen worden ist ⟨*Gefangene machen, austauschen, freilassen*⟩ **K** Kriegsgefangene ℹ *ein Gefangener; der Gefangene; den, dem, des Gefangenen*

das **Ge·fäng·nis** (*-ses, -se*) ein Gebäude, in dem Personen eingesperrt sind, die ein Verbrechen begangen haben (und vom Gericht zu einer Haftstrafe verurteilt worden sind) ⟨*ins Gefängnis kommen; im Gefängnis sein, sitzen*⟩ **K** Gefängniszelle; Untersuchungsgefängnis

das **Ge·fäß** (*-es, -e*) ein relativ kleiner Behälter, meist für Flüssigkeiten ⟨*etwas in ein Gefäß füllen/schütten, tun*⟩ *„Krüge und Schüsseln sind Gefäße"* **K** Trinkgefäß ℹ → Abb. *Behälter und Gefäße* unter **Behälter**

ge·floch·ten PARTIZIP PERFEKT → flechten

ge·flo·gen PARTIZIP PERFEKT → fliegen

ge·flo·hen [gəˈfloːən] PARTIZIP PERFEKT → fliehen

ge·flos·sen PARTIZIP PERFEKT → fließen

das **Ge·flü·gel** (-s) **1** alle Vögel wie z. B. Hühner, Enten oder Gänse, die man isst oder wegen der Eier und Federn hält **2** das Fleisch von Geflügel

ge·frie·ren (*gefror, ist gefroren*) **etwas gefriert** etwas wird durch Kälte zu Eis oder fest und hart *„Der Boden ist gefroren"*

ge·fro·ren PARTIZIP PERFEKT **1** → frieren **2** → gefrieren

das **Ge·fühl** (*-s, -e*) **1** **ein Gefühl** (*+Genitiv*/**von etwas**) das, was man mithilfe der Nerven mit dem Körper spürt ⟨*ein Gefühl der/von Kälte, Wärme, Nässe haben, verspüren*⟩ ≈ Empfindung *„Nach dem Unfall hatte sie kein Gefühl mehr in den Beinen"* **K** Schwindelgefühl ℹ nicht in der Mehrzahl verwendet **2** **ein Gefühl** (*+Genitiv*/**von etwas**) das, was man fühlt oder empfindet ⟨*ein beglückendes, beruhigendes Gefühl; ein Gefühl der/von Angst, Erleichterung, Freude, Geborgenheit, Unsicherheit*⟩ ≈ Emotion *„Ich muss mir erst über meine Gefühle ihm gegenüber/für ihn klar werden"* **K** Glücksgefühl, Schuldgefühl **3** ein undeutliches Wissen, das auf Intuition, nicht auf dem Verstand beruht ⟨*ein mulmiges, ungutes Gefühl bei etwas haben*⟩ ≈ Vermutung *„Ich habe das Gefühl, dass heute noch etwas Schlimmes passiert"* ℹ nicht in der Mehrzahl verwendet **4** **ein Gefühl (für etwas)** die Fähigkeit, etwas instinktiv richtig einzuschätzen oder zu machen ⟨*etwas im Gefühl haben*⟩ *„ein Gefühl für Farben und Formen/für Recht und Unrecht haben"* **K** Rhythmusgefühl ⓘ nicht in der Mehrzahl verwendet • *zu* (1,2) **ge·fühl·los** *ADJEKTIV*

ge·fun·den *PARTIZIP PERFEKT* → finden

ge·gan·gen *PARTIZIP PERFEKT* → gehen

ge·gen *PRÄPOSITION mit Akkusativ* RICHTUNG: **1** in Richtung zu jemandem/etwas hin oder so, dass jemand/etwas berührt wird *„sich mit dem Rücken gegen die Wand lehnen"* | *„Er warf kleine Steinchen gegen das Fenster"* **2** in die Richtung, aus der jemand/etwas kommt ≈ entgegen *„gegen die Strömung schwimmen"* OPPOSITION: **3** nennt die Person oder Sache, die einen Nachteil oder Schaden von etwas hat ↔ für *„gegen einen Kandidaten/Vorschlag stimmen"* | *„Vorurteile/Gewalt gegen Minderheiten"* **4** nennt die Sache, die verhindert oder beseitigt oder deren negative Wirkung schwächer gemacht werden soll *„der Kampf gegen die Umweltverschmutzung"* | *„ein Mittel gegen Kopfschmerzen"* **5** nennt die Person oder Sache, zu der ein negatives Verhältnis, eine negative Einstellung besteht *„eine Allergie gegen Pollen"* | *„Besteht noch Verdacht gegen ihn?"* **6** nennt den Gegner bei einem Wettkampf o. Ä. ⟨*gegen jemanden spielen, gewinnen, verlieren*⟩ *„Das Pokalspiel Hamburg gegen Köln endete 3 : 1"* **7** bezeichnet einen Gegensatz, Widerspruch o. Ä. *„Er wurde gegen seinen Willen dort festgehalten"* TAUSCH: **8** nennt eine nötige Gegenleistung oder eine Person oder Sache, die als Ersatz dient *„die Sommerreifen gegen Winterreifen austauschen"* VERGLEICH: **9** *gesprochen* verglichen mit *„Gegen ihn bist du ein Riese"* *ADVERB* **10** **gegen** *+Zeitangabe* drückt aus, dass man den genauen Zeitpunkt nicht kennt oder nicht nennen will ≈ ungefähr *„Wir treffen uns gegen fünf Uhr vor dem Rathaus"*

die **Ge·gend** (-, *-en*) **1** ein (meist relativ kleiner) Teil einer Landschaft, dessen Grenzen nicht genau bestimmt sind ⟨*eine einsame, verlassene, gebirgige Gegend; durch die Gegend fahren; sich (Dativ) die Gegend ansehen*⟩ *„Unsere Reise führte uns durch die schönsten Gegenden Frankreichs"* **2** ein Teil der Stadt, dessen Grenzen nicht genau bestimmt sind *„in einer ruhigen Gegend wohnen"* **K** Bahnhofsgegend **3** **in der Gegend** *+Genitiv* ungefähr an der genannten Stelle des Körpers *„Schmerzen in der Gegend des Herzens"* **K** Herzgegend, Magengegend

ge·gen·ei·nan·der *ADVERB* eine Person/Sache gegen die andere (drückt eine Gegenseitigkeit aus) *„Gerd und Peter kämpften gegeneinander"* Gerd kämpfte gegen Peter, und Peter gegen Gerd | *„Die Spione wurden gegeneinander ausgetauscht"*

der **Ge·gen·satz** **1** ein großer, wichtiger Unterschied zwischen zwei Personen, Dingen, Eigenschaften usw. *„Diese beiden Aussagen stellen einen krassen Gegensatz dar"* **2** **im Gegensatz zu jemandem/etwas** im Unterschied oder als Kontrast zu jemandem/etwas *„Im Gegensatz zu ihm ist sein Vater ziemlich klein"* Er selbst ist groß und sein Vater klein

ge·gen·sei·tig *ADJEKTIV* **1** so, dass eine Person etwas für eine andere Person tut, was diese für die erste Person tut ⟨*Beeinflussung, Hilfe*⟩ *„Sie haben sich gegenseitig bei der Arbeit geholfen"* **2** beide Seiten betreffend *„Sie trennten sich im gegenseitigen Einvernehmen"* beide waren damit einverstanden

der **Ge·gen·stand** ein meist relativ kleiner, fester Körper, den man nicht genauer benennen kann oder will ⟨*ein eckiger, kantiger, runder, ovaler, schwerer Gegenstand*⟩ ≈ Ding **K** Gebrauchsgegenstand, Kunstgegenstand

das **Ge·gen·teil** eine Person, Sache, Eigenschaft usw., die völlig andere

G

Merkmale hat als eine andere Person, Sache, Eigenschaft usw. *„Das Gegenteil von „groß" ist „klein" | „Rita ist ein sehr ruhiges Mädchen. Ihr Bruder ist genau das Gegenteil von ihr"* ID **(ganz) im Gegenteil** überhaupt nicht *„Du bist sicher todmüde!" – „Oh nein, ganz im Gegenteil!"* Ich bin fit und munter

ge·gen·über *PRÄPOSITION mit Dativ* **1** das Gesicht oder die Vorderseite genau dem Gesicht/der Vorderseite von jemandem/etwas zugewandt *„Er setzte sich seinem Nachbarn gegenüber"* ⓘ *Gegenüber* steht immer nach dem Pronomen: *Er wohnt ihr gegenüber.* **2** verwendet, um einen Vergleich herzustellen *„Gegenüber der Hochsaison ist die Nachsaison besonders billig"* **3** **jemandem gegenüber** im Verhalten, Umgang mit jemandem *„Mir gegenüber ist sie immer sehr nett"*
ADVERB **4** auf der entgegengesetzten Seite einer Sache ⟨*direkt, genau, schräg gegenüber*⟩ *„Wir stehen hier am Nordufer des Bodensees. Direkt gegenüber liegt die Schweiz"*

ge·gen·über·ste·hen (*hat*) **1** **jemandem/etwas gegenüberstehen** so stehen, dass man das Gesicht einer anderen Person oder ein Gebäude, Objekt o. Ä. sieht *„Als sie um die Ecke bog, stand sie plötzlich einer alten Freundin gegenüber"* **2** **Personen/Gruppen stehen sich/einander gegenüber** zwei Personen/Gruppen stehen für einen Wettkampf oder Kampf gegeneinander bereit ⟨*Boxer, Mannschaften, feindliche Truppen*⟩ **3** **Dinge stehen sich/einander gegenüber** wenn sich z. B. zwei Häuser gegenüberstehen, stehen sie links und rechts von einer Straße gleich weit von einer Kreuzung o. Ä. entfernt

der **Ge·gen·ver·kehr** die Fahrzeuge, die einem auf der Straße aus der anderen Richtung entgegenkommen

die **Ge·gen·wart** (-) **1** die Zeit zwischen Vergangenheit und Zukunft, also jetzt ⟨*in der Gegenwart*⟩ **2** **in jemandes Gegenwart** in Anwesenheit von jemandem *„In seiner Gegenwart ist sie immer sehr nervös"*

ge·ges·sen *PARTIZIP PERFEKT* → essen

ge·gli·chen *PARTIZIP PERFEKT* → gleichen

ge·glit·ten *PARTIZIP PERFEKT* → gleiten

der **Geg·ner** (-s, -) **1** die Person(en), gegen die man kämpft, spielt oder mit der/denen man Streit hat ⟨*ein fairer, persönlicher, politischer, militärischer, überlegener Gegner; einen Gegner besiegen, schlagen, ausschalten, überlisten; einem Gegner unterliegen; jemanden zum Gegner haben*⟩ ≈ Feind *„Gleich in der ersten Runde des Turniers stieß er auf den schwersten Gegner"* **2** **ein Gegner** *+Genitiv*/**von etwas** eine Person, die etwas ablehnt, gegen etwas kämpft *„ein entschiedener Gegner der Frauenquote sein"* • *hierzu* **Geg·ne·rin** *die*

ge·gol·ten *PARTIZIP PERFEKT* → gelten

ge·go·ren *PARTIZIP PERFEKT* → gären

ge·gos·sen *PARTIZIP PERFEKT* → gießen

ge·grif·fen *PARTIZIP PERFEKT* → greifen

das **Ge·halt**[1] *besonders* Ⓐ *der*; (-(e)s, *Ge·häl·ter*) das Geld, das ein Angestellter jeden Monat für die Arbeit bekommt ⟨*ein hohes, niedriges, festes, anständiges, ordentliches Gehalt haben, bekommen, beziehen*⟩ **K** Gehaltserhöhung; Jahresgehalt, Monatsgehalt

der **Ge·halt**[2] (-(e)s, -e) **der Gehalt (an etwas** (*Dativ*)) der Anteil, den eine chemische Substanz an einem Gemisch oder einer Verbindung hat *„Der Gehalt an Eisen in diesem Erz ist gering"* **K** Goldgehalt, Vitamingehalt

ge·halt·voll *ADJEKTIV* reich an Nährwert, Kalorien, Alkohol o. Ä. ⟨*ein Eintopf, eine Suppe, ein Wein; Essen, Milch*⟩

das **Ge·he·ge** (-s, -) ein Gelände mit einem Zaun, in dem Tiere gehalten werden, z. B. in einem Zoo

ge·heim *ADJEKTIV* **1** so, dass andere Personen nichts davon erfahren (sollen) ⟨*ein Auftrag, Pläne; eine Verschwörung; Gedanken, Wünsche*⟩ *„Pläne über mili-*

tärische Stützpunkte sind streng geheim" **K** Geheimnummer, Geheimrezept, Geheimwaffe **2** **etwas (vor jemandem) geheim halten** einen Vorfall nicht öffentlich bekannt werden lassen *„Die ganze Affäre wurde von der Regierung geheim gehalten"* • zu (2) **Ge·heim·hal·tung** *die*

Ge·heim·dienst eine staatliche Organisation, die geheime Informationen aus anderen Ländern beschaffen soll

Ge·heim·nis (*-ses, -se*) etwas, das andere Leute nicht erfahren sollen ⟨*jemandem ein Geheimnis anvertrauen, offenbaren, verraten*⟩ **K** Staatsgeheimnis

ge·hen ['ge:ən] (*ging, ist gegangen*) FORTBEWEGUNG: **1** sich aufrecht auf den Füßen mit relativ langsamen Schritten fortbewegen ⟨*spazieren gehen*⟩ *„Willst du im Auto mitfahren?" – „Nein, ich gehe lieber (zu Fuß)."* **K** gehbehindert **2** **irgendwohin gehen**; *Infinitiv* + **gehen** sich zu Fuß oder mit einem Fahrzeug zu einem Ort bewegen (um etwas zu tun) *„einkaufen/schlafen/schwimmen gehen"* | *„ins/zu Bett gehen"* | *„nach Hause gehen"* **3** **irgendwohin gehen** die eigene Heimat oder Wohnung verlassen, um an einem anderen Ort zu leben (und zu arbeiten) ⟨*ins Ausland, nach Afrika, ins Kloster gehen*⟩ **4** einen Ort verlassen ≈ weggehen *„Willst du schon wieder gehen? Du bist doch gerade erst gekommen!"* TÄTIGKEIT: **5** **irgendwohin gehen** eine Schule o. Ä. regelmäßig besuchen, eine Ausbildung machen ⟨*in den Kindergarten, zur Schule, in die Realschule, ins/aufs Gymnasium, auf die Universität gehen*⟩ **6** **an/in etwas** (*Akkusativ*) **gehen** mit einer Tätigkeit oder einem Lebensabschnitt beginnen ⟨*in Pension, in Rente, in den Ruhestand, in Urlaub gehen*⟩ *„Als sie den Auftrag bekam, ging sie sofort an die Arbeit/ans Werk"* RICHTUNG, ZIEL: **7** **etwas geht irgendwohin** etwas führt zum genannten Ziel oder verläuft in die genannte Richtung *„Der Weg geht nach Bonn/zum See/entlang der Stadtmauern"* ÖFFENTLICHES VERKEHRSMITTEL: **8** **etwas geht irgendwohin/irgendwann/irgendwie** etwas fährt oder fliegt dem Fahrplan o. Ä. entsprechend *„Dieser Zug geht nur bis Zürich. Dort müssen wir umsteigen"* | *„Wann geht das nächste Flugzeug nach Frankfurt?"* GRÖẞE O. Ä.: **9** **etwas geht irgendwohin** etwas findet irgendwo genügend Platz ≈ passen *„In den Krug gehen drei Liter"* **10** **jemand/etwas geht (einer Person) bis an etwas** (*Akkusativ*)/ **bis zu etwas** jemand/etwas reicht bis zum genannten Punkt *„Das Wasser geht mir bis zum Knie"* ABLAUF, ENTWICKLUNG: **11** **etwas geht irgendwie** etwas läuft irgendwie ab, verläuft irgendwie *„Bei der Prüfung ist alles gut gegangen"* | *„Versuchs mal, es geht ganz leicht!"* **12** **etwas geht gut** etwas entwickelt sich oder endet positiv *„Das ist gerade noch einmal gut gegangen, beinahe wäre ich die Treppe runtergefallen!"* ℹ → auch **schiefgehen** ZUSTAND: **13** **jemandem geht es irgendwie** jemand befindet sich (körperlich oder seelisch) im genannten Zustand *„Wie geht es dir?" – „Mir gehts ganz gut, danke."* FUNKTION: **14** **etwas geht (irgendwie)** etwas funktioniert (irgendwie) *„Die Uhr geht falsch"* SONSTIGE VERWENDUNGEN OHNE PRÄPOSITION: **15** **etwas geht** etwas ist möglich *„Es geht leider nicht, dass wir uns morgen treffen"* IN WENDUNGEN MIT EINER PRÄPOSITION: **16** **mit jemandem 'gehen** *gesprochen* (als Jugendlicher) mit jemandem eine feste Liebesbeziehung haben MIT ES: **17** **es geht um etwas** etwas ist das Thema, der Inhalt, der Anlass o. Ä. einer Sache *„Worum geht es in dem Buch?"*

das **Ge·hirn** (*-(e)s, -e*) **1** das Organ im Kopf von Menschen und Tieren, mit dem sie denken und fühlen *„Der Schädel schützt das Gehirn vor Verletzungen"* **K** Gehirntumor **2** *gesprochen* die Fähigkeit zu denken und zu urteilen ≈ Verstand *„Streng dein Gehirn an!"* Denke sorgfäl-

G

tig und intensiv nach

ge·ho·ben ADJEKTIV **1** auf einer relativ hohen (sozialen) Stufe ⟨*eine Position, eine Stellung, der Mittelstand*⟩ **2** so, dass es hohen Ansprüchen genügt ⟨*ein Hotel, die Qualität, ein Restaurant*⟩ ≈ vornehm

ge·hol·fen PARTIZIP PERFEKT → helfen

das **Ge·hör** (-(e)s) die Fähigkeit zu hören ⟨*ein gutes, feines Gehör haben*⟩ *„nach Gehör Klavier spielen"* **K** Gehörsinn • *hierzu* **ge·hör·los** ADJEKTIV

G

ge·hor·chen (*gehorchte, hat gehorcht*) **(jemandem/etwas) gehorchen** das tun, was jemand verlangt oder was ein Gesetz o. Ä. vorschreibt ⟨*jemandem blind* (= *unkritisch*), *willig, aufs Wort gehorchen*⟩ *„Er gehorchte dem Wunsch seines Vaters und ging auf die höhere Schule"*

ge·hö·ren (*gehörte, hat gehört*) **1** **ein Tier/etwas gehört jemandem** ein Tier/etwas ist jemandes Eigentum oder Besitz *„Das Haus, in dem wir wohnen, gehört meinen Eltern"* **2** **jemand/etwas gehört zu etwas** jemand/etwas ist (wichtiger) Teil eines Ganzen, einer Einheit *„Das gehört zum Allgemeinwissen"* **3** **ein Tier/etwas gehört irgendwohin** irgendwo ist der richtige Ort, Platz o. Ä. für ein Tier/etwas *„Die Fahrräder gehören in die Garage"* **4** **etwas gehört sich** etwas entspricht den guten Sitten, den gesellschaftlichen Normen *„Es gehört sich nicht, so etwas zu sagen!"*

ge·hor·sam ADJEKTIV **(jemandem gegenüber) gehorsam** sich so verhaltend, wie es die Eltern, Lehrer usw. wünschen ⟨*ein Kind, ein Sohn, eine Tochter*⟩ ≈ folgsam *„gehorsam zu Bett gehen"* • *hierzu* **Ge·hor·sam** *der*

der **Geh·weg** ein fester und meist erhöhter Weg für Fußgänger neben der Straße in Städten und Dörfern ≈ Gehsteig

die **Gei·ge** (-, -n) ein Musikinstrument mit vier Saiten, das mit einem Bogen gestrichen wird und das man zum Spielen an die Schulter legt ⟨(*auf einer*) *Geige spielen*⟩ ≈ Violine **i** → Abb. unter **Instrument**

geil ADJEKTIV; *gesprochen* verwendet, um Anerkennung auszudrücken ≈ toll *„Echt geil, dein neues Auto!"*

die **Gei·sel** (-, -n) eine Person, die von jemandem gefangengenommen wurde und erst dann wieder freigelassen wird, wenn die Forderungen erfüllt sind ⟨*eine Geisel nehmen*⟩

der **Geist**[1] (-(e)s) die Fähigkeit des Menschen, die Welt wahrzunehmen und zu denken ⟨*einen regen, wachen, scharfen Geist haben*⟩ ≈ Bewusstsein, Verstand *„Streng doch mal deinen Geist ein bisschen an!"* • *hierzu* **geist·reich** ADJEKTIV

der **Geist**[2] (-(e)s, -er) ein Mensch, den jemand nach dessen Tod als Geist zu hören oder zu sehen glaubt *„In dem alten Schloss geht nachts der Geist eines Ritters um"* **K** Geisterschloss • *hierzu* **geis·ter·haft** ADJEKTIV

geis·tig ADJEKTIV **1** in Bezug auf den menschlichen Verstand, Geist ⟨*eine Arbeit, eine Tätigkeit; geistig behindert, rege, umnachtet, verwirrt*⟩ *„Trotz ihres hohen Alters ist sie geistig noch sehr aktiv"* **2** → Eigentum

der **Geiz** (-es); *abwertend* die Eigenschaft einer Person, kein Geld ausgeben zu wollen • *hierzu* **gei·zig** ADJEKTIV

ge·kannt PARTIZIP PERFEKT → kennen

ge·klun·gen PARTIZIP PERFEKT → klingen

ge·knif·fen PARTIZIP PERFEKT → kneifen

ge·kro·chen PARTIZIP PERFEKT → kriechen

das **Ge·län·de** (-s, -) **1** ein Teil der Erdoberfläche mit den topografischen Eigenschaften ⟨*ein bergiges, hügeliges, unwegsames Gelände; ein Gelände erkunden, durchkämmen*⟩ ≈ Terrain **2** ein Stück Land, das jemandem gehört oder das für einen Zweck abgegrenzt wurde ⟨*ein unbebautes Gelände; ein Gelände absperren*⟩ **K** Bahnhofsgelände, Messegelände

das **Ge·län·der** (-s, -) Geländer sind die

Stangen am Rand von Treppen, Balkonen usw., an denen man sich festhalten kann, damit man nicht fällt ⟨*sich am Geländer festhalten; sich über das Geländer beugen; über das Geländer klettern*⟩ **K** Balkongeländer, Treppengeländer

ge·lạng *Präteritum, 3. Person Singular* → gelingen

ge·lạn·gen (*gelangte, ist gelangt*) **1** **irgendwohin gelangen** ein Ziel oder einen Ort erreichen *„Er konnte nicht ans andere Ufer gelangen"* **2** **etwas gelangt irgendwohin** etwas kommt, etwas gerät irgendwohin *„Diese Informationen hätten nie an die Öffentlichkeit gelangen dürfen"*

ge·lạs·sen ADJEKTIV (seelisch) ganz ruhig, nicht nervös, wütend o. Ä. ⟨*gelassen bleiben; etwas gelassen hinnehmen*⟩ • *hierzu* **Ge·lạs·sen·heit** *die*

gẹlb ADJEKTIV von der Farbe einer Zitrone, der Sonne *„ein gelbes Kleid tragen"* | *„eine Wand gelb streichen"* **K** gelbbraun, gelbgrün; goldgelb, zitronengelb

das **Gẹlb** (-*s*, - /*gesprochen auch*-*s*) **1** die gelbe Farbe **2** das Licht einer Ampel, das zwischen dem grünen und dem roten Licht aufleuchtet

das **Gẹld** (-*es*, -*er*) **1** Münzen oder Banknoten, die man dazu benutzt, etwas zu kaufen, oder die man bekommt, wenn man etwas verkauft oder leistet ⟨*Geld verdienen, einnehmen, kassieren, scheffeln, ausgeben; Geld zur Bank tragen, bei der Bank einzahlen; Geld sparen, auf der Bank/auf dem Konto haben, anlegen; Geld vom Konto abheben, flüssig haben, umtauschen, wechseln; Geld fälschen, unterschlagen*⟩ *„Von dem Geld, das er beim Lotto gewonnen hat, will er ein Haus bauen"* **K** Bargeld, Münzgeld, Papiergeld, Falschgeld; Eintrittsgeld **i** nicht in der Mehrzahl verwendet **2** große Summen Geld für einen besonderen Zweck ⟨*öffentliche, private Gelder; Gelder beantragen, veruntreuen*⟩ *„Der Bau des Krankenhauses hat wesentlich mehr Gelder verschlungen, als ursprünglich vorgesehen war"* **K** Steuergelder **3** **hartes/kleines Geld** Münzen **i** nicht in der Mehrzahl verwendet **4** **großes Geld** Banknoten ≈ Papiergeld, Geldscheine **i** nicht in der Mehrzahl verwendet

der **Gẹld·au·to·mat** ein Automat einer Bank, von dem man Geld bekommt, wenn man eine Bankkarte in den Schlitz steckt

der **Gẹld·beu·tel** eine kleine Tasche (meist aus Leder) für das Geld, das man bei sich trägt ⟨*etwas in den Geldbeutel tun*⟩

die **Gẹld·bör·se** ≈ Geldbeutel

der **Gẹld·schein** *gesprochen* ein Stück Papier mit einer Zahl für den Geldwert, mit dem man bezahlen kann ≈ Banknote

der/das **Ge·lee** [ʒe'le:]; (-*s*, -*s*) Fruchtsaft, der mit Zucker gekocht wurde und der dadurch so dickflüssig geworden ist, dass man ihn auf Brot streichen kann **i** → auch **Konfitüre** und **Marmelade**

ge·le̲·gen PARTIZIP PERFEKT **1** → liegen ADJEKTIV **2** **etwas kommt jemandem gelegen** etwas geschieht zu einer Zeit, die für jemanden günstig ist *„Dein Besuch kommt mir sehr gelegen, denn ich brauche deine Hilfe"*

die **Ge·le̲·gen·heit** (-, -*en*) **1** ein Zeitpunkt oder eine Situation, die für einen Zweck günstig ist ⟨*eine einmalige, günstige, gute, seltene Gelegenheit; die Gelegenheit ergreifen, verpassen*⟩ *„Er nutzt jede Gelegenheit, (um) von seinem Urlaub zu erzählen"* **2** die Möglichkeit, etwas zu tun ⟨*jemandem (die) Gelegenheit zu etwas geben*⟩ *„Ich hatte keine Gelegenheit, sie anzurufen"*

ge·le̲hrt ADJEKTIV (*gelehrter, gelehrtest-*) mit viel wissenschaftlichem Wissen ⟨*eine Frau, ein Mann*⟩

das **Ge·lẹnk** (-(*e*)*s*, -*e*) **1** eine bewegliche Verbindung zwischen Knochen ⟨*ein entzündetes, gebrochenes, geschwollenes, schmerzendes, steifes Gelenk*⟩ **K** Gelenkschmerzen; Handgelenk, Kniegelenk **2** eine bewegliche Verbin-

G

dung zwischen Maschinenteilen o. Ä.

ge·lie·hen *PARTIZIP PERFEKT* → leihen

ge·lin·gen *(gelang, ist gelungen)* **1** **etwas gelingt (jemandem)** etwas verläuft so, wie es jemand gewollt oder geplant hat oder es hat ein positives Ergebnis ⟨*ein Plan, ein Versuch, jemandes Flucht*⟩ *„Der Kuchen ist dir gut gelungen"* **2** **es gelingt jemandem zu** *+Infinitiv* jemand kann etwas erfolgreich durchführen, beenden *„Es gelang mir nicht, sie vom Gegenteil zu überzeugen"*

G

ge·lit·ten *PARTIZIP PERFEKT* → leiden

ge·lo·gen *PARTIZIP PERFEKT* → lügen

gel·ten *(gilt, galt, hat gegolten)* **1** **etwas gilt** etwas kann eine Zeit lang oder unter entsprechenden Umständen rechtmäßig benutzt oder angewandt werden ⟨*ein Ausweis, eine Fahrkarte, eine Regel, eine Vorschrift*⟩ *„nach geltendem Recht"* | *„In allen Zügen gilt Rauchverbot"* **2** **jemand/etwas gilt als etwas** eine Person oder Sache hat nach Meinung vieler Menschen die genannte Eigenschaft *„Diese Straße gilt als gefährlich"* **3** **etwas gilt** etwas ist nach den Spielregeln erlaubt oder gültig *„Das Tor gilt nicht, weil ein Spieler im Abseits stand"* **4** **etwas gelten lassen** etwas als rechtmäßig oder gerechtfertigt akzeptieren ⟨*einen Einwand, eine Entschuldigung, einen Widerspruch gelten lassen*⟩

die **Gel·tung** (-); *geschrieben* **1** **etwas hat/besitzt Geltung** etwas entspricht gesetzlichen oder rechtlichen Vorschriften und ist deshalb wirksam, wird anerkannt oder kann für den vorgesehenen Zweck verwendet werden ≈ Gültigkeit *„Dieses Gesetz hat immer noch Geltung"* **K** Geltungsbereich, Geltungsdauer **2** **etwas kommt (irgendwie) zur Geltung** etwas hat eine Wirkung *„Vor dem bunten Hintergrund kommt das Bild nicht zur Geltung"*

ge·lun·gen *PARTIZIP PERFEKT* → gelingen

das **Ge·mäl·de** (-s, -) ein Bild, das ein Künstler (meist in Öl) gemalt hat ⟨*ein Gemälde anfertigen, rahmen*⟩ **K** Gemäldegalerie, Gemäldesammlung

ge·mäß *ADJEKTIV* **1** **jemandem/etwas gemäß** so, wie es üblich und angemessen ist, wie es zu einer Person oder Situation passt *„Es wird um eine dem feierlichen Anlass gemäße Kleidung gebeten"*

PRÄPOSITION mit Dativ **2** *geschrieben* so, wie es in Plänen oder Erwartungen ist ⟨*jemandes Erwartungen, Forderungen, Wünschen gemäß; gemäß einer Vorschrift*⟩ *„Sie handelten seinem Vorschlag gemäß/gemäß seinem Vorschlag"*

ge·mein *ADJEKTIV* MORALISCH: **1** mit der Absicht, andere zu ärgern oder ihnen zu schaden ⟨*eine Lüge, eine Tat, ein Mensch, ein Verbrecher; gemein zu jemandem sein*⟩ *„Warum hast du sie nicht mitkommen lassen? Das ist gemein (von dir)!"* UNANGENEHM: **2** *gesprochen* so, dass man sich darüber ärgert *„Wie gemein, es regnet schon wieder!"*

die **Ge·mein·de** (-, *-n*) **1** ein Ort mit eigenem Bürgermeister als kleinste Verwaltungseinheit des Staates ⟨*eine ländliche, städtische, arme, reiche Gemeinde*⟩ ≈ Kommune **K** Gemeindeverwaltung **2** ein Gebiet mit einer (christlichen) Kirche, das von einem Priester betreut wird ≈ Pfarrei *„Die Gottesdienste der Gemeinde finden in der St.-Martins-Kirche statt"* **K** Pfarrgemeinde **3** die Menschen, die in einer (politischen oder kirchlichen) Gemeinde leben *„Die Gemeinde hat für die Armen gesammelt"* **4** die Verwaltung einer Gemeinde oder die Räume, in denen sich diese Behörde befindet ⟨*auf die/zur Gemeinde gehen*⟩

die **Ge·mein·heit** (-, *-en*) **1** eine böse und gemeine Art *„Er hat seinen Bruder aus purer Gemeinheit geschlagen"* ❶ nicht in der Mehrzahl verwendet **2** eine böse und gemeine Tat *„Es war eine große Gemeinheit, den Hund auszusetzen"* **3** *gesprochen* etwas, das Grund zu Ärger gibt *„Gerade heute geht der Fernseher kaputt! So eine Gemein-

heit!"

ge·mein·sam *ADJEKTIV* **1** so, dass mehrere Personen/Dinge etwas gleichzeitig oder miteinander tun, erleben oder haben *„Wollen wir gemeinsam nach Hause gehen?"* **2** **eine Person/Sache hat etwas mit jemandem/etwas gemeinsam**; **Personen haben etwas gemeinsam** zwei oder mehrere Personen/Dinge sind irgendwie ähnlich *„Sie haben viel (miteinander) gemeinsam"*

die **Ge·mein·schaft** (-, *-en*) **1** eine Gruppe von Menschen (oder Völkern), die etwas gemeinsam haben, durch das sie sich verbunden fühlen ⟨*jemanden in eine Gemeinschaft aufnehmen; Mitglied/Teil einer Gemeinschaft sein*⟩ ≈ Gruppe **K** Dorfgemeinschaft **2** das Zusammensein mit anderen Menschen, die Anwesenheit anderer Menschen ⟨*jemandes Gemeinschaft suchen*⟩ ≈ Gesellschaft *„Wenn ich in einer Gemeinschaft mit Gleichgesinnten bin, dann fühle ich mich wohl"* **K** Gemeinschaftsraum, Gemeinschaftsunterkunft

ge·mie·den *PARTIZIP PERFEKT* → meiden

ge·mocht *PARTIZIP PERFEKT* → mögen

ge·mol·ken *PARTIZIP PERFEKT* → melken

das **Ge·mü·se** (-s, -) (Teile von) Pflanzen, die man (meist gekocht) isst ⟨*frisches, rohes, gedünstetes, gekochtes Gemüse; Gemüse anbauen, ernten, putzen, schneiden, kochen*⟩ *„gemischtes Gemüse aus Erbsen, Bohnen und Karotten"* **K** Gemüsebeet, Gemüsesuppe; Dosengemüse **i** Kartoffeln, Obst und Getreide werden nicht als Gemüse bezeichnet. **i** → Abb. nächste Seite

ge·müt·lich *ADJEKTIV* **1** so, dass man sich wohlfühlt, ohne störende Einflüsse oder Merkmale ⟨*eine Atmosphäre, ein Lokal, ein Sessel, eine Wohnung*⟩ ≈ behaglich **2** ohne unangenehme Pflichten, in angenehmer Gesellschaft ⟨*ein Beisammensein, ein Treffen*⟩ *„Nachdem das offizielle Programm abgewickelt war, begann der gemütliche Teil des Abends bei Musik und Tanz"* **3** langsam, ohne Eile ⟨*ein Spaziergang, ein Tempo*⟩ ↔ gehetzt **4** **es sich** (*Dativ*) **irgendwo gemütlich machen** (sich hinlegen oder -setzen und) sich entspannen • zu (1 – 3) **Ge·müt·lich·keit** *die*

das **Gen** (-s, *-e*) die Gene in den Zellen unseres Körpers bestimmen, welche Eigenschaften wir haben ≈ Erbanlage *„Gene sind die Träger der Erbinformation"* **K** Genforschung, Gentest

ge·nannt *PARTIZIP PERFEKT* → nennen

ge·nau *ADJEKTIV* (*genauer, genau(e)st-*) **1** so, dass es in allen Einzelheiten mit der Wirklichkeit, einer Regel, einem Vorbild o. Ä. übereinstimmt ⟨*eine Übersetzung, die Uhrzeit; sich genau an etwas halten; etwas ist genau das Richtige*⟩ ≈ exakt ↔ ungefähr *„Die Schnur ist genau zwölf Meter lang"* nicht kürzer und nicht länger **2** so, dass nichts Wichtiges fehlt, dass alle Einzelheiten berücksichtigt sind ⟨*eine Beschreibung, ein Bericht, eine Untersuchung, eine Zeichnung*⟩ *„Wisst ihr schon Genaueres über den Unfall?"* **3** sehr gut ⟨*jemanden/etwas genau kennen*⟩ **4** bewusst und konzentriert ⟨*sich (Dativ) etwas genau merken; genau aufpassen*⟩ **5** ohne Zweifel ≈ sicher *„Ich weiß noch nicht genau, ob wir kommen"*

ge·nau·so *ADVERB* **genauso (… wie …)** in der gleichen Weise oder im gleichen Maße wie eine andere Person oder Sache ⟨*genauso gut, lange, oft, viel, weit, wenig*⟩ ≈ ebenso *„Ein Würfel ist genauso hoch wie breit"* | *„Mach es doch genauso (wie ich)!"*

ge·neh·mi·gen (*genehmigte, hat genehmigt*) **(jemandem) etwas genehmigen** einer Person etwas (offiziell) erlauben, um das sie gebeten hat oder für das sie einen Antrag gestellt hat ↔ verbieten *„Die Demonstration war von der zuständigen Behörde genehmigt worden"* **ID** **sich** (*Dativ*) **etwas genehmigen** *gesprochen, humorvoll* etwas essen oder trinken, auf das man Lust hat *„Genehmigen wir uns noch ein Glas*

GEMÜSE

Wein?"

die **Ge·neh·mi·gung** (-, *-en*) **1** **eine Genehmigung (für/zu etwas)** die offizielle Erlaubnis, etwas zu tun ⟨*eine befristete, behördliche, polizeiliche, schriftliche Genehmigung*⟩ *„Er bekam keine Genehmigung, das militärische Gebiet zu betreten"* **K** Sondergenehmigung, Ausnahmegenehmigung **2** das Blatt Papier, auf dem eine Genehmigung steht ⟨*eine Genehmigung vorlegen, vorzeigen*⟩

die **Ge·ne·ra·ti·on** [-'tsio:n]; (-, *-en*) **1** alle Menschen, die ungefähr gleich alt sind ⟨*die junge, ältere, heutige Generation*⟩ *„eine Meinungsumfrage unter der Generation der Zwanzig- bis Dreißigjährigen durchführen"* **2** eine Stufe in der zeitlichen Reihenfolge von Vorfahren und Nachkommen einer Familie, z. B. die Eltern (und ihre Geschwister und deren Partner) *„Seit drei Generationen wohnt Familie Meier in München"*

der **Ge·ne·ra·tor** (-s, *Ge·ne·ra·to·ren*) eine Maschine, die elektrischen Strom erzeugt

ge·ne·rell ADJEKTIV nicht auf einen einzelnen Fall beschränkt, sondern allgemein ⟨*eine Entscheidung, eine Lösung, ein Problem; etwas generell ablehnen, erlauben, verbieten*⟩ *„Er hat eine generelle Abneigung gegen alle Milchprodukte"*

das **Ge·nick** (-(e)s, -e) der hintere Teil des Halses

das **Ge·nie** [ʒeˈniː]; (-s, -s) ein Mensch mit ganz außergewöhnlicher Begabung

ge·nie·ßen (*genoss, hat genossen*) **1** **etwas genießen** Freude, Genuss bei etwas empfinden ⟨*das Essen, die Musik, die Ruhe, den Urlaub genießen*⟩ „*Sie genießt es, am Sonntag lange zu schlafen*" **2** **etwas genießen** etwas, das nützlich oder erfreulich ist, besitzen ⟨*hohes Ansehen, jemandes Hochachtung, jemandes Vertrauen, jemandes Wertschätzung genießen*⟩ „*Er genießt bei allen große Sympathie*"

der **Ge·ni·tiv** [-f]; (-s, -e [-v-]) der Kasus, in dem vor allem ein Substantiv steht, das auf die Frage „wessen" antwortet ⟨*das Substantiv steht im Genitiv*⟩ „*In der geschriebenen Sprache steht nach „wegen" der Genitiv: „wegen des schlechten Wetters"* **K** Genitivattribut, Genitivobjekt

ge·nom·men PARTIZIP PERFEKT → nehmen

ge·noss *Präteritum, 1. und 3. Person Singular* → genießen

ge·nos·sen PARTIZIP PERFEKT → genießen

ge·nug ADVERB **1** so viel, wie nötig ist ≈ausreichend „*Sie hat nicht genug Geld für eine Urlaubsreise*" | „*nicht genug zu essen haben*" **2** *Adjektiv* + **genug** so, dass die genannte Eigenschaft in ausreichendem Maße vorhanden ist „*Es ist noch nicht warm genug für kurze Hosen*" **3** *Adjektiv* + **genug** verwendet, um eine negative Aussage zu verstärken „*Das Problem ist schwierig genug*" | „*Das ist schlimm genug!*" **ID** **von jemandem/etwas genug haben** *gesprochen* einer Person oder Sache überdrüssig sein

ge·nü·gen (*genügte, hat genügt*) **etwas genügt (jemandem) (für/zu etwas)** etwas ist genug, es ist nichts Zusätzliches oder anderes nötig ⟨*etwas genügt fürs Erste, vollkommen, vollauf*⟩ „*Ich habe nur 10 Euro dabei. Genügt das?*"

ge·nü·gend ADVERB in der nötigen Menge ≈ausreichend „*Ist genügend Kaffee für alle da?*" | „*Sie hat nicht genügend für die Prüfung gelernt*"

der **Ge·nuss** (-es, *Ge·nüs·se*) **1** die Freude, die man empfindet, wenn man etwas Angenehmes erlebt ⟨*etwas mit Genuss essen, hören, ansehen*⟩ „*Die Lektüre dieses Romans ist wirklich ein großer literarischer Genuss*" **2** **der Genuss** (+*Genitiv*/**von etwas**) *geschrieben* das Essen oder Trinken „*Vor dem Genuss dieser Pilze wird gewarnt*" **i** nicht in der Mehrzahl verwendet

ge·öff·net ADJEKTIV **1** so, dass es möglich ist, hineinzugehen, hineinzusehen, hineinzugreifen o. Ä. ≈offen ↔geschlossen, zu „*am geöffneten Fenster sitzen*" **2** so, dass Kunden und Besucher hineindürfen ⟨*das Amt, das Geschäft, die Bibliothek, das Schwimmbad, das Theater*⟩

die **Geo·gra·fie**, **Geo·gra·phie**; (-) **1** die Wissenschaft, die sich mit den Erscheinungen auf der Erdoberfläche und ihrer Beziehung zum Menschen beschäftigt ⟨*Geografie studieren*⟩ **2** das Schulfach, in dem Geografie gelehrt wird ≈Erdkunde • *zu* (1) **geo·gra·fisch**, **geo·gra·phisch** ADJEKTIV

das **Ge·päck** (-(e)s) die Koffer und Taschen, die man auf Reisen mitnimmt ⟨*mit leichtem, großem, viel, wenig Gepäck reisen*⟩ **K** Gepäckausgabe, Gepäckband, Gepäckstück; Handgepäck

die **Ge·päck·auf·be·wah·rung** ein Bereich in einem Bahnhof oder Flughafen mit Schließfächern für Gepäck

der **Ge·päck·trä·ger** **1** das Gestell über dem hinteren Rad eines Fahrrades, auf dem man z. B. eine Tasche befestigen kann **i** → Abb. unter **Fahrrad** **2** eine Person, die an einem Bahnhof oder Flughafen arbeitet und den Reisenden hilft, das Gepäck zu tragen

ge·pfif·fen PARTIZIP PERFEKT → pfeifen

ge·pflegt ADJEKTIV **1** (durch sorgfältige Pflege) in einem guten Zustand und deshalb angenehm, ästhetisch wirkend „*Der Garten ist sehr gepflegt*" **2** so, dass der jemand sehr auf das Aussehen achtet *„Er macht einen sehr gepflegten Eindruck"*

ge·ra·de ADJEKTIV **1** ohne Änderung der Richtung, ohne Kurve, Bogen, Knick o. Ä. ⟨*gerade sitzen, stehen*⟩ *„mit dem Lineal eine gerade Linie ziehen"* **2** ohne Abweichung von einer waagrechten oder senkrechten Linie ↔ schief *„Das Bild hängt gerade"* **3** nicht ungefähr, sondern genau ⟨*das Gegenteil; gerade umgekehrt, entgegengesetzt*⟩ *„Du kommst gerade im rechten Augenblick"* **4** → Zahl

G

SCHIEF
GERADE

ADVERB **5** in diesem oder dem genannten Augenblick *„Er ist gerade unterwegs"* | *„Ich war gerade am Einschlafen, als das Telefon klingelte"* **6** **jemand wollte gerade** +*Infinitiv* jemand war kurz davor, etwas zu tun *„Ich wollte gerade gehen, als er anrief"* **7** vor sehr kurzer Zeit *„Ich bin gerade erst zurückgekommen"*

PARTIKEL **8** **gerade noch** nur knapp, fast nicht mehr *„Sie hat die Prüfung gerade noch bestanden"*

KRUMM
GERADE

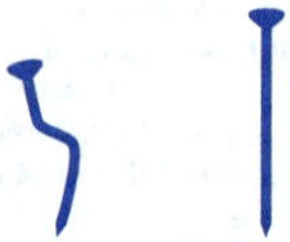

ge·ra·de·aus, ge·ra·de·aus ADVERB ohne die Richtung zu ändern, weiter nach vorn ⟨*geradeaus gehen, fahren*⟩

ge·rannt PARTIZIP PERFEKT → rennen

das **Ge·rät** (-(e)s, -e) **1** Geräte sind Dinge, die Menschen geschaffen haben, um sie für eine Tätigkeit zu benutzen **K** Küchengerät, Sportgerät **(i)** Ein Rasenmäher ist ein *Gartengerät*, ein Mixer ein *Küchengerät*, ein Kugelschreiber ein *Schreibgerät* und ein Speer ein *Sportgerät*. **2** technische Geräte benötigen elektrischen Strom, Benzin o. Ä., um zu funktionieren ⟨*ein Gerät bedienen*⟩ ≈ Apparat **K** Elektrogerät, Küchengerät **3** eine Konstruktion aus Stangen, Seilen, Balken o. Ä. zum Turnen (z. B. Barren, Reck) ⟨*an den Geräten turnen*⟩ **K** Turngerät

ge·ra·ten[1] (*gerät, geriet, ist geraten*) **1** **irgendwohin geraten** zufällig an den falschen Ort o. Ä. kommen, ohne Absicht irgendwohin kommen **2** **in etwas** (*Akkusativ*) **geraten** zufällig in eine unangenehme Situation kommen ⟨*in Gefahr, in Not, in Schwierigkeiten, in Verdacht geraten; in einen Stau, in einen Sturm geraten*⟩ **3** **in etwas** (*Akkusativ*) **geraten** in einen neuen, meist unangenehmen Zustand kommen ⟨*in Panik, in Wut geraten*⟩ *„etwas gerät in Brand"* etwas fängt an zu brennen

ge·ra·ten[2] PARTIZIP PERFEKT → raten

ge·räu·mig ADJEKTIV ⟨*ein Haus, eine Wohnung, ein Zimmer, ein Schrank*⟩ so, dass sie viel Platz bieten

das **Ge·räusch** (-(e)s, -e) etwas, das man hören kann ⟨*ein lautes, leises, dumpfes, durchdringendes, störendes Geräusch*⟩ • *hierzu* **ge·räusch·los** ADJEKTIV; **ge·räusch·voll** ADJEKTIV

ge·recht ADJEKTIV (*gerechter, gerechtest-*) **1** moralisch richtig und zur Situation passend ⟨*eine Entscheidung, eine Strafe, ein Urteil; jemanden gerecht behandeln, bestrafen, beurteilen*⟩ *„Es ist nicht gerecht, dass immer ich im Haushalt helfen muss und mein Bruder nie"* **2** ⟨*ein Richter, ein Vater*⟩ so, dass sie gerecht entscheiden, niemanden bevorzugen oder benachteiligen **3** so, dass jeder dabei gleich viel bekommt ⟨*etwas gerecht* (*mit jemandem*) *teilen*⟩

die **Ge·rech·tig·keit** (-) die Eigenschaft, dass etwas gerecht und fair ist *„Zweifel* *an der Gerechtigkeit eines Urteils/eines Richters haben"*

das **Ge·richt** (-(e)s, -e) ZUR RECHTSPRECHUNG: **1** eine öffentliche Einrichtung, bei der meist ein Richter darüber entscheidet, ob eine Person, eine Institution, eine Tat usw. gegen ein Gesetz verstoßen hat und wenn ja, welche Strafe dafür angemessen ist ‹*jemanden bei Gericht verklagen; mit einer Sache vor Gericht gehen; vor dem Gericht erscheinen, aussagen*› **K** Gerichtstermin, Gerichtsverfahren, Gerichtsverhandlung **2** die Richter o. Ä., die das Urteil in einem Prozess sprechen ‹*das Gericht zieht sich zur Beratung zurück, spricht jemanden frei, verurteilt jemanden, entscheidet auf etwas* (Akkusativ)› **K** Gerichtsbeschluss, Gerichtsurteil **i** nicht in der Mehrzahl verwendet ZUM ESSEN: **3** ein warmes Essen ‹*ein Gericht zubereiten, auftragen/auf den Tisch bringen*› **K** Fertiggericht, Hauptgericht

ge·rie·ben PARTIZIP PERFEKT → reiben

ge·riet *Präteritum, 1. und 3. Person Singular* → geraten

ge·ring ADJEKTIV **1** klein (in Bezug auf die Menge, das Ausmaß, die Dauer usw.) *„Der Zug fuhr mit geringer Verspätung in den Bahnhof ein"* **2** klein und nicht wichtig ‹*ein Unterschied*› **3** wenig intensiv *„Ich habe nicht die geringste Lust, sie anzurufen"*

ge·rit·ten PARTIZIP PERFEKT → reiten

gern ADVERB, **ger·ne** (*lieber, am liebsten*) mit Freude und Vergnügen ‹*etwas gern tun, mögen*› *„Im Sommer gehe ich gern zum Schwimmen"* **i** aber: *jemanden/etwas gernhaben* (= zusammengeschrieben)

gern·ha·ben (*hatte gern, hat gerngehabt*) **jemanden/etwas gernhaben** jemanden/etwas mögen *„Ich habe ihn gern, aber ich liebe ihn nicht"* | *„Unsere Katze hat es gern, wenn man sie streichelt"* **i** aber: *jemanden/etwas sehr gern haben* (= getrennt geschrieben)

ge·ro·chen PARTIZIP PERFEKT → riechen

die **Gers·te** (-) **1** ein Getreide mit kurzem Halm und langen Borsten an den Ähren, das z. B. zur Herstellung von Bier verwendet wird **2** die Samenkörner der Gerste

der **Ge·ruch** (-(e)s, *Ge·rü·che*) **1** etwas, das man mit der Nase riecht ‹*ein beißender, penetranter, stechender, strenger, säuerlicher, süßlicher, muffiger Geruch*› *„Die Mülltonne verströmt üble Gerüche"* **2** die Fähigkeit, etwas zu riechen **K** Geruchssinn **i** nicht in der Mehrzahl verwendet • *zu* (1) **ge·ruch·los** ADJEKTIV

das **Ge·rücht** (-(e)s, -e) eine Neuigkeit oder Nachricht, die sich verbreitet, ohne dass man weiß, ob sie wirklich wahr ist **ID** **Das halte ich für ein Gerücht** *gesprochen* das glaube ich nicht

ge·run·gen PARTIZIP PERFEKT → ringen

das **Ge·rüst** (-(e)s, -e) eine Konstruktion aus Stangen und Brettern, die z. B. Maler aufbauen, wenn sie ein Haus streichen ‹*ein Gerüst aufbauen/errichten, abbauen*›

ge·samt ADJEKTIV **1** drückt aus, dass etwas auf alle, die zu einer Gruppe gehören, zutrifft *„die gesamte Bevölkerung"* **2** drückt aus, dass etwas auf alles, wovon man gerade spricht, zutrifft *„die gesamte Ernte"*

ge·sandt PARTIZIP PERFEKT → senden

der **Ge·sang** (-(e)s, *Ge·sän·ge*) **1** das Singen ‹*der Gesang eines Vogels, eines Chores*› **K** Gesangsverein **i** nicht in der Mehrzahl verwendet **2** etwas, das man singen kann ≈ Lied

das **Ge·schäft** (-(e)s, -e) HANDEL: **1** das Kaufen oder Verkaufen von Waren oder Leistungen mit dem Ziel, Geld zu verdienen ‹(*mit jemandem*) *Geschäfte machen*› ≈ Handel *„Mein Bruder versucht, aus allem ein Geschäft zu machen. Sogar für kleine Hilfen im Haushalt will er bezahlt werden"* **K** Geschäftspartner, Geschäftsreise; Tauschgeschäft **2** alle Geschäfte, die in einem begrenzten Zeitraum gemacht werden *„Wenn im Sommer die Touristen in die Badeorte kommen, blüht das Geschäft"* **i** nicht in der

Mehrzahl verwendet FIRMA: **3** eine (meist kaufmännische) Firma ⟨*ein Geschäft gründen, führen/leiten, aufgeben, auflösen*⟩ ≈ Unternehmen *„Nach dem Tode seines Vaters übernahm er die Leitung des Geschäfts"* **K** Geschäftsführer, Geschäftsleitung **4** ein Gebäude oder ein Teil eines Gebäudes, in dem Dinge zum Verkauf angeboten werden ≈ Laden *„Die Geschäfte schließen um 18 Uhr"* **K** Lebensmittelgeschäft, Schreibwarengeschäft AUFGABE: **5** berufliche, dienstliche Aufgaben, die man in einer Firma oder einem Amt regelmäßig erfüllen muss ⟨*wichtige Geschäfte zu erledigen haben*⟩ *„Ich muss wegen dringender Geschäfte ins Ausland"* **i** nur in der Mehrzahl verwendet

G

ge·schäft·lich *ADJEKTIV* in Bezug auf ein Geschäft oder den Beruf ⟨*Erfolge, Beziehungen, Kontakte; geschäftlich verreisen*⟩ ↔ privat *„ein geschäftlich genutztes Auto"*

ge·sche·hen [gəˈʃeːən] (*geschieht, geschah, ist geschehen*) **1** **etwas geschieht** etwas ist in einer Situation da (und führt somit oft eine Veränderung herbei) ⟨*ein Unfall, ein Unglück, ein Unrecht, ein Wunder*⟩ *„Der Unfall geschah, kurz nachdem wir in die Hauptstraße eingebogen waren"* **2** **etwas geschieht (mit jemandem/etwas)** etwas wird getan oder etwas wird (mit einer Person) gemacht *„Was geschieht mit den Kindern, wenn ihr in Urlaub seid?" – „Sie bleiben bei der Oma."* **ID** **Gern geschehen!** verwendet, um höflich zu antworten, wenn sich jemand bedankt *„Vielen Dank für deine Hilfe." – „(Bitte,) gern geschehen!"*

das **Ge·sche·hen** [gəˈʃeːən]; (-s); *geschrieben* etwas, das geschieht, sich ereignet *„Interessiert verfolgten die Zuschauer das Geschehen auf der Bühne"*

ge·scheit *ADJEKTIV* (*gescheiter, gescheitest-*) **1** mit viel Verstand, Intelligenz ⟨*eine Äußerung, eine Idee*⟩ ≈ klug **2** *gesprochen* ≈ vernünftig *„Es wäre das Gescheiteste, wenn du mit der Entscheidung noch warten würdest"*

das **Ge·schenk** (-(e)s, -e) **ein Geschenk (von jemandem) (für eine Person)** ein Gegenstand, den man jemandem kostenlos gibt ⟨*ein kleines, nettes, großzügiges, wertvolles, geeignetes, (un)passendes Geschenk*⟩ *„Hast du schon ein Geschenk für Mutter zum Geburtstag?"* **K** Geschenkgutschein, Geschenkpackung; Geburtstagsgeschenk

das **Ge·schenk·pa·pier** buntes, dekoratives Papier, mit dem man Geschenke verpackt **i** → Abb. unter **Verpackung**

die **Ge·schich·te** (-, -n) ENTWICKLUNG: **1** **die Geschichte** (+*Genitiv*) die Entwicklung (eines Teils) der menschlichen Kultur oder der Natur *„die Geschichte Deutschlands/Amerikas"* | *„die Geschichte der Malerei/des Altertums"* **K** Kunstgeschichte, Naturgeschichte **2** **die Geschichte** (+*Genitiv*) der Vorgang und Verlauf, wie etwas entsteht, sich eine Person oder Sache entwickelt *„In der Geschichte ihrer Erkrankung kam es mehrmals zu Behandlungsfehlern"* **K** Entstehungsgeschichte, Leidensgeschichte FACH(GEBIET): **3** ein Fach in der Schule, in dem die Schüler historische Ereignisse und Entwicklungen kennenlernen **K** Geschichtsbuch, Geschichtslehrer ERZÄHLUNG, BUCH: **4** **eine Geschichte (über jemanden/etwas); eine Geschichte (von jemandem/etwas)** ein mündlicher oder schriftlicher Text, in dem von Ereignissen berichtet wird, die wirklich geschehen oder erfunden sein können ⟨*eine erfundene, wahre, spannende, unterhaltsame, lustige, rührende Geschichte; (jemandem) eine Geschichte erzählen, vorlesen*⟩ ≈ Erzählung **K** Geschichtenerzähler; Detektivgeschichte, Liebesgeschichte, Tiergeschichte

ge·schickt *ADJEKTIV* (*geschickter, geschicktest-*) **1** so, dass jemand mit den Händen schnell und ohne Mühe oder Fehler arbeitet oder sich mit dem Körper so bewegt ⟨*ein Handwerker; (handwerklich) geschickt sein*⟩ **2** so, dass jemand den eigenen Verstand klug und erfolgreich einsetzt, um zum Ziel zu kommen ⟨*geschickt vorgehen*⟩ „*Sein Anwalt hat ihn geschickt verteidigt*"

ge·schie·den *PARTIZIP PERFEKT* → scheiden

ge·schieht *Präsens, 3. Person Singular* → geschehen

ge·schie·nen *PARTIZIP PERFEKT* → scheinen

Ge·schirr [gəˈʃɪr]; ⟨-(e)s, -e⟩ ZUM ESSEN, KOCHEN: **1** die Dinge aus Glas, Porzellan o. Ä., aus denen (oder von denen) man isst oder trinkt, vor allem Teller, Schüsseln und Tassen **K** Plastikgeschirr, Porzellangeschirr **i** nicht in der Mehrzahl verwendet **2** alle Dinge, die man beim Kochen, Essen und Trinken benutzt und schmutzig macht, vor allem Geschirr, Besteck und Töpfe ⟨*das Geschirr abräumen, (ab)spülen, abwaschen, abtrocknen*⟩ **K** Geschirrschrank, Geschirrspülmaschine, Geschirrspülmittel **i** nicht in der Mehrzahl verwendet FÜR TIERE: **3** die Riemen und Gurte, mit denen ein Tier (vor allem ein Pferd) vor einen Wagen gespannt wird, damit es diesen zieht ⟨*einem Tier das Geschirr anlegen, abnehmen*⟩

Ge·schirr·spü·ler ⟨-s, -⟩ ein Gerät, in dem schmutziges Geschirr gereinigt wird ≈ Geschirrspülmaschine

Ge·schlecht ⟨-(e)s, -er⟩ **1** die Merkmale, durch die ein Mensch oder Tier als männlich oder weiblich bezeichnet wird „*ein Kleinkind weiblichen Geschlechts*" **K** Geschlechtshormon **i** nicht in der Mehrzahl verwendet **2** alle Menschen oder Tiere mit dem gleichen Geschlecht ⟨*das männliche, weibliche Geschlecht*⟩ **3** eine Klasse in der Grammatik, in die Substantive eingeteilt werden ⟨*männliches, weibliches, sächliches Geschlecht*⟩ ≈ Genus **i** nicht in der Mehrzahl verwendet

ge·schli·chen *PARTIZIP PERFEKT* → schleichen

ge·schlif·fen *PARTIZIP PERFEKT* → schleifen[2]

ge·schlos·sen *PARTIZIP PERFEKT* **1** → schließen **i** → Abb. unter **auf** *ADJEKTIV* **2** so, dass Kunden o. Ä. nicht hineinkönnen ↔ geöffnet „*Das Geschäft ist geschlossen*"

der **Ge·schmack** ⟨-(e)s, *Ge·schmä·cke/ gesprochen humorvoll Ge·schmä·cker*⟩ **1** das, was man mit der Zunge und dem Gaumen beim Essen oder Trinken schmeckt ⟨*ein süßer, salziger, saurer, bitterer, unangenehmer, guter, fader, schlechter, milder, intensiver Geschmack*⟩ **i** nicht in der Mehrzahl verwendet **2** die Fähigkeit, Schönes von Hässlichem und Gutes von Schlechtem zu unterscheiden ⟨*ein guter, sicherer, schlechter Geschmack; viel, wenig, keinen Geschmack haben*⟩ „*Sie kleidet sich immer mit viel Geschmack*" **i** nicht in der Mehrzahl verwendet **3** eine persönliche Vorliebe für etwas ⟨*etwas entspricht (nicht) jemandes Geschmack*⟩ „*Wir haben in vielen Dingen den gleichen Geschmack. Wir mögen die gleiche Musik, die gleichen Filme usw.*"

ge·schmis·sen *PARTIZIP PERFEKT* → schmeißen

ge·schmol·zen *PARTIZIP PERFEKT* → schmelzen

ge·schnit·ten *PARTIZIP PERFEKT* → schneiden

ge·scho·ben *PARTIZIP PERFEKT* → schieben

ge·scho·ren *PARTIZIP PERFEKT* → scheren

das **Ge·schoss** ⟨-es, -e⟩, **Ge·schoß** Ⓐ **1** ≈ Etage, Stockwerk **K** Erdgeschoss **2** Geschosse sind Dinge wie Kugeln, Patronen, Pfeile, Steine usw., die schnell durch die Luft fliegen und eine Person oder Sache treffen

ge·schos·sen *PARTIZIP PERFEKT* → schießen

ge·schrie·ben *PARTIZIP PERFEKT* → schreiben

ge·schrien *PARTIZIP PERFEKT* → schreien

ge·schwie·gen *PARTIZIP PERFEKT*

→ schweigen

die **Ge·schwin·dig·keit** (-, *-en*) **1** das Verhältnis der gefahrenen oder gelaufenen Strecke zu der Zeit, die man/etwas dafür braucht ⟨*mit großer, hoher, rasanter, rasender, niedriger Geschwindigkeit fahren; die Geschwindigkeit messen, kontrollieren, erhöhen, verringern, beibehalten*⟩ ≈ Tempo *„Er bekam eine Strafe, weil er mit einer Geschwindigkeit von 70 Stundenkilometern durch die Stadt fuhr"* **K** Geschwindigkeitsbegrenzung, Geschwindigkeitsmessung **2** das Verhältnis der geleisteten Arbeit o. Ä. zu der Zeit, die dafür gebraucht wird *„Der Computer verarbeitet die Daten mit rasender Geschwindigkeit"*

G

die **Ge·schwis·ter** *Mehrzahl* die (männlichen und weiblichen) Kinder derselben Eltern *„Hast du noch Geschwister?" – „Ja, ich habe noch einen Bruder und zwei Schwestern"* • *hierzu* **ge·schwis·ter·lich** *ADJEKTIV*

ge·schwol·len *PARTIZIP PERFEKT* → schwellen

ge·schwom·men *PARTIZIP PERFEKT* → schwimmen

ge·schwun·gen *PARTIZIP PERFEKT* → schwingen

der **Ge·sel·le** (*-n, -n*) ein Handwerker, der seine Lehrzeit mit einer Prüfung abgeschlossen hat ⓘ *der Geselle; den, dem, des Gesellen* • *hierzu* **Ge·sel·lin** *die*

die **Ge·sell·schaft** (-, *-en*) IM STAAT: **1** alle Menschen, die zusammen in einem politischen, wirtschaftlichen und sozialen System leben ⟨*die menschliche Gesellschaft*⟩ GRUPPE: **2** die Personen, die etwas (mit jemandem) gemeinsam tun ⟨*eine fröhliche, langweilige Gesellschaft; sich in guter, schlechter Gesellschaft befinden*⟩ **K** Hochzeitsgesellschaft FIRMA, ORGANISATION: **3** eine Firma oder eine Organisation, die von mehreren Personen gegründet wurde oder geführt wird *„die Gesellschaft für bedrohte Völker"* **K** Aktiengesellschaft, Fluggesellschaft **4** **Gesellschaft mit beschränkter Haftung** eine Firma, die im Falle des Konkurses nur so viel Schulden zurückzahlen muss, wie sie eigenes Kapital hat ⓘ Abkürzung: *GmbH* ZUSAMMENSEIN: **5** **jemandes Gesellschaft** das Zusammensein mit jemandem ⟨*jemandes Gesellschaft suchen, meiden*⟩ ≈ Umgang *„Sie legt auf seine Gesellschaft keinen großen Wert"* ⓘ nicht in der Mehrzahl verwendet **6** **jemandem Gesellschaft leisten** bei einer Person bleiben, damit sie nicht allein ist

ge·sell·schaft·lich *ADJEKTIV* **1** so, dass es die ganze Gesellschaft eines Staates betrifft ⟨*Entwicklungen, Zusammenhänge*⟩ ≈ sozial *„Der neu gewählte Präsident versprach, die gesellschaftlichen Verhältnisse zu ändern"* **2** in der Gesellschaft eines Staates *„Er hat seine beruflichen Erfolge der gesellschaftlichen Stellung seines Vaters zu verdanken"*

ge·ses·sen *PARTIZIP PERFEKT* → sitzen

das **Ge·setz** (*-es, -e*) **1** eine rechtliche Norm, die vom Staat (meist vom Parlament) zum geltenden Recht gemacht worden ist und die alle beachten müssen ⟨*die geltenden Gesetze; gegen ein Gesetz verstoßen*⟩ *„Ich habe mich immer an die Gesetze gehalten"* **K** Gesetzbuch; Einwanderungsgesetz, Strafgesetz **2** ein Satz oder eine Formel, die beschreiben, wie ein Vorgang vor allem in der Natur immer abläuft ⟨*ein physikalisches, ökonomisches Gesetz*⟩ **K** Naturgesetz

ge·setz·lich *ADJEKTIV* durch ein Gesetz geregelt ⟨*Bestimmungen, Feiertage*⟩ ≈ rechtlich *„Die Bürger mit eigenem Einkommen sind gesetzlich dazu verpflichtet, Steuern zu zahlen"*

das **Ge·sicht** (*-(e)s, -er*) **1** das Gesicht ist der Teil des Kopfes mit Augen, Mund und Nase ⟨*ein hübsches, hässliches, schmales, rundliches, markantes, ausdrucksloses Gesicht*⟩ **K** Gesichtsausdruck, Gesichtshälfte **2** die Gefühle, die man im Gesicht einer Person erkennen kann ⟨*ein ängstliches, beleidigtes, bestürztes, ernstes, fröhliches, skeptisches, verlegenes Gesicht machen*⟩ **ID** **jeman-**

den/etwas zu Gesicht bekommen jemanden/etwas sehen *„Ich habe meinen neuen Nachbarn noch nicht zu Gesicht bekommen"*

GESICHT

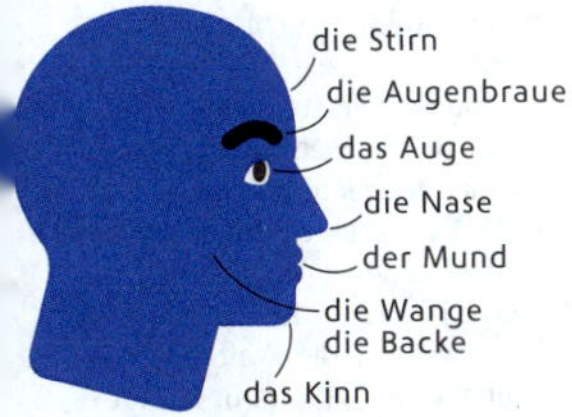

ge·sọf·fen PARTIZIP PERFEKT → saufen
ge·so·gen PARTIZIP PERFEKT → saugen
ge·spạnnt ADJEKTIV **(auf jemanden/etwas) gespannt** voller Erwartung darauf, wie jemand/etwas sein wird, was geschehen wird o. Ä. *„Ich bin gespannt, ob er kommt"*
ge·spọn·nen PARTIZIP PERFEKT → spinnen
Ge·spräch (-(e)s, -e) **1** **ein Gespräch (mit jemandem/zwischen Personen) (über etwas** (*Akkusativ*)) das, was zwei oder mehrere Personen sich sagen oder einander erzählen ⟨*ein offenes, vertrauliches, dienstliches, fachliches Gespräch; mit jemandem ein Gespräch anfangen, führen; mit jemandem ins Gespräch kommen*⟩ **K** Gesprächspartner, Gesprächsthema; Streitgespräch **2** ein Gespräch, das man am Telefon mit jemandem führt ⟨*ein dienstliches, privates Gespräch führen*⟩ ≈ Telefonat **K** Gesprächsteilnehmer; Auslandsgespräch
ge·sprọ·chen PARTIZIP PERFEKT → sprechen
ge·sprụn·gen PARTIZIP PERFEKT → springen
Ge·stạlt (-, -en) **1** die äußere Erscheinung, die Form eines Lebewesens (vor allem in Bezug auf den Bau des Körpers) ⟨*von schlanker, hagerer, schmächtiger, gedrungener, untersetzter Gestalt sein*⟩ **2** die sichtbare äußere Form einer Sache ≈ Form *„Die Erde hat die Gestalt einer Kugel"* **3** eine Person, die man nicht kennt oder die man (meist wegen der Entfernung) nicht deutlich erkennen kann *„In der Ferne sah man eine dunkle Gestalt"*
ge·stạl·ten (*gestaltete, hat gestaltet*) **etwas irgendwie gestalten** eine Sache in die gewünschte Form bringen, ihr die gewünschten Merkmale geben *„ein Schaufenster künstlerisch/den Abend abwechslungsreich/das Leben angenehm gestalten"* • *hierzu* **Ge·stạl·tung** *die*
ge·stạn·den PARTIZIP PERFEKT **1** → stehen **2** → gestehen
das **Ge·ständ·nis** (*-ses, -se*) die Aussage (vor allem vor Gericht oder vor der Polizei), dass man etwas Verbotenes getan hat ⟨*ein Geständnis ablegen, verweigern, widerrufen*⟩ **K** Schuldgeständnis
der **Ge·stạnk** (-(e)s) ein unangenehmer Geruch *„der Gestank fauler Eier"*
die **Gẹs·te, Ges·te**; (-, -n) **1** eine Bewegung, die jemand meist mit den Händen oder Armen macht, um etwas zu signalisieren ⟨*eine abwehrende, einladende, ungeduldige Geste; mit lebhaften Gesten*⟩ *„Mit stummer Geste forderte er die Gäste auf, sich zu setzen"* **2** eine Handlung mit symbolischem Charakter ⟨*eine höfliche, nette Geste*⟩ *„Es war eine nette Geste, ihr Blumen ins Krankenhaus zu schicken"*
ge·ste·hen (*gestand, hat gestanden*) **((jemandem) etwas) gestehen** zugeben, dass man etwas Verbotenes oder (moralisch) Falsches getan oder ein Verbrechen begangen hat *„Er hat den Mord gestanden"*
das **Ge·stẹll** (-(e)s, -e) **1** ein Gegenstand, der meist aus Stangen und Brettern zusammengefügt ist und auf den man z. B. Flaschen, Gläser oder Bücher stellen kann **K** Holzgestell, Büchergestell **2** der Rahmen eines Gegenstands, ei-

ner Maschine o. Ä., der andere Teile zusammenhält oder trägt **K** Bettgestell, Brillengestell **i** → Abb. unter **Brille**

ges·tern *ADVERB* an dem Tag, der direkt vor dem heutigen Tag war ⟨*gestern früh, Vormittag, Mittag, Nachmittag, Abend*⟩ *„Gestern Abend kamen wir in Hamburg an, heute besichtigten wir die Stadt, und morgen wollen wir eine Hafenrundfahrt machen"*

G

ge·stie·gen *PARTIZIP PERFEKT* → steigen

ge·sto·chen *PARTIZIP PERFEKT* → stechen

ge·stoh·len *PARTIZIP PERFEKT* → stehlen

ge·stor·ben *PARTIZIP PERFEKT* → sterben

ge·stört *ADJEKTIV* **(geistig/psychisch) gestört** *gesprochen, abwertend* geistig nicht normal/psychisch krank

ge·stri·chen *PARTIZIP PERFEKT* → streichen

ge·strit·ten *PARTIZIP PERFEKT* → streiten

ge·stun·ken *PARTIZIP PERFEKT* → stinken

ge·sund *ADJEKTIV* (*gesünder/gesunder, gesündest-/gesundest-*) **1** frei von Krankheit ↔ krank *„nach einer Krankheit wieder gesund werden"* **2** ohne die Schäden, die durch eine Krankheit entstehen ⟨*ein Herz, Zähne, Haare*⟩ **3** mit einer positiven Wirkung für die Gesundheit ⟨*die Ernährung, eine Lebensweise; gesund leben*⟩ *„Rauchen ist nicht gesund"*

die **Ge·sund·heit** (-) **1** der Zustand, dass der Körper gesund ist ↔ Krankheit *„Rauchen schadet der Gesundheit"* **K** Gesundheitszustand, gesundheitsschädlich **2** der Zustand, gesund (und nicht krank) zu sein *„auf die Gesundheit der Zähne und des Zahnfleischs achten"* **3** **Gesundheit!** *gesprochen* verwendet als höfliche Reaktion, wenn jemand niest • *zu* (1) **ge·sund·heit·lich** *ADJEKTIV*

ge·sun·gen *PARTIZIP PERFEKT* → singen

ge·sun·ken *PARTIZIP PERFEKT* → sinken

ge·tan *PARTIZIP PERFEKT* → tun

das **Ge·tränk** (-(e)s, -e) eine Flüssigkeit, die man trinkt ⟨*ein alkoholisches, alkoholfreies, erfrischendes, heißes Getränk*⟩ *„Tee und Kaffee sind aromatische Getränke"* **K** Getränkeautomat; Erfrischungsgetränk, Fruchtsaftgetränk

das **Ge·trei·de** (-s) alle Pflanzen (wie Weizen, Roggen, Gerste, Hafer o. Ä.), aus deren Körnern Mehl gemacht wird ⟨*Getreide anbauen, mähen, ernten, dreschen*⟩ **K** Getreideernte, Getreidefeld, Getreidemühle

das **Ge·trie·be** (-s, -) der Teil einer Maschine, welcher die Kraft und die Bewegungen des Motors überträgt

ge·trie·ben *PARTIZIP PERFEKT* → treiben

ge·trof·fen *PARTIZIP PERFEKT* → treffen

ge·trun·ken *PARTIZIP PERFEKT* → trinken

ge·wäh·ren (*gewährte, hat gewährt*); *geschrieben* **jemandem etwas gewähren** einer Person etwas geben, worum sie gebeten hat (weil man die Möglichkeit und die Macht dazu hat) ⟨*jemandem Asyl, Obdach, Schutz gewähren; jemandem einen Kredit gewähren*⟩ *„Der Papst gewährte den Pilgern eine Audienz"*

die **Ge·walt** (-, -en) **1** **Gewalt (gegen jemanden/etwas)** das Benutzen von körperlicher Kraft, Macht, Drohungen usw., um einer Person zu schaden oder um eine Person zu etwas zu zwingen ⟨*Gewalt anwenden*⟩ *„jemandem etwas mit Gewalt wegnehmen"* **K** Gewaltverbrechen, Gewaltverbrecher; Waffengewalt **i** nicht in der Mehrzahl verwendet **2** das Benutzen von körperlicher Kraft, um etwas zu erreichen *„Die Kiste ließ sich nur mit Gewalt öffnen"* **3** die große natürliche Kraft, die Heftigkeit eines Naturphänomens *„die Gewalt einer Explosion/eines Sturmes/der Wellen"* **K** Naturgewalt(en) **i** nicht in der Mehrzahl verwendet **4** einer der drei Bereiche, in welche die Aufgaben und die Macht eines Staates unterteilt werden (Legislative, Exekutive und Judikative) • *zu* (1) **ge·wạlt·frei** *ADJEKTIV; zu* (1) **ge·wạlt·los** *ADJEKTIV*

ge·wạl·tig *ADJEKTIV* **1** sehr groß, hoch oder kräftig und deshalb beeindruckend ⟨*ein Baum, ein Bauwerk, ein Berg*⟩ **2** ungewöhnlich intensiv oder stark ⟨*ein Sturm, eine Hitze, eine Kraft*⟩ **3** sehr groß in Zahl oder Menge oder Umfang ⟨*eine Last, eine Menge, eine Zahl; ein Irrtum, ein Unsinn*⟩

Ge·wạnd (-(e)s, *Ge·wän·der*) **1** ein langes, weites Kleidungsstück (ohne Gürtel), das bei feierlichen Anlässen oder in verschiedenen Kulturen als Oberbekleidung getragen wird **2** ≈ Kleidung

ge·wạndt *PARTIZIP PERFEKT* **1** → wenden

ADJEKTIV **2** (im Auftreten o. Ä.) sehr geschickt *„Sie ist sehr gewandt im Umgang mit Kunden"*

ge·wạnn *Präteritum, 1. und 3. Person Singular* → gewinnen

Ge·we̲hr (-(e)s, -e) eine relativ lange Schusswaffe, die man mit beiden Händen hält *„Er legte das Gewehr auf das Reh an und schoss"* **K** Gewehrkugel; Jagdgewehr

Ge·wẹr·be (-s, -) **1** eine selbstständige berufliche Tätigkeit im Bereich des Handels, des Handwerks oder der Dienstleistungen ⟨*ein Gewerbe ausüben, betreiben*⟩ **K** Gewerbebetrieb; Baugewerbe **2** ein kleinerer oder mittlerer privater Betrieb im Bereich des Handwerks, des Handels oder der Dienstleistungen ⟨*ein Gewerbe betreiben*⟩

Ge·wẹrk·schaft (-, -en) eine Organisation, welche die Interessen der Arbeitnehmer (meist einer Berufsgruppe) gegenüber den Arbeitgebern bzw. dem Staat vertritt *„die Gewerkschaft der Angestellten"* **K** Gewerkschaftsmitglied; Pilotengewerkschaft • *hierzu* **ge·wẹrk·schaft·lich** *ADJEKTIV*

ge·we̲·sen *PARTIZIP PERFEKT* → sein

Ge·wịcht (-(e)s, -e) **1** das Gewicht ist eine Eigenschaft, die meist in Gramm oder Kilogramm angegeben wird und die sagt, wie schwer jemand/etwas ist ⟨*ein geringes, großes Gewicht haben; an Gewicht verlieren, zunehmen*⟩ *„Bei der Geburt hatte das Kind ein Gewicht von dreieinhalb Kilogramm"* **K** Gewichtsverlust; Gesamtgewicht, Körpergewicht **i** nicht in der Mehrzahl verwendet **2** auf Gewichten aus Metall steht, wie viel sie wiegen. Man legt sie auf eine Schale einer Waage, um herauszufinden, wie viel die Dinge auf der anderen Schale wiegen **3** Gewichte für Sportler sind schwere Gegenstände aus Metall, die man hochhebt, um die Muskeln zu trainieren oder zu zeigen, wie stark man ist ⟨*Gewichte stemmen*⟩ **4** das Gewicht einer abstrakten Sache sagt, wie wichtig sie ist *„Seine Stimme hat in der Kommission viel Gewicht"*

das **Ge·wịn·de** (-s, -) eine Rille, die außen an einer Schraube oder innen in einer Mutter in Form einer Spirale verläuft

der **Ge·wịnn** (-(e)s, -e) **1** Gewinne sind das Geld oder die Dinge, die man bei einem Spiel oder in einer Lotterie gewinnen kann **K** Lottogewinn **2** Gewinn ist das Geld, das man bei einem Geschäft verdient, nachdem alle Kosten abgezogen sind ⟨*(einen) Gewinn machen, erzielen; etwas mit Gewinn verkaufen*⟩ ≈ Profit ↔ Verlust *„einen Gewinn (in Höhe) von 10 % machen/erzielen"*

ge·wịn·nen (*gewann, hat gewonnen*) **1** **(etwas) gewinnen** in einem Kampf, Wettkampf, Spiel o. Ä. der Beste oder der Sieger sein *„ein Fußballspiel (mit) 3 : 0 gewinnen"* **2** **(etwas) gewinnen** bei einem Wettkampf oder Glücksspiel einen Preis bekommen *„im Lotto tausend Euro gewinnen"* **3** **etwas gewinnen** durch eigene Bemühungen etwas bekommen ⟨*jemandes Achtung, Liebe, Vertrauen gewinnen*⟩ • *zu* (1,2) **Ge·wịn·ner** *der*

ge·wịss *ADJEKTIV* (*gewisser, gewissest-*) **1** **(jemandem) gewiss** so, dass es ganz sicher geschehen wird *„Der Sieg ist uns gewiss"* | *„Eins/So viel ist gewiss: Dir helfe ich nie mehr"* **2** mit Sicherheit, ohne

Zweifel *„Wenn du dich nicht beeilst, kommst du gewiss zu spät"*

das **Ge·wis·sen** (-s, -) das Gefühl, ob man moralisch richtig oder falsch gehandelt hat oder ob etwas gut oder böse ist/war ‹*ein gutes, schlechtes Gewissen haben; das Gewissen beruhigen, erleichtern*› *„Er bekam ein schlechtes Gewissen, als er sah, wie weh er ihr getan hatte"*

das **Ge·wit·ter** (-s, -) Wetter mit Blitz und Donner und meist auch starkem Regen und Wind *„Gestern Abend gab es ein heftiges Gewitter"* **K** Gewitterregen, Gewitterschauer, Gewitterwolken

G

ge·wo·ben *PARTIZIP PERFEKT* → weben

ge·wo·gen *PARTIZIP PERFEKT* → wiegen[1]

ge·wöh·nen (*gewöhnte, hat gewöhnt*) **1 jemanden an etwas** (*Akkusativ*) **gewöhnen** wenn man eine Person oder sich selbst an etwas gewöhnt, kennt sie/man es schließlich so gut, dass es normal oder selbstverständlich wird *„sich an die neue Umgebung gewöhnen"* **2 etwas gewöhnt sein** ≈ gewohnt • *hierzu* **Ge·wöh·nung** *die*

die **Ge·wohn·heit** (-, -*en*) **die Gewohnheit** (**zu** +*Infinitiv*) eine Verhaltensweise, die durch häufige Wiederholung automatisch und unbewusst geworden ist ‹*eine alte, feste, liebe, schlechte Gewohnheit; etwas aus reiner Gewohnheit tun; seine Gewohnheiten ändern*› *„Sie hat die Gewohnheit, nach dem Essen einen Cappucino zu trinken"*

ge·wöhn·lich *ADJEKTIV* **1** so wie immer, nicht von der Regel abweichend *„Sie wachte zur gewöhnlichen Zeit auf"* **2** so wie viele andere, nicht auffällig oder besonders ≈ normal

ge·wohnt *ADJEKTIV* **1** vertraut, üblich geworden ‹*die Umgebung; etwas wie gewohnt tun*› *„Die Dinge gehen ihren gewohnten Gang"* **2 etwas gewohnt sein** etwas als selbstverständlich ansehen, weil es immer so abläuft oder gemacht wird *„Er war schwere körperliche Arbeit nicht gewohnt"*

ge·won·nen *PARTIZIP PERFEKT* → gewinnen

ge·wor·ben *PARTIZIP PERFEKT* → werben

ge·wor·den *PARTIZIP PERFEKT* → werden

ge·wor·fen *PARTIZIP PERFEKT* → werfen

ge·wun·den *PARTIZIP PERFEKT* → winden

ge·wun·ken *PARTIZIP PERFEKT; gesprochen* → winken

das **Ge·würz** (-*es*, -*e*) eine Substanz (wie z. B. Salz oder Pfeffer), die man in kleinen Mengen zum Essen gibt, damit es einen besonderen Geschmack bekommt ‹*ein getrocknetes, exotisches, mildes, scharfes Gewürz*› **K** Gewürzmischung

ge·wusst *PARTIZIP PERFEKT* → wissen

ge·zo·gen *PARTIZIP PERFEKT* → ziehen

ge·zwun·gen *PARTIZIP PERFEKT* → zwingen

gibt *Präsens, 3. Person Singular* → geben

die **Gier** (-) **die Gier** (**nach etwas**) ein unvernünftig heftiges und unkontrolliertes Verlangen, etwas zu haben oder zu bekommen ‹*unersättliche, maßlose, grenzenlose Gier*› *„die grenzenlose Gier nach Macht und Reichtum"*

gie·rig *ADJEKTIV* **gierig** (**auf etwas** (*Akkusativ*)/**nach etwas**) voller Gier ‹*ein Mensch; Blicke; etwas gierig verschlingen; gierig essen, trinken*› *„gierig nach Geld und Ruhm sein"*

gie·ßen (*goss, hat gegossen*) **1 etwas irgendwohin gießen** eine Flüssigkeit aus einem Gefäß irgendwohin fließen lassen (indem man das Gefäß neigt) *„Vanillesoße über den Pudding gießen"* **2 etwas gießen** Glocken, Kerzen usw. werden gegossen, indem man das Metall, Wachs o. Ä. flüssig macht und in einer Form wieder fest werden lässt **3** (**etwas**) **gießen** Blumen oder anderen Pflanzen (mit einer Gießkanne) Wasser geben

die **Gieß·kan·ne** ein Behälter (eine Kanne) mit einem langen Rohr, mit dem man die Pflanzen (im Haus und im

Garten) gießt

Gift (-(e)s, -e) eine chemische Substanz, die dem Organismus stark schadet und tödlich sein kann *„Das Gift von Klapperschlangen ist für Menschen sehr gefährlich“* K Giftgas, Giftschlange, Giftzahn; Rattengift

gif·tig ADJEKTIV 1 Gift enthaltend ⟨*eine Pflanze, ein Pilz*⟩ 2 so, dass sie beim Beißen, Stechen o. Ä. Gift von sich geben ⟨*Schlangen, Skorpione*⟩ 3 mit Stoffen, die (meist für die Gesundheit) schädlich sind ⟨*Dämpfe, Abwässer*⟩

gilt *Präsens, 3. Person Singular* → gelten

ging *Präteritum, 1. und 3. Person Singular* → gehen

Gip·fel (-s, -) 1 die oberste Spitze eines Berges ⟨*einen Gipfel besteigen, bezwingen, mit letzter Kraft erreichen*⟩ 2 Verhandlungen von Regierungen auf höchster Ebene *„Der Gipfel über Klimaprobleme findet nächste Woche in Brüssel statt“* K Gipfelkonferenz; Wirtschaftsgipfel

Gips (-es) 1 ein hellgraues Pulver, das zusammen mit Wasser eine Masse gibt, welche schnell hart wird. Mit Gips füllt man vor allem Löcher in einer Wand oder stellt Formen her ⟨*Gips anrühren*⟩ 2 Kurzwort für *Gipsverband* ⟨*einen Gips (am Arm, am Bein) haben*⟩

Gips·ver·band ein Verband aus Binden, die in Gips getränkt sind, der dann hart wird. Er wird verwendet, um einen verletzten oder gebrochenen Körperteil ruhig zu stellen

Gi·ro·kon·to ['ʒi:-] ein Bankkonto, von dem jederzeit Geld abgehoben werden kann oder auf das Geld überwiesen werden kann

Gi·tar·re (-, -n) das Musikinstrument mit sechs Saiten, das in der Popmusik wichtig ist ⟨*Gitarre spielen; jemanden auf der Gitarre begleiten*⟩ *„am Lagerfeuer Gitarre spielen“* K Gitarrenspieler; Bassgitarre i → Abb. unter **Instrument**

Git·ter (-s, -) Gitter bestehen aus Stangen oder Draht und versperren Öffnungen so, dass noch Luft oder Wasser hindurchkommt K Gitterfenster, Gitterstab, Gitterzaun

der **Glanz** (-es) **der Glanz** +*Genitiv*/**von etwas** das Licht, das von einem glatten Gegenstand zurückgestrahlt wird ⟨*der Glanz eines Diamanten*⟩ K Glanzpapier

glän·zen (*glänzte, hat geglänzt*) **etwas glänzt** etwas Glattes leuchtet im Licht ⟨*Gold, ein Spiegel, die Wasseroberfläche, die Augen, die Haare*⟩

glän·zend ADJEKTIV sehr gut, hervorragend ⟨*ein Redner, eine Idee; sich (mit jemandem) glänzend verstehen; glänzend aufgelegt sein*⟩ *„Mir geht es glänzend“*

das **Glas** (-es, *Glä·ser*) 1 ein durchsichtiges, hartes Material, das leicht zerbricht und aus dem man z. B. Fensterscheiben und Flaschen herstellt K Glasperle, Glasscheibe, Glasscherbe, Glassplitter, Glastür i nicht in der Mehrzahl verwendet; zu *Glasscherbe* → Abb. unter **Stück** 2 ein Gefäß aus Glas, aus dem man kalte Getränke trinkt *„Sie stießen mit ihren Gläsern auf sein Wohl an“* K Bierglas, Wasserglas, Weinglas 3 die

GLÄSER

G

Menge eines Getränks, die in ein Glas passt ‹*ein Glas einschenken, austrinken*› *„ein Glas kalte Milch"* ⓘ Bei Mengenangaben wird auch *Glas* als Mehrzahl verwendet: *drei Glas/Gläser Cola trinken* **4** ein Gefäß aus Glas für Vorräte bzw. die Menge, die in diesem Gefäß ist *„ein Glas Essiggurken öffnen"* | *„Ich habe heute fünf Gläser Marmelade/Apfelmus eingekocht"* **5** ein geschliffenes Stück Glas für eine Brille *„eine Brille mit dicken Gläsern"*
ⓘ → Abb. unter **Brille**

G

die **Gla·sur** (-, *-en*) **1** die glatte, glänzende Oberfläche von Dingen aus Porzellan oder Keramik **2** eine glatte Schicht aus geschmolzenem Zucker oder Schokolade auf Kuchen usw.

glatt ADJEKTIV (*glatter/glätter, glattest-/glättest-*) **1** ohne Löcher, Risse oder Erhebungen ‹*eine Oberfläche*› ↔ rau **2** ohne Falten, Wellen oder Unebenheiten *„glattes Haar haben"*

die **Glät·te** (-) der Zustand, wenn Straßen glatt sind, weil sich Eis gebildet hat **K** Eisglätte; Straßenglätte

das **Glatt·eis** eine glatte Eisschicht auf Straßen und Wegen *„Bei Glatteis muss man vorsichtig bremsen, um nicht ins Rutschen zu kommen"* **K** Glatteisgefahr ⓘ nicht in der Mehrzahl verwendet

die **Glat·ze** (-, *-n*) eine Kopfhaut ohne Haare

der **Glau·be** (*-ns*) **1** **der Glaube (an etwas)** die feste Überzeugung, dass jemand/etwas existiert oder dass etwas wahr, richtig oder möglich ist ‹*den Glauben an jemanden/etwas verlieren; jemandem/jemandes Worten (keinen) Glauben schenken*› *„der Glaube an das Gute im Menschen"* ⓘ *der Glaube; des Glaubens; den, dem Glauben* **2** der Glaube an einen oder mehrere Götter, an Rituale, an Gebote usw. ‹*der christliche, jüdische Glaube*› ≈ Religion

glau·ben (*glaubte, hat geglaubt*) **1** **(etwas) glauben** die genannte Meinung zu etwas haben *„Ich glaube, dass er kommen wird"* | *„Wird es regnen?" – „Ich glaube nicht/schon"* **2** **jemandem (etwas) glauben**; **(jemandem) etwas glauben**; **einer Sache** (*Dativ*) **glauben** das, was jemand gesagt oder behauptet hat, für wahr halten *„Sie glaubte ihm nicht/kein Wort"* | *„Ich kann einfach nicht glauben, dass er das machen wollte"* **3** **an etwas** (*Akkusativ*) **glauben** der Meinung sein, dass etwas möglich ist, existieren oder geschehen wird *„an den Sieg glauben"* | *„Ich glaube nicht an Wunder!"* **4** **an (einen) Gott glauben** fest davon überzeugt sein, dass (ein) Gott existiert

gläu·big ADJEKTIV von der Lehre einer Religionsgemeinschaft überzeugt ‹*ein Christ, ein Hindu, ein Jude, ein Muslim usw.*› ≈ fromm

gleich ADJEKTIV VERGLEICHBAR: **1** ohne Unterschied in Größe, Form, Zahl, Art o. Ä. übereinstimmend *„einen Kuchen in zwölf gleiche Teile schneiden"* | *„Christa und ich sind gleich groß und gleich alt"* **2** sehr ähnlich, in vielen Merkmalen übereinstimmend *„Solche Feste laufen immer gleich ab"* IDENTISCH: **3** **(ist) gleich** ist identisch mit, ergibt *„Zwei plus drei (ist) gleich fünf"* **4** *gesprochen* drückt aus, dass es sich nur um eine einzige Person oder Sache handelt, nicht um mehrere verschiedene ≈ derselbe/dieselbe/dasselbe *„Wir sind im gleichen Jahr geboren"* UNVERÄNDERT: **5** in keiner Weise verändert *„Der Umsatz ist in den letzten Jahren praktisch gleich geblieben"* EGAL: **6** **etwas ist jemandem gleich** *gesprochen* etwas ist nicht interessant, wichtig o. Ä. für jemanden ≈ egal *„Es sollte dir nicht gleich sein, was er von dir denkt"*
ADVERB ZEITLICH, RÄUMLICH: **7** in sehr kurzer Zeit ≈ sofort *„Sie hat den Arzt angerufen, und er ist gleich gekommen"* **8** in unmittelbarer Nähe *„Die Bäckerei ist gleich um die Ecke"*

gleich·be·rech·tigt ADJEKTIV **1** mit den gleichen Rechten *„In unserer Firma sind alle Partner gleichberechtigt"* **2** (in Bezug auf eine Frau) mit den gleichen

Rechten wie der Mann • *hierzu* **Gleich·be·rech·ti·gung** *die*

glei·chen (*glich, hat geglichen*) **jemandem/etwas (in etwas** (*Dativ*)) **gleichen** einer Person oder Sache im Aussehen oder einer anderen Eigenschaft sehr ähnlich oder fast identisch sein *„Er gleicht seinem Vater nicht nur äußerlich, sondern auch in seinem Temperament"* | *„Die Zwillinge gleichen sich/einander wie ein Ei dem anderen"*

gleich·falls ADVERB verwendet, um einen Wunsch oder einen Gruß zu erwidern ≈ ebenfalls *„Schönen Tag noch!" – „Danke gleichfalls!"*

das **Gleich·ge·wicht** (-(*e*)*s*) der Zustand, wenn eine Person oder Sache so steht o. Ä., dass sie nicht kippt oder umfällt ⟨*im Gleichgewicht sein; das Gleichgewicht halten, verlieren; aus dem Gleichgewicht kommen*⟩ ≈ Balance **K** Gleichgewichtssinn

gleich·gül·tig ADJEKTIV **1** ohne Interesse *„ein gleichgültiger Schüler"* **2** **jemandem gleichgültig** für jemanden völlig unwichtig *„(Es ist mir) gleichgültig, ob du mitkommst, wir gehen auf jeden Fall ins Kino"* • *hierzu* **Gleich·gül·tig·keit** *die*

gleich·mä·ßig ADJEKTIV **1** so, dass man den Rhythmus, den Druck, das Tempo o. Ä. dabei nicht ändert *„sich in gleichmäßigem Tempo bewegen"* **2** zu gleichen Teilen oder im gleichen Ausmaß *„die Torte gleichmäßig mit Glasur bestreichen"*

gleich·zei·tig ADJEKTIV zur gleichen Zeit (stattfindend) *„Ich kann doch nicht fünf Dinge gleichzeitig machen!"*

das **Gleis** (-*es*, -*e*) die zwei Schienen, auf denen Züge, Straßenbahnen oder U-Bahnen fahren ⟨*Gleise verlegen*⟩ *„Der Zug fährt/läuft auf Gleis 3 ein"* **K** Eisenbahngleis, Straßenbahngleis

glei·ten (*glitt, ist geglitten*) **1** **jemand/etwas gleitet über etwas** (*Akkusativ*) jemand/etwas bewegt sich leicht und ohne Mühe über eine Fläche *„Die Schlittschuhläufer glitten über das Eis"* **K** Gleitfläche **2** **ein Vogel/etwas gleitet irgendwo(hin)** wenn Vögel oder Dinge durch die Luft gleiten, werden sie von der Luft getragen und setzen keine eigene Kraft ein, um zu fliegen ⟨*ein Adler, ein Drachenflieger*⟩ **K** Gleitflug

der **Glet·scher** (-*s*, -) eine große Masse von Eis im hohen Gebirge oder weit im Norden und Süden der Erde

glich *Präteritum, 1. und 3. Person Singular* → gleichen

das **Glied** (-(*e*)*s*, -*er*) **1** ein beweglicher Körperteil bei Menschen und Tieren, vor allem ein Arm oder ein Bein *„Er hatte Rheuma und ständig Schmerzen in allen Gliedern"* **K** Gliederschmerzen **2** ein Teil eines Fingers oder Zehs zwischen zwei Gelenken **K** Fingerglied, Zehenglied **3** das Geschlechtsorgan des Mannes ≈ Penis **4** einer der Ringe, die eine Kette bilden **K** Kettenglied **5** Subjekt, Prädikat, Objekt usw. sind Glieder eines Satzes mit eigener Funktion **K** Satzglied

glie·dern (*gliederte, hat gegliedert*) **etwas (in etwas** (*Akkusativ*)) **gliedern** wenn man etwas gliedert, unterscheidet man sinnvolle einzelne Teile oder Abschnitte *„Der Bericht ist in fünf Kapitel gegliedert"*

die **Glie·de·rung** (-, -*en*) das Einteilen in einzelne Abschnitte o. Ä.

glitt *Präteritum, 1. und 3. Person Singular* → gleiten

glo·bal ADJEKTIV; *geschrieben* **1** die ganze Erde umfassend, auf alle ihre Länder, Staaten bezogen *„Für die Umweltprobleme müssen globale Lösungen gefunden werden"* **2** sehr groß ⟨*ein Wissen*⟩

die **Glo·cke** (-, -*n*) **1** ein Becher aus Metall mit einem Stab (dem Klöppel) in der Mitte. Glocken läuten, wenn man sie bewegt ⟨*eine bronzene Glocke; Glocken gießen; eine Glocke klingt, läutet, (er-)tönt*⟩ **K** Glockengeläut(e), Glockenschlag; Kirchenglocke, Kuhglocke **2** ein akustisches Signal (wie) von einem Gong oder einer Klingel *„Die Glocke läutet zur Pause"* [K] Alarmglocke

das **Glück** (-(e)s) [1] Umstände oder Zufälle, auf die man keinen Einfluss hat und die einen Vorteil oder Erfolg bringen ⟨*großes, unverdientes, unverschämtes Glück; etwas bringt jemandem Glück; jemandem (viel) Glück für/zu etwas wünschen*⟩ ↔ Pech *„Er hat noch einmal Glück gehabt. Der Unfall hätte schlimmer ausgehen können!"* [2] ein psychischer Zustand, in dem man große Freude oder Zufriedenheit empfindet ⟨*ein dauerndes, kurzes, tiefes, stilles, ungetrübtes, verlorenes Glück*⟩ *„Wir wollen das Glück des jungen Ehepaars nicht stören"* [K] Glücksgefühl; Familienglück [ID] **zum Glück** drückt aus, dass man über etwas froh ist

glück·lich ADJEKTIV [1] **glücklich (über etwas** (*Akkusativ*)**)** von großer Freude oder Zufriedenheit erfüllt ⟨*ein Ehepaar, eine Familie, eine Mutter, eine Zeit; jemanden glücklich machen*⟩ *„Sie waren 40 Jahre lang glücklich verheiratet"* [2] so, dass jemand Glück hat und kein Pech ⟨*ein Umstand, ein Zufall*⟩ *„der glückliche Gewinner des Preisausschreibens"*

der **Glück·wunsch** **ein Glückwunsch (zu etwas)** mit Glückwünschen sagt man einer Person, dass man sich mit ihr über einen Erfolg oder ein schönes Ereignis freut *„Herzlichen Glückwunsch zum Geburtstag!"* | *„Herzlichen Dank für die vielen Glückwünsche und Geschenke zu unserer Hochzeit!"* [K] Glückwunschkarte

die **Glüh·bir·ne** dünnes Glas mit der Form einer Birne, das man in eine Lampe schraubt, damit sie leuchtet

glü·hen ['gly:ən] (*glühte, hat geglüht*) **etwas glüht** etwas brennt ohne Flamme und Rauch rot (bzw. bei sehr hohen Temperaturen weiß) *„Unter der Asche glühen die Kohlen noch"*

die **Glut** (-, -*en*) die rote, glühende Masse, die übrig bleibt, wenn z. B. Holz oder Kohle mit heller Flamme verbrannt ist

die **Gna·de** (-, -*n*) [1] der Vorgang, wenn eine Person aus Mitleid oder Großzügigkeit gar nicht oder nicht so bestraft wird, wie sie es verdient hätte ⟨*(jemanden) um Gnade bitten; um Gnade flehen; Gnade walten lassen*⟩ [K] Gnadengesuch [i] nicht in der Mehrzahl verwendet [2] die Vorstellung im christlichen Glauben, dass Gott alle Sünden verzeiht ⟨*die Gnade Gottes*⟩
• zu (1) **gna·den·los** ADJEKTIV

der **Go·ckel** (-*s*, -) ≈ Hahn

das **Gold** (-(e)s) [1] ein wertvolles Metall mit gelblichem Glanz, aus dem man vor allem Münzen und Schmuck macht ⟨*echtes, massives, pures, reines Gold; Gold suchen; nach Gold graben, schürfen*⟩ *„ein Armband aus reinem Gold"* | *„Gold waschen"* Gold mit Wasser von Erde, Sand o. Ä. trennen [K] Goldbarren, Goldkette, Goldmünze, Goldzahn; goldgelb [i] chemisches Zeichen: *Au* [2] ein Gegenstand, meist ein Schmuckstück, aus Gold *„Aus dem Juwelierladen wurden Gold und Edelsteine im Wert von mehreren tausend Euro geraubt"* [3] *ohne Artikel* eine Medaille aus Gold, die der Sieger in einem wichtigen Wettkampf bekommt ⟨*olympisches Gold; Gold gewinnen, holen*⟩ ≈ Goldmedaille [K] Goldmedaille

gol·den ADJEKTIV [1] aus Gold bestehend oder gemacht ⟨*ein Armband, ein Becher, ein Ring, eine Uhr*⟩ [2] mit der Farbe und dem Glanz von Gold ⟨*Haar, die Sonne, die Sterne; etwas glänzt, scheint, schimmert golden*⟩

die **Gon·del** (-, -*n*) [1] ein schmales, meist verziertes Boot, mit dem man auf den Kanälen von Venedig fährt [2] die Kabine, die an dem Drahtseil einer Seilbahn hängt und in der Personen meist auf einen Berg fahren können

der **Gong** (-*s*, -*s*) [1] eine frei hängende Metallscheibe, an die man schlägt, um ein Tonsignal zu geben ⟨*den Gong schlagen*⟩ [2] ein elektrisches Gerät, das einen Ton wie bei einem Gong erzeugt (und z. B. in Schulen o. Ä. ein Signal gibt)

gọ̈n·nen *(gönnte, hat gegönnt)* **jemandem etwas gönnen** sich mit einer Person ohne Neid darüber freuen, dass sie Glück oder Erfolg hat

goo·geln ['gu:gl̩n] *(googelte, hat gegoogelt)* **(jemanden/etwas) googeln** *gesprochen* mithilfe einer Suchmaschine (vor allem Google®) im Internet Informationen suchen

gọr *Präteritum, 3. Person Singular* → gären

gọss *Präteritum, 1. und 3. Person Singular* → gießen

der **Gọtt** (-(e)s, *Göt·ter*) **1** vor allem Christen, Juden und Muslims glauben an einen Gott, der die Welt erschaffen hat und ihr Schicksal lenkt **i** nicht in der Mehrzahl verwendet; *Gott* wird meist nur dann mit einem Artikel verwendet, wenn ein Adjektiv davor steht: *der allmächtige Gott.* **2** in vielen Religionen glauben die Menschen, dass Götter mächtige Wesen sind und die Welt lenken ⟨*die germanischen, griechischen, heidnischen Götter*⟩ *„Amor ist der römische Gott der Liebe"* **K** Meeresgott, Sonnengott **ID** **Gott sei Dank!** *gesprochen* verwendet, um Erleichterung auszudrücken; **O 'Gott!**, **(Ach,) du 'lieber Gott!**, **Großer Gott!**, **Mein 'Gott!**, **Gott im 'Himmel!**, **Um 'Gottes willen** *gesprochen* verwendet, um Überraschung, Entsetzen, Bedauern o. Ä. auszudrücken • *zu* (2) **Gọ̈t·tin** *die*

der **Gọt·tes·dienst** eine religiöse Feier zur Verehrung Gottes (vor allem bei den christlichen Religionen) ⟨*zum Gottesdienst gehen; den Gottesdienst besuchen*⟩

das **Gra̲b** (-(e)s, *Grä·ber*) **1** das Loch in der Erde, in das ein Toter bei der Beerdigung gelegt wird ⟨*ein Grab ausheben, schaufeln, zuschaufeln, zuschütten*⟩ **2** der Platz (auf einem Friedhof), an dem ein Toter begraben ist ⟨*ein Grab bepflanzen, pflegen, schmücken*⟩ *„Blumen auf jemandes Grab legen"* **K** Grabkreuz, Grabschmuck; Massengrab

gra̲·ben *(gräbt, grub, hat gegraben)* **1** **(etwas) graben** ein Loch, einen Graben o. Ä. in die Erde machen, indem man (z. B. mit einem Spaten oder einem Bagger) Erde wegschaufelt *„Die Geologen mussten tief graben, bis sie auf Erdöl stießen"* **2** **nach etwas graben** in der Erde nach etwas (z. B. Kohle, Gold, Münzen) suchen *„Die Archäologen gruben nach den Überresten der verschütteten Stadt"*

der **Gra̲·ben** (-s, *Grä·ben*) eine lange, relativ schmale Vertiefung in der Erde, die z. B. zur Bewässerung von Feldern dient

der **Gra̲b·stein** ein großer Stein auf einem Grab, auf dem der Name (und der Geburts- und Sterbetag) des Toten steht

der **Gra̲d** (-(e)s, -/-e) **1** *(Mehrzahl: Grad)* die Einheit, mit der man Temperaturen misst ⟨*ein Grad Celsius, Fahrenheit*⟩ *„Das Thermometer zeigt zwölf Grad (12 °C) unter null/minus"* **K** Minusgrad, Plusgrad **i** Zeichen: ° **2** *(Mehrzahl: Grad)* die Einheit, mit der man Winkel misst *„Der Kreis wird in 360 Grad eingeteilt"* **i** Zeichen: ° **3** *(Mehrzahl: Grad)* eine der gedachten Linien, die von Norden nach Süden oder von Osten nach Westen um die Erde verlaufen ⟨*der erste, zweite Grad nördlicher/südlicher Breite, östlicher/westlicher Länge*⟩ *„München liegt auf dem 48. Grad nördlicher Breite"* **K** Breitengrad, Längengrad **i** zu 1 – 3: Die Mehrzahl der Zusammensetzungen ist *-grade.* **4** **der Grad** *+Genitiv*/**an etwas** *(Dativ)* *(Mehrzahl: Grade)* das Maß, die Stärke oder Intensität, in der etwas vorhanden ist ⟨*ein geringer, hoher Grad*⟩ *„Der Grad der Umweltverschmutzung hat bedrohliche Ausmaße angenommen"* **K** Schwierigkeitsgrad

die **Gra̲·fik** (-, *-en*) **1** ein Blatt (Papier) mit einer (gedruckten) künstlerischen Zeichnung **K** Druckgrafik **2** eine Zeichnung, mit der ein Sachverhalt (meist mathematisch, prozentual o. Ä.) illustriert wird ≈ Diagramm

G

G

der **Gra·fi·ker** (-s, -) eine Person, die (künstlerische) Grafiken zeichnet oder am Computer gestaltet • *hierzu* **Gra·fi·ke·rin** *die*

gra·fisch *ADJEKTIV* mit einer oder durch eine Grafik ⟨*eine Darstellung*⟩ *„eine wirtschaftliche Entwicklung grafisch darstellen"*

das **Gramm** (-s, -) **1** eine Einheit, mit der man das Gewicht misst *„Tausend Gramm sind ein Kilo(gramm)"* | *„Ein Pfund hat 500 Gramm"* **K** Kilogramm, Milligramm **i** Abkürzung: *g* **2** eine Einheit, mit der man in der Physik die Masse misst **i** Abkürzung: *g*

die **Gram·ma·tik** (-, -en) **1** die (Lehre von den) Regeln einer Sprache, nach denen Wörter in ihrer sprachlichen Form verändert und zu Sätzen kombiniert werden *„die französische Grammatik beherrschen"* **K** Grammatikregel **i** nicht in der Mehrzahl verwendet **2** ein Buch, in dem die Regeln einer Sprache erklärt werden

gram·ma·tisch *ADJEKTIV* nach den Regeln in den Grammatiken ⟨*grammatisch richtig, falsch*⟩

das **Gras** (-es, *Grä·ser*) **1** Gras (einer Wiese, eines Rasens) besteht aus dicht wachsenden, kleinen grünen Pflanzen. Viele Tiere wie Kühe und Schafe fressen Gras ⟨*frisches, saftiges, dürres Gras; das Gras mähen; im Gras liegen*⟩ *„Wir setzten uns unter einen Baum ins/auf das Gras"* **K** Grasfläche **i** nicht in der Mehrzahl verwendet; → Abb. unter **Pflanze** **2** Gräser sind kleine Pflanzen mit langen schmalen Blättern, die vor allem auf Wiesen wachsen *„Reis und Weizen gehören botanisch gesehen zu den Gräsern"* **K** Grashalm

die **Grä·te** (-, -n) einer der feinen, meist spitzen Teile, aus denen das Skelett eines Fisches besteht ⟨*eine Gräte in den Hals bekommen*⟩

gra·tis *ADJEKTIV* so, dass man nichts dafür bezahlen muss ≈ kostenlos *„Der Eintritt ist heute gratis"* | *„Diese Warenprobe bekommen Sie gratis"* **K** Gratisexemplar **i** meist nach einem Verb wie *sein*

gra·tu·lie·ren (*gratulierte, hat gratuliert*) **(jemandem) (zu etwas) gratulieren** jemandem zu einem erfreulichen Anlass Glückwünsche sagen *„jemandem (herzlich) zum Geburtstag/zur Hochzeit/zum bestandenen Examen gratulieren"* | *„Du hast den Führerschein schon vor zwei Wochen gemacht? Da muss ich ja noch nachträglich gratulieren!"*

grau *ADJEKTIV* (*grauer, grau(e)st-*) von der Farbe, die entsteht, wenn man Schwarz und Weiß mischt ⟨*grau gefärbt, gestreift, lackiert, meliert*⟩ *„einen grauen Anzug tragen"* **K** dunkelgrau, hellgrau, silbergrau • *hierzu* **Grau** *das*

grau·sam *ADJEKTIV* **1** **grausam (zu/gegenüber jemandem)** so, dass ein Mensch ohne Mitleid handelt, Menschen oder Tiere absichtlich quält o. Ä. **2** so, dass der Betroffene sehr leidet ⟨*eine Rache, eine Strafe, eine Tat*⟩ **3** sehr unangenehm ⟨*eine Enttäuschung, eine Hitze, eine Kälte, Schmerzen*⟩

grei·fen (*griff, hat gegriffen*) **1** **sich** (*Dativ*) **etwas greifen** *gesprochen* sich etwas nehmen *„Er griff sich eine Zeitschrift und machte es sich auf dem Sofa bequem"* **2** **nach jemandem/etwas greifen** die Hand nach einer Person oder Sache ausstrecken und sie festhalten oder versuchen, sie mit der Hand zu fassen *„Das Kind griff ängstlich nach der Hand der Mutter"*

grell *ADJEKTIV* **1** so hell, dass es blendet (und den Augen wehtut) ⟨*das Licht, die Sonne; ein Blitz*⟩ **2** unangenehm hoch ⟨*ein Ton, ein Pfiff, ein Schrei, eine Stimme*⟩ ≈ schrill

die **Gren·ze** (-, -n) **1** **die Grenze (zu/nach etwas)** eine Grenze ist die gedachte Linie, die einen Staat von einem anderen trennt ⟨*(irgendwo) die Grenze passieren, überschreiten*⟩ *„Weil die Zöllner streikten, mussten wir an der Grenze lange warten"* **K** Grenzkontrolle; Landesgrenze **2** **die Grenze zwischen**

Dingen (*Dativ*) miteinander verwandte Bereiche, Themen o. Ä. werden durch eine Grenze voneinander getrennt *„Wie definiert man die Grenze zwischen Kindheit und Jugend?"* **3** das äußerste Maß, das nicht überschritten werden kann oder darf *„Auch meine Geduld hat Grenzen!"* **K** Altersgrenze, Preisgrenze

gren·zen·los ADJEKTIV **1** (scheinbar) ohne Ende, ohne räumliche Grenzen **2** ohne Einschränkung ⟨*Freiheit*⟩

der **Grieß** (*-es*) grob gemahlener Weizen oder Mais, aus dem man meist Brei macht **K** Grießbrei

griff *Präteritum, 1. und 3. Person Singular* → greifen

der **Griff** (*-(e)s, -e*) VON GERÄTEN, TASCHEN: **1** der Teil eines Gegenstandes, an dem man diesen gut festhalten kann ⟨*der Griff eines Koffers, eines Löffels, eines Messers, eines Schirms, einer Schublade, einer Tür*⟩ **K** Fenstergriff, Türgriff; Holzgriff HANDLUNG: **2** **der Griff irgendwohin** der Vorgang des Greifens mit der Hand *„der Griff zum Telefonhörer/zur Fernbedienung"* **ID** **etwas in den Griff bekommen/kriegen** etwas unter Kontrolle bringen

der **Grill** (*-s, -s*) ein Gerät, mit dem man (auf einem Rost oder Spieß) Fleisch usw. röstet (über glühender Kohle oder durch elektrisch erzeugte Hitze) *„ein Steak/ein Hähnchen vom Grill"* **K** Holzkohlengrill

gril·len (*grillte, hat gegrillt*) **(etwas) grillen** Fleisch o. Ä. bei großer Hitze

GRIFF

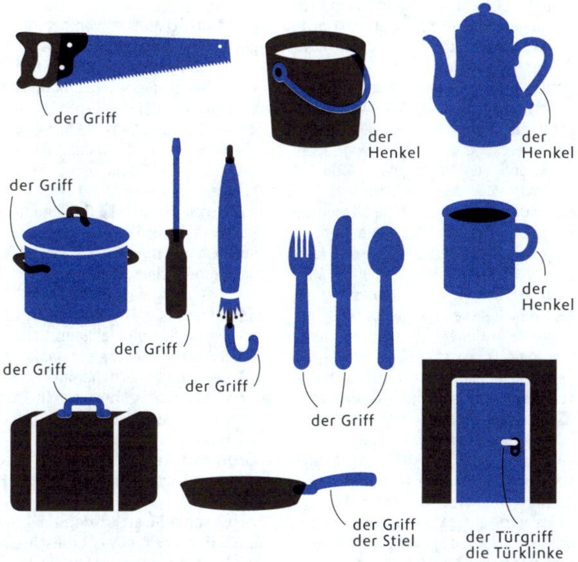

und ohne Fett (auf einem Grill oder über offenem Feuer) braten ⟨*ein Steak, ein Hähnchen, Würstchen grillen*⟩ **K** Grillparty, Grillwürstchen

grịn·sen (*grinste, hat gegrinst*) mit breit auseinandergezogenen Lippen (meist mit spöttischer Absicht) lächeln

die **Grịp·pe** (-) eine ansteckende Viruskrankheit mit hohem Fieber, Kopfschmerzen, Durchfall usw. ⟨*(die/eine) Grippe haben; mit Grippe im Bett liegen*⟩ **K** Grippeimpfung **i** medizinischer Fachausdruck: *Influenza*

gro̱b ADJEKTIV (*gröber, gröbst-*) **1** relativ dick, rau und fest ⟨*Leinen, ein Schuhwerk, ein Stoff*⟩ ↔ fein **2** so, dass die einzelnen Körner, Steine, Stücke o. Ä. relativ groß sind ⟨*Kies, Sand; grob gehackte/gemahlene Nüsse*⟩ **K** grobkörnig **3** *abwertend* unfreundlich und nicht höflich oder nett ⟨*ein Mensch; grob werden*⟩ **4** nicht ganz genau, sondern nur ungefähr und ohne Details ⟨*einen groben Überblick über etwas geben; etwas in groben Zügen wiedergeben*⟩

gro̱ß ADJEKTIV (*größer, größt-*) MAẞE: **1** verwendet, um die Maße von Gegenständen, Räumen oder Flächen oder die Länge des Körpers von Menschen und Tieren anzugeben *„Mein Bruder ist einen Meter achtzig groß"* **2** so, dass in Bezug auf die Länge, die Höhe, den Umfang, das Volumen o. Ä. Vergleichbares übertroffen wird ↔ klein *„Der große Zeiger der Uhr zeigt die Minuten an, der kleine die Stunden"* **K** Großbaustelle MENGE, DAUER, UMFANG: **3** in der Menge oder im Wert über dem Durchschnitt ⟨*ein Betrag, ein Gewinn, eine Summe, ein Verlust, ein Vermögen, ein Geldschein*⟩ ↔ klein **K** Großeinkauf **4** mit relativ langer Dauer ⟨*eine Pause, ein Zeitraum*⟩ ↔ klein BEDEUTUNG, QUALITÄT: **5** mit starken Auswirkungen ⟨*ein Fehler, ein Irrtum, ein Problem, ein Unterschied*⟩ ↔ klein INTENSITÄT: **6** intensiv, heftig oder stark ↔ gering, wenig *„Ich habe große Angst/großen Hunger"* ALTER: **7** *gesprochen* älter als die Person, über die gesprochen wird ⟨*ein Bruder, eine Schwester*⟩ **8** *gesprochen* ≈ erwachsen ANDERE VERWENDUNGEN: **9** in der Form, die man z. B. am Anfang eines Satzes oder Namens verwendet (z. B. *A, B, C* im Unterschied zu *a, b, c*) ⟨*Buchstaben*⟩ ↔ klein **K** Großbuchstabe **i** → auch **großschreiben** **ID** **im Großen und Ganzen** in Bezug auf das Ganze ≈ insgesamt *„Im Großen und Ganzen kann man mit dem abgelaufenen Geschäftsjahr zufrieden sein"*

groß klein

gro̱ß·ar·tig ADJEKTIV von hervorragender Qualität, sehr gut *„Das Wetter im Urlaub war einfach großartig!"* | *„Unsere Mannschaft hat großartig gespielt"*

die **Grö̱·ße** (-, -*n*) **1** **die Größe** +*Genitiv*; **die Größe von etwas** die Maße (Breite, Länge, Höhe, Tiefe, Umfang, Volumen usw.), die eine Fläche, ein Gegenstand oder ein Raum hat *„Schüsseln in verschiedenen Größen"* **K** Größenunterschied **2** **die Größe** +*Genitiv*; **die Größe von jemandem/etwas** die Höhe/Länge des Körpers eines Menschen oder Tieres *„Er hat ungefähr meine Größe"* **K** Körpergröße **3** ein genormtes Maß für die Größe von Kleidungsstücken, Schuhen usw. *„Schuhe der Größe 38"* **K** Kleidergröße, Schuhgröße

die **Gro̱ß·el·tern** *Mehrzahl* die Eltern der Mutter oder des Vaters **i** → Abb. unter **Familie**

die **Gro̱ß·mut·ter** die Mutter des Vaters oder der Mutter **i** → Abb. unter **Familie**

gro̱ß·schrei·ben (*schrieb groß, hat großgeschrieben*) **etwas großschreiben** ein Wort mit einem großen Buchstaben beginnen (also mit *A, B, , C …*, nicht *a, b, c …*) ⓘ aber: Wenn Buchstaben höher und breiter sind als normal, sind sie *groß geschrieben* (= getrennt geschrieben). • *hierzu* **Groß·schrei·bung**

die **Groß·stadt** eine Stadt mit mehr als 100.000 Einwohnern K Großstadtlärm, Großstadtleben, Großstadtverkehr

der **Groß·teil** 1 der größere Teil einer Sache *„Er verbringt den Großteil seiner Ferien im Gebirge"* ⓘ nicht in der Mehrzahl verwendet 2 ein großer Teil, eine große Anzahl *„der Großteil der Bevölkerung" | „Ein Großteil der Schulabgänger ist noch ohne Lehrstelle"* ⓘ nicht in der Mehrzahl verwendet

der **Groß·va·ter** der Vater der Mutter oder des Vaters ⓘ → Abb. unter **Familie**

groß·zü·gig ADJEKTIV 1 von einer Art, die zeigt, dass man von dem, was man besitzt, gern und viel gibt ⟨*ein Mensch, ein Geschenk, eine Spende; großzügig sein*⟩ *„Es war sehr großzügig von ihr, uns alle zum Essen einzuladen"* 2 von einer Art, die zeigt, dass man Umstände, welche ungünstig oder störend sein könnten, nicht so wichtig nimmt ⟨*ein Mensch; jemandem großzügig verzeihen*⟩ ≈ tolerant • *hierzu* **Groß·zü·gig·keit** *die*

grub *Präteritum, 1. und 3. Person Singular* → graben

die **Gru·be** (-, -*n*) eine (meist relativ große, breite, rechteckige) Vertiefung im Erdboden (die meist jemand gegraben hat)

grün ADJEKTIV 1 von der Farbe des Grases und der Blätter *„Wenn die Ampel für die Fußgänger grünes Licht zeigt, dürfen sie die Straße überqueren"* K dunkelgrün, hellgrün 2 noch nicht reif und deswegen meist sauer ⟨*Äpfel, Erdbeeren, Pflaumen, Tomaten*⟩ 3 ⟨*Ideen, Vorstellungen, Politik*⟩ so, dass sie den Umweltschutz wichtig nehmen

das **Grün** (-*s*, -/*gesprochen* -*s*) 1 die grüne Farbe 2 alle Pflanzen, die Blätter haben ⓘ nicht in der Mehrzahl verwendet 3 eine Fläche mit Gras, Bäumen und Büschen ≈ Grünanlage *„eine Stadt mit viel Grün"* ⓘ nicht in der Mehrzahl verwendet

der **Grund**[1] (-(*e*)*s*) 1 der Erdboden als Fläche, auf der man steht und geht ⟨*auf felsigem, festem, schlüpfrigem, sumpfigem Grund stehen*⟩ 2 ein Stück Land, das jemand besitzt *„Der meiste Grund im Dorf gehört immer noch den Bauern"* K Grundsteuer; Baugrund 3 die untere Fläche, der Boden eines Gewässers *„Das Wrack liegt auf dem Grund des Meeres"* K Meeresgrund 4 eine Fläche mit einer Farbe, die den Hintergrund oder Untergrund für ein Bild oder Muster bildet *„ein Stoff mit schwarzen Streifen auf rotem Grund"* 5 **zu Grunde** → zugrunde ID **einer Sache** (*Dativ*) **auf den Grund gehen** versuchen, die verborgenen Ursachen oder Gründe zu finden; **im Grunde (genommen)** wenn man genauer hinsieht, alles berücksichtigt ≈ eigentlich *„Er wirkt etwas ruppig, ist aber im Grunde ein guter Kerl"*

der **Grund**[2] (-(*e*)*s*, *Grün ·de*) 1 das, warum wir etwas tun, denken oder fühlen oder warum etwas geschieht ⟨*ein einleuchtender, schwerwiegender, stichhaltiger, triftiger, zwingender Grund*⟩ *„Ein Maschinenschaden war der Grund,* warum *sich der Zug verspätet hat"* 2 **auf Grund** → aufgrund • *hierzu* **grund·los** ADJEKTIV

grün·den (*gründete, hat gegründet*) **etwas gründen** etwas neu schaffen ⟨*eine Firma, eine Partei, einen Staat, eine Stadt, ein Unternehmen, einen Verein gründen*⟩ *„Rom wurde 753 v. Chr. gegründet"* • *hierzu* **Grün·der** *der*

das **Grund·ge·setz** Ⓓ verwendet als Bezeichnung für die Verfassung (die grundlegenden Gesetze) der Bundesrepublik Deutschland ⓘ Abkürzung: *GG* ⓘ nicht in der Mehrzahl verwendet

die **Grund·la·ge** etwas, das schon da ist und das man weiterentwickeln oder ergänzen kann ≈ Basis *„Eine gute Ausbildung ist die Grundlage für den beruflichen Erfolg"*

gründ·lich ADJEKTIV sehr sorgfältig

und genau ⟨*eine Ausbildung, eine Reinigung, eine Vorbereitung; etwas gründlich säubern, planen, vorbereiten; sich* (Dativ) *etwas gründlich überlegen*⟩ • *hierzu* **Grụ̈nd·lich·keit** *die*

das **Grụnd·nah·rungs·mit·tel** ein sehr wichtiges Nahrungsmittel wie z. B. Kartoffeln, Brot, Reis

der **Grụnd·satz** eine wichtige Regel, nach der jemand lebt oder handelt ⟨*moralische, politische, religiöse Grundsätze; einen Grundsatz streng befolgen; nach festen Grundsätzen handeln, leben*⟩ ≈ Prinzip

G

grụnd·sätz·lich ADJEKTIV, **grund·sạ̈tz·lich** **1** einen Grundsatz, ein Prinzip betreffend (und deshalb wichtig) ⟨*Bedenken, Fragen, eine Entscheidung, ein Unterschied*⟩ ≈ prinzipiell **2** in allen Fällen, ohne Ausnahme (weil es den eigenen Grundsätzen entspricht) *„Diskriminierung grundsätzlich ablehnen"*

die **Grụnd·schu·le** Ⓓ die Schule, in welche die Kinder die ersten vier Jahre gehen **K** Grundschullehrer, Grundschulunterricht **i** → Extras, S. 692: **Schule und Ausbildung** • *hierzu* **Grụnd·schü·ler** *der*

das **Grụnd·stück** ein Stück Land, dessen Lage und Größe genau gemessen ist und das einen Eigentümer hat ⟨*ein Grundstück* (*ver*)*pachten, bebauen*⟩ **K** Grundstückseigentümer

die **Grụ̈n·dung** (-, *-en*) der Vorgang, etwas völlig Neues zu schaffen *„die Gründung einer neuen Partei"* **K** Gründungsjahr, Gründungsmitglied

die **Grụp·pe** (-, *-n*) **1** **eine Gruppe** *+Genitiv*; **eine Gruppe von Personen/Dingen** mehrere Personen, Tiere, Dinge o. Ä., die gleichzeitig an einem Ort sind, die zusammengehören oder gemeinsame Merkmale haben ⟨*Gruppen bilden; Personen/Dinge in Gruppen einordnen, einteilen*⟩ *„Die Kinder verließen das Schulhaus einzeln und in Gruppen"* **K** Gruppenfahrkarte, Gruppenfoto, Gruppenreise; Blutgruppe **2** eine Gruppe von Menschen, die sich regelmäßig treffen, um etwas gemeinsam zu tun, um gemeinsame Ziele zu verfolgen o. Ä. ⟨*in einer Gruppe mitarbeiten*⟩ *„Unsere Gruppe kämpft für die Abschaffung der Tierversuche"* **K** Gruppenleiter; Arbeitsgruppe, Theatergruppe • *zu* (1) **grụp·pen·wei·se** ADJEKTIV

gru̱·seln (*gruselte, hat gegruselt*) **sich (vor jemandem/etwas) gruseln** vor anderen Leuten, Tieren oder Sachen Angst haben

der **Gru̱ß** (*-es, Grü̱·ße*) **1** Worte oder Gesten, die man aus Höflichkeit verwendet, wenn man sich trifft oder trennt **K** Abschiedsgruß, Willkommensgruß **2** etwas, das man jemandem als Zeichen der Freundschaft sagt, schreibt oder schenkt ⟨*jemandem Grüße* (*von jemandem*) *ausrichten, bestellen, überbringen; jemandem Grüße schicken, senden*⟩ *„einen Kranz als letzten Gruß auf ein Grab legen"* **K** Grußkarte; Geburtstagsgruß

grü̱·ßen (*grüßte, hat gegrüßt*) **1** **jemanden grüßen** einer anderen Person einen Gruß zusenden *„Grüße bitte deine Schwester von mir!"* **2** **(jemanden) grüßen** wenn man jemanden trifft oder sich trennt, ist es höflich, mit den üblichen Worten und/oder Gesten zu grüßen ⟨(*jemanden*) *freundlich, höflich, flüchtig grüßen*⟩ *„Er zog grüßend den Hut"*

die **Grụ̈t·ze** (-) **1** ein Brei, den man aus gemahlenen Hafer- oder Gerstenkörnern macht **2** **grüne/rote Grütze** eine Süßspeise aus grünen/roten Früchten, deren Saft und Zucker

gụ·cken ['kʊkn̩] (*guckte, hat geguckt*); *gesprochen* **1** **irgendwohin gucken** den Blick (bewusst) auf etwas richten ≈ sehen *„aus dem Fenster/durchs Schlüsselloch gucken"* **2** **irgendwie gucken** den genannten Gesichtsausdruck haben ⟨*freundlich, finster, überrascht, verständnislos gucken*⟩

der/das **Gụ·lasch** (-(*e*)*s*, *-e/-s*) ein Gericht aus kleinen Stücken Rind- und/oder Schweinefleisch in einer scharfen Soße mit viel Zwiebeln und Paprika **K** Gulaschsuppe

gül·tig *ADJEKTIV* ⟨*ein Ausweis, eine Eintrittskarte, eine Fahrkarte, ein Vertrag*⟩ so, dass sie den (gesetzlichen oder rechtlichen) Vorschriften entsprechen (und daher wirksam sind bzw. für den vorgesehenen Zweck verwendet werden können) ↔ ungültig *„Der Reisepass ist noch bis Ende September gültig"* • *hierzu* **Gül·tig·keit** *die*

das **Gum·mi** (-s, -s) **1** ein glattes, elastisches Material, das kein Wasser durchlässt *„Aus Gummi werden Reifen, Schuhsohlen und Stiefel hergestellt"* **K** Gummihandschuh, Gummireifen, Gummistiefel ⓘ nicht in der Mehrzahl verwendet **2** Kurzwort für *Gummiband* und *Gummiring* • *zu* (1) **gum·mi·ar·tig** *ADJEKTIV*

Gum·mi·band (-(e)s, *Gum·mi·bän·der*) ein schmales, elastisches Band in Form eines Kreises, das man z. B. verwendet, um Haare zusammenzuhalten ≈ Gummiring

Gunst (-); *geschrieben* **1** ein freundliches Gefühl, eine positive Haltung gegenüber einer Person (die sich vorher oft sehr bemüht hatte zu gefallen) ⟨*jemandes Gunst erringen, gewinnen, genießen, verlieren; jemandem seine Gunst schenken; um jemandes Gunst werben*⟩ *„Die politischen Parteien müssten sich mehr um die Gunst der Wähler bemühen"* **K** Wählergunst **2** **zu jemandes Gunsten** so, dass es für jemanden ein Vorteil oder Nutzen ist ⟨*etwas zu jemandes Gunsten auslegen*⟩ *„Die Kassiererin hat sich zu meinen Gunsten verrechnet"* ⓘ → auch **zugunsten**

güns·tig *ADJEKTIV* **1** **günstig (für jemanden/etwas)** für jemanden von Vorteil oder für einen Zweck gut geeignet ⟨*Umstände, Voraussetzungen, eine Gelegenheit*⟩ *„Der Wind war günstig, und wir konnten gut segeln"* **2** so, dass man weniger Geld dafür bezahlen muss als sonst ⟨*ein Preis, ein Tarif, eine Ware*⟩ ≈ preiswert *„Das Handy habe ich besonders günstig bekommen"* | *„Im Supermarkt kriegst du das günstiger"* ⓘ oft in der Form *günstiger*

die **Gur·ke** (-, -n) **1** eine längliche grüne Frucht, die man vor allem roh als Salat isst ⟨*Gurken schälen, (in Scheiben) schneiden, raspeln*⟩ **K** Gurkensalat ⓘ → Abb. unter **Gemüse** **2** **eine (saure) Gurke** eine kleine Gurke, die in Gläsern mit Essig verkauft wird **K** Essiggurke

der **Gurt** (-(e)s, -e) **1** ein breites, stabiles Band vor allem zum Tragen oder Halten von Dingen *„die Gurte eines Fallschirms"* **K** Ledergurt **2** Kurzwort für *Sicherheitsgurt*

der **Gür·tel** (-s, -) ein Band aus Leder o. Ä., das man um die Taille trägt, um die Hose oder den Rock zu halten oder um ein weites Kleidungsstück enger zu binden ⟨*ein breiter, schmaler Gürtel; den Gürtel enger, weiter machen/schnallen*⟩ **K** Gürtelschnalle; Ledergürtel

gut *ADJEKTIV* (*besser, best-*) LEISTUNG, QUALITÄT: **1** so, wie es sein sollte, ohne Mängel, von oder mit hoher Qualität oder Leistung ↔ schlecht *„gute Augen/Ohren haben"* | *„Hast du gut geschlafen?"* **2** so, dass jemand alle Aufgaben und Pflichten zuverlässig und mit Erfolg erfüllt ⟨*ein Schüler, ein Student, ein Anwalt, ein Arzt, ein Lehrer*⟩ ↔ schlecht **3** so, wie man es sich wünscht oder wie man es als richtig, schön oder angenehm empfindet *„Hattet ihr eine gute Fahrt/Reise?"* **4** so, dass jemand (mit etwas) viel Geld verdient oder bekommt ⟨*ein Job, ein Geschäft; jemanden gut bezahlen, entlohnen*⟩ **5** Ⓓ verwendet als Bezeichnung für die zweitbeste Schulnote 2 auf der Skala von 1 bis 6 bzw. *sehr gut* bis *ungenügend* ⓘ → Extras, S. 691: **Noten** **6** **sehr gut** Ⓓ verwendet als Bezeichnung für die beste Schulnote 1 ⓘ → Extras, S. 691: **Noten** **7** verwendet als Teil von Grüßen und höflichen Wünschen ⟨*Guten Morgen!; Guten Tag!; Guten Abend!; Gute Nacht!; Guten*

G

Appetit!; Gute Fahrt/Reise!; Gute Besserung!⟩ **8** **Alles Gute (für/zu etwas)!** verwendet, um jemandem Glück zu wünschen oder zu gratulieren *„Alles Gute zum Geburtstag!"* MORAL: **9** bemüht, kein Unrecht zu tun und anderen Menschen zu helfen ⟨*ein Mensch; jemanden gut behandeln*⟩ ↔ böse **10** so, dass anderen Personen dadurch geholfen wird ⟨*eine Tat, ein Werk*⟩ ↔ böse **11** so, wie es in einer Gesellschaft üblich ist und erwartet wird ⟨*Benehmen, Manieren, Umgangsformen*⟩ ↔ schlecht NÜTZLICHKEIT: **12** **gut (für jemanden)** für jemanden nützlich ↔ schlecht *„Es wäre gut für dich, dich einmal auszuruhen/wenn du dich einmal ausruhen würdest"* VERTRAUTHEIT: **13** so, dass man eine relativ enge, intensive Beziehung hat ⟨*ein Bekannter, ein Freund, eine Freundin*⟩ OHNE PROBLEME: **14** ohne Mühe oder Probleme ⟨*sich* (Dativ) *etwas gut merken können*⟩ ≈ leicht ZUSTIMMUNG: **15** verwendet, um Zustimmung auszudrücken *„Gut, einverstanden!"* SITUATION, GESUNDHEIT: **16** **jemandem ist nicht gut** jemand fühlt sich gesundheitlich nicht wohl oder hat das Gefühl, erbrechen zu müssen **ID** **Wofür/Wozu soll das gut sein?**, **Wofür/Wozu ist das gut?** Welchen Zweck hat das?; **so gut wie** beinahe, fast *„Bitte warte noch! Ich bin schon so gut wie fertig"*; **gut und gern(e)** mindestens *„Das dauert gut und gern zwei Wochen"*

das **Gut** (-(e)s, *Gü·ter*) **1** Dinge, die jemandem gehören ≈ Besitz *„Die Polizei fand bei dem Hehler gestohlenes Gut"* **K** Diebesgut **2** Waren, vor allem wenn sie transportiert werden ⟨*verderbliche, sperrige Güter; Güter lagern, verladen, befördern, transportieren, verzollen*⟩ **K** Güterwagen; Frachtgut; Konsumgüter, Luxusgüter **3** ein großer landwirtschaftlicher Betrieb ⟨*auf einem Gut arbeiten*⟩ **K** Gutsbesitzer; Weingut

das **Gut·ach·ten** (-s, -) **ein Gutachten (über jemanden/etwas)** ein Bericht, in dem ein Experte nach sorgfältiger, meist wissenschaftlicher Untersuchung die eigene Meinung zu einer Person, einem Sachverhalt o. Ä. abgibt ⟨*ein ärztliches, juristisches, psychiatrisches Gutachten*⟩ • *hierzu* **Gut·ach·ter** *der*

das **Gut·ha·ben** (-s, -) die Summe Geld, die man auf dem Bankkonto hat **K** Bankguthaben, Sparguthaben, Zinsguthaben

der **Gut·schein** ein Schein, für den man Waren o. Ä. bekommt, ohne dass man selbst dafür bezahlen muss (meist bis zu dem Wert, der auf dem Schein steht) ⟨*einen Gutschein einlösen*⟩ *„ein Gutschein im Wert von 100 Euro"*

das **Gym·na·si·um** (-s, *Gym·na·si·en*) eine Schule, die Kinder nach der Grundschule besuchen können und die mit dem Abitur abschließt ⟨*das Gymnasium besuchen; aufs Gymnasium kommen, gehen*⟩ *„Seit der Schulreform machen die Schüler an vielen Gymnasien schon in der zwölften Klasse Abitur"* **i** → Extras, S. 692: **Schule und Ausbildung**

die **Gym·nas·tik** (-) Bewegungen und Übungen, mit denen man den Körper trainiert, damit er elastisch bleibt oder wieder beweglich wird

H

das **H**, **h** [haː]; (-, -/*gesprochen auch* -s) der achte Buchstabe des Alphabets ⟨*ein großes H; ein kleines h*⟩

das **Haar** (-(e)s, -e) **1** Haare wachsen bei Menschen und vielen Tieren aus der Haut, beim Menschen vor allem am Kopf ⟨*ein blondes, braunes, graues Haar; jemandem ein Haar ausreißen; sich* (Dativ) *die Haare rasieren*⟩ **K** Haarausfall; Barthaar **2** **das Haar/die Haare** alle Haare auf dem Kopf eines Menschen ⟨*das Haar/die Haare* *föhnen, kämmen, bürsten, frisieren, toupieren, flechten, tönen, färben, bleichen, schneiden*〉 **K** Haarbürste, Haarfarbe, Haarspange, Haarspray ⓘ → Abb. unter **Kopf**; zu *Haarbürste* → Abb. unter **Bürste**

ha·ben[1] (*hat, hatte, hat gehabt*) MIT OBJEKT: **1** **jemand hat etwas** etwas ist jemandes Eigentum, Besitz *„Sie hat ein Auto"* ⓘ kein Passiv **2** **jemand/etwas hat etwas** verwendet, um Eigenschaften oder Merkmale von Personen, Tieren oder Dingen zu beschreiben *„Peter hat Mut"* | *„Unser Hund hat lange Haare"* | *„Die Wohnung hat einen Balkon"* ⓘ kein Passiv **3** **jemand/etwas hat etwas** eine Person, ein Tier oder eine Sache ist im genannten Zustand (krank, verletzt, beschädigt o. Ä.) *„Das Kind hat einen wunden Finger"* | *„Das Auto hat einen Motorschaden"* ⓘ kein Passiv **4** **jemand hat etwas** eine Person oder ein Tier erlebt gerade ein Gefühl *„Habt ihr schon Hunger?"* ⓘ kein Passiv **5** **jemand hat etwas** ein Umstand oder eine Situation ist für jemanden/bei jemandem vorhanden *„Hast du etwas Zeit für mich oder noch zu viel Arbeit?"* | *„Er hat Probleme"* ⓘ kein Passiv **6** **jemand hat Dienst/Schule/Unterricht** jemand muss arbeiten bzw. in die Schule gehen ⓘ kein Passiv **7** **jemand hat frei/Ferien/Urlaub** jemand muss für kurze oder längere Zeit nicht arbeiten bzw. nicht in die Schule gehen ⓘ kein Passiv **8** **jemand hat etwas** jemand bekommt Unterricht in einem Fach oder über ein Thema *„Im Gymnasium wirst du auch Chemie haben"* ⓘ kein Passiv **9** **jemand/etwas hat etwas** eine Person, ein Tier oder eine Sache ist mit etwas versorgt oder bekommt etwas *„Hat der Hund genug Futter?"* ⓘ kein Passiv **10** **eine Person hat jemanden** es gibt eine oder mehrere Personen mit der genannten Beziehung zu jemandem *„Sie hat zwei ältere Brüder"* ⓘ kein Passiv MIT OBJEKT UND PRÄPOSITION: **11** **(et)was gegen jemanden/etwas haben** jemanden/etwas nicht mögen *„Ich habe was gegen Kümmel im Brot"* ⓘ kein Passiv **12** **(et)was/es mit jemandem haben** *gesprochen, oft abwertend* eine sexuelle Beziehung zu jemandem haben *„Er hat was mit seiner Sekretärin"* ⓘ kein Passiv MIT ZU UND INFINITIV: **13** **jemanden/etwas zu** *+Infinitiv* **haben** etwas (mit jemandem/etwas) tun müssen *„Sie hat noch einen weiten Weg zurückzulegen"* ⓘ auch ohne Objekt verwendet: *Ich habe noch zu arbeiten* ⓘ kein Passiv **14** **nichts zu** *+Infinitiv* **haben** nicht das Recht haben, etwas zu tun 〈*jemandem/irgendwo nichts zu befehlen, sagen, verbieten haben*〉 ⓘ kein Passiv MIT ES UND ADJEKTIV: **15** **es irgendwie haben** verwendet, um die Situation zu beschreiben, in der eine Person ist 〈*es eilig, leicht, schwer, schön haben*〉 *„Sehr gemütlich habt ihr es hier!"* ⓘ kein Passiv **ID** **Ich hab's!** *gesprochen* drückt Freude darüber aus, dass man die gesuchte Lösung gefunden hat oder sich wieder an etwas erinnert

ha·ben[2] HILFSVERB mit *haben* und dem Partizip Perfekt bildet man das Perfekt, Plusquamperfekt und zweite Futur von den meisten Verben *„Er hat geschlafen"* | *„Sie hatte geweint"* | *„Falls es im Laufe des Tages geregnet haben sollte, brauchst du die Blumen morgen nicht zu gießen"*

das **Ha·ben** (-s) die Summe Geld, die jemand einnimmt oder (z. B. auf einer Bank) hat ↔ Soll

die **Hach·se** [-ks-]; (-, -n) der untere Teil des Beines von Kalb und Schwein **K** Schweinshachse

ha·cken (*hackte, hat gehackt*) **1** **etwas hacken** etwas mit kräftigen Hieben in Stücke teilen (oder zerstören), z. B. mit einer Axt, einem Beil oder einem Messer 〈*Holz hacken*〉 **2** **(etwas) hacken** (meist mit einer Hacke) die Erde (um etwas) lockern 〈*die Erde, ein Beet hacken*〉

das **Hack·fleisch** Fleisch, das in sehr kleine Stücke gehackt ist (und aus dem

H

man Hackbraten, Hamburger, Frikadellen usw. macht)

der **Ha·fen** (-s, *Hä·fen*) ein geschützter Platz (mit den nötigen technischen Anlagen), an dem Schiffe anlegen, um Passagiere und Ladung an Bord zu nehmen ⟨*ein Schiff läuft einen Hafen an, läuft in den/im Hafen ein, läuft aus dem Hafen aus, liegt, ankert im Hafen*⟩ **K** Hafenrundfahrt, Hafenstadt; Jachthafen

der **Ha·fer** (-s) eine Sorte Getreide, die vor allem in kühlen Gegenden wächst und die als Nahrung für Menschen und Pferde dient **K** Haferflocken

die **Haft** (-) **1** *gesprochen* der Zustand, wenn man von der Polizei festgehalten oder eingesperrt wird **2** eine Strafe, bei der man im Gefängnis ist ⟨*sich in Haft befinden; in Haft sein; die Polizei nimmt jemanden in Haft*⟩ *„Für den Diebstahl hat er zwei Jahre Haft bekommen/ist er zu zwei Jahren Haft verurteilt worden"* **K** Haftbefehl, Haftstrafe; Untersuchungshaft

der **Haft·be·fehl** der schriftliche Beschluss (eines Richters oder Gerichts), jemanden zu verhaften ⟨*der Richter erlässt (einen) Haftbefehl gegen jemanden*⟩

haf·ten (*haftete, hat gehaftet*) AN EINER OBERFLÄCHE: **1** **etwas haftet irgendwo** etwas bleibt auf einer Oberfläche (auf der es aufgetragen, angebracht wird oder wurde) *„Auf nasser Haut haften Pflaster schlecht"* **K** Haftnotiz FÜR SCHÄDEN: **2** **für etwas haften** verpflichtet sein, einen entstandenen Schaden wiedergutzumachen *„Bitte achten Sie selbst auf Ihre Sachen, wir haften nicht für eventuelle Verluste"*

die **Haf·tung** (-, *-en*) die Verpflichtung, einen entstandenen Schaden wiedergutzumachen

der **Ha·gel** (-s) Regen in Form von harten Körnern aus Eis **K** Hagelkorn

ha·geln (*hagelte, hat gehagelt*) **es hagelt** Hagel fällt

der **Hahn** (-(e)s, *Häh·ne*) **1** ein männliches Huhn ⟨*der Hahn kräht, kratzt im Mist*⟩ ↔ Henne *„Der Hahn hat einen roten Kamm auf dem Kopf"* **K** Hahnenschrei **2** der Teil einer Wasser- oder Gasleitung usw., der dazu dient, diese zu öffnen und zu schließen ⟨*der Hahn tropft, klemmt; den Hahn öffnen, schließen, aufdrehen, zudrehen*⟩ **K** Gashahn, Wasserhahn

das **Hähn·chen** (-s, -) ein Hahn (oder Huhn) zum Essen ⟨*ein Hähnchen rupfen, würzen, braten, grillen*⟩ **K** Brathähnchen, Grillhähnchen

der **Ha·ken** (-s, -) **1** ein Stück Metall, Plastik o. Ä., das gebogen ist und das meist dazu verwendet wird, etwas festzuhalten oder irgendwo zu befestigen *„einen Spiegel mit Haken an der Wand befestigen"* **K** Angelhaken, Kleiderhaken, Plastikhaken **2** eine Linie, welche die Form eines Hakens hat *„Die Lehrerin macht unter jede richtige Rechnung einen Haken"* • zu (1) **ha·ken·för·mig** ADJEKTIV

halb ADJEKTIV **1** so, dass etwas die Hälfte einer Sache ist *„ein halbes Brot"* | *„ein halber Liter"* **K** Halbkreis, Halbmond **2** zum Teil, nicht vollständig ⟨*ein Satz, ein Sieg, die Wahrheit; halb automatisch, blind, erfroren, fertig, gar, nackt, offen, tot, verhungert, voll*⟩ *„Ihre Augen sind halb geschlossen"* | *„ein halb rohes Steak"* **K** Halbdunkel, Halbwahrheit ℹ Viele dieser Kombinationen können auch zusammengeschrieben werden: *ein halb leeres/halbleeres Glas* **3** an der Mitte einer Strecke, eines Zeitabschnitts o. Ä. ⟨*auf halbem Weg/auf halber Strecke aufgeben, stehen bleiben, umkehren*⟩ *„Der Wecker klingelte zur halben Stunde"* **K** Halbjahr **4** dreißig Minuten vor der genannten Stunde *„Wir treffen uns um halb zwölf"*

halb- *im Adjektiv, betont, begrenzt produktiv* **1** **halbjährig, halbjährlich, halbstündig, halbtägig, halbtäglich** *und andere* verwendet, um den im Adjektiv genannten Zeitraum zu halbieren *„Die Züge fahren halbstündlich"* jede halbe Stunde, alle 30 Minuten

2 nur in relativ geringem Maße, nicht völlig *„halbbittere Schokolade" | „eine halblaut geführte Unterhaltung"* ⓘ Die hier genannten Adjektive müssen immer, die unter *halb* genannten Adjektive und Partizipien können auch mit *halb* zusammengeschrieben werden: *ein halb leeres/halbleeres Glas;* → auch **halb**.

Hạlb·fi·na·le die Runde eines Wettkampfs, deren Sieger ins Finale kommen

hal·bie·ren (*halbierte, hat halbiert*) **1** **etwas halbieren** etwas in zwei Hälften teilen *„eine Melone mit einem Messer halbieren"* **2** **etwas halbieren** etwas um die Hälfte kleiner machen • hierzu **Hal·bie·rung** *die*

Hạlb·pen·si·on wenn man in einem Hotel o. Ä. Halbpension bucht, bekommt man das Frühstück und eine warme Mahlzeit ⟨*Halbpension buchen, haben, nehmen; ein Zimmer mit Halbpension*⟩ ⓘ nicht in der Mehrzahl verwendet

Hạlb·schuh ein meist leichter und geschlossener Schuh, welcher den Knöchel nicht bedeckt ⓘ → Abb. unter **Schuh**

hạlb·tags ADVERB halb so viele Arbeitsstunden wie üblich ⟨*halbtags arbeiten, beschäftigt sein*⟩ ↔ ganztags *„Die Ausstellung ist zurzeit nur halbtags geöffnet"* **K** Halbtagsjob, Halbtagsstelle

Hạlb·zeit **1** eine der beiden Spielhälften eines Fußballspiels o. Ä. ⟨*die erste, zweite Halbzeit*⟩ **2** die Pause zwischen den beiden Hälften eines Spiels (vor allem beim Fußball) *„Zur Halbzeit steht es null zu null"*

hạlf *Präteritum, 1. und 3. Person Singular* → helfen

Hạ̈lf·te (-, -*n*) **1** einer von zwei gleich großen Teilen eines Ganzen ⟨*die Hälfte eines Betrags, einer Fläche, einer Größe, einer Menge, einer Zeit*⟩ *„Schneide den Apfel in der Mitte durch und gib mir die Hälfte"* **2** einer von zwei Teilen (eines Ganzen) ⟨*die größere, kleinere Hälfte; gut (= mehr als) die Hälfte*⟩

Hạl·le (-, -*n*) **1** ein großes, lang gestrecktes Gebäude, das meist nur einen hohen und weiten Raum hat ⟨*eine große, lange Halle*⟩ *„die Hallen einer Fabrik"* **K** Hallen(schwimm)bad; Bahnhofshalle, Markthalle, Sporthalle **2** ein großer Raum gleich hinter dem Eingang eines Hotels, eines großen repräsentativen Hauses o. Ä. **K** Eingangshalle

hạl·lo! **1** verwendet, um die Aufmerksamkeit einer anderen Person auf sich selbst zu lenken *„Hallo, ist da jemand?"* **2** verwendet als Begrüßung unter Freunden oder gut Bekannten *„Hallo, wie geht's?"* **3** verwendet, um sich am Telefon zu melden, wenn man angerufen wird *„Hallo, wer ist da bitte?"*

der **Hạlm** (-(*e*)*s*, -*e*) der (meist hohle) Stängel von Gräsern und Getreide *„Die Halme im Weizenfeld biegen sich im Wind"* **K** Getreidehalm, Grashalm

der **Hạls** (-*es*, *Häl·se*) **1** (beim Menschen und bei vielen Wirbeltieren) der schmale Teil des Körpers zwischen Kopf und Schultern ⟨*den Hals beugen, strecken, (ver)drehen; sich (Dativ) den Hals verrenken, brechen*⟩ *„Giraffen haben einen langen, schlanken Hals"* **K** Halskette, Halstuch ⓘ → Abb. unter **Körper** **2** der Hals als Organ, durch das Luft und Nahrung in den Körper gelangen und in dem die Laute gebildet werden ⟨*einen entzündeten, rauen, trockenen, wunden Hals haben; jemandem tut der Hals weh; jemandem bleibt etwas im Hals stecken*⟩ ≈ Kehle *„Der Arzt schaute ihr in den Hals und stellte fest, dass die Mandeln entzündet waren"* **K** Halsschmerzen, Halsweh **ID** **Hals über Kopf** (zu) plötzlich

das **Hạls·band** ein Band, das man meist einem Hund um den Hals bindet, um daran eine Leine zu befestigen

hạlt[1] PARTIKEL *unbetont; gesprochen* **1** verwendet, um zu betonen, dass an einer Tatsache nichts geändert werden kann *„Ist das kalt heute!" – „Na ja, es wird halt Winter."* **2** verwendet, um eine Aufforderung zu verstärken *„Ruh dich halt aus, wenn du müde bist!"*

hạlt![2] verwendet, um jemanden aufzufordern, nicht weiterzugehen, etwas nicht zu tun oder eine Tätigkeit zu beenden/zu unterbrechen *„Halt, hier können sie nicht durch!"* | *„Halt! Bleiben Sie stehen!"*

der **Halt** (-(e)s, -e/-s) **1** *geschrieben* das Anhalten, Unterbrechen einer Bewegung oder Tätigkeit ≈ Stopp *„Sie fuhren ohne Halt durch bis ans Ziel"* **2** die Stelle, an der Busse, Straßenbahnen und Züge halten ≈ Haltestelle *„Am nächsten Halt müssen Sie aussteigen"* **3** etwas, das verhindert, dass man/etwas fällt, von irgendwo abrutscht usw. ⟨*ein fester, sicherer Halt*⟩ *„Zum Bergsteigen braucht man feste Schuhe, in Sandalen hat man nicht genügend Halt"* ℹ nicht in der Mehrzahl verwendet **4** eine Person oder Sache, die einer anderen Person hilft, wenn diese unsicher oder verzweifelt ist ⟨*ein innerer, moralischer, sittlicher Halt; jemandem (einen) Halt geben*⟩ ≈ Stütze ℹ nicht in der Mehrzahl verwendet

H

halt·bar ADJEKTIV **1** so, dass etwas lange Zeit gegessen werden kann und nicht verdirbt ⟨*Lebensmittel; etwas ist lange, nur kurz haltbar; etwas haltbar machen*⟩ *„Durch Konservierung werden Lebensmittel länger haltbar"* **2** lange Zeit fest und stabil ⟨*eine Frisur, Schuhe, eine Verbindung*⟩ ≈ strapazierfähig • *hierzu* **Halt·bar·keit** *die*

das **Halt·bar·keits·da·tum** der Zeitpunkt, bis zu dem garantiert ist, dass ein Lebensmittel gut ist ⟨*etwas hat das Haltbarkeitsdatum überschritten*⟩ ℹ nicht in der Mehrzahl verwendet

hal·ten (*hält, hielt, hat gehalten*) MIT DER HAND, IM ARM: **1** **jemanden/etwas halten** eine Person oder Sache mit der Hand greifen oder mit den Armen an den Körper drücken ⟨*etwas in der Hand, in den Händen, mit beiden Händen halten; jemanden an/bei der Hand, im Arm, in den Armen halten*⟩ *„Hältst du bitte mal den Koffer? Ich muss nach dem Schlüssel suchen"* POSITION: **2** **etwas irgendwohin halten** etwas in die genannte Position bringen, damit es dort bleibt *„die Hand an/vor den Mund halten"* **3** **etwas hält etwas (irgendwo)** etwas bewirkt, dass etwas irgendwo (befestigt) bleibt *„Der Nagel hält das Bild an der Wand"* **4** **sich halten können** die eigene Position behalten können *„sich auf einem bockenden Pferd halten (können)"* nicht herunterfallen KÖRPERHALTUNG: **5** **sich irgendwie halten** die genannte Körperhaltung haben ⟨*sich aufrecht, gerade, gut, krumm, schief halten*⟩ RICHTUNG: **6** **sich irgendwo(hin) halten** sich in der genannten Richtung weiterbewegen *„An der nächsten Abzweigung müssen Sie sich (nach) rechts halten"* STOPPEN: **7** mit einer Fortbewegung aufhören, stehen bleiben ≈ anhalten *„Der Zug hält in fünf Minuten am Bahnhof"* OHNE VERÄNDERUNG: **8** **jemand hält etwas** jemand ändert, beendet, stört oder unterbricht etwas nicht *„Sie kann beim Singen den Ton sehr lange halten"* | *„Kannst du nicht einmal Frieden/Ordnung halten?"* **9** **etwas hält** etwas wird durch Belastungen nicht zerstört ⟨*eine Ehe, eine Freundschaft*⟩ **10** **etwas hält** etwas löst sich nicht ⟨*ein Knoten, eine Naht*⟩ **11** **etwas hält (sich)** etwas bleibt in einem guten Zustand ⟨*Blumen, Lebensmittel*⟩ *„Das Wetter wird nicht halten. Es sieht nach Regen aus"* **12** **jemanden/etwas irgendwie halten** bewirken, dass jemand/etwas im genannten Zustand bleibt *„das Essen warm halten"* TREU: **13** **etwas halten** das tun, was man versprochen hat ⟨*ein Versprechen, Wort halten*⟩ *„Was man verspricht, muss man auch halten"* **14** **zu jemandem halten** jemanden bei einem Streit oder in einer unangenehmen Situation unterstützen **15** **sich an etwas** (*Akkusativ*) **halten** sich nach etwas richten, nicht von etwas abweichen ⟨*sich an eine Abmachung, ein Gesetz, die Regeln, die Tatsachen, einen Vertrag, eine Vorlage, die Wahrheit halten*⟩ GLAUBEN, MEINEN: **16** **eine Person/Sache für jemanden/etwas halten** etwas glauben, etwas falsch oder noch nicht bestätigt ist *„Falschgeld für echt(es Geld) halten"* **17** **(et)was/viel/nichts von jemandem/etwas halten** eine gute oder schlechte Meinung von jemandem/etwas haben *„Was hältst du von der Idee?"* VOR PUBLIKUM: **18** **etwas halten** einen Text vor einem Publikum sprechen ⟨*eine Predigt, eine Rede, ein Referat, eine Unterrichtsstunde, einen Vortrag halten*⟩ HAUSTIERE: **19** **(sich** (*Dativ*)**) ein Tier halten** ein Tier besitzen (und irgendwo unterbringen) *„(sich) eine Katze/Hühner halten"* DURCHFÜHREN: **20** **etwas halten** die genannte Handlung durchführen *„nach jemandem/etwas Ausschau halten"* sich nach jemandem/etwas umsehen | *„Unterricht halten"* unterrichten ORIENTIERUNG: **21** **sich an jemanden halten** in einer Angelegenheit mit einer Person sprechen, die zuständig ist *„Bei Beschwerden halten Sie sich bitte an den Geschäftsführer"*

Hal·ter (-s, -) **1** eine Konstruktion, mit der man etwas stützt oder an einer Stelle befestigt **K** Flaschenhalter **2** **der Halter** +*Genitiv*; **der Halter von etwas** *admin* ≈ Eigentümer, Besitzer *„der Halter des Fahrzeugs"* **K** Fahrzeughalter, Hundehalter • zu (2) **Hal·te·rin** *die*

Hal·te·stel·le die Stelle, an der Busse und Bahnen (regelmäßig) stehen bleiben, damit man ein- oder aussteigen kann **K** Bushaltestelle, Straßenbahnhaltestelle

Hal·te·ver·bot ein Bereich, in dem man mit dem Auto nicht stehen bleiben darf ⟨*im Halteverbot stehen*⟩

Hal·tung (-, *-en*) **1** die Art, wie jemand steht oder den Körper (beim Gehen, Sport o. Ä.) bewegt oder hält ⟨*eine gute, schlechte, aufrechte Haltung haben*⟩ *„Weil er so eine schlechte Haltung hat, macht er jeden Tag zehn Minuten Gymnastik"* **K** Haltungsschaden; Körperhaltung **i** nicht in der Mehrzahl verwendet **2** **die Haltung (zu/gegenüber jemandem/etwas)** die individuelle Art und Weise, wie eine Person denkt, die Welt betrachtet und sich ihr gegenüber verhält ⟨*eine konservative, progressive, fortschrittliche, autoritäre, liberale, ablehnende, feindselige Haltung haben*⟩ *„die zögernde Haltung der Regierung zu den Problemen der Luftverschmutzung"* **K** Abwehrhaltung **3** **die Haltung** (+*Genitiv*/**von Tieren**) der Besitz von lebenden Tieren *„In diesem Haus ist die Haltung von Hunden verboten"* **K** Tierhaltung, Geflügelhaltung **i** nicht in der Mehrzahl verwendet

der **Ham·mer** (-s, *Häm·mer*) ein Werkzeug (mit einem Stiel), mit dem man vor allem Nägel in Bretter oder Wände schlägt **i** → Abb. unter **Werkzeug**

der **Hams·ter** (-s, -) ein kleines Nagetier, das in den dicken Backen viel Futter sammelt (und das oft als Haustier gehalten wird)

der **Hams·ter·kauf** das Einkaufen eines Produktes im übertriebenen Maße aus Angst davor, dass dieser Artikel knapp werden oder nicht mehr verfügbar sein könnte *„Die Regierung warnt vor Hamsterkäufen"*

die **Hand** (-, *Hän·de*) **1** der Körperteil am Ende des Armes, mit dem man z. B. nach etwas greift, einen Gegenstand hält usw. ⟨*die rechte, linke Hand; etwas in die Hand nehmen, in der Hand halten, aus der Hand legen*⟩ *„sich vor dem Essen die Hände waschen"* **K** Handcreme **2** **jemandem die Hand geben/schütteln** bei der Begrüßung oder beim Abschied die rechte Hand ausstrecken und damit die Hand einer anderen Person fassen, drücken (und schütteln) **3** **jemanden bei der Hand nehmen** die Hand eines Kindes fassen, um es zu führen **ID** **etwas in die Hand nehmen** sich darum kümmern, dass eine Arbeit erledigt wird; **unter der Hand** nicht öffentlich oder offiziell ≈ heimlich; **für jemanden/etwas die/seine Hand ins Feuer legen** *gesprochen* **a** ganz sicher sein, dass man jemandem vertrauen kann oder dass er unschuldig ist **b** davon überzeugt sein,

H

HAND

H

dass etwas ganz sicher passieren wird oder wahr ist; **alle/beide Hände voll zu tun haben** *gesprochen* sehr viel Arbeit haben

die **Hạnd·ar·beit** **1** etwas, das jemand gestrickt, gehäkelt, gestickt o. Ä. hat *„Sie macht gerade eine Handarbeit aus Seide"* **K** Handarbeitslehrer(in) **2** ein Gegenstand, der als einzelnes Stück und nicht maschinell hergestellt worden ist *„Das Möbelstück ist eine echte mexikanische Handarbeit"*

der **Hạnd·ball** **1** eine Sportart, bei der zwei Mannschaften versuchen, einen Ball in das Tor der jeweils anderen Mannschaft zu bringen, wobei der Ball mit der Hand geworfen wird ⟨*Handball spielen*⟩ **K** Handballspieler, Handballturnier **i** nicht in der Mehrzahl verwendet **2** ein Ball, mit dem man Handball spielt

der **Hạnd·bal·len** (-s, -) der dicke Muskel an der Innenseite der Hand unter dem Daumen **i** → Abb. unter **Hand**

die **Hạnd·brem·se** eine Bremse an einem Fahrzeug, die man mit der Hand zieht **i** → Abb. unter **Fahrrad**

das **Hạnd·buch** ein Buch, das alles Wichtige über ein Gebiet zusammenfasst *„ein Handbuch der Fotografie"*

der **Hạn·del** (-s) **1** **Handel (mit etwas)** das Einkaufen und Verkaufen von Waren ⟨*lebhafter, blühender Handel; (mit etwas) Handel treiben*⟩ *„Der Handel mit Gewürzen floriert/stagniert/geht zurück"* **K** Handelsschiff; Drogenhandel **2** **der Handel** alle Geschäftsleute und Geschäfte, die mit dem Handel zu tun haben *„Der Handel sah sich zu einer Erhöhung der Preise gezwungen"* **K** Buchhandel **3** **etwas ist im Handel** etwas wird zum Verkauf angeboten *„Das Buch, das Sie suchen, ist seit einiger Zeit nicht mehr im Handel"*

hạn·deln[1] (*handelte, hat gehandelt*) **1** **(irgendwie) handeln** in einer Situation aktiv werden, sich in der genannten Weise verhalten ⟨*besonnen, fahrlässig, verantwortungslos, eigenmächtig, selbstsüchtig, übereilt, unüberlegt, vorschnell handeln*⟩ *„Als er den Unfall sah, handelte er sofort und leistete dem Verletzten Erste Hilfe"* **2** **etwas handelt von etwas** etwas hat das Genannte zum Thema *„Der Film handelt von einem Jungen, der bei Wölfen aufwächst"* **3** **(bei einer Person/Sache) handelt es sich um jemanden/etwas** *geschrieben* eine Person oder Sache ist das, was über sie gesagt wird *„Bei diesem Fund handelt es sich um eine Vase aus dem 3. Jahrhundert"*

hạn·deln[2] (*handelte, hat gehandelt*) **1** **mit etwas handeln** eine Ware einkaufen und wieder verkaufen *„mit Antiquitäten handeln"* **2** **(mit jemandem) (um etwas) handeln** (beim Kauf einer Ware) versuchen, die Ware billiger zu bekommen *„In manchen Ländern ist es üblich, beim Kauf bestimmter Waren zu handeln"*

die **Hạnd·flä·che** die ganze innere Seite einer Hand **i** → Abb. unter **Hand**

das **Hạnd·ge·päck** eine kleine Tasche

und andere Dinge, die man auf Reisen (vor allem im Flugzeug) bei sich behält

Händ·ler (-s, -) eine Person, die Waren kauft und wieder verkauft (meist als Besitzer eines kleinen Geschäfts) ≈ Kaufmann K Autohändler, Buchhändler, Gemüsehändler

Hand·lung (-, *-en*) **1** der Ablauf oder das Resultat dessen, was jemand tut oder getan hat ⟨*eine Handlung begehen, bereuen*⟩ ≈ Tat *„sich zu kriegerischen Handlungen provozieren lassen"* K Handlungsspielraum; Amtshandlung **2** die Dinge, die in einer Geschichte, einem Films usw. geschehen *„Der Film ist ziemlich langweilig, da er zu wenig Handlung hat"* K Handlungsablauf

Hand·schel·len *Mehrzahl* zwei Ringe aus Metall, die durch eine Kette miteinander verbunden sind und mit denen die Polizei Gefangenen die Hände fesselt

Hand·schuh ein Kleidungsstück für die Hände, das sie (vor Kälte, Schmutz oder Verletzungen) schützt K Arbeitshandschuh, Boxhandschuh

Hand·stand (-(e)s) eine sportliche Übung, bei der man mit den Händen am Boden und dem Kopf nach unten die Arme und die Beine senkrecht in die Höhe streckt ⟨*einen Handstand machen*⟩

Hand·ta·sche eine Tasche (vor allem für Frauen) für kleine Dinge (wie Geld, Schlüssel, Ausweise usw.) K Damenhandtasche

Hand·tuch ein Tuch (meist aus einem weichen Stoff), mit dem man sich nach dem Waschen abtrocknet K Handtuchhalter; Badehandtuch, Frotteehandtuch

Hand·werk (-s) **1** eine Tätigkeit, die man als Beruf ausübt und bei der man mit den Händen arbeitet und mit Instrumenten und Werkzeugen etwas herstellt ⟨*ein Handwerk erlernen, ergreifen, ausüben*⟩ *„das Handwerk des Zimmermanns erlernen"* K Handwerksberuf, Handwerksbetrieb; Metzgerhandwerk, Schreinerhandwerk **2** alle Leute und Betriebe, die ein Handwerk ausüben

der **Hand·wer·ker** (-s, -) eine Person, die als Beruf ein Handwerk ausübt *„Schlosser, Schreiner und Maurer sind Handwerker"* • *hierzu* **Hand·wer·ke·rin** *die*

das **Hand·werks·zeug** alle Dinge, Werkzeuge, Kenntnisse o. Ä., die man braucht, um eine Arbeit machen zu können **i** nicht in der Mehrzahl verwendet

das **Han·dy** ['hɛndɪ]; (-s, -s) ein Telefon ohne Kabel, das man mitnimmt, wenn man das Haus verlässt K Handynummer; Diensthandy, Klapphandy

der **Hang** (-(e)s, *Hän·ge*) der schräg abfallende Teil eines Berges oder Hügels ⟨*ein steiler, steil abfallender Hang*⟩ K Berghang

hän·gen¹ (*hing, hat/süddeutsch* Ⓐ Ⓒⓗ *ist gehangen*) NACH UNTEN: **1** **etwas hängt irgendwo/irgendwie** etwas ist oben mit einer Sache fest verbunden, sodass es unten frei beweglich bleibt *„Die Wäsche hängt zum Trocknen an der Leine"* | *„Das Bild hängt ja ganz schief!"* AN EINER STELLE: **2** **jemand/etwas hängt irgendwo** jemand/etwas ist irgendwo befestigt *„Der Anhänger hängt am Auto"* **3** **etwas hängt irgendwo** etwas klebt oder haftet an einer Stelle *„An den Stiefeln hing Schlamm"* ANDERE VERWENDUNGEN: **4** **an jemandem/etwas hängen** eine Person/Sache sehr mögen und sich nicht von ihr trennen wollen *„Er hing sehr an dem alten Auto"*

hän·gen² (*hängte, hat gehängt*) **1** **etwas irgendwohin hängen** etwas so an einer Stelle befestigen, dass der untere Teil frei beweglich bleibt *„eine Tasche über die Schulter hängen"* | *„ein Bild an die Wand hängen"* **2** **etwas irgendwohin hängen** etwas (z. B. ein Körperteil) in eine Richtung nach unten bewegen (oft weil man müde ist) *„die Füße ins Wasser hängen"* **3** **ein Tier/etwas irgendwohin hängen** ein Tier irgendwo festmachen/etwas irgendwo befestigen

H

„den Hund an die Leine hängen" | „den Wagen an den Traktor hängen" **4** **jemanden hängen** eine Person mit einem Strick um den Hals an einen Baum oder Galgen hängen, um sie zu töten *„Der Mörder wurde gehängt"* **5** **sich irgendwohin hängen** sich mit den Händen festhalten und den Körper frei in der Luft schwingen lassen *„Er hängte sich an den Ast und schaukelte hin und her"*

die **Hạn·tel** (-, *-n*) eine Stange mit Gewichten an beiden Enden, die man mit einer Hand hebt, um die Muskeln zu trainieren

H

hạrm·los ADJEKTIV **1** ‹*ein Mensch, ein Zeitgenosse, ein Typ, ein Hund, eine Bemerkung, eine Frage*› so, dass sie nichts Böses wollen oder tun ≈ ungefährlich *„Vor dieser Dogge brauchst du keine Angst zu haben. Sie ist völlig harmlos"* **2** ohne schädliche Wirkung oder schlimme Folgen ‹*ein Medikament, ein Schlafmittel, eine Verletzung, eine Wunde*› **3** sittlich und moralisch in Ordnung (und manchmal langweilig) ‹*ein Buch, ein Film, ein Witz, ein Vergnügen, ein Zeitvertreib*›

die **Har·mo·nie** (-, *-n* [-ˈniːən]) **1** **die Harmonie** *+Genitiv*; **die Harmonie von Dingen** die angenehme Wirkung, wenn verschiedene Dinge gut zusammenpassen ‹*die Harmonie der Töne, Klänge, Farben*› **2** ein friedlicher Zustand ohne Konflikte und Streit ‹*in Harmonie mit jemandem/etwas leben*› ↔ Streit *„die Harmonie zwischen zwei Menschen"* ⓘ nicht in der Mehrzahl verwendet **3** die Art, wie Töne zusammenpassen und Melodien bilden

har·mo·nisch ADJEKTIV **1** so, dass die einzelnen Teile gut zueinanderpassen *„die harmonischen Formen einer Statue"* **2** so, dass man sich gut miteinander versteht (und kein Streit entsteht) *„eine harmonische Ehe führen"* **3** so, dass alle Töne gut klingen, wenn sie gleichzeitig oder nacheinander gespielt werden ‹*ein Akkord, ein Dreiklang, eine Melodie*› ↔ disharmonisch

hạrt ADJEKTIV (*härter, härtest-*) **1** fest und nur schwer zu zerbrechen oder zu verformen ‹*eine Bank, ein Bett, ein Holz, eine Schale; hart wie Fels/Stein*› ↔ weich *„Das Brot ist trocken und hart"* **K** Hartholz, Hartkäse; steinhart **2** ohne Mitleid, Rücksicht oder andere freundliche Gefühle ‹*ein Blick, ein Herz, eine Strafe, ein Urteil, Worte; jemanden hart anfassen, bestrafen*› ≈ streng **3** so, dass sehr viel Kraft und Anstrengung nötig ist (oder aufgewendet wird) ‹*eine Arbeit, ein Kampf, ein Training; hart arbeiten, lernen*› ≈ schwer ↔ leicht **4** **hart (für jemanden)** kaum zu ertragen **5** mit großer Wucht, heftig ‹*ein Aufprall, eine Landung, Schläge, ein Sturz*› ↔ sanft **6** (physisch und psychisch) stark und widerstandsfähig ‹*ein Bursche, ein Mann*› **7** **hart gekocht** ‹*ein Ei*› so lange gekocht, dass Dotter und Eiweiß fest sind

die **Här·te** (-, *-n*) **1** die Eigenschaft eines Körpers oder einer Substanz, hart zu sein und nur schwer zu zerbrechen *„die Härte eines Kristalls ermitteln"* **K** Härtegrad **2** die Eigenschaft, hart und streng zu sein oder zu reagieren ‹*etwas mit grausamer, rücksichtsloser Härte ahnden, bestrafen, verfolgen*› ≈ Strenge ⓘ nicht in der Mehrzahl verwendet

das **Hạrz** (*-es, -e*) eine klebrige Flüssigkeit, die Bäume absondern, wenn ihre Rinde beschädigt wird

der **Ha·se** (*-n, -n*) ein Säugetier mit hellbraunem Fell, sehr langen Ohren und einem kurzen, weißen Schwanz. Hasen leben meist auf Feldern und Wiesen und können sehr schnell laufen **K** Hasenbraten, Hasenfell ⓘ *der Hase; den, dem, des Hasen;* → Abb. unter **Tier**

der **Hạss** (*Has·ses*) **1** **Hass gegen jemanden/etwas** eine sehr starke Abneigung gegen jemanden/etwas ‹*Hass empfinden/fühlen*› ↔ Liebe **2** **ein Hass (auf jemanden/etwas)** *gesprochen* ein sehr starkes Gefühl von Ärger und Zorn

⟨*einen Hass auf jemanden/etwas haben*⟩ ≈Wut

has·sen (*hasste, hat gehasst*) **1** **(jemanden/etwas) hassen** Hass (gegen jemanden/etwas) fühlen ⟨*jemanden blind, erbittert, zutiefst, auf den Tod, aus ganzem Herzen hassen*⟩ **2** **etwas hassen** etwas als sehr unangenehm empfinden *„Sie hasst es, früh aufstehen zu müssen"*

häss·lich ADJEKTIV so, dass es einem Betrachter überhaupt nicht gefällt ⟨*ein Bild, eine Gegend, ein Gesicht, ein Haus*⟩ • *hierzu* **Häss·lich·keit** *die*

hast *Präsens, 2. Person Singular* → haben

has·tig ADJEKTIV (zu) schnell gemacht (und dabei manchmal mit Fehlern)

hat *Präsens, 3. Person Singular* → haben

hat·te *Präteritum, 1. und 3. Person Singular* → haben

e **Hau·be** (-, -n) **1** eine Kopfbedeckung für Frauen, bei der Haare und Ohren (fast) vollständig bedeckt sind **2** ein elektrisches Gerät zum Trocknen der Haare, welches den Kopf bedeckt ⟨*unter der Haube sitzen*⟩ **3** Kurzwort für *Motorhaube*

hau·en (*haute/geschrieben hieb, hat/ist gehauen*) **1** **jemanden hauen** *gesprochen* (*haute; hat*) jemanden mit den Fäusten schlagen *„Ich sags meinem Bruder, der haut dich!"* ⓘ besonders von Kindern verwendet **2** **etwas in etwas** (*Akkusativ*) **hauen** (*haute/hieb; hat*) etwas herstellen, indem man mit einem Werkzeug Stücke von etwas wegschlägt ⟨*ein Loch ins Eis, Stufen in den Fels/Stein hauen*⟩ **3** **etwas in Stücke hauen** (*haute/hieb; hat*) etwas durch Schläge zerstören **4** **irgendwohin hauen** *gesprochen* (*haute/hieb; hat*) irgendwohin schlagen ⟨*mit der Faust auf den Tisch, mit dem Stock nach jemandem hauen*⟩ **5** **sich mit jemandem hauen**; **Personen hauen sich** *gesprochen* (*haute; hat*) Kinder kämpfen mit Händen und Fäusten

der **Hau·fen** (-s, -) **1** eine Menge einzelner Dinge, die so übereinanderliegen, dass sie die Form eines kleinen Hügels/Berges bilden ⟨*ein Haufen Kartoffeln, Sand, Schutt, schmutziger Wäsche; alles auf einen Haufen legen, werfen*⟩ *„Die Putzfrau kehrte den Schmutz zu einem Haufen zusammen/auf einen Haufen"* **K** Heuhaufen, Holzhaufen, Schutthaufen **2** *gesprochen* eine große Anzahl oder Menge, sehr viel(e) *„Das Auto hat einen Haufen Geld gekostet"* • zu (2)

hau·fen·wei·se ADVERB

HAUFEN

häu·fig ADJEKTIV so, dass es immer wieder vorkommt ⟨*etwas tritt häufig auf; etwas geschieht häufig*⟩ ≈oft *„ein häufiger Fehler"* | *„eine häufig gestellte Frage"* | *„Er ist häufig bei uns zu Gast"* • *hierzu* **Häu·fig·keit** *die*

der **Haupt|bahn·hof** der größte Bahnhof in einer Großstadt ⓘ Abkürzung: *Hbf*

das **Haupt·fach** ein wichtiges Fach in der Schule

das **Haupt·ge·richt** der wichtigste Teil einer Mahlzeit (im Hotel oder Restaurant), der nach der Vorspeise serviert wird

die **Haupt·rol·le** die wichtigste oder eine der wichtigsten Rollen in einem Theaterstück oder Film

die **Haupt·sa·che** das Wichtigste, der entscheidende Punkt in einer Angelegenheit ↔Nebensache *„Die Hauptsache ist, dass Sie hier glücklich sind"*

haupt·säch·lich ADJEKTIV **1** am meisten, zum größten Teil *„Er interessiert sich hauptsächlich für Kunst"* **2** am größten oder am wichtigsten *„Sein hauptsächliches Interesse galt ihr"*

der **Haupt·satz** ein Satz, der allein stehen

kann und nicht von einem anderen Satz grammatisch abhängig ist

die **Haupt·schu·le** ⓓ die Schule, die man (nach der Grundschule) von der fünften bis zur neunten Klasse besucht, wenn man nicht eine höhere Schule (Realschule, Gymnasium) wählt **K** Hauptschulabschluss, Hauptschullehrer ⓘ → Extras, S. 692: **Schule und Ausbildung** • *hierzu* **Haupt·schü·ler** *der*

H

die **Haupt·stadt** die (oft größte) Stadt eines Landes, in der die Regierung ihren Sitz hat *„Paris ist die Hauptstadt von Frankreich"*

das **Haus** (*-es, Häu·ser*) **1** ein Gebäude, in dem Menschen wohnen ⟨*ein Haus renovieren, umbauen, abreißen; ein Haus (ver)kaufen, (ver)mieten*⟩ **K** Hauseigentümer, Hausflur, Hausnummer, Haustür **2** *geschrieben* ein großes Gebäude, in dem meist viele Leute arbeiten, eine Veranstaltung besuchen o. Ä. *„Bei dem Gastspiel der berühmten Sängerin war das Haus ganz ausverkauft"* **K** Schulhaus **3** **jemand ist/bleibt zu Hause** eine Person ist/bleibt dort, wo sie wohnt **4** **jemand geht/kommt nach Hause** eine Person geht/kommt dorthin, wo sie wohnt **ID** **frei Haus** so, dass für den Transport nichts bezahlt werden muss

der **Haus·arzt** der Arzt, zu dem man regelmäßig geht, wenn man krank ist (und der einen auch zu Hause besucht) • *hierzu* **Haus·ärz·tin** *die*

die **Haus·auf·ga·be** eine Arbeit, die ein Schüler zu Hause machen soll ⟨*jemandem eine Hausaufgabe aufgeben; viele, wenig Hausaufgaben aufhaben, aufbekommen; die/seine Hausaufgaben machen*⟩

die **Haus·frau** eine (meist verheiratete) Frau, die für die eigene Familie die Arbeit im Haus macht und oft keinen anderen Beruf ausübt *„Sie ist als Hausfrau und Mutter stärker belastet als in ihrem erlernten Beruf"*

der **Haus·halt** (*-(e)s, -e*) **1** alle Arbeiten (z. B. Kochen, Putzen, Waschen, Einkaufen), die in einem Haus oder einer Wohnung getan werden müssen ⟨*(jemandem) den Haushalt besorgen, erledigen, führen, machen; jemandem im Haushalt helfen*⟩ *„Am Wochenende machen wir alle gemeinsam den Haushalt"* **K** Haushaltsführung, Haushaltskasse **2** die Wohnung und die Möbel und Gegenstände, die dazugehören *„Nach dem Tod unserer Großmutter mussten wir ihren Haushalt auflösen"* mussten wir alle Gegenstände aus ihrer Wohnung entfernen **K** Haushaltsauflösung **3** alle Personen, die in einer Wohnung zusammenleben, meist eine Familie *„Die Broschüren wurden an alle privaten Haushalte verschickt"* **K** Privathaushalt **4** *admin* die Einnahmen und Ausgaben einer Gemeinde/eines Landes/Staates oder einer (öffentlichen) Institution ⟨*den Haushalt beschließen*⟩ ≈ Etat *„Der Bundestag berät den Haushalt für das kommende Jahr"* **K** Haushaltsausschuss; Staatshaushalt

der **Haus·meis·ter** eine Person, die in einem größeren Haus (z. B. einem Mietshaus oder einer Firma) für die Reinigung, kleinere Reparaturen und Ordnung sorgt • *hierzu* **Haus·meis·te·rin** *die*

die **Haus·ord·nung** Vorschriften, welche das Zusammenleben in einem Haus (vor allem in einem Mietshaus) regeln

der **Haus·schuh** ein bequemer Schuh, den man zu Hause trägt ⓘ → Abb. unter **Schuh**

das **Haus·tier** ein Tier, das man in einer Wohnung oder einem Wohnhaus hält, z. B. ein Hund, eine Katze *„Er hat ein Kaninchen und zwei Hamster als Haustiere"*

die **Haut** (*-, Häu·te*) **1** die Haut schützt unseren Körper als äußere Schicht ⟨*sich (Dativ) die Haut abschürfen, aufschürfen, eincremen; fettige, trockene Haut haben*⟩ *„Deine Haut ist ja so braun, warst du in Urlaub?"* **K** Hautcreme, Hautfarbe ⓘ nicht in der Mehrzahl verwendet **2** Häute nennt man die Felle von Tieren, die abgezogen, aber noch nicht zerschnitten und zu Leder verarbeitet sind **K** Büffelhaut, Schlangenhaut **3** die äußere Schicht von Würsten, manchen Früchten und anderen Dingen *„die sieben Häute der Zwiebel"* **K** Pfirsichhaut, Wursthaut **i** → Abb. unter **Obst** **4** eine dünne Schicht, die sich auf der Oberfläche einer Flüssigkeit gebildet hat *„Der Pudding hat beim Abkühlen eine Haut bekommen"*

ie **Ha·xe** (-, *-n*) ≈ Hachse **K** Schweinshaxe

Hbf Abkürzung für *Hauptbahnhof*

ie **Heb·am·me** (-, *-n*) eine Frau, die beruflich bei Geburten hilft

er **He·bel** (*-s*, -) **1** ein einfacher Griff, mit dem man ein Gerät oder eine Maschine z. B. ein- oder ausschalten kann ⟨*einen Hebel bedienen, betätigen, umlegen, herunterdrücken, hochdrücken*⟩ **K** Bremshebel, Schalthebel **2** ein einfaches Werkzeug in Form einer Stange oder eines Bretts, mit dem man schwere Gegenstände heben und fortbewegen kann ⟨*den Hebel* (*irgendwo*) *ansetzen*⟩ **K** Hebelarm

he·ben (*hob, hat gehoben*) **1** **jemanden/etwas heben** jemanden/etwas nach oben bewegen *„Sie hob den Kopf und lauschte aufmerksam"* **2** **jemanden/etwas irgendwohin heben** jemanden/etwas hochnehmen und an einen anderen Ort, in eine andere Lage bringen *„Sie hob das Baby aus der Wiege"* **3** **etwas hebt sich** *geschrieben* etwas wird nach oben bewegt, geht in die Höhe ↔ senken *„Im Theater hob sich langsam der Vorhang"*

as **Heck** (*-s, -e/-s*) der hinterste Teil eines Schiffes, Autos oder Flugzeugs

ie **He·cke** (-, *-n*) eine Reihe von Büschen oder Sträuchern, die zusammen eine Grenze bilden ⟨*eine Hecke pflanzen*⟩ **K** Gartenhecke

as **Heer** (*-(e)s, -e*) der Teil der Armee eines Landes, der vor allem auf dem Land kämpft

die **He·fe** (-) eine helle, braune Masse aus sehr kleinen Pilzen, die einen Teig locker und weich macht **K** Hefeteig

das **Heft** (*-(e)s, -e*) **1** Hefte bestehen aus mehreren Blättern Papier und einem dünnen Umschlag; man benutzt sie vor allem in der Schule zum Schreiben *„Der Lehrer sammelt die Hefte mit den Hausaufgaben ein"* **K** Rechenheft, Schulheft, Vokabelheft **2** ein Heft mit einem gedruckten Text, z. B. als Broschüre, Prospekt oder Werbung **3** die einzelne Folge einer Zeitschrift, die regelmäßig erscheint *„Die Zeitschrift erscheint jährlich in zwölf Heften"* **K** Comicheft, Programmheft

hef·ten (*heftete, hat geheftet*) **1** **etwas heften** Blätter mit Fäden oder Klammern zu einem Heft oder Buch zusammenfügen **2** **etwas irgendwohin heften** etwas mit einer Nadel oder Klammer an etwas befestigen *„ein Poster an die Wand heften"*

hef·tig ADJEKTIV **1** von großer Intensität, sehr stark ⟨*ein Gewitter, ein Regen, ein Sturm, ein Schlag, ein Stoß, Schmerzen, ein Streit, ein Kampf;* (*eine*) *Abneigung,* (*eine*) *Leidenschaft; heftig weinen, erschrecken, aneinandergeraten; sich heftig* (*mit jemandem*) *streiten*⟩ ≈ gewaltig **2** plötzlich und mit viel Kraft ⟨*eine Bewegung*⟩ ≈ ruckartig

die **Heft·klam·mer** eine kleine Klammer aus Draht, mit der man mehrere Blätter Papier verbindet

heil ADJEKTIV **1** gesund und ohne Verletzung ⟨(*bei etwas*) *heil davonkommen*⟩ *„Sie hat den schweren Unfall heil überstanden"* **i** meist nach einem Verb wie *sein* **2** *gesprochen* ohne Schaden oder Beschädigung ↔ kaputt *„Mir ist das Glas auf den Boden gefallen, aber es ist heil geblieben"* **i** meist nach einem Verb wie *sein*

das **Heil** (*-(e)s*); *geschrieben* **1** etwas, das für jemanden ein sehr großes Glück bedeutet **2** (in manchen Religionen) die Erlösung von den Sünden

hei·len (*heilte, hat/ist geheilt*) **1** **je-**

H

manden (von etwas) heilen (*hat*) einen Kranken wieder gesund machen *„Der Arzt hat den Patienten (von seinem Leiden/seinen Beschwerden) geheilt"* **2** **etwas heilen** (*hat*) eine Erkrankung oder Krankheit durch eine Behandlung oder Medikamente beseitigen *„Diese Krankheit kann nach dem heutigen Stand der Medizin nicht geheilt werden"* **3** **etwas heilt** (*ist*) etwas wird gesund ⟨*Verletzungen, Wunden*⟩ *„Die Brandwunde ist gut geheilt"* • *zu* (1) **heil·bar** ADJEKTIV

H

hei·lig ADJEKTIV **1** durch den Bezug zu (einem) Gott und zur Religion von besonderem Wert oder besonderer Würde ⟨*die Sakramente, die Messe, die Taufe*⟩ *„Der Ganges ist für die Hindus ein heiliger Fluss"* **2** von der katholischen Kirche als Heilige/Heiliger anerkannt *„die heilige Elisabeth"* ⓘ Abkürzung: *hl.*

der/die **Hei·li·ge** (*-n, -n*) eine Person, die im Sinne der katholischen Kirche ein sehr frommes und tugendhaftes Leben gelebt hat und die verehrt wird *„Franz von Assisi wird als Heiliger verehrt"* **K** Heiligenbild ⓘ *ein Heiliger; der Heilige; den, dem, des Heiligen*

die **Hei·lung** (*-, -en*) der Vorgang des Heilens *„die Heilung eines Kranken"* **K** Heilungsaussichten, Heilungschance, Heilungsprozess

heim ADVERB; *gesprochen* dorthin, wo man wohnt

das **Heim** (*-(e)s, -e*) **1** das Haus oder die Wohnung, in dem/der jemand lebt (und sich wohlfühlt) ⟨*ein behagliches, gemütliches, trautes Heim*⟩ ≈ Zuhause *„Sie richtete sich ihr Heim geschmackvoll ein"* ⓘ nicht in der Mehrzahl verwendet **2** ein Haus, in dem Personen oder Tiere leben und betreut werden, weil sie Hilfe brauchen ⟨*in ein Heim kommen, eingewiesen werden; in einem Heim untergebracht sein*⟩ *„Das Kind ist in einem/im Heim aufgewachsen"* **K** Kinderheim, Tierheim, Pflegeheim

die **Hei·mat** (*-*) das Land, die Gegend oder der Ort, wo man (geboren und) aufgewachsen ist, wo man eine sehr lange Zeit gelebt hat und wo man sich (wie) zu Hause fühlt ⟨*seine Heimat verlieren; (irgendwo) eine neue Heimat finden*⟩ *„Nach zwanzig Jahren kehrten sie in ihre alte Heimat zurück"* **K** Heimatland, Heimatmuseum, Heimatort • *hierzu* **hei·mat·los** ADJEKTIV

heim·lich ADJEKTIV so, dass es andere Leute nicht sehen, hören oder bemerken *„ein heimliches Treffen im Wald"* | *„eine heimliche Vereinbarung treffen"* • *hierzu* **Heim·lich·keit** *die*

das **Heim·weh** (*-s*) **Heimweh (nach jemandem/etwas)** (wenn man weit weg von zu Hause ist) der starke Wunsch, nach Hause, in die Heimat zurückzukehren ⟨*Heimweh haben, bekommen*⟩

die **Hei·rat** (*-, -en*) **die Heirat (mit jemandem)** die Verbindung zur Ehe *„die Heirat des reichen Geschäftsmannes mit einer jungen Schauspielerin"* **K** Heiratsannonce, Heiratsurkunde

hei·ra·ten (*heiratete, hat geheiratet*) **(jemanden) heiraten** als Mann oder Frau gemeinsam mit dem Partner zum Standesamt (und in die Kirche) gehen und dort in einer Zeremonie erklären, dass man das Leben zusammen verbringen will ⟨*kirchlich, standesamtlich heiraten*⟩ *„Er heiratet morgen (seine langjährige Freundin)"*

hei·ser ADJEKTIV so, dass die Stimme (z. B. wegen einer Erkältung) sehr rau klingt ⟨*heiser sein*⟩ • *hierzu* **Hei·ser·keit** *die*

heiß ADJEKTIV (*heißer, heißest-*) **1** mit/von sehr hoher Temperatur, sehr warm ⟨*glühend, kochend, siedend heiß*⟩ ↔ kalt *„ein heißes Bad nehmen"* | *„An heißen Tagen gehe ich gern schwimmen"* **2** sehr intensiv ⟨*eine Liebe, eine Sehnsucht, ein Verlangen, ein Wunsch*⟩ *„Das Kind hat seinen heiß geliebten Teddy verloren"* **K** heißgeliebt **3** mit heftigen Worten und starken Gefühlen ⟨*eine Debatte, eine Diskussion, ein Kampf*⟩ **4** mit einem schnellen, erregenden Tanzrhythmus (wie z. B. bei Rockmusik) ⟨*Musik, Rhythmen*⟩ **5** **jemandem ist heiß** jemand schwitzt

hei·ßen (*hieß, hat geheißen*) **1** (*Name* +) **heißen** den genannten Namen haben *„Wie heißen Sie?" – „Ich heiße Helga Huber"* | *„Wie heißt er denn mit Vornamen/Nachnamen?"* **2** **etwas heißt …** etwas entspricht einem Wort, Satz o. Ä. einer anderen Sprache *„Wasser" heißt im Lateinischen „aqua"* **3** **etwas heißt …** etwas hat einen Sinn, eine Bedeutung, Konsequenzen *„Das heißt also, du hast morgen keine Zeit für mich?"* **4** **das heißt …** verwendet, um einen Teilsatz einzuleiten, der das vorher Gesagte näher erklärt oder einschränkt *„Ich lese viel, das heißt, wenn ich die Zeit dazu habe"* ⓘ Abkürzung: *d. h.* **5** **es heißt, (dass) …** man vermutet, behauptet, dass … *„Es heißt, er habe geheiratet/dass er geheiratet habe"*

hei·ter ADJEKTIV **1** froh und von innerer Ruhe und Humor bestimmt ⟨*ein Mensch, ein Gemüt, ein Wesen; in einer heiteren Laune, Stimmung sein; etwas stimmt jemanden heiter*⟩ **2** mit blauem Himmel und Sonnenschein ⟨*ein Tag, Wetter*⟩ *„Morgen wird das Wetter heiter bis wolkig"*

hei·zen (*heizte, hat/ist geheizt*) **1** **(etwas) heizen** (*hat*) einen Raum oder ein Haus usw. mithilfe eines Ofens oder einer Heizung warm machen ⟨*ein Haus, ein Schwimmbad, eine Wohnung, ein Zimmer heizen*⟩ *„In unserem Schlafzimmer wird nicht geheizt"* **K** Heizkosten **2** **irgendwie/(mit) etwas heizen** (*hat*) auf die genannte Weise oder mit dem genannten Brennstoff in einem Ofen, einer Heizung Wärme erzeugen ⟨*mit Holz, Kohle, Pellets, Gas, Öl heizen; elektrisch heizen*⟩ *„den Ofen mit Pellets heizen"* **K** Heizöl

der **Heiz·kör·per** ein Gerät (als Teil einer Heizung), durch das heißes Wasser oder heißer Dampf geleitet wird, um einen Raum zu heizen ≈ Heizung

die **Hei·zung** (-, *-en*) **1** eine technische Anlage, mit der man Räume bzw. Häuser heizt und die meist mit Gas, Öl oder Elektrizität betrieben wird ⟨*die Heizung anstellen, abstellen, bedienen, warten*⟩ *„Die Heizung ist außer Betrieb"* **K** Heizungskeller; Gasheizung, Ölheizung **2** *gesprochen* ≈ Heizkörper *„Er legt die Socken zum Trocknen auf die Heizung"*

die **Hek·tik** (-) große Eile, die nervös macht

hek·tisch ADJEKTIV mit großer Eile, Nervosität und Unruhe ⟨*etwas hektisch tun*⟩

der **Held** (*-en, -en*) eine Person, die mit sehr großem Mut eine gefährliche Aufgabe löst (und damit anderen Menschen hilft) *„Die Feuerwehrleute, die ihr Leben riskiert hatten, wurden als Helden gefeiert"* **K** Heldenmut, Heldentat ⓘ *der Held; den, dem, des Helden* • *hierzu* **hel·den·haft** ADJEKTIV; **Hel·din** *die*

hel·fen (*hilft, half, hat geholfen*) **1** **(jemandem) (bei etwas) helfen** eine Person unterstützen, damit sie ihr Ziel (schneller und leichter) erreicht ⟨*jemandem bereitwillig, freiwillig, spontan, finanziell, mit Rat und Tat helfen*⟩ *„Hilfst du mir bei den Hausaufgaben?"* **2** **etwas hilft (jemandem) (bei/gegen etwas)** etwas bringt (jemandem) bei einer Krankheit Besserung oder Heilung *„Vitamin C hilft bei Erkältungen"* **3** **etwas hilft nicht(s)** *gesprochen* etwas kann eine unangenehme Situation nicht ändern oder verhindern *„Du musst jetzt ins Bett. Da hilft alles nichts!"* • *zu* (1) **Hel·fer** *der*

hell ADJEKTIV **1** mit (viel) Licht ⟨*ein hell erleuchtetes Fenster*⟩ *„Die Kerze brennt hell"* **2** **es wird hell** die Sonne kommt hervor, der Morgen dämmert **3** mit Weiß vermischt ⟨*Farben*⟩ *„ein helles Rot"* **K** hellblau, hellgrün **4** mit wenig Farbe, Pigmenten ⟨*Haut*⟩ *„Sie liegt nicht gern in der Sonne, weil sie eine helle Haut hat"* **5** Stimmen von kleinen Kindern klingen hell ⟨*ein Ton, eine Stimme, ein Lachen*⟩ ≈ hoch • *zu* (1,3 – 5) **Hel·lig·keit** *die*

H

der **Helm** (-(e)s, -e) eine harte Kopfbedeckung aus Metall, Plastik o. Ä., welche den Kopf vor Verletzungen schützt ⟨*einen Helm aufsetzen, tragen, abnehmen*⟩ **K** Sturzhelm; Fahrradhelm

das **Hemd** (-(e)s, -en) **1** ein Kleidungsstück für den Oberkörper mit einem festen Kragen, Ärmeln und einer (meist durchgehenden) Reihe von Knöpfen ⟨*ein bügelfreies, kurzärmeliges, langärmeliges Hemd; ein Hemd anziehen, zuknöpfen, aufknöpfen, ausziehen; Hemd und Krawatte tragen*⟩ ≈ Oberhemd *„Er trägt einen Pullover über dem Hemd"* **K** Hemd(s)ärmel, Hemdenkragen; Herrenhemd **i** → Abb. unter **Bekleidung** **2** ein Kleidungsstück für den Oberkörper (meist aus Baumwolle) ohne Kragen und oft ohne Ärmel, das zur Unterwäsche gehört ≈ Unterhemd *„Im Winter trägt sie ein warmes Hemd unter der Bluse"*

H

die **Hem·mung** (-, -en) **1** ein Gefühl, unfähig oder weniger wert zu sein als andere Leute, wodurch man sehr schüchtern, ängstlich und unsicher wird **i** nur in der Mehrzahl verwendet **2** eine Scheu davor, Dinge zu tun, die sittlich oder moralisch nicht (völlig) von anderen Leuten akzeptiert werden ⟨*keine Hemmungen haben, kennen*⟩ ≈ Skrupel

der **Hen·kel** (-s, -) ein schmaler Griff in Form eines Bogens an einem Behälter ⟨*der Henkel einer Kanne, einer Tasse; die Henkel eines Korbs, einer Tasche; etwas am Henkel fassen, nehmen*⟩ **i** → Abb. unter **Griff**

die **Hen·ne** (-, -n) ein weibliches Huhn

her ADVERB **1** **etwas ist** +*Zeitangabe* **her** etwas war/geschah vor der genannten Zeit *„Es ist drei Jahre her, dass wir uns das letzte Mal gesehen haben"* **2** **von irgendwo her** von dem genannten Ort in Richtung auf den Sprecher zu *„Er hat mich von der anderen Straßenseite her gerufen"* **3** **wo ist jemand/etwas her?** *gesprochen* aus welchem Ort oder Land kommt jemand?; woher stammt etwas? *„Weißt du, wo er her ist?"* **4** **her mit** +*Substantiv/Pronomen*! *gesprochen* verwendet als (aggressive oder unhöfliche) Aufforderung, dem Sprecher etwas zu geben oder zu bringen *„Her mit dem Geld!"* **ID** **hinter jemandem her sein** **a** *gesprochen* jemanden verfolgen oder nach jemandem suchen *„Die Polizei ist hinter ihm her"* **b** *gesprochen, oft abwertend* eine Liebesbeziehung zur genannten Person haben wollen; **hinter etwas her sein** *gesprochen, oft abwertend* etwas unbedingt haben wollen *„Er ist hinter ihrem Geld her"*

her- (*im Verb, betont und trennbar, sehr produktiv; Diese Verben werden so gebildet: herkommen, kam her, hergekommen*) **1** **herdürfen, herkommen, hersehen**; **jemanden/etwas herholen, herschicken**; **sich hertrauen** *und andere* bezeichnet die Richtung von irgendwo zum Sprecher oder Erzähler hin *„Bring bitte den Hammer her!"* Bring den Hammer bitte zu mir, hierher **i** vergleiche auch **hin-** **2** **hinter/neben/vor jemandem herfahren, hergehen, herlaufen, herschwimmen** *und andere* drückt in Verbindung mit Verben der Bewegung aus, dass dieselbe Richtung eingehalten wird *„Sie kletterte auf den Baum und ihr Bruder kletterte hinter ihr her"* Ihr Bruder kletterte nach ihr in dieselbe Richtung, auch auf den Baum

he·ran [hɛ'ran] ADVERB bezeichnet die Richtung von irgendwoher zu einem Objekt hin und zugleich oft näher zum Sprecher oder Erzähler hin *„Etwas weiter rechts/an die Seite heran"* **i** *Heran* wird in der gesprochenen Sprache zu *ran* abgekürzt.

he·ran·zie·hen **eine Person/Sache (an jemanden/etwas) heranziehen**; **eine Person/Sache (zu jemandem/etwas) heranziehen** (*hat*) eine Person oder Sache in die Richtung, Nähe zu einer anderen Person, sich selbst oder einer Sache ziehen *„Ich zog ihn näher an mich/zu mir heran und flüsterte ihm etwas ins Ohr"*

he·rauf [hɛ'rauf] *ADVERB* bezeichnet die Richtung von irgendwo (unten) nach oben, häufig zum Sprecher oder Erzähler hin ⓘ *Herauf* wird in der gesprochenen Sprache zu *rauf* abgekürzt; vergleiche auch **hinauf**

he·raus [hɛ'raus] *ADVERB* bezeichnet die Richtung von irgendwo (drinnen) nach draußen, häufig aus der Sicht des Sprechers oder Erzählers *„Heraus mit dir (aus dem Haus)!"* ⓘ *Heraus* wird in der gesprochenen Sprache zu *raus* abgekürzt; vergleiche auch **hinaus.**

he·raus·fin·den *(hat)* **1** **etwas herausfinden** etwas, das man wissen will, durch Suchen und Forschen entdecken *„Habt ihr schon herausgefunden, wie der neue Drucker funktioniert?"* **2** **(aus etwas) herausfinden** es schaffen, den Weg nach draußen zu finden *„Er hat sich im Wald verirrt und findet nicht mehr heraus"*

He·raus·for·de·rung (-, *-en*) **1** ein Kampf, bei dem ein Sportler gegen den Titelverteidiger (um den Meistertitel) kämpft und ihn so herausfordert **2** eine schwierige oder außergewöhnliche Aufgabe, die jemanden reizt *„Es war für ihn eine Herausforderung, Japanisch zu lernen"*

he·raus·kom·men *(ist)* **1** **(aus etwas) herauskommen** aus einem Gebiet, Gebäude o. Ä. nach draußen kommen *„Er kam den ganzen Tag nicht aus seinem Zimmer heraus"* **2** **etwas kommt heraus** etwas wird zum Verkauf in den Handel gebracht *„Das neue Automodell kommt nächstes Jahr heraus"* **3** **etwas kommt heraus** etwas wird (allgemein) bekannt *„Es ist nie herausgekommen, wer die Bankräuber waren"* **4** **etwas kommt (bei etwas) heraus** *gesprochen* etwas ist das Ergebnis einer Sache *„Bei unserer Diskussion ist nichts Vernünftiges herausgekommen"*

herb *ADJEKTIV* mit einem Geschmack oder Geruch, der nicht süß, sondern leicht bitter oder sauer ist

der **Herbst** (-(e)s, -e) die Jahreszeit zwischen Sommer und Winter, in der die Blätter der Laubbäume bunt werden ⟨*ein regnerischer, stürmischer Herbst*⟩ *„Die Sonne scheint nicht mehr so stark. Es wird langsam Herbst"* **K** Herbstanfang, Herbstnebel; Frühherbst, Spätherbst • *hierzu* **herbst·lich** *ADJEKTIV*

der **Herd** (-(e)s, -e) **1** ein großes Gerät in der Küche, auf dem man kochen kann ⟨*ein elektrischer Herd; den Herd anschalten, ausschalten; eine Pfanne, einen Topf auf den Herd stellen, vom Herd nehmen*⟩ **K** Herdplatte; Elektroherd, Gasherd **2** **der Herd** (+Genitiv) der Ort, an dem eine Krankheit oder eine unangenehme Entwicklung beginnt oder zuerst auftritt ≈ Ausgangspunkt **K** Brandherd, Krankheitsherd

die **Her·de** (-, *-n*) **eine Herde** (+Genitiv) eine Gruppe großer (pflanzenfressender) Tiere derselben Art, die miteinander leben ⟨*eine Herde Kühe, Pferde, Schafe, Schweine, Ziegen*⟩ ⓘ vergleiche auch **Rudel**

he·rein [hɛ'rain] *ADVERB* **1** bezeichnet die Richtung von irgendwo (draußen) nach drinnen, häufig zum Sprecher oder Erzähler hin *„Bis in mein Zimmer herein drang der Lärm"* ⓘ *Herein* wird in der gesprochenen Sprache zu *rein* abgekürzt; vergleiche auch **hinein** **2** **Herein!** verwendet, um einer Person zu erlauben, ins Zimmer zu kommen, nachdem sie an der Tür geklopft hat

he·rein·le·gen *(hat)* **jemanden hereinlegen** *gesprochen* jemanden betrügen oder täuschen

her·ge·ben *(hat)* **etwas hergeben** jemandem etwas reichen *„Gib mir das Buch her!"*

her·ha·ben *(hat)* verwendet, um danach zu fragen, warum oder woher jemand einen Besitz, eine Eigenschaft o. Ä. hat oder zu sagen, dass man darüber erstaunt ist *„Wo hat er nur die vielen Autos her?"*

der **He·ring** (-s, -e) ein silbern glänzender

H

Meeresfisch, der in großen Gruppen vor allem in nördlichen Meeren lebt und gern gegessen wird ⟨*gesalzene, gepökelte, geräucherte, marinierte Heringe*⟩ **K** Heringsfilet; Brathering

die **Her·kunft** (-, *Her·künf·te*) **1** das Land, die Familie, die soziale Schicht usw., in denen jemand geboren und aufgewachsen ist ≈ Abstammung *„der Herkunft nach Schotte sein"* **2** der Ort oder Bereich, an bzw. in dem etwas entstanden ist oder produziert worden ist ⟨*die Herkunft eines Wortes, eines Kunstwerkes, einer Ware*⟩ ≈ Ursprung *„Dieser Käse ist holländischer Herkunft"* **K** Herkunftsland, Herkunftsort

H

der **Herr** (*-n, -en*) **1** verwendet als höfliche Bezeichnung für eine erwachsene männliche Person (mit der man nicht befreundet ist oder die man nicht näher kennt) ⟨*ein junger, älterer, freundlicher Herr*⟩ ↔ Dame *„Die Herren fordern die Damen zum Tanzen auf"* **K** Herrenfahrrad, Herrenhemd, Herrenschuh **2** **Herr** (+*Titel*) +*Name*/; **Herr** +*Titel* verwendet als höfliche Anrede oder Bezeichnung für eine erwachsene männliche Person ↔ Frau *„Guten Tag, Herr Dr. Müller!"* | *„Hast du schon mit Herrn Huber gesprochen?"* **3** **Herr (über jemanden/etwas)** eine Person, die große Macht über Menschen, Tiere und Dinge hat *„Der Hund gehorcht seinem Herrn aufs Wort"* **K** Burgherr, Landesherr **4** Gott als die Person, die über alles regiert (meist in Religionen mit nur einem Gott) ⟨*der Herr im Himmel*⟩ • *zu* (3) **Her·rin** *die*

her·rich·ten (*hat*) **1** **etwas herrichten** etwas für einen Zweck fertig machen *„die Betten für die Gäste herrichten"* **2** **etwas herrichten** etwas, das kaputt oder alt ist, wieder in Ordnung bringen ≈ renovieren *„die alte Kirche wieder herrichten"*

herr·lich ADJEKTIV in hohem Maß schön, gut oder angenehm ⟨*Wetter, ein Tag, Sonnenschein, ein Essen, ein Ausblick; etwas klingt, riecht, schmeckt herrlich*⟩ • *hierzu* **Herr·lich·keit** *die*

die **Herr·schaft** (*-, -en*) **1** **die Herrschaft (über jemanden/etwas)** (das Recht und) die Macht einer Person oder Gruppe, ein Land zu regieren und wichtige Entscheidungen zu treffen ⟨*die Herrschaft des Volkes, des Diktators, des Staates; an die Herrschaft gelangen, kommen*⟩ *„Dieses Schloss wurde während der Herrschaft von Kaiserin Maria-Theresia erbaut"* während ihrer Regierungszeit **K** Alleinherrschaft, Gewaltherrschaft, Weltherrschaft ℹ nicht in der Mehrzahl verwendet **2** *gesprochen* alle (anwesenden) Damen und Herren *„Meine Herrschaften, ich begrüße Sie herzlich!"* ℹ nur in der Mehrzahl verwendet

herr·schen (*herrschte, hat geherrscht*) **1** **(über jemanden/etwas) herrschen** ein Land regieren (vor allem als König) *„Alexander der Große herrschte über ein riesiges Reich"* **2** **etwas herrscht** etwas bestimmt (als Zustand) die Lage oder das Verhalten der Menschen ⟨*es herrscht Armut, Not, Schweigen, Freude, Trauer*⟩ *„Nach der langen Trockenheit herrscht nun eine große Hungersnot"*

der **Herr·scher** (*-s, -*) **ein Herrscher (über Personen/ein Land)** eine Person, welche die Macht über ein Land, einen großen Besitz o. Ä. hat **K** Alleinherrscher • *hierzu* **Herr·sche·rin** *die*

her·schau·en (*hat*) in jemandes Richtung sehen *„Schaut bitte mal alle zu mir her"*

her·stel·len (*hat*) **1** **etwas herstellen** ein Produkt machen ⟨*etwas maschinell, industriell, von Hand herstellen*⟩ ≈ produzieren *„Diese Firma stellt Autos her"* **2** **etwas herstellen** bewirken, dass etwas entsteht ⟨*eine telefonische Verbindung, einen Kontakt herstellen*⟩ **3** **etwas herstellen** etwas von irgendwo bringen und in die Nähe des Sprechenden stellen • *zu* (1) **Her·stel·ler** *der*

die **Her·stel·lung** (-) **1** der Vorgang, bei dem Waren produziert werden ≈ Produktion *„Bei der Herstellung von Aluminium wird viel Energie benötigt"* **K** Herstellungskosten; Glasherstellung, Papierherstellung **2** der Vorgang, bei dem etwas hergestellt wird oder entsteht *„auf die Herstellung der Internetverbindung warten"*

he·rü·ber [hɛ'ryːbɐ] *ADVERB* bezeichnet die Richtung von irgendwo (drüben) auf die Seite des Sprechers oder Handelnden hin ⓘ *Herüber* wird in der gesprochenen Sprache zu *rüber* abgekürzt; vergleiche auch **hinüber**

he·rụm [hɛ'rʊm] *ADVERB* **1** (in Bezug auf Bewegungen) in einem Bogen oder Kreis um sich selbst/jemanden/etwas ⟨*nach rechts, nach links, im Kreis herum*⟩ **K** linksherum, rechtsherum ⓘ *Herum* wird in der gesprochenen Sprache zu *rum* abgekürzt. **2** **um jemanden/etwas herum** (in Bezug auf eine Lage, Anordnung) in einem Bogen oder Kreis um jemanden/etwas *„Der Weg um den See herum ist verschneit"* **K** ringsherum, rundherum **3** **verkehrt herum** mit der falschen Seite nach außen, vorne, oben o. Ä. *„Du hast den Pullover verkehrt herum an"*

he·rụm·ge·hen (*ist*); *gesprochen* **1** **um jemanden/etwas herumgehen** in einem Kreis um jemanden/etwas gehen oder in einem Bogen an jemandem/etwas vorbeigehen ⟨*um ein Hindernis herumgehen*⟩ **2** **(irgendwo) herumgehen** sich an dem genannten Ort in verschiedene Richtungen bewegen *„Wir gingen in der Wohnung herum und sahen uns alles genau an"* **3** **etwas geht herum**; **jemand lässt etwas herumgehen** etwas wird von einer Person zur anderen weitergegeben *„Er ließ eine Liste herumgehen, in die wir uns eintragen konnten"*

he·run·ter [hɛ'rʊntɐ] *ADVERB* bezeichnet die Richtung von irgendwo (oben) nach unten, häufig zum Sprecher oder Erzähler hin *„Herunter mit dir!"* komm von dort herunter ⓘ *Herunter* wird in der gesprochenen Sprache zu *runter* abgekürzt; vergleiche **hinunter**

her·vor *ADVERB* von irgendwo (drinnen, hinten, unten oder dazwischen) nach draußen, vorn

her·vor·ra·gend *ADJEKTIV* **1** (in Bezug auf Leistung, Talent o. Ä.) viel besser als der Durchschnitt *„Sie ist eine hervorragende Ärztin"* **2** sehr wichtig oder gut ⟨*ein Ereignis, eine Position, eine Stellung*⟩

her·vor·ru·fen (*hat*) **etwas ruft (bei jemandem) etwas hervor** etwas hat die genannte Wirkung *„Zugluft ruft oft Erkältungen hervor"* | *„Das Konzert rief einen Sturm der Begeisterung hervor"*

das **Hẹrz** (*-ens, -en*) **1** das Organ im Inneren der Brust, welches das Blut durch die Adern pumpt ⟨*das Herz schlägt, pocht, hämmert, arbeitet, funktioniert*⟩ **K** Herzbeschwerden, Herzschwäche, herzkrank ⓘ *das Herz; dem Herzen; des Herzens* **2** das Herz als Zentrum der Gefühle ⟨*ein gütiges, reines, fröhliches, warmes, weiches, gutes, hartes Herz haben*⟩ **3** Bilder oder Gegenstände, die wie ein Herz aussehen (oft als Symbol für die Liebe) *„ein Herz aus Lebkuchen"* **K** Herzform **ID** **jemand/etwas liegt einer Person am Herzen** jemand/etwas ist für eine Person sehr wichtig; **etwas auf dem Herzen haben** eine Bitte, einen Wunsch haben und mit jemandem darüber sprechen wollen • *zu* (3) **hẹrz·för·mig** *ADJEKTIV*

das **Hẹrz·klop·fen** (*-s*) **Herzklopfen haben** sehr aufgeregt sein

hẹrz·lich *ADJEKTIV* **1** freundlich und liebevoll ⟨*Worte, ein Blick, ein Lächeln; jemanden herzlich begrüßen, empfangen; jemanden herzlich zu etwas beglückwünschen; jemandem herzlich danken*⟩ **2** drückt in formelhaften Redewendungen aus, dass man etwas wirklich meint oder so empfindet ⟨*Herzlichen Dank!; Herzlichen Glückwunsch!; Herzliche Grüße!*⟩ • *zu* (1) **Hẹrz·lich·keit** *die*

hẹrz·los *ADJEKTIV* ohne Mitleid, ohne Mitgefühl ⟨*ein Mensch*⟩

der **Herz·schlag** das wiederholte, rhythmische Schlagen des Herzens ≈ Pulsschlag ⓘ nicht in der Mehrzahl verwendet

he·te·ro·se·xu·ell *ADJEKTIV* mit sexueller Neigung zu Menschen des anderen Geschlechts ⟨*eine Beziehung*⟩ ↔ homosexuell

het·zen (*hetzte, hat/ist gehetzt*) **1 jemanden hetzen** (*hat*) Menschen oder Tiere verfolgen, um sie zu fangen ⟨*das Wild (mit Hunden) hetzen*⟩ *„Die Hunde hetzten den Hasen"* **2 einen Hund auf jemanden hetzen** (*hat*) einem Hund befehlen, einen Menschen oder ein anderes Tier zu verfolgen und zu fangen **3 (gegen jemanden/etwas) hetzen** *abwertend* (*hat*) so über jemanden/etwas sprechen, dass bei anderen Personen Aggressionen gegen diese Person oder Sache entstehen *„Die Demonstranten hetzten lautstark gegen die Flüchtlinge"* **K** Hetzkampagne, Hetzrede **4 (jemanden) hetzen** *gesprochen* (*hat*) eine Person immer wieder auffordern, etwas schneller zu tun *„Hetz (mich) doch nicht so!"* **5** (*hat*) sich sehr beeilen *„hetzen müssen, um alles rechtzeitig zu erledigen"* • zu (3) **Het·zer** *der*

H

das **Heu** (-(*e*)*s*) geschnittenes und getrocknetes Gras, das man als Futter für Tiere verwendet **K** Heuhaufen

heu·len (*heulte, hat geheult*) **1 ein Tier heult** ein Tier gibt die langen (klagenden) Laute von sich, wie es z. B. Wölfe oder Hunde nachts tun **2 etwas heult** etwas erzeugt lange und laute (durchdringende) Töne ⟨*eine Sirene, ein Motor*⟩ **3** *gesprochen* ⟨*vor Angst, Schmerz, Wut heulen*⟩ ≈ weinen

heu·te *ADVERB* **1** der gegenwärtige Tag oder am gegenwärtigen Tag ⟨*heute früh/Morgen, Mittag, Abend, Nacht; ab, bis, seit heute; von heute ab/an*⟩ *„Heute scheint die Sonne"* **2** in der Gegenwart

heu·ti·g- *ADJEKTIV* **1** heute, an diesem Tag (stattfindend) *„das heutige Konzert"* **2** von heute, von diesem Tag *„In der heutigen Zeitung ist ein langer Bericht über den Unfall"* **3** zur gegenwärtigen Zeit (Epoche) gehörend ⟨*die Generation, die Jugend, die Technik*⟩ *„der heutige Stand der Wissenschaft"* **4 am heutigen/der heutige Tag** ≈ heute *„Am heutigen Tag wollen wir feiern"*

heut·zu·ta·ge *ADVERB* in der Gegenwart

die **He·xe** (-, -*n*) (in Märchen) eine meist alte und hässliche Frau, die zaubern kann und böse ist

hieb *Präteritum, 1. und 3. Person Singular* → hauen

hielt *Präteritum, 1. und 3. Person Singular* → halten

hier *ADVERB* **1** an diesem Ort, an dieser Stelle (an welcher sich der Sprecher befindet) *„Wo ist denn Petra? Vorhin war sie noch hier!"* | *„Komm rauf! Hier oben ist es warm!"* **2 (gleich) hier** *+Richtungsangabe* von dieser Stelle aus (an der sich der Sprecher befindet) in die genannte Richtung *„Gleich hier um die Ecke wohnt ein Freund von mir"* **ID hier und da** **a** nicht oft **b** an wenigen, einzelnen Orten

die **Hie·rar·chie** (-, -*n* [-'çiːən]) eine strenge Ordnung (meist in einem Staat oder einer Organisation), die von oben nach unten geht und in der jeder einen festen (hohen oder niedrigen) Rang hat ⟨*die staatliche, kirchliche Hierarchie*⟩ **K** Staatshierarchie • *hierzu* **hie·rar·chisch** *ADJEKTIV*

hier·bei, **hier·bei** *ADVERB betont* verwendet, um auf etwas hinzuweisen, das man jemandem zeigt oder das man gerade (mit der Präposition *bei*) erwähnt hat *„Hierbei handelt es sich um einen Fehler"* bei diesem Fall | *„Hierbei kam es zu Krawallen"* bei diesem Anlass

hier·für, **hier·für** *ADVERB betont* verwendet, um auf etwas hinzuweisen, das man jemandem zeigt oder das man vorher (mit der Präposition *für*) erwähnt hat *„Die Vorbereitungen hierfür sind abgeschlossen"* für dieses Fest | *„Die Beweise hierfür sind eindeutig"* für diese Tatsache

hier·her *ADVERB*, **hier·her**, **hier·her** *betont* **1** an diesen Ort, nach hier *„Sie wird nach der Feier hierher (in unsere Wohnung) kommen"* **2** **bis hierher** bis zu diesem Zeitpunkt, bis zu diesem Stadium o. Ä. *„Bis hierher habe ich den Text verstanden, aber jetzt wirds schwierig"* ⓘ vergleiche auch **hierhin**

hier·hin, **hier·hin** *ADVERB betont* an diesen Ort hin (auf den der Sprecher hinweist) ↔ dorthin *„Stellen Sie den Schrank bitte hierhin!"* | *„(Füllen Sie das Glas) bis hierhin, bitte!"*

hier·mit *ADVERB*, **hier·mit** *betont* **1** verwendet, um auf etwas hinzuweisen, das man jemandem zeigt oder das man vorher (mit der Präposition *mit*) erwähnt hat *„Nimm dies, hiermit wirst du das Glas aufbekommen"* mit diesem Gerät wirst du das Glas öffnen können | *„Hiermit beschäftigt sie sich schon lange"* mit diesem Thema **2** drückt aus, dass etwas dadurch wirklich wird, dass man es sagt *„Hiermit taufe ich dich auf den Namen „Admiral"* dieses Schiff

hier·zu *ADVERB*, **hier·zu** *betont* **1** als Zusatz oder Ergänzung zu dieser (vorher genannten) Sache *„Hierzu passen rote Schuhe"* zu diesem Kleid **2** zu diesem (vorher genannten) Zweck *„Er möchte in die USA reisen. Hierzu braucht er ein Visum"* **3** zu diesem (vorher genannten) Sachverhalt, zu dieser Angelegenheit *„Hierzu habe ich mir noch keine Meinung gebildet"* zu diesem Problem

hieß *Präteritum, 1. und 3. Person Singular* → heißen

Hil·fe (-, *-n*) **1** der Vorgang, jemandem zu helfen ⟨*jemandem zu Hilfe eilen, kommen; jemandem (seine) Hilfe anbieten; jemanden um Hilfe bitten; um Hilfe flehen, rufen, schreien*⟩ **K** Hilferuf, Hilfsaktion ⓘ nicht in der Mehrzahl verwendet **2** eine Person, die hilft *„Keine Angst, gleich kommt Hilfe"* **3** etwas, das man als Unterstützung bekommt, meist Geld ⟨*Hilfen beantragen, beziehen, erhalten*⟩ **K** Entwicklungshilfe, Sozialhilfe, Wirtschaftshilfe **4** eine Person, die bei einer Arbeit hilft, meist ohne dafür ausgebildet zu sein **K** Küchenhilfe, Putzhilfe **5** **Erste/erste Hilfe** die ersten und meist sehr wichtigen medizinischen Maßnahmen, mit denen man einem verletzten Menschen hilft (bevor der Arzt da ist) ⟨*jemandem Erste/erste Hilfe leisten*⟩ **K** Erste-Hilfe-Kurs **6** **(zu) Hilfe!** verwendet, um nach Hilfe zu rufen, wenn man in Gefahr ist **7** **mit Hilfe** → mithilfe **8** **etwas zu Hilfe nehmen** etwas benutzen, um dadurch etwas zu erreichen *„einen Stock zu Hilfe nehmen, um etwas aus dem Bach zu fischen"*

hilf·los *ADJEKTIV* **1** nicht fähig, sich selbst zu helfen *„Nach dem Unfall war sie im Auto eingeklemmt und völlig hilflos"* **2** unbeholfen, ungeschickt *„Seine hilflosen Ausreden wirkten eher peinlich"* • *hierzu* **Hilf·lo·sig·keit** *die*

hilfs·be·reit *ADJEKTIV* gern bereit zu helfen ⟨*ein Mensch*⟩ *„Der Junge ist alten Menschen gegenüber sehr hilfsbereit"* • *hierzu* **Hilfs·be·reit·schaft** *die*

das **Hilfs·mit·tel** **1** etwas, das eine Arbeit einfacher macht ⟨*ein (un)erlaubtes, (un)geeignetes, technisches Hilfsmittel*⟩ **2** Geld oder Gegenstände, Personen helfen sollen, die in Not ist ⓘ nur in der Mehrzahl verwendet

das **Hilfs·verb** ein Verb, mit dem man z. B. die zusammengesetzten Zeiten und das Passiv eines Verbs bildet ⓘ Die Hilfsverben im Deutschen sind *haben*, *sein* und *werden*

hilft *Präsens, 3. Person Singular* → helfen

die **Him·bee·re** eine rote Beere, die man essen kann und die aus vielen kleinen Teilen besteht **K** Himbeereis ⓘ vergleiche auch → Erdbeere; → Abb. unter **Obst**

der **Him·mel** (-*s*) **1** der Luftraum über der Erde *„Am Himmel funkeln die Sterne"* **K** himmelblau; Sternenhimmel, Wolkenhimmel **2** der Ort, an dem (im Glauben mancher Religionen) Gott ist und an den die Menschen nach dem Tod kommen wollen ⟨*in den Himmel kommen*⟩ ≈ Paradies ↔ Hölle

hin ADVERB ORT: **1** in Richtung vom Sprecher oder einem bereits erwähnten Ort weg auf ein Ziel zu ↔ her *„Der Weg zum Stadion hin wird neu geteert"* **2** verwendet, um die Länge einer Strecke zu bezeichnen *„Der Kanal erstreckt sich über viele Kilometer hin"* **3 hin und zurück** für Hinfahrt und Rückfahrt oder -flug *„Bitte einmal (eine Fahrkarte nach) Köln hin und zurück"* ℹ In der Bedeutung „hin und zurück" wird zusammengeschrieben: *zwischen Augsburg und München hin- und herfahren, hin- und herpendeln* usw. **4 hin und her** ohne bestimmte Richtung bzw. mit ständig wechselnder Richtung ⟨*hin und her gehen, fahren, laufen*⟩ ≈ herum- *„Er war so nervös, dass er ständig hin und her ging"* MIT SEIN: **5 hin sein** *gesprochen* hingegangen, hingefahren o. Ä. sein *„Als er so traurig war, ist sie zu ihm hin und hat ihn getröstet"* **6 hin sein** *gesprochen* sehr erschöpft sein *„Nach dem Training war er völlig hin"* **7 hin sein** *gesprochen!* tot sein *„Die Katze rührt sich nicht mehr. Die ist hin"* **8 etwas ist hin** *gesprochen* etwas ist kaputt, funktioniert nicht mehr *„Sein Auto ist hin"*

hin- (*im Verb, betont und trennbar, sehr produktiv; Diese Verben werden so gebildet: hinfahren, fuhr hin, hingefahren*) **(irgendwohin) hingehen, hinkommen, hinreisen, hinsehen**; **jemanden/etwas (irgendwohin) hinbringen, hinlegen, hinstellen** *und andere* bezeichnet die Richtung zu einem Ziel, häufig vom Sprecher, Erzähler oder Handelnden weg *„Morgen fahre ich zu ihr hin, um sie zu besuchen"* ℹ vergleiche auch **her-**

hi·nauf ADVERB bezeichnet die Richtung von unten nach oben, weg vom Sprecher oder Erzähler *„Vom Tal bis zur Skihütte hinauf braucht man eine Stunde"* ℹ *Hinauf* wird in der gesprochenen Sprache zu *rauf* abgekürzt; vergleiche auch **herauf**

hi·naus ADVERB **1** bezeichnet die Richtung von drinnen nach irgendwo draußen, häufig weg vom Sprecher oder Erzähler *„(zur Tür) hinaus ins Freie gehen"* ℹ *Hinaus* wird in der gesprochenen Sprache zu *raus* abgekürzt; vergleiche auch **heraus**. **2 hinaus** *+Richtungsangabe* in Richtung auf einen freien Raum *„hinaus aufs Land/Meer fahren"* | *„(eine Wohnung) nach hinten/zur Straße hinaus"*

hin·dern (*hinderte, hat gehindert*) **jemand/etwas hindert eine Person/Sache an etwas** (*Dativ*) jemand/etwas bewirkt, dass eine Person etwas nicht tut oder nicht tun kann oder dass etwas nicht geschieht *„Der Gipsverband hindert sie am Schwimmen"*

das **Hin·der·nis** (*-ses, -se*) **1** etwas, das einen Weg versperrt und das Weiterkommen schwer oder unmöglich macht ⟨*ein Hindernis aufbauen, errichten, umgehen, überwinden/nehmen, überspringen*⟩ *„Ohne die Fähre wäre der Fluss für uns ein unüberwindliches Hindernis gewesen"* **K** Hindernislauf, Hindernisrennen **2 ein Hindernis (für jemanden/etwas)** etwas, das es schwierig macht, etwas zu tun ⟨*ein Hindernis beseitigen/aus dem Weg räumen/überwinden; jemandem Hindernisse in den Weg legen*⟩ *„Das Inserat lautete: „Reparaturen Tag und Nacht, Entfernung kein Hindernis"*

hin·durch ADVERB **1 durch etwas hindurch** verwendet, um die räumliche Präposition *durch* zu verstärken *„Ich höre die Musik durch die Wand hindurch"* **2** *räumliche Angabe* + **hindurch** verwendet, um eine Strecke, eine Distanz o. Ä. zu bezeichnen *„Die ganze Stadt hindurch hielt der Bus nur ein einziges Mal"* **3** *Zeitangabe* + **hindurch** verwendet, um einen Zeitraum zu bezeichnen, von dessen Anfang bis zu dessen Ende etwas dauert oder getan wird ≈ während *„Sie wachte die ganze Nacht hindurch an seinem Bett"*

hi·nein *ADVERB* **1** bezeichnet die Richtung von draußen nach (irgendwo) drinnen, häufig weg vom Sprecher oder Erzähler *„Hinein (ins Bett) mit dir!"* ⓘ *Hinein* wird in der gesprochenen Sprache zu *rein* abgekürzt; vergleiche auch **herein**. **2** **bis in etwas** (*Akkusativ*) **hinein** verwendet, um die Präposition *in* zu verstärken *„Das Fest dauerte bis in die späte Nacht hinein"*

hing *Präteritum, 1. und 3. Person Singular* → hängen[1]

hin·ken (*hinkte, hat gehinkt*) **jemand hinkt** jemand geht mit ungleichmäßigen Schritten, wenn sich ein Bein nicht so leicht bewegen lässt wie das andere

hin·le·gen (*hat*) **1** **etwas (irgendwo) hinlegen** *gesprochen* etwas an einen Ort legen *„Ich habe den Geldbeutel da hingelegt"* **2** **sich hinlegen** sich auf ein Bett o. Ä. legen, um zu ruhen/schlafen

hin·ma·chen (*hat*); *gesprochen* **1** **irgendwo hinmachen** Kot oder Urin an einem Ort ausscheiden, der nicht dafür vorgesehen ist *„Die Katze hat hier irgendwo im Wohnzimmer hingemacht"* **2** **etwas hinmachen** etwas irgendwo befestigen *„Wo wollen wir das Regal hinmachen?"* **3** **etwas hinmachen** ≈ kaputt machen, kaputtmachen

hin·neh·men (*hat*) **1** **etwas hinnehmen** sich gegen etwas nicht wehren ‹*etwas schweigend, wortlos, geduldig hinnehmen*› *„Seine Beleidigungen nehme ich nicht länger hin!"* **2** **etwas als etwas hinnehmen** akzeptieren, dass etwas so ist, wie es ist, und es nicht verändern wollen ‹*etwas als gegeben, selbstverständlich, unvermeidlich hinnehmen; etwas als Tatsache hinnehmen*› ⓘ weitere Verwendungen → **hin-**

hin·rich·ten (*hat*) **jemanden hinrichten** eine Person töten, nachdem sie von einem Gericht wegen eines Verbrechens zum Tode verurteilt wurde • *hierzu* **Hin·rich·tung** *die*

hin·set·zen (*hat*) **1** **jemanden (irgendwohin) hinsetzen** jemanden oder sich selbst auf einen Platz setzen *„Setz dich dort aufs Sofa hin!"* | *„Jetzt setzt euch doch endlich mal hin!"* **2** **sich hinsetzen und lernen/lesen/rechnen/schreiben** beginnen, eine geistige Arbeit konzentriert zu tun *„Wenn du nicht durchfallen willst, musst dich jetzt endlich mal hinsetzen und lernen"*

die **Hin·sicht** (*-, -en*) **1** **in ... Hinsicht** unter einem Aspekt, unter dem etwas betrachtet wird ‹*in dieser, gewisser, mancher, vieler, jeder Hinsicht; in künstlerischer, wirtschaftlicher, wissenschaftlicher Hinsicht*› *„In finanzieller Hinsicht geht es ihm gut"* **2** **in Hinsicht auf etwas** (*Akkusativ*) verwendet, um sich auf das Genannte zu beziehen *„Gibt es in Hinsicht auf den Vertrag noch irgendwelche Fragen?"*

hin·sicht·lich *PRÄPOSITION mit Genitiv; geschrieben* verwendet, um sich auf das Genannte zu beziehen *„Hinsichtlich der Qualität unserer Produkte gibt es keine Klagen"* ⓘ → Extras, S. 717: **Präpositionen**

hin·ten *ADVERB* **1** an einem Ort, der relativ weit/am weitesten vom Ziel entfernt ist *„sich in der Schlange hinten anstellen"* **2** dort(hin), wo (oft aus der Blickrichtung des Sprechers) das Ende eines Gegenstandes, Raumes usw. ist *„Das Register ist hinten im Buch"* **3** auf der Seite des Körpers, an welcher der Rücken ist *„Er schaute über seine Schulter nach hinten"*

hin·ter *PRÄPOSITION* **1** *mit Dativ* auf der Seite, die weiter entfernt oder hinten ist *„im Auto hinter dem Fahrer sitzen"* | *„ein Garten hinter dem Haus"* ⓘ → Extras, S. 717: **Präpositionen** **2** *mit Akkusativ* in Richtung auf die Seite, die weiter entfernt oder hinten ist *„sich hinter das Lenkrad setzen"* ⓘ → Extras, S. 717: **Präpositionen** **3** *mit Dativ* in einer Reihenfolge oder Hierarchie nach jemandem/etwas *„Er steht hinter mir auf der Liste"* **4** *mit Dativ* drückt aus, dass eine Zeit vorbei oder eine Handlung abgeschlossen ist

H

„Ich weiß, du hast eine schwere Zeit hinter dir"

hịn·te·r- ADJEKTIV da, wo hinten ist ⟨*das Ende, die Seite, der Teil*⟩ ↔ vorder- *„sich in die hinterste Reihe setzen"* | *„die Lösungen im hinteren Teil des Buches"* **K** Hinterausgang, Hinterrad, Hinterseite

hin·ter·ei·nạn·der ADVERB **1** eine Person/Sache hinter die andere oder hinter der anderen ⟨*sich hintereinander aufstellen; hintereinander herfahren, hergehen, herlaufen*⟩ **2** in einer ununterbrochenen Reihenfolge ≈ nacheinander *„Es regnet nun schon an fünf Wochenenden hintereinander"*

der **Hịn·ter·grund** **1** der Bereich des Blickfelds oder eines Bildes, der relativ weit entfernt ist, hinter den Personen und Dingen, die man betrachtet *„Das Foto zeigt im Vordergrund eine Stadt und im Hintergrund die Berge"* **2** die Dinge, die man nicht richtig bemerkt, weil die Aufmerksamkeit auf andere Dinge gerichtet ist *„Bei der Aufnahme des Interviews hört man im Hintergrund ein Stimmengewirr"* **K** Hintergrundgeräusche

hịn·ter·her ADVERB, **hin·ter·he̱r** **1** später als das zuerst genannte Ereignis oder die zuerst genannte Tätigkeit ≈ danach *„Wir wollen erst ins Kino und 'hinterher essen gehen"* **2** so, dass sich eine Person oder Sache hinter jemandem/etwas in die gleiche Richtung bewegt *„Beide sprangen ins Wasser: das Kind voraus, und der Hund hinter'her"*

hin·ter·lạs·sen (*hinterlässt, hinterließ, hat hinterlassen*) **1** **etwas hinterlassen** Spuren o. Ä. produzieren, die noch da sind, wenn man wieder fort ist oder wenn etwas vorbei ist ≈ zurücklassen *„Der Einbrecher hat überall Fingerabdrücke hinterlassen"* **2** **jemandem etwas hinterlassen** bestimmen, dass eine Person etwas bekommt, wenn man selbst tot ist ≈ vererben *„jemandem ein Haus hinterlassen"*

hin·ter·le̱·gen (*hinterlegte, hat hinterlegt*) **etwas irgendwo hinterlegen** einer Person etwas geben, damit sie es aufbewahrt *„den Schlüssel beim Hausmeister hinterlegen"*

die **Hịn·ter·list** **1** die Absicht, eine Person zu täuschen und ihr dadurch zu schaden ⓘ nicht in der Mehrzahl verwendet **2** eine Handlung, mit der man eine Person täuschen und ihr schaden will ⓘ nicht in der Mehrzahl verwendet • *zu* (1) **hịn·ter·lis·tig** ADJEKTIV

der **Hịn·tern** (-s, -); *gesprochen* der hintere Teil des Körpers, auf dem man sitzt ⟨*auf den Hintern fallen; jemanden/jemandem in den Hintern treten, kneifen*⟩ ≈ Gesäß

hi·nü̱·ber ADVERB bezeichnet die Richtung von irgendwo nach einer anderen, gegenüberliegenden Seite hin, oft weg vom Sprecher oder Erzähler ⓘ *Hinüber* wird in der gesprochenen Sprache zu *rüber* abgekürzt; vergleiche **herüber**

hi·nụn·ter ADVERB bezeichnet die Richtung von oben nach (irgendwo) unten, häufig weg vom Sprecher oder Erzähler *„Wir sahen vom Turm hinunter zu ihr"* | *„Zur Talstation hinunter wandert man zwei Stunden"* ⓘ *Hinunter* wird in der gesprochenen Sprache zu *runter* abgekürzt; vergleiche auch **herunter**.

hin·wẹg ADVERB **1** **über jemanden/etwas hinweg** verwendet, um zu sagen, dass sich etwas über ein Hindernis o. Ä. bewegt *„Der Ball flog über das Tor hinweg ins Aus"* **2** **über etwas** (*Akkusativ*) **hinweg** für die Dauer des genannten Zeitraums *„Sie hatten sich über Jahre hinweg nicht gesehen"* **3** **über etwas** (*Akkusativ*) **hinweg sein** *gesprochen* etwas überwunden haben

der **Hịn·weg** der Weg, die Reise (von zu Hause o. Ä. weg) zu einem Ziel hin ↔ Rückweg

der **Hịn·weis** (-*es*, -*e*) **1** **ein Hinweis (auf etwas** (*Akkusativ*)**)** eine Äußerung, die eine Person auf etwas aufmerksam machen soll ⟨*ein deutlicher, freundli-*

cher, bibliografischer Hinweis; jemandem einen Hinweis geben; einen Hinweis beachten; einem Hinweis folgen〉 *„Die Polizei erhielt anonyme Hinweise auf den Täter, die zu seiner Verhaftung führten"* **K** Hinweistafel **2** **ein Hinweis für/auf etwas** (*Akkusativ*) eine Tatsache, aus der man logische Schlüsse ziehen kann 〈*ein Hinweis liegt vor, existiert*〉 *„Wir haben keinen Hinweis dafür/darauf, dass diese Krankheit ansteckend sein könnte"* **3** **ein Hinweis für/zu etwas** eine Erklärung, Erläuterung, die bei einer Tätigkeit helfen soll ≈ Rat *„Hinweise für die/zur Bedienung eines elektrischen Geräts"*

hin·wei·sen (*hat*) **1** **(jemanden) auf etwas** (*Akkusativ*) **hinweisen** (jemanden) auf eine Tatsache aufmerksam machen *„Ich möchte (Sie) darauf hinweisen, dass das Rauchen hier verboten ist"* **2** **etwas weist auf etwas** (*Akkusativ*) **hin** etwas erweckt einen Eindruck oder macht eine Schlussfolgerung möglich *„Die Schäden am Auto weisen eindeutig auf überhöhte Geschwindigkeit hin"* **3** **ein Schild weist auf etwas hin** ein Schild zeigt in die Richtung, wo etwas ist

hin·zie·hen **1** **irgendwohin hinziehen** (*ist*) sich als Gruppe zu einem Ziel bewegen, vom Sprecher, Erzähler o. Ä. weg *„Wo ziehen die Kraniche im Winter hin?"* **2** **irgendwohin hinziehen** (*ist*) an einen anderen Ort gehen, um dort zu leben **3** **etwas zieht sich hin** (*hat*) etwas dauert unangenehm oder unnötig lange oder geschieht später als erwartet *„Die Sitzung zog sich bis zum Abend hin"*

hin·zu·fü·gen (*hat*) **1** **(einer Sache** (*Dativ*)**) etwas hinzufügen** etwas als Zusatz, Ergänzung in/zu etwas geben *„einer Geschichte eine Fortsetzung hinzufügen"* **2** **einer Sache** (*Dativ*)**) etwas hinzufügen** etwas noch zusätzlich sagen *„Er hatte seiner Rede nichts mehr hinzuzufügen"*

hin·zu·kom·men (*ist*) **1** **jemand kommt hinzu** jemand kommt dorthin, wo schon andere Leute sind *„Sie kamen gerade hinzu, als der Unfall passierte"* **2** **jemand kommt (zu einer Person) hinzu** jemand kommt zu einer anderen Person und tut das, was diese auch tut *„Zuerst waren wir zu dritt, aber dann kamen (zu unserer Gruppe) noch Peter und Susi hinzu"* **3** **etwas kommt (zu etwas) hinzu** etwas wird zu etwas dazugegeben *„Zu den zwei Eigelb kommen drei Esslöffel Zucker hinzu"*

das **Hirn** (-(e)s, -e) das Gehirn (als Organ)

der **Hir·te** (-n, -n) eine Person, die eine Herde von Tieren (auf der Weide) bewacht **K** Hirtenhund ⓘ *der Hirte; den, dem, des Hirten* • *hierzu* **Hir·tin** *die*

his·to·risch ADJEKTIV **1** in Bezug auf die Geschichte der Menschheit, eines Landes o. Ä. 〈*eine Entwicklung, Studien*〉 *„Die Schlacht ist historisch belegt"* Es gibt Beweise dafür, dass sie wirklich stattgefunden **2** für die Kultur oder die Politik sehr wichtig *„Der Bau der Berliner Mauer am 13. August 1961 war ein historisches Ereignis"*

der **Hit** (-(s), -s); *gesprochen* **1** ein Lied, das sehr populär und erfolgreich ist 〈*einen Hit komponieren, schreiben*〉 *„Der Schlager wurde ein Hit/zu einem Hit"* **K** Hitliste **2** ein Produkt, das sehr viele Leute kaufen *„Hausröcke sind der Hit der Saison"* **K** Verkaufshit

die **Hit·ze** (-) **1** eine hohe Temperatur, eine große Wärme 〈*etwas bei mäßiger, mittlerer, starker Hitze kochen, braten, backen*〉 *„Der Ofen strahlt große Hitze aus"* **2** ein Wetter mit hohen Temperaturen, die meist als unangenehm empfunden werden 〈*es herrscht (eine) brütende, drückende, glühende, große, lastende, schwüle, sengende, tropische Hitze*〉 *„Die Luft flimmert vor Hitze"* **K** Mittagshitze, Sommerhitze

hit·ze·frei ADJEKTIV **hitzefrei bekommen/kriegen, haben** nicht in die Schule gehen müssen, weil es draußen sehr heiß ist

die **H-Milch** ['ha:-] eine Milch, die speziell behandelt wird, damit sie lange hält

hob *Präteritum, 1. und 3. Person Sin-*

H

gular → heben

das **Hob·by** ['hɔbi]; (-s, -s) etwas, das man (regelmäßig) in der Freizeit zum Vergnügen tut ⟨*ein Hobby haben; etwas als Hobby betreiben*⟩ *„Ihre Hobbys sind Reiten und Skifahren"*

der **Ho·bel** (-s, -) **1** ein Werkzeug mit einer scharfen Klinge, die dünne Stücke (Späne) von Gegenständen aus Holz wegnimmt und so die Oberfläche glatt macht **2** ein Küchengerät mit einer scharfen Klinge, mit dem man z. B. Gemüse in dünne Scheiben schneiden kann [K] Gurkenhobel

ho·beln (*hobelte, hat gehobelt*) **1** **(etwas) hobeln** Holz mit einem Hobel glatt machen ⟨*Balken, Bretter hobeln*⟩ **2** **etwas hobeln** Gemüse mit einem Hobel in dünne Scheiben schneiden ⟨*eine Gurke, Kraut hobeln*⟩

hoch ADJEKTIV (*höher, höchst-*) RÄUMLICH: **1** bezeichnet die Größe nach oben ↔ niedrig, flach *„ein hoher Berg"* | *„Der Schrank ist so hoch, dass er nicht durch die Tür geht"* [K] Hochhaus ⓘ *Das Haus ist hoch*; aber: *das hohe Haus*; Menschen und Tiere sind *groß*, nicht *hoch* . **2** verwendet, um die Länge einer Strecke nach oben zu nennen *„ein zweitausend Meter hoher Berg"* **3** in relativ großer Entfernung über dem Boden, dem Meeresspiegel o. Ä. ↔ niedrig, tief *„Mittags steht die Sonne hoch am Himmel"* [K] Hochland, Hochnebel MENGE, INTENSITÄT: **4** **hoch** +*Substantiv* in der Menge, im Ausmaß, in der Intensität o. Ä. den Durchschnitt übertreffend *„Der Patient hat hohes Fieber/hohen Blutdruck"* | *„Die Mieten und Preise sind zu hoch"* **5** **hoch** +*Verb/Partizip* das normale, übliche Maß übertreffend ≈ sehr *„Hoch geehrtes/geschätztes Publikum!"* | *„eine hoch komplizierte Angelegenheit"* | *„hoch konzentriert zuhören"* ⓘ Viele dieser Adjektive können auch mit *hoch* zuammengeschrieben werden: *hochbegabt, hochkompliziert* usw.; vergleiche **hoch-**. NIVEAU, STADIUM: **6** auf einem guten Niveau ⟨*Ansprüche, Ideale, ein Lebensstandard, Ziele*⟩ **7** in einer Hierarchie relativ weit oben ⟨*ein Gast, ein Offizier, ein Rang*⟩ **8** zeitlich weit fortgeschritten, relativ spät *„im hohen Alter"* AKUSTISCH: **9** Stimmen von kleinen Kindern und Töne wie das Pfeifen von Geräten sind hoch ⟨*eine Stimme, ein Ton*⟩ ≈ hell ↔ dunkel, tief [ID] **etwas ist jemandem/für jemanden zu hoch** *gesprochen* jemand versteht etwas nicht

das **Hoch** (-s, -s) Kurzwort für *Hochdruckgebiet* ⟨*ein ausgedehntes, kräftiges, stabiles Hoch*⟩ ↔ Tief *„Das Hoch verdrängt die Wolken"*

hoch- *im Adjektiv, betont, sehr produktiv* **hochaktuell, hocherfreut, hochgebildet, hochgiftig, hochintelligent, hochinteressant, hochkonzentriert, hochmodern, hochschwanger** *und andere* verwendet, um Adjektive zu verstärken ≈ sehr (stark) *„ein hochempfindliches Messgerät"* | *„ein hochwirksames Mittel"* ⓘ Die hier genannten Adjektive müssen immer, die unter *hoch* genannten Adjektive können auch mit *hoch* zusammengeschrieben werden.

das **Hoch·haus** ein sehr hohes Haus mit vielen Etagen und Wohnungen

die **Hoch·schu·le** eine Institution, an der man als Erwachsener wissenschaftliche Fächer studieren kann [K] Hochschulabschluss, Hochschulbildung, Hochschulstudium

die **Hoch·span·nung** eine hohe elektrische Spannung [K] Hochspannungsleitung

höchst ADVERB verwendet vor Adjektiven, um ein Maximum der genannten Eigenschaft auszudrücken ⟨*höchst erfreut, gefährlich, interessant, leichtsinnig, naiv, ungenau, unwahrscheinlich, zufrieden*⟩

höchs·tens ADVERB **1** **höchstens** +*Zahl* auf keinen Fall mehr, wahrscheinlich aber weniger (als die Zahl angibt) ≈ maximal *„Das Auto darf höchstens 10.000 Euro kosten"* **2** drückt aus, dass nur das Genannte überhaupt in

Frage kommt (und dass auch das nicht wahrscheinlich ist) *„Höchstens ein Wunder könnte ihn jetzt noch retten"* wahrscheinlich kann er nicht mehr gerettet werden

das **Hoch·was·ser** **1** die Situation, wenn vor allem ein Fluss so viel Wasser hat, dass es zu einer Überschwemmung kommen kann *„Der Fluss hat Hochwasser"* **2** der Vorgang, bei dem große Mengen Wasser aus einem Fluss oder See oder wegen starken Regens über eine Fläche fließen und meist Schaden anrichten ≈ Überschwemmung **K** Hochwassergefahr, Hochwasserschutz **i** nicht in der Mehrzahl verwendet

die **Hoch·zeit** (-, *-en*) die Zeremonie, bei der ein Mann und eine Frau auf dem Standesamt oder in der Kirche erklären, dass sie heiraten wollen ⟨*die kirchliche, standesamtliche Hochzeit*⟩ **K** Hochzeitsfoto, Hochzeitsgeschenk, Hochzeitskleid, Hochzeitsreise

die **Ho·cke** (-) die Körperhaltung, in der man hockt ⟨*in die Hocke gehen*⟩

ho·cken (*hockte, hat/ist gehockt*) **1** **(irgendwo) hocken** (*hat/süddeutsch* Ⓐ Ⓒⓗ *ist*) *die Knie so beugen, dass man auf den Unterschenkeln sitzt „Sie hockte auf dem Boden und pflückte Erdbeeren"* **2** **irgendwo hocken** (*ist*) ≈ sitzen *„auf dem Sofa vor dem Fernseher hocken"* **3** **sich irgendwohin hocken** (*hat*) sich in hockender Stellung an einen Platz setzen *„Er hockte sich vor die Katze und kraulte sie"*

der **Ho·cker** (-s, -) ein Stuhl ohne Lehne (oft mit drei Beinen) *„auf einem Hocker am Klavier sitzen"* **K** Barhocker

der **Ho·den** (-s, -) der Teil der Geschlechtsorgane bei Männern, in dem die Samen produziert werden **i** → Abb. unter **Körper**

der **Hof** (-(e)s, *Hö·fe*) **1** eine Fläche hinter einem Haus oder zwischen Häusern, die von Mauern o. Ä. umgeben ist (und die von den Hausbewohnern zu verschiedenen Zwecken benutzt wird) ⟨*auf dem/im Hof spielen; Fahrräder im Hof abstellen*⟩ **K** Hinterhof, Schulhof **2** das Haus eines Bauern mit Scheune, Ställen, Garten, Feldern usw. *„Nur noch wenige Höfe im Dorf werden bewirtschaftet"* **K** Hofhund; Bauernhof **3** der Ort und die Häuser, in denen ein König, Fürst o. Ä. lebt und von wo aus er ein Gebiet regiert ⟨*der königliche, kaiserliche Hof; am Hof leben*⟩ **K** Hofdame

hof·fen (*hoffte, hat gehofft*) **etwas hoffen** den Wunsch haben, dass etwas geschehen wird, und gleichzeitig glauben, dass es geschehen kann *„Ich hoffe, dass es morgen schönes Wetter gibt"* | *„Hoffen wir das Beste!"*

hof·fent·lich ADVERB so, dass man etwas sehr stark wünscht *„Hoffentlich hatte er keinen Unfall!"* | *„Du hast doch hoffentlich nicht vor, diesen Mann zu heiraten?"*

die **Hoff·nung** (-, *-en*) **eine Hoffnung (auf etwas** (*Akkusativ*)**)** der starke Wunsch oder Glaube, dass etwas geschehen wird ⟨*eine begründete, berechtigte, falsche, schwache Hoffnung; jemandem/sich selbst Hoffnung(en) machen; (keine, wenig) Hoffnung haben; die Hoffnung aufgeben, verlieren*⟩ *„Es gibt kaum noch Hoffnung, dass er wieder gesund wird"*

hoff·nungs·los ADJEKTIV **1** so, dass es keine Aussicht auf Besserung oder Erfolg gibt ⟨*ein Fall, eine Lage*⟩ **2** in sehr hohem, negativem Maße ⟨*hoffnungslos überfordert, überfüllt, überlastet, unterlegen sein*⟩ *„Wir hatten uns hoffnungslos verirrt"*

höf·lich ADJEKTIV **höflich (zu jemandem)** mit einem Verhalten, das auf die Gefühle und die Ehre anderer Menschen Rücksicht nimmt und den sozialen Normen entspricht ⟨*eine Antwort, ein Benehmen, ein Gruß; (jemanden) höflich um etwas bitten; jemanden höflich grüßen; sich höflich bedanken*⟩ *„Er war so höflich, mir die Tür aufzuhalten"*

die **Höf·lich·keit** (-, *-en*) **1** **Höflichkeit (jemandem gegenüber)** ein höfliches Benehmen **i** nicht in der Mehrzahl verwendet **2** höfliche, aber meist unwichtige Worte ⟨*Höflichkeiten austauschen*⟩

ho·h- → hoch

die **Hö·he** [ˈhøːə]; (-, -n) **1** die Größe einer Sache nach oben ↔ Tiefe *„Dieser Berg hat eine Höhe von 3000 Metern"* **K** Höhenangabe, Höhenunterschied **2** die Entfernung nach oben, die etwas von der Erdoberfläche oder vom Meeresspiegel hat ⟨*etwas fliegt, liegt in großer Höhe*⟩ *„etwas aus großer Höhe fallen lassen"* | *„Der Ort liegt in sechshundert Metern Höhe (über dem Meeresspiegel)"* **K** Höhenunterschied; Flughöhe, Meereshöhe **3** eine (mathematische) Größe, die sich messen oder berechnen und in Zahlen ausdrücken lässt ⟨*die Höhe eines Betrags, eines Lohnes, einer Steuer, des Drucks, der Temperatur*⟩ **K** Schadenshöhe **4** die Frequenz, die ein Geräusch hat ⟨*die Höhe eines Tons*⟩ *„beim Singen nicht die richtige Höhe treffen"* **K** Tonhöhe **ID** **Das ist (ja) die Höhe!** verwendet, um Empörung auszudrücken

der **Hö·he·punkt** **der Höhepunkt** *+Genitiv*/**der Höhepunkt in etwas** (*Dativ*) der wichtigste (und schönste) Teil einer Entwicklung oder eines Vorgangs ⟨*etwas erreicht einen Höhepunkt*⟩ *„Die Wahl zum Präsidenten stellte den Höhepunkt (in) seiner politischen Laufbahn dar"*

hö·her [ˈhøːɐ] *Komparativ* → hoch

hohl ADJEKTIV innen leer, ohne Inhalt ⟨*ein Baum, ein Zahn*⟩ *„Die Mauer klingt an dieser Stelle hohl"* **K** Hohlkörper, Hohlraum

die **Höh·le** (-, -n) ein Raum unter der Erde oder in einem Berg, Felsen usw. ⟨*eine (unterirdische) Höhle entdecken, erforschen*⟩ *„Die Steinzeitmenschen lebten in Höhlen"* **K** Bärenhöhle, Erdhöhle

der **Hohn** (-(e)s) böser Spott, der mit Verachtung gemischt ist

ho·len (*holte, hat geholt*) **1** **jemanden/etwas holen** dorthin gehen, wo eine Person oder Sache ist, und sie mit sich zurückbringen *„Kartoffeln aus dem Keller holen"* **2** **etwas aus etwas holen** etwas aus einem Behälter nehmen *„den Schlüssel aus der Tasche holen"* **3** **jemanden holen** eine Person (durch einen Anruf) veranlassen zu kommen, damit sie das tut, was ihre Aufgabe, ihr Beruf ist ⟨*den Arzt, den Installateur, die Polizei holen*⟩ ≈ rufen **4** **Atem/Luft holen** viel Luft in die Lunge bringen (meist nach einer Anstrengung), kräftig einatmen

die **Höl·le** (-) **1** der Ort, von dem man (in manchen Religionen) glaubt, dass dort nach dem Tod die Seelen der Menschen für ihre Sünden bestraft werden ⟨*in die Hölle kommen*⟩ ↔ Himmel **K** Höllenfeuer, Höllenqualen **2** ein Ort oder ein Zustand, in dem man sehr viel leidet ⟨*etwas ist für jemanden die Hölle*⟩ **ID** **Hier ist die Hölle los** *gesprochen* Hier ist großer Lärm und ein (hektisches) Durcheinander

höl·lisch ADJEKTIV; *gesprochen* in negativer Weise über das normale Maß hinausgehend *„Die Wunde tut höllisch weh"*

holp·rig ADJEKTIV voller Löcher und Unebenheiten ≈ uneben *„auf einem holprigen Pflaster fahren"*

das **Holz** (-es, *Höl·zer*) **1** das Material, aus dem Äste und Stämme von Bäumen bestehen und aus dem man z. B. Möbel und Papier macht ⟨*hartes, weiches, dürres, trockenes Holz; Holz hacken, sägen, spalten, stapeln; (etwas aus) Holz schnitzen*⟩ *„ein Schrank aus massivem Holz"* | *„Holz für ein Lagerfeuer sammeln"* **K** Holzbank, Holzbrett, Holzhaus, Holzschuhe; Brennholz **i** nicht in der Mehrzahl verwendet **2** eine spezielle Sorte Holz *„Mahagoni und Teak sind edle Hölzer"* **K** Edelhölzer

das **Home·of·fice**, **Home-Of·fice** [ˈhoʊm|ɔfɪs]; (-, -s) **1** das Arbeiten von Zuhause aus ⟨*im Homeoffice sein*⟩ **2** das Büro im eigenen Zuhause ⟨*Möbel für das Homeoffice*⟩

die **Home·page** [ˈhoʊmpeɪtʃ]; (-, -s [-peɪdʒɪz]) eine Information im Internet, mit der sich vor allem eine Firma, eine Organisation selbst beschreibt bzw. die erste Seite dieser Information

das **Home·schoo·ling**, **Home-Schoo·ling** [ˈhoʊmɔskuːlɪŋ]; (-(s)) beim Homeschooling findet der Unterricht nicht in der Schule, sondern zu Hause statt

„Aufgrund der Schulschließungen während der Pandemie musste der Unterricht auf Homeschooling umgestellt werden"

ho·mo·se·xu·ẹll ADJEKTIV mit sexueller Neigung zu Menschen des gleichen Geschlechts ⟨*eine Beziehung, Neigungen*⟩ ↔ heterosexuell ⓘ Man bezeichnet vor allem Männer als *homosexuell*, Frauen meist als *lesbisch*. • *hierzu* **Ho·mo·se·xu·a·li·tät** *die*

der **Ho·nig** (-s) Bienen produzieren süßen Honig ⟨*Milch, Tee, ein Brot mit Honig*⟩ K Honigglas; Bienenhonig, Blütenhonig ⓘ → Abb. unter **Frühstück**

họpp! *gesprochen* 1 **Hopp, hopp!** sehr schnell (und mit wenig Sorgfalt) *„Fürs Kochen nimmt er sich nicht viel Zeit, das geht bei ihm immer hopp, hopp!"* 2 **Hopp (, hopp)!** verwendet, um einer Person zu sagen, dass sie sich beeilen soll

hor·chen (*horchte, hat gehorcht*) 1 heimlich bei etwas zuhören ⟨*an der Tür, an der Wand horchen*⟩ 2 sehr aufmerksam (angestrengt) auf Geräusche achten *„Horch, kommt da nicht jemand die Treppe herauf?"*

hö·ren (*hörte, hat gehört*) 1 **(jemanden/etwas) hören** Laute oder Geräusche mit den Ohren wahrnehmen ⟨*ein Geräusch, einen Knall, einen Schrei, einen Ton hören; gut, schlecht, schwer hören*⟩ *„Hast du ihn schon singen gehört?"* K Hörtest, hörbehindert 2 **etwas hören** Geräusche bewusst und aufmerksam verfolgen ⟨*Musik, ein Konzert, Radio, eine CD hören*⟩ ≈ anhören 3 **etwas (über jemanden/etwas) hören** etwas über jemanden/etwas erfahren bzw. herausfinden, dass etwas geschehen ist *„Ich habe schon von den Nachbarn gehört, dass du umziehen willst"* 4 **jemanden (zu etwas) hören** *admin* eine Person veranlassen oder ihr erlauben, zu einem Thema etwas zu sagen ⟨*den Angeklagten, einen Sachverständigen, einen Zeugen hören*⟩ 5 **auf jemanden/etwas hören** dem Rat einer Person folgen ⟨*auf die Eltern, auf einen Freund, auf einen Rat hören*⟩ 6 **von jemandem/etwas hören** Informationen über jemanden/etwas bekommen *„Ich habe schon von seiner abenteuerlichen Reise gehört"* 7 **von jemandem hören** nach längerer Zeit (wieder) einen Brief, Anruf o. Ä. von jemandem bekommen ID **(et)was/nichts von sich** (*Dativ*) **hören lassen** zu einer Person (keinen) Kontakt haben *„Tschüs! Und lass mal wieder was von dir hören!"*; **Na, hör mal/Na, hören Sie mal!** verwendet, um zu protestieren

der **Hö·rer** (-s, -) 1 eine Person, die Musik o. Ä. im Radio hört K Hörerwunsch 2 der Teil des Telefons, den man gegen das Ohr hält und in den man hineinspricht ⟨*den Hörer abnehmen, auflegen*⟩ K Telefonhörer • *zu* (1) **Hö·re·rin** *die*

das **Hör·ge·rät** ein Gerät für Schwerhörige, das ihnen hilft, besser zu hören

der **Ho·ri·zọnt**, **Ho·ri·zont**; (-(e)s, -e) 1 die Linie in der Ferne, an der sich Himmel und Erde/Meer zu berühren scheinen *„Die Sonne versinkt am Horizont"* ⓘ nicht in der Mehrzahl verwendet 2 der Bereich, den ein Mensch mit dem Verstand beurteilen und verstehen kann ⟨*einen beschränkten, engen, großen, weiten Horizont haben*⟩ *„(Das) Reisen erweitert den Horizont"*

das **Họrn** (-(e)s, *Hörner*) 1 Hörner sind oben am Kopf von Rindern, Ziegen o. Ä. Tiere benutzen ihre Hörner meist zum Kampf ⟨*ein gerades, krummes, spitzes, stumpfes Horn; die Hörner einer Kuh, einer Ziege*⟩ *„Der Torero wurde von einem Horn des Stiers verletzt"* ⓘ Hirsche, Rentiere usw. haben keine *Hörner*, sondern ein *Geweih*; → Abb. unter **Tier** 2 ein Musikinstrument aus Blech, in das man bläst ⟨*das Horn blasen*⟩ K Hornsignal; Jagdhorn ⓘ → Abb. unter **Instrument**

das **Họrn·chen** (-s, -) ein süßes Gebäck, das wie ein Horn gebogen ist K Nusshörnchen ⓘ → Abb. unter **backen**

der **Họrt** (-(e)s, -e) eine Einrichtung, in der Kinder betreut werden, während die Eltern tagsüber arbeiten die **Ho·se** (-, -n) **1** ein Kleidungsstück, das jedes Bein separat bedeckt und von der Taille bis zu den Oberschenkeln, Knien oder den Füßen reicht ⟨*eine lange, kurze, (haut)enge, weite Hose; eine Hose waschen, bügeln, anziehen, tragen*⟩ *„Als es kühler wurde, zog er seine kurze Hose aus und schlüpfte in eine lange"* **K** Hosentasche; Jeanshose, Lederhose, Radlerhose, Sporthose **i** Die Mehrzahl wird in der gesprochenen Sprache oft auch für eine einzelne Hose verwendet: *Er hat lange Hosen an*; → Abb. unter **Bekleidung** **2** Kurzwort für *Unterhose* *„Das Kind hat in die Hose gemacht"*

das **Ho·tel** (-s, -s) **1** ein Haus, in dem man gegen Bezahlung schlafen (und essen) kann *„Das Hotel „Royal" ist während der Messe ausgebucht"* **K** Hotelbar, Hotelhalle, Hotelzimmer; Luxushotel **2** **Hotel Mama** *humorvoll* verwendet, um die Situation zu beschreiben, wenn erwachsene Kinder noch bei den Eltern wohnen und sich bedienen lassen

Hr. Abkürzung für *Herr*

hübsch *ADJEKTIV* mit einer äußeren Form, die man schön findet ⟨*eine Frau, ein Mädchen, ein Gesicht, ein Kleid; hübsch aussehen; sich hübsch machen*⟩ ≈ schön

der **Hub·schrau·ber** (-s, -) ein Flugzeug ohne Flügel (dafür mit einem Rotor auf dem Dach), das senkrecht startet und landet ≈ Helikopter

der **Huf** (-(e)s, -e) der harte, unterste Teil des Fußes z. B. eines Pferdes oder Esels **K** Pferdehuf **i** → Abb. unter **Pferd**

das **Huf·ei·sen** ein gebogenes Stück Eisen, das man am Huf eines Pferdes mit Nägeln befestigt

die **Hüf·te** (-, -n) einer der beiden seitlichen Teile (am Körper des Menschen) zwischen Oberschenkel und Taille ⟨*breite, runde, schmale Hüften haben*⟩ *„die Arme in die Hüften stemmen"* **K** Hüftgelenk **i** → Abb. unter **Körper**

der **Hü·gel** (-s, -) bei einem Hügel ist das Land nicht flach, sondern höher als die Umgebung ⟨*ein bewaldeter Hügel; einen Hügel hinaufsteigen*⟩ *„Rom wurde auf sieben Hügeln erbaut"* **K** Hügellandschaft; Ameisenhügel; Sandhügel

das **Huhn** (-(e)s, *Hüh·ner*) **1** Hühner sind Vögel, die wegen ihrer Eier und ihres Fleisches gehalten werden ⟨*Hühner picken Körner, baden im Sand, kratzen/scharren im Mist, sitzen auf der Stange; ein Huhn schlachten, rupfen, braten*⟩ **K** Hühnerei, Hühnerfleisch, Hühnerstall, Hühnersuppe; Brathuhn **i** Ein *Huhn*, das gebraten und gegessen wird, bezeichnet man meist als *Hähnchen* oder *Hühnchen*; → Abb. unter **Tier** **2** das Fleisch eines Huhns *„Reis mit Huhn"*

das **Hühn·chen** (-s, -) ein Huhn, das man (meist gebraten) isst

die **Hül·le** (-, -n) eine Hülle bedeckt einen Gegenstand, meist von allen Seiten zum Schutz vor Staub, Hitze oder Beschädigung ⟨*eine Hülle aus Plastik, Stoff; etwas in eine Hülle tun/stecken; etwas aus einer Hülle nehmen*⟩ *„die Dokumente in eine schützende Hülle stecken"* **K** Schutzhülle

die **Hum·mel** (-, -n) ein Insekt, das wie eine dicke, dicht behaarte Biene aussieht

der **Hu·mor** (-s) **1** die Fähigkeit, unangenehme Dinge heiter und gelassen zu ertragen ⟨*jemand hat viel, wenig, keinen Humor*⟩ *„Auch in den schwierigsten Situationen behält er seinen Humor"* **2** die Fähigkeit, selbst Witze zu machen und auch zu lachen, wenn man selbst das Ziel von Witzen ist ⟨*(keinen) Sinn für Humor haben*⟩ • *hierzu* **hu·mor·los** *ADJEKTIV*; **hu·mor·voll** *ADJEKTIV*

hum·peln (*humpelte, hat gehumpelt*) (wegen Schmerzen) mit einem Fuß nicht richtig auftreten können und deshalb ungleichmäßig gehen ≈ hinken

der **Hund** (-(e)s, -e) **1** ein Tier, das als Haustier gehalten wird, dem Menschen bei der Jagd hilft und das Haus bewacht ⟨*ein struppiger, reinrassiger, her-*

renloser, streunender, treuer, bissiger Hund; ein Hund bellt, knurrt, jault, winselt, hechelt, beißt; ein Hund wedelt mit dem Schwanz; einen Hund an die Leine nehmen, an die Kette legen, in einen Zwinger sperren, ausführen, (zur Jagd) abrichten〉 „Manche Hunde werden dazu ausgebildet, Blinde zu führen“ | „mit dem Hund Gassi/spazieren gehen“ **K** Hundefutter, Hundehütte, Hundeleine; Blindenhund, Hirtenhund, Jagdhund **2** **ein scharfer Hund** ein Hund, der so dressiert ist, dass er auf Befehl angreift

HUNDE

hụn·dert ZAHLWORT **1** (als Zahl) 100 **i** → Extras, S. 700: **Zahlen** und Beispiele unter **vier** **2** → Hundert[3]

die **Hụn·dert**[1] (-, -e) **1** die Zahl 100 **2** jemand/etwas mit der Nummer 100 **i** nicht in der Mehrzahl verwendet

das **Hụn·dert**[2] (-s, -) eine Menge von 100 Personen oder Dingen *〈das erste, zweite Hundert; jemand/etwas macht das Hundert voll〉*

Hụn·dert[3], **hụn·dert** ZAHLWORT *nur in dieser Form; gesprochen 〈ein paar, einige Hundert〉* ≈ Hunderte *„Das hast du jetzt schon Hundert Mal gesagt“* sehr oft

Hụn·der·te, hụn·der·te ZAHLWORT **Hunderte Personen/Dinge** (*Genitiv*); **Hunderte von Personen/Dingen** (*Dativ*) eine große unbestimmte Zahl von Personen oder Dingen *„Hunderte kleiner Kinder/von Kindern erkrankten“*

der **Hụn·der·ter** (-s, -) *gesprochen* ein Geldschein im Wert von 100 Euro, Franken o. Ä.

hụn·derts·t- ADJEKTIV in einer Reihenfolge an der Stelle hundert ≈ 100.

die **Hü̱n·din** (-, -nen) ein weiblicher Hund

der **Hụn·ger** (-s) **1** das Bedürfnis, etwas zu essen *〈großen, viel, keinen Hunger haben; Hunger bekommen, verspüren; seinen Hunger stillen〉 „Hast du noch Hunger?“ – „Nein, ich bin schon satt.“* **K** Bärenhunger **2** ein Mangel an Nahrungsmitteln, der lange dauert und dazu führt, dass man an Gewicht verliert (und schließlich stirbt) *〈Hunger leiden; an, vor Hunger sterben〉 „In vielen Teilen der Welt herrscht (großer) Hunger“* **K** Hungertod

hụn·gern (*hungerte, hat gehungert*) nur wenig oder nichts essen können, weil man nicht genug oder keine Lebensmittel hat *„Nach dem Krieg mussten viele Menschen hungern“*

hụng·rig ADJEKTIV Menschen oder Tiere in dem Zustand, dass sie etwas essen wollen *〈hungrig wie ein Bär, Löwe, Wolf (sein)〉*

die **Hu̱·pe** (-, -n) man drückt auf die Hupe, wenn man (z. B. als Autofahrer) andere Personen mit einem lauten Ton warnen will

hu̱·pen (*hupte, hat gehupt*) mit einer Hupe einen Signalton erzeugen *〈das Auto, das Taxi, der Fahrer; ärgerlich, laut, ungeduldig hupen〉 „Vor Schulen und Krankenhäusern ist das Hupen verboten“* **K** Hupverbot

hụ̈p·fen (*hüpfte, ist gehüpft*) mit einem oder beiden Füßen kleine Sprünge machen (und sich dadurch fortbewegen) *〈in die Höhe hüpfen; auf einem Bein hüpfen〉 „Die Kinder hüpften den Weg entlang“ | „Der Vogel hüpfte von Ast zu Ast“*

die **Hü̱r·de** (-, -n) PROBLEME: **1** **eine Hürde (für etwas)** etwas, das eine Person daran hindert, ihr Ziel bequem und einfach zu erreichen ⟨*bürokratische Hürden überwinden (müssen)*⟩ *„Das fehlende Abitur erwies sich als (unüberwindliche) Hürde für seine berufliche Karriere"* IM SPORT: **2** eine Konstruktion aus Holzteilen, über welche die Läufer bzw. die Pferde bei manchen sportlichen Wettkämpfen springen müssen ⟨*eine Hürde aufstellen, überspringen, überwinden, reißen*⟩ **K** Hürdenlauf

hur·ra! verwendet als Ausruf der Begeisterung oder des Beifalls

hus·ten (*hustete, hat gehustet*) Luft mehrere Male kräftig und ziemlich laut aus dem geöffneten Mund ausstoßen ⟨*heftig, krampfhaft, laut husten*⟩

der **Hus·ten** (*-s*) eine Krankheit, bei der man oft und heftig husten muss ⟨*einen starken, trockenen, chronischen Husten bekommen, haben; Husten haben*⟩ **K** Hustenbonbon, Hustensaft, Hustentee

der **Hut** (*-(e)s, Hü·te*) **1** ein Kleidungsstück mit einer stabilen Form, das man auf dem Kopf trägt ⟨*einen Hut aufsetzen, tragen, aufhaben/auf dem Kopf haben; den Hut abnehmen*⟩ **K** Strohhut, Sonnenhut **2** **ein alter Hut** etwas, das nicht mehr neu und interessant ist, sondern das schon jeder kennt

hü·ten (*hütete, hat gehütet*) **1** **ein Tier hüten** aufpassen, dass einem Tier auf der Weide nichts passiert und dass es nicht wegläuft ⟨*Gänse, Kühe, Schafe, Ziegen hüten*⟩ **K** Hütejunge **2** **das Bett hüten** das Bett nicht verlassen, weil man krank ist **3** **sich vor jemandem/etwas hüten** vorsichtig sein, um sich vor anderen Personen oder Gefahren zu schützen *„Die Mutter sagte zu Rotkäppchen: „Hüte dich vor dem bösen Wolf!"*

die **Hüt·te** (*-, -n*) **1** ein kleines, einfaches Haus, das oft nur aus einem Zimmer besteht ⟨*eine Hütte aus Holz, Lehm, Wellblech*⟩ **K** Holzhütte, Jagdhütte **2** eine Hütte in den Bergen, in der Bergsteiger, Skifahrer usw. essen, übernachten oder Schutz suchen können ⟨*die Nacht in einer Hütte verbringen*⟩ **K** Hüttenwirt; Berghütte, Skihütte

der **Hyd·rant** (*-en, -en*) Hydranten stehen an Straßen, damit die Feuerwehr daran Schläuche anschließen und Wasser holen kann ⓘ *der Hydrant; den, dem, des Hydranten*

die **Hy·gi·e·ne** [hy'gi̯e:nə]; (-) alle Maßnahmen, mit denen man Haus und Körper sauber hält und so Krankheiten verhindert ⟨*mangelnde, übertriebene Hygiene*⟩

I

das **I, i** [i:]; (*-, -/gesprochen auch -s*) der neunte Buchstabe des Alphabets

ich PRONOMEN *1. Person Singular* verwendet, um die eigene Person, also sich selbst (als Sprecher/Sprecherin oder Schreiber/Schreiberin) zu bezeichnen *„Du und ich, wir beide zusammen schaffen das schon!"* | *„Ich bin müde"* | *„Ich Arme/Armer!"*

ide·al [ide'a:l] ADJEKTIV so, dass man es sich nicht besser vorstellen kann ≈ perfekt *„Das Wetter war ideal zum Skifahren"* **K** Idealfall, Idealgewicht

das **Ide·al** [ide'a:l]; (*-s, -e*) ein hohes (moralisches) Ziel, das jemand erreichen will ⟨*ein hohes Ideal; seine Ideale verwirklichen, realisieren*⟩ *„Freiheit, Gleichheit und Brüderlichkeit waren die Ideale der Französischen Revolution"*

die **Idee** (*-, -n* [i'de:(ə)n]) ein meist spontaner Gedanke, wie man ein Problem lösen könnte, was man tun könnte o. Ä. ⟨*eine gute Idee; eine Idee haben*⟩ ≈ Einfall *„Die Situation schien ausweglos, aber plötzlich hatte ich eine Idee"*

iden·ti·fi·zie·ren (*identifizierte, hat identifiziert*) **eine Person/etwas (als jemanden/etwas) identifizieren** eine erson oder etwas meist an einigen lerkmalen wiedererkennen *„Der Zeuge ɔnnte den Täter identifizieren"* • *hierzu* **den·ti·fi·ka·ti·on** *die*; **Iden·ti·fi·ie·rung** *die*

dẹn·tisch *ADJEKTIV; geschrieben* **1** ohe irgendeinen Unterschied ≈ gleich *„Die ussagen der beiden Zeugen waren dentisch"* **2** **eine Person/Sache ist mit emandem/etwas identisch**; **Personen/inge sind identisch** es handelt sich icht um zwei verschiedene Personen/inge, sondern nur um eine

den·ti·tät (-, *-en*); *geschrieben* **1** **jeandes Identität** Name, Geburtsdaum, Adresse usw. einer Person als eweis dafür, wer man ist ⟨*seine Identät beweisen, nachweisen, belegen; jeandes Identität feststellen, überprüen*⟩ *„Die Polizei stellte die Identität des erhafteten fest"* **2** die vollständige leichheit *„die Identität von zwei Dokuenten"* **3** die innere Einheit, dasWeen von jemandem/etwas *„die österreihische Identität"*

deo·lo·gie (-, *-n* [-'giːən]) eine (umangreiche) politische Theorie als rundlage einer Staatsform ⟨*die westlihe, östliche, kommunistische Ideologie*⟩ *hierzu* **ideo·lo·gisch** *ADJEKTIV*

di·ot (*-en, -en*) verwendet als chimpfwort für eine Person, die man ür ganz dumm, ungeschickt o. Ä. hält ≈ Dummkopf ❶ *der Idiot; den, dem, des dioten* • *hierzu* **idi·o·tisch** *ADJEKTIV*

gel (*-s, -*) ein kleines Tier mit vielen tacheln auf dem Rücken ❶ → Abb. ınter **Tier**

hm *PRONOMEN 3. Person Singular* (*er ınd es*), *Dativ „Wir geben ihm das Buch norgen zurück"* | *„Das Handy ist ins Vasser gefallen, aber es hat ihm nicht jeschadet"* ❶ → Extras, S. 715: **Pronomen**

hn *PRONOMEN 3. Person Singular* (*er*), *Akkusativ „Wir werden ihn morgen trefen"* ❶ → Extras, S. 715: **Pronomen**

h·nen *PRONOMEN 3. Person Mehrzahl sie*), *Dativ „Meine Eltern sind nicht zu Hause. Ich telefoniere dann später mit ihnen"* ❶ → Extras, S. 715: **Pronomen**

Ih·nen *PRONOMEN Höflichkeitsform der 2. Person Singular und Mehrzahl* (*Sie*), *Dativ „Darf ich Ihnen noch ein Stück Kuchen anbieten?"* ❶ → Extras, S. 715: **Pronomen**

ihr [iːɐ̯] *ARTIKEL* **1** *zur 3. Person Singular* (*sie*) *ihr* verwendet man in einer Situation, in welcher man von einer Person (oder Sache) mit *sie* reden würde. Man bezeichnet damit Dinge, Zustände, Vorgänge, Handlungen oder Personen, welche mit dieser Person (oder Sache) in Zusammenhang sind *„Petra und ihre Mutter"* **2** *zur 3. Person Mehrzahl* (*sie*) *ihr* verwendet man in einer Situation, in welcher man von mehreren Personen (oder Dingen) mit *sie* reden würde. Man bezeichnet damit Dinge, Zustände, Vorgänge, Handlungen oder Personen, welche mit diesen Personen (oder Dingen) in Zusammenhang sind *„Familie Meier mit ihren Kindern"*
PRONOMEN **3** *2. Person Mehrzahl* (*sie*) verwendet, um eine Gruppe von Personen anzureden, von denen man (fast) alle mit *du* anredet *„Kommt ihr mit zum Baden?"* | *„Was macht ihr heute?"* ❶ → Extras, S. 715: **Pronomen** und S. 671: **Anrede** **4** *3. Person Singular* (*sie*), *Dativ „Meine Mutter ist nicht hier. Kann ich ihr etwas ausrichten?"* ❶ → Extras, S. 715: **Pronomen** **5** *3. Person Singular und Mehrzahl* (*sie*) verwendet, um sich auf eine (oft bereits erwähnte) Sache oder Person zu beziehen, die zu der Person oder den Personen gehört, über die man mit *sie* spricht *„Unsere Kinder spielen oft mit* (*den*) *ihren"* mit den Kindern von Sabine/ von Familie Schmitt

Ihr *ARTIKEL* **1** *zur höflichen Anrede mit Sie Ihr* verwendet man in einer Situation, in welcher man eine Person oder mehrere Personen mit *Sie* anspricht. Man bezeichnet damit Dinge, Zustände, Vorgänge, Handlungen oder Personen, welche mit der angesprochenen Person bzw. den angesprochenen Personen in

Zusammenhang sind *„Sind das Ihre Schlüssel, Frau Kunze?"*
PRONOMEN **2** *2. Person Mehrzahl* verwendet als höfliche Form der Anrede *ihr* in Briefen *„Ich freue mich darauf, dass Ihr nächste Woche zu Besuch kommt"*

il·le·gal ADJEKTIV gegen das Gesetz ↔ legal *„Er wurde wegen illegalen Waffenbesitzes verhaftet"* • *hierzu* **Il·le·ga·li·tät** *die*

die **Il·lus·trier·te** (-n, -n) eine Zeitschrift, die sehr viele Bilder enthält

im PRÄPOSITION *mit Artikel* in dem *„im Garten sein"* | *„im Bett liegen"* ❶ In Wendungen wie *im Grunde genommen, im Gegenteil* und *im Großen und Ganzen* kann *im* nicht durch *in dem* ersetzt werden.

I

das **Image** ['ɪmɪtʃ, 'ɪmɪdʒ]; (-(s), -s ['ɪmɪdʒɪz]) das Bild von jemandem/etwas, das in der Öffentlichkeit herrscht (und oft extra zu diesem Zweck erzeugt wurde) ⟨*ein positives Image aufbauen; um ein gutes Image bemüht sein; ein schlechtes Image aufpolieren, korrigieren, verbessern, loswerden*⟩

der **Im·biss** (-es, -e) ein kleines (oft kaltes) Essen ⟨*einen Imbiss zubereiten, (ein)nehmen*⟩ **K** Imbissbude, Imbissstand

im·mer ADVERB **1** zu jeder Zeit ↔ nie *„Er war mir immer ein guter Freund"* | *„Sie ist höflich wie immer"* **2** **immer wenn** jedes Mal *„Immer wenn ich ihn treffe, grüßt er freundlich"* **3** **für/auf immer** von einem Zeitpunkt an auf unbegrenzte Zeit *„Er kommt nicht wieder! Er ist für immer fortgegangen"* **4** **immer noch/noch immer** (schon seit relativ langer Zeit und) auch jetzt noch *„Er hält immer noch den Weltrekord im Hochsprung"*
PARTIKEL **5** *betont oder unbetont* vor einem Komparativ verwendet, um eine ständige Steigerung auszudrücken *„Das Flugzeug stieg immer höher"* höher und noch höher | *„Es kommen immer mehr Leute"*

im·mer·hin PARTIKEL **1** drückt Anerkennung für einen positiven Umstand in einer ansonsten negativen Situation aus ≈ wenigstens *„Er hat zwar nicht gewonnen, aber immerhin ist er Zweiter geworden"* **2** drückt aus, dass eine Sache ein Umstand ist, der berücksichtigt werden sollte ≈ schließlich *„Das kann ich ihm nicht antun, er ist immerhin mein bester Freund"*

die **Im·mo·bi·lie** [-i̯ə]; (-, -n) eine unbewegliche Sache (meist ein Haus, eine Wohnung oder ein Grundstück) als Eigentum ⟨*mit Immobilien handeln*⟩ **K** Immobilienhändler, Immobilienmakler

imp·fen (impfte, hat geimpft) **(jemanden) (gegen etwas) impfen** einer Person ein Medikament geben oder einen Impfstoff in ihren Körper spritzen, damit sie vor einer Krankheit geschützt ist *„Kinder gegen Tuberkulose und Kinderlähmung impfen"* **K** Impfbescheinigung, Impfschutz • *hierzu* **Imp·fung** *die*

der **Im·port** (-(e)s, -e) **1** der Vorgang, Waren im Ausland zu kaufen und ins eigene Land zu bringen (um dort damit zu handeln) ≈ Einfuhr ↔ Export *„Der Import von japanischen Autos hat stark zugenommen"* **K** Importhandel **2** eine Ware, die im Ausland gekauft wurde *„Importe aus der Dritten Welt"*

in[1] PRÄPOSITION ORT: **1** *mit Dativ* verwendet mit der Bezeichnung für einen Raum, einen Behälter o. Ä., um zu sagen, dass jemand oder etwas dort ist *„im Bett liegen"* ❶ → Extras, S. 717: **Präpositionen** **2** *mit Akkusativ* nennt die Richtung von außen nach innen *„ins Haus gehen"* ❶ → Extras, S. 717: **Präpositionen** **3** *mit Dativ* verwendet mit der Bezeichnung für einen Ort, ein Land, eine Gegend o. Ä., um sagen, dass jemand oder etwas dort ist *„in Italien"* **4** *mit Akkusativ* nennt die Richtung einer Bewegung zu einem Land, einem Ort usw. hin *„ins Schwimmbad gehen"* ZEIT: **5** *mit Dativ* verwendet, um eine Zeit zu nennen, ährend der etwas geschieht *„In der ›tzten Woche war er krank"* **6** *mit Dativ* erwendet, um eine Zeit zu nennen, ach welcher etwas geschehen wird *Bin in zehn Minuten zurück!"* **7** *mit kkusativ* drückt aus, dass für jemanden ie genannte Zeit oder Phase des Leens beginnt *„in (den) Urlaub fahren"* UGEHÖRIGKEIT: **8** *mit Dativ* nennt die ruppe, Institution o. Ä., zu der jemand ehört *„Mitglied in einer Partei sein"* **9** *mit Akkusativ* drückt aus, dass eine erson Mitglied einer Gruppe, Institution o. Ä. wird *„in einen Verein eintreten" „Sie ist schon mit fünf in die Schule ekommen"* **10** *mit Dativ* nennt die Sahe, zu der etwas gehört, bei der man twas findet *„ein Loch in der Hose"* **11** *mit Akkusativ* drückt aus, dass eine ache Teil einer anderen wird oder lazukommt *„Eier in den Teig rühren"* **12** *mit Dativ* nennt das Fach, die Täigkeit oder den Bereich, auf die sich ine Aussage bezieht *„Sie hat eine Eins n Biologie"* SITUATION, ZUSTAND, FORM: **13** *mit Dativ* nennt die Situation, den Zustand oder die Form, die für emanden/etwas gilt *„Der Aufzug ist nicht in Betrieb"* | *„im Notfall"* **14** *mit Akkusativ* drückt aus, was aus einer Person oder Sache wird, deren Zustand sich ändert *„Die Hexe verzauberte den Prinzen in einen Frosch"* **15** **in Dollar/ Gramm/Kilo/Metern/Litern/...** verwendet, um die benutzte Maßeinheit oder Währung zu nennen *„Das kostet hundert Yen." – „Was ist das in Euro umgerechnet?"* ART UND WEISE: **16** *mit Dativ* drückt aus, wie etwas geschieht oder getan wird *„In aller Eile packte sie die Koffer"* ERGÄNZUNG: **17** *mit Dativ/Akkusativ* verwendet mit manchen Substantiven, Adjektiven und Verben, um eine Ergänzung anzuschließen *„in jemanden verliebt sein"*

in² *ADVERB* **etwas ist in** *gesprochen* etwas ist modern, aktuell *„Kurze Röcke sind in"*

in·be·grif·fen *ADJEKTIV* **(in etwas** *(Dativ)*) **inbegriffen** in etwas enthalten, schon dabei *„In diesem Preis ist die Mehrwertsteuer inbegriffen"*

in·dem *BINDEWORT* der Nebensatz mit *indem* nennt ein Mittel oder eine Methode, um das, was im Hauptsatz gesagt wird, zu erreichen *„Er verschloss die Tür, indem er einen Riegel vorschob"*

der **In·dex** (-(*es*), -*e*/*In·di·ces* [-tseːs]) (*Mehrzahl: Indexe/Indices*) eine alphabetische Liste von Namen oder Begriffen am Schluss eines Buches ⟨*etwas steht im Index; etwas im Index nachschlagen*⟩

der **In·di·a·ner** (-*s*, -) ℹ Der Begriff *Indianer* gilt heutzutage als problematisch. *Angehörige(r) der indigenen Bevölkerung Nord-/Südamerikas* oder *Native American* sind neutralere Ausdrücke • *hierzu* **In·di·a·ne·rin** *die*; **in·di·a·nisch** *ADJEKTIV*

in·di·rekt *ADJEKTIV* in sehr höflichen Worten und sehr vorsichtig formuliert ⟨*etwas indirekt sagen, zum Ausdruck bringen*⟩

in·di·vi·du·ell [-vi'du̯ɛl] *ADJEKTIV; geschrieben* **1** in Bezug auf eine einzelne Person ⟨*Bedürfnisse, Eigenschaften, ein Geschmack, ein Stil, Wünsche*⟩ **2** für die einzelne Person gemacht, geplant o. Ä. ⟨*etwas individuell gestalten*⟩

das **In·diz** (-*es*, *In·di·zi·en* [-i̯ən]) etwas, das darauf hindeutet, dass jemand ein Verbrechen begangen hat ⟨*die Indizien sprechen gegen jemanden; jemanden aufgrund von Indizien verhaften, verurteilen*⟩ **K** Indizienprozess

die **In·dust·rie** (-, -*n* [-'triːən]) alle Betriebe der Wirtschaft, die mit Maschinen große Mengen an Waren oder Rohstoffen produzieren ⟨*die chemische, pharmazeutische Industrie*⟩ *„Die Übergänge zwischen Industrie und Handwerk sind fließend"* **K** Industriebetrieb, Industriegebiet; Autoindustrie, Metallindustrie

in·dust·ri·ell *ADJEKTIV* die Industrie betreffend ⟨*die Entwicklung, die Fertigung, die Produktion*⟩

in·ei·nan·der *ADVERB* eine Person oder Sache in die andere Person oder Sache oder der anderen Person oder Sache (drückt eine Gegenseitigkeit aus)

„Sie sind ineinander verliebt" Er liebt sie, und sie liebt ihn

die **In·fek·ti·on** [-'tsio:n]; (-, *-en*) **1** das Übertragen einer Krankheit durch Bakterien, Viren usw. ≈ Ansteckung **K** Infektionsgefahr **2** eine Krankheit, die durch Infektion übertragen wird ⟨*eine Infektion haben*⟩ **K** Virusinfektion

der **In·fi·ni·tiv** [-ti:f]; (-s, *-e* [-və]) die Grundform eines Verbs, in der es ins Wörterbuch eingetragen wird, z. B. *gehen, spazieren*

die **In·fla·ti·on** [-'tsio:n]; (-, *-en*) eine wirtschaftliche Situation, in welcher die Preise stark steigen und das Geld weniger wert wird **K** Inflationsrate

in·fol·ge PRÄPOSITION *mit Genitiv; geschrieben* gibt den Grund, die Ursache von etwas an ≈ wegen *„Infolge des starken Regens kam es zu Überschwemmungen"* | *„Die Rettungsmannschaften mussten infolge starker Stürme umkehren"* ⓘ auch zusammen mit *von*: *infolge von einigen Zwischenfällen*

die **In·for·ma·ti·on** [-'tsio:n]; (-, *-en*) **1 Informationen (über jemanden/etwas)** die Fakten, Details o. Ä., die man bekommt, wenn man Bücher oder Zeitungen liest, Radio hört, nach etwas fragt o. Ä. ⟨*jemandem Informationen geben*⟩ *„Ich brauche dringend einige Informationen"* **K** Informationsmaterial, Informationsstand **2** die Stelle, an der man Informationen bekommen kann *„Herr Maier bitte zur Information!"* | *„Ich frage mal an der Information."* ⓘ nicht in der Mehrzahl verwendet

in·for·mie·ren (*informierte, hat informiert*) **jemanden (über eine Person/Sache) informieren** jemandem oder sich selbst Informationen über eine andere Person, zu einem Thema o. Ä. beschaffen *„sich über die Preise informieren"* | *„sich informieren, wie etwas funktioniert"*

der **In·ge·ni·eur** [ɪnʒe'ni̯ø:ɐ̯]; (-s, *-e*) eine Person, die (an der Universität oder Fachhochschule) ein technisches Fach studiert hat **K** Bauingenieur, Elektroingenieur ⓘ Abkürzung: *Ing.* • *hierzu* **In·ge·ni·eu·rin** [-'ni̯ø:-] *die*

der **In·ha·ber** (-s, -) der Eigentümer vor allem eines Geschäftes oder Lokals *„Das Lokal hat den Inhaber gewechselt"* **K** Firmeninhaber, Geschäftsinhaber • *hierzu* **In·ha·be·rin** *die*

in·ha·lie·ren (*inhalierte, hat inhaliert*) **(etwas) inhalieren** etwas tief einatmen, vor allem aus medizinischen Gründen *„Wegen seiner Bronchitis soll er täglich inhalieren"* • *hierzu* **In·ha·la·ti·on** *die*

die **Ini·ti·a·ti·ve** [-tsia'ti:və]; (-, *-n*) **1** der Wunsch und die Bereitschaft, eigene Ideen zu entwickeln (und zu realisieren) ⟨*Initiative haben, besitzen*⟩ ⓘ nicht in der Mehrzahl verwendet **2** eine Anregung, die eine Person gibt und so etwas verändert **K** Eigeninitiative **3 die Initiative ergreifen** in einer Sache aktiv werden **4 eine Initiative (für/gegen etwas)** eine Gruppe von Menschen, die sich aktiv für ein (politisches) Ziel oder für eine Änderung von schlechten Zuständen einsetzen ⟨*eine Initiative gründen*⟩ *„Er ist Mitglied einer Initiative für Umweltschutz"*

in·klu·si·ve [-və] PRÄPOSITION *mit Genitiv* so, dass etwas schon dabei ist, nicht extra gerechnet wird ≈ einschließlich *„Der Preis beträgt neunzig Euro inklusive Mehrwertsteuer"* ⓘ Abkürzung: *inkl.* oder *incl.*; auch nach dem Substantiv verwendet: *Mehrwertsteuer inklusive*; c) → Extras, S. 717: **Präpositionen**

das **In·land** das Gebiet, das innerhalb der Grenzen des eigenen Staates ist ↔ Ausland *„Waren im Inland verkaufen"* **K** Inlandsflug ⓘ nicht in der Mehrzahl verwendet

in·nen ADVERB in dem Bereich, der in einem Raum, Körper usw. liegt ↔ außen *„Die Kokosnuss ist außen braun und innen weiß"* | *„Die Tür geht nach innen auf"*

der **In·nen·mi·nis·ter** der Minister, der für die öffentliche Ordnung, die Polizei usw. zuständig ist • *hierzu* **In·nen-**

ni·nis·te·rin *die;* **In·nen·mi·nis·te·ri·um** *das*

n·nen·stadt das Zentrum meist einer elativ großen Stadt, in dem die meisten Geschäfte sind ≈ City

in·ne·r- *ADJEKTIV* **1** innen oder auf der nnenseite befindlich ↔ äußer- *„die inneren Teile eines Radios"* **2** jemandes Gefühle und Gedanken betreffend ↔ äußerlich *„Seine innere Unruhe war hm nicht anzusehen, er wirkte sehr gefassen"* **3** **die inneren Organe** die Organe, die sich im Körper befinden (z. B. Herz, Leber, Niere, Lunge usw.) **4** das eigene Land (das Inland) betreffend ⟨*Angelegenheiten, Probleme*⟩ **5** als notwendiger Bestandteil in einer Sache enthalten

in·ner·lich *ADJEKTIV* **1** innerhalb eines Körpers, Raumes o. Ä. *„ein Medikament zur innerlichen Anwendung"* **2** die Psyche, die Gedanken und Gefühle betreffend *„Äußerlich wirkte er ruhig, aber innerlich war er sehr nervös"*

ins *PRÄPOSITION mit Artikel* in das **i** *Ins* kann nicht durch *in das* ersetzt werden n Wendungen wie: *sich ins Fäustchen lachen, etwas ins Leben rufen.*

In·sekt (-(e)s, -en) ein kleines Tier, das sechs Beine und keine Knochen hat, z. B. eine Fliege, eine Ameise ⟨*blutsaugende, lästige, nützliche Insekten*⟩ **K** Insektenplage, Insektenspray, Insektenstich

die **In·sel** (-, -n) ein (meist relativ kleines) Stück Land, das von Wasser umgeben ist ⟨*eine Insel im Meer, im See, im Fluss; auf einer Insel leben, sein*⟩ *„Im Mittelmeer gibt es viele Inseln"* **K** Inselstaat

das **In·se·rat** (-(e)s, -e) eine Anzeige in einer Zeitung ⟨*ein Inserat aufgeben, in die Zeitung setzen*⟩ **K** Zeitungsinserat

ins·ge·samt *ADVERB* so, dass alles mitgezählt ist ≈ zusammen *„Sie spielt in der Woche insgesamt zwanzig Stunden Tennis"* | *„Ich hatte zwei Wasser und ein Achtel Wein, was macht das insgesamt?"*

in·stal·lie·ren (*installierte, hat installiert*) **1** **etwas installieren** technische Geräte, Leitungen und Rohre in ein Gebäude o. Ä. einbauen ⟨*eine Gasleitung, eine Heizung, einen Herd, Wasserrohre installieren*⟩ **2** **etwas installieren** ein Programm vor der ersten Benutzung in einem Computer teilweise oder ganz auf der Festplatte einrichten • *hierzu* **In·stal·la·ti·on** *die*

der **In·stinkt** (-(e)s, -e) die (lebensnotwendigen) Verhaltensweisen, mit denen ein Tier geboren wird und die es nicht lernen muss **K** Instinkthandlung

das **In·sti·tut** (-(e)s, -e) ein Institut beschäftigt sich mit der Lehre oder Erforschung eines Fachgebiets *„ein Institut für Meeresbiologie"* **K** Forschungsinstitut

die **In·sti·tu·ti·on** [-'tsio:n]; (-, -en) eine

INSEKTEN

die Biene

der Schmetterling

die Ameise

der Käfer

die Fliege

die Spinne

Gruppe von Leuten, die gemeinsam eine Funktion erfüllen oder Tätigkeiten ausüben im Auftrag des Staates, der Kirche, der Gesellschaft o. Ä. *„Er arbeitet bei der Caritas, einer kirchlichen Institution"*

das **In·stru·ment** (-(e)s, -e) **1** ein Gegenstand, mit dem man Musik macht ⟨*ein Instrument lernen, beherrschen, spielen, stimmen*⟩ *„Sie spielt zwei Instrumente: Klavier und Gitarre"* **K** Musikinstrument, Blasinstrument, Schlaginstrument **2** ein Gegenstand, mit dem (auch komplizierte) mechanische Tätigkeiten ausgeführt werden ⟨*feinmechanische, medizinische, optische Instrumente*⟩ *„die Instrumente des Chirurgen"*

I

die **In·teg·ra·ti·on** [-'tsio:n]; (-, -en); *geschrieben* die Prozesse, die zu einem friedlichen Zusammenleben führen (vor allem, wenn Menschen aus verschiedenen Ländern und verschieden Kulturen beteiligt sind *„die Integration von Immigranten in die Bevölkerung"* **K** Integrationspolitik

in·teg·rie·ren (*integrierte, hat integriert*) **1** **jemanden (in etwas** (*Akkusativ*)) **integrieren** jemanden oder sich selbst zum Mitglied einer Gruppe machen *„ein neues Schulkind in die Klasse integrieren"* **2** **etwas in etwas** (*Akkusativ*) **integrieren** etwas zu einem Teil eines Ganzen werden lassen *„eine Küchenzeile mit integriertem Kühlschrank"*

in·tel·li·gent ADJEKTIV ⟨*ein Kind, ein Tier, eine Frage*⟩ so, dass sie (viel) Intelligenz haben oder zeigen ≈ klug

die **In·tel·li·genz** (-) die Fähigkeit eines Menschen (oder Tieres) zu denken und vernünftig zu handeln ⟨(*eine*) *geringe, durchschnittliche, große Intelligenz*⟩ **K** Intelligenztest

in·ten·siv [-'zi:f] ADJEKTIV **1** mit viel Arbeit, Energie, Aufmerksamkeit (verbunden) *„einen Kranken intensiv betreuen"* **2** so, dass es sehr deutlich wahrgenommen werden kann ⟨*eine Farbe, ein Gefühl, ein Schmerz, eine Strahlung*⟩ ≈ stark ↔ schwach *„Mittags ist die Sonne am intensivsten"* • hierzu **In·ten·si·tät** die

in·te·res·sant ADJEKTIV **1** so, dass jemand Interesse daran findet ⟨*ein Buch, eine Person, ein Problem; etwas interessant finden*⟩ **2** so, dass viele Leute es haben wollen ⟨*ein Angebot, ein Geschäft*⟩

das **In·te·res·se** [ɪntə'rɛsə]; (-s, -n) **1** **Interesse (an jemandem/etwas)** der Wunsch, mehr über eine Person oder eine Sache zu wissen oder etwas zu tun o. Ä. ⟨*wenig, großes Interesse haben, zeigen; etwas ist für jemanden von Interesse*⟩ *„Ich habe kein Interesse daran, ihn wiederzusehen"* ⓘ nicht in der Mehrzahl verwendet **2** **Interesse (an etwas** (*Dativ*)) der Wunsch, etwas zu kaufen *„Bei diesem milden Wetter besteht kaum Interesse an Wintersportartikeln"* ⓘ nicht in der Mehrzahl verwendet **3** die Dinge, mit denen sich eine Person gern beschäftigt und die ihr Spaß machen ⟨*geistige, handwerkliche, gemeinsame Interessen*⟩ **K** Interessengebiet ⓘ nur in der Mehrzahl verwendet **4** die wirtschaftlichen und politischen Bedürfnisse, die eine Person, ein Staat oder eine Gruppe hat ⟨*jemandes Interessen durchsetzen, wahrnehmen, vertreten*⟩ **K** Interessenvertretung **5** **etwas ist/liegt in jemandes Interesse** etwas bringt jemandem einen Vorteil o. Ä. *„Es liegt in deinem eigenen Interesse, den Vorfall der Polizei zu melden"*

in·te·res·sie·ren (*interessierte, hat interessiert*) **1** **eine Person/Sache interessiert jemanden** eine Person oder Sache ist so, dass man mehr über sie wissen möchte *„Am meisten interessieren mich alte Briefmarken"* **2** **sich für etwas interessieren** etwas gern haben oder tun wollen, mehr über etwas wissen wollen o. Ä. ⟨*sich für Musik, für Sport, für den Preis einer Reise interessieren*⟩ **3** **sich für jemanden interessieren** mehr über jemanden wissen wollen, jemanden näher kennenlernen wollen o. Ä. *„Es sieht so aus, als ob sich*

die Posaune
das Horn
die Trompete
das Saxofon
die Tuba
die Klarinette
die Blockflöte
das Fagott
die Oboe
die Querflöte
der Bogen
die Saite
der Kontrabass
das Cello
die Bratsche
die Geige
die Gitarre
die Trommel
die Pauke
das Akkordeon
der Flügel
die Orgel

dein Bruder für meine Schwester interessiert"

in·te·res·siert ADJEKTIV **(an jemandem/etwas) interessiert** mit Interesse ⟨*jemandem interessiert zuhören, zusehen*⟩ *„ein interessierter und aufmerksamer Schüler"*

in·tern ADJEKTIV; *geschrieben* ⟨*Angelegenheiten, eine Regelung*⟩ so, dass sie nur einen Betrieb oder eine Institution betreffen *„eine Sache auf einer internen Sitzung besprechen"* K betriebsintern, universitätsintern

das **In·ter·nat** (-(e)s, -e) eine Schule, in der die Schüler auch wohnen ⟨*ins Internat kommen; im Internat sein*⟩ K Internatsschüler

in·ter·na·ti·o·nal, **in·ter·na·ti·o·nal** ADJEKTIV ⟨*ein Abkommen, die Beziehungen, ein Kongress, eine Meisterschaft*⟩ so, dass mehrere Nationen, Staaten beteiligt sind *„Das Rote Kreuz ist eine internationale Organisation" | „Dieser Führerschein ist international gültig"*

das **In·ter·net** (-s, -s) mit dem Computer, Smartphone usw. gehen wir ins Internet, um dort Informationen zu bekommen, Daten auszutauschen und Kontakte zu pflegen ⟨*das Internet nutzen; ins Internet gehen; im Internet surfen; etwas aus dem Internet herunterladen, ins Internet stellen*⟩ K Internetadresse, Internetanschluss, Internetseite

der **In·ter·net·auf·tritt** eine Webseite, mit der sich eine Firma, Behörde, Organisation o. Ä. im Internet über sich selbst informiert

in·ter·pre·tie·ren (*interpretierte, hat interpretiert*) **1** **etwas (als etwas) interpretieren** sagen oder denken, dass jemandes Verhalten, Worten o. Ä. (die genannte) Bedeutung hat ≈ deuten *„Sein Schweigen kann man als Feindseligkeit interpretieren"* **2** **etwas interpretieren** versuchen, den tieferen Sinn einer Sache zu erklären ⟨*ein Gedicht, einen Gesetzestext, einen Roman interpretieren*⟩ ≈ deuten **3** **jemanden/etwas (irgendwie) interpretieren** das Werk eines Komponisten o. Ä. (auf die genannte Weise) spielen oder singen *„Chopin wurde von Rubinstein sehr einfühlsam interpretiert"* • *hierzu* **In·ter·pre·ta·ti·on** *die*

das **In·ter·view** [-vjuː]; (-s, -s) **ein Interview mit jemandem (zu etwas)** ein Gespräch, das ein Reporter oder Journalist mit einer Person führt und das dann in der Zeitung erscheint oder im Fernsehen gezeigt wird ⟨*ein Interview verabreden, machen, senden*⟩

in·tim ADJEKTIV **1** private, persönliche Dinge betreffend ⟨*ein Gespräch, ein Problem, Gedanken*⟩ **2** den Bereich des Körpers betreffend, in dem die Geschlechtsorgane sind ⟨*die Hygiene*⟩ K Intimbereich, Intimpflege **3** **mit jemandem intim sein/werden** mit jemandem sexuelle Kontakte haben/bekommen

in·to·le·rant, **in·to·le·rant** ADJEKTIV **intolerant (gegen jemanden/etwas; gegenüber jemandem/etwas)** nicht tolerant ⟨*eine Einstellung, eine Haltung*⟩ • *hierzu* **In·to·le·ranz** *die*

in·ves·tie·ren [-v-] (*investierte, hat investiert*) **1** **(etwas) (in etwas** (*Akkusativ*)**) investieren** Geld meist relativ lange zur Verfügung stellen, damit eine Firma neue Maschinen kaufen kann oder sich vergrößern kann ⟨*Geld, Kapital in die Entwicklung neuer Produkte investieren*⟩ **2** **etwas (in jemanden/etwas) investieren** etwas geben oder zur Verfügung stellen, damit eine Person oder ein Vorhaben einen Vorteil davon hat ⟨*viel Geduld, Liebe, Zeit in jemanden/etwas investieren*⟩ *„Sie hat sehr viel Mühe in diese Arbeit investiert"*

die **In·ves·ti·ti·on** [-ˈtsi̯oːn]; (-, -en) **1** das Investieren oder etwas, das man investiert hat ⟨*eine gewinnbringende Investition*⟩ *„die Konjunktur durch Investitionen beleben"* **2** etwas, wofür man Geld ausgegeben hat (meist in der Hoffnung, dadurch Geld zu verdienen, zu sparen o. Ä.) *„Der Computer war eine* *gute Investition"*

in·zwi·schen ADVERB **1** während der Zeit, in der etwas geschieht *„Geht ruhig spazieren, ich koche inzwischen das Essen"* **2** drückt aus, dass zwischen einem Zeitpunkt in der Vergangenheit und jetzt ein Stand oder Zustand erreicht worden ist *„Ich habe vor vier Jahren begonnen, Russisch zu lernen. Inzwischen kann ich russische Zeitungen lesen"*

ir·gend PARTIKEL *betont* **1** **irgend so ein/eine**; **irgend so etwas** *gesprochen, oft abwertend* drückt aus, dass man (oft aus Mangel an Interesse) eine Person oder Sache nicht genau nennen oder beschreiben kann, etwas nicht genau weiß *„Da war irgend so ein Vertreter, der nach dir gefragt hat"* **2** *geschrieben* drückt aus, dass alle vorhandenen Möglichkeiten genutzt werden (sollen) *„Kommen Sie bitte, so rasch es irgend geht"* so bald wie möglich

ir·gend·ein ARTIKEL/PRONOMEN **1** die genannte Person oder Sache, die man aber nicht (genauer) kennt, nicht (genauer) bestimmen kann oder will *„Irgendeine Frau hat angerufen"* ℹ → Extras, S. 712: **Artikel**; als Mehrzahl verwendet man *irgendwelche* **2** als Pronomen verwendet; der Bezug zur jeweiligen Person oder Sache ergibt sich aus der Situation *„Irgendeiner wird schon noch kommen"*

ir·gend·et·was, **ir·gend·et·was** **1** verwendet vor einem Adjektiv, um eine Sache zu bezeichnen, welche die genannte Eigenschaft hat, aber sonst nicht näher beschrieben wird ≈ etwas *„Gibt es irgendetwas Neues?"* **2** verwendet, um eine Sachen oder Tätigkeiten zu bezeichnen und dabei zu betonen, dass man diese nicht kennt ≈ etwas *„Ist dir irgendetwas aufgefallen?"*

ir·gend·je·mand PRONOMEN, **ir·gend·je·mand** verwendet, um eine Person zu bezeichnen, von der man nur sehr wenig oder gar nichts weiß *„Irgendjemand muss das Geld doch aus der Kasse genommen haben"*

ir·gend·wann, **ir·gend·wann** ADVERB zu einer Zeit, die man (noch) nicht kennt *„Irgendwann wird noch ein Unglück geschehen!"* | *„Er möchte irgendwann nach Indien reisen"*

ir·gend·was, **ir·gend·was** PRONOMEN; *gesprochen* ≈ irgendetwas

ir·gend·wel·ch-, **ir·gend·wel·ch-** verwendet als Plural für *irgendein/irgendeine „Gibt es irgendwelche Probleme?"*

ir·gend·wer, **ir·gend·wer** PRONOMEN; *gesprochen* ≈ irgendjemand *„Kennst du irgendwen, der ein Auto kaufen möchte?"*

ir·gend·wie ADVERB, **ir·gend·wie** **1** auf eine unbekannte Art *„Wir müssen das Problem irgendwie lösen"* **2** *gesprochen* unter einem Aspekt, aus einer Sicht, die man nicht nennen kann *„Irgendwie hast du schon recht"*

ir·gend·wo ADVERB, **ir·gend·wo** an irgendeinem Ort, an irgendeiner Stelle *„Wir werden irgendwo am Meer Urlaub machen"*

ir·gend·wo·her ADVERB, **ir·gend·wo·her** **1** von irgendeinem Ort *„Irgendwoher kommt Rauch – Ich glaube, es brennt"* **2** durch irgendwelche (nicht näher bekannten) Umstände *„Ich werde schon noch irgendwoher Geld bekommen"*

ir·gend·wo·hin, **ir·gend·wo·hin** ADVERB an irgendeinen Ort *„Ich möchte irgendwohin, wo nie Winter ist"*

die **Iris** (-, -) der farbige (blaue, braune, schwarze oder grüne) Teil des Auges, in dessen Mitte die Pupille ist ≈ Regenbogenhaut ℹ nicht in der Mehrzahl verwendet; → Abb. unter **Auge**

die **Iro·nie** (-) Ironie ist, wenn man bewusst das Gegenteil von dem sagt, was man meint (vor allem, um auf witzige Art Ärger oder Kritik auszudrücken)

iro·nisch ADJEKTIV voller Ironie ⟨*ein Lächeln, eine Bemerkung; ironisch lächeln; etwas ironisch meinen*⟩

irr ADJEKTIV geisteskrank, verrückt,

wahnsinnig ℹ → auch **irre**

ir·re ADJEKTIV **1** ≈ irr **2** *gesprochen* ungewöhnlich und sehr gut ≈ toll *„Der Film war echt irre"* **3** *gesprochen* sehr groß, sehr intensiv *„eine irre Hitze"* | *„sich irre freuen"*

ir·ren (*irrte, hat/ist geirrt*) **1** **sich (mit/in etwas** (*Dativ*)) **irren** (*hat*) etwas Falsches für echt, wahr oder richtig halten *„Du hast dich geirrt – er hat im Juni Geburtstag, nicht erst im Juli"* **2** **sich in jemandem irren** (*hat*) einen falschen Eindruck von einer Person haben *„Leider habe ich mich in ihm geirrt: Er ist lange nicht so ehrlich wie ich dachte"* **3** **irgendwohin irren** (*ist*) in einem Gebiet von einem Punkt zum anderen (hin und her) gehen, fahren, ohne das Ziel, den richtigen Weg zu finden *„durch die Straßen/durch den Wald irren"*

der **Irr·tum** (*-s, Irr·tü·mer*) ein Fehler, der dadurch entsteht, dass man sich nicht richtig konzentriert, informiert o. Ä. und eine Situation nicht richtig beurteilt ⟨*ein kleiner, großer, schwerer, bedauerlicher, folgenschwerer, verhängnisvoller Irrtum; ein Irrtum liegt vor*⟩ ≈ Versehen *„Diese Annahme beruht auf einem Irrtum"*

der **Is·lam**, **Is·lam**; (*-(s)*) der Glaube, der auf der Lehre Mohammeds beruht; die muslimische Religion • *hierzu* **is·la·misch** ADJEKTIV

iso·lie·ren (*isolierte, hat isoliert*) **1** **etwas isolieren** etwas an der äußeren Seite mit einer Schicht eines geeigneten Materials bedecken, um es oder die Umgebung vor elektrischem Strom, Hitze, Kälte, Lärm o. Ä. zu schützen ⟨*Leitungen, Rohre, Räume, Wände isolieren*⟩ **K** Isolierband, Isolierglas **2** **jemanden (von Personen/etwas) isolieren** verhindern, dass jemand Kontakt mit anderen Personen bekommt ⟨*einen Häftling, Infizierte, Cholerakranke isolieren*⟩ **K** Isolierstation **3** **etwas isoliert** etwas schützt gegen Strom, Hitze, Kälte, Lärm o. Ä. *„Gummi isoliert gegen elektrischen Strom"*

isst *Präsens, 2. und 3. Person Singular* → essen

ist *Präsens, 3. Person Singular* → sein

J

das **J**, **j** [jɔt, Ⓐ jeː]; (*-, -/gesprochen auch -s*) der zehnte Buchstabe des Alphabets

ja PARTIKEL **1** *meist betont* verwendet, um eine Frage positiv zu beantworten ↔ nein *„Hast du Lust, mit uns baden zu gehen?" – „Ja, klar/sicher/gern"* | *„Willst du noch ein Glas Wein?" – „Ja, bitte!"* **2** verwendet, um zu sagen, dass man zuhört, z. B. am Telefon oder wenn jemand relativ lange redet *„Ja, … ja, ich verstehe, …"* **3** *unbetont* verwendet, um dem Gesagten besonderen Nachdruck zu geben ≈ wirklich *„Da hast du ja eine schöne Bescherung angerichtet!"* Das ist wirklich schlimm **4** *unbetont* verwendet, um Erstaunen darüber auszudrücken, dass etwas der Fall ist *„Du bist ja ganz nass!"*

(das) **Ja** (*-(s), -(s)*) **1** die Antwort „ja" oder eine Zustimmung ⟨*mit Ja antworten, stimmen; beim Ja bleiben*⟩ ↔ Nein **2** **Ja/ja zu etwas sagen** sagen, dass man mit etwas einverstanden ist *„Der Stadtrat sagte Ja zu dem Antrag der Bürger, ein Schwimmbad zu bauen"*

die **Ja·cke** (*-, -n*) ein Kleidungsstück für den Oberkörper, das vorne offen ist und mit Knöpfen oder Reißverschluss geschlossen werden kann **K** Jackentasche; Lederjacke; Anzugjacke; Regenjacke ℹ → Abb. unter **Bekleidung**

das **Ja·ckett** [ʒa-, ʃa-]; (*-s, -s*) ≈ Anzugjacke, Sakko ℹ → Abb. unter **Bekleidung**

die **Jagd** (*-*) **1** **die Jagd (auf ein Tier)** das Jagen von einem Tier ⟨*Jagd auf ein Tier machen*⟩ *„Wir haben einen Leoparden bei der Jagd auf Antilopen beobachtet"* **K** Jagdhund; Bärenjagd, Entenjagd

2 **die Jagd auf jemanden** das Jagen oder Verfolgen von Personen **K** Verbrecherjagd **3** **auf die/zur Jagd gehen** Tiere jagen

ja·gen (*jagte, hat/ist gejagt*) **1** **(ein Tier) jagen** (*hat*) (als Mensch oder Tier) Tiere verfolgen, um sie zu fangen oder zu töten ⟨*Elefanten, Enten, Füchse, Hasen, Wildschweine jagen*⟩ **2** **jemanden jagen** (*hat*) eine Person verfolgen, um sie gefangen zu nehmen ⟨*Bankräuber, Terroristen, Verbrecher jagen*⟩ **3** **jemanden irgendwohin jagen** (*hat*) Personen oder Tieren Angst machen o. Ä., damit sie irgendwohin gehen ≈vertreiben *„Sie jagte die Kinder in den Garten, weil sie in der Wohnung zu viel Krach machten"*

Jä·ger (-s, -) eine Person, die (beruflich oder in der Freizeit) Tiere jagt • *hierzu* **Jä·ge·rin** *die*

Jahr (-(e)s, -e) **1** die Zeit vom 1. Januar bis 31. Dezember ⟨*voriges, letztes, vergangenes Jahr*⟩ *„das Jahr 1903"* | *„im Jahr 1839"* | *„Dieses Jahr fehlt uns das Geld, um wegzufahren"* **K** Jahresbeginn, Jahresbeitrag, Jahreseinkommen, Jahresende **2** ein Zeitraum von ungefähr 365 Tagen, ab einem beliebigen Zeitpunkt des Kalenderjahres *„Sie ist 10 Jahre (alt)"* | *„Heute vor zwei Jahren haben wir uns kennengelernt"*

jah·re·lang ADJEKTIV mehrere oder viele Jahre (dauernd) *„Unser jahrelanges Warten hat sich jetzt endlich gelohnt"* | *„Wir haben jahrelang gespart, um uns ein neues Auto kaufen zu können"*

Jah·res·kar·te eine Fahrkarte oder eine Eintrittskarte (z. B. für den Zoo, das Schwimmbad), die ein Jahr lang und für beliebig viele Fahrten, Besuche usw. gültig ist

Jah·res·tag ein Tag, an dem man sich an ein Ereignis erinnert, das genau vor einem oder mehreren Jahren stattgefunden hat *„Der Jahrestag der Französischen Revolution wird immer groß gefeiert"*

Jah·res·zahl die Zahl, die ein Jahr innerhalb einer Zeitrechnung hat (wenn es mit einem wichtigen Ereignis verbunden wird)

die **Jah·res·zeit** einer der vier Teile des Jahres, die sich durch das Wetter voneinander unterscheiden ⟨*die kalte, warme Jahreszeit*⟩ *„Die vier Jahreszeiten sind Frühling, Sommer, Herbst und Winter"* • *hierzu* **jah·res·zeit·lich** ADJEKTIV

der **Jahr·gang** **1** alle Menschen, die im selben Jahr geboren sind *„als die geburtenstarken Jahrgänge in die Schule kamen"* **2** das Jahr, in dem jemand geboren ist *„Wir sind beide Jahrgang '80"* | *„Er ist mein Jahrgang"* Er ist im selben Jahr geboren **3** verwendet, um das Jahr der Herstellung oder der Veröffentlichung zu bezeichnen ⟨*der Jahrgang einer Zeitschrift, eines Weins*⟩ *„die Jahrgänge einer Zeitschrift"* | *„Wir nehmen den Beaujolais, Jahrgang 2015"* **i** Abkürzung: *Jg*

das **Jahr·hun·dert** (-s, -e) ein Zeitraum von 100 Jahren (nach der Zeitrechnung z. B. in Europa) ⟨*das kommende, vergangene Jahrhundert; im nächsten, vorigen Jahrhundert*⟩ *„Das 3. Jahrhundert vor/nach Christi Geburt"* **K** jahrhundertealt, jahrhundertelang **i** Abkürzung: *Jh.*

jähr·lich ADJEKTIV in jedem Jahr, jedes Jahr (wieder) stattfindend, fällig o. Ä. *„ein jährliches Einkommen von 35.000 Euro haben"* | *„Die Weltmeisterschaften finden jährlich statt"*

der **Jahr·markt** Jahrmärkte finden einmal oder mehrmals im Jahr in Städten statt; es gibt Verkaufsstände und oft auch Karussells, Bierzelte, Losbuden usw.

das **Jahr·tau·send** (-s, -e) ein Zeitraum von tausend Jahren

das **Jahr·zehnt** (-s, -e) ein Zeitraum von zehn Jahren

jam·mern (*jammerte, hat gejammert*) **(über jemanden/etwas) jammern** (meist mit vielen Worten und in klagendem Ton) über die eigenen Sorgen und Schmerzen sprechen *„ Ich bin so einsam!", jammerte sie"*

der **Ja·nu·ar** (-s, -e) der erste Monat des

J

Jahres; ⟨*im Januar; Anfang, Mitte, Ende Januar; am 1., 2., 3. Januar*⟩ ⓘ Abkürzung: *Jan.*

jau·len (*jaulte, hat gejault*) **ein Hund jault** ein Hund gibt lange, laute Töne von sich, die traurig klingen ⓘ Hunde jaulen, Wölfe *heulen*.

je ADVERB **1** irgendwann in der Vergangenheit oder Zukunft ≈ jemals *„Das ist das Schönste, was ich je gehört habe"* | *„Wirst du dich je ändern?"* **2** verwendet, um die Zahl von Personen/Sachen zu nennen, die für eine einzelne Person oder eine Sache gilt ≈ jeweils *„Gruppen von/zu je fünf (Personen) bilden"* | *„Die Prüflinge bekommen je drei Fragen gestellt"* Jeder Prüfling muss drei Fragen beantworten **3** **je nach etwas** verwendet, um die Bedingung zu nennen, von der eine Auswahl oder Entscheidung abhängt *„Je nach Saison gibt es Erdbeer-, Kirsch- oder Zwetschgenkuchen"*
BINDEWORT **4** **je** *+Komparativ* **..., desto/umso** *+Komparativ* **...** die Größe oder Intensität der einen genannten Sache hat Folgen für die Größe oder Intensität der anderen genannten Sache *„Je mehr ich lerne, desto weniger kann ich mir merken"* | *„Man lernt ein Land umso besser kennen, je mehr man dort herumreist"* **5** **je nachdem ob/wie/wie viel/...** verwendet, um die Bedingung zu nennen, von der eine Entscheidung abhängt *„Er kommt um zehn oder elf Uhr, je nachdem ob er den früheren Zug erreicht oder nicht"*
PRÄPOSITION *mit Akkusativ oder Nominativ* **6** **je** *+Substantiv* für jede einzelne Person oder Sache ≈ pro *„Wir kauften ein Paar Würstchen je Kind"* **ID** **Ach/O je!** *gesprochen* drückt Bedauern oder Erschrecken aus *„O je, das Brot ist verschimmelt!"*

die **Jeans** [dʒiːnz]; (-, -) eine Hose aus festem Baumwollstoff, meist mit vier gerade geschnittenen Hosentaschen ⟨*eine Jeans, ein Paar Jeans tragen*⟩ ≈ Bluejeans

je·den·falls PARTIKEL *unbetont* **1** so, dass etwas unabhängig von den Bedingungen geschieht, getan wird oder so (und nicht anders) ist *„Meinst du, es wird regnen? Ich nehme jedenfalls einen Schirm mit"* **2** verwendet, um eine Aussage einzuschränken (sodass sie nur für eine spezielle Person oder unter einer besonderen Bedingung gültig ist) *„Wir hatten tolles Wetter im Urlaub, jedenfalls in der ersten Woche"*

je·der, je·de, je·des ARTIKEL **1** verwendet, um deutlich zu machen, dass man auf die einzelnen Mitglieder oder Teilnehmer einer Gruppe oder die einzelnen Teile einer Menge hinweist *„Ich muss jeden Tag um sechs Uhr aufstehen"* ⓘ → Extras, S. 712: **Artikel**
PRONOMEN **2** alle einzelnen Mitglieder einer Gruppe oder Menge *„Jeder in meiner Klasse, der genug Geld hat, kauft sich ein Smartphone"*

je·der·mann PRONOMEN **etwas ist nicht jedermanns Sache/Geschmack** *gesprochen* nicht alle Menschen finden die genannte Sache gut oder angenehm *„Früh aufstehen ist nicht jedermanns Sache"*

je·der·zeit ADVERB **1** zu jeder beliebigen Zeit ≈ immer *„Sie können sich jederzeit an mich wenden"* **2** sehr bald *„Die Lawine kann jederzeit abgehen"*

je·doch ADVERB verwendet, um einen Gegensatz oder Widerspruch auszudrücken ≈ aber *„Er wurde um einen Beitrag gebeten, er lehnte jedoch ab"* | *„Die Polizei suchte ihn überall, fand ihn jedoch nicht"*

jeg·li·cher, jeg·li·che, jeg·li·ches ARTIKEL mit abstrakten Begriffen verwendet, um zu betonen, dass wirklich jeder/jede/jedes gemeint ist *„Nach seinem schweren Unfall war ihm jegliche Freude am Motorradfahren vergangen"* | *„Ihm fehlt jeglicher Ehrgeiz"*

je·mals ADVERB zu irgendeinem Zeitpunkt in der Vergangenheit oder Zukunft *„Wirst du das jemals lernen?"* | *„Hast du schon jemals so etwas Schönes gesehen?"*

je·mand PRONOMEN (*jemanden, je-*

mandem, jemandes) verwendet, um eine Person zu bezeichnen, welche man nicht kennt oder die man nicht näher beschreiben will oder kann *„Jemand muss doch wissen, wo Karin ist" | „Heute habe ich jemanden getroffen, den ich seit zehn Jahren nicht mehr gesehen habe" | „Da musst du jemand anders/anderen fragen"* ❶ In der gesprochenen Sprache verwendet man oft *jemand* anstelle von *jemanden* und *jemandem*: *Ich habe jemand getroffen*

je·ner ARTIKEL, **je·ne**, **je·nes** **1** man verwendet *jener*, um einen Gegensatz zu *dieser* auszudrücken *„Dieser Zug fährt nach München, jener nach Stuttgart"* **2** verwendet, um auf einen Zeitpunkt in der Vergangenheit hinzuweisen, von dem bereits gesprochen wurde *„Es war der 23. Dezember. An jenem Abend beschlossen sie zu heiraten"*

jen·seits PRÄPOSITION *mit Genitiv* **1** auf derjenigen Seite der genannten Sache, die vom Standpunkt des Sprechers, des Erzählers (oder des Subjekts) weiter entfernt ist *⟨jenseits des Flusses; jenseits des Gebirges; jenseits der Grenze⟩ „Wir befinden uns hier in Kufstein. Jenseits der Alpen liegt die Po-Ebene"* ❶ auch zusammen mit *von*: *jenseits von Afrika* **2** die Grenzen einer Sache überschreitend *„jenseits des Gesetzes"*

s **Jen·seits** (-) der Bereich, der (vor allem nach dem Glauben der Christen) außerhalb dieser Welt liegt und in den man kommt, wenn man stirbt

jet·zi·g- ADJEKTIV jetzt existierend, bestehend o. Ä. ≈ momentan *„ihr jetziger Freund"*

jetzt ADVERB **1** genau zu dem Zeitpunkt, zu dem man spricht *„Ich habe jetzt leider keine Zeit für dich. Komm bitte später wieder"* **2** im Zeitraum der Gegenwart *„Viele Leute gehen jetzt joggen, um etwas für ihre Gesundheit zu tun"*
PARTIKEL **3** *gesprochen* in Fragesätzen verwendet, um Verärgerung, Ungeduld oder Verwunderung auszudrücken *„Hast du das jetzt noch immer nicht verstanden?" | „Was ist denn jetzt schon wieder los?"*

je·weils ADVERB **1** für jede einzelne Person oder Sache ≈ je *„Für die Testfragen gibt es jeweils maximal vier Punkte"* **2** jedes Mal zum genannten Zeitpunkt ≈ immer *„Die Miete ist jeweils am Monatsersten zu zahlen"*

Jh. Abkürzung für *Jahrhundert*

der **Job** [dʒɔp]; (-s, -s) **1** eine Arbeit, mit der man für relativ kurze Zeit Geld verdient *„Im Sommer hat er einen Job als Kellner"* **K** Jobvermittlung; Ferienjob **2** *gesprochen ⟨seinen Job verlieren; einen neuen Job suchen⟩* ≈ Arbeitsstelle **K** Jobsuche

jog·gen [ˈdʒɔgn̩] *(joggte, hat/ist gejoggt)* in einem relativ langsamen, aber gleichmäßigen Tempo ziemlich lange Strecken laufen (um fit zu bleiben) • *hierzu* **Jog·ger** *der*

das **Jog·ging** [ˈdʒɔgɪŋ]; (-s) die Tätigkeit oder der Sport des Joggens

der **Jog·ging·an·zug** Hose und Jacke aus leichtem, weichem Stoff, die man zum Sport anzieht

der **Jo·ghurt**, **Jo·gurt** [ˈjoːgʊrt] *besonders* Ⓐ *das*; (-(s), -s) ein Produkt aus Milch, das durch Bakterien leicht sauer und dick geworden ist und das man oft mit Früchten isst **K** Joghurtbecher; Fruchtjoghurt, Erdbeerjoghurt

jong·lie·ren [ʒɔŋˈ(g)liːrən] *(jonglierte, hat jongliert)* **(mit etwas) jonglieren** mehrere Gegenstände schnell hintereinander in die Luft werfen und wieder auffangen

der **Jour·na·list** [ʒʊr-]; (-en, -en) eine Person, die Berichte usw. für Zeitungen, Fernsehen oder Rundfunk macht *„Als Star wird er ständig von Journalisten verfolgt"* **K** Sportjournalist ❶ *der Journalist; den, dem, des Journalisten* • *hierzu* **Jour·na·lis·tin** *die*

der **Ju·bel** (-s) große Freude, vor allem wenn sie von vielen Menschen lebhaft gezeigt wird *⟨in Jubel ausbrechen⟩ „Die Sieger wurden mit großem Jubel emp-*

J

fangen" **K** Jubelruf, Jubelschrei

ju·beln (*jubelte, hat gejubelt*) (**über etwas** (*Akkusativ*)) **jubeln** die Freude laut und lebhaft zeigen

das **Ju·bi·lä·um** (*-s, Ju·bi·lä·en*) ein Tag, an dem man ein Ereignis feiert, das genau vor einer Zahl von Jahren stattgefunden hat ‹*ein Jubiläum begehen/feiern, haben*› *„zum fünfzigjährigen Jubiläum einer Firma gratulieren"* | *„ein Jubiläum zum hundertjährigen Bestehen eines Vereins"* **K** Jubiläumsfeier; Dienstjubiläum, Geschäftsjubiläum **i** nicht für Geburtstage und Hochzeitstage verwendet

ju·cken (*juckte, hat gejuckt*) KÖRPERLICH: **1** **etwas juckt (jemanden)**; **jemanden juckt es irgendwo** ein unangenehmes Gefühl an einer Stelle der Haut haben, sodass man sich dort kratzt *„Mein Fuß juckt"* **K** Juckreiz **2** **etwas juckt (jemanden)** etwas ist der Grund für ein unangenehmes Gefühl an einer Stelle auf der Haut, an der man sich dann kratzt ‹*eine Narbe, ein Pullover, ein Schal*› *„Die Mückenstiche juckten (mich) sehr"* **K** Juckpulver

der **Ju·de** (*-n, -n*) eine Person, die zu der Religion gehört, welche das Alte Testament der Bibel als wichtigste Grundlage hat *„Viele Juden leben heute in Israel"* **i** *der Jude; den, dem, des Juden*; Juden, die in Israel leben, werden als *Israelis* bezeichnet • *hierzu* **Jü·din** *die*; **jü·disch** ADJEKTIV

das **Ju·den·tum** (*-s*) **1** alle Juden **2** die Religion und Kultur der Juden ‹*sich zum Judentum bekennen*›

die **Ju·gend** (*-*) **1** die Zeit des Lebens, in der man kein Kind mehr, aber noch kein Erwachsener ist *„In der/seiner Jugend war er sehr sportlich"* **K** Jugendalter, Jugendzeit **2** **die Jugend** alle Menschen im Alter von etwa 13 bis 21 Jahren ‹*die heranwachsende, heutige Jugend; die Jugend von heute*› **K** Jugendarbeitslosigkeit, Jugendbuch

die **Ju·gend·her·ber·ge** eine Art einfaches Hotel, in dem vor allem Jugendliche billig übernachten können

ju·gend·lich ADJEKTIV **1** im Alter von Jugendlichen ‹*ein Publikum, ein Zuschauer*› **2** (vor allem in Bezug auf ältere Menschen) von einer Art, die für junge Menschen typisch ist ‹*Elan, Frische, Leichtsinn, Schwung, Übermut*›

der/die **Ju·gend·li·che** (*-n, -n*) eine Person, die kein Kind mehr, aber noch kein Erwachsener ist **i** *ein Jugendlicher; der Jugendliche; den, dem, des Jugendlichen*

der **Ju·li** (*-(s), -s*) der siebente Monat des Jahres ‹*im Juli; Anfang, Mitte, Ende Juli; am 1., 2., 3. Juli*› **i** Am Telefon wird meist *Julei* verwendet, um eine Verwechslung mit *Juni* zu vermeiden.

jung ADJEKTIV (*jünger, jüngst-*) **1** (in Bezug auf einen Menschen, ein Tier oder eine Pflanze) so, dass sie erst seit relativ kurzer Zeit leben ↔ alt *„Sie ist noch zu jung, um wählen zu gehen"* | *„Junge Hunde nennt man Welpen"* **K** Jungtier **2** **Jung und Alt**; **die Alten und die Jungen** junge und alte Menschen ≈ alle

der **Jun·ge**[1] (*-n, -n/gesprochen Jungs*) ein Jugendlicher oder ein Kind männlichen Geschlechts ↔ Mädchen **K** Jungenstreich **i** *ein, der Junge; den, dem, des Jungen* • *hierzu* **jun·gen·haft** ADJEKTIV

das **Jun·ge**[2] (*-n, -n*) ein sehr junges Tier *„Unsere Katze kriegt Junge"* **K** Katzenjunge **i** *ein Junges; das Junge; dem, des Jungen*

die **Jung·frau** ein Mädchen oder eine Frau, die noch nie Sex hatte

der **Ju·ni** (*-(s), -s*) der sechste Monat des Jahres ‹*im Juni; Anfang, Mitte, Ende Juni; am 1., 2., 3. Juni*› **i** Am Telefon wird meist *Juno* verwendet, um eine Verwechslung mit *Juli* zu vermeiden.

der **Ju·rist** (*-en, -en*) eine Person, die Rechtswissenschaft studiert hat und auf diesem Gebiet arbeitet, z. B. als Rechtsanwalt oder Richter **i** *der Jurist; den, dem, des Juristen* • *hierzu* **Ju·ris·tin** *die*

die **Ju·ry** [ʒy'riː, 'ʒyːri]; (*-, -s*) eine Gruppe von Personen, die in einem Wettbewerb die Leistungen der Teilnehmer beurteilt *„Der letzte Turner bekam von der Jury die beste Note"*

e **Jus·tiz** (-) **1** der Teil der staatlichen Verwaltung, der die geltenden Gesetze anwendet und durchsetzt **K** Justizminister **2** eine Behörde, die für die Justiz verantwortlich ist ⟨*jemanden der Justiz ausliefern, übergeben*⟩ **K** Justizbeamte(r), Justizbehörde

K

s **K, k** [kaː]; (-, -/*gesprochen auch* -s) der elfte Buchstabe des Alphabets

s **Ka·ba·rett** [kaba'rɛt, -'reː, 'kabarɛt, 'kabare]; (-s, -s) **1** das Kabarett kritisiert auf der Bühne politische und soziale Verhältnisse und Ereignisse auf witzige Art ⟨*Kabarett machen*⟩ ⓘ nicht in der Mehrzahl verwendet **2** das Haus oder der Saal, in dem Kabarett aufgeführt wird **3** die Personen, die das Kabarett gestalten • *zu* (3) **Ka·ba·ret·tịst** *der*

s **Kạ·bel** (-s, -) **1** Kabel für elektrische Leitungen bestehen aus langen Drähten mit einer schützenden Schicht aus Kunststoff ⟨*Kabel verlegen*⟩ *„den Drucker mit einem Kabel an den Computer anschließen"* **K** Stromkabel, Telefonkabel, Verlängerungskabel ⓘ → Abb. unter **Steckdose** **2** ein sehr dickes Seil aus starken Drähten (z. B. bei einer Seilbahn, einer Hängebrücke) **3** eine Technik, mit welcher Signale für Fernsehen und Radio mit Kabeln übertragen und empfangen werden (statt über Antenne oder Satellit) ⟨*Programme, Sender via/über Kabel empfangen, verbreiten*⟩ **K** Kabelfernsehen, Kabelnetz ⓘ nicht in der Mehrzahl verwendet

e **Ka·bi·ne** (-, -n) **1** ein kleiner Raum (z. B. zum Umkleiden), der durch einen Vorhang oder eine dünne Wand von anderen Räumen getrennt ist *„Sie können das Kleid noch nicht anprobieren – die Kabinen sind alle besetzt"* **K** Duschkabine, Umkleidekabine **2** ein Raum auf einem Schiff, in dem Passagiere wohnen und schlafen **K** Kabinendeck; Luxuskabine **3** der Raum in einem Flugzeug, in dem die Passagiere sitzen

das **Ka·bi·nẹtt** (-s, -e) alle Minister einer Regierung ⟨*ein Kabinett bilden, einberufen, umbilden, auflösen; das Kabinett tagt*⟩ **K** Kabinettsbeschluss

die **Kạ·chel** (-, -n) eine dünne (meist viereckige) Platte aus (gebranntem) Ton, die man vor allem auf Wände oder Böden (z. B. im Bad, in der Küche) klebt ≈ Fliese

der **Kä·fer** (-s, -) Käfer sind Insekten mit dünnen Flügeln zum Fliegen und harten Flügeln zum Schutz der dünnen Flügel ⟨*ein Käfer summt, brummt, schwirrt durch die Luft, krabbelt auf dem Boden*⟩ ⓘ → Abb. unter **Insekt**

der **Kạf·fee**, **Kaf·fee**; (-s, -s) **1** ein dunkelbraunes Getränk, das aus gebrannten, dann gemahlenen Bohnen und kochendem Wasser gemacht wird, etwas bitter schmeckt und anregend wirkt ⟨*starker, schwacher, dünner, koffeinfreier Kaffee; Kaffee machen, kochen, aufgießen, aufbrühen, filtern*⟩ *„Nehmen Sie Ihren Kaffee mit Milch und Zucker?" – „Nein, schwarz."* **K** Kaffeekanne, Kaffeetasse; Filterkaffee ⓘ nicht in der Mehrzahl verwendet; zu *Kaffeekanne* → Abb. unter **Frühstück** **2** die Bohnen, aus denen man Kaffee macht ⟨*Kaffee rösten, mahlen*⟩ *„einen Teelöffel Kaffee pro Tasse in den Filter füllen"* **K** Kaffeebohnen, Kaffeesorte **3** eine kleine Mahlzeit am Nachmittag, bei der Kaffee getrunken (und süßes Gebäck gegessen) wird ⟨*jemanden zum Kaffee einladen*⟩ **K** Kaffeepause

der **Kạf·fee·löf·fel** ein kleiner Löffel ≈ Teelöffel ⓘ → Abb. unter **Besteck**

der **Kä·fig** (-s, -e) **1** ein Raum mit Gittern o. Ä., in dem Tiere (gefangen) gehalten werden *„Der Tiger ist aus seinem Käfig ausgebrochen"* **K** Raubtierkäfig, Löwenkäfig **2** ein Kasten mit Stäben oder Gittern als Wänden, in dem man kleine Tiere hält **K** Hamsterkäfig, Vogelkäfig

kahl ADJEKTIV (*kahler, kahlst-*) **1** (fast) ohne Haare ⟨*ein Kopf, ein Schädel*⟩ **2** ohne Blätter ⟨*ein Ast, ein Baum, ein Strauch*⟩ **3** ohne Bilder, Möbel o. Ä. ⟨*eine Wand, ein Zimmer*⟩ ≈ leer

der **Kahn** (-(*e*)*s, Käh·ne*) **1** ein offenes, flaches Boot zum Rudern **2** ein offenes flaches Schiff für Flüsse, das mit Waren beladen wird **K** Lastkahn

der **Kai·ser** (-*s*, -) der oberste (weltliche) Herrscher, den es in einer Monarchie geben kann **K** Kaiserkrone, Kaiserreich **i** → auch **König** • *hierzu* **Kai·se·rin** *die*; **kai·ser·lich** ADJEKTIV

der **Ka·kao** [ka'kau]; (-*s*) **1** ein braunes Pulver, das aus großen Samenkörnern des Kakaobaums hergestellt wird und aus dem man Schokolade macht **K** Kakaopulver **2** ein Getränk aus Milch, Kakao und Zucker ⟨*eine Tasse Kakao*⟩

das **Kalb** (-(*e*)*s, Käl·ber*) ein junges Rind **K** Kalbfleisch, Kalbsbraten

der **Ka·len·der** (-*s*, -) ein Block oder ein Buch, in dem alle Tagen, Wochen und Monaten eines Jahres auf einem Blatt oder einer Seite stehen. In einen Kalender kann man Termine u. Ä. eintragen **K** Terminkalender

der **Kalk** (-(*e*)*s*) ein weißes Pulver (aus Kalkstein), das man beim Bauen braucht (vor allem um die Mauern mit einer weißen Schicht zu bedecken) • *hierzu* **kalk·hal·tig** ADJEKTIV

kalt ADJEKTIV (*kälter, kältest-*) **1** mit/von (sehr oder relativ) niedriger Temperatur, sehr kühl ↔ heiß „*Draußen ist es kalt, zieh doch einen Mantel an*" | „*Iss schnell, sonst wird die Suppe kalt*" **K** eiskalt **2** drückt aus, dass Speisen entweder ohne Kochen zubereitet wurden (z. B. Salat) oder längere Zeit vor dem Servieren/Essen zubereitet wurden und daher nicht warm sind „*Zwischen vierzehn und achtzehn Uhr servieren wir nur kalte Speisen*" **3** ohne freundliche Gefühle ⟨*ein Lächeln, ein Mensch*⟩ ↔ herzlich **4** **jemandem ist kalt** jemand friert **5** **etwas kalt stellen** Getränke oder Speisen an einen Ort stellen, wo sie kalt werden

die **Käl·te** (-) **1** eine niedrige Temperatur (der Luft, des Wassers), die man als unangenehm empfindet, weil man friert ⟨*es herrscht (eine) eisige, grimmige, schneidende Kälte; vor Kälte zittern*⟩ ↔ Hitze „*Bei dieser Kälte brauchst du unbedingt Schal und Mütze*" **2** Temperaturen unter null Grad (Celsius) „*20 Grad Kälte*" −20 °C **3** das Fehlen von Freundlichkeit und Mitgefühl für andere Personen „*In seinen Worten lag eine eisige Kälte*" **K** Gefühlskälte

kam *Präteritum, 1. und 3. Person Singular* → kommen

die **Ka·me·ra** (-, -*s*) **1** ein Apparat zum Filmen ⟨*die Kamera läuft; die Kamera zeigt etwas*⟩ „*Er hat die Hochzeit mit seiner kleinen Kamera gefilmt*" **K** Kameraeinstellung, Kamerateam; Fernsehkamera **2** ein Gerät, mit dem man Fotos macht „*Die Kamera in meinem Handy macht gute Bilder*" **K** Digitalkamera, Fotokamera, Handykamera

der **Ka·me·rad** (-*en*, -*en*) eine Person, mit der man viel Zeit gemeinsam verbringt, weil man die gleichen Interessen hat **K** Spielkamerad **i** *der Kamerad; den, dem, des Kameraden* • *hierzu* **Ka·me·ra·din** *die*

die **Ka·mil·le** (-, -*n*) eine duftende Blume, deren Blüten in der Mitte gelb sind und weiße Blütenblätter haben; Kamille wird als Tee bei Entzündungen und Problemen mit dem Magen verwendet

der **Ka·min** (-*s*, -*e*) **1** manche Häuser haben einen offenen Kamin, in dem man Feuer macht, um davor zu sitzen ⟨*vor dem, am Kamin sitzen*⟩ „*Im Kamin prasselte ein Feuer*" **K** Kaminfeuer **2** ein meist eckiges Rohr auf dem Dach eines Hauses, aus dem der Rauch aus der Heizung kommt ≈ Schornstein

der **Kamm** (-(*e*)*s, Käm·me*) Kämme sind

K

lang und flach und man benutzt sie zum Kämmen der Haare *„Er fuhr sich schnell mit dem Kamm durch die Haare"* ❶ vergleiche **Bürste**

käm·men (*kämmte, hat gekämmt*) **jemanden kämmen; jemandem die Haare kämmen** die eigenen oder jemandes Haare mit einem Kamm glatt und ordentlich machen und ihnen so die gewünschte Frisur geben *„Kämm dir die Haare nach hinten – das steht dir gut"*

Kam·mer (-, -*n*) ein kleiner Raum (ohne oder mit kleinem Fenster) zum Lagern von Vorräten, Geräten usw. *„Das Bügelbrett steht in der Kammer neben dem Bad"* **K** Abstellkammer, Besenkammer

Kam·pag·ne [-'panjə]; (-, -*n*) **eine Kampagne (für, gegen jemanden/etwas)** eine Aktion mit dem Zweck, in der Öffentlichkeit für eine Person oder Sache zu werben oder (meist aus politischen Gründen) gegen eine Person, Pläne oder Absichten zu kämpfen 〈*eine Kampagne starten, führen*〉 *„Die Kampagne gegen das Rauchen hatte Erfolg"* **K** Werbekampagne

Kampf (-(*e*)*s*, *Kämp·fe*) **1 der Kampf (gegen jemanden/mit jemandem)** eine militärische Aktion im Krieg **K** Kampfflugzeug, Kampfgebiet; Luftkampf **2 der Kampf (gegen jemanden/mit jemandem)** eine Situation, in der Personen oder Tiere mit körperlicher Kraft gegeneinander kämpfen 〈*jemanden zum Kampf herausfordern*〉 **3 der Kampf (für/gegen jemanden/etwas)** der intensive Einsatz, mit dem man ein Ziel erreichen oder etwas verhindern will *„der Kampf gegen die Umweltverschmutzung/für den Frieden"* **4 der Kampf (um jemanden/etwas)** der intensive Einsatz, mit dem man versucht, ein Ziel zu erreichen oder jemanden/etwas zu bekommen, zu behalten oder zu retten *„der Kampf ums Überleben"* • *hierzu* **kampf·be·reit** ADJEKTIV; **kampf·los** ADJEKTIV

kämp·fen (*kämpfte, hat gekämpft*) **1 (gegen jemanden/mit jemandem) kämpfen** im Krieg mit Waffen versuchen, feindliche Soldaten zu besiegen 〈*tapfer, erbittert gegen die Eindringlinge, die feindliche Armee kämpfen*〉 **2 (gegen jemanden/mit jemandem) kämpfen** (körperliche) Gewalt gegen eine andere Person anwenden und so versuchen, sie zu besiegen (auch mit Waffen) *„Die beiden jungen Burschen kämpften verbissen miteinander"* **3 für jemanden/etwas kämpfen; gegen jemanden/etwas kämpfen** sich sehr stark (angestrengt) bemühen, etwas zu erreichen bzw. zu verhindern *„für die Rechte von Minderheiten kämpfen"* | *„dagegen kämpfen, dass eine Autobahn gebaut wird"* **4 um jemanden/etwas kämpfen** sich ganz intensiv darum bemühen, etwas zu erreichen, jemanden/etwas zu behalten o. Ä. *„Die Gewerkschaft kämpft um höhere Löhne"*

der **Ka·nal** (-*s*, *Ka·nä·le*) **1** Kanäle sind künstlich geschaffene Flüsse, vor allem für den Verkehr von Schiffen **2** durch Kanäle unter der Erde fließt schmutziges Wasser von den Straßen und Häusern weg *„Die Abwässer der Stadt werden durch unterirdische Kanäle in die Kläranlage geleitet"* **K** Kanaldeckel; Abwasserkanal **3** ein Bereich der Funkwellen, in dem man den gewünschten Sender empfangen kann 〈*einen Kanal wählen, einstellen, empfangen, hören*〉

der **Kan·di·dat** (-*en*, -*en*) **1 ein Kandidat (für etwas)** eine Person, die sich um eine Stelle oder um ein Amt bewirbt, vor allem in politischen Wahlen 〈*der Kandidat einer Partei*〉 ≈ Bewerber *„Er war der aussichtsreichste Kandidat für das Amt des Präsidenten"* **K** Kandidatenliste; Gegenkandidat **2** ein Schüler, Student o. Ä., der (gerade) das Examen machen will *„Heute werden die ersten zehn Kandidaten mündlich geprüft"* ❶ *der Kandidat; den, dem, des Kandidaten* • *hierzu* **Kan·di·da·tin** *die*

K

die **Kan·di·da·tur** (-, -en) **die Kandidatur (für etwas)** die Bewerbung oder Nominierung als Kandidat für eine Wahl ⟨*eine Kandidatur annehmen, unterstützen, ablehnen; seine Kandidatur zurückziehen*⟩ *„Wir unterstützen seine Kandidatur für den Bundestag"*

kan·di·die·ren (*kandidierte, hat kandidiert*) **(für etwas) kandidieren** sich als Kandidat um ein öffentliches Amt bewerben *„Er kandidierte bei den Wahlen für unsere Partei"*

das **Ka·nin·chen** (-s, -) Kaninchen sehen aus wie Hasen, leben in Höhlen unter der Erde und bekommen viele Junge

der **Ka·nis·ter** (-s, -) ein großer Behälter aus Blech oder Plastik, in dem man Wasser, Öl oder Benzin aufbewahrt ⓘ → Abb. *Behälter und Gefäße* unter **Behälter**

K

kann *Präsens, 1. und 3. Person Singular* → können

die **Kan·ne** (-, -n) ein relativ hohes Gefäß, mit dem man Flüssigkeiten gut in kleinere Gefäße gießen kann **K** Gießkanne; Kaffeekanne, Teekanne ⓘ → Abb. unter **Behälter** und **Frühstück**

kann·te *Präteritum, 1. und 3. Person Singular* → kennen

die **Ka·no·ne** (-, -n) eine große Waffe mit einem langen Rohr, aus der man sehr große Kugeln schießt ≈ Geschütz

die **Kan·te** (-, -n) **1** die Linie, mit der sich zwei Flächen in einem Winkel berühren ⟨*eine scharfe Kante*⟩ *„Ein Würfel hat 6 Flächen und 12 Kanten"* | *„Ich habe mich an einer Kante des Tisches gestoßen"* **K** Bettkante, Tischkante **2** der äußere Rand, an dem etwas endet *„Die Kanten der Hemdsärmel sind schon etwas abgestoßen"* beschädigt

die **Kan·ti·ne** (-, -n) eine Art Restaurant in einem Betrieb, einer Kaserne o. Ä. *„mittags in der Kantine essen"* **K** Kantinenessen

der **Kan·ton** (-s, -e) das Gebiet der Schweiz ist in 23 Kantone mit eigener Verwaltung eingeteilt *„der Kanton Uri"* **K** Kantonsgericht, Kantonsregierung ⓘ Abkürzung: *Kt.* • *hierzu* **kan·to·nal** *ADJEKTIV*

das **Ka·nu**, **Ka·nu**; (-s, -s) Kanus sind schmale, oben offene Boote zum Paddeln

der **Kanz·ler** (-s, -) Kurzwort für *Bundeskanzler* **K** Kanzleramt, Kanzlerkandidat • *hierzu* **Kanz·le·rin** *die*

die **Ka·pa·zi·tät** (-, -en) **1** die Menge an Waren oder Substanzen, die in einem Zeitraum produziert oder verarbeitet werden kann ⟨*ausreichende, freie, nicht (aus)genutzte, vorhandene, zusätzliche Kapazitäten; die Kapazität ausbauen, voll (aus)nutzen, reduzieren*⟩ *„Das Unternehmen betreibt Kraftwerke mit einer Kapazität von 2,5 Gigawatt"* **2** die maximale Menge oder Anzahl, die Platz hat o. Ä. *„Das Krankenhaus hat eine Kapazität von 300 Betten"* | *„eine Festplatte mit 10 Gigabyte Kapazität"* **K** Speicherkapazität **3** die Leistungen, die einer Person oder Sache möglich sind *„Verfügen Sie noch über freie Kapazitäten für dieses Projekt?"* Haben Sie Zeit, um an diesem Projekt zu arbeiten?

die **Ka·pel·le** (-, -n) **1** eine kleine Kirche (manchmal als Raum in einem Schloss oder in einer großen Kirche) ⓘ → Abb. unter **Kirche** **2** ein (relativ kleines) Orchester, das vor allem Musik zur Unterhaltung und zum Tanz spielt **K** Blaskapelle

ka·pie·ren (*kapierte, hat kapiert*); *gesprochen* **etwas kapieren** wissen oder erkennen, wie etwas ist oder warum es so ist ≈ verstehen, begreifen *„Ich habe versucht, Physik zu lernen, aber ich kapiere das alles einfach nicht"* | *„Kapier doch endlich, dass es nicht so weitergehen kann!"*

das **Ka·pi·tal** (-s, -e/-ien [-i̯ən]) **1** das Geld, die Maschinen usw., die eine Firma besitzt ⟨*die Gesellschaft erhöht ihr Kapital*⟩ **2** Geld, das Gewinn bringt, z. B. in Form von Zinsen ⟨*das Kapital (gut, gewinnbringend) anlegen; das Kapital aufbrauchen*⟩ ≈ Vermögen **K** Kapitalanlage, Kapitalertrag

Ka·pi·ta·lis·mus (-) ein gesellschaftliches System, in dem Fabriken usw. nicht dem Staat, sondern Firmen gehören und in dem Angebot und Nachfrage die Preise bestimmen • *hierzu* **ka·pi·ta·lis·tisch** ADJEKTIV

Ka·pi·tän (-s, -e) **1** die Person, die auf einem Schiff das Kommando hat **2** der verantwortliche Pilot eines Flugzeugs, das Passagiere befördert **3** Kurzwort für *Mannschaftskapitän „der Kapitän der Nationalmannschaft"*

Ka·pi·tel (-s, -) ein Abschnitt eines (längeren) Textes, der eine inhaltliche Einheit bildet (und eine Überschrift, einen Titel hat) *„Der Roman hat 10 Kapitel"* **K** Kapitelüberschrift; Schlusskapitel **i** Abkürzung: *Kap.*

Kap·pe (-, -n) **1** Kappen für den Kopf sind meist eng und aus festem Material; viele haben vorn einen Schirm, der die Augen vor der Sonne schützt ⟨*eine Kappe tragen, aufsetzen*⟩ **K** Badekappe, Baseballkappe **2** ein Stück Metall, Plastik o. Ä., mit dem man etwas schützt oder verschließt (z. B. eine Flasche) **K** Radkappe, Verschlusskappe **i** → Abb. unter **Deckel**

Kap·sel (-, -n) ein Medikament (meist in Form von Pulver), das von einer Hülle umgeben ist (die sich dann im Magen auflöst)

ka·putt ADJEKTIV; *gesprochen* **1** in einem so schlechten Zustand, dass es nicht mehr benutzt werden kann ⟨*ein Gerät, eine Maschine; etwas kaputt machen, schlagen*⟩ ≈ defekt *„die kaputte Fensterscheibe austauschen" | „Er hat das neue Auto kaputt gefahren"* **2** völlig erschöpft und müde ⟨*sich kaputt fühlen*⟩ *„Ich war nach der Arbeit ganz kaputt"*

ka·putt·ge·hen (*ging kaputt, ist kaputtgegangen*); *gesprochen* **etwas geht kaputt** etwas zerbricht o. Ä., gerät in einen so schlechten Zustand, dass es nicht mehr zu gebrauchen ist

ka·putt·ma·chen (*machte kaputt, hat kaputtgemacht*); *gesprochen* **1** **etwas macht jemanden kaputt** etwas fordert so viel Kraft (durch Anstrengungen) von einer Person, dass sie dabei ihre körperlichen oder psychischen Kräfte verliert *„Die Sorgen um ihren kranken Sohn machen sie noch kaputt"* **i** aber: *das Fahrrad kaputt machen/ kaputtmachen* **2** **(jemandem) etwas kaputtmachen** etwas (für jemanden) ruinieren *„Wir hatten so viel Spaß miteinander und du hast jetzt alles kaputtgemacht"*

die **Ka·pu·ze** (-, -n) manche Pullover, Mäntel und Jacken haben eine Kapuze, mit der man den Kopf bedecken kann

ka·riert ADJEKTIV **1** mit einem Muster aus Vierecken ⟨*ein Stoff*⟩ **2** mit Linien, die Quadrate oder Rechtecke bilden ⟨*ein Schreibblock, Papier*⟩

der **Kar·ne·val** [-val]; (-s, -e/-s) im Karneval (im Januar und Februar) tragen die Menschen auf fröhlichen Festen lustige Kleider ≈ Fasching *„Der Rosenmontag ist der Höhepunkt des Karnevals am Rhein"* **K** Karnevalskostüm, Karnevalsumzug, Karnevalsverein • *hierzu* **kar·ne·va·lis·tisch** ADJEKTIV

das **Ka·ro** (-s, -s) eines von vielen Vierecken, die als Muster auf Papier oder auf Stoffe gedruckt werden

die **Ka·rot·te** (-, -n) die dicke, längliche, orange Wurzel einer Pflanze, die man als Gemüse isst ≈ Möhre **K** Karottengemüse, Karottensaft **i** → Abb. unter **Gemüse**

die **Kar·ri·e·re** [-ˈri̯eːrə]; (-, -n) der Weg, der im Beruf zu Erfolg und zu einer guten Position führt ⟨*eine glänzende, steile, große Karriere vor sich (Dativ) haben; jemandem die Karriere verderben*⟩ **K** Beamtenkarriere

die **Kar·te** (-, -n) **1** ein rechteckiges Stück aus dickem, festem Papier, auf das man etwas schreibt **K** Karteikarte **2** eine Karte (oft mit einem gedruckten Bild), die dazu dient, Grüße zu schreiben ⟨*jemandem aus dem Urlaub, zum Geburtstag, an Weihnachten eine Karte*

K

schicken, schreiben⟩ **K** Ansichtskarte, Geburtstagskarte, Weihnachtskarte **3** eine von verschiedenen Karten mit Zahlen und/oder Symbolen, die beim Kartenspiel verwendet werden ⟨*die Karten mischen, geben; gute, schlechte Karten haben; Karten spielen*⟩ **K** Spielkarten **4** eine Zeichnung eines Gebietes mit Einzelheiten wie Bergen, Straßen, Flüssen usw. (auf Papier oder einem Bildschirm) ⟨*etwas auf der Karte suchen*⟩ ≈ Landkarte **K** Europakarte, Straßenkarte **5** (in Restaurants, Bars o. Ä.) eine Liste, auf der Speisen, Getränke usw. und deren Preise stehen ⟨*die Karte verlangen, studieren*⟩ **K** Eiskarte, Getränkekarte, Speisekarte **6** Kurzwort für *Eintrittskarte* ⟨*Karten kaufen, bestellen, reservieren lassen*⟩ **K** Kinokarte, Konzertkarte **7** Kurzwort für *Fahrkarte* ⟨*eine Karte lösen; die Karte entwerten (lassen), vorzeigen, kontrollieren*⟩ ≈ Ticket **K** Monatskarte, Rückfahrkarte, Schülerkarte **8** Kurzwort für *Kreditkarte* oder *Bankkarte* ⟨*mit Karte zahlen*⟩

K

die **Kar·tei** (-, *-en*) eine Kartei besteht aus Kästen, in denen viele Karten oder Ordner mit Informationen sind **K** Mitgliederkartei, Patientenkartei

die **Kar·tof·fel** (-, *-n*) Kartoffeln sind braun und wachsen unter der Erde. Man isst sie gekocht oder gebraten ⟨*Kartoffeln schälen, kochen, in Scheiben schneiden*⟩ **K** Kartoffelbrei, Kartoffelpüree, Kartoffelschalen, Kartoffelsuppe

der **Kar·tof·fel·sa·lat** gekochte, in Scheiben geschnittene Kartoffeln, die man mit Zwiebeln, Mayonnaise usw. zubereitet und kalt als Salat isst

der **Kar·ton** [-'tɔŋ, -'tõ, -'to:n]; (*-s, -s*) ein Behälter aus Pappe, der wie ein Kasten aussieht ≈ Schachtel **i** → Abb. unter **Verpackung**

das **Ka·rus·sell** (*-s, -e/-s*) (auf Volksfesten o. Ä.) ein großes, rundes Gestell mit hölzernen Pferden, kleinen Autos o. Ä., das sich im Kreis dreht, und auf dem man mitfahren kann

der **Kä·se** (*-s*) ein festes (weißes oder gelbes) Produkt aus Milch, das man (in vielen Sorten) meist zu Brot isst *„Der Camembert ist ein französischer Käse"* **K** Käseaufschnitt, Käsebrot; Schafskäse **i** Als Plural wird *Käsesorten* verwendet; zu *Käseaufschnitt* → Abb. unter **Aufschnitt**

die **Kas·se** (-, *-n*) **1** ein Gerät, das in Geschäften dazu dient, die gekauften Waren zu registrieren und auszurechnen, wie viel der Kunde bezahlen muss ⟨*das Wechselgeld in der Kasse; etwas in die Kasse tippen*⟩ **K** Ladenkasse **2** (in einem Supermarkt, Theater, Kino usw.) die Stelle, an der man die gekauften Waren bzw. den Eintritt bezahlt ⟨*zur Kasse gehen; sich an der Kasse anstellen*⟩ **K** Kinokasse, Theaterkasse **3** der Ort (meist in einer Bank), an dem man Geld einzahlen oder bekommen kann **4** Kurzwort für *Krankenkasse „Die Kosten für das Krankenhaus zahlt die Kasse"*

kas·sie·ren (*kassierte, hat kassiert*) **1** **(etwas) kassieren** von einer Person Geld für eine Ware, Leistung o. Ä. fordern und nehmen ⟨*die Miete, den Strom, das Fahrgeld kassieren*⟩ *„Die Kellnerin hatte vergessen, bei uns zu kassieren"* **2** **etwas kassieren** *gesprochen* etwas Unangenehmes bekommen oder erleiden ⟨*eine Niederlage, eine Ohrfeige kassieren*⟩

die **Kas·ta·nie** [-ni̯ə]; (-, *-n*) **1** eine braune, harte Frucht in einer grünen, stacheligen Hülle. Es gibt eine Sorte Kastanien, die man essen kann ⟨*heiße Kastanien essen*⟩ *„das Wild mit Kastanien füttern"* **K** Esskastanie **2** ein Baum, an dem Kastanien wachsen **K** Kastanienbaum • *zu* (1) **kas·ta·ni·en·braun** ADJEKTIV

der **Kas·ten** (*-s, Käs·ten*) **1** ein meist rechteckiger Behälter aus Holz, Metall o. Ä. (meist mit Deckel) der zum Aufbewahren oder Transportieren von Sachen dient **K** Briefkasten, Geigenkasten, Werkzeugkasten **2** **ein Kasten** (*+Substantiv*) ein rechteckiger Behälter ohne Deckel, der speziell für den

Transport von Flaschen gemacht ist ⟨*ein Kasten Bier, Limo, Mineralwasser*⟩

Ka·sus (-, - [-zuːs]) ≈ Fall

Ka·ta·log (-(e)s, -e) [1] eine Art Liste mit allen Gegenständen, die in einem Museum, einem Lager, einer Bibliothek oder bei einer Ausstellung vorhanden sind *„der alphabetische Katalog einer Bibliothek"* [K] Bibliothekskatalog [2] ein Buch oder dickes Heft mit Bildern, in dem man (als Besucher oder Kunde) lesen kann, welche Gegenstände in einer Ausstellung bzw. in einem Museum zu sehen sind oder welche Waren eine Firma verkauft ⟨*im Katalog blättern; etwas aus dem Katalog bestellen*⟩ [K] Katalogpreis

Ka·ta·stro·phe [-fə]; (-, -n) [1] ein natürliches Ereignis oder ein Krieg mit schlimmen Folgen für ein Gebiet oder die Menschen, die dort leben ⟨*eine atomare, humanitäre, kosmische, nationale, globale Katastrophe*⟩ *„Die Dürre war eine verheerende Katastrophe für das Land"* [K] Erdbebenkatastrophe, Naturkatastrophe [2] eine Situation oder ein Ereignis mit schlimmen Folgen für jemanden *„Es wäre eine Katastrophe für die Firma, wenn sie diesen Auftrag verliert"*

Ka·te·go·rie (-, -n [-'riːən]) eine Gruppe, in die man Dinge oder Personen aufgrund gemeinsamer Merkmale einordnet ⟨*etwas gehört, zählt zu einer Kategorie*⟩ *„Kleidung ist im Katalog in mehrere Kategorien unterteilt: für Damen, Herren und Kinder, für Freizeit, Sport, festliche Anlässe usw."*

Ka·ter (-s, -) [1] eine männliche Katze [2] die Kopfschmerzen und die Übelkeit, die man hat, wenn man am Tag vorher zu viel Alkohol getrunken hat

ka·tho·lisch *ADJEKTIV* zu der christlichen Religion gehörig, deren höchster Vertreter der Papst in Rom ist ⟨*die Kirche, ein Priester, ein Dogma; katholisch sein*⟩ (i) Abkürzung *kath.*

Kạt·ze (-, -n) [1] ein Haustier mit scharfen Zähnen und Krallen, das Mäuse fängt ⟨*die Katze miaut, schnurrt, faucht, kratzt, putzt sich, macht einen Buckel*⟩ [K] Hauskatze; Katzenfell (i) → Abb. unter **Tier** [2] verwendet als Bezeichnung für eine weibliche Katze (im Gegensatz zu einem Kater) [3] eine der verschiedenen Tierarten, die mit der Katze verwandt sind *„Tiger und Löwen sind Katzen"* [K] Raubkatze, Wildkatze • *zu* (1) **kạt·zen·ar·tig** *ADJEKTIV*

der **Kạt·zen·tisch** *gesprochen* ein separater Tisch, z. B. bei einem Fest, meist für Kinder, aber humorvoll auch für weniger wichtige Gäste *„Die Kinder saßen am Katzentisch"* | *„Ich fühlte mich wie am Katzentisch"*

kau·en (*kaute, hat gekaut*) **(etwas) kauen** feste Nahrung mit den Zähnen kleiner machen (zerbeißen) ⟨*etwas gut, gründlich kauen*⟩ *„Es ist ungesund, beim Essen nicht richtig zu kauen"*

der **Kauf** (-(e)s, *Käu·fe*) das Kaufen ⟨*ein Kauf auf Raten, Kredit; etwas zum Kauf anbieten*⟩ *„Vom Kauf dieser Spülmaschine kann man nur abraten"* [K] Hauskauf [ID] **etwas in Kauf nehmen** Negatives akzeptieren, ohne das man etwas Gutes nicht bekommen kann ⟨*Nachteile, einen Umweg, lange Wartezeiten/Wege in Kauf nehmen*⟩

kau·fen (*kaufte, hat gekauft*) [1] **(etwas) kaufen** etwas dadurch bekommen, dass man Geld dafür zahlt ⟨*etwas neu, alt, gebraucht kaufen; bei jemandem kaufen; etwas für teures (=viel) Geld kaufen*⟩ *„Sie kauft ihre Eier auf dem Markt"* [K] Kaufpreis, Kaufvertrag [2] **(sich** (*Dativ*)**) etwas kaufen** etwas für sich selbst kaufen *„Hast du dir schon wieder neue Schuhe gekauft?"*

der **Käu·fer** (-s, -) eine Person, die etwas kauft bzw. gekauft hat [K] Käuferschicht • *hierzu* **Käu·fe·rin** *die*

das **Kauf·haus** ein großes Geschäft (meist mit mehreren Stockwerken), in dem man viele verschiedene Waren kaufen kann

der **Kauf·mann** (-(e)s, *Kauf·leu·te*) eine Person, die eine spezielle (kaufmännische) Lehre abgeschlossen hat und deren Beruf es ist, Dinge zu kaufen und zu verkaufen **K** Bankkaufmann ℹ vergleiche **Kauffrau**

kauf·män·nisch ADJEKTIV **1** in Bezug auf den Beruf des Kaufmanns ⟨*eine Lehre, eine Ausbildung*⟩ **2** mit Aufgaben im Bereich von Einkauf und Verkauf ⟨*ein Angestellter, ein Direktor, ein Leiter*⟩

der **Kau·gum·mi** eine weiche Masse, meist als Streifen, die man lange kauen kann, die dabei klebrig wird und nach Pfefferminz, einer Frucht o. Ä. schmeckt

kaum ADVERB **1** nur zu einem geringen Grad *„jemanden kaum kennen"* **2** nur mit Mühe oder Schwierigkeiten *„Die Portion war so groß, dass ich sie kaum geschafft habe"* Nur mit Mühe konnte ich alles aufessen **3** nicht oft oder nur in kleiner Menge ≈ selten *„Er ist kaum zu Hause"* nur selten

K

der **Ke·gel** (-s, -) eine der neun Holzfiguren, die man beim Kegeln umstößt

ke·geln (*kegelte, hat gekegelt*) (im Spiel) eine schwere Kugel so über eine Bahn rollen lassen, dass sie möglichst viele der neun Figuren (Kegel) am Ende der Bahn umwirft

die **Keh·le** (-, -n) **1** der vordere (äußere) Teil des Halses *„Vor Schreck griff sie sich an die Kehle"* **2** durch die Kehle im Hals kommen die Luft und die Speisen in den Körper ⟨*eine entzündete, heisere, raue Kehle haben*⟩ ≈ Rachen, Schlund

keh·ren (*kehrte, hat/ist gekehrt*) **1** **(etwas aus etwas/von etwas/irgendwohin) kehren** (*hat*) Schmutz mit dem Besen entfernen ⟨*die Straße, Treppe kehren; den Staub, das Laub von der Straße kehren*⟩ **K** Kehrbesen, Kehrschaufel **2** **etwas irgendwohin kehren** (*hat*) etwas so drehen oder wenden, dass es in die genannte Richtung zeigt *„Er kehrte seine Hosentaschen nach außen, um zu zeigen, dass sie leer waren"*

der **Keil** (-(e)s, -e) meist ein spitzes Stück Holz oder Metall in Form eines Dreiecks, das als Werkzeug dient *„Er trieb einen Keil in den Baumstamm, um ihn zu spalten"* ℹ → Abb. unter **Werkzeug**

kein ARTIKEL **1** nicht ein (Einziger, Einziges), nicht eine (Einzige) *„Es sind keine sauberen Tassen mehr da"* | *„Es regnete keinen einzigen Tag"* ℹ → Extras, S. 712: **Artikel** **2** so, dass von dem Genannten nichts da ist *„Wir haben kein Geld"* | *„Sie hat keine Zeit"*
PRONOMEN **3** niemand, nicht einer/eine/eines ↔ jeder *„Das glaubt dir keiner!"*

kei·ner·lei *nur in dieser Form* überhaupt kein/keine *„Das macht mir keinerlei Vergnügen"* | *„Sie hat keinerlei Lust, diese Stellung anzutreten"* | *„Wir haben darauf keinerlei Einfluss"*

kei·nes·falls ADVERB unter keinen Umständen ≈ niemals *„Keinesfalls wird dieses Geheimnis verraten"* | *„Nimmst du mein Angebot an?" – „Keinesfalls!"*

kei·nes·wegs ADVERB etwas ist überhaupt nicht der Fall *„Ich hatte keineswegs die Absicht, dich zu kränken"* | *„War sie verärgert?" – „Keineswegs!"*

der **Keks** *besonders* Ⓐ *auch das*; (-(es), -(e)) ein kleines, flaches Gebäck, das in Dosen oder Packungen verkauft wird und lange haltbar ist ℹ selbst gebackene Kekse nennt man *Plätzchen*

die **Kel·le** (-, -n) ein Löffel mit langem Stiel, mit dem man Suppe oder Soße aus dem Topf oder der Schüssel nimmt (schöpft) **K** Suppenkelle

der **Kel·ler** (-s, -) **1** der Teil eines Hauses, der ganz oder teilweise unter der Oberfläche der Erde liegt ⟨*etwas aus dem Keller holen; etwas in den Keller bringen*⟩ *„Kartoffeln im Keller lagern"* **K** Kellerfenster, Kellertreppe **2** ein Raum im Keller eines Hauses *„Jeder Mieter hat seinen eigenen Keller"* **K** Heizungskeller, Vorratskeller

der **Kell·ner** (-s, -) ein Mann, der den Gästen in einem Restaurant, in einer Bar o. Ä. die Getränke oder das Essen bringt ⟨*den/nach dem Kellner rufen*⟩ • *hierzu* **Kell·ne·rin** *die*; **kell·nern** (*hat*)

ken·nen (*kannte, hat gekannt*) **1** **jemanden/etwas kennen** durch Erfahrung wissen, wie eine Person oder Sache ist ⟨*jemandes Schwächen, Stärken kennen*⟩ *„Ich kenne München gut, ich* *habe mehrere Jahre dort gelebt"* ℹ *Kennen* und *wissen* haben eine sehr ähnliche Bedeutung. Man *kennt* Personen/Dinge besonders aus eigener Erfahrung und man *weiß* Dinge, weil man Informationen darüber gehört oder gelesen hat. **2** **jemanden kennen** eine Person schon getroffen (und mit ihr gesprochen) haben ⟨*jemanden flüchtig, gut, persönlich, vom Sehen, von früher, von der Arbeit/Schule kennen*⟩ **3** **jemanden/etwas kennen** wissen, wer jemand oder was etwas ist ⟨*jemanden dem Namen nach kennen*⟩ *„Ich kenne dieses Spiel, das haben meine Eltern immer gespielt"* **4** **etwas kennen** etwas wissen und deshalb nennen können ⟨*jemandes Adresse, Alter, Name, Telefonnummer kennen; den Grund für etwas kennen*⟩ **5** **etwas kennen** etwas schon einmal erlebt haben *„Kennst du dieses Glücksgefühl?"*

ken·nen·ler·nen, **ken·nen ler·nen** (*lernte kennen, hat kennengelernt/kennen gelernt*) **1** **jemanden kennenlernen** einer Person zum ersten Mal begegnen und mit ihr sprechen *„Die beiden haben sich im Urlaub kennengelernt"* **2** **jemanden/etwas kennenlernen** Erfahrungen mit jemandem/etwas machen

die **Kennt·nis** (-, *-se*) **1** das gesamte Wissen auf einem Gebiet, das man durch Erfahrung und Lernen hat ⟨*eingehende, gründliche Kenntnisse; seine Kenntnisse auffrischen, erweitern, vertiefen*⟩ **K** Fachkenntnisse, Sprachkenntnisse **2** der Zustand, über eine Sache informiert zu sein ℹ nicht in der Mehrzahl verwendet

das **Kenn·wort** (-(e)s, *Kenn·wör·ter*) ein Wort, das als Erkennungszeichen für etwas dient, mit dem man etwas registriert oder speichert

ken·tern (*kenterte, ist gekentert*) **etwas kentert** ein Boot o. Ä. wird z. B. durch Sturm oder Wellen umgeworfen

die **Ke·ra·mik** (-, *-en*) **1** Ton, der durch große Hitze in einem Ofen sehr hart geworden ist ℹ nicht in der Mehrzahl verwendet **2** etwas, das aus Keramik hergestellt ist **K** Keramikfliesen

der **Kern** (-(e)s, *-e*) **1** der innere Teil einer Frucht, aus dem eine neue Pflanze wachsen kann und der eine (harte) Schale hat ⟨*der Kern einer Aprikose, eines Pfirsichs, einer Pflaume; die Kerne eines Apfels, einer Melone, einer Sonnenblume*⟩ **K** Kirschkern, Kürbiskern, Pfirsichkern ℹ → Abb. unter **Obst** **2** der weiche innere, meist essbare Teil einer Nuss, eines Kerns ⟨*die Kerne von Haselnüssen, Mandeln, Pistazien, Sonnenblumen*⟩ ↔ Schale *„geröstete und gesalzene Kerne von Mandeln"* **K** Mandelkern **3** der (wichtigste) Teil in der Mitte von etwas ⟨*der Kern der Erde, einer Körperzelle, einer Stadt*⟩ ↔ Rand **K** Erdkern, Stadtkern • *zu* (1) **kern·los** ADJEKTIV

die **Ker·ze** (-, *-n*) ein Gegenstand aus Wachs o. Ä. (meist in der Form einer Stange) mit einem Docht in der Mitte, den man anzündet, um Licht zu haben ⟨*eine Kerze anstecken/anzünden, löschen/ausmachen*⟩ *„eine Kerze aus echtem Bienenwachs"* **K** Kerzenlicht, Kerzenständer; Geburtstagskerze ℹ → Abb. unter **Adventskranz**

der **Kes·sel** (-s, -) **1** eine Kanne aus Metall, in der man Wasser heiß macht ⟨*den Kessel aufsetzen, vom Herd nehmen*⟩ **K** Teekessel, Wasserkessel **2** ein Topf ohne Deckel, den man über ein Feuer hängt, um darin Wasser oder Suppen zu kochen **3** ein großer (geschlossener) Behälter aus Metall für Gase oder Flüssigkeiten *„Der Heizer schürte das Feuer unter dem Kessel der Lokomotive"* **K** Dampfkessel, Heizkessel

die **Ket·te** (-, *-n*) **1** eine (lange) Reihe von Ringen aus Metall, die fest aneinanderhängen ⟨*die Glieder einer Kette; einen Hund an die Kette legen*⟩ *„Die Privatparkplätze sind mit Ketten abgesperrt"* **K** Kettenglied **2** eine Kette, die dazu dient, die Kraft von einem Teil einer Maschine oder eines Fahrzeugs auf ei-

K

nen anderen zu übertragen ⟨*die Kette eines Fahrrads spannen, ölen*⟩ **K** Kettenfahrzeug, Kettensäge; Fahrradkette ℹ → Abb. unter **Fahrrad** **3** ein Schmuck (in Form eines Bandes aus Gold, Silber oder einer Reihe von Steinen, Perlen o. Ä.), den man meist um den Hals oder das Handgelenk trägt ⟨*eine goldene, silberne Kette; eine Kette umlegen, tragen, ablegen/abnehmen*⟩ **K** Kettenanhänger; Goldkette, Perlenkette; Halskette **4** mehrere Geschäfte, Restaurants, Hotels o. Ä., die sich an verschiedenen Orten befinden, aber zum gleichen Unternehmen gehören *„eine bekannte Kette von preiswerten Supermärkten"* **K** Hotelkette, Kaufhauskette

K

keu·chen (*keuchte, hat gekeucht*) (vor allem vor Anstrengung) laut und tief atmen (schnaufen) *„Der Marathonläufer kam keuchend am Ziel an"*

die **Keu·le** (-, -*n*) **1** eine längliche Waffe aus Holz, die an einem Ende dünn und am anderen Ende dick ist ⟨*jemanden mit einer Keule erschlagen*⟩ **2** der Oberschenkel von Tieren, den man isst **K** Hühnerkeule, Lammkeule

der **Kie·fer**[1] (-*s*, -) die beiden Knochen des Schädels, aus denen die (oberen und unteren) Zähne wachsen **K** Kiefergelenk; Oberkiefer, Unterkiefer

die **Kie·fer**[2] (-, -*n*) ein Baum, dessen Nadeln in Büscheln wachsen

der **Kies** (-*es*) **1** viele kleine Steine, die am Fluss, am Rand der Straße oder auf Fußwegen liegen ⟨*feiner, grober Kies*⟩ **K** Kiesweg **2** *gesprochen* ⟨*viel, wenig, ein Haufen Kies*⟩ ≈ Geld

das **Ki·lo** (-*s*, -/-*s*); *gesprochen* Kurzwort für *Kilogramm „zwei Kilo Fleisch"* | *„überflüssige Kilos abspecken"* durch eine Diät verlieren ℹ Nach Zahlen ist die Mehrzahl *Kilo*. • *hierzu* **ki·lo·wei·se** ADVERB

das **Ki·lo·gramm** tausend Gramm ℹ Abkürzung: *kg*

der **Ki·lo·me·ter** **1** tausend Meter; *„Bis zum Flughafen sind es noch 20 Kilometer"* ℹ Abkürzung: *km* **2** *gesprochen* (bei Geschwindigkeiten) Kilometer pro Stunde ≈ Stundenkilometer *„In der Stadt sind nur 50 Kilometer erlaubt"*

das **Kind** (-(*e*)*s*, -*er*) **1** ein junger Mensch, der noch wächst und noch nicht selbstständig und von den Eltern unabhängig ist ⟨*ein Kind erwarten, bekommen, zur Welt bringen, in die Welt setzen, gebären, aufziehen, großziehen, erziehen*⟩ ↔ Erwachsene(r) *„Mit vierzehn ist sie eigentlich kein Kind mehr"* **K** Kinderarzt, Kinderbuch, Kinderlied, Kinderzimmer; Schulkind **2** **(mein/dein/...) Kind** der Sohn oder die Tochter der genannten Person ⟨*ein Kind haben*⟩ *„Unsere Kinder sind schon erwachsen"* **K** Kind(e)smutter, Kind(e)svater; Waisenkind • *zu* (2) **kin·der·reich** ADJEKTIV; *zu* (2) **kin·der·los** ADJEKTIV

der **Kin·der·gar·ten** im Kindergarten spielen und lernen Kinder zwischen 3 und 6 Jahren gemeinsam, bevor sie in die Schule kommen ℹ → Extras, S. 692: **Schule und Ausbildung**

der **Kin·der·gärt·ner** eine Person, die im Kindergarten die Kinder betreut • *hierzu* **Kin·der·gärt·ne·rin** *die*

das **Kin·der·geld** Geld, das Eltern vom Staat bekommen (als Hilfe für die Erziehung ihrer Kinder) ℹ nicht in der Mehrzahl verwendet

die **Kin·der·krip·pe** in der Kinderkrippe werden Kinder unter drei Jahren während des Tages betreut

das **Kin·der·mäd·chen** eine (meist junge) Frau, die von einer Familie dafür bezahlt wird, dass sie (täglich) für die Kinder sorgt

der **Kin·der·sitz** im Kindersitz im Auto sind kleine Kinder bei Unfällen besser geschützt

der **Kin·der·wa·gen** im Kinderwagen liegen Babys, wenn man mit ihnen spazieren geht

die **Kind·heit** (-, -*en*) die Zeit, in der jemand ein Kind ist ⟨*eine glückliche, schöne, unbeschwerte, freudlose, traurige Kindheit haben, erleben*⟩ *„Er ver-*

brachte seine Kindheit bei seiner Großmutter in Amerika" **K** Kindheitstraum

kịn·disch ADJEKTIV; *abwertend* (als Erwachsene(r)) mit einem Benehmen wie ein Kind

kịnd·lich ADJEKTIV wie ein Kind ⟨*kindlich wirken*⟩ ↔ erwachsen

s **Kịnn** (-(e)s, -e) der Teil des Gesichts unterhalb des Mundes (der ein bisschen vorsteht) ⟨*ein eckiges, rundes, spitzes, fliehendes Kinn*⟩

s **Ki̱·no** (-s, -s) **1** ein Raum oder Haus, in dem (vor einem Publikum) Filme gezeigt werden ⟨*etwas wird im Kino gespielt/gezeigt; etwas kommt, läuft im Kino; ins Kino gehen*⟩ **K** Kinofilm, Kinokarte, Kinoprogramm **2** eine Vorstellung im Kino *„Das Kino beginnt um halb neun"* **i** nicht in der Mehrzahl verwendet

er **Ki̱·osk**, **Ki·ọsk**; (-(e)s, -e) ein kleines Haus (eine Bude oder ein Stand), in dem vor allem Zigaretten, Zeitschriften und Süßigkeiten verkauft werden ⟨*etwas am Kiosk kaufen*⟩ **K** Zeitungskiosk

kịp·pen (*kippte, hat/ist gekippt*) **1** **etwas kippen** (*hat*) etwas in eine schräge Lage bringen *„das Fenster nachts kippen, um frische Luft hereinzulassen"* **K** Kippfenster **2** **etwas irgendwohin kippen** (*hat*) etwas aus einem Gefäß irgendwohin schütten *„Wasser in den Ausguss kippen"* **3** **jemand/etwas kippt** (*ist*) eine Person/Sache bewegt sich so aus einer aufrechten Position, dass sie umfällt *„ein Regal so ungleichmäßig beladen, dass es (nach hinten/vorne) kippt"*

die **Kịr·che** (-, -n) **1** ein großes Gebäude, in dem Christen den Gottesdienst abhalten ⟨*eine evangelische, katholische Kirche*⟩ *„eine Kirche mit drei Schiffen, einem Turm, einem Chor und einer Apsis"* **K** Kirchenchor, Kirchengemeinde, Kirchenglocke, Kirchturm **2** eine religiöse Gemeinschaft, vor allem mit christlichem Glauben ⟨*die evangelische, griechisch-orthodoxe, lutherische, katholische Kirche; einer Kirche angehören; aus der Kirche austreten*⟩ ≈ Konfession *„Der Papst ist das Oberhaupt der römisch-katholischen Kirche"* **K** Kirchenaustritt **3** die Messe oder der Gottesdienst (in einer christlichen Kirche) ⟨*in die Kirche gehen*⟩ *„Samstags ist um 19 Uhr Kirche"* **K** Kirchenbesuch, Kirchenlied, Kirchgang **i** nicht in der Mehrzahl verwendet

kịrch·lich ADJEKTIV **1** in Bezug auf die (katholische, evangelische) Kirche ⟨*ein Amt, ein Fest, ein Ritus*⟩ **2** nach den

KIRCHE

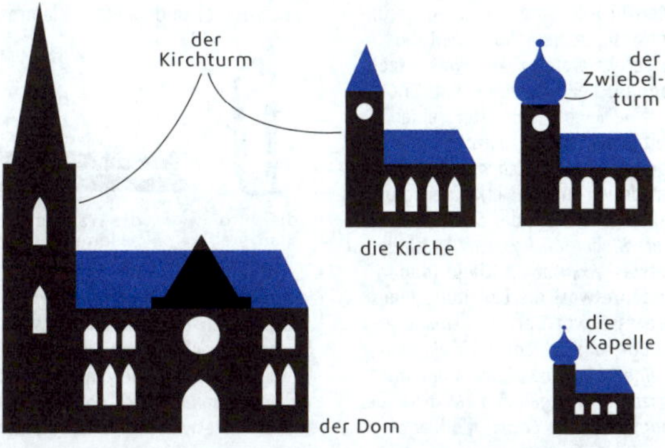

Ritualen der (katholischen, evangelischen) Kirche ‹*eine Trauung; kirchlich heiraten, kirchlich beerdigt werden*›

die **Kir·sche** (-, *-n*) eine kleine, weiche, runde, meist rote Frucht mit einem harten Kern in der Mitte **K** Kirschkuchen ⓘ → Abb. unter **Obst**

das **Kis·sen** (*-s*, -) Kissen sind weich. Meist legt man den Kopf darauf oder setzt sich darauf ‹*ein weiches Kissen; den Kopf auf ein Kissen legen*› *„Er legte ein Kissen auf den Stuhl"* **K** Federkissen; Sofakissen; Kopfkissen

die **Kis·te** (-, *-n*) **1** ein rechteckiger Behälter aus Holz ‹*eine Kiste mit Büchern; etwas in eine Kiste tun, verpacken; Kisten stapeln*› **K** Obstkiste, Weinkiste ⓘ → Abb. *Behälter und Gefäße* unter **Behälter** **2** **eine Kiste** +*Substantiv* die Menge, die in eine Kiste passt *„eine Kiste Äpfel kaufen"*

der **Kitsch** (*-(e)s*); *abwertend* etwas, das keinen künstlerischen Wert hat, geschmacklos oder sentimental ist • *hierzu* **kit·schig** ADJEKTIV

der **Kit·tel** (*-s*, -) ein Mantel aus dünnem Stoff, den man bei der Arbeit trägt **K** Arztkittel, Malerkittel

kit·ze·lig ADJEKTIV **jemand ist kitzelig** eine Person reagiert sehr schnell (empfindlich), wenn sie gekitzelt wird

kit·zeln (*kitzelte, hat gekitzelt*) **1** **jemanden kitzeln** eine Person so berühren, dass sie lachen muss (weil die Sinne gereizt werden) **2** **etwas kitzelt (jemanden)** bei jemandem entsteht durch eine leichte Berührung einen Juckreiz *„Lass das, das kitzelt!"*

die **Kla·ge** (-, *-n*); *geschrieben* **1** laute Worte, mit denen man zu erkennen gibt, dass man Kummer oder Schmerzen hat *„in laute Klagen ausbrechen"* **2** **Klage (auf etwas** (*Akkusativ*)); **Klage (gegen jemanden/etwas)** die Einleitung eines Zivilprozesses vor Gericht ‹*jemand erhebt Klage; das Gericht prüft eine Klage, weist eine Klage ab*› *„Seine Klage auf Schmerzensgeld gegen den Hersteller des Medikaments hatte Erfolg"* **K** Klageschrift; Räumungsklage

kla·gen (*klagte, hat geklagt*) **1** **(etwas) klagen** *geschrieben* mit Lauten oder Worten zu erkennen geben, dass man Kummer oder Schmerzen hat ‹*laut, heftig klagen*› ≈ jammern *„mit klagender Stimme"* **K** Klagelied **2** **über jemanden/etwas klagen** einer Person sagen, dass man Sorgen hat oder mit etwas nicht zufrieden ist *„Sie klagte beim Doktor über starke Schmerzen"* **3** **(gegen jemanden/etwas) (auf etwas** (*Akkusativ*)) **klagen** versuchen, das eigene Recht in einem Prozess bei Gericht durchzusetzen ‹*vor Gericht klagen; auf Schmerzensgeld, Schadenersatz, Unterlassung, Wiedergutmachung klagen*› *„Mein Rechtsanwalt riet mir, gegen den Nachbarn zu klagen"* • *zu* (3) **Klä·ger** *der*

die **Klam·mer** (-, *-n*) **1** ein kleiner Gegenstand, mit dem man zwei Dinge so aneinanderpresst, dass sie zusammenbleiben *„Wäsche mit Klammern an der Leine befestigen"* | *„zwei Blätter mit Klammern aneinanderheften"* **K** Büroklammer, Wäscheklammer **2** eines von zwei Zeichen, mit denen man ein Wort oder einen Satz (zur Erklärung) einfügt ‹*eckige, runde, geschweifte, spitze Klammern; etwas in Klammern setzen*› ⓘ Die Zeichen sind [eckige], (runde), {geschweifte} und ‹spitze› Klammern.

KLAMMER

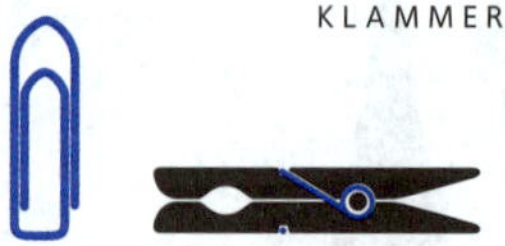

die Büroklammer — die Wäscheklammer

klam·mern (*klammerte, hat geklammert*) **1** **sich an jemanden/etwas klammern** sich an jemandem/etwas so kräftig festhalten, wie man kann *„Das Äffchen klammerte sich an seine Mutter"* **2** **sich an etwas** (*Akkusativ*) **klammern**

etwas nicht aufgeben wollen ⟨*sich an eine Hoffnung, eine Vorstellung klammern*⟩

klang *Präteritum, 1. und 3. Person Singular* → klingen

der **Klang** (-(e)s, *Klän·ge*) **1** ein meist angenehmer Ton ⟨*ein heller, hoher, lieblicher, metallischer, reiner, süßer, tiefer, voller, warmer, weicher Klang*⟩ **2** die Musik(stücke) oder Melodien, die man hört ⟨*aufregende, moderne, romantische Klänge ertönen, hören (können), spielen*⟩ ℹ nur in der Mehrzahl verwendet

die **Klap·pe** (-, -*n*) ein Deckel, der an einer Seite befestigt ist und den man zum Öffnen nach oben klappt **ID** **Halt die Klappe!** *gesprochen, abwertend* Sei still!

klap·pen (*klappte, hat/ist geklappt*) **1** **etwas klappt** *gesprochen* (*hat*) etwas gelingt so, wie man es geplant und sich gewünscht hat ≈ funktionieren *„Hoffentlich klappt unser Plan!"* **2** **etwas klappt irgendwohin** (*ist*) etwas bewegt sich (als Klappe) von selbst in die genannte Richtung *„Der Kinositz klappte plötzlich nach hinten"* **3** **etwas klappt** (*hat*) etwas schließt sich (als Klappe) schnell und macht dabei ein dumpfes Geräusch *„Ich hörte eine Tür klappen"* **4** **etwas irgendwohin klappen** (*hat*) etwas Festes, Steifes (das mit etwas auf einer Seite verbunden ist) in eine andere Richtung drehen, wenden *„den Mantelkragen nach oben klappen"*

klap·pern (*klapperte, hat geklappert*) **1** **etwas klappert** etwas macht kurz hintereinander Geräusche, die hell und hart klingen *„Die Gartentür war nicht richtig geschlossen und klapperte im Wind"* **2** **mit den Zähnen klappern** so stark frieren, dass die Zähne immer wieder aufeinanderstoßen

klar ADJEKTIV (*klarer, klarst-*) **1** so sauber, dass man gut hindurchsehen kann ⟨*Wasser, ein See, eine Fensterscheibe*⟩ ↔ trübe **2** ohne Wolken, Nebel o. Ä. ⟨*ein Himmel, eine Nacht, Sicht, Wetter*⟩ ↔ bedeckt **3** wach und intelligent ⟨*Augen, ein Blick; klar denken können*⟩ **4** so, dass man genau versteht, was gemeint ist ⟨*eine Antwort; sich klar ausdrücken; etwas wird (jemandem) klar*⟩ ≈ verständlich *„Er hat mir ganz klar (und deutlich) gesagt, was er will"* **5** ⟨*Umrisse*⟩ so (deutlich), dass man sie genau sehen, gut unterscheiden kann ≈ scharf ↔ verschwommen **6** so, dass der Unterschied (Abstand) zu anderen Personen deutlich ist ⟨*ein Vorsprung; jemanden klar besiegen*⟩ ≈ eindeutig *„Er hat das Rennen klar gewonnen"*

klä·ren (*klärte, hat geklärt*) **1** **etwas klären** ein Problem o. Ä. untersuchen oder analysieren und dabei zu einer Antwort kommen ⟨*eine Frage, ein Problem, einen Mordfall klären*⟩ *„Er muss noch klären, ob der Raum für die Sitzung frei ist"* **2** **etwas klären** eine Flüssigkeit von Schmutz befreien ⟨*Abwässer, Wasser klären*⟩ • *hierzu* **Klä·rung** *die*

die **Kla·ri·net·te** (-, -*n*) ein Musikinstrument aus Holz, mit Klappen aus Metall ℹ → Abb. unter **Instrument**

klas·se ADJEKTIV *nur in dieser Form; gesprochen* so gut, dass es (die Leute) begeistern kann ≈ toll *„eine klasse Frau"* | *„ein klasse Buch"* | *„Das Essen war einfach klasse! Er spielt klasse Tennis"*

die **Klas·se** (-, -*n*) IN DER SCHULE: **1** eine Gruppe von Kindern, die ungefähr gleich alt sind und deshalb in der Schule gemeinsam unterrichtet werden *„Er unterrichtet die Klasse in Englisch"* | *„die Klasse 5a"* **K** Schulklasse **2** ein Zeitraum von einem Jahr innerhalb einer mehrjährigen Schulausbildung, während dessen das dafür vorgeschriebene Wissen gelehrt wird ⟨*eine Klasse wiederholen, überspringen*⟩ *„Er ging nach der zehnten Klasse von der Schule ab"* **3** der Raum, in dem eine Klasse unterrichtet wird ⟨*die Klasse betreten, verlassen*⟩ **K** Klassenzimmer IN EINER HIERARCHIE: **4** **die Klasse** (+*Genitiv Mehrzahl*) eine soziale Schicht ⟨*die Klasse der Arbeiter, der Bauern*⟩ **K** Klassengesellschaft, Klassenunterschied; Arbeiterklasse **5** **die Klasse (von Dingen)** eine Kategorie innerhalb einer Einteilung nach der Qualität ⟨*ein Abteil erster, zweiter Klasse; erster, zweiter Klasse fahren, fliegen*⟩ **K** Gewichtsklasse, Handelsklasse, Preisklasse

die **Klas·sen·ar·beit** ein schriftlicher Test für Schüler ⟨*eine Klassenarbeit haben, schreiben*⟩

der **Klas·sen·leh·rer** der Lehrer, der für eine Schulklasse verantwortlich ist • *hierzu* **Klas·sen·leh·re·rin** *die*

der **Klas·sen·spre·cher** ein Schüler, der von den anderen Schülern der Klasse gewählt wird, damit er ihre Interessen (gegenüber den Lehrern) vertritt

klas·sisch ADJEKTIV **1** die griechische und römische Antike betreffend ⟨*das Altertum, die Sprachen; klassische Philologie unterrichten*⟩ **2** zu der besten Kunst oder Literatur in einem Land gehörig ⟨*die Dichter; ein Drama*⟩ **3** zu derjenigen Art von Musik gehörig, die von wichtigen Komponisten früherer Zeiten (vor allem der Klassik im 18. und 19. Jahrhundert) geschaffen wurde ⟨*Musik, ein Musikstück, ein Konzert*⟩ **4** nicht von der Mode abhängig (und so, dass es lange Zeit als schön empfunden wird) ≈ zeitlos *„ein klassisches Kostüm"*

klat·schen (*klatschte, hat geklatscht*) **1** **etwas klatscht (irgendwohin)** Wasser trifft etwas mit Schwung und einem lauten Geräusch *„Die Wellen klatschten gegen den Bug des Schiffes"* **2** **(in die Hände) klatschen** die Handflächen laut (mehrmals) gegeneinanderschlagen *„Der Trainer klatschte (in die Hände), um seine Mannschaft anzufeuern"* **3** **(über jemanden) klatschen** *abwertend* viel (meist Negatives) über andere Leute reden *„über seine Nachbarn klatschen"* **4** **(Beifall) klatschen** vor allem im Theater oder Konzert zeigen, dass man etwas gut findet, indem man in die Hände klatscht ⟨*begeistert, stürmisch (Beifall) klatschen*⟩ **5** **etwas irgendwohin klatschen** *gesprochen* eine feuchte, weiche Masse so an/gegen etwas werfen, dass sie dort hängen bleibt *„Teig an die Wand klatschen"*

die **Klaue** (-, *-n*) **1** die Füße und langen Krallen von Bären, Löwen, Adlern usw. **2** die Hufe, vor allem bei Kühen, Ziegen, Schafen

das **Kla·vier** [-v-]; (*-s, -e*) ein großes Musikinstrument mit weißen und schwarzen Tasten ⟨*Klavier spielen; jemanden auf dem/am Klavier begleiten*⟩ ≈ Piano **K** Klavierkonzert, Klavierlehrer, Klavierspieler **i** → auch **Flügel**

das **Kle·be·band** ein Band aus Plastik mit einer Schicht Klebstoff

kle·ben (*klebte, hat geklebt*) **1** **etwas kleben** etwas, das zerbrochen oder gerissen ist, mit Klebstoff verbinden (und so reparieren) *„eine zerbrochene Vase kleben"* **2** **etwas (irgendwohin) kleben** etwas (mit Klebstoff) irgendwo befestigen *„Plakate an die Wand kleben"* **3** **etwas klebt** etwas ist klebrig **4** **etwas klebt irgendwo** etwas löst sich nicht von einer Stelle, weil es selbst oder die Stelle klebrig ist *„Der Zettel blieb am nassen Fenster kleben"*

der **Kle·ber** (*-s, -*); *gesprochen* ≈ Klebstoff

kleb·rig ADJEKTIV ⟨*Bonbons, Finger, Hände*⟩ an der Oberfläche so, dass sie kleben

der **Kleb·stoff** eine Flüssigkeit oder eine Masse, mit der man Gegenstände fest miteinander verbinden kann

kle·ckern (*kleckerte, hat/ist gekleckert*); *gesprochen* **(etwas) (irgendwohin) kleckern** (*hat*) eine dicke Flüssigkeit oder weiche Masse (ohne Absicht) irgendwohin fallen oder tropfen lassen (und so Flecken machen) *„Er hat Soße auf seine Hose gekleckert"*

der **Klecks** (*-es, -e*) **1** ein Fleck, der von einer farbigen Flüssigkeit (z. B. Tinte) kommt **K** Tintenklecks **2** eine kleine Menge einer dicken Flüssigkeit oder weichen Masse *„Würstchen mit einem Klecks Senf"*

der **Klee** (*-s*) eine kleine Pflanze mit drei (selten auch vier) runden Blättern, die meist von Kühen gefressen wird

Kleid (-(e)s, -er) **1** ein Kleidungsstück für Frauen, das den ganzen Körper bedeckt und frei über die Beine hängt ⟨*ein Kleid anziehen, tragen, anhaben, ausziehen*⟩ **K** Sommerkleid, Abendkleid **i** → Abb. unter **Bekleidung** **2** ⟨*seine Kleider anziehen/anlegen, ausziehen/ablegen, wechseln*⟩ ≈ Kleidung **K** Kleiderschrank, Kleiderständer **i** nur in der Mehrzahl verwendet

Klei·der·bü·gel ein Gegenstand (meist aus Holz oder Plastik) in Form eines Bogens, über den man Kleider, Hosen und Hemden hängt

Klei·dung (-) alles, was man (als Kleid, Rock, Mantel, Hut, Schuhe usw.) am Körper trägt, um ihn zu bedecken **K** Winterkleidung; Berufskleidung, Sportkleidung

klein ADJEKTIV (*kleiner, kleinst-*) MASSE: **1** so, dass die Länge, die Höhe, die Größe, der Umfang, das Volumen o. Ä. relativ gering ist ⟨*klein gedruckt, gemustert, gewachsen, kariert*⟩ ↔ groß *„Er hat nur eine kleine Wohnung“ | „Schreib doch nicht immer so klein, das kann man ja kaum lesen!“* **K** Kleinstaat **i** Die hier genannten Adjektive können auch mit *klein* zusammengeschrieben werden: *kleingedruckt* usw. **2** mit Verb verwendet, um zu sagen, dass etwas kleiner wird und kleine Stücke entstehen ⟨*Holz klein hacken, machen; etwas klein mahlen, schneiden*⟩ **i** Diese Verben können auch mit *klein* zusammengeschrieben werden: *etwas kleinschneiden*. MENGE, DAUER, UMFANG: **3** mit relativ wenigen Personen, Tieren oder Dingen ⟨*eine Familie, eine Gruppe, eine Herde, ein Verein*⟩ ↔ groß *„Wir treffen uns regelmäßig im kleinen Kreis“* **4** in der Menge oder im Wert gering ⟨*ein Betrag, ein Gewinn, eine Summe, ein Verlust, ein Geldschein*⟩ ↔ groß **5** nicht sehr lange Zeit dauernd ⟨*eine Pause, eine Weile, ein Zeitraum*⟩ ≈ kurz ↔ lang *„Warten Sie bitte einen kleinen Moment“* BEDEUTUNG: **6** von geringer Bedeutung, nicht wichtig ⟨*ein Fehler, ein Irrtum, ein Missgeschick, ein Unterschied*⟩ ↔ groß ALTER: **7** *gesprochen* jünger als die Person, über die gesprochen wird ↔ älter, groß *„Ist das deine kleine Schwester?“* **8** *gesprochen* relativ jung, noch (lange) nicht erwachsen ⟨*ein Kind, ein Junge, ein Mädchen*⟩ ≈ jung ↔ erwachsen, groß *„Als ich klein war, wollte ich Ärztin werden“ | „Das schmeckt den Kleinen und den Großen“* ANDERE VERWENDUNGEN: **9** in der Form, die man z. B. innerhalb eines Wortes verwendet (*a, b, c* usw. im Unterschied zu *A, B, C* usw.) ⟨*Buchstaben*⟩ ↔ groß **i** → auch **kleinschreiben** **ID** **klein beigeben** (meist aus Angst) nachgeben; **bis ins Kleinste** so, dass alle Details berücksichtigt werden

das **Klein·geld** Geld in Form von (kleinen) Münzen *„dem Straßenmusikanten etwas Kleingeld in den Hut werfen“* **i** nicht in der Mehrzahl verwendet

die **Klei·nig·keit** (-, -en) **1** etwas, das nicht sehr teuer ist *„der Nachbarin eine Kleinigkeit zum Geburtstag schenken“* **2** unwichtige Details *„sich über jede Kleinigkeit aufregen“* **3** **eine Kleinigkeit essen** etwas (z. B. ein Brot, eine Suppe o. Ä.) essen

das **Klein·kind** ein Kind, das etwa zwischen 18 Monaten und 4 Jahren alt ist

klein·schrei·ben (*schrieb klein, hat kleingeschrieben*) **etwas kleinschreiben** ein Wort mit einem kleinen Buchstaben beginnen • *hierzu* **Klein·schrei·bung** *die*

der **Kleis·ter** (-s, -) ein einfaches Mittel, mit dem man Papier, Holz o. Ä. kleben kann (und das man aus Stärke oder

K

Mehl und Wasser macht) **K** Tapetenkleister

klem·men (*klemmte, hat geklemmt*) **1** **etwas irgendwohin klemmen** etwas so zwischen zwei Dinge schieben oder drücken, dass es dort bleibt *„Sie klemmte sich die Zeitung unter den Arm und trug das Tablett zum Tisch"* **2** **etwas klemmt** etwas lässt sich nicht mehr (oder nur sehr schwer) bewegen ⟨*eine Tür, ein Fenster, eine Schublade, ein Schloss*⟩

der **Klemp·ner** (-s, -) eine Person, die Rohrleitungen u. Ä. aus Metall oder Blech herstellt oder zusammenbaut

klet·tern (*kletterte, ist geklettert*) **1** **(irgendwohin) klettern** nach oben (bzw. unten), über ein Hindernis gelangen, indem man Füße und Hände benutzt ⟨*auf einen Baum, auf einen Berg, über eine Mauer, über einen Zaun, nach oben klettern*⟩ ≈ steigen **K** Kletterwand **2** **etwas klettert (irgendwohin)** *gesprochen* etwas wird mehr oder größer ⟨*die Preise, die Löhne*⟩ ≈ steigen ↔ sinken *„Das Thermometer kletterte auf 33 Grad"* Das Thermometer zeigte eine immer höhere Temperatur an, bis 33 Grad erreicht waren • zu (1) **Klet·te·rer** *der*

der **Klett·ver·schluss®** ein Verschluss an Kleidern oder Schuhen aus zwei Bändern, die aneinander haften

klick! verwendet für das Geräusch, wenn man auf eine Taste der Maus oder den Auslöser einer Kamera drückt

kli·cken (*klickte, hat geklickt*) **1** **etwas klickt** etwas klingt wie der kurze, metallische Ton, den man hört, wenn ein Foto gemacht wird ⟨*die Fotoapparate, die Kameras*⟩ **2** **auf etwas** (*Akkusativ*) **klicken** ein Objekt auf dem Monitor auswählen, indem man auf eine Taste der Maus drückt

das **Kli·ma** (-s, *-ta/fachsprachlich Kli·ma·te*) **1** die Wetterbedingungen, die für eine Region oder geografische Zone meist im Zeitraum eines Jahres typisch sind ⟨*ein mildes, warmes, kaltes, feuchtes, trockenes, tropisches Klima*⟩ **K** Klimawandel; Tropenklima **2** die Art und Weise, wie Menschen in einer Gruppe miteinander umgehen ⟨*irgendwo herrscht ein gutes, herzliches, schlechtes, frostiges, unfreundliches Klima*⟩ ≈ Atmosphäre *„Bei den Gesprächen der beiden Delegationen herrschte ein freundliches Klima"* **i** nicht in der Mehrzahl verwendet

die **Kli·ma·an·la·ge** ein Apparat, der die Temperatur und die Feuchtigkeit der Luft in einem Raum regelt

die **Klin·ge** (-, -n) der Teil eines Messers, einer Schere oder einer Stichwaffe, mit dem man schneidet bzw. sticht

die **Klin·gel** (-, -n) vor allem Türen und Fahrräder haben eine Klingel, mit der man ein akustisches Signal geben kann *„Er drückte so lange auf die Klingel, bis sie ihm die Tür öffnete"* | *„Ich erschrak, als ein Radfahrer hinter mir seine Klingel betätigte"* **K** Fahrradklingel, Türklingel

klin·geln (*klingelte, hat geklingelt*) **1** eine Klingel ertönen lassen ⟨(*an der Haustür*) *klingeln; bei jemandem klingeln*⟩ ≈ läuten **2** **etwas klingelt** etwas gibt helle (metallische) Töne von sich ⟨*der Wecker, das Telefon*⟩ **3** **es klingelt** eine Klingel ist zu hören *„Hat es nicht gerade geklingelt? Schaust du bitte mal, ob wer vor der Tür steht?"*

klin·gen (*klang, hat geklungen*) **1** **etwas klingt** etwas gibt helle, schöne Töne von sich ⟨*die Glocken, die Gläser*⟩ **2** **etwas klingt irgendwie** etwas wirkt durch den Klang in der genannten Weise ⟨*ein Lied, eine Melodie klingt lustig, traurig; jemandes Stimme klingt sanft, zärtlich, abweisend*⟩ **3** **jemand/etwas klingt irgendwie** die Aussagen einer Person erwecken den genannten Eindruck *„Du klingst müde"*

die **Kli·nik** (-, -en) ein Krankenhaus (das auf die Behandlung von wenigen Krankheiten spezialisiert ist) *„Er wurde mit dem Krankenwagen in die Klinik gebracht"* **K** Kinderklinik; Herzklinik, Nervenklinik

Kli·ni·kum (*-s, Kli·ni·ken*) ein sehr großes Krankenhaus

Klin·ke (*-, -n*) Kurzwort für *Türklinke* ⓘ → Abb. unter **Griff**

klir·ren (*klirrte, hat geklirrt*) **etwas klirrt** etwas gibt ein helles, vibrierendes Geräusch von sich *„Bei dem leichten Erdbeben klirrten die Fenster"*

Klo (*-s, -s*); *gesprochen* ≈ Toilette, WC **K** Klobürste, Klodeckel, Klopapier ⓘ zu *Klobürste* → Abb. unter **Bürste**

Klo·bril·le *gesprochen* ein Sitz (aus Kunststoff oder Holz) für das Klosett, der wie ein flacher Ring aussieht

klop·fen (*klopfte, hat geklopft*) [1] **(an etwas** (*Dativ/Akkusativ*)**) klopfen** (mit dem gekrümmten Finger) mehrere Male leicht meist an eine Tür schlagen, wenn man ein Zimmer betreten will ⟨*an der/an die Tür, ans Fenster klopfen*⟩ [2] **an/auf etwas** (*Akkusativ*)**/gegen etwas klopfen** mehrere Male leicht an/auf/gegen etwas schlagen ⟨*jemandem freundschaftlich auf die Schulter klopfen*⟩ [3] **das Herz klopft** das Herz schlägt deutlich spürbar (weil man Angst hat, aufgeregt oder verliebt ist) *„Sie öffnete mit klopfendem Herzen die Tür"* [4] **etwas in etwas** (*Akkusativ*) **klopfen** etwas mit einem Hammer o. Ä. in etwas schlagen *„einen Nagel ins Brett klopfen"* [5] **es klopft** eine Person klopft mit der Hand an die Tür, weil sie in das Zimmer oder Haus kommen will

r **Kloß** (*-es, Klö·ße*) eine Speise in Form einer Kugel, die aus einem Teig (von Kartoffeln, Grieß, Brot oder Fleisch) gemacht ist ≈ Knödel **K** Fleischkloß, Grießkloß, Kartoffelkloß

s **Klos·ter** (*-s, Klös·ter*) mehrere Gebäude mit einer Kirche, die zusammengehören und in denen Mönche oder Nonnen leben **K** Klostergarten, Klosterkirche, Klosterpforte

r **Klotz** (*-es, Klöt·ze*) ein großes, dickes Stück Holz o. Ä., meist ein Stück von einem Baum(stamm)

er **Klub** (*-s, -s*) eine Gruppe von Menschen, die gleiche (gemeinsame) Interessen haben (z. B. im Sport) ⟨*einen Klub gründen; einem Klub beitreten; aus einem Klub austreten*⟩ ≈ Verein **K** Klubmitglied; Fußballklub, Tennisklub

klug ADJEKTIV (*klüger, klügst-*) [1] mit viel Wissen und der Fähigkeit, den Verstand gut zu nutzen ⟨*ein Mensch*⟩ ≈ intelligent *„In der Schule war sie die Klügste ihrer Klasse"* [2] von der Vernunft und Logik bestimmt ⟨*eine Entscheidung*⟩ *„Er war klug genug zu wissen, wann er schweigen musste"* • *hierzu* **Klug·heit** *die*

der **Klum·pen** (*-s, -*) eine kleine Masse ohne eine spezielle Form **K** Goldklumpen, Lehmklumpen

knab·bern (*knabberte, hat geknabbert*) **(etwas) knabbern** kleine Stücke einer Sache (z. B. Schokolade, Nüssen) essen *„Vor dem Fernseher knabbert er gern* (*Salzstangen*)*"*

kna·ckig ADJEKTIV; *gesprochen* so frisch und fest, dass es knackt, wenn man hineinbeißt ⟨*Karotten, Salat*(*blätter*)*, Äpfel, Birnen*⟩

der **Knall** (*-(e)s, -e*) ein kurzes lautes Geräusch, wie es z. B. von einem Schuss oder einer Explosion kommt ⟨*ein lauter, ohrenbetäubender Knall*⟩

knal·len (*knallte, hat/ist geknallt*) [1] **etwas knallt** (*hat*) etwas gibt einen Knall von sich ⟨*ein Schuss, ein Sektkorken, die Peitsche*⟩ [2] **irgendwohin knallen** *gesprochen* (*ist*) aus einer schnellen Bewegung heraus plötzlich gegen etwas stoßen oder auf etwas fallen *„Der Ball knallte an den Pfosten"*

knapp ADJEKTIV (*knapper, knappst-*) [1] so wenig, dass es kaum für das Nötigste ausreicht ⟨*Vorräte, Reserven, ein Warenangebot; jemandes Lohn, jemandes Rente*⟩ ≈ gering [2] so, dass das Ergebnis gerade noch erreicht wird ⟨*ein Sieg, eine Niederlage; knapp gewinnen, verlieren*⟩ ↔ eindeutig [3] sehr nahe, dicht bei jemandem/etwas *„Der Schuss ging knapp am Ziel vorbei"* [4] ⟨*Kleider*⟩ so eng (oder klein), dass sie nicht (mehr) richtig passen • *zu* (1,2)

K

Knapp·heit *die*

das/der **Knäu·el** (-s, -) die Form, die entsteht, wenn man einen langen Faden um sich selbst wickelt ⟨*ein Knäuel Garn, Wolle*⟩

KNÄUEL

knei·fen (*kniff, hat gekniffen*) **1** **jemanden (in etwas** (*Akkusativ*)**) kneifen** jemandes Haut an einer Stelle so mit den Fingern zusammendrücken, dass es wehtut ⟨*jemanden in den Arm, in den Hintern kneifen*⟩ ≈ zwicken **2** **(vor etwas** (*Dativ*)**) kneifen** *gesprochen* etwas nicht tun, weil man Angst hat oder faul ist

K

die **Knei·pe** (-, -*n*); *gesprochen* ein einfaches Lokal, in das man geht, um etwas (vor allem alkoholische Getränke) zu trinken ⟨*in die Kneipe gehen; in der Kneipe sitzen*⟩ **K** Studentenkneipe

kne·ten (*knetete, hat geknetet*) **(etwas) kneten** einen Teig so lange fest mit den Händen drücken, bis er richtig ist

der **Knick** (-(*e*)*s*, -*e*) eine Stelle, an der etwas, das vorher gerade verlaufen ist, stark abbiegt ≈ Biegung *„Das Rohr hat einen Knick"*

kni·cken (*knickte, hat/ist geknickt*) **etwas knicken** (*hat*) etwas an einer Stelle so biegen, dass eine Kante entsteht *„Der Wind hat die Blumen geknickt"*

das **Knie** (-*s*, - ['kniː(ə)]) **1** das Gelenk in der Mitte des Beines, mit dem man das Bein abbiegt ⟨*die Knie anziehen, beugen, durchdrücken*⟩ *„Ihr Rock reicht gerade bis zum Knie"* | *„sich bei einem Sturz die Knie aufschlagen"* **K** Kniegelenk **i** → Abb. unter **Körper** **2** die Stelle einer Hose, die das Knie bedeckt ⟨*ausgebeulte, durchgescheuerte, geflickte Knie*⟩ **ID** **in die Knie gehen** **a** aus dem Stand die Knie beugen, bis sie den Boden berühren **b** den Widerstand aufgeben, weil man keine Kraft mehr hat

die **Knie·keh·le** die Rückseite des Knies **i** → Abb. unter **Körper**

kni·en ['kniː(ə)n] (*kniete, hat/süddeutsch* Ⓐ Ⓒⓗ *ist gekniet*) **1** **(irgendwo) knien** eine Haltung einnehmen, bei welcher der Körper aufrecht ist und meist beide Knie am Boden sind *„auf dem Boden knien"* **2** **sich irgendwohin knien** die Beine beugen, bis man irgendwo kniet *„Er kniete sich vor den Altar"*

kniff *Präteritum, 1. und 3. Person Singular* → kneifen

knit·tern (*knitterte, hat geknittert*) **etwas knittert** etwas bekommt Falten *„Dieser Stoff knittert leicht"*

der **Knob·lauch** (-(*e*)*s*) eine Pflanze mit einer Art Zwiebel, die intensiv riecht und als Gewürz dient *„eine Soße mit viel Knoblauch"* **K** Knoblauchbrot, Knoblauchbutter

der **Knö·chel** (-*s*, -) **1** einer von zwei Knochen, die man am Fuß rechts und links vom Gelenk sieht ⟨*sich* (*Dativ*) *den Knöchel umbiegen, verstauchen*⟩ *„ein Nachthemd, das bis zu den Knöcheln reicht"* **K** Fußknöchel **i** → Abb. unter **Fuß** und **Körper** **2** eines der Gelenke in am Beginn und in der Mitte des Fingers **K** Fingerknöchel

der **Kno·chen** (-*s*, -) einer der vielen festen, vor allem harten Teile des Körpers (von Mensch und Wirbeltieren), aus denen das Skelett besteht *„Knochen bestehen hauptsächlich aus Kalk"* **K** Knochenbruch; Oberarmknochen, Schädelknochen

der **Knö·del** (-*s*, -) eine Speise in Form einer Kugel, die meist aus Hefeteig, Grieß, Kartoffeln oder Brot gemacht wird ≈ Kloß **K** Kartoffelknödel, Semmelknödel

der **Knopf** (-(*e*)*s*, *Knöp·fe*) **1** ein kleiner, meist runder Gegenstand an Kleidern, mit dem man sie öffnet und schließt ⟨*einen Knopf aufmachen, zumachen, annähen, verlieren*⟩ *„An deinem Hemd ist ein Knopf offen"* **K** Hosenknopf

3 ein kleines, meist rundes Teil an einer Maschine oder einem Gerät, auf das man drückt oder an dem man dreht, um sie/es in Funktion zu setzen ⟨*(auf) einen Knopf drücken; einen/an einem Knopf drehen*⟩ *„den Knopf am Radio drehen und den richtigen Sender suchen"* K Knopfdruck

KNOPF

der Knopf (1) der Knopf (2)

Knopf·loch ein kleines Loch (ein Schlitz) in der Kleidung o. Ä., durch das man einen Knopf steckt

Knos·pe (-, -n) der Teil einer Pflanze, aus dem sich die Blüten oder Blätter entwickeln

Kno·ten (-s, -) **1** ein Knoten entsteht, wenn man zwei Fäden o. Ä. zusammenbindet ⟨*einen Knoten knüpfen, schlingen, lösen, aufmachen; einen Knoten in etwas (Akkusativ) machen; einen Knoten nicht (mehr) aufbekommen*⟩ **2** eine Frisur für Frauen, bei der das lange Haar hinten am Kopf zu einer Kugel gedreht wird ⟨*einen Knoten tragen*⟩ K Haarknoten

Knüp·pel (-s, -) ein kurzer, dicker Stock *„jemanden mit einem Knüppel schlagen"*

knur·ren (*knurrte, hat geknurrt*) **1** **ein Hund knurrt** ein Hund gibt aus der Kehle drohende Laute von sich **2** **jemandem knurrt der Magen (vor Hunger)** jemand hat großen Hunger (sodass der Magen laute Geräusche macht)

knus·pe·rig ADJEKTIV, **knusp·rig** frisch gebraten oder gebacken, mit einer harten Oberfläche ⟨*ein Brötchen, eine Kruste*⟩

k.o. [kaːˈ|oː] ADJEKTIV **1** durch einen Schlag des Gegners beim Boxen nicht mehr fähig, aufzustehen und weiterzukämpfen ⟨*jemanden k.o. schlagen*⟩ ⓘ meist nach einem Verb wie *sein* **2** *gesprochen* ganz müde und erschöpft ⓘ meist nach einem Verb wie *sein*

die **Ko·a·li·ti·on** [-ˈtsi̯oːn]; (-, -en) **eine Koalition (mit einer Partei/zwischen Parteien** ein Bündnis zwischen Parteien, die zusammen eine Regierung bilden (wollen) ⟨*Parteien gehen eine Koalition ein*⟩ *„eine Koalition zwischen CDU, CSU und FDP"* K Koalitionspartner

der **Koch** (-(e)s, *Kö·che*) eine Person, die (beruflich) in einem Hotel oder Restaurant die Speisen macht, kocht K Chefkoch, Meisterkoch, Schiffskoch • *hierzu* **Kö·chin** *die*

ko·chen (*kochte, hat gekocht*) **1** **(etwas) kochen** Nahrung zum Essen vorbereiten, indem man sie heiß macht *„das Mittagessen kochen"* | *„Morgen koche ich Schweinebraten mit Knödeln und Salat"* K Kochbuch, Kochrezept, Kochtopf **2** **Kaffee/Tee kochen** Kaffee/Tee zubereiten **3** **etwas kochen** Essen in heißem Wasser kochen *„Soll ich die Eier braten oder kochen?"* **4** **etwas kocht** etwas hat/erreicht die Temperatur (ungefähr 100 °C), bei der Wasser Blasen macht und zu Dampf wird ⟨*etwas zum Kochen bringen*⟩ ≈ sieden *„kochend heißer Kaffee"* | *„Die Suppe fünf Minuten kochen lassen"*

der **Koch·löf·fel** ein großer Löffel aus Holz, mit dem man das Essen beim Kochen umrührt

Kode [koːt, koʊd], **ko·die·ren** *usw.* → Code, codieren *usw.*

der **Kö·der** (-s, -) ein Stück Nahrung, das man irgendwohin legt oder irgendwo befestigt, um ein Tier anzulocken und zu fangen K Angelköder

der **Kof·fer** (-s, -) Koffer benutzt man zum Transport auf Reisen ⟨*einen Koffer packen, auspacken*⟩ *„seinen Koffer am Schalter aufgeben"* K Kofferanhänger, Kofferschlüssel ⓘ → Abb. nächste Seite

der **Kof·fer·ku·li** ein kleiner Wagen, der auf einem Bahnhof, an einem Flughafen o. Ä. bereitsteht, damit man damit das Gepäck transportieren kann

K

KOFFER

der **Kof·fer·raum** der Raum hinten im Auto, in den man das Gepäck legt [K] Kofferraumdeckel ⓘ → Abb. unter **Auto**

der **Kohl** (-(e)s) Kohl ist ein Gemüse mit dicken, festen Blättern, die bei mehreren Arten eine Kugel bilden (den Kohlkopf) [K] Kohlkopf; Rotkohl, Weißkohl ⓘ → Abb. unter **Gemüse**

die **Koh·le** (-, -n) [1] eine harte, braune oder schwarze Substanz (aus der Erde), die man vor allem zum Heizen verwendet ⟨*Kohle abbauen, fördern*⟩ [K] Kohlebergwerk, Kohlekraftwerk ⓘ nicht in der Mehrzahl verwendet [2] eine meist kleine Menge Kohle *„einen Eimer Kohlen aus dem Keller holen"* [K] Kohlenkeller, Kohlenofen [3] *gesprochen* ≈ Geld *„Er hat viel Kohle mit dem Geschäft verdient"*

die **Koh·len·säu·re** die Säure, die z. B. die Bläschen in der Limonade entstehen lässt ⓘ nicht in der Mehrzahl verwendet; chemische Formel: H_2CO_3

die **Ko·je** (-, -n) ein schmales Bett in einem Schiff

der **Kol·ben** (-s, -) eine Frucht in Form eines Stabes, die aus den Blüten mancher Pflanzen entsteht [K] Maiskolben

der **Kol·le·ge** (-n, -n) ein Kollege arbeitet im gleichen Beruf oder am gleichen Arbeitsplatz auf ungefähr der gleichen Stufe der Hierarchie *„mit den Kollegen gut auskommen"* ⓘ *der Kollege; den, dem, des Kollegen*; auch als Anrede verwendet: *Herr Kollege* • *hierzu* **Kol·le·gin** *die*

das **Kölsch** (-(s)) [1] der Dialekt, den die Kölner sprechen [2] ein helles Bier, das vor allem in Köln getrunken wird ⓘ → Abb. unter **Bier**

die **Kom·bi·na·ti·on** [-'tsi̯o:n]; (-, -en) [1] eine geistige Leistung, durch die Fakten, Wissen und Beobachtungen logisch und sinnvoll miteinander verbunden werden *„Der Detektiv löste seine Fälle oft durch verblüffende Kombinationen"* [K] Kombinationsvermögen [2] die Zusammenstellung verschiedener Dinge zu einer Einheit *„eine geschmackvolle Kombination von Farben"* [K] Farbkombination [3] eine feste Reihenfolge von Zahlen, die man auf einem Schloss einstellen muss, um z. B. einen Safe zu öffnen [K] Zahlenkombination

der **Kom·fort** [-'fo:ɐ̯]; (-s) Geräte, Maschinen, Einrichtungen, Möbel o. Ä., die das Leben angenehm und bequem machen *„eine Wohnung, ein Auto mit allem/jedem Komfort"*

der **Ko·mi·ker** (-s, -) ein Künstler (vor allem ein Schauspieler), welcher andere Leute zum Lachen bringt • *hierzu* **Ko·mi·ke·rin** *die*

ko·misch ADJEKTIV [1] so, dass sie zum Lachen anregen ⟨*eine Situation, eine Geschichte, ein Film, ein Clown*⟩ ≈ witzig [2] ungewöhnlich und daher so, dass man Misstrauen, Ablehnung oder Zweifel empfindet ⟨*ein Mensch, ein Verhalten, eine Art, ein Gefühl*⟩ ≈ seltsam *„Er gefällt mir nicht. Er hat so eine komische Art zu reden"*

das **Kom·ma** (-s, -s/-ta) [1] das Zeichen , trennt in Texten Satzteile voneinander ⟨*ein Komma setzen*⟩ *„Einschübe kann man zwischen zwei Kommas oder Gedankenstriche setzen"* [K] Kommafehler [2] das Zeichen , trennt in einer Reihenfolge von Zahlen die ganze Zahl von den Dezimalstellen *„1,25"* eins Komma zwei fünf

kom·man·die·ren (*kommandierte, hat kommandiert*) [1] **etwas kommandieren** einen Befehl, ein Kommando geben *„Halt!", kommandierte er"* [2] **(Soldaten) kommandieren** als Offizier eine Gruppe von Soldaten leiten

das **Kom·man·do** (-s, -s) [1] ein kurzer Befehl ⟨*ein Kommando geben, erteilen*⟩

Auf das Kommando „los!" beginnt das Rennen" **2** die Macht, in einer Gruppe von Soldaten die Befehle geben zu können ⟨*das Kommando haben/führen, unter jemandes Kommando stehen, einem Kommando folgen*⟩ **3** eine Gruppe von Personen, die meist nach militärischem Vorbild organisiert ist und eine Aufgabe erfüllen soll **K** Einsatzkommando, Polizeikommando

kom·men (*kam, ist gekommen*) ZIEL: **1** Wenn eine Person oder Sache (zu mir) kommt, bewegt sie sich zu dem Ort, an dem ich selbst bin. *„Meine Tante kommt morgen zu uns"* **2** Wenn eine Person oder Sache irgendwohin kommt, erreicht sie ihr Ziel. *„Ist mein Paket schon gekommen?" | „Wie kommt man von hier zum Flughafen?"* **3** wenn eine Person mit mir kommt, bewegt sie sich zum gleichen Ziel *„Kommst du mit mir ins Kino?"* **4** **(einer Person) jemanden/etwas kommen lassen** veranlassen, dass jemand/etwas (zu einer Person) kommt oder gebracht wird *„Ich lass dir gleich ein Taxi kommen"* **5** **etwas kommt irgendwohin** etwas gehört an den genannten Ort, soll dorthin gebracht werden *„Das Geschirr kommt in die Spülmaschine"* AUSGANGSPUNKT, HERKUNFT: **6** **irgendwoher kommen** sich vom genannten Ort zum Sprecher oder Ziel bewegen *„Der Zug kommt aus Kempten und fährt weiter nach München"* **7** **irgendwoher kommen** aus dem genannten Land, der genannten Stadt o. Ä. stammen *„Ich komme aus Schottland"* INSTITUTION: **8** drückt aus, dass jemand eine Ausbildung, eine Arbeit oder einen Aufenthalt in einer Institution beginnt bzw. wieder beendet *„Mein Sohn kommt bald in die Schule/aufs Gymnasium/an die Uni" | „Verbrecher kommen ins Gefängnis"* REIHENFOLGE: **9** **an die Reihe kommen** der Nächste sein (der bedient, behandelt o. Ä. wird) **10** **etwas kommt irgendwo/irgendwann** etwas befindet sich in einer Reihenfolge an der genannten Position *„Nach dem Bahnhof kommt gleich rechts ein großes Krankenhaus"* GESCHEHEN: **11** **etwas kommt** etwas geschieht, erscheint, entsteht oder wird sichtbar *„Die ersten Blätter kommen schon, es wird Frühling" | „Bei unserem Baby kommen jetzt die ersten Zähne"* AUFFORDERUNG: **12** *gesprochen* im Imperativ verwendet, um eine Aufforderung zu verstärken *„Komm, sei doch nicht so traurig!"* MIT PRÄPOSITION: **13** **auf etwas** (*Akkusativ*) **kommen** sich an etwas erinnern *„Ich komme einfach nicht mehr auf seinen Namen"* **14** **um etwas kommen** etwas Positives verlieren oder nicht bekommen ⟨*um das eigene Geld kommen*⟩ *„Der Fahrer ist ums Leben gekommen"* der Fahrer ist gestorben **15** **zu etwas kommen** etwas (meist Positives) bekommen, ein Ziel erreichen *„Wie ist er plötzlich zu so viel Geld gekommen?"* **16** **zu etwas kommen** die Zeit oder Gelegenheit finden, etwas zu tun *„Ich komme einfach zu nichts!"* Ich habe für viele Dinge keine Zeit **17** **es kommt zu etwas** etwas Unangenehmes geschieht *„Es kam zu schweren Unruhen"*
ID **(wieder) zu sich** (*Dativ*) **kommen** **a** das Bewusstsein wiedererlangen **b** wieder normal und vernünftig reagieren

der **Kom·men·tar** (-s, -e) **1** **ein Kommentar (zu etwas)** ein Text bzw. eine kurze Rede, in denen Journalisten in der Zeitung, im Fernsehen o. Ä. ihre Meinung zu einem Ereignis sagen **K** Fernsehkommentar **2** die mündliche Beschreibung eines Ereignisses für ein Publikum (z. B. eines Fußballspiels im Radio) **3** **ein Kommentar (zu etwas)** *oft abwertend* eine persönliche Meinung, Bemerkung *„Er muss zu allem seinen Kommentar abgeben"* • zu (3)

kom·men·tar·los ADJEKTIV

kom·men·tie·ren (*kommentierte, hat kommentiert*) **etwas kommentieren** die eigene Meinung zu etwas sagen

kom·mer·zi·ell ADJEKTIV auf Gewinn,

K

Profit gerichtet ⟨*Interessen; ein Unternehmen*⟩

der **Kom·mis·sar** (-s, -e) ein Dienstgrad bei der Kriminalpolizei • *hierzu* **Kom·mis·sa·rin** *die*

die **Kom·mis·si·on** (-, -en) eine Gruppe von Personen (innerhalb einer größeren Organisation), die offiziell den Auftrag hat, gemeinsam eine Aufgabe oder ein Problem zu lösen ⟨*Personen bilden eine Kommission*⟩ *„Die Kommission ist damit beauftragt, die Ursachen für die Katastrophe herauszufinden"* **K** Prüfungskommission

kom·mu·nal ADJEKTIV in Bezug auf die Gemeinde, Kommune **K** Kommunalpolitik

die **Kom·mu·ne** (-, -n) eine Stadt, ein Dorf o. Ä. als Gebiet mit eigener Verwaltung ≈ Gemeinde *„die finanziellen Probleme der Kommunen"*

K

die **Kom·mu·ni·ka·ti·on** [-ˈtsi̯oːn]; (-, -en) **die Kommunikation** (+Genitiv/**von etwas**); **die Kommunikation (mit jemandem/zwischen Personen** (Dativ) das Austauschen und Weitergeben von Informationen durch Sprache, Zeichen, Gesten usw. ⟨*etwas erleichtert, erschwert, stört, verbessert die Kommunikation*⟩ ≈ Verständigung *„Die Kommunikation mit ihr war mühsam" | „Während des Sturmes brach die Kommunikation zwischen Festland und Insel zusammen"* **K** Kommunikationsmittel, Kommunikationsproblem • *hierzu* **kom·mu·ni·ka·ti·ons·fä·hig** ADJEKTIV

der **Kom·mu·nis·mus** (-) eine politische Bewegung und Ideologie, die sich gegen den Kapitalismus richtet und vor allem von den Regierungen Osteuropas vertreten wurde • *hierzu* **Kom·mu·nist** *der*

kom·mu·ni·zie·ren (*kommunizierte, hat kommuniziert*) **jemand kommuniziert mit einer Person; Personen kommunizieren (miteinander)** *geschrieben* zwei oder mehrere Personen teilen sich ihre Gefühle und Gedanken mit oder tauschen Informationen aus (durch Sprache, Schrift, Gesichtsausdrücke, Gesten usw.) *„Durch das Telefon wurde es möglich, mit weit entfernten Personen ohne Zeitverzögerung zu kommunizieren"*

die **Ko·mö·die** [-di̯ə]; (-, -n) **1** ein lustiges Theaterstück oder ein lustiger Film, meist mit einem glücklichen Ende ↔ Tragödie *„die Komödien Molières"* **2** ein kleines Theater, in dem regelmäßig Komödien aufgeführt werden

der **Kom·pa·ra·tiv** [-f]; (-s, -e) eine Form des Adjektivs oder Adverbs, die eine Steigerung ausdrückt *„Der Komparativ zu „gut" ist „besser"* ❶ vergleiche **Superlativ**

der **Kom·pass** (-es, -e) ein kleines Gerät mit einer magnetischen Nadel, die immer nach Norden zeigt

die **Kom·pe·tenz** (-, -en) **1** das Wissen oder das fachliche Können auf einem Gebiet **2** das Recht, Entscheidungen oder Anordnungen zu treffen und Befehle zu erteilen

kom·plett ADJEKTIV **1** mit allen Teilen, die dazugehören ≈ vollständig *„ein komplettes Kaffeeservice für sechs Personen"* **2** *gesprochen* im höchsten Maße ⟨*Unsinn, Blödsinn, Wahnsinn*⟩ ≈ völlig *„Der redet, als wäre er komplett verrückt"*

kom·plex ADJEKTIV mit vielen Faktoren, Aspekten usw., die beachtet werden müssen ⟨*ein Problem, Zusammenhänge*⟩ ≈ kompliziert *„Demokratie" ist ein sehr komplexer und vieldeutiger Begriff"* • *hierzu* **Kom·ple·xi·tät** *die*

das **Kom·pli·ment** (-(e)s, -e) **ein Kompliment (über etwas** (Akkusativ)) freundliche Worte, mit denen man (oft nur aus Höflichkeit) einer Person eine Freude machen oder ihr Bewunderung zeigen will *„Er machte ihr ein Kompliment über das neue Kleid"*

kom·pli·ziert ADJEKTIV **1** mit vielen Aspekten und schwer zu verstehen, zu lösen oder damit umzugehen ⟨*eine Angelegenheit, ein Problem, eine Situation, ein Vorgang, Zusammenhänge*⟩ ≈ schwierig *„ein langwieriges und kom-*

-pliziertes Verfahren" **2** mit vielen technischen Details und daher schwer zu bedienen ⟨ein Gerät, eine Maschine, Technik⟩ **3** so, dass die medizinische Behandlung schwierig ist ⟨ein Knochenbruch, eine Operation⟩

kom·po·nie·ren (komponierte, hat komponiert) **(etwas) komponieren** ein Musikstück schreiben *„eine Oper komponieren"*

Kom·po·si·ti·on [-'tsio:n]; (-, -en) **1** das Komponieren *„die Komposition einer Sinfonie"* ⓘ nicht in der Mehrzahl verwendet **2** etwas, das jemand komponiert hat ≈ Musikstück *„Die „Brandenburgischen Konzerte" gehören zu Bachs bekanntesten Kompositionen"*

Kom·po·si·tum (-s, *Kom·po·si·ta*) ein Wort, das aus zwei (oder mehreren) selbstständigen Wörtern besteht *„Milchkanne" ist ein Kompositum aus den Substantiven „Milch" und „Kanne"*

Kom·post (-(e)s, -e) **1** sehr fruchtbare Erde, die aus den Resten von Pflanzen entsteht, wenn man sie mehrere Monate auf einem Haufen im Freien gelagert hat **K** Komposterde **2** ein kleiner Hügel aus Resten von Pflanzen, den man im Garten hat, um daraus Erde zu machen *„Eierschalen auf den Kompost tun"* **K** Komposthaufen • zu (1) **kom·pos·tie·ren** (hat)

Kom·pro·miss (-es, -e) **ein Kompromiss (mit jemandem) (über etwas** (Akkusativ)**)** die Einigung bei Verhandlungen oder bei einem Streit, wobei jeder der Partner einen Teil der Forderungen der anderen Personen akzeptiert ⟨*einen Kompromiss schließen, eingehen, aushandeln*⟩ *„Wer in der Politik Erfolg haben will, der muss auch bereit sein, Kompromisse einzugehen"* **K** Kompromisslösung, Kompromissvorschlag

Kon·dens·milch dickflüssige, haltbare Milch in Dosen oder Tüten, die für den Kaffee benutzt wird ≈ Dosenmilch

Kon·di·to·rei (-, -en) ein Geschäft, in dem man Torten, Kuchen usw. kaufen kann

das **Kon·dom** (-s, -e) eine Hülle aus Gummi, die ein Mann vor dem Sex als Schutz vor einer Infektion oder zur Verhütung einer Schwangerschaft über den Penis zieht

die **Kon·fe·renz** (-, -en) **eine Konferenz (über etwas** (Akkusativ)**)** ein Treffen, bei dem mehrere oder viele Personen über verschiedene Themen reden und diskutieren **K** Konferenzraum, Konferenzteilnehmer

die **Kon·fes·si·on** (-, -en) **1** eine religiöse Gruppe innerhalb des Christentums, z. B. die Katholiken oder die Protestanten **2** die Religionsgemeinschaft, der man offiziell angehört ≈ Bekenntnis

die **Kon·fi·tü·re** (-, -n) eine Marmelade, in der manche Früchte noch ganz sind **K** Erdbeerkonfitüre

der **Kon·flikt** (-(e)s, -e) **ein Konflikt mit jemandem/zwischen Personen** (Dativ) eine schwierige Situation, die dadurch entsteht, dass Personen oder Gruppen verschiedene Wünsche, Bedürfnisse usw. haben *„Hätte sich dieser Konflikt zwischen Eltern und Schule vermeiden lassen?"* **K** Konfliktsituation

der **Kö·nig** (-s, -e) **1** der männliche Herrscher eines Landes mit einer Monarchie *„der König von Spanien"* **K** Königskrone, Königsschloss ⓘ auch als Titel verwendet: *König Ludwig II. ließ Schloss Neuschwanstein erbauen* **2** die wichtigste Figur im Schachspiel ⓘ vergleiche **Dame**

die **Kö·ni·gin** (-, -nen) **1** eine Frau als Herrscherin eines Landes mit einer Monarchie *„Nach mehr als drei Jahrzehnten auf dem Thron dankte die niederländische Königin Beatrix ab"* ⓘ auch als Titel verwendet: *Königin Elisabeth II. von Großbritannien* **2** die Ehefrau eines Königs

das **Kö·nig·reich** ein Staat, an dessen Spitze ein König/eine Königin steht (z. B. Großbritannien)

die **Kon·junk·ti·on** [-'tsio:n]; (-, -en) ein Wort wie *und, oder, aber, weil*, das Teile von Sätzen miteinander verbindet ≈ Bindewort der **Kọn·junk·tiv** [-f]; (-s, -e) eine Form (ein Modus) eines Verbs, die vor allem in der indirekten Rede und in Sätzen, die mit *wenn* beginnen, verwendet wird *„Ich sei" und „ich wäre" sind die Formen Konjunktiv I und II der ersten Person Singular von „sein"*

kon·krẹt ADJEKTIV (*konkreter, konkretest-*) **1** bis ins Detail genau ⟨*ein Beispiel, eine Vorstellung, ein Vorschlag, eine Meinung; etwas konkret formulieren*⟩ ≈ präzise *„Kannst du mir das mit einem konkreten Beispiel erklären?"* **2** ⟨*die Welt, die Wirklichkeit*⟩ so, dass man sie mit den Sinnen erfassen kann ↔ abstrakt

die **Kon·kur·rẹnz** (-, *-en*) **1** **die Konkurrenz (mit jemandem/um jemanden/etwas)** die Situation, die entsteht, wenn mehrere Personen das gleiche Ziel erreichen wollen oder mehrere Hersteller, Händler o. Ä. die gleichen Leistungen oder Waren verkaufen wollen ⟨*ernst zu nehmende, scharfe Konkurrenz; jemandem Konkurrenz machen*⟩ *„Die zunehmende Konkurrenz im Computerbereich drückt auf die Preise"* ⓘ nicht in der Mehrzahl verwendet **2** alle Hersteller, Händler o. Ä., welche die gleichen oder ähnliche Waren oder Leistungen anbieten ⟨*zur Konkurrenz gehen; bei der Konkurrenz kaufen; starke Konkurrenz haben*⟩ *„Für dieses Auto zahlen Sie bei der Konkurrenz 1.000 Euro mehr"* ⓘ nicht in der Mehrzahl verwendet **3** ein meist sportlicher Wettkampf, Wettbewerb *„Als vielseitiger Läufer nimmt er an mehreren Konkurrenzen teil"*

kọ̈n·nen[1] (*kann, konnte, hat können*); *Modalverb* **1** *Infinitiv* + **können** die Fähigkeit haben, etwas zu tun *„Sie kann sehr gut Gitarre spielen"* | *„Pinguine können nicht fliegen"* **2** *Infinitiv* + **können** die Möglichkeit haben, etwas zu tun *„Am Sonntag können wir mal ausschlafen"* **3** *Infinitiv* + **können** die Erlaubnis haben, etwas zu tun *„Kann ich noch ein Stück Kuchen haben?"* **4** **etwas kann** +*Infinitiv* etwas ist als Möglichkeit vorhanden oder denkbar *„Das hätte leicht schiefgehen können"*

kọ̈n·nen[2] (*kann, konnte, hat gekonnt*) **1** **(etwas) können** *gesprochen* das Wissen, die Übung oder die nötigen Eigenschaften für etwas haben *„Eine Strophe des Gedichtes kann ich schon (auswendig)"* | *„Sie rief so laut (wie) sie konnte"* **2** **(etwas) können** *gesprochen* die Möglichkeit oder Gelegenheit für etwas haben *„Wir treffen uns morgen, Mittwoch kann ich nicht"* **3** **nicht(s) für etwas können** *gesprochen* an etwas nicht schuld sein *„Ich kann nichts dafür, dass du dein Geld verloren hast"* **4** **irgendwohin können** *gesprochen* die Erlaubnis oder die Möglichkeit haben, irgendwohin zu gehen oder fahren *„Ich bin fertig. Du kannst jetzt ins Bad"* **5** **etwas kann irgendwohin** etwas darf oder soll irgendwohin gebracht werden *„Kann die Zeitung in den Papierkorb?"* **6** noch die Energie für etwas haben *„Ich kann nicht mehr"* ⓘ Die Perfektform ist *gekonnt*, wenn *können* allein steht. Nach einem anderen Verb steht *können*: *Das hätte ich nicht gekonnt/nicht tun können.*

kon·se·quẹnt ADJEKTIV **1** ohne Widersprüche ⟨*konsequent denken, handeln*⟩ **2** so, dass man sich von etwas nicht abbringen lässt ⟨*einen Plan, ein Ziel konsequent verfolgen*⟩

die **Kon·se·quẹnz** (-, *-en*) etwas meist Unangenehmes, das auf eine andere Handlung logisch folgt ≈ Folge *„Der Unfall wird rechtliche Konsequenzen haben"*

kon·ser·va·tiv [-va'tiːf], **kọn·ser·va·tiv** ADJEKTIV so, dass man die bestehende gesellschaftliche Ordnung und die Verhältnisse bewahren, nicht ändern will ⟨*Haltungen, Vorstellungen, eine Partei, ein Politiker*⟩ ↔ progressiv

die **Kon·sẹr·ve** [-və]; (-, *-n*) eine Dose oder ein Glas mit haltbar gemachten Lebensmitteln **K** Konservenbüchse; Obstkonserve

der **Kon·so·nạnt** (*-en, -en*) einer der Laute aus der großen Gruppe von Lauten in der Sprache, die nicht zu den Vokalen gehören

z. B. *b, k, s, v, t*) ≈ Mitlaut ❶ *der Konsonant; den, dem, des Konsonanten*

kon·stant ADJEKTIV so, dass sich etwas nicht ändert ⟨*eine Geschwindigkeit, eine Leistung, eine Temperatur*⟩ *„Der Umsatz blieb über Jahre hinweg konstant"* • *hierzu* **Kon·stanz** *die*

kon·stru·ie·ren (*konstruierte, hat konstruiert*) **etwas konstruieren** etwas planen und (nach diesem Plan) bauen ⟨*ein Flugzeug, ein Auto, eine Rakete, ein Schiff, eine Brücke, ein Hochhaus konstruieren*⟩ • *hierzu* **Kon·struk·teur** [-'tøːɐ̯] *der*

Kon·struk·ti·on [-'tsioːn]; (-, *-en*) **1** das Konstruieren *„Die Konstruktion eines so großen Gebäudekomplexes dauert sicher einige Jahre"* **K** Konstruktionsfehler **2** das Zusammenfügen von Wörtern zu einem Satz *„die Konstruktion komplizierter Sätze"* **K** Satzkonstruktion

Kon·su·lat (-(e)s, *-e*) die Behörde eines Konsuls oder das Gebäude, in dem diese Behörde ist **K** Konsulatsgebäude

Kon·sum (-s); *geschrieben* **der Konsum (von/an etwas** (*Dativ*)) das Verbrauchen (Konsumieren) von Waren (vor allem durch Essen und Trinken) *„Der Konsum von exotischen Früchten ist stark gestiegen"* **K** Konsumgüter; Alkoholkonsum, Fleischkonsum

Kon·takt (-(e)s, *-e*) **1** **Kontakt (mit/zu jemandem/etwas)** die Beziehung, die man zu Personen hat, die man kennt, und die man durch Treffen, Gespräche usw. pflegt ⟨*mit/zu jemandem Kontakt aufnehmen, bekommen, haben; den Kontakt pflegen, abbrechen, aufgeben, verlieren*⟩ *„nach dem Umzug neue Kontakte knüpfen"* **K** Kontaktanzeige **2** das Austauschen von Informationen o. Ä. ⟨*brieflicher, persönlicher, telefonischer Kontakt; (mit jemandem) in Kontakt kommen; mit jemandem in Kontakt stehen, bleiben*⟩ *„Die beiden Behörden stehen in engem Kontakt"* tauschen oft Informationen aus **K** Kontaktaufnahme **3** *geschrieben* die Berührung eines Körpers mit einer Sache *„Vermeiden Sie jeden Kontakt mit dem giftigen Stoff!"* **K** Hautkontakt, Körperkontakt **4** ein elektrisches Teil, das man so bewegen kann, dass der Strom fließt bzw. unterbrochen wird ⟨*einen Kontakt reinigen, erneuern, auswechseln*⟩

kon·takt·los ADJEKTIV **1** so, dass man keinen direkten Kontakt zu einem anderen Menschen hat ⟨*kontaktlose Bestellung/Lieferung*⟩ **2** so, dass elektronische Geräte keinen direkten Kontakt zueinander haben ⟨*kontaktloses Bezahlen*⟩

Kon·ten *Mehrzahl* → Konto

der **Kon·ti·nent**, **Kon·ti·nent**; (-(e)s, *-e*) eine der großen Landflächen der Erde ≈ Erdteil *„Die sechs Kontinente sind Afrika, Amerika, Asien, Australien, Europa und die Antarktis"*

das **Kon·to** (-s, *-s/Kon·ten*) wenn ich ein Konto bei einer Bank habe, dann verwaltet sie mein Geld ⟨*ein Konto eröffnen, sperren lassen, überziehen, ausgleichen, auflösen; etwas von einem Konto abheben, abbuchen, abziehen; etwas auf ein Konto einzahlen, überweisen*⟩ *„fünftausend Euro auf dem Konto haben"* **K** Kontoinhaber, Kontonummer; Bankkonto; Girokonto

der **Kon·to·aus·zug** auf dem Kontoauszug steht, wie viel Geld man gerade (auf dem Konto) hat

der **Kon·tra·bass** das größte Streichinstrument (mit den tiefsten Tönen) ≈ Bassgeige ❶ → Abb. unter **Instrument**

der **Kon·trast** (-(e)s, *-e*) **1** ein starker, auffälliger Unterschied, Gegensatz ⟨*ein farblicher, scharfer, starker Kontrast*⟩ **K** Farbkontrast **2** der Unterschied zwischen den hellen und dunklen Teilen eines Fotos, Fernsehbildes o. Ä. ⟨*den Kontrast einstellen, regulieren*⟩ **K** Helligkeitskontrast

die **Kon·trol·le** (-, *-n*) **1** die Handlungen, mit denen man jemanden/etwas (regelmäßig) prüft, um festzustellen, ob alles in Ordnung ist ⟨*eine strenge, gründliche Kontrolle; Kontrollen durchführen, verschärfen; die Kontrollen abschaffen*⟩ ≈ Überprüfung *„die Kontrolle des Gepäcks beim Zoll"* **K** Kontrollgang;

K

Passkontrolle **2** **die Kontrolle (über jemanden/etwas)** die Aufsicht über jemanden/etwas bzw. die Beherschung einer Situation ⟨*die Kontrolle über jemanden/etwas haben, ausüben, verlieren*⟩ *„die Kontrolle der Regierung durch das Parlament"* **3** **die Kontrolle (über jemanden/etwas)** die Macht über jemanden/etwas ⟨*die Kontrolle über jemanden/etwas verlieren*⟩

der **Kon·trol·leur** [-'løːɐ̯]; (-s, -e) eine Person, die etwas kontrolliert und prüft • *hierzu* **Kon·trol·leu·rin** *die*

kon·trol·lie·ren (*kontrollierte, hat kontrolliert*) **(jemanden/etwas) kontrollieren** prüfen, ob alles in Ordnung ist und richtig gemacht wird *„An der Grenze wurden unsere Pässe kontrolliert"*

die **Kon·zent·ra·ti·on** [-'tsi̯oːn]; (-, -en) **1** **die Konzentration (auf jemanden/etwas)** der Zustand, in dem man sehr aufmerksam und konzentriert ist ⟨*hohe, große Konzentration*⟩ *„Sein Beruf als Fluglotse erfordert enorme Konzentration und ständige geistige Anspannung"* **K** Konzentrationsschwäche **i** nicht in der Mehrzahl verwendet **2** die Menge der wirksamen Substanz(en) in einer Lösung oder einem Gemisch ⟨*eine hohe, geringe, niedrige Konzentration*⟩ *„Der Arzt hat mir dieses Medikament in einer hohen Konzentration verordnet"*

kon·zent·rie·ren (*konzentrierte, hat konzentriert*) **1** **sich (auf jemanden/etwas) konzentrieren** für (kurze) Zeit intensiv über jemanden/etwas nachdenken ⟨*sich sehr, stark konzentrieren*⟩ *„Bei diesem Lärm kann ich mich nicht (auf meine Aufgabe) konzentrieren"* **2** **etwas konzentriert sich auf jemanden/etwas** etwas richtet sich ganz auf eine Person oder Sache ⟨*jemandes Aufmerksamkeit, jemandes Bemühungen*⟩ **3** **etwas/sich (auf jemanden/etwas) konzentrieren** die ganze Energie und alle Kräfte für lange Zeit auf eine Person oder Sache richten ⟨*sich ganz, völlig auf jemanden/etwas konzentrieren*⟩ *„Sie hat ihren Beruf aufgegeben und konzentriert sich jetzt ganz auf ihr Baby"*

kon·zent·riert ADJEKTIV **1** so, dass man die Aufmerksamkeit und seine Gedanken stark auf eine Person oder Sache lenkt **2** mit einer hohen Konzentration ⟨*eine Säure*⟩

das **Kon·zept** (-(e)s, -e); *geschrieben* **ein Konzept (für etwas)** ein Plan für ein (meist größeres und langfristiges) Ziel ⟨*ein Konzept ausarbeiten, entwickeln, überdenken, verwerfen*⟩ *„ein Konzept für den Abbau der Arbeitslosigkeit"*

der **Kon·zern** (-s, -e) mehrere große Firmen, die sich zu einer größeren Einheit zusammengeschlossen haben und zentral geleitet werden, aber rechtlich selbstständig sind ⟨*ein multinationaler Konzern*⟩ **K** Industriekonzern, Medienkonzern

das **Kon·zert** (-(e)s, -e) eine Veranstaltung, auf der Künstler Musik spielen oder singen ⟨*in ein/zu einem Konzert gehen; auf einem Konzert spielen; ein Konzert geben*⟩ **K** Konzertsaal; Rockkonzert, Sinfoniekonzert

der **Kopf** (-(e)s, *Köp·fe*) **1** der Teil des Körpers von Menschen und Tieren, in dem Gehirn, Augen, Ohren, Mund und Nase sind ⟨*mit dem Kopf nicken; mit erhobenem, gesenktem Kopf*⟩ **K** Kopfnicken, Kopfstütze, Kopfverletzung **2** **ein kluger/schlauer/... Kopf** ein Mensch mit guten geistigen Fähigkeiten **3** anstelle von *Person* verwendet, wenn man Zahlen oder Mengen nennt *„Wir haben pro Kopf 15 Euro Eintritt gezahlt"* für jeden von uns **4** der obere runde Teil mancher Pflanzen, den man essen kann ⟨*ein Kopf Kohl, Salat*⟩ **K** Kopfsalat **5** der vordere oder obere, meist runde Teil von etwas ⟨*der Kopf eines Nagels, einer Pfeife, einer Stecknadel, eines Streichholzes*⟩ **6** der oberste Teil eines Textes, z. B. Titel und Datum einer Zeitung, die Adresse am Anfang eines Briefes o. Ä. **K** Kopfzeile; Briefkopf **7** **den Kopf schütteln** den Kopf hin und her bewegen und dadurch ausdrücken, dass man etwas verneint, ablehnt, nicht versteht o. Ä.

KOPF

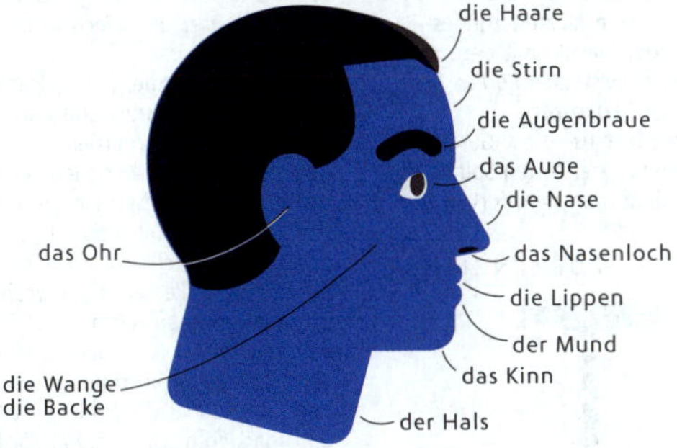

K Kopfschütteln, kopfschüttelnd
ID **aus dem Kopf** auswendig ⟨*etwas aus dem Kopf aufsagen, können, wissen*⟩; **etwas im Kopf rechnen** etwas ohne Hilfsmittel, ohne es aufzuschreiben, rechnen; **sich** (*Dativ*) **etwas in den Kopf setzen** etwas unbedingt erreichen, durchsetzen, haben wollen; **den Kopf verlieren** in Panik geraten; **Kopf hoch!** verwendet, um jemandem Mut zu machen oder jemanden zu trösten

Kopf·hö·rer Kopfhörer steckt man in die Ohren oder setzt man auf den Kopf, um vor allem Musik zu hören, ohne andere Personen zu stören ⟨*den/die Kopfhörer aufsetzen, abnehmen*⟩

Kopf·kis·sen ein weiches Kissen für den Schlaf

Kopf·tuch ein Tuch, mit dem (besonders muslimische) Frauen ihre Haare bedecken

Kopf·weh *gesprochen* Schmerzen im Kopf, dort, wo das Gehirn ist ⟨*Kopfweh haben*⟩ ≈ Kopfschmerzen ⓘ nicht in der Mehrzahl verwendet

Ko·pie (-, *-n* [-'piː(ə)n]) **1** ein weiteres Exemplar eines Textes o. Ä., das eine Art Foto auf normalem Papier ist ⟨*eine beglaubigte Kopie*⟩ *„Bitte machen Sie vom Vertrag drei Kopien!"* K Farbkopie **2** die genaue Nachahmung eines Gegenstands (oft eines Kunstwerks) ⟨*die Kopie eines Gemäldes, einer Statue, eines Schlüssels; eine Kopie anfertigen, machen*⟩ ↔ Original **3** eine zweite Datei mit demselben Inhalt wie eine andere, die man zur Sicherheit an einem anderen Ort speichert ⟨*eine Kopie machen, ziehen*⟩ K Sicherungskopie

ko·pie·ren (*kopierte, hat kopiert*) **(etwas) kopieren** eine Kopie von etwas machen (anfertigen)

der **Ko·pie·rer** (-s, -) Kurzwort für *Kopiergerät* K Fotokopierer

die **Kop·pel** (-, *-n*) eine Weide mit einem Zaun K Pferdekoppel

der **Korb** (-(*e*)*s*, *Kör·be*) **1** ein leichter Behälter, der aus gebogenen Stäben, geflochtenen Streifen o. Ä. gemacht ist ⟨*einen Korb flechten*⟩ *„einen Korb mit Wäsche in den Garten tragen"* K Drahtkorb, Weidenkorb; Brotkorb, Papierkorb, Wäschekorb ⓘ → Abb. *Behälter und Gefäße* unter **Behälter** **2** **ein Korb Äpfel/Eier/Fische/Brennholz/...** die Menge einer Sache, die in einem Korb Platz hat **3** ein Ring aus Metall mit einem Netz, in den man beim Basketball o. Ä. den Ball wirft, um Punkte zu bekommen ⟨*den Korb verfehlen*⟩

die **Kor·del** (-, *-n*) eine dicke Schnur zum Binden und Schmücken

der **Kork** (-(*e*)*s*, *-e*) ein leichtes, braunes Material aus Baumrinde, aus dem man vor allem Korken und Isoliermaterial macht

der **Kọr·ken** (-s, -) ein kleines, rundes Stück Kork oder Plastik, mit dem man Flaschen verschließt ⟨*den Korken herausziehen*⟩ K Sektkorken

der **Kọr·ken·zie·her** (-s, -) ein Gerät mit einem Griff und einer festen Spirale aus Metall, mit dem man den Korken aus der Flasche zieht

KORKENZIEHER

das **Kọrn** (-(e)s, *Kör·ner*) **1** der feste Samen, aus dem die Pflanze (vor allem Getreide) wächst ⟨*Vögel picken Körner (auf), fressen Körner*⟩ *„Hühner mit Körnern füttern"* K Saatkorn, Samenkorn, Reiskorn **2** etwas von der Form eines Korns ⟨*ein paar Körner Salz, Sand*⟩ K Hagelkorn, Sandkorn **3** Getreide, aus dem man Brot macht ⟨*Korn anbauen, ernten, dreschen*⟩ K Kornfeld ⓘ nicht in der Mehrzahl verwendet

der **Kọ̈r·per** (-s, -) **1** die Haut, die Muskeln, die Knochen usw., aus denen ein Mensch oder Tier besteht ⟨*der männliche, weibliche, menschliche, tierische Körper; ein gut gebauter, athletischer, durchtrainierter, muskulöser, zarter, schwacher, gebrechlicher, verbrauchter Körper; am ganzen Körper zittern*⟩ *„Er rieb sich am ganzen Körper mit Sonnenöl ein"* K Körpergröße, Körperkontakt, Körperpflege, Körperteil **2** der Körper ohne Arme, Beine, Hals und Kopf ≈ Rumpf, Leib *„Beim Boxen sind Schläge auf den Körper unterhalb der Gürtellinie verboten"* K Oberkörper **3** ein Gegenstand, ein Stück Materie K Himmelskörper

kọ̈r·per·lich ADJEKTIV in Bezug auf den Körper ⟨*Arbeit, Anstrengung, Ertüchtigung, Liebe; körperlich behindert sein*⟩ ≈ physisch *„in guter körperlicher Verfassung sein"* | *„Er war zwar körperlic anwesend, aber mit seinen Gedanken weit weg"*

der **Kọ̈r·per·teil** Arme, Beine, Hände, Füße, Kopf, Bauch, Brust und Rücken sind die wichtigsten Körperteile

kor·rẹkt ADJEKTIV **1** genau so, wie es den gesellschaftlichen Normen entspricht ⟨*ein Handeln, ein Benehmen; sich korrekt benehmen, verhalten, kleiden*⟩ **2** ohne Fehler ⟨*ein Ergebnis; etwas korrekt aussprechen*⟩

kor·ri·gie·ren (*korrigierte, hat korrigiert*) **1** **(etwas) korrigieren** einen Tex lesen und dabei die Fehler feststellen und markieren *„Die Lehrerin korrigiert die Aufsätze"* **2** **jemanden/etwas korrigieren** einen Fehler bemerken und beseitigen oder darauf hinweisen ⟨*jemandes Aussprache, einen Fehler korrigieren*⟩

die **Kos·me·tik** (-) die Anwendung von Cremes, Lippenstift, Puder usw., um den Körper, vor allem das Gesicht zu pflegen und schöner zu machen K Kosmetikkoffer

kọst·bar ADJEKTIV **1** von sehr hoher Qualität oder selten und deshalb sehr teuer *„ein kostbarer Teppich"* **2** sehr wichtig für jemanden, sodass man sorgfältig damit umgeht *„Meine Zeit ist mir zu kostbar, um sie mit solchem Unsinn zu verbringen"*

kọs·ten (*kostete, hat gekostet*) **1** **etwas kostet etwas** etwas hat den genannten Preis *„Die Eier kosten zwanzig Cent pro/das Stück"* **2** **etwas kostet jemanden etwas** (*Akkusativ*) etwas ist die Ursache, der Grund dafür, dass jemand etwas verliert ⟨*etwas kostet jemanden Haus und Hof, viel Kraft und Nerven, die Stellung*⟩ *„Seine Unachtsamkeit im Straßenverkehr kostete ihn das Leben"* **3** **(etwas) kosten**; **von etwas kosten** eine kleine Menge von etwas essen oder trinken, um zu prüfen, wie etwas schmeckt ≈ probieren *„einen Löffel Suppe kosten"*

die **Kọs·ten** *Mehrzahl* **die Kosten (für et-**

KÖRPER

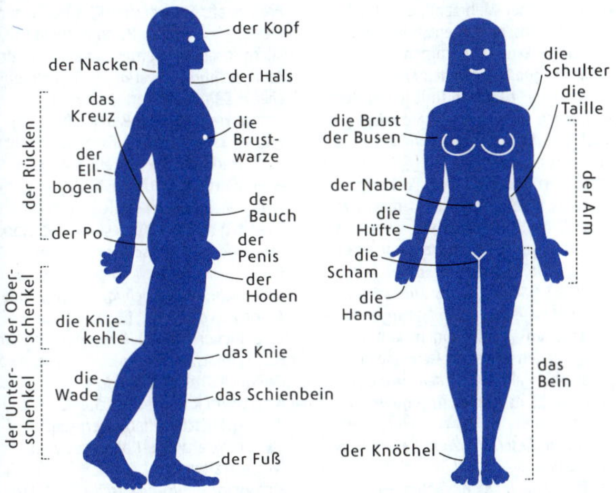

was) das Geld, das man ausgibt oder ausgeben muss ⟨*erhebliche, gestiegene, hohe, geringe, niedrige Kosten; die anfallenden, entstehenden, laufenden Kosten; Kosten sparen; etwas verursacht Kosten*⟩ *„die Kosten für Miete und Heizung"* **K** Kostensenkung; Benzinkosten, Reparaturkosten

kos·ten·los ADJEKTIV so, dass man nichts dafür zahlen muss ≈ gratis *„Der Eintritt für Kinder unter sechs Jahren ist kostenlos"*

Kos·tüm (-s, -e) **1** ein Kostüm für Frauen besteht aus Rock und Jacke aus demselben Stoff *„Wenn sie ins Büro muss, zieht sie gern ein klassisches Kostüm an"* **2** vor allem im Fasching oder als Schauspieler im Theater zieht man ein Kostüm an, um wie eine andere Person auszusehen *„Ich habe verschiedene Kostüme für dich zur Auswahl: Willst du als Cowboy, als Pirat oder vielleicht als Ritter gehen?"* **K** Kostümball; Faschingskostüm

der **Kot** (-(e)s) ein Produkt der Verdauung bei Mensch und Tier, das den Darm (in fester Form) verlässt **K** Hundekot, Vogelkot

das **Ko·te·lett** [kɔ'tlɛt, 'kɔtlɛt]; (-s, -s) ein Stück Fleisch mit einem Rippenknochen vom Schwein, Kalb oder Lamm, das man brät oder grillt **K** Lammkotelett

der **Kot·flü·gel** das Blech seitlich am Auto, das die Räder schützt

kot·zen (*kotzte, hat gekotzt*); *gesprochen* ⚠ ≈ erbrechen **ID** **zum Kotzen** *gesprochen* ⚠ sehr unangenehm, abscheulich

krab·beln (*krabbelte, hat/ist gekrabbelt*) **1** (*ist*) (vor allem als kleines Kind) sich auf Händen und Knien vorwärtsbewegen ⓘ vergleiche **kriechen** **2** **ein Tier krabbelt (irgendwo)** (*ist*) ein Insekt, eine Spinne oder ein Krebs bewegt sich auf vielen Beinen am Boden fort

der **Krach** (-(e)s, *Krä·che*) **1** *abwertend*

K

unangenehm laute Geräusche ≈ Lärm *„Müsst ihr denn solchen Krach machen?"* ⓘ nicht in der Mehrzahl verwendet **2** das Geräusch, das entsteht, wenn zwei harte Dinge zusammenstoßen ≈ Knall *„Es gab einen lauten Krach, als die Tür zuschlug"* **3** **Krach (mit jemandem)** *gesprochen* ≈ Streit, Ärger *„Sie kriegt Krach mit ihren Eltern, wenn sie zu spät nach Hause kommt"*

kra·chen (*krachte, hat/ist gekracht*) **1** **etwas kracht** (*hat*) etwas macht ein kurzes lautes Geräusch, wie zwei harte Gegenstände, die heftig zusammenstoßen ⟨*ein Donner, eine Explosion, ein Gewehr, ein Schuss*⟩ *„Das Auto stieß laut krachend gegen den Zaun"* **2** **irgendwohin krachen** (*ist*) mit einem lauten Geräusch gegen etwas stoßen oder irgendwohin fallen ⟨*auf den/zu Boden krachen*⟩ **3** **es kracht (irgendwo)** *gesprochen* irgendwo gibt es einen Autounfall *„An dieser Kreuzung hat es schon oft gekracht"*

die **Kraft** (-, *Kräf·te*) **1** die Fähigkeit, etwas Schweres (vor allem mit Hilfe der Muskeln) zu heben oder tragen bzw. etwas Anstrengendes zu leisten ⟨*körperliche Kraft; (viel, wenig) Kraft haben*⟩ ≈ Stärke *„Mit letzter Kraft schleppte er sich durchs Ziel und brach zusammen"* **K** Kraftaufwand; Muskelkraft **2** die Fähigkeit, etwas mit Hilfe des Verstands zu tun, zu bewirken ⟨*geistige, schöpferische Kraft*⟩ *„jemanden nach besten Kräften beraten"* **K** Geisteskraft, Vorstellungskraft **3** die seelische, emotionale Fähigkeit, eine unangenehme schwierige Situation zu bewältigen, zu ertragen o. Ä. ⟨*etwas geht über jemandes Kräfte, übersteigt jemandes Kräfte*⟩ *„die Kraft haben, einer Versuchung zu widerstehen"* **K** Willenskraft **4** die Fähigkeit einer Sache, etwas zu bewirken *„Im Winter hat die Sonne nur wenig Kraft"* **K** Heilkraft, Zauberkraft **5** in der Physik sind Kräfte die Ursache für Bewegungen oder für Veränderungen der Form ⟨*eine elektrische, elektromagnetische, magnetische, anziehende, abstoßende Kraft*⟩ **K** Kraftübertragung; Bremskraft, Schwerkraft **6** eine Person, die für eine andere Person arbeitet (vor allem in einem Betrieb oder Haushalt) ⟨*eine tüchtige, zuverlässige Kraft brauchen*⟩ **K** Arbeitskraft, Hilfskraft, Schreibkraft **7** **in/außer Kraft** gültig und wirksam/nicht mehr gültig, nicht mehr wirksam ⟨*ein Gesetz, eine Regelung, ein Vertrag tritt, ist in/außer Kraft*⟩ • zu (1,3) **kraft·los** ADJEKTIV

kräf·tig ADJEKTIV **1** gesund und stark ⟨*ein Kind, ein Mensch, ein Tier, eine Pflanze*⟩ *„Er ist nach langer Krankheit noch nicht kräftig genug, anstrengende Arbeit zu verrichten"* **2** mit relativ viel körperlicher Kraft ⟨*ein Händedruck, ein Hieb, ein Schlag*⟩ ≈ stark *„die Flasche vor Gebrauch kräftig schütteln"*

das **Kraft·werk** ein technischer Betrieb, in dem elektrische Energie erzeugt wird **K** Atomkraftwerk, Kohlekraftwerk, Wasserkraftwerk

der **Kra·gen** (-s, -/*süddeutsch* Ⓐ Ⓒⓗ *Krä·gen*) der (feste) Teil eines Hemds, einer Bluse o. Ä., der um den Hals geht ⟨*ein enger, weiter, steifer, mit Pelz besetzter Kragen*⟩ *„Als Schutz gegen den kalten Wind schlug er den Kragen seines Mantels hoch"* **K** Rollkragen; Hemdenkragen

die **Kral·le** (-, *-n*) der scharfe, spitze und meist gebogene Nagel an den Füßen mancher Tiere, z. B. bei Katzen und Vögeln ⟨*scharfe, spitze, stumpfe Krallen*⟩

kral·len (*krallte, hat gekrallt*) **etwas/sich an/in etwas** (*Akkusativ*) **krallen** (mit den Fingern oder Zehen wie) mit Krallen nach etwas greifen und sich irgendwo festhalten *„seine Finger in die Erde krallen"* **ID** **sich** (*Dativ*) **etwas krallen** *gesprochen, abwertend* etwas rücksichtslos oder egoistisch für sich nehmen; **sich** (*Dativ*) **jemanden krallen** *gesprochen, oft abwertend* **a** jemanden am Arm fassen und festhalten (und oft ermahnen oder kritisieren) **b** dafür sorgen, dass man selbst jemandes Hilfe, Aufmerksamkeit oder Liebe bekommt und niemand sonst

Kram (-s); *gesprochen, abwertend* **1** (alte) Sachen ohne Wert, die man nicht mehr braucht *„Der ganze Dachboden ist voll von altem Kram"* **2** etwas (vor allem eine Arbeit), für das man kein Interesse hat

Krampf (-(e)s, *Krämp·fe*) **1** der Zustand, in dem sich Muskeln (vor allem als Reaktion auf Überanstrengung) zusammenziehen und starr werden (so dass es wehtut) *„einen Krampf in den Waden haben"* **2** *gesprochen, abwertend* ≈ Unsinn ⓘ nicht in der Mehrzahl verwendet

Kran (-(e)s, *Krä·ne*) Kräne sind sehr hohe Maschinen, die vor allem auf Baustellen große und schwere Dinge heben und bewegen

krank ADJEKTIV (*kränker, kränkst-*) in dem Zustand, in dem sich ein Mensch oder ein Tier nicht wohlfühlt, schwach ist oder Schmerzen, Fieber o. Ä. hat ⟨*geistig, körperlich, schwer, unheilbar krank sein; krank im Bett liegen; sich krank fühlen, stellen* (= *so tun als wäre man krank*)⟩ *„Ich habe gehört, du bist krank, was hast du denn?" – „Grippe!"* **K** alkoholkrank, herzkrank, krebskrank, suchtkrank

/die **Kran·ke** (-n, -n) eine Person, die krank ist *„einen Kranken pflegen"* **K** Krankenbesuch, Krankengymnastik, Krankenpflege ⓘ *ein Kranker; der Kranke; den, dem, des Kranken*

Kran·ken·haus ein Gebäude, in dem Kranke liegen (die längere Zeit gepflegt und behandelt werden) ⟨*im Krankenhaus liegen; ins Krankenhaus müssen, kommen; jemanden ins Krankenhaus bringen*⟩ ≈ Klinik **K** Krankenhausaufenthalt

Kran·ken·kas·se ein Unternehmen der gesetzlichen Krankenversicherung *„Zahlt die Krankenkasse für diese Behandlung?"*

Kran·ken·pfle·ger ein Mann, der beruflich kranke Menschen pflegt ⓘ vergleiche **Krankenschwester**

die **Kran·ken·schwes·ter** eine Frau, die (meist im Krankenhaus) beruflich kranke Menschen pflegt ⓘ vergleiche **Krankenpfleger**

die **Kran·ken·ver·si·che·rung** **1** eine Institution, an die man jeden Monat eine feste Summe bezahlen muss und die dafür die medizinischen Kosten bezahlt, die bei einer Krankheit entstehen ⟨*die gesetzliche, eine private Krankenversicherung*⟩ **2** der Vertrag, den man mit einer Krankenversicherung schließt *„Sie konnte sich die teure Krankenversicherung nicht mehr leisten"* **K** Reisekrankenversicherung, Zusatzkrankenversicherung

der **Kran·ken·wa·gen** ein besonders ausgerüstetes Auto mit Sanitätern (und Notarzt), das Kranke oder Verletzte ins Krankenhaus bringt ≈ Ambulanz, Rettung(swagen)

die **Krank·heit** (-, *-en*) wenn Menschen, Tiere oder Pflanzen eine Krankheit bekommen, geht es ihnen nicht gut ⟨*eine leichte, schwere, akute, chronische Krankheit; eine Krankheit verhüten, bekommen, haben, bekämpfen, heilen, (aus)kurieren, loswerden; eine Krankheit bricht aus; sich von einer Krankheit erholen*⟩ *„Kinder gegen Krankheiten wie Tetanus, Masern, Mumps und Röteln impfen"* **K** Infektionskrankheit; Kinderkrankheit

krank·mel·den (*meldete krank, hat krankgemeldet*) **jemanden krankmelden** der Schule, dem Arbeitgeber o. Ä. mitteilen, dass jemand oder man selbst krank ist und zu Hause bleiben muss

der **Kranz** (-es, *Krän·ze*) Kränze sind Ringe, die aus Blumen, Zweigen usw. gebunden oder geflochten werden ⟨*einen Kranz auf ein Grab legen*⟩ **K** Blumenkranz

der **Krap·fen** (-s, -) ein rundes Gebäck aus Hefeteig, das in heißem Fett gebacken wird ≈ Berliner

der **Kra·ter** (-s, -) ein tiefes Loch in der

K

Erde, das durch eine Explosion, eine Bombe o. Ä. entstanden ist

krat·zen (*kratzte, hat gekratzt*) **1** **jemanden (irgendwo) kratzen**; **jemandem etwas kratzen** die Fingernägel, Krallen o. Ä. mit leichtem Druck auf der Haut hin und her bewegen (vor allem weil sie gereizt ist und juckt) ⟨*sich blutig, wund kratzen*⟩ *„Die Katze kratzte sich am/hinterm Ohr"* **2** **jemanden kratzen** die Haut (an einer Stelle) mit einem spitzen oder scharfen Gegenstand verletzen *„Die Katze hat mich gekratzt"* **K** Kratzwunde **3** **etwas aus/von etwas kratzen**; **etwas in etwas** (*Akkusativ*) **kratzen** einen Gegenstand so über eine Oberfläche bewegen, dass etwas entfernt wird oder Schäden entstehen *„mit einem Nagel ein Muster ins Holz kratzen"* | *„Farbe von der Wand kratzen"* **4** **etwas kratzt (jemanden)** etwas reizt die Haut o. Ä. und ist deshalb unangenehm *„Sein Bart kratzt beim Küssen"* | *„Hustenbonbons lutschen, weil man ein Kratzen im Hals verspürt"* **5** **ein Tier kratzt irgendwo** ein Tier reibt die Krallen o. Ä. an einem Gegenstand *„Der Hund kratzte an der Tür"*

K

der **Krat·zer** (*-s, -*) eine kleine Wunde oder kaputte Stelle, die durch Kratzen entstanden sind *„ein Kratzer im Lack"*

krau·len (*kraulte, hat/ist gekrault*) **1** **jemanden (irgendwo) kraulen**; **jemandem etwas kraulen** (*hat*) eine Person, sich selbst oder ein Tier (liebevoll) streicheln, indem man die Fingerspitzen fest über die Haut bewegt ⟨*ein Tier am/den Bauch, am/den Kopf, hinter den Ohren kraulen*⟩ **2** **kraulen** (*hat/süddeutsch* Ⓐ Ⓒⓗ *ist*); **irgendwohin kraulen** (*ist*) mit dem Bauch nach unten schwimmen und dabei die Arme abwechselnd in einem Bogen durch die Luft nach vorn und anschließend durchs Wasser nach hinten bewegen **i** vergleiche **Brustschwimmen**

das **Kraut** (*-(e)s, Kräu·ter*) **1** kleine Pflanzen, deren Blätter (und manchmal auch Blüten) man als Medizin oder Gewürz verwendet ⟨*eine Arznei, ein Tee aus Kräutern; etwas mit Kräutern würzen*⟩ *„Für diese Soße braucht man Petersilie, Dill, Basilikum und andere Kräuter"* **K** Kräuterquark, Kräutertee; Heilkräuter, Küchenkräuter **2** verwendet als Bezeichnung für manche Arten von Kohl (Rotkohl, Weißkohl, Sauerkohl) *„Würstchen mit Kraut"* **K** Krautsalat; Blaukraut, Sauerkraut, Weißkraut **i** nicht in der Mehrzahl verwendet

die **Kra·wat·te** (*-, -n*) ein langer, schmaler Streifen Stoff, den man unter dem Hemdkragen um den Hals legt und vorne zu einem Knoten bindet (und den Männer zu Anzügen tragen) ⟨*eine Krawatte tragen, umhaben; sich* (*Dativ*) *eine Krawatte umbinden*⟩ **K** Krawattenknoten **i** → Abb. unter **Bekleidung**

der **Krebs** (*-es, -e*) **1** eine gefährliche Krankheit, bei der die Zellen mancher Organe im Körper unnatürlich stark wachsen ⟨*Krebs im Früh-, Spät-, Endstadium*⟩ *„Wenn Krebs früh genug erkannt wird, kann er oft noch geheilt werden"* **K** Krebskranke(r), krebskrank; Lungenkrebs **i** nicht in der Mehrzahl verwendet **2** ein Tier mit acht Beinen und einer harten Schale (dem Panzer), das im Wasser lebt. Die zwei vorderen Beine sehen wie Zangen aus und werden auch Scheren genannt *„Krebse werden leuchtend rot, wenn sie gekocht werden"* **K** krebsrot • zu (1) **krebs·er·re·gend** ADJEKTIV

der **Kre·dit**, **Kre·dit**; (*-(e)s, -e*) **1** Geld, das man von einer Bank leiht und für das man Zinsen zahlt ⟨*einen Kredit aufnehmen, zurückzahlen; eine Bank räumt jemandem einen Kredit ein, gewährt jemandem einen Kredit*⟩ ≈ Darlehen **K** Kreditgeber, Kreditinstitut **2** die Möglichkeit, für eine Ware oder Leistung später zu zahlen ⟨*etwas auf Kredit kaufen; jemandem Kredit geben, gewähren; bei jemandem Kredit haben*⟩ *„Beim Bäcker um die Ecke habe ich immer Kredit"* **i** nicht in der Mehrzahl verwendet

Kre·dit·kar·te, **Kre·dit·kar·te** mit einer Kreditkarte kann man z. B. beim Einkaufen, im Hotel oder Restaurant ohne Bargeld bezahlen

Krei·de (-, -*n*) **1** eine Substanz aus weichem, weißem Kalkstein **K** Kreidefelsen **i** nicht in der Mehrzahl verwendet **2** ein Stück Kreide, das man zum Schreiben oder Zeichnen verwendet ⟨*weiße, bunte, farbige Kreide; ein Stück Kreide*⟩ *„etwas mit Kreide an die Tafel schreiben"* **K** Kreidezeichnung

Kreis (-*es*, -*e*) **1** eine geschlossene Linie, die so um einen Punkt herum verläuft, dass sie an jeder Stelle gleich weit davon entfernt ist (oder die Fläche, die innerhalb dieser Linie liegt) ⟨*einen Kreis (mit einem Zirkel) zeichnen*⟩ **K** Kreislinie; kreisrund **2** **in einem/im Kreis** so, dass dabei eine Art Kreis entsteht ⟨*sich im Kreis bewegen, drehen, umsehen; in einem/im Kreis (um jemanden/etwas herum) gehen, laufen; Personen sitzen, stehen im Kreis (um jemanden/etwas herum)*⟩ **3** Kurzwort für *Landkreis* **K** Kreiskrankenhaus, Kreissparkasse • *zu* (1) **kreis·för·mig** *ADJEKTIV*

Kreuz (-*es*, -*e*) **1** die Zeichen x oder +, die man z. B. schreibt, um eine Stelle auf einem Plan, einer Karte o. Ä. genau zu markieren oder um eine von mehreren Möglichkeiten auf einem Formular zu wählen ⟨*ein Kreuz machen*⟩ **2** eine Sache mit der Form eines Kreuzes ⟨*etwas bildet ein Kreuz*⟩ **K** Drehkreuz, Fensterkreuz **3** ein Kreuz, das als Symbol verwendet wird (z. B. in der christlichen Religion oder in Verbindung mit dem Namen eines Toten, dem Datum des Todes) *„Die Schweizer Flagge zeigt ein weißes Kreuz auf rotem Grund"* **K** Grabkreuz, Warnkreuz **4** ein Gerüst mit einem langen senkrechten und einem kurzen waagrechten Balken, an dem früher Menschen aufgehängt und getötet wurden ⟨*jemanden ans Kreuz schlagen, vom Kreuz abnehmen; am Kreuz hängen, sterben*⟩ *„Jesus Christus starb am Kreuz"* **5** der untere Teil des Rückens ⟨*jemandem tut das Kreuz weh*⟩ **K** Kreuzschmerzen **i** → Abb. unter **Körper** **6** eine Stelle, an der zwei Autobahnen aufeinandertreffen und man von der einen Autobahn auf die andere wechseln kann **K** Autobahnkreuz **7** **über Kreuz** so, dass dabei eine Art Kreuz entsteht ⟨*Dinge liegen über Kreuz*⟩ *„Er legte Messer und Gabel über Kreuz auf seinen Teller"* • *zu* (1) **kreuz·för·mig** *ADJEKTIV*

kreu·zen (*kreuzte, hat/ist gekreuzt*) **1** **etwas kreuzt etwas** (*hat*) zwei Wege, Fahrbahnen o. Ä. überschneiden sich (meist in Form eines Kreuzes) **2** **die Arme/Beine kreuzen** (*hat*) die Arme oder die Beine so übereinanderlegen, dass eine Art Kreuz entsteht **3** **etwas kreuzt irgendwo** (*hat/ist*) ein Schiff fährt hin und her, nicht direkt zu einem Ziel hin *„Vor der Küste kreuzt eine große Jacht"* **4** **etwas kreuzt sich mit etwas; Dinge kreuzen sich** (*hat*) zwei oder mehrere Straßen, Bahnlinien o. Ä. überschneiden sich an einem Punkt

die **Kreu·zung** (-, -*en*) eine Stelle, an der sich zwei (oder mehrere) Straßen schneiden und an der man von einer Straße auf die andere wechseln kann ⟨*an der Kreuzung stehen bleiben, halten, abbiegen; eine Kreuzung überqueren; über die Kreuzung fahren, gehen*⟩

krie·chen (*kroch, ist gekrochen*) **1** sich auf Händen und Knien fortbewegen ⟨*durch ein Loch, ins Zelt, auf allen vieren kriechen*⟩ **i** vergleiche **krabbeln** **2** sich so fortbewegen, dass der Bauch den Boden berührt *„Der Hund kroch winselnd näher zu uns"* **3** **irgendwohin kriechen** sich an einen Ort begeben, wo sehr wenig Platz ist oder der Körper von etwas (Schützendem) bedeckt wird ⟨*unter die Decke, ins Bett, hinter den Ofen/Schrank kriechen*⟩

der **Krieg** (-(*e*)*s*, -*e*) **ein Krieg (gegen jemanden/mit jemandem); ein Krieg (zwischen Ländern/Völkern/...)** eine

K

Situation, bei der verschiedene Länder oder Teile eines Volkes mit Waffen gegeneinander kämpfen ⟨*ein blutiger, grausamer, unerklärter, offener, verlorener/aussichtsloser Krieg; ein Land führt, beendet, gewinnt, verliert einen Krieg; irgendwo ist/herrscht Krieg*⟩ ↔ Frieden *„Viele Soldaten fallen im Krieg, und viele Zivilisten kommen im Krieg um"* **K** Kriegserklärung, Kriegsschiff, Kriegstote, Kriegsverbrecher

krie·gen (*kriegte, hat gekriegt*); *gesprochen* **etwas kriegen** ≈ bekommen *„Hat die Polizei den Einbrecher (zu fassen) gekriegt?"* | *„Ich kriege noch dreißig Euro von dir"*

der **Kri·mi** (*-s, -s*); *gesprochen* Kurzwort für *Kriminalroman, Kriminalfilm* oder *Kriminalgeschichte* ⟨*einen Krimi lesen, anschauen, ansehen*⟩

K

Kri·mi·nal- *im Substantiv, betont, begrenzt produktiv* **der Kriminalfilm, der Kriminalroman, der Kriminalprozess, die Kriminalstatistik** *und andere* mit Kriminalität, Verbrechen als Thema

die **Kri·mi·na·li·tät** (-) alle Taten, die verboten sind und bestraft werden ⟨*zur Kriminalität neigen; in die Kriminalität absinken*⟩

kri·mi·nell *ADJEKTIV* **1** die eigenen Ziele mit Verbrechen verfolgen ⟨*Menschen, Organisationen*⟩ ≈ verbrecherisch **2** ⟨*Handlungen*⟩ so, dass sie ein Verbrechen sind ≈ strafbar • *zu* (1) **Kri·mi·nel·le** *der/die*

der **Krin·gel** (*-s, -*) ein kleiner, nicht exakt gezeichneter Kreis *„aus Langeweile Kringel an den Heftrand malen"*

die **Krip·pe** (*-, -n*) **1** ein Gestell, in das man das Futter für Hirsche, Rehe, Pferde usw. legt **2** ein Modell mit Figuren, einem Stall und einer Krippe, welches die Geburt von Jesus Christus zeigt **K** Weihnachtskrippe **3** *gesprochen* Kurzwort für *Kinderkrippe*

die **Kri·se** (*-, -n*) eine schwierige, unsichere oder gefährliche Situation oder Zeit (die vieles ändern kann) ⟨*eine finanzielle, politische, wirtschaftliche, seelische Krise; in einer Krise sein, stecken*⟩ *„Die enorme Steigerung der Ölpreise führte zu einer wirtschaftlichen Krise"* **K** Ehekrise, Bankenkrise, Finanzkrise

das **Kri·te·ri·um** (*-s, Kri·te·ri·en* [-ri̯ən]) **ein Kriterium (für etwas)** ein Merkmal, nach dem man eine Frage entscheidet oder etwas beurteilt ⟨*Kriterien aufstellen*⟩ *„Nach welchen Kriterien entscheidet die Jury?"*

die **Kri·tik** (*-, -en*) **1** **Kritik (an jemandem/etwas)** die Beurteilung einer Person/Sache nach Kriterien bzw. die Worte, mit denen diese Beurteilung ausgedrückt wird *„Der Reporter übte Kritik an dem Einsatz der Polizei"* ⓘ nicht in der Mehrzahl verwendet **2** **eine Kritik (von jemandem/etwas) (über eine Person/Sache)** ein Bericht in einer Zeitung, im Radio usw., in dem ein Buch, Film o. Ä. beurteilt wird *„Über seinen neuen Film konnte man in den Zeitungen nur gute Kritiken lesen"* **K** Filmkritik, Musikkritik • *hierzu* **Kri·ti·ker** *der*

kri·tisch *ADJEKTIV* **1** ⟨*ein Beobachter, eine Einschätzung, ein Kommentar, ein Leser*⟩ so, dass sie jemanden/etwas genau prüfen und streng beurteilen *„sich kritisch mit etwas auseinandersetzen"* **2** negativ in der Beurteilung (von jemandem/etwas) ⟨*eine Äußerung, eine Bemerkung*⟩ *„Er äußerte sich kritisch zu den neuen Beschlüssen der Regierung"* **3** so, dass die Gefahr besteht, dass sich etwas negativ entwickelt oder ein schlechtes Ende hat ⟨*eine Lage, eine Situation, ein Stadium, ein Zeitpunkt*⟩ ≈ gefährlich *„Der Kranke befindet sich in einem äußerst kritischen Zustand, es ist fraglich, ob er die Nacht überlebt"*

kri·ti·sie·ren (*kritisierte, hat kritisiert*) **jemanden/etwas kritisieren** Kritik an jemandem/etwas äußern *„Sein Verhalten wurde von der Geschäftsleitung scharf/hart kritisiert"*

kroch *Präteritum, 1. und 3. Person Singular* → kriechen

die **Kro·ket·te** (*-, -n*) eine kleine Rolle aus paniertem Kartoffelbrei, die in Fett gebacken wurde

Kro·ne (-, *-n*) **1** ein Schmuck aus Gold und Edelsteinen, den ein König, eine Königin usw. (als Zeichen ihres Amtes) zu besonderen Anlässen auf dem Kopf tragen **K** Kaiserkrone, Königskrone **2** eine feste Schicht (meist aus Kunststoff oder Edelmetall), die vom Zahnarzt auf den Rest eines kaputten Zahnes gesetzt wird **K** Goldkrone, Zahnkrone

Krö·te (-, *-n*) **1** ein Tier, das wie ein Frosch mit Warzen aussieht **2** *gesprochen* eine kleine Menge Geld ⟨*ein paar, die letzten Kröten*⟩ **i** nur in der Mehrzahl verwendet

Krü·cke (-, *-n*) ein Stock mit einem Griff (für die Hand) und einem Teil, der unter den Arm passt, für eine Person, die am Fuß oder Bein verletzt ist und schlecht gehen kann ⟨*an Krücken gehen*⟩

Krug (-*(e)s*, *Krü·ge*) ein Gefäß aus Glas, Porzellan o. Ä. für Flüssigkeiten mit einem oder zwei Henkeln **K** Bierkrug

Krü·mel (*-s*, -) ein sehr kleines Stück (vor allem vom Brot, vom Kuchen, vom Tabak) **i** → Abb. unter **Stück**

krumm ADJEKTIV (*krummer/krümmer, krummst-/krümmst-*) (in Bezug auf etwas mit länglicher Form) so, dass es nicht ganz gerade ist, sondern einen Bogen hat ⟨*schief und krumm; krumm und bucklig; krumm sitzen*⟩ ↔ gerade „*Ohne Lineal wird die Linie krumm*"
• *hierzu* **krumm·bei·nig** ADJEKTIV

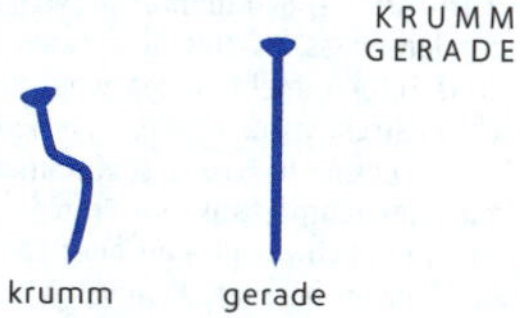

krüm·men (*krümmte, hat gekrümmt*) **1** **etwas krümmen** etwas Gerades krumm machen ≈ biegen „*den Rücken krümmen*" **2** **etwas krümmt sich** etwas ist/wird krumm ⟨*eine Linie, eine Fläche*⟩ „*etwas hat eine gekrümmte Oberfläche*" **3** **sich (vor etwas** (*Dativ*)**) krümmen** den Rücken krumm machen ⟨*sich vor Schmerzen krümmen*⟩

der **Krüp·pel** (*-s*, -) *abwertend* ein Mensch, dessen Körper nicht wie üblich gewachsen ist, der Missbildungen o. Ä. hat

die **Krus·te** (-, *-n*) eine harte Schicht auf etwas Weichem ⟨*die Kruste eines Bratens, eines Brotes*⟩

der **Kü·bel** (*-s*, -) **1** ein (größeres) rundes, weites Gefäß (oft mit einem oder zwei Henkeln) **K** Blumenkübel **2** ≈ Eimer

der **Ku·bik·me·ter**, **Ku·bik·me·ter** eine Einheit, mit der das Volumen gemessen wird. Ein Kubikmeter ist 1 Meter hoch, 1 Meter lang und 1 Meter breit **i** Abkürzung (nach Zahlen): m^3

die **Kü·che** (-, *-n*) **1** ein Raum, der so eingerichtet ist (mit Herd, Kühlschrank usw.), dass man dort Speisen zubereiten kann „*eine Wohnung mit Küche und Bad*" **K** Küchengerät, Küchenschrank, Küchenwaage; Großküche **2** die Möbel, mit denen eine Küche eingerichtet ist „*eine neue Küche kaufen*" **K** Einbauküche **3** eine Art, das Essen zu kochen ⟨*die französische, gutbürgerliche, italienische Küche; eine gute/vorzügliche, eine schlechte/miserable Küche*⟩ **4** **kalte/warme Küche** kaltes/warmes Essen „*ein Lokal mit durchgehend warmer Küche*"

der **Ku·chen** (*-s*, -) ein relativ großes, süßes Gebäck ⟨*einen Kuchen backen, machen, anschneiden; ein Stück Kuchen abschneiden, essen; jemanden zu Kaffee und Kuchen einladen*⟩ „*Zum Geburtstag gibt es einen verzierten Kuchen mit Kerzen*" **K** Kuchenblech, Kuchenform, Kuchengabel, Kuchenteig; Apfelkuchen, Erdbeerkuchen, Schokoladenkuchen usw. **i** → Abb. unter **backen**; → zu *Kuchengabel* Abb. unter **Gabel**

die **Ku·fe** (-, *-n*) der schmale, lange Teil, auf dem Schlitten oder Schlittschuhe über Schnee oder Eis gleiten
i → Abb. unter **Schlitten**

die **Ku·gel** (-, -n) **1** ein runder, meist relativ kleiner Körper, der leicht rollt (und im Gegensatz zu einem Ball nicht elastisch ist) ⟨*eine Kugel rollt*⟩ *„Murmeln sind kleine bunte Kugeln aus Glas, mit denen Kinder spielen"* **K** kugelrund; Glaskugel, Holzkugel, Stahlkugel **2** ein kleiner Gegenstand aus Metall, den man mit einem Gewehr, einer Pistole o. Ä. (ab)schießt ⟨*von einer Kugel getroffen, durchbohrt, gestreift, verfehlt werden; jemandem eine Kugel in/durch den Kopf schießen, jagen*⟩ **K** Pistolenkugel • zu (1) **ku·gel·för·mig** *ADJEKTIV*

der **Ku·gel·schrei·ber** ein Stift zum Schreiben mit einer Mine, die Farbe enthält ≈ Kuli

die **Kuh** (-, *Kü·he* ['ky:ə]) **1** ein Rind ⟨*die Kuh muht, käut wieder; Kühe halten*⟩ **K** Kuhglocke, Kuhstall **i** → Abb. unter **Tier** **2** ein weibliches Rind ⟨*die Kuh gibt Milch; eine Kuh melken*⟩ **K** Kuhmilch **3** *gesprochen, abwertend* verwendet als Schimpfwort für eine Frau, über die man sich ärgert ⟨*blöde Kuh*⟩

K

kühl *ADJEKTIV* **1** mit/von relativ niedriger Temperatur, aber nicht richtig kalt ↔ warm *„Im September sind die Nächte oft schon kühl"* **2** so, dass der Betreffende ohne Gefühle, Emotionen und nur mit dem Verstand urteilt und entscheidet ⟨*kühl und sachlich*⟩ **3** **jemandem ist kühl** jemand friert ein bisschen

küh·len (*kühlte, hat gekühlt*) **1** **etwas kühlt etwas** etwas senkt die Temperatur einer Sache, macht etwas kühl ⟨*ein Motor wird mit Wasser, mit Luft gekühlt*⟩ **K** Kühlwasser **2** **etwas kühlt (etwas)** etwas macht etwas kühl *„Die Salbe kühlt"* **3** **(etwas) kühlen** etwas kühl machen *„Getränke im Kühlschrank/in einem Eimer mit Eiswasser kühlen"*

der **Kühl·schrank** ein Gerät, in dem man Lebensmittel kühlt und sie frisch hält ⟨*an den Kühlschrank gehen*⟩

das **Kü·ken** (-s, -) **1** ein junges Huhn **2** ein junger Vogel ≈ Junges

die **Ku·lis·se** (-, -n) **1** die Gegenstände auf einer Bühne, die zeigen sollen, an welchem Ort die Handlung z. B. eines Theaterstücks spielt ⟨*eine Kulisse aufbauen, abbauen*⟩ ≈ Bühnenbild **2** die Umgebung, der Hintergrund *„Die Alpen bildeten eine malerische Kulisse für den neuen Film"*

der **Kult** (-(e)s, -e) **1** eine einfache Religion **K** Kultstätte **2** sehr große oder übertriebene Begeisterung für eine Sache oder Person **K** Kultfilm; Jugendkult, Starkult

die **Kul·tur** (-, -en) **1** Elemente der menschlichen Gesellschaft wie Kunst, Wissenschaft, Religion, Sprache usw. **K** Kulturgeschichte **i** nicht in der Mehrzahl verwendet **2** die (künstlerischen und wissenschaftlichen) Aufgaben, Aktivitäten und Produkte, die zu einer Kultur gehören ⟨*die Kultur fördern*⟩ **K** Kulturpolitik **3** das Züchten und Anbauen von Pflanzen *„Durch Kultur und Veredelung wurde der Reis zu einem der wichtigsten Nahrungsmittel für den Menschen"* **K** Obstkultur **i** nicht in der Mehrzahl verwendet **4** mehrere Pflanzen, die zur gleichen Zeit gesät oder angepflanzt werden ⟨*eine Kultur (von) Champignons*⟩

der **Kul·tur·beu·tel** eine kleine Tasche, in die man Seife, Zahnbürste und ähnliche Dinge tut, wenn man verreist

kul·tu·rell *ADJEKTIV* in Bezug auf die allgemeine Kultur einer Gesellschaft, vor allem der Kunst ⟨*Interessen; ein Ereignis, eine Veranstaltung*⟩

der **Kum·mer** (-s) **1** **Kummer (über jemanden/etwas)** psychisches Leiden, große Sorgen (meist wegen eines Schicksalsschlags o. Ä.) ⟨*Kummer empfinden, haben*⟩ ↔ Freude **2** **Kummer (mit jemandem/etwas)** ein Problem, das Ärger, Schwierigkeiten oder Enttäuschungen bereitet ⟨*Kummer gewöhnt sein*⟩ *„Mit seiner Tochter hat er nur Kummer"*

küm·mern (*kümmerte, hat gekümmert*) **1** **etwas kümmert jemanden** etwas macht einer Person Sorgen oder interessiert sie *„Es kümmert ihn nicht, dass er so unbeliebt ist"* **2** **sich um jemanden kümmern** auf eine Person oder ein Tier aufpassen oder pflegen, wenn sie Hilfe brauchen ⟨*sich um einen Kranken, die Kinder, ein Tier kümmern*⟩ **3** **sich um etwas kümmern** die notwendigen Arbeiten ausführen ⟨*sich um den Haushalt kümmern*⟩ *„Wer kümmert sich um Ihre Blumen, wenn Sie im Urlaub sind?"*

der **Kụn·de** (*-n, -n*) eine Person, die in einem Geschäft etwas kauft oder Dienste in Anspruch nimmt ⟨*einen Kunden bedienen*⟩ *„Der Bäcker hat Kunden , die er regelmäßig beliefert"* **K** Kundenberatung; Stammkunde, Geschäftskunde **i** *der Kunde; den, dem, des Kunden* • *hierzu* **Kụn·din** *die*

der **Kụn·den·dienst** alle Leistungen (vor allem Lieferung und Reparatur), die eine Firma ihren Kunden anbietet

kụ̈n·di·gen (*kündigte, hat gekündigt*) **1** **(etwas) kündigen** einen Vertrag o. Ä. an einem Datum beenden ⟨*eine Arbeit, einen Kredit, eine Wohnung kündigen; (etwas) fristgerecht, fristlos kündigen*⟩ *„Hiermit kündige ich das Mietverhältnis zum 1. Oktober"* | *„Er hat (seine Stelle) gekündigt und sich einen neuen Job gesucht"* **2** **jemandem kündigen** (als Arbeitgeber) einen Arbeitsvertrag lösen ≈ entlassen *„Die Firma kündigte ihm fristlos"* **3** **jemandem kündigen** (als Vermieter) den Vertrag mit dem Mieter lösen

die **Kụ̈n·di·gung** (*-, -en*) **1** die Lösung eines Vertrags ⟨*eine fristgerechte, fristlose, ordnungsgemäße, sofortige Kündigung*⟩ **K** Kündigungsfrist, Kündigungsschutz **2** ein Brief, mit dem man etwas kündigt ⟨*jemandem eine/die Kündigung schicken*⟩ **K** Kündigungsschreiben **3** die Frist, bis zu der eine Kündigung wirksam wird ⟨*ein Vertrag mit monatlicher, vierteljährlicher, sechsmonatiger, jährlicher Kündigung*⟩

die **Kụnd·schaft** (*-, -en*) die Kunden eines Geschäfts, Betriebs

die **Kụnst** (*-, Küns·te*) **1** (eine der) Tätigkeiten von Menschen, durch die sie Werke schaffen oder Dinge tun, die einen ästhetischen Wert haben, und für die man eine besondere Begabung braucht (z. B. Malerei, Musik und Literatur) ⟨*Kunst und Kultur; die Kunst fördern*⟩ **K** Kunststil, Kunstwerk; Baukunst, Dichtkunst, Schauspielkunst **2** die (Tätigkeiten und) Bilder, Gemälde, Skulpturen, Statuen, Gebäude usw., die man sich ansehen kann ⟨*Kunst studieren*⟩ **K** Kunstausstellung, Kunstgeschichte, Kunsthochschule **3** etwas, das nicht von selbst (natürlich) entstanden ist, sondern vom Menschen nachgemacht wurde ↔ Natur **K** Kunstdünger, Kunstfaser, Kunstleder **i** ohne Artikel und nicht in der Mehrzahl verwendet **4** Kurzwort für *Kunsterziehung* **K** Kunstlehrer, Kunstunterricht

der **Kụ̈nst·ler** (*-s, -*) eine Person, die Kunstwerke (z. B. Bilder, Gemälde, Statuen usw.) herstellt, Romane, Gedichte bzw. Theaterstücke schreibt oder Musik komponiert ⟨*ein bildender, darstellender, freischaffender, namhafter, berühmter, unbekannter Künstler*⟩ *„Goethe war ein großer Künstler"* **i** nicht verwechseln: *Artisten* treten im Zirkus auf • *hierzu* **Kụ̈nst·le·rin** *die*

kụ̈nst·le·risch ADJEKTIV in Bezug auf die Kunst *„ein Bild mit künstlerischem Wert"*

kụ̈nst·lich ADJEKTIV **1** von Menschen als Ersatz hergestellt ⟨*Blumen, ein Farbstoff, Licht, Zähne*⟩ ↔ natürlich *„ein Pudding mit künstlichem Vanillegeschmack"* **2** mit Hilfe von Geräten, Maschinen o. Ä. ⟨*Beatmung, Befruchtung*⟩ *„Sie wird künstlich ernährt/künstlich am Leben erhalten"* **3** nicht wirklich empfunden, nicht echt *„Sie begrüßte uns mit künstlicher Fröhlichkeit"*

der **Kụnst·stoff** ein Material, das durch chemische Verfahren hergestellt wird ⟨*Folien, Kleidung, Spielzeug, Tüten aus*

K

Kunststoff⟩ ≈ Plastik *„Teller aus Kunststoff zerbrechen nicht so leicht wie Teller aus Porzellan"* | *„Nylon ist ein Kunststoff"*

das **Kụnst·stück** eine geschickte (artistische) Leistung, die ein Akrobat, ein Zauberer, ein dressiertes Tier usw. vorführt ⟨*ein Kunststück einüben, vorführen*⟩

das **Kụnst·werk** Kunstwerke sind Bilder, Gemälde, Skulpturen, Statuen, Romane, Gedichte, Theaterstücke usw. ⟨*ein architektonisches, geniales, sprachliches Kunstwerk*⟩ *„die berühmten Kunstwerke der Antike bewundern"* | *„Dieser Roman/Dieses Bild ist ein großes Kunstwerk"* **K** Filmkunstwerk

das **Kụp·fer** (*-s*) ein relativ weiches, rötliches Metall, das Strom gut leitet ⟨*ein Dach, ein Draht, ein Kessel, eine Münze aus Kupfer*⟩ **K** Kupferblech, Kupferdraht **i** chemisches Zeichen: *Cu*

K

die **Kụp·pel** (*-, -n*) meist ein Dach mit der Form einer halben Kugel

die **Kụpp·lung** (*-, -en*) mit der Kupplung in einem Auto o. Ä. kann die Verbindung zwischen Motor und Getriebe (vor allem zum Schalten) unterbrochen werden **K** Kupplungspedal

die **Kur** (*-, -en*) **1** eine Heilbehandlung von Ärzten über eine Zeit von mehreren Wochen mit einer Diät, viel Sport usw., um gesund zu bleiben oder zu werden ⟨*eine Kur machen*⟩ **K** Bäderkur **2** ein Aufenthalt in einem Ort mit besonderem Klima, Heilquellen o. Ä. oder in einer Klinik, bei dem man eine Kur macht ⟨*(irgendwo) zur/auf Kur sein; zur/auf Kur gehen, fahren*⟩ **K** Kurarzt, Kurgast, Kurklinik

die **Kụr·bel** (*-, -n*) eine kurze Stange, die man im Kreis dreht, um einen Mechanismus in Bewegung zu setzen

kụr·beln (*kurbelte, hat gekurbelt*) **etwas irgendwohin kurbeln** etwas mit einer Kurbel bewegen *„das Autofenster nach oben kurbeln"*

der **Kụ̈r·bis** (*-ses, -se*) eine große, runde, orange Frucht, die man als Gemüse isst; im späten Herbst schneidet man oft ein Gesicht in die Schale und stellt eine Kerze hinein **K** Kürbiskern

der **Kụrs** (*-es, -e*) **1** ein Unterricht in einem speziellen Fachgebiet über mehrere Stunden, durch den man (z. B. an der Volkshochschule) Kenntnisse erwerben kann ⟨*einen Kurs absolvieren, belegen, besuchen, machen, abhalten, geben*⟩ *„einen Kurs in Spanisch belegen"* **K** Computerkurs, Sprachkurs, Tanzkurs **2** die Richtung, in die sich vor allem ein Schiff oder Flugzeug bewegt *„Das Schiff nahm Kurs auf den Hafen"* **K** Kursänderung **3** der Preis, den Aktien (Wertpapiere, Devisen usw.) haben, wenn sie (an der Börse) gehandelt werden ⟨*etwas hat einen hohen, niedrigen Kurs*⟩ *„Wenn du Geld schon vor dem Urlaub hier umtauschst, bekommst du einen besseren Kurs"* **K** Kursgewinn; Aktienkurs, Börsenkurs, Devisenkurs

die **Kụr·ve** [-və]; (*-, -n*) **1** eine (regelmäßig gekrümmte) Linie ohne Ecken, in der Form eines Bogens ↔ Gerade *„Das Flugzeug beschrieb/flog eine weite Kurve"* **2** eine Stelle, an der eine Straße die Richtung nach rechts oder links ändert ⟨*eine Straße mit vielen, engen, scharfen, gefährlichen Kurven*⟩ **K** Linkskurve, Rechtskurve • *zu* (2) **kụr·ven·reich** *ADJEKTIV*

kụrz *ADJEKTIV* (*kürzer, kürzest-*) **1** so, dass die Strecke oder Länge relativ klein ist ⟨*etwas kurz scheren, schneiden*⟩ ↔ lang *„Er hat ganz kurze Haare"* | *„Der kürzeste Weg nach Hause führt durch die Stadt"* **K** Kurzstrecke **2** so, dass etwas nur wenig Zeit braucht, nicht lange dauert *„Ich kann leider nur kurz bleiben"* | *„Schon nach kurzer Zeit war er mit der Arbeit fertig"* **3** **kurz vor/hinter oder nach etwas** (*Dativ*) (räumlich) nicht weit vor/hinter etwas ↔ weit *„Er stolperte kurz vor dem Ziel"* **4** mit nur wenigen Zeilen oder Worten und wenigen Details ⟨*eine Ansprache, eine Notiz, eine Übersicht, eine Zusammenfassung*⟩ ≈ knapp ↔ ausführlich **K** Kurzmeldung,

Kurznachricht **5** **seit/vor Kurzem oder kurzem** seit/vor kurzer Zeit *„Sie haben vor Kurzem geheiratet"*

KURZ
LANG

kụ̈r·zen (*kürzte, hat gekürzt*) **1** **etwas kürzen** etwas kürzer machen, indem man etwas davon abschneidet ⟨*Ärmel, einen Rock, einen Mantel kürzen*⟩ **2** **(jemandem) etwas kürzen** einer Person von etwas, das sie regelmäßig bekommt, weniger geben ⟨*(jemandem) den Etat, das Gehalt, die Rationen, die Rente kürzen*⟩ ↔ erhöhen **3** **(etwas) kürzen** etwas kürzer machen, indem man Teile des Textes entfernt ⟨*einen Aufsatz, eine Rede, einen Roman kürzen*⟩ • *hierzu* **Kụ̈r·zung** *die*

kụ̈rz·lich ADVERB vor wenigen Tagen

r **Kụrz·schluss** eine (unabsichtliche) Verbindung zwischen zwei elektrischen Leitungen, die eine Störung bewirkt ⟨*ein Gerät hat einen Kurzschluss*⟩

kụrz·sich·tig ADJEKTIV so, dass eine Person nur die Dinge gut sehen kann, die nahe bei ihr sind ↔ weitsichtig • *hierzu* **Kụrz·sich·tig·keit** *die*

kụ·scheln (*kuschelte, hat gekuschelt*) **1** **sich an jemanden kuscheln; sich in etwas** (*Akkusativ*) **kuscheln** jemanden/etwas so mit dem (ganzen) Körper berühren, dass man sich geborgen fühlt und nicht friert *„Das Kind kuschelte sich in eine Decke/an seine Mutter und schlief ein"* **2** **eine Person kuschelt mit jemandem; Personen kuscheln** zwei Personen berühren sich zärtlich

r **Kụss** (*-es, Küs·se*) eine Berührung mit den Lippen, mit der man Freundschaft, Liebe oder Zärtlichkeit ausdrückt oder jemanden begrüßt ⟨*jemandem einen Kuss geben*⟩ *„Sie begrüßten sich mit einem Kuss auf die Wange"* **K** Abschiedskuss, Gutenachtkuss

kụ̈s·sen (*küsste, hat geküsst*) **jemanden (irgendwohin) küssen** jemandem einen oder mehrere Küsse geben *„Zum Abschied küsste er sie flüchtig auf die Wange"*

die **Kụ̈s·te** (*-, -n*) der Bereich, an dem Meer und Land sich berühren ⟨*eine flache, steile, steinige, felsige Küste*⟩ *„Wir verbrachten unseren Urlaub an der Küste"*

das **Ku·vert** [ku'veːɐ̯]; (*-s, -s*) eine Hülle, in die man einen Brief steckt, bevor man ihn verschickt ⟨*ein Kuvert zukleben, adressieren, frankieren, öffnen, aufreißen*⟩ ≈ Briefumschlag **K** Briefkuvert

L

L

das **L, l** [ɛl]; (*-, -/gesprochen auch-s*) der zwölfte Buchstabe des Alphabets

lạ̈·cheln (*lächelte, hat gelächelt*) den Mund etwas breiter machen, um zu zeigen, dass man sich freut oder dass man etwas lustig findet ⟨*freudig, vergnügt lächeln; über jemanden/etwas lächeln*⟩ *„Als sie ihn sah, lächelte sie und gab ihm die Hand"*

das **Lạ̈·cheln** (*-s*) der Vorgang, bei dem jemand lächelt *„Viele Kollegen finden das freundliche Lächeln an ihr so sympathisch"*

lạ·chen (*lachte, hat gelacht*) **1** **(über etwas** (*Akkusativ*)**) lachen** den Mund öffnen und dabei kurz hintereinander mehrere Laute erzeugen, um zu zeigen, dass man sich freut oder lustig ist *„Er erzählte einen Witz, und alle lachten laut"* **2** **über jemanden/etwas lachen** wegen ihrer Eigenschaften oder Meinungen beleidigende Bemerkungen über eine Person machen *„Alle lachen über seinen Sprachfehler"*

das **Lạ·chen** (*-s*) der Vorgang, bei dem jemand lacht ⟨*jemanden (mit etwas)* zum Lachen bringen⟩

lạ̈·cher·lich ADJEKTIV **1** so unpassend, dass es stört oder dass man es nicht ernst nehmen kann ⟨*ein Vorhaben; jemandes Verhalten, jemandes Getue*⟩ ≈ seltsam *„Es ist einfach lächerlich, sich über solche Kleinigkeiten aufzuregen"* **2** viel zu klein oder gering ⟨*ein Betrag, eine Summe, eine Ausgabe; jemandes Verdienst*⟩ *„Dieses Buch habe ich mir für lächerliche fünf Euro gekauft"* • *hierzu* **Lạ̈·cher·lich·keit** *die*

der **Lachs** [laks]; (-*es*, -*e*) **1** ein großer Fisch, der in den nördlichen Meeren lebt und der sich in Flüssen vermehrt **2** das rosafarbene Fleisch des Lachses, das man essen kann ⟨*geräucherter Lachs*⟩

der **Lạck** (-(*e*)*s*, -*e*) eine Flüssigkeit, die man über Holz, Metall oder über eine Farbe streicht, damit das Material geschützt ist

la·ckie̲·ren (*lackierte, hat lackiert*) **(etwas) lackieren** Lack auf etwas streichen oder spritzen ⟨*die Fensterrahmen, die Türen neu lackieren*⟩

das **La̲·de·ge·rät** ein Gerät, mit dem man Akkus wieder aufladen kann

das **La̲·de·ka·bel** ein Kabel, über das man Akkus (zum Beispiel eines Smartphones, eines Tablets oder eines E-Autos) wieder aufladen kann

la̲·den (*lädt/veraltend ladet, lud, hat geladen*) ZUM TRANSPORT: **1** **etwas irgendwohin laden** etwas, das man transportieren will, in ein Fahrzeug bringen ≈ aufladen, einladen *„Getreide in einen Frachter laden"* | *„Säcke auf einen Karren laden"* **2** **etwas aus/von etwas laden** etwas, das transportiert wurde, aus einem Fahrzeug nehmen *„die Kisten aus dem Waggon laden"* PERSONEN: **3** **jemanden laden** *geschrieben* jemanden auffordern, vor Gericht zu erscheinen ⟨*Zeugen, jemanden als Zeugen laden*⟩ ≈ vorladen ANDERE VERWENDUNGEN: **4** **etwas laden** elektrischen Strom in eine Batterie schicken, damit diese wieder funktioniert ≈ aufladen **5** **etwas laden** eine Datei in den Arbeitsspeicher nehmen, ein Programm aktivieren ⟨*eine Datei, ein Programm laden*⟩ ≈ öffnen **6** **(etwas) laden** Munition in eine Waffe tun *„Die Pistole war nicht geladen"* **7** **etwas lädt** wenn ein Computerprogramm lädt oder wenn Daten laden, dann werden sie an eine Stelle kopiert, an der man sie benutzen kann *„Laden Filme im Internet bei dir auch so langsam?"*

der **La̲·den** (-*s*, *Lä·den*) **1** ein Raum oder Haus, in dem man Waren (wie z. B. Gemüse oder Bücher) kaufen kann ⟨*ein teurer Laden; einen Laden aufmachen, einrichten, schließen; im Laden bedienen*⟩ ≈ Geschäft *„Mein Vater kauft seinen Tee im Laden an der Ecke"* **K** Buchladen, Gemüseladen, Schreibwarenladen **2** Kurzwort für *Fensterladen* und *Rollladen*

lä̲dt *Präsens, 3. Person Singular* → laden

die **La̲·dung** (-, -*en*) **1** die Dinge, die mit einem Fahrzeug transportiert werden ≈ Fracht *„eine Ladung Kohlen transportieren"* **K** Getreideladung, Holzladung **2** die Menge Munition (in einer Waffe) oder die Menge an Sprengstoff *„eine Ladung Dynamit"* **K** Sprengstoffladung **3** die Menge elektrischen Stroms, die in etwas ist ⟨*eine elektrische, positive, negative Ladung*⟩ *„Elektronen haben negative Ladung"* **4** eine Aufforderung, vor Gericht oder zu einer Behörde zu kommen

la̲g *Präteritum, 1. und 3. Person Singular* → liegen

die **La̲·ge** (-, -*n*) **1** die Art und Weise, in der sich jemand/etwas im Raum befindet ⟨*in horizontaler, schiefer, schräger Lage*⟩ ≈ Position **K** Schräglage **2** der Ort, an dem etwas in Bezug auf die Umgebung liegt *„ein Bungalow in ruhiger Lage am Stadtrand"* **K** Lageplan **3** die äußeren Umstände, in denen sich jemand befindet ≈ Situation *„Um sie zu verstehen, musst du dich einmal in ihre Lage versetzen"* **K** Lagebericht; Wirtschaftslage **4** eine Masse oder ein Material in einer sehr flachen und breiten Form ≈ Schicht *„Blumen zwischen* *zwei Lagen Papier in einem Buch pressen"* ten ist)

s **La·ger** (-s, -) **1** ein Raum oder eine Halle, wo man Waren abstellt, die man im Augenblick nicht braucht ⟨*etwas auf Lager haben*⟩ *„Ich schau mal im Lager nach, ob wir diese Größe noch da haben"* **K** Lagerarbeiter, Lagerhalle; Getränkelager **2** mehrere Zelte oder Hütten, die man aufbaut, damit Menschen dort (meist für kurze Zeit) übernachten und leben können ⟨*ein Lager errichten, aufbauen, aufschlagen, abbrechen, auflösen*⟩ *„Die Truppen schlugen ihr Lager am Rand des Waldes auf"* **K** Lagerleben; Flüchtlingslager; Zeltlager

s **La·ger·feu·er** ein Feuer, das man im Freien macht, um sich zu wärmen oder um sich etwas zu essen zu machen

la·gern (*lagerte, hat gelagert*) **1** **etwas lagern** etwas, das man im Augenblick nicht braucht, an eine Stelle tun, an der es bleiben kann ≈ aufbewahren *„Holz muss trocken gelagert werden"* **2** **jemanden/etwas irgendwie lagern** jemanden/etwas in die genannte Stellung bringen *„den Ohnmächtigen fachgerecht lagern"* • hierzu **La·ge·rung** *die*

lahm ADJEKTIV **1** wenn man selbst oder ein Bein lahm ist, kann man es nicht mehr (wie normal) bewegen *„Er ist (auf dem linken Bein) lahm"* **2** wenn die Arme oder Beine lahm sind, ist man so müde, dass man sie nur mit Mühe bewegen kann *„Mein Arm ist ganz lahm vom Kofferschleppen"*

läh·men (*lähmte, hat gelähmt*) **1** **etwas lähmt jemanden/etwas** etwas bewirkt, dass man einen Körperteil nicht mehr bewegen kann *„Seit dem Unfall ist er in der linken Gesichtshälfte gelähmt"* **2** **etwas lähmt jemanden/etwas** etwas bewirkt, dass jemand die Energie verliert oder dass etwas nicht mehr funktioniert *„vor Angst (wie) gelähmt sein"*

e **Läh·mung** (-, -*en*) der Zustand, in dem man einen Körperteil nicht mehr bewegen kann

r **Laib** (-(*e*)*s*, -*e*) ein rundes Stück Brot oder Käse (das noch nicht angeschnitten ist)

das **La·ken** (-*s*, -) ≈ Betttuch

das **Lamm** (-*s*, *Läm·mer*) **1** das Junge des Schafs ⟨*jemand ist brav, sanft, unschuldig wie ein Lamm*⟩ **2** das Fleisch des Lamms **K** Lammkotelett **i** nicht in der Mehrzahl verwendet

die **Lam·pe** (-, -*n*) **1** ein (meist elektrisches) Gerät (z. B. an der Decke oder an der Wand), das Licht erzeugt *„eine Lampe an die Decke hängen"* **K** Schreibtischlampe **2** das Teil eines technischen Geräts, das künstliches Licht erzeugt *„Glühbirnen, Neonröhren und Scheinwerfer sind Lampen"* **K** Glühlampe **i** → Abb. unter **Fahrrad**

das **Land**[1] (-(*e*)*s*) **1** der Teil der Erde, der nicht vom Wasser bedeckt ist ⟨*auf dem Land, an Land*⟩ ↔ Wasser *„Ein Frosch kann im Wasser, aber auch an Land leben"* **K** Landmasse; Festland **2** ein Gebiet oder eine Fläche, auf der man Pflanzen anbaut ⟨*das Land bearbeiten, fruchtbar machen, bebauen*⟩ ≈ Acker **K** Ackerland, Weideland **3** **das Land** das Gebiet außerhalb der großen Städte, in dem man Landwirtschaft betreibt ⟨*auf dem Land leben*⟩ ↔ Stadt *„Viele Menschen ziehen vom Land in die Stadt, um dort Arbeit zu suchen"* **K** Landleben **4** **an Land gehen** ein Schiff verlassen und festen Boden betreten

das **Land**[2] (-(*e*)*s*, *Län·der*) **1** ein Gebiet, das eine Regierung hat und politisch selbstständig ist ≈ Staat *„Spanien, Schweden und Frankreich sind europäische Länder"* **K** Landesgrenze, Landeshauptstadt, Landeswährung; Urlaubsland **2** Ⓓ Ⓐ ein Teil eines Landes, der eine eigene Regierung und Verfassung hat, über dem aber die Bundesregierung steht ≈ Bundesland *„das Land Hessen"* | *„das Land Vorarlberg"* **K** Landesparlament, Landespolitik

die **Lan·de·bahn** eine breite Bahn oder Piste, auf der Flugzeuge landen

lan·den (*landete, hat/ist gelandet*)

L

1 **jemanden/etwas landen** (*hat*) jemanden/etwas aus der Luft oder aus dem Wasser an Land bringen ⟨*Truppen, Fallschirmjäger, ein Flugzeug*⟩ **2** (*ist*) aus der Luft oder aus dem Wasser an Land kommen ⟨*ein Flugzeug, ein Ballon, ein Schiff, eine Fähre, ein Fallschirmspringer, ein Drachenflieger, ein Vogel*⟩ *„Wir landeten pünktlich in Amsterdam und flogen von dort weiter nach Boston“* **K** Landeerlaubnis, Landeplatz

die **Lạnd·kar·te** eine große Karte, die eine Gegend, ein Land oder die Welt in einem Maßstab zeigt ⟨*sich nach der Landkarte orientieren; etwas auf der Landkarte suchen*⟩ *„Dieser Bach ist nicht auf der Landkarte eingezeichnet“*

der **Lạnd·kreis** Ⓓ ein Bezirk, der mehrere Dörfer oder/und kleine Städte umfasst, die zusammen verwaltet werden

lạ̈nd·lich ADJEKTIV **1** so, dass etwas nicht in den großen Städten ist, sondern in den kleineren Orten ⟨*Gemeinden, Orte*⟩ ↔ städtisch **2** vor allem so, wie es in der Gegend ist, in der viele Bauern wohnen ⟨*Sitten, Bräuche, die Tracht, die Sprache, die Atmosphäre, die Lebensweise*⟩

der **Lạnd·rat** Ⓓ der Beamte, welcher die Verwaltung eines Landkreises leitet. Der Landrat wird von der Bevölkerung gewählt. **K** Landratswahl • *hierzu* **Lạnd·rä·tin** *die*

das **Lạnd·rats|amt** Ⓓ die Behörde, die einen Landkreis verwaltet

die **Lạnd·schaft** (-, *-en*) ein Teil der Oberfläche der Erde (mit Bäumen, Blumen und Häusern), so wie der Betrachter ihn sieht ⟨*eine hügelige, gebirgige, karge, malerische Landschaft*⟩ *„die sumpfige Landschaft der Camargue“* **K** Berglandschaft, Sumpflandschaft

der **Lạnd·tag** (-(e)s); Ⓓ **1** das Parlament eines Bundeslandes *„der Hessische Landtag“* **K** Landtagsabgeordnete(r), Landtagswahl **2** das Gebäude, in dem der Landtag zusammenkommt **K** Landtagsgebäude

die **Lạn·dung** (-, *-en*) der Vorgang, bei dem ein Flugzeug landet ↔ Start **K** Bruchlandung, Notlandung

die **Lạnd·wirt·schaft** (-, *-en*) **1** der Anbau von Pflanzen und die Zucht von Tieren mit dem Ziel, die Bevölkerung mit Getreide, Kartoffeln, Fleisch, Milch usw. zu versorgen ⟨*die Landwirtschaft fördern, subventionieren, ankurbeln*⟩ ⓘ nicht in der Mehrzahl verwendet **2** ein Bauernhof ⟨*eine Landwirtschaft betreiben*⟩

lạng ADJEKTIV (*länger, längst-*) AUSDEHNUNG: **1** so, dass die Strecke vom Anfang bis zum Ende relativ groß ist ↔ kurz *„Die Donau ist viel länger als der Rhein“* | *„Sie hat lange blonde Haare“* **2** mit der genannten Strecke von einem Ende bis zum anderen (die größer ist als die Strecke in die andere Richtung) ≈ breit *„eine vier Meter lange Schlange“* ZEIT, UMFANG: **3** so, dass es sich über einen relativ großen Zeitraum erstreckt ↔ kurz *„ein langes Gespräch mit jemandem führen“* | *„Im Frühjahr werden die Tage wieder länger und die Nächte kürzer“* **K** jahrelang, tagelang, stundenlang **4** mit viel Text, Inhalt, Details ⟨*ein Bericht, ein Brief, ein Gedicht*⟩ ↔ kurz **5** mit der genannten Dauer oder Seitenzahl *„Die E-Mail war nur zwei Zeilen lang“* | *„Wir haben zwei Stunden lang auf dich gewartet!“* **6** **seit Langem/langem** seit langer Zeit *„Wir haben uns seit Langem nicht mehr gesehen“*

lạn·ge ADVERB (*länger, längst-*) **1** während einer relativ langen Zeit ↔ kurz *„Gestern Nachmittag schwammen wir lange im See“* **2** seit einem Zeitpunkt, der weit in der Vergangenheit liegt *„Ich habe schon lange darauf gewartet, dass *du mich mal besuchst"* ⓘ In der gesprochenen Sprache wird statt *lange* häufig *lang* verwendet: *Ihr habt euch ganz schön lang miteinander unterhalten.*

Län·ge (-, -n) **1** die Ausdehnung von einem Ende bis zum anderen *„die Länge eines Hosenbeins messen"* | *„ein Flugzeug von 50 Metern Länge"* **2** die zeitliche Dauer *„Der Film hat eine Länge von fast drei Stunden"* **3** die Anzahl der Seiten oder Zeilen eines Schreibens ≈ Umfang

län·ger ['lɛŋɐ] ADJEKTIV relativ lang/lange *„eine längere Strecke ohne Pause fahren"* | *„Wir kennen uns schon länger"*

Lan·ge·wei·le (-) das unangenehme Gefühl, das man hat, wenn man nichts oder nichts Sinnvolles zu tun hat ⟨*entsetzliche, furchtbare, tödliche Langeweile haben, verspüren*⟩

läng·lich ADJEKTIV relativ lang und nicht sehr breit *„ein länglicher Streifen Land"*

lang·sam ADJEKTIV **1** mit geringer Geschwindigkeit ⟨*das Tempo, die Geschwindigkeit, die Fahrt, ein Rennen, ein Prozess, ein Vorgang*⟩ ↔ schnell *„langsam und vorsichtig durch die Straßen fahren"* **2** so, dass ein Mensch etwas mit geringer Geschwindigkeit tut ↔ schnell *„Es macht keinen Spaß, mit ihm zusammenzuarbeiten, weil er so langsam ist"* • *hierzu* **Lang·sam·keit** *die*

längst ADVERB **1** schon seit langer Zeit *„Das war für ihn nichts Neues. Er wusste es längst"* **2** **längst nicht** verwendet, um die Verneinung zu verstärken *„Die Verhandlungen sind noch längst nicht erfolgreich abgeschlossen"*

lang·wei·lig ADJEKTIV so uninteressant, dass man dabei Langeweile hat ⟨*ein Gesprächspartner, ein Roman, ein Film, eine Vorlesung, ein Vortrag*⟩ *„Du musst nicht bleiben, wenn dir langweilig ist!"*

der **Lap·pen** (-s, -) ein kleines Stück Stoff oder Leder, mit dem man putzt *„eine Flüssigkeit mit einem Lappen aufwischen"*

der **Lärm** (-s) laute und unangenehme Geräusche ⟨*ein furchtbarer, ohrenbetäubender Lärm; Lärm machen, verursachen*⟩ *„Manchmal machen die Kinder ziemlich viel Lärm"* **K** Lärmschutz; Verkehrslärm

die **Lar·ve** [-fə]; (-, -n) ein Tier, das wie ein Wurm aussieht und aus dem später ein Käfer, Schmetterling o. Ä. wird *„Aus dem Ei entsteht eine Larve, aus der Larve eine Puppe und aus der Puppe ein Schmetterling"* **K** Insektenlarve

las *Präteritum, 1. und 3. Person Singular* → lesen

las·sen (*lässt, ließ, hat jemanden/etwas gelassen oder hat jemanden/etwas +Infinitiv lassen*) ERLAUBEN, ZULASSEN: **1** **jemanden** *+Infinitiv* **lassen** einer Person oder einem Tier erlauben oder möglich machen, das Genannte zu tun ↔ verbieten **2** **jemanden irgendwohin lassen** jemandem erlauben, irgendwohin zu gehen *„die Kinder nicht mit schmutzigen Schuhen ins Haus lassen"* **3** **sich (von jemandem/etwas)** *+Infinitiv* **lassen** wenn ich etwas mit mir tun oder geschehen lasse, dann erlaube ich es und wehre mich nicht *„Ich lasse mich von dir nicht herumkommandieren!"* WIRKUNG: **4** **etwas** *+Infinitiv* **lassen**; **etwas irgendwohin** (*+Infinitiv*) **lassen** bewirken, dass etwas irgendwohin gelangt oder dass es etwas tut *„ein Glas fallen lassen"* | *„Wasser in die Wanne (laufen) lassen"* **5** **eine Person/etwas lässt jemanden/etwas** *+Infinitiv* eine Person oder Sache bewirkt, dass etwas geschieht *„Er hat mich stundenlang warten lassen"* **6** **eine Person/Sache lässt jemanden/etwas irgendwie/** *+Infinitiv* eine Person oder Sache verändert einen Zustand nicht, etwas hat keine Wirkung *„Lass mich in Ruhe!"* AUFTRAG, BEFEHL, AUFFORDERUNG: **7** **jemanden etwas** *+Infinitiv* **lassen** einer Person oder einem Tier einen Auftrag oder Befehl geben *„Ich lasse meinen Sohn immer den Rasen mähen"* **8** **jemanden/etwas** *+Infinitiv* **lassen**; **jemandem etwas** *+Infinitiv* **las-**

L

sen dafür sorgen, dass etwas mit einer Person/Sache geschieht (weil man jemandem den Auftrag dafür gegeben hat) *„Ich muss mir mal wieder die Haare schneiden lassen"* **9** **Lass/Lasst uns** *+Infinitiv*! verwendet als freundliche Aufforderung, etwas gemeinsam zu tun *„Es ist schon spät! Lass uns doch nach Hause gehen!"* NICHT HANDELN: **10** **jemanden/etwas irgendwo** (*+Infinitiv*) **lassen** jemanden/etwas nicht von einer Stelle wegbringen, entfernen *„Lass die Koffer einfach im Flur (stehen)"* **11** **etwas (sein) lassen** *gesprochen* mit etwas aufhören oder etwas, das man tun wollte, doch nicht tun *„Mensch, lass das (bleiben/sein), du weißt, dass es mich ärgert!"* MÖGLICHKEIT: **12** **etwas lässt (jemandem) etwas** etwas ist so, dass etwas (für jemanden) vorhanden ist *„Mein Beruf lässt mir nicht viel Zeit für Hobbies"* ℹ Die Perfektform ist *gelassen*, wenn *lassen* allein steht. Nach einem anderen Verb steht *lassen*: *Er hat sie ins Kino gelassen/gehen lassen*

die **Last** (-, -*en*) **1** etwas Schweres, das eine Person oder ein Tier trägt oder das ein Fahrzeug transportiert *„Ich darf keine schweren Lasten tragen"* **K** Lastenaufzug **2** eine Sache oder Person, die jemandem viel Arbeit, Mühe und Schwierigkeiten macht *„Das Leben wurde mir zur Last"* **3** **jemandem zur Last fallen** jemandem viel Arbeit und Mühe machen (und somit auf die Nerven gehen) ≈ belästigen

der **Las·ter** (-*s*, -) **1** *gesprochen* ≈ Lkw **2** eine Gewohnheit, die als (moralisch) schlecht oder unangenehm empfunden wird ≈ Fehler *„Er hat zwei Laster: Er raucht und trinkt zu viel"*

läs·tig ADJEKTIV **(jemandem) lästig** ⟨*eine Person, eine Sache*⟩ so, dass sie eine Person stören und ihr auf die Nerven gehen *„Ich bin froh, wenn ich mit diesen lästigen Einkäufen fertig bin"* | *„Diese Mücken sind sehr lästig!"*

der **Last·wa·gen** ≈ Lkw *„ein Lastwagen mit Anhänger"* | *„Ziegel mit dem Lastwagen zur Baustelle fahren"* **K** Lastwagenfahrer

die **La·ter·ne** (-, -*n*) **1** eine Lampe, die nachts die Straße beleuchtet ≈ Straßenlampe **2** Laternen sind Lichter (meist von Kerzen) in einer bunten, durchsichtigen Hülle aus Glas, Papier o. Ä. *„den Garten für ein Fest mit Laternen schmücken"*

die **Lat·te** (-, -*n*) ein schmales und relativ langes Stück Holz mit vier Kanten **K** Zaunlatte

der **Latz** (-*es*, *Lät·ze*) **1** kleinen Kindern bindet man beim Essen einen Latz um den Hals, damit sie ihre Kleidung nicht schmutzig machen **2** manche Hosen, Röcke und Schürzen haben einen Latz, der die Brust bedeckt

lau ADJEKTIV (in Bezug auf die Temperatur) weder warm noch kalt (aber angenehm) ≈ mild

das **Laub** (-(*e*)*s*) die Blätter von Bäumen oder Sträuchern ⟨*das Laub verfärbt sich, fällt vom Baum*⟩ **K** Laubhaufen

der **Laub·baum** ein Baum, der Blätter hat (die im Herbst abfallen) *„Buche, Birke und Eiche sind Laubbäume"* ℹ → Abb. unter **Baum**

der **Lauch** (-(*e*)*s*) eine Gemüsesorte, die einen langen, weißen Stängel und grüne Blätter hat und ähnlich wie eine Zwiebel schmeckt ≈ Porree **K** Lauchsuppe

lau·ern (*lauerte*, *hat gelauert*) **(auf jemanden/etwas) lauern** sich verstecken und warten, bis eine Person/Sache kommt, um sie zu fangen oder anzugreifen *„Die Katze lauert vor dem Mauseloch"*

der **Lauf** (-(*e*)*s*, *Läu·fe*) **1** die Fortbewegung mit den Füßen, die schneller ist als das Gehen *„Er übersprang den Zaun in vollem Lauf"* **K** Laufstil ℹ nicht in der Mehrzahl verwendet **2** ein Wettbewerb, bei dem man eine Strecke laufen muss *„Wegen einer Verletzung konnte er zum zweiten Lauf nicht antreten"* **K** Hürdenlauf; Marathonlauf; 100-m-Lauf **3** die Bahn oder die Strecke, auf der sich z. B. ein Fluss, die Erde oder ein Stern bewegt *„der Lauf der Mosel bei Trier"* **K** Flusslauf ℹ nicht in der Mehrzahl verwendet **4** (bei Schusswaffen) das Rohr, durch das die Kugel nach außen schießt **5** **im Laufe** +*Genitiv* innerhalb des genannten Zeitraumes *„Ich werde Sie im Laufe der nächsten Woche anrufen"*

lau·fen (*läuft, lief, hat/ist gelaufen*) FORTBEWEGUNG: MENSCH, TIER: **1** (*ist*) sich mithilfe der Beine schnell fortbewegen (sodass beide Füße kurze Zeit in der Luft sind) ≈ rennen *„Er lief so schnell er konnte"* **2** **(etwas) laufen** (*hat/ist*) in einem sportlichen Wettkampf laufen *„Sie läuft die hundert Meter in zwölf Sekunden"* **3** *gesprochen* (*ist*) sich mithilfe der Beine von einem Ort zum anderen bewegen ≈ gehen *„Fahren wir mit dem Bus oder wollen wir laufen?"* **4** **Rollschuh/Schlittschuh/Ski/... laufen** (*ist*) sich auf Rollschuhen/Schlittschuhen/Skiern/... bewegen *„Kannst du Ski laufen?"* FORTBEWEGUNG: SACHE: **5** **etwas läuft irgendwo(hin)** (*ist*) etwas bewegt sich irgendwo(hin) *„Das Seil läuft über Rollen"* | *„Der Wagen läuft auf Schienen"* **6** **etwas läuft irgendwohin** (*ist*) eine Flüssigkeit bewegt sich irgendwohin ≈ fließen *„Er ließ Wasser in den Eimer laufen"* **7** **jemandem läuft die Nase** (*ist*) jemandes Nase tropft BETRIEB, FUNKTION: **8** **etwas läuft (irgendwie)** (*ist*) eine Maschine, ein Gerät oder ein Motor ist in Betrieb (und funktioniert auf die genannte Weise) *„Seit der Reparatur läuft der Geschirrspüler wieder einwandfrei"* **9** **etwas läuft irgendwann/irgendwo** (*ist*) etwas steht auf dem Programm und wird gezeigt *„Was läuft gerade im Kino?"* ENTWICKLUNG, VORGANG: **10** **etwas läuft irgendwie** (*ist*) etwas entwickelt sich oder geschieht auf die genannte Weise *„Die Verhandlungen sind sehr günstig für uns gelaufen"* **11** **etwas läuft** (*ist*) etwas wird gerade durchgeführt oder bearbeitet und ist noch nicht abgeschlossen ⟨*ein Antrag, eine Bewerbung, die Verhandlungen, Ermittlungen*⟩ **ID** **etwas ist gelaufen** *gesprochen* etwas ist nicht mehr zu ändern

lau·fend ADJEKTIV **1** zurzeit ablaufend, stattfindend oder erscheinend ⟨*das Jahr, der Monat, die Nummer einer Zeitschrift*⟩ **2** so, dass es in regelmäßigen Abständen auftritt, vorkommt ⟨*die Kosten, die Ausgaben*⟩ ≈ ständig *„die laufenden Kosten so gering wie möglich halten"* **ID** **auf dem Laufenden sein/bleiben** über das aktuelle Geschehen gut informiert sein/bleiben

die **Lau·ne** (-, -*n*) **1** die Stimmung, in der jemand zu einem Zeitpunkt ist ⟨*gute, schlechte Laune haben; jemandem die (gute) Laune verderben*⟩ *„Wenn die Sonne scheint, habe ich gleich gute Laune"* **2** die schnell wechselnden Stimmungen, die jemand hat *„Ich habe unter den Launen meiner Kollegin zu leiden"* ℹ nur in der Mehrzahl verwendet

die **Laus** (-, *Läu·se*) ein kleines Insekt, das vom Blut von Menschen und Tieren oder vom Saft von Pflanzen lebt ⟨*Läuse haben*⟩ **K** Blattlaus, Kopflaus

laut ADJEKTIV **1** so, dass die Klänge oder Geräusche auch von Weitem gehört werden können ↔ leise *„Stelle bitte das Radio leiser, die Musik ist doch viel zu laut!"* | *„Das Kind fing laut zu schreien an"* **2** ⟨*eine Straße, eine Gegend, ein Viertel, die Nachbarn*⟩ so, dass es viel Lärm gibt ↔ ruhig PRÄPOSITION *mit Dativ/Genitiv* **3** drückt aus, dass eine Information von einer kompetenten Person oder einem offiziellen Text stammt ≈ gemäß *„Laut Arzt/Attest hat sie eine Virusgrippe"* | *„Laut Fahrplan müsste der Bus schon längst da sein"* ℹ → Extras, S. 717: **Präpositionen**

der **Laut** (-(*e*)*s*, -*e*) etwas, das man kurze Zeit hören kann und das mit dem Mund erzeugt worden ist ⟨*einen Laut von sich (Dativ) geben, erzeugen*⟩

lau·ten (*lautete, hat gelautet*) **etwas lautet .../etwas lautet irgendwie** etwas besteht aus den genannten Worten, Zahlen o. Ä. oder hat den be-

L

schriebenen Inhalt *„Die Aufschrift lautet: „Vorsicht Gift"*

läu·ten (*läutete, hat geläutet*) **1** **etwas läuten** die Töne einer Glocke klingen lassen *„Der Mesner läutet die Glocke zum Gebet"* **2** **etwas läutet** eine Glocke erzeugt Töne **3** **etwas läutet** etwas klingelt ⟨*der Wecker, die Türglocke, die Klingel, das Telefon*⟩ **4** **irgendwo läuten** an jemandes Tür die Klingel ertönen lassen ⟨*bei jemandem, an jemandes Wohnungstür läuten*⟩ ≈ klingeln **5** **es läutet (an der Tür)** die Klingel an der Tür läutet

lau·ter *nur in dieser Form; gesprochen* nichts anderes als das Genannte ≈ nur *„Auf der Party traf ich lauter sympathische Leute"* | *„Aus lauter Dankbarkeit brachte er mir ein Geschenk"*

der **Laut·spre·cher** (-s, -) ein Gerät, das Stimmen oder Musik (meist lauter) wiedergibt *„die beiden Lautsprecher der Stereoanlage"* | *„auf dem Bahnhof die Durchsage über Lautsprecher nicht verstehen"* **K** Lautsprecherbox

die **Laut·stär·ke** die Stärke, Intensität des Schalls ⟨*die Lautstärke messen*⟩ *„die hohe Lautstärke, mit der ein Flugzeug startet"*

lau·warm ADJEKTIV nicht richtig warm, aber auch nicht kalt ⟨*das Wasser, ein Getränk, das Essen*⟩ *„Lauwarmes Bier schmeckt nicht"*

die **La·wi·ne** (-, -n) eine große Masse meist aus Schnee und Eis, die von einem Berg ins Tal rutscht und dabei immer größer wird *„Die Skifahrer wurden unter einer Lawine begraben"* **K** Lawinengefahr, Lawinenunglück

le·ben (*lebte, hat gelebt*) **1** auf der Welt sein und einen funktionierenden Organismus haben ≈ am Leben sein ↔ tot sein *„Leben deine Großeltern noch?"* | *„Wie lange leben Hunde eigentlich?"* **2** **irgendwann leben** als Mensch auf der Welt sein (und in der Gesellschaft eine Funktion haben) *„Der Physiker Heinrich Hertz lebte im 19. Jahrhundert"* **3** **irgendwie leben** sein Dasein auf der Welt in der genannten Weise gestalten oder in der genannten Situation verbringen ⟨*allein, gefährlich, gesund leben; in Armut, in Frieden leben*⟩ *„in ärmlichen Verhältnissen leben"* **4** **irgendwo leben** an einem Ort oder bei jemandem die meiste Zeit sein ⟨*auf dem Land, in der Stadt leben*⟩ *„Frösche leben auf dem Land und im Wasser"* **5** **von etwas leben** etwas als Nahrung zu sich nehmen **6** **von etwas leben** irgendwoher Geld bekommen, um sich Essen, Kleidung usw. kaufen zu können *„Von seinem Gehalt kann er sehr gut leben"* | *„Die Menschen auf der Insel leben hauptsächlich vom Tourismus"*

das **Le·ben** (-s, -) **1** der Zustand, wenn ein Mensch, ein Tier oder einer Pflanze lebt ⟨*die Entstehung des Lebens; am Leben sein/bleiben; jemandem das Leben retten; das Leben verlieren*⟩ ↔ Tod **2** der Zeitraum, während dessen jemand lebt ⟨*ein kurzes, langes Leben*⟩ *„Mit 80 Jahren stieg er zum ersten Mal in seinem Leben in ein Flugzeug"* **K** Lebensabschnitt, Lebenserfahrung

le·ben·dig ADJEKTIV **1** so, dass eine Person oder ein Tier lebt ↔ tot **2** voller Schwung und Temperament ⟨*ein Kind*⟩ ≈ lebhaft ↔ ruhig **3** interessant und lebhaft vorgetragen o. Ä. ⟨*eine Schilderung, eine Erzählung*⟩ • *hierzu* **Le·ben·dig·keit** *die*

die **Le·bens·ge·fahr** eine große Gefahr für das Leben eines Menschen ⟨*in Lebensgefahr sein, geraten, schweben; außer Lebensgefahr sein*⟩ *„Der Patient ist inzwischen außer Lebensgefahr"* **i** nicht in der Mehrzahl verwendet • *hierzu* **le·bens·ge·fähr·lich** ADJEKTIV

das **Le·bens·jahr** ein Jahr im Leben eines Menschen *„Kinder ab dem vollendeten vierten Lebensjahr zahlen den halben Preis"*

le·bens·läng·lich ADJEKTIV ⟨*eine Freiheitsstrafe, eine Haft*⟩ so, dass sie sehr lange dauern, länger als alle anderen Strafen

der **Le·bens·lauf** eine Tabelle für eine

Bewerbung, in der eine Person die beruflich wichtigen Ereignisse ihres Lebens nennt ⟨*ein tabellarischer Lebenslauf; einen Lebenslauf schreiben, verfassen*⟩

Le·bens·mit·tel *Mehrzahl* die Dinge, die man jeden Tag isst und trinkt, um sich zu ernähren, wie z. B. Brot, Gemüse und Fleisch **K** Lebensmittelgeschäft

Le·bens·raum der Raum oder Ort, der dort lebenden Pflanzen oder Tieren günstige Bedingungen zum Leben bietet ≈ Biotop

Le·ber (-, -*n*) **1** ein großes, rotbraunes inneres Organ, welches das Blut reinigt und giftige Substanzen im Körper unschädlich macht *„Wenn man viel Alkohol trinkt, schadet man der Leber"* **2** die Leber eines Tieres, die man isst ⟨*gebratene, gegrillte Leber*⟩ *„in Zwiebeln gebratene Leber mit Kartoffelpüree"* **K** Leberpastete, Leberwurst; Kalbsleber

Le·be·we·sen (-s, -) Menschen, Tiere, Pflanzen, Pilze, Bakterien, Viren usw. leben und sind daher Lebewesen

leb·haft *ADJEKTIV* **1** voller Schwung und Temperament ⟨*ein Kind*⟩ ≈ munter *„Ihr kleiner Sohn ist so lebhaft, dass sie kaum noch mit ihm fertig wird"* **2** interessant und mit Schwung (vorgetragen) ⟨*eine Diskussion, eine Unterhaltung*⟩ *„Die Debatte kam lange Zeit nicht so recht in Schwung. Erst gegen Ende wurde sie etwas lebhafter"* **3** sehr klar und deutlich, mit vielen Details *„Ich habe sehr lebhafte Erinnerungen an meine Kindheit"*

r **Leb·ku·chen** ein Gebäck in runder oder viereckiger Form, das süß und würzig schmeckt und zu Weihnachten gegessen wird

s **Leck** (-(*e*)*s*, -*e*/-*s*) ein kleines Loch oder ein Riss in einem Behälter oder in einem Schiff ⟨*etwas bekommt ein Leck*⟩

le·cken (*leckte, hat geleckt*) **1** **(etwas) lecken** etwas durch die Bewegung der Zunge in den Mund bringen *„Die Katze leckte ihre Milch"* **2** **an etwas** (*Dativ*) **lecken** die Zunge über eine Stelle bewegen *„Als er die Hand ausstreckte, leckte die Kuh daran"* **3** **etwas leckt** etwas hat ein Leck ⟨*ein Behälter, ein Schiff*⟩

le·cker *ADJEKTIV* so, dass es sehr gut aussieht oder sehr gut schmeckt ⟨*etwas riecht, schmeckt lecker; etwas sieht lecker aus*⟩

das **Le·der** (-s) die Haut von Tieren, die getrocknet und so bearbeitet wurde, dass sie haltbar ist. Aus Leder macht man Schuhe, Taschen und Jacken *„eine Jacke aus echtem Leder"* **K** Ledergürtel, Lederhose, Lederschuh; Kunstleder, Wildleder

le·dig *ADJEKTIV* nicht verheiratet *„Ist sie ledig, verheiratet oder geschieden?"*

le·dig·lich *PARTIKEL* nichts mehr als, nichts anderes als oder niemand anders als ≈ nur *„Lediglich Anna war gekommen, niemand sonst"*

leer *ADJEKTIV* **1** ohne Inhalt ⟨*ein Fass, eine Flasche, eine Kiste, ein Magen, eine Schachtel, ein Schrank, ein Tank; etwas leer machen, räumen*⟩ *„Sobald sein Glas leer war, bestellte er sich ein neues"* | *„ein Glas in einem Zug leer trinken"* **2** ohne Möbel und Menschen, die darin wohnen oder arbeiten ⟨*ein Haus, eine Wohnung, ein Zimmer*⟩ ≈ unbewohnt *„Die Wohnung steht schon seit Monaten leer"* **3** ohne oder nur mit sehr wenigen Menschen ⟨*Straßen; ein Bus, ein Saal, ein Zug*⟩ *„Während der Sommermonate ist die Stadt fast leer"* **K** menschenleer **4** so, dass darauf nichts geschrieben oder gedruckt ist ⟨*ein Blatt (Papier)*⟩ **ID** **leer ausgehen** *gesprochen* nichts bekommen

VOLL
LEER

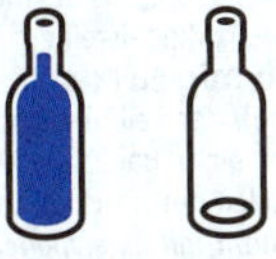

voll leer

die **Lee·re** (-) der Zustand, in dem nichts ist und alles leer ist *„die Leere des Weltalls"*

lee·ren (*leerte, hat geleert*) **etwas leeren** ein Gefäß oder einen Behälter leer machen ≈ ausleeren *„Der Briefkasten wird jeden Tag zweimal geleert"*

le·gal ADJEKTIV (im Rahmen des Gesetzes) erlaubt ≈ gesetzlich ↔ illegal • *hierzu* **Le·ga·li·tät** *die*

le·gen (*legte, hat gelegt*) **1 jemanden/etwas irgendwohin legen** eine Person, sich selbst oder eine Sache so irgendwohin bringen, dass sie/man dort liegt ⟨*sich ins Bett legen; sich auf die Seite, auf den Bauch legen; sich in die Sonne, in den Schatten legen*⟩ *„Er legte das Messer und die Gabel neben den Teller"* **2 etwas legen** etwas an einer Stelle oder auf einer Fläche befestigen ⟨*Schienen, Rohre, Kabel, Fliesen*⟩ ≈ verlegen **3 jemanden/sich schlafen legen** ein Kind zu Bett bringen oder selbst ins Bett gehen, um zu schlafen **4 ein Tier legt (ein Ei/Eier)** ⟨*ein Huhn, ein Vogel*⟩ produziert ein Ei/Eier **5 etwas legt sich** etwas wird in der Stärke oder Intensität schwächer ⟨*der Wind, der Sturm, der Zorn, die Wut, die Aufregung, die Empörung*⟩ ≈ nachlassen *„Nachdem sich der Sturm gelegt hatte, fuhren sie auf den See hinaus"*

die **Le·gen·de** (-, -*n*) **1** eine Geschichte vom Leben und Leiden eines Heiligen **K** Heiligenlegende **2** eine Geschichte, die seit langer Zeit erzählt wird und an der meist einige Dinge übertrieben oder nicht wahr sind **3** die Erklärung der Zeichen und Symbole, vor allem in einer Landkarte oder Abbildung

der **Lehm** (-(*e*)*s*) schwere gelbbraune Erde, die kein Wasser durchlässt und aus der man vor allem Ziegelsteine herstellt • *hierzu* **leh·mig** ADJEKTIV

die **Leh·ne** (-, -*n*) der Teil eines Stuhls oder Sessels oder einer Bank, auf den man die Arme oder den Rücken stützen kann *„ein Stuhl mit einer hohen Lehne"* **K** Armlehne, Rückenlehne

leh·nen (*lehnte, hat gelehnt*) **1 etwas/sich an/gegen etwas** (*Akkusativ*) **lehnen** eine Sache oder den eigenen Körper so stellen/halten, dass sie schräg stehen und von der genannten Sache gestützt werden *„die Leiter an den Baum lehnen"* **2 an etwas** (*Dativ*) **lehnen** in schräger Lage an etwas Stabilem stehen *„Die Leiter lehnt an der Wand"* **3 sich irgendwohin lehnen** sich auf etwas stützen und den Oberkörper darüberbeugen *„sich aus dem Fenster lehnen und auf die Straße schauen"*

die **Leh·re** (-, -*n*) **1** die Ausbildung zu einem Beruf als Handwerker oder Angestellter ⟨*eine Lehre anfangen, machen, beenden; in die Lehre gehen*⟩ *„Er macht gerade eine Lehre als Schreiner"* **K** Lehrjahr; Bäckerlehre, Maurerlehre **2** eine Erfahrung, die man gemacht hat und aus der man etwas gelernt hat ⟨*etwas ist jemandem eine Lehre*⟩ *„Dieser Vorfall wird ihm immer eine Lehre sein"* **3** die Prinzipien, auf denen eine Philosophie und eine Religion basieren ⟨*eine philosophische, christliche Lehre*⟩ *„die Lehre des Aristoteles"* | *„die Lehre des Islam"*

leh·ren (*lehrte, hat gelehrt*) **1 (jemanden) etwas lehren**; **jemanden** +*Infinitiv* **lehren** einer Person (nach einem Plan) Informationen geben und mit ihr üben, damit sie Wissen und spezielle Fähigkeiten bekommt ⟨*jemanden lesen, schreiben, rechnen, schwimmen, tauchen, segeln, Ski fahren, Rad fahren, tanzen lehren*⟩ ≈ beibringen, unterrichten *„Der Deutschlehrer lehrt die Kinder Rechtschreibung und Grammatik"* **K** Lehrbuch **2 (etwas) lehren** Schülern oder Studenten Kenntnisse in einem Fach geben ⟨*Deutsch, Chemie, Geschichte, Sprachen lehren*⟩ ≈ unterrichten *„Er lehrt Mathematik und Biologie an einem Gymnasium"*

der **Leh·rer** (-*s*, -) eine Person, die an einer Schule Unterricht gibt ⟨*ein strenger, erfahrener Lehrer*⟩ *„Er ist Lehrer für Mathematik und Physik an einem Gym-*

nasium" | *„Wen habt ihr als Lehrer in Sport?"* **K** Lehrerkonferenz, Lehrermangel, Lehrerzimmer; Biologielehrer, Deutschlehrer, Sportlehrer • *hierzu* **Leh·re·rin** *die*

Lehr·gang (-(e)s, *Lehr·gän·ge*) eine (berufliche) Ausbildung, in der in relativ kurzer Zeit ein spezielles Wissen vermittelt wird ⟨*einen Lehrgang machen, absolvieren*⟩ ≈ Kurs **K** Computerlehrgang, Fortbildungslehrgang

Lehr·ling (-s, -e); *gesprochen* eine Person, die eine Berufsausbildung macht **i** Man verwendet anstatt *Lehrling* meist *der/die Auszubildende* oder in gesprochener Sprache *Azubi*.

Lehr·stel·le eine Arbeitsstelle als Lehrling

Leib (-(e)s, -er) der Körper eines Menschen oder Tiers (vor allem der Teil von der Schulter bis zum Becken) ⟨*am ganzen Leib zittern*⟩

Lei·che (-, -n) der Körper eines toten Menschen *„die Leiche eines Ertrunkenen"* **K** Leichenwagen **ID** **Er/Sie geht über Leichen** *abwertend* Er/Sie nimmt bei der Durchführung von Plänen keine Rücksicht auf andere Personen

leicht ADJEKTIV GEWICHT, DICKE: **1** mit relativ wenig Gewicht ↔ schwer *„auf die Reise nur leichtes Gepäck mitnehmen"* | *„Holz schwimmt, weil es leichter ist als Wasser"* **K** Leichtmetall; federleicht **2** aus dünnem Stoff und daher leicht und nicht warm ⟨*ein Anzug, eine Bluse, ein Hemd*⟩ **3** **leicht bekleidet** mit dünner und wenig Kleidung am Körper INTENSITÄT, WIRKUNG: **4** von geringer Intensität ≈ schwach *„Bei dem Unfall wurden zwei Personen schwer und drei (Personen) leicht verletzt"* | *„In der Nacht gab es leichte Schneefälle"* **K** Leichtverletzte **5** so, dass vor allem Magen und Darm wenig belastet werden *„leicht verdauliche Speisen"* | *„Nach meiner Operation durfte ich nur leichte Kost essen"* ANSTRENGUNG, BELASTUNG: **6** so, dass man nur wenig Kraft dazu braucht ⟨*eine Arbeit*⟩ ↔ schwer **7** so, dass es wenig Arbeit, Mühe oder Probleme macht ≈ einfach ↔ schwierig *„Diese Aufgabe ist so leicht für ihn, dass er sich dabei gar nicht anzustrengen braucht"* **8** **jemand/etwas ist leicht zu** *+Infinitiv* es ist leicht, (mit jemandem/etwas) etwas zu tun *„Diese Aufgabe ist leicht zu bewältigen"* GESCHWINDIGKEIT, WAHRSCHEINLICHKEIT: **9** so, dass etwas relativ schnell geschieht oder aus geringem Anlass *„Leicht verderbliche Speisen müssen gekühlt und schnell verzehrt werden"* | *„Er wird sehr leicht wütend"* **10** mit relativ großer Wahrscheinlichkeit *„Das hätte leicht schiefgehen können"* • *zu* (1 – 4) **Leicht·heit** *die*; *zu* (7,8) **Leich·tig·keit** *die*

SCHWER
LEICHT

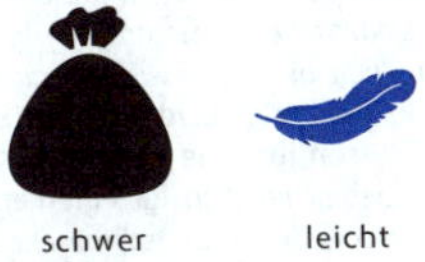

der **Leicht·sinn** (-es) leichtsinniges Verhalten ↔ Vorsicht

leid ADJEKTIV **jemanden/etwas leid haben/sein/werden** jemanden/etwas nicht mehr mögen oder nicht mehr ertragen können *„Ich bin es jetzt leid, ständig von ihm geärgert zu werden"*

das **Leid** (-(e)s) **1** sehr große seelische Schmerzen ⟨*bitteres, schweres, tiefes, unsägliches Leid; jemandem Leid zufügen*⟩ ≈ Qual *„Trauer und Leid sind ein Teil des Lebens"* **2** **zu Leide** → zuleide

lei·den (*litt, hat gelitten*) **1** **(etwas) leiden** körperliche, seelische Schmerzen oder sehr unangenehme Verhältnisse ertragen müssen ⟨*Hunger, Durst, heftige Schmerzen, große Not*⟩ *„Hoffentlich muss sie nicht mehr lange leiden"* **2** **jemanden/etwas gut/nicht leiden können** eine Person/Sache sehr/nicht mögen *„Ich kann ihn überhaupt nicht leiden, weil er so ein Angeber ist"*

3 **an etwas** (*Dativ*) **leiden** eine Krankheit haben ⟨*an Asthma, Depressionen, Diabetes, Krebs leiden*⟩ **4** **unter etwas** (*Dativ*) **leiden** große Probleme oder Kummer wegen etwas haben *„Als er im Ausland studierte, litt er sehr unter seiner Einsamkeit"*

das **Lei·den** (-s, -) **1** eine lange und schlimme Krankheit ⟨*ein langes, schweres, unheilbares, chronisches Leiden*⟩ *„Der Patient starb nach langem, schwerem Leiden"* **K** Herzleiden **2** das Gefühl von Schmerzen und Kummer *„die Freuden und Leiden des Alltags"* **K** Leidensmiene **i** nur in der Mehrzahl verwendet

die **Lei·den·schaft** (-, -*en*) **1** ein seelischer Zustand, in dem jemand starke Gefühle (wie Liebe, Hass oder Zorn) empfindet ⟨*eine heftige, wilde ungezügelte Leidenschaft*⟩ *„Sie arbeiten voller Leidenschaft an der Verwirklichung ihrer Idee"* **2** **jemandes Leidenschaft (zu einer Person/für eine Person)** die starke Liebe, die man für eine Person empfindet ⟨*eine große, stürmische Leidenschaft*⟩ ≈ Verlangen *„In Filmen geht es oft um Liebe und Leidenschaft"* **i** nicht in der Mehrzahl verwendet **3** **jemandes Leidenschaft (für etwas)** die Liebe zu Dingen oder Tätigkeiten, die man sehr interessant findet ⟨*die Leidenschaft für etwas entdecken*⟩ ≈ Begeisterung *„Er hat eine ungeheure Leidenschaft für schnelle Autos"* **K** Spielleidenschaft **i** nicht in der Mehrzahl verwendet

lei·den·schaft·lich ADJEKTIV **1** voller Leidenschaft und starker Gefühle ⟨*ein Wunsch, ein Verlangen, ein Streit*⟩ ≈ heftig **2** voller Begeisterung für etwas ≈ begeistert *„Sie ist eine leidenschaftliche Bergsteigerin"*

lei·der ADVERB verwendet, um sagen, dass man etwas bedauert, etwas schade findet *„Leider müssen wir unseren Ausflug verschieben, da unser Sohn krank ist"*

leid·tun (*tut leid, tat leid, hat leidgetan*) **eine Person/Sache tut jemandem leid** eine Person, eine Situation oder ein Zustand wird von jemandem bedauert *„Es tut mir echt leid, aber ich kann heute Abend nicht kommen"*

lei·hen (*lieh, hat geliehen*) **1** **jemandem etwas leihen** einer Person eine Sache für eine Zeit geben, damit sie diese (kostenlos) benutzen kann ≈ verleihen ↔ ausleihen *„Ihr Vater lieh ihr das Auto"* **K** Leihbücherei, Leihgebühr **2** **sich** (*Dativ*) **etwas (von jemandem) leihen** von einer Person für kurze Zeit eine Sache bekommen, damit man sie (kostenlos) benutzen kann ≈ ausleihen ↔ verleihen *„Das Motorrad gehört ihm nicht. Er hat es sich von seinem Freund geliehen"*

der **Leim** (-(*e*)*s*, -*e*) ein Klebstoff, mit dem man Holz und Papier klebt **K** Holzleim

die **Lei·ne** (-, -*n*) **1** ein dünnes Seil, an das man vor allem die nasse Wäsche hängt, damit sie trocknet **K** Wäscheleine **2** ein dünnes Band meist aus Leder, an dem man vor allem einen Hund führt ⟨*den Hund an die Leine nehmen*⟩ **K** Hundeleine **i** → Abb. unter **Schnur**

die **Lein·wand** **1** eine große weiße Fläche, auf der man Filme und Dias zeigt **K** Kinoleinwand **2** eine Fläche aus Leinen, auf die ein Maler malt

lei·se ADJEKTIV so, dass man es kaum hört ⟨*Geräusche, Musik, eine Stimme*⟩ ↔ laut *„Die Musik ist mir zu laut! Kannst du nicht das Radio etwas leiser stellen?"*

die **Leis·te** (-, -*n*) **1** ein sehr schmales, dünnes und langes Stück aus Holz, Metall oder Kunststoff, mit dem man Ränder bedeckt **K** Fußbodenleiste **2** eine der beiden Stellen am Körper des Menschen, an denen der Rumpf in den Oberschenkel übergeht

leis·ten (*leistete, hat geleistet*) **1** **etwas leisten** etwas tun oder erreichen, das Mühe kostet *„Wenn man ausgeruht ist, kann man bessere Arbeit leisten"* | *„Er hat im Leben schon ziemlich viel geleistet"* **2** **etwas leistet etwas** etwas hat die genannte Stärke *„ein Automotor, der*

120 PS leistet" **3** **etwas leisten** jemandem helfen oder nützlich sein ⟨*Amtshilfe, Beihilfe, Erste Hilfe leisten*⟩ **4** **etwas leisten** *geschrieben* verwendet zusammen mit einem Substantiv, um ein Verb zu umschreiben *„jemandem Ersatz leisten"* jemandem etwas ersetzen | *„(keinen) Widerstand leisten"* sich (nicht) wehren **5** **sich** (*Dativ*) **etwas leisten** etwas tun, was andere Personen stört, gegen Regeln verstößt oder Probleme macht ⟨*sich (Dativ) eine unverschämte Bemerkung, einen üblen Scherz, einen Fehler leisten*⟩ *„Du kannst es dir nicht leisten, so oft zu spät zu kommen"*
6 **sich** (*Dativ*) **etwas leisten können** genug Geld haben, um etwas zu bezahlen *„Wie kann er sich so ein großes Haus leisten?"*

Leis·tung (-, *-en*) **1** der Vorgang, bei dem eine Person etwas mit Erfolg tut oder das Ergebnis dieses Vorgangs ⟨*eine Leistung bieten, (er)bringen, vollbringen, zeigen*⟩ *„Die Mannschaft zeigte beim letzten Spiel eine schwache Leistung"* **K** Leistungsdruck; Arbeitsleistung **2** die physikalische Arbeit, die ein Gerät o. Ä. innerhalb einer Zeit leistet *„Das Auto bringt eine Leistung von 76 Kilowatt"* **K** Motorenleistung **3** das, was eine Person oder Sache leisten kann *„die Leistung des menschlichen Gehirns"* **K** Leistungsvergleich; leistungsstark **i** nicht in der Mehrzahl verwendet **4** etwas, auf das man (oft aufgrund eines Vertrags) Anspruch hat, vor allem Geld oder Dienste *„staatliche Leistungen für Arbeitslose"* **K** Kassenleistung; Sozialleistungen

lei·ten (*leitete, hat geleitet*) **1** **jemanden/etwas leiten** über die Tätigkeit einer Gruppe von Menschen bestimmen und dafür verantwortlich sein ⟨*einen Betrieb, ein Unternehmen, eine Firma, eine Versammlung, eine Sitzung, eine Diskussion, eine Debatte, ein Orchester, einen Chor leiten*⟩ **2** **etwas irgendwohin leiten** bewirken, dass etwas (vor allem eine Flüssigkeit) an einen Ort kommt *„das Regenwasser in ein Becken leiten"* **3** **etwas leitet (etwas)** etwas transportiert Wärme oder elektrische und akustische Schwingungen weiter ⟨*etwas leitet die Wärme, den Strom, den Schall*⟩ *„Metalle leiten den elektrischen Strom"* **K** Leitfähigkeit

der **Lei·ter**[1] (*-s, -*) **1** eine Person, die eine Gruppe von Menschen leitet ⟨*der Leiter eines Betriebs, einer Filiale, eines Unternehmens, einer Firma, einer Sitzung, einer Diskussion, eines Chors*⟩ ≈ Chef, Vorsitzender **K** Heimleiter, Kursleiter **2** etwas (vor allem ein Metall), das elektrischen Strom leitet *„Kupfer ist ein guter Leiter"* • zu (1) **Lei·te·rin** *die*

die **Lei·ter**[2] (-, *-n*) zwei lange parallele Stangen (Holme) aus Holz oder Metall, die durch mehrere kurze Stücke (Sprossen) miteinander verbunden sind und mit deren Hilfe man irgendwo hinaufsteigen kann ⟨*auf die Leiter steigen; auf der Leiter stehen*⟩ **K** Leitersprosse

LEITER

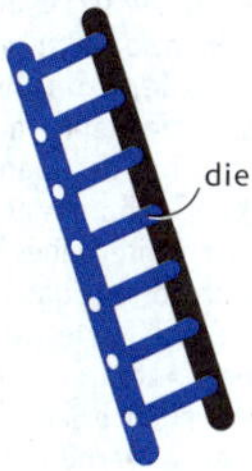

die **Lei·tung** (-, *-en*) **1** die Funktion oder die Aufgabe, etwas zu leiten ⟨*die Leitung übernehmen; jemandem die Leitung anvertrauen, übergeben*⟩ *„Ab dem 1. Januar übernimmt Herr Huber die Leitung der Firma"* **i** nicht in der Mehrzahl verwendet **2** die Personen, die eine Firma oder eine Institution leiten ≈ Führung **K** Unternehmensleitung **i** nicht in der Mehrzahl verwendet **3** ein Rohr oder ein System von Röhren, das Flüssigkeiten oder Gase ir-

L

gendwohin leitet ⟨*eine Leitung legen, anzapfen*⟩ K Leitungswasser; Gasleitung, Wasserleitung 4 Drähte oder Kabel, die elektrischen Strom leiten ⟨*eine Leitung legen, ziehen; eine Leitung steht unter Strom*⟩ K Leitungsmast; Hochspannungsleitung 5 das Kabel, das eine telefonische Verbindung herstellt ⟨*die Leitung ist frei, besetzt, unterbrochen, überlastet; es knackt in der Leitung; eine Störung in der Leitung*⟩ K Telefonleitung

die **Lek·tü·re** (-, -n) 1 etwas zum Lesen ⟨*eine spannende, unterhaltsame, amüsante, langweilige, humorvolle Lektüre*⟩ *„sich zwei Romane als Lektüre mit in den Urlaub nehmen"* K Urlaubslektüre 2 das Lesen im Unterricht *„mit der Lektüre von Schillers „Die Jungfrau von Orléans" beschäftigt sein"*

lẹn·ken (*lenkte, hat gelenkt*) **(etwas) lenken** die Richtung eines Fahrzeugs bestimmen ⟨*ein Auto, einen Bus, ein Fahrrad, ein Fahrzeug, einen Wagen lenken*⟩ ≈ steuern *„Unser Sohn hat schon gelernt, (das Fahrrad) mit einer Hand zu lenken"* • *hierzu* **lẹnk·bar** ADJEKTIV

der **Lẹn·ker** (-s, -) die Stange am Fahrrad oder Motorrad, mit der man das Fahrzeug lenkt ⓘ → Abb. unter **Fahrrad**

das **Lẹnk·rad** der Fahrer eines Autos dreht am Lenkrad, um das Auto zu steuern ⓘ → Abb. unter **Auto**

die **Lẹnk·stan·ge** ≈ Lenker

lẹr·nen (*lernte, hat gelernt*) 1 **(von jemandem) etwas lernen** durch Erfahrung das eigene Verhalten ändern ⟨*Pünktlichkeit, Verlässlichkeit, Anstand, Sauberkeit lernen*⟩ *„Er hat nie gelernt, pünktlich zu sein"* K Lernprozess 2 **einen Beruf lernen** eine Ausbildung für einen Beruf machen ⟨*Bäcker, Schreiner, Maurer, Bankkaufmann lernen*⟩ *„Ich glaube, Paul hat Maler gelernt"* 3 **(etwas) lernen** ein besonderes Wissen erwerben, so dass man etwas beherrscht ⟨*eine Fremdsprache, Vokabeln lernen; Auto fahren, Rad fahren, Ski fahren, schwimmen, tauchen, kochen lernen*⟩ *„Sie lernt Spanisch an der Volkshochschule"* | *„Er sitzt ständig im Zimmer und lernt"* • *zu* (1,3) **lẹrn·bar** ADJEKTIV; *zu* (3) **Lẹr·ner** *der*

lẹs·bisch ADJEKTIV (von Frauen) mit homosexuellen Neigungen ⟨*eine Frau; Liebe*⟩

le̱·sen (*liest, las, hat gelesen*) WÖRTER, TEXTE: 1 **(etwas) lesen** etwas Geschriebenes ansehen und den Inhalt erfassen *„in der Schule das Lesen und Schreiben lernen"* | *„jemandes Handschrift nicht lesen können"* K Lesebrille 2 **(etwas) in etwas lesen** Teile einer Sache lesen (und so Informationen bekommen) *„Wie kommst du denn darauf?" – „Das habe ich in der Zeitung gelesen."* ZEICHEN: 3 **Noten lesen** Noten ansehen und daraus die Melodie erkennen *„Obwohl er keine Noten lesen kann, spielt er ausgezeichnet Trompete"* EINZELN: 4 **etwas lesen** die Früchte einzeln von einer Pflanze abnehmen und sammeln ⟨*Trauben, Wein, Ähren lesen*⟩

der **Le̱·ser** (-s, -) 1 eine Person, die gerade etwas liest *„Der Leser wird in dem Zeitungsartikel mehrere Male direkt angesprochen"* 2 eine Person, die etwas regelmäßig liest ⟨*ein jugendlicher, erwachsener, kritischer, aufmerksamer, unbedarfter Leser*⟩ *„die Leser einer Tageszeitung"* K Zeitungsleser • *hierzu* **Le̱·se·rin** *die*

lẹtz·t- ADJEKTIV 1 so, dass es ganz am Ende einer Reihenfolge kommt *„„Z" ist der letzte Buchstabe des deutschen Alphabets"* | *„als Letzter ins Ziel kommen"* 2 direkt vor dem jetzigen Zeitpunkt *„Letzte Woche war es sehr warm"* 3 am Ende als Rest übrig geblieben *„Das ist der letzte Rest von unserem Kuchen"*

leuch·ten (*leuchtete, hat geleuchtet*) 1 **etwas leuchtet** etwas verbreitet Licht ⟨*eine Lampe, eine Leuchte, eine Laterne, ein Stern, der Mond, eine Farbe*⟩ ≈ scheinen *„In der Ferne sah er ein Licht leuchten"* K Leuchtrakete, Leuchtschrift 2 **jemandes Augen**

leuchten jemandes Augen drücken Freude aus *„Ihre Augen leuchteten vor Glück"* **3** **irgendwohin leuchten** den Lichtstrahl einer Lampe irgendwohin richten *„jemandem mit einer Lampe ins Gesicht leuchten"*

Leucht·turm ein Turm an der Küste, an dessen Lichtsignalen sich Schiffe orientieren können

leug·nen (*leugnete, hat geleugnet*) **(etwas) leugnen** sagen, dass etwas nicht wahr ist, was eine andere Person von einem selbst behauptet

Leu·te *Mehrzahl* **1** eine Gruppe von Menschen *„Auf dem Bahnsteig standen viele Leute und warteten auf den Zug"* **2** **die Leute** die Menschen in der Nachbarschaft oder Umgebung *„Die Leute werden bald über sie reden"*

Le·xi·kon (-s, *Le·xi·ka*) ein Buch mit Wörtern (Stichwörtern) in alphabetischer Reihenfolge, über die man sachliche Informationen findet **K** Literaturlexikon

li·be·ral *ADJEKTIV* so, dass sie persönliche Freiheiten der Menschen kaum einschränken ⟨*ein Vorgesetzter, ein Chef, eine Gesinnung, eine Haltung, eine Einstellung*⟩ • *hierzu* **Li·be·ra·li·tät** *die*

Licht (-(e)s, -er) **1** das, was die Umgebung oder einen Körper hell macht ⟨*helles, grelles, diffuses, wärmendes, schwaches, fahles, ultraviolettes Licht; das Licht blendet jemanden, erhellt einen Raum; etwas gegen das Licht halten*⟩ ≈ Helligkeit *„Das Licht war so grell, dass sie eine Sonnenbrille aufsetzen musste"* **K** Kerzenlicht, Sonnenlicht ℹ nicht in der Mehrzahl verwendet **2** **(das) Licht** das elektrisch erzeugte Licht ⟨*das Licht anmachen, einschalten, anlassen, ausmachen, ausschalten, löschen; das Licht brennt*⟩ *„Ich sah, dass sie noch auf war, weil in ihrem Zimmer Licht brannte"* **K** Lichtschalter ℹ nicht in der Mehrzahl verwendet **3** die Lampen und Glühbirnen, die leuchten ⟨*die Lichter der Großstadt*⟩ ℹ nur in der Mehrzahl verwendet

das **Lid** (-(e)s, -er) die (bewegliche) Haut, mit der man das Auge schließen kann ⟨*die Lider schließen*⟩ ℹ → Abb. unter **Auge**

lieb *ADJEKTIV* **1** **lieb (zu jemandem)** freundlich und angenehm (im Verhalten) ≈ nett *„Ich fand es ganz lieb von dir, dass du mir geholfen hast"* **2** so, dass etwas Freundlichkeit oder Liebe zeigt ⟨*Worte, ein Brief*⟩ ≈ liebevoll ↔ böse *„liebe Grüße an jemanden senden, ausrichten"* **3** verwendet, um Personen oder Dinge zu beschreiben, die man sehr schätzt oder liebt ⟨*mein lieber Mann; meine liebe Frau; meine lieben Eltern; ein lieber Freund*⟩ **4** verwendet, um eine Person, die man gut kennt, (in einem Brief) anzureden *„Lieber Franz"* | *„Ihr Lieben"* | *„Liebe Frau Seeger"* ℹ → auch **geehrt** **5** **eine Person hat jemanden lieb; Personen haben sich lieb** eine Person liebt jemanden oder Personen lieben sich gegenseitig **6** **etwas wäre jemandem lieb** jemand hätte es gern, wenn die genannte Sache der Fall wäre *„Es wäre mir lieb, wenn du mir beim Abspülen helfen könntest"*

die **Lie·be** (-) **1** **die Liebe (zu jemandem)** die starken Gefühle der Zuneigung zu einer Person, die zur eigenen Familie gehört oder die man sehr schätzt ↔ Hass *„die Liebe der Eltern zu ihren Kindern"* **2** **die Liebe (zu jemandem)** die intensiven Gefühle für eine Person, von der man auch sexuell angezogen wird ⟨*körperliche, innige, leidenschaftliche, eine heimliche Liebe*⟩ ≈ Zuneigung *„Er hat sie nicht aus Liebe, sondern ihres Geldes wegen geheiratet"* **K** Liebeserklärung, Liebesfilm, Liebesgeschichte **3** **die Liebe (zu etwas)** das starke Interesse für etwas, das man mag oder gerne tut ≈ Begeisterung *„seine Liebe zur Malerei entdecken"* **K** Freiheitsliebe, Heimatliebe **4** eine andere Person, für die man Liebe empfindet *„Mit 16 war seine große Liebe eine Schülerin aus der Parallelklasse"*

L

lie·ben *(liebte, hat geliebt)* **1** **eine Person liebt jemanden; Personen lieben sich** eine Person empfindet Liebe für eine andere Person; Personen empfinden Liebe füreinander ↔ hassen *„Ich liebe meine Kinder über alles"* | *„Sie liebten einander sehr und wollten nie voneinander getrennt sein"* **2** **etwas lieben** etwas sehr gernhaben oder sehr gern tun ≈ mögen *„Sie liebt Sonne, Sand und Meer"* **3** **eine Person liebt jemanden; Personen lieben sich** zwei Menschen haben Sex miteinander

lie·ber ADJEKTIV **1** *Komparativ* → lieb **2** *Komparativ* → gern **3** **eine Person/Sache ist jemandem lieber (als eine Person/Sache)** jemand zieht eine Person oder Sache einer anderen Person oder Sache vor *„Ein Auto ist ja ganz praktisch, aber in der Stadt ist mir ein Fahrrad lieber"*

ADVERB **4** (mit einem Verb im Konjunktiv) verwendet, um sagen, dass etwas sinnvoller oder vernünftiger wäre ≈ besser *„Das hättest du lieber nicht sagen sollen! Jetzt ist er beleidigt"* | *„Lass das lieber bleiben, das gibt nur Ärger!"*

der **Lie·bes·brief** ein Brief, in dem man zärtliche Dinge an eine Person schreibt, die man liebt

lie·be·voll ADJEKTIV **1** so, dass jemand einer anderen Person hilft und sich um sie kümmert ⟨*eine Betreuung, eine Pflege*⟩ ≈ fürsorglich **2** voller Liebe und zärtlich ⟨*ein Lächeln, eine Umarmung, ein Blick*⟩

der **Lieb·ling** (-s, -e) verwendet als Anrede für einen Menschen, den man sehr liebt (wie z. B. das eigene Kind, die eigene Ehefrau oder den eigenen Ehemann) *„Bist du bald fertig, Liebling? Das Theater fängt in einer halben Stunde an"*

das **Lied** (-(e)s, -er) eine Melodie, die man zusammen mit einem Text singt

K Liederbuch; Kinderlied, Volkslied

lief *Präteritum, 1. und 3. Person Singular* → laufen

lie·fern *(lieferte, hat geliefert)* **1** **((jemandem) etwas) liefern** jemandem die bestellte oder gekaufte Ware bringen ⟨*etwas sofort, pünktlich, termingemäß liefern; per Post, frei Haus liefern*⟩ *„Wir können (Ihnen die Möbel) erst in sechs Wochen liefern"* **K** Liefertermin, Lieferzeit **2** **((jemandem) etwas) liefern** Waren und Rohstoffe haben, um sie zu verkaufen *„Die arabischen Staaten liefern Erdöl"* • zu (1) **lie·fer·bar** ADJEKTIV

die **Lie·fe·rung** (-, -en) **1** das Liefern einer Ware ⟨*eine sofortige, termingemäße Lieferung*⟩ *„Die Lieferung der Ware erfolgt in zwei Wochen"* **2** die Ware, die man liefert oder die geliefert wird ⟨*eine beschädigte, defekte Lieferung; die Lieferung beanstanden, zurücksenden*⟩

der **Lie·fer·wa·gen** ein kleiner Lastwagen, mit dem man Waren liefert

die **Lie·ge** (-, -n) ein einfaches Bett, das man zusammenklappen kann, wenn man es nicht braucht

lie·gen *(lag, hat/süddeutsch Ⓐ Ⓒⓗ ist gelegen)* LAGE: PERSON, TIER: **1** mit dem ganzen Körper den Boden oder eine waagrechte Fläche berühren ⟨*hart, weich, bequem, flach, ruhig liegen; auf dem Bauch, auf dem Rücken, auf der Seite liegen*⟩ ↔ sitzen, stehen *„Die Kinder liegen in der Sonne"* LAGE: SACHE, ORT: **2** **etwas liegt (irgendwo)** etwas ist in horizontaler Lage irgendwo *„Das Buch lag auf seinem Schreibtisch"* **3** **etwas liegt irgendwo/irgendwie** etwas ist am genannten (geografischen) Ort oder in der genannten (geografischen) Lage *„Köln liegt am Rhein"* | *„Hannover liegt südlich von Hamburg, 250 km von hier"* **4** **etwas liegt irgendwo** etwas bildet eine Schicht auf oder über einer Fläche *„Schnee liegt auf der Wiese"* ZEIT: **5** **etwas liegt irgendwo** etwas geschieht in der genannten Zeit ⟨*etwas liegt in der Gegenwart, in der Vergangenheit, in der Zukunft*⟩ SITUATION: **6** **etwas liegt jemandem** jemand tut etwas gut und gern *„Singen liegt ihm nicht so sehr, aber er spielt gut Klavier"* **7** **etwas liegt an jemandem/etwas** jemand oder etwas ist der Grund für die genannte Sache *„Ich glaube, das schlechte Bild des Fernsehers liegt am Wetter"*

lie·gen blei·ben, lie·gen·blei·ben (*blieb liegen, ist liegen geblieben/liegengeblieben*) **1** **jemand/etwas bleibt liegen** eine Person oder ein Fahrzeug kann wegen einer Panne nicht weiterfahren *„Unser Auto blieb mitten auf der Autobahn liegen"* **2** **etwas bleibt liegen** etwas wird von jemandem an einem Ort vergessen *„In der Garderobe sind Handschuhe liegen geblieben"*

lie·gen las·sen, lie·gen·las·sen (*ließ liegen, hat liegen lassen/liegenlassen*) **1** **etwas liegen lassen** vergessen, etwas (wieder) mitzunehmen *„seinen Schirm im Zug liegen lassen"* **2** **etwas rechts/links liegen lassen** links/rechts an einem Gebäude vorbeigehen oder -fahren

Lie·ge·stuhl Liegestühle aus Holz und Stoff benutzt man im Freien zum bequemen Sitzen; man kann sie danach zuammenklappen ⓘ → Abb. unter **Stuhl**

lieh *Präteritum, 1. und 3. Person Singular* → leihen

ließ *Präteritum, 1. und 3. Person Singular* → lassen

liest *Präsens, 2. und 3. Person Singular* → lesen

Lift (*-(e)s, -e*) **1** eine Kabine, mit der Dinge oder Personen nach oben transportiert werden ⟨*(mit dem) Lift fahren; den Lift nehmen*⟩ ≈ Aufzug **2** ein Lift transportiert Skifahrer auf einen Berg [K] Schlepplift, Sessellift

li·la ADJEKTIV *nur in dieser Form* ≈ violett *„Sie trägt ein lila Kleid"*

/das **Li·mo** (*-, -(s)*); *gesprochen* ≈ Limonade

Li·mo·na·de (*-, -n*) ein Getränk (ohne Alkohol) aus Saft, Zucker und Wasser, das Kohlensäure enthält *„Kinder trinken gern Limonade"* [K] Orangenlimonade, Zitronenlimonade

Li·ne·al (*-s, -e*) ein gerades Stück Holz, Metall oder Plastik, mit dem man gerade Striche ziehen und kurze Abstände messen kann *„mit dem Lineal ein Rechteck zeichnen"* [K] Zeichenlineal

die **Li·nie** ['liːni̯ə]; (*-, -n*) **1** ein relativ langer und meist gerader Strich ⟨*eine gepunktete, gestrichelte Linie; eine Linie zeichnen, ziehen*⟩ *„mit dem Lineal Linien auf ein Blatt Papier zeichnen"* **2** der Weg, den ein Bus, Zug, Schiff, Flugzeug o. Ä. regelmäßig fährt oder fliegt (oder der Bus usw. selbst, der diesen Weg fährt) *„Die Linie 3 fährt zum Stadion"* Der Bus, die Straßenbahn usw. mit der Nummer 3 fährt zum Stadion [K] Linienbus; Buslinie, Eisenbahnlinie, Fluglinie **3** die Prinzipien, nach denen man (vor allem in der Politik) handelt ⟨*sich an eine klare Linie halten*⟩ [K] Richtlinie [ID] **in erster Linie** hauptsächlich, vor allem

li·niert ADJEKTIV mit Linien ⟨*ein Blatt Papier, ein Heft*⟩

lin·k- ADJEKTIV **1** auf der Seite, auf der das Herz ist *„sich den linken Arm brechen"* | *„mit der linken Hand schreiben"* **2** mit den Prinzipien des Kommunismus, des Sozialismus oder einer sozialdemokratischen Partei ⟨*eine Zeitung; ein Abgeordneter*⟩

die **Lin·ke** (*-n, -n*) **1** die linke Hand ↔ Rechte ⓘ nicht in der Mehrzahl verwendet **2** alle politischen Gruppen und ihre Mitglieder, die sich für die Rechte der Arbeiter und armen Leute einsetzen ↔ Rechte

links ADVERB **1** **links (von jemandem/etwas)** auf der Seite, auf der das Herz ist ⟨*nach links abbiegen; von links nach rechts*⟩ ↔ rechts *„Fahren Sie geradeaus und biegen Sie nach der Ampel links ab!"* | *„Links seht ihr das Rathaus und rechts die Kirche"* **2** so, dass die Prinzipien des Sozialismus, des Kommunismus oder der Sozialdemokratie anerkannt und vertreten werden ⟨*Parteien, Gruppen, Personen; links sein, wählen*⟩
PRÄPOSITION *mit Genitiv* **3** auf der linken Seite von etwas *„links des Rheins/der Autobahn"* ⓘ auch zusammen mit *von*:

Links von dem Fluss verläuft die alte Straße

die **Lin·se** (-, -n) OPTISCH: **1** eine runde, leicht gebogene Scheibe aus Glas oder Plastik, die Lichtstrahlen in eine andere Richtung lenkt ⟨*eine Linse schleifen*⟩ *„Linsen verwendet man in Kameras und in Mikroskopen"* **2** der Teil des Auges, der die Form und Funktion einer Linse hat **3** *gesprochen* ein System von optischen Linsen, meist bei einer Kamera ⟨*jemand/etwas läuft jemandem vor die Linse*⟩ ≈ Objektiv PFLANZLICH: **4** die flachen, runden, braunen oder roten Samen der Linse, die man isst *„Heute gibt es Eintopf: Linsen mit Speck"* **K** Linseneintopf

die **Lip·pe** (-, -n) der obere oder der untere Rand des Mundes ⟨*die Lippen öffnen, runden, (zum Kuss) spitzen, aufeinanderpressen*⟩ *„Sie setzte das Glas an die Lippen und nahm einen Schluck"* | *„Er biss sich beim Essen auf/in die Lippe"* **K** Oberlippe, Unterlippe **i** → Abb. unter **Kopf**

der **Lip·pen·stift** Lippenstift ist die rote Farbe, mit der viele Frauen ihre Lippen betonen bzw. ein Stift, der diese Farbe enthält ⟨*Lippenstift auftragen*⟩

die **List** (-, -en) eine Handlung, durch die man jemanden täuscht, um ein Ziel zu erreichen ⟨*eine List ersinnen, anwenden; zu einer List greifen*⟩ ≈ Trick *„Die Betrüger brachten die alte Frau mit einer List dazu, sie ins Haus zu lassen"*

die **Lis·te** (-, -n) **1** in einer Liste stehen mehrere Namen oder Dinge meist untereinander, z. B. die Teilnehmer eines Kurses oder Dinge, die man einkaufen, einpacken oder erledigen will ⟨*eine Liste machen, erstellen, anlegen, führen; jemanden/etwas in eine Liste aufnehmen, auf eine Liste setzen, von einer Liste streichen; jemanden/sich in eine Liste eintragen*⟩ **K** Einkaufsliste, Gästeliste **2** ein Blatt Papier, auf dem eine Liste steht *„Auf dem Tisch lag eine Liste, in die sich jeder Besucher eintragen konnte"*

der/das **Li·ter** (-s, -) die Einheit, mit der man das Volumen von Flüssigkeiten und Gasen angibt; 1 Liter = 1000 cm^3 ⟨*ein halber Liter; ein viertel Liter*⟩ *„einen Liter Milch kaufen"* | *„Das Auto verbraucht sechs Liter Benzin auf 100 Kilometer"* **K** Literflasche **i** Abkürzung (nach Zahlen): *l*

die **Li·te·ra·tur** (-, -en) alle Gedichte, Dramen, Geschichten und Romane (die von relativ hoher Qualität sind) *„die deutschsprachige Literatur"*

litt *Präteritum, 1. und 3. Person Singular* → leiden

live [laif] ADJEKTIV *nur in dieser Form* **1** **etwas live übertragen/senden** ein Ereignis im Radio oder im Fernsehen genau zu der Zeit übertragen, zu der es stattfindet *„Das Fußballspiel wird live übertragen"* **K** Livereportage, Livesendung **2** **(etwas) live singen/spielen** etwas wirklich singen/spielen, ohne Hilfe von Tonaufnahmen

die **Li·zenz** (-, -en) **die Lizenz (für etwas)** die offizielle Erlaubnis (vom Staat oder einer Institution), ein Geschäft zu eröffnen, ein Buch herauszugeben, ein Patent zu nutzen o. Ä. ⟨*eine Lizenz beantragen, erwerben, erteilen*⟩ ≈ Genehmigung *„ein Buch in Lizenz vertreiben"* **K** Lizenzgebühr

der **Lkw, LKW** ['ɛlka:ve:]; (-(s), -s) Lastkraftwagen ein großes Auto, mit dem man große und schwere Dinge transportiert ≈ Lastwagen **K** Lkw-Fahrer, Lkw-Führerschein

das **Lob** (-(e)s) die positive Reaktion auf eine Leistung oder eine Tat, die Worte der Anerkennung ⟨*ein großes, unverdientes Lob; Lob ernten*⟩ *„Sie bekam viel Lob für ihren guten Aufsatz in der Schule"*

lo·ben (*lobte, hat gelobt*) **jemanden/etwas (für etwas) loben** sagen, dass jemand etwas sehr gut gemacht hat oder dass etwas sehr gut ist ↔ tadeln, rügen *„Der Firmenchef lobte den Mitarbeiter für seinen Fleiß"* • *hierzu* **lo·bens·wert** ADJEKTIV

Loch (-(e)s, *Lö·cher*) eine Stelle, an der nichts mehr ist, an der aber vorher noch Material war ‹*ein großes, tiefes Loch; ein Loch (in etwas) reißen, graben, machen, bohren; ein Loch zumachen, zufüllen, zuschütten*› *„Der Dieb grub ein Loch in den Boden und versteckte darin die Beute"*

Lo·cher (-s, -) ein Gerät, mit dem man zwei Löcher in ein Blatt Papier macht (damit man es in einen Ordner heften kann)

Lock·down, **Lock-down** ['lɔkdaʊn]; (-s, -s) eine Ausgangssperre, zum Beispiel, um eine Epidemie einzudämmen ‹*im Lockdown sein; einen Lockdown verhängen; nach dreiwöchigem Lockdown*›

Lo·cke (-, -n) mehrere Haare, die (zusammen) eine runde Form haben *„Unsere Tochter hat glattes Haar, aber unser Sohn hat Locken"*

lo·cken (*lockte, hat gelockt*) **jemanden (irgendwohin) locken** versuchen, durch Rufe oder durch etwas Angenehmes zu bewirken, dass eine Person oder ein Tier in die Nähe (oder den genannten Ort) kommt *„Die Ente lockt die Küken zum Nest"* | *„mit Käse eine Maus in die Falle locken"* **K** Lockruf

lo·cker ADJEKTIV **1** nicht gut befestigt ‹*ein Zahn, eine Schraube, ein Nagel, ein Knopf*› ↔ fest **2** so, dass viele kleine Löcher (Zwischenräume) in einer Masse oder einem Material sind ‹*der Schnee, der Teig; locker stricken*› ↔ fest **3** nicht kräftig gespannt oder gezogen ‹*ein Seil, ein Strick, eine Schnur, ein Knoten*› **4** nicht fest und gespannt ‹*die Muskeln, die Beine, die Arme*› **5** so, dass man viele Freiheiten hat ‹*eine Beziehung, eine Vorschrift, die Disziplin*› ↔ streng **6** *gesprochen* entspannt und freundlich ≈ lässig

der **Löf·fel** (-s, -) **1** mit einem (großen) Löffel isst man z. B. Suppe, mit einem kleinen Löffel tut man Zucker in den Kaffee ‹*ein silberner Löffel; den Löffel ablecken*› **K** Esslöffel, Kaffeelöffel, Teelöffel **i** → Abb. unter **Besteck** **2** die Menge von etwas, die auf einen Löffel passt ‹*ein gestrichener, gehäufter Löffel Zucker*› *„fünf Löffel Mehl"*

log *Präteritum, 1. und 3. Person Singular* → lügen

die **Lo·ge** ['loːʒə]; (-, -n) der Teil eines Theaters, Kinos o. Ä. mit den teuersten Plätzen, der von den anderen Plätzen abgegrenzt ist

die **Lo·gik** (-) eine Denkweise, bei der jeder Gedanke sinnvoll oder notwendigerweise zum nächsten führt ‹*eine strenge, konsequente Logik*› *„In dem Satz „Er aß sehr viel, weil er keinen Hunger hatte" fehlt die Logik"*

lo·gisch ADJEKTIV **1** so, dass es den Prinzipien der Logik entspricht ‹*eine Schlussfolgerung, ein Zusammenhang; logisch denken, handeln*› **2** *gesprochen* so, dass man keinen weiteren Grund dafür nennen muss *„Es ist doch völlig logisch, dass du kein Geld hast, wenn du so teure Hobbys hast"*

der **Lohn** (-(e)s, *Löh·ne*) das Geld, das vor allem Arbeiter für ihre Arbeit (jeden Tag, jede Woche oder jeden Monat) bekommen ‹*einen festen Lohn haben; die Löhne erhöhen, kürzen, auszahlen*› **K** Lohnerhöhung; Arbeitslohn, Nettolohn **i** → Extras, S. 672: **Arbeit**

loh·nen (*lohnte, hat gelohnt*) **etwas lohnt sich** etwas bringt einen (materiellen oder anderen) Vorteil oder Gewinn ≈ rentieren *„Es lohnt sich nicht mehr, den alten Fernseher reparieren zu lassen"*

die **Lohn·steu·er** die Steuer, die ein Arbeiter, Angestellter oder Beamter für das Geld, das er verdient, an den Staat zahlen muss

die **Lok** (-, -s) Kurzwort für *Lokomotive*

lo·kal ADJEKTIV; *geschrieben* nur einen Ort oder eine Stelle betreffend ‹*die Behörden, die Medien, die Nachrichten; eine Betäubung; jemanden lokal betäuben*› ≈ örtlich **K** Lokalnachrichten, Lokalzeitung

das **Lo·kal** (-s, -e) ein Raum oder Räume, in denen man für Geld etwas essen und trinken kann ‹*in einem Lokal einkehren*› ≈ Gaststätte *„nach einer Wanderung in einem Lokal etwas essen"* **K** Speiselokal, Tanzlokal **i** → Extras, S. 689: **Im**

L

Lokal

die **Lo·ko·mo·ti·ve** [-və]; (-, -n) eine Maschine, die auf einem Eisenbahngleis die Wagen zieht **K** Dampflokomotive

der **Lo·ko·mo·tiv·füh·rer** [-f-] eine Person, die beruflich eine Lokomotive fährt

los ADJEKTIV **1** nicht mehr an etwas befestigt ⟨*ein Nagel, eine Schraube, ein Brett, eine Latte, ein Knopf*⟩ ≈ ab **2** **jemanden/etwas los sein** *gesprochen* von einer (unangenehmen) Person/Sache befreit sein ⟨*die Erkältung, den Schnupfen, den Husten, die Schmerzen los sein*⟩ *„Nach zwei Stunden war ich unseren lästigen Nachbarn endlich wieder los"* **3** **etwas los sein** *gesprochen* etwas nicht mehr haben, weil man es verloren oder ausgegeben hat *„Jetzt bin ich schon wieder fünfzig Euro los!"* **4** **irgendwo/irgendwann ist viel/wenig/nichts/(et)was los** *gesprochen* irgendwo/irgendwann geschieht viel, wenig usw. meist Interessantes *„In diesem kleinen Dorf ist absolut nichts los"*
ADVERB **5** verwendet, um jemanden aufzufordern, schneller zu gehen oder etwas schneller zu machen *„Los, beeil dich endlich!"* **ID** **Auf die Plätze/Achtung – fertig – los!** verwendet als Kommando beim Start zu einem Wettlauf; **Was ist denn mit dir los?** *gesprochen* **a** Hast du Probleme? **b** Bist du krank?; **Was ist (denn) los?** **a** Was ist passiert? **b** verwendet, um verärgert zu sagen, dass man sich gestört fühlt

das **Los** (-es, -e) **1** ein Stück Papier mit einer Nummer, das man kauft, um (bei einer Lotterie) etwas zu gewinnen ⟨*ein Los kaufen, ziehen*⟩ *„Er kaufte fünf Lose, und alle waren Nieten"* **K** Losnummer, Losverkäufer **2** ein Stück Papier o. Ä., das dazu verwendet wird, eine zufällige Entscheidung zu treffen ⟨*ein Los ziehen; etwas durch Los ermitteln; das Los entscheidet*⟩ *„Da zwei Teilnehmer dieselbe Punktzahl haben, wird durch Los ermittelt, wer in das Finale kommt"* **K** Losentscheid

lö·schen (*löschte, hat gelöscht*) **1** **etwas löschen** bewirken, dass etwas nicht mehr brennt ⟨*ein Feuer, einen Brand, eine Kerze löschen*⟩ ↔ anzünden **K** Löschfahrzeug, Löschwasser **2** **etwas löschen** das Genannte oder dessen Inhalt entfernen ⟨*einen Eintrag, ein Konto löschen*⟩ ⟨*Daten löschen*⟩ *„Hast du die Datei von der Festplatte gelöscht?"* **K** Löschtaste **3** **den Durst (mit etwas) löschen** etwas trinken *„Er löschte seinen Durst mit Limonade"* • zu (1,2) **Lö·schung** *die*

lo·se ADJEKTIV **1** nicht mehr an etwas befestigt ⟨*eine Schraube, ein Nagel, ein Knopf*⟩ ↔ fest **2** nicht aneinander befestigt ⟨*Blätter*⟩ ≈ einzeln *„Seine Hefte bestehen nur noch aus losen Blättern"* **3** (noch) nicht verpackt ⟨*Bonbons lose verkaufen*⟩

lö·sen (*löste, hat gelöst*) **1** **etwas (von/aus etwas) lösen** etwas von der Sache/Stelle trennen, an der es befestigt ist ≈ entfernen *„Er löst die Tapeten von der Wand"* **2** **etwas lösen** etwas, das fest ist, lockerer machen (und so etwas öffnen oder entfernen) ⟨*einen Knoten, eine Schraube lösen*⟩ **3** **etwas lösen** durch Nachdenken und entsprechendem Handeln zu einem sinnvollen Ergebnis kommen ⟨*ein Problem, ein Rätsel, einen Fall, eine mathematische Aufgabe lösen*⟩ **4** **eine Fahrkarte lösen** eine Fahrkarte kaufen **5** **etwas löst etwas** etwas beseitigt etwas teilweise oder ganz ⟨*etwas löst Krämpfe, Schmerzen, Hemmungen, Spannungen*⟩ *„eine Creme, welche die Spannungen in der Muskulatur löst"* **6** **etwas löst sich (von etwas)** etwas trennt sich von der Sache/Stelle, an der es befestigt (fest) ist ⟨*die Farbe, eine Lawine, die Tapete*⟩ **7** **etwas löst sich** etwas wird immer lockerer und ist zum Schluss lose ⟨*eine Schraube, ein Knoten*⟩

los·fah·ren (*ist*) **(von etwas) losfahren** eine Fahrt beginnen und einen Ort verlassen ≈ abfahren *„Wir fuhren in Genf um drei Uhr los"*

L

los·ge·hen (*ist*) **1** einen Ort zu Fuß verlassen *„Wenn wir den Zug noch erreichen wollen, müssen wir jetzt losgehen"* **2** **etwas geht los** *gesprochen* etwas beginnt ⟨*das Theater, das Kino, das Konzert; eine Veranstaltung, ein Theaterstück, ein Film, ein Spiel*⟩ *„Das Fest geht um 3 Uhr los"* **3** **etwas geht los** jemand schießt aus Versehen mit einer Waffe oder etwas explodiert ⟨*ein Schuss, eine Bombe*⟩ **4** **(mit etwas) auf jemanden losgehen** *gesprochen* jemanden (mit einer Waffe o. Ä.) angreifen *„Plötzlich gingen zwei Männer mit dem Messer aufeinander los"*

los·las·sen (*hat*) **1** **jemanden/etwas loslassen** eine Person/Sache, die man mit der Hand hält, nicht länger halten *„Du darfst die Zügel nicht loslassen!"* **2** **ein Tier (auf jemanden) loslassen** einem Tier befehlen oder es ihm möglich machen, jemanden anzugreifen *„Er ließ den Hund auf den Dieb los"*

lös·lich ADJEKTIV so, dass man es mit Wasser mischt, damit es sich auflöst ⟨*Kaffee, ein Pulver, eine Tablette, Tee*⟩

Lö·sung (-, *-en*) **1** das Lösen ⟨*eines Problems, eines Falles, eines Rätsels, einer Aufgabe*⟩ *„einen Detektiv mit der Lösung eines Falles beauftragen"* **K** Lösungsvorschlag; Problemlösung **2** das, womit ein Problem gelöst wird oder werden kann ⟨*eine elegante Lösung; die Lösung finden*⟩ *„vergeblich versuchen, die Lösung einer mathematischen Aufgabe zu finden"* **K** Lösungswort

lö·ten (*lötete, hat gelötet*) **(etwas) löten** zwei Teile aus Metall durch ein anderes, flüssig gemachtes Metall verbinden ⟨*einen Draht löten*⟩

Lot·se (*-n, -n*) eine Person, die Schiffe durch einen gefährlichen Teil eines Meeres, Hafens, Flusses o. Ä. leitet oder die Flugzeuge zum Flughafen dirigiert **K** Fluglotse **i** *der Lotse; den, dem, des Lotsen* • *hierzu* **Lot·sin** *die*

Lot·te·rie (-, *-n* [-'riːən]) bei einer Lotterie werden Zahlen oder Lose gezogen und so Gewinner von Preisen ermittelt ⟨*an einer Lotterie teilnehmen; in der Lotterie spielen*⟩ ≈ Verlosung *„Lose für eine Lotterie kaufen"* **K** Lotteriegewinn, Lotterielos

das **Lot·to** (*-s*) beim Lotto kreuzt man 6 von 49 Zahlen auf einem Blatt Papier an; man gewinnt, wenn mindestens 3 der gewählten Zahlen in der Lotterie gezogen werden

der **Lö·we** (*-n, -n*) Löwen sind große Raubtiere in Afrika mit gelbbraunem Fell. Die männlichen Tiere haben eine Mähne am Kopf ⟨*der Löwe brüllt; die Mähne des Löwen; der Löwe reißt seine Beute*⟩ **K** Löwenkäfig, Löwenmähne **i** *der Löwe; den, dem, des Löwen* • *hierzu* **Lö·win** *die*

die **Lü·cke** (-, *-n*) **1** eine Stelle, an der etwas fehlt, das dort sein sollte ⟨*eine Lücke entsteht; eine Lücke lassen, schließen, füllen*⟩ *„Die Kinder krochen durch eine Lücke im Zaun"* **K** Zahnlücke **2** das Fehlen einer Sache, die nützlich wäre ≈ Mangel *„In der Grammatik hat er große Lücken"* **K** Wissenslücke

lud *Präteritum, 1. und 3. Person Singular* → laden

die **Luft** (-, *Lüf·te*) **1** die Mischung aus Gasen, welche die Erde umgibt und die Menschen und Tiere zum Atmen brauchen *„Ich muss ein bisschen nach draußen, an die frische Luft"* **K** Luftblase, Luftfeuchtigkeit; Frischluft, Heißluft, Meeresluft **i** nicht in der Mehrzahl verwendet **2** der Bereich über der Oberfläche der Erde *„einen Ball in die Luft werfen"* | *„Ein Pfeil fliegt durch die Luft"* **i** nicht in der Mehrzahl verwendet **3** **die Luft anhalten** absichtlich nicht atmen **4** **keine Luft bekommen/kriegen** nicht atmen können **5** **Luft holen** tief und hörbar einatmen **6** **etwas fliegt in die Luft** *gesprochen* etwas wird durch eine Explosion zerstört **ID** **jemand geht in die Luft** *gesprochen* jemand wird sehr schnell wütend

der **Luft·bal·lon** eine Hülle aus Gummi, die man mit Luft füllt und die ein Spielzeug für Kinder ist

L

lụ̈f·ten (*lüftete, hat gelüftet*) **(etwas) lüften** die Fenster öffnen, damit frische Luft in das Zimmer kommt *„das/im Schlafzimmer lüften"*

die **Lụft·mat·rat·ze** Luftmatratzen füllt man mit Luft, um z. B. im Zelt oder im Wasser darauf zu liegen ⟨*eine Luftmatratze aufblasen*⟩

die **Lü·ge** (-, *-n*) Lügen erzählt man, wenn man die Wahrheit nicht sagen will ⟨*eine grobe, glatte, faustdicke Lüge; Lügen erzählen, verbreiten*⟩ *„Was du da sagst, ist eine glatte Lüge!"*

lü·gen (*log, hat gelogen*) etwas sagen, das nicht wahr oder richtig ist, um jemanden zu täuschen *„Glaube kein Wort von dem, was er sagt, er lügt nämlich ständig"* • *hierzu* **Lüg·ner** *der*

der **Lụm·pen** (-s, -) ein altes Stück Stoff, das meist schmutzig und zerrissen ist

die **Lụn·ge** (-, *-n*) das Organ in der Brust des Menschen und mancher Tiere, das beim Atmen die Luft aufnimmt und sie wieder abgibt *„In der Lunge gibt das Blut Kohlendioxid ab und nimmt frischen Sauerstoff auf"* **K** Lungenentzündung, Lungenkrebs; Raucherlunge

die **Lu·pe** (-, *-n*) ein rundes und gebogenes Stück Glas (eine Linse), durch das man kleine Dinge größer sieht *„einen Käfer unter der Lupe betrachten"* **K** Leselupe

die **Lụst** (-, *Lüs·te*) **1** **Lust (auf etwas** (*Akkusativ*)**)** der (meist momentane) Wunsch, etwas zu haben ⟨*große, keine Lust auf etwas haben*⟩ *„Ich hätte jetzt Lust auf ein Stück Kuchen mit Schlagsahne"* ℹ nicht in der Mehrzahl verwendet **2** **Lust (zu etwas)** der (meist momentane) Wunsch, etwas zu tun ⟨*keine Lust mehr haben*⟩ *„Ich habe nicht die geringste Lust zu einer Wanderung!"* ℹ nicht in der Mehrzahl verwendet **3** **die Lust (auf jemanden/etwas)** der starke Wunsch nach Sex ⟨*die Lust/Lüste befriedigen, stillen*⟩

lụs·tig ADJEKTIV **1** so, dass es jemanden heiter macht oder zum Lachen bringt ⟨*ein Witz, eine Geschichte, ein Erlebnis, eine Begebenheit*⟩ ≈ witzig *„Auf der Feier ging es sehr lustig zu"* **2** so, dass ein Mensch gute Laune hat und Freude verbreitet ≈ fröhlich *„Auf dem Betriebsfest waren alle recht lustig"* **3** **sich über jemanden/etwas lustig machen** über jemanden/etwas Späße machen *„Die Leute machen sich darüber lustig, dass er so viele Sommersprossen hat"*

lụt·schen (*lutschte, hat gelutscht*) **1** **etwas lutschen** etwas Essbares im Mund langsam auflösen lassen ⟨*ein Bonbon, ein Eis lutschen*⟩ **2** **an etwas** (*Dativ*) **lutschen** etwas in den Mund nehmen und daran saugen ⟨*am Daumen lutschen*⟩

der **Lụt·scher** (-s, -) ein großes Bonbon an einem Stiel, das man lutscht oder an dem man leckt

der **Lụ·xus** (-) alle Dinge von sehr guter Qualität, die man nicht unbedingt zum Leben braucht und die meist sehr teuer sind, die aber trotzdem (meist zum Vergnügen) gekauft werden ⟨*im Luxus leben*⟩ **K** Luxusartikel

M

das **M**, **m** [ɛm]; (-, *-/gesprochen auch -s*) der dreizehnte Buchstabe des Alphabets

mạ·chen (*machte, hat gemacht*) ENTSTEHEN LASSEN: **1** **etwas machen** durch Arbeit und aus verschiedenen Materialien etwas Neues entstehen lassen *„Tee, Kaffee, das Essen machen"* | *„aus Brettern eine Kiste machen"* ℹ *Machen* steht oft anstelle eines anderen Verbs, welches die Tätigkeit genauer bezeichnen würde. **2** **etwas machen** bewirken, dass etwas entsteht ⟨*Feuer, Lärm, Musik, Dummheiten, Blödsinn, Späße, Witze*⟩ *„In seinem Diktat machte er zehn Fehler"* **3** **jemandem etwas machen** bewirken, dass jemand die genannte Sache hat ⟨*jemandem* *(kaum, wenig, viel) Arbeit, Freude, Kummer, Mühe, Mut, Sorgen machen〉* ≈ verursachen *„Die Kinder machen ihr viel Freude"* TUN, HANDELN: **4** **etwas machen** eine Tätigkeit, Handlung ausführen *〈die Arbeit, die Hausaufgaben, ein Experiment, einen Versuch machen〉* ≈ tun *„Was machst du morgen Nachmittag?"* **5** **etwas irgendwie machen** in der genannten Art und Weise handeln *〈etwas gut, schlecht, richtig, falsch, sorgfältig, schlampig, verkehrt machen〉* **6** **etwas machen** zusammen mit einem Substantiv verwendet, um ein Verb zu umschreiben *„eine Bemerkung machen"* etwas sagen | *„Einkäufe machen"* einkaufen | *„ein Foto (von jemandem/etwas) machen"* (jemanden/etwas) fotografieren | *„eine Reise machen"* verreisen | *„einen Spaziergang machen"* spazieren gehen | *„ein Spiel machen"* spielen | *„(jemandem) einen Vorschlag machen"* (jemandem) etwas vorschlagen VERÄNDERN: **7** **eine Person/Sache macht jemanden/etwas** *+Adjektiv* eine Person oder Sache bewirkt, dass jemand/etwas in den genannten Zustand kommt *„jemanden nass machen"* | *„ein Brett kürzer machen"* ℹ oft auch Zusammenschreibung möglich: *jemanden krankmachen, nassmachen, etwas ganzmachen, kaputtmachen* **8** **jemand/etwas macht eine Person/Sache zu jemandem/etwas** jemand/etwas bewirkt, dass eine Person oder Sache sich irgendwie verändert *„den Garten zum Spielplatz machen"* PRÜFUNG: **9** **etwas machen** in eine Prüfung gehen, um das eigene Wissen oder Können zu zeigen und ein Zeugnis zu bekommen *〈eine Prüfung, das Abitur, die mittlere Reife, das Examen machen〉* ERGEBNIS, SUMME: **10** **etwas macht etwas** *gesprochen* eine Rechnung ergibt die genannte Zahl oder Summe *„Fünf mal sieben macht fünfunddreißig"* (5 × 7 = 35) IN FESTEN WENDUNGEN: **11** **das Bett/die Betten machen** die Kissen und die Bettdecken schütteln und das Bett/die Betten wieder in einen ordentlichen Zustand bringen **12** **(eine) Pause machen** die Arbeit für kurze Zeit unterbrechen (um sich zu erholen) **13** **(jemandem) Platz machen** aufstehen oder zur Seite gehen/rücken, damit sich jemand hinsetzen oder vorbeigehen kann **14** **etwas macht (jemandem) Spaß** etwas gibt jemandem Freude und Vergnügen *„Rad fahren macht (ihm) großen Spaß"* **15** **sich** (*Dativ*) **Sorgen machen** voll Angst und Sorge sein KOT, URIN: **16** **etwas/irgendwohin machen** *gesprochen* Darm oder Blase entleeren (sodass etwas schmutzig wird) *„Es ist eklig, wenn Hunde ihre Häufchen in den Sandkasten machen"* ANFANGEN: **17** **sich an etwas** (*Akkusativ*) **machen** mit einer Tätigkeit (vor allem mit einer Arbeit) anfangen *„Jetzt muss ich mich endlich an meine Hausaufgaben machen"* **18** **sich auf die Reise/den Weg machen** eine Reise beginnen oder einen Ort verlassen *„Es ist schon spät. Ich mache mich jetzt auf den Weg nach Hause!"*

die **Macht** (-, *Mäch·te*) **1** **Macht (über jemanden/etwas)** die Möglichkeit oder Fähigkeit, über Personen oder Dinge zu bestimmen oder sie zu beeinflussen *〈(große) Macht über jemanden/etwas haben, ausüben〉 „Ich werde alles tun, was in meiner Macht steht, um Ihnen zu helfen"* **K** Machtgier ℹ nicht in der Mehrzahl verwendet **2** die Kontrolle über ein Land, vor allem als Regierung *〈an der Macht sein; an die/zur Macht kommen, gelangen; die Macht übernehmen, an sich reißen, ergreifen〉* **K** Machtergreifung; Staatsmacht ℹ nicht in der Mehrzahl verwendet **3** eine große physische oder psychische Kraft, mit der etwas auf jemanden/etwas wirkt *〈die Macht der Liebe, der Gewohnheit, des Geldes〉* ℹ nicht in der Mehrzahl verwendet **4** ein Staat, der meist politisch oder wirtschaftlich sehr stark ist *〈eine ausländische, feindliche, verbündete Macht〉* **K** Groß-

M

macht, Kolonialmacht, Industriemacht

mäch·tig *ADJEKTIV* **1** mit viel Einfluss und Macht ⟨*ein Herrscher, ein Land, ein Feind*⟩ *„Im Mittelalter war die Kirche eine mächtige Institution"* **2** sehr groß oder stark ⟨*ein Baum, ein Berg, Schultern; mächtiges Glück haben*⟩

das **Mäd·chen** (-s, -) **1** ein Kind weiblichen Geschlechts oder eine Jugendliche ⟨*ein kleines, liebes, hübsches Mädchen*⟩ ↔ Junge **K** Mädchenschule, Mädchenstimme; Schulmädchen **i** Als Pronomen verwendet man auch *sie* (anstatt *es*). **2** *gesprochen* eine junge Frau *„Hoffentlich sind genug Mädchen auf der Party"* • *zu* (1) **mäd·chen·haft** *ADJEKTIV*

der **Mäd·chen·na·me** ein Vorname, den man einem Mädchen gibt *„Anna ist ein Mädchenname"*

mag *Präsens, 1. und 3. Person Singular* → mögen

der **Ma·gen** (-s, *Mä·gen*) das Organ, in dem die Nahrung nach dem Essen bleibt, bis sie in den Darm kommt ⟨*einen leeren, knurrenden, vollen, empfindlichen Magen haben; sich* (Dativ) *den Magen verderben, vollschlagen* (= viel essen); *jemandem tut der Magen weh*⟩ **K** Magenschmerzen

ma·ger *ADJEKTIV* **1** (von Tieren und Menschen) mit wenig Muskeln und wenig Fett ≈ dünn ↔ dick *„Durch die lange Krankheit ist sie sehr mager geworden"* **2** mit wenig oder gar keinem Fett ⟨*Fleisch, Schinken, Käse*⟩ ≈ fettarm ↔ fett **K** Magermilch, Magerquark

die **Ma·gie** **1** eine Kunst, die versucht, mit geheimen und übernatürlichen Kräften Menschen und Ereignisse zu beeinflussen **i** nicht in der Mehrzahl verwendet **2** die Kunst, durch Tricks überraschende Effekte zu produzieren (z. B. im Zirkus) **i** nicht in der Mehrzahl verwendet

der **Mag·net** (-s/-en, -e(n)) ein Stück Metall (vor allem Eisen), das andere Eisenstücke anzieht oder abstößt **i** *der Magnet; den, dem Magnet/Magneten, des Magnets/Magneten*

mag·ne·tisch *ADJEKTIV* mit der Wirkung, Metalle anzuziehen ⟨*Eisen, ein Stab, eine Nadel*⟩ **K** elektromagnetisch

magst *Präsens, 2. Person Singular* → mögen

mä·hen ['mɛːən] (*mähte, hat gemäht*) alle Pflanzen eines Feldes oder einer Fläche abschneiden ⟨*den Rasen mähen*⟩

mah·len (*mahlte, hat gemahlen*) **1** **etwas mahlen** Körner zu Pulver machen ⟨*Getreide zu Mehl mahlen; Kaffee grob, fein mahlen; Pfeffer mahlen*⟩ **2** **etwas mahlen** durch Mahlen herstellen ⟨*Mehl mahlen*⟩

die **Mahl·zeit** **1** die Nahrung, die man (regelmäßig) zu einer Tageszeit isst (und die oft aus mehreren Gängen besteht) ⟨*eine warme Mahlzeit zubereiten, essen, verzehren, einnehmen, zu sich* (Dativ) *nehmen*⟩ **K** Hauptmahlzeit, Zwischenmahlzeit **2** **(Gesegnete) Mahlzeit!** *gesprochen* verwendet, um jemandem vor dem Essen einen guten Appetit zu wünschen **3** **Mahlzeit!** *gesprochen* in der Mittagszeit verwendet, um jemanden (vor allem Arbeitskollegen) zu grüßen

die **Mäh·ne** (-, -n) die langen (und meist dichten) Haare am Kopf oder Hals mancher Tiere, vor allem bei Löwen und Pferden **i** → Abb. unter **Pferd**

mah·nen (*mahnte, hat gemahnt*) **1** **jemanden (wegen etwas) mahnen** eine Person daran erinnern, dass sie noch Geld zahlen oder etwas tun muss *„Der Händler mahnte ihn wegen der noch nicht bezahlten Rechnung"* **K** Mahnbescheid **2** **(jemanden) zu etwas mahnen** jemanden auffordern, sich in der genannten Weise zu verhalten ⟨(*jemanden*) *zur Ruhe, Geduld mahnen*⟩ *„Er mahnte uns, leise zu sein"*

die **Mah·nung** (-, -en) **1** ein Brief, den man bekommt, wenn man eine Rechnung, die Steuern o. Ä. nicht rechtzeitig bezahlt ⟨*die erste, letzte Mahnung; eine Mahnung bekommen, erhalten; jemandem eine Mahnung schicken*⟩ **K** Mahnbescheid **2** **eine Mahnung (zu**

etwas) eine Äußerung, mit welcher eine Person aufgefordert oder daran erinnert wird, ihre Pflicht zu erfüllen ⟨*eine ernste Mahnung; eine Mahnung befolgen, beherzigen, überhören*⟩

Mai (*-s, -e*) der fünfte Monat des Jahres ⟨*im Mai; Anfang, Mitte, Ende Mai; am 1., 2., 3. Mai*⟩ *„Am siebten Mai hat Gabi Geburtstag"*

Mai·baum der Stamm eines Baumes, der bunt bemalt und mit Bändern geschmückt ist. Der Maibaum wird im Mai in Dörfern aufgestellt

MAIBAUM

r **Mais** (*-es*) **1** eine hohe Pflanze mit großen gelben Körnern und großen Blättern, die auf Feldern angebaut wird **K** Maiskolben **2** die Körner dieser Pflanze, die man als Getreide oder Gemüse verwendet **K** Maismehl

s **Make-up** [meːk'|ap]; (*-s, -s*) kosmetische Produkte, die vor allem Frauen verwenden, um das Gesicht schöner zu machen ⟨*ein dezentes, gekonntes, kein Make-up (tragen)*⟩ ≈ Schminke

r **Mak·ler** (*-s, -*) eine Person, die für andere Leute Geschäfte macht, indem sie Häuser, Wohnungen o. Ä. an Käufer oder Mieter vermittelt ⟨*einen Makler aufsuchen, einschalten*⟩ **K** Immobilienmakler • *hierzu* **Mak·le·rin** *die*

mal ADVERB **1** *gesprochen* irgendwann in der Vergangenheit oder Zukunft ≈ einmal *„Er war mal ein guter Sportler"* PARTIKEL **2** *gesprochen* verwendet, um jemanden freundlich oder höflich zu etwas aufzufordern, auch in Form einer Frage *„Schau mal, da drüben sind Rehe!"* | *„Gibst du mir bitte mal das Salz?"* BINDEWORT **3** multipliziert mit *„vier mal vier ist sechzehn"* 4 × 4 = 16

das **Mal** (*-(e)s, -e*) die Gelegenheit, bei der man etwas tut oder bei der etwas geschieht ⟨*jedes, manches Mal; das erste, zweite, dritte, letzte, nächste, x-te Mal; beim/zum ersten, zweiten, dritten, letzten, nächsten, x-ten Mal*⟩ *„Sie fliegt zum dritten Mal nach Amerika"* | *„Wir sind schon einige/mehrere Male mit dem Schiff gefahren"*

ma·len (*malte, hat gemalt*) **1** **(etwas) malen** mit Farbe ein Bild herstellen ⟨*ein Aquarell, ein Bild, ein Porträt malen; in Öl, mit Wasserfarben, mit Wachskreiden malen*⟩ **K** Malfarbe **2** **(etwas) malen** flüssige Farbe auf einer Fläche verteilen ⟨*Türen, Wände, die Wohnung malen (lassen)*⟩ ≈ streichen **3** **jemanden/etwas malen** mit Farbe von jemandem/etwas ein Bild machen *„Der Präsident ließ sich von einem bekannten Künstler malen"*

der **Ma·ler** (*-s, -*) **1** eine Person, die (als Künstler) Bilder malt *„Vincent van Gogh ist ein berühmter Maler"* **K** Kunstmaler **2** eine Person, die (als Handwerker) Wände, Fenster usw. streicht ⟨*den Maler bestellen, kommen lassen*⟩ **K** Malerfarbe, Malerpinsel • *hierzu* **Ma·le·rin** *die*

die **Ma·le·rei** (*-, -en*) **1** die Kunst, Bilder zu malen ⟨*die abstrakte, gegenständliche, realistische, moderne, zeitgenössische Malerei*⟩ *„die Malerei des Impressionismus, der Gotik"* **i** nicht in der Mehrzahl verwendet **2** ein gemaltes Bild *„Die Ausstellung zeigt Malereien von Magritte"* **K** Landschaftsmalerei, Ölmalerei, Höhlenmalerei

das **Mal·zei·chen** die Zeichen · oder *x*, die man in Multiplikationen verwendet

man PRONOMEN **1** verwendet, um eine Person oder eine Gruppe von Personen zu bezeichnen, die man nicht genauer nennen kann oder will *„Man hat mir*

M

das Fahrrad gestohlen" **2** verwendet, um sich selbst zu bezeichnen (und um zu sagen, dass eine Aussage auch für andere Leute gilt) *„Von meinem Platz aus konnte man nichts sehen" | „Man kann nie wissen, wozu das gut ist"* **3** verwendet, um die Mehrheit der Bevölkerung, die Öffentlichkeit, die Gesellschaft oder die Behörden, Polizei usw. zu bezeichnen *„In diesem Sommer trägt man Miniröcke" | „Man hat ihn zu einer Geldstrafe verurteilt"* **4** verwendet, um einer Person zu sagen, was sie tun muss (z. B. in Rezepten oder Gebrauchsanweisungen) *„Man nehme vier Eier und vermenge sie mit 300 g Mehl"* ⓘ *Man* wird nur im Nominativ verwendet. Im Akkusativ wird *einen*, im Dativ *einem* verwendet: *Man lernt gerne, wenn es einen interessiert; Man weiß nie, was einem noch geschieht*. Es gibt keine Genitivform.

ma·na·gen ['mɛnɛdʒn̩] (*managte, hat gemanagt*) **jemanden managen** dafür sorgen, dass meist ein Künstler oder Sportler immer wieder neue Verträge bekommt und gut bezahlt wird

der **Ma·na·ger** ['mɛnɛdʒe]; (*-s, -*) **1** eine von meist mehreren Personen, die ein großes (industrielles) Unternehmen leiten **2** eine Person, die dafür sorgt, dass ein Künstler oder Sportler neue Verträge bekommt und gut bezahlt wird • *hierzu* **Ma̩·na·ge·rin** *die*

ma̩nch *ARTIKEL* **1** verwendet, um über eine oder mehrere einzelne Personen oder Sachen zu sprechen. Deren Anzahl ist unbestimmt, aber meist nicht sehr groß ≈ einige *„Er erzählt viel, aber manchen Geschichten kann man wirklich nicht glauben" | „Manche seiner Kollegen halten Markus für schlampig"*
PRONOMEN **2** eine einzelne oder mehrere einzelne Personen oder Sachen, die aus dem Zusammenhang bekannt sind *„Manche haben einen sauren Geschmack"* manche Früchte

ma̩nch·mal *ADVERB* von Zeit zu Zeit, in manchen Fällen *„Manchmal besuche ich meine Großmutter" | „Manchmal fährt er mit dem Auto"*

das **Man·da̲t** (*-(e)s, -e*) **1** *geschrieben* der Auftrag von einer Person an einen Rechtsanwalt, diese juristisch zu beraten oder (vor Gericht) zu vertreten ⟨*jemandem ein Mandat erteilen*⟩ *„Der Anwalt übernahm das Mandat"* **2** das Amt eines Abgeordneten im Parlament ⟨*das Mandat niederlegen*⟩ ≈ Sitz *„Die Partei hat 40 Mandate verloren"*

der **Ma̩n·gel** (*-s, Män·gel*) **1** **ein Mangel (an jemandem/etwas)** der Zustand, in dem etwas Wichtiges nicht ausreichend vorhanden ist *„ein Mangel an Lebensmitteln"* **K** Ärztemangel, Geldmangel ⓘ nicht in der Mehrzahl verwendet **2** ein Materialfehler an einer Ware ⟨*leichte, schwere Mängel; Mängel feststellen, beanstanden, beheben, beseitigen*⟩ *„Ein gebrauchtes Auto weist oft Mängel auf"*

der **Ma̩nn** (*-(e)s, Män·ner/Mann*) **1** (*Mehrzahl: Männer*) eine erwachsene männliche Person ⟨*ein alleinstehender, geschiedener, verheirateter Mann*⟩ ↔ Frau **K** Männerchor **2** (*Mehrzahl: Männer*) Kurzwort für *Ehemann* ⟨*ihr ehemaliger, zukünftiger, geschiedener, verstorbener Mann*⟩ *„Kann ich mal Ihren Mann sprechen?"* **3** die (männlichen) Personen einer Gruppe oder auf einem Schiff *„ein Schiff mit hundert Mann Besatzung"* ⓘ oft zusammen mit Zahlen und im Plural. Der Plural ist *Mann*. **ID** **seinen Mann stehen** die eigenen Aufgaben und Pflichten gut erfüllen ≈ sich bewähren

mä̩nn·lich *ADJEKTIV* **1** *ohne Steigerung* Männer und Jungen sind männlich, sie gehören zum männlichen Geschlecht ↔ weiblich **2** *ohne Steigerung* (bei Tieren) von dem Geschlecht, das keine Junge bekommen bzw. keine Eier legen kann **3** zu Männern oder Jungen gehörend ⟨*eine Stimme, ein Vorname*⟩ **4** mit Eigenschaften, die als typisch für Männer gelten ↔ feminin *„Sie findet Männer mit Bart sehr männlich"* **5** *ohne*

Steigerung in der Grammatik mit dem Artikel *der* verwendet ≈ maskulin

e **Mạnn·schaft** (-, *-en*) **1** die Sportler, die (in einem Wettkampf) zusammengehören ⟨*eine Mannschaft aufstellen, bilden*⟩ ≈ Team **K** Mannschaftssport (art); Fußballmannschaft **2** alle Menschen, die während der Fahrt auf einem Schiff oder während des Fluges in einem Flugzeug arbeiten ≈ Besatzung, Crew

r **Mạn·tel** (*-s, Män·tel*) **1** Mäntel trägt man über der anderen Kleidung, wenn es kalt ist; sie reichen bis zu den Oberschenkeln, den Knien oder den Knöcheln ⟨*jemandem aus dem, in den Mantel helfen; den Mantel ablegen*⟩ **K** Manteltasche; Pelzmantel, Regenmantel, Wintermantel **i** → Abb. unter **Bekleidung** **2** die äußere Hülle aus dickem Gummi, die den Schlauch eines Reifens umgibt *„der Mantel eines Fahrradreifens"*

ma·nu·ẹll ADJEKTIV; *geschrieben* mit den Händen (gemacht) ⟨*Arbeit*⟩ ↔ maschinell

e **Mạp·pe** (-, *-n*) **1** ein Stück Karton oder Plastik, das so gefaltet ist, dass man z. B. Dokumente, Briefe oder Zeichnungen hineinlegen oder dort aufbewahren kann ⟨*eine Mappe anlegen, aufschlagen*⟩ **K** Arbeitsmappe **2** eine flache Tasche (aus Leder), in der meist Dokumente, Bücher oder Hefte getragen werden **K** Aktenmappe, Schulmappe

MAPPE

s **Mär·chen** (*-s*, -) eine (im Volk überlieferte) Erzählung, in der Personen wie z. B. Hexen, Riesen oder Zwerge und unwirkliche Ereignisse vorkommen ⟨(*jemandem*) *Märchen erzählen, vorlesen*⟩ *„das Märchen von Rotkäppchen und dem bösen Wolf"* **K** Märchenerzähler, Märchenprinz

die **Mar·ga·ri·ne** (-) ein Fett (ähnlich wie Butter), das aus dem Öl von Pflanzen gemacht wird

die **Ma·ri·o·nẹt·te** (-, *-n*) eine Puppe, deren Körperteile man an Fäden oder Drähten bewegen kann **K** Marionettentheater

die **Mạrk**[1] (-, -); die ehemalige Währung Deutschlands **K** D-Mark **i** Abkürzung: *DM*

das **Mạrk**[2] (*-s*) **1** die weiche Masse in den Knochen und in der Wirbelsäule **K** Knochenmark **2** ein Brei aus weichen Früchten und Gemüsearten **K** Tomatenmark

die **Mạr·ke** (-, *-n*) **1** ein Stück Papier oder Blech, mit dem etwas bestätigt wird oder das zeigt, das man ein Recht auf etwas hat **K** Briefmarke, Hundemarke, Steuermarke **2** ein Zeichen, das einen gemessenen Wert zeigt oder eine Stelle kennzeichnet ≈ Markierung *„Das Hochwasser stieg über die Marke des Vorjahres"* **K** Bestmarke **3** eine Sorte einer Ware mit einem Namen ⟨*eine bekannte, führende, eingetragene, gesetzlich geschützte Marke*⟩ **K** Markenname; Automarke

mar·kie·ren (*markierte, hat markiert*) **1** **etwas (mit/durch etwas) markieren** ein Zeichen oder Symbol auf etwas machen, damit man es schnell und deutlich erkennen kann *„eine Textstelle mit einem roten Stift markieren"* **2** **etwas markieren** durch Zeichen oder Symbole etwas deutlich machen *„Weiße Linien markieren das Spielfeld"*

die **Mar·kie·rung** (-, *-en*) ein Zeichen oder ein Symbol, mit dem man etwas deutlich erkennbar macht **K** Wegmarkierung

der **Mạrkt** (*-(e)s, Märk·te*) **1** wenn Markt ist, bauen die Händler Stände auf einem Platz in der Stadt auf und ver-

M

kaufen dort ihre Waren ⟨*auf den/zum Markt gehen*⟩ *„Der Markt wird auf der Wiese neben dem Bahnhof abgehalten"* K Marktstand, Markttag; Fischmarkt, Weihnachtsmarkt, Wochenmarkt 2 der Platz (in einer Stadt), auf dem der Markt stattfindet K Marktplatz 3 ein Gebiet oder Land, in dem Leute etwas kaufen wollen, oder eine Gruppe von Leuten, die etwas kaufen wollen ⟨*der ausländische, inländische, internationale Markt; neue Märkte erschließen*⟩ K Marktanteil; Weltmarkt 4 **der schwarze Markt** der Handel mit Waren, die (gesetzlich) verboten oder rationiert sind *„der schwarze Markt für bedrohte Pflanzenarten"* K Schwarzmarkt 5 **etwas auf den Markt bringen/werfen** etwas (vor allem in großer Menge) herstellen und zum Kauf anbieten

die **Mar·me·la·de** (-, -*n*) eine süße Masse aus gekochtem Obst, die man auf das Brot streicht ⟨*Marmelade kochen; ein Glas Marmelade*⟩ *„In der Marmelade sind im Gegensatz zur Konfitüre keine ganzen Früchte"* K Marmeladenbrot, Marmeladenglas; Aprikosenmarmelade

MARMELADE

der **Mar·mor** (-*s*, -*e*) ein relativ teurer Stein, aus dem man vor allem Treppen und Statuen macht

der **Marsch** (-*es*, *Mär·sche*) 1 das Gehen mit kurzen und schnellen Schritten in einer Gruppe (von Soldaten) 2 eine Wanderung, bei der man eine ziemlich lange Strecke geht K Fußmarsch 3 ein Musikstück im Rhythmus eines Marsches

mar·schie·ren (*marschierte, ist marschiert*) wenn Soldaten marschieren, machen sie alle gleichzeitig die gleichen Schritte

das **Mar·tins·horn** ein akustisches Warnsignal an den Autos der Polizei, der Feuerwehr o. Ä.

der **März** (-(*es*), -*e*) der dritte Monat des Jahres ⟨*im März; Anfang, Mitte, Ende März; am 1., 2., 3. März*⟩ *„Ostern ist dieses Jahr im März"*

das/der **Mar·zi·pan** (-*s*, -*e*) eine weiche Masse aus Mandeln und Puderzucker, aus der man Süßigkeiten macht K Marzipankartoffel, Marzipanschweinchen

die **Ma·sche** (-, -*n*) 1 eine der Schlingen, aus denen ein (gestricktes oder gehäkeltes) Kleidungsstück besteht 2 *gesprochen* eine besondere, geschickte Art, etwas zu tun ⟨*eine raffinierte Masche*⟩ ≈ Trick

MASCHE

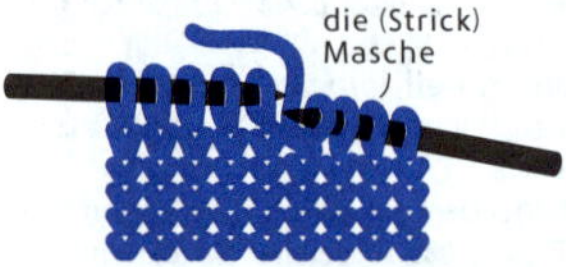

die **Ma·schi·ne** (-, -*n*) 1 ein (mechanisches) Gerät, das Energie umformt und so die Arbeit für den Menschen leichter macht ⟨*eine Maschine bauen, konstruieren, reparieren; eine Maschine in Betrieb nehmen, anschalten, bedienen, ausschalten, warten*⟩ *„die Massenproduktion von Gütern mithilfe von Maschinen"* K Maschinenfabrik, Maschinenöl; Bohrmaschine, Kaffeemaschine ℹ zu *Bohrmaschine* → Abb. unter **Werkzeug** 2 verwendet anstelle der genauen Bezeichnung für diejenige Maschine, die aus dem Zusammenhang bekannt ist *„Die (schmutzigen) Hosen kommen in die Maschine"* ≈ Waschmaschine 3 ≈ Flugzeug *„Die Maschine aus New York hat heute Verspätung"* 4 *gesprochen* ≈ Motorrad *„eine schwere Maschine"*

ma·schi·nell ADJEKTIV mit Maschinen

Mas·ke (-, -n) **1** etwas, mit dem man in Theaterstücken oder bei manchen Festen das Gesicht ganz oder zum Teil bedeckt ⟨*eine bunte, tragische, komische Maske; eine Maske aufsetzen, tragen, abnehmen*⟩ *„Auf der Karnevalsfeier trugen viele Leute Masken"* **2** etwas, das man zum Schutz (z. B. vor giftigen Gasen) vor dem Gesicht trägt ⟨*eine Maske aufsetzen, tragen, abnehmen*⟩ *„Der Qualm war so dicht, dass der Feuerwehrmann seine Maske aufsetzen musste"* **K** Atemmaske, Gasmaske

Mas·ken·pflicht die Verpflichtung, einen Mund-Nasen-Schutz zu tragen, zum Beispiel, um die Verbreitung einer Infektionskrankheit zu verhindern ⟨*eine Maskenpflicht einführen; sich nicht an die Maskenpflicht halten*⟩

maß *1. und 3. Person Singular* → messen

Maß[1] (-es, -e) **1** eine Einheit, mit der man Größen, Gewichte und Mengen messen kann *„Das Maß für die Bestimmung der Länge ist der Meter"* **K** Flächenmaß, Längenmaß **2** ein Gegenstand (der z. B. einen Meter Länge, ein Liter Volumen oder ein Kilo Gewicht hat), mit dem man die Länge, das Volumen oder das Gewicht von Dingen und Substanzen bestimmen kann **K** Maßband **3** eine Zahl, die man durch Messen erhält *„die Maße eines Schrankes abmessen"* **4** *Adjektiv* + **Maß** die genannte Menge oder Intensität ⟨*ein erträgliches, hohes Maß; das übliche Maß; in geringem, hohem, beträchtlichem Maße*⟩

Maß[2], **Mass**; (-, -) ein Liter Bier, vor allem in Bayern und Österreich **K** Maßkrug **i** → Abb. unter **Bier**

Mas·sa·ge [ma'sa:ʒə]; (-, -n) eine Behandlung, bei der die Muskeln mit den Händen geknetet und geklopft werden *„Eine Massage lockert die Muskeln"* **K** Fußmassage, Rückenmassage

Mas·se (-, -n) **1** eine (meist zähe oder breiige) Menge eines Materials ohne feste Form *„die glühende Masse des Lavastroms"* **K** Knetmasse, Teigmasse **2** *oft abwertend* eine große Zahl von Menschen als Gruppe ⟨*die breite, namenlose Masse; in der Masse untergehen*⟩ ≈ Volk *„Die Schaulustigen standen in Massen an der Unfallstelle"* **K** Massentourismus; Menschenmasse **3** *oft abwertend* eine große Anzahl oder Menge einer Sache *„Dieses Jahr treten die Mücken in Massen auf"* **K** Massenproduktion, Massenware

die **Maß·ein·heit** eine Einheit, mit der man Größen, Mengen und Gewichte messen kann *„Meter, Kilogramm und Ampere sind Maßeinheiten"*

mas·sie·ren (*massierte, hat massiert*) **(jemanden) massieren** jemandem eine Massage geben

mas·siv [ma'si:f] ADJEKTIV **1** stabil und kräftig (gebaut) ⟨*ein Baum, ein Haus, Mauern*⟩ **2** sehr stark und heftig ⟨*Vorwürfe, Angriffe, Drohungen, Forderungen*⟩ *„Bevor er nachgab, musste massiver Druck auf ihn ausgeübt werden"* **3** nur aus einem einzigen Material *„die kleine Statue aus massivem Gold"*

die **Maß·nah·me** (-, -n) **eine Maßnahme (zu, gegen etwas)** eine Handlung, die man ausführt, um ein Ziel zu erreichen *„Die Regierung leitete Maßnahmen zum Abbau der Arbeitslosigkeit ein"* **K** Vorsichtsmaßnahme

der **Maß·stab** **1** das Verhältnis der Größen auf Landkarten oder bei Modellen zu den Größen in der Realität ⟨*etwas in verkleinertem, vergrößertem Maßstab darstellen, zeichnen*⟩ *„ein Stadtplan im Maßstab (von) 1 : 50000"* **2** eine Norm, nach der jemand/etwas beurteilt wird ⟨*strenge, neue Maßstäbe anlegen, setzen; etwas dient als Maßstab*⟩ ≈ Kriterium *„Selbst wenn man hohe Maßstäbe anlegt, war das eine tolle Leistung"* **3** ein Stab aus Holz mit Strichen für Millimeter und Zentimeter, mit dem man die Länge von Dingen misst ≈ Meterstab, Zollstock • zu (1)

maß·stab(s)|ge·treu ADJEKTIV

der **Mast** (-(e)s, -e/-en) **1** eine hohe senkrechte Stange (aus Holz oder Metall) auf einem Schiff, an welcher die Segel fest-

M

gemacht werden **2** eine hohe Stange, die vor allem Fahnen, Antennen oder elektrische Leitungen trägt

das **Ma·te·ri·al** (-s, -ien [-i̯ən]) die Substanz, aus der etwas hergestellt ist oder wird ⟨*kostbare, teure, billige Materialien*⟩ *„Bei uns werden nur hochwertige Materialien verarbeitet"* **K** Materialfehler; Baumaterial, Verpackungsmaterial

ma·te·ri·ell *ADJEKTIV* **1** die Dinge betreffend, die jemand zum Leben braucht oder haben möchte ⟨*Bedürfnisse, Hilfe, Not*⟩ ↔ ideell **2** in Bezug auf den Geldwert einer Sache ⟨*der Schaden, der Wert*⟩

(die) **Ma·the** (-); *gesprochen* vor allem von Schülern verwendet für das Schulfach Mathematik

die **Ma·the·ma·tik** (-), **Ma·the·ma·tik** die Wissenschaft, die sich mit den Zahlen, Mengen und dem Berechnen von Formeln beschäftigt ⟨*Mathematik studieren*⟩ *„Algebra und Geometrie sind Gebiete der Mathematik"* **K** Mathematiklehrer, Mathematikstudium, Mathematikunterricht **i** als Schul- oder Studienfach oft abgekürzt zu *Mathe* • *hierzu* **ma·the·ma·tisch** *ADJEKTIV*

M

die **Ma·t·rat·ze** (-, -n) der Teil eines Bettes, der mit weichem Material gefüllt ist und auf dem man liegt

der **Matsch** (-es, -e); *gesprochen* eine Mischung aus Wasser, Schmutz und Schnee oder Erde ⟨*in den Matsch fallen, im Matsch versinken*⟩ • *hierzu* **mat·schig** *ADJEKTIV*

matt *ADJEKTIV* (*matter, mattest-*) **1** (meist körperlich) erschöpft und schwach *„Nach dem Jogging war er matt und ausgelaugt"* **2** ohne Glanz ⟨*Gold, Silber; ein Foto, eine Oberfläche, eine Politur*⟩ *„Wie möchten Sie Ihre Fotos – matt oder glänzend?"* • *zu* (1) **Mat·tig·keit** *die*

die **Mat·te** (-, -n) eine weiche Unterlage, die z. B. beim Turnen oder auf den Boden gelegt wird

die **Mau·er** (-, -n) **1** Mauern sind aus Steinen oder Beton; sie bilden die Grenze von Grundstücken usw. ⟨*eine hohe, niedrige Mauer; eine Mauer bauen, errichten, einreißen, niederreißen*⟩ *„Er hat sich um das Grundstück eine zwei Meter hohe Mauer ziehen lassen"* **K** Gartenmauer, Ziegelmauer **2** eine Mauer als Teil eines Hauses ≈ Wand *„Unsere Altbauwohnung hat dicke/solide Mauern. Da hören wir von unseren Nachbarn nichts"* **i** Von außen spricht man meist von *Mauern* (*ein Fahrrad an die Mauer lehnen*), von innen spricht man meist von *Wänden* (*ein Bild an die Wand hängen*).

das **Maul** (-(e)s, *Mäu·ler*) **1** der Teil des Kopfes von Tieren, mit dem sie die Nahrung aufnehmen ⟨*das Maul eines Fisches, eines Hundes, eines Löwen*⟩ **2** *gesprochen* **⚠** ≈ Mund

der **Mau·rer** (-s, -) eine Person, die beruflich auf einer Baustelle die Mauern baut

die **Maus** (-, *Mäu·se*) **1** ein kleines Nagetier mit langem Schwanz ⟨*die Maus piepst*⟩ *„Unsere Katze hat gerade eine Maus gefangen"* **K** Mausefalle, Mauseloch; Feldmaus **i** → Abb. unter **Tier** **2** ein kleines technisches Gerät, mit dem man einen Pfeil auf dem Bildschirm eines Computers steuern kann **K** Maustaste

die **Maut** (-, -en) das Geld, das man bezahlen muss, wenn man auf manchen Straßen fährt

ma·xi·mal *ADJEKTIV* verwendet, um die oberste Grenze (das Maximum) anzugeben ≈ höchstens *„die maximal erlaubte Geschwindigkeit"* | *„das maximal zulässige Gewicht"* | *„Im Lift haben maximal fünf Personen Platz"*

der **Me·cha·ni·ker** (-s, -) eine Person, die beruflich Maschinen repariert, zusammenbaut und überprüft **K** Automechaniker, Kfz-Mechaniker

me·cha·nisch *ADJEKTIV* **1** in Bezug auf die Mechanik ⟨*Vorgänge, Energie, Kräfte*⟩ **2** mit Maschinen ⟨*ein Verfahren*⟩ ≈ maschinell **3** ⟨*eine Bewegung*⟩ so, dass man dabei nicht denken muss ≈ automatisch

Me·cha·nis·mus (-, *Me·cha·nis·men*) die verschiedenen Teile einer technischen Konstruktion, die so zusammenwirken, dass die Maschine funktioniert *„Der Mechanismus der Uhr muss repariert werden"*

Me·dail·le [me'daljə]; (-, *-n*) ein rundes Stück Metall, das jemand für besondere Leistungen (vor allem im Sport) bekommt **K** Goldmedaille, Silbermedaille, Bronzemedaille

Me·di·en [-di̯ən]; *Mehrzahl* → Medium

Me·di·ka·ment (-(e)s, -e) ein Mittel (z. B. Tropfen, Tabletten), das ein Arzt einem kranken Patienten gibt, damit dieser wieder gesund wird ⟨*ein Medikament einnehmen; jemandem ein Medikament verschreiben, verabreichen; Nebenwirkungen von Medikamenten*⟩ ≈ Arznei

Me·di·um (-s, *Me·di·en* [-di̯ən]) **1** ein Mittel, mit dem man Informationen weitergeben kann *„die digitalen Medien Internet, Telefon und Fernsehen"* **K** Massenmedium **2** eine Substanz (z. B. Luft oder Wasser), in der ein physikalischer Vorgang abläuft **3** **soziale Medien** Angebote (z. B. im Internet), bei denen die Benutzer Informationen austauschen und veröffentlichen können

Me·di·zin (-, *-en*) **1** die Wissenschaft, die sich damit beschäftigt, wie der Körper des Menschen funktioniert, wie man Krankheiten erkennt und behandelt ⟨*Medizin studieren*⟩ **K** Tiermedizin, Zahnmedizin **i** nicht in der Mehrzahl verwendet **2** ⟨*eine Medizin einnehmen; jemandem eine Medizin verordnen, verschreiben*⟩ ≈ Medikament • zu (1) **me·di·zi·nisch** *ADJEKTIV*

das **Meer** (-(e)s, -e) **1** eine große Menge von salzigem Wasser, die einen Teil der Erde bedeckt ⟨*das weite, glatte, raue, offene Meer; auf das Meer hinausfahren; ans Meer fahren; am Meer sein; im Meer baden*⟩ **K** Meerwasser, Meeresfisch, Meeresgrund **2** **über dem Meer** verwendet zur Angabe der Höhe über dem Meeresspiegel *„600 Meter über dem Meer"*

die **Mee·res·früch·te** *Mehrzahl* kleine Meerestiere, z. B. Muscheln, Tintenfische, Krebse, die man isst

der **Mee·res·spie·gel** die durchschnittliche Höhe des Meeres, die man als Grundlage für die Messung von Höhen auf dem Land benutzt *„München liegt 518, Hamburg nur 6 Meter über dem Meeresspiegel"*

das **Meer·schwein·chen** ein kleines Nagetier ohne Schwanz, das bei Kindern ein sehr beliebtes Haustier ist

das **Mehl** (-(e)s) **1** gemahlenes Getreide, aus dem man Brot, Kuchen usw. herstellt ⟨*weißes, dunkles, grobes Mehl*⟩ **K** Roggenmehl, Vollkornmehl, Weizenmehl **2** ein Pulver, das entsteht, wenn man Holz sägt oder Knochen mahlt **K** Sägemehl, Knochenmehl

mehr *nur in dieser Form* **1** verwendet als Komparativ von *viel* und *viele* *„Die Reise hat mehr (Geld) gekostet als geplant"* | *„Heute waren mehr Zuschauer im Stadion als gestern"* **2** verwendet, um eine Menge zu bezeichnen, die größer ist als eine gedachte Menge *„Möchtest du mehr Milch im Kaffee?"* **K** Mehrkosten, Mehrverbrauch
ADVERB **3** verwendet mit Verben, um eine höhere Intensität auszudrücken *„Du solltest dich mehr schonen!"* **4** drückt zusammen mit einem verneinenden Ausdruck aus, dass etwas, das bisher vorhanden war, nun nicht da ist *„Wir haben nichts mehr zu trinken"* | *„Als ich ankam, war niemand mehr da"*

mehr·deu·tig *ADJEKTIV* so, dass man es in mehr als einer Art und Weise verstehen kann

meh·re·r- *ARTIKEL* **1** mehr als zwei der genannten Dinge oder Personen *„Sie probierte mehrere Hosen an, bevor sie eine kaufte"*
PRONOMEN **2** mehr als zwei Personen oder Dinge *„Ich kenne mehrere, die dort arbeiten"*

mehr·fach *ADJEKTIV* mehr als einmal oder zweimal *„der mehrfache deutsche*

M

Meister im Boxen" | *„Er ist mehrfach vorbestraft"*

die **Mehr·heit** (-, *-en*) **1** der größere Teil einer Gruppe, die größere Zahl in einer Gruppe (vor allem von Menschen) ⟨*in der Mehrheit sein*⟩ ↔ Minderheit *„Die Mehrheit der Deutschen fährt mindestens einmal im Jahr in Urlaub"* **2** **eine Mehrheit (von etwas)** der Unterschied in der Zahl zwischen einer größeren und einer kleineren Gruppe, vor allem von Stimmen oder Mandaten ⟨*die Mehrheit haben, bekommen*⟩ *„Sie gewann die Wahl mit einer Mehrheit von 13 zu 12 Stimmen"* **K** Mehrheitsbeschluss; Dreiviertelmehrheit **3** **die absolute Mehrheit** mehr als 50 % der Stimmen oder Mandate und deshalb mehr als alle anderen Kandidaten zusammen • *zu* (1) **mehr·heit·lich** ADJEKTIV

mehr·mals ADVERB mehr als zweimal *„Ich habe mehrmals bei euch angerufen"*

mehr·spra·chig ADJEKTIV so, dass zwei oder mehr Sprachen verwendet werden ⟨*ein Text, Kommunikation; mehrsprachig aufwachsen*⟩ • *hierzu* **Mehr·spra·chig·keit** *die*

Mehr·weg- *im Substantiv, betont, nicht produktiv* **der Mehrwegbehälter, das Mehrwegsystem, die Mehrwegverpackung** *und andere* verwendet für Verpackungen für Waren, die mehrmals gereinigt und wieder benutzt werden *„Das Pfand für die Mehrwegflaschen wird bei der Rückgabe ausbezahlt"*

die **Mehr·wert|steu·er** das Geld, das der Käufer zusätzlich zum Preis für die Produkte oder Dienstleistungen zahlen muss und das der Verkäufer an den Staat als Steuer abgeben muss *„Die Preise sind inklusive Mehrwertsteuer"* **K** Mehrwertsteuergesetz **i** nicht in der Mehrzahl verwendet; Abkürzung: *MwSt.* oder *MWSt.*

die **Mehr·zahl** **1** ≈ Plural ↔ Einzahl **2** ≈ Mehrheit *„Die Mehrzahl der Demonstranten war friedlich"* **i** nicht in der Mehrzahl verwendet

mei·den (*mied, hat gemieden*) **jemanden/etwas meiden** mit jemandem/etwas keinen Kontakt haben wollen, also z. B. jemanden nicht sehen oder treffen wollen

die **Mei·le** (-, *-n*) die Einheit, mit der in manchen Ländern große Entfernungen gemessen werden *„Eine Meile entspricht 1609 Metern"*

mein ARTIKEL **1** *zur 1. Person Singular* (*ich*) mit *mein* werden solche Dinge, Zustände, Vorgänge, Handlungen oder Personen näher bezeichnet, welche mit dem Sprecher oder der Sprecherin selbst in Zusammenhang sind *„Ich habe meine Hand verletzt"* | *„Meiner Mutter habe ich ein Parfüm geschenkt"* | *„In meinem Hotel gibt es eine Sauna und ein Schwimmbad"* das Hotel, in dem ich übernachte **i** → Extras, S. 716: **Pronomen**

PRONOMEN **2** *1. Person Singular* (*ich*) verwendet, um sich auf eine (oft bereits erwähnte) Sache oder Person zu beziehen, die zu dem Sprecher gehört *„Ist das dein Bleistift oder meiner?"* | *„Das rote Auto dort ist mein(e)s"* **3** *1. Person Singular* (*ich*), *Genitiv „Wer erinnert sich meiner?"* **i** → Extras, S. 715: **Pronomen**

der **Mein·eid** eine Lüge, die man (meist in einer Gerichtsverhandlung) verwendet, obwohl man geschworen hat, die Wahrheit zu sagen

mei·nen (*meinte, hat gemeint*) **1** **(etwas) (zu etwas) meinen** eine Meinung zu etwas haben *„Ich meine, dass wir jetzt gehen sollten"* **2** **etwas meinen** etwas ausdrücken wollen *„Du verstehst mich falsch, ich meine das ganz anders"* **3** **jemanden/etwas meinen** sich auf die genannte Person oder Sache beziehen *„Er meinte nicht Markus, sondern Bernd"* **ID** **Das war nicht so gemeint** Es war keine böse Absicht dabei; **es 'gut mit jemandem meinen** wollen, dass es einer Person gut geht (und ihr deshalb helfen)

mei·net·we·gen ADVERB **1** so, dass die Person, die gerade spricht, mit dem

Genannten einverstanden ist oder dass es ihr egal ist *„Kann ich morgen dein Auto haben?" – „Meinetwegen!"* | *„Meinetwegen kann er machen, was er will"* **2** so, dass der Sprecher für etwas verantwortlich ist oder der Grund für etwas ist *„Ihr braucht meinetwegen kein großes Fest zu machen"*

Mei·nung (-, *-en*) **jemandes Meinung (zu etwas); jemandes Meinung (über eine Person/Sache)** das, was jemand über eine Person oder Sache denkt ⟨*jemanden nach der Meinung fragen*⟩ ≈ Auffassung, Ansicht *„Bist du auch der Meinung,* dass *Christine übertreibt?"* | *„Was/Wie ist ihre Meinung zum Ausgang der Wahlen?"*

Mei·ßel (*-s, -*) eine kurze Stange aus Metall mit einem scharfen Ende, mit der man (mit einem Hammer) z. B. Steine spalten oder formen kann

meist *ADVERB* **1** in den meisten Fällen, die meiste Zeit *„Anette ist meist in Brüssel unterwegs"*
ADJEKTIV **2** die größte Anzahl, Menge einer Sache *„Sie hat immer das meiste Glück von allen"* **K** meistverkauft
i → auch **viel** **3** der größte Teil von einzelnen Dingen *„Die meisten Artikel in diesem Geschäft sind sehr teuer"*

meis·tens *ADVERB* in den meisten Fällen, fast immer *„Er steht meistens um 7 Uhr auf"*

Meis·ter (*-s, -*) **1** eine Person, die in einem Handwerk junge Menschen ausbilden und selbst ein Geschäft führen darf **K** Meisterprüfung; Bäckermeister, Metzgermeister, Schreinermeister **2** **den Meister machen** die Prüfung machen, durch die man Meister in einem Handwerk wird **3** eine Person, die etwas sehr gut kann ≈ Fachmann *„Er ist ein Meister auf seinem Gebiet"* **4** ein Sportler oder eine Mannschaft, die einen offiziellen Wettkampf gewonnen haben *„Er wurde deutscher Meister im Marathonlauf"* **K** Europameister, Weltmeister • *zu* (1) **Meis·te·rin** *die*

Meis·ter·schaft (-, *-en*) ein Wettkampf, bei dem die Sportler einen Titel gewinnen können *„Dieses Jahr finden die deutschen Meisterschaften im Schwimmen in Hamburg statt"* **K** Fußballmeisterschaft, Europameisterschaft, Weltmeisterschaft

mel·den (*meldete, hat gemeldet*) **1** **etwas melden** eine Nachricht (im Fernsehen, im Radio oder in der Zeitung) mitteilen *„Der Korrespondent meldet neue Unruhen aus Südamerika"* **2** **eine Person/Sache (jemandem/bei jemandem) melden** einer zuständigen Person oder Institution Informationen über jemanden/etwas geben ⟨*einen Unfall bei der Polizei melden; einen Schaden bei der Versicherung melden*⟩ **3** **jemanden zu/für etwas melden** der zuständigen Stelle mitteilen, dass jemand an etwas teilnehmen will ≈ anmelden *„einen Sportler für einen Wettkampf melden"* **4** **sich (bei jemandem) melden** (wieder) Kontakt mit jemandem aufnehmen *„Ich melde mich nach dem Urlaub bei dir"* **5** **sich melden** in der Schule dem Lehrer zeigen, dass man etwas sagen möchte, indem man die Hand hebt **6** **sich zu/für etwas melden** sagen, dass man (freiwillig) bei etwas mitarbeiten oder mitmachen will *„Wer meldet sich freiwillig zum Geschirrspülen?"*

die **Mel·de·pflicht** die Pflicht, etwas offiziell bei einer Behörde zu melden *„Bei manchen Krankheiten besteht Meldepflicht"* • *hierzu* **mel·de·pflich·tig** *ADJEKTIV*

die **Mel·dung** (-, *-en*) **1** etwas, das im Fernsehen, Radio oder in der Zeitung gemeldet oder mitgeteilt wird ⟨*eine amtliche Meldung*⟩ ≈ Nachricht *„Und nun die letzten Meldungen des Tages"* **K** Suchmeldung **2** die Informationen, die man einer Institution über jemanden/etwas gibt *„Der Polizei liegt noch keine Meldung über den Unfall vor"* **K** Feuermeldung, Krankmeldung **3** **eine Meldung (für/zu etwas)** die (oft schriftliche) Erklärung, dass man bei etwas mitmachen will *„die Meldung für* *einen Wettkampf zurückziehen"* **4** eine Feststellung oder Frage, die auf dem Bildschirm eines Computers, Handys usw. erscheint **K** Fehlermeldung

mẹl·ken (*melkt, melkte, hat gemelkt/ veraltend milkt, molk, hat gemolken*) **(ein Tier) melken** Milch von einem weiblichen Tier nehmen ⟨*Kühe, Ziegen melken*⟩ **K** Melkmaschine

die **Me·lo·di̲e** (-, *-n* [-'diːən]) **1** eine Folge von musikalischen Tönen, die ein Ganzes bilden ⟨*eine Melodie spielen, singen; eine schöne Melodie hören*⟩ *„Wer hat den Text zu dieser Melodie geschrieben?"* **2** ein Teil aus einer größeren musikalischen Komposition *„Melodien aus dem Musical „West Side Story"*

die **Mẹn·ge** (-, *-n*) **1** ein Teil einer Sache, die man nicht zählen kann, oder mehrere Personen bzw. Dinge, die als Einheit angesehen werden *„Eine kleine Menge dieses Medikaments genügt"* **2** eine große Anzahl (von Personen/ Dingen) ≈ viele *„eine Menge Fehler machen"* **3** eine große Zahl von Menschen an einem Ort ⟨*durch die Menge gehen; in der Menge verschwinden; sich unter die Menge mischen*⟩ **K** Menschenmenge, Zuschauermenge **4** **eine/jede Menge** *gesprochen* sehr viel *„noch eine Menge lernen müssen"* | *„Kinder machen jede Menge Arbeit"* **5** **in rauen Mengen** *gesprochen* sehr viel **6** **eine ganze Menge** *gesprochen* relativ viel(e)

die **Mẹn·sa** (-, *Men·sen*) in der Mensa an einer Schule bzw. Hochschule können die Schüler oder Studenten für wenig Geld essen

der **Mẹnsch** (*-en, -en*) **1** das Lebewesen, das sprechen und denken kann *„Biologisch gesehen gehört der Mensch zu den Säugetieren"* **K** Steinzeitmensch ⓘ *der Mensch; den, dem, des Menschen* ⓘ nicht in der Mehrzahl verwendet **2** ein Mann, eine Frau oder ein Kind als Individuum ≈ Person *„Auf der Erde gibt es ungefähr 6 Milliarden Menschen"* **K** Menschenmenge

die **Mẹn·schen·rech·te** *Mehrzahl* die grundsätzlichen Rechte einer Person, wie sie in vielen Staaten in der Verfassung enthalten sind ⟨*der Schutz, eine Verletzung, die Verwirklichung der Menschenrechte*⟩ *„Das Recht auf Leben und persönliche Freiheit, die Versammlungs-, die Presse- und die Glaubensfreiheit gehören zu den Menschenrechten"* **K** Menschenrechtsverletzung

die **Mẹn·schen·wür·de** das Recht, das jeder Mensch hat, als Person respektiert und behandelt zu werden ⟨*die Menschenwürde achten, verletzen*⟩ • *hierzu* **mẹn·schen·wür·dig** *ADJEKTIV*

die **Mẹnsch·heit** (-) alle Menschen zusammen *„Das Auto ist eine große Erfindung der Menschheit"*

mẹnsch·lich *ADJEKTIV* **1** in Bezug auf den Menschen ⟨*die Sprache*⟩ ↔ tierisch **2** so, dass eine Person auf andere Menschen Rücksicht nimmt und die Probleme anderer Menschen verstehen kann ⟨*eine Person; menschlich sein, handeln, denken*⟩ ≈ human ↔ unmenschlich *„Der neue Chef ist sehr menschlich"* **3** so, dass jeder Mensch diese Eigenschaft hat und man sie deshalb akzeptieren muss ⟨*eine menschliche Schwäche; Irren ist menschlich*⟩ • *zu* (2) **Mẹnsch·lich·keit** *die*

die **Menst·ru·a·ti·on** [-'tsi̯oːn]; (-, *-en*) die Blutung aus der Gebärmutter, die eine Frau etwa alle vier Wochen hat, wenn sie nicht schwanger ist ≈ Monatsblutung, Periode **K** Menstruationsbeschwerden

das **Me·nü̲** (*-s, -s*) **1** ein Essen aus mehreren Gängen ⟨*ein Menü zusammenstellen*⟩ *„Das Menü bestand aus drei Gängen: der Suppe, der Hauptspeise und der Nachspeise"* **2** eine Liste mehrerer Programme, Dateien oder Funktionen, aus denen der Benutzer eines Computers auswählen kann

das **Mẹrk·blatt** ein kurzer, gedruckter Text mit Erklärungen und Hinweisen, meist zu einem Formular oder einer Verordnung

mẹr·ken *(merkte, hat gemerkt)* **1** **etwas merken** etwas sehen, fühlen, hören usw. und bewusst verstehen *„Der Hund hat sofort gemerkt, dass wir ihm helfen wollten"* **2** **sich** *(Dativ)* **etwas merken** etwas nicht vergessen ⟨*sich (Dativ) Zahlen, Namen, Daten merken; sich (Dativ) etwas nicht merken können*⟩ *„Deine Telefonnummer kann ich mir gut merken"* | *„Merkt euch endlich, dass ihr pünktlich sein müsst!"*

Mẹrk·mal *(-(e)s, -e)* eine besondere Eigenschaft einer Person oder Sache, mit der man sie leicht von anderen Personen oder Sachen unterscheiden kann ⟨*ein charakteristisches, typisches, wesentliches Merkmal*⟩ ≈ Kennzeichen **K** Geschlechtsmerkmal, Unterscheidungsmerkmal

mẹrk·wür·dig ADJEKTIV anders als das Normale und so, dass es Aufmerksamkeit oder Misstrauen weckt ≈ seltsam, eigenartig *„Heute Morgen sind die Straßen so merkwürdig ruhig"*

der **Mẹss·be·cher** ein Becher, in den eine begrenzte Menge einer Sache passt *„einen halben Messbecher Waschpulver in die Waschmaschine geben"* **i** → Abb. unter **Becher**

die **Mẹs·se** *(-, -n)* **1** eine religiöse Feier der Katholiken, bei der sie Brot und Wein als Körper und Blut von Jesus Christus verehren ⟨*zur Messe gehen, die Messe halten*⟩ **K** Messwein; Frühmesse **2** eine Ausstellung, auf der neue Artikel vorgestellt werden **K** Messegelände, Messestand; Buchmesse

mẹs·sen *(misst, maß, hat gemessen)* **etwas messen** die Größe oder Menge einer Sache feststellen *„Ich muss erst messen, wie hoch und wie breit das Fenster ist"* **K** Messergebnis, Messgerät, Messwert

das **Mẹs·ser** *(-s, -)* Messer haben einen Griff und einen flachen Teil aus Metall (die *Klinge*). Man benutzt sie zum Schneiden oder als Waffe ⟨*ein scharfes, stumpfes, spitzes Messer; mit Messer und Gabel essen; etwas mit dem Messer abschneiden, (zer)schneiden*⟩ *„Die scharfe Seite des Messers heißt Schneide, die stumpfe Messerrücken"* **K** Brotmesser, Küchenmesser

MESSER

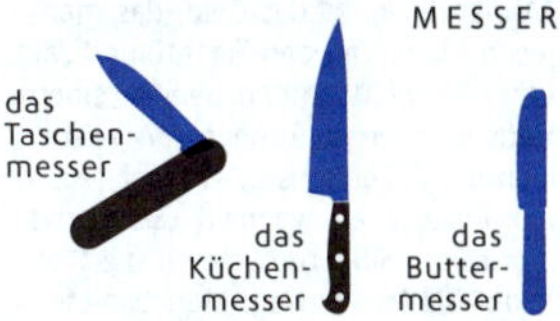

das **Mẹs·sing** *(-s)* ein Metall, das aus Kupfer und Zink besteht

die **Mẹs·sung** *(-, -en)* der Wert, den man beim Messen feststellt

das **Me·tạll** *(-s, -e)* Metalle wie Eisen, Gold und Silber sind hart; man macht sie sehr heiß und flüssig, um sie zu formen ⟨*Metalle bearbeiten, gießen, härten, schweißen*⟩ **K** Metallplatte; Edelmetall, Leichtmetall, Schwermetall

der **Me̲·ter** *(-s, -)* eine Einheit, mit der man messen kann, wie lang, breit, hoch etwas ist *„Es gibt selten Menschen, die über 2 Meter groß sind"* | *„Ein Meter hat hundert Zentimeter, ein Kilometer hat tausend Meter"* **K** meterdick, meterhoch, meterlang **i** Abkürzung: m

die **Me·tho̲·de** *(-, -n)* die Art und Weise, in der man etwas tut, um ein Ziel zu erreichen ⟨*eine moderne, wissenschaftliche Methode; eine Methode entwickeln, einführen*⟩ ≈ Verfahren **K** Behandlungsmethode

der **Mẹtz·ger** *(-s, -)* ein Mann, der beruflich Tiere schlachtet, Fleisch und Wurst verkauft ≈ Fleischer • *hierzu* **Mẹtz·ge·rin** *die*

die **Metz·ge·rei** *(-, -en)* ein Geschäft, in dem man Fleisch und Wurst kaufen kann ≈ Fleischerei

Mi Abkürzung für *Mittwoch*

mịch PRONOMEN *1. Person Singular (ich), Akkusativ „Könntest du mich zum Bahnhof bringen?"* | *„Ich würde mich freuen, wenn du kommst"* **i** → Extras, S. 715: **Pronomen**

mi̲ed *Präteritum, 1. und 3. Person Singular* → meiden

M

die **Mie·ne** (-, -n) ein Ausdruck im Gesicht, der anderen Leuten zeigt, wie man sich gerade fühlt ⟨*eine heitere, fröhliche, feierliche Miene aufsetzen*⟩

die **Mie·te** (-, -n) **1** das Geld, das man jeden Monat (an den Eigentümer) zahlt, um in einer Wohnung oder in einem Haus wohnen zu können ⟨*die Miete (be)zahlen, überweisen, erhöhen, kassieren; in/zur Miete wohnen*⟩ *„Er bezahlt monatlich 650 Euro Miete für die Wohnung"* **K** Mietvertrag; Monatsmiete **2** das Geld, das man zahlt, wenn man sich ein Auto, ein Boot o. Ä. leiht ≈ Leihgebühr **K** Mietwagen

mie·ten (*mietete, hat gemietet*) **1** **etwas mieten** gegen Bezahlung in einer Wohnung oder einem Haus wohnen dürfen, ein Büro o. Ä. bewohnen und benutzen dürfen ⟨*eine Wohnung, ein Zimmer mieten*⟩ **2** **etwas mieten** etwas gegen Bezahlung benutzen dürfen ⟨*ein Auto, ein Büro, einen Laden, einen Saal, mieten*⟩ • *hierzu* **Mie·ter** *der*

M

das **Miets·haus** ein relativ großes Haus mit vielen Wohnungen, die man mieten kann

die **Miet·woh·nung** eine Wohnung, für die man Miete zahlt

die **Mig·rä·ne** (-, -n) sehr starke Kopfschmerzen, die oft sehr lange dauern **K** Migräneanfall

der **Mig·rant** (-en, -en) eine Person, die (aus ihrer Heimat) in ein anderes Land auswandert **i** *der Migrant; den, dem, des Migranten* • *hierzu* **Mig·ran·tin** *die*

das **Mik·ro·fon** [-f-]; (-s, -e) z. B. im Radio und Fernsehen benutzt man Mikrofone, damit Stimmen lauter zu hören sind und aufgenommen werden können ⟨*ins Mikrofon sprechen, singen*⟩

der **Mik·ro·wel·len|herd** ein Gerät, mit dem man das Essen sehr schnell heiß (und gar) machen kann

die **Milch** (-) **1** die weiße Flüssigkeit, die Babys und sehr junge Tiere bei ihrer Mutter trinken ⟨*Milch haben, saugen, trinken*⟩ **K** Muttermilch **2** die Milch von Kühen, Ziegen und Schafen, die man trinkt und aus der man Butter, Käse o. Ä. macht ⟨*frische, warme, saure, kondensierte, entrahmte, pasteurisierte, homogenisierte, entfettete, fettarme Milch; Milch geben*⟩ **K** Milchflasche, Milchkännchen, Milchreis; Kuhmilch, Vollmilch **i** zu *Milchkännchen* → Abb. unter **Frühstück** **3** eine weiße Flüssigkeit von manchen Pflanzen (z. B. bei der Kokosnuss und beim Löwenzahn) **K** Kokosmilch **4** eine weiße, flüssige Creme, die man auf die Haut tut **K** Sonnenmilch

der **Milch·schaum** (-(e)s) eine Haube aus aufgeschäumter Milch, vor allem für Kaffeespezialitäten ⟨*Kaffee mit viel Milchschaum*⟩

die **Milch·scho·ko·la·de** eine hellbraune Schokolade, die mit viel Milch gemacht wird

die **Milch·stra·ße** ein breiter heller Streifen aus Sternen, den man in der Nacht am Himmel sieht ≈ Galaxie

mild ADJEKTIV, **mil·de** **1** (freundlich und) voller Verständnis für andere Menschen ⟨*ein Urteil, eine Strafe, ein Richter; mild urteilen, jemanden mild behandeln*⟩ ≈ gütig ↔ streng **2** weder sehr kalt, noch sehr heiß ⟨*das Klima, das Wetter, ein Abend*⟩ ↔ rau **3** nicht sehr intensiv im Geschmack ⟨*ein Käse, eine Zigarre; etwas mild würzen*⟩ ↔ scharf **4** so, dass es der Haut nicht schadet ⟨*eine Seife, eine Creme*⟩ • *zu* (1) **Mil·de** *die*

das **Mi·li·eu** [mi'liø:]; (-s, -s) alles, was von außen die Entwicklung eines Menschen beeinflusst, vor allem die Familie, Freunde, Arbeitskollegen und die gesellschaftliche Umgebung ⟨*das soziale, häusliche Milieu*⟩ ≈ Umwelt **K** Arbeitermilieu, Hafenmilieu

das **Mi·li·tär** (-s) alle Soldaten eines Landes ⟨*beim Militär sein; das Militär einsetzen*⟩ ≈ Armee **K** Militärflugzeug, Militärstützpunkt

mi·li·tä·risch ADJEKTIV **1** in Bezug auf das Militär ⟨*Einrichtungen, Stützpunkte, eine Intervention*⟩ ↔ zivil **2** ⟨*die Disziplin, die Ordnung*⟩ so, dass sie den

Prinzipien folgen, die im Militär gelten *„In diesem Internat herrscht militärische Disziplin"*

Mill. **1** Abkürzung für *Million* **2** Abkürzung für *Millionen*

Mil·li- *im Substantiv vor Maßeinheiten, betont, nicht produktiv* **das Millibar, das Milligramm, der Milliliter** *und andere* der tausendste Teil der genannten Einheit (1/1000) *„fünf Millimeter abmessen"*

die **Mil·li·ar·de** (-, *-n*) tausend Millionen (1 000 000 000) ⓘ Abkürzung: *Md.* oder *Mrd.*

die **Mil·li·on** (-, *-en*) **1** tausend mal tausend (1 000 000) *„Österreich hat über 7 Millionen Einwohner"* ⓘ Abkürzung: *Mill.* oder *Mio.* **2** **Millionen** *+Genitiv*; **Millionen von Personen/Dingen** eine riesige Anzahl oder Summe von Personen/Dingen ⟨*Millionen von Menschen, Autos; Millionen toter Fische*⟩

der **Mil·li·o·när** (-s, *-e*) eine Person, die Dinge und Geld im Wert von mindestens einer Million hat

mil·li·ons·t- *ADJEKTIV* in einer Reihenfolge an der Stelle 1 000 000 ≈ 1 000 000.

das **Mil·li·ons·tel** (-s, -) 1/1000000

die **Min·der·heit** (-, *-en*) **1** der kleinere Teil einer Gruppe ⟨*in der Minderheit sein*⟩ ↔ Mehrheit ⓘ nicht in der Mehrzahl verwendet **2** eine kleine Gruppe von Menschen in einem Staat, die sich von den meisten Menschen (in ihrer Hautfarbe, Kultur, Religion o. Ä.) unterscheidet ⟨*eine soziale, religiöse, sprachliche Minderheit*⟩ **K** Minderheitenrecht

min·der·jäh·rig *ADJEKTIV* wer minderjährig ist, ist noch nicht alt genug, um wie ein Erwachsener behandelt zu werden ↔ volljährig • *hierzu* **Min·der·jäh·ri·ge** *der/die*

min·des·t- *ADJEKTIV* **1** verwendet, um zu sagen, dass von etwas nur ganz wenig da ist *„Er war wütend ohne den mindesten Grund"* ⓘ meist verneint **2** **das Mindeste/mindeste** das wenigste *„Das ist doch das Mindeste, was man von dir erwarten kann!"*

min·des·tens *PARTIKEL vor einer Zahl* nicht weniger, sondern mehr als (die Zahl angibt) *„Er ist mindestens 1,85 Meter groß und wiegt mindestens 100 kg"* | *„Mindestens 60.000 Zuschauer waren im Stadion"*

das **Min·dest·halt·bar·keits|da·tum** das Datum, bis zu dem Lebensmittel o. Ä. mindestens haltbar sind

die **Mi·ne** (-, *-n*) UNTER DER ERDE: **1** eine Anlage unter der Erde, in der man Stoffe wie z. B. Gold, Diamanten, Kupfer gewinnt ≈ Bergwerk ZUM SCHREIBEN: **2** ein dünner Stab in einem Bleistift oder Kugelschreiber, aus welchem die Farbe kommt ALS WAFFE: **3** eine Bombe, die man in den Boden oder unter Wasser legt, wo sie explodiert, wenn sie berührt wird

das **Mi·ne·ral** (-s, *-e/Mi·ne·ra·li·en* [-i̯ən]) **1** ein fester Stoff (wie z. B. Salz oder Diamanten), der in der Erde gebildet wurde **2** Salze (meist in Wasser gelöst), von denen ein Bestandteil ein Mineral ist (wie z. B. Natrium oder Kalium) *„Dieses Getränk enthält sieben wichtige Mineralien"* **K** Mineralstoffe ⓘ nur in der Mehrzahl verwendet

das **Mi·ne·ral·was·ser** Wasser aus einer Quelle, das viele Mineralien enthält ⟨*ein Mineralwasser bestellen*⟩

mi·ni·mal *ADJEKTIV* **1** so klein, dass es nicht wichtig ist oder dass man es kaum erkennen kann ⟨*ein Vorsprung, Unterschiede, Temperaturschwankungen*⟩ **2** so, dass es nicht mehr kleiner oder weniger sein könnte ⟨*ein Aufwand, Kosten*⟩ ↔ maximal *„die Verschmutzung der Luft minimal halten"*

das **Mi·ni·mum** (-s, *Mi·ni·ma*) **ein Minimum (an etwas** (*Dativ*)) die kleinste Anzahl oder Menge einer Sache, die möglich, notwendig oder akzeptabel ist ⟨*etwas auf ein Minimum reduzieren; ein Minimum an Leistung, Aufwand*⟩ ≈ Mindestmaß ↔ Maximum

der **Mi·nis·ter** (-s, -) eine Person, die als Mitglied der Regierung ein Ministerium leitet ⟨*jemanden zum Minister ernennen;*

M

einen Minister entlassen〉 **K** Außenminister, Verteidigungsminister, Wirtschaftsminister • *hierzu* **Mi·nis·te·rin** *die*

das **Mi·nis·te·ri·um** (-s, *Mi·nis·te·ri·en* [-i̯ən]) eine der höchsten Behörden in einem Staat, die für einen Bereich der Verwaltung verantwortlich ist *„das Ministerium für Wissenschaft und Forschung"* | *„ein Sprecher des Ministeriums"* **K** Finanzministerium, Innenministerium, Justizministerium

der **Mi·nis·ter·prä·si·dent** **1** der Chef der Regierung in vielen Bundesländern Deutschlands **2** Ⓓ verwendet als Bezeichnung für den Chef der Regierung in manchen Staaten (auch wenn er offiziell anders heißt)

mi·nus BINDEWORT **1** das Zeichen –, das eine Subtraktion anzeigt ↔ plus *„drei minus zwei ist (gleich) eins"* 3 – 2 = 1 **K** Minuszeichen
ADVERB **2** verwendet, um Temperaturen unter null Grad zu bezeichnen *„In der Nacht hatte es fünf Grad minus"* **3** verwendet für Zahlen, die kleiner als null sind *„10 weniger 13 ist minus 3"* 10 – 13 = –3

die **Mi·nu·te** (-, -n) **1** einer der 60 Teile einer Stunde; *„Es ist fünf Minuten vor/ nach elf (Uhr)"* | *„zehn Minuten zu spät kommen"* **K** Minutenzeiger, minutenlang; Spielminute ⓘ Abkürzung: *Min.* oder *min.* **2** ein kurzer Zeitraum *〈eine Minute Zeit haben〉* ≈ Moment *„Warte noch eine Minute, dann können wir gehen"* **3** **in letzter Minute**; **in der letzten Minute** so kurz vor einem festgesetzten Zeitpunkt, dass es fast schon zu spät ist *„Er liefert seine Arbeiten immer in letzter Minute ab"* **4** einer der 60 Teile des Grades in einem Winkel *„ein Winkel von 41 Grad 12 Minuten"*

Mio. **1** Abkürzung für *Million* **2** Abkürzung für *Millionen*

mir PRONOMEN *1. Person Singular (ich), Dativ „Bitte gib mir noch ein wenig Zeit"* | *„So eine schöne Überraschung lasse ich mir gefallen"* ⓘ → Extras, S. 715: **Pronomen**

das **Misch·brot** ein Brot, das aus einer Mischung von Roggen- und Weizenmehl gebacken wird

mi·schen (*mischte, hat gemischt*) **1** **etwas (mit etwas) mischen** wenn man Dinge mischt, bringt man sie ohne Ordnung zusammen und kann sie nicht mehr leicht trennen *〈Farben, den Salat, Wasser mit Wein mischen〉* **K** Mischfutter **2** **etwas mischen** etwas durch mischen herstellen *〈eine Arznei, einen Cocktail, Gift mischen〉* **K** Mischgetränk **3** **(etwas) mischen** eine Reihenfolge so verändern, dass keine Ordnung besteht *〈Karten, Lose〉* **4** **etwas mischt sich mit etwas** etwas kommt so mit etwas zusammen, dass man die einzelnen Teile nicht mehr leicht trennen kann

die **Mi·schung** (-, -en) **eine Mischung (aus/von etwas)** etwas, in dem verschiedene Dinge vorkommen *〈eine Mischung aus verschiedenen Bonbons, Kaffees〉* **K** Gewürzmischung, Kaffeemischung

miss·ach·ten (*missachtete, hat missachtet*) **etwas missachten** (mit Absicht) anders handeln, als es durch Regeln bestimmt ist *〈ein Gesetz, eine Verkehrsregel missachten; die Vorfahrt missachten〉* • *hierzu* **Miss·ach·tung** *die*

der **Miss·brauch** **1** der falsche oder nicht erlaubte Gebrauch *〈der Missbrauch von Medikamenten, eines Amtes, der Macht〉* **2** **sexueller Missbrauch** ein Verbrechen, bei der ein Erwachsener ein Kind oder ein Mann eine Frau zum Sex zwingt

miss·brau·chen (*missbrauchte, hat missbraucht*) **1** **etwas missbrauchen** etwas nicht für den eigentlichen Zweck verwenden, sondern so, dass die Folgen schlecht oder schädlich sind *〈Alkohol, Tabletten missbrauchen〉* **2** **jemanden missbrauchen** jemanden zum Sex zwingen

der **Miss·er·folg** ein schlechtes Ergebnis für jemanden *〈einen Misserfolg haben, erleben, wettmachen〉* ↔ Erfolg

e **Miss·ge·schick** ein Ereignis, das peinlich oder ärgerlich ist und an dem man selbst schuld ist

e **Miss·gunst** das Gefühl, dass man nicht will, dass es einer anderen Person besser geht als einem selbst ≈ Neid ⓘ nicht in der Mehrzahl verwendet • *hierzu* **miss·güns·tig** *ADJEKTIV*

miss·han·deln (*misshandelte, hat misshandelt*) **jemanden misshandeln** einen Menschen oder ein Tier grausam und brutal behandeln • *hierzu* **Miss·hand·lung** *die*

e **Mis·si·on** (-, *en*) **1** *geschrieben* ein sehr wichtiger und ernster Auftrag ⟨*eine historische, politische Mission; eine geschichtliche Mission haben, erfüllen; in geheimer Mission*⟩ **K** Militärmission **2** die Verbreitung eines religiösen Glaubens (vor allem des christlichen Glaubens) in einem Land, in dem ein anderer Glaube herrscht **K** Missionsschwester, Missionsstation ⓘ nicht in der Mehrzahl verwendet

misst *Präsens, 3. Person Singular* → messen

miss·trau·en (*misstraute, hat misstraut*) **jemandem/etwas misstrauen** kein Vertrauen zu jemandem/in etwas haben

as **Miss·trau·en** (-*s*) **Misstrauen (gegen jemanden/etwas)** der Zweifel daran, ob man jemandem/etwas vertrauen kann ⟨*jemandem/etwas mit Misstrauen begegnen*⟩ ↔ Vertrauen

miss·trau·isch *ADJEKTIV* **misstrauisch (gegen jemanden/etwas)** voll von Misstrauen ⟨*misstrauisch sein, werden; etwas macht jemanden misstrauisch*⟩

as **Miss·ver·ständ·nis** eine falsche Interpretation (die aber nicht absichtlich ist) ⟨*ein Missverständnis aufklären, beseitigen; etwas führt zu Missverständnissen*⟩ *„Hier liegt (wohl) ein Missverständnis vor"*

miss·ver·ste·hen (*missverstand, hat missverstanden*) **1** **jemanden/etwas missverstehen** eine Äußerung oder eine Handlung von einer Person anders verstehen, als diese es wollte **2** **jemanden/etwas missverstehen** nicht richtig hören, was jemand gesagt hat

der **Mist** (-(*e*)*s*) **1** eine Mischung aus Kot, Urin und Stroh, die man als Dünger verwendet **K** Misthaufen **2** *gesprochen, abwertend* etwas, das sehr schlecht, dumm oder wertlos ist ⟨*Mist machen, erzählen, reden*⟩

mit *PRÄPOSITION mit Dativ* MITTEL: **1** verwendet, um das Mittel, Werkzeug, Fahrzeug usw. zu bezeichnen, das man benutzt *„mit Messer und Gabel essen"* | *„mit einem neuen Programm arbeiten"* ZUSAMMEN: **2** Personen sind zusammen und tun dasselbe oder begleiten einander ↔ ohne *„Hast du Lust, mit uns in die Stadt zu gehen?"* **3** Personen oder Dinge gehören zusammen ↔ ohne *„Würstchen mit Kartoffelsalat"* | *„Die Übernachtung mit Frühstück kostet 40 Euro"* ART UND WEISE: **4** leitet eine Beschreibung ein, wie etwas geschieht oder getan wird *„seine Arbeit mit Freude machen"* | *„Mit großen Schritten verließ er den Raum"* ZEIT: **5** zu dem genannten Zeitpunkt *„Mit 19 Jahren machte sie das Abitur"* RICHTUNG: **6** drückt aus, dass die Richtung bei beiden gleich ist ⟨*mit der Strömung schwimmen; mit dem Wind fahren*⟩ ↔ gegen ALS ERGÄNZUNG: **7** verwendet, um Ergänzungen anzuschließen *„mit dem Gegner kämpfen"* | *„Wir sind mit seiner Arbeit nicht zufrieden"* *ADVERB* **8** *gesprochen* so, dass eine Personen oder Sache bei anderen ist, zu anderen gehört ≈ auch *„Warst du mit dabei, als der Unfall passierte?"*

mit·ar·bei·ten (*hat*) **1** **(irgendwo) mitarbeiten** einen Teil einer Arbeit machen ⟨*an/bei einem Projekt mitarbeiten*⟩ **2** im Unterricht zuhören, Fragen stellen und freiwillig Fragen beantworten ≈ mitmachen • *hierzu* **Mit·ar·beit** *die*

der **Mit·ar·bei·ter** eine Person, die in einem Betrieb angestellt ist ⟨*einen neuen Mitarbeiter suchen, ausbilden; ein Un-*

M

ternehmen mit 50 Mitarbeitern⟩ ❶ Der Chef sagt *meine Mitarbeiter*, die Angestellten sprechen von ihren *Kollegen*. • *hierzu* **Mi̱t·ar·bei·te·rin** *die*

mi̱t·be·kom·men (*bekam mit, hat mitbekommen*) **etwas (von etwas) mitbekommen** *gesprochen* etwas hören, sehen, verstehen o. Ä. *„Hast du überhaupt mitbekommen, was ich gesagt habe?"*

mi̱t·be·stim·men (*bestimmte mit, hat mitbestimmt*) **(über etwas** (*Akkusativ*)**) mitbestimmen** etwas zusammen mit anderen Leuten entscheiden ⟨*mitbestimmen dürfen*⟩

die **Mi̱t·be·stim·mung** **die Mitbestimmung (über etwas** (*Akkusativ*)**)** das Recht der Mitarbeiter in einem Betrieb, zusammen mit der Leitung des Unternehmens über Dinge zu entscheiden, die den Betrieb betreffen ⟨*die betriebliche Mitbestimmung*⟩ *„Die Gewerkschaften kämpfen um mehr Mitbestimmung"* K Mitbestimmungsrecht ❶ nicht in der Mehrzahl verwendet

M

mi̱t·brin·gen (*hat*) **jemanden/etwas mitbringen** jemanden/etwas bei sich haben, wenn man irgendwohin kommt *„einen Freund nach Hause mitbringen"*

das **Mi̱t·bring·sel** (-*s*, -); *gesprochen* ein kleines Geschenk, das man jemandem von einer Reise mitbringt

mi̱t·ei·nan·der *ADVERB* eine Person/Sache mit der anderen ≈ gemeinsam *„Die Kinder spielen/streiten miteinander"* | *„Waren wir nicht miteinander verabredet?"*

mi̱t·er·le·ben (*erlebte mit, hat miterlebt*) **etwas miterleben** dabei sein, wenn etwas geschieht *„Hast du schon einmal miterlebt, wie ein Unfall passiert ist?"*

mi̱t·fah·ren (*ist*) dabei sein, wenn jemand/etwas irgendwohin fährt *„nach Kanada, mit den Eltern, in den Urlaub mitfahren"*

mi̱t·ge·ben (*hat*) **jemandem etwas mitgeben** einer Person, die weggeht, etwas geben, was diese dann mit sich nimmt *„den Kindern Brot (in die Schule) mitgeben"*

das **Mi̱t·ge·fühl** das traurige Gefühl, das man spürt, wenn andere Leute Schmerzen, Trauer o. Ä. haben

mi̱t·ge·hen (*ist*) mit jemandem irgendwohin gehen *„Willst du nicht zur Party mitgehen?"*

das **Mi̱t·glied** eine Person, die zu einer Gruppe, z. B. zu einem Verein oder zu einer Partei, gehört ⟨*ein aktives, passives, zahlendes, langjähriges Mitglied*⟩ K Mitgliedsausweis, Mitgliedsbeitrag; Familienmitglied, Parteimitglied, Vereinsmitglied

mi̱t·hal·ten (*hat*) **(mit jemandem) mithalten** genauso gut wie eine andere Person (bei einer Tätigkeit) sein *„Nach einer Stunde Rudern konnte er (mit den anderen) nicht mehr mithalten"*

mi̱t·hel·fen (*hat*) jemandem helfen, etwas zu tun *„Ihre Kinder müssen zu Hause viel mithelfen"* • *hierzu* **Mi̱t·hil·fe** *die*

mit·hi̱l·fe, mit Hi̱l·fe *PRÄPOSITION mit Genitiv* **1** mit jemandes Unterstützung *„Der Umzug gelang problemlos mithilfe einiger Freunde"* **2** so, dass man etwas dafür benutzt *„mithilfe des neuen Computers die Aufgaben schneller lösen"* ❶ auch zusammen mit *von*: *mithilfe von Alkohol desinfizieren*

mi̱t·hö·ren (*hat*) **(etwas) mithören** zufällig ein Gespräch o. Ä. hören, das man nicht hören soll *„Die Wände sind so dünn, dass die Nachbarn jeden Streit mithören"*

mi̱t·kom·men (*ist*) **1** **(mit jemandem) mitkommen** mit jemandem zusammen irgendwohin gehen oder kommen *„Will er mit uns auf die Party mitkommen?"* **2** **(mit jemandem) mitkommen** *gesprochen* das machen können, was verlangt wird ⟨*in der Schule, im Unterricht gut, schlecht, nicht mitkommen*⟩

der **Mi̱t·laut** ≈ Konsonant ↔ Selbstlaut

das **Mi̱t·leid** das Gefühl, dass man einer Person helfen oder sie trösten möchte, wenn man sieht, dass sie traurig oder in Not ist ⟨*Mitleid mit jemandem haben; Mitleid empfinden*⟩ • *hierzu* **mit·leid·er·re·gend** ADJEKTIV; **mit·lei·dig** ADJEKTIV

mit·ma·chen (*hat*); *gesprochen* **1** **etwas mitmachen** an etwas teilnehmen „*einen Wettbewerb mitmachen*" **2** **(bei etwas/an etwas** (*Dativ*)**) mitmachen** an etwas teilnehmen

mit·neh·men (*hat*) **1** **jemanden/etwas (irgendwohin) mitnehmen** jemanden/etwas bei sich haben, wenn man irgendwohin geht, fährt o. Ä. „*Nimm bitte den Brief mit, wenn du in die Stadt gehst*" **2** **etwas nimmt jemanden/etwas mit** etwas belastet jemanden/etwas so stark, dass es negative Folgen hat ⟨*arg mitgenommen aussehen*⟩ „*Die Ereignisse der letzten Woche haben sie arg mitgenommen*"

mit·re·den (*hat*) **(bei etwas) mitreden können** in einem Gespräch etwas Sinnvolles sagen können, weil man vom Thema etwas weiß

mit·schrei·ben (*hat*) **1** **(etwas) mitschreiben** etwas schreiben, während es jemand spricht „*mitschreiben, was jemand diktiert*" **2** **(etwas) mitschreiben** an einer schriftlichen Prüfung teilnehmen ⟨*die Klausur mitschreiben*⟩

er **Mit·schü·ler** ein Kind, das zusammen mit anderen Kindern in dieselbe Klasse oder auf dieselbe Schule geht • *hierzu* **Mit·schü·le·rin** *die*

mit·spie·len (*hat*) **1** mit anderen Leuten zusammen spielen „*in einer Band mitspielen*" | „*Wir spielen Karten! Spielst du mit?*" **2** **jemandem übel/hart/schlimm/grausam mitspielen** einer Person das Leben oder eine Situation schwer machen und ihr schaden **3** **(bei etwas) mitspielen** nichts gegen jemanden/etwas tun, etwas nicht verhindern „*Wenn das Wetter mitspielt, gehe ich morgen baden*" • *zu* (1) **Mit·spie·ler** *der*

er **Mit·tag** (-*s*, -*e*) **1** zwölf Uhr am Tag ⟨*vor, gegen, nach Mittag; jeden Mittag*⟩ „*Es ist Mittag, die Kirchturmuhr schlägt gerade zwölf*" ⓘ nicht in der Mehrzahl verwendet; → Extras, S. 702: **Die Zeit** **2** die Tageszeit zwischen ungefähr 11 und 13 Uhr ⟨*gegen, über* (= *während*) *Mittag*⟩ „*Viele Geschäfte schließen über Mittag*" **K** Mittagessen, Mittagspause, Mittagszeit ⓘ nicht in der Mehrzahl verwendet **3** **(am) Mittag** ungefähr in der Zeit zwischen 12 und 13 Uhr ⟨*gestern, heute, morgen Mittag*⟩ ≈ mittags ⓘ mit Namen von Wochentagen zusammengeschrieben: *Er kam Freitagmittag* **4** eine Arbeitspause während des Mittags ≈ Mittagspause ⓘ nicht in der Mehrzahl verwendet **5** **(zu) Mittag essen** ungefähr zwischen 12 und 13 Uhr etwas essen

mit·tags ADVERB ungefähr zwischen 11 und 13 Uhr

die **Mit·te** (-, -*n*) **1** der Teil, der z. B. bei einem Kreis von allen Teilen des Randes gleich weit entfernt ist ⟨*in die Mitte gehen; in der Mitte sein, stehen, liegen*⟩ ≈ Mittelpunkt „*Kirschen haben in der Mitte einen harten Kern*" | „*Zur/Gegen Mitte des Monats wurde das Wetter besser*" **K** Kreismitte, Monatsmitte, Stadtmitte **2** **Mitte** +*Zeitangabe* in der Mitte des genannten Zeitraumes „*Der Vertrag gilt bis Mitte April*" | „*Er kommt Mitte nächster Woche*"

mit·tei·len (*hat*) **jemandem etwas mitteilen** etwas sagen, schreiben o. Ä., damit eine andere Person es erfährt ⟨*jemandem etwas brieflich, schriftlich, mündlich, telefonisch, offiziell, vertraulich mitteilen*⟩ „*Er teilte uns mit, dass er verreisen würde*" | „*Es wurde mir nicht mitgeteilt, wann er fährt*" | „*Sie hat uns ihre neue Adresse noch nicht mitgeteilt*"

die **Mit·tei·lung** (-, -*en*) etwas, das man jemandem sagt ⟨*eine vertrauliche Mitteilung; (jemandem) eine Mitteilung machen*⟩ ≈ Nachricht

das **Mit·tel** (-*s*, -) **1** **ein Mittel (zu etwas)** etwas, mit dessen Hilfe man etwas tun oder erreichen kann ⟨*ein einfaches, sicheres, wirksames, untaugliches, unfai-*

res Mittel; ein Mittel anwenden, einsetzen, benutzen; zu einem Mittel greifen⟩ **K** Beweismittel, Nahrungsmittel, Transportmittel, Verkehrsmittel, Hilfsmittel **2** **ein Mittel (für/zu etwas)** eine (chemische) Substanz als Mittel „*In der Flasche ist ein Mittel zum/für das Reinigen von Pinseln*" **K** Desinfektionsmittel, Frostschutzmittel, Reinigungsmittel, Waschmittel **3** **ein Mittel (für/gegen etwas)/(zu etwas)** ⟨*ein Mittel für/gegen Kopfschmerzen, Grippe (ein)nehmen, schlucken*⟩ ≈ Medikament „*Der Arzt verschrieb ihr ein Mittel zum Einreiben*" **K** Arzneimittel, Schlafmittel **4** das Geld, das jemand für einen Zweck hat ⟨*knappe, flüssige, finanzielle, private, staatliche Mittel*⟩ ≈ Kapital „*Er verfügt über ausreichende Mittel, sich ein Haus zu kaufen*" ⓘ nur in der Mehrzahl verwendet

das **Mit·tel·al·ter** (-s) (in der europäischen Geschichte) der Zeitraum zwischen dem Ende der Antike und der Renaissance, den man meist vom 6. bis zum 15. Jahrhundert rechnet ⟨*das frühe hohe, späte, Mittelalter*⟩ ⓘ Abkürzung: *MA* • *hierzu* **mit·tel·al·ter·lich** *ADJEKTIV*

M

das **Mit·tel·maß** *oft abwertend* ein Maß oder eine Leistung, die nicht richtig gut sind ≈ Durchschnitt • *hierzu* **mit·tel·mä·ßig** *ADJEKTIV*

das **Mit·tel·meer** das Meer, das zwischen Europa und Afrika liegt **K** Mittelmeerländer ⓘ nicht in der Mehrzahl verwendet

der **Mit·tel·punkt** **1** (in einem Kreis oder in einer Kugel) der Punkt, der von allen Punkten des Kreises oder von der Oberfläche einer Kugel gleich weit entfernt ist ≈ Zentrum **2** eine Person oder Sache, die von allen beachtet wird ⟨*ein geistiger, kultureller Mittelpunkt*⟩

die **Mit·tel·schu·le** Ⓓ eine Hauptschule mit der Möglichkeit, die 10. Klasse zu besuchen und einen Realschulabschluss zu machen ⓘ → Extras, S. 692: **Schule und Ausbildung**

mit·ten *ADVERB* **1** in der oder in die Mitte hinein ⟨*mitten darin, darunter/dazwischen, hindurch, hinein; mitten auf, in etwas* (*Dativ/Akkusativ*)⟩ „*Das Brett brach mitten durch*" | „*Der Schuss traf mitten ins Schwarze/traf ihn mitten in den Bauch*" **2** **mitten in etwas** (*Dativ*) im Verlauf der genannten Tätigkeit, die meist unterbrochen wird ≈ während „*Er schlief mitten im Film ein*" während er den Film sah

mit·ten·drin *ADVERB; gesprochen* **1** (in der Mitte) zwischen anderen Personen oder Dingen „*In dem Fach lag allerlei Zeug und der gesuchte Schlüssel mittendrin*" **2** mitten in einer Tätigkeit „*Er sagte ein Gedicht auf und blieb mittendrin stecken*"

mit·ten·durch *ADVERB* in der Mitte durch ⟨*mittendurch brechen, fahren, fliegen, führen*⟩

(die) **Mit·ter·nacht** (-) der Zeitpunkt in der Nacht, an dem ein neuer Kalendertag beginnt; 0 Uhr bzw. 24 Uhr ⟨*vor, gegen, um, nach Mitternacht*⟩ „*(Um) Mitternacht fährt die letzte U-Bahn*" **K** Mitternachtsstunde ⓘ → Extras, S. 702: **Die Zeit**

mitt·le·r- *ADJEKTIV* **1** innen, in der Mitte „*Der mittlere Teil des Bratens ist noch nicht ganz gar*" **2** weder sehr gut noch sehr schlecht ≈ durchschnittlich „*mittlere Leistungen bringen*" **3** dem mathematischen Durchschnitt entsprechend ≈ durchschnittlich „*Die mittlere Jahrestemperatur ist in den letzten Jahren gestiegen*"

mitt·ler·wei·le *ADVERB* in der Zwischenzeit

der **Mitt·woch** (-s, -e) der dritte Arbeitstag der Woche ⟨*letzten, diesen, nächsten Mittwoch; Mittwoch früh*⟩ **K** Mittwochabend, Mittwochmorgen; mittwochabends ⓘ Abkürzung: *Mi*

mitt·wochs *ADVERB* jeden Mittwoch „*Sie gehen mittwochs immer kegeln*"

mit·zäh·len (*hat*) **1** **jemanden/etwas mitzählen** jemanden/etwas beim Zählen berücksichtigen „*Es kommen zwanzig Gäste, Kinder nicht mitgezählt*" **2** **et-**

was zählt mit etwas ist in einer Zahl enthalten *„Bei der Berechnung des Urlaubes zählen die Feiertage nicht mit"*

Mi·xer (-s, -) ein elektrisches Gerät, mit dem man Nahrungsmittel kleiner machen oder mischen kann *„mit dem Mixer Eiweiß zu Schnee schlagen"*

Mo Abkürzung für *Montag*

Mob·bing (-s) bei Mobbing werden einzelne Kollegen, Mitarbeiter, Mitschüler o. Ä. längere Zeit so ungerecht behandelt, dass sie sehr darunter leiden (und krank werden) • *hierzu* **mob·ben** (*hat*)

Mö·bel (-s, -) Dinge wie Schränke, Stühle, Tische usw., die man in einer Wohnung, einem Büro o. Ä. benutzt 〈*die Möbel umstellen*〉 *„Das Haus war mit schönen alten Möbeln eingerichtet/ausgestattet"* **K** Möbelgeschäft; Büromöbel, Gartenmöbel, Küchenmöbel

Mö·bel·stück ein einzelnes Möbel 〈*ein neues, praktisches Möbelstück*〉 **i** *Möbelstück* wird oft als Singularform zu dem Plural *die Möbel* verwendet.

mo·bil ADJEKTIV **1** nicht an einen festen Ort gebunden 〈*eine Bücherei, jemandes Besitz, jemandes Kapital*〉 ≈ beweglich **2** bereit für den Einsatz (vor allem Militär und Polizei) 〈*Truppen, Verbände*〉 • *zu* (1) **Mo·bi·li·tät** *die*

Mo·bil·funk (-s) ein Telefonnetz, das über Funksignale funktioniert, und über das man mit Handys und Smartphones telefonieren kann

Mo·bil·te·le·fon *geschrieben* ≈ Handy **i** → Extras, S. 695: **Am Telefon**

möb·liert ADJEKTIV **ein möbliertes Zimmer** ein Zimmer, das der Besitzer mit den Möbeln darin vermietet

moch·te *Präteritum, 1. und 3. Person Singular* → mögen

Mo·de (-, -n) **1** Kleidung, Frisuren und Schmuck, wie sie in einem begrenzten Zeitraum üblich und beliebt sind 〈*eine kleidsame, praktische, verrückte Mode*〉 **K** Modeschöpfer, Modezeitschrift, Modenschau; Frühjahrsmode **2** die Situation, dass eine Sache eine Zeit lang vielen Leuten gut gefällt oder von vielen Leuten getan wird 〈*etwas kommt, gerät, ist in Mode/aus der Mode; etwas ist, wird (große) Mode*〉 *„Das Grillen ist schon längere Zeit groß in Mode"* **K** Modeartikel, Modefarbe

mo·de·be·wusst ADJEKTIV modebewusste Menschen richten sich nach der Mode

das **Mo·del** (-s, -s) eine Person, die als Modell arbeitet

das **Mo·dell** (-s, -e) **1** ein Ding (oder ein Teil von etwas), das kleiner oder größer als in Wirklichkeit ist *„Ein Modell des Kölner Domes im Maßstab eins zu tausend"* **K** Modellauto, Modelleisenbahn; Flugzeugmodell, Schiffsmodell **2** eine Person oder Sache, die so gut oder perfekt ist, dass sie ein Vorbild ist ≈ Muster **K** Modellfall, Modellprojekt **3** eine der Arten eines technischen Geräts ≈ Typ *„Sein Auto ist das neueste Modell"* **K** Automodell **4** eine Person, deren Beruf es ist, sich fotografieren, malen oder zeichnen zu lassen 〈*als Modell arbeiten*〉 **K** Fotomodell

das **Mo·dem** (-s, -s) ein Gerät, mit dessen Hilfe ein Computer zur Übermittlung von Daten an das Telefonnetz angeschlossen werden kann **K** DSL-Modem, Kabelmodem

der **Mo·de·ra·tor** (-s, *Mo·de·ra·to·ren*) eine Person, die im Rundfunk oder Fernsehen Sendungen gestaltet, indem sie informiert, unterhält und Kommentare gibt • *hierzu* **Mo·de·ra·to·rin** *die*

mo·dern[1] ADJEKTIV **1** so, wie es im Augenblick zur Kultur und Technik passt ≈ zeitgemäß ↔ veraltet *„nach modernen Methoden arbeiten"* **2** so, wie es gerade Mode ist 〈*eine Frisur, ein Haus, ein Kleid*〉 *„Es ist gerade modern, im Dirndl aufs Oktoberfest zu gehen"* • *zu* (1) **Mo·der·ni·tät** *die*

mo·dern[2] (*moderte, hat/ist gemodert*) **etwas modert** etwas wird von Bakterien o. Ä. aufgelöst und riecht deshalb unangenehm 〈*das Holz, das Laub*〉 ≈ faulen

M

mo·disch *ADJEKTIV* so, wie es gerade Mode ist ⟨*eine Frisur, ein Kleid; sich modisch kleiden*⟩ ↔ altmodisch

das **Mo·fa** (-s, -s) ein Fahrrad mit Motor, das höchstens 25 Kilometer pro Stunde fahren darf

mo·geln (*mogelte, hat gemogelt*) **(bei etwas) mogeln** *gesprochen* kleine Tricks anwenden, die gegen die Regeln verstoßen ⟨*beim Spielen, bei einem Test mogeln*⟩

mö·gen[1] *MODALVERB* (*mag, mochte, hat mögen*) *Infinitiv* + **mögen** den Wunsch haben, etwas zu tun ≈ wollen *„Sie möchte nach dem Abitur studieren"* | *„Möchtest du mit uns wandern?"* ℹ Oft wird anstelle von *mag, magst* usw. *möchte, möchtest* usw. verwendet. Für die Vergangenheit verwendet man dann *wollen*: *Gestern wollte ich ins Kino gehen, heute möchte ich lieber zu Hause bleiben*

mö·gen[2] (*mag, mochte, hat gemocht*) **1** **jemanden mögen** jemanden nett und sympathisch finden *„Die Schüler mögen ihre neue Lehrerin sehr"* **2** **etwas mögen** etwas gut oder angenehm finden *„Magst du die Musik von Beethoven?"* **3** **etwas mögen** im Indikativ oder im Konjunktiv II verwendet, um zu sagen, dass jemand etwas haben will *„Mein Sohn möchte zu Weihnachten ein Fahrrad"* **4** **irgendwohin mögen** den Wunsch haben, irgendwohin zu gehen, zu fahren o. Ä. *„Ich mag/möchte jetzt nach Hause!"* **5** Lust haben, etwas zu tun *„Morgen gehen wir in den Zoo. Magst du?"* | *„Schmeckt gut, die Marmelade. Möchtest du auch mal?"* ℹ Die Perfektform ist *gemocht*, wenn *mögen* allein steht. Nach einem anderen Verb steht *mögen*: *Die Kinder haben noch nicht ins Bett gemocht/ins Bett gehen mögen.*

mög·lich *ADJEKTIV* **1** so, dass es getan werden kann ⟨*so bald, gut, schnell wie/als möglich; jemandem etwas möglich machen*⟩ *„Er wollte alles tun, was ihm möglich war, um ihr zu helfen"* **2** so, dass es vielleicht getan wird, geschieht oder existiert ⟨*etwas liegt im Bereich, im Rahmen des Möglichen*⟩ ≈ vorstellbar *„Er ist sicher schon da." – „Schon möglich!"* **3** so, dass etwas richtig ist oder akzeptiert werden kann ⟨*eine Antwort, eine Lösung*⟩ *„Auf diese Frage gibt es mehrere mögliche Antworten"* **4** **alle möglichen Personen/Dinge**; **alles Mögliche** *gesprochen* viele verschiedene Personen oder Dinge *„Sie kennt alle möglichen Leute"*

mög·li·cher·wei·se *ADVERB* ≈ vielleicht

die **Mög·lich·keit** (-, -en) **1** etwas, das (theoretisch) sein oder geschehen kann (aber nicht muss) ⟨*es besteht die Möglichkeit, dass ...; mit einer Möglichkeit rechnen*⟩ ↔ Notwendigkeit *„Es besteht die Möglichkeit, dass auf anderen Planeten auch Menschen leben"* **2** **die Möglichkeit (zu** *+Infinitiv*) eine (günstige) Situation, in der etwas möglich ist ⟨*die, kaum, wenig, keine Möglichkeit haben*⟩ ≈ Gelegenheit *„Es gibt keine Möglichkeit, sein Leben zu retten"* **K** Verdienstmöglichkeiten **3** eine Art, wie man etwas tun kann ≈ Alternative *„Er probierte verschiedene Möglichkeiten, bevor er die richtige Lösung fand"* **4** die Fähigkeit, etwas zu tun ⟨*die finanziellen, intellektuellen Möglichkeiten*⟩ ℹ nur in der Mehrzahl verwendet

mög·lichst *ADVERB* **1** **möglichst** *+Adjektiv/Adverb* in dem Maße, wie es unter den jeweiligen Umständen maximal möglich ist *„Er versuchte, die Fragen möglichst schnell zu beantworten"* Er versuchte, die Fragen so schnell wie möglich zu beantworten **2** wenn es möglich ist *„Versuche doch möglichst, heute pünktlich zu kommen"*

der **Mohn** (-s) **1** eine Blume mit meist großen roten Blüten. Aus manchen Arten von Mohn kann man Opium gewinnen **K** Mohnblume **2** die Samenkörner des Mohns **K** Mohnbrötchen, Mohnkuchen

die **Möh·re** (-, -n) ≈ Karotte

der **Mo·ment**[1] (-(e)s, -e) **1** ein Zeitpunkt

oder ein sehr kurzer Zeitraum ⟨*der entscheidende, richtige Moment; einen Moment warten, zögern, Zeit haben; im letzten Moment*⟩ ≈ Augenblick **2** **im Moment** ≈ jetzt

Mo·ment² (-(e)s, -e) etwas, das für ein Geschehen sehr wichtig ist ≈ Faktor **K** Überraschungsmoment, Verdachtsmoment

mo·men·tan ADJEKTIV in der Gegenwart „*Sein momentaner Zustand/Die momentane Lage ist beunruhigend*" | „*Ich kann mich momentan nicht erinnern*"

Mo·nat (-s, -e) **1** einer der zwölf Teile eines Jahres ⟨*der heißeste, schönste, kürzeste Monat im Jahr; die kältesten Monate des Jahres; jeden Monat; im nächsten, letzten, kommenden Monat*⟩ „*Die Miete muss bis zum 3. des Monats gezahlt werden*" **K** Monatslohn, monatelang; Sommermonat **i** die Monate sind *Januar, Februar, März, April, Mai, Juni, Juli, August, September, Oktober, November, Dezember* **2** ein Zeitraum von (ungefähr) vier Wochen ⟨*in vor, einem Monat; nach zwei Monaten; für mehrere Monate*⟩ „*Seine Tochter ist jetzt drei Monate alt*"

mo·nat·lich ADJEKTIV **1** jeden Monat stattfindend, pro Monat „*Sein monatliches Einkommen beträgt dreitausend Euro*" **2** so, dass es einen Monat dauert „*eine monatliche Kündigungsfrist haben*"

Mönch (-s, -e) ein Mann, welcher der Religion in besonderer Weise das ganze Leben lang dient (z. B. nicht heiratet und in einem Kloster lebt) ⟨*buddhistische, christliche Mönche*⟩

Mond (-(e)s, -e) **1** der große, runde Körper, der sich in 28 Tagen um die Erde dreht und in der Nacht am Himmel zu sehen ist ⟨*zum Mond fliegen*⟩ **K** Mondfähre, Mondlandung, Mondrakete **i** nicht in der Mehrzahl verwendet **2** der Mond, wie man ihn zu manchen Zeiten sehen kann ⟨*abnehmender, zunehmender Mond; der Mond geht auf/unter, steht am Himmel; die Scheibe, Sichel des Mondes*⟩ **K** Mondaufgang, Mondsichel; Halbmond, Vollmond

der **Mo·ni·tor**, **Mo·ni·tor**; (-s, -e/auch *Mo·ni·to·ren*) **1** ein Bildschirm, auf dem man beobachten kann, was eine Kamera filmt „*Die Polizei beobachtet den Verkehr am Monitor*" **K** Monitorüberwachung **2** der Bildschirm eines Computers

das **Mons·ter** (-s, -) ein Wesen, das jemandem Angst macht (weil es so groß, hässlich oder böse ist) ≈ Ungeheuer

der **Mon·tag** (-s, -e) der erste Arbeitstag der Woche ⟨*am Montag; letzten, diesen, nächsten Montag; Montag früh*⟩ **K** Montagabend; montagmittags **i** Abkürzung: *Mo*

die **Mon·ta·ge** [-'taːʒə]; (-, -n) das Montieren **K** Montageanleitung

mon·tags ADVERB jeden Montag „*Das Restaurant hat montags Ruhetag*"

der **Mon·teur** [-'tøːɐ̯]; (-s, -e) eine Person, die beruflich etwas montiert • *hierzu* **Mon·teu·rin** [-'tøːrɪn] *die*

mon·tie·ren (*montierte, hat montiert*) **1** **etwas montieren** mehrere Teile fest miteinander verbinden, sodass ein fertiges Gerät oder eine Konstruktion entsteht „*am Fließband Autos montieren*" **2** **etwas montieren** etwas meist mit Schrauben an einem Ort befestigen ↔ abmontieren „*einen Gepäckträger (auf das/dem Autodach) montieren*"

das **Moor** (-s, -e) ein Gebiet mit einem sehr nassen und weichen Boden, auf dem vor allem Gras und Moos wachsen ⟨*im Moor versinken, Torf stechen*⟩

das **Moos** (-es, -e) eine Pflanze, die auf feuchtem Boden oder auf Bäumen wächst und dort kleine, grüne Polster bildet

das **Mo·ped** (-s, -s) ein Fahrzeug mit zwei Rädern und einem Motor, das höchstens 40 Kilometer pro Stunde fahren darf ⟨*(ein) Moped fahren*⟩ **K** Mopedfahrer, Mopedführerschein

die **Mo·ral** (-) die Regeln, die in einer Gesellschaft bestimmen, welches Verhalten eines Menschen als gut und welches als schlecht gilt ⟨*die bürgerliche,*

M

christliche, sozialistische Moral; gegen die Moral verstoßen; die Moral verletzen⟩ ≈ Ethik **K** Moralvorstellungen

mo·ra·lisch ADJEKTIV **1** in Bezug auf die Moral ⟨*Druck, Zwang, Bedenken, Skrupel*⟩ ≈ sittlich *„Er fühlte sich moralisch dazu verpflichtet, ihr zu helfen"* **2** so, dass man sich an die Regeln der Moral hält ⟨*ein Lebenswandel, ein Verhalten*⟩

der **Mo·rast** (-(e)s, -e/*Mo·räs·te*) ein Boden, der (meist nach einem starken Regen) sehr nass und weich ist ⟨*im Morast stecken bleiben, versinken*⟩ ≈ Schlamm

der **Mord** (-es, -e) **der Mord (an jemandem)** nach deutschem Recht ist es Mord, wenn man jemanden aus Hass, Eifersucht, Habgier, Grausamkeit oder zur sexuellen Befriedigung absichtlich tötet ⟨*einen Mord begehen, verüben, aufklären*⟩ **K** Mordverdacht, Mordversuch; Massenmord, Raubmord

der **Mör·der** (-s, -) eine Person, die einen Mord begangen hat ⟨*der mutmaßliche Mörder*⟩ • *hierzu* **Mör·de·rin** *die*

M

mor·gen ADVERB **1** an dem Tag, der auf heute folgt ⟨*morgen Abend, früh, Mittag, Nachmittag; bis, für morgen*⟩ *„Sie hat morgen Geburtstag"* **2** die/in der Zukunft *„die Gesellschaft, die Technik von morgen"* **3** **morgen (in einer Woche, in einem Jahr** *usw.*) am gleichen Tag der Woche/des Monats wie am folgenden Tag, nur eine Woche, ein Jahr usw. später *„Er hat morgen in einem Monat Geburtstag"*

der **Mor·gen** (-s, -) **1** die Tageszeit vom Aufgehen der Sonne bis ungefähr 11 Uhr ⟨*ein kühler, strahlender, trüber Morgen; am (frühen/späten) Morgen*⟩ ↔ Abend **K** Morgendämmerung, Morgensonne, Morgenspaziergang; Sonntagmorgen, Wintermorgen **2** am Morgen ⟨*gestern, heute Morgen*⟩ **i** mit Namen von Wochentagen zusammengeschrieben: *Sie kam Montagmorgen* **3** **Guten Morgen!** verwendet als Gruß am Morgen ⟨*jemandem einen Guten/guten Morgen wünschen*⟩ • *zu* (1)

mor·gend·lich ADJEKTIV

mor·gens ADVERB am Morgen ↔ abends

morsch ADJEKTIV (*morscher, morschest-*) durch Feuchtigkeit oder hohes Alter weich und brüchig geworden ⟨*Holz, ein Balken, ein Brett, eine Treppe*⟩

der **Mör·tel** (-s) eine Mischung aus Sand, Zement und Wasser, die beim Bauen die Steine zusammenhält ⟨*den Mörtel anrühren*⟩

die **Mo·schee** (-, -n [-ˈʃeːən]) ein Gebäude, in welchem Muslime Gott verehren *„Vor dem Betreten einer Moschee muss man die Schuhe ausziehen"*

der **Mos·lem** (-s, -s) eine Person, deren Religion dem Koran des Propheten Mohammed folgt ≈ Muslim • *hierzu* **Mos·le·min** *die*; **mos·le·misch** ADJEKTIV

das **Mo·tiv** [-f]; (-(e)s, -e) **1** **ein Motiv (für etwas)** ein Grund oder eine Ursache dafür, dass jemand etwas tut ⟨*ein persönliches, politisches, religiöses Motiv*⟩ *„Welches Motiv hatte er für den Mord?"* **K** Tatmotiv **2** etwas, das ein Maler, Fotograf, Bildhauer usw. künstlerisch macht ⟨*ein schönes, reizvolles Motiv abgeben*⟩ *„Stillleben sind ein beliebtes Motiv der Malerei"*

mo·ti·vie·ren [-v-] (*motivierte, hat motiviert*) **(jemanden) (zu etwas) motivieren** jemanden oder sich selbst zu etwas anregen oder Motive geben, etwas zu tun *„einem Kind eine Belohnung versprechen, um es zum Lernen zu motivieren"* • *hierzu* **Mo·ti·va·ti·on** *die*

der **Mo·tor, Mo·tor**; (-s, *Mo·to·ren*) eine Maschine, die ein Fahrzeug oder ein Gerät antreibt, in Bewegung setzt ⟨*der Motor springt an, läuft, heult (auf), dröhnt, setzt aus, streikt, stirbt ab; einen Motor anlassen/anwerfen/starten, warm werden lassen, laufen lassen, drosseln, abwürgen, ausstellen/abstellen/ausschalten*⟩ *„Das Taxi wartet mit laufendem Motor vor der Tür"* **K** Motorboot, Motoröl, Motorsäge, Motorengeräusch; Benzinmotor, Dieselmotor, Elektromotor

Mo·tor·hau·be eine Klappe an einem Auto über dem Motor, die man öffnen kann ℹ → Abb. unter **Auto**

Mo·tor·rad, **Mo·tor·rad** ein Fahrzeug mit zwei Rädern und einem Motor, das sehr schnell fahren kann ⟨*Motorrad fahren*⟩ **K** Motorradfahrer, Motorradhelm, Motorradrennen

MOTORRAD

das Motorrad

der (Motor)Roller

Mo·tor·rol·ler ein Fahrzeug mit zwei (kleinen) Rädern und einem Motor

Mot·to (-s, -s) ein Gedanke, der meist in einem kurzen Satz formuliert ist, an den man sich hält *„Sie handelt immer nach dem Motto „leben und leben lassen"*

Mö·we (-, -n) ein Vogel mit meist heller Farbe, der am Meer lebt und Fische oder Abfälle frisst

Mrd. **1** Abkürzung für *Milliarde* **2** Abkürzung für *Milliarden*

Mü·cke (-, -n) ein kleines Insekt mit Flügeln, das am Wasser lebt. Manche Mücken saugen Blut ⟨*von einer Mücke gebissen, gestochen werden*⟩ *„In der Dämmerung tanzen die Mücken"* **K** Mückenplage, Mückenstich; Stechmücke

mü·de ADJEKTIV **1** **müde (von etwas)** so, dass eine Person oder ein Tier schlafen will ⟨*zum Umfallen müde sein*⟩ ↔ wach *„Er war so müde, dass er früh ins Bett ging"* **2** so, dass sie nach einer Anstrengung keine Kraft, keine Energie mehr haben ⟨*ein Mensch, ein Tier*⟩ ≈ erschöpft *„Nach der langen Sitzung klang seine Stimme sehr müde"*

Mü·dig·keit (-) der Zustand, in dem man am liebsten schlafen möchte ⟨*bleierne, chronische, große, ständige, wohlige Müdigkeit; vor Müdigkeit einschlafen*⟩

die **Mü·he** ['myːə]; (-, -n) eine große geistige oder körperliche Anstrengung ⟨*etwas bereitet/macht jemandem, kostet jemanden viel, wenig Mühe; sich* (Dativ) *große Mühe geben; sich* (Dativ) *die Mühe machen, etwas zu tun*⟩ *„Ich konnte die Schrift nur mit Mühe lesen"* | *„Sie hatte Mühe, nicht einzuschlafen"* • *hierzu* **mü·he·los** ADJEKTIV; **mü·he·voll** ADJEKTIV

die **Müh·le** (-, -n) **1** ein Gerät, mit dem man Getreide, Kaffeebohnen o. Ä. sehr klein machen kann **K** Kaffeemühle, Pfeffermühle **2** ein Gebäude, in dem man Mehl macht *„Getreide zum Mahlen in die Mühle bringen"* **K** Wassermühle, Windmühle

müh·sam ADJEKTIV mit viel Mühe oder großer Anstrengung verbunden ⟨*etwas in mühsamer Kleinarbeit tun; sich mühsam beherrschen*⟩ *„Es ist eine mühsame Arbeit, all die Scherben zu einer Vase zusammenzusetzen"*

die **Mul·de** (-, -n) eine Mulde ist eine tiefere Stelle in einer Fläche ⟨*eine flache, kleine Mulde im Boden, im Gelände*⟩

der **Müll** (-s) alle festen Stoffe, die ein Haushalt, ein Betrieb usw. nicht mehr braucht und wegwirft ⟨*Müll fällt an, wird abgeholt, wird beseitigt*⟩ ≈ Abfall *„Für die Entsorgung von Müll und Abwässern ist die Stadt zuständig"* **K** Müllbeutel, Mülleimer, Müllsack; Atommüll, Hausmüll, Verpackungsmüll

die **Müll·ab·fuhr** (-) die kommunale Einrichtung, welche den Müll abholt

die **Müll·ton·ne** ein großer Behälter für Abfälle

mul·mig ADJEKTIV; *gesprochen* von (leichter) Angst erfüllt *„Als er tiefer in die finstere Höhle kam, wurde ihm mulmig"*

mul·ti·kul·tu·rell ADJEKTIV ⟨*eine Gesellschaft*⟩ mit Angehörigen mehrerer Kulturen

M

mul·ti·pli·zie·ren (*multiplizierte, hat multipliziert*) **(etwas mit etwas) multiplizieren** eine Zahl um eine andere vervielfachen ≈ malnehmen ↔ dividieren *„fünf multipliziert mit acht ist (gleich)/ macht vierzig"* 5 × 8 = 40 • *hierzu* **Mul·ti·pli·ka·ti·on** *die*

der **Mul·ti·vi·ta·min·saft** [-v-] ein Saft aus mehreren verschiedenen Obst- oder Gemüsesorten

der **Mund** (-(e)s, *Mün·der*) mit dem Mund essen, sprechen und küssen wir ⟨*ein breiter, großer, lächelnder, sinnlicher, voller, zahnloser Mund; den Mund öffnen/aufmachen, schließen/zumachen, spitzen, verziehen; sich (Dativ) den Mund abwischen; aus dem Mund riechen; etwas in den Mund nehmen, schieben, stecken*⟩ K Mundgeruch ❶ → Abb. unter **Gesicht** ID **den Mund halten** *gesprochen* (über ein Geheimnis) nicht reden, still sein *„Halt doch endlich mal den Mund!"*

M

münd·lich ADJEKTIV gesprochen und nicht geschrieben ⟨*eine Prüfung; etwas mündlich vereinbaren*⟩

der **Mund·schutz** die Mund-Nasen-Bedeckung zum Schutz vor Viren, Staub oder anderen Kleinstpartikeln ⟨*einen Mundschutz tragen*⟩ *„Zutritt nur mit Mundschutz"*

die **Mün·dung** (-, *-en*) die Stelle, an der ein Fluss o. Ä. in ein anderes Gewässer fließt

die **Mu·ni·ti·on** [-'tsio:n]; (-, *-en*) **1** Sprengstoffe (vor allem Bomben und Minen) und Kugeln, Patronen o. Ä. für Waffen ⟨*die Munition verschießen; die Munition geht aus*⟩ K Munitionslager **2** **scharfe Munition** Munition, die nicht für das Üben, sondern für das Kämpfen bestimmt ist

mun·ter ADJEKTIV **1** lebhaft und voll Energie ⟨*ein Baby, ein Kind, ein Tier*⟩ **2** fröhlich, heiter ⟨*ein Augenzwinkern, ein Lied, ein Mensch*⟩ **3** wach, nicht schläfrig ⟨*munter werden, sein, bleiben; jemanden munter machen, halten*⟩ ↔ müde **4** in guter körperlicher Verfassung ⟨*gesund und munter sein*⟩ ↔ krank • *zu* (1 – 3) **Mun·ter·keit** *die*

die **Mün·ze** (-, *-n*) Münzen aus Metall sind flach, meist rund und werden als Geld benutzt ⟨*eine antike, ausländische Münze; Münzen prägen, in Umlauf bringen, sammeln*⟩ ≈ Geldstück ↔ Banknote *„Der Bettler hatte ein paar Münzen im Hut"* K Goldmünze

der **Murks** (*-es*); *gesprochen, abwertend* eine schlechte Arbeit, Ware o. Ä., bei der Fehler gemacht wurden

die **Mur·mel** (-, *-n*) eine kleine, bunte Kugel, meist aus Glas, mit der Kinder spielen

das **Mus** (*-es, -e*) eine weiche Masse meist aus gekochtem (oder zerdrücktem) Obst K Apfelmus, Pflaumenmus

die **Mu·schel** (-, *-n*) **1** ein Weichtier, das im Wasser lebt und durch eine harte Schale geschützt ist ⟨*nach Muscheln tauchen; Muscheln essen*⟩ *„Die Auster ist eine Muschel, in der man manchmal Perlen findet"* K Muschelschale **2** die Schale einer Muschel ⟨*Muscheln sammeln, suchen*⟩ K Muschelsammlung

das **Mu·se·um** (*-s, Mu·se·en* [-'ze:(ə)n]) ein Gebäude, in dem (künstlerisch oder historisch) interessante Objekte aufbewahrt und ausgestellt werden ⟨*ein naturkundliches, technisches Museum; ins Museum gehen*⟩ K Museumsführer, Museumskatalog; Naturkundemuseum

die **Mu·sik** (-, *-en*) **1** Töne, die rhythmisch zu Melodien angeordnet sind ⟨*Musik machen, spielen, hören*⟩ *„Das Orchester spielt Musik von Mozart"* K Musikinstrument; Blasmusik, Volksmusik, Kirchenmusik **2** *ohne Artikel, nur in dieser Form* ein Fach in der Schule, in dem Musik unterrichtet wird K Musiklehrer

mu·si·ka·lisch ADJEKTIV mit einer Begabung für Musik ⟨*ein Kind, ein Mensch*⟩

der **Mu·si·ker** (*-s, -*) eine Person, die (meist beruflich) ein Instrument spielt *„Die Musiker setzten sich auf ihre Plätze und begannen zu spielen"* K Berufsmusiker, Hobbymusiker • *hierzu* **Mu·si·ke·rin** *die*

mu·si·zie·ren (*musizierte, hat musiziert*) auf einem Instrument Musik machen, spielen ⟨*im Familienkreis, miteinander musizieren*⟩

Mus·kel (-s, -n) einer der elastischen Teile des Körpers bei Mensch und Tier, der sich zusammenziehen kann, um einen Teil des Körpers oder ein Organ zu bewegen ⟨*kräftige, starke, schlaffe Muskeln; einen Muskel anspannen; sich (Dativ) einen Muskel zerren*⟩ **K** Muskelkraft; Beinmuskel

Mus·kel·ka·ter (-s) der Schmerz, den man spürt, wenn man Muskeln bewegt, die man (meist am Tag zuvor) zu stark belastet hat *„Von der Bergtour hat er (einen) Muskelkater in den Beinen"*

Müs·li (-s, -s) eine Mischung aus Haferflocken, Rosinen, gemahlenen Nüssen usw., die man mit Obst und Milch o. Ä. zum Frühstück isst

Mus·lim (-s, -s/*Mus·li·me*) ≈ Moslem • *hierzu* **Mus·li·ma** *die*, **Mus·li·min** *die*

müs·sen[1] (*musste, hat müssen*); *Modalverb* **1** *Infinitiv* + **müssen** jemand hat den Auftrag, Befehl oder die Pflicht, etwas zu tun *„Du musst nicht mitkommen, wenn du nicht magst"* **2** *Infinitiv* + **müssen** etwas ist notwendig *„Ich muss jeden Tag 80 Kilometer zur Arbeit fahren"* **3** *Infinitiv* + **müssen** man hält etwas für angebracht oder wünschenswert *„Ich müsste dringend abnehmen"* | *„So einen schönen Tag muss man einfach genießen!"* **4** *Infinitiv* + **müssen** jemand kann nicht anders handeln *„Als sie ihn sah, musste sie einfach lachen"* **5** *Infinitiv* + **müssen** jemand ist zu etwas gezwungen *„Ich musste die ganze Zeit draußen warten"* **6** *Infinitiv* + **müssen** drückt eine Vermutung aus *„Er muss weit über 80 sein"* ⓘ Wenn man sich ziemlich sicher ist, dass man recht hat, sagt man: *Wenn ich richtig gerechnet habe, müssten wir noch 250 Euro haben* **7** *Infinitiv* + **müssen** verwendet, um Ärger auszudrücken *„Muss es denn ausgerechnet jetzt regnen?"* | *„'Muss das denn sein?/ Das 'muss doch nicht sein!"* Hör auf/Lass das, das stört mich

müs·sen[2] (*musste, hat gemusst*) **1** **(etwas) müssen**; **mal müssen** *Kindersprache* das Bedürfnis haben, den Darm oder die Blase zu leeren ⟨*Aa, Pipi, groß, klein müssen*⟩ **2** **jemand muss irgendwohin** irgendwohin gehen, fahren o. Ä. müssen *„Musst du heute ins Büro?"* **3** **etwas muss irgendwohin** etwas muss an einen Ort gebracht werden *„Der Brief muss zur Post"* ⓘ Als allein verwendetes Verb ist die Form im Perfekt *gemusst*; als Modalverb zusammen mit einem Infinitiv ist es *müssen*: *Sie hat dringend nach Hause gemusst/ nach Hause fahren müssen*

das **Mus·ter** (-s, -) **1** eine Kombination oder Reihenfolge von Farben, Zeichen usw., die sich wiederholt (meist als Verzierung einer Oberfläche) ⟨*ein auffälliges, buntes, (un)regelmäßiges Muster; das Muster eines Kleides, eines Stoffes; ein Muster entwerfen*⟩ *„Der Teppich hat ein Muster aus orientalischen Ornamenten"* **K** Blumenmuster, Tapetenmuster **2** **ein Muster** (+*Genitiv*/**von etwas**) eine kleine Menge eines Materials oder ein Exemplar einer Sache, die dazu dienen zu zeigen, wie das Material/etwas ist ⟨*ein Muster anfordern; sich (Dativ) (ein) Muster zeigen lassen*⟩ ≈ Warenprobe *„In diesem Katalog finden Sie Muster der Möbelstoffe, in denen das Sofa lieferbar ist"* **K** Stoffmuster, Warenmuster **3** die Art, wie etwas (immer wieder) geschieht, abläuft ⟨*etwas läuft nach einem (bestimmten, festen) Muster ab*⟩ ≈ Schema **4** **ein Muster (für etwas)** etwas, das so gestaltet ist, dass es (gut und richtig ist und) nachgeahmt werden kann ≈ Vorlage *„Hier hast du ein Muster, nach dem du deine Geschäftsbriefe verfassen kannst"* **K** Musterbrief

der **Mut** (-(e)s) **1** **der Mut (für/zu etwas)** die Eigenschaft oder Bereitschaft, etwas zu tun, das gefährlich ist oder sein kann ⟨*(den) Mut haben, etwas zu tun; Mut beweisen; den Mut verlieren*⟩ *„Es gehört Mut dazu, Löwen zu dressieren"* **2** Optimismus und das Vertrauen darauf, dass etwas gut oder wieder besser

M

wird ⟨(*neuen*) *Mut fassen; jemandem Mut geben, machen*⟩ ≈ Zuversicht *„Als sie vor Trauer fast verzweifelte, sprach er ihr Mut zu"* **3** **zu Mute** → zumute • *zu* (2)

mut·los *ADJEKTIV*

mu·tig *ADJEKTIV* mit viel Mut und ohne Angst ⟨*ein Mensch, eine Tat, ein Wort; mutig für jemanden/etwas eintreten*⟩ *„Es war sehr mutig von ihm, diese unpopuläre Entscheidung zu treffen"*

die **Mut·ter**[1] (-, *Müt·ter*) **1** eine Frau, die ein Kind geboren hat ⟨*jemandes leibliche Mutter; wie eine Mutter zu jemandem sein*⟩ *„Sie ist Mutter von zwei Kindern"* **K** Mutterliebe, Mutterrolle **i** → Abb. unter **Familie** **2** eine Frau, die Kinder so versorgt, als wäre sie ihre Mutter *„Er bekam eine neue Mutter, als sein Vater wieder heiratete"* **K** Pflegemutter, Stiefmutter

die **Mut·ter**[2] (-, *-n*) ein kleines Stück Metall mit sechs Ecken und einem runden Loch (mit Gewinde), das auf eine Schraube geschraubt wird, um diese zu befestigen ⟨*eine Mutter festschrauben, lösen, abschrauben*⟩ **K** Schraubenmutter

N

müt·ter·lich *ADJEKTIV* **1** zu einer Mutter gehörig **2** wie eine Mutter ⟨*mütterlich aussehen, wirken, für jemanden sorgen*⟩

die **Mut·ter·spra·che** die Sprache, die ein Kind lernt, wenn es zu sprechen beginnt *„Die meisten Österreicher haben Deutsch als Muttersprache"*

die **Müt·ze** (-, *-n*) Mützen sind aus Wolle oder Stoff; man trägt sie auf dem Kopf, besonders als Schutz vor Kälte ⟨*eine warme Mütze; eine Mütze aufsetzen, abnehmen, vom Kopf ziehen; eine Mütze stricken*⟩ *„Weil der Wind so stark wehte, zog er sich die Mütze tief in die Stirn"* **K** Wollmütze

MwSt, **MWSt** Abkürzung für *Mehrwertsteuer*

N

das **N, n** [ɛn]; (-, *-/gesprochen auch -s*) der vierzehnte Buchstabe des Alphabets

na! **1** verwendet, um eine Frage auszudrücken oder einzuleiten *„Na (wie gehts)?"* | *„Na, bist du bald fertig?"* **2** verwendet, um eine Aufforderung oder Feststellung einzuleiten und Ärger oder Ungeduld auszudrücken *„Na endlich!"* **3** **na 'gut**; **na 'ja**; **na 'schön** verwendet, um zu sagen, dass man etwas akzeptiert, obwohl man etwas anderes lieber getan oder gehabt hätte *„Na gut, dann bleibe ich eben hier"*

der **Na·bel** (-s, -) die kleine runde und meist vertiefte Stelle am Bauch des Menschen **K** Bauchnabel **i** → Abb. unter **Körper**

nach *PRÄPOSITION mit Dativ* ZEIT: **1** später als der genannte Zeitpunkt oder Vorgang ↔ vor *„Schon wenige Minuten nach dem Unfall war die Polizei da"* **2** *gesprochen* nennt die Zahl der Minuten, die zur genannten Uhrzeit noch hinzukommen ↔ vor *„Gut, dann treffen wir uns (um) Viertel nach acht am Brunnen"* **i** nur mit Angaben zur vollen oder halben Stunde verwendet RICHTUNG: **3** in die genannte Richtung ↔ von *„von Osten nach Westen reisen"* | *„nach einer Fliege schlagen"* REIHENFOLGE: **4** eine Person oder Sache ist in einer Reihenfolge der/die/das Nächste ↔ vor *„Nach dem Mont Blanc ist der Monte Rosa der höchste Berg Europas"* ZIEL: **5** nennt das Ziel einer Handlung oder eines Gefühls *„die Suche nach Erdöl"* | *„sich nach jemandem sehnen"* ZUORDNUNG, GRUND: **6** was man sieht, hört usw. ist der Grund für eine Vermutung oder erinnert an etwas *„Die Wolken sehen ganz nach einem Gewitter aus"* Es wird wohl ein Gewitter geben

„Die Seife riecht nach Flieder" so ähnlich wie Flieder **7** **nach etwas**; **etwas nach** wie es der genannten Sache entspricht *„sich der Größe nach aufstellen"* **ID** **nach und nach** im Laufe der Zeit, allmählich *„die Schulden nach und nach abbezahlen"*; **nach wie vor** noch immer

nach·ah·men (*ahmte nach, hat nachgeahmt*) **jemanden/etwas nachahmen** sich mit Absicht so verhalten, dass es einer Person oder einer Sache (ganz oder zum Teil) sehr ähnlich ist ≈ imitieren *„einen Politiker/das Bellen eines Hundes nachahmen"* • *hierzu* **Nach·ah·mung** *die*; **Nach·ah·mer** *der*

Nach·bar (*-n/-s, -n*) **1** eine Person, die direkt neben einer anderen Person oder in deren Nähe wohnt ⟨*einen neuen Nachbarn bekommen; jemandes Nachbar werden*⟩ **K** Zimmernachbar **2** eine Person, neben der man z. B. im Konzert, im Kino oder in der Schule sitzt oder steht **K** Banknachbar, Tischnachbar • *hierzu* **Nach·ba·rin** *die*

Nach·bar·schaft (*-*) **1** alle Personen, die direkt neben einer anderen Person oder in deren Nähe wohnen *„Die ganze Nachbarschaft spricht schon von dem Unfall"* **2** das Gebiet in der (näheren) Umgebung von jemandem/etwas ≈ Nähe *„In unserer Nachbarschaft gibt es eine Schule und ein Krankenhaus"*

nach·dem BINDEWORT (*meist mit einem Verb im Plusquamperfekt*) so, dass die Handlung des Nebensatzes schon beendet ist, wenn die Handlung des Hauptsatzes beginnt *„Nachdem er gegessen hatte, schaute er noch ein wenig fern"*

nach·den·ken (*hat*) **(über jemanden/etwas) nachdenken** sich eine Situation vorstellen und dabei an wichtige Einzelheiten oder Probleme denken ⟨*angestrengt, scharf nachdenken*⟩ *„Ich muss erst mal darüber nachdenken!"*

Nach·druck (*-(e)s*) die Mittel (sprachliche oder andere), mit denen man deutlich macht, dass man etwas für sehr wichtig hält ⟨*etwas mit Nachdruck verlangen, fordern, sagen, erklären; mit Nachdruck auf etwas hinweisen*⟩

nach·ei·nan·der, **nach·ei·nan·der** ADVERB eine Person/Sache nach der anderen, in kurzen (zeitlichen oder räumlichen) Abständen ↔ gleichzeitig *„Kurz nacheinander landeten vier Flugzeuge"*

die **Nach·fol·ge** das Übernehmen der Arbeit oder der Funktion einer anderen Person ⟨*jemandes Nachfolge antreten*⟩ ⓘ nicht in der Mehrzahl verwendet • *hierzu* **Nach·fol·ger** *der*

die **Nach·fra·ge** **die Nachfrage (nach etwas)** der Wunsch oder das Bedürfnis (der Konsumenten), Produkte zu kaufen ⟨*es herrscht, besteht enorme, große, rege, lebhafte, geringe Nachfrage nach etwas; die Nachfrage sinkt, steigt*⟩ *„Die Nachfrage nach Konzertkarten übersteigt das Angebot"* ⓘ nicht in der Mehrzahl verwendet

nach·fra·gen (*hat*) **1** **(bei jemandem) nachfragen** eine Person (meist bei einer Institution) fragen, welche die gewünschte Information geben kann *„beim Finanzamt wegen der Steuer nachfragen"* **2** noch eine oder mehrere Fragen stellen, bis man eine Antwort bekommt

nach·fül·len (*hat*) **1** **(etwas) nachfüllen** etwas in einen Behälter füllen, der (teilweise) leer geworden ist *„Die Kiste ist fast leer. Wir müssen wieder (Kartoffeln) nachfüllen"* **2** **(jemandem) (etwas) nachfüllen** ein Trinkglas, das (teilweise) leer geworden ist, wieder füllen

der **Nach·füll|pack** (*-s, -e*) ein Behälter oder eine Packung vor allem mit Wasch- oder Putzmittel, das in den eigentlichen Behälter nachgefüllt wird

nach·ge·ben (*hat*) **1** **(jemandem/etwas) nachgeben** auf Bitten oder Drängen anderer Leute etwas erlauben oder tun, zu dem man vorher nicht bereit war ⟨*dem Drängen, Betteln der Kinder nachgeben; der Versuchung nachgeben*⟩

N

„Nach langer Diskussion gab ich schließlich nach und ließ meine Tochter nach Kanada fliegen" **2** **etwas gibt nach** etwas biegt sich, zerbricht oder zerreißt bei zu starker Belastung *„Das Brett hielt dem Gewicht der Maschine nicht mehr stand und gab nach"*

nach·ge·hen *(ist)* **1** **jemandem nachgehen** einer Person folgen, um sie einzuholen oder um in dieselbe Richtung zu gehen **2** **einer Sache** *(Dativ)* **nachgehen** etwas, das nicht klar ist, prüfen und versuchen, es aufzuklären *„Die Polizei ging der Sache mit den aufgebrochenen Autos nach"* **3** **einer Sache** *(Dativ)* **nachgehen** eine Arbeit, Tätigkeit o. Ä. regelmäßig machen, ausüben ⟨*seinen Geschäften, Hobbys, einem illegalen Gewerbe, einer geregelten Arbeit nachgehen*⟩ **4** **eine Uhr geht nach** eine Uhr zeigt eine spätere Zeit an, als es tatsächlich ist *„Meine Uhr geht schon wieder zehn Minuten nach"*

nach·hau·se ADVERB nach Hause **K** Nachhauseweg

N

nach·her ADVERB, **nach·her** **1** so, dass die eine Handlung etwas später als die andere Handlung eintreten wird oder eintrat ≈ später ↔ vorher *„Ich muss jetzt Geld von der Bank holen." – „Das kannst du doch noch nachher machen."* **2** **Bis nachher!** verwendet, um sich von einer Person zu verabschieden, die man wahrscheinlich sehr bald wiedersieht

die **Nach·hil·fe** **Nachhilfe (in etwas** *(Dativ)*) zusätzlicher Unterricht, den ein Schüler (gegen Geld) von einem anderen Schüler, einem Studenten oder einem Lehrer bekommt **K** Nachhilfelehrer, Nachhilfestunde **i** nicht in der Mehrzahl verwendet

nach·ho·len *(hat)* **etwas nachholen** etwas, das man versäumt hat oder das nicht stattgefunden hat, später tun oder durchführen ⟨*eine Prüfung, Versäumtes nachholen*⟩

nach·las·sen *(hat)* **1** **etwas lässt nach** etwas wird weniger intensiv *„Wenn der Regen nicht bald nachlässt, müssen wir uns irgendwo unterstellen"* **2** in der eigenen Leistung oder Qualität schlechter werden *„Du lässt nach: Früher hast du viel schneller reagiert!"*

nach·läs·sig ADJEKTIV ohne Interesse oder Sorgfalt ⟨*nachlässig arbeiten, gekleidet sein*⟩ *„Fehlende oder nachlässige Kontrollen stellen ein hohes Risiko dar"* • *hierzu* **Nach·läs·sig·keit** *die*

nach·ma·chen *(hat)* **1** **(jemandem) etwas nachmachen** genau das tun oder machen, was eine andere Person tut oder macht *„Kleine Kinder machen den Eltern alles nach"* **2** **jemanden/etwas nachmachen** mit Absicht so handeln oder sich so verhalten, dass man typische Eigenschaften einer anderen Person zeigt *„Er kann gut einen Schimpansen nachmachen"* **3** **etwas nachmachen** etwas so herstellen, dass es wie das Original aussieht ≈ kopieren *„Diese Münzen sind nicht aus römischer Zeit. Sie sind nur nachgemacht"*

der **Nach·mit·tag** **1** die Zeit zwischen Mittag und Abend (von ca. 13 – 17 Uhr) ⟨*am frühen, späten Nachmittag*⟩ *„Er verbrachte den ganzen Nachmittag am See"* | *„Habt ihr auch am Nachmittag Schule oder nur am Vormittag?"* **K** Nachmittagsunterricht; Montagnachmittag **2** am Nachmittag ⟨*gestern, heute, morgen Nachmittag*⟩ ↔ Vormittag **i** mit den Namen von Wochentagen zusammengeschrieben: *Sie kam Mittwochnachmittag*

nach·mit·tags ADVERB am Nachmittag oder während des Nachmittags ↔ vormittags *„Die Post ist nachmittags erst ab drei Uhr wieder geöffnet"*

der **Nach·na·me** ≈ Familienname

die **Nach·richt** (-, -en) **1** **eine Nachricht (von einer Person/Sache) (über jemanden/etwas); eine Nachricht (von einer Person) (an/für jemanden)** eine meist kurze Information über ein aktuelles Ereignis, das jemanden interessiert ⟨*eine eilige, aktuelle, brandheiße* (= *sehr aktuelle*) *Nachricht; eine Nachricht*

überbringen, übermitteln, weiterleiten, verbreiten, bringen; jemandem eine Nachricht hinterlassen; (eine) Nachricht erhalten⟩ „Die Nachricht vom Ausmaß der Katastrophe hat alle zutiefst erschüttert" **K** Unglücksnachricht **2** eine Sendung im Radio oder Fernsehen, die über die wichtigsten (meist politischen) Ereignisse informiert ⟨(*sich* (*Dativ*)) *die Nachrichten ansehen; etwas kommt in den Nachrichten*⟩ *„In den Nachrichten habe ich gehört, wer die Wahl gewonnen hat"* **K** Nachrichtensendung, Nachrichtensprecher; Lokalnachrichten
ⓘ nur in der Mehrzahl verwendet

nach·schla·gen **(etwas) nachschlagen** (*hat*) ein Wort oder einen Text in einem Buch suchen, um sich über etwas zu informieren ≈ nachlesen *„unter dem Stichwort „Pyramide" in einer Enzyklopädie nachschlagen"*

r **Nach·schub** neues, zusätzliches Material

nach·se·hen (*hat*) **1** **jemandem/etwas nachsehen** den Blick auf eine Person oder Sache richten, die sich immer weiter wegbewegt *„einem Zug nachsehen, der aus dem Bahnhof fährt"* **2** **(etwas) nachsehen** etwas betrachten, um es zu prüfen, um Fehler zu finden oder um Informationen zu bekommen *„nachsehen, ob Post im Briefkasten ist" | „im Wörterbuch nachsehen, wie man „Chanson" ausspricht"*

nach·sit·zen (*hat*) (zur Strafe) länger als die anderen Schüler in der Schule bleiben (müssen) *„Die Lehrerin ließ ihn nachsitzen, weil er seine Hausaufgaben nicht gemacht hatte"*

e **Nach·spei·se** eine meist süße Speise, die man nach dem Essen (der Hauptmahlzeit) bekommt ≈ Dessert *„Wollt ihr Pudding oder ein Eis als Nachspeise?"*

nächs·t- ADJEKTIV **1** *Superlativ* → nahe **2** so, dass etwas in einer Reihe als Erstes folgt *„Biegen Sie nach der nächsten Ampel rechts ab!"* **3** zeitlich direkt folgend *„Wir haben vor, nächstes Jahr nach Kanada zu fliegen"* **4** **Der Nächste, bitte!** verwendet, um jemandem zu sagen, dass er an die Reihe kommt

die **Nacht** (-, *Näch·te*) **1** der Teil eines Tages, während dessen es völlig dunkel ist ⟨*bei Nacht; in der Nacht; es wird Nacht*⟩ ↔ Tag *„die Nacht vom Montag auf Dienstag" | „bis spät in die Nacht arbeiten"* **K** Nachtfrost; Sommernacht, Sonntagnacht **2** in der Nacht ⟨*gestern, heute, morgen Nacht*⟩ *„Heute Nacht war es so kalt, dass der See zugefroren ist"*
ⓘ mit den Namen von Wochentagen zusammengeschrieben: *Montagnacht*
3 **Gute Nacht!** als Gruß verwendet, wenn jemand ins Bett geht, um zu schlafen **ID** **über Nacht** **a** die ganze Nacht lang *„Kann ich über Nacht bei euch bleiben?"* **b** innerhalb sehr kurzer Zeit *„Der unbekannte junge Sänger wurde über Nacht zum Superstar"*

der **Nach·teil** (-*s*, -*e*) **1** die ungünstigen negativen Auswirkungen, die eine Sache hat oder haben könnte ⟨*etwas ist für jemanden/etwas von Nachteil; jemandem erwachsen, entstehen* (*aus etwas*) *Nachteile*⟩ ↔ Vorteil *„Dieses Haus hat den Nachteil, dass es zu klein ist"*
2 **(jemandem gegenüber) im Nachteil sein** in einer schlechteren oder ungünstigeren Situation sein als eine andere Person

das **Nacht·hemd** ein Kleidungsstück, das wie ein sehr langes Hemd aussieht und das vor allem Frauen nachts im Bett tragen ⟨*ein seidenes Nachthemd*⟩

der **Nach·tisch** eine meist süße Speise, die man nach der Hauptmahlzeit isst ≈ Dessert *„Es gibt Eis zum Nachtisch"*
ⓘ nicht in der Mehrzahl verwendet

der **Nacht·klub** ein Lokal, das nachts sehr lange geöffnet hat (und auch erotische Unterhaltung bietet) **K** Nachtklubbesitzer

die **Nacht·ru·he** die Zeit zwischen 22 und 6 Uhr, während der man leise sein soll, damit die anderen Leute schlafen können ⟨*die Nachtruhe einhalten, stören*⟩

nachts ADVERB in oder während der Nacht *„Wenn ich abends Kaffee trinke,*

N

kann ich nachts nicht einschlafen“ | „Ich bin erst um drei Uhr nachts nach Hause gekommen“

der **Nach·weis** (*-es, -e*) **1** eine Handlung, ein Argument oder eine Tatsache, die zeigen, dass etwas richtig war/ist *„Der wissenschaftliche Nachweis, dass es Leben auf anderen Planeten gibt, ist noch nicht gelungen“* **2** die Dokumente, mit denen man etwas nachweisen kann *„den Nachweis seiner/für seine Arbeitsunfähigkeit erbringen“*

nach·wei·sen (*hat*) **1** **etwas nachweisen** (mit Dokumenten) zeigen, dass man etwas hat ⟨*ein festes Einkommen, einen festen Wohnsitz nachweisen*⟩ **2** **etwas nachweisen** mit Argumenten oder Dokumenten zeigen, dass das, was man behauptet, wahr ist *„die Existenz von etwas nachweisen“* **3** **jemandem etwas nachweisen** beweisen, dass jemand etwas getan hat ⟨*jemandem einen Mord, einen Diebstahl nachweisen*⟩ • *hierzu* **nach·weis·bar** ADJEKTIV

der **Nach·wuchs** (*-es*) **1** das Kind oder die Kinder (in einer Familie) ⟨(*keinen*) *Nachwuchs bekommen, haben*⟩ *„Unser Nachwuchs kommt bald in die Schule“* **2** neugeborene Tiere *„Die Eisbären haben bald Nachwuchs“*

der **Na·cken** (*-s, -*) der hintere Teil des Halses ⟨*einen steifen Nacken haben; jemandem den Nacken massieren*⟩ **K** Nackenschmerzen, Nackenwirbel **i** → Abb. unter **Körper**

nackt ADJEKTIV ohne Kleidung am Körper ⟨*nackt baden, daliegen; sich nackt ausziehen*⟩ *„Er arbeitete mit nacktem Oberkörper“* **K** Nacktbaden • *hierzu* **Nackt·heit** *die*

die **Na·del** (*-, -n*) **1** ein dünner, spitzer Gegenstand, mit dem man näht ⟨*sich mit/an einer Nadel stechen*⟩ **K** Nadelöhr, Nadelspitze; Nähnadel, Stricknadel **2** ein kleiner Gegenstand mit einer Nadel, den man irgendwo (z. B. als Schmuck) befestigt ⟨*eine silberne Nadel am Anzug tragen*⟩ **K** Haarnadel, Krawattennadel **3** der Teil einer Spritze, mit dem man jemandem in die Haut sticht ⟨*die Nadel sterilisieren*⟩ **4** ein kleiner, dünner Zeiger bei einem Gerät ⟨*die Nadel schlägt aus, pendelt, steht still, zittert*⟩ *„Die Nadel des Kompasses zeigt nach Norden“* **K** Kompassnadel, Magnetnadel, Tachometernadel **5** die schmalen grünen Teile etwa in der Form einer Nadel an manchen Arten von Bäumen ⟨*ein Baum verliert die Nadeln*⟩ *„Tannen, Fichten und Kiefern haben Nadeln“* **K** Tannennadel • *zu* (1) **na·del·för·mig** ADJEKTIV

NADEL

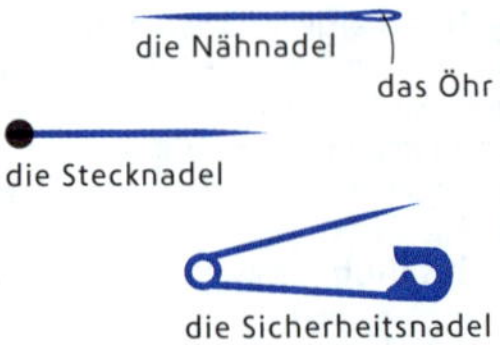

der **Na·gel** (*-s, Nä·gel*) **1** ein kleiner spitzer Stab aus Metall mit einem flachen Kopf. Man schlägt Nägel mit dem Hammer z. B. in Holz oder in eine Wand, um etwas daran festzumachen *„einen Nagel in die Wand schlagen und ein Bild daran aufhängen“* **2** der harte, flache Teil am Ende von Fingern und Zehen ⟨(*jemandem/sich*) *die Nägel schneiden, feilen, polieren, lackieren; an den Nägeln kauen; kurze, lange, (un-)gepflegte Nägel*⟩ **K** Nagelfeile, Nagelschere; Fingernagel, Zehennagel **i** Hunde, Katzen, Vögel usw. haben *Krallen*.

NAGEL

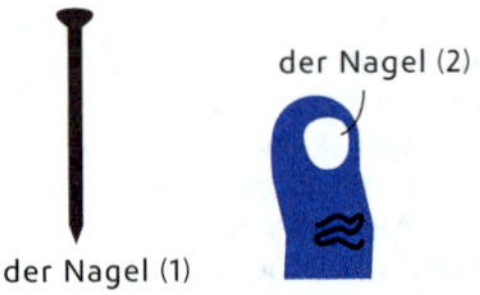

na·geln (*nagelte, hat genagelt*) **etwas irgendwohin nageln** etwas mit Nägeln befestigen oder zusammenbauen bzw. Nägel in etwas schlagen

na·gen (*nagte, hat genagt*) **an etwas** (*Dativ*) **nagen** mit den Zähnen sehr kleine Stücke von etwas Hartem entfernen *„Der Hund nagte an einem Knochen"*

s **Na·ge·tier** ein kleines Säugetier, das Pflanzen frisst und sehr scharfe, lange Vorderzähne hat *„Mäuse, Biber und Hasen sind Nagetiere"*

na·he ['na:ə] PRÄPOSITION *mit Dativ* **1** *geschrieben* nicht weit entfernt von ↔ fern *„nahe der Universität/nahe dem Bahnhof wohnen"*
ADJEKTIV (*näher, nächst-*) **2** **nahe (bei/an jemandem/etwas)** (räumlich) nicht weit entfernt (von einer Person oder Sache) ↔ fern *„in die nahe Stadt gehen"* | *„nahe beim Bahnhof wohnen"* **3** nicht so weit ≈ kurz *„der nächste Weg"* | *„Wenn wir die Abkürzung nehmen, haben wir es näher"* **4** nicht weit in der Zukunft ⟨*das Ende, der Abschied, die Abreise; in naher Zukunft; etwas steht nahe bevor*⟩ ≈ fern *„Der Tag, an dem die Entscheidung fallen wird, rückt immer näher"* **5** so, dass die Beziehung eng ist ⟨*ein Angehöriger, ein Verwandter, ein Freund*⟩ *„mit jemandem nahe verwandt/befreundet sein"*

e **Nä·he** ['nɛ:ə]; (-) **1** eine kleine räumliche Entfernung, von einem Punkt aus gesehen ⟨*etwas aus der Nähe betrachten, (an)sehen; in der Nähe von jemandem/etwas wohnen; in jemandes Nähe bleiben*⟩ *„Ganz in unserer Nähe gibt es einen See"* **K** Stadtnähe **2** eine Zeit, die (von einem Zeitpunkt aus gesehen) nicht weit in der Zukunft liegt *„Unser Urlaub ist inzwischen in greifbare Nähe gerückt"* **3** eine enge Beziehung zu einer Person ⟨*jemandes Nähe suchen*⟩

nä·hen ['nɛ:ən] (*nähte, hat genäht*) **1** **(etwas) nähen** etwas herstellen, indem man Stoffteile mit Nadel und Faden verbindet ⟨*ein Kleid, einen Rock, einen Bettbezug nähen; mit der Hand, mit der Maschine nähen*⟩ *„Sie näht gern"* **K** Nähfaden, Nähmaschine, Nähnadel **2** **etwas nähen** etwas reparieren, indem man die Teile mit Nadel und Faden verbindet ⟨*ein Loch, einen Riss nähen*⟩ *„Die Hose ist geplatzt und muss genäht werden"* **3** **etwas an/auf etwas** (*Akkusativ*) **nähen** etwas mit Nadel und Faden irgendwo befestigen *„einen Knopf an/auf den Mantel nähen"* **4** **etwas/jemanden nähen** eine Wunde mit einem Faden schließen

nä·her·kom·men (*kam näher, ist nähergekommen*) **jemandem näherkommen** jemanden besser kennenlernen und sich gut mit ihm verstehen *„Auf dem Ausflug kamen sich die beiden näher"*

nä·hern ['nɛ:ɐn] (*näherte sich, hat sich genähert*) **1** **sich (jemandem/etwas) nähern** räumlich näher zu einer Person oder Sache kommen *„Wir nähern uns den Alpen"* **2** **jemand/etwas nähert sich einer Sache** (*Dativ*) jemand/etwas hat etwas bald erreicht *„etwas nähert sich dem Ende"*

nahm *Präteritum, 1. und 3. Person Singular* → nehmen

nahr·haft ADJEKTIV mit vielen Nährstoffen, die man braucht, um gesund und kräftig zu sein *„Reis und Brot sind sehr nahrhaft"*

der **Nähr·stoff** (-(*e*)*s*, -*e*) die vielen Substanzen, die Lebewesen brauchen, um zu leben und zu wachsen

die **Nah·rung** (-) alles, was Menschen oder Tiere essen und trinken (müssen), um zu leben (und zu wachsen) ⟨*Nahrung zu sich* (*Dativ*) *nehmen; Nahrung suchen*⟩ **K** Nahrungssuche; Babynahrung, Tiernahrung

das **Nah·rungs·mit·tel** etwas, was man als Mensch isst oder trinkt, um zu leben ≈ Lebensmittel **K** Nahrungsmittelindustrie

der **Nähr·wert** der Wert (in Bezug auf Vitamine, Mineralien, Kalorien usw.) eines Nahrungsmittels für den Körper *„Milch hat einen hohen Nährwert"*

N

die **Naht** (-, *Näh·te*) die Linie, die entsteht, wenn man zwei Stücke Stoff o. Ä. mit einem Faden verbindet

der **Nah·ver·kehr** **1** der Verkehr von Zügen und Autos auf kurzen Strecken, vor allem in der Nähe einer großen Stadt **2** **der öffentliche Nahverkehr** der Nahverkehr mit Bussen, Straßenbahnen usw.

na·iv [na'i:f] *ADJEKTIV* voller Vertrauen und ohne Gedanken an etwas Böses ⟨*naiv wie ein Kind sein*⟩ • *hierzu* **Na·ivi·tät** [-v-] *die*

der **Na·me** (*-ns, -n*) **1** das Wort (oder die Wörter), unter dem man eine Person oder Sache kennt und durch das man sie identifizieren kann ⟨*jemandem/etwas einen Namen geben; den Namen nennen, sagen, angeben, verschweigen*⟩ *„Jeder nennt sie Biggi, aber ihr wirklicher Name ist Birgit"* **K** Familienname, Frauenname, Männername, Vorname **i** *der Name; des Namens; den, dem Namen* **2** **im Namen** *+Genitiv*; **in jemandes Namen** aufgrund der Autorität einer Institution, oder so, dass es ausdrücklich dem Willen der genannten Personen entspricht ⟨*im Namen des Gesetzes, des Volkes, der Regierung, seiner Eltern; im eigenen Namen*⟩ *„Im Namen des Gesetzes: Sie sind verhaftet!"*

N

näm·lich *ADVERB* **1** verwendet, um eine Aussage noch genauer oder konkreter zu formulieren *„Nächstes Jahr, nämlich im Mai, fliegen wir in die USA"* **2** verwendet, um etwas zu begründen, was man vorher gesagt hat *„Er ist gut gelaunt! Er hat nämlich seine Prüfung bestanden"*

nann·te *Präteritum, 1. und 3. Person Singular* → nennen

der **Napf** (*-(e)s, Näp·fe*) eine kleine, meist flache Schüssel, in der man z. B. Hunden und Katzen das Futter gibt **K** Futternapf, Trinknapf

die **Nar·be** (*-, -n*) eine Stelle auf der Haut, an der man sieht, dass dort einmal eine Wunde war *„Von dem Unfall ist eine Narbe an der Stirn zurückgeblieben"*

die **Nar·ko·se** (*-, -n*) der Zustand, in den man eine Person bringt, damit sie keine Schmerzen hat oder sich nicht bewegt, wenn ein Arzt sie operiert ≈ Anästhesie

der **Narr** (*-en, -en*) **1** eine Person, die nicht richtig nachdenkt und sich ganz falsch und unvernünftig verhält *„Er war ein Narr, ihren Lügen zu glauben"* **i** *der Narr; den, dem, des Narren* **2** eine Person, die sich bunte lustige Kleidung anzieht und so Karneval feiert • *hierzu* **När·rin** *die*

na·schen (*naschte, hat genascht*) **(etwas) naschen** von etwas, das man sehr gern mag (vor allem Süßigkeiten), eine kleine Menge essen ⟨*Schokolade, Kekse, Bonbons naschen*⟩

die **Na·se** (*-, -n*) **1** der Teil des Gesichts, mit dem man riecht (und atmet) ⟨*durch die Nase atmen; sich (Dativ) die Nase putzen, zuhalten; jemandem läuft, rinnt, blutet die Nase; eine verstopfte Nase haben; in der Nase bohren*⟩ **K** Nasenbluten **i** → Abb. unter **Gesicht** **2** **pro Nase** *gesprochen* für jede einzelne Person

das **Na·sen·loch** (*-s, Na·sen·lö·cher*) die zwei Öffnungen der Nase **i** → Abb. unter **Kopf**

nass *ADJEKTIV* (*nasser/nässer, nassest-/nässest-*) **1** voll oder bedeckt mit Wasser (oder einer anderen Flüssigkeit) *„Die Straßen sind nass vom Regen"* **2** noch nicht ganz trocken ⟨*die Farbe, die Tinte*⟩ ≈ frisch

die **Näs·se** (-) der Zustand oder die Eigenschaft, nass zu sein ⟨*etwas vor Nässe schützen*⟩

die **Na·ti·on** [-'tsio:n]; (*-, -en*) **1** alle Menschen, die Gemeinsamkeiten in Sprache und Kultur haben und innerhalb gemeinsamer politischer Grenzen leben ⟨*die deutsche, italienische, französische Nation*⟩ ≈ Volk **2** ≈ Staat *„An den Olympischen Spielen nehmen Sportler der verschiedensten Nationen teil"* **K** Industrienation

na·ti·o·nal [-tsio-] *ADJEKTIV* **1** in Bezug

auf eine Nation ⟨*die Selbstbestimmung, die Souveränität, die Interessen*⟩ **K** Nationalmuseum **2** die Angelegenheiten innerhalb eines Staates betreffend ⟨*auf nationaler Ebene; den nationalen Notstand ausrufen*⟩

die **Na·ti·o·na·li·tät** [-tsio-]; (-, *-en*) die Zugehörigkeit (eines Bürgers) zu einem Staat ≈ Staatsangehörigkeit

der **Na·ti·o·nal·so·zi·a·lis·mus** (-) **1** die politische Bewegung, die nach dem 1. Weltkrieg in Deutschland entstand und mit der Hitler an die Macht kam **2** die Diktatur Hitlers in Deutschland von 1933 – 1945 • *hierzu* **Na·ti·o·nal·so·zi·a·list** *der;* **na·ti·o·nal·so·zi·a·lis·tisch** *ADJEKTIV*

die **Na·tur** (-, *-en*) **1** alles was es gibt, das der Mensch nicht geschaffen hat (z. B. die Erde, die Pflanzen und Tiere, das Wetter usw.) ⟨*die Gesetze, Wunder der Natur*⟩ *„Die Niagarafälle sind ein Wunderwerk der Natur"* **K** Naturkatastrophe, Naturwunder **i** nicht in der Mehrzahl verwendet **2** Wälder, Wiesen o. Ä., die nur wenig oder nicht vom Menschen verändert worden sind (oft im Gegensatz zur Stadt) ⟨*die freie, unberührte Natur*⟩ *„Viele Tiere kann man nur noch im Zoo besichtigen, weil sie in freier/in der Natur kaum noch vorkommen"* **i** nicht in der Mehrzahl verwendet **3** ein Material, das vom Menschen in dem natürlichen Zustand belassen wurde *„Ihre Haare sind nicht gefärbt, das ist Natur"* **K** Naturfarbe, Naturlocken, Naturseide **i** nicht in der Mehrzahl verwendet **4** die Eigenschaften, die jemanden von anderen Menschen unterscheiden ≈ Wesen *„Es liegt nicht in ihrer Natur, unehrlich zu sein"*

na·tür·lich *ADJEKTIV* **1** so, wie es normal in der Welt vorkommt, ohne dass der Mensch es beeinflusst ↔ künstlich *„Die Stadt hat einen natürlichen Hafen"* **2** so, wie man vermutet, dass es der Natur entspricht und der Umwelt oder Gesundheit nicht schadet ⟨*eine Ernährung, eine Lebensweise*⟩ **3** so, wie es von der Erfahrung her erwartet wird ≈ normal ↔ unnatürlich *„Es ist ganz natürlich, sich vor dem Zahnarzt zu fürchten"*
ADVERB **4** verwendet, um zu sagen, dass der Sprecher etwas für ganz klar und logisch hält ≈ selbstverständlich *„Natürlich habe ich ihm vertraut, sonst hätte ich den Vertrag ja nicht unterschrieben"* • *zu* (1,2) **Na·tür·lich·keit** *die*

der/das **Na·vi** [-v-]; (*-s, -s*); *gesprochen* Kurzwort für *Navigationsgerät*

das **Na·vi·ga·ti·ons·ge·rät** ein Gerät, in das man eine Adresse eingeben kann, damit es anzeigt, wie man dorthin kommt

der **Na·zi** (*-s, -s*); *gesprochen, abwertend* eine Person, welche der rechtsradikalen und rassistischen Ideologie des Nationalsozialismus folgt ≈ Nationalsozialist **K** Naziregime

n. Chr. Abkürzung für *nach Christus* → Christus

der **Ne·bel** (*-s, -*) die Wolken (aus Dunst), die sich über dem Boden bilden und durch die man nicht (weit) sehen kann ⟨*dichter, feuchter, undurchdringlicher Nebel; der Nebel fällt, senkt sich auf etwas (Akkusativ), steigt, verzieht sich*⟩ *„Bei Nebel muss man langsam fahren"* **K** Nebelscheinwerfer; Bodennebel, Frühnebel

ne·ben *PRÄPOSITION* **1** *mit Dativ* an einer Seite der genannten Person/Sache *„Monika steht neben ihrem Freund"* **i** → Extras, S. 717: **Präpositionen** **2** *mit Akkusativ* zur Seite der genannten Person/Sache hin *„Der Bräutigam stellte sich neben die Braut"* **i** → Extras, S. 717: **Präpositionen**

ne·ben·an *ADVERB* im Nachbarhaus, Nachbarzimmer oder in der Nachbarwohnung *„nach nebenan gehen"* | *„Er wohnt im Haus nebenan"* | *„die Kinder von nebenan"*

ne·ben·bei *ADVERB* **1** zusätzlich zu einer anderen, wichtigeren Tätigkeit ≈ außerdem *„Er ist Lehrer und verdient*

N

sich nebenbei ein paar Euro mit Nachhilfestunden" **2** verwendet, um eine Einschränkung oder Ergänzung zu machen ⟨*etwas nebenbei bemerken*⟩ *„Sie haben geheiratet. Nebenbei gesagt, hat mich das nicht überrascht"*

ne·ben·ei·nan·der *ADVERB* **1** eine Person/Sache neben die andere oder neben der anderen *„Die Schüler stellen sich der Größe nach nebeneinander auf"* **2** gleichzeitig oder zusammen mit einer anderen Person oder Sache ⟨*friedlich nebeneinander bestehen, existieren, herleben*⟩ ≈ miteinander

der **Ne·ben·job** [-dʒɔp] eine Arbeit für wenige Stunden in der Woche oder nur für eine kurze Zeit im Jahr, mit der man zusätzliches Geld verdient

die **Ne·ben·kos·ten** *Mehrzahl* die Kosten, die zusätzlich zu etwas entstehen *„Zur Miete kommen noch die Nebenkosten für Heizung und Wasser hinzu"*

die **Ne·ben·rol·le** eine kleine Rolle in einem Theaterstück, Film o. Ä.

die **Ne·ben·sa·che** etwas, das nicht sehr wichtig ist *„Wie das Gerät aussieht, ist Nebensache, Hauptsache es funktioniert!"* • *hierzu* **ne·ben·säch·lich** *ADJEKTIV*

N

die **Ne·ben·sai·son** die Zeit vor oder nach der Hauptsaison

der **Ne·ben·satz** ein Satzteil, der zwar ein Subjekt und Verb enthält, aber nicht allein stehen kann und von einem anderen Satzteil abhängig ist ↔ Hauptsatz *„In dem Satz „Ich ging zu Bett, weil ich müde war" ist „weil ich müde war" der Nebensatz"*

die **Ne·ben·stra·ße** eine kleine, nicht sehr wichtige Straße (mit wenig Verkehr) ≈ Seitenstraße ↔ Hauptstraße

die **Ne·ben·wir·kung** eine (meist schwächere) Wirkung, die zusammen mit einer anderen auftritt (und oft unerwartet oder nicht gewollt ist) *„Diese Tabletten können auch unangenehme Nebenwirkungen haben"*

neb·lig *ADJEKTIV* mit Nebel, von Nebel umgeben ⟨*Wetter*⟩

der **Nef·fe** (*-n, -n*) der Sohn des Bruders oder der Schwester (oder des Bruders oder der Schwester des Ehepartners) **i** *der Neffe; den, dem, des Neffen*

ne·ga·tiv, ne·ga·tiv [-f] *ADJEKTIV* **1** ⟨*eine Antwort, ein Bescheid*⟩ so, dass sie „nein" ausdrücken ↔ positiv **2** ⟨*eine Haltung, eine Einstellung*⟩ so, dass sie Ablehnung ausdrücken ↔ positiv *„Er hat eine negative Einstellung zur Arbeit. Am liebsten würde er gar nichts tun"* **3** nicht so, wie es sein sollte ⟨*ein Einfluss, ein Ergebnis; etwas wirkt sich negativ aus*⟩ ≈ ungünstig **4** so, dass eine (vermutete) Krankheit oder ein vermuteter Zustand nicht bestätigt wird ↔ positiv **5** **eine negative Zahl** eine Zahl, die kleiner als null ist und mit einem Minuszeichen bezeichnet wird *„Minus fünf (–5) ist eine negative Zahl"*

neh·men (*nimmt, nahm, hat genommen*) MIT DER HAND: **1** **etwas nehmen** etwas mit der Hand greifen und es festhalten, von irgendwo entfernen oder zu sich holen *„eine Tasse aus dem Schrank nehmen"* | *„ein Glas in die Hand nehmen"* FÜR SICH: **2** **(sich** (*Dativ*)**) etwas nehmen** etwas mit der Hand greifen, um es zu haben *„Hast du dir das letzte Stück Kuchen genommen?"* **3** **(sich** (*Dativ*)**) etwas nehmen** eine Sache verwenden, auf die man Anspruch hat oder die vorhanden ist *„Sie nahm (sich) ein paar Tage Urlaub"* WÄHLEN: **4** **jemanden/etwas nehmen** eine von mehreren Möglichkeiten wählen, sich für jemanden/etwas entscheiden *„Sie nahm den kürzesten Weg nach Hause"* | *„Der grüne Pullover gefällt mir am besten, den nehme ich"* **5** **(sich** (*Dativ*)**) jemanden nehmen** einer Person eine Aufgabe geben und sie dafür bezahlen ⟨*(sich (Dativ)) einen Anwalt, eine Haushaltshilfe nehmen*⟩ ESSEN, TRINKEN, SCHLUCKEN: **6** **etwas nehmen** eine Medizin o. Ä. schlucken ⟨*Drogen, Gift, Hustensaft, die Pille, Tabletten nehmen*⟩ WEGNEHMEN: **7** **einer Person jemanden/etwas nehmen**

geschrieben bewirken, dass eine Person eine andere Person oder eine Sache nicht mehr hat ≈ wegnehmen *„Robin Hood nahm von den Reichen und gab es den Armen"* **8** **jemandem/etwas etwas nehmen** verhindern, dass eine Person oder Sache etwas hat *„einem anderen Auto die Vorfahrt nehmen"* **9** **etwas aus/von etwas nehmen** etwas von irgendwo entfernen, wegnehmen *„die Suppe vom Herd nehmen"* | *„die Mütze vom Kopf nehmen"* VERSTEHEN, BEHANDELN: **10** **jemanden/etwas irgendwie nehmen** jemanden/etwas in der beschriebenen Weise verstehen und behandeln ⟨*(sich (Dativ)) jemanden/etwas als/zum Vorbild nehmen*⟩ *„jemanden ernst nehmen"* MIT PRÄPOSITION: **11** **etwas auf sich nehmen** etwas Unangenehmes freiwillig ertragen ⟨*viel Mühe, die Schuld, eine Verantwortung auf sich nehmen*⟩ ZUR UMSCHREIBUNG: **12** **etwas nehmen** verwendet, um ein Verb zu umschreiben *„Abschied (von jemandem) nehmen"* sich (von jemandem) verabschieden | *„ein Bad nehmen"* baden | *„jemanden/etwas in Empfang nehmen"* jemanden/etwas empfangen

der **Neid** (-(e)s) das Gefühl der Unzufriedenheit darüber, dass andere Leute etwas haben, das man selbst nicht hat, aber gern hätte ⟨*der pure Neid; etwas aus Neid tun; Neid empfinden*⟩ *„Er platzte fast vor Neid, als sie mit dem neuen Auto vorfuhr"*

nei·disch ADJEKTIV **neidisch (auf jemanden/etwas) sein** Unzufriedenheit darüber empfinden, dass eine andere Person etwas hat, das man selbst nicht hat, aber gern hätte

die **Nei·gung** (-, -en) **1** der Grad, in dem sich eine Linie/Fläche senkt ⟨*etwas hat eine leichte, starke Neigung*⟩ ≈ Gefälle *„Die Neigung der Straße beträgt zehn Grad"* **K** Neigungswinkel **2** **eine Neigung (für etwas)** ein starkes Interesse (für etwas) ≈ Vorliebe *„Er hat eine Neigung für moderne Kunst"*

nein PARTIKEL *meist betont* als Antwort verwendet, um zu sagen, dass man eine Bitte, Aufforderung o. Ä. ablehnt oder dass man einer Aussage nicht zustimmt ↔ ja *„Willst du noch ein Stück Kuchen?" „Nein danke!"*

das **Nein** (-(s)) **1** die Antwort „nein" ⟨*ein eindeutiges, klares Nein; mit Nein stimmen; beim Nein bleiben*⟩ **2** **(zu etwas) Nein/nein sagen** sagen, dass man etwas nicht will, etwas nicht akzeptiert *„Er hat ihr einen Vorschlag gemacht, aber sie hat Nein dazu gesagt"*

der **Nek·tar** (-s) eine süße Flüssigkeit, die Blüten produzieren *„Viele Insekten saugen Nektar aus den Blüten"*

nen·nen (*nannte, hat genannt*) **1** **jemanden/etwas** +*Name* **nennen** einer Person oder Sache einen Namen geben *„Sie nannten ihre Tochter Christa"* **2** **jemanden** +*Name* **nennen** eine Person mit ihrem Namen ansprechen ⟨*jemanden bei/mit dem Vornamen/Nachnamen nennen*⟩ *„Du kannst mich ruhig Robbi nennen, wie alle meine Freunde"* **3** **(jemandem) etwas nennen** (jemandem) etwas sagen *„Er wollte die Gründe für seine Entscheidung nicht nennen"* **4** **sich** +*Name* **nennen** den genannten Namen haben *„Und wie nennt sich eure Band?"*

der **Nen·ner** (-s, -) in der Mathematik die Zahl, die bei einem Bruch unter dem Strich steht ↔ Zähler *„Der Nenner von ⅕ ist 5"*

der **Nerv** [-f]; (-s, -en [-f-]) **1** Nerven leiten die Informationen zwischen den einzelnen Teilen des Körpers und dem Gehirn weiter ⟨*den Nerv eines Zahnes abtöten, betäuben, ziehen*⟩ **K** Nervengift, Nervensystem; Geschmacksnerv, Sehnerv **2** die psychische Verfassung ⟨*gute, schlechte, schwache Nerven haben; die Nerven behalten, verlieren; mit den Nerven herunter, am Ende, fertig sein*⟩ *„Als Dompteur im Zirkus braucht man starke Nerven"* **K** Nervenbelastung, Nervenzusammenbruch ⓘ nur in der Mehrzahl verwendet

ner·ven [-f-] (*nervte, hat genervt*); *gesprochen* **jemand/etwas nervt (jeman-**

N

den) eine Person oder Sache stört jemanden sehr *„Die Musik nervt mich, mach sie bitte aus"*

ner·vös [-v-] *ADJEKTIV* (wegen einer starken psychischen Belastung) voller innerer Unruhe oder Anspannung ⟨*etwas macht jemanden nervös*⟩ *„In der Prüfung machte er einen nervösen Eindruck"* • hierzu **Ner·vo·si·tät** *die*

das **Nest** (-(e)s, -er) **1** der Platz, an den ein Vogel die Eier legt und sie ausbrütet ⟨*ein Vogel sitzt in/auf dem Nest, verlässt das Nest*⟩ *„Die Schwalbe baut ihr Nest aus Lehm"* **K** Vogelnest **2** eine kleine Höhle, die Insekten, Mäuse usw. bauen oder graben, um dort zu leben **K** Mäusenest, Wespennest

nett *ADJEKTIV* (*netter, nettest-*) **1** im Verhalten freundlich und angenehm ⟨*ein Mensch, ein Junge, ein Mädchen; nett zu jemandem sein*⟩ ≈ sympathisch *„Es war nett von dir, mich zu besuchen/dass du mich besucht hast"* **2** so, dass es angenehm wirkt ⟨*nett aussehen; sich nett anziehen*⟩ ≈ hübsch *„Durch die hellen Möbel und die Blumen ist das Zimmer ganz nett geworden"* ❶ Nett wird oft auch ironisch mit negativer Bedeutung verwendet: *„Er hat dir 100 Euro geklaut? Das ist ja ein netter Freund!"*

net·to *ADVERB* **1** ohne die Verpackung *„Der Inhalt dieser Dose wiegt 250 g netto/netto 250 g"* **K** Nettogewicht **2** (von Löhnen, Gehältern o. Ä.) nachdem Steuern oder andere Kosten abgezogen sind *„Er verdient 1.600 Euro netto im Monat/Er verdient netto 1.600 Euro"* **K** Nettobetrag, Nettolohn

das **Netz** (-es, -e) AUS FÄDEN: **1** ein elastisches Material aus Fäden, Seilen, Drähten o. Ä., die miteinander verknüpft sind ⟨*ein Netz knüpfen, flicken, ausbessern*⟩ *„Die Artisten arbeiten mit/ohne Netz"* **K** Moskitonetz **2** ein Netz, mit dem man Fische fängt ⟨*die Netze auswerfen, einholen*⟩ **K** Fisch(er)netz **3** ein Netz, in dem man Dinge transportiert oder etwas (z. B. Gepäck) aufbewahrt *„die Einkäufe ins Netz packen"* **K** Einkaufsnetz, Gepäcknetz **4** ein Netz, das eine Spinne macht, um kleine Tiere zu fangen **K** Spinnennetz AUS VERBINDUNGEN: **5** ein System (vor allem von Straßen, Schienen, Kanälen o. Ä.), durch das Menschen und Waren (einfach und schnell) in viele Richtungen und an viele Orte kommen können *„Deutschland hat ein gut ausgebautes Netz von Autobahnen"* **K** Kanalnetz, Schienennetz, Straßennetz; Netzplan **6** ein System (von Apparaten und Leitungen), mit dem man Gas, elektrischen Strom, Nachrichten o. Ä. verteilt und transportiert ⟨*ein Haus, ein Gerät an das (öffentliche) Netz anschließen*⟩ *„ein Kraftwerk vom Netz nehmen"* es abschalten, vom Stromnetz trennen | *„Fotos ins Netz stellen"* im Internet veröffentlichen **K** Computernetz, Funknetz, Kabelnetz, Stromnetz **7** **das soziale Netz** ein System von sozialen Hilfen, das die Bürger eines Landes bei Krankheit, Arbeitslosigkeit usw. unterstützt **ID** **kein Netz haben** an einem Ort mit dem Handy keine Signale empfangen

das **Netz·teil** ein kleines Gerät, das den Strom aus der Steckdose für ein elektrisches Gerät so ändert, dass man es damit benutzen kann

das **Netz·werk** ein Netz aus Verbindungen, Leitungen, Kontakten o. Ä. **K** Computernetzwerk

neu *ADJEKTIV* **1** erst seit kurzer Zeit (für jemanden) vorhanden oder vor kurzer Zeit hergestellt ⟨*30neu erbaut, gebaut, eröffnet, geschaffen*⟩ ↔ alt *„eine neue Straße bauen"* **K** Neuanschaffung, Neueröffnung **2** so, dass es noch kein anderer vorher benutzt oder in Besitz gehabt hat ⟨*etwas ist so gut wie neu; etwas sieht neu aus*⟩ ↔ gebraucht **K** Neuwagen **3** so, dass etwas zwar schon benutzt wurde, jetzt aber wieder sauber, gewaschen ist ≈ sauber, frisch *„nach dem Duschen ein neues Hemd anziehen"* **4** (aktuell und) vorher nicht bekannt ⟨*eine Entdeckung, eine Erfindung, Erkenntnisse*⟩ *„einen neuen Stern*

N

entdecken" **K** Neuentdeckung **5** nicht lange zurückliegend, in letzter Zeit geschehen und noch aktuell ⟨*die neuesten Nachrichten, Ereignisse, Meldungen; etwas, nichts Neues wissen, hören, erfahren*⟩ **6** erst seit kurzer Zeit bekannt bzw. an einem Ort oder in einer Position ⟨*die Freundin, Bekannte; neu in einem Betrieb, in einer Stadt sein*⟩ *„Der Neue macht seine Arbeit gut, obwohl er erst seit zwei Wochen bei uns arbeitet"* **7** noch einmal und dabei anders als vorher ⟨*etwas neu überarbeiten, formulieren, schreiben*⟩ *„den Park neu gestalten"* **K** Neugestaltung

Neu·gier, **Neu·gier·de**; (-) **die Neugier (auf jemanden/etwas)** der Wunsch, etwas Bestimmtes zu wissen, kennenzulernen oder zu erfahren

neu·gie·rig ADJEKTIV **neugierig (auf jemanden/etwas)** voller Neugier *„Jetzt bin ich aber neugierig, wie du das Problem lösen willst" | „Ich bin neugierig darauf, was er sagen wird"*

Neu·heit (-, *-en*) vor allem ein Produkt, das erst seit Kurzem auf dem Markt ist *„Auf der Messe gibt es wieder einige interessante Neuheiten zu sehen"*

Neu·ig·keit (-, *-en*) eine Information oder Nachricht, die neu ist (und von der nur wenige Menschen etwas wissen) ⟨*(interessante) Neuigkeiten haben, erzählen, wissen, erfahren, verbreiten*⟩

Neu·jahr, **Neu·jahr** der erste Tag des neuen Jahres (der in vielen Ländern ein Feiertag ist) ⟨*Neujahr feiern; jemandem zu Neujahr Glück wünschen*⟩ **K** Neujahrsempfang **i** nicht in der Mehrzahl verwendet **ID** **Prosit Neujahr!** verwendet, um jemandem bei einem Glas Sekt, Wein o. Ä. zu Beginn des neuen Jahres alles Gute zu wünschen

neu·lich ADVERB zu einem Zeitpunkt, der noch nicht weit in der Vergangenheit liegt *„Ich habe ihn neulich gesehen"*

neun ZAHLWORT (als Zahl, Ziffer) 9 **i** → Extras, S. 700: **Zahlen** und Beispiele unter **vier**

die **Neun** (-, *-en*) **1** die Zahl 9 **2** jemand/etwas mit der Nummer 9

neun·hun·dert ZAHLWORT (als Zahl) 900

neunt ADJEKTIV **1** in einer Reihenfolge an der Stelle neun ≈ 9. **i** → Beispiele unter **viert-** **2** **zu neunt** (mit) insgesamt 9 Personen *„zu neunt in Urlaub fahren"*

neun·tau·send ZAHLWORT (als Zahl) 9000

neun·tel ADJEKTIV *nur in dieser Form* den 9. Teil einer Menge bildend ≈ 1/9

das **Neun·tel** (-s, -) der 9. Teil (1/9) einer Menge

neun·tens ADVERB verwendet bei einer Aufzählung, um anzuzeigen, dass etwas an 9. Stelle kommt

neun·zehn ZAHLWORT (als Zahl) 19 **i** → Extras, S. 700: **Zahlen** und Beispiele unter **vier**

neun·zig ZAHLWORT (als Zahl) 90 **i** → Extras, S. 700: **Zahlen** und Beispiele unter **vier**

neut·ral ADJEKTIV **1** weder für noch gegen einen der Gegner in einem Streit ⟨*ein Beobachter, ein Bericht; neutral bleiben; sich neutral verhalten*⟩ ≈ unparteiisch **2** ⟨*ein Land, ein Staat*⟩ so, dass sie, wenn andere Krieg führen, keiner Seite helfen *„die neutrale Schweiz"* **3** ohne besondere (auffällige) Eigenschaften (sodass es mit vielen Dingen kombiniert werden kann) ⟨*eine Farbe; geschmacklich/im Geschmack neutral*⟩

nicht PARTIKEL ZUR VERNEINUNG: **1** verwendet, um eine verneinte Aussage zu machen *„Schnee ist nicht schwarz, sondern weiß"* **2** verwendet zur Verneinung anstelle eines ganzen Ausdrucks *„Wer mag ein Stück Kuchen?" – „Ich nicht!"* ZUR ABTÖNUNG: **3** *unbetont* in Fragen verwendet, wenn man eine positive Antwort erwartet *„Ist diese Aussicht nicht wunderbar?"*

die **Nich·te** (-, *-n*) die Tochter des Bruders oder der Schwester (oder des Bruders oder der Schwester des Ehepartners)

der **Nicht·rau·cher** eine Person, die

N

nicht die Gewohnheit hat, zu rauchen ↔ Raucher **K** Nichtraucherschutz • *hierzu* **Nịcht·rau·che·rin** *die*

nịchts PRONOMEN *nur in dieser Form* **1** keine Sache oder keine Menge von irgendetwas *„Kannst du bitte das Licht einschalten? Ich sehe nichts" | „Er hat überhaupt nichts zu tun"* **2** *gesprochen* überhaupt nicht ⟨*etwas hilft, nutzt, schadet nichts*⟩ **3** zusammen mit Pronomen oder als Substantiv verwendeten Adjektiven drückt *nichts* aus, dass die genannte Sache oder Eigenschaft fehlt, abwesend ist *„Heute haben wir nichts Neues gelernt"*

nị·cken (*nickte, hat genickt*) den Kopf (mehrere Male) kurz nach vorn beugen, um „ja" auszudrücken oder um zu zeigen, dass man mit etwas einverstanden ist ⟨*beifällig, zustimmend, freudig, anerkennend, zufrieden (mit dem Kopf) nicken; jemanden mit einem (kurzen) Nicken grüßen*⟩ *„Ich fragte sie, ob sie mitkommen wolle, und sie nickte" | „Immer wenn der Redner etwas sagte, was ihr gefiel, nickte sie mit dem Kopf"*

N

nie ADVERB **1** zu keiner Zeit ⟨*nie lügen, Zeit haben; etwas nie ganz verstehen*⟩ ↔ immer *„Ich werde nie vergessen, wie schön der Urlaub war"* **2** kein einziges Mal *„Er war noch nie in London" | „Wenn ich anrufe, ist sie nie da"* **3** auf keinen Fall, unter keinen Umständen *„Diesen Mann wirst du nie dazu bringen, Geschirr zu spülen"* **4** **nie wieder/nie mehr** (in Zukunft) nicht noch einmal *„Du wirst nie wieder so viel Glück haben!"*

nie·der ADJEKTIV **1** auf einer der unteren Stufen einer Hierarchie ⟨*der Adel, ein Beamter*⟩ **2** *gesprochen* ⟨*ein Raum, eine Tür*⟩ ≈ niedrig ↔ hoch

die **Nie·der·la·ge** die Situation, wenn man einen Wettkampf, Streit o. Ä. verliert ⟨*eine schwere, militärische, vernichtende, knappe, klare Niederlage*⟩ ↔ Sieg *„Nach der klaren Niederlage mit 0 : 3 hat unsere Mannschaft keine Chance mehr auf den Titel"*

nie·der·le·gen **1** **jemanden/etwas (irgendwohin) niederlegen** jemanden/etwas (hinunter) auf etwas legen *„das Buch auf den Tisch niederlegen"* **2** **etwas niederlegen** etwas nicht mehr tun oder ausüben ⟨*ein Amt, ein Mandat niederlegen*⟩

nied·lich ADJEKTIV verwendet, um zu sagen, dass ein kleines Tier, ein kleines Kind oder deren Verhalten so nett, sympathisch oder rührend ist, dass man Freude empfindet

nied·rig ADJEKTIV **1** nicht sehr hoch (im Vergleich zu anderen Dingen) ⟨*eine Mauer, ein Berg, ein Haus, eine Zimmerdecke, eine Brücke*⟩ ↔ hoch *„Der Schreibtisch ist zu niedrig für mich"* **K** Niedrigwasser **2** nicht weit über dem Boden ⟨*etwas fliegt, hängt niedrig*⟩ ≈ tief ↔ hoch *„Die Zweige sind so niedrig, dass man die Äpfel mit der Hand pflücken kann"* **3** im Ausmaß, Umfang, Wert oder Grad relativ gering ⟨*Preise, Löhne, Temperaturen; ein Einkommen, eine Geschwindigkeit, eine Miete, eine Zahl*⟩ ↔ hoch **4** moralisch von sehr geringem Wert ⟨*Beweggründe, Instinkte, Motive, Triebe; eine Gesinnung*⟩ ↔ edel

nie·mals ADVERB kein einziges Mal, zu keiner Zeit ≈ nie *„Ich hatte noch niemals solche Angst wie gestern" | „Das werde ich niemals tun"* ⓘ *Niemals* ist eine Verstärkung von *nie*.

nie·mand PRONOMEN kein (einziger) Mensch ≈ keiner *„Hat heute jemand angerufen?" – „Nein, niemand." | „Er wollte mit niemandem von uns sprechen" | „Ich habe niemanden gesehen" | „Sie möchte niemand anderen sehen als dich"* ⓘ nur allein verwendet; in der gesprochenen Sprache verwendet man oft *niemand* anstelle von *niemanden* und *niemandem*: *Ich habe niemand gesehen*

die **Nie·re** (-, -*n*) eines der beiden Organe, welche den Urin produzieren

nie·seln (*nieselte, hat genieselt*) **es nieselt** es regnet (oft stundenlang) leicht und mit feinen Tropfen

nie·sen (*nieste, hat geniest*) die Luft plötzlich und laut (nach einer Reizung) aus der Nase stoßen (vor allem wenn man Schnupfen hat) ⟨*laut, heftig niesen (müssen)*⟩ *„Wenn jemand niest, sagt man meist „Gesundheit"*

Nie·te (-, *-n*) *gesprochen, abwertend* eine Person, von der man glaubt, dass sie nichts kann und zu nichts fähig ist

Ni·ko·laus (-, *-e/gesprochen Ni·ko·läu·se*) ein Mann mit langem, weißem Bart und einem langen, roten Mantel, der Kindern am 6. Dezember kleine Geschenke bringt

Ni·ko·tin (*-s*) eine schädliche Substanz im Tabak, die eine stimulierende Wirkung auf die Nerven hat *„Nikotin macht süchtig"*

nimmt *Präsens, 3. Person Singular* → nehmen

nip·pen (*nippte, hat genippt*) **(an etwas** (*Dativ*)**) nippen** eine sehr kleine Menge von etwas trinken (meist um den Geschmack zu prüfen) *„an einer Tasse Tee nippen"*

nir·gends ADVERB an keinem Ort, an keiner Stelle ↔ überall *„Ich kann den Schlüssel nirgends finden"* | *„Er war nirgends so gern wie zu Hause"*

nir·gend·wo ADVERB an keinem Ort, an keiner Stelle

Ni·sche (-, *-n*) ein kleiner freier Raum oder eine freie Ecke in der Mauer oder Wand *„einen Schrank in eine Nische stellen"*

Ni·veau [ni'vo:]; (*-s, -s*) **1** eine Stufe auf einer (gedachten) Skala, mit der etwas bewertet oder gemessen wird ⟨*das geistige, künstlerische Niveau; das Niveau halten, steigern*⟩ *„Die Preise haben jetzt ihr höchstes Niveau seit Langem erreicht"* **K** Niveauunterschied; Preisniveau **2** **jemand/etwas hat Niveau** eine Person ist sehr intelligent und gebildet bzw. eine Sache ist geistig anspruchsvoll

nix *gesprochen* ≈ nichts

nö PARTIKEL; *gesprochen* ≈ nein

no·bel ADJEKTIV **1** *geschrieben* großzügig und tolerant ⟨*ein Charakter, eine Geste, eine Haltung*⟩ *„Dass er den Flüchtlingen hilft, ist schon ein nobler Zug"* **i** nobel → eine noble Tat **2** *meist humorvoll* sehr vornehm und für die meisten Leute zu teuer ⟨*ein Hotel, Kleidung, ein Lokal*⟩

noch PARTIKEL ZEIT: **1** drückt aus, dass ein Zustand zum genannten Zeitpunkt andauert, aber bald zu Ende sein kann ⟨*immer noch*⟩ *„Hast du dein altes Fahrrad noch?"* **2** *unbetont* bevor etwas geschieht, vor einem Zeitpunkt *„Können Sie das noch vor Montag erledigen?"* | *„Ich muss erst noch abwaschen, dann können wir gehen"* **3** *unbetont* drückt aus, dass etwas geplant ist oder wahrscheinlich geschehen wird *„Sie kommt bestimmt noch!"* **4** *unbetont* drückt aus, dass etwas vor kurzer Zeit der Fall war *„Gestern war er noch gesund, aber heute liegt er im Krankenhaus"* MENGE: **5** *unbetont* drückt aus, dass eine Menge gering ist, nur ein Rest von etwas ist *„Ich habe (nur) noch zwanzig Euro"* **6** drückt aus, dass jemand/etwas zu einer Menge hinzukommt *„Noch ein Bier, bitte!"* | *„Passt das noch in den Koffer?"* IN KOMBINATION: **7** **noch (viel)** *+Komparativ* verwendet, um eine Steigerung zu verstärken *„Die alte Wohnung war schon sehr schön, aber diese hier ist noch schöner"* **8** **noch (ein)mal** ein weiteres Mal *„Könnten Sie das noch einmal wiederholen?"* **9** **noch nie** *unbetont* bis jetzt nicht *„Ich war noch nie in Amerika"* **ID** **Auch 'das noch!** verwendet, wenn in einer unangenehmen Situation zusätzlich etwas Unangenehmes geschieht; **'noch und 'noch**, **'noch und 'nöcher** *gesprochen, humorvoll* sehr viel(e) oder sehr oft

noch·mal ADVERB; *gesprochen* noch einmal, ein weiteres Mal

noch·mals ADVERB noch einmal *„Er versuchte nochmals, sie anzurufen"*

der **No·mi·na·tiv** [-f]; (*-s, -e*) der Kasus, in welchem das Subjekt des Satzes steht ⟨*ein Wort steht im Nominativ*⟩ *„In dem Satz „Der Ball flog durch das Fenster" steht „der Ball" im Nominativ"*

N

die **Non·ne** (-, -n) eine Frau, welche der Religion in besonderer Weise das ganze Leben lang dient (z. B. nicht heiratet und in einem Kloster lebt) ≈ Klosterfrau

die **Nop·pe** (-, -n) eine von vielen kleinen, dicken (biegsamen) Stellen auf einer Oberfläche, die verhindern, dass etwas darauf rutscht *„Die Seife liegt auf einem Stück Gummi mit Noppen"*

Nord *ohne Artikel; nur in dieser Form* die Richtung, die auf der Landkarte oben ist ⟨*Wind aus, von Nord; ein Kurs nach Nord*⟩ ↔ Süd *„Die Position des Schiffes ist 56 Grad Nord und ein Grad West"*

der **Nor·den** (-s) **1** die Richtung, die auf der Landkarte oben ist ⟨*der Wind weht aus/von Norden, aus, in Richtung Norden*⟩ ↔ Süden *„Der Polarstern steht im Norden"* | *„Die Nadel im Kompass zeigt nach Norden"* **K** Nordseite **2** der Teil eines Gebietes, der im Norden ist *„Er wohnt im Norden des Landes"* **K** Nordafrika, Nordeuropa

nörd·lich ADJEKTIV **1** nach Norden (gerichtet) ⟨*ein Kurs; in nördliche Richtung fahren*⟩ **2** von Norden nach Süden ⟨*ein Wind; der Wind kommt, weht aus nördlicher Richtung*⟩ **3** im Norden ⟨*die Erdhalbkugel, ein Land, die Seite, der Teil*⟩ *„Im nördlichen Kanada ist es jetzt schon sehr kalt"*
PRÄPOSITION *mit Genitiv* **4** (in der genannten Entfernung) weiter im Norden als etwas ↔ südlich *„Die Stadt liegt fünf Kilometer nördlich der Grenze"* ⓘ Folgt ein Wort ohne Artikel, verwendet man *nördlich von*: *nördlich von Italien.*

der **Nord·pol** der nördlichste Punkt auf der Erde ↔ Südpol ⓘ nicht in der Mehrzahl verwendet

die **Nord·see** (-) der Teil des Atlantischen Ozeans zwischen Großbritannien, Norwegen und Dänemark

die **Norm** (-, -en) **1** eine allgemein anerkannte Regel, nach der sich die Leute verhalten sollen ⟨*ethische, gesellschaftliche, moralische Normen; sich an Normen halten*⟩ **2** das, was als normal oder üblich empfunden wird ⟨*jemand/etwas entspricht der Norm, weicht von der Norm ab*⟩ **3** eine Regel, wie etwas hergestellt, getan werden soll, aussehen soll ⟨*technische Normen*⟩ **K** Industrienorm, DIN-Norm

nor·mal ADJEKTIV **1** so, wie es die allgemeine Meinung für üblich oder gewöhnlich hält ↔ unnormal *„Ist es normal, dass ein Kind mit 14 Jahren schon arbeiten muss?"* **K** Normalgewicht, Normaltemperatur **2** geistig und körperlich gesund ↔ anormal *„Ihre Angst vor Fremden ist doch nicht mehr normal!"*

nor·ma·ler·wei·se ADVERB so wie es sonst (üblich) ist oder sein sollte *„Normalerweise müsste ich jetzt zur Arbeit gehen, aber heute habe ich frei"*

die **Nor·ma·li·tät** (-, -en) der Zustand, der normal ist *„Nach der ganzen Aufregung ist jetzt wieder Normalität eingekehrt"*

die **Not** (-, *Nö·te*) **1** der Zustand, in dem jemand sehr arm ist und nicht genug Geld und Essen zum Leben hat ⟨*große, schlimme Not; in Not geraten, sein; jemandes Not lindern*⟩ ≈ Armut ↔ Reichtum *„Weil es seit Jahren nicht mehr geregnet hat, herrscht hier große Not"* **K** Hungersnot ⓘ nicht in der Mehrzahl verwendet **2** eine (schlimme) Situation, in der man Hilfe braucht ⟨*Rettung aus/in höchster Not*⟩ *„Die Not der Opfer des Erdbebens ist unbeschreiblich"* **K** Notsignal, Notsituation **3** der Zustand, in dem jemand seelisch leidet oder verzweifelt ist ⟨*innere, seelische Not*⟩ ≈ Verzweiflung **4** **zur Not** wenn es nicht anders geht ≈ notfalls

der **No·tar** (-s, -e) ein Jurist, der beruflich bestätigt (beglaubigt), dass Dokumente echt sind, der Testamente ausarbeitet usw. • *hierzu* **No·ta·rin** *die*

der **Not·arzt** ein Arzt, der in einem Notfall (mit dem Krankenwagen) zu einem Unfall kommt oder den man rufen kann, wenn andere Ärzte keinen Dienst haben (z. B. am Wochenende) • *hierzu* **Not·ärz·tin** *die*

Not|auf·nah·me eine Abteilung eines Krankenhauses, in der Patienten behandelt werden, die einen Unfall hatten oder plötzlich Hilfe brauchen

Not|aus·gang ein Ausgang, durch den man schnell nach draußen kommt, wenn z. B. ein Feuer ausbricht

Not·brem·se eine Bremse in einem Zug, die man ziehen kann, wenn man eine Gefahr bemerkt

No·te (-, *-n*) FÜR MUSIK: **1** ein geschriebenes Zeichen für einen Ton in einem Musikstück ⟨*Noten lesen können; nach Noten singen, spielen*⟩ **K** Viertelnote, Achtelnote **2** ein Blatt oder Heft mit Noten für Musikstücke **K** Notenheft, Notenständer **i** nur in der Mehrzahl verwendet FÜR BEWERTUNGEN: **3** eine Zahl oder eine Bezeichnung, mit der die Leistung eines Schülers, Studenten usw. (in einer Skala) bewertet wird ⟨*eine gute, schlechte Note in etwas* (Dativ)*; eine Note bekommen; jemandem eine Note geben*⟩ *„Sie hat eine sehr gute Note bekommen"* **K** Notendurchschnitt; Schulnote, Deutschnote

Not·fall **1** eine (unerwartete) Situation, in der man (schnell) Hilfe braucht (oft von einem Arzt oder der Polizei o. Ä.) **2** **im Notfall** wenn es sein muss, wenn die Situation es erfordert *„Bremse nur im Notfall ziehen!"*

not·falls ADVERB wenn es wirklich notwendig sein sollte

no·tie·ren (*notierte, hat notiert*) **(sich** (*Dativ*)**) etwas notieren** etwas auf einen Zettel schreiben, damit man es nicht vergisst ⟨*eine Adresse, eine Telefonnummer*⟩

nö·tig ADJEKTIV **1** **nötig für jemanden/etwas; nötig zu etwas** so, dass es gebraucht wird oder getan werden muss ⟨*etwas macht etwas nötig; etwas ist nötig; etwas für nötig halten; das Nötige veranlassen; alles Nötige tun*⟩ *„mit der nötigen Vorsicht vorgehen"* | *„Wenn nötig, bleibe ich noch ein bisschen und helfe dir"* **2** *gesprochen* so, dass etwas bald geschehen, getan werden muss ⟨*nötig (auf die Toilette) müssen; etwas nötig brauchen*⟩ ≈ dringend

die **No·tiz** (-, *-en*) etwas, das man aufgeschrieben hat ⟨*Notizen machen*⟩ *„Das geht aus einer Notiz im Tagebuch hervor"* **K** Notizblock, Notizbuch; Aktennotiz

der **Not·ruf** **1** ein Telefonanruf o. Ä., mit dem man die Polizei, die Feuerwehr oder einen Arzt um Hilfe in einem Notfall bittet ⟨*einen Notruf empfangen, entgegennehmen*⟩ **2** eine Telefonnummer für Notrufe

die **Not·wehr** (-) die Anwendung von Gewalt, die nicht bestraft wird, wenn damit ein Angriff abgewehrt wird ⟨*in/aus Notwehr handeln*⟩

not·wen·dig ADJEKTIV so, dass es dringend gebraucht wird oder dringend gemacht werden muss ≈ nötig *„eine notwendige Reparatur vornehmen"* • *hierzu* **Not·wen·dig·keit** *die*

der **No·vem·ber** [-v-]; (*-s*, -) der elfte Monat des Jahres ⟨*im November; Anfang, Mitte, Ende November; am 1., 2., 3. November; ein nebliger, kalter, stürmischer November*⟩ **K** Novembertag **i** Abkürzung: *Nov.*

Nr. Abkürzung für *Nummer*

nüch·tern ADJEKTIV **1** mit leerem Magen, weil man vorher nichts gegessen oder getrunken hat *„Bitte kommen Sie zur Blutabnahme nüchtern"* **2** nicht von den Wirkungen des Alkohols beeinflusst *„Nach zwei Gläsern Wein war er nicht mehr ganz nüchtern"*

die **Nu·del** (-, *-n*) ein Nahrungsmittel aus Mehl und Wasser (und Eiern), das man in Wasser kocht und mit einer Soße, in Suppen oder mit Fleisch isst *„Lange dünne Nudeln nennt man Spaghetti"* **K** Nudelsalat, Nudelsuppe; Bandnudel

null ZAHLWORT **1** (als Ziffer) 0 **2** beim Sport verwendet, um zu sagen, dass keine Punkte oder Tore erzielt wurden *„Das Spiel endete null zu null (0 : 0) unentschieden"* **3** **null (Grad (Celsius))** die Temperatur (auf der Celsiusskala), bei

der Wasser beginnt, zu Eis zu werden ⟨*Temperaturen über, unter null; die Temperatur sinkt (auf 10 Grad) unter null, steigt auf 10 Grad über null*⟩ ≈ 0 °C **4** **null Uhr** *geschrieben* der Zeitpunkt in der Nacht, zu dem ein neuer Kalendertag beginnt ≈ Mitternacht *„Der Zug kommt um null Uhr zweiundzwanzig (00:22 Uhr) an"* ⓘ Man sagt auch *24 Uhr* oder *12 Uhr nachts*. Für die Angabe der Uhrzeit zwischen Mitternacht und ein Uhr verwendet man immer *null Uhr*: *null Uhr 16* (= 00:16 Uhr).
ADJEKTIV *nur in dieser Form* **5** *gesprochen* ≈ kein *„Von Mathe hast du wohl null Ahnung, was?"* **ID** **in null Komma nichts** *gesprochen, humorvoll* in sehr kurzer Zeit

die **Nụll** (-, -*en*) die Ziffer 0 *„Die Zahl 100 hat zwei Nullen"*

der **Nụll·ta·rif** **zum Nulltarif** ohne, dass man etwas bezahlen muss *„Solche Verbesserungen gibt es nicht zum Nulltarif"*

die **Nụm·mer** (-, -*n*) **1** eine Zahl, die den Platz einer Person/Sache in einer Reihe oder Liste angibt ⟨*eine hohe, niedrige Nummer*⟩ *„Ich wohne in der Hauptstraße Nummer 41"* **K** Bestellnummer, Hausnummer, Kontonummer ⓘ Abkürzung: *Nr.* **2** eine Person oder Sache mit der angegebenen Nummer *„Die Nummer 666 gewinnt eine Reise nach Kalifornien"* **3** die Reihe von Ziffern, die man wählt, um zu telefonieren ⟨*jemandem seine Nummer geben; jemandes Nummer haben; jemandes Nummer wählen*⟩ *„Ich bin unter der Nummer 2859 erreichbar"* **K** Telefonnummer, Privatnummer, Handynummer **4** die Ziffern und Buchstaben auf einem Schild, das Autos, Motorräder usw. haben müssen ≈ Kennzeichen **K** Nummernschild; Autonummer **5** die Zahl, mit der man die Größe von Kleidern, Schuhen usw. angibt ⟨*große, kleine Nummern*⟩ ≈ Größe *„Damenschuhe Nummer 38"* | *„Haben Sie dieses Kleid eine (halbe) Nummer größer?"* **6** ein Beitrag, Stück in einem Programm ⟨*eine Nummer vorführen*⟩ *„Unsere nächste Nummer: Gino und Gina auf dem Trapez!"* **K** Zirkusnummer **ID** **auf Nummer Sicher/sicher gehen** *gesprochen* kein Risiko eingehen

num·me·rie·ren (*nummerierte, hat nummeriert*) **etwas nummerieren** Dingen Nummern geben und sie so in eine Reihenfolge bringen ⟨*Seiten nummerieren; die Plätze im Kino, Theater sind nummeriert*⟩ • *hierzu* **Num·me·rie·rung** *die*

das **Nụm·mern·schild** das Schild aus Metall bei Autos, Motorrädern usw., auf dem meist Zahlen und Buchstaben als Kennzeichen stehen ⓘ → Abb. unter **Auto**

nun ADVERB **1** in dem Moment, in dem der Sprecher etwas sagt ⟨*von nun ab/an*⟩ ≈ jetzt *„Kommen wir nun zum Programm der nächsten Woche"* **2** in der Gegenwart ≈ heutzutage *„Früher war an dieser Stelle eine schöne Wiese, nun stehen hier Hochhäuser"*

nur ADVERB **1** verwendet, um zu betonen, dass eine Aussage genau auf die genannte Sache/Person o. Ä. zutrifft und auf nichts anderes (und dass das wenig ist). *Nur* bezieht sich auf den Teil des Satzes, der direkt folgt ≈ bloß *„Nur Hans hat Kuchen gekauft"* und sonst niemand | *„Hans hat nur den Kuchen gekauft"* und nichts anderes | *„Hans hat den Kuchen nur gekauft"* und nicht gegessen | *„Ihre neuen Schuhe kosteten nur 40 Euro"* ⓘ vergleiche **erst** **2** verwendet, um eine Aussage durch einen Gegensatz, Widerspruch oder eine Einschränkung zu ergänzen ≈ aber *„Das Konzert war toll, nur war die Musik ein bisschen zu laut"* **3** **nur noch** (+*Adjektiv*) *unbetont* verwendet, um zu sagen, dass etwas eine negative Wirkung haben könnte *„Wenn du an dem Mückenstich kratzt, juckt er nur noch mehr"*
PARTIKEL **4** in Fragen verwendet, um zu sagen, dass man nicht weiß, was (jetzt) zu tun ist *„Wo ist denn nur mein 'Schlüssel?"* | *„Was kann da nur 'passiert sein?"* **5** *unbetont* verwendet, um eine

N

Person zu beruhigen, zu trösten oder ihr Mut zu machen *„Nur Mut, das schaffst du schon!"* **6** *betont* verwendet, um zu sagen, dass man etwas dringend wünscht *„Wenn es doch nur schon Abend wäre!"* ⓘ Statt *nur* kann man fast immer auch *bloß* verwenden, aber *nur* ist viel häufiger.

nu·scheln (*nuschelte, hat genuschelt*); *gesprochen* **(etwas) nuscheln** so reden, dass man den Mund kaum bewegt und deshalb schwer zu verstehen ist

Nuss (-, *Nüs·se*) **1** eine trockene Frucht mit einem Kern, der in einer harten Schale steckt ‹*Nüsse knacken*› *„Das Eichhörnchen sammelt Nüsse für den Winter"* **K** Nussschale **2** der Kern der Nuss, den man meist essen kann **K** Nusseis, Nusskuchen, Nusstorte

Nut·te (-, *-n*); *gesprochen, abwertend* ≈ Prostituierte

nut·zen (*nutzte, hat genutzt*) **1** **etwas (zu etwas) nutzen** etwas (für den genannten Zweck) sinnvoll verwenden ‹*eine Gelegenheit, eine Chance, die Freiheit nutzen*› *„die Wasserkraft zur Erzeugung von Strom nutzen"* | *„den Keller für sein Hobby nutzen"* **2** **etwas nutzt (jemandem/etwas) (etwas/viel)** etwas bringt einer Person oder Sache einen Vorteil oder hilft irgendwie *„Ein günstiger Kredit würde der Firma viel nutzen"* **3** **etwas nutzt (jemandem/etwas) wenig/nichts** etwas bringt einer Person oder Sache keinen Vorteil oder hilft nicht *„Seine Ratschläge nutzen uns wenig"*

nüt·zen (*nützte, hat genützt*) → nutzen

Nut·zen (-s) ein Vorteil oder Gewinn, den jemand von einer Sache oder Tätigkeit hat ‹*der praktische, unmittelbare, gesellschaftliche, wirtschaftliche Nutzen; einen, keinen Nutzen von etwas haben*› *„Der praktische Nutzen dieser Erfindung wird enorm sein"*

Nut·zer (-s, -) eine Person, die ein Gerät oder Programm benutzt oder einen Dienst in Anspruch nimmt **K** Computernutzer, Internetnutzer

nütz·lich ADJEKTIV **1** so, dass das Genannte einen Vorteil für eine Person oder eine Situation hat ‹*ein Hinweis, eine Beschäftigung, ein Geschenk, Pflanzen, Tiere*› *„Gummistiefel werden uns bei diesem Regen sehr nützlich sein"* **2** **jemandem (bei etwas) nützlich sein; sich (bei jemandem/etwas) nützlich machen** jemandem helfen *„Er hat sich bei der Gartenarbeit nützlich gemacht"* • zu (1) **Nütz·lich·keit** *die*

nutz·los ADJEKTIV ohne Nutzen *„Es ist völlig nutzlos, ihr Ratschläge zu geben, sie ignoriert sie einfach"*

die **Nut·zung** (-) das Verwenden einer Sache zu einem Zweck *„die landwirtschaftliche Nutzung des Bodens"*

O

das **O, o** [oː]; (-, -/*gesprochen auch* -s) der fünfzehnte Buchstabe des Alphabets

das **Ö, ö** [øː]; (-, -/*gesprochen auch* -s) der Umlaut des o

o! verwendet mit einem anderen Wort, um Erschrecken oder Bedauern auszudrücken ‹*O ja!, O weh!, O Gott!, O doch!, O nein!*› ⓘ → auch **oh**

ob BINDEWORT **1** verwendet, um einen Nebensatz einzuleiten, der Zweifel oder eine Frage ausdrückt *„Wissen Sie, ob heute noch ein Zug nach Berlin fährt?"* | *„Sie konnte sich nicht entscheiden, ob sie ihn anrufen sollte oder nicht"* **2** **als ob** → als **ID** **Und 'ob!** *gesprochen* verwendet, um eine positive Antwort zu verstärken *„Kannst du Tischtennis spielen?" – „Und ob (ich das kann)!"*

der/die **Ob·dach·lo·se** (-n, -n) eine Person, die (aus Not oder nach einer Katastrophe) keine Wohnung hat ⓘ *ein Obdachloser; der Obdachlose; den,* *dem, des Obdachlosen* • *hierzu* **ob·dach·los** ADJEKTIV

oben ADVERB **1** an einer hohen oder höheren Stelle ‹*ganz, hoch, weit oben; oben auf dem Berg, am Gipfel*› *„Das Buch steht im Regal rechts oben"* | *„Was fliegt da oben am Himmel?"* **2** auf der höher gelegenen Seite oder an der Oberfläche *„den Sack oben zubinden"* | *„Kork schwimmt im Wasser oben"* **3** am Anfang der Seite *„der erste Absatz auf Seite fünf oben"*

der **Ober** (-s, -) **1** ein Mann, der in einem Restaurant das Essen und die Getränke an den Tisch bringt ≈ Kellner **2** **(Herr) Ober!** verwendet als höfliche Anrede für den Kellner (in einem Restaurant)

die **Ober·flä·che** (-, -n) **1** die Seite eines Materials oder eines Körpers, die man (von außen) sieht *„Porzellan hat eine glatte Oberfläche"* **2** die oberste Schicht einer Flüssigkeit oder Masse *„Der Wind kräuselt die Oberfläche des Sees"* **K** Wasseroberfläche

ober·fläch·lich ADJEKTIV **1** nur an der Oberfläche ‹*eine Verletzung, eine Wunde*› **2** nicht gründlich und detailliert ‹*Kenntnisse; etwas nur oberflächlich behandeln, betrachten*› **3** kurz, flüchtig und nicht intensiv ‹*eine Bekanntschaft; etwas nur oberflächlich kennen*› • *hierzu* **Ober·fläch·lich·keit** *die*

ober·halb PRÄPOSITION *mit Genitiv* weiter oben als die genannte Höhe, Sache ≈ über *„Oberhalb 2000 Meter geht der Regen in Schnee über"* | *„Oberhalb dieser Preisgrenze ist das Angebot nicht mehr interessant"* **i** auch zusammen mit *von*: *oberhalb von Afrika*

die **Ober·lei·tung** ein Draht, der über Masten gespannt ist und aus dem Straßenbahnen und elektronische Lokomotiven den elektrischen Strom nehmen

der **Ober·schen·kel** der Teil des Beins zwischen Knie und Hüfte ↔ Unterschenkel, Wade **i** → Abb. unter **Körper**

die **Ober·wei·te** der Umfang des Oberkörpers (von Frauen), wie er in Höhe der Brust gemessen wird

das **Ob·jekt** (-(e)s, -e) **1** Objekte kann man sehen und anfassen oder damit etwas tun ≈ Ding *„verschiedene Objekte auf dem Bildschirm anklicken"* **K** Flugobjekt, Sammlerobjekt, Tauschobjekt **2** Objekte sind Gebiete oder Themen, über die man spricht oder nachdenkt ‹*ein lohnendes Objekt; ein Objekt der Forschung*› ≈ Gegenstand *„Als Olympiasieger ist er ein Objekt allgemeiner Neugier" ... wollen alle Leute mehr über ihn wissen* **K** Forschungsobjekt, Versuchsobjekt **3** Objekte sind Ergänzungen des Verbs, meist im Dativ oder im Akkusativ ‹*das direkte, indirekte Objekt*› *„In dem Satz „Er las das Buch mit Interesse" ist „das Buch" das direkte Objekt"* **K** Akkusativobjekt, Dativobjekt

ob·jek·tiv, **ob·jek·tiv** [-f] ADJEKTIV von Fakten und nicht von persönlichen Gefühlen oder Wünschen bestimmt ‹*ein Grund, eine Meinung, ein Urteil; etwas objektiv berichten, darstellen, schildern*› ≈ sachlich • *hierzu* **Ob·jek·ti·vi·tät** *die*

die **Oboe** (-, -n) ein Blasinstrument aus Holz mit hohem Klang, in das man durch ein dünnes Rohr hineinbläst **i** → Abb. unter **Instrument**

das **Obst** (-(e)s) die meist süßen und saftigen Früchte (von Bäumen und Sträuchern), die man (roh) essen kann, wie z. B. Äpfel, Bananen oder Pfirsiche ‹*frisches, eingemachtes, gedörrtes Obst*› **K** Obstbaum, Obstgarten, Obstkuchen, Obstsalat

ob·wohl BINDEWORT der Nebensatz mit *obwohl* beschreibt eine Situation, die normalerweise nicht zu den Umständen passt, die im Hauptsatz genannt werden *„Er ist überhaupt nicht müde, obwohl er die ganze Nacht nicht geschlafen hat"* | *„Obwohl es schon Herbst ist, kann man noch im Freien sitzen"*

der **Och·se** ['ɔksə]; (-n, -n) ein kastriertes männliches Rind (Stier) **i** *der Ochse; den, dem, des Ochsen*

der/das **Ocker** (-s) ein Farbton zwischen

O

der Apfel

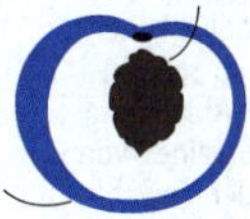

der Pfirsich

die Birne

die Banane

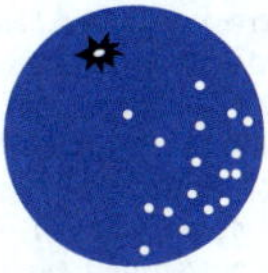
die Orange

die Weintrauben
die Trauben

die Kirschen

die Zitrone

die Erdbeere

die Himbeere

die Zwetsch(g)e
die Pflaume

die Aprikose

gelb und braun **K** ockergelb • *hierzu* **ocker** *ADJEKTIV*

oder *BINDEWORT* **1** verwendet, um zu sagen, dass es mehrere Möglichkeiten gibt *„In diesem See kann man schwimmen, surfen oder segeln"* ⓘ Abkürzung: *od.* **2** verwendet, wenn nur eines von zwei Dingen möglich ist oder gewählt werden kann *„Ja oder nein?" | „Du hast die Wahl: Komm mit oder bleib hier"* ⓘ → auch **entweder** **3** nennt die unangenehmen Folgen, die es haben würde, wenn jemand etwas nicht tut *„Ihr benehmt euch sofort anständig, oder ihr fliegt raus!"*

der **Ofen** (-s, Öfen) **1** ein Gerät, in dem man (z. B. mit Holz) Feuer macht, um ein Zimmer zu heizen ⟨*den Ofen anheizen, schüren, ausgehen lassen*⟩ **K** Ofenrohr; Ölofen, Kachelofen **2** ein Gerät (meist ein Teil des Herds), in dem man Kuchen backt oder einen Braten zubereitet *„ein Hähnchen im Ofen braten"* **K** Backofen, Elektroofen

ofen·frisch *ADJEKTIV* gerade aus dem Backofen geholt ⟨*Brot, Brötchen*⟩

of·fen *ADJEKTIV* GEÖFFNET: **1** wenn etwas offen ist, kann man hinein- oder hinausgehen, etwas hineintun oder herausnehmen usw. ↔ zu ⓘ → Abb. unter **auf** **2** so, dass Kunden oder Besucher hineindürfen ⟨*Banken, Behörden, Geschäfte, Parks, Zoos*⟩ ↔ geschlossen *„Die Läden sind bis 20 Uhr offen"* FREI: **3** so, dass man ohne Hindernis weiterfahren kann ⟨*die Straße, der Pass, der Grenzübergang, die Grenze*⟩ ↔ gesperrt **4** so, dass viel Raum ist und man weit sehen kann ⟨*ein Feld, ein Gelände; das Meer*⟩ NICHT VERPACKT, BEDECKT, GESCHLOSSEN USW.: **5** nicht vom Hersteller (in genormten Mengen) verpackt ⟨*etwas offen kaufen, verkaufen*⟩ *„Beim Bauern bekommt man die Milch offen"* man bringt eine Milchkanne mit, die der Bauer füllt **6** so, dass man die Flammen berühren könnte ⟨*ein Feuer, ein Kamin*⟩ **7** so, dass die Haut nicht heil, sondern wund ist ⟨*eine Wunde*⟩ NICHT ERLEDIGT: **8** noch nicht bezahlt ⟨*eine Rechnung, ein Betrag*⟩ EHRLICH, DEUTLICH: **9** so, dass man ehrlich ist und seine Gefühle nicht versteckt ⟨*ein Blick, ein Mensch*⟩ *„Sie sagte ihm offen ihre Meinung"*

of·fen·bar[1] *ADJEKTIV; geschrieben* ⟨*eine Absicht, eine Lüge*⟩ so, dass sie jeder deutlich sehen und leicht verstehen kann ≈ klar *„Etwas ist/wird jemandem offenbar"*

of·fen·bar[2] *ADVERB* wie es den Eindruck macht, wie es scheint ≈ anscheinend *„Er sitzt den ganzen Tag in der Kneipe herum. Offenbar hat er nichts zu tun"*

of·fen·sicht·lich, **of·fen·sicht·lich** *ADJEKTIV* so, dass es jeder sehen und erkennen kann *„Seine Angst war offensichtlich, er zitterte am ganzen Körper"*

öf·fent·lich *ADJEKTIV* **1** so, dass alle Personen daran teilnehmen, zuhören und ihre Meinung sagen dürfen ⟨*ein Vortrag, Wahlen, ein Auftritt; etwas öffentlich bekannt geben, erklären*⟩ **2** so, dass es jeder benutzen darf ⟨*Anlagen, ein Park, Toiletten, die Verkehrsmittel*⟩ ↔ privat **3** von allen oder für alle ⟨*ein Ärgernis, die Meinung, die Sicherheit, das Wohl; etwas liegt im öffentlichen Interesse*⟩ **4** so, dass es jeder weiß ≈ bekannt *„Missstände öffentlich machen"* **5** mit der Regierung oder ihren Leistungen für die Menschen verbunden ⟨*die Gelder, die Gebäude, die Ordnung, eine Schule*⟩ ≈ staatlich

die **Öf·fent·lich·keit** (-) alle Leute, die in einer Stadt, einem Land o. Ä. wohnen ⟨*die Öffentlichkeit alarmieren, informieren*⟩ *„Die Zeitung brachte die Nachricht an die Öffentlichkeit"*

of·fi·zi·ell *ADJEKTIV* **1** im Auftrag der Regierung oder eines Amtes (gemacht) ⟨*eine Bekanntmachung, eine Mitteilung, die Linie, der Kurs*⟩ ≈ amtlich ↔ inoffiziell *„Von offizieller Seite ist der Rücktritt des Ministers noch nicht bestätigt worden"* **2** öffentlich und feierlich ≈ förmlich *„Der Empfang hatte einen sehr offiziellen Charakter"* **3** so, wie es öffentlich gesagt wird (aber nicht wahr sein muss) ↔ inoffiziell *„Offiziell ist er krank, aber in Wirklichkeit ist er beim Skifahren"*

Of·fi·zier (-s, -e) eine Person, die beim Militär einen hohen Rang hat und Befehle erteilen kann ⟨*ein hoher, verdienter Offizier; ein Offizier der Luftwaffe*⟩ **K** Marineoffizier • *hierzu* **Of·fi·zie·rin** *die*

öff·nen (*öffnete, hat geöffnet*) **1** **etwas (mit etwas) öffnen** wenn man etwas öffnet, ist es danach offen ≈ aufmachen ↔ schließen *„jemandem höflich die Tür öffnen"* | *„Er öffnete den Mund, als wollte er etwas sagen"* **2** **etwas öffnen** wenn eine Grenze oder Straße geöffnet wird, kann/darf man sie wieder benutzen ↔ sperren **3** **etwas öffnen** wenn man einen Fallschirm, Regenschirm o. Ä. öffnet, kann man ihn benutzen **4** **jemand/etwas öffnet (etwas)** wenn ein Geschäft, ein Museum, eine Behörde usw. öffnet oder geöffnet wird, dürfen Besucher oder Kunden hinein ≈ aufmachen ↔ schließen *„Der Zoo hat/ist täglich von acht bis achtzehn Uhr geöffnet"* **5** **etwas öffnet sich** wenn sich etwas öffnet, ist es danach offen ↔ schließen *„Das Tor öffnet sich automatisch/von selbst, wenn man auf diesen Knopf drückt"*

der **Öff·ner** (-s, -) ein kleines Gerät, mit dem man z. B. Dosen oder Flaschen öffnen kann **K** Dosenöffner, Flaschenöffner

die **Öff·nung** (-, -en) eine Stelle, an der etwas offen ist oder die nach innen führt ≈ Loch *„Er kroch durch eine kleine Öffnung im Zaun in den Garten"*

die **Öff·nungs·zeit** (-, -en) die Zeit, in der ein Geschäft, ein Museum o. Ä. offen hat

oft ADVERB (*öfter, öftest-*) **1** viele Male, immer wieder ≈ häufig ↔ selten *„Das ist mir schon oft passiert"* **2** in vielen Fällen ≈ häufig ↔ selten *„Es ist oft schwer, seinen Akzent zu verstehen"* **3** in (regelmäßigen) kurzen Abständen *„Die U-Bahnen verkehren recht oft"* **4** verwendet, um zu fragen oder anzugeben, in welchen Abständen oder wie viele Male etwas geschieht ⟨*so oft; wie oft*⟩ *„Wie oft hast du schon angerufen?" – „Zweimal."* | *„Wie oft fahren die Busse von hier zum Bahnhof?" – „Alle zehn Minuten."*

öf·ter ADVERB **1** Komparativ → oft **2** mehrere oder einige Male *„Ich habe diesen Film schon öfter gesehen"*

öf·ters ADVERB sehr viele Male, immer wieder

oh·ne PRÄPOSITION *mit Akkusativ* **1** verwendet, um zu sagen, dass die genannte Person/Sache nicht vorhanden, nicht dabei ist, nicht benutzt wird o. Ä. ↔ mit *„ein Zimmer ohne Fenster"* | *„ohne Besteck, nur mit den Fingern essen"* | *„Er ist ohne seine Frau in Urlaub gefahren"* BINDEWORT **2** **ohne zu** +*Infinitiv*; **ohne dass** das Genannte ist nicht der Fall oder nicht geschehen *„Sie hat uns geholfen, ohne es zu wissen/ohne dass sie es wusste"*

die **Ohn·macht** (-, -en) **1** ein Zustand, in dem jemand (meist für kurze Zeit) ohne Bewusstsein ist ≈ Bewusstlosigkeit **2** **in Ohnmacht fallen** das Bewusstsein verlieren

ohn·mäch·tig ADJEKTIV (für eine kurze Zeit) ohne Bewusstsein ⟨*ohnmächtig werden*⟩ ≈ bewusstlos

das **Ohr** (-(e)s, -en) mit den Ohren hören Menschen und Tiere ⟨*das linke, das rechte Ohr; sich (Dativ) die Ohren zuhalten*⟩ **K** Ohrenarzt, Ohrenschmerzen ℹ → Abb. unter **Kopf** **ID** **viel um die Ohren haben** *gesprochen* viele verschiedene Dinge zu tun haben

das **Öhr** (-(e)s, -e) das schmale Loch am Ende einer Nadel, durch das man den Faden zieht **K** Nadelöhr ℹ → Abb. unter **Nadel**

der **Ohr·ring** Ohrringe steckt man als Schmuck in ein kleines Loch am Ohr

oje!, **oje·mi·ne!** verwendet, um Bedauern auszudrücken *„Oje, jetzt hab ich den Kaffee verschüttet!"*

o.k. [o'ke:] *gesprochen* ADJEKTIV **1** so, wie man es sich wünscht *„Ihre Arbeit ist völlig o.k."* **2** so, dass man zufrieden sein kann, aber nicht begeistert ist *„Wie hat dir das Buch gefallen?" – „Nun, ich*

O

finds ganz o.k."
PARTIKEL *betont* **3** verwendet als Antwort auf einen Vorschlag o. Ä., um Zustimmung auszudrücken *„Gehst du morgen mit uns schwimmen?" – „Ja, o.k."*

das **O.K.** [o'keː, o'keɪ]; (-(s), -s); *gesprochen* ≈ Einverständnis, Zustimmung *„Der Chef hat sein O.K. zu deinem Vorschlag gegeben"*

okay, **Okay** [o'keː, o'keɪ] → o.k., O.K.

öko·lo·gisch ADJEKTIV **1** das natürliche System aus Lebewesen und Umwelt betreffend ⟨*der Kreislauf*⟩ **2** dem natürlichen Gleichgewicht und der Umwelt nicht schadend ⟨*Grundsätze, Methoden*⟩ ≈ biologisch

öko·no·misch ADJEKTIV **1** in Bezug auf die Ökonomie oder Wirtschaft ⟨*die Grundlagen, die Strukturen, das System*⟩ ≈ wirtschaftlich **2** so, dass dabei Mittel und Kräfte sparsam, aber wirkungsvoll eingesetzt werden ⟨*eine Arbeitsweise, eine Produktion*⟩ ≈ wirtschaftlich

der **Ok·to·ber** (-s, -) der zehnte Monat des Jahres ⟨*im Oktober; Anfang, Mitte, Ende Oktober; am 1., 2., 3. Oktober*⟩ ⓘ Abkürzung: *Okt.*

das **Öl** (-(e)s, -e) **1** Öle sind flüssiges Fett; sie werden zum Kochen verwendet oder dafür, dass Maschinen leichter laufen ⟨*ein tierisches, pflanzliches Öl; ätherische Öle*⟩ *„eine Salatsoße aus Essig und Öl"* **K** Salatöl, Schmieröl, Speiseöl; Olivenöl, Sonnenblumenöl **2** *Öl* ist ein Kurzwort für *Erdöl*. Es bezeichnet auch flüssige Produkte aus Erdöl ⟨*nach Öl bohren; Öl fördern; mit Öl heizen*⟩ **K** Ölheizung, Ölquelle, Ölspur, Öltank; Heizöl, Rohöl ⓘ nicht in der Mehrzahl verwendet **3** Kurzwort für *Ölfarbe „Er malt in Öl"* **K** Ölgemälde ⓘ nicht in der Mehrzahl verwendet

ölen (*ölte, hat geölt*) **etwas ölen** Öl in oder auf meist bewegliche Teile von einem Gerät oder einer Maschine tun, damit sie sich leichter bewegen

die **Oli·ve** [-və]; (-, -n) die kleine, bittere Frucht eines Baumes, die man essen kann und aus der man auch Öl macht ⟨*grüne, schwarze Oliven*⟩ **K** Olivenöl

O

die **Öl·spur** eine Ölspur entsteht zum Beispiel, wenn nach einem Unfall bei einem Fahrzeug Öl ausläuft ⟨*eine Ölspur beseitigen*⟩ *„Vorsicht, Ölspur!"*

die **Olym·pi·a·de** (-, -n); *gesprochen* ein internationaler Wettkampf zwischen den besten Sportlern der Welt, der alle vier Jahre (jeweils in einem anderen Land) stattfindet ⟨*an der Olympiade teilnehmen; für die Olympiade trainieren*⟩ ≈ Olympia ⓘ offizielle Bezeichnung: *die Olympischen Spiele*

die **Oma** (-, -s); *gesprochen Kindersprache* verwendet als Anrede oder Bezeichnung für die Großmutter

der **Om·ni·bus** (-ses, -se) ≈ Bus **K** Omnibushaltestelle, Omnibuslinie

der **On·kel** (-s, -/*gesprochen auch* -s) der Bruder der Mutter oder des Vaters oder der Ehemann der Tante *„(mein) Onkel Kurt"* ⓘ → Abb. unter **Familie**

on·line ['ɔnlaɪn] ADJEKTIV im/ins Internet oder in Verbindung mit dem Internet ⟨*jemand, ein Angebot, ein Computer geht, ist online*⟩ *„Wann geht die Website online?"* **K** Onlineangebot, Onlineausgabe, Onlinebetrieb, Onlineticket

der **Opa** (-s, -s); *gesprochen Kindersprache* verwendet als Anrede oder Bezeichnung für den Großvater ↔ Oma

die **Oper** (-, -n) **1** eine Art Theaterstück mit Musik, bei dem ein großes Orchester spielt und der Text gesungen wird ⟨*eine Oper aufführen, dirigieren, inszenieren, komponieren*⟩ *„Verdis bekannteste Oper ist „Aida"* **K** Opernarie, Opernsänger **2** eine Veranstaltung, bei der eine Oper aufgeführt wird *„Heute gehen wir in die Oper"* ⓘ nicht in der Mehrzahl verwendet **3** das Gebäude, in dem Opern aufgeführt werden **K** Opernhaus

die **Ope·ra·ti·on** [-'tsioːn]; (-, -en) **1** der Vorgang, bei dem ein Arzt eine Person oder ein Tier operiert ⟨*eine gefährliche, harmlose, komplizierte, kosmetische, Operation*⟩ *„Die Operation wurde unter Vollnarkose durchgeführt"* **K** Herzoperation, Schönheitsoperation **2** relativ große, geplante Kampfhandlungen ⟨*eine militärische, strategische Operation*⟩ „*die Operationen einer Heeresgruppe leiten*"

ope·rie·ren (*operierte, hat operiert*) **(jemanden/etwas) operieren** als Arzt den Körper eines Menschen oder eines Tieres durch Schnitte öffnen, um eine Krankheit oder Verletzung zu behandeln ⟨*einen entzündeten Blinddarm, einen Herzfehler, einen Tumor operieren; ein frisch Operierter*⟩ „*Er muss operiert werden*"

das **Op·fer** (-s, -) **1** eine Person, die (durch einen Unfall, eine Katastrophe, ein Verbrechen o. Ä.) Schaden erleidet, verletzt wird oder stirbt „*Opfer eines Justizirrtums/einer Verwechslung werden*" | „*Die Pest forderte zahllose Opfer. Die meisten Opfer waren in den Städten zu beklagen*" **K** Kriegsopfer, Unfallopfer; Todesopfer **2** eine Sache, auf die wir verzichten oder die wir für andere Personen oder für Dinge tun, die uns wichtig sind ⟨*ein großes, schweres Opfer; ein Opfer für jemanden/etwas bringen*⟩ „*Nur unter großen finanziellen Opfern konnte sie ihre Kinder studieren lassen*" **K** Opferbereitschaft; opferbereit, opferwillig **3** Tiere, Menschen oder Dinge, die Personen in einer Zeremonie einem Gott geben „*versuchen, die Götter durch Opfer zu versöhnen*" **K** Opfergabe, Opferlamm **4** eine kleine Summe Geld, die man der Kirche schenkt ≈ Spende **K** Opfergeld

op·fern (*opferte, hat geopfert*) **1** **(jemandem) (etwas) opfern** einem Gott ein Opfer bringen „*den Göttern ein junges Tier opfern*" **2** **etwas (für jemanden/etwas) opfern; jemandem/etwas etwas opfern** für einen Menschen oder eine Sache etwas tun oder geben, auf etwas Wertvolles verzichten „*Für sein Hobby opfert er sein ganzes Taschengeld*"

die **Op·po·si·ti·on** [-'tsjo:n]; (-, -en) **1** die Parteien in einem Parlament, die nicht an der Regierung beteiligt sind ⟨*ein Mitglied, Angehöriger der Opposition*⟩ „*Die Opposition lehnt das Gesetz ab*" **2** *geschrieben* Handlungen, mit denen man sich gegen eine entgegengesetzte Meinung wehrt ⟨*jede Opposition unterdrücken; etwas aus Opposition tun*⟩ ≈ Widerstand „*Es gibt mehr Opposition als Zustimmung zu den Sparvorschlägen*"

der **Op·ti·ker** (-s, -) eine Person, die beruflich Brillen, Mikroskope, Ferngläser usw. macht, repariert und verkauft **K** Augenoptiker • *hierzu* **Op·ti·ke·rin** *die*

op·ti·mal ADJEKTIV so gut, wie es in einer Situation überhaupt möglich ist ⟨*die Lösung, der Zustand; etwas optimal gestalten, nutzen, verwerten*⟩ • *hierzu* **op·ti·mie·ren** (*hat*)

die **Op·ti·on** [-'tsjo:n]; (-, -en) eine von mehreren Möglichkeiten, unter denen man wählen kann „*Im Menü „Layout" gibt es mehrere Optionen für die Darstellung der Tabelle*"

op·tisch ADJEKTIV **1** so, dass es mit den Augen gesehen wird ⟨*ein Eindruck, ein Reiz, eine Täuschung*⟩ ≈ visuell **2** mit Linsen, Spiegeln o. Ä. (ausgestattet) ⟨*Geräte, Instrumente*⟩

oran·ge [o'rã:ʒ, o'raŋʒ] ADJEKTIV von der Farbe Orange „*ein Bauarbeiter mit oranger Jacke*" **i** aber: vor dem Substantiv wird das *e* am Wortende gesprochen

die **Oran·ge**[1] [o'rã:ʒə, o'raŋʒə]; (-, -n) eine süße, runde Frucht mit dicker, rotgelber Schale, die in warmen Ländern wächst und die innen in Spalten unterteilt ist ⟨*eine Orange auspressen, schälen*⟩ **K** Orangenlimonade, Orangensaft, Orangenscheibe **i** → Abb. unter **Obst**; zu *Orangensaft* → Abb. unter **Frühstück**

das **Oran·ge**[2] [o'rã:ʒ, o'raŋʒ]; (-) die Farbe, die entsteht, wenn man Gelb mit Rot mischt ⟨*ein helles, kräftiges, leuchtendes Orange*⟩

das **Or·ches·ter** [ɔr'kɛstɐ]; (-s, -) eine ziemlich große Gruppe von Musikern, die gemeinsam mit einem Dirigenten Musik machen und Konzerte geben

⟨*ein Orchester dirigieren, leiten*⟩ **K** Orchesterkonzert; Streichorchester, Sinfonieorchester

or·dent·lich ADJEKTIV **1** ⟨*eine Wohnung, ein Zimmer*⟩ so, dass alle Dinge darin (gepflegt, sauber und) an ihrem Platz sind ↔ unordentlich „*die Wäsche ordentlich in den Schrank legen*" **2** ⟨*Menschen*⟩ so, dass sie dafür sorgen, dass ihre Sachen ordentlich sind ↔ unordentlich „*ein ordentlicher und fleißiger Schüler*" **3** so, wie es den Normen der Gesellschaft entspricht ⟨*ein Benehmen, ein Beruf, Leute; sich ordentlich benehmen*⟩ ≈ anständig **4** sehr stark, sehr intensiv „*Gestern hat es ordentlich geregnet*"

ord·nen (*ordnete, hat geordnet*) **Dinge (irgendwie) ordnen** Dinge in eine Reihenfolge oder an ihre Plätze bringen, sodass sie leicht zu finden sind ≈ sortieren „*die Briefmarkensammlung nach Ländern ordnen*"

der **Ord·ner** (-s, -) **1** eine Mappe aus dicker Pappe oder Plastik, in der man Papiere aufbewahrt oder ordnet ⟨*einen Ordner anlegen; Rechnungen in einem Ordner abheften*⟩ **K** Aktenordner **2** ein Teil eines elektronischen Datenträgers (einer Festplatte o. Ä.), dem man einen Namen gibt und in dem man Dateien ablegen kann ⟨*einen Ordner anlegen; eine Datei in einem Ordner abspeichern, ablegen*⟩ **3** eine Person, die bei einer großen Veranstaltung den Teilnehmern die Plätze zeigt und Auskunft gibt „*den Anweisungen der Ordner folgen*" **K** Saalordner

O

die **Ord·nung** (-, *-en*) **1** der Zustand, in dem alle Dinge an ihrem Platz sind ⟨*Ordnung halten, machen, schaffen; etwas in Ordnung bringen, halten; für Ordnung sorgen*⟩ „*In seinem Schrank herrscht Ordnung*" **K** Ordnungsliebe, ordnungsliebend **i** nicht in der Mehrzahl verwendet **2** der Zustand, in dem jemand gesund ist, etwas funktioniert oder alles so ist, wie es sein soll ⟨*alles ist in bester, schönster Ordnung; etwas kommt, ist in Ordnung; etwas in Ordnung bringen, halten*⟩ „*Herbert war krank, aber jetzt ist er wieder in Ordnung*" | „*Er entschuldigte sich und brachte die Sache damit in Ordnung*" **i** nicht in der Mehrzahl verwendet **3** der Zustand, in dem die Menschen sich nach Gesetzen und Regeln richten ⟨*die öffentliche Ordnung; für Ordnung sorgen; die Ordnung bewahren, gefährden*⟩ „*Es herrscht Ruhe und Ordnung im Land*" **i** nicht in der Mehrzahl verwendet **4** die Gesetze und Regeln, nach denen sich die Menschen richten ⟨*die demokratische, öffentliche, verfassungsmäßige Ordnung*⟩ **5** das Prinzip, nach dem Dinge angeordnet werden ⟨*eine alphabetische, chronologische, systematische Ordnung*⟩ ≈ Reihenfolge **6** **in Ordnung** drückt aus, dass man mit etwas zufrieden oder einverstanden ist ≈ o.k. „*Findest du es in Ordnung, dass er so frech ist?*" | „*Wir treffen uns im Schwimmbad.*" – „*(Ist/Geht) in Ordnung!*"

das **Or·gan** (-s, *-e*) **1** Augen, Ohren, Herz, Lunge, Magen usw. sind wichtige Organe ⟨*die inneren Organe; ein Organ spenden, verpflanzen*⟩ **K** Organspende; Sinnesorgan, Verdauungsorgan **2** eine Abteilung (z. B. einer Regierung oder Verwaltung) für besondere Aufgaben ⟨*ein ausführendes, gesetzgebendes, staatliches, untergeordnetes, zentrales Organ*⟩ **K** Kontrollorgan, Parteiorgan, Verwaltungsorgan

die **Or·ga·ni·sa·ti·on** [-'tsjo:n]; (-, *-en*) **1** eine Gruppe von Menschen mit einem gemeinsamen Ziel oder einer gemeinsamen Aufgabe (z. B. ein Verein, ein Geschäft oder eine Partei) ⟨*eine kirchliche, militärische, politische Organisation; Mitglied einer Organisation sein*⟩ „*Das Rote Kreuz ist eine humanitäre Organisation*" **K** Hilfsorganisation **2** das Organisieren und Planen „*für die Organisation eines Festes verantwortlich sein*" **K** Organisationstalent **i** nicht in der Mehrzahl verwendet **3** der Aufbau und der Ablauf nach einem festen Plan

⟨*die Organisation der Arbeit, eines Betriebes, der Verwaltung*⟩ ⓘ nicht in der Mehrzahl verwendet

or·ga·ni·sie·ren (*organisierte, hat organisiert*) **1** **(etwas) organisieren** etwas, an dem meist viele Personen beteiligt sind, planen, vorbereiten und durchführen ⟨*eine Ausstellung, ein Fest, eine Tagung, eine Veranstaltung, den Widerstand organisieren*⟩ **2** **jemanden/etwas organisieren** dafür sorgen, dass jemand kommt oder dass etwas da ist ≈ besorgen *„Organisierst du die Getränke für die Feier?"*

or·ga·ni·siert ADJEKTIV in Form von Gruppen oder Organisationen ⟨*Verbrecherbanden; eine Protestbewegung, der Widerstand*⟩

r **Or·ga·nis·mus** (-, *Or·ga·nis·men*); *geschrieben* **1** der Körper eines Menschen oder Tieres (als ein System von Organen) *„Sein Organismus ist durch die Operation geschwächt"* **2** ein (meist sehr kleines) Lebewesen ⟨*mikroskopische, winzige Organismen*⟩

e **Or·gel** (-, *-n*) ein sehr großes Musikinstrument mit vielen unterschiedlich hohen und dicken Pfeifen, das meist in Kirchen steht ⟨*die/auf der Orgel spielen*⟩ **K** Orgelpfeife ⓘ → Abb. unter **Instrument**; zu *Orgelpfeife* → Abb. unter **Pfeife**

ori·en·tie·ren [ori̯ɛn-] (*orientierte, hat orientiert*) **1** **sich (nach/an etwas** (*Dativ*)**) orientieren** herausfinden, wo man ist und in welche Richtung man gehen will ⟨*sich nach dem Kompass, nach den Sternen, am Stand der Sonne orientieren*⟩ *„Ohne Stadtplan kann ich mich schlecht orientieren"* **2** **sich an jemandem/etwas orientieren** *geschrieben* sich nach einer Person, nach Bedingungen o. Ä. richten ⟨*sich an einem Ideal, einem Vorbild orientieren*⟩ *„Die Produktion muss sich an der Nachfrage orientieren"*

ori·gi·nal ADJEKTIV *nur in dieser Form* nicht verändert oder nachgemacht ≈ echt *„original Südtiroler Wein"*

das **Ori·gi·nal** (-(*e*)*s*, *-e*) **1** ein literarisches oder künstlerisches Werk in der (ursprünglichen) Form, wie es der Künstler selbst geschaffen hat *„Die Ausstellung zeigt Dürers Aquarelle im Original"* **2** das erste Exemplar eines geschriebenen Textes ⟨*ein Original kopieren, vergrößern, verkleinern; von einem Original Kopien herstellen; eine Urkunde im Original vorlegen*⟩ ≈ Vorlage ↔ Kopie

der **Or·kan** (-*s*, *-e*) ein starker Sturm, der großen Schaden anrichtet

der **Ort** (-(*e*)*s*, *-e*) **1** ein Gebiet oder eine Lage im Raum, die man bestimmen und beschreiben kann ⟨*an einem Ort*⟩ ≈ Platz *„Ort und Zeit eines Unfalls melden"* | *„Er ist abgereist und hält sich an einem unbekannten Ort auf"* **K** Aufenthaltsort, Unglücksort **2** die Lage im Raum, wo etwas normalerweise ist ⟨*an einem Ort*⟩ ≈ Stelle, Platz *„Ich habe das Buch nicht gefunden, es steht nicht an seinem Ort"* ⓘ nicht in der Mehrzahl verwendet **3** ein Dorf oder eine Stadt ⟨*in einem Ort*⟩ ≈ Ortschaft *„Orte mit mehr als 50000 Einwohnern"* **K** Ortsmitte, Ortsteil; ortsfremd; Geburtsort, Wohnort, Ferienort **4** **an Ort und Stelle** genau da, wo etwas geschieht/geschehen ist *„Der Minister informierte sich an Ort und Stelle über das Ausmaß der Katastrophe"* **5** **vor Ort** *geschrieben* genau da, wo etwas geschieht/geschehen ist

ört·lich ADJEKTIV **1** einen Ort oder nur einen Teil eines Gebiets betreffend ⟨*eine Besonderheit, Gegebenheiten, Veränderungen, Aufheiterungen, Gewitter, Schauer*⟩ ≈ lokal *„Örtlich ist mit Gewittern zu rechnen"* **2** in Bezug auf die Gemeinde in einem Ort ⟨*die Behörden, die Feuerwehr*⟩ ≈ lokal **3** auf eine Körperstelle beschränkt ⟨*eine Betäubung; jemanden örtlich betäuben*⟩ ≈ lokal

die **Ort·schaft** (-, *-en*) ein Ort mit wenigen Häusern *„Können wir in der nächsten Ortschaft eine Pause machen?"*

die **Öse** (-, *-n*) ein kleiner Ring aus Metall, in den man einen Haken einhängen oder durch den man eine Schnur ziehen kann

Ost *ohne Artikel; nur in dieser Form* die Richtung, in der die Sonne am Morgen zu sehen ist ⟨*Wind aus/von Ost; ein Kurs Richtung Ost*⟩ ↔ West **K** Nordost, Südost

der **Os·ten** (-*s*) **1** die Richtung, die auf der Landkarte nach rechts zeigt ↔ Westen *„Die Sonne geht im Osten auf"* **K** Ostküste **2** der Teil eines Gebietes, der im Osten liegt ↔ Westen *„Er wohnt im Osten des Landes"* **K** Ostafrika, Osteuropa

(das) **Os·tern** (-, -) das Fest im Frühling, mit dem die Christen die Auferstehung von Jesus Christus feiern ⟨*vor, zu/an, über, nach Ostern*⟩ *„Letztes Jahr hat es (zu/an) Ostern geschneit"* **K** Osterferien, Ostermontag **ID** **Frohe/Fröhliche Ostern!** verwendet, um jemandem ein schönes Osterfest zu wünschen

öst·lich *ADJEKTIV* **1** in die Richtung nach Osten ⟨*ein Kurs; in östliche Richtung fahren*⟩ **2** von Osten nach Westen ⟨*ein Wind; der Wind kommt, weht aus östlicher Richtung*⟩ **3** im Osten ⟨*ein Land, die Seite, der Teil*⟩
PRÄPOSITION mit Genitiv **4** (in der genannten Entfernung) weiter im Osten als etwas ↔ westlich *„fünf Kilometer östlich der Grenze leben"* **i** Folgt ein Wort ohne Artikel, verwendet man *östlich von*: *östlich von Köln*.

die **Ost·see** (-) das Meer zwischen Dänemark, Schweden, Finnland und den Ländern südlich von ihnen

ou·ten ['autn̩] (*outete, hat geoutet*); *gesprochen* **sich outen** öffentlich sagen, dass man selbst homosexuell ist

oval [-v-] *ADJEKTIV* mit einer Form wie ein Ei, wenn man es sich flach vorstellt ⟨*ein Gesicht, ein Spiegel, ein Tisch, eine Rennbahn*⟩

der **Oze·an** (-*s*, -*e*) ein großes Meer zwischen Kontinenten

P

das **P, p** [peː]; (-, -/*gesprochen auch* -*s*) der sechzehnte Buchstabe des Alphabets

paar *nur in dieser Form* **1** **ein paar** verwendet, um eine geringe Anzahl (von Personen, Dingen usw.) anzugeben ≈ wenige *„Vom Kuchen sind nur noch ein paar Stücke übrig"* **2** **ein paar** *+Zahl* mehr als zwei ⟨*ein paar hundert, tausend, Millionen*⟩ ≈ mehrere

das **Paar** (-(*e*)*s*, -/-*e*) **1** (*Mehrzahl: Paar*) zwei Dinge, die zusammengehören ⟨*ein, zwei, drei Paar Handschuhe, Ohrringe, Schuhe, Strümpfe, Würstchen*⟩ **2** (*Mehrzahl: Paare*) zwei Menschen, die einander lieben, miteinander verwandt sind oder zusammen arbeiten ⟨*ein ungleiches, unzertrennliches Paar*⟩ *„Dieses Paar gewann letztes Jahr den Eiskunstlauf!"* **K** Ehepaar, Liebespaar, Tanzpaar

paar·mal *ADVERB* **ein paarmal** wenige Male

die **Paa·rung** (-, -*en*) der Vorgang, bei dem zwei Tiere ein junges Tier entstehen lassen

das **Päck·chen** (-*s*, -) **1** eine kleine Packung oder ein kleines Paket ⟨*ein Päckchen Backpulver, Kaugummi*⟩ **2** et-

PÄCKCHEN

das Päckchen
die Packung

das Päckchen

...s (meist in einem Karton o. Ä. Ver-...ckten), das man mit der Post schickt ...d das weniger als zwei Kilogramm ...egt ⟨*ein Päckchen aufgeben, bekom-...en*⟩

...a·cken (*packte, hat gepackt*) **1** **etwas ... etwas** (*Akkusativ*)) **packen** Dinge in ...hachteln, Kisten usw. legen, um sie ...endwohin zu transportieren oder ...rin aufzubewahren ⟨*die Sachen, die ...hulsachen packen*⟩ ≈ einpacken „*Klei-...r in den Koffer packen*" **2** **jemanden/...was packen** jemanden/etwas greifen ...nd sehr fest halten ↔ loslassen „*Der ...we packte die Antilope im Genick*" ... **(etwas) packen** etwas mit Kleidung ...nd anderen Dingen füllen, die man ...uf eine Reise o. Ä. mitnehmen will ...*einen Koffer, ein Paket, einen Rucksack, ...ne Schultasche packen*⟩ ↔ auspacken

...a·ckung (-, *-en*) **1** die Hülle oder der ...ehälter, in denen mehrere einzelne ...inge gleicher Art sind ⟨*eine Packung ...ufreißen, aufschneiden, öffnen*⟩ ≈ Ver-...ackung „*Nimm die Sorte in/mit der roten ...ackung*" **K** Frischhaltepackung, Zello-...hanpackung **2** die Menge oder Zahl ...on Dingen gleicher Art, die zusammen ...n einer Hülle verkauft werden ⟨*eine ...ackung Eier, Milch, Kaffee, Kekse, Zi-...aretten*⟩

PACKUNG

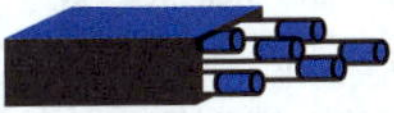

...Pad·del (*-s, -*) ein Stock (mit einem ...breiten, flachen Teil an einem oder ...beiden Enden), den man ins Wasser taucht, um so ein kleines Boot zu bewegen **i** Ein *Ruder* ist am Boot befestigt, ein *Paddel* nicht.

das **Pa·ket** (*-(e)s, -e*) **1** etwas, das man mit einer Schnur zusammengebunden oder zusammen in eine Schachtel/einen Karton getan hat „*Er band die Zeitungen zu einem Paket zusammen*" **K** Bücherpaket **2** ein Paket, das man mit der Post schickt und das mehr als zwei Kilogramm wiegt ⟨*ein Paket aufgeben, bekommen; jemandem ein Paket schicken*⟩ **K** Paketannahme; Postpaket **i** → auch **Päckchen** **3** mehrere Dinge oder eine große Menge einer Ware in derselben Packung ⟨*ein Paket Waschpulver*⟩ **i** Ein *Paket* ist meist größer als eine *Packung*.

PAKET

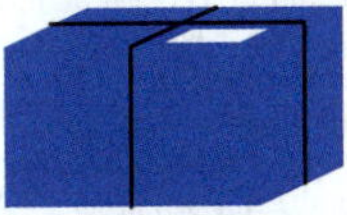

das Paket (2)

das Paket (3)

der **Pa·last** (*-(e)s, Pa·läs·te*) ein großes, teures Gebäude, in dem ein König, Fürst o. Ä. lebt

die **Pan·de·mie** (-, *-n* [-ˈmiːən]) eine Infektionskrankheit mit hohen Fallzahlen, bei der zeitgleich Gebiete auf der ganzen Welt betroffen sind ⟨*eine Pandemie eindämmen*⟩ **K** Coronapandemie

die **Pa·nik** (-, *-en*) eine Angst, die so stark ist, dass man nicht mehr denken kann und meist nur noch davonlaufen will ⟨*(eine) Panik bricht aus; in Panik geraten*⟩

die **Pan·ne** (-, *-n*) ein plötzlicher Schaden an einem Fahrzeug, aufgrund dessen man dann nicht weiterfahren kann

⟨*eine Panne haben, beheben*⟩ **K** Pannenhilfe; Autopanne, Reifenpanne

der **Pan·tọf·fel** (-*s*, -*n*) ein Schuh, der hinten offen ist und den man im Haus trägt ⓘ → Abb. unter **Schuh**

der **Pạn·zer** (-*s*, -) ein schweres militärisches Fahrzeug, das sich auf zwei breiten Ketten (= Raupen) vorwärtsbewegt

der **Pạ·pa**, **Pa·pa**; (-*s*, -*s*); *Kindersprache* als Anrede oder Bezeichnung für den Vater verwendet

der **Pa·pa·gei**, **Pạ·pa·gei**; (-*en*/-*s*, -*en*) ein meist bunter Vogel mit gebogenem Schnabel, der in tropischen Ländern lebt und lernen kann, Wörter zu sprechen ⓘ *der Papagei; den, dem Papagei(en); des Papageis/Papageien*

das **Pa·pier** (-(*e*)*s*, -*e*) **1** das dünne, meist weiße Material, auf das man schreibt, zeichnet und druckt ⟨*ein Blatt, Bogen, Stück Papier; auf Papier malen, schreiben, zeichnen*⟩ **K** Papierfetzen, Papierschnipsel; Briefpapier, Zeitungspapier ⓘ nicht in der Mehrzahl verwendet; zu *Papier* und *Papierschnipsel* → Abb. unter **Stück** **2** ein Material, ähnlich wie Papier, das zu verschiedenen Zwecken benutzt wird **K** Papierserviette; Filterpapier, Packpapier, Toilettenpapier **3** ein Text mit wichtigen Informationen, den jemand aufbewahrt (z. B. eine Rechnung oder ein Vertrag) oder der für Fachleute bestimmt ist ⟨*Papiere ordnen, durchsehen*⟩ ≈ Dokument **4** offizielle Dokumente wie Ausweis, Pass, Führerschein usw. ⟨*falsche/gefälschte Papiere; die Papiere vorzeigen; die Papiere sind (nicht) in Ordnung*⟩ **K** Ausweispapiere, Autopapiere ⓘ nur in der Mehrzahl verwendet

P

der **Pa·pier·korb** ein Behälter für Abfälle aus Papier

der **Pa·pier·stau** die Situation, wenn Papier im Drucker oder Kopierer feststeckt und nicht mehr bewegt werden kann

die **Pạp·pe** (-, -*n*) dickes, stabiles und steifes Papier *„eine Schachtel aus Pappe"* **K** Pappbecher, Pappkarton

pạp·pig ADJEKTIV; *gesprochen* feucht und leicht zu formen ⟨*Schnee*⟩

der/die/das **Pạp·ri·ka** (-*s*/-, -(*s*)) **1** (*der/di*… eine große, hohle Frucht von grüne… gelber oder roter Farbe, die als Gemü… gegessen wird ≈ Paprikaschote ⓘ → Abb. unter **Gemüse** **2** (*der/da*… ein rotes Pulver, das man als (scharf… Gewürz verwendet

der **Papst** (-*es*, *Päps·te*) der höchste Prie… ter der römisch-katholischen Kirche ⟨*eine Audienz beim Papst*⟩ *„Papst Fra… ziskus betete für die Opfer des Bürgerkriegs"* **K** Papstwahl • *hierzu* **päpst·lich** ADJEKTIV

das **Pa·ra·dies** (-*es*, -*e*) **1** ein sehr schön… und angenehmer Ort *„Diese Insel ist e… wahres Paradies"* **2** **ein Paradies (für jemanden)** ein Ort, an dem es alles gibt, was jemand braucht **K** Kinderparadies, Urlaubsparadies • *hierzu* **pa·ra·die·sisch** ADJEKTIV

pa·ral·lel ADJEKTIV ⟨*Linien*⟩ so, dass s… an jeder Stelle gleich weit voneinand… entfernt sind *„etwas verläuft parallel z… etwas"* **K** Parallelstraße

PARALLE…

pa·rat ADJEKTIV so, dass man es (zur Hand) hat, wenn man es braucht ⟨*ein… Antwort, eine Ausrede parat haben*⟩

das **Pär·chen** (-*s*, -) zwei junge Leute, die verliebt sind ≈ Liebespaar

das **Par·füm** (-*s*, -*s*/-*e*) eine Flüssigkeit, die man auf die Haut gibt, um gut zu riechen ⟨*(ein) Parfüm auftragen, auftupfen, benutzen*⟩ **K** Parfümflasche

die **Par·fü·me·rie** (-, -*n* [-'riːən]) ein Geschäft, das Parfüm verkauft

der **Pạrk** (-(*e*)*s*, -*s*) eine ziemlich große und gepflegte Fläche mit Gras, Blumen und Bäumen in einer Stadt, wo man sich erholen kann ⟨*in den Park gehen*⟩ **K** Parkbank; Schlosspark, Stadtpark

pạr·ken (*parkte, hat geparkt*) **(etwas)**

ırken ein Auto oder Motorrad dorthin ·llen, wo man aussteigen will *„das ·to direkt vor dem Haus parken"* ◀ Parkgebühr

ar·kett (-(*e*)*s*, -*e*) ein Fußboden aus ·len schmalen Holzstücken

ark·haus ein Gebäude, in dem viele ıtos stehen können

ark·lü·cke ein Platz zwischen ande·n parkenden Autos

ark·platz **1** ein großer Platz, auf ·m viele Autos geparkt werden kön·en **2** ein kleiner Platz zwischen zwei ·deren parkenden Autos, auf den ·ch ein weiteres Auto passt ≈ Parklücke *·ch habe keinen Parkplatz gefunden"*

ark·schei·be eine Scheibe mit einer ·rt Uhr, auf der man den Zeitpunkt ·nstellt, zu dem man das Auto dort ·bstellt, wo man nur begrenzte Zeit ·arken darf

PARKSCHEIBE

Park·ver·bot eine Stelle, an welcher das Parken verboten ist

Par·la·ment (-(*e*)*s*, -*e*) eine Institution in einer Demokratie. Das Parlament beschließt die Gesetze, die Mitglieder werden (in den meisten Ländern) vom Volk gewählt ⟨*die Mehrheit im Parlament haben*⟩ *„Der Bundestag ist das höchste Parlament in Deutschland"* **K** Parlamentsmitglied

Par·tei (-, -*en*) **1** eine Organisation mit einem politischen Programm, die von Menschen mit gemeinsamen politischen Zielen gebildet wurde *„Die Sozialdemokratische Partei ist die älteste Partei Deutschlands"* **K** Parteimitglied, Parteiprogramm; Regierungspartei **2** eine Gruppe von Menschen, die in einem Streit die gleiche Meinung haben *„Bei der Debatte bildeten sich zwei Parteien"* **3** der Gegner in einem Streit vor Gericht ⟨*die klagende, beklagte, gegnerische Partei*⟩ **ID** **für jemanden/etwas Partei ergreifen/nehmen** jemanden/etwas in einem Streit o. Ä. unterstützen

der **Par·tei·ver·kehr** ≈ Publikumsverkehr ❶ nicht in der Mehrzahl verwendet

das **Par·ti·kel**[1], **Par·ti·kel**; (-*s*, -) ein sehr kleiner Teil einer Substanz **K** Staubpartikel

die **Par·ti·kel**[2], **Par·ti·kel**; (-, -*n*) bezeichnet Wörter, die nicht verändert werden und die meist keine grammatische Funktion für den Satz haben

das **Par·ti·zip** (-*s*, -*ien* [-i̯ən]) **1** **das Partizip Präsens** die Form des Verbs, die auf -(*e*)*nd* endet und oft wie ein Adjektiv vor einem Substantiv verwendet wird **2** **das Partizip Perfekt** die Form des Verbs, die im Perfekt oder im Passiv verwendet wird

der **Part·ner** (-*s*, -) **1** einer von zwei Menschen, oder eine von zwei Gruppen, die etwas gemeinsam tun, besprechen o. Ä. *„jemandes Partner beim Kartenspiel sein"* **K** Gesprächspartner, Verhandlungspartner, Vertragspartner **2** eine Person, die mit einer anderen Person ein sehr enges Verhältnis hat, mit ihr zusammen lebt o. Ä. ⟨*den Partner wechseln*⟩ *„in einer Heiratsanzeige den Partner fürs Leben suchen"* **K** Partnersuche; Ehepartner, Lebenspartner **3** einer von mehreren Besitzern eines Geschäfts oder einer Firma ≈ Teilhaber **K** Geschäftspartner • *hierzu* **Part·ne·rin** *die*

die **Part·ner·schaft** (-, -*en*) **1** eine (oft gute oder intime) Beziehung, die man zu einem Partner hat ⟨*in Partnerschaft mit jemandem leben*⟩ **2** eine freundschaftliche Beziehung zwischen zwei Städten, Universitäten o. Ä. meist aus verschiedenen Ländern **K** Städtepartnerschaft

die **Par·ty** [-ti]; (-, -*s*) ein privates Fest mit Essen, Trinken, Musik usw. ⟨*eine Party*

P

geben; auf eine/zu einer Party eingeladen sein, gehen〉 **K** Gartenparty, Geburtstagsparty

der **Pạss** (*-es, Päs·se*) **1** ein Dokument, das man für die Reise in viele Länder braucht und das Informationen darüber gibt, wer man ist und zu welchem Staat man gehört 〈*einen Pass beantragen, ausstellen, aushändigen, verlängern, einziehen*〉 **K** Passkontrolle; Reisepass **i** → auch **Personalausweis** **2** eine Straße oder ein Weg, auf denen man ein Gebirge überqueren kann *„ein Pass über die Alpen"* **K** Passstraße **3** ein Wurf oder Zuspiel, mit dem man den Ball einem Spieler der eigenen Mannschaft weitergibt 〈*jemandem einen Pass geben*〉

die **Pas·sa·ge** [-ʒə]; (*-, -n*) **1** eine kurze Straße mit Geschäften und einem Dach für Fußgänger **K** Einkaufspassage **2** eine meist enge Stelle, durch die jemand geht oder fährt ≈ Durchgang

der **Pas·sa·gier** [-'ʒiːɐ̯]; (*-s, -e*) eine Person, die mit einem Flugzeug oder Schiff reist **K** Passagierflugzeug • *hierzu* **Pas·sa·gie·rin** *die*

pạs·sen (*passte, hat gepasst*) **1** **etwas passt (jemandem)** etwas hat die richtige Größe oder Form, sodass man es gut tragen kann 〈*Kleidung: das Hemd, die Hose, die Schuhe*〉 **2** **etwas passt (irgendwohin)** etwas kann von der Form, Größe oder Menge her irgendwo untergebracht oder irgendwohin gestellt werden *„Passen alle Koffer ins Auto?"* | *„In den Topf passen drei Liter Wasser"* **3** **etwas passt (zu etwas)** etwas macht zusammen mit einer anderen Sache einen harmonischen Eindruck *„Die Schuhe passen sehr gut zum neuen Kleid"* **4** **zu jemandem passen** ähnliche Eigenschaften und Interessen haben wie die genannte Person ≈ zusammenpassen *„Sie passt gut zu ihm, sie ist genauso ehrgeizig wie er"* **5** **etwas passt jemandem** etwas ist so, wie es jemand will oder möchte *„Passt es dir, wenn ich dich morgen besuche?"* **6** **etwas passt zu jemandem** etwas ist so, wie man es von jemandem erwarten kann *„Was ist denn mit dir? Diese Faulheit passt gar nicht zu dir!"* **7** **etwas jemandem passen** den Ball zu einem Spieler der eigenen Mannschaft werfen oder schießen

pạs·send ADJEKTIV so, dass etwas genau zutrifft 〈*eine Bemerkung, Worte*〉 **ID** **es passend haben/machen** einer Person die exakte Summe Geld (in Scheinen und Münzen) geben, die er haben möchte *„Haben Sie es passend? Ich kann nämlich nicht wechseln"*

pas·sie·ren[1] (*passierte, ist passiert*) **1** **etwas passiert** etwas ist in einer Situation plötzlich da und bewirkt eine oft unangenehme Veränderung 〈*ein Unfall, ein Unglück*〉 *„Da kommt die Feuerwehr! Da muss was passiert sein!"* **2** **etwas passiert jemandem** jemand erlebt etwas 〈*etwas Komisches, Merkwürdiges, Seltsames*〉 *„Stell dir vor, was mir gestern passiert ist: Ich bin im Lift stecken geblieben!"* **3** **etwas passiert jemandem** jemand tut etwas ohne Absicht 〈*etwas Dummes, ein Missgeschick*〉 *„Weißt du, was mir gerade passiert ist? Ich habe meinen Schlüssel verloren"* **4** **etwas passiert jemandem** etwas bewirkt, dass jemand verletzt ist 〈*jemandem passiert ein Unglück, ein Unfall*〉 *„Ist ihm bei dem Unfall etwas passiert?"*

pas·sie·ren[2] (*passierte, hat passiert*) **1** **etwas passieren** *geschrieben* von einem Ende bis zum anderen gehen oder fahren *„Das Schiff passierte den Panamakanal"* **2** **jemanden/etwas passieren** *geschrieben* an jemandem oder der genannten Stelle vorbeigehen oder -fahren 〈*eine Grenze passieren*〉 **3** **etwas passieren** etwas durch ein Sieb gießen oder drücken 〈*gekochte Beeren/Tomaten, eine Soße passieren*〉

pạs·siv, **pas·siv** [-f] ADJEKTIV *oft abwertend* so, dass der Betreffende akzeptiert, was geschieht, ohne zu reagieren oder ohne Interesse daran 〈*sich* ıssiv verhalten; passiv bleiben⟩ ↔ aktiv ›icht passiv zusehen, sondern sich aktiv ›teiligen"

ạs·siv [-f]; (-s) im Passiv wird die ›rson oder Sache, mit der etwas ge›hieht, zum Subjekt des Satzes ↔ Aktiv ›n dem Satz „Das Fenster wird ge›hlossen" steht das Verb im Passiv" K Passivsatz

ạss·wort ein Wort, das meist geheim ›t und das man in den Computer ein›eben muss, um ein Programm zu ›arten, Daten abzurufen o. Ä. ⓘ In ›nlehnung an die englische Ausspra›he auch mit langem *a* gesprochen

ạs·te (-, -n) eine weiche Masse, die ›us Puder und einer Flüssigkeit oder ›us Fett besteht

ạs·tor, **Pas·tor**; (-s, -en [-'to:rən]) ein ›vangelischer Pfarrer • *hierzu* **Pas·to-in** *die*

a·te (-n, -n) eine Person mit der Auf›abe, den Eltern eines Kindes bei der ›eligiösen Erziehung zu helfen K Taufpate ⓘ *der Pate; den, dem, des ›aten* • *hierzu* **Pa·tin** *die*

a·ter (-s, -/Pat·res) ein katholischer ›riester, der zu einem Orden gehört

ati·ent [pa'tsiɛnt]; (-en, -en) eine Per›on, die von einem Arzt behandelt wird ⟨*einen Patienten pflegen, heilen*⟩ ⓘ *der ›atient; den, dem, des Patienten* • *hierzu* **Pa·ti·ẹn·tin** *die*

Pat·ro·ne (-, -n) 1 Gewehre und Pis›tolen schießen mit Patronen auf ein Ziel 2 eine kleine Röhre aus Plastik, die mit Tinte gefüllt ist

Pau·ke (-, -n) eine große Trommel, die wie eine halbe Kugel aussieht ⓘ → Abb. unter **Instrument**

pau·schal ADJEKTIV in Bezug auf das Ganze und nicht auf einzelne Teile ⟨*etwas pauschal abrechnen, zahlen*⟩ ≈ insgesamt K Pauschalangebot

Pau·se (-, -n) eine meist kurze Zeit, in der man eine Tätigkeit (z. B. eine Arbeit oder den Unterricht) unterbricht, z. B. um sich auszuruhen ⟨*eine kleine, kurze Pause; eine Pause einlegen, machen*⟩ „*In der Pause spielen die Kinder im Schulhof*" K Mittagspause; Erholungspause

der **Pa·zi·fik** (-s) der Ozean zwischen dem amerikanischen Kontinent und Asien bzw. Australien

der **PC** [pe:'tse:]; (-s, -s) Personal Computer ein einzelner Computer, der meist bei einer Person zu Hause unter dem Schreibtisch steht

das **Pẹch** (-s) 1 etwas Unangenehmes oder Schlechtes, das jemandem passiert und an dem niemand Schuld hat ↔ Glück „*So ein Pech! Jetzt ist der Reifen geplatzt!*" 2 eine schwarze Masse, die gut klebt und mit der man z. B. Dächer oder Schiffe vor Wasser schützen kann ⟨*etwas mit Pech abdichten, bestreichen*⟩ K pechschwarz

das **Pe·dal** (-s, -e) auf Pedale drückt man mit dem Fuß, um einen Mechanismus zu betätigen ⟨*die Pedale eines Fahrrads, eines Autos, einer Orgel*⟩ K Bremspedal, Gaspedal ⓘ → Abb. unter **Fahrrad**

der **Pe·gel** (-s, -) 1 die Höhe, bis zu der (in einem Fluss oder See) das Wasser steht ≈ Wasserstand 2 die Lautstärke, die erreicht wird K Geräuschpegel, Lärmpegel

pein·lich ADJEKTIV unangenehm und so, dass man sich dabei schämt ⟨*Fragen, eine Situation, ein Vorfall*⟩ „*Es war ihm sehr peinlich, dass er den Geburtstag seiner Frau vergessen hatte*" • *hierzu* **Pein·lich·keit** *die*

die **Peit·sche** (-, -n) eine lange Schnur an einem Stock, mit der man vor allem Tiere schlägt, um sie anzutreiben

die **Pẹl·le** (-, -n) die dünne Haut von Kartoffeln, Obst, Wurst o. Ä. ≈ Schale

pẹl·len (*pellte, hat gepellt*) **etwas pellen** ⟨*Orangen, Kartoffeln pellen*⟩ ≈ schälen

der **Pẹlz** (-es, -e) 1 die Haut mit den dicht wachsenden Haaren mancher Tiere (wie z. B. von Bären, Füchsen o. Ä.) ≈ Fell K Schafspelz 2 ein Pelz, aus dem man Kleidungsstücke macht „*ein Mantel aus Pelz*" K Pelzjacke, Pelzmütze ⓘ nicht in der Mehrzahl verwendet

P

pe̱l·zig ADJEKTIV mit einer weichen, rauen Oberfläche *„Die Haut von Pfirsichen ist pelzig"*

pe̱n·deln (*pendelte, ist gependelt*) **1** **etwas pendelt** etwas hängt an etwas und schwingt (langsam) hin und her **2** **jemand pendelt** jemand fährt regelmäßig von einem Ort zum anderen, vor allem von der Wohnung zum Arbeitsplatz • zu (2) **Pe̱nd·ler** *der*

der **Pe̱·nis** (-, *-se*) das Organ beim Mann und bei verschiedenen männlichen Tieren, aus dem der Samen und der Urin kommen ⓘ → Abb. unter **Körper**

die **Pen·si·on** [pɛnˈzi̯oːn, pã-, paŋ-]; (-, *-en*) **1** das Geld, das ein Beamter jeden Monat vom Staat bekommt, wenn er (meist aus Gründen des Alters) aufgehört hat zu arbeiten ⟨*eine hohe, niedrige, schöne Pension haben, bekommen*⟩ ⓘ Arbeiter und Angestellte bekommen eine *Rente* **2** ein Haus, in dem man (vor allem im Urlaub) schlafen und essen kann ⟨*in einer Pension wohnen, unterkommen, übernachten*⟩

pe̱r PRÄPOSITION *mit Akkusativ* **1** verwendet, um das Mittel zu nennen, mit dem jemand/etwas von einem Ort zu einem anderen gelangt ⟨*per Bahn, per Schiff, per Luftpost, per Autostopp*⟩ ≈ mit **2** *geschrieben* verwendet, um das Mittel zu nennen, das man zu einem Zweck verwendet ⟨*Einschreiben, Nachname*⟩ *„etwas per Vertrag regeln"* **3** *geschrieben* verwendet, um anzugeben, wie etwas gemessen oder gezählt wird ≈ pro *„ein Preis von fünf Euro per Stück/per Kilo"* **ID** **(mit jemandem) per du/per Sie sein** zu jemandem „du"/„Sie" sagen

per·fe̱kt ADJEKTIV (*perfekter, perfektest-*) **perfekt (in etwas** (*Dativ*)**)** so, dass niemand/nichts besser sein kann *„Im Umgang mit Computern ist sie inzwischen fast perfekt"*

das **Pe̱r·fekt** (-s, *-e*) die Form des Verbs, die mit *sein* oder *haben* gebildet wird *„In dem Satz „Er ist nach Italien gefahren" ist „ist gefahren" das Perfekt von „fahren"* ⓘ Als Plural verwendet man meist *Perfektformen*.

die **Pe·ri·o̱·de** (-, *-n*) **1** ein relativ langer Zeitraum, der charakteristische Ereignisse aufweist **K** Schlechtwetterperiode **2** ≈ Menstruation *„Meine Frau hat (gerade) ihre Periode"*

die **Pe̱r·le** (-, *-n*) **1** eine kleine, harte weiße Kugel, die man in manchen Muscheln findet ⟨*echte, künstliche Perlen; Perlen züchten; nach Perlen tauchen*⟩ **K** Perlenkette **2** eine kleine Kugel aus Glas, Holz o. Ä., die meist mit anderen eine Kette bildet

die **Per·so̱n** (-, *-en*) **1** ein einzelner Mensch *„ein Auto mit Platz für fünf Personen"* **2** ein Mensch mit einer besonderen Eigenschaft *„Sie ist eine sehr nette Person"* **K** Personenbeschreibung **3** eine grammatische Form des Verbs oder des Pronomens, die zeigt, wer spricht (die erste Person), wen man anspricht (die zweite Person) oder über wen man spricht (die dritte Person) ⟨*die erste, zweite, dritte Person Singular/Plural*⟩ ⓘ nicht in der Mehrzahl verwendet

das **Per·so·na̱l** (-s) die Personen, die bei einer Firma o. Ä. beschäftigt sind ⟨*geschultes Personal; Personal einstellen, entlassen*⟩ **K** Hotelpersonal; Pflegepersonal

der **Per·so·na̱l·aus·weis** ein Dokument mit Angaben zur Person, das man braucht, um gegenüber Behörden zu beweisen, wer man ist

per·sö̱n·lich ADJEKTIV **1** in Bezug auf die eigene Person *„Die Bilder stammen aus meinem persönlichen Besitz"* **2** so, dass eine Beziehung oder ein Kontakt direkt von Person zu Person besteht ⟨*ein Gespräch; jemanden persönlich kennen*⟩

die **Per·sö̱n·lich·keit** (-, *-en*) **1** alle charakteristischen, individuellen Eigenschaften eines Menschen *„In ihrem Beruf konnte sie ihre Persönlichkeit voll entfalten"* ⓘ nicht in der Mehrzahl verwendet **2** eine Person, die in der ffentlichkeit bekannt ist ⟨*eine Persönhkeit des öffentlichen Lebens*⟩ ≈ Prominente(r)

er·spek·ti·ve [-v-]; (-, -*n*) **1** eine Art, nien zu zeichnen, bei der das Bild ann räumlich wirkt ⟨*die Perspektive nes Gemäldes, einer Zeichnung stimmt icht*⟩ **2** der Punkt, von dem aus man twas betrachtet ≈ Blickwinkel *„etwas aus erschiedenen Perspektiven fotografieren"* **3** die (subjektive) Art, wie man etwas eurteilt ⟨*eine neue Perspektive eröffnet ich, tut sich auf*⟩ **K** Erzählperspektive **4** die Möglichkeiten, die sich in der ukunft bieten ⟨*keine Perspektive mehr aben*⟩

e·rü·cke (-, -*n*) eine Kopfbedeckung us künstlichen oder echten Haaren

fad (-(*e*)*s*, -*e*) **1** ein schmaler Weg **2** die Folge von Laufwerk, Ordner- und Dateinamen, die man eingeben muss, m eine Datei oder ein Programm in inem Computer zu finden

fad·fin·der (-*s*, -) **1** eine Organisation von jungen Menschen, die durch die Gemeinschaft lernen sollen, wie nan sich in einer Gruppe verhält und vie man anderen Menschen hilft **i** nur in der Mehrzahl verwendet **2** ein Mitglied der Pfadfinder ⟨*Pfadfinder sein*⟩ **K** Pfadfinderlager

Pfahl (-(*e*)*s*, *Päh·le*) ein (dicker) Stab aus Holz, den man mit einem Ende in die Erde schlägt **K** Zaunpfahl

Pfand (-(*e*)*s*, *Pfän·der*) Pfand ist Geld, das man zurückbekommt, wenn man z. B. eine leere Flasche im Geschäft zurückgibt, ein Schließfach wieder leer macht usw.

Pfan·ne (-, -*n*) ein meist rundes und flaches Gefäß mit einem langen Stiel, in dem man z. B. Fleisch und Kartoffeln braten kann *„ein Schnitzel in der Pfanne braten"* **K** Bratpfanne

Pfann·ku·chen **1** ein flacher, weicher Kuchen, den man in der Pfanne bäckt ⟨*ein gefüllter Pfannkuchen; Pfannkuchen backen*⟩ ≈ Eierkuchen **2** ein kleiner, runder, weicher Kuchen, der in heißem Fett gebacken wird und meist mit Marmelade gefüllt ist ≈ Berliner, Krapfen

der **Pfar·rer** (-*s*, -) ein Mann, der in einer christlichen Kirche den Gottesdienst hält und sich um die Gläubigen kümmert ⟨*ein evangelischer, katholischer Pfarrer*⟩ • *hierzu* **Pfar·re·rin** *die*

der **Pfef·fer** (-*s*) kleine Körner, die man (meist gemahlen) als scharfes Gewürz verwendet ⟨*eine Prise Pfeffer; Salz und Pfeffer*⟩

die **Pfef·fer·min·ze** eine Pflanze, deren Blätter intensiv schmecken und aus denen man z. B. Tee macht

die **Pfei·fe** (-, -*n*) **1** ein einfaches Musikinstrument, das Töne erzeugt, wenn man Luft hineinbläst ⟨*auf der Pfeife spielen*⟩ **K** Orgelpfeife **2** ein kleines Instrument, mit dem man einen hohen Ton erzeugt, wenn man Luft hineinbläst ⟨*die Pfeife eines Schiedsrichters*⟩ **K** Trillerpfeife **3** ein schmales Rohr mit einem dicken runden Ende, mit dem man Tabak raucht ⟨*Pfeife rauchen; sich* (*Dativ*) *eine Pfeife anzünden*⟩ **K** Pfeifenraucher, Pfeifentabak; Wasserpfeife **i** → Abb. nächste Seite

pfei·fen (*pfiff, hat gepfiffen*) **1** **(etwas) pfeifen** einen Ton oder mehrere Töne produzieren, indem man die Lippen rund und spitz macht und Luft hindurchpresst ⟨*ein Lied, eine Melodie pfeifen*⟩ **2** **(etwas) pfeifen** mit einer Pfeife einen hohen Ton als Signal geben ⟨*ein Polizist, ein Schiedsrichter pfeift; ein Foul, ein Tor pfeifen*⟩ **3** **jemandem pfeifen** pfeifen, um eine Person oder ein Tier zu sich zu rufen ⟨*seinem Hund pfeifen*⟩ **4** **etwas pfeift** etwas produziert hohe Töne ⟨*eine Lokomotive, der Teekessel*⟩

der **Pfeil** (-(*e*)*s*, -*e*) **1** ein dünner, gerader Stab, der vorne eine Spitze hat und den man meist mit einem Bogen abschießt ⟨*mit Pfeil und Bogen jagen, schießen, kämpfen*⟩ **2** ein Zeichen → *„Ein Pfeil zeigt den Weg zum Ausgang"* **K** Pfeilrichtung

P

PFEIFE

die Pfeife (3)

die Trillerpfeife

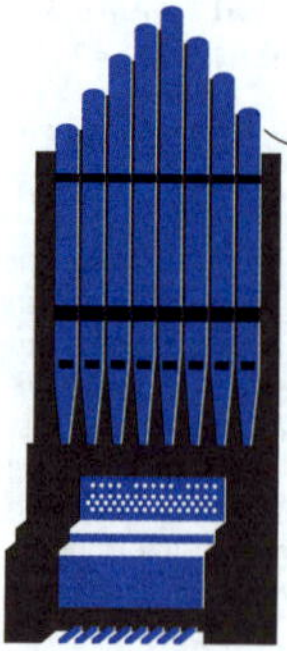

das **Pfe̲rd** (-(e)s, -e) ein großes Tier mit einem Schwanz aus langen Haaren. Man reitet auf Pferden oder lässt sie Wagen ziehen ⟨*aufs Pferd steigen; vom Pferd steigen, absitzen, fallen*⟩ **K** Pferdekoppel, Pferderennen, Pferdestall; Rennpferd

PFERD

pfịff *Präteritum, 1. und 3. Person Singular* → pfeifen

der **Pfịff** (-(e)s, -e) ein hoher kurzer (und schriller) Ton, den man durch Pfeifen erzeugt *„Wenn der Pfiff des Schiedsrichters ertönt, ist das Spiel aus"*

(das) **Pfịngs·ten** (-, -) die zwei Feiertage im Mai oder Juni (50 Tage nach Ostern), an denen die christliche Kirche feiert, dass der Heilige Geist zu den Menschen gekommen ist ⟨*zu/an Pfingsten*⟩ **K** Pfingstferien, Pfingstmontag, Pfingstsonntag

der **Pfịr·sich** (-s, -e) eine süße, runde Frucht mit saftigem, gelbem Fleisch, einer rotgelben, rauen Haut und einem großen Kern in der Mitte **K** Pfirsichhaut, Pfirsichkern ℹ → Abb. unter **Obst**

die **Pflạn·ze** (-, -n) ein Lebewesen (wie z. B. ein Baum oder eine Blume), das meist in der Erde wächst und Wurzeln, Blätter und Blüten hat ⟨*eine Pflanze wächst, gedeiht, welkt, geht ein, stirbt ab; die Pflanzen gießen, düngen*⟩ **K** Pflanzenfett; Topfpflanze; Salatpflanze

pflạn·zen (*pflanzte, hat gepflanzt*) **etwas (irgendwohin) pflanzen** Samen streuen oder kleine Pflanzen mit Wurzeln in die Erde stecken, damit sie dort wachsen ⟨*Salat, Bohnen, Bäume, Sträucher, Blumen pflanzen*⟩

pflạnz·lich ADJEKTIV aus Pflanzen gemacht

das **Pflạs·ter** (-s, -) **1** die feste Oberfläche einer Straße, eines Platzes o. Ä., die aus großen Steinen, aus Asphalt o. Ä. besteht ⟨*ein gutes, schlechtes, holpriges Pflaster*⟩ **K** Pflasterstein; Kopfsteinpflaster, Straßenpflaster **2** ein Streifen, den man über eine Wunde klebt, damit kein Schmutz hineinkommt ⟨*ein Pflaster auf eine Wunde kleben*⟩ **K** Heftpflaster
• *zu* (1) **pflạs·tern** (*hat*)

Pflau·me (-, *-n*) eine süße, dunkelblaue, rötliche oder gelbe Frucht mit einer glatten Haut und einem relativ großen Kern in der Mitte ⟨*getrocknete Pflaumen*⟩ K Pflaumenkuchen, Pflaumenmus i → Abb. unter **Obst**

Pfle·ge (-) 1 alles, was eine Person tut, wenn sie sich um die Gesundheit eines Menschen oder Tieres kümmert ⟨*Pflege brauchen*⟩ *„Es war ihrer guten Pflege zu verdanken, dass er so schnell gesund wurde"* K Pflegeheim, pflegebedürftig; Krankenpflege 2 das, was man tut, damit etwas in einem guten Zustand bleibt K Pflegemittel; Körperpflege, Zahnpflege

pfle·gen (*pflegte, hat gepflegt*) 1 **jemanden pflegen** für kranke oder alte Menschen oder Tiere, alles tun, was nötig ist, damit sie gesund werden oder damit es ihnen gut geht 2 **etwas pflegen** alles tun, was nötig ist, damit etwas in einem guten Zustand bleibt ⟨*das Auto, den Garten, den Teppich pflegen*⟩ 3 **etwas/sich pflegen** sich um das eigene Aussehen kümmern (indem man sich schön anzieht, frisiert usw.) ⟨*die Haare, das Gesicht, die Fingernägel pflegen*⟩

der **Pfle·ger** Kurzwort für *Krankenpfleger* • *hierzu* **Pfle·ge·rin** *die*

die **Pflicht** (-, *-en*) etwas, das man tun muss, weil es die Gesellschaft, die Moral, das Gesetz, der Beruf o. Ä. verlangt ⟨*jemandes Rechte und Pflichten; seine Pflicht tun, erfüllen; die Pflicht haben zu +Infinitiv*⟩ K Pflichtgefühl; Meldepflicht, Schulpflicht

das **Pflicht·fach** ein Fach, das man im Rahmen einer Ausbildung lernen muss

pflü·cken (*pflückte, hat gepflückt*) **etwas pflücken** Blätter oder Früchte abreißen oder abschneiden und sammeln ⟨*Äpfel, Kirschen, Erdbeeren, Tee, Baumwolle, Blumen pflücken*⟩

der **Pflug** (-(e)s, *Pflü·ge*) ein Gerät, mit dem man auf einem Acker den Boden locker macht, indem man ihn aufreißt und umdreht

pflü·gen (*pflügte, hat gepflügt*) **(etwas) pflügen** den Boden mit einem Pflug locker machen

die **Pfor·te** (-, *-n*) ein Eingang zu einem Gebäude, der von jemandem (dem

P

Pförtner) bewacht wird

der **Pfọs·ten** (-s, -) eine dicke Stange aus Holz oder Metall, die etwas stützt oder hält **K** Bettpfosten, Torpfosten

die **Pfo̲·te** (-, -n) ein Fuß (mit Zehen), wie ihn viele Säugetiere haben **K** Hasenpfote, Hundepfote

das **Pfụnd** (-(e)s, -/-e) **1** eine Einheit, mit der man das Gewicht misst. Ein Pfund hat 500 Gramm; ⟨*ein halbes, ganzes Pfund*⟩ *„fünf Pfund Zwiebeln"* ⓘ Nach einer Zahl ist die Mehrzahl *Pfund*: *das Baby wiegt schon 12 Pfund*, aber: *Er bringt erhebliche Pfunde auf die Waage* (= er wiegt sehr viel); Abkürzung: *Pfd.* **2** die Einheit des Geldes in einigen Ländern ⟨*etwas in Pfund zahlen*⟩ *„Ein Pfund Sterling hat 100 Pence"* **K** Pfundnote ⓘ Nach einer Zahl ist die Mehrzahl *Pfund*: *das Kleid hat bloß 30 Pfund gekostet.* • *zu* (1) **pfụnd·wei·se** ADVERB

die **Pfụ̈t·ze** (-, -n) das Wasser, das sich bei Regen an einer Stelle am Boden sammelt

das **Phä·no·me̲n** [f-]; (-s, -e); *geschrieben* etwas, das irgendwo (z. B. in der Natur) vorkommt und von Menschen beobachtet wird ⟨*ein Phänomen beobachten, beschreiben, untersuchen, erklären*⟩

P

Phan·ta·si̲e, **phan·tạs·tisch** [f-] → Fantasie, fantastisch

die **Pha̲·se** [f-]; (-, -n) ein Teil einer Entwicklung oder eines Ablaufs ⟨*in einer kritischen Phase sein; eine schwierige Phase haben*⟩ ≈ Abschnitt *„Der Wahlkampf geht jetzt in die entscheidende Phase"* **K** Anfangsphase, Endphase, Entwicklungsphase

die **Phy·si̲k**, **Phy·si̲k** [f-]; (-) **1** die Wissenschaft, die sich mit der Materie, ihrer Bewegung und mit den Kräften, die auf sie wirken, beschäftigt ⟨*Physik studieren*⟩ *„Die Optik, die Mechanik und die Akustik sind Gebiete der Physik"* **K** Astrophysik, Kernphysik **2** ein Fach in der Schule, in dem die Kinder etwas über Physik lernen **K** Physiklehrer, Physikstunde • *zu* (1) **Phy·si·ker** ['fy:] *der*

phy·sisch ['fy:-] ADJEKTIV; *geschrieben* den Körper (des Menschen) oder Teile davon betreffend ⟨*eine Krankheit, ein Schmerz*⟩ ≈ körperlich ↔ psychisch

der **Pị·ckel** (-s, -) eine kleine, runde Erhebung auf der Haut, die meist rot (und entzündet) ist **K** Eiterpickel • *hierzu* **pị·cke·lig**, **pịck·lig** ADJEKTIV

pị·cken (*pickte, hat gepickt*) **ein Vogel pickt etwas** ein Vogel stößt mit dem Schnabel nach etwas, um es zu fressen

das **Pịck·nick** (-s, -s) ein Essen im Freien (z. B. am Waldrand) während eines Ausflugs ⟨*(ein) Picknick machen*⟩ **K** Picknickkorb

pie̲p! verwendet, um die Laute von jungen Vögeln zu imitieren

der/die **Pie̲r** (-s/-, -s) eine Art Brücke, die in einen See oder ins Meer geht. Am Pier halten Schiffe, damit man sie z. B. beladen kann

pi̲k·sen **jemand/etwas pikst (eine Person)** *gesprochen* ≈ stechen

die **Pịl·le** (-, -n) **1** eine kleine Tablette, die man schluckt, ohne sie zu kauen ⟨*eine Pille (ein)nehmen, schlucken*⟩ **K** Pillenschachtel **2** **die Pille** eine Pille, die eine Frau regelmäßig nimmt, um nicht schwanger zu werden ≈ Anti- babypille

der **Pi·lo̲t** (-en, -en) eine Person, die ein Flugzeug, einen Hubschrauber o. Ä. steuert **K** Flugzeugpilot, Hubschrauberpilot ⓘ *der Pilot; den, dem, des Piloten* • *hierzu* **Pi·lo̲·tin** *die*

das **Pịls** (-, -) ein Bier, das relativ bitter ist und meist in einem Glas mit Stiel serviert wird ⟨*Pils vom Fass*⟩ ⓘ → Abb. unter **Bier**

der **Pịlz** (-es, -e) **1** Pilze wachsen vor allem im Wald; manche kann man essen, andere sind giftig ⟨*ein essbarer, (un-)genießbarer, giftiger Pilz; Pilze suchen, sammeln, essen*⟩ **K** Pilzsuppe; Giftpilz **2** Pilze bestehen aus vielen feinen Fäden, die unter der Erde, auf Pflanzen, auf Lebensmitteln usw. wachsen und oft schädlich sind *„Meine Rosen haben einen Pilz"* **K** Fußpilz, Hefepilz, Schimmelpilz

ink *ADJEKTIV* leuchtend rosa

inn·wand an einer Pinnwand macht ıan mit Stecknadeln Notizen, Fotos sw. fest

in·sel (-s, -) mit einem Pinsel verteilt nan flüssige Farbe auf Papier, auf einer Vand o. Ä.

in·zet·te (-, -n) mit einer Pinzette ann man sehr kleine Dinge greifen Haare mit der Pinzette auszupfen"

PINZETTE

Pis·te (-, -n) **1** der Hang eines Berges, ıuf dem man Ski fährt **2** eine Art Straße, auf der Flugzeuge starten und anden ≈ Rollbahn

Pis·to·le (-, -n) eine kurze Schusswaffe

Piz·za [-ts-]; (-, -s/*Piz·zen*) eine flache, runde Speise aus Hefeteig, auf den man Käse, Tomaten o. Ä. legt und den man im Ofen bäckt ⟨*eine Pizza backen*⟩

Piz·ze·ria [-ts-]; (-, -s/*Piz·ze·ri·en* [-'ri:ən]) ein (meist italienisches) Restaurant, in dem man vor allem Pizzas essen kann

der **Pkw, PKW** ['pe:ka:ve:, pe:ka:'ve:]; (-(s), -s) Personenkraftwagen ein Auto (für Personen) **K** Pkw-Fahrer

pla·gen (*plagte, hat geplagt*) **1** **etwas plagt jemanden** etwas ist für jemanden (meist ziemlich lange Zeit) unangenehm und belastend, weil Arbeit, Probleme oder Schmerzen damit verbunden sind *„Die Mücken plagten uns sehr"* **2** **sich (mit etwas) plagen** viel Mühe mit etwas haben

das **Pla·kat** (-(e)s, -e) ein großes Blatt mit einem Bild, mit Werbung oder mit Informationen, das man an eine Stelle klebt, an der es viele Leute sehen ⟨*Plakate kleben*⟩ **K** Plakatwerbung; Filmplakat, Werbeplakat

die **Pla·ket·te** (-, -n) eine kleine, flache, meist runde Scheibe aus Plastik, Metall o. Ä., die man irgendwo aufklebt oder ansteckt und auf der Zeichen oder Worte stehen

der **Plan** (-(e)s, *Plä·ne*) **1** ein Plan beschreibt genau, was man wann tun will oder soll ⟨*einen Plan, Pläne machen*⟩ **K** Fahrplan, Terminplan, Zeitplan **2** die feste Absicht, etwas zu tun ⟨*einen Plan, Pläne haben*⟩ *„Sie fassten den Plan, sich ein Haus zu kaufen"* **K** Fluchtplan, Zukunftsplan **3** eine Zeichnung, die zeigt, wie etwas gebaut ist oder gebaut werden soll ⟨*einen Plan*

P

PLAKAT

das Werbeplakat

das Plakat

zeichnen, entwerfen, ausarbeiten⟩ ≈ Entwurf **K** Bauplan **4** eine Zeichnung, die meist eine Stadt in einem kleinen Maßstab zeigt ≈ Karte *„ein Plan von Ulm"* **K** Lageplan, Stadtplan

die **Pla·ne** (-, *-n*) eine große Decke aus Stoff oder Plastik, die man (zum Schutz) über etwas legt **K** Regenplane, Zeltplane

pla·nen (*plante, hat geplant*) **1** **etwas planen** sich gut überlegen, wie man etwas machen will ⟨*den Urlaub planen*⟩ *„Wir müssen genau planen, was wir tun wollen"* **2** **etwas planen** die Absicht haben, etwas zu tun *„Wir planen, nächstes Jahr nach Japan zu fliegen"* **3** **etwas planen** eine Zeichnung, ein Modell o. Ä. einer Sache machen, damit man weiß, wie man sie bauen muss ⟨*ein Haus, einen Garten, eine Straße planen*⟩ ≈ entwerfen

der **Pla·net** (*-en, -en*) Planeten drehen sich um Sonnen; unser Planet heißt Erde ⓘ *der Planet; den, dem, des Planeten* • *hierzu* **pla·ne·ta·risch** ADJEKTIV

plan·mä·ßig ADJEKTIV genau wie es im Plan steht *„Die Arbeiten verliefen planmäßig"*

plant·schen (*plantschte, hat geplantscht*) im Wasser spielen und dabei die Hände und Füße so bewegen, dass das Wasser spritzt

die **Pla·nung** (-, *-en*) die Handlungen, durch die ein Plan entsteht

das **Plas·tik**[1] (*-s*) ein künstliches Material. Man kann es so herstellen, dass es weich und dünn ist (wie z. B. für Folien) oder biegsam oder hart **K** Plastikflasche, Plastikfolie, Plastiktüte

die **Plas·tik**[2] (-, *-en*) eine Figur, die von einem Künstler gemacht worden ist *„Plastiken von Rodin und Henry Moore"* **K** Steinplastik

plät·schern (*plätscherte, hat/ist geplätschert*) **etwas plätschert**; **etwas plätschert irgendwohin** Wasser fließt, fällt oder bewegt sich (irgendwohin) und macht dabei ein leises, helles Geräusch

platt ADJEKTIV (*platter, plattest-*) **1** flach und breit ⟨*etwas platt drücken, walzen*⟩ **2** ohne Luft ⟨*ein Reifen*⟩

die **Plat·te** (-, *-n*) **1** ein flaches, dünnes, meist rechteckiges Stück aus einem harten Material ⟨*eine Platte aus Stein, Holz*⟩ **K** Eisplatte, Glasplatte; Tischplatte **2** eine (runde) Fläche meist auf einem Herd, auf der man kochen kann ⟨*einen Topf auf die Platte stellen; die Platte einschalten, ausschalten*⟩ **K** Herdplatte, Kochplatte **3** ein großer und flacher Teller, auf dem man Speisen serviert *„eine Platte mit kaltem Braten"*

der **Platz** (*-es, Plät·ze*) **1** eine große Fläche (in einem Dorf oder in einer Stadt), die vor einem Gebäude oder zwischen mehreren Häusern liegt ⟨*über den Platz gehen, fahren*⟩ **K** Bahnhofsplatz, Rathausplatz **2** eine große Fläche im Freien, die einen Zweck hat **K** Campingplatz, Parkplatz, Spielplatz, Sportplatz **3** **Platz (für jemanden/etwas)** ein Raum oder Bereich, in dem man sein kann oder den man mit etwas füllen kann ⟨*keinen, viel, wenig Platz haben; Platz haben, machen, schaffen, (frei) lassen*⟩ *„Haben wir in diesem kleinen Auto zu fünft Platz?"* **K** Platzmangel ⓘ nicht in der Mehrzahl verwendet **4** ein Ort, an dem man sein oder bleiben möchte *„ein schöner Platz für ein Picknick"* **5** der Ort, an dem eine Person oder Sache war und wo sie auch sein soll *„Sie stellte das Buch wieder an seinen Platz zurück"* **6** ein Sitz (oder eine Stelle, an der man stehen kann) ⟨*Plätze reservieren (lassen); einen guten, schlechten Platz haben*⟩ *„Er stand auf und bot mir seinen Platz an"* **K** Platzreservierung; Sitzplatz, Stehplatz, Fensterplatz **7** eine verfügbare Stelle (meist bei einer Institution) **K** Arbeitsplatz, Heimplatz, Studienplatz **8** die Position, die jemand in einem Wettkampf erreicht ⟨*der erste, zweite Platz*⟩ ≈ Rang **K** Tabellenplatz **9** **(einer Person/für eine Person) Platz machen** ie eigene Position o. Ä. so ändern, lass sich noch eine andere Person (zu emandem) setzen kann oder dass eine ndere Person vorbeigehen kann **D** **Platz nehmen** sich setzen *„Bitte nehmen Sie Platz!"*

lätz·chen (-s, -) **1** ein Ort, wo man ich gern aufhält ⟨*ein schattiges, sonniges, ruhiges Plätzchen*⟩ **2** ein kleines, flaches, süßes Gebäck ⟨*selbstgebackene Plätzchen*⟩ **K** Weihnachtsplätzchen

plat·zen (*platzte, ist geplatzt*) **1** **etwas platzt** etwas geht plötzlich (oft mit einem Knall) kaputt, meist weil der Druck m Inneren zu stark geworden ist ⟨*der Reifen, der Luftballon, die Naht*⟩ **2** **etwas platzt** etwas findet nicht statt ⟨*jemand lässt einen Termin, eine Verabredung platzen*⟩

Platz·kar·te eine Karte, mit der man sich z. B. im Zug einen Sitzplatz reserviert

Platz·wun·de eine Wunde, die entsteht, wenn die Haut (nach einem Stoß oder Schlag) reißt

plau·dern (*plauderte, hat geplaudert*) **(mit einer Person) (über jemanden/etwas) plaudern**; **(mit einer Person) (von jemandem/etwas) plaudern** mit jemandem auf angenehme und freundliche Art sprechen, ohne etwas sehr Wichtiges, Ernstes oder Offizielles zu sagen ⟨*nett, gemütlich mit der Nachbarin plaudern*⟩ *„über die Erlebnisse im Urlaub plaudern"*

plei·te ADJEKTIV; *gesprochen* ohne Geld, sodass die Rechnungen nicht mehr bezahlt werden können ≈ bankrott ⓘ meist nach einem Verb wie *sein*

Plom·be (-, -*n*) ein Loch in einem Zahn, das mit anderem Material gefüllt wurde

plötz·lich ADJEKTIV sehr schnell und überraschend ⟨*eine Bewegung, eine Wende, ein Entschluss, ein Wetterumschwung*⟩ *„Ich erschrak, als der Hund plötzlich zu bellen anfing"*

Plun·der (-s); *abwertend* wertlose Dinge, die man nicht braucht

der **Plu·ral** (-s, -e) die Form eines Wortes, die zeigt, dass von zwei oder mehr Personen oder Dingen gesprochen wird ≈ Mehrzahl ↔ Singular ⓘ Als Mehrzahl wird statt *Plurale* oft *Pluralformen* verwendet. Abkürzung: *Pl.* oder *Plur.*

plus BINDEWORT **1** das Zeichen +, das eine Addition anzeigt ≈ und ↔ minus *„Drei plus zwei ist (gleich) fünf"* 3 + 2 = 5 **K** Pluszeichen

PRÄPOSITION (*mit Genitiv*) **2** zusätzlich zu einer Summe oder Menge ≈ zuzüglich ↔ minus *„Die Wohnung kostet 650 Euro plus Nebenkosten"*

ADVERB **3** verwendet, um zu sagen, dass ein Wert größer als null ist ↔ minus *„Am Morgen waren es fünf Grad plus"* +5 °C | *„Minus zwei mal minus zwei ist plus vier"* −2 × −2 = +4

das **Plus·quam·per·fekt** (-(e)s, -e) die Form des Verbs, die mit dem Präteritum von *sein* oder *haben* und dem Partizip Perfekt gebildet wird ⟨*ein Verb ins Plusquamperfekt setzen*⟩ *„Er hatte gegessen" ist das Plusquamperfekt zu „er isst"*

PLZ Abkürzung für *Postleitzahl*

der **Po** (-s, -s); *gesprochen!* der hintere Teil des Körpers, auf dem man sitzt ≈ Gesäß **K** Pobacke ⓘ → Abb. unter **Körper**

die **Po·e·sie** [poe'ziː]; (-); *geschrieben* alle Gedichte ≈ Dichtung • *hierzu* **po·e·tisch** ADJEKTIV

der **Po·kal** (-s, -e) ein Becher aus Metall, den vor allem Sportler nach dem Sieg in einem Wettkampf bekommen

der **Pol** (-s, -e) **1** der Punkt auf einem Planeten (vor allem der Erde), der am weitesten im Süden oder Norden ist, und das Gebiet um ihn herum **K** Nordpol, Südpol **2** eine der beiden Stellen an einem Gerät, einer Batterie, einem Kabel o. Ä., an welcher der Strom heraus- oder hineinfließt

po·lie·ren (*polierte, hat poliert*) **etwas polieren** etwas reiben, damit es glänzend wird

die **Po·li·tik**, **Po·li·tik**; (-) **1** der Teil des

öffentlichen Lebens, der das Zusammenleben der Menschen in einem Staat und die Beziehungen der Staaten untereinander bestimmt **2** eine Form der Politik mit einer besonderen Ideologie oder einem besonderen Programm ⟨*eine konservative, eine liberale Politik; die Politik einer Partei, eines Staates, einer Regierung*⟩ **K** Außenpolitik, Innenpolitik, Finanzpolitik

der **Po·li·ti·ker**, **Po·li·ti·ker**; (-s, -) eine Person, die ein politisches Amt hat • *hierzu* **Po·li·ti·ke·rin** *die*

po·li·tisch ADJEKTIV, **po·li·tisch** **1** in Bezug auf die Politik ⟨*der Gegner, die Lage, eine Partei; jemandes Gesinnung, jemandes Überzeugung*⟩ *„jemanden aus politischen Gründen verfolgen"* **K** außenpolitisch, innenpolitisch **2** aus politischen Gründen ⟨*ein Häftling, ein Verfolgter*⟩

die **Po·li·zei** (-, -en) **1** eine staatliche Institution, deren Aufgabe es ist, die Menschen und ihr Eigentum zu schützen, Verbrechen zu verhindern und aufzuklären ⟨(*Beamter*) *bei der Polizei sein; jemanden bei der Polizei anzeigen*⟩ **K** Polizeibeamte(r), Polizeinotruf; Bundespolizei **2** ein einzelner Polizist oder mehrere Polizisten ⟨*die Polizei holen, rufen, verständigen*⟩ *„Die Polizei hat den Dieb gefasst"*

P

der **Po·li·zist** (-en, -en) ein Mitglied der Polizei **K** Bahnpolizist, Verkehrspolizist **i** *der Polizist; den, dem, des Polizisten* • *hierzu* **Po·li·zis·tin** *die*

der **Pol·len** (-s, -) der feine Staub, den eine Blüte produziert und mit dem eine andere Blüte befruchtet wird ≈ Blütenstaub **K** Pollenallergie

das **Pols·ter** Ⓐ Ⓒⓗ *der*; (-s, -) ein kleiner, weicher Gegenstand, auf dem man bequem sitzen oder liegen kann ⟨*sich* (*Dativ*) *ein Polster unter den Kopf legen*⟩ ≈ Kissen **K** Polstersessel; Sitzpolster

das **Po·ny**[1] ['pɔni]; (-s, -s) ein kleines Pferd

der **Po·ny**[2] ['pɔni]; (-s, -s) eine Frisur, bei welcher die glatten Haare vom Kopf her auf die Stirn fallen

die **Po·re** (-, -n) eine sehr kleine Öffnung vor allem in der Haut oder in einem Schwamm

das **Porte·mon·naie** [pɔrtmɔ'neː]; (-s, -s) eine kleine Tasche für das Geld, das man bei sich hat ≈ Geldbeutel **K** Lederportemonnaie

die **Por·ti·on** [-'tsjoːn]; (-, -en) die Menge Essen, die für eine Person bestimmt ist ⟨*eine Portion Eis, Kartoffelsalat, Pommes frites*⟩

das **Por·to** (-s, -s) das Geld, das man zahlen muss, wenn man einen Briefe, Pakete usw. (mit der Post) schicken will **K** Briefporto, Paketporto

das **Por·trät** [-'trɛː]; (-s, -s) ein Bild oder Foto, auf dem man Kopf und Brust eines Menschen sieht ⟨*von jemandem ein Porträt machen, malen*⟩ **K** Porträtfoto, Familienporträt

das **Por·zel·lan** (-s, -e) eine harte weiße Substanz, aus der Teller und Tassen gemacht sind ⟨*Porzellan brennen*⟩ **K** Porzellanfigur, Porzellangeschirr, Porzellantasse

die **Po·sau·ne** (-, -n) ein großes Blasinstrument aus Metall mit einem langen Rohr, das man beim Spielen verschieben kann, um so den Ton zu ändern **i** → Abb. unter **Instrument**

die **Po·si·ti·on** [-'tsjoːn]; (-, -en) **1** die Aufgabe oder die Funktion, die jemand in einem Betrieb oder in einer Organisation hat ⟨*eine leitende, verantwortungsvolle, wichtige Position haben*⟩ **K** Führungsposition, Machtposition **2** eine der Stellen in einer Reihenfolge oder Hierarchie ⟨*in führender, zweiter, letzter Position sein/liegen*⟩ **3** der Ort oder die Stelle, an denen etwas (zu einem Zeitpunkt) in Bezug auf die Umgebung ist ⟨*die Position eines Flugzeugs, Schiffs*⟩ ≈ Standort **K** Ausgangsposition **4** die Lage oder Stellung des Körpers oder eines Gegenstands ⟨*eine liegende, sitzende, stehende Position*⟩ **5** die Situation, in der jemand ist ⟨*sich in einer günstigen, starken, schwachen Position befinden*⟩ ≈ Lage

po·si·tiv ADJEKTIV, **po·si·tiv** [-f] **1** so, dass der Betreffende etwas akzeptiert, bestätigt oder „ja" dazu sagt ⟨*eine Antwort, ein Bescheid, eine Haltung*⟩ → negativ **2** angenehm oder so, wie es sein sollte ⟨*ein Einfluss, ein Ergebnis*⟩ **3** größer als null ⟨*eine Zahl*⟩

Post® (-) **1** eine große Firma (in Deutschland), die vor allem Briefe und Pakete befördert ⟨*etwas mit der Post schicken*⟩ **K** Postauto, Poststempel **2** ein Geschäft, zu dem man geht, um Briefmarken zu kaufen und Briefe, Pakete usw. zu verschicken ⟨*etwas auf die/zur Post bringen*⟩ ≈ Postfiliale *„Wann macht die Post auf?"* **3** die Briefe, Pakete usw., die vor allem von der Post® befördert werden ⟨*die Post austragen, zustellen, lesen, bearbeiten; Post bekommen*⟩ **K** Eilpost, Luftpost

Post·bo·te ≈ Briefträger • *hierzu* **Post·bo·tin** *die*

Pos·ten (-s, -) **1** die Stellung und Funktion, die jemand in einem Betrieb, einer Institution o. Ä. hat ≈ Position *„Als Beamter hat er einen sicheren Posten"* **K** Ministerposten, Vorstandsposten **2** ein Soldat, Polizist o. Ä., der etwas bewacht ⟨*Posten aufstellen, verstärken, ablösen, abziehen*⟩ ≈ Wache **K** Grenzposten, Wachposten **3** eine größere Menge von einer Ware *„einen größeren Posten Hosen auf Lager haben"* **K** Restposten **4** eine einzelne Sache auf einer Liste *„die einzelnen Posten einer Rechnung nachprüfen"*

Post·fach **1** ein Schließfach bei der Post, in dem Briefe usw. gelagert werden, bis man sie abholt. Große Firmen und Behörden haben Postfächer statt eines Briefkastens am Eingang **2** ein Speicherplatz für die E-Mails, die man bekommt oder verschickt

Post·kar·te eine Karte mit einem Bild, die man jemandem aus dem Urlaub schickt

Post·leit·zahl die Zahl, mit der man auf Briefen, Paketen o. Ä. einen Ort kennzeichnet

die **Pracht** (-) große, strahlende Schönheit oder sehr großer Aufwand **K** Blütenpracht, Farbenpracht

prä·gen (*prägte, hat geprägt*) **1** **etwas (auf/in etwas** (*Akkusativ*)**) prägen** ein Bild oder eine Schrift in festes Material pressen ⟨*geprägtes Silber, Papier*⟩ **2** **Münzen prägen** Münzen herstellen **3** **etwas prägt jemanden** etwas hat einen starken Einfluss auf den Charakter einer Person ⟨*von der Umwelt, den Eltern, Freunden geprägt sein*⟩

die **Prä·gung** (-, -en) **1** das Prägen eines Zeichens auf festes Material **2** das Herstellen von Münzen **K** Münzprägung **3** das Bild oder die Schrift, die in etwas geprägt ist **4** durch den genannten Einfluss geprägt, bestimmt

prah·len (*prahlte, hat geprahlt*) **(mit etwas) prahlen** mit übertriebenem Stolz erzählen, was man alles hat oder geleistet hat (oder haben will) ≈ angeben *„gern mit seinen Erfolgen prahlen"* • *hierzu* **prah·le·risch** ADJEKTIV

der **Prak·ti·kant** (-en, -en) eine Person, die ein Praktikum macht **K** Praktikantenstelle ℹ *der Praktikant; den, dem, des Praktikanten* • *hierzu* **Prak·ti·kan·tin** *die*

das **Prak·ti·kum** (-s, *Prak·ti·ka*) ein Teil einer Ausbildung, den man in einem Betrieb o. Ä. macht, um dort praktische Erfahrungen zu sammeln ⟨*ein Praktikum machen, absolvieren*⟩ **K** Betriebspraktikum, Schulpraktikum

prak·tisch ADJEKTIV **1** in Bezug auf die konkrete Praxis ⟨*Erfahrungen; der Unterricht, ein Beispiel, ein Werkzeug*⟩ ↔ theoretisch **2** für einen Zweck gut geeignet ⟨*Hinweise, Ratschläge, Kleidung*⟩ ↔ unpraktisch **3** fähig, die Probleme des täglichen Lebens gut zu lösen ⟨*praktisch denken; praktisch veranlagt sein*⟩ ≈ geschickt ↔ unpraktisch

prall ADJEKTIV (*praller, prallst-*) sehr voll und deshalb so, dass die Oberfläche fest und gespannt ist ↔ schlaff **K** prallgefüllt

die **Prä·mie** [-i̯ə]; (-, -n) **1** eine Summe

P

Geld, die jemand ein einziges Mal (als Preis) für eine besondere Leistung bekommt **K** Fangprämie, Leistungsprämie **2** das Geld, das jemand (regelmäßig) für die Versicherung zahlt ⟨*die Prämie ist fällig*⟩ **K** Versicherungsprämie

die **Prä·po·si·ti·on** [-'tsio:n]; (-, *-en*) ein Wort, das nicht verändert wird. Es steht meist vor einem Substantiv oder Pronomen und bestimmt den Kasus und das Verhältnis dieses Wortes zum Rest des Satzes ≈ Verhältniswort *„Die Präpositon „auf" im Satz „Das Buch lag auf dem Tisch" nennt die räumliche Lage des Buches"*

das **Prä·sens** (-) eine grammatische Kategorie beim Verb. Die Formen des Präsens z. B. von *gehen* sind *ich gehe, du gehst, er geht, wir gehen* usw. Mit dem Präsens wird z. B. ausgedrückt, dass etwas gerade geschieht oder immer der Fall ist ⟨*das Verb steht im Präsens*⟩ **i** Als Mehrzahl wird *Präsensformen* verwendet.

die **Prä·sen·ta·ti·on** [-'tsio:n]; (-, *-en*) eine Veranstaltung, bei der etwas Neues der Öffentlichkeit vorgestellt wird **K** Buchpräsentation

prä·sen·tie·ren (*präsentierte, hat präsentiert*) **1** **(jemandem) etwas präsentieren** *geschrieben oder ironisch* jemandem etwas anbieten oder geben ⟨*jemandem ein Geschenk, die Rechnung präsentieren*⟩ **2** **(einer Person) jemanden/etwas präsentieren** jemanden, sich selbst oder eine Sache einer anderen Person bewusst und stolz zeigen *„den Eltern die neue Freundin präsentieren"*

der **Prä·si·dent** (*-en, -en*) **1** die Person, die in einer Republik den höchsten politischen Rang hat ⟨*jemanden zum Präsidenten wählen*⟩ ≈ Staatsoberhaupt *„der Präsident der Vereinigten Staaten"* **K** Bundespräsident, Staatspräsident **i** *der Präsident; den, dem, des Präsidenten*; vor Namen steht *Präsident* ohne Endung: *Er empfing Präsident Obama.* **2** eine Person, die eine Organisation oder Institution leitet ⟨*der Präsident der Universität, des Fußballclubs*⟩ ≈ Vorsitzende(r) • *hierzu* **Prä·si·den·tin** *die*

das **Prä·te·ri·tum** (*-s, Prä·te·ri·ta*) eine grammatische Kategorie beim Verb. Das Präteritum wird vor allem in Erzählungen verwendet und drückt aus, dass eine Handlung vorbei ist. Die Formen des Präteritums z. B. von *lachen* sind *ich lachte, du lachtest, er lachte, wir lachten* usw. ⟨*das Verb steht im Präteritum*⟩

die **Pra·xis** (-, *Pra·xen*) **1** das konkrete Tun und Handeln ⟨*etwas in die Praxis umsetzen*⟩ ↔ Theorie *„eine Theorie in der Praxis erproben"* **i** nicht in der Mehrzahl verwendet **2** die Erfahrung, die jemand in einem Bereich (z. B. im Beruf) hat ⟨(*viel, wenig, keine*) *Praxis haben*⟩ **K** Berufspraxis, Fahrpraxis **i** nicht in der Mehrzahl verwendet **3** die Art und Weise, wie etwas über einen ziemlich langen Zeitraum überall gemacht wird ⟨*die geschäftliche, wirtschaftliche Praxis*⟩ **i** nicht in der Mehrzahl verwendet **4** die Räume, in denen ein Arzt arbeitet **K** Arztpraxis

pre·di·gen (*predigte, hat gepredigt*) als Pfarrer in der Kirche die Predigt sprechen

die **Pre·digt** (-, *-en*) die Rede (über ein religiöses Thema), die ein Pfarrer in der Kirche hält

der **Preis** (*-es, -e*) **1** **der Preis (für etwas)** die Summe Geld, für die jemand etwas kauft, verkauft oder anbietet ⟨*ein hoher, niedriger, günstiger, fairer, angemessener Preis; die Preise kalkulieren, erhöhen, reduzieren, senken*⟩ **K** Preiserhöhung, Preisliste, Preissteigerung; Eintrittspreis, Fahrpreis, Kaufpreis **2** eine Belohnung (meist in Form eines Pokals, einer Geldsumme o. Ä.), die eine Person bekommt, wenn sie in einem Spiel oder in einem Wettbewerb gewinnt ⟨*der erste, zweite, dritte Preis*⟩ **K** Preisverleihung; Nobelpreis **ID** **um**

jeden Preis auf jeden Fall, egal was es kostet oder was man dafür tun muss ≈ unbedingt *„Er will um jeden Preis gewinnen"*

preis·wert ADJEKTIV billig im Verhältnis zur Qualität ⟨*preiswert einkaufen*⟩ ≈ günstig ↔ teuer

die **Prel·lung** (-, *-en*) eine Verletzung (durch einen Stoß oder Schlag), bei der ein großer, blauer Fleck auf der Haut entsteht

die **Pres·se** (-, *-n*) FÜR NACHRICHTEN, INFORMATIONEN: **1** die Zeitungen und Zeitschriften in einem Land oder Gebiet ⟨*die ausländische, deutsche, englische, internationale Presse; etwas steht in der Presse*⟩ **K** Pressefotograf, Pressemeldung; Auslandspresse, Lokalpresse **2** die Redakteure, Journalisten usw. bei Fernsehen, Rundfunk und Zeitungen ⟨*die Presse einladen*⟩ GERÄT, MASCHINE: **3** eine Maschine, die etwas mit hohem Druck klein oder glatt macht und formt **K** Schrottpresse, Strohpresse **4** ein Gerät, mit dem man den Saft aus Obst drückt **K** Saftpresse, Zitronenpresse

pres·sen (*presste, hat gepresst*) **1** **etwas pressen** Früchte oder Teile von Pflanzen kräftig drücken, damit man Saft oder Öl bekommt ⟨*Trauben, Zitronen, Oliven pressen*⟩ **2** **etwas pressen** mit starkem Druck etwas herstellen oder in eine Form bringen **3** **etwas pressen** etwas durch starken Druck glatt oder flach machen *„in einem Buch Blumen pressen"*

pres·sie·ren (*pressierte, hat pressiert*); *gesprochen* **es pressiert (jemandem) (mit etwas)** etwas ist (für jemanden) sehr eilig *„Ich hab keine Zeit, mir pressierts"*

die **Press·luft** Luft, die unter starkem Druck steht und mit der man Maschinen antreibt ≈ Druckluft

der **Pries·ter** (-s, -) **1** ein Mann, der in der katholischen Kirche die Messe hält und sich um die Gläubigen kümmert ⟨*jemanden zum Priester weihen*⟩ **2** eine Person, die ein religiöses Amt hat *„die Priester im Tempel des Zeus"* • zu (2) **Pries·te·rin** *die*

pri·ma ADJEKTIV *nur in dieser Form; gesprochen* sehr gut *„ein prima Sportler"* | *„Das Wetter ist prima"*

der **Prinz** (*-en, -en*) der Sohn oder ein anderer naher Verwandter eines Königs oder eines Fürsten ⓘ *der Prinz; den, dem, des Prinzen* • *hierzu* **Prin·zes·sin** *die*

das **Prin·zip** (*-s, Prin·zi·pi·en* [-pi̯ən]) **1** eine Regel o. Ä., nach der eine Person oder Gruppe lebt ≈ Grundsatz *„Er hat es sich zum Prinzip gemacht, keinen Schüler zu bevorzugen"* **K** Gleichheitsprinzip, Mehrheitsprinzip **2** die wissenschaftlichen Regeln und Gesetze, auf denen etwas beruht *„Er erklärte uns, nach welchem Prinzip die Maschine funktioniert"* **3** **aus Prinzip** weil man manche Prinzipien hat ≈ prinzipiell *„Ich rauche aus Prinzip nicht"* **4** **im Prinzip** im Grunde, eigentlich *„Im Prinzip hast du recht, aber es geht trotzdem nicht"*

die **Pri·se** (-, *-n*) eine kleine Menge einer Substanz, die zwischen zwei Fingern Platz hat

pri·vat [-v-] ADJEKTIV **1** nur für eine Person selbst und nicht für andere Leute ⟨*die Angelegenheiten, die Interessen; ein Vergnügen*⟩ *„Ich möchte mit niemandem darüber sprechen, das ist eine rein private Sache"* **K** Privatbesitz, Privateigentum, Privatsphäre **2** außerhalb des beruflichen oder dienstlichen Bereiches ⟨*ein Brief, Mitteilungen, ein Gespräch*⟩ **K** Privatbrief, Privatgespräch **3** nicht vom Staat oder einer öffentlichen Institution finanziert oder geführt ⟨*ein Unternehmen, eine Schule, eine Klinik, eine Krankenkasse*⟩ **K** Privatklinik, Privatschule **4** nur für eine kleine Gruppe von Personen ⟨*eine Party, eine Veranstaltung*⟩ ↔ öffentlich

pro PRÄPOSITION *mit Dativ/Akkusativ* **1** für jede einzelne Person oder Sache *„Das Zimmer kostet 50 Euro pro Nacht und Person"* **2** drückt aus, dass etwas

P

für den genannten Zeitraum gilt *„Die Putzfrau kommt einmal pro Woche"*

die **Pro·be** (-, -*n*) **1** die Handlung, durch die man feststellt, ob etwas die gewünschte Eigenschaft hat oder ob es funktioniert ⟨*eine Probe machen, vornehmen, bestehen*⟩ ≈ Test **K** Probealarm, Probefahrt, Probezeit **2** eine kleine Menge einer Sache, an der man erkennen kann, wie sie ist ⟨*eine Probe von etwas nehmen*⟩ ≈ Muster **K** Probeexemplar, Probepackung; Blutprobe **3** das Üben der Schauspieler oder Musiker (vor der Aufführung vor dem Publikum) ⟨*eine Probe abhalten*⟩ **K** Chorprobe, Theaterprobe **4** *gesprochen* eine (schriftliche) Prüfung in der Schule ⟨*eine Probe haben, schreiben*⟩ **K** Probearbeit **5** **(auf/zur) Probe** für kurze Zeit, um zu sehen, ob man mit einer Person oder Sache zufrieden ist ⟨*jemanden auf Probe anstellen, beschäftigen; (ein Auto) Probe fahren*⟩ **6** **die Probe machen** prüfen, ob man richtig gerechnet hat, indem man dieselbe Rechnung auf eine andere Weise noch einmal rechnet **K** Rechenprobe

pro·ben (*probte, hat geprobt*) **(etwas) proben** etwas so oft tun, bis man es gut kann ≈ üben *„Die Feuerwehr probt (das Löschen von Bränden) für den Ernstfall"*

P

pro·bie·ren (*probierte, hat probiert*) **1** **etwas probieren** versuchen, ob oder wie etwas (in der Praxis) geht ⟨*ein Kunststück, ein neues Verfahren probieren*⟩ ≈ testen *„probieren, wie schnell ein Auto fahren kann"* **2** **(etwas) probieren** eine kleine Menge von etwas essen oder trinken, um den Geschmack zu prüfen *„einen neuen Wein probieren"* **3** **(etwas) probieren** etwas anziehen, um zu sehen, ob es passt, gut aussieht *„ein Kleid, Schuhe probieren"* **4** **(etwas) probieren** (meist ohne Erfolg) versuchen, etwas zu tun ⟨*einen Trick probieren*⟩ *„Er probierte, die Tür mit dem falschen Schlüssel zu öffnen"*

das **Prob·lem** (-*s*, -*e*) **1** eine schwierige Aufgabe, über die man nachdenken muss, um sie zu lösen ⟨*ein großes, schwieriges, technisches Problem*⟩ ≈ Schwierigkeit **K** Problemlösung **2** Ärger, Schwierigkeiten ⟨*Probleme (mit jemandem/etwas) haben; jemandem Probleme machen*⟩ **K** Alkoholprobleme **ID** **Kein Problem!** *gesprochen* **a** Das ist nicht schwierig **b** als höfliche Antwort verwendet, wenn sich eine andere Person für einen kleinen Fehler entschuldigt • *hierzu* **prob·lem·los** ADJEKTIV

das **Pro·dukt** (-(*e*)*s*, -*e*) **1** etwas, das Menschen erzeugen oder herstellen **K** Industrieprodukt, Naturprodukt **2** die Zahl, die man erhält, wenn man Zahlen miteinander multipliziert *„27 ist das Produkt von 3 mal 9"* 27 = 3 × 9

die **Pro·duk·ti·on** [-'tsio:n]; (-, -*en*) **1** das Herstellen von Waren (meist in großer Menge) ⟨*die industrielle, maschinelle Produktion*⟩ ≈ Herstellung **K** Produktionskosten; Autoproduktion, Serienproduktion **2** die Menge oder der Umfang der Waren, die (innerhalb eines begrenzten Zeitraums) hergestellt werden **K** Jahresproduktion **3** der Vorgang, bei dem etwas entsteht *„die Produktion von Speichel im Mund"* ⓘ nicht in der Mehrzahl verwendet

pro·du·zie·ren (*produzierte, hat produziert*) **1** **etwas produzieren** Waren (in großer Menge) herstellen ⟨*Kunststoffe, Stahl, Autos, Lebensmittel, Maschinen produzieren*⟩ **2** **etwas produziert etwas** etwas bewirkt, dass etwas entsteht *„Die Drüsen im Mund produzieren Speichel"*

der **Pro·fes·sor** (-*s*, *Pro·fes·so·ren*) **1** ein Titel für Lehrer an der Universität ⟨*zum Professor ernannt werden*⟩ **K** Universitätsprofessor ⓘ Abkürzung *Prof.* **2** eine Person, welche den Titel *Professor* trägt *„Er ist Professor für Geschichte"* • *hierzu* **Pro·fes·so·rin** *die*

der **Pro·fi** (-*s*, -*s*) eine Person, die eine Sportart beruflich ausübt ↔ Amateur **K** Profifußballer

Pro·fil (-s, -e) **1** ein Gesicht oder ein Kopf von der Seite gesehen ↔ Vorderansicht **K** Profilbild **2** das Muster aus hohen und tiefen Linien auf einem Reifen oder einer Schuhsohle ⟨*ein gutes, schwaches, abgefahrenes Profil*⟩ *„Die Reifen seines Autos haben kaum noch Profil"* **K** Profilsohle; Reifenprofil

Pro·fit, **Pro·fit**; (-(e)s, -e) das Geld, das eine Person oder eine Firma bei einem Geschäft verdient ≈ Gewinn ↔ Verlust

pro·fi·tie·ren (*profitierte, hat profitiert*) **1** **von etwas profitieren** einen Vorteil von etwas haben **2** **bei etwas profitieren** bei einem Geschäft o. Ä. Gewinn machen

die **Prog·no·se** (-, -n) **eine Prognose (zu etwas)** *geschrieben* eine begründete Aussage darüber, wie sich etwas wahrscheinlich entwickeln wird ⟨*eine Prognose stellen, wagen*⟩ ≈ Vorhersage **K** Wetterprognose

das **Pro·gramm** (-s, -e) **1** das, was ein Theater, Kino, Fernsehsender, eine Institution o. Ä. der Öffentlichkeit anbietet ⟨*etwas steht auf dem Programm*⟩ *„die Fernsehzeitschrift mit dem Programm der nächsten zwei Wochen"* **K** Programmhinweis; Fernsehprogramm, Kinoprogramm, Veranstaltungsprogramm **2** die einzelnen Punkte bei einer Veranstaltung ⟨*das Programm eines Konzerts, eines Kabaretts, einer Tagung*⟩ **K** Abendprogramm **3** ein Heft oder Blatt, das Informationen über das Programm gibt **K** Programmheft, Programmzeitschrift **4** ein Kanal eines Radio- oder Fernsehsenders *„Im ersten Programm kommt heute ein Krimi"* **5** ein Plan, der sagt, wann man was machen muss oder will **K** Arbeitsprogramm, Forschungsprogramm, Trainingsprogramm **6** eine Reihe von Befehlen, die einem Computer gegeben werden, damit er die gewünschten Aufgaben macht (und die auch auf DVDs o. Ä. gekauft werden können) ⟨*ein Programm schreiben, kaufen, kopieren, installieren*⟩ **K** Computerprogramm **7** alle Arbeitsabläufe einer Maschine, die durch vorgegebene Befehle gesteuert werden *„eine Waschmaschine mit mehreren Programmen"* **ID** **etwas steht auf dem Programm** etwas ist geplant

pro·gram·mie·ren (*programmierte, hat programmiert*) **(etwas) programmieren** ein Programm für Computer schreiben • *hierzu* **Pro·gram·mie·rung** *die*

das **Pro·jekt** (-(e)s, -e) eine Arbeit, die genau geplant werden muss und ziemlich lange dauert ⟨*ein Projekt initiieren, entwerfen, verwirklichen, in Angriff nehmen*⟩ **K** Projektleiter; Bauprojekt, Forschungsprojekt

der **Pro·jek·tor** (-s, *Pro·jek·to·ren*) ein Gerät, mit dem man Bilder so beleuchtet, dass man sie an der Wand sehen kann **K** Filmprojektor

das **Pro·mil·le** (-(s), -) ein Tausendstel, vor allem verwendet, um anzugeben, wie viel Alkohol jemand im Blut hat *„Autofahren mit mehr als 0,3 Promille (Alkohol im Blut) ist strafbar"* **i** Symbol: ‰

pro·mi·nent ADJEKTIV ⟨*ein Politiker, ein Schauspieler*⟩ bei sehr vielen Leuten bekannt • *hierzu* **Pro·mi·nen·te** *der/die*

das **Pro·no·men** (-s, -/*Pro·no·mi·na*) ein Wort, das man statt eines Substantivs benutzt und das sich auf dieselbe Person oder Sache bezieht wie das Substantiv (z. B. *er* oder *sie*) ≈ Fürwort

der **Pro·pel·ler** (-s, -) ein Teil eines Flugzeugs, das aus meist zwei langen, flachen Metallteilen besteht, die sich so schnell drehen, dass dadurch das Flugzeug fliegen kann

der **Pros·pekt** (-(e)s, -e) ein Heft mit Text und Bildern, das über eine Ware informiert **K** Reiseprospekt

prost! verwendet, bevor man in Gesellschaft den ersten Schluck eines alkoholischen Getränks trinkt

die **Pros·ti·tu·ier·te** (-n, -n) eine Frau, die mit ihren sexuellen Kontakten Geld verdient

der **Pro·test** (-(e)s, -e) **Protest (gegen je-**

P

manden/etwas) Worte, Handlungen o. Ä., die deutlich zum Ausdruck bringen, dass man mit jemandem/etwas nicht einverstanden ist ⟨*heftige, scharfe Proteste*⟩ *„Aus Protest gegen die Politik der Regierung trat er aus der Partei aus"* **K** Protestaktion, Protestrufe

pro·tes·tie·ren (*protestierte, hat protestiert*) **(gegen jemanden/etwas) protestieren** deutlich zum Ausdruck bringen, dass man mit jemandem/etwas nicht einverstanden ist *„gegen eine schlechte Behandlung protestieren"*

das **Pro·to·koll** (-*s*, -*e*) **1** ein Text, in dem genau steht, was in einer Sitzung (z. B. im Gericht oder bei geschäftlichen Verhandlungen) gesagt wurde ⟨*ein Protokoll anfertigen, schreiben*⟩ **K** Gerichtsprotokoll **2** die Regeln, nach denen sich Diplomaten und Politiker bei offiziellen Anlässen verhalten sollen **3** **(das) Protokoll führen** ein Protokoll schreiben **K** Protokollführer

der **Pro·vi·ant** [-v-]; (-*s*, -*e*) das Essen, das man auf einen Ausflug oder eine Reise mitnimmt oder das Soldaten im Krieg bei sich tragen

die **Pro·vinz** [-v-]; (-, -*en*) **1** (in manchen Staaten) ein relativ großes Gebiet mit eigener Verwaltung **K** Provinzhauptstadt **2** *oft abwertend* ein Gebiet, in dem es (im Gegensatz zu großen Städten) wenig kulturelle oder gesellschaftliche Ereignisse gibt ⟨*in der Provinz leben; aus der Provinz kommen*⟩ **i** nicht in der Mehrzahl verwendet

P

pro·vo·zie·ren [-v-] (*provozierte, hat provoziert*) **jemanden (zu etwas) provozieren** eine Person absichtlich ärgern, damit sie sich nicht mehr beherrschen kann ⟨*sich nicht provozieren lassen*⟩ *„einen Hund so lange provozieren, bis er beißt"*

das **Pro·zent** (-(*e*)*s*, -/-*e*) einer von hundert Teilen einer Menge *„Zehn Prozent von fünfzig Euro sind fünf Euro"* **i** Nach einer Zahl ist die Merhzahl *Prozent*: *zehn Prozent*. Symbol: %

der **Pro·zess** (-*es*, -*e*) **1** das Verfahren, bei dem ein Gericht ein Verbrechen oder einen Streit untersucht und beurteilt **K** Prozesskosten; Strafprozess, Zivilprozess **2** ein Vorgang, der aus mehreren Phasen besteht, in dem eine (allmähliche) Veränderung stattfindet ⟨*ein chemischer, natürlicher Prozess*⟩ **K** Alterungsprozess, Entwicklungsprozess

prü·fen (*prüfte, hat geprüft*) **1** **jemanden/etwas prüfen** feststellen, ob jemand/etwas eine gewünschte Eigenschaft (im richtigen Maß) hat ⟨*jemanden/etwas gründlich, oberflächlich prüfen*⟩ ≈ testen *„prüfen, ob eine Rechnung stimmt"* | *„mit dem Finger die Temperatur des Wassers prüfen"* **K** Prüfgerät **2** **etwas prüfen** darüber nachdenken, ob man etwas annimmt oder ablehnt ⟨*ein Angebot, einen Antrag (eingehend) prüfen*⟩ **3** **(jemanden) prüfen** einer Person Fragen stellen, um zu erfahren, ob sie etwas gelernt hat ⟨*einen Schüler, einen Studenten prüfen*⟩

der **Prü·fer** (-*s*, -) eine Person, die einen Studenten o. Ä. prüft

der **Prüf·ling** (-*s*, -*e*) eine Person, die geprüft wird

die **Prü·fung** (-, -*en*) **1** eine mündliche oder schriftliche Aufgabe, mit welcher die Kenntnisse einer Person oder ihre Fähigkeiten beurteilt werden ⟨*eine mündliche, schriftliche, schwierige Prüfung; sich auf eine Prüfung vorbereiten; auf/für eine Prüfung lernen; eine Prüfung machen, ablegen, schreiben, bestehen; durch eine Prüfung fallen*⟩ ≈ Test, Examen **K** Prüfungsfragen; Abschlussprüfung, Fahrprüfung, Sprachprüfung **2** eine Untersuchung, mit der man feststellt, ob etwas richtig ist, funktioniert o. Ä. **K** Bremsprüfung, Qualitätsprüfung **i** nicht in der Mehrzahl verwendet

der **Prü·gel** (-*s*, -) **1** mehrere Schläge, die jemand in einem Kampf oder als Strafe bekommt **K** Prügelstrafe **i** nur in der Mehrzahl verwendet **2** ein relativ dicker und kurzer Stab, mit dem man jemanden schlägt

prü·geln (*prügelte, hat geprügelt*) **sich (mit jemandem) prügeln** kämpfen und sich dabei gegenseitig kräftig schlagen

Prụnk (-(e)s) eine viel zu kostbare Ausstattung oder Verzierung (meist eines Gebäudes o. Ä.)

psy·chisch ['psy:-] ADJEKTIV in Bezug auf die Psyche ⟨*eine Belastung, ein Druck, eine Krankheit; psychisch gesund/krank sein*⟩ ≈ seelisch ↔ physisch

Psy·cho·lo·gie (-) die Wissenschaft, die sich mit dem seelischen Verhalten beschäftigt ⟨*Psychologie studieren*⟩ **K** Kinderpsychologie, Sozialpsychologie

Pu·ber·tät (-) die Zeit, in der sich der Körper des Menschen von dem eines Kindes zu dem eines Erwachsenen verändert

Pub·li·kum (-s) **1** die Menschen, die bei einer Veranstaltung zuhören und zuschauen ⟨*das Publikum klatscht (Beifall)*⟩ **K** Fernsehpublikum **2** die Gäste, die ein Lokal, Hotel oder einen Ort besuchen

r **Pub·li·kums·ver·kehr** wenn eine Behörde Publikumsverkehr hat, können Bürger kommen und Anträge stellen usw. ≈ Parteiverkehr

r **Pụd·ding** (-s, -e/-s) eine weiche, süße Speise, die entsteht, wenn man ein besonderes Pulver mit Milch und Zucker mischt und kocht ⟨*Pudding kochen, machen, essen*⟩ *„Pudding mit Vanillegeschmack"* **K** Puddingpulver; Schokoladenpudding, Vanillepudding

er **Pu·del** (-s, -) ein Hund, der ein Fell mit dichten, kleinen Locken hat **i** → Abb. unter **Hund**

er **Pu·der** *gesprochen auch das;* (-s, -) ein Pulver, das man auf die Haut gibt, um sie zu färben oder zu pflegen **K** Puderdose; Gesichtspuder, Kinderpuder

er **Pụf·fer** (-s, -) ein rundes Stück aus Eisen, das bei Waggons und Lokomotiven Stöße vorn und hinten abfängt

pu·len (*pulte, hat gepult*); *gesprochen* **etwas aus/von etwas pulen** etwas mit den Fingern entfernen *„Rosinen aus dem Kuchen pulen"*

er **Pụl·li** (-s, -s); *gesprochen* ≈ Pullover

er **Pul·lo·ver** (-s, -) ein Kleidungsstück (oft aus Wolle), das man über Hemd oder Bluse zieht ⟨*ein selbst gestrickter, warmer, weicher Pullover*⟩ **K** Rollkragenpullover **i** → Abb. unter **Bekleidung**

der **Pụls** (-es) die rhythmische Bewegung, mit welcher das Herz das Blut durch den Körper befördert ⟨*jemandem den Puls fühlen, messen*⟩

das **Pụlt** (-(e)s, -e) **1** ein kleiner, hoher Tisch, hinter den man sich stellt, wenn man z. B. eine Rede hält oder ein Orchester dirigiert **2** ein Tisch, an dem ein Kind bzw. ein Lehrer in der Schule sitzt

das **Pụl·ver** [-fɐ, -vɐ]; (-s, -) **1** eine Substanz aus vielen sehr kleinen Körnern ⟨*etwas zu Pulver zermahlen, zerreiben, zerstoßen*⟩ *„ein Pulver für/gegen Kopfschmerzen in Wasser auflösen und einnehmen"* **K** Backpulver, Kakaopulver, Waschpulver **2** ein schwarzes Pulver, das leicht explodiert und in Schusswaffen verwendet wird **K** Schießpulver **3** *gesprochen* ≈ Geld

die **Pụm·pe** (-, -n) ein Gerät, mit dem man Flüssigkeiten, Luft o. Ä. (durch Ansaugen oder durch Druck) durch Rohre leitet **K** Luftpumpe, Wasserpumpe

pụm·pen (*pumpte, hat gepumpt*) **(etwas irgendwohin) pumpen** Flüssigkeiten oder Luft mit einer Pumpe irgendwohin leiten *„Luft in einen Reifen pumpen"*

der **Pụnkt** (-(e)s, -e) GRAFISCH, OPTISCH: **1** eine kleine runde Stelle *„ein rotes Kleid mit gelben Punkten"* **K** Farbpunkt, Lichtpunkt **2** ein Punkt (.) steht am Ende eines Satzes oder einer Abkürzung ⟨*einen Punkt setzen*⟩ RÄUMLICH: **3** die Stelle oder der Ort, wo etwas geschieht, sich jemand/etwas befindet o. Ä. *„Von diesem Punkt aus kann man das ganze Tal überblicken"* **K** Aussichtspunkt, Haltepunkt, Treffpunkt ZEITLICH: **4** eine bestimmte Stelle innerhalb eines zeitlichen Ablaufs ≈ Moment **K** Zeitpunkt **5** **Punkt** *+Zeitangabe* genau die genannte/zur genannten Uhrzeit *„Es ist jetzt Punkt zwölf (Uhr)"* IN EINEM ABLAUF: **6** eine Stufe oder ein Stadium eines Ablaufs, Vorgangs ⟨*einen Punkt erreichen, überschreiten*⟩ **K** Gefrierpunkt, Schmelzpunkt, Höhepunkt

ZUR BEWERTUNG: **7** eine der Einheiten, mit denen man im Spiel oder Wettkampf Leistungen und Erfolge misst und bewertet *⟨einen Punkt erzielen, gewinnen, holen, machen, verlieren⟩ „vier Punkte Vorsprung/Rückstand haben"* IM GESPRÄCH O. Ä.: **8** eines von mehreren Dingen, die besprochen oder genannt werden *⟨die Punkte einer Tagesordnung, auf einer Liste⟩ „Wir waren uns in allen wesentlichen Punkten einig"* **K** Programmpunkt, Tagesordnungspunkt, Vertragspunkt **ID** **etwas auf den Punkt bringen** das Entscheidende kurz und deutlich nennen • *zu* (1) **pụnkt·för·mig** *ADJEKTIV*

die **Pụnkt·lan·dung** **1** in der Raumfahrt: eine Landung direkt an der im Voraus berechneten Stelle **2** *gesprochen* etwas, das genau richtig ist *„Das Buch ist eine echte Punktlandung! Besser hätte man es nicht machen können"* **3** *gesprochen* etwas, das genau zum richtigen Zeitpunkt fertig wird *„Das war wirklich eine Punktlandung! Wir kamen genau zum richtigen Zeitpunkt!"*

pụ̈nkt·lich *ADJEKTIV* genau zu der Zeit, die festgelegt oder verabredet war *⟨pünktlich sein, ankommen, eintreffen, zahlen⟩* • *hierzu* **Pụ̈nkt·lich·keit** *die*

die **Pu·pịl·le** (-, -n) der kleine schwarze Teil in der Mitte des Auges, durch welchen das Licht ins Auge kommt **i** → Abb. unter **Auge**

die **Pụp·pe** (-, -n) **1** eine kleine Figur, die wie ein Mensch aussieht und mit der meist Kinder spielen *⟨mit Puppen spielen⟩* **K** Puppenhaus, Puppenwagen **2** eine Puppe, mit der man Theaterstücke aufführt **K** Puppenspieler; Handpuppe, Marionettenpuppe **3** die Raupe in einer festen Hülle, bevor sie zum Schmetterling wird

pu̱r *ADJEKTIV (purer, purst-)* **1** *⟨Gold, Silber⟩* so, dass sie nicht mit etwas anderem gemischt sind ≈ rein **2** *direkt nach dem Substantiv* ohne Wasser oder Eis *⟨ein Whisky pur; etwas pur trinken⟩*

das **Pü·re̲e** (-s, -s) eine weiche Masse, die entsteht, wenn man z. B. Kartoffeln oder ein Gemüse weich kocht und dann rührt oder zerquetscht ≈ Brei • *hierzu* **pü·rie̲·ren** *(hat)*

pụr·zeln *(purzelte, ist gepurzelt)* **irgendwohin purzeln** das Gleichgewicht verlieren und (mit dem Kopf voraus) fallen, ohne sich zu verletzen

die **Pu̱s·te** (-); *gesprochen* **aus der Puste kommen/sein** nach einer körperlichen Anstrengung nur mit Mühe normal atmen können

pu̱s·ten *(pustete, hat gepustet)* **1** **etwas irgendwohin pusten** etwas bewegen, indem man kurz und kräftig bläst *„den Staub von einem Buch pusten"* **2** **(irgendwohin) pusten** (kurz und) kräftig blasen *„pusten, damit die Suppe kühler wird"*

der **Pụtz** (-es) eine Mischung aus Sand, Wasser und Gips o. Ä., mit der man die Ziegel einer Mauer bedeckt (damit die Oberfläche der Mauer glatt ist)

pụt·zen *(putzte, hat geputzt)* **1** **etwas putzen** die Oberfläche einer Sache durch Reiben und Wischen sauber machen *⟨eine Brille, ein Fenster, Schuhe, Silber, (sich (Dativ)) die Zähne putzen⟩* ≈ reinigen **2** **etwas putzen** Schmutz und Teile, die man nicht isst, von Gemüse o. Ä. entfernen *⟨Pilze, Salat, Spinat putzen⟩* **3** **(jemandem) die Nase putzen** mit einem Taschentuch die Nase von Schleim befreien **4** **(etwas) putzen** Räume, Fußböden (mit Wasser und Putzmittel) sauber machen *⟨das Bad, die Küche, den Laden, die Treppe putzen⟩* **K** Putztuch **5** **ein Tier putzt sich** ein Tier reinigt das Fell oder pflegt die Federn *⟨eine Katze, ein Vogel⟩*

die **Pụtz·frau** *oft abwertend* eine Frau, die Wohnungen o. Ä. sauber macht und dafür Geld bekommt ≈ Raumpflegerin

das **Pụtz·mit·tel** eine Flüssigkeit, die man verwendet, um etwas sauber zu machen

der **Py·ja·ma** [py'dʒa:ma]; (-s, -s) das Oberteil und die Hose, die man anzieht, wenn man ins Bett geht ≈ Schlafanzug **K** Pyjamaparty

Q

s **Q**, **q** [ku:]; (-, -/*gesprochen auch -s*) der siebzehnte Buchstabe des Alphabets

s **Quad·rat** (-(e)s, -e) ein Rechteck mit vier gleich langen Seiten • *hierzu* **quad·ra·tisch** ADJEKTIV

qua·ken (*quakte, hat gequakt*) **eine Ente/ein Frosch quakt** eine Ente, ein Frosch geben die Laute von sich, die für ihre Art typisch sind

e **Qual** (-, -en) starker körperlicher oder seelischer Schmerz

quä·len (*quälte, hat gequält*) **1** **jemanden quälen** einer Person oder einem Tier absichtlich Schmerzen zufügen *„Der Täter quälte das Opfer"* **2** **jemanden (mit etwas) quälen** eine Person nicht in Ruhe lassen und sie mit Bitten, Fragen o. Ä. belästigen *„Das Kind quälte sie so lange, bis sie ihm ein Eis kauften"*

e **Qua·li·tät** (-, -en) der sehr hohe Grad guter Eigenschaften *„Wir achten sehr auf Qualität"* **K** Qualitätsarbeit, Qualitätsprodukt

r **Qualm** (-s) dichter Rauch, der als unangenehm empfunden wird

qual·men (*qualmte, hat gequalmt*) **etwas qualmt** etwas gibt dichten Rauch ab

er **Quark** (-s) ein weiches, weißes Nahrungsmittel, das aus saurer Milch gemacht wird **K** Quarkkuchen

er **Quatsch** (-(e)s); *gesprochen, abwertend* ⟨*Quatsch machen, reden*⟩ ≈ Unsinn

quat·schen (*quatschte, hat gequatscht*); *gesprochen* **1** **(etwas) quatschen** *abwertend* (viel) dummes Zeug reden *„Quatsch doch keinen Blödsinn!"* Das stimmt nicht! **2** **mit jemandem quatschen** sich mit jemandem unterhalten *„Wir haben lange miteinander gequatscht"* **3** **etwas quatscht** etwas macht ein klatschendes Geräusch *„Der nasse Boden quatschte unter unseren Füßen"*

die **Quel·le** (-, -n) **1** eine Stelle, an der Wasser aus der Erde kommt ⟨*eine heiße, sprudelnde, versiegte Quelle*⟩ **K** Quellwasser **2** der Ursprung eines Baches oder Flusses *„der Lauf der Donau von der Quelle bis zur Mündung"*

quer ADVERB **1** **quer durch/über etwas** (*Akkusativ*) von einer Ecke oder Seite einer Fläche oder eines Gebiets zur anderen, genau oder schräg gegenüber *„quer über den Rasen laufen"* **2** auf dem kürzeren Weg durch einer Fläche oder über eine Linie hinweg ⟨*etwas quer durchschneiden, durchstreichen*⟩ ↔ längs *„Das Auto stand quer zur Fahrbahn"* **K** Querbalken, Querlinie **3** **kreuz und quer** durcheinander, planlos in verschiedene Richtungen *„Er lief kreuz und quer durch die Stadt"*

das **Quer·for·mat** ein Format, bei welchem die Breite größer ist als die Höhe ↔ Hochformat

quet·schen (*quetschte, hat gequetscht*) **1** **(jemandem) etwas quetschen** einen Körperteil durch starken Druck verletzen *„Ich habe mir den Finger in der Tür gequetscht"* **2** **sich irgendwohin quetschen** sich mit Mühe irgendwohin zwängen (wo wenig Platz ist) *„Sie quetschten sich zu fünft in das Auto"* • *zu* (1) **Quet·schung** *die*

quie·ken (*quiekte, hat gequiekt*) ⟨*Ferkel, Mäuse*⟩ die Laute von sich geben, die für ihre Art typisch sind

quiet·schen (*quietschte, hat gequietscht*) **etwas quietscht** etwas gibt durch Reibung einen hellen, schrillen Ton von sich ⟨*eine Tür, ein Schrank*⟩

die **Quit·tung** (-, -en) mit einer Quittung bestätigt man schriftlich, dass man Geld oder Waren bekommen hat ⟨*jemandem eine Quittung (über 30 Euro) ausstellen*⟩ **K** Quittungsblock

die **Quo·te** (-, -n) eine Anzahl im Verhältnis zu einer Gesamtmenge ⟨*eine hohe, niedrige Quote*⟩ ≈ Anteil *„Die Quote der Verkehrsunfälle sank um drei Prozent"*

R

das **R**, **r** [ɛr]; (-, -/gesprochen auch -s) der achtzehnte Buchstabe des Alphabets

der **Ra·batt** (-(e)s, -e) **Rabatt (auf etwas** (Akkusativ)**)** wenn man Rabatt bekommt, bekommt man Waren zu einem günstigeren Preis als andere Kunden ⟨*jemandem (einen) Rabatt gewähren, geben*⟩ K Rabattmarke; Mengenrabatt

der **Rab·bi·ner** (-s, -) ein jüdischer Religionslehrer und Prediger

der **Ra·be** (-n, -n) ein großer schwarzer Vogel mit schwarzem Schnabel und einer lauten, rauen Stimme ⓘ *der Rabe; den, dem, des Raben*

die **Ra·che** (-) **Rache (an jemandem) (für etwas)** eine Handlung, mit der man eine Person (außerhalb des Gesetzes) bestraft, von der man selbst oder ein Freund beleidigt oder geschädigt wurde ⟨*jemandem Rache schwören; etwas aus Rache tun*⟩ K Racheakt, Rachegedanken

der **Ra·chen** (-s, -) der innere Teil des Halses, der am Ende des Mundes beginnt

rä·chen, **rä·chen** (*rächte, hat gerächt*) 1 **jemanden rächen** wenn man einen Menschen rächt, dann bestraft man (außerhalb des Gesetzes) diejenige Person, die ihm etwas Böses getan hat 2 **etwas rächen** wenn man ein Unrecht rächt, dann bestraft man (außerhalb des Gesetzes) diejenige Person, die dafür verantwortlich war ⟨*einen Mord, ein Verbrechen rächen*⟩ 3 **sich (an jemandem) (für etwas) rächen** eine andere Person für eine Tat bestrafen, durch die man selbst einen Nachteil, einen Schaden o. Ä. erlitten hat „*Für diese Beleidigung werde ich mich noch (an ihm) rächen*" • *hierzu* **Rä·cher** *der*

das **Rad** (-(e)s, *Rä·der*) 1 der runde Teil eines Fahrzeugs, der sich im Mittelpunkt (um die Achse) dreht und so das Fahrzeug rollen lässt K Ersatzrad, Hinterrad, Vorderrad ⓘ → Abb. unter **Auto** und **Fahrrad** 2 ein rundes Teil einer Maschine (meist mit Zacken) ⟨*die Räder eines Getriebes, Uhrwerks*⟩ K Lenkrad, Zahnrad, Wasserrad 3 Kurzwort für *Fahrrad* ⟨*(mit dem) Rad fahren*⟩ „*einen Ausflug mit dem Rad machen*" K Radfahrer, Radrennen, Radweg; Rennrad 4 eine Turnübung ⟨*(ein) Rad schlagen*⟩ • *zu* (3) **Rad·fah·rer** *der*

ra·deln (*radelte, ist geradelt*); *gesprochen* mit dem Fahrrad fahren

ra·die·ren (*radierte, hat radiert*) **(etwas) radieren** etwas, das man mit Bleistift geschrieben oder gezeichnet hat, durch Reiben mit einem Stück Gummi entfernen

der **Ra·dier·gum·mi** ein kleiner Gegenstand aus Gummi o. Ä. zum Radieren

das **Ra·dies·chen** [ra'diːsçən]; (-s, -) eine kleine Pflanze mit einer runden dicken Wurzel, die außen rot und innen weiß ist, scharf schmeckt und roh gegessen wird ⟨*ein Bund Radieschen*⟩ ⓘ → Abb. unter **Gemüse**

ra·di·kal ADJEKTIV 1 so, dass etwas starke Veränderungen mit sich bringt ⟨*Änderungen, Reformen, eine Methode*⟩ „*ein radikaler Bruch mit der Tradition*" 2 in sehr starkem Maße „*Sie hat sich radikal verändert*" 3 *abwertend* so, dass eine Gruppe extreme Positionen vertritt (und oft bereit ist, Gewalt anzuwenden, um ihre Ziele zu erreichen) ⟨*eine Terrororganisation*⟩ 4 so, dass jemand mit großem Einsatz gegen oder für etwas kämpft ⟨*ein Gegner, ein Verfechter*⟩ • *zu* (1 – 3) **Ra·di·ka·li·tät** *die*; *zu* (2,3) **Ra·di·ka·lis·mus** *der*

das **Ra·dio** (-s, -s) 1 ein Gerät, das elektromagnetische Wellen empfängt und diese als Töne wiedergibt ⟨*das Radio läuft, spielt; das Radio anmachen, einschalten, ausmachen, ausschalten*⟩

[K] Radioantenne; Autoradio [2] eine Institution, die ein Programm sendet, das man mit einem Radio, im Internet usw. empfangen kann ≈ Radiosender *„Sie arbeitet beim Radio"* [K] Internetradio ⓘ nicht in der Mehrzahl verwendet [3] ein Programm, das ein Radiosender verbreitet ⟨*Radio hören*⟩ ⓘ nicht in der Mehrzahl verwendet

ra·dio·ak·ti̱v [-f] *ADJEKTIV* in einem Zustand, in dem Atome zerfallen und dabei Energie abgeben, die Menschen, Tieren und Pflanzen schadet ⟨*Abfälle, ein Element, ein Stoff, die Strahlung, der Zerfall*⟩ *„Uran ist radioaktiv"* • *hierzu* **Ra·dio·ak·ti·vi·tä̱t** *die*

Ra̱·di·us (-, *Ra·di·en* [-di̯ən]) die Entfernung vom Mittelpunkt eines Kreises oder einer Kugel zum Rand ≈ Halbmesser

Ra̱d·ler (-s, -); *gesprochen* ≈ Radfahrer • *hierzu* **Ra̱d·le·rin** *die*

ra̱·gen (*ragte, hat/ist geragt*) **etwas ragt irgendwohin** etwas reicht weiter nach oben, außen usw. als die Umgebung *„Ein Nagel ragt aus der Wand"*

r **Ra̱hm** (-(e)s) ⟨*süßer, saurer Rahm*⟩ ≈ Sahne [K] Rahmsoße

r **Ra̱h·men** (-s, -) [1] ein fester Rand, den man z. B. um Bilder oder Spiegel macht, um sie zu schmücken oder zu befestigen [K] Bilderrahmen; Goldrahmen [2] der Teil einer Tür oder eines Fensters, der fest mit der Wand verbunden ist [K] Fensterrahmen, Türrahmen [3] der (untere) Teil eines Fahrzeugs, an dem die Achsen befestigt sind [K] Fahrradrahmen [4] **ein Rahmen (für etwas)** die Umgebung und der Zusammenhang, in denen etwas stattfindet oder geschieht *„Die Konzerte bildeten den Rahmen für die Verleihung der Preise"* ⓘ nicht in der Mehrzahl verwendet [5] der Bereich, innerhalb dessen etwas geschieht ⟨*im Rahmen des Möglichen liegen, bleiben*⟩ *„Veränderungen in kleinem/großem Rahmen"* ⓘ nicht in der Mehrzahl verwendet

e **Ra·ke̱·te** (-, *-n*) [1] Raketen sehen wie Rohre mit einer Spitze aus und können von der Erde weg in den Weltraum fliegen ⟨*eine mehrstufige, (un)bemannte Rakete; eine Rakete zünden, starten*⟩ *„mit einer Rakete zum Mond fliegen"* [K] Raketenstart; Mondrakete [2] eine Rakete, die als Waffe benutzt wird und Bomben transportiert ⟨*Raketen stationieren, abfeuern, abschießen, auf ein Ziel richten*⟩ *„die Zahl der atomaren Raketen begrenzen"* [K] Atomrakete, Luftabwehrrakete [3] eine kleine Rakete, die in der Luft explodiert und als Feuerwerk oder Signal verwendet wird [K] Feuerwerksrakete

rạm·men (*rammte, hat gerammt*) **jemanden/etwas rammen** beim Fahren an jemandes Auto/etwas stoßen und es beschädigen

die **Rạm·pe** (-, *-n*) eine schräge Fläche, über die Fahrzeuge zu einer höheren oder tieferen Ebene fahren können

der **Rạmsch** (-es); *abwertend* Dinge von sehr schlechter Qualität (die ein Geschäft verkauft)

rạn *ADVERB*; *gesprochen* → heran

der **Rạnd** (-(e)s, *Rän·der*) [1] der Bereich, wo etwas aufhört oder anfängt ⟨*der obere, untere, äußere, innere, linke, rechte Rand*⟩ ↔ Mitte *„ein Glas bis zum Rand füllen"* [K] Kraterrand, Stadtrand, Tellerrand [2] der seitliche, obere oder untere Teil eines Blattes Papier, auf den man normalerweise nichts schreibt [K] Randnotiz [3] ein Strich oder schmaler Streifen außen am Rand von Flächen *„ein Briefumschlag mit schwarzem Rand"* [K] Fettrand, Kalkrand [4] **am Rande** zusätzlich zu etwas, das wichtiger ist ⟨*etwas nur am Rande bemerken, erwähnen*⟩ [K] Randbemerkung, Randnotiz

der **Rạnd·stein** ≈ Bordstein

rạng *Präteritum, 1. und 3. Person Singular* → ringen

der **Rạng** (-(e)s, *Rän·ge*) [1] jede der Stufen in einer Ordnung (Hierarchie), die durch soziale oder dienstliche Wichtigkeit gekennzeichnet ist ⟨*einen hohen, niedrigen Rang haben, einnehmen, be-*

kleiden⟩ „der Rang eines Leutnants" **K** Rangfolge, Ranghöchste(r); Dienstrang **2** der Platz, den man in einem Wettkampf erreicht *„den ersten/letzten Rang belegen"* **3** der hintere und höher liegende Teil des Raumes, in dem man im Kino oder Theater sitzt

ran·gie·ren [raŋˈʒiːrən] (*rangierte, hat rangiert*) **(etwas) rangieren** Eisenbahnwagen auf ein anderes Gleis bringen, um neue Züge zusammenzustellen

rạnn·te *Präteritum, 1. und 3. Person Singular* → rennen

der **Rạn·zen** (*-s, -*) eine Tasche, die ein Schüler auf dem Rücken trägt

rạn·zig ADJEKTIV so, dass das Fett darin alt ist und schlecht riecht und schmeckt ⟨*Butter, Nüsse, Öl*⟩

der **Rạp·pen** (*-s, -*) die kleinste Einheit des Geldes in der Schweiz; *„Ein Franken hat 100 Rappen"* ⓘ Abkürzung: *Rp*

rar ADJEKTIV (*rarer, rarst-*) **1** nicht oft vorkommend ≈ selten ⓘ *Selten* wird häufiger verwendet als *rar.* **2** nicht in genügender Menge vorhanden ≈ knapp

ra·sạnt ADJEKTIV (*rasanter, rasantest-*) sehr schnell ⟨*eine Entwicklung, ein Wachstum*⟩

rạsch ADJEKTIV (*rascher, raschest-*) so, dass ein Vorgang oder eine Handlung nur kurze Zeit dauert ≈ schnell *„rasche Fortschritte machen"*

rạ·scheln (*raschelte, hat geraschelt*) **etwas raschelt** etwas macht das Geräusch, das man hört, wenn der Wind trockene Blätter bewegt

ra·sen (*raste, ist gerast*) **1** **(irgendwohin) rasen** sehr schnell fahren oder laufen *„Das Auto raste in die Zuschauer"* **2** **der Puls/das Herz rast** der Puls/das Herz schlägt sehr schnell • *zu* (1) **Ra·ser** *der*

der **Ra·sen** (*-s, -*) eine gepflegte Fläche mit dichtem, kurzem Gras (vor allem in Gärten und Parks) ⟨*ein gepflegter Rasen; den Rasen mähen, sprengen*⟩

der **Ra·sen·mä·her** (*-s, -*) ein Gerät, mit dem man den Rasen mäht

der **Ra·sier·ap·pa·rat** ein kleines elektrisches Gerät, mit dem man sich den Bart oder die Haare rasiert

ra·sie·ren (*rasierte, hat rasiert*) **jemanden rasieren; (jemandem) etwas rasieren** die Haare so kurz wie möglich über der Haut abschneiden (bei Männern vor allem im Gesicht) ⟨*jemanden/sich nass, trocken rasieren; jemandem/sich den Bart rasieren*⟩ *„Ich rasiere mich nicht mehr, ich will mir einen Bart wachsen lassen"* **K** Rasiermesser, Rasierpinsel, Rasierschaum

die **Ra·sier·klin·ge** ein kleines, sehr dünnes Stück Metall mit scharfen Kanten zum Rasieren

das **Ra·sier·was·ser** eine Flüssigkeit (die Alkohol enthält und angenehm riecht), die man nach dem Rasieren aufs Gesicht tut ≈ Aftershave

rạs·peln (*raspelte, hat geraspelt*) **(etwas) raspeln** etwas zu kleinen Stücken reiben ⟨*Äpfel, Schokolade, Nüsse, Karotten raspeln*⟩

die **Rạs·se** (*-, -n*) **1** eine Gruppe von Haustieren, die sich durch einige Merkmale von anderen Tieren derselben Art unterscheiden ⟨*eine neue Rasse (von Kühen, Hunden) züchten; zwei Rassen (miteinander) kreuzen*⟩ **K** Hunderasse, Pferderasse **2** *meist abwertend* eine der großen Gruppen, in welche die Menschen aufgrund der verschiedenen Hautfarben eingeteilt werden **K** Rassenhass, Rassenhetze ⓘ Das Wort *Rasse* sollte im Zusammenhang mit Menschen nicht verwendet werden. *Ethnie* oder *Volksgruppe* sind neutralere Ausdrücke.

das **Rạst·haus** ≈ Raststätte

der **Rạst·platz** **1** ein Platz, an dem man während einer Wanderung eine Pause machen kann **2** ein Parkplatz an einer Autobahn (mit einem Gasthaus)

die **Rạst·stät·te** ein Gasthaus an einer Autobahn

der **Rat**[1] (*-(e)s*) das, was man (aufgrund von Erfahrung oder Kenntnissen) einer Person sagt, damit sie weiß, was sie tun soll ⟨*jemandem einen Rat geben; jemanden um Rat bitten, fragen; einem Rat folgen; auf jemandes Rat hören*⟩ ≈ Ratschlag ℹ Als Mehrzahl wird *Ratschläge* verwendet.

Rat[2] (-(e)s, *Rä·te*) **1** eine Gruppe von Menschen, die in einer Organisation o. Ä. Probleme diskutieren und dann entscheiden ⟨*jemanden in den Rat wählen; im Rat sitzen*⟩ **K** Ratsbeschluss, Ratsmitglied, Ratssitzung; Aufsichtsrat, Betriebsrat, Stadtrat **2** eine Person, die Mitglied eines Rats ist **3** der Titel eines ziemlich hohen Beamten **K** Regierungsrat, Studienrat ℹ nicht in der Mehrzahl verwendet • *zu* (2,3) **Rä·tin** *die*

Ra·te (-, *-n*) Raten sind Teile einer größeren Summe, die man so oft zahlt, bis alles bezahlt ist *„Sie zahlt ihr Auto in monatlichen Raten von/zu 150 Euro ab"*

ra·ten (*rät, riet, hat geraten*) **1** **jemandem (zu) etwas raten** einer Person (aufgrund von Erfahrung) sagen, was sie in einer Situation tun soll ≈ vorschlagen *„Der Arzt hat ihr zu einer Kur geraten"* **2** **(etwas) raten** versuchen, eine richtige Antwort oder ein richtiges Urteil zu geben, obwohl man kein genaues Wissen von einer Sache hat ⟨*richtig, gut, falsch, schlecht raten*⟩ *„Ich habe keine Ahnung, aber lass mich mal raten"* **K** Ratespiel

Rat·haus das Gebäude, in dem der Bürgermeister und die Verwaltung eines Ortes sind **K** Rathausplatz, Rathaussaal

Rät·sel (-s, -) **1** eine komplizierte Frage, bei der man raten oder lange nachdenken muss, um die Antwort zu finden ⟨*ein leichtes, einfaches, schweres, schwieriges Rätsel; ein Rätsel lösen, raten*⟩ **K** Rätselfrage **2** ein Spiel mit Fragen, das man in verschiedenen Formen z. B. in Zeitschriften findet **K** Rätselheft; Kreuzworträtsel **3** etwas, das man nicht erklären kann ⟨*etwas ist, bleibt jemandem ein Rätsel*⟩ ≈ Geheimnis *„Es ist mir ein Rätsel, wo sie so lange bleibt"*

die **Rat·te** (-, *-n*) Ratten sehen aus wie große Mäuse und leben oft von Abfällen und im Schmutz

rau ADJEKTIV (*rauer-, rauest-*) **1** relativ hart und nicht glatt, sodass man einen Widerstand spürt, wenn man mit dem Finger darüberstreicht ⟨*eine Oberfläche*⟩ **2** kalt und mit viel Wind ⟨*ein Klima, ein Wetter, ein Winter*⟩ ≈ streng ↔ mild **3** grob, ohne Taktgefühl ⟨*Sitten, ein Ton*⟩ **4** **ein rauer Hals** ein entzündeter Hals, der die Stimme rau klingen lässt

der **Raub** (*-es*) es ist Raub, wenn man Personen Geld und anderen Besitz mit Gewalt wegnimmt **K** Raubüberfall; Bankraub

der **Räu·ber** (*-s, -*) eine Person, die raubt oder geraubt hat **K** Räuberbande; Bankräuber • *hierzu* **Räu·be·rin** *die*

die **Raub·ko·pie** eine illegale Kopie der Daten einer gekauften CD-ROM, DVD o. Ä.

das **Raub·tier** jedes Säugetier mit starken Zähnen, das andere Tiere jagt und frisst *„Tiger und Wölfe sind Raubtiere"* **K** Raubtiergehege, Raubtierkäfig

der **Rauch** (-(e)s) **1** die Wolken, die entstehen und in die Luft steigen, wenn etwas verbrennt ⟨*aus dem Kamin kommt Rauch, steigt Rauch auf*⟩ **K** Rauchwolke **2** der Rauch einer Zigarette o. Ä. ⟨*den Rauch inhalieren*⟩ **K** Zigarrenrauch

rau·chen (*rauchte, hat geraucht*) **1** **(etwas) rauchen** an einer brennenden Zigarette, Pfeife o. Ä. saugen und den Tabakrauch einatmen ⟨*eine Zigarette, Pfeife, eine Zigarre, einen Joint rauchen*⟩ **K** Rauchverbot **2** **(etwas) rauchen** die Gewohnheit haben, Zigaretten o. Ä. zu rauchen ⟨*zu rauchen aufhören*⟩ **3** **etwas raucht** etwas produziert Rauch und lässt ihn nach außen kommen ⟨*der Kamin, der Ofen*⟩ **4** **es raucht (irgendwo)** es entsteht Rauch *„Da drüben raucht es, wir sollten die Feuerwehr holen"*

R

der **Rau·cher** (-s, -) eine Person, die die Gewohnheit hat, Tabak (meist als Zigarette, Zigarre o. Ä.) zu rauchen ⟨*ein starker Raucher sein*⟩ • *hierzu* **Rau·che·rin** *die*

räu·chern (*räucherte, hat geräuchert*) **etwas räuchern** etwas haltbar machen, indem man es im Rauch hängen lässt ⟨*Fisch, Fleisch, Speck, Schinken räuchern*⟩

rauf ADVERB; *gesprochen* → herauf, hinauf

rau·fen (*raufte, hat gerauft*) **eine Person rauft (mit jemandem); Personen raufen** zwei oder mehrere Personen kämpfen ohne Waffen (auch zum Spaß)

der **Raum** (-(e)s, *Räu·me*) **1** der Teil eines Gebäudes, der einen Fußboden, Wände und eine Decke hat ≈ Zimmer **K** Raumtemperatur; Aufenthaltsraum, Büroraum, Kellerraum, Lagerraum, Wohnraum **2** ein Bereich mit drei Dimensionen (mit Länge, Breite und Höhe/Tiefe) *„Das Weltall ist ein luftleerer Raum"* **K** Hohlraum, Luftraum, Zwischenraum **3** der Raum oder die Fläche, die man zu einem Zweck benutzen kann ≈ Platz *„Im Auto ist/Das Auto hat nicht genug Raum für so viele Koffer"* **K** Raummangel ⓘ nicht in der Mehrzahl verwendet **4** ein Teil der Erdoberfläche, vor allem eines Landes ≈ Gebiet *„Ein Unwetter richtete im Raum (um) Regensburg großen Schaden an"* **5** der Weltraum außerhalb der Atmosphäre der Erde ≈ All, Kosmos **K** Raumfahrer, Raumfähre, Raumstation ⓘ nicht in der Mehrzahl verwendet

räu·men (*räumte, hat geräumt*) **1** **etwas irgendwohin räumen** etwas (von irgendwo wegnehmen und) an einen anderen Platz bringen *„die Wäsche aus dem/in den Schrank räumen"* **2** **etwas räumen** eine Straße o. Ä. wieder frei machen (z. B. nach einem Unfall) *„Die Polizei räumte die Unglücksstelle"* • *hierzu* **Räu·mung** *die*

die **Raum·fahrt** die Erforschung des Weltraums mit Raketen und Sonden ⟨*die bemannte, unbemannte Raumfahrt*⟩ **K** Raumfahrtprogramm ⓘ nicht in der Mehrzahl verwendet

räum·lich ADJEKTIV **1** in Bezug die einzelnen Räume ⟨*die Aufteilung, Gestaltung eines Hauses*⟩ **2** in Bezug auf den vorhandenen Platz ⟨*die Enge, die Nähe*⟩ **3** so, dass man den (optischen) Eindruck eines Raumes hat ⟨*eine Darstellung*⟩ ≈ dreidimensional **4** so, wie in einem Raum (wirkend) ⟨*das Hören, das Sehen*⟩

die **Rau·pe** (-, *-n*) die Larve eines Schmetterlings, die einen länglichen Körper und viele Füße hat

raus ADVERB; *gesprochen* → heraus, hinaus

der **Rausch** (-es, *Räu·sche*) **1** der Zustand, in den man kommt, wenn man zu viel Alkohol trinkt ⟨*einen Rausch bekommen, haben*⟩ **2** **ein Rausch** (+*Genitiv*) ein Zustand, in dem ein Gefühl so stark ist, dass man nicht mehr vernünftig denken oder bewusst handeln kann ⟨*in einen Rausch geraten*⟩ *„von einem Rausch der Leidenschaft erfasst werden"* **K** Siegesrausch ⓘ nicht in der Mehrzahl verwendet

rau·schen (*rauschte, hat gerauscht*) **etwas rauscht** etwas macht ein gleichmäßiges Geräusch, wie man es z. B. bei einem schnell fließenden Fluss hört

das **Rausch·gift** eine Substanz, die man nimmt, um angenehme Gefühle zu haben, und die süchtig macht ≈ Droge **K** rauschgiftsüchtig

räus·pern (*räusperte sich, hat sich geräuspert*) **sich räuspern** durch eine Art kurzes Husten die Kehle reinigen, um eine klare Stimme zu haben

die **Rau·te** (-, *-n*) ein Viereck mit jeweils zwei gleich langen parallelen Seiten, das keinen rechten Winkel hat

re·a·gie·ren (*reagierte, hat reagiert*) **1** **(auf jemanden/etwas) (irgendwie) reagieren** in der genannten Weise handeln (als Antwort auf eine Handlung, Bemerkung o. Ä.) *„Sie hat blitzschnell reagiert und so einen Unfall ver-*

nieden" **2** **etwas reagiert (mit etwas)** etwas verändert sich (chemisch), wenn eine Mischung entsteht oder etwas in Kontakt mit einer anderen Substanz kommt ⟨*etwas reagiert basisch, sauer, heftig, träge*⟩

Re·ak·ti·on [-'tsio:n]; (-, *-en*) **1** **eine Reaktion (auf jemanden/etwas)** die Handlung, mit der jemand auf etwas reagiert ⟨*eine heftige, spontane, unerwartete Reaktion; keine Reaktion zeigen*⟩ „*Wie war ihre Reaktion, als sie von dem Unfall hörte?*" **K** Reaktionsgeschwindigkeit **2** eine Veränderung im Körper von Menschen, Tieren aufgrund äußerer Einflüsse ⟨*eine allergische Reaktion*⟩ **3** **eine Reaktion (mit etwas)** der (chemische) Prozess, der abläuft, wenn sich Substanzen verändern ⟨*eine chemische, heftige, thermische, saure Reaktion*⟩ „*Bei der Reaktion von Eisen mit/und Sauerstoff entsteht Rost*"

re·al [re'a:l] ADJEKTIV *geschrieben* so, wie etwas in Wirklichkeit ist ≈ wirklich „*Ich bilde mir das nicht ein, das ist ein reales Problem*"

re·a·li·sie·ren (*realisierte, hat realisiert*) **1** **etwas realisieren** *geschrieben* etwas tun, das man (schon lange) geplant hat ⟨*einen Plan, ein Projekt, ein Vorhaben realisieren*⟩ ≈ verwirklichen **2** **etwas realisieren** etwas bewusst erkennen ⟨*eine Gefahr, ein Problem*⟩ „*Er hat noch nicht realisiert, dass er in Gefahr ist/wie gefährlich das ist*" • zu (1) **re·a·li·sier·bar** ADJEKTIV; zu (1) **Re·a·li·sie·rung** *die*

re·a·lis·tisch ADJEKTIV **1** ⟨*eine Beurteilung, eine Einschätzung*⟩ so, dass sie an der Wirklichkeit orientiert sind ≈ sachlich ↔ unrealistisch „*Wann kann man realistisch mit der Beendigung des Projekts rechnen?*" **2** ⟨*eine Darstellung, ein Film*⟩ so, dass sie die Welt zeigen, wie sie wirklich ist ↔ realitätsfern

die **Re·a·li·tät** (-, *-en*) **1** das, was es (nach allgemeiner Ansicht) wirklich auf der Welt gibt ≈ Wirklichkeit **i** nicht in der Mehrzahl verwendet **2** **die Realität** +*Genitiv* die tatsächliche Existenz, das Bestehen einer Sache ⟨*die Realität einer Sache anzweifeln, bestreiten, beweisen*⟩ **i** nicht in der Mehrzahl verwendet **3** *geschrieben* etwas, das als objektiv und wahr gilt und nicht verändert werden kann ≈ Tatsache „*die Realitäten des Lebens akzeptieren*" • zu (1) **re·a·li·täts·fern** ADJEKTIV

die **Re·al·schu·le** eine Schule für die Vorbereitung auf wirtschaftliche und technische Berufe. Wer die Realschule (nach der 10. Klasse) mit Erfolg beendet hat, macht eine Lehre oder kann auf die Fachoberschule gehen ⟨*auf die Realschule gehen*⟩ **K** Realschulabschluss, Realschullehrer **i** → Extras, S. 692: **Schule und Ausbildung** • *hierzu* **Re·al·schü·ler** *der*

der **Re·chen** (-s, -) eine Stange, die unten viele Stäbe hat, mit der man den Boden glatt macht oder Laub und Gras sammelt

die **Re·cher·che** [re'ʃɛrʃə]; (-, *-n*) die intensive Suche nach Informationen vor allem für einen Zeitungsbericht ⟨*eine Recherche machen*⟩ ≈ Nachforschung, Ermittlung • *hierzu* **re·cher·chie·ren** (*hat*)

rech·nen (*rechnete, hat gerechnet*) **1** mit Zahlen herausfinden, wie groß etwas ist, wie viel etwas kostet usw. ⟨*im Kopf, schriftlich rechnen*⟩ „*in der Schule Lesen, Schreiben und Rechnen lernen*" **2** **mit jemandem/etwas rechnen** es für möglich oder wahrscheinlich halten, dass jemand kommt oder dass etwas geschieht „*Was, du bist schon da! Mit dir hatte ich noch gar nicht gerechnet*" **3** **auf jemanden/etwas rechnen**; **mit jemandem/etwas rechnen** hoffen und erwarten, dass eine Person kommt und hilft oder mitmacht „*Ich rechne fest mit deiner Hilfe*" **4** **jemanden/etwas (zu etwas) rechnen** jemanden/etwas berücksichtigen „*Wenn man die Kinder dazu rechnet, sind wir neun Personen*"

der **Rech·ner** (-s, -) ≈ Computer

die **Rech·nung** (-, *-en*) **1** das Rechnen

R

mit Zahlen und Mengen ⟨*eine Rechnung stimmt, geht auf, ist falsch*⟩ **K** Bruchrechnung, Prozentrechnung **2** **eine Rechnung (für etwas) (über etwas** (*Akkusativ*)**)** eine Liste, auf der steht, wie viel Geld man für Waren oder Leistungen bezahlen muss ⟨*jemandem eine Rechnung* (*aus*)*stellen, schreiben*⟩ *„eine Rechnung für einen Kühlschrank über 550 Euro"* **K** Rechnungsnummer; Hotelrechnung, Stromrechnung

rẹcht *ADJEKTIV* **1** **recht (für jemanden/ etwas)** für eine Person oder einen Zweck passend ≈ richtig ↔ falsch *„Hier ist nicht der rechte Ort für so ein Gespräch"* **2** **etwas ist (jemandem) recht** jemand ist mit etwas einverstanden *„Ist es dir recht, wenn ich mitkomme?"* **3** verwendet, um ein Adjektiv, Adverb, Substantiv oder Verb zu verstärken (ist stärker als „ziemlich", aber nicht so stark wie „sehr") *„Er gibt sich recht viel Mühe"* **4** **recht/Recht haben** bei einem (juristischen) Streit o. Ä. derjenige sein, der im Recht ist **5** **recht/Recht haben** etwas sagen, das den Tatsachen entspricht *„Ich weiß nicht, ob du mit dieser Behauptung recht hast"* **6** **recht/Recht behalten/bekommen** die Bestätigung bekommen, dass man recht hat **7** **jemandem recht/Recht geben** einer Person sagen, dass ihre Meinung richtig ist oder war ≈ zustimmen **ID** **es jemandem nicht recht machen können, jemandem nichts recht machen können** nichts tun können, was eine andere Person gut findet oder was ihr gefällt

R

das **Rẹcht** (-(e)s, -e) **1** die Regeln für das Zusammenleben der Menschen in einem Staat, die in Gesetzen geschrieben sind ⟨*das Recht anwenden, verletzen, brechen*⟩ **K** Rechtsberatung, Rechtslage; Arbeitsrecht, Familienrecht, Strafrecht **i** nicht in der Mehrzahl verwendet **2** **das Recht (auf etwas** (*Akkusativ*)**)** der (moralisch oder gesetzlich gegebene) Anspruch (auf etwas) ⟨*die demokratischen, elterlichen, vertraglichen Rechte; sein Recht fordern, wollen, bekommen*⟩ *„Die Verfassung garantiert das Recht des Bürgers auf freie Meinungsäußerung"* | *„Mit welchem Recht gibst du mir Befehle?"* **K** Aufenthaltsrecht, Wahlrecht **3** das, was die Moral oder das Gesetz erlauben ⟨*Recht tun; Recht daran tun, etwas zu tun*⟩ ↔ Unrecht *„Ein Kind muss lernen, zwischen Recht und Unrecht zu unterscheiden"* **K** Rechtsempfinden **4** **zu Recht** mit gutem Grund **5** **Recht sprechen** als Richter Urteile sprechen **6** **im Recht sein** bei einem Streit o. Ä. derjenige sein, der das Recht auf seiner Seite hat • zu (2) **rẹcht·los** *ADJEKTIV*

rẹch·t- *ADJEKTIV* **1** auf der Seite, auf der das Herz nicht ist *„jemandem die rechte Hand geben"* | *„auf der rechten Straßenseite"* **2** mit den Prinzipien von konservativen oder nationalistischen Parteien ⟨*ein Abgeordneter, eine Partei, eine Zeitung*⟩ **i** → auch **rechts**

die **Rẹch·te**[1] (-n, -n) **1** die rechte Hand **i** nicht in der Mehrzahl verwendet **2** (beim Boxen) ein Schlag mit der rechten Hand **3** alle Parteien und politischen Gruppen mit konservativen bis hin zu nationalistischen Prinzipien **i** nicht in der Mehrzahl verwendet

der/die **Rẹch·te**[2] (-n, -n); *gesprochen* eine Person, die einer konservativen oder nationalistischen Partei angehört oder deren Prinzipien gut findet **i** *ein Rechter; der Rechte; den, dem, des Rechten*

das **Rẹcht·eck** eine geometrische Figur mit vier Seiten (von denen jeweils zwei gleich lang und parallel sind) und vier Winkeln von je 90° • *hierzu* **rẹcht·eckig** *ADJEKTIV*

rẹcht·fer·ti·gen (*rechtfertigte, hat gerechtfertigt*) **1** **etwas (mit etwas) rechtfertigen** die Gründe für eine Handlung, Äußerung o. Ä. nennen **2** **etwas rechtfertigt etwas** etwas ist ein ausreichender Grund für etwas ⟨*etwas ist* (*durch etwas*) *gerechtfertigt*⟩ *„Die gute Qualität des Stoffs rechtfertigt *en hohen Preis"* • *hierzu* **Recht·fer·ti·gung** *die*

recht·lich *ADJEKTIV* in Bezug auf Recht und Gesetz ⟨*die Gleichstellung, die Grundlage*⟩ *„Kann man dem Mieter nach der rechtlichen Lage kündigen?"* | *„Ist das denn rechtlich zulässig?"*

recht·mä·ßig *ADJEKTIV* Recht und Gesetz entsprechend ⟨*der Besitzer, der Eigentümer, eine Kündigung, ein Vorgehen*⟩ • *hierzu* **Recht·mä·ßig·keit** *die*

rechts *ADVERB* **1** **rechts (von jemandem/etwas)** auf der Seite, auf der das Herz nicht ist ⟨*nach rechts abbiegen; sich rechts einordnen; von rechts kommen*⟩ ↔ links *„Rechts von uns sehen Sie das Museum"* **2** (von Parteien, Gruppen oder Personen) so, dass sie konservative oder nationalistische Prinzipien anerkennen und vertreten ⟨*rechts sein, wählen*⟩ ↔ links

Rechts·an·walt jemand, dessen Beruf es ist, andere über die Gesetze zu informieren und Leute in einem Gerichtsprozess zu vertreten ⟨*sich* (*Dativ*) *einen Rechtsanwalt nehmen*⟩ **K** Rechtsanwaltskanzlei • *hierzu* **Rechts·an·wäl·tin** *die*

Recht·schrei·bung die richtige Art und Weise, wie man die Wörter einer Sprache schreibt ≈ Orthografie **K** Rechtschreibfehler

recht·zei·tig *ADJEKTIV* **1** früh genug ⟨*etwas rechtzeitig schaffen, fertig bekommen, beenden*⟩ *„Lass uns rechtzeitig losgehen, damit wir uns nicht beeilen müssen"* **2** ≈ pünktlich

Re·dak·ti·on [-'tsio:n]; (-, -*en*) **1** die Tätigkeit eines Redakteurs ⟨*die Redaktion haben*⟩ **2** alle Redakteure einer Zeitung, beim Fernsehen oder beim Rundfunk **K** Sportredaktion, Fernsehredaktion • *zu* (1) **re·dak·ti·o·nell** *ADJEKTIV*

Re·de (-, -*n*) **1** **eine Rede (an jemanden/vor jemandem) (über eine Person/Sache)** das Sprechen vor Zuhörern (meist zu einem besonderen Anlass) ⟨*eine Rede* (*frei*) *halten, vom Blatt ablesen*⟩ **K** Festrede, Grabrede, Wahlrede **2** **die direkte Rede** ein Satz, der eine Äußerung wörtlich wiedergibt (und in Anführungszeichen gesetzt wird) **3** **die indirekte Rede** ein Nebensatz, der eine Äußerung sinngemäß wiedergibt und der im Konjunktiv steht **ID** **von jemandem/etwas ist die Rede** jemand/etwas ist Thema einer Rede oder eines Gesprächs *„Beim gestrigen Vortrag war viel von Psychologie die Rede"*

re·den (*redete, hat geredet*) **1** **(etwas) (über jemanden/etwas) reden**; **(etwas) (von jemandem/etwas) reden** sagen, was man (über eine Person oder Sache) denkt ⟨*ununterbrochen, dauernd, deutlich, kein Wort reden*⟩ *„Er redet nur von Autos und Motorrädern"* **2** **jemand redet mit einer Person (über jemanden/etwas)**; **Personen reden miteinander (über jemanden/etwas)** Personen haben ein Gespräch (über jemanden/etwas) *„Wir können gut miteinander über alles reden"* ℹ *Sprechen* ist gehobener als *reden*. **3** **(über jemanden/etwas) reden** Schlechtes über andere Menschen sagen ≈ tratschen *„Über den neuen Nachbarn wird viel geredet"* **ID** **mit sich** (*Dativ*) **reden lassen** bereit , über etwas zu diskutieren und nachzugeben

die **Re·dens·art** (-, -*en*) eine Meinung oder Aussage, die schon viele Leute oft mit den gleichen Worten gesagt haben ≈ Redewendung *„Was sich neckt, das liebt sich" ist eine beliebte Redensart"*

die **Re·de·wen·dung** **1** ≈ Redensart **2** mehrere Wörter, die zusammen eine feste Bedeutung haben, die oft bildlich oder übertragen ist *„Die Redewendung „jemanden im Regen stehen lassen" bedeutet, dass man ihm in einer unangenehmen Situation nicht hilft"*

der **Red·ner** (-*s*, -) eine Person, die eine Rede hält • *hierzu* **Red·ne·rin** *die*

re·du·zie·ren (*reduzierte, hat reduziert*) **etwas (um etwas) (auf etwas** (*Akkusativ*)**) reduzieren** eine Zahl oder Menge kleiner machen ⟨*etwas auf ein Minimum reduzieren*⟩ *„Der ursprüngliche*

R

Preis von 300 € wurde um ein Drittel auf 200 € reduziert“ • *hierzu* **Re·du·zie·rung** *die*

das **Re·fe·rat** (-(e)s, -e) **1** **ein Referat (über jemanden/etwas)** der Text, den eine Person über ein Thema geschrieben hat und den sie ihren Kollegen vorliest ⟨*ein Referat halten*⟩ ≈ Vortrag **2** ein Teil einer Behörde mit der genannten Aufgabe *„das Referat für Jugend und Sport“* **K** Kulturreferat

der **Re·flex** (-es, -e) eine schnelle Reaktion des Körpers auf einen äußeren Einfluss, die man nicht kontrollieren kann **K** Hustenreflex

die **Re·form** (-, -en) eine Veränderung (vor allem in einer Organisation oder in der Gesellschaft), durch die man einige Zustände besser machen will ⟨*eine politische, soziale Reform; Reformen vorschlagen, durchführen*⟩ **K** Reformpläne; reformbedürftig; Schulreform, Steuerreform, Währungsreform

das **Re·gal** (-s, -e) Regale bestehen aus mehreren Brettern übereinander, auf die man Dinge stellen und legen kann ⟨*etwas ins/auf das Regal stellen, legen; etwas liegt, steht im Regal; etwas aus dem/vom Regal nehmen*⟩ **K** Regalfach; Bücherregal

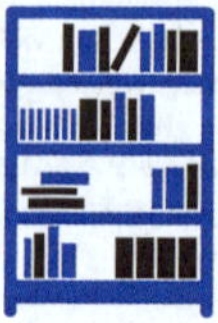

REGAL

die **Re·gel** (-, -n) **1** ein Prinzip oder eine Ordnung, die sagt, wie man manche Dinge tun muss ⟨*strenge, grammatische, mathematische Regeln; sich an eine Regel halten; gegen eine Regel verstoßen*⟩ ≈ Vorschrift **K** Grundregel, Spielregel, Verkehrsregel **2** etwas, das (bei jemandem oder etwas) immer so ist ist ⟨*etwas bildet, ist die Regel*⟩ ⓘ nicht in der Mehrzahl verwendet **3** *gesprochen* ⟨*die Regel haben, (nicht) bekommen*⟩ ≈ Menstruation **K** Regelblutung ⓘ nicht in der Mehrzahl verwendet **4** **in der Regel/in aller Regel** in den meisten Fällen, wie sonst auch ≈ normalerweise *„In der Regel ist er schon vor acht Uhr zu Hause“*

re·gel·mä·ßig ADJEKTIV **1** so, dass es im gleichen Abstand immer wieder vorkommt, stattfindet o. Ä. *„die Mahlzeiten regelmäßig einnehmen“* **2** so, dass die Formen (vor allem von Verben einem Muster entsprechen, das oft vorkommt *„Das Verb „trinken“ ist unregelmäßig (trank, getrunken), „winken“ ist regelmäßig (winkte, gewinkt)“* • *hierzu* **Re·gel·mä·ßig·keit** *die*

re·geln (*regelte, hat geregelt*) **1** **etwas regeln** etwas (mit Regeln) in eine Ordnung bringen ⟨*etwas ist genau geregelt*⟩ *„Der Polizist regelt den Verkehr“* **2** **etwas regeln** etwas so einstellen, dass es angenehm oder praktisch ist ⟨*die Lautstärke regeln*⟩ ≈ regulieren

die **Re·ge·lung** (-, -en) **1** die Handlungen, durch die man etwas regelt **K** Temperaturregelung **2** die Regeln, die für etwas gelten ⟨*eine einheitliche, gültige, rechtliche, starre, tarifliche Regelung*⟩ ≈ Vorschrift **K** Preisregelung, Sonderregelung

re·gen (*regte, hat geregt*) **1** **etwas regen** *geschrieben* einen Teil des Körpers (ein wenig) bewegen ⟨*die Finger, einen Arm, ein Bein regen*⟩ **2** **sich regen** sich (ein wenig) bewegen *„Er schlief ganz ruhig und regte sich überhaupt nicht“*

der **Re·gen** (-s) das Wasser, das (in Tropfen) aus den Wolken zur Erde fällt ⟨*ein leichter, starker, heftiger, anhaltender, kurzer Regen*⟩ *„Ich glaube, wir bekommen bald Regen“* **K** Regenschauer, Regentropfen, Regenwolke; Dauerregen, Nieselregen ⓘ Als Mehrzahl wird *Regenfälle* verwendet

der **Re·gen·bo·gen** einen bunten Regenbogen sieht man manchmal am Himmel, wenn nach dem Regen die

Sonne wieder scheint

Re·gie [reˈʒiː]; (-) die Anweisungen des Regisseurs an die Schauspieler ⟨*unter jemandes Regie spielen*⟩ ID **(die) Regie führen** a Regisseur eines Films oder Theaterstücks sein b ein Projekt leiten

re·gie·ren (*regierte, hat regiert*) **(jemanden/etwas) regieren; über jemanden/etwas regieren** die höchste Macht über ein Land oder ein Volk haben ⟨*(über) ein Land, ein Reich, einen Staat, ein Volk regieren*⟩

Re·gie·rung (-, -*en*) **1** mehrere Personen, die (in Demokratien als gewählte Vertreter des Volks) in einem Staat, Land o. Ä. die Macht haben K Bundesregierung, Militärregierung, Staatsregierung **2** **an der Regierung sein** in einem Staat, Land o. Ä. (meist als gewählte Vertreter des Volks) die Macht haben

Re·gime [reˈʒiːm]; (-*s*, - [-mə],/-*s*); *oft abwertend* mit Regime bezeichnet man vor allem solche Regierungen, die nicht demokratisch sind ⟨*ein autoritäres, undemokratisches, diktatorisches Regime*⟩ K Regimekritiker; Militärregime, Terrorregime

Re·gi·on (-, -*en*) **1** ein ziemlich großes Gebiet mit den typischen Merkmalen ⟨*die arktische, tropische Region*⟩ **2** ein kleines Gebiet innerhalb eines Staates mit eigenen Behörden ≈ Bezirk • *hierzu* **re·gi·o·nal** ADJEKTIV

Re·gis·seur [reʒɪˈsøːɐ̯]; (-*s*, -*e*) eine Person, die in einem Theaterstück oder Film den Schauspielern sagt, wie sie ihre Rolle spielen sollen • *hierzu* **Re·gis·seu·rin** *die*

re·gist·rie·ren (*registrierte, hat registriert*) **1** **jemanden/etwas registrieren** Namen oder Zahlen in eine (meist amtliche) Liste schreiben ⟨*Besucher, Einwohner registrieren*⟩ **2** **etwas registrieren** jemanden/etwas bemerken *„Ein schlaues Kind: Es registriert einfach alles"* **3** **etwas registriert etwas** etwas misst etwas und zeichnet es auf *„Der Seismograf registriert die Stöße, die bei einem Erdbeben auftreten"*

reg·nen (*regnete, hat geregnet*) **es regnet** Regen fällt zur Erde ⟨*es regnet leicht, stark, heftig, in Strömen*⟩

das **Reh** [reː]; (-(*e*)*s*, -*e* [ˈreːə]) ein Tier mit braunem Fell und Hufen, das im Wald lebt ⟨*ein scheues Reh*⟩ K Rehbock; rehbraun

die **Rei·be** (-, -*n*) Reiben sind rau und haben viele Löcher. Man reibt damit z. B. Karotten oder Schokolade in sehr kleine Stücke

rei·ben (*rieb, hat gerieben*) **1** **etwas (an etwas** (*Dativ*)**) reiben** etwas fest auf etwas anderes drücken und es dabei hin und her bewegen *„Die Katze rieb ihren Kopf an meinem Bein"* **2** **sich** (*Dativ*) **etwas reiben** mit der Hand an einem Körperteil reiben ⟨*sich* (*Dativ*) *die Nase, die Augen reiben*⟩ **3** **etwas irgendwie reiben** Schmutz o. Ä. von etwas entfernen, indem man es reibt ⟨*einen Tisch, das Fenster sauber/trocken reiben*⟩ **4** **etwas reiben** etwas mit einem Gerät mit rauer Oberfläche reiben, um kleine Stücke daraus zu machen ⟨*Kartoffeln, Äpfel reiben*⟩

die **Rei·bung** (-, -*en*) die bremsende Wirkung, die entsteht, wenn sich bei einer Bewegung Dinge berühren *„Reibung erzeugt Wärme"*

reich ADJEKTIV **1** mit viel Geld oder Besitz ↔ arm **2** mit großen Mengen und großem Aufwand ⟨*etwas ist reich geschmückt, verziert*⟩ *„ein reich gedeckter Tisch"* **3** in großer Menge vorhanden ⟨*Beute, Auswahl*⟩

das **Reich** (-(*e*)*s*, -*e*) **1** das (meist große) Gebiet, in dem ein König, Kaiser, Diktator o. Ä. herrscht *„das Reich Karls des Großen"* | *„das Römische Reich"* K Kaiserreich, Königreich, Weltreich **2** **das Reich** +*Genitiv* ein Teil der gedanklichen oder realen Welt ⟨*das Reich der Träume, der Fantasie, der Musik*⟩ K Märchenreich, Tierreich **3** **jemandes Reich** der Bereich, in dem man nicht gestört werden will und den man liebt ⟨*sein eigenes kleines Reich haben*⟩

rei·chen *(reichte, hat gereicht); gesprochen* **1** **jemandem etwas reichen** jemandem etwas geben *„Können Sie mir bitte das Buch reichen?"* **2** **jemand/etwas reicht bis irgendwohin** jemand/etwas kommt (wegen der Länge, Breite, Größe o. Ä.) bis zu dem genannten Punkt *„Der Mantel reichte ihr bis über die Knie"* **3** **irgendwohin reichen** etwas mit der Hand erreichen können **4** **etwas reicht (jemandem)**; **etwas reicht (für jemanden/etwas)** etwas ist genug für jemanden/etwas *„Unser Geld reicht nicht für eine teure Wohnung"* **ID** **Mir reichts!**, **Jetzt reichts mir!** *gesprochen* ich habe jetzt keine Lust mehr

reich·lich ADJEKTIV mehr als genug oder üblich *„Er gab dem Kellner ein reichliches Trinkgeld"* | *„Wir haben noch reichlich Zeit"*

der **Reich·tum** (-s, *Reich·tü·mer*) eine große Menge Geld oder Besitz ↔ Armut

reif ADJEKTIV **1** so weit entwickelt, dass man es ernten (und essen) kann ⟨*Tomaten, Obst, Getreide*⟩ ↔ unreif, grün **2** so lange gelagert, dass der Geschmack gut ist ⟨*Käse, Wein, Cognac*⟩ **3** so vernünftig, wie man es von einem Erwachsenen erwartet ⟨*eine Frau, ein Mann*⟩ ↔ unreif **4** **körperlich reif** alt genug, um Kinder bekommen zu können ≈ geschlechtsreif

der **Reif** (-(e)s, -e) **1** eine dünne weiße Schicht Eis, die z. B. auf Gras und Zweigen entsteht, wenn es nachts sehr kalt ist **K** Frühreif **i** nicht in der Mehrzahl verwendet **2** ein kreisförmiges Schmuckstück, das Frauen am Handgelenk oder am Arm tragen **K** Armreif

R

die **Rei·fe** (-) **1** der Zustand, in dem jemand/etwas reif ist *„Für diese Aufgabe fehlt ihm die nötige Reife"* **2** Ⓓ **(die) mittlere Reife** der Abschluss, den man nach Bestehen der letzten Klasse in der Realschule oder der 10. Klasse im Gymnasium hat

rei·fen *(reifte, ist gereift)* **1** **etwas reift** etwas wird reif ⟨*Obst, Getreide, Käse, Wein*⟩ **2** **jemand reift** körperlich erwachsen und erfahren im Arbeiten und Denken *„Hans ist in den letzten Jahren sehr gereift"*

der **Rei·fen** (-s, -) **1** die Räder von Autos, Fahrrädern usw. haben Reifen aus Gummi, die mit Luft gefüllt sind ⟨*den Reifen aufpumpen, flicken, wechseln*⟩ **K** Reifenpanne, Reifenwechsel; Autoreifen, Sommerreifen, Winterreifen **i** → Abb. unter **Auto** und **Fahrrad** **2** ein Ring aus Gummi, Holz oder Metall **K** Fassreifen, Gummireifen, Metallreifen

die **Rei·he** ['raiə]; (-, -n) **1** **eine Reihe (von Personen/Dingen)** mehrere Dinge oder Menschen, die nebeneinander oder hintereinander in einer Linie stehen ⟨*eine Reihe von Bäumen, von Häusern*⟩ **K** Baumreihe, Häuserreihe **2** **eine Reihe** +*Genitiv*; **eine Reihe von Personen/Dingen** eine ziemlich große Zahl oder Menge von Personen/Sachen *„Nach einer Reihe von Jahren haben wir uns wiedergesehen"* **3** eine Zahl von Veröffentlichungen, Sendungen o. Ä., die zusammen eine Einheit bilden **K** Fernsehreihe, Vortragsreihe **4** **jemand ist an der Reihe/kommt an die Reihe**; **die Reihe ist an jemandem** eine Person ist die Nächste, die bedient, behandelt wird oder die etwas tun darf oder muss *„Jetzt bin ich an der Reihe!"* **5** **der Reihe nach** eine Person/Sache nach der anderen *„sich der Reihe nach an der Kasse anstellen"*

die **Rei·hen·fol·ge** die (zeitliche) Ordnung, nach der Dinge oder Handlungen aufeinanderfolgen ⟨*eine geänderte, umgekehrte Reihenfolge; die Reihenfolge ändern; in alphabetischer Reihenfolge*⟩

der **Reim** (-(e)s, -e) **1** der gleiche (oder ähnliche) Klang von Wörtern oder Silben am Ende von zwei oder mehr Zeilen eines Gedichts **2** ein kurzes Gedicht mit Wörtern, die sich reimen ⟨*ein lustiger Reim*⟩ **K** Kinderreim

rei·men *(reimte, hat gereimt)* **etwas reimt sich (auf etwas)**; **etwas reimt**

sich mit etwas etwas klingt am Ende genauso wie ein anderes Wort *„Sonne" reimt sich auf „Wonne"*

rein ADJEKTIV **1** nicht mit anderen Substanzen oder Fasern gemischt ⟨*Gold, Silber, Alkohol, Baumwolle, Wolle*⟩ ≈ pur *„Das Kleid ist aus reiner Seide"* **2** ganz sauber ⟨*ein Hemd, Wäsche, Luft, Wasser*⟩ **3** nichts anderes als *„Es war der reine Zufall, dass wir uns heute getroffen haben"* | *„Rein rechtlich gesehen, ist der Vertrag in Ordnung"* ADVERB **4** *gesprochen* → hinein, herein **ID** **etwas ins Reine schreiben** etwas noch einmal schreiben, damit es schön und sauber ist • *zu* (1,2) **Rein·heit** *die*

rei·ni·gen (*reinigte, hat gereinigt*) **etwas reinigen** Schmutz von etwas entfernen ⟨*die Nägel, eine Wunde reinigen; die Kleider* (*chemisch*) *reinigen lassen; einen Anzug zum Reinigen bringen*⟩

r **Rei·ni·ger** (*-s, -*) ein chemisches Mittel, mit dem man Dinge sauber machen kann **K** Badreiniger, Fleckenreiniger

e **Rei·ni·gung** (*-, -en*) **1** der Vorgang, bei dem man etwas sauber macht **K** Reinigungsmittel **i** nicht in der Mehrzahl verwendet **2** ein Betrieb, in dem Kleider usw. (chemisch) gereinigt werden ⟨*etwas in die Reinigung bringen*⟩

r **Reis** (*-es*) **1** eine Getreidepflanze, die man in warmen Ländern auf nassen Feldern anbaut ⟨*Reis anbauen, pflanzen, ernten*⟩ **2** die gelbweißen, länglichen Körner des Reises, die man in Wasser kocht und essen kann ⟨*Reis kochen*⟩ **K** Reiskorn; Milchreis

e **Rei·se** (*-, -n*) **1** **eine Reise (irgendwohin)** eine meist lange Fahrt (mit dem Auto, Schiff, Flugzeug o. Ä.) von einem Ort zum anderen ⟨*auf einer Reise; eine Reise buchen, antreten, machen; Gute Reise!*⟩ **K** Reisegepäck, Reiseziel; Schiffsreise, Geschäftsreise **2** **auf der Reise** während der Reise ≈ unterwegs

as **Rei·se·bü·ro** ein Geschäft, in dem man Reisen buchen kann

der **Rei·se·füh·rer** ein Buch, das über alles informiert, was in einem Land oder in einer Stadt (für den Touristen) wichtig ist

der **Rei·se·lei·ter** eine Person, die eine Gruppe von Menschen auf einer Reise begleitet und für die Organisation verantwortlich ist • *hierzu* **Rei·se·lei·te·rin** *die*

rei·sen (*reiste, ist gereist*) **(irgendwohin) reisen** eine lange Fahrt von einem Ort zum anderen machen ⟨*mit dem Zug, mit dem Auto reisen; durchs Land, ins Ausland, um die Welt reisen*⟩

der **Rei·se·pass** ≈ Pass

rei·ßen (*riss, hat/ist gerissen*) BESCHÄDIGEN: **1** **etwas (in etwas** (*Akkusativ*)**) reißen** (*hat*) aus etwas zwei oder mehrere Teile machen, indem man es kräftig in zwei verschiedene Richtungen zieht ⟨*etwas in Fetzen, in Stücke, in Streifen reißen*⟩ **2** **etwas reißt** (*ist*) etwas trennt sich plötzlich in zwei Teile oder bekommt ein Loch, weil eine Person oder Sache daran zieht ⟨*das Seil, das Tau, der Film, der Schnürsenkel, eine Kette*⟩ **3** **jemand reißt ein Loch in etwas** (*Akkusativ*) (*hat*) eine Person zieht an etwas, so dass es reißt und ein Loch entsteht *„Ich blieb an einem Nagel hängen und riss mir ein Loch in die Hose"* **4** **etwas reißt ein Loch in etwas** (*Akkusativ*) (*hat*) etwas explodiert so, dass ein Loch entsteht IN EINE RICHTUNG: **5** **eine Person/Sache reißt (jemandem) eine Sache aus/von etwas** (*hat*) eine Person oder Sache zieht schnell und kräftig an einer Sache, sodass sie von einer Stelle entfernt wird *„Sie riss mir den Brief aus der Hand/aus den Händen"* **6** **jemanden/etwas irgendwohin reißen** an einer Person/Sache plötzlich und schnell ziehen, sodass sie sich irgendwohin bewegt *„Als er den Radfahrer sah, riss der Fahrer das Lenkrad nach links"* **7** **an etwas** (*Dativ*) **reißen** (*hat*) (immer wieder) schnell und kräftig an etwas ziehen (ohne es kaputt zu machen) *„Der Hund bellte laut und riss an seiner Kette"* SONSTIGE VERWENDUNGEN: **8** **jemanden aus etwas reißen** (*hat*) jemanden bei etwas stören ⟨*jemanden aus dem Schlaf, aus den Träumen, aus den Gedanken, aus der Konzentration reißen*⟩

der **Reiß·na·gel** ein kurzer, dünner Nagel, den man leicht mit einem Finger in Holz o. Ä. drücken kann, weil er einen flachen breiten Kopf hat *„ein Plakat mit Reißnägeln an die Wand heften"*

der **Reiß·ver·schluss** viele Kleidungsstücke haben einen Reißverschluss zum Auf- und Zumachen; er besteht aus zwei Reihen von kleinen Zähnen aus Metall oder Plastik und einem beweglichen Teil, das die Zähne zusammenfügen und wieder trennen kann ⟨*den Reißverschluss aufmachen/aufziehen/öffnen, zumachen/schließen/hochziehen; der Reißverschluss klemmt*⟩

die **Reiß·zwe·cke** ≈ Reißnagel

rei·ten (*ritt, hat/ist geritten*) **(auf einem Tier) reiten** (*ist*) auf einem Tier sitzen und sich tragen lassen ⟨*auf einem Pferd, einem Esel, einem Kamel reiten*⟩ **K** Reitlehrer, Reitsport, Reitstiefel • *hierzu* **Rei·ter** *der*

der **Reiz** (*-es, -e*) **1** etwas, das bewirkt, dass ein Sinnesorgan darauf reagiert ⟨*ein schwacher, starker, mechanischer, akustischer, optischer Reiz*⟩ **K** Brechreiz **2** die verlockende Wirkung ⟨*der Reiz des Neuen, des Verbotenen; den Reiz verlieren*⟩ ≈ Anziehungskraft *„die besonderen Reize des Waldes im Herbst"*

R

rei·zen (*reizte, hat gereizt*) **1** **etwas reizt jemanden** etwas ist für eine Person so interessant, dass sie es tun oder haben möchte *„Es würde mich sehr reizen, surfen zu lernen"* **2** **jemanden reizen** eine Person oder ein Tier (lange) so behandeln, dass sie böse reagiert **3** **etwas reizt (etwas)** etwas ist der Grund Schmerzen oder eine Wunde ⟨*etwas reizt die Augen, die Schleimhaut, den Magen, jemandes Nerven*⟩ **K** Reizgas

die **Re·kla·me** (-) **1** **Reklame (für etwas)** mit Reklame versucht man, Produkte zu verkaufen, indem man sagt, wie gut oder nützlich sie sind ⟨*Reklame machen*⟩ ≈ Werbung *„Sie macht Reklame für teure Parfums"* **K** Kinoreklame **2** ein Prospekt, ein kurzer Film, ein Bild o. Ä., mit denen Reklame gemacht wird *„Heute war der Briefkasten wieder voller Reklame"*

re·kla·mie·ren (*reklamierte, hat reklamiert*) **(etwas) (bei jemandem/etwas) reklamieren** sich (bei einer Firma, in einem Geschäft o. Ä.) beschweren, weil eine Ware Fehler hat (und in Ordnung gebracht werden muss) • *hierzu* **Re·kla·ma·ti·on** *die*

der **Re·kord** (*-(e)s, -e*) **1** (vor allem im Sport) die beste Leistung, die jemand bis zu dem jeweiligen Zeitpunkt erreicht hat ⟨*einen Rekord aufstellen, halten, verbessern, brechen*⟩ **K** Rekordleistung; Weltrekord **2** die höchste Zahl, die bis zu einem Zeitpunkt erreicht wurde ⟨*einen neuen Rekord erreichen*⟩ *„Der Rekord der diesjährigen Kältewelle liegt bei minus 30 Grad Celsius"* **K** Rekordgewinn

der **Rek·tor** (*-s, Rek·to·ren*) Ⓓ eine Person, die eine Grund-, Haupt- oder Realschule leitet • *hierzu* **Rek·to·rin** *die*

re·la·tiv, re·la·tiv [-f] ADJEKTIV **1** von verschiedenen Bedingungen abhängig und bestimmt ⟨*Werte, Größen, Begriffe*⟩ ↔ absolut *„Es ist alles relativ"* wie man etwas beurteilt, hängt davon ab, in welchem Zusammenhang man es sieht **2** **relativ** *+Adjektiv* im Vergleich zu anderen Personen, Dingen oder Gelegenheiten ≈ ziemlich *„ein relativ heißer Sommer"* • *zu* (1) **Re·la·ti·vi·tät** *die*

der **Re·la·tiv·satz** [-f-] ein Nebensatz, der durch ein Relativpronomen eingeleitet wird *„In dem Satz „Gestern traf ich die Frau, die neben mir wohnt, in der Stadt" ist „die neben mir wohnt" ein Relativsatz"*

die **Re·li·gi·on** (*-, -en*) **1** der Glaube an einen Gott oder mehrere Götter, mit dem man sich den Sinn des Lebens erklärt ⓘ nicht in der Mehrzahl verwendet **2** eine besondere Form von Religion mit ihren eigenen Überzeugungen, Ritualen, Traditionen ⟨*die jüdische, christliche Religion*⟩ ≈ Glaube *„Der Buddhismus ist eine der großen Religionen der Welt"* **K** Religionsfreiheit, Religionskrieg; Naturreligion **3** ein Fach in der Schule, in dem die Grundlagen einer Religion unterrichtet werden **K** Religionslehrer, Religionsunterricht **i** ohne Artikel und nicht in der Mehrzahl verwendet

re·li·gi·ös ADJEKTIV **1** in Bezug auf die Religion ⟨*ein Bekenntnis, Überzeugungen, eine Zeremonie*⟩ **2** so, dass ein Mensch entsprechend der Lehre einer Religion lebt, denkt und handelt ≈ gläubig

ren·nen (*rannte, hat/ist gerannt*) **(irgendwohin) rennen** (*ist*) sich schnell auf den Füßen fortbewegen (sodass beide Füße kurze Zeit in der Luft sind) ⟨*mit jemandem um die Wette rennen*⟩ ≈ laufen

das **Ren·nen** (-s, -) ein Wettkampf, bei dem man versucht, schneller als andere Leute zu laufen, zu fahren oder zu reiten ⟨*ein Rennen machen, veranstalten, abhalten, gewinnen, verlieren*⟩ **K** Rennfahrer, Rennrad; Autorennen, Pferderennen

re·no·vie·ren [-v-] (*renovierte, hat renoviert*) **(etwas) renovieren** alte Gebäude oder Teile davon erneuern ⟨*ein Gebäude, eine Villa, eine Kirche, Altbauten, eine Wohnung renovieren*⟩ • *hierzu* **Re·no·vie·rung** *die*

ren·ta·bel ADJEKTIV so, dass man davon einen finanziellen Gewinn hat ⟨*ein Geschäft, ein Betrieb; rentabel wirtschaften, arbeiten*⟩ **i** *rentabel → ein rentables Geschäft* • *hierzu* **Ren·ta·bi·li·tät** *die*

die **Ren·te** (-, -n) **1** eine Summe Geld, die eine Person jeden Monat vom Staat bekommt, wenn sie (meist wegen ihres Alters) nicht mehr arbeiten muss ⟨*eine Rente beziehen, bekommen*⟩ **K** Rentenempfänger; Altersrente **i** Ein Beamter bekommt eine *Pension*, andere Leute bekommen eine *Rente*. **2** die Zeit im Leben eines Arbeiters oder eines Angestellten, in der er (meist aus Altersgründen) nicht mehr arbeitet und eine Rente bekommt ⟨*in Rente gehen*⟩ **i** nicht in der Mehrzahl verwendet

ren·tie·ren (*rentierte sich, hat sich rentiert*) **etwas rentiert sich (für jemanden)** etwas bringt jemandem Gewinn oder einen Vorteil *„Es rentiert sich doch gar nicht, für drei Tage so weit zu fahren"*

der **Rent·ner** (-s, -) eine Person, die eine Rente bekommt und nicht mehr arbeiten muss **K** Frührentner • *hierzu* **Rent·ne·rin** *die*

die **Re·pa·ra·tur** (-, -en) der Vorgang, bei dem etwas Kaputtes wieder in Ordnung gebracht wird **K** Reparaturarbeiten, Reparaturkosten; Autoreparatur

re·pa·rie·ren (*reparierte, hat repariert*) **etwas reparieren** einen kaputten Gegenstand wieder in Ordnung bringen ≈ richten *„das Fahrrad/Auto selber reparieren"* | *„den Fernseher reparieren lassen"*

der **Re·por·ter** (-s, -) eine Person, die beruflich über aktuelle Ereignisse berichtet • *hierzu* **Re·por·te·rin** *die*

das **Rep·til** (-s, -ien [-iən]) Schlangen, Krokodile und Eidechsen sind Reptilien. Sie haben meist Schuppen und legen Eier

die **Re·pub·lik**, **Re·pub·lik**; (-, -en) ein Staat, dessen Oberhaupt ein Präsident (anstelle eines Königs oder einer Königin) ist und dessen Regierung vom Volk gewählt wird ⟨*eine demokratische, sozialistische, parlamentarische Republik*⟩ ↔ Monarchie, Diktatur *„die Republik Österreich"* **K** Bundesrepublik, Volksrepublik

die **Re·ser·ve** [-və]; (-, -n) **1** **Reserve (an etwas** (*Dativ*)**)** Dinge, die man aufbewahrt, um sie später einmal zu gebrauchen ⟨*finanzielle Reserven*⟩ ≈ Vorrat **K** Reservekanister; Geldreserve, Wasserreserve **2** die Männer, die als Soldaten bereits ausgebildet wurden, aber nicht mehr in der Armee sind ⟨*Soldaten, Offiziere der Reserve*⟩ [K] Reserveoffizier ⓘ nicht in der Mehrzahl verwendet

re·ser·vie·ren [-v-] (*reservierte, hat reserviert*) **(jemandem/für jemanden) etwas reservieren** einen Platz oder ein Zimmer für jemanden frei halten ⟨*etwas für jemanden/etwas reservieren*⟩ *„ein Hotelzimmer reservieren lassen"* • *hierzu* **Re·ser·vie·rung** *die*

der **Res·pekt** (-(e)s) **Respekt (vor jemandem/etwas)** eine Haltung, die zeigt, dass man eine Person (z. B. aufgrund ihres Alters oder ihrer Position) oder etwas (z. B. eine Leistung) sehr achtet ⟨*großen, keinen, ziemlichen, nicht den geringsten Respekt vor jemandem/etwas haben*⟩ • *hierzu* **res·pekt·los** ADJEKTIV; **res·pekt·voll** ADJEKTIV

res·pek·tie·ren (*respektierte, hat respektiert*) [1] **jemanden/etwas respektieren** vor jemandem/etwas Respekt haben *„die Eltern und Lehrer respektieren"* [2] **etwas respektieren** akzeptieren, dass eine Person gute Gründe für etwas hat (auch wenn man selbst eine andere Meinung hat) ⟨*jemandes Meinung, Wünsche respektieren*⟩ [3] **etwas respektieren** Rücksicht auf etwas nehmen ⟨*jemandes Gefühle respektieren*⟩

der **Rest** (-(e)s, -e) [1] das, was übrig (geblieben) ist *„Es ist noch ein Rest (von dem) Kuchen da"* [K] Restbetrag, Stoffreste [2] das, was noch fehlt, damit etwas vollständig oder abgeschlossen ist ⟨*der Rest des Tages, des Weges*⟩ [K] Restbetrag ⓘ nicht in der Mehrzahl verwendet [3] die Zahl, die bei einer Division übrig bleibt, wenn die Rechnung nicht genau aufgeht *„23 geteilt durch 7 ist 3, Rest 2"*

das **Res·tau·rant** [rɛsto'rãː]; (-s, -s) ein Lokal, in dem man essen und trinken kann ⓘ → Extras, S. 689: **Im Lokal**

rest·los ADJEKTIV ≈ völlig *„Er war von deiner Idee restlos begeistert"*

das **Re·sul·tat** (-(e)s, -e); *geschrieben* das Ergebnis oder der Ausgang von jemandes Bemühungen ⟨*ein gutes, schlechtes Resultat erreichen, erzielen*⟩

ret·ten (*rettete, hat gerettet*) [1] **jemanden retten** jemanden oder sich selbst helfen, aus einer gefährlichen Situation heraus in Sicherheit zu kommen ⟨*jemanden aus einer Gefahr retten*⟩ *„Er konnte sich und seine Kinder gerade noch aus dem brennenden Haus retten"* [2] **jemandem das Leben retten** verhindern, dass jemand in einer gefährlichen Situation stirbt [3] **etwas retten** verhindern, dass etwas zerstört wird oder verloren geht *„Er konnte im Krieg seinen Besitz nicht mehr retten"*

der **Ret·ter** (-s, -) eine Person, die jemanden oder etwas rettet [K] Lebensretter • *hierzu* **Ret·te·rin** *die*

die **Ret·tung** (-, -en) [1] die Situation, wenn eine Person, eine Sache oder ein Tier gerettet wird [K] Rettungshubschrauber [2] Ⓐ ≈ Rettungswagen

das **Ret·tungs·boot** ein kleines Boot, das man benutzt, wenn ein Schiff untergeht

der **Ret·tungs·dienst** Ärzte, Sanitäter o. Ä., die bei Unfällen o. Ä. helfen

der **Ret·tungs·ring** ein großer Ring aus leichtem Material, der jemanden vor dem Ertrinken retten kann

Ret·tungs·wa·gen ≈ Krankenwagen, Ambulanz

die **Reue** (-) das Gefühl des Bedauerns, dass man etwas getan hat, das falsch oder schlecht war ⟨*ehrliche, tiefe Reue zeigen*⟩

die **Re·vo·lu·ti·on** [revolu'tsjoːn]; (-, -en) [1] die Aktionen, durch die eine Gruppe von Personen meist mit Gewalt versucht, an die Macht in einem Land zu kommen [K] Revolutionsführer [2] eine radikale Änderung der Entwicklung *„eine technische Revolution"* • *zu (1)* **Re·vo·lu·ti·o·när** *der*

das **Re·zept** (-(e)s, -e) [1] eine schriftliche Anweisung vom Arzt, welche Medizin oder Behandlung ein Patient bekommen soll *„ein Rezept in der Apotheke vorlegen"* [K] Rezeptgebühr [2] eine genaue Beschreibung, nach derm an Es-

R

sen zubereiten kann **K** Backrezept, Kochrezept

Re·zep·ti·on [-ˈtsi̯oːn]; (-, *-en*) die Stelle in einem Hotel, zu der die Gäste gehen, wenn sie ankommen *„Bitte geben Sie Ihren Schlüssel an der Rezeption ab!"*

rhyth·misch [ˈrʏt-] ADJEKTIV in einem gewissen Takt ⟨*eine Melodie, ein Tanz; rhythmisch in die Hände klatschen, tanzen*⟩

Rhyth·mus [ˈrʏt-]; (-, *Rhyth·men*) **1** die (bewusst gestaltete) Gliederung von Elementen einer Melodie oder eines Tanzes ⟨*den Rhythmus ändern, wechseln, beibehalten*⟩ ≈ Takt *„nach einem bestimmten Rhythmus tanzen"* **K** Herzrhythmus, Tanzrhythmus **2** **der Rhythmus von etwas (und etwas)** *geschrieben* die regelmäßige Folge, in der etwas passiert **K** Arbeitsrhythmus, Schlafrhythmus

rịch·ten (*richtete, hat gerichtet*) RICHTUNG: **1** **etwas irgendwohin richten** eine Sache in eine Richtung bewegen *„den Blick auf den Boden/zum Himmel richten"* ZIEL, ZIELPERSON: **2** **etwas/sich an jemanden/etwas richten** etwas sagen oder schreiben, damit es die genannte Person, Institution o. Ä. hört oder liest und darauf reagiert *„Die Aufforderung war an dich gerichtet!"* **3** **jemand richtet etwas auf eine Person/Sache; etwas richtet sich auf eine Person/Sache** eine Person oder Sache wird zum Mittelpunkt der Aufmerksamkeit o. Ä. *„Sie richtete ihre ganze Aufmerksamkeit auf die Gäste"* IN ORDNUNG BRINGEN: **4** **etwas richten** *gesprochen* etwas (wieder) in Ordnung bringen oder reparieren *„Kann man die Uhr wieder richten?"* ALS URTEIL: **5** **(über jemanden/etwas) richten** *geschrieben* als Richter ein (oft negatives) Urteil über jemanden/etwas sprechen SONSTIGE VERWENDUNGEN: **6** **etwas (für jemanden/etwas) richten; (jemandem) etwas richten** etwas (für eine Person oder den genannten Zweck) vorbereiten *„die Koffer für die Reise richten"* **7** **etwas richtet sich nach etwas** etwas hängt von etwas ab *„Die Preise richten sich nach der Nachfrage"* **8** **jemand richtet sich nach einer Person/Sache** jemand verhält sich so, wie es eine andere Person will oder wie es die Situation bestimmt *„Wann möchtest du fahren?" – „Da richte ich mich ganz nach dir."*

der **Rịch·ter** (-s, -) eine Person (ein Jurist), die im Gericht das Urteil fällt ⟨*der Richter verkündet ein Urteil*⟩ **K** Amtsrichter, Jugendrichter, Strafrichter • *hierzu* **Rịch·te·rin** *die*

rịch·tig ADJEKTIV **1** ohne (logische) Fehler oder Irrtümer ⟨*richtig rechnen; etwas richtig machen, schreiben, übersetzen, messen*⟩ ≈ korrekt ↔ falsch **2** so, wie es den Regeln der Moral entspricht ≈ gut ↔ falsch *„Es war vollkommen richtig, dass er sich entschuldigt hat"* **3** in einer Situation oder für einen Zweck am besten (geeignet) ⟨*richtig reagieren*⟩ *„Ist das der richtige Weg in die Stadt?"* **4** nicht gefälscht oder kopiert ≈ echt *„Ist das richtiges Leder oder Kunstleder?"* **5** ganz so, wie man es sich vorstellt oder wünscht *„Ein Meter Schnee, das ist endlich mal ein richtiger Winter!"*

die **Rịcht·li·nie** ein Text, in dem genau steht, wie man etwas machen soll ⟨*sich an die Richtlinien halten*⟩

die **Rịch·tung** (-, *-en*) die (gedachte) Linie einer Bewegung auf ein Ziel zu, die (gedachte) Linie vom Sprecher zum Punkt, zu dem er hinsieht oder auf den er zeigt ⟨*in die falsche, richtige, gleiche, entgegengesetzte, eine andere Richtung gehen*⟩ *„Die Nadel des Kompasses zeigt in Richtung Norden"* | *„In welcher Richtung liegt der Hafen?"* **K** Fahrtrichtung, Himmelsrichtung, Windrichtung

rieb *Präteritum, 1. und 3. Person Singular* → reiben

rie·chen (*roch, hat gerochen*) **1** **(jemanden/etwas) riechen** den Geruch von jemandem/etwas mit der Nase spüren *„Riech mal! Was für ein Duft!"* **2** **jemand/etwas riecht (nach etwas)** je-

R

mand/etwas hat den beschriebenen Geruch haben ⟨*gut, schlecht, stark, süßlich riechen*⟩ *„Ihre Kleider riechen nach Rauch"* **3** **(an etwas** (*Dativ*)**) riechen** versuchen, den Geruch einer Sache zu erkennen *„an einer Blume riechen"*

rief *Präteritum, 1. und 3. Person Singular* → rufen

der **Rie·gel** (-s, -) **1** ein Stab als Teil eines Schlosses. Man schiebt den Riegel in eine Halterung **2** ein schmales, langes Stück Schokolade oder einer anderen Süßigkeit

der **Rie·men** (-s, -) ein langes, schmales Band meist aus Leder (mit dem man etwas befestigt oder trägt) **K** Lederriemen, Tragriemen

der **Rie·se** (-n, -n) (in Märchen) ein Wesen, das sehr groß und stark ist ℹ *der Riese; den, dem, des Riesen* • *hierzu* **Rie·sin** *die*

rie·sig ADJEKTIV **1** sehr groß ⟨*ein Haus, ein Berg, ein Land, eine Summe, Angst*⟩ **2** *gesprochen* so, dass es jemandem sehr gut gefällt ⟨*ein Film, eine Party*⟩ ≈ toll **3** *gesprochen* in sehr hohem Maße ⟨*sich riesig freuen, ärgern*⟩

riet *Präteritum, 1. und 3. Person Singular* → raten

die **Ril·le** (-, -n) eine lange, schmale Spur in der Oberfläche eines harten Materials *„Rillen in den Fingernägeln"*

das **Rind** (-(e)s, -er) **1** ein großes, schweres Tier mit Hörnern, das Gras frisst. Die weiblichen Tiere (Kühe) geben Milch ⟨*Rinder züchten*⟩ **K** Rinderherde, Rinderzucht **2** *gesprochen* das Fleisch von einem Rind, das man isst **K** Rindfleisch, Rinderbraten ℹ nicht in der Mehrzahl verwendet

R

die **Rin·de** (-, -n) **1** die harte und raue Oberfläche am Stamm eines Baums **2** die ziemlich harte Schicht, die Käse und Brot außen haben

der **Ring** (-(e)s, -e) **1** ein kleiner Gegenstand meist aus Gold oder Silber, der die Form eines Kreises hat und den man als Schmuck an einem Finger trägt ⟨*einen Ring (am Finger) tragen*⟩ *„ein goldener Ring"* **K** Ehering **2** etwas, das ungefähr die Form eines Rings hat ⟨*die olympischen Ringe*⟩ **K** Dichtungsring, Gummiring, Ohrring, Rettungsring **3** der viereckige Platz, auf dem Boxer o. Ä. kämpfen • *zu* (2) **ring·för·mig** ADJEKTIV

rin·gen (*rang, hat gerungen*) **1** **(mit jemandem) ringen** mit einer anderen Person kämpfen und dabei versuchen, sie zu Boden zu drücken oder zu werfen **2** **mit sich** (*Dativ*) **ringen, (ob, wie, bevor** *o. Ä.* …) versuchen, die eigenen Zweifel und Bedenken zu überwinden *„Ich habe lange mit mir gerungen, bevor ich beschloss, die Firma zu verlassen"* **3** **nach Atem/Luft ringen** nur mit Mühe atmen können, weil man zu wenig Luft bekommt

der **Ring·fin·ger** der Finger zwischen dem kleinen Finger und dem Mittelfinger ℹ → Abb. unter **Hand**

die **Rin·ne** (-, -n) ein schmaler Graben, in dem meist Wasser fließt

der **Rinn·stein** ein kleiner Graben oder Kanal am Rand einer Straße, in welchem das Regenwasser fließt

die **Rip·pe** (-, -n) einer der 24 Knochen, die in Paaren (von der Wirbelsäule ausgehend) den Brustkorb bilden ⟨*(sich* (*Dativ*)) *eine Rippe brechen*⟩ **K** Rippenbruch

das **Ri·si·ko** (-s, *Ri·si·ken*/ *gesprochen auch* -s) **1** **ein Risiko (für jemanden)** die Gefahr, dass bei einer Aktion o. Ä. etwas Schlimmes oder Unangenehmes passiert ⟨*ein finanzielles Risiko*⟩ ≈ Wagnis **2** **ein Risiko eingehen** etwas tun, das mit einem Risiko verbunden ist *„Bei Nebel fahre ich lieber langsam, ich möchte kein Risiko eingehen"* • *zu* (1) **ri·si·ko·reich** ADJEKTIV

ris·kant ADJEKTIV mit einem (großen) Risiko (verbunden) ⟨*ein Plan, ein Geschäft*⟩ ≈ gefährlich

ris·kie·ren (*riskierte, hat riskiert*) **etwas riskieren** etwas tun oder sagen, das möglicherweise negative Folgen haben könnte ⟨*viel, wenig, nichts ris-*

kieren; das Leben, den Ruf, die Stellung riskieren⟩

riss *Präteritum, 1. und 3. Person Singular* → reißen

Riss (*-es, -e*) eine lange, dünne Öffnung, die (in der Oberfläche) entsteht, wenn etwas reißt oder bricht *„einen Riss in der Hose haben"* | *„Seit dem Erdbeben sind feine Risse an den Wänden"* **K** Mauerriss, Muskelriss

ritt *Präteritum, 1. und 3. Person Singular* → reiten

Rit·ter (*-s, -*) (im Mittelalter) ein Mann (aus einer hohen sozialen Schicht), der dazu ausgebildet wurde, vom Pferd aus zu kämpfen **K** Ritterburg, Ritterrüstung

Ri·tu·al (*-s, -e*) eine (meist religiöse) Handlung, die nach festen Regeln in einer vorgegebenen Reihenfolge abläuft ⟨*ein christliches, heidnisches Ritual*⟩ ≈ Zeremonie **K** Begräbnisritual • *hierzu* **ri·tu·ell** *ADJEKTIV*

Rit·ze (*-, -n*) eine sehr schmale und lange Öffnung (Lücke) in einem Material oder zwischen zwei Dingen

rit·zen (*ritzte, hat geritzt*) **etwas (in etwas** (*Akkusativ*)**) ritzen** eine lange, sehr schmale und flache Vertiefung in etwas machen ⟨*Buchstaben in eine Bank, in einen Baum ritzen*⟩ ≈ kratzen

ro·bust *ADJEKTIV* so, dass jemand/etwas viel aushält und dabei nicht krank wird oder kaputtgeht o. Ä. ≈ kräftig, stabil ↔ empfindlich

roch *Präteritum, 1. und 3. Person Singular* → riechen

Rock[1] (*-(e)s, Röcke*) ein Kleidungsstück für Frauen, das von der Hüfte frei herunterhängt ⟨*ein enger, weiter, langer, kurzer Rock*⟩ **K** Faltenrock, Minirock **i** → Abb. unter **Bekleidung**

Rock[2] (*-(s)*) moderne rhythmische Musik, die meist mit elektrischen Instrumenten gespielt wird ⟨*Rock hören, spielen*⟩ **K** Rockband, Rockmusik

ro·deln (*rodelte, ist gerodelt*) mit einem flachen Schlitten fahren **K** Rodelschlitten

Rog·gen (*-s*) eine Getreidepflanze, aus deren Körnern man Mehl für dunkles Brot macht **K** Roggenbrot

roh *ADJEKTIV* **1** nicht gekocht und nicht gebraten ⟨*Fleisch, Gemüse; ein Ei*⟩ **2** nicht oder nur wenig bearbeitet ⟨*Holz, Marmor; ein Diamant, ein Entwurf, ein Fell*⟩ **K** Rohöl **3** *abwertend* so, dass sich eine Person nicht darum kümmert, ob jemand Schmerzen hat oder ob etwas beschädigt wird ⟨*ein Bursche, ein Spaß, Worte; roh zu jemandem sein*⟩ ≈ rücksichtslos ↔ vorsichtig

das **Rohr** (*-(e)s, -e*) **1** ein langes, rundes Stück Metall, Plastik o. Ä., das innen hohl und an beiden Enden offen ist **K** Rohrbruch; Abflussrohr, Wasserrohr **2** eine Pflanze mit einem langen, festen, hohlen Stängel ⟨*Körbe, ein Stock aus Rohr*⟩ **K** Rohrzucker; Bambusrohr, Zuckerrohr **i** nicht in der Mehrzahl verwendet **3** *gesprochen* der Teil des Herdes, in dem man Kuchen o. Ä. backt ⟨*den Kuchen ins Rohr schieben*⟩ ≈ Backofen **K** Backrohr

die **Röh·re** (*-, -n*) **1** ein relativ dünnes Rohr, durch das etwas strömt oder das am Ende geschlossen sein kann **K** Glasröhre, Luftröhre, Speiseröhre **2** eine geschlossene Röhre, in der Elektronen fließen **K** Elektronenröhre, Neonröhre **3** der Teil des Herds, in dem man Kuchen o. Ä. backt oder Fleisch brät ⟨*einen Braten, einen Kuchen in die Röhre schieben*⟩ ≈ Backofen **K** Backröhre

der **Roh·stoff** eine Substanz (wie z. B. Erdöl oder Kohle), die in der Natur vorkommt und die in der Industrie bearbeitet oder verwendet wird ⟨*ein an Rohstoffen armes/reiches Land*⟩ **K** Rohstoffmangel

die **Rol·le** (*-, -n*) **1** etwas (meist Langes und Dünnes), das kreisförmig übereinandergewickelt wurde ⟨*eine Rolle Draht, Garn, Klebeband, Klopapier*⟩ **K** Kabelrolle, Tapetenrolle **2** eine Packung, in der kleine runde Gegenstände aufeinandergestapelt sind ⟨*eine Rolle Drops, Münzen*⟩ **3** ein breites,

R

kleines Rad ‹*ein Teewagen auf Rollen*› *„Das Kabel der Seilbahn läuft über Rollen"* **4** eine Turnübung, bei der man sich mit dem Körper über den Kopf hinweg nach vorn oder hinten bewegt ‹*eine Rolle vorwärts, rückwärts*› **5** die Gestalt (mit Dialogen und Gesten), die ein Schauspieler in einem Theaterstück, Film o. Ä. spielt *„Sie hat in dem Film eine Rolle als Diebin"* **K** Hauptrolle, Nebenrolle **ID** **etwas spielt (k)eine Rolle** etwas ist in einer Situation, für jemanden (nicht) wichtig, hat (k)eine Bedeutung *„Er ist zwar alt, aber für mich spielt das keine Rolle. Hauptsache, er kann was"*

rol·len (*rollte, hat/ist gerollt*) **1** **etwas (irgendwohin) rollen** (*hat*) etwas so bewegen, dass es sich um die (horizontale) Achse dreht *„ein Fass vom Wagen rollen"* **2** **etwas irgendwohin rollen** (*hat*) etwas auf Rollen oder Rädern irgendwohin bewegen *„ein Bett in den Operationssaal rollen"* **3** **etwas (zu etwas) rollen** (*hat*) etwas in eine runde Form bringen, indem man es dreht *„Teig zu einer Wurst/einer Kugel rollen"* **4** **etwas in etwas** (*Akkusativ*) **rollen** (*hat*) eine Hülle um etwas wickeln *„einen Fisch in Zeitungspapier rollen"* **5** **(mit) etwas rollen** (*hat*) etwas im Kreis bewegen ‹*die Augen, den Kopf rollen*› **6** **etwas rollt** (*ist*) etwas bewegt sich fort und dreht sich um die eigene Achse *„Der Ball rollt auf die Straße"* **7** **etwas rollt** (*ist*) etwas bewegt sich auf Rollen oder Rädern ‹*ein Wagen, ein Zug*›

der **Rol·ler** (*-s, -*) **1** ein Fahrzeug für Kinder, das zwei Räder, einen Lenker und ein Brett hat, auf dem man steht

ROLLER

der Roller (1)   der (Motor) Roller

2 Kurzwort für *Motorroller*

der **Roll·kof·fer** ein Koffer mit kleinen Rädern, den man schieben oder ziehen kann

der **Roll·la·den** (*-s, -/Roll·lä·den*) ein Rollladen besteht aus schmalen, waagrechten Latten (aus Holz oder Plastik), die man außen vor dem Fenster auf- und abrollen kann ‹*den Rollladen herunterlassen, hinaufziehen*›

das **Rol·lo, Rol·lo**; (*-s, -s*) eine Art Vorhang aus festem Material, der sich automatisch nach oben aufrollt, wenn man kurz an einer Schnur zieht

der **Roll·stuhl** ein Stuhl auf Rädern für Menschen, die nicht gehen können ‹*im Rollstuhl fahren*› **K** Rollstuhlfahrer **i** → Abb. unter **Stuhl**

die **Roll·trep·pe** eine Treppe, deren Stufen sich automatisch nach oben oder unten bewegen

der **Ro·man** (*-s, -e*) eine lange Geschichte in Form eines Buches, meist mit erfundenen Personen und Ereignissen **K** Romanautor; Abenteuerroman, Kriminalroman

ro·man·tisch ADJEKTIV so, dass etwas (durch die Atmosphäre) zum Träumen einlädt, an Liebe oder Abenteuer denken lässt *„Ein Abendessen im Kerzenlicht? Wie romantisch!"*

rönt·gen (*röntgte* ['rœŋ(k)tə, 'rœnçtə], *hat geröntgt*) **jemanden/etwas röntgen** jemanden/etwas mit Röntgenstrahlen untersuchen, um ein Bild von den Knochen und inneren Organen des Körpers zu machen **K** Röntgenbild, Röntgengerät

die **Rönt·gen·strah·len** *Mehrzahl* unsichtbare Strahlen, die sehr viel Energie haben und die durch feste Körper dringen können

ro·sa ADJEKTIV *nur in dieser Form* von der hellen roten Farbe vieler Rosen *„das rosa Fleisch des Lachses"*

die **Ro·se** (*-, -n*) ein kleiner Strauch mit Dornen und großen, meist rosa oder roten Blüten **K** Rosenstrauch, Rosenstrauß

der **Ro·sen·kohl** ein Kohl, der mehrere kleine Köpfe aus Blättern hat, die am

Stamm wachsen ⓘ → Abb. unter **Gemüse**

Ro·si·ne (-, -n) die getrocknete kleine Frucht des Weins ⟨*ein Kuchen mit Rosinen*⟩

Rost (-(e)s, -e) **1** rotbrauner Rost bildet sich an der Oberfläche von Eisen, wenn es lange feucht ist **K** Rostfleck ⓘ nicht in der Mehrzahl verwendet **2** ein Gitter aus Holz oder Metall, auf das man etwas legt oder mit dem man etwas abdeckt *„einen Rost über ein Feuer legen und darauf Würstchen braten"*

ros·ten (*rostete, hat/ist gerostet*) **etwas rostet** etwas wird von einer Schicht Rost bedeckt

rös·ten (*röstete, hat geröstet*) **etwas rösten** etwas so stark erhitzen, dass es braun und knusprig wird ⟨*Brot/Fisch/Fleisch über einem Feuer, auf einem Grill rösten*⟩

rost·frei ADJEKTIV ⟨*ein Messer, eine Spüle, Stahl*⟩ so, dass sie nicht rosten, wenn sie feucht werden

ros·tig ADJEKTIV ⟨*Eisen, ein Nagel*⟩ mit Rost

rot ADJEKTIV (*röter/roter, rötest-/rotest-*) **1** von der Farbe des Blutes und reifer Tomaten ⟨*rot gestreift, glühend*⟩ *„ein roter Himmel bei Sonnenuntergang"* **K** blutrot, feuerrot **2** von der ziemlich dunklen Farbe, die ein Körperteil hat, wenn viel Blut darin fließt ⟨*Backen*⟩ **3** **rot sein/werden** ein rotes Gesicht bekommen, weil man sich schämt oder verlegen ist

Rot (-s, -/*gesprochen* -s) **1** eine rote Farbe *„das leuchtende Rot der Mohnblume"* **2** das rote Licht einer Ampel *„Er fuhr bei Rot über die Kreuzung"*

röt·lich ADJEKTIV von leicht roter Farbe ⟨*ein Blond, ein Braun, ein Farbton*⟩

Rotz (-es); *gesprochen* ⚠ die Flüssigkeit, die sich in der Nase bildet

Rou·te ['ru:tə]; (-, -n) der übliche Weg von einem Ort zum anderen ⟨*eine Route nehmen, wählen*⟩

Rou·ti·ne [ru-]; (-) **Routine (in etwas** (*Dativ*)**)** die Fähigkeit, etwas geschickt oder gut zu machen, weil man schon seit langer Zeit Erfahrung darin hat *„Er hat noch keine Routine im Autofahren"*

rub·beln (*rubbelte, hat gerubbelt*) **(etwas) rubbeln** *gesprochen* kräftig an etwas reiben *„den Stoff rubbeln, damit der Fleck herausgeht"*

rü·ber ADVERB; *gesprochen* → herüber, hinüber

der **Ruck** (-(e)s, -e) eine plötzliche und kräftige kurze Bewegung *„sich mit einem Ruck losreißen"*

rü·cken (*rückte, hat/ist gerückt*) **1** **etwas (irgendwohin) rücken** (*hat*) etwas (meist Schweres) mit kurzen, kräftigen Bewegungen ein bisschen verschieben oder ziehen *„einen Stuhl näher an den Tisch rücken"* **2** **irgendwohin rücken** (*ist*) (im Sitzen) sich irgendwohin bewegen *„Wenn Sie ein wenig (zur Seite) rücken, habe ich auf der Bank auch noch Platz"*

der **Rü·cken** (-s, -) **1** die Seite des Körpers (zwischen Hals und Gesäß), die beim Menschen hinten ist ⟨*auf dem Rücken liegen*⟩ **K** Rückenschmerzen, Rückenlehne ⓘ → Abb. unter **Körper** **2** der schmale Teil eines Buchs, den man sieht, wenn das Buch im Regal steht **ID** **hinter jemandes Rücken** so, dass jemand nichts davon weiß oder bemerkt

die **Rück|fahr·kar·te** eine Fahrkarte, für die Fahrt zu einem Ziel und wieder zurück

die **Rück·fahrt** die Fahrt zurück (von einem Ort oder Ziel)

der **Rück·gang** der Prozess, bei dem etwas (wieder) weniger wird *„der Rückgang der Verkaufszahlen"*

die **Rück·kehr** (-) das Zurückkommen (nach einer ziemlich langen Abwesenheit) *„Flüchtlingen die Rückkehr in die Heimat ermöglichen"* • *hierzu* **Rück·keh·rer** *der*

der **Ruck·sack** eine Tasche, die man an Riemen auf dem Rücken trägt ⟨*einen Rucksack packen, umhängen, auf dem Rücken tragen, ablegen*⟩

R

die **Rück·sicht** (-, -en) **Rücksicht (auf jemanden/etwas)** ein Verhalten, mit dem man sich bemüht, einer Sache oder Person nicht zu schaden oder jemandes Bedürfnisse, Gefühle oder Wünsche zu berücksichtigen

die **Rück·sicht·nah·me** ein Verhalten, bei dem man jemanden/etwas mit Rücksicht behandelt

rück·sichts·los ADJEKTIV **rücksichtslos (gegen jemanden/etwas)** ohne die Gefühle, Bedürfnisse o. Ä. von anderen Menschen zu beachten ≈ egoistisch • *hierzu* **Rück·sichts·lo·sig·keit** *die*

rück·sichts·voll ADJEKTIV so, dass jemand die Gefühle, Bedürfnisse o. Ä. von anderen Menschen beachtet

der **Rück·spie·gel** ein kleiner Spiegel im Auto, in dem man die Straße und die Autos hinter sich sehen kann ⓘ → Abb. unter **Auto**

der **Rück·stand** **1** ein schädlicher Rest von Stoffen, der nach ihrer Verarbeitung übrig bleibt *„Im Kalbfleisch wurden Rückstände verbotener Medikamente gefunden"* **2** das, was noch fehlt, um eine Norm zu erreichen ⟨*mit etwas im Rückstand sein*⟩ ↔ Vorsprung *„Er ist mit der Miete im Rückstand"*

der **Rück·tritt** **1** das Aufgeben eines Amtes *„Nach dem Skandal bot der Innenminister seinen Rücktritt an"* **K** Rücktrittserklärung **2** bei einem Rücktritt sagt man, dass man einen Vertrag nicht einhalten will oder kann **K** Rücktrittsrecht; Reiserücktritt **3** eine Bremse am Fahrrad, bei der man die Pedale nach hinten bewegt ⟨*ein Fahrrad mit/ohne Rücktritt*⟩ **K** Rücktrittbremse

R

rück·wärts ADVERB so, dass ein Teil, der normalerweise hinten ist, bei einer Bewegung vorn ist ⟨*rückwärts einparken*⟩ ↔ vorwärts **K** Rückwärtsbewegung

der **Rück·wärts·gang** der Gang im Auto, mit dem man rückwärtsfahren kann

der **Rück·zug** **1** das Verlassen eines Gebiets, in dem gekämpft wird (vor allem während der Gegner angreift) ⟨*den Rückzug antreten, befehlen*⟩ **K** Truppenrückzug **2** **der Rückzug (aus etwas)** das Verlassen eines meist wichtigen Bereiches, in dem man gearbeitet hat ⟨*der Rückzug aus dem politischen, öffentlichen Leben*⟩

das **Ru·del** (-s, -) eine Gruppe von wilden Tieren, die zusammenleben ⟨*ein Rudel Wölfe, Hirsche, Gämsen*⟩

das **Ru·der** (-s, -) **1** Ruder sind lange Stangen mit einem breiten, flachen Ende. Man zieht zwei Ruder links und rechts durch das Wasser, um ein Boot zu bewegen **K** Ruderboot ⓘ Im Gegensatz zum *Paddel* ist ein *Ruder* am Boot befestigt. **2** mit dem Ruder hinten am Schiff oder Boot lenkt man es in die gewünschte Richtung **K** Steuerruder

RUDER

ru·dern (ruderte, hat/ist gerudert) **1** **(irgendwohin) rudern** (*ist*) sich in einem Boot mit Rudern durch das Wasser bewegen **2** **(mit den Armen) rudern** (*hat*) mit den Armen kreisförmige Bewegungen machen, um das Gleichgewicht nicht zu verlieren • *zu* (1) **Ru·de·rer** *der*

der **Ruf** (-(e)s, -e) **1** laute Töne, mit denen ein Mensch oder Tier ein Signal geben will *„Niemand hörte die Rufe des Ertrinkenden"* | *„der Ruf einer Eule"* **K** Warnruf, Hilferuf **2** das Urteil der Allgemeinheit oder die (gute) Meinung über eine Person oder Sache ⟨*einen guten, schlechten Ruf haben*⟩ ≈ Reputation ⓘ nicht in der Mehrzahl verwendet

ru·fen (rief, hat gerufen) **1** **jemanden/**

etwas rufen mit einem Ruf oder am Telefon jemanden bitten zu kommen ‹*den Arzt, die Polizei, die Feuerwehr, ein Taxi rufen*› **2** **etwas rufen** etwas mit lauter Stimme sagen *„Hurra" rufen"* **3** (meist laute) Töne oder Wörter von sich geben (mit denen man etwas signalisieren will) ‹*um Hilfe rufen*› ≈ schreien **4** **nach jemandem/etwas rufen** jemanden bitten zu kommen *„nach dem Kellner rufen"*

Ruf·num·mer ≈ Telefonnummer

Ru·he ['ru:ə]; (-) **1** der Zustand, wenn sich eine Person oder Sache nicht bewegt ↔ Bewegung *„ein Körper in Ruhe"* **K** Ruhezustand **2** ein Zustand, in dem es vor allem keine störenden Geräusche gibt ‹*um Ruhe bitten*› ↔ Lärm **K** Ruhestörung; Nachtruhe **3** der psychische Zustand, wenn man entspannt ist und keine Sorgen hat ≈ Entspannung

ru·hen ['ru:ən] (*ruhte, hat geruht*) **1** *geschrieben* nicht arbeiten oder sich nicht bewegen, um sich so zu erholen ≈ ausruhen *„im Schatten eines Baumes ruhen"* **2** **etwas ruht** etwas ist nicht aktiv, in Bewegung oder in Funktion ‹*eine Maschine, ein Betrieb, ein Prozess, die Arbeit, der Verkehr, die Verhandlungen, die Waffen*› **3** **etwas ruht irgendwo** etwas liegt auf einer Person oder Sache und wird von ihr gestützt oder gehalten *„Ihr Kopf ruhte an seiner Schulter"*

Ru·he·stand ['ru:ə-] die Zeit im Leben eines Menschen, in der er nicht mehr (beruflich) arbeiten muss ‹*in den Ruhestand gehen, treten*› ≈ Rente ⓘ nicht in der Mehrzahl verwendet • *hierzu* **Ru·he·ständ·ler** *der*; **Ru·he·ständ·le·rin** *die*

Ru·he·tag ['ru:ə-] ein Tag, an dem ein Restaurant o. Ä. geschlossen ist *„Am Mittwoch haben wir Ruhetag"*

ru·hig ['ru:ɪç, -ɪk] ADJEKTIV **1** so, dass sich Personen oder Dinge wenig oder gar nicht bewegen ↔ unruhig *„ruhig auf dem Stuhl sitzen und warten"* **2** mit wenig Lärm ‹*ein Zimmer, eine Wohnung, eine Lage*› ↔ laut **3** so, dass Personen wenig Lärm machen und deshalb andere nicht stören ‹*Mieter, Nachbarn*› ≈ leise ↔ laut **4** so, dass wenig (Aufregendes) geschieht (und man wenig Arbeit oder Sorgen hat) ‹*irgendwo geht es ruhig zu*› ↔ hektisch **5** so, dass eine Person nicht nervös, aufgeregt, hektisch o. Ä. ist ‹*ruhig antworten, bleiben, reagieren*›

der **Ruhm** (-(e)s) der Zustand, in dem eine Person wegen ihrer Leistungen von vielen Leuten geschätzt wird ≈ Ansehen **K** ruhmreich

das **Rühr·ei** eine Speise aus Eiern, die man kräftig rührt und dann in der Pfanne brät

rüh·ren (*rührte, hat gerührt*) MIT EINEM LÖFFEL O. Ä.: **1** **(etwas) rühren** mit einem Löffel o. Ä. eine Flüssigkeit, einen Teig o. Ä. im Kreis bewegen und so mischen ‹*den Brei, die Suppe, den Teig rühren*› **2** **etwas in etwas** (*Akkusativ*) **rühren** etwas zu einer Flüssigkeit hinzufügen und dabei rühren *„Kakaopulver in eine Creme rühren"* BEWEGEN: **3** **jemand rührt etwas/sich**; **etwas rührt sich** eine Person oder Sache macht eine kleine Bewegung *„Meine Finger waren so kalt, dass ich mich/sie nicht mehr rühren konnte"* **4** **etwas rührt sich** irgendwo geschehen Dinge, ist etwas los *„Lange ging es bei dem Projekt nicht vorwärts, aber jetzt rührt sich endlich was"* PSYCHISCH: **5** **etwas rührt jemanden** etwas bewirkt, dass jemand Mitleid, Dankbarkeit oder Sympathie empfindet ‹*ein rührender Anblick*› *„Es ist rührend, wie sie sich um ihren kleinen Bruder kümmert"* | *„Er war zutiefst gerührt"* SICH MELDEN: **6** **sich (bei jemandem) rühren** *gesprochen* einer Person sagen, dass man etwas möchte oder mit ihr Kontakt aufnehmen *„Wenn ihr was braucht, rührt euch bitte"* • *zu* (5) **Rüh·rung** *die*

der **Ru·in** (-s) der Zustand, in dem jemand das eigene Geld, das eigene Ansehen, die Position usw. verloren hat die **Ru·i·ne** (-, *-n*) die Reste eines Gebäudes, nachdem es zerstört ist *„die Ruine einer alten Burg"*

rülp·sen (*rülpste, hat gerülpst*); *gesprochen* mit einem lauten Geräusch Luft aus dem Magen durch den Mund pressen

rund ADJEKTIV (*runder, rundest-*) **1** von der (auch ungefähren) Form eines Kreises oder einer Kugel ⟨*ein Tisch, ein Turm, ein Gesicht, ein Fenster, einen runden Kopf haben*⟩ ↔ eckig **K** kreisrund, kugelrund **2** so, dass man eine Zahl oder eine Summe durch 10, 100 o. Ä. teilen kann *„100 Euro sind eine runde Summe"* **3** so, dass man die genannte Zahl nicht genau kennt ⟨*eine Million*⟩ ≈ ungefähr *„Es waren rund 10000 Zuschauer im Stadion"*
ADVERB **4** **rund um jemanden/etwas** in einem Bogen oder Kreis um jemanden/etwas *„einen Spaziergang rund um den See machen"*

RUND
ECKIG

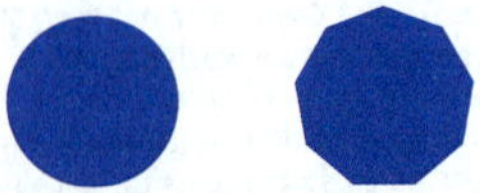

die **Run·de** (-, *-n*) **1** ein Weg, ein Flug, eine Fahrt o. Ä. bei denen man wieder dorthin kommt, wo man angefangen hat, und die meist ungefähr die Form eines Kreises haben ⟨*eine Runde machen, gehen, fliegen*⟩ *„Das Kind fuhr zehn Runden mit dem Karussell"* **2** eine Strecke in Form eines Kreises oder Ovals, auf der Lauf- oder Fahrwettbewerbe stattfinden *„Sein Wagen hatte schon nach der zweiten Runde einen Motorschaden"* **3** eine kleine Gruppe von Personen, die sich gut kennen und die sich oft treffen *„in fröhlicher Runde Karten spielen"* **K** Skatrunde **4** einer von mehreren Abschnitten eines Wettkampfes *„Unsere Mannschaft schied in der zweiten Runde aus"*

run·den (*rundete, hat gerundet*) **etwas runden** eine Zahl auf eine runde Zahl bringen (ohne Kommastellen oder mit Nullen am Ende) **K** aufrunden, abrunden

die **Rund·fahrt** eine Fahrt, bei der man durch eine Stadt oder durch ein Land fährt und die interessanten Dinge betrachtet **K** Stadtrundfahrt

der **Rund·funk** (*-s*) **1** die Technik, mit der man Wort und Ton (über elektromagnetische Wellen) über große Entfernungen senden kann ≈ Radio **2** eine Institution, die Radio- und Fernsehprogramme sendet ⟨*beim Rundfunk sein, arbeiten*⟩ *„der Norddeutsche Rundfunk"* **K** Rundfunkgebühren, Rundfunkprogramm, Rundfunksender **3** das Programm des Rundfunks, das man mit dem Fernseher oder dem Radio empfangen kann ⟨*etwas im Rundfunk bringen, hören*⟩

der **Rund·gang** eine Strecke, auf der man zu Fuß an mehreren Punkten eines Gebäudes oder Ortes vorbeikommt

rund·lich ADJEKTIV ein wenig dick ⟨*eine Frau, Formen, Backen, Arme, Schultern*⟩ ↔ schlank

run·ter ADVERB; *gesprochen* → herunter, hinunter

der **Ruß** (*-es, -e*) das schwarze, fette Pulver, das entsteht, wenn man etwas verbrennt **K** Ofenruß

der **Rüs·sel** (*-s, -*) **1** die sehr lange Nase des Elefanten **2** die Nase eines Schweines **3** mit dem Rüssel saugen manche Insekten Nahrung auf

die **Rüs·tung** (-, *-en*) **1** alle Waffen und Geräte, die für die Armee produziert werden *„viel Geld für die Rüstung ausgeben"* **2** eine Kleidung aus Metall für Ritter, welche diese im Kampf trugen

die **Rut·sche** (-, *-n*) ein Gerät, auf dem Kinder auf einer glatten, schrägen Fläche nach unten rutschen können

rut·schen (*rutschte, ist gerutscht*) **1** aus dem Gleichgewicht kommen und meist hinfallen, weil man auf eine glatte Stelle getreten ist oder den Halt verloren hat *„auf dem Eis rutschen"* [K] Rutschgefahr [2] **etwas rutscht** ein Kleidungsstück o. Ä. ist zu weit und passt nicht richtig und bewegt sich deshalb nach unten *„Meine Hose rutscht"* [3] (zum Spaß) eine Rutschbahn o. Ä. benutzen [4] *gesprochen* zur Seite rücken (damit noch jemand Platz hat) *„Rutsch doch mal, ich möchte mich auch hinsetzen!"*

rụt·schig ADJEKTIV ⟨*eine Straße, der Boden*⟩ so (glatt), dass man sehr leicht darauf rutschen und stürzen kann

rụ̈t·teln (*rüttelte, hat gerüttelt*) **jemanden/etwas rütteln** jemanden/etwas mit kurzen, kräftigen Bewegungen hin und her bewegen *„Ich musste ihn (an der Schulter) rütteln, um ihn aufzuwecken"*

S

S, s [ɛs]; (-, -) [1] der neunzehnte Buchstabe des Alphabets [2] **ein scharfes S** das Zeichen *ß*

s. Abkürzung für *siehe*

S. Abkürzung für *Seite*

Sa Abkürzung für *Samstag*

r **Saal** (-(e)s, *Sä·le*) ein sehr großer Raum z. B. für Feste, Versammlungen oder Vorträge [K] Festsaal, Gerichtssaal, Konzertsaal

e **Sạ·che** (-, -n) GEGENSTÄNDLICH: [1] etwas, was man sehen und anfassen kann und was nicht lebt ≈ Ding [2] die verschiedenen Gegenstände, die jemandem gehören oder die man für einen Zweck braucht ≈ Zeug [K] Badesachen, Sportsachen ⓘ nur in der Mehrzahl verwendet [3] alles, was man am Körper trägt, um ihn zu bedecken ≈ Kleider [K] Kindersachen, Sommersachen ⓘ nur in der Mehrzahl verwendet [4] Lebensmittel oder Getränke der genannten Art *„Auf der Party gab es lauter gute/leckere Sachen"* ⓘ nur in der Mehrzahl verwendet ANGELEGENHEIT: [5] ein Vorgang, eine Situation oder ein Ereignis, die nicht genauer genannt werden, weil sie bekannt sind ⟨*eine ernste, feine, gewagte, gute, hoffnungslose, unangenehme, wichtige Sache*⟩ ≈ Angelegenheit *„Überlege dir die Sache gründlich, bevor du dich entscheidest!"* [6] das Thema einer Diskussion oder von Verhandlungen ⟨*etwas zur Sache sagen*⟩ [7] **eine gute Sache** ein Vorgang, ein Erfolg oder ein Ziel, die für viele Menschen wertvoll und wichtig sind ⟨*sich für eine gute Sache einsetzen*⟩ [8] **etwas ist jemandes Sache** jemand ist selbst für etwas verantwortlich *„Es ist seine Sache, wen er einlädt/ob er sich ein neues Auto kauft/wie viel er spendet"* [9] **etwas ist nicht jemandes Sache** etwas gefällt jemandem nicht *„Krimis sind nicht jedermanns Sache"* SONSTIGE VERWENDUNGEN: [10] *gesprochen* die Entfernung in Kilometern, die ein Fahrzeug in einer Stunde fährt ≈ Stundenkilometer *„Auf der neuen Strecke rasen die Züge mit 300 Sachen durch die Gegend"* ⓘ nur in der Mehrzahl verwendet

sạch·lich ADJEKTIV auf die Sache bezogen, um die es geht, und nicht von Gefühlen bestimmt ⟨*etwas sachlich beurteilen*⟩ ≈ objektiv • *hierzu* **Sạch·lich·keit** *die*

sạ̈ch·lich ADJEKTIV mit dem Artikel *das* verbunden (und daher mit den entsprechenden Formen)

der **Sạch·scha·den** ein Schaden an Sachen, Gegenständen ⟨*hoher, leichter Sachschaden*⟩ *„Bei dem Einsturz der Brücke entstand großer Sachschaden"*

sạcht ADJEKTIV, **sạch·te** (*sachter, sachtest-*) langsam und vorsichtig ≈ behutsam *„Sacht deckte sie das schlafende Kind zu"*

der **Sạck** (-(e)s, *Sä·cke*) [1] ein großer, weicher Behälter aus Stoff oder Plastik ⟨*etwas in Säcke abfüllen*⟩ *„einen Sack* *(voll) Kartoffeln in den Keller tragen"* **K** Plastiksack, Müllsack **2** die Menge, die in einen Sack hineinpasst *„zehn Sack/Säcke Getreide/Zement"*

die **Sack·gas·se** eine meist kurze Straße, die vor einem Grundstück, Haus o. Ä. endet, sodass man auf ihr nicht weiterfahren kann

sä·en *(säte, hat gesät)* **(etwas) säen** Samen auf einem Feld oder Beet verteilen ⟨*Blumen, Getreide, Hafer, Rasen, Weizen säen*⟩ **ID** **Personen/Dinge sind dünn gesät** von manchen Personen/Dingen findet man nur eine kleine Zahl ≈ selten *„Solche Jobs sind dünn gesät"*

der **Safe** [ze:f, seɪf]; *(-s, -s)* ein Fach oder ein Schrank aus Stahl zum sicheren Aufbewahren von Geld und Wertsachen ≈ Tresor **K** Hotelsafe

der **Saft** *(-(e)s, Säf·te)* **1** eine Flüssigkeit, die man aus Obst oder Gemüse gewinnt und die man trinken kann ⟨*frisch gepresster, reiner Saft*⟩ **K** Saftpresse; Apfelsaft, Orangensaft **2** *gesprochen* elektrischer Strom *„In dieser Batterie ist kein Saft mehr"*

saf·tig ADJEKTIV voll Saft ⟨*Obst, Fleisch, Gemüse, Schinken*⟩ ↔ trocken

die **Sä·ge** *(-, -n)* ein Werkzeug, mit dem man Holz oder Metall schneidet **K** Handsäge, Kreissäge, Motorsäge ⓘ → Abb. unter **Werkzeug**

das **Sä·ge·blatt** das dünne Stück Metall mit Zacken, mit dem gesägt wird ⓘ → Abb. unter **Werkzeug**

sa·gen *(sagte, hat gesagt)* MÜNDLICHE ÄUẞERUNG: **1** **(jemandem) etwas sagen; etwas (zu jemandem) sagen** jemandem etwas mitteilen, indem man Wörter und Sätze ausspricht ⟨*Bitte/bitte, Danke/danke, Ja/ja, Nein/nein sagen; etwas auf Deutsch, Englisch, Französisch sagen*⟩ *„Komm mit!", sagte er"* | *„Los, nun sag endlich, wo du gestern warst!"* **2** **etwas zu etwas sagen** eine Meinung zu einem Thema äußern ≈ meinen *„Wir fahren am Sonntag nach Paris. Was sagst du dazu?"* VERWENDUNG: **3** **etwas zu jemandem/etwas sagen** einen Namen verwenden, wenn man von oder zu jemandem spricht *„Er sagt immer „Mausi" zu seiner Tochter"* **4** **man sagt etwas** es ist üblich, das genannte Wort zu verwenden *„In Norddeutschland sagt man „Sonnabend" statt „Samstag""* ANDERE VERWENDUNGEN: **5** **(jemandem) (et)was/nichts zu sagen haben** *gesprochen* wichtige Dinge entscheiden oder anderen Personen Aufträge und Befehle geben dürfen *„Du hast mir/hier gar nichts zu sagen!"*

sä·gen *(sägte, hat gesägt)* **(etwas) sägen** mit einer Säge Holz o. Ä. schneiden *„Äste vom Baum sägen"*

sah *Präteritum, 1. und 3. Person Singular* → sehen

die **Sah·ne** *(-)* **1** die gelbliche Schicht, die sich auf Milch bildet (und die viel Fett enthält) ⟨*die Sahne abschöpfen*⟩ **2** Sahne, die man in Flaschen und Bechern kaufen kann ⟨*Sahne schlagen*⟩ **K** Sahnejoghurt; Kaffeesahne **3** steif geschlagene Sahne ⟨*Eis, Obsttorte mit Sahne*⟩ ≈ Schlagsahne **K** Sahnetorte

die **Sai·son** [zɛ'zõ:, zɛ'zɔŋ]; *(-, -s/süddeutsch Ⓐ auch -en* [zɛ'zo:nən]) **1** die Zeit in jedem Jahr, in der die meisten Touristen kommen *„Nach der Saison sind die Hotelpreise günstiger"* **K** Hauptsaison, Sommersaison, Wintersaison **2** **(die) Saison (für jemanden/etwas)** die Zeit in jedem Jahr, in der spezielle Personen, Sachen oder Tätigkeiten häufig sind ⟨*etwas hat Saison*⟩ *„Die Monate Mai und Juni sind die Saison für Liebhaber von Spargelgerichten"* **K** Saisonarbeiter; Badesaison, Jagdsaison **3** die Zeit im Jahr, in der man eine spezielle Mode trägt *„In der kommenden Saison trägt man wieder Hüte"* **K** Herbstsaison, Sommersaison

der **Sak·ko**, **Sak·ko** *süddeutsch Ⓐ auch das*; *(-s, -s)* eine (vornehme und elegante) Jacke für einen Mann ≈ Jackett

der **Sa·lat** *(-(e)s, -e)* **1** eine Speise, die man kalt isst und die man aus Blattpflanzen, Gemüse, Fisch, Fleisch, Nudeln o. Ä. und einer Soße aus Essig und Öl oder

Mayonnaise macht ⟨*ein bunter, gemischter Salat; einen Salat anmachen, mischen*⟩ **K** Salatschüssel; Gurkensalat, Kartoffelsalat **2** eine grüne Pflanze, aus deren Blättern man Salat macht ≈ Kopfsalat **K** Salatblatt, Salatkopf

Sal·be (-, *-n*) ein Präparat (das viel Fett enthält), das man z. B. auf entzündete oder verletzte Stellen der Haut streicht **K** Salbentube; Augensalbe; Wundsalbe

Sä·le *Mehrzahl* → Saal

Salz (-(e)s, -e) **1** kleine weiße Kristalle, die ähnlich wie Meerwasser schmecken und sich leicht in Wasser auflösen. Man verwendet Salz, um das Essen zu würzen oder um Lebensmittel zu konservieren **K** Kochsalz, Meersalz **i** nicht in der Mehrzahl verwendet **2** eine chemische Substanz, die aus der Verbindung einer Säure mit einer Lauge oder mit einem Metall entsteht *„Salpeter ist ein Salz der Salpetersäure"* **K** Mineralsalz • *hierzu* **salz·hal·tig** ADJEKTIV

sal·zen (*salzte, hat gesalzt/gesalzen*) **etwas salzen** Salz in Speisen oder Lebensmittel geben *„Die Suppe ist zu stark gesalzen"* **i** *du salzt*

sal·zig ADJEKTIV mit dem Geschmack von Salz ⟨*ein salziger Geschmack; etwas schmeckt salzig*⟩ *„Meerwasser schmeckt salzig"*

die **Salz·kar·tof·feln** *Mehrzahl* Kartoffeln, die geschält und dann in gesalzenem Wasser gekocht werden

der **Salz·streu·er** (-s, -) ein kleiner Behälter mit Löchern im Deckel, mit dem man Salz ins Essen streut **i** → Abb. unter **Frühstück**

das **Salz·was·ser** das salzige Wasser im Meer ≈ Meerwasser ↔ Süßwasser **i** nicht in der Mehrzahl verwendet

der **Sa·men** (-s, -) eines von vielen kleinen Körnern, die von Pflanzen produziert werden und aus denen neue Pflanzen von derselben Art wachsen ⟨*Samen aussäen, in die Erde legen/stecken; die Samen keimen, gehen auf*⟩ **K** Samenkorn; Blumensamen

sam·meln (*sammelte, hat gesammelt*) **1** **Dinge sammeln** als Hobby über längere Zeit Dinge derselben Art kaufen o. Ä., weil sie interessant, schön oder wertvoll sind ⟨*Briefmarken, Münzen, altes Porzellan, Autogramme, Mineralien, Schmetterlinge sammeln*⟩ **K** Sammelalbum **2** **Dinge sammeln** in einem Gebiet, oder Wald herumgehen und möglichst viele Beeren, Pilze, Kräuter usw. suchen und mitnehmen *„am Strand Muscheln sammeln"* **3** **Dinge sammeln** dafür sorgen, dass Dinge der gleichen Art an einem Ort zusammenkommen, damit man sie verwenden kann ⟨*Altkleider, Altpapier, leere Flaschen sammeln*⟩ *„den Müll getrennt sammeln"* **K** Sammelstelle **4** **Dinge sammeln** sich bemühen, allmählich viele Dinge einer Art zu bekommen ⟨*Anregungen, Beweise, Daten, Ideen, Informationen sammeln*⟩ **5** **(etwas) sammeln** Personen bitten, Geld, Kleider o. Ä. für einen guten Zweck zu geben ⟨*Geld, Kleider, Spenden, Unterschriften*⟩ **6** **etwas sammelt sich irgendwo** die Menge einer Sache an einem Ort wird immer größer *„In der Tonne sammelte sich das Regenwasser"*

die **Samm·lung** (-, *-en*) **1** der Vorgang des Sammelns ⟨*eine Sammlung durchführen, organisieren, veranstalten*⟩ *„Die Sammlung von Spenden für die Flüchtlinge brachte 200000 Euro"* **K** Unterschriftensammlung **2** eine (meist relativ große) Menge von Dingen derselben Art, die jemand gesammelt hat **K** Briefmarkensammlung, Kunstsammlung, Münz(en)sammlung

der **Sams·tag** (-s, -e) der sechste Tag der Woche ⟨*am Samstag; letzten, diesen, nächsten Samstag; Samstag früh*⟩ ≈ Sonnabend **K** Samstagabend; samstagmittags **i** Abkürzung: *Sa*

sams·tags ADVERB an jedem Samstag ≈ sonnabends

samt PRÄPOSITION *mit Dativ* zusammen mit ≈ einschließlich *„sein Auto samt Zubehör verkaufen"*

der **Samt** (-(e)s, -e) ein weicher Stoff, der

auf einer Seite viele kurze Fäden hat

säm·tlich [1] alle(s), alles an/von ≈ ganz *„Er hat sein sämtliches Vermögen verloren"* [2] ≈ alle *„mit sämtlichen zur Verfügung stehenden Mitteln"*

der **Sand** (-(e)s) eine lockere Masse aus kleinen Körnern, die es am Ufer von Meeren und in der Wüste gibt ⟨*im Sand buddeln, spielen*⟩ [K] Sandkorn, Sandstrand

die **San·da·le** (-, -n) ein offener Schuh, der nur mit Riemen am Fuß gehalten wird [i] → Abb. unter **Schuh**

san·dig ADJEKTIV voll Sand ⟨*Hände, Schuhe, die Kleidung*⟩

sand·te *Präteritum, 1. und 3. Person Singular* → senden

das **Sand·wich** ['zɛntvɪtʃ]; (-(e)s, -(e)s) zwei Scheiben Weißbrot mit Wurst oder Käse und Tomaten oder Salat dazwischen

sanft ADJEKTIV (*sanfter, sanftest-*) [1] ruhig, freundlich und voller Liebe ⟨*sanft lächeln, reden*⟩ ↔ aggressiv [2] angenehm, weil nicht zu stark oder intensiv ⟨*jemanden sanft berühren, streicheln*⟩ • *zu* (1) **Sanft·heit** *die*

sang *Präteritum, 1. und 3. Person Singular* → singen

der **Sän·ger** (-s, -) eine Person, die (auch beruflich) an einer Oper, in einem Chor, in einer Band o. Ä. singt [K] Opernsänger, Popsänger • *hierzu* **Sän·ge·rin** *die*

der **Sa·ni·tä·ter** (-s, -) eine Person, die (beruflich) verletzten Personen am Ort des Unfalls hilft und diese ins Krankenhaus bringt • *hierzu* **Sa·ni·tä·te·rin** *die*

sank *Präteritum, 1. und 3. Person Singular* → sinken

Sankt *ohne Artikel, unbetont, nur in dieser Form* als Teil des Namens von Heiligen verwendet und davon abgeleiteten Namen von Kirchen und Ortschaften *„Sankt Nikolaus"* der heilige Nikolaus | *„Sankt Pauli"* ein Ortsteil von Hamburg [i] Abkürzung: *St.*

der **Sarg** (-(e)s, *Sär·ge*) der Kasten (aus Holz), in dem ein Toter ins Grab gelegt wird

saß *Präteritum, 1. und 3. Person Singular* → sitzen

satt ADJEKTIV (*satter, sattest-*) nicht mehr hungrig, weil man genug gegessen hat ⟨*satt sein, werden*⟩

der **Sat·tel** (-s, *Sät·tel*) [1] ein Sitz aus Leder, den man zum Reiten auf den Rücken eines Pferdes legt [2] der Teil eines Fahrrads oder Motorrads, auf dem man sitzt [i] → Abb. unter **Fahrrad**

satt·ha·ben (*hat satt, hatte satt, hat sattgehabt*); *gesprochen* **jemanden/etwas satthaben** jemanden/etwas nicht mehr ertragen können *„Ich habe deine Angeberei endgültig satt!"*

der **Satz** (-es, *Sät·ze*) [1] mehrere Wörter (zu denen meist ein Verb gehört), die zusammen eine Feststellung, eine Frage, einen Befehl o. Ä. bilden. Ein geschriebener Satz fängt mit einem Großbuchstaben an und hört mit dem Zeichen . oder ! oder ? auf [K] Satzanfang, Satzende, Satzteil; Aussagesatz, Fragesatz, Hauptsatz [2] eine feste Anzahl von Gegenständen der gleichen Art, die zusammengehören ⟨*ein Satz Winterreifen, Schüsseln, Schraubenschlüssel*⟩ [3] die kleinen festen Teilchen, die in einer Flüssigkeit nach unten sinken und sich am Boden eines Gefäßes sammeln [K] Kaffeesatz [4] ein großer Sprung ⟨*einen Satz machen*⟩

das **Satz·zei·chen** ein Zeichen wie z. B. ein Komma, ein Punkt o. Ä., das zur Gliederung eines Satzes verwendet wird

die **Sau** (-, -en/*Säue*) [1] ein weibliches Schwein [2] *gesprochen* [!] verwendet als Schimpfwort für eine Person, die schmutzig, ordinär o. Ä. ist [ID] **unter aller Sau** *gesprochen* [!] sehr schlecht

sau·ber ADJEKTIV [1] ohne Schmutz ↔ schmutzig [2] frisch gewaschen ⟨*ein Handtuch; die Wäsche*⟩ ↔ benützt [3] **etwas sauber halten** dafür sorgen, dass etwas sauber, ordentlich oder frei von von etwas bleibt ⟨*die Wohnung, ein Zimmer, die Gewässer, die Luft sauber halten*⟩ [4] **(etwas) (mit etwas) sauber**

machen den Schmutz (von etwas) entfernen ⟨*die Badewanne, den Herd, ein Zimmer sauber machen*⟩ ≈ putzen • *zu* (1,2) **Sau·ber·keit** *die*

Sau·ce ['zo:s(ə)]; (-, *-n*) → Soße

sau·er *ADJEKTIV* (*saurer, sauerst-*) **1** mit dem Geschmack von Essig oder von Zitronen ⟨*etwas schmeckt sauer*⟩ ↔ süß ⓘ *sauer* → *saurer Geschmack* **2** mit Essig zubereitet oder haltbar gemacht ⟨*Bohnen, Gurken*⟩ **3** (durch Gärung dick geworden und) mit saurem Geschmack ⟨*Sahne*⟩ ↔ süß **K** Sauerrahm **4** verdorben und mit saurem Geschmack ⟨*Milch*⟩ ↔ frisch **5** **sauer (auf jemanden)** *gesprochen* (über jemanden) verärgert *„Er ist sauer, weil er nicht ins Kino darf"*

r **Sau·er·stoff** (-(*e*)*s*) Sauerstoff ist das Gas in der Luft, das wir brauchen, um leben zu können ⓘ chemisches Zeichen: *O* • *hierzu* **sau·er·stoff|arm** *ADJEKTIV*; **sau·er·stoff|reich** *ADJEKTIV*

sau·fen (*säuft, soff, hat gesoffen*) **1** **(etwas) saufen** *gesprochen, abwertend* große Mengen von alkoholischen Getränken trinken **2** **ein Pferd, eine Kuh o. Ä. säuft (etwas)** ein Pferd, eine Kuh o. Ä. trinkt große Mengen • *zu* (1) **Säu·fer** *der*

sau·gen (*saugte/sog, hat gesaugt/gesogen*) **1** **etwas (aus etwas) saugen** durch sehr enge Öffnungen oder mit den Lippen eine Flüssigkeit in den Mund ziehen oder aufnehmen **2** **(etwas) saugen** *gesprochen* (*saugte, hat gesaugt*) mit einem Staubsauger Staub oder Schmutz von etwas entfernen **3** **an etwas** (*Dativ*) **saugen** die Lippen fest an etwas drücken und dabei Luft, Rauch oder Flüssigkeit in den Mund ziehen *„Das Baby saugt an der Brust der Mutter"*

säu·gen (*säugte, hat gesäugt*) **ein Tier säugt (ein Tier)** ein Tier lässt das Junge (aus dem Euter oder den Zitzen) Milch trinken

er **Sau·ger** (*-s, -*) Sauger aus Gummi sind so geformt, dass ein Baby gut daran saugen kann; sie werden für Trinkflaschen benutzt oder um ein Baby zu beruhigen

das **Säu·ge·tier** ein Tier, dessen Junge Milch von der Mutter trinken

der **Säug·ling** (*-s, -e*) ein kleines Kind, das noch Milch an der Brust der Mutter oder aus der Flasche trinkt ≈ Baby

die **Säu·le** (-, *-n*) ein starker Pfosten (meist aus Stein), der das Dach eines großen Gebäudes (z. B. eines Tempels) stützt

die **Säu·re** (-, *-n*) **1** der saure Geschmack einer Sache ⟨*eine erfrischende, milde Säure*⟩ ⓘ nicht in der Mehrzahl verwendet **2** eine chemische Verbindung, die Metalle angreift und einen sauren Geschmack hat **K** Kohlensäure, Zitronensäure

sau·sen (*sauste, hat/ist gesaust*) **1** **(irgendwohin) sausen** *gesprochen* (*ist*) sich sehr schnell irgendwohin bewegen *„Jetzt muss ich sausen, sonst komme ich zu spät zum Bahnhof!"* **2** **etwas saust** (*hat*) etwas macht ein Geräusch, das abwechselnd stärker und schwächer wird ⟨*der Wind, der Sturm*⟩

das **Sa·xo·fon**, **Sa·xo·phon** [-f-]; (*-s, -e*) ein Blasinstrument aus Metall mit einem kräftigen Klang, das vor allem in der Jazzmusik verwendet wird ⓘ → Abb. unter **Instrument**

scha·ben (*schabte, hat geschabt*) **(etwas aus/von etwas) schaben** ein Material von etwas entfernen, indem man einen harten Gegenstand kräftig über dessen Oberfläche zieht oder schiebt *„den Teig aus der Schüssel schaben"*

(das) **Schach** (*-s*) ein Spiel (für zwei Personen), bei dem jeder Spieler 16 Figuren auf einem Brett bewegt und versucht, den König des Gegners schachmatt zu setzen ⟨*Schach spielen*⟩ **K** Schachfigur, Schachspiel

der **Schacht** (-(*e*)*s, Schäch·te*) eine meist relativ schmale Öffnung, die von oben (senkrecht) in die Erde führt *„durch einen Schacht in den Kanal steigen"* **K** Brunnenschacht

die **Schach·tel** (-, *-n*) **1** ein ziemlich klei-

S

ner (rechteckiger) Behälter (meist aus Pappe) mit einem Deckel *„eine Schachtel mit Pralinen"* **K** Pappschachtel, Schuhschachtel, Streichholzschachtel **i** → Abb. *Behälter und Gefäße* unter **Behälter** **2** **eine Schachtel Dinge** eine Schachtel mit der Menge einer Ware, die hineinpasst und so verkauft wird ‹*eine Schachtel Kekse, Streichhölzer*›

scha·de ADJEKTIV verwendet, um zu sagen, dass man enttäuscht ist und etwas bedauert ‹*etwas ist schade; etwas schade finden*› *„Es ist wirklich schade, dass du jetzt schon gehen musst"*

der **Schä·del** (-s, -) **1** die Knochen, die dem Kopf seine Form geben **K** Totenschädel **2** *gesprochen* ≈ Kopf

scha·den (*schadete, hat geschadet*) **eine Person/Sache schadet jemandem/etwas** eine Person oder Sache bringt für eine Person, Sache oder eine Situation einen Nachteil, Schaden oder Verlust ↔ nutzen

der **Scha·den** (-s, *Schä·den*) **1** die negativen Folgen eines Vorgangs, bei dem etwas ganz oder teilweise zerstört oder kaputt gemacht wird ‹*einen Schaden verursachen, feststellen*› *„Das Feuer richtete einen Schaden in Höhe von einer Million Euro an"* **K** Schadenshöhe; Motorschaden, Sachschaden **2** die Folge eines Unfalls (z. B. eine Verletzung oder eine Störung der Körperfunktionen) **K** Gehörschaden

der **Scha·den·er·satz** ein meist finanzieller Ausgleich für den eigenen Schaden, an dem eine andere Person schuld ist ‹*Schadenersatz verlangen, erhalten; ein Anspruch auf Schadenersatz*› **i** nicht in der Mehrzahl verwendet

die **Scha·den·freu·de** die Freude, die eine Person daran hat, dass jemandem etwas Unangenehmes passiert **i** nicht in der Mehrzahl verwendet

schäd·lich ADJEKTIV **schädlich (für jemanden/etwas)** mit negativen Folgen für jemanden/etwas ‹*Einflüsse, Stoffe, Wirkungen*› *„Alkohol ist schädlich für die Gesundheit"* **K** gesundheitsschädlich • *hierzu* **Schäd·lich·keit** *die*

das **Schaf** (-(e)s, -e) ein Tier, aus dessen dichten und lockigen Haaren man Wolle macht ‹*die Schafe hüten, scheren*› **K** Schaffell, Schafherde, Schafwolle, Schaf(s)käse **i** → Abb. unter **Tier** **ID** **das schwarze Schaf** ein Mitglied einer Gruppe, das unangenehm auffällt ‹*das schwarze Schaf (in) der Familie, in der Branche sein*›

der **Schä·fer** (-s, -) eine Person, die beruflich Schafe hütet und züchtet • *hierzu* **Schä·fe·rin** *die*

der **Schä·fer·hund** ein großer Hund, der wie ein Wolf aussieht und oft als Wachhund oder bei der Polizei eingesetzt wird **i** → Abb. unter **Hund**

schaf·fen[1] (*schaffte, hat geschafft*) **1** **etwas schaffen** eine schwierige Aufgabe mit Erfolg meistern ‹*die Arbeit, die Prüfung, das Pensum schaffen*› **2** **etwas schaffen** *gesprochen* gerade noch rechtzeitig vor Abfahrt zum Zug, Bus o. Ä. kommen *„Wenn wir laufen, schaffen wir die U-Bahn vielleicht noch"* **3** **etwas schafft jemanden** *gesprochen* etwas macht jemanden sehr müde oder nervös *„Diese Wanderung hat mich völlig geschafft"* **ID** **eine Person/Sache macht jemandem zu schaffen** eine Person oder Sache macht jemandem viel Arbeit, Sorgen oder Schwierigkeiten

schaf·fen[2] (*schuf, hat geschaffen*) **etwas schaffen** etwas durch (kreative) Arbeit entstehen lassen ‹*ein literarisches Werk schaffen*› **ID** **für jemanden/etwas wie geschaffen sein** sehr gut für jemanden/etwas geeignet sein

der **Schaff·ner** (-s, -); *gesprochen* eine Person, die beruflich in Zügen, Bussen o. Ä. die Fahrkarten (verkauft und) kontrolliert • *hierzu* **Schaff·ne·rin** *die*

schal ADJEKTIV (*schaler, schalst-*) ‹*Getränke*› ohne oder mit wenig Geschmack (weil sie zu lange offen gestanden haben)

der **Schal** (-s, *-s/-e*) ein langes (schmales)

Stück aus Stoff oder Wolle, das man um den Hals legt [K] Seidenschal

Scha·le (-, *-n*) [1] die äußere, feste Schicht von Obst, Kartoffeln, Zwiebeln usw. [K] Bananenschale, Kartoffelschale, Zwiebelschale ⓘ → Abb. unter **Obst** [2] die harte Schicht, in der eine Nuss steckt ⟨*die Schale aufknacken, aufbrechen*⟩ [3] Krebse, Muscheln usw. haben eine harte Schale, die ihren weichen Körper schützt [K] Schalentier; Muschelschale [4] eine relativ flache Schüssel [K] Glasschale; Obstschale

schä·len (*schälte, hat geschält*) **etwas schälen** die äußere Schicht (Schale) von etwas entfernen ⟨*Kartoffeln, Äpfel schälen*⟩

r **Schall** (-(*e*)*s*) Schwingungen und Wellen, man hören kann [K] Schallgeschwindigkeit

schal·ten (*schaltete, hat geschaltet*) [1] **(etwas) irgendwie schalten** ein Gerät (mit einem Schalter) anders einstellen ≈ stellen *„den Herd höher schalten"* | *„aufs zweite Programm schalten"* [2] (z. B. beim Autofahren) einen anderen Gang wählen [3] **irgendwohin schalten** während einer Sendung im Fernsehen oder Radio vom Studio zu einem anderen Ort wechseln [4] **die Ampel/ein Signal schaltet auf Gelb, Grün, Rot** die Ampel/das Signal wechselt zum gelben, grünen, roten Licht

er **Schal·ter** (-*s*, -) [1] mit einem Schalter macht man das elektrische Licht und Geräte an und aus ⟨*den Schalter betätigen*⟩ [K] Lichtschalter, Stromschalter [2] am Schalter werden die Kunden in Banken, Bahnhöfen usw. bedient [K] Schalterhalle; Bankschalter, Fahrkartenschalter

SCHALTER

der Schalter (2) der Schalter (1)

der **Schalt·he·bel** die kurze Stange, mit der man z. B. in einem Auto die Gänge einlegt

das **Schalt·jahr** ein Jahr, das 366 Tage hat *„Alle vier Jahre ist ein Schaltjahr"*

die **Schal·tung** (-, *-en*) mit der Schaltung kann man bei einem Fahrrad, einem Auto o. Ä. die verschiedenen Gänge wählen [K] Gangschaltung

die **Scham** (-) [1] das unangenehme Gefühl, das man hat, wenn man gegen die Moral oder die Sitten verstoßen hat [2] *geschrieben* der Teil des Körpers mit den Geschlechtsorganen [K] Schamhaare ⓘ → Abb. unter **Körper**

schä·men (*schämte sich, hat sich geschämt*) [1] **sich (wegen etwas) schämen; sich (für etwas) schämen** ein sehr unangenehmes Gefühl haben, weil man etwas getan hat, das gegen die Moral oder gegen die Sitten verstößt *„Er schämt sich wegen seiner Lügen/für seine Lügen"* [2] **sich schämen** ein unangenehmes Gefühl haben, wenn man nackt ist oder wenn man über sexuelle Dinge spricht

die **Schan·de** (-) etwas, das einen großen Verlust des Ansehens oder der Ehre (meist wegen unmoralischen Verhaltens o. Ä.) bringt ⟨*etwas als Schande bezeichnen, empfinden*⟩ *„Es ist keine Schande, gegen so einen starken Gegner zu verlieren"*

die **Schar** (-, *-en*) [1] **eine Schar Personen/Tiere; eine Schar von Personen/Tieren** eine Gruppe von Menschen oder Tieren *„Eine Schar kleiner Kinder spielte im Hof"* [2] **Scharen von Personen/Tieren** verwendet, um eine große Zahl von Menschen oder Tieren zu bezeichnen *„Scharen von Gläubigen kommen zu Ostern nach Rom"*

scharf ADJEKTIV (*schärfer, schärfst-*) MESSER USW.: [1] wenn Dinge scharf sind, kann man damit gut schneiden oder stechen (und sich auch verletzen) ⟨*eine Axt, eine Klinge, eine Kralle, ein Messer, ein Zahn*⟩ ↔ stumpf INTENSIV:

S

2 wenn Speisen scharf sind, wird es im Mund heiß und man möchte etwas trinken *„Das Gulasch ist sehr scharf"* **3** scharfe Flüssigkeiten greifen die Haut und die Oberfläche mancher Dinge an ‹*eine Lauge, eine Säure, ein Putzmittel*› ≈ ätzend **4** wenn etwas unangenehm intensiv ist, kann man es auch *scharf* nennen ‹*ein Geruch, ein Pfiff, ein Wind*› **5** eng und stark gebogen ‹*eine Wendung, eine Kurve*› **6** **ein scharfes S** das Zeichen *ß* WAHRNEHMUNG: **7** scharfe Augen, Ohren und Nasen sehen, hören und riechen sehr gut OPTISCH: **8** wenn ein Bild scharf ist, kann man es gut erkennen ↔ verschwommen AUSFÜHRUNG: **9** sehr streng und ohne Gnade ‹*eine Kritik, ein Tadel, ein Urteil*› ↔ mild **10** mit viel Kraft oder Schwung und hoher Geschwindigkeit ‹*scharf anfahren, bremsen*› GEFÄHRLICH: **11** wenn ein Hund scharf ist, hat er gelernt, auf Befehl sofort anzugreifen **12** wenn Munition, Schüsse oder Waffen scharf sind, dienen sie nicht zum Üben, sondern zum Kampf und zum Töten SEXUELL: **13** *gesprochen* sexuell erregt ‹*jemanden scharf machen*› VERLANGEN: **14** **auf etwas** (*Akkusativ*) **scharf sein** *gesprochen* etwas unbedingt haben oder tun wollen *„Er ist ganz scharf auf Erdnüsse"* • zu (1,2,7,8) **Schär·fe** *die*

das **Schar·nier** (*-s, -e*) das bewegliche Verbindungsteil zwischen Fenster/Tür und Rahmen oder zwischen Gefäß und Deckel

S

schar·ren (*scharrte, hat gescharrt*) **ein Tier scharrt (irgendwo)** ein Tier bewegt die Hufe, die Krallen o. Ä. so auf dem Boden hin und her, dass dabei kleine Löcher entstehen *„Die Hühner scharren im Mist/im Stroh"*

der **Schat·ten** (*-s, -*) **1** ein Bereich, den das Licht (der Sonne) nicht erreicht und der deswegen dunkel (und kühl) ist ‹*im Schatten liegen, sitzen*› **i** nicht in der Mehrzahl verwendet **2** die dunklere Fläche, die hinter einer Person/Sache entsteht, wenn diese vom Licht beschienen wird

der **Schatz** (*-es, Schät·ze*) **1** eine große Menge an wertvollen Münzen, Schmuck o. Ä. ‹*einen Schatz anhäufen, hüten, suchen, finden*› **K** Schatzinsel, Schatzkiste, Schatzsucher **2** *gesprochen* verwendet als liebevolle Anrede für den Ehepartner, die eigenen Kinder o. Ä. **3** *gesprochen* eine Person, die sehr nett und hilfsbereit ist *„Du hast viel für mich getan. Du bist ein (wahrer) Schatz!"*

schät·zen (*schätzte, hat geschätzt*) MAẞE, WERT, KOSTEN USW.: **1** **jemanden/etwas (auf etwas** (*Akkusativ*)**) schätzen** etwas Messbares (z. B. das Alter eines Menschen, die Länge oder das Gewicht von Sachen) nach eigener Meinung aufgrund äußerer Tatsachen ungefähr bestimmen ‹*jemandes Alter, die Dauer, das Gewicht, die Höhe, die Länge, den Preis einer Sache schätzen*› **2** **etwas (auf etwas** (*Akkusativ*)**) schätzen** (als Experte) feststellen, wie viel Geld etwas wert ist oder wie viel etwas kosten darf ‹*ein Grundstück, ein Haus, einen Unfallschaden schätzen*› **K** Schätzpreis VERMUTUNG: **3** **schätzen** (**, dass** ...) *gesprochen* denken, dass etwas wahrscheinlich ist ≈ vermuten *„Ich schätze, dass er morgen kommt"* ANERKENNUNG: **4** **jemanden/etwas schätzen** eine Person oder Sache sehr mögen *„Er schätzt gutes Essen"* **5** **etwas zu schätzen wissen** den Wert von etwas Gutem erkennen *„Ich weiß ihre Hilfe sehr zu schätzen"* • zu (1,2) **Schät·zung** *die*

die **Schau** (*-, -en*) **1** eine Veranstaltung, auf der Tiere, Pflanzen oder Waren gezeigt werden ≈ Ausstellung, Messe **K** Gartenschau, Modenschau **2** eine Veranstaltung, z. B. im Fernsehen oder Theater, bei der Künstler auftreten ≈ Show

schau·en (*schaute, hat geschaut*) **1** **irgendwie schauen** den genannten Gesichtsausdruck haben ‹*finster, freundlich, müde, spöttisch schauen*› **2** **ir-**

gendwohin schauen irgendwohin sehen *„aus dem Fenster schauen"* **3** **irgendwohin schauen** nachsehen, ob etwas irgendwo ist **4** **(nach etwas) schauen** prüfen, ob etwas in dem gewünschten Zustand ist ≈ nachsehen *„Schaust du mal nach den Blumen, ob die Wasser brauchen?"*

Schau·er (-s, -) **1** ein kurzer (und meist starker) Regen *„am Nachmittag vereinzelt Schauer, ansonsten sonnig und trocken"* **K** Hagelschauer, Regenschauer **2** ein starkes Gefühl der Angst, bei dem man zittert

Schau·fel (-, -n) **1** ein Gerät, das aus einem langen Stiel und einem breiten, dünnen Stück Metall, Plastik o. Ä. besteht und dazu dient, Erde, Sand o. Ä. hochzuheben und zu bewegen **K** Schneeschaufel **2** ein Teil eines Gerätes, der wie eine Schaufel aussieht **K** Schaufelrad

Schau·fens·ter das große Fenster, in dem ein Geschäft die Waren zeigt ⟨*etwas liegt, steht im Schaufenster*⟩ **K** Schaufensterpuppe

Schau·kel (-, -n) ein Sitz (vor allem für Kinder), der an Seilen oder Ketten hängt und mit dem man hin- und herschwingen kann

schau·keln (*schaukelte, hat geschaukelt*) **1** sich mit einer Schaukel o. Ä. hin- und herbewegen, auf etwas nach oben und nach unten schwingen **2** **etwas schaukelt** etwas schwankt, etwas bewegt sich auf und ab ⟨*ein Boot, ein Schiff*⟩

der **Schau·kel·stuhl** ein Stuhl, der unten gebogene Teile hat und mit dem man schaukeln kann **i** → Abb. unter **Stuhl**

der **Schaum** (-(e)s, *Schäu·me*) eine weiche und leichte Masse aus vielen kleinen Luftblasen, die sich manchmal an der Oberfläche einer Flüssigkeit bildet ⟨*der Schaum des Bieres, der Wellen; Eiweiß zu Schaum schlagen*⟩ **K** Schaumbad; Seifenschaum, Rasierschaum

schäu·men (*schäumte, hat geschäumt*) **etwas schäumt** etwas entwickelt Schaum ⟨*das Bier, die Seife, der Sekt, das Wasser*⟩

der **Schau·spie·ler** eine Person, die (beruflich) in einem Film, Theaterstück o. Ä. Personen (Rollen) spielt **K** Filmschauspieler • *hierzu* **Schau·spie·le·rin** *die*

die **Schei·be** (-, -n) **1** ein flacher, runder Gegenstand *„Früher dachte man, die Erde sei eine Scheibe"* **K** Töpferscheibe, Zielscheibe **2** ein flaches Stück Glas als Teil eines Fensters o. Ä. ⟨*eine blanke, zerbrochene, zerkratzte Scheibe*⟩ **K** Fensterscheibe, Glasscheibe, Windschutzscheibe **3** ein meist dünnes, flaches (und rundes) Stück, das von einem Lebensmittel abgeschnitten ist ⟨*Brot, Eier, Wurst, Zitronen in Scheiben schneiden*⟩ **K** Brotscheibe, Zitronenscheibe **i** → Abb. nächste Seite

der **Schei·ben·wi·scher** (-s, -) die Schei-

SCHAUFEL

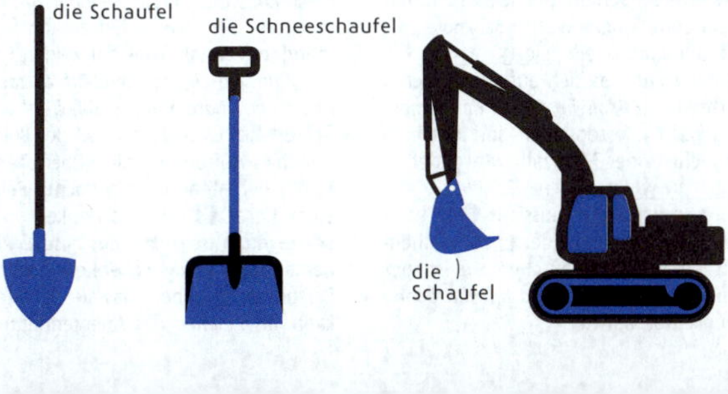

SCHEIBE

die Scheibe (2) die Scheibe (3)

benwischer bewegen sich bei Regen über die Windschutzscheibe eines Autos hin- und her und schieben das Regenwasser zur Seite ⓘ → Abb. unter **Auto**

die **Schei·de** (-, -*n*) **1** die Öffnung zwischen den Beinen einer Frau, durch die Babys bei der Geburt den Körper der Mutter verlassen ≈ Vagina **2** eine schmale Hülle für ein Messer oder Schwert

schei·den (*schied, hat/ist geschieden*) **1** **jemand ist geschieden** jemandes Ehe ist durch ein Gerichtsurteil beendet **2** **aus etwas scheiden** *geschrieben* eine Funktion, eine Tätigkeit endgültig aufgeben ⟨*aus dem Amt, dem Berufsleben scheiden*⟩

die **Schei·dung** (-, -*en*) die Auflösung einer Ehe durch ein Gericht ⟨*die Scheidung beantragen, aussprechen*⟩ **K** Ehescheidung

der **Schein** (-(*e*)*s*, -*e*) AUS PAPIER: **1** ein Dokument, das etwas offiziell bestätigt, z. B. dass man etwas tun darf **K** Angelschein, Führerschein, Garantieschein, Lieferschein, Lottoschein **2** **ein (kleiner/großer) Schein** ein Geldschein (mit niedrigem/hohem Wert) ≈ Banknote **K** Zehneuroschein LICHT, GLANZ: **3** das Licht, das sich auf einer Fläche verbreitet *„Er saß im Schein der Lampe und las"* **K** Kerzenschein, Sonnenschein ⓘ nicht in der Mehrzahl verwendet NICHT IN WIRKLICHKEIT: **4** etwas, das nicht so ist, wie es aussieht ⓘ nicht in der Mehrzahl verwendet **5** **zum Schein** um jemanden zu täuschen *„Sie ist zum Schein weggegangen und hat ihn dann heimlich beobachtet"*

schein·bar ADJEKTIV nur dem äußeren Eindruck nach, aber nicht in Wirklichkeit ⟨*ein Gegensatz, ein Widerspruch*⟩

schei·nen (*schien, hat geschienen*) LICHT: **1** **etwas scheint** etwas verbreitet Licht und ist am Himmel zu sehen ⟨*der Mond, die Sonne*⟩ **2** **etwas scheint irgendwohin** etwas sendet Lichtstrahlen in eine Richtung *„Die Sonne schien mir ins Gesicht"* EINDRUCK: **3** **jemand/etwas scheint (jemandem) irgendwie; jemand/etwas scheint (jemandem) zu** +*Infinitiv* etwas macht (auf jemanden) den genannten Eindruck *„Seine Erzählung schien (mir) recht unglaubwürdig"* | *„Wie es scheint, bist du ja wieder ganz gesund"*

der **Schein·wer·fer** (-*s*, -) eine sehr helle Lampe, die einen Teil der Umgebung beleuchtet *„Die Bühne wird von Scheinwerfern angestrahlt"* **K** Autoscheinwerfer ⓘ → Abb. unter **Auto**

die **Schei·ße** (-); *gesprochen* ⚠ **1** ≈ Kot **2** *abwertend* etwas, worüber man sich ärgert

das **Scheit** (-(*e*)*s*, -*e*/*süddeutsch* Ⓐ Ⓒⓗ -*er*) ein Stück Holz, das man im Ofen verbrennt

der **Schei·tel** (-*s*, -) die Linie auf dem Kopf, die dadurch entsteht, dass man an dieser Stelle die Haare nach links und nach rechts kämmt ⟨*einen Scheitel ziehen*⟩

schei·tern (*scheiterte, ist gescheitert*) **1** **(mit etwas) (an jemandem/etwas) scheitern** (aus einem bestimmten Grund) ein Ziel nicht erreichen ⟨*mit einem Plan, einem Projekt, einem Vorhaben scheitern*⟩ **2** **etwas scheitert (an jemandem/etwas)** etwas hat keinen Erfolg *„Ihr Plan, ein eigenes Geschäft zu kaufen, ist an der Finanzierung gescheitert"*

der **Schen·kel** (-*s*, -) **1** der Teil des Beines zwischen Hüfte und Knie ≈ Oberschenkel **2** das gebratene oder gekochte Bein eines Tieres **K** Hühnerschenkel

schen·ken (*schenkte, hat geschenkt*) **(jemandem) etwas schenken** einer Person etwas geben, das sie behalten kann (als Zeichen der Anerkennung,

Freundschaft oder Liebe) ⟨*jemandem etwas als/zum Andenken, zum Geburtstag, zu Weihnachten schenken*⟩

schep·pern (*schepperte, hat gescheppert*); *gesprochen* **etwas scheppert** etwas macht das Geräusch, das entsteht, wenn Dinge aus Metall zu Boden fallen

Scher·be (-, *-n*) ein Stück eines gebrochenen Gegenstandes aus Glas oder Porzellan *„Er hat sich an einer Scherbe geschnitten"*

Sche·re (-, *-n*) **1** ein Gerät zum Schneiden. Scheren haben zwei Teile, die in der Mitte beweglich verbunden sind, und Löcher für die Finger ⟨*eine scharfe, spitze, stumpfe Schere*⟩ **K** Blumenschere, Nagelschere, Papierschere **2** der Teil des Körpers, mit dem ein Krebs, Skorpion o. Ä. Dinge greifen kann *„die kräftigen Scheren des Hummers"*

sche·ren (*schor, hat geschoren*) **jemanden/etwas scheren** die Haare (oder das Fell von Tieren) sehr kurz schneiden

r **Scherz** (*-es, -e*) etwas, das man sagt oder tut, um andere Menschen zum Lachen zu bringen ≈ Witz

scheu ADJEKTIV (verwendet in Bezug auf Tiere) bereit zu fliehen, wenn Menschen kommen *„Der Lärm hier macht die Pferde scheu"*

scheu·ern (*scheuerte, hat gescheuert*) **etwas scheuern** etwas durch kräftiges Reiben (mit Lappen, Wasser und Putzmittel) sauber machen

ie **Schicht** (-, *-en*) **1** eine Masse (meist eine Substanz) in einer relativ flachen und breiten Form, die über oder unter etwas anderem liegt ≈ Lage *„Pflanzensamen mit einer dünnen Schicht Erde bedecken"* **K** Eisschicht, Luftschicht, Schutzschicht **2** der Teil der Bevölkerung, der ungefähr gleich viel verdient und in ähnlichen Verhältnissen lebt ⟨*eine soziale, die besitzende, gebildete Schicht*⟩ **K** Arbeiterschicht, Mittelschicht **3** der Abschnitt des Arbeitstages in einem Betrieb o. Ä., in dem durchgehend gearbeitet wird ⟨*die Schicht wechseln*⟩ *„Die Schicht dauert von zwei bis zehn Uhr"* **K** Schichtdienst; Frühschicht

schick ADJEKTIV **1** elegant und modern ⟨*ein Anzug, ein Kleid, ein Auto, ein Apartment*⟩ **2** so, dass es aktuell viele Leute attraktiv finden (weil es nicht jeder tun oder haben kann) ≈ in *„Früher galt es als schick, mit Kreditkarte zu zahlen, heute ist das ganz normal"* • zu (1) **Schick** *der*

schi·cken (*schickte, hat geschickt*) **1 (jemandem) etwas schicken; etwas (an jemanden/irgendwohin) schicken** etwas irgendwohin/zu jemandem bringen lassen ⟨*jemandem einen Brief, ein Paket, Blumen schicken*⟩ *„Mein Großvater hat mir Geld geschickt"* **2 jemanden (irgendwohin/zu einer Person) schicken** jemanden auffordern oder bitten, irgendwohin zu gehen *„die Kinder ins Bett schicken"* | *„Die Firma schickt ihn oft ins Ausland"*

das **Schick·sal** (*-s, -e*) **1** eine (höhere) Macht, von der manche glauben, sie könne das Leben eines Menschen bestimmen **i** nicht in der Mehrzahl verwendet **2** die Ereignisse, die das Leben oder das Glück einer Person bestimmen, ohne dass sie daran etwas ändern kann ⟨*ein schweres, trauriges Schicksal haben*⟩ ≈ Los

schie·ben (*schob, hat geschoben*) **1 (etwas (irgendwohin)) schieben** etwas über den Boden bewegen, indem man mit den Händen oder dem eigenen Körper (von hinten) drückt ↔ ziehen *„den Einkaufswagen durch den Supermarkt schieben"* | *„den Kuchen in den Ofen schieben"* **K** Schiebetür **2 etwas**

S

irgendwohin schieben etwas langsam irgendwohin bewegen *„Er schob sich einen Kaugummi in den Mund"* **3** **etwas auf jemanden/etwas schieben** eine Person/Sache für ein Problem, einen Fehler o. Ä. verantwortlich machen (meist obwohl sie es nicht ist) ⟨*die Schuld, die Verantwortung, einen Verdacht auf jemanden schieben*⟩

schied *Präteritum, 1. und 3. Person Singular* → scheiden

schief ADJEKTIV nicht gerade, nicht parallel zu einer (gedachten) Linie oder Fläche *„eine schiefe Mauer"* | *„Das Bild hängt schief an der Wand"*

SCHIEF
GERADE

schief·ge·hen (*ging schief, ist schiefgegangen*) **etwas geht schief** *gesprochen* etwas hat nicht das gute Ergebnis, das man erwartet hat

schien *Präteritum, 1. und 3. Person Singular* → scheinen

das **Schien·bein** der vordere Knochen des Beines unter dem Knie ⟨*jemandem gegen das Schienbein treten*⟩ ⓘ → Abb. unter **Körper**

die **Schie·ne** (-, -*n*) **1** Züge und Straßenbahnen fahren auf Schienen aus Stahl *„Die Straßenbahn ist aus den Schienen gesprungen"* **K** Straßenbahnschiene **2** eine Vorrichtung, auf der etwas (z. B. ein Wagen, ein Fahrzeug) meist auf Rollen bewegt werden kann *„die Schiene in einer Gardinenstange"* **3** eine Stütze, die verhindert, dass man z. B. einen gebrochenen Arm bewegt **K** Armschiene

der **Schie·nen·er·satz·ver·kehr** Busse, die anstelle von Zügen oder Straßenbahnen fahren, wenn die Gleise wegen einer Baustelle oder eines Unfalls blockiert sind ⓘ Abkürzung: *SEV*

schie·ßen (*schoss, hat/ist geschossen*) MIT EINER WAFFE: **1** **(mit etwas) (auf jemanden/etwas) schießen** (*hat*) versuchen, jemanden/etwas mit einer Kugel oder einem Pfeil zu treffen ⟨*mit einer Pistole, mit einem Gewehr, mit Pfeil und Bogen schießen*⟩ *„Die Terroristen schossen auf den Präsidenten"* **K** Schießsport, Schießübung **2** **ein Tier schießen** (*hat*) ein Tier durch einen Schuss aus einer Waffe töten MIT DEM FUß ODER SCHLÄGER: **3** **(etwas irgendwohin) schießen** (*hat*) den Ball mit dem Fuß oder mit einem Schläger irgendwohin fliegen lassen *„den Ball ins Tor/ins Aus schießen"* **4** **ein Tor schießen** (*hat*) beim Fußball, Eishockey o. Ä. ins Tor treffen MIT HOHER GESCHWINDIGKEIT: **5** **irgendwohin schießen** *gesprochen* (*ist*) sich mit sehr hoher Geschwindigkeit in eine Richtung bewegen *„Er schoss mit seinem Auto plötzlich um die Kurve"* **6** **etwas schießt irgendwohin** (*ist*) etwas fließt mit sehr starkem Druck in die genannte Richtung *„Das Wasser schoss aus dem Rohr"*

das **Schiff** (-(*e*)*s*, -*e*) ein großes Fahrzeug für das Wasser **K** Schiffsreise; Fährschiff, Rettungsschiff, Segelschiff

SCHIFF

die **Schiff·fahrt** der gesamte Verkehr der Schiffe auf dem Wasser

schi·ka·nie·ren (*schikanierte, hat schikaniert*) **jemanden schikanieren** (vor allem als Vorgesetzter) einer Person unnötige Arbeit geben oder ihr Schwierigkeiten machen

Schild[1] (-(e)s, -er) **1** eine Tafel oder eine Platte, auf der etwas geschrieben oder gezeichnet ist ⟨*ein Schild anbringen, aufstellen*⟩ **K** Stoppschild, Warnschild, Verkehrsschild, Firmenschild, Nummernschild **2** ein kleines Stück Papier an Stoff oder Waren, auf dem der Preis, die Größe o. Ä. steht ≈ Etikett **K** Preisschild

Schild[2] (-(e)s, -e) eine große Platte aus Metall, Holz oder Leder, die (im Altertum und im Mittelalter) Soldaten trugen, um sich vor Pfeilen, Speeren, Stößen o. Ä. zu schützen **K** Schutzschild

Schim·mel (-s, -) **1** eine weiche, meist weiße oder grüne Schicht aus sehr kleinen Pilzen, die sich z. B. auf Brot und Obst bildet, wenn diese zu lange in feuchter Umgebung waren **i** nicht in der Mehrzahl verwendet **2** ein weißes Pferd • *zu* (1) **schim·me·lig, schimm·lig** ADJEKTIV

schim·mern (*schimmerte, hat geschimmert*) **etwas schimmert** etwas verbreitet ein schwaches Licht *„schwach schimmerndes Mondlicht"*

schimp·fen (*schimpfte, hat geschimpft*) **1** **(jemanden) schimpfen** Ärger oder Wut über eine Person oder Sache (sehr laut) und deutlich sagen **2** **auf jemanden/etwas schimpfen; über jemanden/etwas schimpfen** deutlich und sehr laut sagen, warum man sich ärgert *„über den Lärm der Nachbarn schimpfen"*

s **Schimpf·wort** (-(e)s, *Schimpf·wör·ter*) ein derbes Wort, mit dem man Ärger oder Verachtung ausdrückt oder jemanden beleidigt

r **Schin·ken** (-s, -) geräuchertes, gekochtes oder getrocknetes Fleisch vom Bein eines Schweins ⟨*fetter, magerer, saftiger Schinken*⟩ **K** Schinkenbrot; Räucherschinken

der **Schirm** (-(e)s, -e) **1** ein Stück Stoff, das über einen Rahmen gespannt ist und vor Sonne und Regen schützt; man hält den Schirm über den Kopf oder stellt ihn in einen Ständer ⟨*den Schirm aufspannen, öffnen, schließen*⟩ **K** Regenschirm, Sonnenschirm **2** der Teil der Lampe (meist aus Stoff oder Kunststoff), der über und seitlich der Glühbirne ist, damit diese nicht blendet **K** Lampenschirm **3** der Teil einer Mütze, der Augen und Stirn (meist gegen die Sonne) schützt **K** Schirmmütze **4** Kurzwort für *Bildschirm, Radarschirm, Fallschirm* o. Ä.

REGENSCHIRM

die **Schlacht** (-, -en) ein schwerer Kampf zwischen militärischen Einheiten (Truppen) im Krieg ⟨*eine blutige, entscheidende Schlacht*⟩ *„die Schlacht von Verdun im 1. Weltkrieg"* **K** Schlachtschiff; Seeschlacht, Straßenschlacht

schlach·ten (*schlachtete, hat geschlachtet*) **(ein Tier) schlachten** ein Tier töten, damit dessen Fleisch gegessen werden kann ⟨*ein Huhn, ein Kalb, ein Rind, ein Schwein schlachten*⟩

der **Schlaf** (-(e)s) der Zustand, in dem ein Mensch oder Tier ruht und schläft **K** Schlaftablette • *hierzu* **schlaf·los** ADJEKTIV; **Schlaf·lo·sig·keit** *die*

der **Schlaf·an·zug** ≈ Pyjama

schla·fen (*schläft, schlief, hat geschlafen*) **1** mit geschlossenen Augen ausruhen und die Umwelt nicht mehr bemerken ⟨*gut, schlecht, fest, tief, (un)ruhig schlafen*⟩ **2** nicht konzentriert und nicht aufmerksam sein ⟨*im*

Unterricht schlafen⟩ ↔ aufpassen **3** **mit jemandem schlafen** mit jemandem Sex haben

der **Schlaf·sack** eine dicke, weiche Hülle, in der man beim Camping schläft

der **Schlaf·wa·gen** ein Eisenbahnwagen mit Betten

das **Schlaf·zim·mer** das Zimmer (in einem Haus oder einer Wohnung), in dem man schläft **K** Schlafzimmerschrank

der **Schlag** (-(e)s, *Schlä·ge*) **1** eine schnelle, heftige Berührung mit der Hand oder mit einem Gegenstand ⟨*ein leichter, heftiger Schlag*⟩ **K** Faustschlag **2** Schläge, die jemand in einem Kampf oder zur Strafe bekommt ⟨*Schläge bekommen*⟩ ≈ Prügel ⓘ nur in der Mehrzahl verwendet **3** ein hartes, dumpfes Geräusch, das durch einen Schlag oder einen heftigen Aufprall hervorgerufen wird **4** eine kurze Bewegung in einer Reihe einzelner meist rhythmischer Stöße (die mit einem Geräusch verbunden sind) *„die gleichmäßigen Schläge des Herzens"* **K** Herzschlag, Pulsschlag **5** der Stoß, den der Körper bekommt, wenn elektrischer Strom durch ihn fließt **K** Stromschlag **6** ein akustisches Signal, mit dem eine Uhr die Uhrzeiten (z. B. die volle Stunde) angibt **K** Glockenschlag **7** **ein Schlag** *+Substantiv gesprochen* eine Portion einer Speise, die in einen großen Schöpflöffel passt

schla·gen (*schlägt, schlug, hat/ist geschlagen*) MIT GEWALT: **1** **jemanden (irgendwohin) schlagen; jemandem (etwas) irgendwohin schlagen** (*hat*) eine Person mit der Hand oder mit einem Gegenstand (mehrmals) kräftig treffen, um ihr wehzutun ⟨*jemanden k.o., bewusstlos, blutig, krankenhausreif schlagen*⟩ *„jemanden mit einem Stock schlagen"* **2** **eine Person schlägt sich mit jemandem; Personen schlagen sich** (*hat*) zwei Personen kämpfen mit Fäusten gegeneinander ≈ sich prügeln **3** **etwas irgendwie schlagen** (*hat*) etwas durch kräftige Stöße absichtlich beschädigen oder zerstören ⟨*etwas kaputt, kurz und klein, zu Kleinholz schlagen*⟩ MIT KRAFT: **4** **(etwas) irgendwohin schlagen** (*hat*) etwas mit der Hand oder einem Gegenstand mit Kraft treffen (und so irgendwohin treiben, entfernen oder entstehen lassen) *„mit der flachen Hand auf den Tisch schlagen"* | *„einen Nagel in die Wand schlagen"* MIT SCHWUNG: **5** **(mit etwas) irgendwohin schlagen** (*ist*) mit einem Körperteil kräftig gegen etwas stoßen *„Er stolperte und schlug mit dem Kopf gegen den Schrank"* **6** **ein Ei irgendwohin schlagen** (*hat*) ein Ei gegen etwas stoßen, um die Schale zu öffnen und den Inhalt in eine Pfanne, eine Schüssel o. Ä. zu geben **7** **etwas schlagen** (*hat*) eine flüssige Masse kräftig rühren, damit sie fest wird ⟨*Sahne (steif) schlagen*⟩ **8** **ein Vogel schlägt mit den Flügeln** (*hat*) ein Vogel macht schnelle, kräftige Bewegungen mit den Flügeln RHYTHMISCH: **9** **etwas schlagen** (*hat*) mit der Hand oder mit einem Stock rhythmisch auf eine Pauke, Trommel o. Ä. schlagen und so Töne erzeugen **10** **das Herz/der Puls schlägt** (*hat*) das Herz pumpt rhythmisch Blut durch den Körper TON, LAUT: **11** **eine Uhr schlägt** (*+Uhrzeit*) (*hat*) eine Uhr zeigt durch Töne die volle Stunde an *„Die Turmuhr schlug (zwölf/Mitternacht)"* BESIEGEN: **12** **jemanden/eine Mannschaft schlagen** (*hat*) in einem Wettkampf gegen jemanden/eine Mannschaft o. Ä. gewinnen *„Inter Mailand schlug Bayern München 3 : 1"* SONSTIGE VERWENDUNGEN: **13** **etwas in/um etwas** (*Akkusativ*) **schlagen** (*hat*) etwas in/um etwas wickeln *„den Spargel in ein feuchtes Tuch schlagen, damit er frisch bleibt"* **14** **ein Bein über das andere schlagen** (*hat*) im Sitzen oder Liegen ein Bein über das andere legen

der **Schlä·ger** (-s, -) **1** ein Sportgerät, mit dem man z. B. beim Tennis den Ball schlägt **K** Tennisschläger **2** *abwertend* ein brutaler Mensch, der sich oft mit anderen Menschen prügelt

Schlä·ge·rei (-, *-en*) ein Streit, bei dem sich mehrere Leute prügeln

Schlag·loch ein ziemlich großes Loch in der Straße

Schlag·sah·ne flüssige Sahne, die man zu einer weichen schaumigen Masse schlägt

Schlag·stock ein kurzer Stock aus hartem Gummi (den Polizisten als Waffe verwenden)

Schlag·zei·le die Überschrift (in großen Buchstaben) in einer Zeitung über dem Text

Schlag·zeug (*-s, -e*) die Schlaginstrumente (wie z. B. Trommeln und Becken), die von einem Musiker in einer Band oder in einem Orchester gespielt werden

Schlamm (*-(e)s*) eine feuchte Masse meist aus Wasser und Erde • *hierzu* **schlam·mig** ADJEKTIV

Schlam·pe (*-, -n*); *gesprochen, abwertend* verwendet als Schimpfwort für eine Frau, die sexuelle Beziehungen zu mehreren Männern hat

schlam·pig ADJEKTIV; *gesprochen, abwertend* **1** unordentlich oder schmutzig **2** ohne Sorgfalt (gemacht) ‹*eine Arbeit, eine Reparatur*› ≈ nachlässig

Schlan·ge (*-, -n*) **1** Schlangen haben einen langen, schmalen Körper ohne Beine und eine Zunge, die vorne gespalten ist. Viele Schlangen sind giftig **K** Schlangenbiss, Schlangenhaut; Giftschlange **2** eine Reihe von Menschen, die dicht hintereinanderstehen und auf etwas warten *„An der Kasse bildete sich eine lange Schlange"* **K** Warteschlange **3** **Schlange stehen** in einer langen Reihe stehen und warten, bis man an der Reihe ist

schlän·geln (*schlängelte sich, hat sich geschlängelt*) **etwas schlängelt sich (irgendwohin)** etwas verläuft in vielen engen Kurven *„Der Pfad schlängelt sich durch den Dschungel"*

schlank ADJEKTIV (*schlanker, schlankst-*) mit einer schmalen Figur und schönen Proportionen ↔ dick, fett *„Sie will jetzt weniger essen, damit sie schlanker wird"* • *hierzu* **Schlank·heit** *die*

schlau ADJEKTIV (*schlauer, schlaust-*) mit dem Wissen, mit welchen Methoden oder Tricks man das erreicht, was man will ‹*ein Bursche*› ≈ listig • *hierzu* **Schlau·heit** *die*

der **Schlauch** (*-(e)s, Schläu·che*) **1** eine Röhre aus Gummi oder Kunststoff, die man leicht biegen kann und durch die man Flüssigkeiten oder Gas leitet *„Die Feuerwehr rollte die Schläuche aus"* **K** Wasserschlauch **2** ein runder Schlauch aus Gummi (in einem Auto- oder Fahrradreifen), der mit Luft gefüllt ist ‹*einen Schlauch aufpumpen, flicken*›

die **Schlau·fe** (*-, -n*) ein (schmales) Band (meist aus Stoff oder Leder) in Form eines Rings, an dem man sich festhalten oder mit dem man etwas tragen kann *„die Schlaufe an einem Skistock"*

schlecht ADJEKTIV (*schlechter, schlechtest-*) LEISTUNG, QUALITÄT: **1** mit Mängeln, von oder mit geringer Qualität oder Leistung ↔ gut *„Die Straße ist in sehr schlechtem Zustand"* **2** so, dass eine Person ihre Aufgaben nicht gut erledigt (weil sie zu wenig weiß o. Ä.) ‹*Eltern; ein Schüler, ein Student, ein Anwalt, ein Arzt, ein Lehrer*› **3** nicht so, wie man es sich wünschen würde, wie es einem gefallen würde ↔ gut *„Ich habe schlechte Nachrichten für dich"* **4** so, dass jemand mit einer Sache wenig Geld verdient *„Das war ein schlechtes Geschäft für mich"* **5** mit weniger Ertrag oder Erfolg als normal ‹*eine Ernte, ein Jahr*› ↔ gut **6** **etwas ist/wird schlecht** etwas ist/wird ungenießbar, weil es schon zu alt ist ‹*das Fleisch, die Wurst, die Milch*› MORAL: **7** so, dass jemand Unrecht tut und anderen Menschen absichtlich schadet ‹*ein Mensch, eine Tat; jemanden schlecht behandeln*› ≈ böse ↔ gut **8** nicht so, wie es in einer Gesellschaft üblich ist oder erwartet wird ‹*ein Be-*

S

nehmen, Manieren, Umgangsformen⟩ ↔ gut SITUATION, GESUNDHEIT: **9** **schlecht (für jemanden/etwas)** so, dass es jemandem/etwas schadet, nicht geeignet oder passend ist ≈ ungünstig ↔ gut *„Das feuchte Klima ist schlecht für die Gesundheit"* **10** nur mit großer Mühe, nicht ohne Probleme ↔ gut, leicht *„Ich kann mir Namen so schlecht merken"* **11** **jemandem geht es schlecht** jemand ist krank oder fühlt sich seelisch nicht wohl **12** **jemandem geht es schlecht** jemand hat kein Geld und nichts zu essen **13** **jemandem ist/wird schlecht** jemand hat das Gefühl, sich erbrechen zu müssen

schlẹ·cken (*schleckte, hat geschleckt*) **(etwas) schlecken** ≈ lecken *„Die Kinder schlecken Eis"*

der **Schle·gel** (-s, -) ein Stock, mit dem man eine Trommel schlägt

schlei·chen (*schlich, hat/ist geschlichen*) **(irgendwohin) schleichen** (*ist*) sich leise, langsam und vorsichtig fortbewegen (damit man nicht bemerkt wird)

der **Schlei·er** (-s, -) **1** ein dünnes Stück Stoff oder Netz, das eine Frau vor dem Gesicht oder auf dem Kopf trägt *„In arabischen Ländern tragen viele Frauen einen Schleier"* **K** Brautschleier **2** eine Schicht aus kleinen Tropfen oder Staubkörnern in der Luft, welche die Sicht behindert **K** Dunstschleier

die **Schlei·fe** (-, -n) **1** ein Knoten mit zwei Schlingen ⟨*eine Schleife im Haar, am Kleid tragen*⟩ **K** Kranzschleife, Samtschleife **i** → Abb. unter **Adventskranz** **2** eine Linie mit der Form einer Schlinge *„Der Fluss macht hier eine Schleife"*

schlei·fen[1] (*schleifte, hat/ist geschleift*) **1** **jemanden/etwas (irgendwohin) schleifen** (*hat*) jemanden/etwas meist mit viel Mühe auf einer Fläche (meist auf dem Boden) irgendwohin ziehen *„einen schweren Sack schleifen"* **2** **etwas irgendwohin schleifen** *gesprochen* (*hat*) etwas irgendwohin mitnehmen, obwohl es schwer oder lästig ist **3** **etwas schleift (irgendwo)** (*hat/ist*) etwas berührt bei einer Bewegung etwas anderes (sodass Reibung entsteht) *„Das lange Abendkleid schleifte am Boden"*

schlei·fen[2] (*schliff, hat geschliffen*) **(etwas) schleifen** die Oberfläche einer Sache durch Reiben mit einem harten Gegenstand glatt oder scharf machen ⟨*ein Beil, ein Messer, eine Schere, eine Sense schleifen; Diamanten schleifen*⟩ **K** Schleifpapier, Schleifstein

der **Schleim** (-(e)s, -e) **1** eine zähe, klebrige Flüssigkeit im Körper von Menschen und Tieren, die die Haut mancher Organe schützt **K** Nasenschleim **2** ein Brei aus (gekochtem) Getreide, der gut für den Magen ist **K** Haferschleim

schlẹp·pen (*schleppte, hat geschleppt*) **1** **jemanden/etwas (irgendwohin) schleppen** eine Person/etwas Schweres mit viel Mühe (irgendwohin) tragen *„Kartoffelsäcke in den Keller schleppen"* **2** **jemanden irgendwohin schleppen** *gesprochen* jemanden dazu überreden, an einen Ort mitzukommen **3** **sich irgendwohin schleppen** sich mit viel Mühe irgendwohin bewegen *„Völlig erschöpft schleppten wir uns nach Hause"*

der **Schlẹp·per** (-s, -) **1** ein schweres Fahrzeug (z. B. ein Traktor oder ein Schiff), das andere Fahrzeuge oder Anhänger zieht **2** ≈ Schleuser **K** Schlepperbande • zu (2) **Schlẹp·pe·rin** *die*

schleu·dern (*schleuderte, hat/ist geschleudert*) **1** **jemanden/etwas (irgendwohin) schleudern** (*hat*) jemanden/etwas mit sehr viel Kraft in eine Richtung werfen ⟨*etwas in die Ecke schleudern*⟩ *„Er schleuderte den Stein weit von sich"* **2** **etwas schleudert (etwas)** (*hat*) eine Waschmaschine bewegt nasse Wäsche so schnell, dass das Wasser entfernt wird ⟨*Wäsche schleudern*⟩ **3** **etwas schleudert (irgendwohin)** (*ist*) ein Fahrzeug kommt aus der Spur und rutscht nach rechts oder links weg

das **Schleu·der·trau·ma** eine Verletzung, die durch ruckartiges Bewegen

S

des Nackens entsteht, zum Beispiel bei einem Autounfall

Schleu·se (-, -n) eine Schleuse an einem Kanal o. Ä. besteht meist aus zwei Toren, mit denen man das Wasser höher und niedriger machen kann, um so Schiffen zu helfen, auf eine höhere oder niedrigere Ebene zu kommen

Schleu·ser (-s, -); *abwertend* eine Person, die viel Geld damit verdient, Personen illegal über Grenzen zu schaffen ≈ Schlepper

schlich *Präteritum, 1. und 3. Person Singular* → schleichen

schlicht ADJEKTIV einfach und ohne Schmuck oder viele Details ⟨*Kleidung; eine Feier, eine Mahlzeit*⟩ ↔ aufwendig • *hierzu* **Schlicht·heit** *die*

schlich·ten (*schlichtete, hat geschlichtet*) **(etwas) schlichten** als Unbeteiligter versuchen, einen Streit o. Ä. zu beenden, indem man versucht, Kompromisse zwischen den streitenden Parteien zu finden • *hierzu* **Schlich·ter** *der*

schlief *Präteritum, 1. und 3. Person Singular* → schlafen

schlie·ßen (*schloss, hat geschlossen*) ÖFFNUNG, BEHÄLTER, RAUM USW.: **1** **etwas schließen** wenn man etwas schließt, ist es danach zu ≈ zumachen *„Schließt bitte die Fenster und Vorhänge, bevor wir das Licht anmachen"* **2** **eine Grenze schließen** dort niemanden mehr ins Land und aus dem Land lassen **3** **etwas schließt sich** wenn sich etwas schließt, ist es danach zu *„Die Tür schloss sich hinter ihr"* GEFANGENE, WERTVOLLE DINGE: **4** **jemanden/etwas irgendwohin schließen** mithilfe eines Schlosses dafür sorgen, dass jemand/etwas an einem Ort bleibt *„einen Häftling in die Zelle schließen"* | *„das Fahrrad an den Zaun/das Geländer schließen"* EHE, FREUNDSCHAFT, VERTRAG: **5** **etwas schließen** etwas offiziell vereinbaren und sich dazu verpflichten ⟨*ein Abkommen, ein Bündnis, einen Vertrag, einen Waffenstillstand schließen*⟩ **6** **Personen schließen Freundschaft** Personen werden Freunde GESCHÄFT, LOKAL USW.: **7** **jemand/etwas schließt (etwas)** wenn ein Geschäft, ein Lokal, eine Firma o. Ä. schließt oder geschlossen wird, geben die Besitzer den Betrieb auf *„eine unrentable Fabrik/Filiale schließen"* **8** **jemand/etwas schließt (etwas)** wenn ein Geschäft, ein Museum, eine Behörde usw. schließt oder geschlossen wird, dürfen keine Besucher oder Kunden mehr hinein *„Wir schließen (den Laden) in 10 Minuten"* (LOGISCHE) FOLGE: **9** **etwas (aus etwas) schließen** aufgrund der vorhandenen Informationen annehmen, dass etwas der Fall ist ≈ folgern **10** **aus/von etwas auf etwas** (*Akkusativ*) **schließen** aufgrund einer Information glauben, etwas zu wissen oder zu kennen *„Man sollte nicht von jemandes Aussehen auf den Charakter schließen"*

das **Schließ·fach** ein Fach mit einer Tür und einem Schloss (z. B. am Bahnhof, im Schwimmbad, in der Bücherei), in dem man für eine begrenzte Zeit Dinge aufbewahrt

schließ·lich ADVERB **1** nach langem Warten, nach langer Arbeit oder Diskussion ≈ endlich
PARTIKEL **2** verwendet, um etwas nachträglich zu begründen oder erklären *„Du musst schon tun, was er sagt, schließlich ist er dein Chef"*

schliff *Präteritum, 1. und 3. Person Singular* → schleifen²

schlimm ADJEKTIV **1** sehr unangenehm ⟨*eine Erfahrung, ein Erlebnis, ein Fehler, Folgen, eine Nachricht, ein Unfall*⟩ **2** so, dass eine Tat gegen alle moralischen Prinzipien verstößt ⟨*ein Verbrechen*⟩ ≈ entsetzlich

die **Schlin·ge** (-, -n) die Form, wenn ein Faden, Seil, Draht o. Ä. einen Kreis (um etwas herum) bildet **K** Drahtschlinge, Seilschlinge; Armschlinge

der **Schlit·ten** (-s, -) ein Fahrzeug mit zwei Kufen, mit dem man auf Schnee und Eis fahren kann **K** Pferdeschlitten ⓘ → Abb. nächste Seite

der **Schlitt·schuh** ein Schuh mit einer

S

schmalen Schiene aus Metall, mit dem man über das Eis gleiten kann ⟨*Schlittschuh laufen*⟩

der **Schlitz** (-es, -e) eine sehr schmale Öffnung ≈ Spalt K Briefkastenschlitz, Türschlitz

schloss *Präteritum, 1. und 3. Person Singular* → schließen

das **Schloss** (-es, *Schlös·ser*) 1 mit einem Schloss kann man verhindern, dass andere Personen eine Tür oder einen Behälter öffnen ⟨*das Schloss aufschließen, zuschließen*⟩ K Kofferschloss, Türschloss; Zahlenschloss 2 ein großes und wertvolles Gebäude, in dem Könige und Fürsten leben oder lebten K Schlosspark, Schlossbesichtigung; Königsschloss

die **Schlucht** (-, -en) ein sehr enges und tiefes Tal

der **Schluck** (-(e)s, -e) die Menge einer Flüssigkeit, die man auf einmal schluckt ⟨*ein Schluck Wasser, Bier, Kaffee, Milch*⟩

der **Schluck·auf** (-s) beim Schluckauf zuckt der Bauch (das Zwerchfell) immer wieder und das Atmen wird kurz unterbrochen; dabei kommt ein kurzes Geräusch aus dem Mund ⟨(*einen*) *Schluckauf bekommen, haben*⟩

S

schlu·cken (*schluckte, hat geschluckt*) **(etwas) schlucken** durch Zusammenziehen der Muskeln im Hals und Mund etwas vom Mund in den Magen gelangen lassen ⟨*einen Bissen, ein Medikament, Tabletten schlucken*⟩

schlug *Präteritum, 1. und 3. Person Singular* → schlagen

schlüp·fen (*schlüpfte, ist geschlüpft*) 1 **irgendwohin schlüpfen** sich leise, schnell und gewandt irgendwohin bewegen *„heimlich durch die Tür schlüpfen"* 2 **ein Vogel, ein Insekt schlüpft** ein Vogel oder ein Insekt kriecht aus dem Ei, der Puppe oder der Larve 3 **in etwas** (*Akkusativ*) **schlüpfen**; **aus etwas schlüpfen** ein Kleidungsstück schnell anziehen/ausziehen *„in den Pulli schlüpfen"*

der **Schlüp·fer** (-s, -) eine Unterhose für Frauen

schlür·fen (*schlürfte, hat geschlürft*) **(etwas) schlürfen** eine Flüssigkeit mit lautem Geräusch in den Mund saugen *„heiße Suppe/den Tee schlürfen"*

der **Schluss** (-es, *Schlüs·se*) ENDE: 1 der Zeitpunkt, an dem etwas aufhört oder die letzte Phase einer Sache ↔ Anfang *„Zum Schluss verbeugte sich der Pianist"* K Dienstschluss, Schulschluss ⓘ nicht in der Mehrzahl verwendet 2 der letzte Teil einer Sache ↔ Anfang *„ein Roman mit einem überraschenden Schluss"* K Schlussteil 3 **(mit etwas) Schluss machen** aufhören, etwas zu tun *„Machen wir Schluss für heute, ich bin müde"* 4 **eine Person macht Schluss mit jemandem**; **Personen machen Schluss (miteinander)** zwei Personen beenden eine Liebesbeziehung, trennen sich FOLGERUNG: 5 **einen Schluss ziehen** durch Nachdenken zu einem Ergebnis kommen ID **Schluss jetzt!** verwendet, um jemanden dazu aufzufordern, mit etwas aufzuhören

der **Schlüs·sel** (-s, -) 1 einen Schlüssel dreht man in einem Schloss, um eine Tür zu öffnen/verschließen oder ein Auto zu starten ⟨*der Schlüssel klemmt, passt, steckt* (*im Schloss, in der Tür*)⟩ K Schlüsselloch; Autoschlüssel, Hausschlüssel 2 **der Schlüssel (zu etwas)** das Mittel, durch das etwas erreicht oder etwas verstanden werden kann ⟨*der Schlüssel zum Erfolg, zu einem Problem*⟩

der/das **Schlüs·sel·bund** (-(e)s, -e) mehrere Schlüssel, die an einem Ring o. Ä. zusammengehalten sind

schmal ADJEKTIV (*schmäler/schmaler, schmälst-/schmalst-*) mit einer relativ geringen Strecke zwischen zwei Seiten

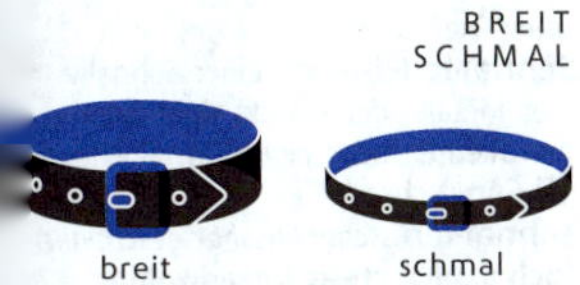

ein Bett, ein Fluss, eine Straße〉 ↔ breit

Schmạlz (-es) eine weiche, weiße Masse, die man aus dem heiß gemachten Fett von Tieren erhält **K** Gänseschmalz, Schweineschmalz

schmạt·zen (*schmatzte, hat geschmatzt*) laut essen *„Hör auf zu schmatzen!"*

schmẹ·cken (*schmeckte, hat geschmeckt*) **1** **etwas schmecken** mit der Zunge den Geschmack von etwas erkennen oder spüren **2** **etwas schmeckt irgendwie**; **etwas schmeckt nach etwas** etwas ruft das genannte Gefühl im Mund hervor oder hat den genannten Geschmack 〈*etwas schmeckt gut, salzig, scharf, süß, sauer, bitter, angebrannt*〉 *„Das Eis schmeckt nach Zitrone"* **3** **etwas schmeckt (jemandem)** etwas ruft (bei jemandem) ein angenehmes Gefühl im Mund hervor *„Der Kaffee schmeckt"*

schmei̲·ßen (*schmiss, hat geschmissen*); *gesprochen* **1** **etwas irgendwohin schmeißen** etwas mit einer kräftigen Bewegung des Arms irgendwohin fliegen lassen ≈ werfen *„die Schultasche in die Ecke schmeißen"* **2** **etwas schmeißen** aufhören, etwas zu tun, weil man damit keinen Erfolg hat oder weil man keine Lust mehr dazu hat 〈*eine Ausbildung, einen Job, die Lehre, die Schule, das Studium*〉 **3** **mit etwas (nach jemandem/auf jemanden) schmeißen** etwas in in die Richtung fliegen lassen, in der sich eine Person befindet, um sie zu treffen 〈*mit Steinen, mit faulen Eiern (nach jemandem) schmeißen*〉 ≈ werfen

schmẹl·zen (*schmilzt, schmolz, hat/ist geschmolzen*) **1** **etwas schmilzt** (*ist*) etwas wird durch Wärme oder Hitze flüssig *„In der Sonne ist der Schnee schnell geschmolzen"* **2** **etwas schmelzen** (*hat*) durch Wärme oder Hitze etwas Festes flüssig machen 〈*Eis, Eisen, Gold, Silber schmelzen*〉

der **Schmẹrz** (*-es, -en*) das unangenehme Gefühl im Körper, wenn man verletzt oder krank ist *„Er hatte starke Schmerzen im Bauch"* **K** Schmerztablette; Bauchschmerzen, Kopfschmerzen, Zahnschmerzen

das **Schmẹr·zens·geld** Geld, das jemand für Schmerzen bekommt, die eine andere Person verursacht hat

der **Schmẹt·ter·ling** (*-s, -e*) ein Insekt mit großen, meist schönen, bunten Flügeln **K** Schmetterlingsflügel **i** → Abb. unter **Insekt**

schmi̲e̲·ren (*schmierte, hat geschmiert*) **1** **etwas schmieren** Fett oder Öl auf Teile einer Maschine oder eines Geräts geben, damit diese sich leichter und schneller bewegen 〈*eine Fahrradkette, eine Maschine, die Räder schmieren*〉 **K** Schmieröl **2** **etwas irgendwohin schmieren** *gesprochen* eine weiche Masse mit dem Messer oder der Hand verteilen 〈*Butter, Honig, Schmalz aufs Brot schmieren*〉 ≈ streichen **3** **jemandem eine schmieren** *gesprochen* eine Person mit der Hand ins Gesicht schlagen **4** **(etwas) schmieren** *gesprochen, abwertend* einen Text schnell und ohne Sorgfalt schreiben (so dass er schwer zu lesen ist) **K** Schmierpapier

schmịlzt *Präsens, 3. Person Singular* → schmelzen

die **Schmịn·ke** (-) ein Puder oder eine Creme, die eine Frau oder ein Schauspieler auf das Gesicht aufträgt, um besser oder anders auszusehen 〈*Schminke auftragen, benutzen, abmachen*〉 ≈ Make-up

schmịn·ken (*schminkte, hat geschminkt*) **jemanden/etwas schminken**; **jemandem etwas schminken** Schminke oder Make-up auftragen 〈(*sich (Dativ)*) *die Augen, die Lippen, das Gesicht schminken*〉

schmịss *Präteritum, 1. und 3. Person*

S

Singular → schmeißen

schmolz *Präteritum, 1. und 3. Person Singular* → schmelzen

der **Schmuck** (-(e)s) **1** Dinge wie Ketten, Ringe, Armreifen o. Ä., die man am Körper trägt, um schöner auszusehen oder den eigenen Reichtum deutlich zu zeigen **K** Goldschmuck, Modeschmuck **2** alles, was eine Person oder eine Sache schöner macht **K** Blumenschmuck, Christbaumschmuck • *zu* (2)

schmuck·los ADJEKTIV

schmü·cken (*schmückte, hat geschmückt*) **etwas schmücken** sich selbst oder eine Sache schöner machen, indem man schöne Gegenstände hinzufügt bzw. trägt *„einen Tisch mit Blumen schmücken"*

der **Schmug·gel** (-s) die Handlungen, durch die jemand Waren illegal über eine Landesgrenze bringt **K** Drogenschmuggel, Waffenschmuggel

schmug·geln (*schmuggelte, hat geschmuggelt*) **(jemanden/etwas) (irgendwohin) schmuggeln** Personen oder Waren illegal in ein Land bringen oder aus einem Land ausführen **K** Schmuggelware

der **Schmugg·ler** (-s, -) eine Person, die schmuggelt **K** Waffenschmuggler

schmu·sen (*schmuste, hat geschmust*) **(mit jemandem) schmusen** *gesprochen* jemanden zärtlich streicheln, küssen *„mit den Kindern schmusen"*

der **Schmutz** (-es) Substanzen wie z. B. nasse Erde oder Staub, Ruß usw., die bewirken, dass eine Person oder Sache nicht sauber ist ⟨*den Schmutz entfernen; etwas von Schmutz befreien, reinigen*⟩ **K** Schmutzschicht, Schmutzwasser

S

schmut·zig ADJEKTIV **1** voller Schmutz ⟨*Hände, Kleidung, die Wäsche*⟩ **2** so, dass dabei viel Schmutz entsteht ⟨*eine Arbeit*⟩

der **Schna·bel** (-s, *Schnä·bel*) der Teil des Kopfes, mit dem Vögel die Nahrung aufnehmen ⟨*ein gekrümmter, breiter Schnabel*⟩ **K** Entenschnabel ℹ → Abb. unter **Tier**

die **Schnal·le** (-, -n) mit einer Schnalle (aus Metall oder Plastik) zieht man einen Riemen oder einen Gürtel enger **K** Gürtelschnalle

schnal·len (*schnallte, hat geschnallt*) **(sich** (*Dativ*)**) etwas irgendwohin schnallen** etwas mit Riemen oder mit Schnüren irgendwo befestigen *„den Koffer aufs Fahrrad schnallen"*

das **Schnäpp·chen** (-s, -) etwas, das man zu einem sehr günstigen Preis kaufen kann

schnap·pen (*schnappte, hat/ist geschnappt*) **1** **(sich** (*Dativ*)**) jemanden/etwas schnappen** (*hat*) jemanden/etwas mit einer schnellen Bewegung nehmen und behalten ≈ packen **2** **ein Tier schnappt ein Insekt** *o. Ä.* (*hat*) ein Tier nimmt mit einer schnellen Bewegung ein Insekt o. Ä. mit dem Maul, meist um es zu fressen **3** **jemanden schnappen** *gesprochen* (*hat*) ⟨*einen Dieb, einen Einbrecher schnappen*⟩ ≈ festnehmen, fangen **4** **ein Tier schnappt (nach jemandem/etwas)** (*hat*) ein Tier versucht mit einer schnellen Bewegung, jemanden/etwas mit dem Maul zu fangen **5** **nach Luft schnappen** (*hat*) angestrengt versuchen, zu atmen

der **Schnaps** (-es, *Schnäp·se*) ein starkes alkoholisches Getränk, das aus Obst, Kartoffeln oder Getreide gemacht wird ⟨*Schnaps brennen*⟩ **K** Schnapsglas ℹ zu *Schnapsglas* → Abb. unter **Glas**

schnar·chen (*schnarchte, hat geschnarcht*) mit einem (lauten) Geräusch durch die Nase und durch den Mund atmen, während man schläft

schnat·tern (*schnatterte, hat geschnattert*) **Gänse/Enten schnattern** Gänse oder Enten geben (aufgeregt) die Laute von sich, die typisch für ihre Art sind

schnau·fen (*schnaufte, hat geschnauft*) schwer und laut atmen *„Auf dem Weg zum Gipfel kamen wir alle ganz schön ins Schnaufen"*

chnau·ze (-, *-n*) **1** das lange Maul nancher Tiere, das zusammen mit der lase ein Ganzes bildet **K** Hundeschnauze **2** *gesprochen!, abwertend* ≈ Mund

schnäu·zen (*schnäuzte sich, hat sich eschnäuzt*) **sich schnäuzen** Luft kräftig lurch die Nase pressen, damit die lüssigkeit aus der Nase kommt

Schnẹ·cke (-, *-n*) **1** ein kleines Tier mit einem weichen Körper und ohne Beine, das nur sehr langsam kriecht. Manche Schnecken haben eine harte, runde Schale (das Schneckenhaus) auf dem Rücken, in der sie sich verstecken können **2** ein Gebäck in der Form einer Spirale **K** Mohnschnecke, Nussschnecke

Schnee (*-s*) **1** die weißen, weichen Flocken, die im Winter statt Regen auf die Erde fallen ⟨*es fällt Schnee*⟩ **K** Schneeball, Schneeflocke, Schneeschaufel, Schneesturm; Pulverschnee ⓘ Als Mehrzahl wird *Schneefälle* verwendet; zu *Schneeschaufel* → Abb. unter **Schaufel** **2** steif geschlagenes Eiweiß **K** Ei(er)schnee

Schnee·pflug ein Fahrzeug, mit dem man Schnee, der auf der Straße liegt, zur Seite schiebt

schnei·den (*schnitt, hat geschnitten*) MIT MESSER, SCHERE USW.: **1** **etwas (in etwas** (*Akkusativ*)**) schneiden** etwas mit einem Messer, einer Schere o. Ä. in Teile trennen ⟨*etwas klein schneiden*⟩ *„Wurst in Scheiben, in Stücke, in Würfel oder in Streifen schneiden"* **2** **etwas schneiden** etwas mit einem Messer, einer Schere o. Ä. von etwas trennen ⟨*Blumen, Getreide schneiden*⟩ **3** **etwas schneiden** etwas mit einem Messer, einer Schere oder einer Säge herstellen ⟨*Balken, Bretter schneiden*⟩ *„ein Loch ins Tischtuch schneiden"* **4** **(jemandem) etwas schneiden** etwas mit einem Messer, einer Schere o. Ä. kürzer machen ⟨*jemandem die Haare, die Nägel schneiden*⟩ *„Ich muss mir mal wieder die Haare schneiden lassen"* **5** **jemanden (in etwas** (*Akkusativ*)**) schneiden**; **jemandem in etwas** (*Akkusativ*) **schneiden** jemanden oder sich selbst mit einem Messer oder mit einer Schere verletzen *„Pass auf, dass du dich an den Glasscherben nicht schneidest"* BEIM FAHREN: **6** **eine Kurve schneiden** auf dem kürzesten Weg durch eine Kurve fahren ANDERE VERWENDUNGEN: **7** **etwas schneidet gut/schlecht** ein Messer, eine Schere o. Ä. ist scharf/ist nicht scharf **8** **etwas schneiden** aus Teilen von Filmen oder Tonaufnahmen die Version machen, die das Publikum sehen oder hören soll

die **Schnei·de·rei** (-, *-en*) die Werkstatt, in der ein Schneider arbeitet **K** Änderungsschneiderei

schnei·en (*schneite, hat geschneit*) **es schneit** Schnee fällt ⟨*es schneit heftig, stark, dicht, leicht*⟩

schnẹll ADJEKTIV **1** mit hoher Geschwindigkeit ≈ rasch ↔ langsam *„zu schnell in eine Kurve fahren"* | *„Wenn du so schnell sprichst, verstehe ich dich nicht"* **2** so, dass es nur wenig Zeit braucht ≈ rasch *„Die Nachricht breitete sich schnell aus"* **3** so (gebaut), dass hohe Geschwindigkeiten möglich sind ⟨*ein Auto, ein Fahrrad, eine Straße, eine Strecke*⟩ ↔ langsam
• *hierzu* **Schnẹl·lig·keit** *die*

der **Schnẹll·test** eine Testung, bei der man das Ergebnis innerhalb kürzester Zeit erhält, zum Beispiel der Antigen-Nachweistest für das Coronavirus ⟨*einen Schnelltest machen; ein positiver Schnelltest*⟩

schnịp·pen (*schnippte, hat geschnippt*) **etwas irgendwohin schnippen** etwas mit einer schnellen Bewegung eines Fingers irgendwohin befördern *„die Brotkrümel vom Tisch schnippen"*

der/das **Schnịp·sel** (*-s, -*) ein kleines Stück Stoff oder Papier, das jemand abgeschnitten hat oder das abgerissen wurde **K** Papierschnipsel ⓘ → Abb. unter **Stück**

schnịtt *Präteritum, 1. und 3. Person Singular* → schneiden

der **Schnịtt** (*-(e)s, -e*) **1** die Handlung, bei der man etwas schneidet **2** eine Öffnung oder eine Wunde, die durch Schneiden entstanden ist **K** Schnittwunde [3] die Form eines Kleidungsstücks oder einer Frisur [K] Haarschnitt [4] das Schneiden und Zusammenfügen von Filmmaterial, wodurch der endgültige Film entsteht [5] *gesprochen ⟨im Schnitt⟩* ≈ Durchschnitt *„Er hatte (im Zeugnis) einen Schnitt von 1,3"*

die **Schnit·te** (-, *-n*) [1] eine Scheibe Brot [K] Butterschnitte, Käseschnitte [2] ein rechteckiges, meist flaches Stück Kuchen

das **Schnit·zel** (-s, -) [1] eine dünne Scheibe Fleisch ohne Knochen, die man meist in heißem Fett brät [K] Schweineschnitzel [2] *auch: der Schnitzel* eines von vielen kleinen, unregelmäßigen Stücken Papier oder Holz [K] Papierschnitzel

schnit·zen (*schnitzte, hat geschnitzt*) (etwas) **schnitzen** durch Schneiden und Schaben mit speziellen Messern meist aus einem Stück Holz einen Gegenstand machen *„ein Pferdchen schnitzen"*

der **Schnor·chel** (-s, -) ein Rohr, das man in den Mund nimmt, um Luft zu bekommen, während der Kopf beim Schwimmen unter Wasser ist

der **Schnul·ler** (-s, -) einen Schnuller steckt man einem Baby in den Mund, damit es daran saugen kann und ruhig wird

der **Schnup·fen** (-s) eine leichte Erkrankung, bei der sich Flüssigkeit, Schleim in der Nase bildet

schnup·pern (*schnupperte, hat geschnuppert*) **ein Tier schnuppert (an jemandem/etwas)** ein Hund o. Ä. atmet mehrmals kurz ein, um einen Geruch zu erkennen

die **Schnur** (-, *Schnü·re*) [1] ein ziemlich dicker, fester Faden, mit dem man Dinge festmacht oder Pakete bindet [2] *gesprochen* ein elektrisches Kabel an einem Haushaltsgerät • *zu* (2)

schnur·los ADJEKTIV

schnü·ren (*schnürte, hat geschnürt*) **etwas schnüren** etwas mit einer Schnur zubinden, schließen *⟨die Schuhe, die Stiefel, ein Paket schnüren⟩*

schnur·ren (*schnurrte, hat geschnurrt*) **eine Katze schnurrt** eine Katze macht das Geräusch, das für sie typisch ist, wenn sie sich sehr wohl fühlt

der **Schnür·sen·kel** (-s, -) die Schnur, mit der man Schuhe zubindet (i) → Abb. unter **Schnur** und **Schuh**

schob *Präteritum, 1. und 3. Person Singular* → schieben

der **Schock** (-(e)s, -s) [1] **ein Schock (für jemanden)** eine seelische Erschütterung, die durch ein unerwartetes und sehr unangenehmes Ereignis entsteht *„Die Kündigung war ein Schock für ihn"* [2] der Zustand (vor allem nach einem Unfall), in dem jemand ganz anders als normalerweise reagiert *⟨unter Schock stehen⟩*

scho·ckiert ADJEKTIV **schockiert (über jemanden/etwas)** unangenehm überrascht, weil man so etwas Negatives der Schlimmes nicht erwartet hätte ≈ empört, entsetzt

Scho·ko·la·de (-) **1** eine feste, süße, meist braune Substanz aus Milch, Kakao und Zucker ⟨*ein Stück, eine Tafel, ein Riegel Schokolade*⟩ **K** Schokoladeneis, Schokoladenpudding, Schokoladentorte; Milchschokolade ⓘ → Abb. unter **Stück** **2** ein Getränk aus (heißer) Milch und Pulver aus Schokolade ⟨*heiße Schokolade*⟩ **K** Trinkschokolade

Scho·ko·rie·gel eine klebrige Süßigkeit mit Schokolade in Form eines kurzen Stabes

schon, **schon** ADVERB ZEIT: **1** drückt aus, dass etwas sehr früh oder früher als erwartet geschieht ↔ erst *„Letztes Jahr schneite es schon im Oktober"* **2** drückt aus, dass etwas später als erwartet geschieht ↔ erst *„Es war schon Januar, als es endlich schneite"* **3** drückt aus, dass eine Handlung zum genannten Zeitpunkt abgeschlossen ist **4** in der Vergangenheit, vor dem jetzigen Zeitpunkt oder vor einem anderen Ereignis *„Warst du schon (einmal) in Wien?"* MENGE: **5** drückt aus, dass eine Menge größer als normal oder als erwartet ist ≈ bereits *„Wo bleibst du denn? Ich warte schon seit zwei Stunden auf dich!"*
PARTIKEL VERSTÄRKUNG: **6** *unbetont* verwendet, um eine Aussage zu verstärken ≈ wirklich *„Von hier oben hat man schon einen wunderbaren Blick auf den See"* **7** *unbetont* verwendet, wenn sich jemand beeilen oder etwas tun soll, aber zögert ≈ endlich *„Los, komm schon, in zehn Minuten geht unser Zug"* **8** *unbetont* verwendet, wenn man jemandem Mut machen will *„Keine Angst, das schaffst du schon!"* **9** *betont* verwendet, um einer negativ formulierten Frage oder Behauptung zu widersprechen *„Weiß niemand die Antwort?/Die Antwort weiß bestimmt keiner." – „Doch, ich schon!"* EINSCHRÄNKUNG: **10** (auch alleinstehend) drückt eine eingeschränkte oder widerwillige Zustimmung aus *„Ich würde das Buch schon gern lesen, aber ich habe keine Zeit"*

schön ADJEKTIV **1** so, dass es jemandem gefällt, wenn man es sieht, hört oder erlebt *„Hattet ihr schönes Wetter im Urlaub?" | „Er hat eine schöne Stimme"* **2** ziemlich groß, weit, hoch, schwer usw. *„Das wird ein schönes Stück Arbeit!"* **3** **etwas ist schön (von jemandem)** das Verhalten einer Person ist nett und freundlich *„Es ist schön von ihm, dass er seiner Frau oft Blumen bringt"* **4** verwendet in festen Wendungen, die einen Dank oder eine Bitte ausdrücken ⟨*danke schön; bitte schön; schönen Dank*⟩
PARTIKEL **5** **ganz schön** *+Adjektiv gesprochen* (im Vergleich zu den meisten anderen Dingen oder Personen) sehr ≈ ziemlich *„Der Junge ist ganz schön clever"* Der Junge ist sehr schlau **6** **(na) schön!** verwendet, um (widerwillig) zuzustimmen, etwas zu erlauben *„Na schön, wenn es unbedingt sein muss, kannst du das Auto haben"*

scho·nen (*schonte, hat geschont*) **1** **etwas schonen** etwas so behandeln, dass es möglichst lange in einem guten Zustand bleibt ⟨*das Auto, die Kleider, die Möbel schonen*⟩ **2** **jemanden schonen** von jemandem oder sich selbst keine Anstrengungen verlangen oder eine andere Person rücksichtsvoll behandeln • *hierzu* **Scho·nung** *die*

die **Schön·heit** (-, *-en*) **1** die Eigenschaft, schön zu sein **K** Schönheitsoperation ⓘ nicht in der Mehrzahl verwendet **2** eine meist weibliche Person, die sehr schön ist *„Seine Freundin ist eine richtige Schönheit"*

schöp·fen (*schöpfte, hat geschöpft*) **1** **etwas (aus etwas) (in etwas** (*Akkusativ*)**) schöpfen** mit der hohlen Hand oder mit einem (tiefen) Gefäß (z. B. einem Eimer) eine Flüssigkeit irgendwo herausholen *„Wasser aus dem Brunnen schöpfen"* **2** **etwas schöpfen** *geschrieben* in einer Situation in einen positiven geistigen Zustand kommen ⟨*Glauben,*

S

Hoffnung, Kraft, Mut schöpfen⟩

der **Schöp·fer** (-s, -) **der Schöpfer** (+*Genitiv*) eine Person, die ein sehr wichtiges Werk gemacht oder etwas Neues erfunden hat **K** Modeschöpfer • *hierzu* **Schöp·fe·rin** *die*

schor *Präteritum, 1. und 3. Person Singular* → scheren[1]

die/das **Schor·le** (-/-s, -n/s) eine Mischung aus Wein oder Saft und Mineralwasser (= eine saure Schorle) oder Zitronenlimonade (= eine süße Schorle) **K** Apfelschorle, Weinschorle

der **Schorn·stein** der Teil am Dach eines Hauses, aus dem der Rauch der Heizung kommt ≈ Kamin

schoss *Präteritum, 1. und 3. Person Singular* → schießen

der **Schoß** (-es, *Schö·ße*) die Fläche, welche die Oberschenkel und der Unterleib bilden, wenn man auf einem Stuhl sitzt, und auf die sich z. B. ein Kind setzen kann *„Komm, setz dich auf meinen Schoß!"*

der **Schot·ter** (-s) eine Menge spitzer Steinstücke, die als Unterlage beim Bau von Straßen verwendet werden **K** Schotterstraße

schräg ADJEKTIV weder senkrecht noch parallel zu einer (gedachten) Linie oder Fläche ⟨*schräg neben, über, unter jemandem/etwas sein, liegen, stehen*⟩ *„Er lief schräg über die Wiese"* **K** Schrägstrich **i** vergleiche **schief**

die **Schram·me** (-, -n) eine Stelle, an der eine glatte Fläche durch einen spitzen oder harten Gegenstand beschädigt (meist geritzt) oder verletzt ist ≈ Kratzer *„eine Schramme an der Stirn/am Auto haben"*

der **Schrank** (-(e)s, *Schrän·ke*) ein großes Möbelstück mit Türen, in dem man Kleider, Geschirr o. Ä. aufbewahrt ⟨*etwas in einen Schrank legen, hängen*⟩ **K** Schranktür; Kleiderschrank; Küchenschrank, Wohnzimmerschrank

die **Schran·ke** (-, -n) eine (waagrechte) Stange, mit der man eine Straße o. Ä. sperren kann ⟨*die Schranken an einem Bahnübergang, Grenzübergang*⟩ ≈ Barriere

die **Schrau·be** (-, -n) **1** Schrauben dreht man in die Wand oder in Holz, um Dinge zu befestigen **K** Schraubenmutter **i** → Abb. unter **Werkzeug** **2** eine Art Propeller, der ein Schiff antreibt **K** Schiffsschraube

schrau·ben (*schraubte, hat geschraubt*) **1** **etwas irgendwohin schrauben**; **etwas von/aus etwas** (*Dativ*) **schrauben** etwas (das ein Gewinde hat) irgendwo befestigen/entfernen, indem man daran dreht *„den Deckel vom Glas schrauben"* **2** **etwas irgendwohin schrauben**; **etwas von/aus etwas** (*Dativ*) **schrauben** etwas mit Schrauben irgendwo befestigen/entfernen *„ein Schild an die Tür schrauben"*

der **Schrau·ben·schlüs·sel** ein einfaches Werkzeug, mit dem man Schrauben festziehen oder lösen kann **i** → Abb. unter **Werkzeug**

der **Schrau·ben·zie·her** (-s, -) mit einem Schraubenzieher macht man Schrauben fest oder löst sie **i** → Abb. unter **Werkzeug**

der **Schreck** (-(e)s) ein (oft kurzes) plötzliches starkes Gefühl der Angst (vor allem bei Gefahr) ⟨*jemand bekommt/kriegt einen Schreck*⟩

der **Schre·cken** (-s, -) **1** ein starkes Gefühl der Angst **i** nicht in der Mehrzahl verwendet **2** **die Schrecken** +*Genitiv* die äußerst unangenehmen Auswirkungen einer Sache ⟨*die Schrecken des Krieges*⟩

schreck·lich ADJEKTIV **1** ⟨*eine Ahnung, eine Katastrophe, ein Traum, ein Unfall, ein Verbrechen, ein Verdacht*⟩ so, dass man Angst bekommt oder entsetzt ist ≈ furchtbar *„Es ist etwas Schreckliches passiert! Dein Sohn hat einen Autounfall gehabt"* **2** sehr unangenehm ≈ furchtbar *„Die Hitze heute ist schrecklich"* **3** das normale Maß deutlich überschreitend ≈ unheimlich *„Er war schrecklich müde"* | *„Das tut schrecklich weh"*

der **Schrei** (-(e)s, -e) ein lautes Geräusch,

S

as ein Mensch oder Tier mit der Stimme macht (vor allem aus Angst oder wegen Schmerzen) *„Mit einem Schrei des Entsetzens ergriff er die Flucht"* **K** Freudenschrei, Hilfeschrei

schrei·ben (*schrieb, hat geschrieben*) **1** **(etwas) schreiben** Zeichen auf Papier o. Ä. machen, also Zahlen, Buchstaben oder Wörter *„ein Wort an die Tafel schreiben"* **K** Schreibpapier, Schreibzeug **2** **(etwas) schreiben** einen schriftlichen Text verfassen ⟨*einen Aufsatz, einen Artikel, einen Bericht, einen Brief, ein Gedicht schreiben*⟩ **3** **(jemandem) (etwas) schreiben** einer Person etwas in einem Brief o. Ä. mitteilen *„jemandem eine Karte zum Geburtstag/eine Postkarte aus dem Urlaub schreiben"* **4** **etwas schreiben** ⟨*ein Musical, eine Oper, eine Sinfonie, ein Lied*⟩ ≈ komponieren **5** **etwas schreibt gut/schlecht** ein Stift o. Ä. funktioniert gut/schlecht *„Der Kugelschreiber schreibt schlecht"* **6** **jemand/etwas schreibt sich irgendwie** ein Name oder ein Wort wird mit den genannten Buchstaben richtig geschrieben *„Schreibt sich ‚Foto' mit ‚f' oder mit ‚ph'?"*

Schrei·ben (*-s, -*); *admin* eine schriftliche Mitteilung meist in einem Umschlag, die man mit der Post an jemanden schickt ⟨*ein amtliches, vertrauliches Schreiben*⟩ ≈ Brief

schreib·ge·schützt ADJEKTIV so, dass man die Daten nicht (aus Versehen) verändern kann

Schreib·tisch ein Tisch (oft mit Schubladen), an dem man sitzt, wenn man schreibt, am Computer arbeitet usw. **K** Schreibtischlampe

Schreib·wei·se die Art und Weise, in der man ein Wort schreibt *„Für „Delphin" gibt es auch die Schreibweise „Delfin"*

schrei·en (*schrie, hat geschrien*) **1** **(etwas) schreien** etwas mit sehr lauter Stimme rufen ⟨*Hurra/hurra, um Hilfe schreien*⟩ **2** **(vor etwas (*Dativ*)) schreien** (aus einem Grund) ein lautes Geräusch mit der Stimme produzieren ⟨*vor Angst, Schmerz, Wut schreien*⟩

der **Schrei·ner** (*-s, -*) ≈ Tischler • *hierzu* **Schrei·ne·rin** *die*

schrie *Präteritum, 1. und 3. Person Singular* → schreien

schrieb *Präteritum, 1. und 3. Person Singular* → schreiben

die **Schrift** (*-, -en*) **1** das System der Zeichen, mit denen man die Laute und Wörter einer Sprache schreibt ⟨*die arabische, chinesische, griechische, kyrillische, lateinische Schrift*⟩ **K** Schriftzeichen; Blindenschrift **2** ein Wort oder mehrere Wörter, die irgendwo geschrieben stehen *„Die Schrift auf dem Schild über der Tür war kaum noch lesbar"* **K** Leuchtschrift **3** die Art, wie jemand mit der Hand schreibt ⟨*eine kleine, ungelenke, unleserliche Schrift*⟩ **K** Handschrift, Schönschrift **4** eine von vielen möglichen Formen, in denen eine Schrift gedruckt werden kann *„Dieses Wort soll in kursiver Schrift erscheinen"* **K** Schriftart; Druckschrift **5** ein geschriebener, meist gedruckter Text, oft mit wissenschaftlichem, religiösem oder politischem Inhalt **K** Anklageschrift

schrift·lich ADJEKTIV in geschriebener Form ⟨*ein Antrag, eine Prüfung*⟩

der **Schrift·stel·ler** (*-s, -*) eine Person, die vor allem Romane oder Erzählungen schreibt ≈ Autor **K** Romanschriftsteller • *hierzu* **Schrift·stel·le·rin** *die*

der **Schritt** (*-(e)s, -e*) **1** die Bewegung, mit der man beim Gehen oder Laufen einen Fuß hebt und meist vor den anderen setzt ⟨*einen Schritt nach vorn, nach hinten, zur Seite machen*⟩ **2** die langsamste Art eines Pferdes zu gehen ⓘ nicht in der Mehrzahl verwendet **3** eine Entfernung, die der Länge eines normalen Schrittes entspricht *„Es sind nur noch ein paar Schritte bis zum Gipfel"* **4** eine von mehreren Handlungen, die zu etwas nötig sind ≈ Maßnahme *„rechtliche Schritte gegen eine Firma einleiten"* **5** **(im) Schritt** so schnell, wie

S

ein Mensch geht ⟨(*im*) *Schritt fahren*⟩ **K** Schrittgeschwindigkeit **ID** **Schritt für Schritt** langsam und ohne Unterbrechung ≈ allmählich; **mit jemandem/etwas Schritt halten** **a** genauso schnell gehen, laufen o. Ä., wie sich eine andere Person/etwas bewegt **b** genauso viel leisten wie eine andere Person • *zu* (3,4) **schritt·wei·se** *ADJEKTIV*

der **Schrott** (-(*e*)*s*) alte Dinge aus Metall, die man nicht mehr gebrauchen kann **K** Schrotthändler, Schrottplatz

schrub·ben (*schrubbte, hat geschrubbt*) **(etwas) schrubben** *gesprochen* den Boden eines Zimmers reinigen, indem man ihn kräftig mit einer Bürste, einem Schrubber reibt

der **Schrub·ber** (-*s*, -) ein Besen mit kurzen, harten Borsten, mit dem man den Fußboden scheuert

schrump·fen (*schrumpfte, ist geschrumpft*) **etwas schrumpft** etwas wird kleiner oder weniger ⟨*Einkünfte, das Kapital, Vorräte*⟩

die **Schub·kar·re**, **Schub·kar·ren** *der* ein kleiner Wagen mit nur einem Rad und zwei langen Griffen am hinteren Ende, den man vor sich her schiebt

die **Schub·la·de** (-, -*n*) ein Kasten, der oben offen ist und den man aus einem Schrank, einer Kommode o. Ä. herausziehen kann **K** Schreibtischschublade

schub·sen (*schubste, hat geschubst*) **jemanden (irgendwohin) schubsen** *gesprochen* jemanden leicht stoßen (und dadurch irgendwohin bewegen) *„jemanden von der Bank schubsen"*

schüch·tern *ADJEKTIV* mit wenig Selbstvertrauen und deswegen sehr zurückhaltend im Kontakt mit anderen Menschen ⟨*ein Mensch*⟩ • *hierzu* **Schüch·tern·heit** *die*

schuf *Präteritum, 1. und 3. Person Singular* → schaffen[2]

schuf·ten (*schuftete, hat geschuftet*); *gesprochen* schwer arbeiten

der **Schuh** (-*s*, -*e*) das Kleidungsstück für den Fuß, das meist aus Leder ist ⟨*die Schuhe anziehen,* (*zu*)*binden, putzen*⟩ **K** Schuhcreme, Schuhsohle, Schuhgröße; Hausschuh, Turnschuh

SCHUH

der **Schuh·löf·fel** ein langer, flacher Stab, den man an der Ferse in den Schuh steckt, damit man ihn leichter anziehen kann

die **Schul·ar·beit** **1** eine Aufgabe, die man in der Schule bekommt und zu Hause machen muss ≈ Hausaufgabe **2** eine (angekündigte) schriftliche Prüfung in der Schule ≈ Klassenarbeit

die **Schul·auf·ga·be** ≈ Schularbeit

die **Schul·bil·dung** die Bildung, die Kinder in der Schule bekommen ⟨*eine abgeschlossene, gute Schulbildung haben*⟩

der **Schul·bus** ein Bus, der Kinder in die Schule und nachher wieder nach Hause bringt

schuld *ADJEKTIV* **ID** **jemand/etwas ist (an etwas** (*Dativ*)**) schuld** jemand ist

S

verantwortlich für etwas mit unangenehmen Folgen, etwas ist die Ursache von etwas Unangenehmem *„Du bist schuld daran, dass wir den Zug verpasst haben"*

Schụld (-) **1** **die Schuld (an etwas** (*Dativ*)/**für etwas)** die Situation, dass eine Person etwas Verbotenes, Böses oder Unmoralisches getan hat ↔ Unschuld **K** Schuldgeständnis **ℹ** aber: *an etwas schuld sein* (kleingeschrieben) **2** **die Schuld (an etwas** (*Dativ*)/**für etwas)** die Situation, dass eine Person oder Sache die Ursache eines Fehlers, Unfalls, Problems o. Ä. ist **3** das quälende Gefühl, das man hat, wenn man für etwas Böses, Unmoralisches oder Verbotenes verantwortlich ist *„Er wird mit seiner Schuld einfach nicht fertig"* **K** Schuldgefühl **ID** **jemandem/etwas (an etwas** (*Dativ*)) **(die) Schuld geben** eine Person/Sache als Ursache für etwas ansehen • *zu* (1) **schụld·los** *ADJEKTIV*

schụl·den (*schuldete, hat geschuldet*) **1** **(jemandem) etwas schulden** jemandem noch Geld zahlen müssen **2** **jemandem etwas schulden** aus moralischen o. Ä. Gründen zu etwas verpflichtet sein ⟨*jemandem eine Antwort, Dank, eine Erklärung, Respekt schulden*⟩

die **Schụl·den** *Mehrzahl* **Schulden (bei jemandem)** das Geld, das man jemandem noch zahlen muss **K** Bankschulden, Spielschulden **ID** **tief in Schulden stecken**, **bis über beide Ohren in Schulden stecken** *gesprochen* viele Schulden haben • *hierzu* **schụl·den·frei** *ADJEKTIV*

schụl·dig *ADJEKTIV* **1** **(einer Sache** (*Genitiv*)) **schuldig** für etwas Böses, Unmoralisches, einen Fehler oder für ein Verbrechen verantwortlich ↔ unschuldig **2** **der Richter/das Gericht spricht jemanden schuldig** der Richter, das Gericht erklärt in einem Urteil, dass jemand schuldig ist ≈ verurteilen ↔ freisprechen **3** **(jemandem) etwas schuldig sein/bleiben** jemandem Geld schulden **4** **jemandem etwas schuldig sein** moralisch verpflichtet sein, etwas für jemanden zu tun • *zu* (1,2) **Schụl·di·ge** *der/die*

die **Schu̱·le** (-, -*n*) **1** eine Institution, die dazu dient, Kindern Wissen zu vermitteln und sie zu erziehen ⟨*in die Schule kommen; in die/zur Schule gehen; die Schule besuchen*⟩ **K** Schulabschluss, Schuldirektor, Schulfreund, Schulklasse; Ganztagsschule; Fahrschule, Tanzschule **2** das Gebäude, in dem eine Schule ist *„Bei uns bauen sie eine neue Schule"* **K** Schulhaus, Schulhof **3** der Unterricht an einer Schule *„Die Schule fängt um acht Uhr an und hört um ein Uhr auf"* **K** Schulbeginn, Schulbuch, Schulfach, Schulferien, Schulheft, Schulstunde, Schultag **4** die Lehrer und Schüler einer Schule *„Alle Schulen der Stadt beteiligten sich an dem Sportfest"*

der **Schü̱·ler** (-*s*, -) ein Kind oder ein Jugendlicher, die zur Schule gehen ⟨*ein guter, schlechter, fleißiger Schüler*⟩ *„eine Klasse mit dreißig Schülern"* **K** Schüleraustausch, Schülerzeitung; Grundschüler, Hauptschüler, Realschüler • *hierzu* **Schü̱·le·rin** *die*

das **Schu̱l·heft** ein Heft für Schüler *„neue Schulhefte für die Kinder kaufen"*

das **Schu̱l·jahr** die Zeit (etwa ein Jahr), in der man in der jeweiligen Schulklasse ist und Unterricht hat *„Das neue Schuljahr beginnt nach den Sommerferien"*

die **Schu̱l·sa·chen** *Mehrzahl* Bücher, Hefte, Stifte usw., die ein Kind in der Schule braucht

die **Schụl·ter** (-, -*n*) **1** einer der beiden Teile des Körpers neben dem Hals, mit denen die Arme verbunden sind **ℹ** → Abb. unter **Körper** **2** **mit den Schultern zucken** die Schultern kurz hochziehen, um zu sagen, dass man etwas nicht weiß oder dass man kein Interesse hat

schụm·meln (*schummelte, hat geschummelt*); *gesprochen* bei Spielen mit Tricks versuchen, einen Vorteil zu bekommen

die **Schup·pe** (-, -n) **1** eine der vielen kleinen flachen Platten, welche den Körper von Fischen, Reptilien und Insekten bedecken *„ein Fisch mit bunten Schuppen"* **2** kleine Stücke der Haut, die sich von der Kopfhaut lösen und in den Haaren hängen *„ein Shampoo gegen Schuppen benutzen"* ⓘ nur in der Mehrzahl verwendet

die **Schür·ze** (-, -n) ein einfaches Kleidungsstück, das man sich vor (die Brust und) den Bauch bindet, um bei der Arbeit die Kleidung nicht schmutzig zu machen **K** Küchenschürze

der **Schuss** (-es, *Schüs·se*) **1** **ein Schuss (auf jemanden/etwas)** das Schießen mit einer Waffe ⟨*ein Schuss fällt, löst sich, geht los*⟩ **K** Schusswunde; Startschuss, Warnschuss **2** die Patrone oder Kugel, mit der geschossen wurde ⟨*ein Schuss sitzt, trifft sein Ziel, geht daneben*⟩ **3** das Schießen eines Balles *„ein Schuss aufs Tor"* **4** **ein Schuss** +*Substantiv* eine kleine Menge (vor allem einer Flüssigkeit) *„einen Schuss Essig in den Salat tun"* ⓘ nicht in der Mehrzahl verwendet **5** die Form des Skifahrens, bei der man sehr schnell (ohne Kurven) den Berg hinunterfährt ⟨*(im) Schuss fahren*⟩ ⓘ nicht in der Mehrzahl verwendet **6** **in/im Schuss** *gesprochen* in gutem Zustand ⟨*jemanden/etwas in Schuss bringen, halten*⟩

die **Schüs·sel** (-, -n) **1** ein meist tiefes, rundes Gefäß, das oben offen ist und in dem man vor allem Speisen auf den Tisch stellt **K** Salatschüssel, Suppenschüssel ⓘ → Abb. *Behälter und Gefäße* unter **Behälter** **2** **eine Schüssel** (+*Substantiv*) die Menge, die in eine Schüssel passt *„eine Schüssel Salat/Reis essen"*

S

die **Schuss·waf·fe** eine Waffe, mit der man schießen kann

der **Schus·ter** (-s, -) eine Person, die beruflich Schuhe macht und repariert ≈ Schuhmacher • *hierzu* **Schus·te·rin** *die*

der **Schutt** (-(e)s) Steine, Reste von Mauern usw., die man nicht mehr braucht **K** Bauschutt **ID** **etwas liegt in Schutt und Asche** Städte oder Gebäude sind völlig zerstört

schüt·teln (*schüttelte, hat geschüttelt*) **1** **jemanden/etwas schütteln** eine Person oder Sache kräftig und schnell hin und her bewegen, sodass sie schwankt oder zittert *„Er schüttelte den Baum, um die Äpfel zu ernten"* **2** **den Kopf schütteln** den Kopf hin und her bewegen, um eine Frage mit „nein" zu beantworten oder um Verwunderung auszudrücken

schüt·ten (*schüttete, hat geschüttet*) **1** **etwas irgendwohin schütten** etwas aus einem Gefäß entfernen (und irgendwohin tun), indem man das Gefäß neigt oder (heftig) bewegt *„einen Eimer Wasser in/auf ein Feuer schütten"* **2** **es schüttet** *gesprochen* es regnet stark ≈ es gießt

der **Schutz** (-es) **ein Schutz (gegen jemanden/etwas)**; **ein Schutz (vor jemandem/etwas)** etwas, das eine Gefahr o. Ä. abhält oder einen Schaden abwehrt *„Seine dünne Kleidung bot kaum Schutz vor dem Regen"* **K** Schutzhelm; schutzbedürftig, schutzsuchend; Brandschutz, Lärmschutz; Naturschutz, Umweltschutz

das **Schutz·blech** ein gebogenes Blech über dem Rad eines Fahrrads, das verhindern soll, dass man schmutzig wird ⓘ → Abb. unter **Fahrrad**

schüt·zen (*schützte, hat geschützt*) **1** **eine Person/Sache (vor jemandem/etwas) schützen**; **eine Person/etwas (gegen jemanden/etwas) schützen** verhindern, dass eine Person oder man selbst verletzt wird oder in Gefahr kommt bzw. dass eine Sache beschädigt wird *„Er schützt seine Augen mit einer dunklen Brille gegen die starke Sonne"* **2** **etwas schützen** versuchen, durch Gesetze zu verhindern, dass Menschen etwas zerstören oder dass Tier- und Pflanzenarten verschwinden

„Wenn die Nashörner nicht wirksamer geschützt werden, sterben sie bald aus"

schwạch ADJEKTIV (*schwächer, schwächst-*) **1** mit wenig körperlicher Kraft ↔ stark, kräftig *„Ich bin noch zu schwach, um diese schweren Kisten zu tragen"* **2** nicht fähig, viel zu leisten oder große Belastungen zu ertragen ⟨*Augen, ein Gedächtnis, eine Gesundheit, ein Herz, eine Konstitution, Nerven, ein Motor*⟩ *„Das Regal war zu schwach für die schweren Bücher und brach zusammen"* **3** in den Leistungen unter dem Durchschnitt *„In Biologie ist er recht schwach, aber in den anderen Fächern kommt er gut mit"* **4** mit nur geringer Konzentration und daher mit wenig Wirkung oder Geschmack ⟨*ein Kaffee, ein Tee*⟩ **5** nur in geringem Maß (vorhanden) ⟨*ein Anzeichen, Beifall, ein Druck, ein Duft, Erinnerungen, eine Gegenwehr, eine Hoffnung, ein Wind*⟩ ↔ stark **6** in geringer Zahl ⟨*schwach besetzt, besiedelt, besucht, bevölkert*⟩

Schwạ̈·che (-, *-n*) **1** der Mangel an körperlicher Kraft oder Leistungsfähigkeit ≈ Stärke **K** Schwächeanfall; Kreislaufschwäche, Sehschwäche ⓘ nicht in der Mehrzahl verwendet **2** **eine Schwäche (in etwas** (*Dativ*)**)** eine mangelnde Begabung in etwas *„Seine Schwächen in Chemie und Physik konnte er durch intensives Lernen ausgleichen"*

Schwạch·sinn *gesprochen, abwertend* ≈ Blödsinn, Unsinn ⓘ nicht in der Mehrzahl verwendet • *hierzu* **schwạch·sin·nig** ADJEKTIV

schwạmm *Präteritum, 1. und 3. Person Singular* → schwimmen

Schwạmm (*-(e)s, Schwäm·me*) Schwämme sind dick und weich, wenn sie feucht sind; man kann damit viel Wasser aufsaugen und Oberflächen reinigen *„sich mit einem Schwamm waschen"* **K** Badeschwamm, Tafelschwamm

schwạng *Präteritum, 1. und 3. Person Singular* → schwingen

schwan·ger ['ʃvaŋɐ] ADJEKTIV mit einem Kind im Bauch ⟨*eine Frau*⟩ *„Sie ist im fünften Monat schwanger"*

die **Schwạn·ger·schaft** (-, *-en*) der Zustand, schwanger zu sein **K** Schwangerschaftstest

schwạn·ken (*schwankte, hat/ist geschwankt*) **1** **jemand/etwas schwankt** (*hat*) jemand/etwas bewegt sich auf der Stelle meist langsam hin und her oder auf und ab *„Die Bäume schwankten im Wind"* **2** **jemand/etwas schwankt irgendwohin** (*ist*) jemand/etwas bewegt sich schwankend irgendwohin *„Nach der rasenden Fahrt mit dem Karussell schwankten wir zum Ausgang"* **3** **etwas schwankt (zwischen Dingen** (*Dativ*)**)** (*hat*) etwas ändert sich immer wieder in der Qualität oder Menge ⟨*der Druck, die Preise, die Temperatur, eine Zahl*⟩ *„Der Dollarkurs schwankt in der letzten Zeit stark"*

der **Schwạnz** (*-es, Schwän·ze*) der lange schmale (bewegliche) Teil am Ende des Körpers eines Tieres *„Als der Hund mich sah, wedelte er mit dem Schwanz"* **K** Schwanzfeder; Kuhschwanz, Pferdeschwanz ⓘ → Abb. unter **Pferd**

schwạ̈n·zen (*schwänzte, hat geschwänzt*) **(etwas) schwänzen** *gesprochen* nicht zur Schule gehen, weil man keine Lust hat

der **Schwạrm** (*-(e)s, Schwär·me*) **1** **ein Schwarm** *+Substantiv*; **ein Schwarm von Tieren/Insekten** eine große Zahl von Fischen, Vögeln oder Insekten, die zusammen leben *„Hier gibt es Schwärme von Mücken"* **K** Bienenschwarm, Vogelschwarm **2** eine Person, von der jemand begeistert ist *„Der Popstar war der Schwarm aller jungen Mädchen"*

schwạ̈r·men (*schwärmte, hat geschwärmt*) **1** **für jemanden/etwas schwärmen** jemanden sehr attraktiv oder etwas sehr gut finden *„Sie schwärmt für ihren Lehrer"* **2** **(von jemandem/etwas) schwärmen** begeistert über jemanden/etwas sprechen *„Er*

S

schwärmt von Irland"

schwarz ADJEKTIV **1** die Farbe, wenn es überhaupt kein Licht gibt ↔ weiß *„schwarze Haare haben"* **K** Schwarzbär; pechschwarz **2** von sehr dunkler Farbe ‹*Augen, Pfeffer, Wolken; eine Nacht*› ↔ hell **K** schwarzbraun **3** mit dunkler Haut ‹*die Hautfarbe*› **4** *gesprochen* so, dass es nicht bei den Behörden gemeldet wird, um ein Verbot zu umgehen oder um Steuern und Gebühren zu vermeiden ‹*der Markt; schwarz verdientes Geld*› ≈ illegal **K** Schwarzgeld, Schwarzhandel, Schwarzhändler **5** **schwarz auf weiß** in geschriebener (und gedruckter) Form (und somit beweisbar) ≈ schriftlich **6** *gesprochen* ohne Milch *„Oliver trinkt seinen Kaffee schwarz"*

das **Schwarz** (-(*es*)) die schwarze Farbe

das **Schwarz·brot** ein dunkles Brot, das vor allem aus Roggenmehl gemacht wird

der/die **Schwar·ze** (-*n*, -*n*) *gesprochen* ⚠ ein Mensch mit dunkler Hautfarbe ℹ *ein Schwarzer; der Schwarze; den, dem, des Schwarzen;* wird oft als rassistisch empfunden

schwarz·fah·ren (*fuhr schwarz, ist schwarzgefahren*) mit Bus oder Bahn fahren, ohne eine Fahrkarte zu haben • *hierzu* **Schwarz·fah·rer** *der*

schwarz-weiß, **schwarz·weiß** ADJEKTIV **1** mit schwarzen und weißen Flecken, Streifen usw. *„ein schwarz-weiß gestreiftes Hemd"* **2** schwarz, weiß und mit verschiedenen grauen Farben ‹*ein Bild, ein Foto*› **K** Schwarz-Weiß-Foto (-grafie)

S

schwe·ben (*schwebte, hat/ist geschwebt*) **1** **etwas schwebt (irgendwo)** (*hat/süddeutsch* Ⓐ Ⓒⓗ *ist*) *etwas bewegt sich kaum oder ruhig in der Luft oder im Wasser „Eine Wolke schwebte am Himmel"* **2** **etwas schwebt irgendwohin** (*ist*) etwas bewegt sich langsam durch die Luft ‹*ein Ballon, eine Feder*› **3** **in Lebensgefahr schweben**; **zwischen Leben und Tod schweben** (*hat/süddeutsch* Ⓐ Ⓒⓗ *ist*) *lebensgefährlich krank oder verletzt sein*

der **Schweif** (-(*e*)*s*, -*e*); *geschrieben* der lange, buschige Schwanz eines Pferdes ℹ → Abb. unter **Pferd**

schwei·gen (*schwieg, hat geschwiegen*) kein Wort sagen

das **Schwei·gen** (-*s*) eine Situation, in der niemand etwas sagt

das **Schwein** (-(*e*)*s*, -*e*) **1** ein Tier mit kurzen Beinen und dicker Haut, das man wegen des Fleisches züchtet **K** Hausschwein, Wildschwein ℹ → Abb. unter **Tier** **2** das Fleisch eines Schweins, das man isst **K** Schweinebraten, Schweinefilet, Schweinefleisch, Schweineschnitzel ℹ nicht in der Mehrzahl verwendet

der **Schweiß** (-*es*) **1** die salzige Flüssigkeit, die aus der Haut kommt, wenn es heiß ist *„Er wischte sich mit einem Taschentuch den Schweiß von der Stirn"* **K** Angstschweiß **2** **in Schweiß gebadet sein** nass von Schweiß sein **K** schweißgebadet

schwei·ßen (*schweißte, hat geschweißt*) **(etwas) schweißen** Teile aus Metall oder Kunststoff miteinander verbinden, indem man sie an einer Stelle sehr heiß macht und zusammenpresst **K** Schweißgerät

die **Schwel·le** (-, -*n*) der leicht erhöhte Teil des Fußbodens an der Türöffnung ‹*über die Schwelle treten*›

schwel·len (*schwillt, schwoll, ist geschwollen*) **etwas schwillt** etwas wird größer und dicker als normal *„Sein Arm ist geschwollen, weil ihn eine Biene gestochen hat"*

die **Schwel·lung** (-, -*en*) **1** eine Stelle am Körper, die wegen einer Verletzung, eines Insektenstichs o. Ä. dicker als normal ist **2** der Zustand, in dem etwas geschwollen ist ‹*die Schwellung klingt ab, geht zurück*› ℹ nicht in der Mehrzahl verwendet

schwen·ken (*schwenkte, hat/ist geschwenkt*) **etwas schwenken** (*hat*) etwas (in der Hand halten und) durch die Luft bewegen ⟨*eine Fahne, einen Hut, ein Taschentuch schwenken*⟩ ≈ schwingen

schwer *ADJEKTIV* GEWICHT: **1** mit relativ hohem Gewicht ↔ leicht *„einen schweren Koffer schleppen"* **2** mit dem genannten Gewicht *„ein zwanzig Tonnen schwerer Lastwagen"* INTENSITÄT: **3** (vor allem in negativer Weise) das normale Maß überschreitend ⟨*ein Gewitter, Schneefälle, ein Sturm, ein Unwetter, eine Gehirnerschütterung, eine Krankheit, ein Schock, eine Verletzung; eine Schuld, ein Verbrechen, ein Vergehen; schwer beeindruckt, beleidigt, bewaffnet, enttäuscht, krank, reich, verletzt, verwundet sein*⟩ ↔ leicht **K** Schwerverbrecher **i** Einige dieser Kombinationen können auch zusammengeschrieben werden, z. B.: *schwerkrank, schwerverletzt, schwerverwundet.* SCHWIERIG: **4** mit viel Arbeit oder Mühe verbunden ⟨*eine Aufgabe, ein Beruf, ein Leben, eine Verantwortung*⟩ *„Der Kranke atmete schwer"* **5** so, dass man viel körperliche Kraft dazu braucht ⟨*eine Arbeit*⟩ ↔ leicht **K** Schwerarbeit **6** **jemand/etwas macht (einer Person) etwas schwer** jemand/etwas bereitet (einer Person oder sich selbst) Probleme

schwer leicht

e **Schwer·kraft** die Schwerkraft bewirkt, dass alles ein Gewicht hat und auf der Erde bleibt und nicht ins All fliegt ≈ Gravitation **i** nicht in der Mehrzahl verwendet

r **Schwer·punkt** **1** der Punkt, der wichtig für das Gleichgewicht eines Körpers ist. Wenn man einen Gegenstand auf einer Spitze balancieren will, muss die Spitze genau unter dem Schwerpunkt sein **2** **der Schwerpunkt** (+*Genitiv*) etwas, das sehr wichtig ist und viel Zeit, Raum oder Aufmerksamkeit braucht *„Der Schwerpunkt ihrer Arbeit liegt in der Beratung"*

die **Schwes·ter** (-, -*n*) **1** eine weibliche Verwandte, die dieselben Eltern hat *„Wie viele Geschwister hast du?" – „Zwei Brüder und eine Schwester."* **i** → Abb. unter **Familie** **2** ein weibliches Mitglied eines religiösen Ordens ≈ Nonne **K** Klosterschwester **i** auch als Anrede verwendet: *Schwester Josefine* **3** eine Frau, die beruflich Kranke oder Alte pflegt und oft eine Art Uniform trägt **K** Krankenschwester **i** auch als Anrede verwendet: *Schwester Anna*

schwieg *Präteritum, 1. und 3. Person Singular* → schweigen

die **Schwie·ger·el·tern** die Eltern des Ehepartners

die **Schwie·ger·mut·ter** die Mutter des Ehepartners **i** → Abb. unter **Familie**

der **Schwie·ger·sohn** der Ehemann der Tochter **i** → Abb. unter **Familie**

die **Schwie·ger·toch·ter** die Ehefrau des Sohnes **i** → Abb. unter **Familie**

der **Schwie·ger·va·ter** der Vater des Ehepartners **i** → Abb. unter **Familie**

schwie·rig *ADJEKTIV* **1** ⟨*eine Aufgabe, eine Entscheidung, eine Frage*⟩ so, dass man über sie viel nachdenken muss und viel Energie für sie braucht ≈ schwer **2** so kompliziert, dass man vorsichtig sein muss, um eine Gefahr zu vermeiden ⟨*eine Lage, eine Situation*⟩

die **Schwie·rig·keit** (-, -*en*) **1** die Eigenschaft, problematisch zu sein *„die Schwierigkeit einer Aufgabe"* **K** Schwierigkeitsgrad **i** nicht in der Mehrzahl verwendet **2** etwas, das jemandem große Probleme macht *„Beim Bau des Tunnels ergaben sich immer neue Schwierigkeiten"* **ID** **(jemandem) Schwierigkeiten machen** jemanden in eine unangenehme Situation bringen *„Die Zollbeamten machten ihm an der Grenze Schwierigkeiten"*

S

das **Schwịmm·bad** ein großes Gebäude (oder eine große Fläche) mit Schwimmbecken *„Heute Nachmittag gehen wir ins Schwimmbad"*

das **Schwịmm·be·cken** ein großes Becken, in dem man schwimmen kann ⓘ Im Schwimmbad spricht man von *Schwimmbecken*, Hotels und Privathäuser haben einen *Swimmingpool*

schwịm·men (*schwamm, hat/ist geschwommen*) **1** **schwimmen** (*hat/süddeutsch* Ⓐ Ⓒⓗ *ist*); **irgendwohin schwimmen** (*ist*) sich aus eigener Kraft durchs Wasser bewegen *„Sie ist ans andere Ufer geschwommen"* **K** Schwimmstil, Schwimmunterricht, Schwimmvogel; Brustschwimmen, Rückenschwimmen **2** **etwas schwimmt** (*hat/süddeutsch* Ⓐ Ⓒⓗ *ist*) *etwas liegt auf der Oberfläche einer Flüssigkeit und geht nicht unter „Die Kinder ließen Papierschiffe schwimmen"* **3** **etwas schwimmt** *gesprochen* (*hat*) etwas ist sehr nass oder von Wasser bedeckt ⟨*das Badezimmer, der Keller, der Tisch, der Fußboden*⟩ **4** **in etwas** (*Dativ*) **schwimmen** *gesprochen* (*ist*) sehr viel von etwas haben ⟨*in Geld schwimmen*⟩

der **Schwịmm·flü·gel** Kinder tragen im Wasser oft Schwimmflügel an den Armen, damit sie nicht untergehen

die **Schwịmm·wes·te** eine Weste (meist zum Aufblasen), die einen an der Wasseroberfläche hält

der **Schwịn·del** (-*s*) **1** *abwertend* ≈ Betrug **2** ein (unangenehmes) Gefühl, bei dem man meint, alles drehe sich im Kreis **K** Schwindelgefühl • *zu* (1) **Schwịnd·ler** *der*

schwịn·del·frei ADJEKTIV so, dass jemand in großer Höhe nie Schwindel spürt *„Als Dachdecker muss man schwindelfrei sein"*

schwịn·deln (*schwindelte, hat geschwindelt*) *gesprochen* eine harmlose Lüge erzählen

schwịnd·lig ADJEKTIV so, dass jemand Schwindel fühlt *„Beim Karussellfahren wird mir immer schwindlig"* ⓘ meist nach einem Verb wie *sein*

schwịn·gen (*schwang, hat geschwungen*) **1** **etwas schwingen** etwas (in einem großen Bogen oder in mehreren Kreisen) schnell durch die Luft bewegen ⟨*die Arme, eine Axt, einen Hammer, eine Fahne, eine Peitsche schwingen*⟩ **2** **etwas schwingt** etwas bewegt sich im gleichen Abstand um einen Punkt (an dem etwas befestigt ist) hin und her ⟨*eine Glocke, ein Pendel, eine Schaukel*⟩ ≈ pendeln **3** **sich irgendwohin schwingen** sich festhalten und gleichzeitig mit einer schnellen Bewegung auf oder über etwas springen ⟨*sich aufs Pferd, aufs Fahrrad, in den Sattel, über die Mauer schwingen*⟩

die **Schwịn·gung** (-, -*en*) eine Bewegung von einer Seite zur anderen, die sich regelmäßig wiederholt ⟨*die Dauer, Frequenz einer Schwingung*⟩ *„eine Gitarrensaite in Schwingungen versetzen"*

schwịt·zen (*schwitzte, hat geschwitzt*) feuchte Haut haben, weil man intensiv arbeitet, weil es sehr heiß ist oder weil man Angst hat *„Er schwitzte vor Aufregung"*

schwọll *Präteritum, 3. Person Singular* → schwellen[1]

schwö̲·ren (*schwor, hat geschworen*) **(etwas) schwören** meist vor Gericht feierlich erklären, dass man die Wahrheit sagt

schwu̲l ADJEKTIV; *gesprochen, auch abwertend* ≈ homosexuell ⓘ Homosexuelle Männer sind *schwul*, homosexuelle Frauen sind *lesbisch* • *hierzu* **Schwu̲·le** *der*

schwü̲l ADJEKTIV unangenehm heiß und feucht ≈ drückend *„Heute ist es so schwül, es wird sicher ein Gewitter geben"*

der **Schwụng** (-(*e*)*s*) **1** eine Bewegung mit großer Geschwindigkeit und Kraft *„Auf dem steilen Berg kam der Schlitten ordentlich in Schwung"* wurde der Schlitten immer schneller **2** eine innere Kraft oder Begeisterung, die jemanden dazu bewegt, etwas zu tun ⟨*mit Schwung an die Arbeit gehen*⟩ **3** ein

S

Zustand, in dem man fit und aktiv ist ⟨*etwas bringt, hält jemanden/etwas in Schwung*⟩ **4** **etwas kommt in Schwung** etwas entwickelt sich positiv, wird lebhafter oder funktioniert gut *„Jetzt kommt die Party langsam in Schwung"* • *zu* (1 – 3) **schwung·voll** *ADJEKTIV*

sechs [zɛks] *ZAHLWORT* (als Zahl, Ziffer) 6 ⓘ → Extras, S. 700: **Zahlen** und Beispiele unter **vier**

Sechs [zɛks]; (-, *-en*) **1** die Zahl 6 **2** jemand/etwas mit der Ziffer/Nummer 6 **3** Ⓓ die schlechteste Schulnote (auf der Skala von 1 – 6), mit der man eine Prüfung nicht bestanden hat ≈ ungenügend

sechs·hun·dert [zɛks-] *ZAHLWORT* (als Zahl) 600

sechst ['zɛkst] *ADJEKTIV* **1** in einer Reihenfolge an der Stelle sechs ≈ 6. ⓘ → Beispiele unter **viert-** **2** **zu sechst** (mit) insgesamt sechs Personen

sechs·tau·send [zɛks-] *ZAHLWORT* (als Zahl) 6000

sechs·tel [zɛks-] *ADJEKTIV nur in dieser Form* der sechste Teil einer Menge ≈ ⅙

Sechs·tel [zɛks-]; (-s, -) der sechste Teil einer Menge oder Masse

sechs·tens [zɛks-] *ADVERB* verwendet bei einer Aufzählung, um anzuzeigen, dass etwas an 6. Stelle kommt

sech·zehn ['zɛçtse(ː)n] *ZAHLWORT* (als Zahl) 16

sech·zig ['zɛçtsɪç, -ɪk] *ZAHLWORT* (als Zahl) 60

sech·zigs·t- ['zɛçtsɪkst-] *ADJEKTIV* in einer Reihenfolge an der Stelle 60 ≈ 60.

der **See**[1] (-s, *Se·en* ['zeː(ə)n]) eine relativ große Fläche Wasser auf dem Land ⟨*in einem See baden, schwimmen*⟩ **K** Seeufer; Stausee

die **See**[2] (-) **1** ≈ Meer *„Er hat ein Haus an der See"* **K** Seewasser; Tiefsee **2** **auf hoher See** auf dem Meer, weit vom Festland entfernt

der **See·gang** die Wellen, welche der Wind auf dem Meer erzeugt ⟨*leichten, hohen, starken, schweren Seegang haben*⟩

die **See·le** (-, *-n*) **1** der Teil eines Menschen, von dem die Mitglieder vieler Religionen glauben, dass er nicht sterbe **2** die Gefühle und das moralische Empfinden eines Menschen ≈ Psyche ⓘ nicht in der Mehrzahl verwendet

das **Se·gel** (-s, -) ein großes Stück Stoff, das man so an einem Schiff, Boot oder Surfbrett befestigt, dass der Wind das Schiff usw. über das Wasser bewegt **K** Segelschiff

das **Se·gel·boot** ein Boot mit Mast und Segel, das durch die Kraft des Windes fortbewegt wird

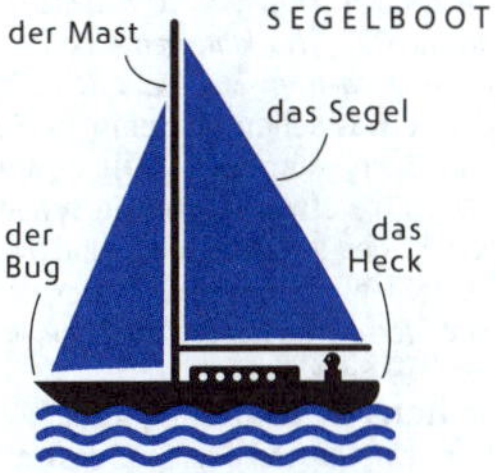

se·geln (*segelte, hat/ist gesegelt*) **1** **segeln** (*hat/ist*); **irgendwohin segeln** (*ist*) mit einem Boot oder Schiff fahren, das Segel hat **2** **jemand/etwas segelt** (*hat/ist*) jemand fliegt in einem Segelflugzeug oder als Drachenflieger durch die Luft • *hierzu* **Seg·ler** *der*

der **Se·gen** (-s, -) **1** der Schutz, um den Gläubige zu Gott beten ⟨*Gottes Segen*⟩ **2** **ein Segen (für jemanden/etwas)** etwas, das gut für jemanden/etwas ist ≈ Wohltat *„Nach der langen Trockenzeit ist der Regen ein wahrer Segen für das Land"*

seg·nen (*segnete, hat gesegnet*) **jemanden/etwas segnen** (als Geistlicher) für eine Person oder Sache um den Schutz Gottes bitten und ihr so den Segen geben *„Der Papst segnete die Gläubigen"*

se·hen ['zeːən] (*sieht, sah, hat gesehen*) MIT DEN AUGEN: **1** **jemanden/etwas sehen** mit den Augen erkennen,

S

wo eine Person oder Sache ist und wie sie aussieht *„Bei klarem Wetter kann man von hier aus die Berge sehen"* **2** **etwas sehen** sich etwas (aus Interesse) ansehen ⟨*einen Film, ein Theaterstück, eine Oper sehen*⟩ *„Ralf hat schon fast die ganze Welt gesehen"* **3** **(irgendwie) sehen** die Fähigkeit haben, Personen, Gegenstände usw. mit den Augen wahrzunehmen *„Sie sieht so schlecht, dass sie ohne Brille hilflos ist"* **K** Sehschärfe, Sehschwäche, Sehtest PERSÖNLICH: **4** **jemanden sehen** jemanden (mit oder ohne Absicht) treffen ≈ begegnen *„Hast du Petra wieder mal gesehen?" – „Na klar, den sehe ich doch jeden Morgen im Bus."* **5** **nach jemandem/etwas sehen** sich um eine Person oder Sache kümmern MIT DEM VERSTAND: **6** **etwas irgendwie sehen** etwas in der genannten Art und Weise beurteilen ≈ einschätzen *„Er war der Einzige, der die wirtschaftliche Lage richtig sah"* **K** Sehweise

se·hens·wert ['ze:əns-] *ADJEKTIV* ⟨*ein Film, eine Ausstellung*⟩ so, dass es sich lohnt, sie anzusehen ≈ sehenswürdig

die **Se·hens·wür·dig·keit** ['ze:əns-]; (-, *-en*) ein Gebäude, ein Platz o. Ä., die sehr schön, wertvoll oder interessant sind

die **Seh·ne** (-, *-n*) Sehnen verbinden die Muskeln mit den Knochen ⟨*sich (Dativ) eine Sehne zerren*⟩ **K** Sehnenriss

die **Sehn·sucht** der sehr starke Wunsch, dass jemand da wäre oder dass man etwas bekäme ≈ Verlangen *„die Sehnsucht nach Liebe und Geborgenheit"* • *hierzu* **sehn·süch·tig** *ADJEKTIV*

sehr *ADVERB* **1** verwendet, um ein Adjektiv oder ein Adverb zu verstärken *„Ich bin jetzt sehr müde"* **2** verwendet, um ein Verb zu verstärken *„Er freute sich sehr über mein Geschenk"* **3** verwendet, um Höflichkeitsformeln zu verstärken *„Bitte sehr!" | „Danke sehr!"*

seicht *ADJEKTIV* so, dass das Wasser nicht tief ist *„an einer seichten Stelle durch den Bach waten"*

S

seid *Präsens, 2. Person Mehrzahl* → sein

die **Sei·de** (-, *-n*) ein glänzender, teurer Stoff, den man aus dem Faden macht, den ein Insekt (die Seidenraupe) produziert *„ein Kleid aus reiner Seide"* **K** Seidenbluse, Seidenhemd, Seidenschal

die **Sei·fe** (-, *-n*) mit Seife und Wasser wäscht man sich die Hände ⟨*ein Stück Seife; flüssige Seife*⟩ **K** Seifenschaum

das **Seil** (-(*e*)*s*, *-e*) Seile werden aus mehreren Fäden oder Drähten gedreht; man kann damit schwere Dinge (z. B. Autos und Schiffe) ziehen oder befestigen **K** Abschleppseil, Hanfseil, Stahlseil **i** → Abb. unter **Schnur**

die **Seil·bahn** eine technische Anlage mit Kabinen, die von Seilen durch die Luft auf einen Berg gezogen werden, um Personen oder Waren dorthin zu transportieren

SEILBAHN

sein[1] (*ich bin, du bist, er ist, wir sind, ihr seid, sie sind, er war, er ist gewesen, Konjunktiv I: er sei, Konjunktiv II: er wäre*) ZUR IDENTIFIKATION: **1** **jemand/etwas ist etwas** *Nominativ* verwendet, um festzustellen, um wen oder was es sich handelt oder zu welcher Kategorie jemand/etwas gehört *„Mama, bist du das?"* Wer ist da? Du, Mama? | *„Sein Vater ist Richter" | „Wale sind Säugetiere"* **2** **etwas ist etwas** eine Rechnung hat das genannte Ergebnis *„Zwei plus drei ist fünf"* ZUR NÄHEREN BESCHREIBUNG, ZUORDNUNG: **3** **jemand/etwas ist irgendwie** verwendet, um Zustände, Eigenschaften, Situationen zu beschreiben *„Das Essen ist gut"* | *„Die Anlage ist außer Betrieb"* **4** **jemand/etwas ist irgendwo** jemand/etwas kann irgendwo gefunden oder getroffen werden *„Wo warst du denn gestern Abend?"* | *„Weißt du, wo meine Brille ist?"* **5** **etwas ist irgendwann/irgendwo** etwas findet zur genannten Zeit oder am genannten Ort statt *„Weißt du noch, wann die erste Mondlandung war?"* **6** **jemand/etwas ist irgendwoher** jemand/etwas kommt oder stammt aus dem genannten Ort, Land o. Ä. *„Dem Akzent nach ist er wohl aus Berlin"* **7** **etwas ist von jemandem/etwas** etwas stammt von jemandem/etwas *„Ich weiß nicht, von wem dieser Brief ist"* **8** **etwas ist von jemandem** etwas gehört jemandem **9** **für/gegen jemanden/etwas sein** eine positive/negative Einstellung zu jemandem/etwas haben, jemanden/etwas wollen/nicht wollen *„Sie ist gegen Atomkraftwerke"* ANDERE VERWENDUNGEN: **10** **jemand ist (gerade) bei etwas/am** *+Infinitiv* jemand tut oder macht gerade etwas *„Ich war erst bei der zweiten Aufgabe, als die Zeit um war"* | *„Ich bin gerade dabei, das Zimmer aufzuräumen"* **11** **etwas ist zu** *+Infinitiv geschrieben* etwas muss oder soll getan werden *„Die Fenster sind vom Mieter alle fünf Jahre zu streichen"* **12** **etwas ist zu** *+Infinitiv* etwas kann getan werden (wenn man die Voraussetzungen dazu hat) *„Das Spiel ist noch zu gewinnen"* UNPERSÖNLICH: **13** **es ist** *+Zeitangabe* verwendet, um die Zeit anzugeben *„Es ist jetzt genau fünf Minuten nach vier Uhr"* | *„Ist heute Dienstag oder Mittwoch?"* **14** **jemandem ist schlecht/übel/schwindlig/mulmig** jemand fühlt sich schlecht, übel usw. **ID** **Ist was?** *gesprochen* verwendet, um eine Person in provozierender Weise zu fragen, ob sie Wünsche, Beschwerden oder Kritik äußern will

sein² *HILFSVERB* **1** verwendet, um das Perfekt und das Plusquamperfekt von vielen Verben ohne Objekt zu bilden, vor allem von Verben, die eine Bewegung in eine Richtung beschreiben *„Die Preise sind gestiegen"* | *„Als er die Katze fangen wollte, war sie schon über den Zaun gesprungen"* **2** *Partizip Perfekt +* **sein** verwendet, um die Form des Passivs zu bilden, die einen Zustand oder das Ergebnis einer Handlung bezeichnet *„Die Tür ist verschlossen"* | *„Die Renovierungsarbeiten sind inzwischen beendet"* ⓘ Das Passiv, das einen Vorgang bezeichnet, wird mit *werden* gebildet. Man vergleiche: *Heute wird der neue Präsident gewählt* (= Heute wählt das Volk den neuen Präsidenten: ein Vorgang) mit: *Der neue Präsident ist gewählt* (= Die Wahl ist zu Ende: ein Ergebnis, ein Zustand); vergleiche Hilfsverb **haben**

sein³ *ARTIKEL* **1** *zur 3. Person Singular (er) sein* verwendet man in einer Situation, in welcher man von einer Person (oder Sache) mit *er* oder eine Sache mit *es* reden würde. Man bezeichnet damit Dinge, Zustände, Vorgänge, Handlungen oder Personen, welche mit dieser Person (oder Sache) in Zusammenhang sind *„Oliver und seine Mutter"* | *„Er hat mich gleich nach seiner Ankunft angerufen"* ⓘ → Extras, S. 716: **Pronomen** PRONOMEN **2** *3. Person Singular (er)* verwendet, um sich auf eine (oft bereits erwähnte) Sache oder Person zu beziehen, die zu der Person gehört, über die man mit *er* spricht oder zu einer Sache, über die man mit *es* spricht *„Unsere Kinder spielen oft mit (den) seinen"* **3** *3. Person Singular (er), Genitiv „Wir erinnern uns seiner"* ⓘ → Extras, S. 715: **Pronomen**

sein las·sen, **sein·las·sen** *(ließ sein, hat sein lassen/seinlassen)* **etwas sein lassen** *gesprochen* etwas nicht tun *„Komm, lass das jetzt sein, das machen wir später"*

seit *PRÄPOSITION mit Dativ* **1** von dem genannten Zeitpunkt in der Vergangenheit bis zur Gegenwart *„seit 2010"* | *„seit dem letzten/seit letztem Monat"*

S

| *„Seit wann bist du da?" – „Erst seit zehn Minuten."*
BINDEWORT **2** der Nebensatz mit *seit* nennt ein Ereignis in der Vergangenheit, das der Beginn der Situation oder Handlung des Hauptsatzes ist *„Seit er nicht mehr raucht, fühlt er sich viel wohler"*

seit·dem ADVERB **1** von dem genannten Zeitpunkt in der Vergangenheit an *„Wir hatten letzte Woche einen Streit, seitdem hat er mich nicht mehr angerufen"*
BINDEWORT **2** der Nebensatz mit *seitdem* nennt ein Ereignis in der Vergangenheit, das der Beginn der Situation oder Handlung des Hauptsatzes ist *„Seitdem sie diesen Job hat, ist sie ein anderer Mensch"*

die **Sei·te** (-, -n) RICHTUNG, TEIL: **1** der rechte oder linke Teil einer Sache oder eines Raumes ⟨*auf die/zur Seite gehen, treten; etwas zur Seite stellen*⟩ **K** Seitenansicht, Seitenwand **2** der rechte oder linke Teil des Körpers von Menschen oder Tieren ⟨*sich auf die Seite legen*⟩ *„Er ist auf der linken Seite gelähmt"* FLÄCHE: **3** eine der Flächen, die einen Körper oder Raum nach außen oder nach rechts, links, vorn oder hinten begrenzen *„die vier Seiten eines Schranks"* **K** Außenseite, Innenseite, Rückseite, Vorderseite **4** eine der beiden Flächen eines dünnen, flachen Gegenstandes *„die beiden Seiten einer Münze"* IM BUCH, INTERNET USW.: **5** eine der beiden Flächen eines Blattes (in einem Buch, einem Heft, einer Zeitung), auf denen etwas gedruckt, geschrieben oder gezeichnet ist ⟨*eine Seite aufschlagen*⟩ **K** Seitenzahl; Buchseite, Titelseite ⓘ Abkürzung: S. **6** eine Ansicht eines Angebots im Internet oder das Angebot selbst **K** Internetseite, Webseite LINIE: **7** eine der Linien, die eine geometrische Figur begrenzen *„die Seiten eines Dreiecks/eines Trapezes"* ABSTRAKT: **8** eine von zwei Personen oder Gruppen, die zu einem Thema unterschiedliche Meinungen haben **ID** **etwas auf die Seite legen** Geld sparen; **etwas auf die/zur Seite schaffen** etwas heimlich wegnehmen und für sich selbst benutzen

das **Sei·ten·ste·chen** (-s) ein stechender Schmerz links oder rechts des Magens, den man manchmal bekommt, wenn man schnell läuft oder geht

der **Sei·ten·strei·fen** der äußere rechte oder linke Streifen entlang einer Autobahn o. Ä., auf dem man nur bei Pannen anhalten darf

seit·her ADVERB ≈ seitdem

seit·lich ADJEKTIV von der rechten oder linken Seite bzw. nach rechts oder nach links *„Er stieß seitlich mit meinem Auto zusammen"*

der **Sek·re·tär** (-s, -e) eine Person, deren Beruf es ist, ein Büro zu organisieren, Termine zu vereinbaren, Anrufe entgegenzunehmen usw. **K** Chefsekretär • *hierzu* **Sek·re·tä·rin** *die*

das **Sek·re·ta·ri·at** (-(e)s, -e) der Raum, in dem ein Sekretär oder eine Sekretärin arbeitet *„im Sekretariat der Schule anrufen und mitteilen, dass ein Schüler krank ist"*

der **Sekt** (-(e)s, -e) Wein mit vielen Bläschen (aus Kohlensäure), den man meist bei besonderen Gelegenheiten trinkt **K** Sektglas ⓘ zu *Sektglas* → Abb. unter **Glas**

die **Sek·te** (-, -n); *oft abwertend* eine relativ kleine Gruppe von Personen mit einem Glauben, der nicht als Religion anerkannt ist **K** Sektenführer

die **Se·kun·de** (-, -n) **1** einer der 60 Teile einer Minute *„Es ist jetzt genau 10 Uhr, 31 Minuten und 20 Sekunden"* **K** Sekundenzeiger; Hundertstelsekunde ⓘ Abkürzung: *Sek.*, in technischen und wissenschaftlichen Texten *s*, in alten Texten: *sek.* oder *sec.* **2** *gesprochen* ein sehr kurzer Zeitraum ≈ Augenblick *„Ich bin in einer Sekunde wieder zurück"*

der **Se·kun·den·schlaf** *gesprochen* das Einnicken für einen sehr kurzen Zeitraum, besonders beim Autofahren *„Unfall nach Sekundenschlaf verursacht großen Sachschaden"*

sel·b- ARTIKEL verwendet statt *derselbe* und *dasselbe*, wenn der bestimmte Artikel mit einer Präposition zu einem Wort verbunden ist *„am selben Platz"* an demselben Platz | *„im selben Zug"* in demselben Zug

sel·ber PRONOMEN *nur in dieser Form, betont und nachgestellt; gesprochen* betont, dass sich eine Aussage auf die genannte Person bezieht ≈ selbst *„Diesen Pullover habe ich selber gestrickt"*

selbst PRONOMEN *nur in dieser Form, betont und nachgestellt* **1** verwendet, um zu betonen, dass eine Aussage sich auf die genannte Person oder Sache und auf keine andere bezieht *„Diesen kleinen Defekt kann ich selbst reparieren!"* **2** **selbst** *+Partizip Perfekt* drückt aus, dass etwas von der betreffenden Person gemacht wurde (und nicht gekauft ist oder von anderen Leuten gemacht wurde) *„der selbst gebackene Kuchen"* | *„die selbst gemachte Marmelade"* ⓘ Die Adjektive können auch mit *selbst* zusammengeschrieben werden: *selbstgebacken* usw.

selb·stän·dig, **Selb·stän·di·ge** → selbstständig, Selbstständige

e **Selbst·be·die·nung** eine Form des Verkaufens, bei der die Kunden die Waren selbst aus dem Regal usw. nehmen *„eine Tankstelle mit Selbstbedienung"* **K** Selbstbedienungsrestaurant ⓘ nicht in der Mehrzahl verwendet; Abkürzung: *SB*

s **Selbst·be·wusst·sein** das Wissen um die eigenen Fähigkeiten und um den eigenen Wert in der Gesellschaft ⟨*kein, zu wenig, ein ausgeprägtes Selbstbewusstsein haben*⟩ ⓘ nicht in der Mehrzahl verwendet • *hierzu* **selbst·be·wusst** ADJEKTIV

er **Selbst·laut** ≈ Vokal

er **Selbst·mord** die Handlung, bei der jemand sich selbst tötet ⟨*Selbstmord begehen*⟩ ≈ Suizid **K** Selbstmordversuch • *hierzu* **Selbst·mör·der** *der*

selbst·stän·dig ADJEKTIV **1** mithilfe der eigenen Fähigkeiten und ohne die Hilfe anderer Leute ⟨*ein Mensch; selbstständig arbeiten, urteilen, handeln, entscheiden*⟩ **2** von keiner Person, Institution o. Ä. in den Entscheidungen abhängig *„Viele Staaten, die heute selbstständig sind, waren lange Zeit Kolonien"* **3** **sich selbstständig machen** einen eigenen Betrieb gründen • *hierzu* **Selbst·stän·dig·keit** *die*

selbst·ver·ständ·lich ADJEKTIV **1** so logisch und natürlich, dass man es nicht erklären und begründen muss *„Einem Verletzten zu helfen, ist wohl die selbstverständlichste Sache der Welt"* **2** verwendet in einer Antwort, um die eigene Zustimmung zu betonen *„Könntest du mir bitte helfen?" – „Aber selbstverständlich!"*

das **Selbst·ver·trau·en** das Vertrauen in die eigenen Fähigkeiten ⟨*voller Selbstvertrauen sein*⟩ *„Jedes Erfolgserlebnis hebt das Selbstvertrauen"*

se·lig ADJEKTIV in einem Zustand, in dem man keine Probleme und keine Wünsche mehr hat *„Die Kinder waren selig, als die Ferien begannen"*

sel·ten ADJEKTIV nur in kleiner Zahl, nicht oft vorkommend ≈ rar ↔ oft, häufig *„ein seltenes Mineral"* | *„Wir fahren sehr selten in die Stadt, vielleicht einmal im Monat"*

selt·sam ADJEKTIV ungewöhnlich und nicht leicht zu verstehen oder zu erklären ⟨*jemand sieht seltsam aus, benimmt sich seltsam*⟩ ≈ merkwürdig • *hierzu* **selt·sa·mer·wei·se** ADVERB

das **Se·mes·ter** (*-s, -*) einer der beiden Abschnitte, in die das Jahr für Unterrichtszwecke an den Universitäten eingeteilt ist *„Ich bin jetzt im dritten Semester"* **K** Sommersemester, Wintersemester

das **Se·mi·nar** (*-s, -e*) eine Form des Unterrichts vor allem an Universitäten, bei der die Teilnehmer mit Referaten und Diskussionen an einem Thema arbeiten ⟨*an einem Seminar teilnehmen*⟩

die **Sem·mel** (*-, -n*) ein kleines rundes Gebäck aus Weizen(mehl), das man mit Wurst, Marmelade o. Ä. zum Frühstück isst ⟨*frische Semmeln*⟩ ≈ Brötchen **K** Käsesemmel, Wurstsemmel

sen·den (*sendete/sandte, hat gesendet/*

S

gesandt) **1** **(etwas) senden** (sendete/ⒸⒽ sandte) eine Sendung im Fernsehen oder Radio bringen *„Wir senden rund um die Uhr"* **2** **(jemandem) etwas senden** (sandte) jemandem etwas per Post bringen lassen ≈ schicken **3** **jemanden/etwas irgendwohin senden** *geschrieben* (sandte) jemandem sagen, dass er irgendwohin gehen soll ≈ schicken

der **Sẹn·der** (-s, -) **1** eine Station, die Fernseh- und/oder Radiosendungen macht und sendet **K** Fernsehsender, Radiosender **2** ein Gerät, das elektromagnetische Wellen erzeugt und sendet

die **Sẹn·dung** (-, -en) **1** **eine Sendung (über etwas** (Akkusativ)) ein abgeschlossener Teil des Programms im Fernsehen und Radio (über das genannte Thema) ⟨*eine Sendung hören, sehen*⟩ **K** Fernsehsendung, Livesendung, Nachrichtensendung **2** **eine Sendung** (+Substantiv) etwas, das jemandem (vor allem mit der Post) geschickt wird ⟨*eine Sendung in Empfang nehmen, erhalten*⟩ **K** Briefsendung, Postsendung

der **Sẹnf** (-(e)s, -e) **1** eine gelbbraune, meist scharfe Paste, die man in kleinen Mengen zu Würstchen und Fleisch isst ⟨*milder, scharfer, mittelscharfer, süßer Senf; ein Glas, eine Tube Senf*⟩ **K** Senfglas **2** eine gelbe Pflanze, die scharf schmeckende Samen produziert, aus denen man Senf macht **K** Senfkorn

der **Se̲·ni·or** (-s, *Se·ni·o̲·ren*) ein alter Mensch, vor allem ein Rentner **K** Seniorenheim • *hierzu* **Se·ni·o̲·rin** *die*

sẹn·ken (senkte, hat gesenkt) **1** **etwas senken** etwas nach unten bewegen ⟨*die Augen, den Blick, den Kopf, die Schultern senken*⟩ ↔ heben **2** **etwas senken** bewirken, dass etwas niedriger oder geringer wird ⟨*die Preise, die Kosten senken*⟩ ↔ erhöhen **3** **etwas senkt sich** etwas kommt nach unten *„Beim Ausatmen senkt sich der Brustkorb"* • *hierzu* **Sẹn·kung** *die*

sẹnk·recht ADJEKTIV in einer geraden Linie nach oben gehend ≈ vertikal *„Die Felswand ist extrem steil, fast senkrecht"* **K** Senkrechtstart

die **Sen·sa·ti·on** [-'tsio̯:n]; (-, -en) ein ungewöhnliches Ereignis, das sehr viele Menschen interessant finden *„Der erste Flug zum Mond war eine echte Sensation"* **K** Sensationsmeldung

sen·si̲·bel ADJEKTIV (sensibler, sensibelst-) *oft abwertend* so, dass ein Mensch auf Einflüsse stark reagiert und schnell verletzt ist *„Sei nicht so grob zu ihm, er ist sehr sensibel"* **ⓘ** *sensibel → ein sensibles Kind* • *hierzu* **Sen·si·bi·li·tä̲t** *die*

se·pa·ra̲t ADJEKTIV getrennt vom Rest, von den anderen Leuten oder Dingen ⟨*ein Eingang, eine Dusche, ein Raum*⟩

der **Sep·tẹm·ber** (-s, -) der neunte Monat des Jahres ⟨*im September; Anfang, Mitte, Ende September; am 1., 2., 3. September*⟩ **ⓘ** Abkürzung: *Sept.*

die **Se̲·rie** [-i̯ə]; (-, -n) **1** **eine Serie** (+Genitiv/**von Dingen**) eine Folge von Ereignissen ähnlicher Art, die nacheinander geschehen ≈ Reihe **K** Unfallserie **2** **eine Serie** (+Genitiv/**von Dingen**) eine Anzahl von gleichen Dingen aus derselben Produktion ⟨*eine Serie Briefmarken, Fotos*⟩ **3** ein Text oder eine Radio- oder Fernsehsendung, die in einzelnen Teilen nacheinander erscheinen **K** Krimiserie **4** **etwas in Serie herstellen/fertigen** von einer Sache eine große Zahl gleicher Exemplare industriell produzieren

se·ri·ö̲s ADJEKTIV (seriöser, seriösest-) ⟨*ein Herr, eine Firma, ein Unternehmen, ein Geschäft*⟩ so, dass man ihnen glauben und vertrauen kann • *hierzu* **Se·ri·o·si·tä̲t** *die*

das **Ser·vice**[1] [zɛr'vi:s]; (-/-s, - [zɛr'vi:sə]) mehrere zusammengehörige Teller, Tassen, Schüsseln usw. derselben Art *„ein 24-teiliges Service aus Porzellan"* **K** Kaffeeservice, Teeservice

der **Ser·vice**[2] ['zø:ɐ̯vɪs]; (-/-s, -s ['zø:ɐ̯vɪsəs]) **1** eine oder alle zusätzlichen Leistungen, die eine Firma den Käufern einer Ware anbietet ≈ Kundendienst **K** Liefer-

S

ervice, Reparaturservice **2** die Art und Weise, wie Gäste in einem Restaurant, Hotel o. Ä. bedient werden ⓘ nicht in der Mehrzahl verwendet **3** eine Firma oder Abteilung, die spezielle Dienstleistungen anbietet **K** Pannenservice, Partyservice

ser·vie·ren [-v-] (*servierte, hat serviert*) (**etwas**) **servieren** Speisen und Getränke zum Tisch tragen und anbieten

Ser·vi·et·te [-v-]; (-, *-n*) ein Stück Tuch oder Papier, mit dem man sich beim Essen den Mund und die Hände sauber macht ⓘ → Abb. *Tisch decken* unter **Tisch**

Ses·sel (-s, -) ein Möbelstück zum Sitzen für eine Person, das weich gepolstert ist und meist Lehnen für die Arme und eine breite Lehne für den Rücken hat **K** Ledersessel

Set (-s, -s) **1** **ein Set** +*Substantiv*/**von Dingen** eine Gruppe von Dingen, die zusammengehören, vor allem gleiche Dinge unterschiedlicher Größe, Farbe o. Ä. ≈ Satz *„ein Set Kugelschreiber"* **2** ein Stück Stoff, Plastik o. Ä., das man auf den Tisch unter den Teller legt

set·zen (*setzte, hat/ist gesetzt*) PERSON: AUF EINEN STUHL USW.: **1** **sich (irgendwohin) setzen** (*hat*) vom Stehen zum Sitzen kommen ⟨*sich aufs Pferd, aufs Rad, auf einen Stuhl, aufs Sofa, an den Tisch, ins Gras setzen*⟩ ↔ aufstehen ⓘ Kommt jemand vom Liegen zum Sitzen, sagt man *sich aufsetzen*. **2** **jemanden irgendwohin setzen** (*hat*) eine Person irgendwohin bringen, damit sie dort sitzt *„einen Gast an den besten Platz setzen"* AN EINEN ORT: **3** **jemanden irgendwohin setzen** *gesprochen* (*hat*) jemanden zwingen, ein Haus, eine Wohnung o. Ä. zu verlassen oder einen Mitarbeiter entlassen ⟨*jemanden an die (frische) Luft, auf die Straße, vor die Tür setzen*⟩ **4** **etwas irgendwohin setzen** (*hat*) etwas so an eine Stelle bewegen, dass es sie berührt *„sich eine Mütze auf den Kopf setzen"* **5** **etwas setzt sich** (*hat*) ein fester Stoff sinkt in einer Flüssigkeit zu Boden SCHREIBEN: **6** **etwas (irgendwohin) setzen** (*hat*) etwas irgendwohin schreiben *„seine Unterschrift unter einen Vertrag setzen"* BESTIMMEN: **7** **(sich** (*Dativ*)**) etwas setzen** (*hat*) etwas als wichtig oder sinnvoll festlegen ⟨*sich* (*Dativ*) *ein Ziel setzen*⟩ **8** **jemandem/etwas etwas setzen** (*hat*) Grenzen für jemanden/etwas bestimmen *„Kindern Grenzen setzen"* ZUSTAND ÄNDERN: **9** (*hat*) verwendet in festen Wendungen, die eine Änderung des Zustands beschreiben *„jemand/etwas setzt sich in Bewegung"* jemand/etwas fängt an, sich zu bewegen | *„etwas in/außer Betrieb setzen"* etwas einschalten/ausschalten | *„etwas in Brand setzen"* bewirken, dass etwas zu brennen anfängt

der **Sex** (-(*es*)) der körperliche Kontakt zwischen zwei Personen, um Kinder zu zeugen oder erotische Freude am Körper der anderen Person zu haben ⟨(*mit jemandem*) *Sex haben*⟩ **K** Sexfilm, Sexshop

die **Se·xu·a·li·tät** (-) alle Gefühle, Handlungen, Bedürfnisse, Fähigkeiten usw., die mit Sex verbunden sind

se·xu·ell ADJEKTIV in Bezug auf den Sex und die damit verbundenen Bedürfnisse und Handlungen ⟨*eine Belästigung, eine Beziehung, ein Missbrauch; Handlungen, Kontakte, Übergriffe; sexuell erregt sein; eine sexuell übertragbare Krankheit*⟩

das **Sham·poo** ['ʃampu]; (-*s*/-*s*) ein meist flüssiges Mittel, mit dem man sich die Haare wäscht

die **Show** [ʃoː, ʃoʊ]; (-, -*s*) Handlungen, mit denen man versucht, die Aufmerksamkeit anderer Leute zu bekommen ≈ Schau

sich PRONOMEN *3. Person Singular und Mehrzahl* **1** (*Akkusativ*) verwendet als direktes Objekt des Verbs, um sich auf das Subjekt des Satzes zu beziehen *„Er freut sich schon auf die Ferien"* | *„Die beiden Hotels befinden sich außerhalb der Stadt"* **2** (*Dativ*) verwendet, um sich

S

auf das Subjekt des Satzes zu beziehen, wenn es noch ein anderes Objekt gibt *„Sie kaufte sich am Kiosk eine Zeitung"* | *„Er hat sich in den Finger geschnitten"* **3** *(Akkusativ und Dativ Mehrzahl)* drückt aus, dass die Handlung von zwei Personen/Sachen getan wird und die jeweils andere betrifft ≈ einander *„Nach fast zwanzig Jahren sahen sie sich wieder"*

si·cher ADJEKTIV **1** **(vor jemandem/etwas) sicher** vor Gefahren oder Risiken geschützt ⟨*ein Versteck, ein Weg, ein Arbeitsplatz, ein Einkommen; etwas aus sicherer Entfernung beobachten*⟩ **2** so, dass Fehler oder Irrtümer fast nie vorkommen *„ein sicheres Urteil/einen sicheren Geschmack haben"* **K** verkehrssicher **3** so, dass man sich darauf verlassen kann ⟨*ein Medikament, eine Methode*⟩ ≈ zuverlässig **4** mit stabilem Gleichgewicht, sodass jemand/etwas nicht leicht fällt oder kippt ⟨*sicher stehen, gehen*⟩ **5** voller Vertrauen in die eigenen Fähigkeiten ⟨*ein Auftreten*⟩ ≈ selbstbewusst **6** sehr wahrscheinlich ⟨*das Ende, der Tod, ein Sieg*⟩ *„Sie hat sicher den Zug versäumt"* **7** **sich** *(Dativ)* **einer Sache** *(Genitiv)* **sicher sein**; **(sich** *(Dativ)***) sicher sein, dass ...** von etwas überzeugt sein *„Ich bin mir absolut sicher, dass sie meine DVD noch hat"*

die **Si·cher·heit** (-, -en) **1** der Zustand, in dem es keine Gefahr für Personen oder Dinge gibt ⟨*in Sicherheit sein; jemanden/etwas in Sicherheit bringen*⟩ ↔ Gefährdung, Unsicherheit ⓘ nicht in der Mehrzahl verwendet **2** das zuverlässige Funktionieren, die verlässliche Wirkung einer Sache ≈ Zuverlässigkeit, Verlässlichkeit *„ein technisches Gerät auf seine Sicherheit überprüfen"* **K** Sicherheitsvorkehrungen ⓘ nicht in der Mehrzahl verwendet **3** die Fähigkeit, etwas sehr gut zu können ≈ Gewandtheit *„die Sicherheit in der Beherrschung einer Fremdsprache"* **K** Fahrsicherheit ⓘ nicht in der Mehrzahl verwendet **4** das Vertrauen in die eigenen Fähigkeiten ≈ Selbstsicherheit *„Der Erfolg hat ihr Sicherheit gegeben"* ⓘ nicht in der Mehrzahl verwendet **5** eine Sache von hohem Wert, die man als Garantie für ein Versprechen bekommt ≈ Bürgschaft *„Die Bank verlangte den Wert des Hauses als Sicherheit für den Kredit"*

der **Si·cher·heits·gurt** der Sicherheitsgurt im Auto, Flugzeug usw. verhindert, dass man bei einem Unfall aus dem Sitz geschleudert wird ⟨*den Sicherheitsgurt anlegen*⟩

die **Si·cher·heits·na·del** eine gebogene Nadel, mit der man Teile aus Stoff aneinander befestigen kann ⓘ → Abb. unter **Nadel**

si·cher·lich ADVERB mit großer Wahrscheinlichkeit

si·chern *(sicherte, hat gesichert)* **1** **etwas (gegen etwas) sichern** etwas vor einer Gefahr schützen **2** **etwas sichern** alles tun, was nötig ist, damit etwas funktionieren oder existieren kann ⟨*die Existenz, die Zukunft sichern*⟩ ≈ garantieren ↔ bedrohen **3** **etwas sichern** einen Text während der Bearbeitung speichern oder Dateien und Programme kopieren, damit sie bei Stromausfall, Absturz des Computers o. Ä. nicht verloren gehen **4** **Spuren sichern** (als Polizist o. Ä.) alles, was als Beweis für ein Verbrechen dienen kann, noch am Tatort untersuchen

die **Si·che·rung** (-, -en) **1** ein kleines Gerät in einem elektrischen System. Es unterbricht den Strom, wenn zu starker Strom fließt o. Ä. **K** Sicherungskasten **2** die Maßnahmen, durch die man etwas vor Gefahr schützt ⓘ nicht in der Mehrzahl verwendet **3** die Maßnahmen, welche das Funktionieren oder die Existenz einer Sache garantieren *„die Sicherung der Arbeitsplätze"* ⓘ nicht in der Mehrzahl verwendet **4** die Handlungen, mit denen man nach einem Verbrechen Spuren sichert **K** Spurensicherung ⓘ nicht in der Mehrzahl verwendet **5** das Speichern und Sichern von Dateien auf einem

S

Computer **K** Sicherungskopie; Datensicherung

sicht (-) **1** die Möglichkeit, Menschen und Dinge zu sehen (die vom Wetter, der Luft, dem eigenen Standort usw. abhängt) **2** die Art, wie man jemanden/etwas beurteilt *„Aus der Sicht der Opposition war das Ergebnis der Wahl ein voller Erfolg"* **K** Sichtweise

sicht·bar ADJEKTIV **1** so, dass man es mit den Augen sehen kann ↔ unsichtbar **2** so, dass es jeder leicht erkennen kann ≈ deutlich *„Ihr Gesundheitszustand hat sich sichtbar gebessert"* • *hierzu* **Sicht·bar·keit** *die*

sicht·lich ADJEKTIV so, dass es jeder sehen oder bemerken kann ⟨*mit sichtlicher Freude, Begeisterung*⟩ ≈ offensichtlich, deutlich

si·ckern (*sickerte, ist gesickert*) **etwas sickert irgendwohin** etwas fließt langsam, Tropfen für Tropfen, irgendwohin *„Das Wasser sickert in den Boden"*

sie PRONOMEN **1** *3. Person Singular* verwendet anstelle eines Substantivs, um eine Person oder Sache zu bezeichnen, deren grammatisches Geschlecht feminin ist *„Hast du Katrin gesehen?" – „Ja, sie ist im Garten."* ⓘ → Extras, S. 715: **Pronomen** **2** *3. Person Mehrzahl* verwendet anstelle eines Substantivs, um mehrere Personen oder Sachen zu bezeichnen, von denen man spricht *„Meine Eltern sind da. Sie sind vor einer Stunde gekommen"* ⓘ → Extras, S. 715: **Pronomen** **3** *gesprochen 3. Person Mehrzahl* verwendet, anstelle eines Substantivs, um mehrere Personen zu bezeichnen, die man nicht nennen kann oder will ≈ man *„Mir haben sie gestern das Fahrrad gestohlen"*

Sie PRONOMEN *2. Person Singular und Mehrzahl, Höflichkeitsform* **1** verwendet als höfliche Anrede *„Guten Tag, Frau Wolff, kommen Sie doch herein!"* | *„Möchten Sie etwas zu trinken?"* **2** **zu jemandem Sie sagen; mit jemandem per Sie sein** jemanden mit *Sie* anreden ≈ siezen ⓘ → Extras, S. 715: **Pronomen** und S. 671: **Anrede**

das **Sieb** (-(e)s, -e) man schüttet Dinge in ein Sieb, damit kleine Teile oder Flüssigkeiten von größeren Teilen getrennt werden ⟨*ein feines, grobes Sieb*⟩ *„die Nudeln ins Sieb schütten"* **K** Teesieb

sie·ben[1] (*siebte, hat gesiebt*) **(etwas) sieben** etwas durch ein Sieb schütten und auf diese Art die festen von den flüssigen oder die großen von den kleinen Teilen trennen ⟨*Sand, Mehl sieben*⟩

sie·ben[2] ZAHLWORT (als Zahl, Ziffer) 7 ⓘ → Extras, S. 700: **Zahlen** und Beispiele unter **vier**

die **Sie·ben** (-, -/-en) **1** die Zahl 7 **2** jemand/etwas mit der Nummer 7

sie·ben·hun·dert ZAHLWORT (als Zahl) 700

sie·ben·tau·send ZAHLWORT (als Zahl) 7000

das **Sie·ben·tel** (-s, -) 1/7 ≈ Siebtel

siebt ADJEKTIV **1** in einer Reihenfolge an der Stelle sieben ≈ 7. ⓘ → Beispiele unter **viert-** **2** **der siebte Teil (von etwas)** ≈ 1/7 **3** **zu siebt** (mit) insgesamt sieben Personen *„Sie sind zu siebt in dem kleinen Wagen gefahren"*

das **Sieb·tel** (-s, -) der siebte Teil einer Menge *„ein Siebtel der Strecke hinter sich haben"*

sieb·tens ADVERB verwendet bei einer Aufzählung, um anzuzeigen, dass etwas an 7. Stelle kommt

sieb·zehn ZAHLWORT (als Zahl) 17 ⓘ → Extras, S. 700: **Zahlen** und Beispiele unter **vier**

sieb·zig ZAHLWORT (als Zahl) 70

der **Sied·ler** (-s, -) eine Person, die in einer Gegend, in der noch keine Menschen sind, ein Haus baut und den Boden bebaut • *hierzu* **sie·deln** (*hat*); **Sied·le·rin** *die*

die **Sied·lung** (-, -en) ein Ort, an dem Menschen Häuser bauen, um dort wohnen zu können ⟨*eine ländliche, städtische Siedlung*⟩

der **Sieg** (-es, -e) **ein Sieg (über jemanden/etwas)** das Ergebnis eines erfolgreich

S

geführten Kampfes, Streits o. Ä. ⟨*ein knapper, deutlicher, haushoher, verdienter Sieg*⟩ ↔ Niederlage

das **Sie·gel** (-s, -) **1** das Muster, das ein Stempel o. Ä. in Wachs oder Papier macht, wenn man ihn daraufdrückt. Siegel verwendet man z. B. auf Urkunden **2** der offizielle Stempel einer Behörde *„das Siegel der Universität"*

sie·gen (*siegte, hat gesiegt*) **(gegen/über jemanden/etwas) siegen** in einem Kampf, Streit oder Wettbewerb Erfolg haben, weil man stärker oder besser als jemand/etwas ist ≈ gewinnen ↔ verlieren *„Der Außenseiter siegte überraschend über den Favoriten"* | *„Beinahe hätte ich diesen viel zu teuren Fernseher gekauft, aber dann hat die Vernunft gesiegt"*

der **Sie·ger** (-s, -) eine Person, die in einem Kampf, Streit oder in einem Wettbewerb gewonnen hat ≈ Gewinner **K** Olympiasieger • *hierzu* **Sie·ge·rin** *die*

sieht *Präsens, 3. Person Singular* → sehen

sie·zen (*siezte, hat gesiezt*) **jemanden siezen** jemanden mit *Sie* anreden ↔ duzen **i** → Extras, S. 671: **Anrede**

das **Sig·nal** (-s, -e) **1** **ein Signal (für etwas)** etwas, das dazu dient, jemandem eine Warnung, eine Information oder einen Befehl zu geben, z. B. ein Ton oder eine Handlung ⟨*ein akustisches, optisches Signal; jemandem ein Signal geben*⟩ ≈ Zeichen **K** Signallampe; Alarmsignal, Funksignal, Notsignal, Warnsignal **2** ein Gerät neben dem Gleis, das einem Lokführer zeigt, ob er weiterfahren kann oder halten muss *„Das Signal steht auf „Halt"*

S

die **Sil·be** (-, -n) eine von mehreren Einheiten, aus denen längere Wörter bestehen *„die Wörter „Mädchen" und „staubig" bestehen aus je zwei Silben: Mäd-chen, stau-big"* **K** Nachsilbe, Vorsilbe **i** Kurze Wörter wie *bald* oder *wenn* bestehen aus nur einer Silbe.

das **Sil·ber** (-s) **1** ein relativ weiches, wertvolles Metall, das sehr hell glänzt, wenn man es poliert, und aus dem man vor allem Schmuck macht *„ein Ring aus Silber"* **K** Silberbarren, Silberkette, Silbermedaille, Silbermünze **i** chemisches Zeichen: *Ag* **2** Besteck und/oder Geschirr aus Silber ⟨*das Silber putzen*⟩ **K** Silberbesteck **3** *ohne Artikel* eine Medaille aus Silber, die der Zweite in einem wichtigen Wettkampf bekommt ⟨*Silber gewinnen, holen*⟩ ≈ Silbermedaille

sil·bern ADJEKTIV aus Silber *„ein silbernes Armband"*

sim·sen (*simst, simste, hat gesimst*); *gesprochen* eine SMS versenden

sind *Präsens, 1. und 3. Person Mehrzahl* → sein

sin·gen (*sang, hat gesungen*) **1** **(etwas) singen** eine Melodie oder ein Lied mit der Stimme produzieren ⟨*ein Lied singen*⟩ **K** Singstimme **2** **ein Vogel singt** ein Vogel gibt melodische Töne von sich

der **Sin·gle** [sɪŋl̩]; (-(s), -s) eine Person, die nicht verheiratet ist und allein lebt **K** Singlehaushalt

der **Sin·gu·lar** ['zɪŋgu-]; (-s) **1** eine grammatische Form, die beim Verb zusammen mit den Pronomen *ich, du, er, sie, es* erscheint ↔ Plural **2** eine grammatische Form, die bei Substantiven, Adjektiven, Artikeln usw. erscheint und bei welcher das folgende Verb im Singular steht ↔ Plural *„der grüne Baum" und „die junge Frau" stehen im Singular"*

sin·ken (*sank, ist gesunken*) **1** **(irgendwohin) sinken** sich langsam (aufgrund des eigenen Gewichts) nach unten bewegen ⟨*das Buch, die Arme sinken lassen*⟩ **2** **etwas sinkt** etwas kann nicht (mehr) auf dem Wasser schwimmen und verschwindet unter der Oberfläche ⟨*das Schiff, das Boot*⟩ ≈ untergehen **3** **etwas sinkt** etwas verliert (meist langsam) an Höhe, Wert usw.; etwas wird weniger ⟨*der Wasserspiegel, die Preise, das Fieber, die Temperaturen*⟩ ↔ steigen

der **Sinn** (-(e)s, -e) **1** die Fähigkeit zu sehen, zu hören, zu riechen, zu schmecken oder zu fühlen und so die Umwelt und den eigenen Körper wahrzunehmen **K** Gehörsinn, Geruchssinn, Gleichgewichtssinn, Tastsinn **2** **ein Sinn für etwas** ein gutes Verständnis für die genannte Sache *„Er hat keinen Sinn für Humor"* **K** Familiensinn, Geschäftssinn, Ordnungssinn **i** nicht in der Mehrzahl verwendet **3** die geistige Leistung, die notwendig ist, damit man einen Ausdruck oder Satz versteht ‹*etwas ergibt keinen Sinn*› ≈ Bedeutung **i** nicht in der Mehrzahl verwendet **4** der Zweck, der Wert oder das Ziel einer Aktion oder Sache **i** nicht in der Mehrzahl verwendet **5** **etwas hat einen/macht Sinn** etwas ist sinnvoll und vernünftig *„Macht der Satz so überhaupt Sinn?"* **6** **etwas hat/macht viel/wenig/keinen Sinn** etwas ist sehr/wenig/nicht sinnvoll und vernünftig

sinn·los ADJEKTIV **1** ohne sinnvolles Ziel oder Erfolg ‹*ein Krieg, ein Opfer, Zerstörung*› ↔ sinnvoll **2** ohne vernünftigen Grund ‹*sich sinnlos ärgern, aufregen*› **3** ohne Überlegung oder Verstand ‹*Gerede, Zeug*› • hierzu **Sinn·lo·sig·keit** *die*

sinn·voll ADJEKTIV **1** so, dass es einen Nutzen oder einen Zweck hat ‹*eine Erfindung*› ≈ nützlich ↔ sinnlos **2** so, dass es den Betreffenden zufrieden macht ‹*eine Tätigkeit, eine Arbeit, ein Leben*› ↔ frustrierend

die **Si·re·ne** (-, -n) ein Gerät, das lange, laute Töne erzeugt, um vor einer Gefahr zu warnen **K** Feuerwehrsirene

der **Si·rup** (-s) eine süße dicke Flüssigkeit, die man mit Wasser mischt und als Saft trinkt **K** Himbeersirup

die **Sit·te** (-, -n) **1** die Verhaltensweisen, die eine Gesellschaft traditionell angenommen hat ‹*die Sitten und Gebräuche eines Volkes*› ≈ Bräuche **2** die Normen, die in einer Gesellschaft bestimmen, was gut und richtig ist ‹*die gute Sitte*› ≈ Moral

die **Si·tu·a·ti·on** [-'tsio:n]; (-, -en) die Umstände, Bedingungen, Tatsachen, wie sie zu einem Zeitpunkt vorhanden sind ≈ Lage **K** Krisensituation, Verkehrssituation • hierzu **si·tu·a·ti·ons·be·dingt** ADJEKTIV

der **Sitz** (-es, -e) **1** etwas, auf dem man (z. B. im Auto oder im Theater) sitzen kann ‹*bequeme, gepolsterte, weiche, lederne Sitze*› **K** Sitzplatz; Autositz, Fenstersitz **2** ein Amt in einer (öffentlichen) Institution oder einem Gremium (mit dem Recht, bei Abstimmungen mitzumachen) ‹*ein Sitz im Gemeinderat, im Aufsichtsrat, im Parteivorstand*› **3** das Gebäude, in dem eine Institution, ein Betrieb o. Ä. arbeitet oder der Ort, an dem jemand wohnt *„Die Firma hat ihren Sitz in Frankfurt"* **K** Regierungssitz, Wohnsitz

sit·zen (*saß, hat/ist gesessen*) NICHT STEHEN ODER LIEGEN: **1** **irgendwo sitzen** (*hat/besonders süddeutsch* Ⓐ Ⓒⓗ *ist*) *wenn man sitzt, ruht man auf einem Stuhl, dem Boden o. Ä. und der Oberkörper bleibt aufrecht* ‹*bequem, weich, ruhig, still sitzen*› **K** Sitzbank, Sitzkissen **i** *Sitzen* bezeichnet einen Zustand: *Sie saßen im Schatten des Baumes*; *sich setzen* bezeichnet einen Vorgang: *Nach dem Spaziergang setzten sie sich auf eine Bank.* **2** (*hat/süddeutsch* Ⓐ Ⓒⓗ *ist*) *sich lange Zeit irgendwo sitzend aufhalten (und sich dabei mit etwas beschäftigen)* *„im Wartezimmer sitzen"* warten | *„über den Büchern sitzen"* lernen ORT, GREMIUM USW.: **3** **irgendwo sitzen** (*hat/süddeutsch* Ⓐ Ⓒⓗ *ist*) *Mitglied einer Versammlung sein* ‹*im Aufsichtsrat, im Bundestag, im Stadtrat sitzen*› **4** **etwas sitzt irgendwo/irgendwie** (*hat/süddeutsch* Ⓐ Ⓒⓗ *ist*) *etwas befindet sich an einem Ort* *„Wo sitzt denn der Schmerz?" – „Ja, da am Rücken, etwas tiefer."* **5** **jemand sitzt** *gesprochen* (*hat*) jemand ist im Gefängnis KLEIDUNG: **6** **etwas sitzt (gut)** (*hat*) etwas hat die richtige Größe und Form und passt jemandem deshalb **7** **etwas sitzt schlecht** (*hat*) etwas hat nicht die richtige Größe und Form und passt jemandem deshalb nicht ANDERE VERWENDUNGEN: **8** **etwas**

sitzt (tief) (*hat*) etwas wirkt sehr stark in jemandem *„Mir sitzt noch die Angst in den Knochen"*

sịt·zen blei·ben, **sịt·zen·blei·ben** (*blieb sitzen, ist sitzen geblieben/sitzengeblieben*) **sitzen bleiben** eine Klasse in der Schule wiederholen müssen, weil die Leistungen zu schlecht waren *„in der fünften Klasse sitzen bleiben"* • *hierzu* **Sịt·zen·blei·ber** *der*

sịt·zen las·sen, **sịt·zen·las·sen** (*ließ sitzen, hat sitzen lassen/sitzenlassen*) **1** **jemanden sitzen lassen** jemanden verlassen *„Nach zehn Jahren Ehe hat ihr Mann sie und die Kinder sitzen lassen"* **2** **etwas nicht auf sich** (*Dativ*) **sitzen lassen** sich gegen einen Vorwurf oder eine Kritik verteidigen

der **Sịtz·platz** ein Platz zum Sitzen (in einem Bus, Zug, Stadion o. Ä.) ⟨*jemandem einen Sitzplatz anbieten*⟩ ↔ Stehplatz

die **Sịt·zung** (-, *-en*) ein Treffen von mehreren Personen, um etwas zu besprechen oder zu entscheiden ⟨*bei/auf/in einer Sitzung sein*⟩ ≈ Konferenz **K** Sitzungssaal; Parlamentssitzung, Vorstandssitzung

die **Ska·la** [sk-]; (-, *-s/Ska·len*) die Information von Ergebnissen einer Messung (meist als Striche und Zahlen auf einem Instrument) *„Die Skala des Fieberthermometers reicht von 35 °C bis 42 °C"*

der **Skan·dal** [sk-]; (*-s, -e*) **ein Skandal (um jemanden/etwas)** ein Ereignis, das viele Leute schockiert (und ärgert), weil es moralisch nicht akzeptabel ist ⟨*einen Skandal auslösen, aufdecken*⟩ *„Diese Verschwendung von Steuergeldern ist ein Skandal!"* **K** Bestechungsskandal

das **Ske·lẹtt** [sk-]; (*-s, -e*) alle Knochen des Körpers eines Menschen oder Tiers

skẹp·tisch [sk-] ADJEKTIV so, dass man beim Denken immer überlegt, ob die Informationen echt und wahr sind oder richtig verstanden werden ⟨*skeptisch sein, bleiben, werden, reagieren; etwas macht jemanden skeptisch*⟩ • *hierzu* **Skẹp·ti·ker** *der*

der **Ski** [ʃiː]; (*-s, -/-er* [ˈʃiːɐ]) Ski sind zwei lange, schmale Bretter aus Kunststoff, mit denen man über Schnee gleiten kann ⟨*Ski fahren, laufen*⟩ **K** Skifahrer, Skigebiet, Skilift

die **Skiz·ze** [ˈskɪtsə]; (-, *-n*) eine einfache, schnell gemachte Zeichnung, die mit wenigen Strichen das Wichtigste zeigt • *hierzu* **skiz·zie·ren** (*hat*)

der **Skla·ve** [ˈsklaːvə, -fə]; (*-n, -n*) eine Person, die einer anderen Person gehört, für welche sie arbeitet und nicht frei ist ⟨*Sklaven halten*⟩ **K** Sklavenhandel ℹ *der Sklave; den, dem, des Sklaven* • *hierzu* **Skla·vin** *die*

der **Slip** (*-s, -s*) eine kleine, enge Unterhose **K** Damenslip, Herrenslip

der **Smọg** [smɔk]; (-(*s*)) eine dichte Schicht aus Rauch, giftigen Gasen und oft auch Nebel in der Luft (über einer Stadt oder Fabrik) **K** Smogalarm

der **Smoo·thie** [ˈsmuːði]; (*-s, -s*) Mixgetränk aus Obst oder Gemüse und Milchprodukten oder Wasser ⟨*ein grüner Smoothie*⟩

der **Snack** [snɛk]; (*-s, -s*) eine kleine Mahlzeit ≈ Imbiss **K** Snackbar

so ADVERB <u>ART ODER WEISE:</u> **1** verwendet, um die Art und Weise zu bezeichnen, auf die eine (meist schon bekannte) Handlung abläuft *„Wir machen das so und nicht anders"* **2** *betont* in diesem Zustand oder in dieser Form *„So gefällt mir das Bild schon viel besser"* **3** *betont* von der genannten Art *„Bei so schlechtem Wetter bleibt man besser zu Hause"* **4** *gesprochen unbetont* verwendet, um Personen oder Dinge zu bezeichnen, die man nicht genau nennen oder beschreiben kann *„Schilf, das sind so Gräser, die vor allem am Ufer von Seen wachsen"* **5** **oder so**; **und so** *gesprochen unbetont* verwendet, wenn man etwas nicht genau weiß oder sich nicht entscheiden will *„Sie heißt Koslowski oder so"* <u>ZEIT, MENGE, UMFANG:</u> **6** **so weit sein** bereit sein, etwas zu tun *„Wir können jetzt gehen, ich bin so weit"* **7** **etwas ist so weit** etwas ist fertig oder bereit, etwas hat den genannten Punkt, das genannte Maß erreicht *„Endlich ist es so weit, das Haus ist

fertig" **8** **so** *+Zeitangabe/Mengenangabe gesprochen unbetont* ≈ ungefähr *„So in einer halben Stunde bin ich fertig, dann können wir fahren"*
BINDEWORT **9** verwendet, um eine Art Vergleich einzuleiten *„Sie beendete ihr Studium so schnell sie nur konnte"* **10** **so ... wie** verwendet, um einen Vergleich auszudrücken *„Das Haus sieht nicht so aus, wie ich es mir vorgestellt habe"* **11** **so** (*+Adjektiv/ Adverb*), **dass** ... verwendet, um die Ursache und deren Folge zu nennen ℹ Vor einem Adjektiv/ Adverb ist *so* unbetont, steht es allein, wird es betont; vergleiche **sodass**
PARTIKEL **12** *betont* verwendet, um eine Geste zu begleiten, die deutlich macht, wie jemand/etwas ist oder war *„Wie groß war denn der Tisch?" – „So groß!"* **13** *betont* allein stehend oder einleitend als eine Art Kommentar verwendet, wenn man etwas gerade getan hat (und damit zufrieden ist) *„So, das hätten wir geschafft!"* **14** *betont* mit Fragezeichen bzw. steigender Stimme verwendet, um Erstaunen oder Zweifel auszudrücken *„Sie ist schon mit 34 Jahren Großmutter geworden." – „So?"*

So Abkürzung für *Sonntag*

so·bạld BINDEWORT verwendet, um zu sagen, dass etwas sofort geschehen wird, wenn eine Voraussetzung erfüllt ist ≈ wenn *„Ich komme, sobald ich mit der Arbeit fertig bin"*

die **Sọ·cke** (-, -n) ein kurzer Strumpf, der bis an oder über die Knöchel reicht ⟨*ein Paar Socken*⟩ ℹ → Abb. unter **Bekleidung**

der **Sọ·ckel** (-s, -) der flache untere Teil, auf dem ein Denkmal, ein Zaun, ein Möbelstück o. Ä. steht

der **Sọ·cken** (-s, -); *gesprochen* ≈ Socke

so·dạss BINDEWORT der Nebensatz mit *sodass* beschreibt eine Folge des Geschehens, welches vorher beschrieben wurde ≈ so dass *„Er war völlig verwirrt, sodass er nicht mehr wusste, was er sagte"*

das **So̱·fa** (-s, -s) ein weiches, bequemes Möbelstück (mit einer Rückenlehne und Armlehnen), auf dem mehrere Personen sitzen können ≈ Couch **K** Sofakissen; Ledersofa

so·fẹrn BINDEWORT verwendet, um eine Voraussetzung zu bezeichnen ≈ wenn *„Die Fahrt dauert zwei Stunden, sofern es keinen Stau gibt"*

sọff *Präteritum, 1. und 3. Person Singular* → saufen

so·fọrt ADVERB **1** unmittelbar nach der ersten Handlung *„Ruf mich bitte sofort an, wenn du heimkommst"* **2** ohne zeitliche Verzögerung ≈ jetzt ↔ später *„Der Brief muss sofort zur Post!"* **3** in sehr kurzer Zeit *„Einen Moment noch, ich bin sofort fertig"*

die **Sọft·ware** ['sɔftvɛːɐ̯]; (-) die Informationen und Befehle (in Form von Programmen), mit denen ein Computer arbeiten kann

so̱g *Präteritum, 1. und 3. Person Singular* → saugen

der **So̱g** (-(e)s) die Kraft, die einen Körper in die Richtung zieht, in die sich die Luft oder eine Flüssigkeit bewegt ⟨*etwas erzeugt einen Sog*⟩

so·ga̱r, **so̱·gar** PARTIKEL *unbetont* **1** verwendet, um zu sagen, dass man weniger erwartet hat *„Er hat sogar gewonnen!"* **2** verwendet, um zu sagen, dass etwas ungewöhnlich ist *„Die Sonne scheint im Sommer am Nordpol sogar nachts"*

so̱·ge·nannt-, **so̱ ge·nạnnt-** ADJEKTIV **1** drückt aus, dass die nachfolgende Bezeichnung neu ist und von einer Gruppe von Leuten verwendet wird *„der sogenannte Treibhauseffekt"* **2** drückt aus, dass jemand/etwas die nachfolgende Bezeichnung nicht verdient *„mein sogenannter Freund Klaus"*

die **So̱h·le** (-, -n) **1** die untere Fläche des Fußes **K** Fußsohle ℹ → Abb. unter **Fuß** **2** die untere Fläche des Schuhs, des Strumpfes o. Ä. **K** Schuhsohle ℹ → Abb. unter **Schuh**

der **So̱hn** (-(e)s, *Söh·ne*) jemandes männliches Kind **K** Adoptivsohn, Stiefsohn ℹ → Abb. unter **Familie** die **So·ja** (-) ≈ Sojabohne K Sojasoße

die **So·ja·boh·ne** eine Bohne, die vor allem in Asien wächst. Den Samen verwendet man meist als Gemüse, für Öl, als Ersatz für Fleisch und als Futter für Tiere

so·lan·ge BINDEWORT **1** für die Dauer der Zeit, die in dem Satz genannt wird *„Solange sein Auto kaputt ist, fährt er mit dem Fahrrad"* **2** verwendet, um eine Bedingung, Voraussetzung zu nennen *„Du darfst nicht rausgehen, solange du nicht aufgeräumt hast"* Du darfst erst rausgehen, wenn du aufgeräumt hast ℹ aber: *Ich bleibe so lange, bis du eingeschlafen bist* (getrennt geschrieben)

solch ARTIKEL/PRONOMEN **1** (Personen oder Dinge) von der schon genannten oder bekannten Art *„Es gab Kuchen, Plätzchen und solche Sachen"* **2** verwendet, um zu betonen, dass etwas sehr intensiv, groß, stark o. Ä. ist *„Sie hatte solchen Hunger, dass sie nicht einschlafen konnte"* | *„Es ist eine solche Freude, dich zu sehen!"* **3** verwendet ohne ein Substantiv, um von der gleichen Sache oder von Sachen ähnlicher Art zu sprechen, die vorher genannt wurden *„Ihr habt wirklich nette Nachbarn. Solche hätte ich auch gerne"*

der **Sol·dat** (-en, -en) eine Person, die bei der Armee ist (aber nicht im Rang eines Offiziers) K Soldatenfriedhof; Berufssoldat ℹ *der Soldat; den, dem, des Soldaten* • *hierzu* **Sol·da·tin** *die*

die **So·li·da·ri·tät** (-) **die Solidarität (mit jemandem)** das Vertrauen und Zusammenhalten von Personen mit ähnlichen Interessen oder Zielen

S

so·li·de ADJEKTIV **1** sorgfältig und aus gutem, festem Material hergestellt ≈ stabil *„solide Mauern"* **2** so, dass nichts Wichtiges fehlt ⟨*eine Ausbildung, eine Grundlage, ein Wissen*⟩ ≈ gründlich **3** ⟨*ein Unternehmen, eine Firma, ein Betrieb*⟩ in guten finanziellen Verhältnissen und so, dass man sich auf sie verlassen kann ≈ seriös

sol·len¹ MODALVERB (*sollte, hat Infinitiv + sollen*) **1** *Infinitiv* + **sollen** drückt aus, dass eine Person gebeten wurde, das Genannte zu tun oder den Auftrag dazu bekommen hat *„Ich soll ihn um fünf Uhr vom Hotel abholen"* **2** *Infinitiv* + **sollen** drückt aus, dass etwas vernünftig oder sinnvoll ist *„Ich soll mich ein bisschen ausruhen, hat der Arzt gesagt"* **3** **soll ich/sollen wir** +*Infinitiv* verwendet, um einen Vorschlag in Form einer Frage zu machen *„Soll ich das Fenster aufmachen?"* **4** **du sollst nicht** +*Infinitiv* verwendet, um jemandem etwas zu verbieten *„Du sollst nicht alles anfassen!"* **5** **jemand/etwas soll** +*Infinitiv* etwas wird behauptet, aber man weiß nicht, ob die Information wahr ist *„Er soll ja sehr reich sein"* **6** **jemand/etwas soll** +*Infinitiv* etwas ist für die Zukunft geplant oder wird vorhergesagt *„Morgen soll es wieder wärmer werden"* **7** *Infinitiv* + **sollen** man ist ratlos und weiß keine Antwort *„Was soll ich nur tun?"* | *„Wie sollte das denn funktionieren?"* **8** *Infinitiv* + **sollte(n)** verwendet, um einen Wunsch auszudrücken, der nicht erfüllt werden kann *„So sollte das Wetter immer sein!"* **9** **wenn/falls jemand/etwas** +*Infinitiv* **sollte** verwendet, um von einer Situation zu sprechen, die vielleicht vorkommt *„Falls/Wenn meine Frau anrufen sollte, sagen Sie ihr, dass ich später heimkomme"*

sol·len² (*sollte, hat gesollt*) **1** **irgendwohin sollen** *gesprochen* den Auftrag oder die Verpflichtung haben, irgendwohin zu gehen oder zu fahren *„Ich soll nach der Schule erst nach Hause, bevor ich zu dir darf"* **2** **etwas soll irgendwohin** es ist vereinbart oder vorgesehen, dass etwas irgendwohin gebracht wird *„Der Schrank soll neben das Fenster"* ID **Was soll's?** *gesprochen* drückt aus, dass man sich mit etwas abgefunden hat

so·mit, so·mit ADVERB verwendet, um zu sagen, dass etwas eine logische Folge ist ≈ also *„Das Erdöl wird teurer, und somit steigen die Preise"*

der **Som·mer** (-s, -) die Jahreszeit nach

dem Frühling, in der die Tage warm und lang sind **K** Sommeranfang, Sommerferien

Sọn·der·an·ge·bot **1** das Angebot einer Ware, die für eine kurze Zeit weniger kostet als sonst ⟨*etwas im Sonderangebot kaufen*⟩ **2** eine Ware, die im Sonderangebot zu kaufen ist ⟨*ein Sonderangebot kaufen*⟩

sọn·dern BINDEWORT verwendet, um nach einer verneinten Aussage das Zutreffende einzuleiten *„Ich bin nicht mit dem Auto gefahren, sondern zu Fuß gegangen"*

Sọn·der·preis ein sehr billiger Preis *„Socken zum Sonderpreis von drei Euro"*

Sọnn·abend *gesprochen* ≈ Samstag • *hierzu* **sọnn·abends** ADVERB

Sọn·ne (-, -*n*) **1** der große Stern am Himmel, den man am Tag sieht und von dem die Erde Wärme und Licht bekommt ⟨*die Sonne scheint, glüht, sticht*⟩ *„Die Sonne geht im Osten auf und im Westen unter"* **K** Sonnenaufgang, Sonnenlicht **i** nicht in der Mehrzahl verwendet **2** das Licht und die Wärme der Sonne ⟨*sich von der Sonne bräunen lassen*⟩ *„In meinem Zimmer habe ich den ganzen Tag Sonne"* **i** nicht in der Mehrzahl verwendet **3** ein Platz mit dem Licht der Sonne ⟨*in der Sonne liegen, sitzen*⟩ **i** nicht in der Mehrzahl verwendet **4** ein Stern, um den Planeten kreisen

sọn·nen (*sonnte sich, hat sich gesonnt*) **sich sonnen** (für längere Zeit) irgendwo sitzen oder liegen, wo man das Licht und die Wärme der Sonne am Körper spürt

das **Sọn·nen·bad** das Liegen in der Sonne

die **Sọn·nen·blu·me** eine Blume mit großen, gelben Blüten auf sehr hohen Stängeln, die flache Samen produziert, aus denen man Öl macht

der **Sọn·nen·brand** wenn man so lange in der Sonne war, dass die Haut rot ist und wehtut, hat man einen Sonnenbrand

die **Sọn·nen·bril·le** eine Brille mit dunklen Gläsern, welche die Augen vor starkem Sonnenlicht schützt

die **Sọn·nen·cre·me** [-kreːm] eine Creme, welche die Haut davor schützt, von der Sonne verbrannt zu werden

der **Sọn·nen·schein** das Licht der Sonne, wenn sie auf die Erde scheint **i** nicht in der Mehrzahl verwendet

sọn·nig ADJEKTIV **1** im Licht der Sonne *„sich auf eine sonnige Bank setzen"* **2** mit viel Sonnenschein ⟨*Wetter*⟩ *„in einem sonnigen Land Urlaub machen"*

der **Sọnn·tag** (-*s*, -*e*) der siebte Tag der Woche, an dem die meisten Leute nicht arbeiten ⟨*am Sonntag; letzten, diesen, nächsten Sonntag; Sonntag früh*⟩ **K** Sonntagabend; sonntagmittags **i** Abkürzung: *So*

sọnn·tags ADVERB jeden Sonntag *„Sonn- und feiertags geschlossen!"*

sọnst ADVERB/BINDEWORT **1** in den meisten anderen Fällen *„Sag doch auch mal was, du bist doch sonst auch nicht so schweigsam"* **2** zusätzlich zu dem, was schon gesagt worden ist (in Fragen oder vor verneinten Satzteilen) **3** verwendet, um nach Kritik etwas Positives zu sagen *„Die Nudeln waren etwas zu weich, aber sonst war das Essen ausgezeichnet"* **4** der Nebensatz mit *sonst* nennt eine unangenehme Folge, die mit der Handlung des Hauptsatzes verhindert werden kann oder konnte ≈ andernfalls *„Wir müssen sofort gehen, sonst verpassen wir den Zug"*

so·oft [zoˈ|ɔft] BINDEWORT immer wenn, jedes Mal wenn *„Er geht ins Kino, sooft er kann"* **i** aber: *Das passiert so oft, dass ich es kaum zählen kann* (getrennt geschrieben)

die **Sọr·ge** (-, -*n*) **1** die unangenehmen Gedanken und Gefühle, die man hat, wenn man Probleme oder Angst hat ⟨*große, berufliche, finanzielle Sorgen*⟩ **K** Existenzsorgen, Geldsorgen **2** **Sorgen (um jemanden/etwas)** die Angst, dass mit einer Person oder Sache etwas Unangenehmes geschehen könnte

S

⟨*sich* (*Dativ*) (*um jemanden/etwas*) *Sorgen machen*⟩ **3** **die Sorge (für jemanden)** alle Handlungen, mit denen man erreichen will, dass es jemandem gut geht *„die elterliche Sorge für die Kinder"* **K** Fürsorge **i** nicht in der Mehrzahl verwendet **4** **eine Person/Sache macht jemandem Sorgen** das Verhalten einer Person oder eine Sache bewirkt, dass jemand Angst hat oder unruhig wird *„Das Examen macht mir große Sorgen"* **ID** **Keine Sorge!** *gesprochen* verwendet, um jemandem Mut zu machen *„Keine Sorge, das wird schon klappen!"*

sor·gen (*sorgte, hat gesorgt*) **1** **für jemanden sorgen** alles tun, was eine Person braucht, damit es ihr gut geht ⟨*für die Kinder, den Ehepartner sorgen*⟩ **2** **für etwas sorgen** alles tun, was nötig ist, damit etwas geschieht, entsteht oder da ist ⟨*für das Essen, die Getränke sorgen*⟩ **3** **sich (um jemanden/etwas) sorgen** Angst haben, dass jemand oder eine Sache einen Schaden erleidet

die **Sorg·falt** (-) die gewissenhafte und sehr genaue Ausführung einer Aufgabe o. Ä. *„Er zeichnete den Plan mit größter Sorgfalt"* • *hierzu* **sorg·fäl·tig** *ADJEKTIV*

die **Sor·te** (-, *-n*) **eine Sorte** (*+Substantiv*) eine Gruppe von Pflanzen oder Dingen, die sich durch einige Eigenschaften von anderen Pflanzen oder Dingen der gleichen Art unterscheiden *„eine billige Sorte Tee"* **K** Käsesorte

sor·tie·ren (*sortierte, hat sortiert*) **Dinge (nach etwas) sortieren** Dinge mit ähnlichen Eigenschaften zu Gruppen mit gleichen Eigenschaften ordnen *„Die Äpfel werden nach der Größe sortiert"*

die **So·ße** (-, *-n*) **1** eine meist relativ dicke (gekochte) Flüssigkeit, die man zu Fleisch, Gemüse o. Ä. isst *„Willst du noch etwas Soße über den Braten?"* **K** Bratensoße, Rahmsoße, Salatsoße, Tomatensoße **i** Vor allem auf Speisekarten wird *Soße* auch *Sauce* geschrieben. **2** eine dicke, süße Flüssigkeit, die man zur Nachspeise isst **K** Vanillesoße

das **Sou·ve·nir** [zuvəˈniːɐ̯]; (*-s, -s*) ein meist kleiner Gegenstand, den man von einer Reise mitbringt und der an die Reise erinnern soll ≈ Andenken **K** Souvenirladen

so·viel *BINDEWORT* der Nebensatz mit *soviel* beschreibt, was man im Augenblick weiß *„Soviel ich weiß, sind die Geschäfte morgen geschlossen"* **i** aber: *Sie weiß so viel über Astronomie, das ist erstaunlich* (getrennt geschrieben)

so·weit *BINDEWORT* **1** ≈ soviel **2** in dem Maße, wie *„Soweit ich dazu in der Lage bin, werde ich es auch machen"* **i** aber: *Es geht uns so weit ganz gut* (getrennt geschrieben)

so·wie *BINDEWORT* (bei Aufzählungen verwendet) und auch *„Wir sahen Boston, New York und Washington sowie einige Städte im Süden"*

so·wie·so, **so·wie·so** *PARTIKEL*; *gesprochen* unabhängig von allem ≈ ohnehin *„Es ist nicht schlimm, dass du das Buch vergessen hast, ich habe jetzt sowieso keine Zeit zum Lesen"*

so·wohl **ID** **sowohl ... als/wie (auch)** das eine wie das andere *„Sie ist sowohl Sängerin als auch Schauspielerin"* | *„Ich mag beides, sowohl die Berge als auch das Meer"*

so·zi·al *ADJEKTIV* **1** in Bezug auf die Art und Weise, in der die Menschen in der Gesellschaft zusammenleben ⟨*die Ordnung, der Fortschritt, die Verhältnisse*⟩ ≈ gesellschaftlich **2** in Bezug auf die Tatsache, dass Menschen zu verschiedenen Gruppen, Klassen oder Schichten gehören ⟨*Unterschiede, Schichten, das Gefälle, Gerechtigkeit*⟩ **3** in Bezug auf die finanzielle Situation der armen Menschen ⟨*das Elend, die Sicherheit*⟩ **4** so, dass Dinge dem Wohl der Gesellschaft, vor allem armen und schwachen Menschen dienen ⟨*die Errungenschaften, die Einrichtungen, die Leistungen*⟩ **K** Sozialpolitik **5** so, dass man das Wohl anderer Menschen, vor allem der armen und schwachen, als

Ziel hat „*sehr sozial eingestellt sein*"

So·zi·al·amt die Behörde, bei der man die Sozialhilfe bekommt

So·zi·al·hil·fe Geld, das der Staat Menschen in Not gibt, damit sie Wohnung, Kleidung und Nahrung zahlen können **K** Sozialhilfeempfänger **i** nicht in der Mehrzahl verwendet

So·zi·a·lis·mus (-) **1** (in den Theorien von Marx und Engels) die Entwicklungsstufe der Gesellschaft, die dem Kommunismus vorausgeht (und in der es z. B. kein Privateigentum an den wichtigsten Produktionsmitteln mehr gibt) **2** die tatsächliche Form des Sozialismus, wie sie z. B. in den Ländern des ehemaligen Ostblocks herrschte ⟨*der Sozialismus in der DDR, in Polen, in der Sowjetunion, in China*⟩ • *hierzu* **So·zi·a·list** *der*; **so·zi·a·lis·tisch** *ADJEKTIV*

So·zi·al·woh·nung eine relativ billige Wohnung, die nur Personen mieten dürfen, die ein niedriges Einkommen haben

so·zu·sa·gen *ADVERB* wie man sagen könnte „*Paul ist in seiner Firma sozusagen Mädchen für alles*"

Spach·tel *süddeutsch* Ⓐ *die*; (*-s*/*-*, *-*/*-n*) ein einfaches Werkzeug aus einem Griff und einem flachen Stück Metall, mit dem man Mörtel, Putz usw. auf Flächen verteilt und glatt macht

Spalt (-(*e*)*s*, *-e*) eine schmale, lange Öffnung „*ein Spalt in der Erde/im Holz/in einem Gletscher*" **K** Türspalt

Spal·te (-, *-n*) **1** eine lange Öffnung ⟨*eine breite, schmale, tiefe Spalte*⟩ **K** Gletscherspalte, Türspalte **2** einer der schmalen Streifen mit gedrucktem Text auf derselben Seite (eines Buches oder einer Zeitung) „*Dieses Wörterbuch hat zwei Spalten pro Seite*" **K** Textspalte • *zu* (2) **spal·ten·wei·se** *ADJEKTIV*

spal·ten (*spaltete, hat gespalten/gespaltet*) **etwas spalten** etwas der Länge nach (meist mit einem Werkzeug) in zwei oder mehrere Teile trennen „*Der Baumstamm wurde vom Blitz gespalten*"

der **Span** (-(*e*)*s*, *Spä·ne*) kleine, dünne Streifen, die entstehen, wenn man Holz oder Metall verarbeitet

die **Span·ge** (-, *-n*) **1** ein kleines gebogenes Stück Metall oder Kunststoff (meist ein Schmuckstück), mit dem man die Haare oder ein Kleidungsstück befestigt **K** Haarspange **2** eine Konstruktion aus Metall, die man (vor allem als Jugendliche(r)) über schiefen Zähnen trägt, damit sie wieder gerade werden **K** Zahnspange

spann *Präteritum, 1. und 3. Person Singular* → spinnen

span·nen (*spannte, hat gespannt*) **1** **etwas spannen** an den Enden oder Rändern von etwas ziehen (und diese irgendwo befestigen), sodass es fest und straff wird ⟨*etwas straff spannen; ein Netz, ein Seil spannen*⟩ **2** **etwas in etwas** (*Akkusativ*) **spannen** etwas so zwischen zwei Teilen eines Geräts befestigen, dass es dort festgehalten wird „*ein Stück Holz in den Schraubstock spannen*" **3** **den Bogen spannen** die Schnur eines Bogens ganz fest zu sich heranziehen, sodass man damit einen Pfeil abschießen kann **4** **ein Tier an/vor etwas** (*Akkusativ*) **spannen** ein Tier an einen Wagen o. Ä. binden, damit es ihn zieht **5** **etwas spannt** ein Kleidungsstück ist unangenehm eng „*Das Hemd spannt über dem Bauch*" **6** **etwas spannt sich** etwas wird straff „*Als das Auto losfuhr, spannte sich das Abschleppseil*"

span·nend *ADJEKTIV* so, dass man wissen will, wie sich die Situation weiterentwickelt ⟨*ein Film, ein Krimi, ein Thriller, ein Roman*⟩ ↔ langweilig

die **Span·nung** (-, *-en*) ZUSTAND: **1** der (meist nervöse) Zustand, in dem man ist, wenn man z. B. auf eine wichtige Entscheidung wartet oder eine gefährliche Situation überstehen muss **2** der Zustand, in dem ein Streit oder eine problematische, gefährliche Situation droht ⟨*soziale, politische, wirtschaftliche Spannungen*⟩ ≈ Krise **3** der straffe Zustand, in dem ein Seil, eine Leine o. Ä. ist, wenn man an den Enden zieht ⟨*etwas hat genug, zu wenig Spannung*⟩ PHYSIKALISCH: **4** die Stärke der elektrischen Kraft ⟨*die Spannung* (*in Volt*) *messen*⟩ **K** Hochspannung

spa·ren (*sparte, hat gespart*) **1** **(etwas) sparen** Geld nicht ausgeben, sondern es für einen späteren Zweck (bei einer Bank o. Ä.) sammeln *„Ich habe schon tausend Euro gespart"* **K** Sparkonto **2** **(etwas) sparen** weniger von etwas verbrauchen oder ausgeben als bisher ⟨*Benzin, Energie, Öl, Strom, Wasser sparen*⟩ **3** **etwas spart etwas** etwas kostet weniger oder braucht weniger Material und Energie *„Die neue Methode wird sicherlich Kosten sparen"* **4** **auf etwas** (*Akkusativ*)/**für etwas sparen** Geld sparen, um sich etwas zu kaufen *„auf ein neues Auto/für ein Haus sparen"* **5** **jemand spart an etwas** (*Dativ*)/**mit etwas** jemand verbraucht wenig(er) von etwas *„Wir sollten mit der Energie sparen"* | *„Wir könnten an Benzin sparen"* • *zu* (1) **Spa·rer** *der*

der **Spar·gel** (*-s, -*) eine Pflanze mit meist weißen Stängeln, die unter der Erde wachsen und die man als Gemüse isst ⟨*eine Stange Spargel*⟩ **K** Spargelspitze, Spargelsuppe **i** → Abb. unter **Gemüse**

die **Spar·kas·se** eine Bank, über deren Geschäfte auch die Verwaltung einer Stadt, ein Landkreises o. Ä. entscheidet **K** Kreissparkasse, Stadtsparkasse

spar·sam ADJEKTIV **1** so, dass man wenig von etwas (meist Geld) verbraucht ⟨*sparsam leben, sein, wirtschaften*⟩ **2** ⟨*ein Auto, ein Motor, eine Maschine*⟩ so, dass sie sehr wenig Benzin, Energie o. Ä. brauchen, um zu funktionieren • *hierzu* **Spar·sam·keit** *die*

S

der **Spaß** (*-es, Spä·ße*), **Spass** (*-es, Spässe*); Ⓐ **1** etwas, das man sagt oder tut, damit andere Leute darüber lachen können ⟨*einen Spaß machen*⟩ ≈ Scherz **2** **Spaß (an etwas** (*Dativ*)**)** das Gefühl der Freude, das man bei etwas Angenehmem empfindet ⟨*etwas macht jemandem Spaß*⟩ ≈ Vergnügen *„Kinder haben viel Spaß daran, die Kleider anderer anzuziehen"* **i** nicht in der Mehrzahl verwendet **3** **keinen Spaß verstehen** sehr ernst und ohne Humor sein

spät ADJEKTIV (*später, spätest-*) **1** am Ende eines Zeitabschnitts ⟨*spät am Abend*⟩ ↔ früh **K** Spätsommer, Spätschicht **2** nach der erwarteten oder üblichen Zeit ⟨*spät aufstehen, ins Bett gehen*⟩ ↔ früh *„einen späteren Zug nehmen"* **K** Spätfolgen **3** **zu spät** so, dass der Zeitpunkt vorbei ist, an dem etwas möglich war oder hätte geschehen sollen *„Jetzt ist es zu spät, um einen Ausflug zu machen/für einen Ausflug"* **ID** **Wie spät ist es?** Wie viel Uhr ist es?; **spät dran sein** *gesprochen* in Eile sein *„Beeil dich, wir sind spät dran!"*

der **Spa·ten** (*-s, -*) eine flache Schaufel aus Metall mit einem langen Stiel aus Holz, mit der man die Erde im Boden umgräbt

spä·ter ADJEKTIV **1** *Komparativ* → spät **2** in der Zukunft *„Eine spätere Einigung ist nicht ausgeschlossen"* **3** nach Ablauf einer gewissen Zeit *„Erst später verstand ich, was er mir sagen wollte"* **ID** **Bis später!** *gesprochen* verwendet, wenn man sich von einer Person verabschiedet, die man schon bald wiedersehen wird

spä·tes·tens ADVERB **spätestens** *+Zeitangabe* nicht später als zur genannten Zeit *„Spätestens in fünf Tagen ist er zurück"*

der **Spatz** (*-en/-es, -en*) ein kleiner und häufiger Vogel mit braunen und grauen Federn **i** *der Spatz; den, dem, des Spatzen;* → Abb. unter **Tier**

die **Spätz·le** *Mehrzahl* kleine rundliche Nudeln

spa·zie·ren (*spazierte, ist spaziert*) **1** **(irgendwohin) spazieren** langsam (durch einen Park, einen Wald, die Straßen) gehen, ohne ein Ziel zu haben **K** Spazierweg **2** **(mit jemandem) spazieren gehen** in der freien Zeit langsam im Freien herumgehen, um Bewegung zu haben *„im Park/im Wald spazieren gehen"* **[3]** **(mit jemandem) spazieren fahren** (mit jemandem) im Auto o. Ä. zum Vergnügen (ohne festgelegtes Ziel) fahren

Spa·zier·gang **einen Spaziergang machen** langsam und ohne Ziel durch einen Wald, Park o. Ä. gehen • *hierzu* **Spa·zier·gän·ger** *der*

Spẹck (-(*e*)*s*) **[1]** ein (gesalzenes und geräuchertes) Stück Schweinefleisch mit sehr viel Fett ‹*fetter, geräucherter Speck*› **[K]** Speckscheibe, Speckschwarte **[2]** das Fett von Tieren direkt unter der Haut (und im Spaß auch bei Menschen) **[K]** Speckbauch

Spei·che (-, -*n*) **[1]** eine der dünnen Stangen, welche am Fahrrad die Mitte eines Rades mit der Felge verbinden *„Eine Speiche an meinem Fahrrad ist verbogen"* **(i)** → Abb. unter **Fahrrad** **[2]** (im Unterarm) derjenige Knochen, der auf der Seite des Daumens ist

r **Spei·chel** (-*s*) die Flüssigkeit, die sich im Mund bildet

r **Spei·cher** (-*s*, -) **[1]** ein Gebäude, in dem man Vorräte aufbewahrt ≈ Lager **[K]** Kornspeicher **[2]** ein großer Behälter, in dem etwas gesammelt wird **[K]** Wasserspeicher **[3]** der Raum direkt unter dem Dach eines Hauses, in dem niemand wohnt ≈ Dachboden **[4]** der Teil des Computers mit den Daten ‹*der Speicher ist voll*› **[K]** Arbeitsspeicher

spei·chern (*speicherte, hat gespeichert*) **etwas speichern** Informationen, Daten o. Ä. in einen Computer geben, damit sie dort bleiben und wieder verwendet werden können *„Daten auf einer Festplatte speichern"* **[K]** Speicherplatz • *hierzu* **Spei·che·rung** *die*

e **Spei·se** (-, -*n*) etwas zum Essen, was zubereitet wurde ‹*kalte, warme, köstliche, nahrhafte, verdorbene Speisen*› ≈ Gericht **[K]** Speiserest, Speisesaal; Süßspeise; Vorspeise, Hauptspeise, Nachspeise

ie **Spei·se·kar·te** eine Liste mit den Speisen, die man in einem Restaurant essen kann

spei·sen (*speiste, hat gespeist*) **[1]** **(etwas/irgendwie) speisen** *geschrieben* ‹*gut, teuer, exklusiv speisen*› ≈ essen *„Sie speisten Hummer in einem kleinen Lokal am Hafen"* **[2]** **jemanden speisen** *geschrieben* einer Person, die arm ist, etwas zu essen geben ‹*die Armen speisen*› **[3]** **etwas wird mit/aus etwas gespeist** etwas wird mit etwas versorgt *„Das Radiogerät wird mit Strom aus zwei Batterien gespeist"* • *zu* (2,3) **Spei·sung** *die*

die **Spẹn·de** (-, -*n*) mit Spenden unterstützt man Organisationen oder hilft Menschen in Not ‹*eine freiwillige, großzügige Spende; um Spenden bitten*› *„Spenden für die Flüchtlinge sammeln"* **[K]** Spendenaktion; Geldspende

spẹn·den (*spendete, hat gespendet*) **[1]** **(etwas) (für jemanden/etwas) spenden** vor allem einer Organisation etwas geben, um anderen Leuten zu helfen ‹*Geld, Lebensmittel, Medikamente spenden*› *„für die Erdbebenopfer spenden"* **[2]** **etwas spendet etwas** *geschrieben* etwas (produziert und) gibt etwas ‹*etwas spendet Licht, Wärme, Schatten*› **[3]** **etwas spenden** etwas abgeben oder sich nehmen lassen, damit so anderen Menschen geholfen wird ‹*Blut, Organe, eine Niere, Samen spenden*› **[4]** **(jemandem) etwas spenden** *geschrieben* verwendet zusammen mit einem Substantiv, um ein Verb zu umschreiben *„(jemandem) den Segen spenden"* jemanden segnen | *„(jemandem) Trost spenden"* jemanden trösten

spen·die·ren (*spendierte, hat spendiert*); *gesprochen* **(jemandem) etwas spendieren** meist ein Getränk oder ein Essen für jemanden bezahlen *„seinen Mitarbeitern ein Abendessen spendieren"*

das **Spẹr·ma** (-*s*, *Sper·men/Sper·ma·ta*); *geschrieben* die Flüssigkeit mit Samenzellen, die von männlichen Geschlechtsorganen produziert wird

die **Spẹr·re** (-, -*n*) Sperren auf Straßen und

S

Wegen sorgen dafür, dass niemand weitergehen oder -fahren kann ⟨*durch die Sperre gehen*⟩ **K** Straßensperre

sper·ren (*sperrte, hat gesperrt*) **1** **etwas sperren** verhindern, dass man weitergehen oder -fahren kann ⟨*die Polizei sperrt eine Straße, ein Tal, einen Pass*⟩ **2** **etwas sperren** verhindern, dass jemand etwas benutzen kann ⟨*ein Konto, das Sparbuch, das Telefon sperren*⟩ *„Ihm wurde der Strom gesperrt, weil er seine Rechnung nicht bezahlt hat"* **3** **jemanden irgendwohin sperren** eine Person oder ein Tier in einen Raum bringen, den sie nicht verlassen können ≈ einsperren *„den Löwen in einen Käfig sperren"* **4** **sich gegen etwas sperren** sich weigern, etwas zu tun ⟨*sich gegen eine Vorschrift, eine Bestimmung, einen Vorschlag, einen Plan sperren*⟩

sper·rig ADJEKTIV von/mit einer Form, die viel Platz erfordert *„Die Kiste ist so sperrig, dass wir sie in unserem Auto nicht transportieren können"*

spe·zi·a·li·sie·ren (*spezialisierte sich, hat sich spezialisiert*) **sich (auf etwas** (*Akkusativ*)**) spezialisieren** sich intensiv mit einem Teilgebiet eines Fachs beschäftigen *„sich nach dem Studium der Medizin auf Chirurgie spezialisieren"* • *hierzu* **Spe·zi·a·li·sie·rung** *die*

der **Spe·zi·a·list** (*-en, -en*) **1** **ein Spezialist (für etwas)** eine Person, die über einen relativ kleinen Teil eines Fachgebiets sehr viel weiß ≈ Experte **2** **ein Spezialist (für etwas)** ein Arzt mit einer zusätzlichen Ausbildung für ein spezielles Gebiet ⟨*zu einem Spezialisten gehen*⟩ ≈ Facharzt **K** Herzspezialist **i** *der Spezialist; den, dem, des Spezialisten* • *hierzu* **Spe·zi·a·lis·tin** *die*

die **Spe·zi·a·li·tät** (*-, -en*) eine sehr gute Speise, die für ein Restaurant, ein Gebiet oder für ein Land typisch ist *„Pizza ist eine italienische Spezialität"*

spe·zi·ell ADJEKTIV von einer besonderen Art und deshalb von allen anderen verschieden ⟨*ein Fall, eine Bedeutung, ein Wunsch*⟩

spi·cken (*spickte, hat gespickt*) **(etwas) (bei jemandem) spicken** *gesprochen* in der Schule bei einer Prüfung (vom Nachbarn) abschreiben **K** Spickzettel

der **Spie·gel** (*-s, -*) ein flacher Gegenstand aus Glas, in dem man alles sieht, was vor diesem Glas ist ⟨*vor dem Spiegel stehen*⟩ **K** Rasierspiegel, Wandspiegel

das **Spie·gel·bild** das Bild, das man in einem Spiegel, auf der Wasseroberfläche o. Ä. sieht *„Er betrachtete nachdenklich sein Spiegelbild im Wasser"*

das **Spie·gel·ei** ein gebratenes Ei, bei welchem das Eigelb in der Mitte liegt und außen herum das Eiweiß ist

spie·geln (*spiegelte, hat gespiegelt*) **etwas spiegelt sich in etwas** (*Dativ*) etwas ist in etwas deutlich (wie ein Spiegelbild) zu sehen *„Die Wolken spiegeln sich im Wasser"* • *hierzu* **Spie·ge·lung** *die*

das **Spiel** (*-(e)s, -e*) **1** eine Aktivität ohne Zweck, die man freiwillig und zum Vergnügen macht (wie es z. B. Kinder tun) *„das Spiel mit den Puppen"* **K** Spielkamerad **i** nicht in der Mehrzahl verwendet **2** etwas, womit man sich (meist mit anderen Leuten) nach Regeln, aber zum Spaß beschäftigt ⟨*ein Spiel machen, spielen, gewinnen, verlieren*⟩ **K** Spielkarte; Brettspiel, Kartenspiel, Versteckspiel **3** ein sportlicher Wettkampf zwischen zwei Menschen oder Mannschaften (z. B. beim Tennis oder Fußball) ⟨*ein Spiel machen, austragen, gewinnen, verlieren*⟩ ≈ Match *„Das Spiel steht 1 : 0"* **K** Spielstand; Ballspiel, Fußballspiel; Mannschaftsspiel **4** der Versuch, durch Glück (viel) Geld zu gewinnen ⟨*viel Geld im Spiel gewinnen, verlieren*⟩ **K** Spielautomat, Spielkasino; Glücksspiel **5** alle Gegenstände (Figuren, Brett, Würfel oder Karten usw.), die man für ein Spiel braucht ⟨*das Spiel aufstellen*⟩ **K** Spielesammlung; Schachspiel **6** die Art und Weise, in der ein Musiker, Schauspieler, Sportler oder eine Mannschaft spielt **i** nicht in der Mehrzahl verwendet

S

ID **etwas aufs Spiel setzen** riskieren, dass man etwas verliert (z. B. das Leben, die Gesundheit); **etwas steht auf dem Spiel** etwas könnte verloren, zerstört o. Ä. werden

spie·len (*spielte, hat gespielt*) SPIEL, SPORT: **1** **(etwas) spielen** ein Spiel der genannten Art machen ⟨*Fangen, Verstecken, Dame, Karten, Schach, Skat spielen*⟩ **2** **mit etwas spielen** eine Sache zum Spielen benutzen *„mit Puppen/mit einem Ball/mit dem Computer spielen"* **3** **(etwas) spielen** etwas (regelmäßig) als Sport oder Hobby tun ⟨*Fußball, Tischtennis, Volleyball, Minigolf spielen*⟩ **4** **(etwas) spielen** (beim Roulette, an Automaten usw.) versuchen, Geld zu gewinnen ⟨*Roulette, Lotto, Toto spielen*⟩ **5** **(gegen jemanden/eine Mannschaft)** (+*Ergebnis*) **spielen** ein Match oder ein Spiel machen (und das genannte Ergebnis erreichen) *„Stuttgart hat gegen Bremen nur unentschieden gespielt"* MUSIK: **6** **(etwas) spielen** Musik machen ⟨*ein Instrument, Klavier, Geige, Flöte spielen; ein Lied, ein Musikstück, eine Sinfonie spielen*⟩ **7** **etwas spielen** eine CD, DVD o. Ä. laufen lassen, um die Musik zu hören ⟨*eine CD, eine DVD, ein Lied spielen*⟩ THEATER: **8** **(jemanden/etwas) spielen** (als Schauspieler) eine Person/Rolle in einem Film oder Theaterstück darstellen ⟨*die Hauptrolle, eine Nebenrolle spielen*⟩ **9** **Personen spielen etwas** eine Theatergruppe o. Ä. zeigt eine künstlerische Produktion dem Publikum, führt etwas auf ⟨*ein Theaterstück, eine Oper, ein Musical, einen Film spielen*⟩ ANDERE VERWENDUNGEN: **10** **mit jemandem/etwas spielen** jemanden/etwas ohne (den nötigen) Respekt behandeln oder benutzen ⟨*mit dem Leben, mit jemandes Gefühlen spielen*⟩

der **Spie·ler** (*-s, -*) **1** eine Person, die bei einem Spiel mitmacht **K** Fußballspieler, Schachspieler, Nationalspieler **2** eine Person, die (aus Gewohnheit) spielt, um Geld zu gewinnen **K** Lottospieler, Roulettespieler • *hierzu* **Spie·le·rin** *die*

spie·le·risch ADJEKTIV zum Spaß und wie im Spiel *„Der Hund schnappte spielerisch nach meiner Hand"*

das **Spiel·feld** die (genau begrenzte) Fläche, auf der ein sportliches Spiel stattfindet

der **Spiel·film** ein Film, dessen Handlung erfunden ist und der zur Unterhaltung dient

der **Spiel·platz** ein Platz mit verschiedenen Geräten, an denen Kinder spielen können **K** Kinderspielplatz

die **Spiel·sa·chen** *Mehrzahl* ≈ Spielzeug

der **Spiel·ver·der·ber** (*-s, -*) eine Person, die anderen Leuten die Freude an etwas nimmt, weil sie nicht mitmacht • *hierzu* **Spiel·ver·der·be·rin** *die*

das **Spiel·zeug** Spiele, Puppen und andere Dinge, mit denen Kinder spielen **K** Spielzeugauto; Kinderspielzeug

der **Spieß** (*-es, -e*) eine Stange mit einem spitzen Ende, auf der man Fleisch (vor allem über einem Feuer) brät

der **Spind** (*-(e)s, -e*) Spinde sind die vielen schmalen Schränke für die persönlichen Dinge von Schülern, von Besuchern eines Schwimmbads oder einer Bibliothek usw.

die **Spin·ne** (*-, -n*) ein kleines Tier mit acht Beinen, das Netze macht, um Insekten o. Ä. zu fangen **K** Spinnennetz
i → Abb. unter **Spinne**

spin·nen (*spann, hat gesponnen*) **1** **jemand spinnt** *gesprochen* jemand tut oder sagt verrückte Dinge *„Du willst auf diesen Berg steigen? Du spinnst wohl!"* **2** **(etwas) spinnen** Wolle o. Ä. drehen und so Fäden machen • *zu* (1) **Spin·ner** *der*

der **Spi·on** (*-s, -e*) eine Person, die versucht, geheime Informationen (vor allem über einen Feind oder neue Produkte einer Firma) zu bekommen ≈ Agent

die **Spi·ra·le** (*-, -n*) **1** eine Linie, die um einen Punkt herum in immer größer werdenden Kreisen verläuft oder die um eine Achse herum in immer gleich großen Kreisen in eine Richtung verläuft ⟨*etwas verläuft in einer Spirale*⟩ **2** etwas (z. B. eine Feder oder Drähte) mit der Form einer Spirale *„die Spirale eines Tauchsieders"* **K** Spiralfeder; Heizspirale • *zu* (2) **spi·ral·för·mig** *ADJEKTIV*

spitz *ADJEKTIV* **1** ⟨*eine Ecke, ein Ende, ein Hut, ein Kragen*⟩ so (geformt), dass die Seiten an einem Ende immer schmaler werden und sich in einem Punkt treffen ↔ rund **K** Spitzbogen **2** so, dass man sich leicht daran verletzen kann ⟨*ein Bleistift, ein Messer, eine Nadel, ein Nagel*⟩ ↔ stumpf

SPITZ
STUMPF

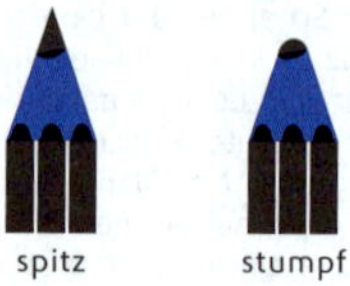

spit·ze *ADJEKTIV nur in dieser Form; gesprochen* sehr gut ≈ toll *„Das hast du spitze gemacht!"* **i** aber: *Das ist einsame Spitze!* (großgeschrieben)

die **Spit·ze** (-, *-n*) FORM: **1** ein spitzes Ende *„ein Bleistift mit einer abgebrochenen Spitze"* **K** Bleistiftspitze, Nadelspitze, Pfeilspitze **2** der höchste Punkt einer Sache, das hoch (und oft spitz) ist **K** Baumspitze, Kirchturmspitze **3** der äußerste, schmale Teil, an dem etwas aufhört ≈ Ende **K** Nasenspitze, Zehenspitze VORNE: **4** der vorderste Teil in einer Reihe *„An der Spitze des Zuges befinden sich die Wagen der 1. Klasse"* **5** der erste und beste Platz in einer Reihenfolge (in Bezug auf Erfolg, Leistung, Macht oder Qualität) ≈ Führung *„Er setzte sich an die Spitze und gewann das Rennen"* **K** Spitzenposition; Tabellenspitze MAXIMUM: **6** der höchste Punkt auf einer Skala, den etwas (innerhalb eines Zeitraums) erreicht ≈ Gipfel **K** Spitzengeschwindigkeit **7** *gesprochen* die höchste Geschwindigkeit, die ein Auto o. Ä. fahren kann ≈ Höchstgeschwindigkeit *„Sein Auto fährt fast zweihundert (Stundenkilometer) Spitze"* **8 jemand/etwas ist einsame/absolute Spitze** *gesprochen* jemand/etwas ist sehr gut **i** aber: *Das ist/Du bist spitze!* (kleingeschrieben)

spit·zen (*spitzte, hat gespitzt*) **1 etwas spitzen** etwas (mit einem Messer o. Ä.) spitz machen ⟨*einen Bleistift spitzen*⟩ **2 den Mund/die Lippen spitzen** die Lippen vorschieben und rund machen, um zu pfeifen oder um jemanden zu küssen

der **Spit·zer** (-s, -) ein kleines Gerät, mit dem man Bleistifte spitz macht

der **Split·ter** (-s, -) ein sehr kleines, spitzes Stück, das von Holz, Metall, Glas o. Ä. abgebrochen ist

split·tern (*splitterte, ist gesplittert*) **etwas splittert** etwas bricht auseinander und bildet dabei Splitter

spon·tan *ADJEKTIV* schnell und einem plötzlichen inneren Antrieb folgend ⟨*ein Entschluss, eine Reaktion*⟩ ≈ impulsiv *„jemandem spontan Hilfe anbieten"* • *hierzu* **Spon·ta·n(e·)i·tät** [-n(e)i'tɛːt] *die*

der **Sport** (-(e)s) **1** Sport macht man, damit man gesund und körperlich fit bleibt/wird oder um sich in Wettkämpfen mit anderen Personen zu vergleichen ⟨*Sport treiben*⟩ **K** Sporthalle, Sportunfall; Leistungssport **2** ein Spiel oder eine Disziplin, die man als Sport betreibt *„Fußball ist ein sehr beliebter Sport"* **K** Sportart; Wassersport, Wintersport **i** Als Mehrzahl verwendet man **Sportarten**. **3** ein Fach in der Schule, in dem die Kinder Sportarten lernen und betreiben **K** Sportlehrer

der **Sport·ler** (-s, -) eine Person, die regelmäßig Sport treibt ⟨*ein Sportler trainiert*⟩ **K** Freizeitsportler, Profisportler • *hierzu* **Sport·le·rin** *die*

sport·lich *ADJEKTIV* **1** in Bezug auf

S

en Sport ⟨*ein Wettkampf; sich sportlich etätigen*⟩ **2** schlank und gesund ⟨*eine rscheinung, eine Figur, ein Typ*⟩ **3** so, ass man sich an die Regeln hält und iemand einen Nachteil hat ⟨*ein Beehmen, ein Verhalten*⟩ ≈ fair • *hierzu*
port·lich·keit *die*

port·platz ein Platz (der meist einem portverein oder zu einer Schule gehört), auf dem man im Freien Ball pielen und Leichtathletik treiben kann

pott (-(*e*)*s*) **Spott (über jemanden/etwas)** Worte oder Handlungen, mit denen man über jemanden/etwas spottet

spot·ten (*spottete, hat gespottet*) **(über jemanden/etwas) spotten** verletzende Witze über Fehler oder Eigenschaften einer Person machen oder sie auf verletzende Weise nachahmen • *hierzu* **Spöt·ter** *der*

sprach *Präteritum, 1. und 3. Person Singular* → sprechen

Spra·che (-, -*n*) **1** ein System von Lauten, von Wörtern und von Regeln für die Bildung von Sätzen, das man benutzt, um sich mit anderen Menschen zu verständigen ⟨*die deutsche, englische, französische Sprache; die geschriebene, gesprochene Sprache; eine Sprache* (*er*)*lernen, beherrschen,* (*fließend*) *sprechen, verstehen*⟩ **K** Sprachkurs; Sprachenschule; Fremdsprache, Muttersprache **2** die Fähigkeit zu sprechen ⟨*die menschliche Sprache*⟩ **K** Sprachfähigkeit, Sprachstörung **i** nicht in der Mehrzahl verwendet **3** ein System von Symbolen, Bewegungen o. Ä., mit dem Bedeutungen, Anweisungen oder Gefühle ausgedrückt werden **K** Gebärdensprache, Körpersprache, Programmiersprache

sprach·lich ADJEKTIV in Bezug auf die Sprache *„ein Aufsatz mit vielen sprachlichen Fehlern"*

sprang *Präteritum, 1. und 3. Person Singular* → springen

spre·chen (*spricht, sprach, hat gesprochen*) FÄHIGKEIT: **1** **(etwas) sprechen** die Fähigkeit haben, aus einzelnen Lauten Wörter oder Sätze zu bilden ⟨*noch nicht, nicht richtig sprechen* (*können*)*; sprechen lernen*⟩ *„Das Baby kann schon ein paar Wörter sprechen"* **K** Sprechstörung **2** **Deutsch, Englisch** *usw.* **(irgendwie) sprechen** eine Sprache verstehen und in dieser Sprache die eigenen Gedanken in Wörtern und Sätzen ausdrücken können ⟨*eine Sprache fließend, gebrochen, gut, passabel, perfekt sprechen*⟩ *„Wie viele Sprachen sprichst du?"* ÄUSSERUNG: **3** **ein Urteil sprechen** als Richter das Urteil öffentlich verkünden **4** **über jemanden/etwas sprechen**; **von jemandem/etwas sprechen** etwas über eine Person oder Thema sagen *„Wir haben neulich erst von dir gesprochen"* GESPRÄCH: **5** **eine Person spricht jemanden/mit jemandem**; **Personen sprechen sich/miteinander** Personen haben ein Gespräch, eine Unterhaltung *„Ich muss Sie unbedingt sprechen!"*

der **Spre·cher** (-*s*, -) **1** eine Person, die von einer Gruppe gewählt wurde, um deren Interessen zu vertreten **K** Klassensprecher, Schülersprecher **2** eine Person, der beruflich im Radio oder Fernsehen die Nachrichten liest, Sendungen ansagt usw. **K** Nachrichtensprecher • *hierzu* **Spre·che·rin** *die*

die **Sprech·stun·de** die Zeit, in der man z. B. zu einem Arzt, zu einem Lehrer o. Ä. gehen kann, um sich einen Rat zu holen oder um Fragen zu stellen ⟨*Sprechstunde haben; zu jemandem in die Sprechstunde gehen*⟩ **K** Elternsprechstunde

spren·gen (*sprengte, hat gesprengt*) DURCH EINE EXPLOSION: **1** **(etwas) sprengen** etwas durch eine Explosion zerstören ⟨*eine Brücke, einen Felsen, ein Haus sprengen*⟩ **2** **etwas durch/in etwas** (*Akkusativ*) **sprengen** durch Explosionen Teile einer Sache zerstören, um Platz für etwas anderes zu schaffen *„einen Tunnel durch einen Berg sprengen"* DURCH DRUCK: **3** **etwas sprengt etwas** etwas zerstört etwas durch star-

S

ken Druck von innen oder lässt es platzen *„Das Bier ist in der Flasche gefroren und hat sie gesprengt"* MIT WASSER: **4** **etwas sprengen** etwas nass machen, indem man Wasser in Tropfen darauf verteilt ⟨*den Garten, den Rasen sprengen*⟩ • *zu* (1,2) **Spren·gung** *die*

der **Spreng·stoff** eine Substanz (z. B. Dynamit, Nitroglyzerin), mit der man eine Explosion machen kann **K** Sprengstoffanschlag

spricht *Präsens, 3. Person Singular* → sprechen

das **Sprich·wort** (-(e)s, *Sprich·wör·ter*) ein bekannter Satz, den man gern als Rat oder allgemeine Erfahrung zitiert, wie z. B. „Man soll den Tag nicht vor dem Abend loben" ≈ Redewendung

sprin·gen (*sprang, hat/ist gesprungen*) MIT DEN BEINEN: **1** (*ist*) sich mit einem oder mit beiden Beinen kräftig vom Boden abstoßen, sodass man sich durch die Luft bewegt ⟨*hoch, weit springen können; in die Höhe, in die Luft, zur Seite springen*⟩ *„Das Pferd sprang mühelos über den Graben"* **2** **irgendwohin springen** (*ist*) sich fortbewegen, indem man springt *„Der Hund sprang aufgeregt durch den Garten"* BEWEGUNG: **3** **etwas springt irgendwohin** (*ist*) etwas wird mit Schwung durch die Luft geschleudert *„Der Ball springt gegen die Wand"* VORGANG: **4** **etwas springt (von etwas) auf etwas** (*Akkusativ*) (*ist*) etwas wechselt schnell und plötzlich die Position, den Zustand o. Ä. *„Die Ampel springt (von Grün) auf Gelb"* **5** **etwas springt** (*ist*) etwas zerfällt (durch Einwirkung von außen, z. B. starken Druck, Stöße, Hitze, Kälte) in zwei oder mehrere Teile oder bekommt Risse ⟨*Glas; das Eis; jemandes Lippen; eine Saite*⟩ *„Die Vase ist gesprungen"*

S

die **Sprit·ze** (-, -*n*) **1** ein kleines Instrument, dessen Röhre man mit einem flüssigen Medikament füllt, das durch eine dünne, hohle Nadel in den Körper gedrückt wird **2** das Zuführen eines Medikaments durch eine Spritze in den Körper eines Menschen oder Tieres ⟨*eine Spritze bekommen*⟩ ≈ Injektion **K** Betäubungsspritze **3** ein Gerät, mit dem man Flüssigkeiten o. Ä. irgendwohin spritzen kann **K** Blumenspritze, Wasserspritze

SPRITZE

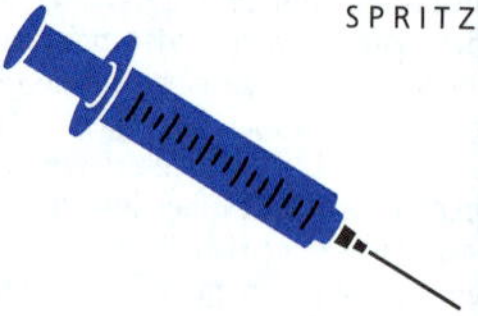

sprit·zen (*spritzte, hat/ist gespritzt*) **1** **(etwas) irgendwohin spritzen** (*hat*) Flüssigkeit in Tropfen durch die Luft bewegen *„sich beim Malen Farbe aufs Hemd spritzen"* **2** **(etwas) (irgendwohin) spritzen** (*hat*) eine Flüssigkeit o. Ä. so durch eine enge Öffnung pressen, dass sie ihr Ziel schnell und in Form eines Strahls erreicht *„Wasser ins Feuer spritzen"* **K** Spritzbeutel, Spritzpistole **3** **((jemandem) etwas) (irgendwohin) spritzen** (*hat*) ein Medikament o. Ä. mit einer Spritze in den Körper eines Menschen oder eines Tieres bringen **4** **(etwas) (gegen etwas) spritzen** (*hat*) Gift (z. B. gegen schädliche Insekten) auf Pflanzen sprühen ⟨*Felder, Obstbäume, Rosen spritzen*⟩ **5** **jemanden nass spritzen** (*hat*) jemanden nass machen **6** **etwas spritzen** (*hat*) Farbe oder Lack auf etwas sprühen *„das Auto grün spritzen"* **7** **etwas spritzt** (*hat*); **etwas spritzt irgendwohin** (*ist*) etwas fliegt in vielen kleinen Tropfen durch die Luft ⟨*Wasser, heißes Fett*⟩ **8** **es spritzt** (*hat*) eine Flüssigkeit spritzt *„Es spritzte, als er das Steak in die Pfanne legte"*

der **Sprit·zer** (-*s*, -) etwas Flüssigkeit, die irgendwohin spritzt oder gespritzt wird *„ein paar Spritzer Spülmittel ins Wasser geben"* **K** Blutspritzer

die **Spros·se** (-, -*n*) eine der waagrechten Stangen einer Leiter ⓘ → Abb. unter **Leiter**[2]

pruch (-(e)s, *Sprü·che*) **1** ein Satz (oft ıit einem Reim), den man sich gut ıerken kann und der eine allgemeine :egel, einen Wunsch oder eine Erfahung ausdrückt ⟨*ein alter, weiser pruch; einen Spruch lernen, aufsagen, eherzigen*⟩ **K** Trinkspruch, Werbepruch, Zauberspruch **2** das Urteil, das ein Richter o. Ä. spricht **K** Freispruch, chuldspruch, Richterspruch

pru·del (-s, -) Mineralwasser mit ohlensäure

pru·deln (*sprudelte, hat/ist gesprudelt*) **etwas sprudelt** (*hat*); **etwas sprudelt irgendwohin** (*ist*) eine Flüssigkeit bewegt sich so, dass es Bläschen oder Schaum gibt *„Kühles Wasser sprudelt aus dem Felsspalt"*

sprü·hen ['ʃpryːən] (*sprühte, hat/ist gesprüht*) **1** **etwas irgendwohin sprühen** (*hat*) eine Flüssigkeit durch eine enge Öffnung pressen, sodass sie sich n sehr kleine Tropfen verteilt *„Lack auf ein Auto sprühen"* **K** Sprühdose **2** **etwas sprüht** (*hat*); **etwas sprüht irgendwohin** (*ist*) etwas fliegt in sehr kleinen Tropfen oder als Funken durch die Luft ≈ spritzen **K** Sprühregen

Sprung (-(e)s, *Sprün·ge*) **1** eine Bewegung, bei der jemand oder ein Tier springt *„ein Sprung in die Luft/zur Seite"* | *„ein Sprung aus zwei Metern Höhe/von fünf Meter Weite"* **K** Freudensprung, Luftsprung **2** ein (oft plötzliche) Veränderung **K** Entwicklungssprung **3** ein sehr dünner Riss in einem harten Material, wie Holz, Glas oder Porzellan ⟨*etwas bekommt, hat einen Sprung*⟩

Sprung·brett ein biegsames Brett, von dem man mit viel Schwung ins Wasser oder über ein Turngerät springen kann

Sprung·schan·ze Sprungschanzen für Skifahrer sind steil und enden in der Luft, sodass man viel Schwung für einen weiten Sprung bekommt

Spu·cke (-); *gesprochen* ≈ Speichel

spu·cken (*spuckte, hat gespuckt*) **1** **(etwas) (irgendwohin) spucken** etwas (vor allem Speichel) mit Druck durch fast geschlossene Lippen irgendwohin fliegen lassen *„Kirschkerne auf den Boden spucken"* **2** **(etwas) spucken** *gesprochen* ⟨*spucken müssen*⟩ ≈ erbrechen

die **Spü·le** (-, -*n*) ein Möbelstück für die Küche mit einem oder zwei Becken, in denen man Geschirr spült

spü·len (*spülte, hat gespült*) **1** **(etwas) spülen** Teller, Töpfe, Besteck usw. mit Wasser sauber machen ⟨*Geschirr, Gläser spülen*⟩ **K** Spülbecken, Spülmaschine, Spülmittel **2** **(etwas) spülen** etwas nach dem Waschen in Wasser bewegen, um die Seife oder das Waschmittel davon zu entfernen *„einen Pullover in/mit klarem Wasser spülen"* **3** **(etwas) spülen** etwas mit Wasser o. Ä. von Schmutz, Blut usw. befreien ⟨*die Augen, eine eitrige Wunde spülen*⟩ ≈ auswaschen **4** **etwas spült jemanden/etwas irgendwohin** Wassermassen bewegen jemanden/etwas irgendwohin *„Die Strömung spülte das Holz ans Ufer"* **5** einen Hebel bewegen o. Ä., damit Wasser die Toilette reinigt

die **Spü·lung** (-, *en*) ein Gerät mit einem Behälter voll Wasser, mit dem man eine Toilette nach dem Benutzen reinigt

die **Spur** (-, -*en*) AM BODEN: **1** wenn eine Person auf weichem Boden geht, ein Tier läuft oder ein Fahrzeug fährt, sieht man danach die Spuren ⟨*Spuren im Schnee, im Sand*⟩ **K** Fußspur, Reifenspur; Hasenspuren **2** ein Streifen einer Straße, auf dem Fahrzeuge in dieselbe Richtung fahren ⟨*die linke, mittlere, rechte Spur*⟩ **K** Fahrspur, Abbiegespur, Überholspur ZEICHEN: **3** die Zeichen (z. B. Schmutz oder Bluttropfen), an denen man erkennen kann, dass eine Person an einem Ort war oder was dort geschehen ist ⟨*Spuren sichern, verwischen*⟩ **K** Blutspur, Bremsspur, Ölspur **4** die Zeichen, die helfen, einen Verbrecher oder etwas Verschwundenes zu finden ⟨*von jemandem/etwas fehlt jede Spur*⟩ *„Die Spur der Juwelendiebe führt nach Italien"*

spür·bar ADJEKTIV so, dass man es füh-

S

len oder bemerken kann ⟨*eine Erleichterung, eine Verschlechterung; (es wird) spürbar kälter, wärmer*⟩ ≈ fühlbar, merklich

spü·ren (*spürte, hat gespürt*) **etwas spüren** mithilfe des Tastsinns und der Nerven merken, dass etwas vorhanden ist ≈ fühlen *„die Wärme der Sonne auf der Haut spüren"*

das **ß** [ɛs'tsɛt]; (-, -) ein Zeichen, das man im Deutschen gemäß der Rechtschreibregeln statt *ss* verwendet ≈ scharfes S *„aß" schreibt man mit „ß", „muss" mit zwei „s"*

der **Staat** (-(*e*)*s*, -*en*) **1** ein Land als politisches System (mit den Institutionen, Bürgern usw.) **K** Staatsbürger, Staatsgrenze, Staatsoberhaupt, Staatsregierung **2** die Regierung und Verwaltung eines Landes ⟨*beim Staat arbeiten, beschäftigt sein*⟩ **K** Staatsbank, Staatskasse, Staatsoper **3** eines der Länder eines Bundesstaats **K** Staatsminister

staat·lich ADJEKTIV **1** in Bezug auf den Staat als politische Einheit ⟨*die Souveränität, die Unabhängigkeit*⟩ ≈ national **2** in Bezug auf die Verwaltung eines Staates ⟨*Gelder, Institutionen, Maßnahmen*⟩ ≈ öffentlich *„ein staatlich gefördertes Projekt"* **3** im Besitz des Staates und von ihm verwaltet ⟨*ein Betrieb, ein Unternehmen*⟩ ↔ privat

der/die **Staats·an·ge·hö·ri·ge** ein Bürger eines Staates ⟨*deutscher, österreichischer, Schweizer Staatsangehöriger sein*⟩

die **Staats·an·ge·hö·rig·keit** die Rechte und Pflichten, die ein Bürger eines Staates hat ⟨*die deutsche, österreichische Staatsangehörigkeit annehmen, besitzen, haben*⟩

S

der **Staats·an·walt** eine Person, die im Auftrag des Staates Verbrechen untersucht und vor Gericht die Anklage vertritt • *hierzu* **Staats·an·wäl·tin** *die*

der **Staats·bür·ger** ≈ Staatsangehörige(r) • *hierzu* **Staats·bür·ge·rin** *die*

der **Stab** (-(*e*)*s*, *Stä·be*) **1** ein langer, dünner, runder Gegenstand aus einem harten Material ≈ Stange *„die Stäbe eines Käfigs"* **K** Eisenstab, Gitterstab **2** ein langer, dicker Stock, wie man ihn bei manchen Berufen (als Symbol) und bei manchen Tätigkeiten verwendet **K** Bischofsstab

das **Stäb·chen** (-*s*, -) **1** ein kleiner Stab **2** zwei dünne Stäbchen, mit denen man in machen Ländern in Asien isst **i** nur in der Mehrzahl verwendet

sta·bil ADJEKTIV **1** so, dass es große Belastungen aushält und nicht leicht kaputtgeht ≈ robust *„ein stabiler Stahlbau"* **2** ⟨*die Wirtschaft, die Wetterlage, die Regierung, die Preise*⟩ so, dass sich ihr Zustand wahrscheinlich nicht stark ändert **3** fähig, große (psychische und physische) Belastungen zu ertragen ⟨*jemandes Gesundheit, jemandes Psyche ist stabil*⟩ • *hierzu* **Sta·bi·li·tät** *die*

stach *Präteritum, 1. und 3. Person Singular* → stechen

der **Sta·chel** (-*s*, -*n*) **1** einer von vielen spitzen und scharfen länglichen Teilen an einer Pflanze oder an einem Tier *„die Stacheln eines Kaktus/eines Igels"* **i** → Abb. unter **Tier** **2** der spitze Körperteil von manchen Tieren, mit denen sie andere Tiere und Menschen stechen und verletzen können ⟨*der Stachel einer Biene, eines Skorpions*⟩ **K** Giftstachel

der **Sta·chel·draht** ein Draht mit Stacheln, den man als Zaun verwendet **K** Stacheldrahtzaun

stach·lig ADJEKTIV mit vielen Stacheln ⟨*ein Kaktus*⟩

das **Sta·di·on** (-*s*, *Sta·di·en* ['ʃtaːdi̯ən]) eine große Anlage für sportliche Veranstaltungen mit Tribünen für die Zuschauer. Manche Stadien sind ganz oder teilweise mit einem Dach bedeckt **K** Fußballstadion, Olympiastadion

das **Sta·di·um** (-*s*, *Sta·di·en* ['ʃtaːdi̯ən]) ein Zustand innerhalb einer Entwicklung ≈ Phase *„Krebs im vorgerückten Stadium"* **K** Endstadium, Frühstadium

die **Stadt** [ʃtat]; (-, *Städ·te* ['ʃtɛ(ː)tə]) **1** eine große Menge von Häusern und anderen Gebäuden, in denen Leute wohnen und arbeiten, mit einer eigenen Verwaltung ⟨*in die Stadt fahren, ziehen*⟩ [K] Stadtmitte, Stadtpark, Stadtrand; Hafenstadt; Großstadt, Kleinstadt [2] das Zentrum einer Stadt mit den Geschäften, Banken, usw. ≈ City [K] Innenstadt [3] die Verwaltung einer Stadt mit Ämtern und Behörden ⟨*bei der Stadt angestellt sein, arbeiten*⟩ (i) nicht in der Mehrzahl verwendet

städ·tisch ADJEKTIV [1] im Eigentum einer Stadt oder von einer Stadt verwaltet ⟨*eine Organisation, eine Schule, ein Altersheim*⟩ [2] so, wie es in der Stadt normal und üblich ist ↔ ländlich

Stadt·plan ein Plan mit allen wichtigen Straßen und Plätzen einer Stadt

Stadt·rat [1] eine Art Parlament in einer Stadt, das über Verwaltung, Planung usw. entscheidet [2] ein Mitglied des Stadtrats • *zu* (2) **Stadt·rä·tin** *die*

Stadt·teil ein Gebiet in einer Stadt mit oft typischen Straßen, Gebäuden o. Ä. ≈ Bezirk

Stadt·vier·tel ≈ Stadtteil

stahl *Präteritum, 1. und 3. Person Singular* → stehlen

Stahl (*-s*) Eisen, das man sehr hart gemacht hat und aus dem man Werkzeuge und wichtige Teile für Bauwerke herstellt [K] Stahlblech, Stahlrohr; stahlhart

Stall (*-(e)s, Stäl·le*) ein Raum oder Gebäude, in dem man Kühe, Schafe usw. hält und füttert ⟨*den Stall ausmisten*⟩ [K] Hühnerstall, Kuhstall, Schweinestall

Stamm (*-(e)s, Stäm·me*) [1] der dicke Teil eines Baumes, aus dem die Äste kommen [K] Baumstamm [2] eine Gruppe von Personen von derselben Art, Sprache, demselben Glauben und denselben Sitten, die in einem Gebiet meist unter der Leitung eines Häuptlings leben *„der stamm der Hopi"* [K] Stammeshäuptling, Stammessprache [3] der zentrale Teil eines Wortes ohne Vorsilbe, Nachsilbe und Endung *„fahr-" ist der Stamm von „gefahren"*

stam·men (*stammte, hat gestammt*) [1] **etwas stammt von jemandem/etwas** etwas ist von jemandem/etwas gemacht *„Das Bild stammt von Salvador Dali"* [2] **jemand stammt aus etwas** jemand kommt aus dem genannten Ort oder Land bzw. aus der genannten Familie *„Er stammt aus Ungarn"* [3] **etwas stammt aus etwas** etwas ist in der genannten Zeit entstanden *„Das Bauwerk stammt aus dem Barock"*

stamp·fen (*stampfte, hat/ist gestampft*) [1] **etwas stampfen** (*hat*) etwas fest drücken und es auf diese Weise klein und flach machen, den Saft entfernen o. Ä. *„Gemüse zu Brei stampfen"* [2] (*ist*) mit lauten und kräftigen Schritten gehen *„Er stampfte durch die Eingangshalle"*

stand *Präteritum, 1. und 3. Person Singular* → stehen

der **Stand** (*-(e)s, Stän·de*) [1] der Zustand, wenn eine Person oder Sache steht *„Der Tisch hat einen festen/sicheren Stand"* Er wackelt nicht (i) nicht in der Mehrzahl verwendet [2] der Tisch (oft mit einem Dach), an dem ein Händler auf einem Markt seine Waren verkauft [K] Imbissstand, Marktstand, Verkaufsstand [3] eine Angabe, Größe oder Position, die man in Zahlen ausdrückt *„der Stand des Wassers/des Barometers/des Kilometerzählers"* [K] Ölstand, Wasserstand, Zählerstand [4] **der Stand** (*+Genitiv*/**von etwas**) eine der Stufen innerhalb einer Entwicklung o. Ä. ⟨*etwas auf den neuesten Stand bringen*⟩ *„Das Spiel wurde beim Stand von 1 : 2 abgebrochen"* das Spiel wurde bei dem Ergebnis von 1 : 2 Toren o. Ä. beendet [K] Endstand; Spielstand (i) nicht in der Mehrzahl verwendet [5] die gesellschaftliche Gruppe, zu der jemand gehörte ≈ Schicht [K] Ständeordnung; Standesunterschied, Standeszugehörigkeit; Adelsstand, Bauernstand, Bürgerstand [ID] **aus dem Stand** [a] ohne Anlauf ⟨*aus dem Stand weitspringen, werfen*⟩ [b] ohne sich darauf vorzubereiten

S

der **Stan·dard** (-s, -s) **1** die Qualität auf einem bestimmten Niveau ⟨*ein hoher, niedriger Standard*⟩ **K** Lebensstandard **2** das, was die meisten Leute als normal betrachten und woran man sich halten muss oder sollte ≈ Norm **K** Standardausrüstung, Standardbrief

der **Stän·der** (-s, -) eine Konstruktion aus Stangen, Latten oder Rohren, auf die man etwas stellt oder legt oder an die man etwas hängt *„die Ständer für Fahrräder am Bahnhof"* | *„die Wäsche zum Trocknen auf einen Ständer hängen"* **K** Notenständer

stän·dig ADJEKTIV **1** so, dass eine Person oder Sache immer oder meistens da ist ⟨*ein Begleiter, Lärm, Kritik*⟩ **2** sehr oft, häufig ⟨*Unterbrechungen, Wiederholungen*⟩ ≈ andauernd *„Sie vergisst ständig etwas"*

der **Stand·ort** **1** ein Ort, an dem sich jemand gerade befindet **2** ein Ort, an dem sich eine Firma befindet oder an dem ein meist großes Gebäude steht bzw. stehen könnte

der **Stand·punkt** die Art, wie man ein Problem oder eine Situation beurteilt

die **Stan·ge** (-, -n) **1** ein langer, dünner, runder Gegenstand aus Holz oder Metall **K** Bambusstange, Eisenstange, Holzstange **2** **eine Stange** +*Substantiv* ein ganzes, längliches Stück einer Sache ⟨*eine Stange Vanille, Zimt*⟩ **K** Stangenbrot; Vanillestange

der **Stän·gel** (-s, -) der lange, dünne Teil einer Pflanze, auf dem die Blüte ist ≈ Stiel

S

stank *Präteritum, 1. und 3. Person Singular* → stinken

der **Sta·pel** (-s, -) **ein Stapel** +*Substantiv* mehrere gleiche Dinge, die (ordentlich) aufeinandergelegt wurden ⟨*etwas auf einen Stapel legen, von einem Stapel nehmen, aus einem Stapel ziehen*⟩ **K** Bücherstapel, Holzstapel, Wäschestapel

sta·peln (*stapelte, hat gestapelt*) **1** **(Dinge) stapeln** mehrere gleiche Dinge so aufeinanderlegen, dass ein

STAPEL

der Stapel

der Haufen

Stapel entsteht **2** **Dinge stapeln sich** eine große Menge von Dingen ist irgendwo (und liegt aufeinander) *„In seinem Zimmer stapeln sich die DVDs"*

der **Star**[1] (-(e)s, -e) ein mittelgroßer, dunkler Singvogel mit hellen Punkten

der **Star**[2] [ʃt-, st-]; (-s, -s) eine Person, die (vor allem in der Kunst oder im Sport) sehr berühmt ist **K** Filmstar, Fußballstar, Rockstar

starb *Präteritum, 3. Person Singular* → sterben

stark ADJEKTIV (*stärker, stärkst-*) KÖRPERLICH: **1** mit großer körperlicher Kraft ≈ kräftig ↔ schwach *„Er ist so stark, dass er die schwere Kiste allein tragen kann"* PSYCHISCH: **2** so, dass sich jemand gut durchsetzen kann und in schwierigen Situationen nicht den Mut oder die Kontrolle über sich selbst verliert ⟨*ein Charakter, ein Glaube, ein Wille*⟩ LEISTUNG, WIRKUNG: **3** so, dass etwas große Belastungen gut verträgt ⟨*Nerven; ein Herz*⟩ **4** so, dass etwas eine große Leistung bringt ⟨*ein Motor, eine Glühbirne*⟩ *„Ich brauche eine stärkere Brille, mit der hier sehe ich nicht mehr gut"* **5** mit (hoher Konzentration und daher) großer Wirkung ⟨*Zigaretten, ein Kaffee, ein Tee, ein Schnaps, ein Medikament*⟩ ↔ schwach MAẞ, MENGE:

6 intensiv, in hohem Maß (vorhanden) ↔ schwach, leicht *„Die Wunde blutete so stark, dass man einen Verband anlegen musste" | „Er ist ein starker Raucher"* er raucht viel **K** Starkstrom **7** von/mit vielen Personen ⟨*etwas ist stark besetzt, besiedelt, besucht, bevölkert*⟩ **8** dick und stabil *„Die Stadt war von starken Mauern umgeben"* **9** verwendet, um die Dicke oder den Umfang einer Sache anzugeben *„Das Seil ist 4 cm stark"* MEINUNG: **10** *gesprochen* verwendet, um großes Lob auszudrücken ≈ toll *„Deine Frisur ist echt stark!"*

die **Stär·ke** (-, *-n*) EIGENSCHAFT: **1** große körperliche Kraft ⓘ nicht in der Mehrzahl verwendet **2** ein Maß, mit dem die Kraft oder die Energie einer Sache gemessen wird ≈ Intensität *„ein Erdbeben der Stärke 6,5 auf der Richterskala"* **K** Stromstärke, Windstärke SUBSTANZ: **3** eine Substanz (ähnlich dem Zucker), die ein wichtiger Bestandteil von Lebensmitteln wie Getreide, Reis und Kartoffeln ist **K** Stärkegehalt; Kartoffelstärke ⓘ nicht in der Mehrzahl verwendet **4** ein Mehl aus Stärke, mit dem man Soßen, Cremes usw. fester macht **K** Speisestärke ⓘ nicht in der Mehrzahl verwendet

starr ADJEKTIV (*starrer, starrst-*) **1** ohne Bewegung ⟨*ein Blick, eine Miene, ein Lächeln*⟩ *„Sie waren so erschrocken, dass sie ganz starr stehen blieben"* **2** so, dass man die einzelnen Teile nicht unabhängig voneinander bewegen kann ⟨*Finger, Glieder, ein Körper*⟩ ≈ steif ↔ beweglich

star·ren (*starrte, hat gestarrt*) **(irgendwohin/auf jemanden/etwas) starren** den Blick lange auf jemanden/etwas richten, ohne die Augen davon abzuwenden *„geistesabwesend aus dem Fenster starren"*

der **Start** (-s, *-s*) **1** beim Start verlässt ein Flugzeug oder eine Rakete den Boden und steigt in die Luft ↔ Landung **K** Starterlaubnis; startbereit **2** der Beginn eines Rennens ⟨*das Zeichen zum Start geben*⟩ **K** Startsignal; Fehlstart **3** die Stelle, an der die Läufer oder Fahrer den Lauf oder das Rennen beginnen ↔ Ziel **K** Startblock, Startlinie **4** der Beginn einer Tätigkeit oder Phase *„der Start ins Berufsleben"* **K** Berufsstart

die **Start·bahn** eine Art breite Straße, auf welcher die Flugzeuge starten

star·ten (*startete, hat/ist gestartet*) **1** **jemand/etwas startet** (*ist*) ein Flugzeug, eine Rakete bzw. deren Besatzung verlässt den Boden und steigt in die Luft ↔ landen **2** **(für etwas) starten** (*ist*) an einem Rennen teilnehmen *„für Frankreich starten"* **3** (*ist*) eine Reise oder ein Rennen beginnen **4** **(etwas) starten** (*hat*) etwas beginnen oder stattfinden lassen ⟨*ein Rennen, den Film, ein Geschäft, eine Aktion starten*⟩ **5** **(etwas) starten** (*hat*) den Motor einschalten ⟨*das Auto, das Moped starten; den Motor starten*⟩ ≈ anlassen

die **Sta·ti·on** [-'tsi̯oːn]; (-, *-en*) **1** ein Platz, an dem Züge und andere öffentliche Verkehrsmittel regelmäßig halten, damit die Leute ein- und aussteigen können ⟨*drei Stationen (weit) fahren; ein Zug hält (nicht) an jeder Station*⟩ **K** Bergstation, Talstation, Endstation **2** eine Abteilung in einem Krankenhaus ⟨*die neurologische, chirurgische, gynäkologische Station*⟩ **K** Stationsarzt; Kinderstation **3** Gebäude und technische Anlagen, die für eine Tätigkeit benötigt werden **K** Forschungsstation, Radiostation, Wetterstation

die **Sta·tis·tik** (-, *-en*) eine Tabelle o. Ä. mit Zahlen, die zeigen, wie häufig manche Dinge irgendwo vorkommen ⟨*eine amtliche Statistik*⟩ **K** Unfallstatistik • *hierzu* **sta·tis·tisch** ADJEKTIV

statt BINDEWORT **1** ≈ anstatt *„Sie drehte die Heizung auf, statt sich wärmer anzuziehen"*
PRÄPOSITION *mit Genitiv/gesprochen auch Dativ* **2** ≈ anstatt *„Nimm doch das frische Brot statt des alten"* ⓘ → Extras, S. 717: **Präpositionen**

statt·des·sen ADVERB so, dass nicht

S

mehr das gerade Genannte der Fall ist, sondern das Folgende, Neue *„Sie hat das Joggen aufgegeben, stattdessen geht sie jetzt schwimmen"*

statt·fin·den (*findet statt, fand statt, hat stattgefunden*) **etwas findet statt** etwas geschieht (als geplantes Ereignis) *„Das Konzert hat bereits gestern stattgefunden"*

die **Sta·tue** [-tu̯ə]; (-, -*n*) eine Figur aus Metall, Stein o. Ä., die wie ein Mensch oder ein Tier aussieht **K** Bronzestatue, Reiterstatue

der **Sta·tus** (-) **1** der Status einer Person, einer Institution oder Sache sagt etwas über die Rechte, Pflichten oder das soziale Ansehen aus *„Diplomaten haben einen hohen sozialen Status"* **K** Rechtsstatus; Beamtenstatus **2** eine Stufe in einem Ablauf oder einer Entwicklung *„Sie können sich online über den Status der Flüge unserer Gesellschaft informieren"* sich darüber informieren, ob ein Flug gestartet, gelandet oder verspätet ist **K** Bearbeitungsstatus, Lieferstatus

der **Stau** (-(*e*)*s*, -*s*/-*e*) **1** (*Mehrzahl: Staus*) eine lange Reihe von Autos, die nicht oder nur sehr langsam weiterfahren können ⟨*im Stau stecken, stehen*⟩ **K** Stauwarnung; Verkehrsstau **2** eine Ansammlung einer großen Menge meist von Wasser, das nicht weiterfließen kann *„Durch quer liegende Bäume kam es zu einem gefährlichen Stau des Baches"* **K** Staumauer

der **Staub** (-(*e*)*s*) **1** die vielen kleinen Teilchen von verschiedenen Substanzen, die immer in der Luft sind und sich z. B. auf ebenen Flächen in Häusern und Wohnungen sammeln ⟨*feiner Staub*⟩ **K** Staubschicht; Kohlenstaub **2** **Staub wischen** mit einem Tuch den Staub von den Möbeln entfernen **3** **Staub saugen** den Boden mit einem Staubsauger reinigen

stau·ben (*staubte, hat gestaubt*) **etwas staubt** etwas produziert Staub und/oder gibt Staub von sich *„Die Decken staubten sehr, als wir sie ausschüttelten"*

staub·sau·gen (*staubsaugte, hat gestaubsaugt*) **(etwas) staubsaugen** etwas mit einem Staubsauger reinigen

der **Staub·sau·ger** (-*s*, -) ein elektrisches Gerät, das den Staub von Teppichen und vom Fußboden saugt

stau·nen (*staunte, hat gestaunt*) **(über jemanden/etwas) staunen** Überraschung, Verwunderung und Respekt empfinden *„Da staunst du, wie gut das schmeckt, was?"* | *„darüber staunen, dass jemand etwas kann"*

das **Steak** [ʃteːk, st-]; (-*s*, -*s*) ein Stück Fleisch, das man relativ kurz brät **K** Rindersteak

ste·chen (*sticht, stach, hat gestochen*) MIT SPITZE, STACHEL USW.: **1** **(etwas) irgendwohin stechen** einen spitzen Gegenstand in eine Oberfläche drücken *„eine Nadel in den Stoff stechen"* **2** **jemandem (etwas) irgendwohin stechen; jemanden (irgendwohin) stechen** eine Person oder sich selbst mit einem spitzen Gegenstand, den Stacheln einer Pflanze o. Ä. verletzen *„Ich habe mir/mich in den Finger gestochen"* **3** **ein Tier sticht** ein Tier hat einen Stachel, mit dem es Personen verletzen kann ⟨*Bienen, Wespen, Mücken*⟩ **K** Stechmücke **4** **etwas sticht** eine Pflanze hat Dornen oder Stacheln, etwas ist spitz ⟨*Disteln, Dornen, Rosen*⟩ ANDERE VERWENDUNGEN: **5** **etwas sticht** etwas schmerzt (in kurzen Abständen) für kurze Zeit so, als ob man gestochen würde *„stechende Schmerzen haben"* **6** **etwas sticht** etwas ist unangenehm intensiv ⟨*die Sonne; ein stechender Blick, Geruch*⟩ *„ein stechend riechend Gas"*

die **Steck·do·se** ein kleiner Gegenstand mit zwei Öffnungen, der an eine elektrische Leitung angeschlossen ist. Man steckt den Stecker eines Gerätes in die Steckdose, um es mit Strom zu versorgen

ste·cken (*steckte, hat/ist gesteckt*) **1** **etwas irgendwohin stecken** (*hat*) etwas durch eine Öffnung (z. B. ein

Loch oder einen Spalt) in etwas hineintun *„den Brief in den Umschlag stecken" | „das Hemd in die Hose stecken"* **2** **(jemandem) etwas irgendwohin stecken** (*hat*) etwas an dem genannten Platz befestigen *„jemandem einen Ring an den Finger stecken"* **3** **jemanden irgendwohin stecken** *gesprochen* (*hat*) jemanden an den genannten Platz bringen, an dem er bleiben muss *⟨jemanden ins Gefängnis, ins Bett stecken⟩* **4** **etwas in etwas** (*Akkusativ*) **stecken** *gesprochen* (*hat*) Geld oder Arbeit in etwas investieren *„sein Geld in ein Geschäft stecken"* **5** **etwas in Brand stecken** (*hat*) etwas anzünden **6** **jemand/etwas steckt irgendwo** (*hat/süddeutsch* Ⓐ Ⓒⓗ *auch ist*) *jemand/etwas ist an dem genannten Ort und bleibt dort „im Schnee stecken bleiben"* **7** **der Schlüssel steckt (irgendwo)** (*hat/süddeutsch* Ⓐ Ⓒⓗ *auch ist*) *der Schlüssel ist im Schloss* **8** **in Schwierigkeiten stecken** *gesprochen* (*hat*) meist finanzielle Schwierigkeiten haben

r **Stẹ·cker** (-s, -) **1** mit einem Stecker verbindet man ein elektrisches Gerät mit dem Stromnetz. Ein Stecker ist aus Plastik und hat zwei Stifte aus Metall *⟨den Stecker in die Steckdose/Wand stecken, (aus der Steckdose) ziehen⟩* **K** Netzstecker, Stromstecker **2** ein kleiner Stecker, mit dem man elektronische Geräte miteinander verbindet **K** Monitorstecker, USB-Stecker

STECKDOSE

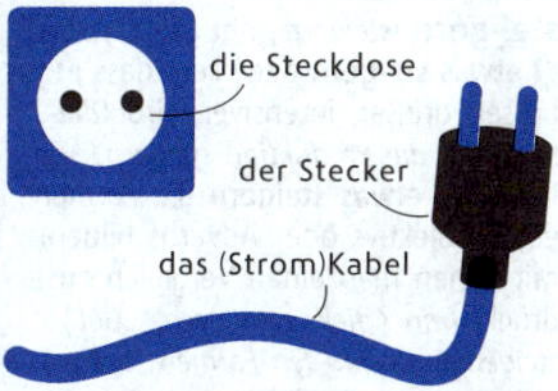

e **Stẹck·na·del** eine Nadel, die man verwendet, um Stoffstücke aneinander zu befestigen, wenn man Kleider näht ⓘ → Abb. unter **Nadel**

der **Steg** (-(e)s, -e) **1** vom Ufer von Seen führen oft Stege hinaus aufs Wasser; man kann darauf sitzen und liegen und Boote daran festbinden **2** eine schmale, einfache Brücke (meist aus Holz), auf der man über einen Bach gehen kann

ste·hen ['ʃteːən] (*stand, hat/ süddeutsch* Ⓐ Ⓒⓗ *ist gestanden*) AUFRECHT, SENKRECHT: **1** **(irgendwo) stehen** Menschen und Tiere stehen in aufrechter Haltung auf ihren Beinen an einem Ort *„Der Zug war so voll, dass wir von Köln bis Stuttgart stehen mussten"* **2** **etwas steht irgendwo** Dinge stehen (senkrecht) an einem Ort *„Die Gläser stehen schon auf dem Tisch"* OHNE BEWEGUNG: **3** **etwas steht** etwas ist nicht mehr in Bewegung oder in Funktion *⟨eine Maschine, ein Motor, eine Uhr⟩* **4** **stehen (bleiben)** nicht weitergehen oder -fahren ≈ anhalten *„an einer Ampel stehen (bleiben)"* **5** **etwas bleibt stehen** ein Mechanismus hört auf, sich zu bewegen oder zu funktionieren *„Meine Uhr ist stehen geblieben"* SCHRIFT: **6** **jemand/etwas steht irgendwo** jemandes Name/etwas ist irgendwo gedruckt oder geschrieben *„Kannst du lesen, was auf dem Wegweiser steht?" | „Steht etwas Interessantes in der Zeitung?"* POSITION, STELLUNG: **7** **jemand/etwas steht irgendwo** jemand/etwas befindet sich in der genannten Position, Stellung *„Die Sonne steht schon recht tief und wird bald untergehen"* **8** **Wasser steht irgendwo** viel Wasser ist an der genannten Stelle (und erreicht die genannte Höhe) **9** **etwas steht auf etwas** (*Dativ*) etwas zeigt durch eine Position eine Zeit, einen Wert o. Ä. an *„Der Zeiger steht auf 120 Kilogramm"* **10** **etwas steht offen** etwas ist geöffnet SITUATION, ZUSTAND: **11** **ein Spiel/es steht irgendwie** in einem Spiel haben beide Seiten gerade jeweils die genannte Zahl an

Punkten oder Toren *„Nach der ersten Halbzeit steht es 2 : 1 (zwei zu eins)"* **12** **jemand/etwas steht in/unter etwas** (*Dativ*) es besteht eine Situation, in der etwas für eine Person/Sache gilt oder wirksam ist *„jemand steht unter Arrest/unter Zeitdruck"* | *„etwas steht in Flammen"* etwas brennt **13** **jemand/etwas steht vor etwas** (*Dativ*) jemand/etwas ist in einer schwierigen Situation *„Unsere Firma steht vor dem Bankrott/Ruin"* wird wahrscheinlich Bankrott gehen **14** verwendet zusammen mit einem Substantiv, um ein Verb zu umschreiben *„unter Verdacht stehen"* verdächtigt werden | *„jemand/etwas steht einer Person zur Verfügung"* eine Person kann über jemanden/etwas verfügen EINSTELLUNG, HALTUNG: **15** **auf jemanden/etwas stehen** *gesprochen* jemanden/etwas sehr gut finden (und deshalb haben wollen) *„Sie steht auf große, schlanke Männer"* **16** **zu etwas stehen** die Verantwortung für etwas übernehmen, das man getan oder versprochen hat SONSTIGE VERWENDUNGEN: **17** **etwas steht jemandem** etwas passt gut zu Figur oder Aussehen einer Person *„Steht mir diese Bluse?"* **18** **etwas steht auf etwas** (*Akkusativ*) für eine Tat gibt es die genannte Strafe *„Auf Steuerhinterziehung stehen hohe Geldstrafen"*

ID **Na, wie steht's?** *gesprochen* verwendet, um eine Person zu fragen, wie es ihr geht

S

ste·henlas·sen, **ste·hen·las·sen** (*ließ stehen, hat stehen lassen/stehenlassen*) **1** **etwas stehen lassen** etwas nicht (ganz) essen *„Wenn Ihnen der Kuchen nicht schmeckt, können Sie ihn ruhig stehen lassen"* **2** **etwas irgendwo stehen lassen** etwas irgendwo vergessen und nicht mitnehmen

steh·len (*stiehlt, stahl, hat gestohlen*) **((jemandem) etwas) stehlen** einer Person etwas (meist heimlich) nehmen und für sich behalten *„jemandem das Fahrrad stehlen"*

steif ADJEKTIV **1** ziemlich hart, sodass man die Form nur schwer verändern kann ‹*ein Kragen, Pappe; etwas ist steif gefroren*› ↔ weich **2** so, dass man es nicht oder nur schwer oder unter Schmerzen bewegen kann *„Seit dem Unfall hat er ein steifes Bein"* **3** **etwas steif schlagen** Eiweiß, Sahne o. Ä. so schnell rühren, dass sie zu Schaum oder fest werden ID **etwas steif und fest behaupten/glauben** *gesprochen* sehr sicher sein, dass man recht hat (obwohl das offensichtlich nicht stimmt) • *zu* (1,2) **Steif·heit** *die*

stei·gen (*stieg, ist gestiegen*) **1** **irgendwohin steigen** an einen Ort gehen (vor allem klettern), der höher oder tiefer liegt ‹*auf einen Berg, einen Turm, aufs Dach steigen*› **2** **irgendwohin steigen** sich mit einer Bewegung an/auf einen anderen Platz bringen *„aufs Fahrrad steigen"* | *„vom Pferd steigen"* | *„ins/aus dem Auto steigen"* | *„in den/aus dem Zug steigen"* | *„in die/aus der Badewanne steigen"* **3** **jemand/etwas steigt** jemand bewegt sich (in einem Flugzeug o. Ä.)/etwas bewegt sich (meist durch die Luft) nach oben ‹*ein Flugzeug; der Nebel; der Rauch steigt in die Luft; Drachen steigen lassen*› K Steigflug **4** **etwas steigt** etwas wird (im Niveau, Umfang oder Wert) höher oder größer ‹*die Aktien, die Leistung, die Preise, das Wasser*› ↔ sinken **5** **(jemandem) auf etwas** (*Akkusativ*) **steigen** *gesprochen* auf etwas treten *„auf die Bremse/aufs Gas steigen"*

stei·gern (*steigerte, hat gesteigert*) **1** **etwas steigern** bewirken, dass etwas besser, größer, intensiver wird ‹*die Leistung, die Produktion steigern*› ≈ erhöhen **2** **etwas steigern** die Formen eines Adjektivs oder Adverbs bilden, mit denen man einen Vergleich ausdrückt ‹*ein Adjektiv steigern*› *„Gut" steigert man mit den Formen „besser" und „am besten"* **3** **jemand steigert sich** eine Person verbessert die eigenen Leistung ‹*jemand steigert sich noten-*

mäßig, in der Leistung〉 • *hierzu* **stei·ger·bar** ADJEKTIV

die **Stei·ge·rung** (-, *-en*) **1** ein Vorgang, durch den etwas besser, größer oder intensiver wird **K** Umsatzsteigerung, Wertsteigerung **2** das Steigern von Adjektiven bzw. die Form, die so entsteht **K** Steigerungsform • *hierzu* **stei·ge·rungs·fä·hig** ADJEKTIV

die **Stei·gung** (-, *-en*) der Grad, in dem etwas (z. B. ein Weg) höher oder steiler wird *„Die Straße zum Pass hat eine Steigung von 14 %"*

steil ADJEKTIV wenn etwas steil ist, ist es sehr schräg oder fast senkrecht *„Die Straße stieg steil an"* | *„Er schoss den Ball steil in die Luft"* **K** Steildach, Steilküste • *hierzu* **Steil·heit** *die*

STEIL
FLACH

steil flach

der **Stein** (-(e)s, *-e*) **1** das harte Material, aus dem Berge bestehen **K** Steinboden, Steinbrocken; Kalkstein, Naturstein **i** nicht in der Mehrzahl verwendet **2** ein relativ kleines Stück Stein *„Auf dem Acker liegen viele Steine"* **K** Steinhaufen; Kieselstein, Pflasterstein, Grabstein **3** aus rechteckigen Steinen (Ziegeln oder Steinbrocken) baut man Mauern, Häuser und andere stabile Bauwerke **K** Steinhaus; Ziegelstein **4** ein einzelner, großer, harter Kern in einer Frucht *„der Stein in einem Pfirsich/in einer Pflaume"* **K** Steinobst **5** Kurzwort für *Edelstein* **6** Steine entstehen manchmal in Organen und sind der Grund für starke Schmerzen **K** Gallenstein, Nierenstein **7** ein kleiner, meist runder Gegenstand, mit dem man bei Brettspielen spielt **K** Spielstein

der **Stein·schlag** die Situation, wenn sich Steine von Hängen oder Felsen lösen und nach unten fallen

die **Stel·le** (-, *-n*) ORT, PLATZ: **1** ein Ort, Punkt oder Platz, an dem eine Person oder Sache ist oder an dem etwas geschieht *„sich an der vereinbarten Stelle treffen"* **K** Feuerstelle, Unfallstelle; Bruchstelle **2** eine kleine Fläche am Körper oder an einem Gegenstand, die sich von ihrer Umgebung unterscheidet, weil dort ein Schaden oder eine Wunde ist 〈*eine entzündete, geschwollene, gerötete Stelle auf der Haut*〉 *„eine abgenutzte Stelle am Teppich"* **K** Druckstelle, Roststelle **3** der Platz, an dem eine Ziffer in einer Zahl steht 〈*die erste, zweite, dritte Stelle*〉 **K** Dezimalstelle POSITION: **4** die Position in einer Firma oder in einer Institution, in der man arbeitet 〈*eine Stelle suchen, finden, bekommen, verlieren*〉 *„Er hat eine Stelle als Verkäufer in einem Kaufhaus"* **K** Stellenanzeige **5** die Position einer Person oder Sache in einer Reihenfolge oder Rangordnung *„im Wettrennen an erster Stelle sein/liegen"* SONSTIGE VERWENDUNGEN: **6** ein relativ kurzer Teil in einem Text oder einem musikalischen Werk **K** Bibelstelle, Textstelle **7** **eine Stelle (für etwas)** eine Institution oder eine Abteilung, die im genannten Bereich arbeitet, bzw. ihr Büro 〈*eine staatliche, kirchliche Stelle*〉 **K** Beratungsstelle, Geschäftsstelle **ID** **auf der Stelle** *gesprochen* ≈ sofort *„Du kommst jetzt auf der Stelle her!"*

stel·len (*stellte, hat gestellt*) ORT, LAGE: **1** **sich irgendwohin stellen** an eine Stelle gehen und dort stehen (bleiben) *„sich ans Fenster stellen"* **2** **jemanden/etwas irgendwohin stellen** eine Person oder Sache an eine Stelle bringen, wo sie dann steht *„die Blumen in eine Vase stellen"* | *„den Staubsauger in die Ecke stellen"* **3** **etwas kalt/warm stellen** etwas an einen Ort bringen, wo es kalt/warm bleibt oder wird *„Hast du den Sekt schon kalt gestellt?"* FUNKTION, ZUSTAND: **4** **etwas irgendwie stellen** die

S

Funktion eines (technischen) Gerätes verändern *„Wenns dir zu kalt ist, kann ich die Heizung höher stellen"* **5** **eine Uhr stellen** die Zeit, die eine Uhr anzeigt, ändern und so korrigieren **6** **den Wecker (auf** *+Uhrzeit*) **stellen** den Wecker so einstellen, dass er zu der genannten Uhrzeit läutet <u>VORGANG, SITUATION:</u> **7** **sich (der Polizei) stellen** zur Polizei gehen und sagen, dass man etwas Verbotenes getan hat **8** **(einer Person) jemanden/etwas (zur Verfügung) stellen** dafür sorgen, dass Personen, Geräte, Kleider o. Ä. für einen Zweck da sind *„Das Stadttheater stellte den Laienschauspielern die Kostüme"* **9** **(jemandem) etwas stellen** in Worte fassen, was man von einer Person will oder was sie tun soll ⟨*(jemandem) eine Aufgabe, eine Bedingung, eine Forderung, ein Ultimatum stellen; einen Antrag stellen*⟩ **10** **etwas stellen** aufgrund von Informationen zu einem Ergebnis kommen und dies zusammenfassen ⟨*eine Diagnose, eine Prognose stellen*⟩ **11** **etwas stellen** zusammen mit einem Substantiv verwendet, um ein Verb zu umschreiben *„(jemandem) eine Frage stellen"* (jemanden) etwas fragen | *„jemandem etwas in Rechnung stellen"* jemandem etwas berechnen <u>ZUR TÄUSCHUNG:</u> **12** **sich irgendwie stellen** so tun, als wäre etwas der Fall ⟨*sich blind, dumm, schlafend, taub, tot stellen*⟩

die **Stel·lung** (-, *-en*) **1** die Art und Weise, wie man den Körper hält ⟨*eine Stellung einnehmen*⟩ **2** die Lage einer Sache in Bezug auf ihre Umgebung ≈ Position *„Wenn der Schalter in dieser Stellung ist, fließt Strom"* **K** Schalterstellung, Wortstellung **3** die Position, in der jemand in einer Firma/Institution arbeitet *„eine Stellung als Chauffeur"*

der **Stell·ver·tre·ter** eine Person, die für eine kurze Zeit die Aufgabe einer anderen Person (meist des Chefs) übernimmt • *hierzu* **Stell·ver·tre·te·rin** *die*

der **Stem·pel** (-s, -) **1** ein kleiner Gegenstand, mit dem man eine Schrift oder Zeichen auf Papier druckt **K** Stempelfarbe; Datumsstempel, Firmenstempel **2** der Text, die Symbole o. Ä., die mit einem Stempel auf Papier gedruckt werden *„ein Stempel im Pass/auf dem Briefumschlag"* **K** Poststempel

stem·peln (*stempelte, hat gestempelt*) **etwas stempeln** einen Stempel auf etwas drucken *„ein Visum in einen Pass stempeln"*

ster·ben (*stirbt, starb, ist gestorben*) **1** aufhören zu leben **2** **an etwas** (*Dativ*) **sterben** aus dem genannten Grund sterben ⟨*an Krebs, an Malaria, an einem Herzinfarkt, an Altersschwäche sterben*⟩ **3** **vor etwas** (*Dativ*) **sterben** *gesprochen* etwas in hohem Maße empfinden ⟨*vor Angst, Hunger, Durst, Sehnsucht sterben*⟩

der **Stern** (-*(e)s, -e*) **1** einer der kleinen hellen Punkte, die man nachts am Himmel sehen kann **K** Sternenhimmel; Polarstern **2** eine Figur mit meist fünf Zacken, die wie ein Stern aussieht *„Kekse in Form von Sternen"* **K** Weihnachtsstern

stets ADVERB; *geschrieben* sehr oft, zu jeder Zeit ≈ immer

das **Steu·er**[1] (*-s, -*) **1** der Teil eines Fahrzeugs, mit dem der Fahrer die Richtung bestimmt, in die das Fahrzeug sich bewegt (beim Auto das Lenkrad, beim Boot das Ruder) ⟨*am Steuer sitzen*⟩ **K** Steuerrad **2** **am/hinter dem Steuer sitzen** Auto fahren

die **Steu·er**[2] (*-, -n*) Steuern zahlt man (vom Einkommen, beim Einkauf usw.) an den Staat ⟨*die Steuern erhöhen, senken*⟩ **K** Steuererhöhung, Steuersenkung; Einkommen(s)steuer, Lohnsteuer, Mehrwertsteuer, Kirchensteuer

steu·er·frei ADJEKTIV so, dass man keine Steuern dafür zahlen muss ⟨*Beträge*⟩

steu·ern (*steuerte, hat/ist gesteuert*) **1** **(etwas) steuern** (*hat*) so lenken, dass ein Fahrzeug sich in die gewünschte Richtung bewegt ⟨*ein Auto, ein Flug-*

zeug, ein Schiff steuern⟩ ≈ lenken **2** **etwas steuert etwas** (*ist*) etwas bewirkt, dass in einem System oder in einer Maschine Prozesse regelmäßig ablaufen *„eine elektronisch gesteuerte Rechenanlage"* • *hierzu* **Steu·e·rung** *die*

Stich (-(*e*)*s*, -*e*) **1** die Verletzung, die man bekommt, wenn man mit einem spitzen Gegenstand oder von einem Insekt gestochen wird **K** Stichwunde; Messerstich, Mückenstich **2** ein kurzer, starker Schmerz *„vom schnellen Laufen Stiche in der Seite bekommen"* **3** **ein Stich ins Gelbe/Grüne/...** so, dass eine Farbe in eine andere Farbe übergeht **ID** **jemanden im Stich lassen** einer Person, die man gut kennt, in einer schwierigen Situation nicht helfen

Stich·punkt Stichpunkte sind einzelne Wörter und unvollständige Sätze, mit denen man die wichtigsten Inhalte z. B. eines Vortrags notiert ≈ Stichwort

sticht *Präsens, 3. Person Singular* → stechen

Stick [stɪk]; (-*s*, -*s*) ein kleines transportables Gerät, auf dem man Daten speichert oder das einen Computer per Funk mit dem Internet verbindet **K** USB-Stick; Internetstick

Stie·fel (-*s*, -) Stiefel sind Schuhe, die auch einen Teil des Beines bedecken ⟨*ein Paar Stiefel*⟩ **K** Gummistiefel, Reitstiefel, Winterstiefel **i** → Abb. unter **Schuh**

stieg *Präteritum, 1. und 3. Person Singular* → steigen

stiehlt *Präsens, 3. Person Singular* → stehlen

der **Stiel** (-(*e*)*s*, -*e*) **1** der lange, feste, meist gerade Teil von z. B. Werkzeugen und Pfannen, an dem man sie hält **K** Stielkamm; Besenstiel, Hammerstiel, Pfannenstiel **i** → Abb. unter **Besen** und **Griff** **2** der lange, dünne Teil von Blumen, an dem die Blätter und Blüten wachsen ≈ Stängel **K** Blumenstiel **3** das kleine Stück Holz, an dem eine Frucht am Baum oder am Strauch hängt *„Er aß den Apfel mitsamt Stiel"* **K** Pflaumenstiel • *zu* (2) **lang·stie·lig** ADJEKTIV

der **Stier** (-(*e*)*s*, -*e*) das erwachsene männliche Rind, das fähig ist, Junge zu zeugen ≈ Bulle

stieß *Präteritum, 1. und 3. Person Singular* → stoßen

der **Stift** (-(*e*)*s*, -*e*) **1** Stifte sind kleine Stäbe; man steckt sie z. B. in Bretter, um diese miteinander zu verbinden *„die Seitenwände des Schrankes mit Stiften an der Bodenplatte befestigen"* **K** Metallstift **2** mit Stiften, die eine farbige Spitze haben, schreibt und zeichnet man **K** Bleistift, Buntstift, Filzstift

der **Stil** [ʃtiːl, stiːl]; (-(*e*)*s*, -*e*) **1** die Art und Weise, in der jemand spricht oder schreibt ⟨*ein flüssiger, holpriger, schlechter Stil*⟩ **K** Sprachstil, Schreibstil **2** die Art, in der ein Kunstwerk o. Ä. gemacht ist, vor allem wenn sie typisch für den Künstler oder für eine Epoche ist ⟨*der gotische, klassizistische, impressionistische Stil*⟩ **K** Stilmittel; Baustil, Malstil **3** die (typische) Art und Weise, wie sich jemand (im Sport) bewegt ⟨*den Stil verbessern*⟩ **K** Laufstil, Schwimmstil **4** die Art und Weise, wie sich jemand verhält oder wie er handelt **K** Arbeitsstil, Lebensstil **i** nicht in der Mehrzahl verwendet

still ADJEKTIV **1** ohne Geräusche oder mit wenig Geräuschen ≈ ruhig ↔ laut **2** so, dass man keine Geräusche macht ≈ leise ↔ laut *„Sei bitte still, ich möchte schlafen"* **3** mit wenig oder keiner Bewegung ⟨*still (da)liegen, halten, sitzen, stehen; etwas still halten*⟩ ≈ ruhig ↔ unruhig **K** windstill **4** **still sitzen** irgendwo sitzen, ohne zu arbeiten, herumzulaufen o. Ä. *„Sie kann keine fünf Minuten still sitzen"*

die **Stil·le** (-) der Zustand, in dem es ruhig und still ist ≈ Ruhe ↔ Lärm

stil·len (*stillte, hat gestillt*) **1** **(ein Baby) stillen** als Mutter ein Baby an der Brust Milch trinken lassen **2** **etwas stillen** bewirken, dass eine andere Person oder man selbst das bekommt, was diese oder man selbst haben möchte

S

oder braucht ⟨*den Hunger, den Durst, den Ehrgeiz, die Neugier, die Bedürfnisse stillen*⟩ **3** **etwas stillen** bewirken, dass etwas aufhört (zu fließen) ⟨*das Blut, die Tränen stillen*⟩

die **Stịm·me** (-, *-n*) AKUSTISCH: **1** die Töne, die jemand produziert, wenn er spricht oder singt **K** Frauenstimme, Kinderstimme, Männerstimme **2** die Fähigkeit, zu sprechen oder zu singen ⟨*die Stimme verlieren*⟩ **3** die Fähigkeit, gut zu singen ⟨*eine gute, schlechte Stimme haben*⟩ **K** Singstimme **4** **die Stimme verstellen** so sprechen, als ob man eine andere Person wäre BEIM WÄHLEN: **5** das Recht, mit anderen Leuten zusammen etwas zu entscheiden oder eine Person zu wählen, indem man z. B. die Hand hebt oder einen Wahlzettel ausfüllt **6** die Entscheidung für eine Person oder Sache (bei einer Wahl oder Abstimmung) ⟨*jemandem seine Stimme geben*⟩ **K** Jastimme, Neinstimme **7** **seine Stimme abgeben** (vor allem in einer geheimen Wahl) wählen

stịm·men (*stimmte, hat gestimmt*) **1** **(für/gegen jemanden/etwas) stimmen** sich bei einer Wahl oder Abstimmung für oder gegen eine Person oder Sache entscheiden ⟨*mit Ja, Nein stimmen*⟩ **2** **etwas stimmt** etwas ist richtig oder wahr ⟨*das Ergebnis, eine Rechnung, eine Äußerung*⟩ *„Stimmt es, dass Monika krank ist?"* **3** **etwas stimmt (jemanden) irgendwie** etwas erzeugt in jemandem ein das genannte Gefühl (eine Stimmung) ⟨*etwas stimmt jemanden heiter, traurig, optimistisch, hoffnungsvoll*⟩ **4** **(etwas) stimmen** ein Musikinstrument (z. B. durch Spannen und Verlängern der Saiten) so einstellen, dass die Töne die richtige Höhe haben ⟨*die Gitarre, das Klavier (tiefer, höher) stimmen*⟩ **ID** **Stimmt!** Das ist richtig!; **mit jemandem stimmt etwas nicht** **a** jemand macht den Eindruck, krank zu sein **b** jemand erregt den Verdacht, nicht ehrlich zu sein; **Stimmt so/schon!** *gesprochen* Den Rest können Sie (als Trinkgeld) behalten!

die **Stịm·mung** (-, *-en*) **1** der seelische Zustand eines Menschen ≈ Laune **K** Stimmungswechsel; Abschiedsstimmung, Weihnachtsstimmung **2** fröhliche Stimmung und gute Laune ⟨*jemandem die Stimmung verderben*⟩ **i** nicht in der Mehrzahl verwendet

stịn·ken (*stank, hat gestunken*) **1** **jemand/etwas stinkt** jemand/etwas hat oder verbreitet einen sehr unangenehmen Geruch **2** **jemand/etwas stinkt nach etwas** jemand/etwas hat denselben oder einen sehr ähnlichen unangenehmen Geruch wie etwas *„Das Gas stinkt nach faulen Eiern"* **3** **etwas stinkt jemandem** *gesprochen* etwas ist so, dass sich jemand darüber ärgert

stịrbt *Präsens, 3. Person Singular* → sterben

die **Stịrn** (-, *-en*) der Teil des Kopfes zwischen den Augen und den Haaren ⟨*sich (Dativ) den Schweiß von der Stirn wischen*⟩ *„Sie zog sich die Mütze tief in die Stirn"* **K** Stirnband

der **Stọck** (-(e)s, *Stö·cke*) **1** ein langer, relativ dünner und harter Gegenstand aus Holz o. Ä., den man z. B. als Stütze (beim Gehen, Skifahren o. Ä.) verwendet oder um jemanden zu schlagen **K** Spazierstock, Skistock, Wanderstock **2** eine Ebene eines Gebäudes über dem Erdgeschoss ≈ Etage *„Sie wohnt im dritten Stock"* **3** ein kleiner Strauch, den man in die Erde pflanzt **K** Blumenstock

der **Stö̩·ckel·schuh** ein Damenschuh mit einem sehr hohen und sehr schmalen Absatz **i** → Abb. unter **Schuh**

das **Stọck·werk** der Teil eines Gebäudes, der alle Räume umfasst, die auf gleicher Höhe liegen

der **Stọff** (-(e)s, *-e*) SUBSTANZ: **1** ein Gas, eine Flüssigkeit oder eine feste Masse in einer Form mit den entsprechenden Eigenschaften **K** Brennstoff, Klebstoff, Süßstoff **2** *gesprochen* Rauschgift oder Alkohol ⟨*sich (Dativ) Stoff besorgen*⟩

ℹ nicht in der Mehrzahl verwendet GEWEBE: **3** das (gewebte) Material, aus dem z. B. Kleidung, Tischdecken und Tücher bestehen ⟨*ein dünner, leichter, dicker, schwerer, gemusterter, knitterfreier, seidener, wollener Stoff*⟩ **K** Baumwollstoff, Kleiderstoff THEMA: **4** eine Geschichte oder eine Idee, die das Thema und den Inhalt für einen Roman, einen Film, eine wissenschaftliche Arbeit usw. bieten **K** Gesprächsstoff, Lesestoff

stol·pern (*stolperte, ist gestolpert*) (**über etwas** (*Akkusativ*)) **stolpern** beim Gehen mit dem Fuß gegen ein Hindernis stoßen und das Gleichgewicht verlieren *„Sie stolperte (über eine Baumwurzel) und fiel hin"*

stolz ADJEKTIV **1** **stolz (auf jemanden/etwas)** voll Freude über etwas, das man besitzt, das man geleistet hat oder bei dem man geholfen hat ⟨*stolz auf die Kinder, den Erfolg sein*⟩ *„Er war sehr stolz darauf, dass er die Prüfung bestanden hatte"* **2** *abwertend* so, dass eine Person glaubt, sie sei besser, klüger oder schöner als andere Menschen *„Er ist wohl zu stolz, (um) uns zu grüßen!"* **3** *gesprochen* sehr hoch, zu teuer ≈ beträchtlich

der **Stolz** (*-es*) **1** das Gefühl eines Menschen, wichtig und viel wert zu sein, das sich auch in dessen Haltung zeigt **2** **der Stolz (auf jemanden/etwas)** die große Freude und Zufriedenheit über etwas, das man besitzt, das man geleistet hat oder bei dem man geholfen hat **3** *abwertend* das Gefühl einer Person, besser zu sein als andere Menschen und deshalb das Recht zu haben, diese zu verachten

stop·fen (*stopfte, hat gestopft*) **1** **etwas stopfen** eine Öffnung o. Ä. verschließen, indem man sie mit etwas füllt ≈ abdichten *„ein Leck im Öltank stopfen"* **2** **etwas in etwas** (*Akkusativ*) **stopfen** etwas (ohne besondere Sorgfalt) kräftig irgendwohin drücken *„die Hemden in den Koffer stopfen"*

stopp! **1** man ruft *stopp!*, wenn man will, dass jemand sofort stehen bleibt oder aufhört, etwas zu tun ≈ halt! **2** Moment (mal)!

der **Stopp** [ʃtɔp, stɔp]; (-s, -s) **1** eine Pause, eine Unterbrechung während der Fahrt **2** eine (kurze) Unterbrechung einer Handlung, eines Vorgangs **K** Lieferungsstopp

stop·pen (*stoppte, hat gestoppt*) **1** **jemanden/etwas stoppen** bewirken, dass eine Person oder Sache, die in Bewegung ist, hält ≈ anhalten *„Der Polizist stoppte den Motorradfahrer"* **2** **jemanden/etwas stoppen** bewirken, dass jemand aufhört, etwas zu tun, oder dass etwas aufhört *„die Produktion stoppen"* **K** Stopptaste **3** **(jemanden/etwas) stoppen** mit einer Stoppuhr die Zeit messen, die jemand für eine Strecke braucht ⟨*einen Rennfahrer, einen Lauf stoppen*⟩ **4** (aus der Bewegung heraus) zum Stehen kommen ≈ anhalten *„Der Autofahrer stoppte kurz vor der Ampel"*

der **Stöp·sel** (-s, -) ein meist kleiner, runder Gegenstand, mit dem man eine Öffnung verschließt *„den Stöpsel aus der Badewanne ziehen"*

der **Storch** (-(e)s, *Stör·che*) ein großer Vogel mit schwarzen und weißen Federn, langen Beinen und einem langen, roten Schnabel. Der Storch baut sein Nest auf Dächern ℹ → Abb. unter **Tier**

stö·ren (*störte, hat gestört*) **1** **(jemanden) (bei etwas) stören** eine Person bei einer Tätigkeit unterbrechen (und sie dadurch ärgern) **2** **(etwas) stören** sich mit Absicht so verhalten, dass etwas nicht normal verlaufen kann *„Die Schüler unterhielten sich und störten dadurch den Unterricht"* **3** **etwas stört (jemanden)** etwas gefällt jemandem überhaupt nicht *„Mich stören seine schmutzigen Fingernägel"*

die **Stö·rung** (-, -en) **1** Handlungen oder Dinge, die stören oder behindern *„Entschuldigen Sie bitte die Störung!"* | *„Ich werde eine Störung des Unterrichts nicht dulden!"* **K** Ruhestörung **2** ein Fehler

S

in der Funktion oder dem Ablauf einer Sache *„Wegen des starken Regens kommt es zu Störungen des Flugverkehrs"* **3** ein körperlicher oder psychischer Zustand, der nicht normal ist und Probleme macht ⟨*eine seelische, psychische Störung*⟩ **K** Angststörung; Durchblutungsstörung

der **Stoß** (*-es, Stö·ße*) **1** eine schnelle Bewegung, mit der etwas kurz und kräftig auf jemanden/etwas trifft **K** Rippenstoß **2** die kurzen, kräftigen Bewegungen bei einem Erdbeben **3** eine Menge von gleichen Dingen, die übereinandergelegt wurden ≈ Stapel *„ein Stoß Bücher/Handtücher"* **K** Holzstoß

sto·ßen (*stößt, stieß, hat/ist gestoßen*) **1** **jemanden (irgendwohin) stoßen** (*hat*) einer Person an einer Stelle des Körpers einen Stoß geben *„Er hat mich mit dem Ellbogen in die Rippen gestoßen"* **2** **jemanden/etwas irgendwohin stoßen** (*hat*) jemanden/etwas mit einem kurzen und kräftigen Stoß an eine andere Stelle bewegen *„jemanden ins Wasser stoßen"* **3** **gegen/an etwas** (*Akkusativ*) **stoßen** (*hat*) etwas einen kurzen und kräftigen Stoß geben *„Voller Wut stieß er mit dem Fuß gegen die Tür"* **4** **an/gegen jemanden/etwas stoßen** (*ist*) in einer schnellen Bewegung jemanden/etwas ohne Absicht kurz und kräftig berühren (und sich selbst dabei wehtun oder verletzen) *„Er ist mit dem Kopf an die Decke gestoßen"* **5** **auf etwas** (*Akkusativ*) **stoßen** (*ist*) etwas zufällig finden, entdecken ⟨*auf Erdöl stoßen*⟩ **6** **auf etwas** (*Akkusativ*) **stoßen** (*ist*) überraschend auf etwas Unangenehmes treffen ⟨*auf Schwierigkeiten, (bei jemandem) auf Widerstand, Ablehnung stoßen*⟩

die **Stoß·stan·ge** Autos haben vorne und hinten eine Stoßstange, die sie bei leichten Zusammenstößen schützen soll

stot·tern (*stotterte, hat gestottert*) (als Folge einer Sprachstörung) so sprechen, dass man oft einzelne Laute oder Silben wiederholt

Str. Abkürzung für *Straße*

straf·bar ADJEKTIV so, dass es gegen ein Gesetz ist und durch ein Gericht bestraft werden kann ⟨*eine Handlung*⟩

die **Stra·fe** (*-, -n*) **1** eine Handlung oder Anordnung, durch die eine Person bestraft wird, z. B. indem man sie einsperrt, schlägt, ihr etwas verbietet oder sie Geld zahlen lässt *„Zur Strafe durfte er nicht ins Kino gehen"* | *„Auf Raub stehen hohe Strafen"* **K** Gefängnisstrafe, Geldstrafe **2** **eine Strafe (be)zahlen müssen** *gesprochen* eine Geldbuße (z. B. für Falschparken) zahlen müssen

stra·fen (*strafte, hat gestraft*) so, dass man deutlich zeigt, dass man nicht einverstanden ist und Ärger empfindet ⟨*strafende Blicke; jemanden strafend ansehen*⟩ **ID** **(mit jemandem/etwas) gestraft sein** *auch humorvoll* Sorgen oder Ärger mit jemandem/etwas haben

straff ADJEKTIV (*straffer, straffst-*) **1** ⟨*ein Seil, eine Leine, eine Saite*⟩ fest gespannt und glatt, weil sie stark gezogen werden ↔ locker **2** ohne Falten ⟨*die Haut*⟩ **3** streng und effektiv und mit dem Ziel, dass alle Arbeiten schnell, aber auch gut gemacht werden ⟨*eine Leitung, eine Organisation*⟩

die **Straf·tat** eine Tat, die verboten ist und für die man bestraft wird ⟨*eine Straftat begehen*⟩ ≈ Delikt • *hierzu* **Straf·tä·ter** *der*

der **Straf·zet·tel** ein Zettel, auf dem steht, dass man eine Strafe zahlen muss, meist weil man das Auto falsch geparkt hat

der **Strahl** (*-(e)s, -en*) **1** ein schmaler Streifen Licht, vor allem einer von vielen, die von einem einzigen Punkt ausgehen *„die warmen Strahlen der Sonne"* **K** Laserstrahl **2** ein schneller, schmaler Strom einer Flüssigkeit oder eines Gases, der durch eine enge Öffnung gedrückt wird *„Ein Strahl Wasser schoss aus dem Loch im Rohr"* **K** Wasserstrahl **i** nicht in der Mehrzahl verwendet **3** Energie (wie Licht, Elektrizität, Radioaktivität), die sich in der Form von Wellen irgendwohin bewegt **K** Strahlenquelle; Elektronenstrahl, Gammastrahlen, Röntgenstrahlen, UV--Strahlen

strah·len (*strahlte, hat gestrahlt*) **1** **etwas strahlt** etwas sendet (helles) Licht aus ‹*die Sonne, ein Scheinwerfer*› ≈ leuchten **2** **(vor etwas** (*Dativ*)**) strahlen** sehr froh und glücklich aussehen *„Sie strahlte vor Glück, als sie ihn sah"* **3** **etwas strahlt** etwas sendet radioaktive Strahlen aus *„Uran strahlt"*

die **Strah·lung** (-, *-en*) die Situation, wenn Strahlen entstehen und sich ausbreiten ‹*radioaktive, ultraviolette Strahlung*›

die **Sträh·ne** (-, *-n*) eine größere Menge langer und glatter Haare, die zusammen sind ‹*graue Strähnen im Haar haben; jemandem fällt eine Strähne in die Stirn, ins Gesicht*›

stram·peln (*strampelte, hat gestrampelt*) die Beine kräftig und schnell hin und her oder auf und ab bewegen *„das Baby strampelte vor Vergnügen"*

der **Strand** (-(*e*)*s*, *Strän·de*) ein flaches Stück Ufer am Meer **K** Strandbad, Strandcafé; Badestrand, Sandstrand

die **Stra·ße** (-, *-n*) ein breiter Weg für Fahrzeuge mit Rädern, der meist eine glatte, harte Oberfläche hat **K** Straßenkreuzung, Straßenlampe, Straßenpflaster; Landstraße **i** Abkürzung: *Str.*

die **Stra·ßen·bahn** eine elektrische Bahn, die auf Schienen durch die Straßen einer (großen) Stadt fährt **K** Straßenbahnhaltestelle

die **Stra·te·gie** (-, *-n* [-'giːən]) ein genauer Plan für die Handlungen, mit denen man ein Ziel erreichen will • *hierzu* **stra·te·gisch** ADJEKTIV

der **Strauch** (-(*e*)*s*, *Sträu·cher*) eine Pflanze mit vielen dünnen Ästen, die direkt aus dem Boden wachsen ≈ Busch **K** Himbeerstrauch, Rosenstrauch **i** → Abb. unter **Pflanze**

der **Strauß** (*-es*, *Sträu·ße*) mehrere Blumen, die man zusammen in der Hand hält oder die man in eine Vase stellt **K** Blumenstrauß, Brautstrauß, Rosenstrauß

stre·ben (*strebte, hat gestrebt*) **1** **nach etwas streben** mit großer Energie versuchen, etwas zu erreichen ‹*nach Erfolg, Glück, Macht, Ruhm streben*› **2** *gesprochen, oft abwertend* fleißig lernen

die **Stre·cke** (-, *-n*) **1** der Weg zwischen zwei Punkten oder Orten *„die Strecke Frankfurt–New York fliegen"* **K** Autobahnstrecke, Fahrstrecke, Flugstrecke **2** eine Strecke mit Eisenbahnschienen ≈ Linie *„die Strecke von München nach Ulm über Augsburg"* **K** Streckennetz; Bahnstrecke **3** die Strecke, die man bei einem Rennen läuft, fährt usw. **K** Rennstrecke; Kurzstrecke, Langstrecke

stre·cken (*streckte, hat gestreckt*) **1** **etwas strecken** einen Körperteil so bewegen, dass er gerade wird ‹*einen Arm, ein Bein, ein Knie, den Rücken strecken*› **2** **sich/etwas strecken** den Körper oder einen Körperteil dehnen und strecken, sodass man oder der Körperteil die volle Länge erreicht *„Sie streckte sich, um einen Apfel vom Baum zu pflücken"* **3** **etwas strecken** etwas mit einer Substanz mischen, damit es mehr wird ‹*die Soße, Suppe* (*mit Wasser*) *strecken*› ≈ verdünnen

der **Streich** (-(*e*)*s*, *-e*) **1** eine Handlung, mit der ein Kind jemanden zum Spaß ärgert, täuscht usw. **2** **jemandem einen Streich spielen** jemanden mit einem Streich ärgern oder täuschen

strei·cheln (*streichelte, hat gestreichelt*) **jemanden/etwas streicheln** sanft und liebevoll die Hand auf einem Körperteil einer Person oder eines Tieres hin und her bewegen ‹*das Fell eines Tieres, jemandes Haar, jemandes Hände, jemandes Wangen streicheln*›

strei·chen (*strich, hat/ist gestrichen*) **1** **(etwas) streichen** (*hat*) mit einem Pinsel o. Ä. Farbe auf etwas verteilen ≈ anstreichen *„Vorsicht, die Tür ist frisch*

S

gestrichen!" **2** **etwas irgendwohin streichen** (*hat*) eine weiche Masse irgendwo verteilen *„(mit dem Messer) Butter aufs Brot streichen"* **K** Streichkäse, Streichwurst **3** **etwas streichen** (*hat*) etwas mit einer dünnen Schicht Butter, Marmelade o. Ä. bedecken ⟨*ein Brot, ein Brötchen, eine Stulle streichen*⟩ ≈ schmieren **4** **(sich** (*Dativ*)) **etwas irgendwohin streichen** (*hat*) mit einer leichten Bewegung der Hand etwas irgendwohin bewegen *„Ich strich mir die Haare aus der Stirn/aus dem Gesicht"* **5** **etwas streichen** (*hat*) einen Teil eines geschriebenen Textes durch einen Strich ungültig machen ⟨*ein Wort, einen Satz, einen Absatz streichen*⟩ *„Nicht Zutreffendes streichen!"* **6** **etwas (aus etwas) streichen** (*hat*) bewirken, dass etwas nicht mehr gültig ist bzw. dass etwas, das geplant war, nicht (mehr) ausgeführt wird ⟨*einen Auftrag, einen Flug, einen Programmpunkt streichen*⟩ *„Mein Vater hat mir das Taschengeld für zwei Wochen gestrichen"* **7** **durch/über etwas** (*Akkusativ*) **streichen** (*hat*) etwas leicht mit der Hand berühren und die Hand dabei in eine Richtung bewegen *„über die Tischdecke streichen, um sie zu glätten"*

das **Streich·holz** (*-es, Streich·höl·zer*) ein kleiner Stab aus Holz, dessen dickes Ende (den Kopf) man an einer rauen Fläche reibt, um eine Flamme zu bekommen ⟨*ein Streichholz anzünden*⟩ ≈ Zündholz **K** Streichholzschachtel

STREICHHOLZ

das **Streich·inst·ru·ment** ein Musikinstrument mit Saiten, über die man mit einem Bogen streicht, um Töne zu erzeugen, z. B. eine Geige oder ein Cello

die **Strei·fe** (*-, -n*) meist zwei Polizisten, die durch ein Gebiet fahren, um zu prüfen, ob alles in Ordnung ist **K** Streifenwagen

strei·fen (*streifte, hat/ist gestreift*) **1** **eine Person/Sache streift jemanden/etwas** (*hat*) eine Person oder Sache geht bzw. fährt so nahe an einer anderen Person oder Sache vorbei, dass sie diese leicht berührt *„Beim Einparken habe ich ein anderes Auto gestreift"* **2** **etwas von etwas streifen** (*hat*) etwas mit leichtem Druck ziehend entfernen *„Farbe vom Pinsel streifen"* | *„den Ring vom Finger streifen"* **3** **etwas streifen** (*hat*) sich nur kurz mit etwas beschäftigen ⟨*ein Problem, ein Thema in einem Vortrag, einer Diskussion streifen*⟩ **4** **durch etwas streifen** (*ist*) ohne festes Ziel herumgehen ⟨*durchs Land, durch die Felder, Wälder, Wiesen streifen*⟩

der **Strei·fen** (*-s, -*) **1** ein langer, schmaler Teil einer Fläche, der sich vor allem durch die Farbe vom Rest unterscheidet ⟨*ein Stoff mit feinen, schmalen, breiten, bunten, gelben, weißen Streifen*⟩ **K** Farbstreifen, Zebrastreifen **2** ein langes, schmales Stück *„Papier in Streifen schneiden"* **K** Papierstreifen, Grasstreifen, Kleb(e)streifen, Mittelstreifen

der **Streik** (*-(e)s, -s*) **1** **ein Streik (für etwas)** wenn Arbeiter oder Angestellte nicht arbeiten, um ihre Forderungen durchzusetzen, ist das ein Streik ⟨*zum Streik aufrufen*⟩ *„ein Streik für kürzere Arbeitszeit"* **K** Streikrecht; Warnstreik **2** bei einem Streik tun Personen etwas absichtlich nicht oder blockieren einen Weg **K** Sitzstreik

strei·ken (*streikte, hat gestreikt*) **1** **(für etwas) streiken** einen Streik durchführen, bei einem Streik mitmachen *„für höhere Löhne streiken"* **2** **etwas streikt** etwas funktioniert plötzlich nicht mehr *„Bei dieser Kälte streikt mein Auto oft"*

der **Streit** (*-(e)s*) **ein Streit (mit jemandem) (um/über etwas** (*Akkusativ*)) ein Vorgang, bei dem man voller Ärger mit jemandem spricht, weil man eine andere Meinung, ganz andere Interessen oder andere Ziele hat *„Es gab einen heftigen Streit darüber, wie es weitergehen sollte"* K Meinungsstreit, Rechtsstreit ⓘ Als Mehrzahl wird *Streitigkeiten* verwendet.

strei·ten (*stritt, hat gestritten*) **1** **(mit jemandem) (um/über etwas** (*Akkusativ*)**) streiten** voller Ärger mit einer Person sprechen (und sie aggressiv behandeln), weil man eine andere Meinung, ganz andere Interessen oder andere Ziele hat *„Er stritt mit seinem Bruder um das Spielzeug" | „Sie streiten immer wieder darüber, wer aufräumen muss"* **2** **eine Person streitet mit jemandem über etwas** (*Akkusativ*); **Personen streiten über etwas** (*Akkusativ*) Personen diskutieren über etwas (heftig) und haben verschiedene Meinungen *„Sie stritten über die Gefahren der Atomkraft"* K Streitgespräch

streng ADJEKTIV **1** ohne Mitleid, ohne freundliche Gefühle oder Rücksicht ⟨*ein Blick, eine Strafe, ein Urteil*⟩ **2** so, dass eine Person (oder eine Vorschrift) Ordnung, Disziplin und Gehorsam verlangt ⟨*Eltern, ein Lehrer, eine Erziehung*⟩ ≈ strikt **3** so, dass es genau den Forderungen oder Regeln entspricht ⟨*eine Diät, eine Ordnung, eine Prüfung, eine Untersuchung; jemanden streng bewachen; etwas streng befolgen, einhalten*⟩ ≈ strikt *„Das ist streng verboten"* **4** mit sehr niedrigen Temperaturen ⟨*Frost, Kälte, ein Winter*⟩ • *zu* (2,4) **Stren·ge** *die*

der **Stress** (*-es*) **1** eine unangenehme, starke Belastung durch Probleme, zu viel Arbeit, Lärm usw. *„Von all dem Stress hat er einen Herzinfarkt bekommen"* **2** **im Stress sein** *gesprochen* viel Arbeit und wenig Zeit haben • *zu* (1) **stress·frei** ADJEKTIV

stres·sig ADJEKTIV; *gesprochen* ⟨*eine Arbeit, ein Tag*⟩ so, dass sie jemandem Stress verursachen

streu·en (*streute, hat gestreut*) **1** **Dinge (irgendwohin) streuen** mehrere kleine Dinge so werfen oder fallen lassen, dass sie sich über einer Fläche verteilen *„Salz in die Suppe streuen"* **2** **(etwas) streuen** im Winter Salz, Sand o. Ä. auf eine Straße, einen Weg streuen, damit diese nicht so glatt sind *„Dieser Fußweg wird im Winter nicht geräumt oder gestreut"* K Streusalz

die **Streu·sel** *Mehrzahl* kleine Stücke aus Butter, Zucker und Mehl, die man auf Kuchen streut K Streuselkuchen

strich *Präteritum, 1. und 3. Person Singular* → streichen

der **Strich** (*-(e)s, -e*) **1** eine gerade Linie, die man malt oder zeichnet ⟨*ein dicker, dünner, feiner Strich*⟩ K Bleistiftstrich, Pinselstrich **2** eine kurze Linie als (gedrucktes oder geschriebenes) Zeichen *„ein Strich auf dieser Waage bedeutet zehn Gramm"* K Anführungsstriche, Bindestrich, Gedankenstrich, Schrägstrich ID **auf den Strich gehen** *gesprochen* als Prostituierte(r) (auf der Straße) arbeiten; **Das geht mir gegen den 'Strich!** *gesprochen* Das lehne ich ab, das stört mich

der **Strich·punkt** das Zeichen *;* ≈ Semikolon

der **Strick** (*-(e)s, Stri·cke*) eine dicke Schnur oder ein Seil; Stricke verwendet man zum Binden *„jemandem mit einem Strick die Hände fesseln"* ⓘ → Abb. unter **Strick**

stri·cken (*strickte, hat gestrickt*) **(etwas) stricken; an etwas stricken** mit zwei langen Nadeln und einem Faden aus Wolle Maschen machen und daraus z. B. einen Pullover herstellen *„Er strickt gerade eine / an einer Mütze"*

strikt ADJEKTIV so, dass keine Ausnahme oder Abweichung, kein Widerspruch geduldet wird ⟨*Gehorsam; eine Anordnung, ein Befehl; etwas strikt befolgen*⟩ ≈ streng

stritt *Präteritum, 1. und 3. Person Singular* → streiten

das **Stroh** (*-(e)s*) die trockenen, gelben Halme des Getreides, nachdem die Körner entfernt wurden K Strohhut

der **Stroh·halm** ein kleines Rohr aus Plastik, durch das man Getränke in den

S

Mund saugt

der **Strom** (-(e)s, *Strö·me*) ELEKTRISCH: **1** eine fließende elektrische Ladung ⟨*den Strom einschalten, abschalten, ausschalten; etwas verbraucht viel Strom; Strom sparen*⟩ ≈ Elektrizität **K** Stromausfall, Stromleitung, Stromrechnung **2** **etwas steht unter Strom** elektrischer Strom fließt durch ein Kabel, eine Leitung usw. FLUSS: **3** ein großer Fluss, der in ein Meer mündet IN BEWEGUNG: **4** eine große Menge einer Flüssigkeit oder eines Gases, die sich in eine Richtung bewegt ⟨*es regnet in Strömen*⟩ **K** Lavastrom, Luftstrom

die **Strö·mung** (-, *-en*) die Bewegung, mit der das Wasser eines Flusses oder des Meeres o. Ä. fließt ⟨*eine gefährliche, starke, reißende Strömung*⟩

die **Struk·tur** [ʃtr-, str-]; (-, *-en*) **1** die Art, wie verschiedene Teile zusammen zu einem System geordnet sind ⟨*etwas hat eine einfache, komplizierte Struktur*⟩ ≈ Aufbau, Gliederung *„die soziale Struktur eines Landes"* **K** Gesellschaftsstruktur, Organisationsstruktur, Verkehrsstruktur **2** die Oberfläche eines Stoffes o. Ä. mit einem Muster aus hohen und tiefen Stellen **K** Strukturtapete; Oberflächenstruktur

der **Strumpf** (-(e)s, *Strümp·fe*) Strümpfe aus Stoff oder Wolle trägt man an den Füßen (und Beinen) ⟨*ein Paar Strümpfe*⟩ **K** Wollstrümpfe; Sportstrümpfe

die **Strumpf·ho·se** ein enges Kleidungsstück für Frauen und Kinder, das den Unterleib, die Beine und die Füße bedeckt **K** Nylonstrumpfhose; Damenstrumpfhose, Kinderstrumpfhose **i** → Abb. unter **Bekleidung**

das **Stück** (-(e)s, *-e*) **1** ein Teil eines größeren Ganzen *„einen Balken in Stücke sägen"* | *„ein großes Stück (von der) Schokolade abbrechen"* | *„ein Stück Papier abreißen"* | *„ein kurzes Stück aus einem Buch vorlesen"* | *„Sie kauften sich*

STÜCK

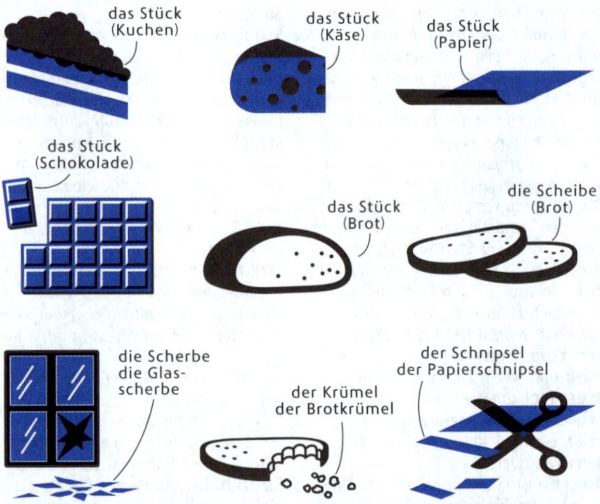

ein Stück Land" [K] Brotstück, Fleischstück, Kuchenstück [2] **ein Stück** +*Substantiv* ein Gegenstand aus der genannten Substanz oder der genannten Kategorie ⟨*ein Stück Butter, Kohle, Seife, Zucker*⟩ *„Die Eier kosten zwanzig Cent das/pro Stück"* [K] Gepäckstück, Kleidungsstück, Möbelstück, Seifenstück [3] *Zahlwort* + **Stück** die genannte Zahl von Dingen/Tieren *„drei Stück Kuchen essen"* [4] ein literarisches Werk, das meist im Theater gezeigt (aufgeführt) wird ≈ Drama [K] Theaterstück [5] ein musikalisches Werk *„Das Orchester studiert Stücke von Mozart ein"* [K] Musikstück [6] **ein (kleines/kurzes) Stück** eine relativ kurze Entfernung *„Ich werde dich noch ein Stück begleiten"* [7] **ein ganzes/gutes/schönes Stück** ziemlich viel, weit o. Ä. ⟨*ein gutes/schönes Stück Arbeit, Geld, Glück; ein ganzes/gutes Stück (weit) fahren, gehen müssen*⟩ [8] **am/im Stück** ganz und nicht in Scheiben geschnitten ⟨*Käse, Wurst, Fleisch am/im Stück kaufen*⟩ [ID] **aus freien Stücken** freiwillig, ohne Zwang • *zu* (1 – 3) **stück·wei·se** *ADVERB*

der **Stu·dent** (*-en, -en*) eine Person, die an einer Universität oder Hochschule studiert *„ein Student der Mathematik"* [K] Chemiestudent, Medizinstudent [i] *der Student; den, dem, des Studenten* • *hierzu* **Stu·den·tin** *die*; **stu·den·tisch** *ADJEKTIV*

die **Stu·die** [-diə]; (*-, -n*) **eine Studie (zu etwas, über etwas** (*Akkusativ*)**)** eine schriftliche wissenschaftliche Arbeit *„eine Studie über die Ursachen des Waldsterbens"*

Stu·di·en [-diən] *Mehrzahl* → Studium

stu·die·ren (*studierte, hat studiert*) [1] **(etwas) studieren** eine Universität oder Hochschule besuchen und dort etwas lernen ⟨*Mathematik, Medizin, Sprachen studieren; an einer Universität, Hochschule studieren*⟩ *„Nach dem Abitur will sie studieren"* [2] **etwas studieren** etwas genau lesen ⟨*die Akten, den Fahrplan, die Speisekarte studieren*⟩ • *zu* (1) **Stu·die·ren·de** *der/die*

das **Stu·dio** (*-s, -s*) ein Raum, in dem Sendungen (für Radio und Fernsehen) oder Filme (für das Kino) aufgenommen werden [K] Fernsehstudio, Filmstudio, Rundfunkstudio

das **Stu·di·um** (*-s, Stu·di·en* [-diən]) [1] eine Ausbildung an einer Universität o. Ä. *„das Studium der Biologie"* [K] Chemiestudium, Medizinstudium, Sprachenstudium [i] nicht in der Mehrzahl verwendet [2] **das Studium** (*+Genitiv*) die intensive und wissenschaftliche Beschäftigung mit etwas *„das Studium alter Kulturen"*

die **Stu·fe** (*-, -n*) [1] eine von mehreren waagrechten, schmalen Flächen einer Treppe *„die Stufen zum Aussichtsturm hinaufgehen"* [K] Treppenstufe [2] der Zustand zu einem Zeitpunkt einer Entwicklung ⟨*etwas steht auf einer Stufe, bleibt auf einer Stufe stehen*⟩ ≈ Stadium [K] Entwicklungsstufe, Vorstufe [3] ein Punkt auf einer Skala [K] Preisstufe, Schwierigkeitsstufe • *zu* (2) **stu·fen·los** *ADJEKTIV*

der **Stuhl** (*-(e)s, Stüh·le*) [1] Stühle haben vier Beine und sind oft aus Holz, eine Person kann darauf sitzen ⟨*sich auf einen Stuhl setzen; ein Stuhl ist besetzt, frei*⟩ [K] Gartenstuhl, Liegestuhl, Rollstuhl [2] verwendet als medizinische Bezeichnung für Ausscheidungen aus dem Darm [i] → Abb. nächste Seite

stumm *ADJEKTIV* nicht fähig zu sprechen, weil man die Laute nicht produzieren kann *„von Geburt stumm sein"* [K] taubstumm [i] Die Bezeichnung *taubstumm* wird heutzutage von vielen als abwertend empfunden.

stumpf *ADJEKTIV* (*stumpfer, stumpfst-*) [1] ⟨*ein Bleistift, eine Nadel, eine Spitze*⟩

SPITZ
STUMPF

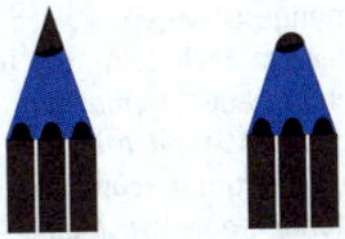

spitz stumpf

S

STÜHLE

der Stuhl (1)

der Liegestuhl

der Rollstuhl

der Bürostuhl

der Schaukelstuhl

der Kinderstuhl

am Ende rund oder nicht so spitz, wie sie sein sollten ↔ spitz **2** ⟨*ein Messer, eine Schere*⟩ so, dass man damit nicht gut schneiden kann ↔ scharf

der **Stụmpf** (-(e)s, *Stümp·fe*) ein kurzes Stück, das als Rest bleibt, nachdem etwas abgetrennt wurde oder abgebrochen ist **K** Baumstumpf, Zahnstumpf

die **Stụn·de** (-, -n) **1** einer der 24 Teile, in die der Tag eingeteilt wird ⟨*eine halbe, ganze, knappe, volle Stunde*⟩ *„Er wollte in einer Stunde hier sein"* **K** Stundenzeiger; Dreiviertelstunde, Viertelstunde **i** Abkürzung: *Std.* oder in Wissenschaft und Technik *h*; *in drei viertel Stunden*, aber: *eine Dreiviertelstunde* (zusammengeschrieben) **2** der Unterricht in einem Fach o. Ä., der ungefähr eine Stunde dauert ⟨*jemandem Stunden geben, erteilen; Stunden in etwas* (*Dativ*) *nehmen; eine Stunde schwänzen*⟩ *„In der ersten Stunde haben wir Mathe"* **K** Deutschstunde, Mathestunde, Physikstunde, Klavierstunde; Nachhilfestunde, Schulstunde • *hierzu* **stụn·den·wei·se** ADJEKTIV

stụn·den·lang ADJEKTIV **1** mehrere Stunden lang **2** sehr lange *„stundenlang mit jemandem telefonieren"*

der **Stụn·den·plan** eine Liste mit den Zeiten, zu denen jemand etwas tun muss oder zu denen Schüler Unterricht haben

der **Stụrm** (-(e)s, *Stür·me*) **1** ein sehr starker Wind *„Der heftige Sturm hat zahlreiche Bäume entwurzelt und Dächer abgedeckt"* **K** Sturmschaden, Sturmwarnung; Schneesturm **2** **ein Sturm** *+Genitiv* eine starke und oft unkontrollierte Reaktion ⟨*ein Sturm der Begeisterung, der Entrüstung*⟩

stụ̈r·men (*stürmte, hat/ist gestürmt*) **1** **Truppen** *o. Ä.* **stürmen etwas** (*hat*) Truppen o. Ä. erobern im Krieg etwas durch einen schnellen Angriff ⟨*Truppen stürmen eine Brücke, eine Festung, eine Stellung*⟩ **2** **Personen stürmen etwas** (*hat*) viele Menschen drängen plötzlich irgendwohin *„Die Zuschauer stürmten die Bühne"* **3** **es stürmt** (*hat*) es herrscht starker Wind, Sturm *„In den Bergen stürmt und schneit es"*

der **Stụrz** (-es, *Stür·ze*) **1** der Vorgang, bei dem jemand zu Boden fällt ⟨*ein Sturz in die Tiefe, vom Fahrrad, beim Skifahren*⟩ **2** **der Sturz** (*+Genitiv*) das plötzliche starke Sinken **K** Preissturz, Temperatursturz

stụ̈r·zen (*stürzte, hat/ist gestürzt*) **1** (*ist*) (beim Gehen oder im Stehen) das Gleichgewicht verlieren und deshalb zu Boden fallen ≈ hinfallen *„ausrutschen und schwer stürzen"* **2** **jemand/etwas stürzt irgendwohin** (*ist*) jemand/etwas fällt (aufgrund des Gewichts) nach unten *„aus dem Fenster/vom Dach/in die Tiefe stürzen"* **3** **etwas stürzt** (*ist*) etwas sinkt plötzlich stark ⟨*die Temperaturen, der Wasserspiegel, die Preise, die Kurse*⟩ **4** **etwas stürzen** (*hat*) ein Gefäß mit der Öffnung so nach unten drehen, dass der Inhalt herausfällt ⟨*den Kuchen, den Pudding aus der Form auf einen Teller) stürzen*⟩ **5** **jemanden stürzen** (*hat*) jemandem ein wichtiges Amt nehmen ⟨*einen König, eine Regierung stürzen*⟩ **6** **sich auf jemanden stürzen** (*hat*) plötzlich schnell zu einer Person hinlaufen und sie angreifen, festhalten, verhaften o. Ä. **7** **ein Tier stürzt sich auf jemanden** (*hat*) ein Tier greift jemanden oder ein anderes Tier plötzlich und schnell an

Stüt·ze (-, *-n*) ein Gegenstand, der verhindert, dass etwas schief steht, umfällt oder nach unten sinkt *„Pfähle als Stützen für einen jungen Baum verwenden"* | *„einem Verletzten eine Jacke als Stütze unter den Kopf legen"* **K** Buchstütze, Fußstütze, Kopfstütze

stüt·zen (*stützte, hat gestützt*) **1** **jemand/etwas stützt eine Person/Sache** jemand/etwas bewirkt, dass eine Person oder Sache ihre Lage, Form o. Ä. halten kann *„einen Kranken stützen, damit er nicht zusammenbricht"* | *„Die Brücke wird von acht Pfeilern gestützt"* **K** Stützmauer, Stützpfeiler, Stützverband **2** **etwas auf/in etwas** (*Akkusativ*) **stützen** einen Körperteil auf etwas legen oder gegen etwas drücken und ihm so Halt geben ⟨*das Kinn, das Gesicht auf/in die Hände stützen*⟩ **3** **sich auf jemanden/etwas stützen** das Gewicht eines Körperteils auf einer anderen Person oder einer Sache ruhen lassen *„sich auf einen Stock stützen"*

[da]s **Sub·jẹkt** (-(e)s, *-e*) der Teil eines Satzes, der bestimmt, ob das Verb eine Singularform oder eine Pluralform hat. Der Kasus für das Subjekt ist der Nominativ *„In dem Satz „Mein Onkel kaufte sich ein Motorrad" ist „mein Onkel" das Subjekt"*

sụb·jek·tiv, **sub·jek·ti̱v** [-f] ADJEKTIV von der eigenen, persönlichen Meinung oder Erfahrung bestimmt ⟨*eine Ansicht, ein Standpunkt*⟩ ↔ objektiv • *hierzu* **Sub·jek·ti·vi·tä̱t** [-v-] *die*

[d]as **Sụb·stan·tiv** [-f]; (-s, *-e* [-və]) ein Wort, das ein Ding, einen Menschen, ein Tier, einen Begriff o. Ä. bezeichnet. Substantive werden im Deutschen mit einem großen Buchstaben am Wortanfang geschrieben. Die meisten Substantive haben eine Singular- und eine Pluralform und können mit einem Artikel (*der, die, das*) verbunden werden, der auch das Genus anzeigt

die **Sub·stạnz** [-st-]; (-, *-en*) eine Flüssigkeit, ein Gas oder etwas Festes ≈ Stoff

die **Su̱·che** (-) **1** **die Suche (nach jemandem/etwas)** das Suchen ⟨*auf die Suche gehen; auf der Suche sein*⟩ **2** **sich auf die Suche machen** anfangen, jemanden/etwas zu suchen

su̱·chen (*suchte, hat gesucht*) **1** **(jemanden/etwas) suchen** an verschiedenen Orten nachsehen, ob dort eine Person oder Sache ist *„den verlorenen Schlüssel suchen"* | *„Er wird von der Polizei gesucht"* **2** **etwas suchen** versuchen, etwas durch Nachdenken zu erfahren oder herauszufinden *„die Antwort auf eine Frage suchen"* **3** **jemanden/etwas suchen** sich bemühen, eine Person für sich zu gewinnen oder etwas zu bekommen ⟨*eine neue Arbeitsstelle, eine Wohnung suchen; einen Freund, eine Frau suchen*⟩ **4** **nach jemandem/etwas suchen** jemanden/etwas zu finden versuchen

die **Sụcht** (-, *Süch·te*) **die Sucht (nach etwas)** der Zustand, wenn man schädliche Gewohnheiten nicht ändern kann (vor allem das Rauchen, das Trinken von Alkohol, die Einnahme von Drogen) ⟨*an einer Sucht leiden*⟩ ≈ Abhängigkeit **K** Drogensucht, Tablettensucht

sụ̈ch·tig ADJEKTIV **süchtig (nach etwas)** so, dass man eine Sucht hat ⟨*süchtig werden, sein*⟩ **K** alkoholsüchtig, rauschgiftsüchtig • *hierzu* **Sụ̈ch·ti·ge** *der/die*

Sü̱d *ohne Artikel; nur in dieser Form* die Richtung, in der man auf der nördlichen Erdkugel am Mittag die Sonne sieht ⟨*Wind aus/von Süd; ein Kurs Richtung Süd*⟩ ≈ Süden ↔ Nord

der **Sü̱·den** (-s) **1** die Richtung, die auf

der Landkarte nach unten zeigt ⟨*aus, in Richtung Süden; etwas zeigt nach Süden*⟩ ↔ Norden *„Mittags steht die Sonne im Süden"* **K** Südküste, Südseite, Südteil **2** der Teil eines Gebietes, der im Süden liegt ↔ Norden *„Er wohnt im Süden des Landes/der Stadt"* **K** Südeuropa

süd·lich ADJEKTIV **1** nach Süden (gerichtet) ⟨*ein Kurs; in südliche Richtung fahren*⟩ **2** von Süden nach Norden ⟨*ein Wind; der Wind kommt, weht aus südlicher Richtung*⟩ **3** im Süden ⟨*ein Land, die Seite, der Teil*⟩
PRÄPOSITION *mit Genitiv* **4** (in der genannten Entfernung) weiter im Süden als etwas ↔ nördlich *„Sie wohnen 50 Kilometer südlich der Grenze"* ℹ Folgt ein Wort ohne Artikel, verwendet man *südlich von: südlich von Europa.*

der **Süd·pol** der südlichste Punkt auf der Erde ↔ Nordpol ℹ nicht in der Mehrzahl verwendet

die **Sum·me** (-, -*n*) **1** das Ergebnis, das man erhält, wenn man Zahlen zusammenzählt, addiert ↔ Differenz *„Die Summe von drei und/plus vier ist sieben"* 3 + 4 = 7 **K** Endsumme, Zwischensumme **2** die genannte Menge Geld ≈ Betrag *„Die Reparatur beläuft sich auf eine Summe von 250 €"* **K** Geldsumme

sum·men (*summte, hat gesummt*) **1** **(etwas) summen** mit geschlossenen Lippen einen Laut machen wie ein langes *m* und dabei eine Melodie hervorbringen ⟨*ein Lied summen*⟩ **2** **ein Tier/etwas summt** ein Tier/etwas produziert einen gleichmäßigen, langen und leisen Laut ⟨*eine Biene, eine Mücke*⟩ **K** Summton

der **Sumpf** (-(*e*)*s*, *Sümp·fe*) ein Gelände mit sehr feuchtem, weichem Boden, der oft mit Wasser bedeckt ist ⟨*im Sumpf stecken bleiben, einsinken*⟩ • *hierzu* **sump·fig** ADJEKTIV

die **Sün·de** (-, -*n*) **1** eine Handlung, die gegen die Gesetze der Religion verstößt ⟨*eine schwere, große Sünde*⟩ **2** eine Handlung, die schlecht, unmoralisch oder nicht vernünftig ist • *zu* (1) **sün·dig** ADJEKTIV; *zu* (1) **Sün·der** *der*

su·per ADJEKTIV *nur in dieser Form; gesprochen* drückt aus, dass man etwas sehr gut findet ≈ toll *„Der Film war einfach super!"* | *„eine super Disco"*

das **Su·per** (-*s*) das Benzin, mit dem die meisten Autos fahren ⟨*Super tanken*⟩ **K** Superbenzin

der **Su·per·la·tiv** [-f]; (-*s*, -*e*) **1** die Form eines Adjektivs oder Adverbs, die das höchste Maß ausdrückt *„Der Superlativ von „reich" ist „am reichsten"* ℹ vergleiche **Komparativ** **2** *geschrieben* eine Sache, ein Ereignis o. Ä., die zu den besten, größten o. Ä. gehören *„ein Festival der Superlative"*

der **Su·per·markt** ein großes Geschäft vor allem für Lebensmittel, in dem man die Waren selbst aus dem Regal holt und zur Kasse bringt

die **Sup·pe** (-, -*n*) ein flüssiges, gekochtes Essen, oft mit kleinen Stücken Fleisch, Gemüse usw. ⟨*eine klare, dicke, dünne Suppe*⟩ **K** Suppennudeln; Gemüsesuppe, Hühnersuppe, Kartoffelsuppe

sur·fen ['sø:ɐ̯fn̩] (*surfte, hat gesurft*) **1** auf einem Surfbrett mit einem Segel stehend über einen See oder das Meer segeln **K** windsurfen **2** auf einem Surfbrett ohne Segel über Wellen reiten **3** **(im Internet) surfen** ohne eine besondere Absicht interessante Informationen aus dem Internet lesen • *hierzu* **Sur·fer** *der*

süß ADJEKTIV (*süßer, süßest-*) **1** mit dem Geschmack von Zucker oder Honig *„Der Kaffee ist zu süß"* **K** zuckersüß **2** so nett, sympathisch oder rührend, dass man Freude empfindet *„Sieh mal, die süßen Kätzchen!"*

sü·ßen (*süßte, hat gesüßt*) **(etwas) süßen** etwas mit Zucker o. Ä. süß machen *„Süßt du mit Zucker oder Honig?"*

die **Sü·ßig·keit** (-, -*en*) eine kleine süße Sache zum Essen, die vor allem aus Zucker oder Schokolade gemacht wird (z. B. Bonbons oder Pralinen)

die **Süß·spei·se** eine süße Speise, die man vor allem als Dessert isst

Süß·stoff eine meist künstlich hergestellte Substanz, die man statt Zucker verwendet, um Tee usw. süß zu machen

Süß·was·ser das Wasser in Flüssen und Seen, das nicht salzig schmeckt ↔ Meerwasser, Salzwasser ⓘ nicht in der Mehrzahl verwendet

Swim·ming·pool [-pu:l]; (-s, -s) ein Schwimmbecken in einem privaten Garten oder in einem Hotel

Sym·bol (-s, -e) **1** **ein Symbol (für etwas)** ein Ding oder Zeichen, das für etwas anderes (z. B. eine Idee) steht oder auf etwas hinweist ⟨*ein Symbol des Friedens, der Hoffnung, der Macht*⟩ *„Die fünf Ringe sind das Symbol für die Olympischen Spiele"* **2** ein Buchstabe, ein Zeichen oder eine Figur, die eine Zahl, ein chemisches Element, einen Rechenvorgang o. Ä. ausdrücken ⟨*ein mathematisches, chemisches, sprachliches Symbol*⟩ ≈ Zeichen *„Das Symbol der Addition ist ein +"*

sym·bo·lisch ADJEKTIV **1** ⟨*ein Ausdruck, eine Farbe, eine Geste*⟩ so, dass sie ein Symbol sind oder wie ein Symbol wirken *„etwas hat symbolische Bedeutung"* **2** mit Symbolen ⟨*etwas symbolisch darstellen*⟩

sym·met·risch ADJEKTIV so, dass etwas auf beiden Seiten einer (gedachten) Linie genau gleich aussieht

e **Sym·pa·thie** (-, -n [-'ti:ən]) **die Sympathie (für jemanden)** das Gefühl, dass man eine Person mag oder nett findet ↔ Antipathie

sym·pa·thisch ADJEKTIV **(jemandem) sympathisch** mit einer angenehmen Wirkung (auf andere Menschen) ⟨*ein Mensch, eine Stimme, ein Wesen; sympathisch aussehen, wirken*⟩

ie **Sy·na·go·ge** (-, -n) der Raum oder das Gebäude, in dem Juden beten und den Gottesdienst feiern

as **Sy·no·nym** ['zy-, -'ny:m]; (-s, -e/*Sy·no·ny·ma*) **ein Synonym (für, von, zu etwas)** ein Wort, das (fast) die gleiche Bedeutung hat wie ein anderes Wort *„Streichholz" und „Zündholz" sind Synonyme"*

syn·the·tisch ADJEKTIV chemisch hergestellt, aber natürlichen Stoffen sehr ähnlich ⟨*Fasern, Kautschuk; ein Aroma, ein Edelstein, ein Material, ein Stoff, ein Treibstoff*⟩ ≈ künstlich ↔ natürlich

das **Sys·tem** (-s, -e) **1** etwas, das man als eine Einheit sehen kann und das aus verschiedenen Teilen besteht, die miteinander zusammenhängen **K** Nervensystem, Sonnensystem, Währungssystem **2** ein Bereich mit einer eigenen Ordnung und Organisation (meist als Teil eines größeren Systems **K** Finanzsystem, Schulsystem **3** die Prinzipien, nach denen etwas geordnet ist, damit man etwas finden kann ≈ Ordnung *„Nach welchem System sind die Bücher in dieser Bibliothek geordnet?"* **K** Dezimalsystem, Ordnungssystem

sys·te·ma·tisch ADJEKTIV sorgfältig nach einem genauen Plan organisiert ⟨*systematisch arbeiten, vorgehen*⟩ *„ein systematisches Schulungsprogramm"*

sys·tem·re·le·vant ADJEKTIV unbedingt notwendig, damit die Struktur des öffentlichen Lebens nicht zusammenbricht ⟨*systemrelevante Berufe*⟩

die **Sze·ne** ['stse:-]; (-, -n) **1** einer der kurzen Abschnitte (eines Aktes) in einem Film oder Theaterstück ⟨*eine Szene aufnehmen, drehen, proben, spielen*⟩ *„Die letzte Szene des dritten Aktes spielt im Schlosspark"* **K** Schlussszene, Filmszene, Liebesszene **2** heftige Vorwürfe oder Streit **3** ein Bereich mit vielen (oft künstlerischen) Aktivitäten (und einem besonderen Lebensstil) ⟨*die literarische, politische Szene (einer Stadt)*⟩ **K** Kunstszene, Popszene, Drogenszene ⓘ nicht in der Mehrzahl verwendet

T

das **T, t** [te:]; (-, -/*gesprochen auch* -s) der zwanzigste Buchstabe des Alphabets

der **Ta·bak, Ta·bak**; (-s, -e) **1** eine Pflanze, die Nikotin enthält und deren Blätter man raucht **K** Tabakblatt, Tabakpflanze **2** die (getrockneten und klein geschnittenen) Blätter des Tabaks, die man z. B. in Zigaretten oder Pfeifen raucht ⟨*Tabak rauchen, kauen, schnupfen*⟩ **K** Tabakladen, Tabakmischung; Kautabak, Schnupftabak

ta·bel·la·risch ADJEKTIV in Form von Tabellen ⟨*eine Aufstellung, eine Übersicht*⟩

die **Ta·bel·le** (-, -n) **1** eine Liste von Zahlen oder Fakten (meist mit mehreren Spalten) ⟨*etwas steht in einer Tabelle*⟩ **K** Lohntabelle, Steuertabelle **2** eine Liste meist der Mannschaften in einer Liga o. Ä. mit der Zahl der Spiele, den Punkten usw. Die beste Mannschaft steht oben und die schlechteste unten **K** Tabellenführer, Tabellenletzte(r)

das **Tab·lett** (-s, -s) eine kleine Platte, auf der man Geschirr trägt und Speisen serviert

die **Tab·let·te** (-, -n) ein Medikament von kleiner, runder, relativ flacher Form ⟨*eine Tablette einnehmen, schlucken, in Wasser auflösen*⟩ **K** Schlaftablette, Schmerztablette

ta·bu ADJEKTIV **etwas ist tabu (für jemanden)** etwas ist so, dass man nicht darüber spricht oder es nicht tut, weil es die Gesellschaft ablehnt

der **Ta·cho** (-s, -s); *gesprochen* Kurzwort für *Tachometer*

der/das **Ta·cho·me·ter** (-s, -) ein technisches Gerät, in einem Fahrzeug, welches die Geschwindigkeit misst und anzeigt *„Der Tachometer zeigt 120 km/h an"*

T

ta·deln (*tadelte, hat getadelt*) **jemanden (wegen etwas) tadeln**; **etwas tadeln** wenn Eltern oder Lehrer ein Kind oder Vorgesetzte einen Mitarbeiter tadeln, sagen sie deutlich, dass ein Verhalten falsch war ↔ loben

die **Ta·fel** (-, -n) **1** eine große Platte oder Fläche an der Wand, auf die man schreiben und malen kann ⟨*die Tafel abwischen, löschen*⟩ *„Der Lehrer schrieb das Wort an die Tafel"* **K** Tafelkreide, Tafelschwamm **2** **eine Tafel Schokolade** Schokolade in Form eines Rechtecks **K** Schokoladentafel **3** ein großer langer Tisch, der für ein festliches Essen gedeckt ist ⟨*die Tafel decken, schmücken, abräumen*⟩ **K** Tafelservice, Tafelsilber **4** eine Einrichtung, die Lebensmittel kostenlos oder sehr billig an Personen verteilt, die arm sind

das **Ta·fel·was·ser** (-s, *Ta·fel·wäs·ser*) Mineralwasser (in Flaschen)

der **Tag** (-(e)s, -e) **1** der Zeitraum von 24 Stunden (zwischen 0:00 und 24:00 Uhr) **K** Tagesablauf; Arbeitstag, Ferientag; Sommertag, Wintertag **2** die Zeit zwischen Sonnenaufgang und Sonnenuntergang, in der es hell ist ⟨*es wird Tag*⟩ ↔ Nacht *„Kommen wir noch bei Tag(e)/am Tag an?"* **K** Tagesanfang **3** **(Guten) Tag!** verwendet als Gruß, wenn man jemanden trifft (und seltener auch beim Abschied) **i** *Guten Tag!* sagt man zu Leuten, die man siezt, *Tag!* vor allem zu Freunden. **4** **Tag für Tag** jeden Tag **5** **Tag und Nacht** ohne Unterbrechung ≈ immer *„Das Lokal hat Tag und Nacht geöffnet"* **ID** **eine Frau hat die/ihre Tage** *gesprochen!* eine Frau hat ihre Menstruation

das **Ta·ge·buch** ein Heft oder Buch, in dem man (täglich) über die eigenen Erlebnisse und Gedanken schreibt ⟨*ein Tagebuch führen*⟩

ta·ge·lang ADJEKTIV mehrere Tage dauernd ⟨*das Warten*⟩ *„Ich habe tagelang auf deinen Anruf gewartet"*

die **Ta·ges·kar·te** **1** eine Speisekarte, die in Restaurants nur für den aktuellen Tag gilt **2** eine Fahrkarte oder Eintrittskarte, die einen Tag lang gültig ist

die **Ta·ges·zeit** ein der zeitlichen Abschnitte des Tages, z. B. der Morgen *„Um diese Tageszeit ist wenig/viel Betrieb"*

die **Ta·ges·zei·tung** eine Zeitung, die an jedem Werktag der Woche erscheint

täg·lich ADJEKTIV so, dass es jeden Tag geschieht *„Er arbeitet täglich acht Stunden/acht Stunden täglich"*

tags·über ADVERB während des Tags,

venn es hell ist ↔ nachts

Ta·gung (-, -en) ein Treffen von Fach-euten, Mitgliedern einer Institution o. Ä., bei dem man sich informiert und diskutiert und das meist mehrere Tage dauert ⟨*an einer Tagung teilnehmen*⟩ K Tagungsraum

Tail·le ['talјə]; (-, -*n*) die schmalste Stelle in der Mitte des (menschlichen) Körpers *„Ihr enges Kleid betonte die Taille"* ℹ → Abb. unter **Körper**

Takt (-(*e*)*s*, -*e*) 1 das Maß, das ein Musikstück rhythmisch in gleiche Einheiten teilt ⟨*nach dem Takt spielen*⟩ K Dreivierteltakt, Walzertakt ℹ nicht in der Mehrzahl verwendet 2 ein kurzer Abschnitt eines Musikstücks, der durch den Takt bestimmt wird *„Sie hat ein paar Takte des Walzers auf dem Klavier gespielt"* 3 das Gefühl für höfliches, rücksichtsvolles und anständiges Benehmen ⟨*viel, wenig, keinen Takt haben*⟩ ℹ nicht in der Mehrzahl verwendet • *zu* (3) **takt·los** ADJEKTIV; *zu* (3) **takt·voll** ADJEKTIV

Tak·tik (-, -*en*) ein überlegtes Handeln nach einem Plan, mit dem man ein Ziel zu erreichen versucht ⟨*eine erfolgreiche Taktik*⟩

s **Tal** (-(*e*)*s*, *Tä·ler*) das tief liegende Gelände, das zwischen Hügeln oder Bergen liegt, meist mit einem Fluss K Gebirgstal

s **Ta·lent** (-*s*, -*e*) **Talent (für/zu etwas)** die (angeborene) Fähigkeit zu guten oder sehr guten Leistungen, vor allem im künstlerischen Bereich ≈ Begabung *„Er hat Talent für Musik/für Sprachen"*

er **Tam·pon** ['tampɔn, tam'po:n]; (-*s*, -*s*) ein kleiner Stab aus fester Watte, der Flüssigkeiten (z. B. Blut oder Speichel) aufsaugen soll

er **Tank** (-*s*, -*s*) im Auto ist Benzin im Tank und im Tank im Keller ist Heizöl K Tankdeckel

tan·ken (*tankte, hat getankt*) **(etwas) tanken** Benzin oder andere Flüssigkeiten in einen Tank füllen ⟨*Benzin, Öl tanken*⟩ *„Ich muss noch (30 Liter) tanken"*

der **Tan·ker** (-*s*, -) ein großes Schiff, das Erdöl transportiert

die **Tank·stel·le** ein Geschäft, in dem Benzin und Öl für Kraftfahrzeuge verkauft werden

die **Tan·ne** (-, -*n*) Tannen haben flache Nadeln und werden gern als Weihnachtsbaum benutzt K Tannennadeln

die **Tan·te** (-, -*n*) die Schwester der Mutter oder des Vaters oder die Ehefrau des Onkels ℹ → Abb. unter **Familie**

der **Tanz** (-*es*, *Tän·ze*) 1 beim Tanz bewegen wir unseren Körper im Rhythmus der Musik 2 eine Art des Tanzes mit einem Partner und verschiedenen Schritten ⟨*ein moderner, traditioneller Tanz*⟩ *„Rumba, Samba, Salsa und andere lateinamerikanische Tänze"* K Standardtanz, Volkstanz

tan·zen (*tanzte, hat getanzt*) **(etwas) (mit jemandem) tanzen** (mit jemandem) einen Tanz machen *„(einen) Tango/Walzer tanzen"* | *„Möchtest du mit mir tanzen?"* K Tanzfläche, Tanzkurs, Tanzmusik

der **Tän·zer** (-*s*, -) eine Person, die (auch beruflich) tanzt K Balletttänzer • *hierzu* **Tän·ze·rin** *die*

die **Ta·pe·te** (-, -*n*) ein festes Papier meist mit Mustern, das auf Wände geklebt wird K Tapetenrolle ℹ meist in der Mehrzahl verwendet: *neue Tapeten fürs Wohnzimmer*

tap·fer ADJEKTIV 1 so, dass man in einer gefährlichen oder schwierigen Situation keine Angst zeigt und nicht aufgibt ⟨*tapfer kämpfen*⟩ 2 mit großer Selbstbeherrschung, ohne zu klagen ⟨*(den) Durst, (den) Hunger, (die) Schmerzen tapfer ertragen*⟩ • *hierzu* **Tap·fer·keit** *die*

der **Ta·rif** (-*s*, -*e*) 1 der festgesetzte Preis für etwas, das eine staatliche oder offizielle Institution (als Leistung) anbietet (z. B. eine Fahrt mit der Bahn) *„Die Post hat ihre Tarife erhöht"* K Tariferhöhung; Bahntarif, Sondertarif 2 die Höhe (und Abstufung) der Löhne und Gehälter, über welche die Arbeitgeber und Ge-

T

werkschaften verhandeln ‹*nach Tarif bezahlt werden*› **K** Tariflohn, Tarifvertrag • *hierzu* **ta·rif·lich** *ADJEKTIV*

tar·nen (*tarnte, hat getarnt*) **jemanden/etwas tarnen** jemanden, sich selbst oder etwas mit Kleidung, Farben o. Ä. der Umgebung angleichen und so aus der Entfernung unsichtbar machen *„Die Polizei hatte die Radarfalle geschickt getarnt"* **K** Tarnfarbe • *hierzu* **Tar·nung** *die*

die **Ta·sche** (-, -*n*) **1** ein Behälter meist aus Leder oder Stoff mit einem Griff (oder einem Riemen zum Umhängen), in dem man Dinge bei sich trägt oder transportiert *„Er trug seiner Mutter die schwere Tasche nach Hause"* **K** Einkaufstasche, Ledertasche **2** ein kleiner Beutel in der Kleidung, in dem man kleine Dinge aufbewahren kann *„die Hände in die Taschen stecken"* **K** Hosentasche, Jackentasche, Manteltasche

das **Ta·schen·buch** ein relativ billiges Buch in einem kleinen Format und ohne festen Einband **K** Taschenbuchverlag

das **Ta·schen·geld** eine kleine Summe Geld, die eine Person für persönliche Ausgaben bekommt, weil sie selbst kein Geld verdient *„Ich gebe meinem Sohn dreißig Euro Taschengeld im Monat"* **i** nicht in der Mehrzahl verwendet

die **Ta·schen·lam·pe** eine kleine Lampe mit Batterie

das **Ta·schen·mes·ser** ein kleines Messer meist mit mehreren Klingen, das man zusammenklappen und so in der Tasche tragen kann **i** → Abb. unter **Messer**

der **Ta·schen·rech·ner** ein kleines elektronisches Gerät, das man zum Rechnen benutzt

das **Ta·schen·tuch** ein kleines, viereckiges Stück Stoff o. Ä., das man zum Naseputzen o. Ä. in der Tasche bei sich trägt

die **Tas·se** (-, -*n*) **1** ein kleines Gefäß mit Henkel, meist aus Porzellan oder Keramik, aus dem man vor allem warme Getränke trinkt ‹*aus einer Tasse trinken*› **K** Kaffeetasse, Teetasse **i** → Abb. *Behälter und Gefäße* unter **Behälter** **2** der Inhalt einer Tasse ‹*eine Tasse Tee, Kaffee, Schokolade trinken*›

die **Tas·ta·tur** (-, -*en*) die Tasten eines Klaviers, eines Computers o. Ä.

die **Tas·te** (-, -*n*) Klaviere, Computer und viele andere Instrumente und Maschinen haben Tasten, die man drückt *„eine Taste auf dem Keyboard anschlagen/drücken"* | *„Wenn du auf diese Taste drückst, geht das Gerät aus"* **K** Tasteninstrument; Notruftaste

tas·ten (*tastete, hat getastet*) **(nach etwas) tasten** vorsichtig oder suchend nach etwas mit den Händen greifen *„Ich tastete im Dunkeln nach dem Lichtschalter"*

tat *Präteritum, 1. und 3. Person Singular* → tun

die **Tat** (-, -*en*) **1** eine einzelne Handlung, mit der man etwas macht ‹*eine böse Tat begehen; eine gute Tat vollbringen*› *„Den Worten müssen jetzt Taten folgen!"* **2** Kurzwort für *Straftat* ‹*eine Tat gestehen*› **K** Tatmotiv, Tatort, Tatzeuge **ID** **in der Tat** betont, dass etwas wirklich oder wahr ist

der **Tä·ter** (-*s*, -) eine Person, die eine Straftat begangen hat ‹*den Täter fassen, finden*› *„Wer war der Täter?"* **K** Täterbeschreibung • *hierzu* **Tä·te·rin** *die*

tä·tig *ADJEKTIV* **jemand ist als etwas /irgendwo tätig** jemand arbeitet in dem genannten Beruf oder ist irgendwo aktiv *„Sie ist als Juristin im Staatsdienst tätig"*

die **Tä·tig·keit** (-, -*en*) **1** die Arbeit in einem Beruf ‹*eine gut/schlecht bezahlte, jemandes berufliche Tätigkeit*› *„Sie sucht eine interessante Tätigkeit in der Industrie"* **K** Berufstätigkeit, Bürotätigkeit, Nebentätigkeit **2** das, was man tut, wenn man aktiv ist und sich mit etwas beschäftigt *„die verschiedenen Tätigkei-*

T

…n bei der Pflege eines alten Menschen" K Denktätigkeit, Hilfstätigkeit **3** das Funktionieren, Arbeiten eines Organs K Darmtätigkeit, Herztätigkeit, Hirntätigkeit

tä·to·wie·ren (*tätowierte, hat tätowiert*) **jemanden/etwas tätowieren; jemandem etwas irgendwohin tätowieren** jemandem mit einer Nadel und Farben (dauerhafte) Zeichnungen auf die Haut machen *„Sie ist am Rücken tätowiert"* • *hierzu* **Tä·to·wie·rung** *die*

Tat·sa·che (-, -n) etwas, das sich wirklich ereignet hat, das objektiv festgestellt wurde ⟨*etwas beruht auf Tatsachen, entspricht den Tatsachen; es ist eine Tatsache, dass*⟩ ≈ Fakt *„Du musst dich mit den Tatsachen abfinden"* K Tatsachenbericht

tat·säch·lich, tat·säch·lich ADJEKTIV **1** der Wirklichkeit entsprechend ⟨*der Grund, die Ursache*⟩ **2** in Wirklichkeit (und nicht nur in der Fantasie) *„Er glaubt, dass es den Yeti tatsächlich gibt"*

Tat·ze (-, -n) der Fuß (die Pfote) großer Raubtiere, z. B. von Bären

Tau[1] (-s) kleine Wassertropfen, die am frühen Morgen auf der Erde, auf den Pflanzen liegen (ohne dass es geregnet hat) K Tautropfen

Tau[2] (-(e)s, -e) ein dickes, starkes Seil (vor allem auf Schiffen) ⓘ → Abb. unter **Schnur**

taub ADJEKTIV **1** *oft abwertend* nicht fähig zu hören ⟨*auf dem linken/rechten Ohr taub sein*⟩ ≈ gehörlos **2** ohne dass man mit den Nerven ein Gefühl spürt *„Meine Füße waren taub vor Kälte"* • zu (2) **Taub·heit** *die*

Tau·be (-, -n) Tauben sind graue Vögel, die man oft auf den Plätzen von Städten sieht *„Die weiße Taube gilt als Symbol des Friedens"*

tau·chen (*tauchte, hat/ist getaucht*) **1 tauchen** (*hat/ist*); **irgendwohin tauchen** (*ist*) mit dem ganzen Körper (auch mit dem Kopf) unter Wasser sein und so schwimmen *„zum Grund des Schwimmbeckens tauchen"* | *„das Tauchen mit Sauerstoffflaschen"* **2 nach etwas tauchen** (*hat/ist*) unter Wasser nach etwas suchen ⟨*nach Perlen, Schwämmen tauchen*⟩ **3 etwas in etwas** (*Akkusativ*) **tauchen** (*hat*) etwas in eine Flüssigkeit halten *„den Pinsel in die Farbe tauchen"*

der **Tau·cher** eine Person, die (als Sport oder beruflich) meist mit einer Ausrüstung taucht *„Die Taucher fanden das Wrack in 30 Metern Tiefe"* K Taucheranzug, Taucherbrille • *hierzu* **Tau·che·rin** *die*

tau·en (*taute, hat/ist getaut*) **1 etwas taut** (*ist*) etwas wird flüssig (meist zu Wasser), weil es wärmer wird ⟨*Eis, Schnee*⟩ ≈ schmelzen **2 es taut** (*hat*) die Temperatur im Freien liegt wieder über 0 °C, sodass Eis und Schnee zu Wasser werden

tau·fen (*taufte, hat getauft*) **jemanden (auf den Namen ...) taufen** jemandem die Taufe (und dabei einen Namen) geben *„Der Pfarrer taufte das Baby auf den Namen Michael"*

tau·gen (*taugte, hat getaugt*) **taugen (für/zu etwas)** geeignet, nützlich sein *„Dieser Film taugt nicht für Kinder"*

der **Tausch** (-(e)s) das Tauschen ⟨*einen (guten, schlechten) Tausch machen*⟩ K Tauschhandel

tau·schen (*tauschte, hat getauscht*) **1 (mit jemandem) (etwas) tauschen** jemandem etwas geben, um dafür etwas anderes zu bekommen, das ungefähr den gleichen Wert hat ⟨*Briefmarken, die Plätze tauschen*⟩ *„Ich habe das Asterix-Heft Nr. 2 und du hast Nummer 8. Wollen wir tauschen?"* **2 etwas gegen etwas tauschen** verwendet, um zu sagen, was man gibt und was man (als Ersatz) dafür bekommt ≈ tauschen **3 etwas (gegen etwas) tauschen** etwas an die Stelle von etwas anderem bringen, meist weil das zuerst Genannte kaputt ist ⟨*ein Bauteil, ein Modul, einen Motor tauschen*⟩⟩ ≈ ersetzen

täu·schen (*täuschte, hat getäuscht*) **1 jemanden (durch etwas) täuschen**

(mit etwas) absichtlich einen falschen Eindruck bei jemandem erwecken *„Er täuscht sie durch seinen Charme"* **2 etwas täuscht** etwas vermittelt einen falschen Eindruck *„Der erste Eindruck täuscht oft"* **3 sich täuschen** etwas Falsches für wahr halten ≈ irren *„Du täuschst dich, er war es nicht"*

tau·send ZAHLWORT **1** (als Zahl) 1000 ⓘ → Extras, S. 700: **Zahlen** und Beispiele unter **vier** **2** → Tausend[3]

die **Tau·send**[1] (-, -en) die Zahl 1000

das **Tau·send**[2] (-s, -) eine Menge von tausend Personen oder Dingen ⟨*das erste, zweite Tausend; jemand/etwas macht das Tausend voll*⟩

Tau·send[3], **tau·send** ZAHLWORT *nur in dieser Form; gesprochen* mehr als Tausend, sehr viele ⟨*einige, ein paar, viele Tausend*⟩ *„Zu der Demonstration werden mehrere tausend Menschen erwartet"* **K** tausendfach, tausendmal

Tau·sen·de, **tau·sen·de** ZAHLWORT **1 Tausende** (+*Genitiv Mehrzahl*); **Tausende von Personen/Dingen** eine sehr große Menge von Personen oder Dingen *„Tausende kleiner Insekten/von kleinen Insekten"* **2 etwas geht in die Tausende** etwas beträgt deutlich mehr als 1000 (Personen, Dinge, Euro usw.) *„Die Kosten gingen in die Tausende"*

der **Tau·sen·der** (-s, -); *gesprochen* ein Geldschein im Wert von tausend Euro, Franken o. Ä.

tau·send·mal ADVERB **1** 1000 Mal **2** *gesprochen* sehr oft *„Das hab ich dir schon tausendmal erklärt!"*

tau·sends·t- ADJEKTIV in einer Reihenfolge an der Stelle 1000 ≈ 1000.

tau·sends·tel ADJEKTIV *nur in dieser Form* der 1000. Teil einer Sache *„eine tausendstel Sekunde"*

das **Tau·sends·tel** (-s, -) der 1000. Teil einer Sache

das **Ta·xi** ⒸⒽ *der*; (-s, -s) ein Auto, dessen Fahrer gegen Bezahlung Personen fährt ⟨*ein Taxi bestellen*⟩ **K** Taxifahrer, Taxiunternehmen

der **Ta·xi·stand** eine Stelle, an der Taxis auf Kunden warten

das **Team** [tiːm]; (-s, -s) eine Gruppe von Personen, die gemeinsam etwas mach[t] an etwas arbeitet ⟨*ein Team von Fach[-] leuten*⟩ ≈ Mannschaft **K** Teamarbeit; Ärzteteam

die **Tech·nik** (-, -en) **1** die Methode, etwas zu tun ⟨*handwerkliche, künstlerische, sportliche Techniken*⟩ **K** Arbeitstechnik, Maltechnik **2** alle Mittel und Methoden, mit denen der Mensch die Kräfte der Natur und die Erkenntnisse der Naturwissenschaften für sich praktisch nutzt ⟨*der neueste Stand der Technik*⟩ ⓘ nicht in der Mehrzahl verwendet **3** die Maschinen und Geräte (eines Betriebs) *„eine Firma mit modernster Technik"* ⓘ nicht in der Mehrzahl verwendet

der **Tech·ni·ker** (-s, -) ein Experte oder Handwerker auf einem Gebiet der Technik, vor allem im mechanischen, elektrischen oder elektronischen Bereich • *hierzu* **Tech·ni·ke·rin** *die*

tech·nisch ADJEKTIV die Technik betreffend ⟨*Daten, Probleme; ein Beruf, eine Errungenschaft, eine Neuerung, eine Störung*⟩

der **Ted·dy** [-i]; (-s, -s) ein kleiner Bär aus weichem Stoff als Spielzeug für Kinder **K** Teddybär

der **Tee** (-s, -s) **1** eine (asiatische) Pflanze, aus deren Blättern man ein heißes Getränk macht **K** Teeblatt ⓘ Die Mehrzahl wird nur in der Bedeutung „Teesorten" verwendet. **2** die getrockneten Blätter des Tees ⟨*schwarzer Tee*⟩ **K** Teedose, Teemischung **3** ein anregendes, heißes Getränk aus Tee ⟨*schwacher, starker Tee; Tee aufbrühen, kochen, machen, ziehen lassen, trinken; Tee mit Milch, Zitrone, Rum*⟩ **K** Teekanne, Teesieb, Teetasse; Schwarztee ⓘ zu *Teekanne* → Abb. unter **Frühstück** **4** ein heißes Getränk aus getrockneten Blättern, Blüten oder Früchten von Heilpflanzen **K** Früchtetee, Kräutertee, Pfefferminztee

der **Tee·beu·tel** ein kleiner Beutel aus

T

…apier, in dem eine kleine Menge Tee…lätter sind (und den man in heißes …asser hängt, um Tee zu machen)

…ee·löf·fel 1 ein kleiner Löffel, mit …em man Getränke umrührt 2 die …lenge einer Sache, die auf einen Tee…öffel passt ⟨*ein gestrichener, gehäufter …eelöffel Backpulver, Salz, Zucker*⟩

…eer (-(e)s) eine schwarze, zähe oder …lüssige Masse, die beim Bau von Stra…ßen verwendet wird K Teerstraße

…eich (-(e)s, -e) ein relativ kleines, nicht …sehr tiefes, stehendes Gewässer K Teichpflanze; Fischteich, Gartenteich

…Teig (-(e)s, -e) eine weiche Masse …hauptsächlich aus Mehl, Fett und Was…ser oder Milch, aus der z. B. Brot oder …Kuchen gebacken wird ⟨*den Teig kne…ten, rühren, gehen lassen*⟩ K Teigschüssel; Kuchenteig, Plätzchenteig

…das **Teil** (-(e)s, -e) 1 (*nur: der Teil*) ein Bereich, eine Menge oder ein Stück aus einem Ganzen *„ein Brot in zwei Teile schneiden"* | *„der nördliche Teil Italiens"* | *„Einen Teil des Geldes habe ich schon ausgegeben"* K Teilbereich, Teilerfolg, Teilstück 2 (*nur: das Teil*) ein einzelnes Stück meist einer Maschine oder eines Gerätes, das ersetzt werden kann, wenn es nicht funktioniert ⟨*ein defektes Teil austauschen, ersetzen*⟩ *„Er hat das Fahrrad in seine Teile zerlegt"* K Bauteil, Ersatzteil 3 (*nur: das Teil*) ein Ding, das mit anderen zusammen eine Einheit bildet *„ein Kaffeeservice mit 18 Teilen"* | *„Ein Bikini besteht aus zwei Teilen"* 4 (*nur: der Teil*) eine Person oder Sache, die zu einer Gruppe gehört *„Du bist genau wie ich Teil unserer Familie"* 5 **zum Teil** nicht ganz, aber ein bisschen; nicht immer, aber in einigen Fällen ≈ teilweise *„Zum Teil war es meine Schuld"* ℹ Abkürzung: *z. T.*

…s **Teil·chen** (-s, -) ein sehr kleines Stück einer Sache K Holzteilchen, Metallteilchen

tei·len (*teilte, hat geteilt*) 1 **etwas (in etwas** (*Akkusativ*)**) teilen** aus einem Ganzen mehrere getrennte Teile machen *„einen Kuchen in zwölf Stücke teilen"* 2 **jemand teilt (sich** (*Dativ*)**) etwas mit jemandem**; **Personen teilen (sich) etwas** mehrere Personen geben jedem Mitglied der Gruppe den gleichen Teil von etwas *„Wir haben uns den Gewinn geteilt"* 3 **jemand teilt (sich** (*Dativ*)**) etwas mit jemandem**; **Personen teilen (sich) etwas** Personen benutzen etwas gemeinsam *„Ich teile mir jetzt die Wohnung mit Peter"* 4 **etwas teilen** dasselbe denken oder fühlen wie eine andere Person ⟨*jemandes Ansicht, Meinung, Freude, Trauer teilen*⟩ 5 **etwas teilen** Beiträge, vor allem Videos, in einem sozialen Netzwerk im Internet seinen Freunden empfehlen oder zur Verfügung stellen 6 **(eine Zahl durch eine Zahl) teilen** berechnen, wie oft eine kleinere Zahl in einer größeren Zahl enthalten ist *„9 geteilt durch 3 ist 3"* 9 : 3 = 3

die **Teil·nah·me** (-) 1 der Vorgang, wenn man bei etwas mitmacht, an etwas teilnimmt *„Die Teilnahme an diesem Kurs ist Pflicht"* K Teilnahmebedingung 2 das traurige Gefühl, das man spürt, weil andere Leute Trauer haben oder leiden ≈ Mitgefühl • zu (2) **teil·nahms·voll** ADJEKTIV

teil·neh·men (*nimmt teil, nahm teil, hat teilgenommen*) **(an etwas** (*Dativ*)**) teilnehmen** bei etwas dabei sein und mitmachen *„An der Sitzung nahmen 20 Personen teil"*

der **Teil·neh·mer** (-s, -) **ein Teilnehmer (an etwas** (*Dativ*)**)** eine Person, die bei etwas mitmacht, an etwas teilnimmt *„die Teilnehmer an einem Kurs/Preisausschreiben"* K Teilnehmerzahl; Kursteilnehmer • *hierzu* **Teil·neh·me·rin** *die*

teils BINDEWORT **teils ..., teils ...** verwendet, um zu sagen, dass zwei verschiedene Aussagen zutreffen *„Wir hatten teils schönes, teils schlechtes Wetter im Urlaub"* | *„Teils hatte ich Glück, teils Pech"*

teil·wei·se ADJEKTIV einzelne Teile betreffend *„eine teilweise Erneuerung des*

T

Motors" | „Die Stadt wurde im Krieg teilweise zerstört" | „Das stimmt nur teilweise"

das **Te·le·fon, Te·le·fon**; (-s, -e) das Telefon benutzen wir, um mit Personen zu sprechen, die sehr weit weg sind ⟨*das Telefon klingelt, läutet; ans Telefon gehen; sich am Telefon mit Namen, mit „Hallo!" melden*⟩ **K** Telefongebühr, Telefongespräch, Telefonhörer, Telefonrechnung; Festnetztelefon, Mobiltelefon **i** Abkürzung: *Tel.*

te·le·fo·nie·ren (*telefonierte, hat telefoniert*) **(mit jemandem) telefonieren** (mit jemandem) am Telefon sprechen

te·le·fo·nisch ADJEKTIV mithilfe des Telefons *„Sind Sie telefonisch erreichbar?"*

die **Te·le·fon·num·mer** die Nummer, die man wählen muss, um jemanden am Telefon zu erreichen

der **Tel·ler** (-s, -) **1** auf den Teller legt man das Essen für eine Person *„Sie schöpfte sich Suppe auf ihren Teller"* **K** Porzellanteller; Frühstücksteller **i** → Abb. *Tisch decken* unter **Tisch** **2** eine Portion, die auf einen Teller passt *„einen Teller Suppe essen"*

das **Tem·pe·ra·ment** (-(e)s, -e) die typische Art, wie sich jemand verhält, als Folge des (individuellen) Charakters • *hierzu* **tem·pe·ra·ment·voll** ADJEKTIV

die **Tem·pe·ra·tur** (-, -en) die Wärme (z. B. der Luft, des Wassers, eines Körpers), die man in Graden messen kann ⟨*die Temperatur fällt, sinkt, steigt, bleibt gleich; die Temperatur messen*⟩ *„Die Temperatur beträgt 25 °C" | „Bei Temperaturen um 20 Grad kann man schon im See baden"* **K** Temperaturunterschied; Körpertemperatur, Lufttemperatur, Wassertemperatur

T

das **Tem·po**[1] (-s, -s) **1** die Geschwindigkeit einer Bewegung ⟨*mit hohem/niedrigem Tempo fahren*⟩ **K** Tempolimit **2** die Geschwindigkeit einer Handlung ⟨*ein hohes, scharfes Tempo vorlegen, anschlagen*⟩ *„das Tempo der Produktion verringern"* **K** Arbeitstempo

das **Tem·po®**[2] (-s, -s) Kurzwort für *Tempotaschentuch*

die **Ten·denz** (-, -en); *geschrieben* **eine Tendenz (zu etwas)** eine Entwicklung in eine Richtung ⟨*eine steigende, fallende Tendenz*⟩ *„Die Tendenz geht dahin, mehr Teilzeitkräfte einzustellen"*

das **Ten·nis** (-) beim Tennis schlagen zwei (oder vier) Spieler einen kleinen Ball mit Schlägern über ein Netz ⟨*Tennis spielen*⟩ **K** Tennisball, Tennisplatz, Tennisschläger

der **Tep·pich** (-s, -e) Teppiche sind aus vielen Fäden gemacht; man legt sie auf den Fußboden ⟨*den Teppich saugen*⟩ *„den roten Teppich für einen Ehrengast ausrollen"* **K** Teppichhändler

der **Ter·min** (-s, -e) **1** der Zeitpunkt, bis zu dem etwas fertig sein soll ⟨*einen Termin festsetzen, vereinbaren, einhalten, überschreiten, verlegen, verschieben*⟩ **K** Termindruck, Terminplan; Abgabetermin **2** der Zeitpunkt, an dem etwas stattfinden soll ⟨*etwas auf einen anderen, späteren Termin verschieben*⟩ *„Was ist der früheste Termin, an dem Sie liefern können?"* **K** Liefertermin, Prüfungstermin, Zahlungstermin **3** eine Vereinbarung für ein Gespräch, eine Behandlung o. Ä. ⟨*einen Termin (beim Arzt) haben*⟩ **K** Anwaltstermin • *zu* (1) **ter·min·ge·recht** ADJEKTIV

der/das **Ter·mi·nal** ['tø:ɐminl]; (-s, -s) das Gebäude in einem Flughafen, in dem man eincheckt, auf das Flugzeug wartet usw.

der **Ter·min·ka·len·der** ein Heft oder kleines Buch, in das man sich Termine notiert

die **Ter·ras·se** (-, -n) **1** eine meist leicht erhöhte Fläche mit Platten darauf, die neben einem Haus ist und auf der man sich sonnt o. Ä. *„Wir frühstücken im Sommer auf der Terrasse"* **2** eine horizontale Stufe an einem Hang *„Terrassen für den Weinbau anlegen"* **K** Reisterrasse, Weinterrasse

der **Ter·ror** (-s) die systematische Verbrei-

tung von Angst und Schrecken durch brutale Gewalt, um politische Ziele zu erreichen ⟨*Terror ausüben; der Kampf gegen den Terror*⟩ *„Die Extremisten überzogen das Land mit Terror"* **K** Terrorakt, Terroranschlag, Terrorherrschaft, Terrormiliz, Terrornetzwerk

Ter·ro·ris·mus (-) die Anwendung von Gewalt und Terror, um politische Ziele durchzusetzen

Ter·ro·rist (*-en, -en*) eine Person, die versucht, durch Terror ein (politisches) Ziel zu erreichen **K** Terroristenbekämpfung, Terroristengruppe **i** *der Terrorist; den, dem, des Terroristen* • *hierzu* **Ter·ro·ris·tin** *die*; **ter·ro·ris·tisch** ADJEKTIV

Test (*-s, -s/-e*) **1** die Überprüfung und Bewertung der Leistungen einer Person ⟨*einen Test bestehen*⟩ **2** die Überprüfung oder Messung der Funktionen einer Maschine o. Ä. **K** Testergebnis, Testfahrt

s **Tes·ta·ment** (*-(e)s, -e*) **1** eine schriftliche Erklärung, in der eine Person bestimmt, wer ihr Vermögen nach ihrem Tod bekommen soll ⟨*ein Testament machen*⟩ **2** **das Alte und das Neue Testament** die Bibel

tes·ten (*testete, hat getestet*) **jemanden/etwas (auf etwas** (*Akkusativ*)**) testen** jemanden/etwas in einem Test prüfen *„ein Boot auf seine Wasserfestigkeit testen"* | *„jemanden auf seine Intelligenz testen"* • *hierzu* **Tes·ter** *der*

teu·er ADJEKTIV (*teurer, teuerst-*) **1** so, dass es viel Geld kostet ↔ billig *„ein teurer Abend"* **i** *teuer → ein teures Auto* **2** so, dass es schlimme (finanzielle) Folgen hat *„ein teurer Unfall"* | *„ein teurer Fehler"* **3** so, dass man dadurch Nachteile bekommt ⟨*seinen Leichtsinn teuer bezahlen (müssen)*⟩

der **Teu·fel** (*-s, -*) **1** eine Gestalt (in der christlichen Religion), die das Böse verkörpert ≈ Satan *„Der Teufel herrscht über die Hölle"* **K** Teufelswerk **i** nicht in der Mehrzahl verwendet **2** ein böser Mensch ⟨*ein Teufel in Menschengestalt*⟩ **3** **ein armer Teufel** ein armer, bedauernswerter Mensch **ID** **Pfui Teufel!** *gesprochen* verwendet, um Ekel oder Abscheu auszudrücken • *zu* (2) **Teu·fe·lin** *die*

der **Text** (*-(e)s, -e*) **1** eine Folge von Sätzen, die miteinander in Zusammenhang stehen **K** Textteil **2** die Worte, die zu einem Musikstück gehören ⟨*der Text eines Liedes*⟩

die **Text·auf·ga·be** **1** eine Rechenaufgabe in Form eines Textes **2** eine Prüfung (in der Schule) mit verschiedenen Fragen und Aufgaben zu einem Text

die **Tex·ti·li·en** [-li̯ən]; *Mehrzahl* alle Dinge, die (maschinell) gewebt oder gestrickt werden, also Kleidungsstücke, Wäsche, Stoffe usw.

das **The·a·ter** [te'a:tɐ]; (*-s, -*) **1** ein Gebäude, in dem Schauspiele, Opern o. Ä. aufgeführt werden **K** Theaterbühne, Theaterkasse **2** eine Institution, die Schauspiele, Opern usw. aufführt **i** nicht in der Mehrzahl verwendet **3** eine Aufführung im Theater *„Das Theater beginnt heute um 20 Uhr"* **K** Theateraufführung, Theaterkarte, Theatervorstellung **i** nicht in der Mehrzahl verwendet **4** *gesprochen, abwertend* Streit und Zorn *„Wahrscheinlich gibt es heute wieder Theater zu Hause"* **i** nicht in der Mehrzahl verwendet **ID** **(ein) Theater (um/wegen etwas)**

machen bei einer (oft unwichtigen) Sache übertrieben heftig reagieren

das **The·a·ter·stück** ein Werk, z. B. eine Tragödie, das für die Aufführung in einem Theater geschrieben wurde ⟨*ein Theaterstück schreiben, verfassen, inszenieren, aufführen, vorführen*⟩

die **The·ke** (-, -*n*) **1** in Lokalen werden an der Theke die Getränke eingeschenkt *„ein Glas Wein an der Theke trinken"* **2** in Geschäften steht der Verkäufer hinter der Theke und bedient die Kunden **K** Ladentheke; Käsetheke, Wursttheke

das **The·ma** (-*s*, *The·men*) der zentrale Gedanke, über den man gerade spricht oder schreibt ⟨*ein wichtiges, zentrales, brisantes, heikles Thema; das Thema wechseln*⟩ **K** Themenbereich • *hierzu* **the·ma·tisch** ADJEKTIV

the·o·re·tisch ADJEKTIV **1** die Theorie betreffend ⟨*Kenntnisse, Grundlagen, Voraussetzungen*⟩ **2** nur in Gedanken (vorhanden), aber nicht in der Praxis, Wirklichkeit ⟨*eine Möglichkeit*⟩ *„Theoretisch ginge es, aber praktisch ist es zu schwierig"*

die **The·o·rie** (-, -*n* [-'riːən]) **1 eine Theorie (über etwas** (*Akkusativ*)**/zu etwas)** eine wissenschaftliche Erklärung von Zusammenhängen und Tatsachen (in Bezug auf ein z. B. naturwissenschaftliches Phänomen), bei der von solchen Voraussetzungen/Hypothesen ausgegangen wird, die man als richtig erkennt und systematisiert *„eine Theorie der/über die/zur Entstehung der Erde"* **2** eine Art des Denkens, die nur theoretische (und keine praktischen) Überlegungen berücksichtigt ⟨*etwas ist bloße, reine Theorie*⟩ ↔ Praxis *„Das stimmt nur in der Theorie"* ❶ nicht in der Mehrzahl verwendet

die **The·ra·pie** (-, -*n* [-'piːən]) die Maßnahmen, die angewendet werden, um eine Krankheit zu heilen ⟨*eine gezielte, erfolgreiche Therapie; eine Therapie absetzen, anwenden*⟩ • *hierzu* **the·ra·peu·tisch** ADJEKTIV; **the·ra·pie·ren** (*hat*)

das **Ther·mo·me·ter** *süddeutsch* Ⓐ Ⓒⓗ *auch der*; (-*s*, -) ein Gerät, mit dem man Temperaturen misst *„Das Thermometer ist auf 17 °C gestiegen/gefallen"*

die **Ther·mos·fla·sche®** ein (isolierter) Behälter, in dem man Getränke längere Zeit warm oder kalt halten kann

die **The·se** (-, -*n*) die Erklärung, mit welcher man versucht, Gründe für einen Sachverhalt oder eine Situation zu geben ⟨*eine kühne, fragwürdige These*⟩ ≈ Behauptung

ti·cken (*tickte, hat getickt*) **etwas tickt** etwas produziert in regelmäßigen Abständen kurze, helle Töne ⟨*eine Uhr, ein Wecker, eine Zeitbombe*⟩

das **Ti·cket** (-*s*, -*s*) **1** eine Fahrkarte für eine Reise mit der Bahn, dem Schiff oder dem Flugzeug **K** Bahnticket, Flugticket, Online-Ticket, Handy-Ticket **2** ≈ Eintrittskarte **K** Konzertticket **3** wenn man in ein Parkhaus fährt, bekommt man ein Ticket und braucht es bei der Ausfahrt, damit sich die Schranke öffnet **K** Parkticket

tief ADJEKTIV RÄUMLICH: **1** bezeichnet eine relativ große Strecke oder Länge nach unten ↔ flach, niedrig *„ein tiefer Brunnen"* **2** verwendet, um das Maß der Strecke nach unten zu nennen ↔ hoch *„Das Wasser ist nur fünfzig Zentimeter tief"* **3** in relativ geringer Entfernung über dem Meeresspiegel, dem Boden o. Ä. ≈ niedrig ↔ hoch *„Es schneite auch in tiefer gelegenen Teilen des Landes"* | *„Die Vögel fliegen heute aber tief"* **4** weit nach unten, in Richtung zum Erdboden **5** verwendet, um das Maß der Strecke nach hinten oder innen zu bezeichnen *„Der Schrank ist sechzig Zentimeter tief"* **6** an einem/einen Ort weit hinten oder innen ⟨*im tiefsten Urwald*⟩ NIVEAU, INTENSITÄT: **7** in der Menge, im Ausmaß, in der Intensität o. Ä. unter dem Durchschnitt ⟨*Temperaturen*⟩ ↔ hoch *„Die Zahl der Arbeitslosen hat ihren tiefsten Stand erreicht"* **K** Tiefstpreis **8** so, dass Gefühle

T

…tensiv sind ⟨*Glaube, Liebe, Trauer, …eue, Einsamkeit*⟩ *„Ich spreche Ihnen …einen tief empfundenen Dank aus"* **2** intensiv durchgeführt oder vorhan…en ⟨*eine Bewusstlosigkeit, ein Schlaf; …ef (durch)atmen, schlafen*⟩ ↔ ober…ächlich ANDERE VERWENDUNGEN: **10** weit in Richtung Mitte eines Zeit…aums oder des Höhepunkts *„bis tief in …ie Nacht"* **11** ⟨*ein Ton, eine Stimme*⟩ …roße Motoren, Donner und Stimmen …on Männern klingen tief ≈ dunkel → hoch

…**Tief** (-s, -s) eine Zone mit niedrigem …uftdruck (die oft Regen bringt) ↔ Hoch

…**Tie·fe** (-, -n) **1** die Größe eines Rau…mes, einer Schicht o. Ä. nach unten *„Das Meer hat hier eine Tiefe von tausend Metern"* **K** Meerestiefe, Wassertiefe **2** die Entfernung nach unten, die et…was von der Oberfläche hat *„Wir haben das Wrack des Schiffes in neunzig Meter Tiefe gefunden"* **3** die Größe von Möbeln nach hinten *„ein Schrank mit einer Tiefe von fünfzig Zentimetern/mit fünfzig Zentimeter Tiefe"*

tief·ge·frie·ren (*hat tiefgefroren*) **(etwas) tiefgefrieren** Lebensmittel konservieren, indem man sie (bei ungefähr –15 °C) gefrieren lässt *„tiefgefrorenes Gemüse"*

tief·küh·len (*hat tiefgekühlt*) **(etwas) tiefkühlen** ≈ tiefgefrieren **K** Tiefkühltruhe

Tie·gel (-s, -) ein flacher Topf mit Stiel

Tier (-(e)s, -e) Tiere sind Lebewesen, die sich zum Unterschied von Pflanzen fortbewegen können ⟨*ein zahmes, wildes Tier; ein Tier züchten, halten, dressieren*⟩ *„Die Haltung von Tieren ist in diesem Haus verboten"* **K** Tierart, Tierarzt, Tierzucht ⓘ → Abb. nächste Seite

…**Tier·heim** ein Gebäude, in dem solche Haustiere aufgenommen werden, die keinen Besitzer haben

…**Tier·schutz** alle Maßnahmen, um Tiere davor zu bewahren, misshandelt, getötet oder ausgerottet zu werden **K** Tierschutzgebiet, Tierschutzverein ⓘ nicht in der Mehrzahl verwendet • *hierzu* **Tier·schüt·zer** *der*

die **Tin·te** (-, -n) eine meist blaue Flüssigkeit zum Schreiben oder Zeichnen **K** Tintenfleck, Tintenpatrone

der **Tipp** (-s, -s) **1** ein nützlicher Rat, ein guter Hinweis ⟨*jemandem einen Tipp geben*⟩ *„Tipps für den Anfänger/für den Garten"* **2** der Versuch, bei Wetten und Gewinnspielen den Gewinner bzw. die Gewinnzahlen vorher richtig zu raten *„der richtige Tipp im Lotto/beim Pferderennen"*

tip·pen (*tippte, hat getippt*) **1** **(etwas) tippen** etwas auf einer Tastatur (meist am Computer) schreiben ⟨*einen Brief tippen*⟩ **K** Tippfehler **2** **(jemandem) irgendwohin tippen** jemanden/etwas (vor allem mit der Finger- oder Fußspitze) kurz und leicht berühren *„jemandem auf die Schulter tippen"* **3** **auf jemanden/etwas tippen** *gesprochen* eine Vermutung o. Ä. zum Ausdruck bringen *„Ich tippe auf ihn als Sieger"* **4** am Lotto oder Toto teilnehmen *„Sie tippt jede Woche (im Lotto)"* **K** Tippschein

der **Tisch** (-(e)s, -e) **1** Tische haben eine Platte, auf die man Dinge legt ⟨*sich an den Tisch setzen; am Tisch sitzen; den Tisch decken, abräumen*⟩ **K** Schreibtisch; Gartentisch, Küchentisch **2** **zu Tisch** *geschrieben* zum/beim Essen an einem Tisch ⟨*zu Tisch gehen, sein, sitzen; jemanden zu Tisch bitten*⟩ ⓘ → Abb. nächste Seite

die **Tisch·de·cke** ein großes Tuch, das den Tisch (als Dekoration) ganz oder teilweise bedeckt

der **Tisch·ler** (-s, -) eine Person, die beruflich z. B. Möbel und Fenster aus Holz herstellt ≈ Schreiner • *hierzu* **Tisch·le·rin** *die*

der **Ti·tel** (-s, -) VON PERSONEN: **1** eine Bezeichnung, mit der eine Person geehrt wird oder die ihre berufliche Stellung anzeigt *„Ihr wurde der akademische Titel eines Dr. med. verliehen"* **K** Doktortitel **2** der Titel, den man bei einem sportlichen Wettbewerb gewinnt

die Biene
der Schmetterling
die Fliege
der Käfer
die Ameise
die Spinne
das Huhn
der Schnabel
der Storch
der Spatz
die Stacheln
der Igel
die Flosse
der Fisch
die Ente
der Hase
die Maus
das Maul
die Katze
der Hund
der Schwanz
das Schaf
das Horn
die Ziege
das Schwein
die Mähne
das Pferd
der Huf
die Kuh

DEN TISCH DECKEN

K Weltmeistertitel VON BÜCHERN, ZEITSCHRIFTEN USW.: **3** der Name z. B. eines Buches, einer Zeitschrift oder eines Liedes ‹*etwas trägt, hat den Titel „...“*› **K** Buchtitel **4** die Überschrift eines meist relativ langen Zeitungsartikels, die den Inhalt zusammenfasst **5** die erste Seite einer Zeitung oder Zeitschrift **K** Titelbild, Titelblatt, Titelseite

r **Toast** [to:st]; (-(e)s, -s) eine Scheibe geröstetes Weißbrot **K** Toastbrot

to·ben (*tobte, hat/ist getobt*) **1** (*hat*) (vor Wut o. Ä.) schreien und heftige Bewegungen machen *„Der Betrunkene tobte die halbe Nacht“* **2** (*hat/ist*) (beim Spielen) sehr viel Lärm machen und sich lebhaft bewegen *„Die Kinder sind durch die Straßen getobt“*

e **Toch·ter** (-, *Töch·ter*) jemandes weibliches Kind **K** Stieftochter **i** → Abb. unter **Familie**

r **Tod** (-*es*, -*e*) das Sterben, das Ende des Lebens ‹*Tod durch Ersticken, Herzversagen, Ertrinken; jemand stirbt eines natürlichen, gewaltsamen Todes*› *„jemand stürzt sich zu Tode/kommt bei einem Sturz zu Tode“* jemand stürzt und stirbt dadurch | *„Aids ist eine Krankheit, die meist zum Tod führt“* **K** Todesgefahr, Todesstrafe, Todesursache **i** Anstelle der Merhzahl *Tode* wird meist *Todesfälle* verwendet. **ID** **zu Tode** *gesprochen* ‹*sich zu Tode langweilen, schämen; zu Tode erschöpft, erschrocken sein*› ≈ sehr

töd·lich ADJEKTIV so, dass man (daran oder dabei) stirbt ‹*eine Krankheit, eine Verletzung, ein Gift; mit tödlichen Folgen; tödlich verunglücken*› *„Bei dem Unfall wurde er tödlich verletzt“*

die **To·i·let·te** [to̯a'lɛtə]; (-, -*n*) **1** auf die Toilette geht man, um Blase und Darm zu entleeren. Die Toilette ist am Fußboden befestigt und endet in einem Rohr ‹*sich auf die Toilette setzen; die Toilette ist verstopft*› **K** Toilettenspülung **2** ein Raum mit einer Toilette oder mehreren Toiletten ‹*eine öffentliche Toilette; auf die/zur Toilette gehen, müssen*› ≈ WC *„eine Wohnung mit Bad*

T

und separater Toilette" **K** Damentoilette, Herrentoilette

to·le·rant ADJEKTIV (*toleranter, tolerantest-*) **tolerant (gegenüber jemandem/etwas)**; **tolerant (gegen jemanden/etwas)** *geschrieben* so, dass man andere (religiöse, politische oder weltanschauliche) Meinungen, Haltungen oder Sitten respektiert oder duldet ↔ intolerant *„tolerant gegenüber der Jugend"*

die **To·le·ranz** (-) **Toleranz (gegenüber jemandem/etwas)**; **Toleranz (gegen jemanden/etwas)** *geschrieben* eine Einstellung, bei der man andere Meinungen o. Ä. respektiert oder duldet ⟨*Toleranz üben, zeigen*⟩ **K** Toleranzgrenze

toll (*toller, tollst-*) *gesprochen* in Ausrufen verwendet, um Bewunderung auszudrücken ≈ super *„Das ist eine tolle Idee!"* | *„Sie singt wirklich toll!"*

die **To·ma·te** (-, *-n*) ein saftiges, rotes, meist rundes Gemüse, das man z. B. als Salat isst **K** Tomatensaft, Tomatensalat, Tomatensoße **i** → Abb. unter **Gemüse**

der **Ton**[1] (-(*e*)*s*, *Tö·ne*) AKUSTISCH: **1** etwas, das man hören kann ⟨*ein hoher, tiefer, leiser, lauter, schriller Ton*⟩ **K** Tonhöhe **2** ein Ton, der in einem musikalischen System (Tonleiter) eine feste Stelle hat und durch einen Buchstaben bezeichnet wird **3** die Sprache, die Musik und Geräusche in Film, Fernsehen oder Radio *„Plötzlich sind Ton und Bild ausgefallen"* **K** Tonstörung IM UMGANG: **4** die Art und Weise, wie jemand mit anderen Menschen spricht ⟨*etwas in einem angemessenen, freundlichen, ruhigen Ton sagen*⟩ **i** nicht in der Mehrzahl verwendet VON FARBEN: **5** Kurzwort für Farbton *„Haben sie den Stoff auch in einem etwas helleren Ton?"*

T

der **Ton**[2] (*-s, -e*) eine Erde, aus der man Gegenstände formt, die bei großer Hitze hart gemacht werden ⟨*Ton formen, brennen; etwas in Ton modellieren*⟩ **K** Tonfigur, Tongefäß

die **Ton·art** **1** eine der Tonleitern als System von Tönen, auf die ein Musikstück aufbaut *„die Tonart D-Dur"* **K** Durtonart, Molltonart **2** die Art und Weise, wie man mit anderen Menschen spricht

tö·nen (*tönte, hat getönt*) **1** **etwas tönt irgendwie/irgendwoher** etwas ist in der genannten Qualität oder aus der genannten Richtung zu hören *„Aus dem Lautsprecher tönte ein Lied"* **2** **etwas (irgendwie) tönen** etwas leicht färben *„Ich will mir die Haare (blond) tönen"*

die **Ton·ne** (-, *-n*) **1** Tonnen sind die großen Behälter, in denen z. B. Müll oder Regenwasser gesammelt wird. Man nennt so auch die Menge, die in so einen Behälter passt *„eine Tonne (voll/voller) Heringe"* | *„Die gelbe Tonne ist für Verpackungen und die schwarze für Restmüll"* **K** Mülltonne; Regentonne **2** das Gewicht von 1000 kg *„Wie viele Tonnen wiegt ein so großes Schiff?"* **i** Abkürzung: *t*

der **Topf** (-(*e*)*s*, *Töp·fe*) **1** ein rundes, relativ tiefes Gefäß mit Griffen und Deckel, in dem man etwas kochen kann *„ein Topf aus Edelstahl"* | *„ein Topf voll Suppe"* **K** Topfdeckel **i** → Abb. *Behälter und Gefäße* unter **Behälter** **2** ein Gefäß aus Keramik, zum Aufbewahren von Nahrungsmitteln *„ein Topf mit Honig"* **K** Tontopf **3** die Menge einer Sache, die in einen Topf passt *„ein Topf Suppe"* | *„ein Topf Honig"* **4** Kurzwort für *Blumentopf* **K** Topfpflanze

das **Tor** (-(*e*)*s*, *-e*) **1** eine große, breite Tür in einem Gebäude, einem Zaun oder einer Mauer ⟨*das Tor öffnen, schließen*⟩ *„die Tore der alten Stadtmauer"* **K** Torbogen, Toreinfahrt; Burgtor, Stadttor **2** eine Konstruktion aus Holzbalken und einem Netz, in die man z. B. beim Fußball mit dem Ball treffen soll ⟨*ins/das Tor treffen*⟩ **K** Torlatte, Torlinie, Torpfosten **3** der gelungene Versuch, mit dem Ball ins Tor zu treffen ⟨*ein Tor schießen*⟩ *„mit zwei Toren Vorsprung gewinnen"* **K** Torchance

der **Tor·hü·ter** ≈ Torwart • *hierzu* **Tor·hü·te·rin** *die*

Tor·te (-, -n) ein Kuchen, der meist aus mehreren Schichten mit Sahne oder Creme besteht K Tortenplatte, Tortenstück; Obsttorte, Sahnetorte

Tor·wart (-s, -e) der Spieler (z. B. beim Fußball oder Eishockey), der im Tor steht und verhindern soll, dass ein Gegner den Ball hineinschießt

tot ADJEKTIV 1 gestorben, nicht mehr am Leben ⟨*tot umfallen, zusammenbrechen*⟩ *„Sie wurde von einem Auto überfahren und war sofort tot"* 2 Pflanzen oder Teile von Pflanzen, die nicht mehr wachsen ⟨*ein Ast, ein Baum*⟩ ≈ abgestorben

to·tal ADJEKTIV ganz, ohne Ausnahme ⟨*ein Chaos, ein Misserfolg, eine Niederlage, ein Reinfall; total ausgehungert, erschöpft sein*⟩ ≈ völlig

r/die **To·te** (-n, -n) eine Person, die nicht mehr lebt *„Bei dem Unfall gab es drei Tote"* K Totenhemd; Krebstote, Unfalltote, Verkehrstote ⓘ *ein Toter; der Tote; den, dem, des Toten*; Meint man die Person, spricht man von einem *Toten*; meint man den Körper, spricht man von einer *Leiche*.

tö·ten (*tötete, hat getötet*) **(jemanden) töten** bewirken, dass ein Mensch oder ein Tier stirbt ⟨*jemanden fahrlässig, vorsätzlich, mit einem Dolch, mit Gift töten*⟩

r **To·ten·kopf** 1 der Schädel eines Toten ohne Haut und Fleisch 2 ein Totenkopf als Zeichen, um vor einer Gefahr zu warnen (z. B. auf einer Flasche mit Gift)

s **Touch·pad** ['tatʃpɛd]; (-s, -s) ein Berührungsfeld, das man mit den Fingerspitzen bedient (anstatt einer Computermaus oder einer Taste) *„Das Touchpad meines Laptops ist kaputt"*

e **Tour** [tuːɐ̯]; (-, -en) 1 eine Wanderung oder eine Fahrt, meist zum Vergnügen ⟨*eine Tour an den See, in die Berge machen, unternehmen*⟩ ≈ Ausflug K Tourenrad; Bergtour, Fahrradtour 2 eine relativ lange Fahrt oder Reise, bei der man wieder dahin zurückkommt, wo man angefangen hat *„eine Tour durch Europa machen"*

der **Tou·ris·mus** [tu-]; (-) das (organisierte) Reisen, um sich zu erholen oder um andere Länder kennenzulernen *„Viele Gebiete leben vom Tourismus"* K Tourismusbranche, Tourismusgeschäft; Massentourismus

der **Tou·rist** [tu-]; (-en, -en) eine Person, die reist, um andere Länder kennenzulernen oder Urlaub zu machen ⓘ *der Tourist; den, dem, des Touristen* • hierzu **Tou·ris·tin** *die*; **tou·ris·tisch** ADJEKTIV

die **Tracht** (-, -en) eine Kleidung, die für eine regionale Volksgruppe oder eine Berufsgruppe typisch ist K Trachtenanzug ID **eine Tracht Prügel bekommen/kriegen** *gesprochen* (meist als Strafe oder aus Rache) geschlagen werden

die **Tra·di·ti·on** [-'tsjoːn]; (-, -en) Verhaltensweisen und Handlungen, die es seit langer Zeit in einem Volk oder in einer Gruppe gibt und die bewahrt werden ⟨*eine alte, lebendige Tradition; eine Tradition pflegen; etwas ist (irgendwo) Tradition*⟩ *„Nach alter Tradition wird bei uns an Weihnachten ein Baum festlich geschmückt"* • hierzu **tra·di·ti·ons·ge·mäß** ADJEKTIV; **tra·di·ti·ons·reich** ADJEKTIV

tra·di·ti·o·nell [-tsjo-] ADJEKTIV gemäß einer Tradition, seit Langem üblich

traf *Präteritum, 1. und 3. Person Singular* → treffen

trä·ge ADJEKTIV langsam in der Bewegung und ohne Lust, aktiv zu werden ⟨*geistig träge*⟩ *„träge in der Sonne liegen"*

die **Tra·ge** (-, -n) ein Gestell, auf dem man Kranke, Verletzte oder Tote (liegend) transportiert

tra·gen (*trägt, trug, hat getragen*) PERSON: LAST, KLEIDUNG USW.: 1 **(jemanden/etwas (irgendwohin)) tragen** jemanden/etwas vor allem in der Hand, auf dem Arm oder am Rücken transportieren, irgendwohin bringen *„Sie trug ihr Kind auf dem/am Arm"* | *„Trägst du die Briefe zur Post?"* 2 **etwas tragen** etwas (vor allem Kleidung) am Körper haben ⟨*einen Bart, eine Brille, einen Ring, Schmuck tragen*⟩ *„Sie trägt lieber*

Hosen als Röcke und Kleider" **3** **etwas bei sich** (*Dativ*) **tragen** etwas dabei haben, wenn man irgendwohin geht *„Sie trug eine Waffe bei sich"* HAARE, KÖRPERTEIL: **4** **etwas (irgendwie) tragen** die genannte Frisur haben ⟨*einen Mittelscheitel, einen Pferdeschwanz, Zöpfe tragen*⟩ SACHE: LAST: **5** **etwas trägt (etwas)** etwas bewirkt, dass etwas oben bleibt, stützt es von unten ⟨*tragende Balken, Säulen, Wände*⟩ **6** **etwas trägt (jemanden/etwas)** etwas kann (mit dem genannten Gewicht) belastet werden *„Das Eis trägt schon"* das Eis ist dick genug, um es zu betreten UNANGENEHMES: **7** **etwas tragen** die Verantwortung für etwas haben oder übernehmen ⟨*die Folgen, die Kosten, das Risiko tragen*⟩

der **Trä·ger** (-*s*, -) **1** eine Person, die (beruflich) schwere Dinge trägt **K** Gepäckträger, Möbelträger, Sargträger **2** ein längliches Bauteil, das eine technische Konstruktion trägt **K** Betonträger, Stahlträger; Brückenträger **3** eine Konstruktion, die man auf dem Dach eines Autos befestigt, um darauf Dinge zu transportieren **K** Dachträger **4** ein Band aus Stoff, das an einem Kleidungsstück befestigt ist und über den Schultern liegt **K** Hosenträger, Schürzenträger **5** *admin* eine (öffentliche) Institution, die für etwas (vor allem die Kosten einer Sache) verantwortlich ist *„ein Kindergarten mit kirchlichem Träger"* **K** Kostenträger **6** ein Behälter zum Transportieren von Flaschen ⟨*ein Träger Bier, Limo, Wasser*⟩ ≈ Kasten • *zu* (1,5) **Trä·ge·rin** *die*

T

tra·gisch ADJEKTIV mit großem Leid und Unglück verbunden ⟨*ein Schicksal, ein Unglücksfall*⟩ *„Die Erzählung endet tragisch"* **ID** **Das ist nicht so tragisch!** *gesprochen* Das ist nicht so schlimm

die **Tra·gö·die** [-diə]; (-, -*n*) **1** ein Schauspiel mit unglücklichem, tragischem Ende ↔ Komödie **2** ein schreckliches Ereignis *„Er wurde Zeuge einer Tragödie"*

der **Trai·ner** ['trɛːnɐ, 'treɪ-]; (-*s*, -) eine Person, die Sportler auf Wettkämpfe vorbereitet • *hierzu* **Trai·ne·rin** ['trɛː-, 'treɪ-] *die*

trai·nie·ren [trɛ'niːrən] (*trainierte, hat trainiert*) **1** **(etwas) trainieren** ein Programm mit gezielten körperlichen Übungen ausführen, um (bei einer Sportart) bessere Leistungen zu erreichen *„Er trainiert täglich (Hochsprung)"* **2** **etwas trainieren** mit Teilen oder Funktionen des Körpers gezielte Übungen machen, um diese zu höherer Leistung zu bringen *„Man kann auch das Gedächtnis trainieren"*

das **Trai·ning** ['trɛːnɪŋ, 'treɪ-]; (-*s*) durch regelmäßiges Training verbessert man die eigene Leistung vor allem im Sport ⟨*ein hartes, regelmäßiges Training*⟩ **K** Trainingsmethode; Fußballtraining

der **Trai·nings·an·zug** ['trɛː-, 'treɪ-] ≈ Jogginganzug

der **Trak·tor** (-*s*, *Trak·to·ren*) ein schweres Fahrzeug in der Landwirtschaft, mit dem man z. B. den Pflug zieht

die **Tram** Ⓒⓗ *das*; (-, -*s*) ≈ Straßenbahn

tram·peln (*trampelte, hat/ist getrampelt*) **1** (*hat*) (meist aus Wut oder Begeisterung) mit beiden Füßen abwechselnd kurz und fest stampfen **2** **irgendwohin trampeln** (*ist*) laut, rücksichtslos oder ungeschickt irgendwohin gehen

die **Trä·ne** (-, -*n*) ein Tropfen der klaren salzigen Flüssigkeit, die aus den Augen kommt, wenn man z. B. sehr traurig ist oder Schmerzen hat *„Der Rauch trieb uns die Tränen in die Augen"* **K** Tränenfluss, tränenüberströmt

das **Trä·nen·gas** ein Gas, welches die Augen stark tränen lässt *„Die Polizei setzte gegen die Demonstranten Tränengas ein"* ⓘ nicht in der Mehrzahl verwendet

trank *Präteritum, 1. und 3. Person Singular* → trinken

trans·gen·der [trans'dʒɛndɐ] ADJEKTIV wenn sich jemand nicht mit dem ihm bei der Geburt zugewiesenen Geschlecht identifiziert ⟨*transgender sein*⟩

der **Trans·gen·der** [trans'dʒɛndɐ]; (-(*s*), -) eine Person, die sich nicht mit dem ihr bei der Geburt zugewiesenen Geschlecht identifiziert *„Mein Mann ist ein Transgen-*

der" **K** Transgender-Frau, Transgender-Mann • *hierzu* **Trans·gen·der** *die*

der **Trans·port** (-s, -e) das Transportieren *„der Transport von Waren ins Ausland"* **K** Transportkosten; Gütertransport, Krankentransport

der **Trans·por·ter** (-s, -) ein Lastwagen, Schiff oder Flugzeug, mit denen man große Mengen von Waren usw. transportieren kann

trans·por·tie·ren (*transportierte, hat transportiert*) **1** **jemanden/etwas (irgendwohin) transportieren** jemanden/etwas (mit einem Fahrzeug) an einen anderen Ort bringen ⟨*Kranke, Verletzte, Vieh, Gepäck, Güter, Material, Waren transportieren*⟩ **2** **etwas transportiert (etwas)** etwas bewegt etwas (mechanisch) weiter *„Am Flughafen wird das Gepäck mit einem Förderband transportiert"*

trat *Präteritum, 1. und 3. Person Singular* → treten

die **Trau·be** (-, -n) eine einzelne kleine runde Frucht des Weinstocks ⟨*weiße/grüne/rote/blaue, kernlose Trauben*⟩ **K** Traubensaft **i** → Abb. unter **Obst**

der **Trau·ben·zu·cker** natürlicher Zucker, der z. B. in Obst und Honig vorkommt ≈ Glukose

trau·en (*traute, hat getraut*) **1** **jemandem/etwas trauen** sicher sein, dass jemand nichts Falsches, Böses tut oder dass etwas keinen Nachteil enthält *„Ich traue seinen Versprechungen nicht"* **2** **sich trauen (zu +Infinitiv)** den Mut zu etwas haben *„Ich traue mich nicht, nachts allein spazieren zu gehen"* **3** **sich irgendwohin trauen** den Mut haben, irgendwohin zu gehen *„Er traute sich nicht in die dunkle Höhle"* **4** **ein Brautpaar trauen** als Priester oder Mitarbeiter des Standesamts die Zeremonie durchführen, mit der eine Ehe geschlossen wird ⟨*sich kirchlich/standesamtlich trauen lassen*⟩

die **Trau·er** (-) **Trauer (um jemanden/über etwas)** ein tiefer seelischer Schmerz, den man z. B. empfindet, wenn ein geliebter Mensch stirbt oder wenn man von einer Person schwer enttäuscht wurde ⟨*tiefe Trauer; Trauer empfinden*⟩ **K** Trauerfeier, Trauerkarte

trau·ern (*trauerte, hat getrauert*) **(um jemanden/über etwas** (*Akkusativ*)**) trauern** tiefen seelischen Schmerz empfinden, z. B. weil ein geliebter Mensch gestorben ist

der **Traum** (-(e)s, *Träu·me*) **1** Bilder, Gedanken, Gefühle, die man während des Schlafes hat *„Ich hatte heute Nacht einen seltsamen Traum"* | *„Meine Großmutter ist mir im Traum erschienen"* **2** ein großer Wunsch ⟨*ein Traum geht in Erfüllung, erfüllt sich, wird wahr*⟩ *„der Traum vom eigenen Haus"* **ID** **etwas fällt jemandem im 'Traum nicht ein, jemand denkt nicht im 'Traum daran zu** +*Infinitiv* verwendet, um zu sagen, dass jemand etwas überhaupt nicht tun will *„Ich denk ja nicht im Traum daran, deine Arbeit zu machen"*

träu·men (*träumte, hat geträumt*) **1** **(von jemandem/etwas) träumen** einen Traum haben (in dem jemand/etwas vorkommt) *„Er hat von seiner Prüfung geträumt"* **2** **von etwas träumen** den großen Wunsch haben, etwas zu haben, zu erleben o. Ä. *„Er träumt von einer Weltreise"* **3** unkonzentriert sein, nicht aufpassen *„Er träumt bei den Hausaufgaben"* • zu (3) **Träu·mer** *der*

trau·rig ADJEKTIV **1** **traurig (über etwas** (*Akkusativ*)**)** voll Kummer und Schmerz oder Trauer ↔ froh, fröhlich *„ein trauriges Gesicht machen"* | *„Bist du traurig darüber, dass wir ihn nicht wiedersehen werden?"* **2** ⟨*ein Ereignis, ein Film, ein Lied, eine Nachricht*⟩ so, dass sie den Betroffenen voll Kummer oder Schmerz machen ↔ lustig **3** so, dass der Betreffende es sehr schade oder beklagenswert findet *„Ich finde es sehr traurig, wenn ihr euch immer streitet"* **4** schlecht, meist wegen Armut oder Krankheit ⟨*eine Gegend, Verhältnisse, ein Zustand*⟩ • zu (1) **Trau·rig·keit** *die*

die **Trau·ung** (-, -en) eine Zeremonie, mit

der Mann und Frau zu einem Ehepaar werden ‹*die standesamtliche, kirchliche Trauung*› ≈ Eheschließung

treḟ·fen (*trifft, traf, hat/ist getroffen*) TOR, ZIEL USW.: **1** **(jemanden/etwas) treffen**; **irgendwohin treffen** (*hat*) jemanden/etwas mit einem Schuss, Schlag oder Wurf erreichen (und oft verletzen oder beschädigen) ‹*das/ins Tor, Ziel treffen*› *„Er sank tödlich getroffen zu Boden"* ANDERE PERSONEN: **2** **jemanden treffen** (*hat*) mit jemandem (zufällig oder aufgrund einer Verabredung) zusammenkommen *„Ich habe sie beim Einkaufen getroffen"* BESCHLÜSSE, ENTSCHEIDUNGEN: **3** **etwas treffen** (*hat*) etwas beschließen (und entsprechend handeln) ‹*Maßnahmen, Vorkehrungen, Vorsichtsmaßnahmen treffen*› **4** **etwas treffen** *geschrieben* (*hat*) verwendet zusammen mit einem Substantiv, um ein Verb zu umschreiben *„eine Entscheidung (über jemanden/etwas) treffen"* etwas (über jemanden/etwas) entscheiden | *„Vorbereitungen (für/zu etwas) treffen"* etwas vorbereiten MIT DER PRÄPOSITION AUF: **5** **auf etwas** (*Akkusativ*) **treffen** (*ist*) irgendwo etwas finden (meist ohne dies zu erwarten) ‹*auf Hinweise, Spuren treffen*› SONSTIGE VERWENDUNGEN: **6** **(etwas) treffen** (*hat*) genau das herausfinden, was (am besten) passt *„in einem Gespräch den richtigen Ton/die richtigen Worte treffen"*

das **Treḟ·fen** (-*s*, -) bei einem Treffen kommen zwei oder mehrere Personen zusammen, um miteinander zu sprechen oder etwas zu tun *„Sie vereinbarten regelmäßige Treffen"* **K** Arbeitstreffen; Familientreffen, Klassentreffen

der **Treḟ·fer** (-*s*, -) **1** ein Schuss, Schlag, Wurf oder Stoß (im Sport oder Kampf), der sein Ziel erreicht **2** ein Los, das gewinnt ↔ Niete

der **Treḟf·punkt** ein Ort, an dem zwei oder mehrere Personen zusammenkommen ‹*einen Treffpunkt vereinbaren*›

trei̱·ben (*trieb, hat/ist getrieben*) BEWEGUNG: **1** **ein Tier (irgendwohin) treiben** (*hat*) man treibt Tiere durch Rufe, Schläge o. Ä. vor sich her an einen Ort *„das Vieh auf die Weide treiben"* **2** **etwas treibt jemanden/etwas irgendwohin** (*hat*) der Wind oder die Strömung bewegt jemanden/etwas irgendwohin *„Unser Boot wurde aufs offene Meer getrieben"* **3** **jemand/etwas treibt (irgendwohin)** (*hat/ist*) jemand/etwas wird vom Wind oder der Strömung irgendwohin bewegt *„Allerlei Abfälle trieben im Wasser"* **K** Treibholz **i** mit Richtungsangabe: *ist getrieben* ENTSTEHUNG: **4** **etwas durch/in etwas** (*Akkusativ*) **treiben** (*hat*) etwas durch Bohrungen irgendwo entstehen lassen *„einen Tunnel durch den Berg treiben"* VERÄNDERUNG: **5** **jemanden zu etwas treiben** (*hat*) jemanden ungeduldig zu etwas auffordern ‹*jemanden zur Eile, zum Aufbruch treiben*› ≈ drängen AKTIVITÄT: **6** **etwas treiben** (*hat*) sich mit etwas beschäftigen, etwas machen ‹*Ackerbau und Viehzucht, Sport, Unsinn treiben*› *„Na, was treibst du denn so?"*

das **Trei̱b·haus** ein Haus aus Glas, in dem Pflanzen feucht und warm gehalten werden, damit sie schneller wachsen

der **Trei̱b·stoff** meist Flüssigkeiten oder Gase, durch deren Verbrennung Energie für Motoren entsteht

der **Trẹnd** (-*s*, -*s*) **der Trend (zu etwas)** eine (allgemeine) Entwicklung in eine Richtung ≈ Tendenz *„Der (modische) Trend geht wieder zu kurzen Röcken"* **K** Trendwende

trẹn·nen (*trennte, hat getrennt*) **1** **eine Person oder Sache (von jemandem/etwas) trennen**; **Personen/Dinge voneinander trennen** dafür sorgen, dass Personen oder Dinge nicht mehr verbunden oder zusammen sind *„Sie trennte den Ärmel vom Mantel"* | *„zwei raufende Jungen (voneinander) trennen"* **2** **etwas trennt eine Person/Sache von jemandem/etwas** etwas bildet eine Grenze, ein Hindernis zwischen zwei Personen, Dingen *„Die Straße von Mes-*

sina trennt Sizilien von Italien" **3** **etwas trennen** ein Wort in Silben zerlegen, für das am Ende einer Zeile nicht genug Platz ist *„Sprechen" trennt man „spre-chen"* **4** **sich von etwas trennen** etwas weggeben, weglegen, auf etwas verzichten *„sich von einem spannenden Buch nicht trennen können"* **5** **eine Person trennt sich von jemandem**; **Personen trennen sich** zwei oder mehrere Personen gehen in unterschiedliche Richtungen auseinander *„Am Bahnhof trennte er sich von seinen Freunden"* **6** **eine Person trennt sich von jemandem**; **Personen trennen sich** ein Partner verlässt (endgültig) den anderen, beide Partner beenden (endgültig) ihre Beziehung *„Nach drei Jahren trennte er sich von seiner Freundin"*

e **Trẹn·nung** (-, *-en*) **1** nach einer Trennung ist man allein und nicht mehr zusammen mit anderen Personen, die man mag *„Die Trennung schmerzt heute noch"* **2** die Auflösung einer Beziehung *„die Trennung von der Freundin"* **3** der Zustand, wenn Dinge voneinander unabhängig und nicht miteinander vermischt sind *„die Trennung von Staat und Kirche"* **4** das Trennen eines Wortes am Ende der Zeile **K** Trennungsstrich; Silbentrennung

e **Trẹp·pe** (-, *-n*) mehrere Stufen, die aufeinanderfolgen und die z. B. die verschiedenen Etagen eines Hauses miteinander verbinden **K** Treppengeländer, Treppenstufe; Steintreppe

as **Trẹp·pen·haus** der Teil eines Hauses, in dem sich meist nur die Treppe befindet

er **Tre·sor** (*-s, -e*) ≈ Safe **K** Tresorraum; Banktresor

tre·ten (*tritt, trat, hat/ist getreten*) MIT DEM FUẞ: **1** **(jemanden irgendwohin) treten** (*hat*); **jemandem irgendwohin treten** (*ist*) jemandem oder einem Tier mit oder ohne Absicht einen Stoß mit dem Fuß geben *„Er trat ihn in den Rücken" | „Sie ist dem Hund auf den Schwanz getreten"* **2** **etwas/irgendwohin treten** (*hat*) etwas in Bewegung oder Funktion setzen, indem man mit dem Fuß daraufdrückt ⟨*(auf) die Kupplung, (auf) die Bremse, aufs Gas, (auf) das Gaspedal, (in) die Pedale treten*⟩ BEIM GEHEN: **3** **irgendwohin treten** (*ist*) einige Schritte in die genannte Richtung machen *„Bitte zur Seite treten!"* **4** **irgendwohin treten** (*ist*) beim Gehen den Fuß irgendwohin setzen ⟨*in eine Pfütze treten*⟩ ANDERE VERWENDUNGEN: **5** **jemand tritt in etwas** (*Akkusativ*) (*ist*) jemand/etwas beginnt mit etwas, übernimmt eine Aufgabe o. Ä. ⟨*mit jemandem in einen Dialog, in Kontakt, in Verbindung, in Verhandlungen treten*⟩

treu ADJEKTIV (*treuer, treu(e)st-*) **1** mit einer lange dauernden freundschaftliche Beziehung voll Vertrauen ⟨*ein Freund*⟩ **2** ohne sexuelle Beziehungen außerhalb der Ehe bzw. der festen Partnerschaft ⟨*jemandem treu sein, bleiben*⟩ **3** ⟨*ein Anhänger, ein Fan, ein Kunde, ein Mitarbeiter*⟩ so, dass sie über lange Zeit mit jemandem/etwas verbunden bleiben

die **Treue** (-) das Verhalten, treu zu sein **K** Treueschwur

die **Tri·bü·ne** (-, *-n*) die Sitzreihen für Zuschauer, die in Stufen angeordnet sind, z. B. in einem Stadion

der **Trịch·ter** (*-s, -*) eine Art Rohr, das oben weit und unten eng ist und mit dem man Flüssigkeiten in Flaschen oder enge Gläser füllt *„den Wein mit einem Trichter in Flaschen abfüllen"*

der **Trịck** (*-s, -s*) **1** *abwertend* ein geschicktes Vorgehen, mit dem man jemanden betrügt *„auf die üblen Tricks von Betrügern hereinfallen"* **K** Trickbetrug, Trickdieb **2** ein Kunststück, mit dem ein Zauberer das Publikum unterhält ⟨*einen Trick vorführen*⟩ **K** Zaubertrick • zu (1) **trịck·reich** ADJEKTIV

trieb *Präteritum, 1. und 3. Person Singular* → treiben

der **Trieb** (*-(e)s, -e*) **1** ein starker Drang bei Menschen und Tieren, der darauf zielt, meist lebenswichtige Bedürfnisse (z. B. Essen oder Trinken) zu befriedigen **K** Geschlechtstrieb, Spieltrieb **2** ein neu gewachsener Teil einer Pflanze ≈ Spross

trifft *Präsens, 3. Person Singular* → treffen

der **Tril·ler** (-s, -) ein Klang, der durch die schnelle Wiederholung von zwei Tönen entsteht (z. B. beim Gesang der Lerche oder Nachtigall) **K** Trillerpfeife **i** zu *Trillerpfeife* → Abb. unter **Pfeife**

trin·ken (*trank, hat getrunken*) **1** **(etwas) trinken** eine Flüssigkeit, ein Getränk durch den Mund zu sich nehmen *„Er trank sein Glas (in einem Zug) leer"* **2** **(etwas) trinken** alkoholische Getränke (regelmäßig und in großen Mengen) zu sich nehmen **3** **auf jemanden/etwas trinken** beim Trinken von meist Sekt oder Wein die Gläser heben, um jemanden zu ehren, etwas zu feiern usw. *„(Wir trinken) auf die Gastgeber/auf ein gutes neues Jahr!"* • *zu* (1) **trink·fer·tig** ADJEKTIV

das **Trink·geld** eine relativ kleine Summe Geld, die man z. B. einem Kellner oder einem Taxifahrer zusätzlich gibt ⟨*(ein) Trinkgeld geben*⟩

das **Trink·was·ser** trinkbares Wasser **K** Trinkwasseraufbereitung, Trinkwasserversorgung

das **Trio** (-s, -s) eine Gruppe von drei Musikern

tritt *Präsens, 3. Person Singular* → treten

der **Tritt** (-(e)s, -e) **1** das Aufsetzen des (einzelnen) Fußes auf den Boden beim Gehen ≈ Schritt *„Man hörte Tritte auf der Treppe"* **2** ein Stoß mit dem Fuß ⟨*jemandem einen Tritt versetzen*⟩

tro·cken ADJEKTIV (*trock(e)ner, trockenst-*) **1** ohne Feuchtigkeit, nicht nass *„Ist die Wäsche schon trocken?"* **K** Trockenfutter **2** so, dass es wenig regnet ⟨*ein Klima, die Jahreszeit, Wetter*⟩ **3** so, dass Teile von Pflanzen kein Wasser mehr in sich haben und nicht mehr wachsen ⟨*ein Ast, Holz, Blätter, Laub*⟩ ≈ abgestorben, dürr **4** mit nur wenig Fett ⟨*Haut, Haare*⟩ **5** ohne Butter, Wurst usw. *„trockenes/trocken Brot essen"* **6** sachlich und daher oft langweilig und ohne Fantasie *„Das Buch/Sein Unterricht ist mir zu trocken"* • *zu* (1,2) **Tro·cken·heit** *die*

trock·nen (*trocknete, hat/ist getrocknet*) **1** **etwas trocknen** (*hat*) etwas Nasses oder Feuchtes trocken machen, indem man es reibt o. Ä. *„Sie trocknet ihre Haare"* **2** **etwas trocknen** (*hat*) etwas trocken werden lassen *„Ich trockne die Wäsche auf dem Balkon"* **3** **etwas trocknet** (*ist*) etwas wird allmählich trocken *„Die Wäsche trocknet im Wind"*

der **Trock·ner** (-s, -) eine Maschine, mit der man etwas trocknet **K** Haartrockner, Wäschetrockner

der **Trö·del** (-s); *abwertend* alte, gebrauchte, wertlose Dinge **K** Trödelmarkt

die **Trom·mel** (-, -n) **1** Trommeln sind Musikinstrumente, die innen hohl sind; man schlägt mit der Hand oder Stäben darauf, um Töne zu erzeugen **i** → Abb. unter **Instrument** **2** ein runder Behälter, der sich dreht (z. B. bei einer Waschmaschine oder einem Revolver)

die **Trom·pe·te** (-, -n) ein Musikinstrument aus Blech, auf dem man bläst **i** → Abb. unter **Instrument** • *hierzu* **Trom·pe·ter** *der*

die **Tro·pen** *Mehrzahl* die heißen Gebiete um den Äquator (zwischen dem nördlichen und dem südlichen Wendekreis) **K** Tropeninsel, Tropensturm, Tropenwald

tröp·feln (*tröpfelte, hat/ist getröpfelt*) **1** **etwas irgendwohin tröpfeln** (*hat*) eine Flüssigkeit in kleinen Tropfen langsam irgendwohin fallen lassen *„Medizin in ein Glas Wasser tröpfeln"* **2** **es tröpfelt** (*hat*) es regnet schwach

trop·fen (*tropfte, hat/ist getropft*) **1** **etwas irgendwohin tropfen** (*hat*) eine Flüssigkeit in einzelnen Tropfen (in (regelmäßigen) Abständen) irgendwohin fallen lassen *„Der Arzt tropfte ihr eine Tinktur in die Augen"* **2** **etwas tropft** (*hat*) etwas lässt einzelne Tropfen (in regelmäßigen Abständen) fallen ⟨*der Wasserhahn*⟩ **3** **etwas tropft irgendwoher/irgendwohin** (*ist*) etwas fällt in einzelnen Tropfen (in regelmäßigen Abständen) herunter *„Tau tropft von den Blättern"*

der **Trọp·fen** (-*s*, -) **1** eine sehr kleine Menge einer Flüssigkeit (in runder oder ovaler Form) **K** Regentropfen, Wassertropfen **2** ein Medikament, das in einzelnen Tropfen genommen wird **K** Augentropfen **i** nur in der Mehrzahl verwendet • *zu* (1) **trọp·fen·wei·se** ADJEKTIV

trọ·pisch ADJEKTIV wie es in den Tropen ist oder vorkommt ⟨*ein Klima, eine Pflanze*⟩

der **Trost** (-(*e*)*s*) etwas, das Kummer, Trauer und Leid leichter macht und wieder neuen Mut gibt ⟨*Trost* (*in etwas* (*Dativ*)) *suchen, finden; jemandem Trost spenden*⟩

trös·ten (*tröstete, hat getröstet*) **jemanden trösten** das Leid, den Kummer oder die Trauer einer Person leichter machen (indem man mit ihr spricht, ihr hilft o. Ä.) *„Sie tröstete das weinende Kind"*

trọtz PRÄPOSITION *mit Genitiv*/*gesprochen auch Dativ* verwendet, um zu sagen, dass etwas geschieht oder etwas irgendwie ist, obwohl es Umstände gibt, die eine andere Wirkung oder Folge als wahrscheinlich erscheinen lassen *„Trotz des Regens gingen wir spazieren"* **i** → Extras, S. 717: **Präpositionen**

er **Trọtz** (-*es*) dauernder und fester Widerstand gegen etwas, weil man selbst etwas anderes will ⟨*etwas aus Trotz* (*nicht*) *tun*⟩ **K** Trotzreaktion

trọtz·dem ADVERB trotz der genannten Umstände ≈ dennoch *„Die Sonne schien, aber trotzdem war es kalt"*

trug *Präteritum, 1. und 3. Person Singular* → tragen

ie **Trụ̈m·mer** *Mehrzahl* die Reste, die einzelnen Teile eines zerstörten Ganzen *„Er wurde aus den Trümmern des abgestürzten Flugzeugs geborgen"*

die **Trụp·pe** (-, -*n*) **1** eine Gruppe von Schauspielern oder Artisten, die gemeinsam auftreten **K** Theatertruppe **2** ein Teil eines Heeres oder einer Armee ⟨*Truppen stationieren*⟩ **K** Truppeneinheit; Kampftruppe

tschụ̈s!, **tschụ̈ss!** *gesprochen* verwendet, um sich in lockerer Form von jemandem zu verabschieden

das **T-Shirt** ['ti:ʃøe̯t]; (-*s*, -*s*) ein Hemd aus einem leichten Baumwollstoff, mit meist kurzen Ärmeln und ohne Kragen

die **Tu·ba** (-, *Tu·ben*) ein großes Blasinstrument aus Blech, das sehr tiefe Töne erzeugt **i** → Abb. unter **Instrument**

die **Tu·be** (-, -*n*) ein kleiner länglicher Behälter (meist aus weichem Metall) z. B. für Zahnpasta, Senf, Klebstoff oder Salbe **i** → Abb. unter **Verpackung**

das **Tuch** (-(*e*)*s*, -*e*/*Tü·cher*) **1** (*Mehrzahl: Tücher*) ein Stück Stoff, mit dem man etwas bedeckt oder sauber macht **K** Kopftuch, Staubtuch **2** (*Mehrzahl: Tuche*) ein Stoff, aus dem vor allem Anzüge und Kostüme hergestellt werden

tụm·meln (*tummelte sich, hat sich getummelt*) **Personen/Tiere tummeln sich irgendwo** mehrere Personen/Tiere bewegen sich lebhaft (und fröhlich) hin und her *„Die Kinder tummelten sich am Strand"*

tun (*tut, tat, hat getan*) **1** **etwas tun** eine Handlung ausführen, etwas machen *„Was tust du da?" – „Ich schreibe einen Brief!"* **2** **etwas tun** diejenige Arbeit machen, die unter den Umständen üblich ist *„Im Garten gibt es viel zu tun"* **3** **etwas (für jemanden/etwas) tun** aktiv werden, um jemandem zu helfen oder um etwas zu bewirken ⟨*tun, was man kann*⟩ *„Der Verkäufer sagte: „Was kann ich für Sie tun?"* **4** **(jemandem) etwas tun** *gesprochen* eine Person oder sich selbst verletzen, zu jemandem böse sein ⟨*jemandem ein*

T

Leid tun› *„Hast du dir bei dem Sturz was getan?"* **5** **etwas irgendwohin tun** *gesprochen* etwas irgendwohin legen, stellen o. Ä. *„Kleider in einen Koffer tun"* **6** **irgendwie tun** sich so benehmen, als ob etwas tatsächlich der Fall wäre (was es nicht ist) *„Sie tat so, als ob nichts geschehen wäre"*

das **Tun** (-s); *geschrieben* das, was jemand tut ‹*jemandes Tun missbilligen*›

tun·ken (*tunkte, hat getunkt*) **etwas in etwas** (*Akkusativ*) **tunken** ≈ (ein)tauchen *„den Pinsel in die Farbe tunken"*

der **Tun·nel** (-s, -) durch einen Tunnel kann man durch einen Berg oder unter einer Straße usw. hindurchfahren **K** Straßentunnel, Eisenbahntunnel

tup·fen (*tupfte, hat getupft*) **(jemandem) etwas von etwas tupfen** etwas von einer Stelle entfernen, indem man diese Stelle (z. B. mit einem Tuch) mehrmals berührt *„Er tupfte sich den Schweiß von der Stirn"*

der **Tup·fer** (-s, -) meist ein Stück Watte oder ein kleines Stück Stoff, mit dem man eine Flüssigkeit entfernen kann

die **Tür** (-, -*en*) durch eine Tür kann man in ein Haus oder Zimmer gehen, in ein Fahrzeug steigen, etwas in einen Schrank tun usw. ‹*die Tür öffnen, schließen; die Tür schließt nicht/schlecht*› **K** Türrahmen, Türschloss; Autotür, Haustür, Wohnungstür **i** → Abb. unter **auf** **ID** **jemanden vor die Tür setzen** **a** jemandem den Arbeitsplatz oder die Mietwohnung kündigen **b** jemanden (mit scharfen Worten oder Gewalt) zwingen, eine Wohnung, ein Haus o. Ä. zu verlassen; **etwas steht vor der Tür** etwas wird bald da sein *„Weihnachten steht vor der Tür"*

T

die **Tür·klin·ke** ein beweglicher Griff, mit dem eine Tür geöffnet und geschlossen werden kann **i** → Abb. unter **Griff**

der **Turm** (-(*e*)*s, Tür·me*) ein hohes, aber schmales Bauwerk, das z. B. zu einer Kirche, einer Burg oder einem Schloss gehört **K** Turmuhr; Kirchturm

das **Tur·nen** (-s) ein Sport, bei dem an Geräten und am Boden gymnastische Übungen gemacht werden **K** Turngerät, Turnhalle • *hierzu* **Tur·ner** *der*

das **Tur·nier** (-s, -*e*) ein sportlicher Wettbewerb mit mehreren Wettkämpfen (meist in mehreren Runden) **K** Turniersieg; Reitturnier, Schachturnier

der **Turn·schuh** ein leichter Schuh aus Stoff oder Leder mit einer Gummisohle, den man beim Sport oder in der Freizeit trägt **i** → Abb. unter **Schuh**

die **Tu·sche** (-, -*n*) eine besondere, meist schwarze Tinte, die zum Schreiben und Zeichnen verwendet wird

die **Tü·te** (-, -*n*) Tüten sind aus Papier oder Plastikfolie und man tut z. B. beim Einkaufen Dinge hinein **K** Bonbontüte; Papiertüte, Plastiktüte **i** → Abb. unter **Verpackung**

das **TV** [te:'fau, ti:'vi:]; (-) Television das Fernsehen **K** TV-Gerät

der **Typ** [ty:p]; (-s, -*en*) **1** eine Art von Menschen oder Dingen, die charakteristische Merkmale oder Eigenschaften gemeinsam haben *„Er ist der Typ von Mann, in den sich die Frauen gleich verlieben"* **2** eine Art von (meist technischen) Gegenständen, die durch charakteristische Merkmale von ähnlichen Arten unterschieden sind ≈ Modell *„Unsere Techniker entwickeln einen ganz neuen Typ"* **K** Typenbezeichnung **ID** **eine Person ist jemandes Typ** *gesprochen* eine Person gefällt jemandem

ty·pisch ['ty:-] ADJEKTIV **typisch (für jemanden/etwas)** so, wie man es von jemandem/etwas erwartet ‹*ein Beispiel, ein Verhalten*› *„Er ist ein typischer Lehrer"* | *„Typisch Monika, sie kommt mal wieder zu spät!"*

U

U, **u** [uː]; (-, -/gesprochen auch -s) der einundzwanzigste Buchstabe des Alphabets

Ü, **ü** [yː]; (-, -/gesprochen auch -s) der Umlaut des u

u. a. 1 Abkürzung für *und andere(s)* 2 Abkürzung für *unter anderem/anderen*

U-Bahn *gesprochen* Un·ter·grund·bahn *die* ein Fahrzeug für den öffentlichen Verkehr in Großstädten, das unter der Erde auf Schienen fährt ⟨*mit der U-Bahn fahren; die U-Bahn nehmen*⟩ K U-Bahn-Netz, U-Bahn-Station

übel ADJEKTIV (*übler, übelst-*) 1 unangenehm (für die Sinnesorgane) ⟨*ein Geruch, ein Geschmack, ein Beigeschmack; etwas riecht, schmeckt übel*⟩ ⓘ *übel → ein übler Gestank* 2 so, dass es Nachteile für jemanden bringt ⟨*eine Lage, eine Situation*⟩ 3 böse und gemein ≈ schlimm 4 **jemandem ist übel** jemand hat das Gefühl, sich erbrechen zu müssen 5 **(jemandem) etwas übel nehmen** eine Tat oder das Verhalten einer Person nicht verzeihen *„Sie nahm (es) ihm übel, dass er sie belogen hatte"*

Übel (-s, -) etwas, das unangenehm oder schlimm ist *„das Übel der Arbeitslosigkeit bekämpfen"*

Übel·keit (-, -en) das Gefühl, dass es einem körperlich schlecht geht, dass man sich übergeben muss

üben (*übte, hat geübt*) **(etwas) üben** etwas immer wieder tun, um es zu lernen, damit man es dann gut kann *„Sie übt jeden Tag (zwei Stunden Klavier)"* | *„Handstand üben"*

über[1] PRÄPOSITION ORT: 1 *mit Dativ* nennt eine Lage oder Position an einer höheren Stelle als die genannte Sache/Person ↔ unter *„Das Bild hängt über dem Schreibtisch"* ⓘ → Extras, S. 717: **Präpositionen** 2 *mit Akkusativ* nennt die Richtung einer Bewegung hin zu einer höher gelegenen Stelle ↔ unter *„Er hängte ein Bild über die Couch"* ⓘ → Extras, S. 717: **Präpositionen** 3 *mit Akkusativ* nennt einen Verlauf oder eine Bewegung von einer Seite zur anderen oder von oben nach unten *„Er ging über den Hof"* | *„Sie strich ihm über den Rücken"* 4 *mit Dativ* nennt eine Lage auf einer Sache, die völlig oder teilweise bedeckt wird ↔ unter *„Er trägt einen Pullover über dem Hemd"* 5 *mit Akkusativ* nennt eine Bewegung oder Größe höher als der höchste Punkt der genannten Sache/Person *„Sie sprang über den Zaun"* 6 *mit Akkusativ* nennt einen Ort, durch den man auf dem Weg zu einem Ziel kommt oder an dem man vorbeifährt *„Der Zug fährt über Ulm nach Stuttgart"* 7 *mit Akkusativ* drückt aus, dass etwas an der genannten Stelle nicht aufhört, eine Grenze überschreitet *„Der Rock geht bis über das Knie"* ZEIT: 8 *mit Akkusativ* nennt den Zeitraum, für den etwas gilt *„Kann ich heute über Nacht bei euch bleiben?"* NIVEAU, RANG: 9 *mit Dativ* in einer Reihenfolge oder Hierarchie höher als die genannte Person/Sache ↔ unter *„Über ihm ist nur noch die Chefin selbst"* 10 *mit Dativ* drückt aus, dass ein Wert oder Niveau höher ist als das Genannte ↔ unter *„Temperaturen über dem Gefrierpunkt"* THEMA: 11 *mit Akkusativ* nennt das Thema einer Sache *„Die Kinder mussten einen Aufsatz über ihr schönstes Ferienerlebnis schreiben"* GRUND: 12 *mit Akkusativ* nennt den Grund für etwas *„sich über jemanden/etwas ärgern"* WEITERLEITUNG: 13 *mit Akkusativ* nennt das Medium oder die Person, die eine Nachricht weiterleiten *„Ich bin nicht zu Hause, aber du kannst mich über das Handy erreichen"* MACHTVERHÄLTNIS: 14 *mit Akkusativ* nennt die Person oder Sache, die in einer Beziehung schwächer oder abhängig ist *„über jemanden/etwas herrschen"*

über[2] *ADVERB* **1** verwendet, um zu sagen, dass ein Wert, eine Zahl o. Ä. überschritten wird ↔ unter *„Sie ist schon über achtzig Jahre alt"* | *„Ich warte seit über einer Stunde auf dich"* **2** *Zeitangabe* + **über** verwendet, um einen Zeitraum zu bezeichnen, von dessen Anfang bis zu dessen Ende etwas dauert oder getan wird *„Es regnete den ganzen Tag über"*
ADJEKTIV **3** **etwas über haben** *gesprochen* etwas übrig haben

über-[3] *im Adjektiv, betont, begrenzt produktiv* **überängstlich, übereifrig, überempfindlich, überkorrekt, überpünktlich** *und andere* verwendet, um zu sagen, dass etwas übertrieben oder extrem ist

über·all *ADVERB*, **über·all** **1** an jedem Ort *„Der laute Knall war überall zu hören"* **2** in jeder Situation *„Du musst dich auch überall einmischen"* **3** bei allen Leuten

über·all·hin *ADVERB* zu allen Orten, in alle Richtungen

der **Über·blick** **1** **ein Überblick (über etwas** (*Akkusativ*)**)** die gute Aussicht von einer Stelle aus, die höher liegt als ihre Umgebung *„Von hier aus hat man einen guten Überblick über die ganze Stadt"* **2** die Fähigkeit, wichtige Zusammenhänge zu erkennen ⟨*jemandem fehlt der Überblick*⟩ ❶ nicht in der Mehrzahl verwendet

über·bli·cken (*überblickte, hat überblickt*) **etwas überblicken** fähig sein, die Zusammenhänge einer Sache zu erkennen

U

über·ei·nan·der *ADVERB* Personen oder Sachen über die andere oder über der anderen *„Es ist so kalt, da ziehe ich zwei Pullover übereinander an"*

über·ein·stim·men (*stimmte überein, hat übereingestimmt*) **1** **mit jemandem (in etwas** (*Dativ*)**) übereinstimmen** dieselbe Meinung haben wie eine andere Person *„Wir stimmen in allen wesentlichen Punkten überein"* **2** **etwas stimmt mit etwas überein; Dinge stimmen überein** zwei Dinge sind gleich oder sehr ähnlich, unterscheiden sich nicht oder wenig *„Die Aussagen der Zeugen stimmten völlig überein"* • *hierzu* **Über·ein·stim·mung** *die*

über·fah·ren (*überfährt, überfuhr, hat überfahren*) **1** **jemanden überfahren** (mit einem Auto, einem LKW, einem Bus o. Ä.) über einen Menschen oder ein Tier fahren und dabei verletzen oder töten **2** **etwas überfahren** beim Autofahren ein Verkehrszeichen nicht beachten, nicht stehen bleiben o. Ä. ⟨*eine rote Ampel, ein Haltesignal, ein Vorfahrtsschild überfahren*⟩

die **Über·fahrt** eine Fahrt auf einem Schiff von einer Seite eines Gewässers zur anderen

der **Über·fall** **ein Überfall (auf jemanden/etwas)** ein plötzlicher Angriff mit Waffen **K** Banküberfall, Raubüberfall

über·fal·len (*überfällt, überfiel, hat überfallen*) **jemanden/etwas überfallen** jemanden/etwas plötzlich angreifen und mit Waffen bedrohen (meist um etwas zu rauben) ⟨*eine Bank, ein Land überfallen*⟩ *„Sie ist nachts überfallen worden"*

der **Über·fluss** der Zustand, in dem man mehr von einer Sache hat, als man braucht ⟨*etwas im Überfluss haben*⟩ ≈ Luxus ↔ Mangel **K** Überflussgesellschaft ❶ nicht in der Mehrzahl verwendet

über·flüs·sig *ADJEKTIV* nicht nötig ↔ notwendig *„Es ist ganz überflüssig, mich an mein Versprechen zu erinnern. Ich habe es nicht vergessen!"* • *hierzu* **Über·flüs·sig·keit** *die*

über·flu·ten (*überflutete, hat überflutet*) **etwas überflutet etwas** etwas fließt über das Ufer und bedeckt ein Gebiet mit Wasser *„Der Fluss überflutete die Wiesen"*

über·for·dern (*überforderte, hat überfordert*) **jemanden überfordern** mehr von einer Person erwarten oder verlangen, als sie leisten kann ⟨*überfordert sein; sich überfordert fühlen*⟩ • *hierzu* **Über·for·de·rung** *die*

über·füh·ren (*überführte, hat überführt*) **jemanden (einer Sache** (*Genitiv*)) **überführen** beweisen, dass jemand etwas getan hat ⟨*jemanden eines Verbrechens, der Tat überführen*⟩

über·füllt ADJEKTIV (gefüllt) mit zu vielen Personen oder Dingen ⟨*ein Bus, ein Zug, ein Regal*⟩ • *hierzu* **Über·fül·lung** *die*

Über·gang **1** **ein Übergang (über etwas** (*Akkusativ*)) ein Weg, auf dem man etwas überquert *„ein Übergang über die Bahn"* **K** Bahnübergang, Grenzübergang, Fußgängerübergang **2** **der Übergang (von etwas zu etwas/ in etwas** (*Akkusativ*)) die Entwicklung zu einem neuen Zustand ⟨*etwas befindet sich im Übergang*⟩ *„der Übergang vom Studium in den Beruf"* **K** Übergangsfrist, Übergangsphase, Übergangszeit • *zu* (2) **über·gangs·los** ADJEKTIV

über·ge·ben (*übergibt, übergab, hat übergeben*) **1** **jemandem etwas übergeben** einer Person etwas geben, das von diesem Zeitpunkt an ihr gehört *„jemandem einen Brief übergeben"* **2** **eine Person jemandem übergeben** einen Verbrecher o. Ä. zu der zuständigen Behörde bringen ⟨*jemanden den Behörden, der Justiz, der Polizei übergeben*⟩ **3** **sich übergeben** den Inhalt des Magens durch den Mund nach außen bringen ≈ erbrechen

über·ge·hen[1] (*ging über, ist übergegangen*) **1** **zu etwas übergehen** mit etwas aufhören und zu einem anderen Punkt o. Ä. kommen *„zu einem anderen Thema übergehen"* **2** **etwas geht in etwas** (*Akkusativ*) **über** etwas ändert langsam den Zustand *„Beim Erhitzen geht Wasser in Dampf über"*

über·ge·hen[2] (*überging, hat übergangen*) **jemanden übergehen** jemanden bei etwas nicht berücksichtigen ⟨*jemanden bei einer Gehaltserhöhung, im Testament übergehen*⟩

das **Über·ge·wicht** **1** (*Gewichtsangabe* +) **Übergewicht haben** (um das genannte Gewicht) zu schwer sein *„Er hat 10 Kilogramm Übergewicht"* **2** **(das) Übergewicht bekommen** beim Vor- oder Zurückbeugen das Gleichgewicht verlieren und umfallen • *zu* (1) **über·ge·wich·tig** ADJEKTIV

die **Über·grö·ße** ein Maß, ein Format (vor allem bei der Kleidung), das größer als die Norm ist *„Hemden in Übergrößen"*

über·haupt PARTIKEL **1** insgesamt gesehen, also nicht nur in diesem Fall zutreffend *„Das war nett von ihr, sie ist ja überhaupt sehr sympathisch"* **2** verwendet in Fragen, um Zweifel zu formulieren. Man erwartet eher „nein" als Antwort *„Und dann haben sie mir gekündigt." – „Dürfen die das überhaupt?"* **3** verwendet in Fragen, in denen es um etwas Wichtiges oder ein neues Thema geht *„Was will er denn überhaupt von dir?"* **4** verwendet, um eine Verneinung zu verstärken ≈ gar *„Das interessiert mich überhaupt nicht"* | *„Ich habe überhaupt keine Zeit"*

über·heb·lich ADJEKTIV ≈ arrogant • *hierzu* **Über·heb·lich·keit** *die*

über·hitzt ADJEKTIV zu heiß gemacht, zu heiß geworden *„ein überhitzter Motor"* • *hierzu* **Über·hit·zung** *die*

über·ho·len (*überholte, hat überholt*) **(jemanden/etwas) überholen** eine andere Person oder ein anderes Fahrzeug einholen und daran vorbeigehen, vorbeifahren *„Er hat versucht, mich in der Kurve zu überholen"* • *hierzu* **Über·ho·lung** *die*

über·holt ADJEKTIV nicht mehr modern ⟨*Anschauungen, Ansichten, eine Methode, eine Theorie*⟩ ≈ veraltet

über·hö·ren (*überhörte, hat überhört*) **etwas überhören** etwas nicht hören (können) *„Das Radio lief so laut, dass sie das Klingeln des Telefons überhörte"*

über·la·den (*überlädt, überlud, hat überladen*) **etwas überladen** mehr Last auf etwas laden, als es tragen oder transportieren kann oder darf *„einen Lkw überladen"*

über·lạs·tet ADJEKTIV **1 etwas ist überlastet** etwas ist mit zu viel Last beladen *„Der Lkw war völlig überlastet"* **2 etwas ist überlastet** etwas ist zu sehr belastet und funktioniert deshalb nicht mehr gut ⟨*jemandes Herz, jemandes Kreislauf, das Verkehrsnetz ist überlastet*⟩ **3 jemand ist überlastet** jemand hat zu viel Arbeit oder Sorgen • *hierzu* **Über·lạs·tung** *die*

über·lau·fen (*läuft über, lief über, ist übergelaufen*) **etwas läuft über** eine Flüssigkeit fließt über den Rand eines Gefäßes *„Das Wasser ist übergelaufen"* | *„die Badewanne läuft über"*

über·le·ben (*überlebte, hat überlebt*) **(etwas) überleben** in einer sehr gefährlichen Situation am Leben bleiben (obwohl man hätte sterben können) ⟨*ein Unglück, einen Autounfall, ein Erdbeben, einen Flugzeugabsturz überleben*⟩ *„Er hat als Einziger überlebt"* **K** Überlebenschance • *hierzu* **Über·le·ben·de** *der/die*

über·le·gen[1] (*überlegte, hat überlegt*) **(etwas) überlegen**; **(sich** (*Dativ*) **etwas) überlegen** den Verstand benutzen, um zu einer Entscheidung oder einer Erkenntnis zu kommen ⟨*(lange) hin und her überlegen*⟩ ≈ nachdenken *„Er hat lange überlegt, bevor er sich entschieden hat"* | *„Sie hat sich eine kluge Antwort überlegt"* | *„Sie überlegte (sich), wie sie ihm helfen könnte"*

über·le·gen[2] ADJEKTIV **(jemandem) (an/in etwas** (*Dativ*)**) überlegen sein** (auf einem Gebiet) besser als eine andere Person sein *„Sie ist ihm an Intelligenz/im Rechnen weit überlegen"* • *hierzu* **Über·le·gen·heit** *die*

über·legt ADJEKTIV so, dass man den Verstand benutzt hat ⟨*überlegt handeln*⟩

über·lịs·ten (*überlistete, hat überlistet*) **jemanden überlisten** jemanden mit einem Trick täuschen

über·mor·gen ADVERB an dem Tag, der auf morgen folgt

über·nächs·t- ADJEKTIV in der Reihenfolge nach dem/der nächsten *„Das Fest findet nicht nächste, sondern erst übernächste Woche statt"*

über·nạch·ten (*übernachtete, hat übernachtet*) **irgendwo/bei jemandem übernachten** nachts nicht bei sich zu Hause, sondern anderswo schlafen *„im Freien übernachten"* | *„nach einer Party bei einem Freund übernachten"* • *hierzu* **Über·nạch·tung** *die*

die **Über·nah·me** (-) das Übernehmen *„die Übernahme der Amtsgeschäfte"* | *„Er erklärte sich zur Übernahme der Kosten bereit"* **K** Geschäftsübernahme, Kostenübernahme

ü·ber·na·tür·lich ADJEKTIV ⟨*Erscheinungen, Fähigkeiten, Kräfte*⟩ so, dass man sie mit den Gesetzen der Natur nicht erklären kann

über·neh·men (*übernimmt, übernahm, hat übernommen*) **1 etwas übernehmen** eine Aufgabe bekommen und entsprechend handeln ⟨*ein Amt, eine Funktion, eine Aufgabe übernehmen; die Verteidigung eines Angeklagten übernehmen*⟩ **2 etwas übernehmen** die Leitung einer Firma bekommen, die vorher eine andere Person gehabt hat *„Mein Sohn wird die Autowerkstätte bald übernehmen"* **3 etwas übernehmen** für eine Sache bezahlen (obwohl man selbst nicht dazu verpflichtet wäre) ⟨*die Kosten, Schulden übernehmen*⟩ **4 eine Firma übernimmt jemanden** eine Firma behält Mitarbeiter einer anderen Firma, die sie gekauft hat **5 etwas übernehmen** etwas verwenden, das eine andere Person geschaffen oder sich ausgedacht hat *„eine Textstelle wörtlich übernehmen"* **6 sich übernehmen** versuchen, mehr zu schaffen oder zu erreichen, als man (z. B. aufgrund der eigenen Kraft) schaffen/erreichen kann ⟨*sich finanziell übernehmen*⟩ *„Übernimm dich nicht beim Joggen!"*

über·prü·fen (*überprüfte, hat überprüft*) **1 etwas überprüfen** (nochmals) genau prüfen, ob etwas richtig ist oder richtig funktioniert ⟨*eine Rechnung überprüfen*⟩ ≈ kontrollieren *„Er überprüfte, ob alles richtig war"* **2** **ein Polizist überprüft jemanden/etwas** ein Polizist stellt fest, wer jemand ist (z. B. indem er dessen Pass ansieht) ⟨*jemandes Identität, jemandes Personalien überprüfen*⟩ ≈ kontrollieren • *hierzu* **Über·prü·fung** *die*

über·que·ren (*überquerte, hat überquert*) **etwas überqueren** von einer Seite zur anderen Seite gehen, fahren o. Ä. ⟨*eine Straße, die Schienen, den Fluss, den Atlantik überqueren*⟩ *„Charles Lindbergh überquerte als Erster mit dem Flugzeug den Atlantik"* • *hierzu* **Über·que·rung** *die*

über·ra·schen (*überraschte, hat überrascht*) **1** **etwas überrascht (jemanden)** etwas ist nicht erwartet oder geschieht unerwartet *„Das Angebot hat mich sehr überrascht"* | *„eine überraschende Nachricht"* **2** **jemanden (mit etwas) überraschen** eine Person besuchen oder ihr ein Geschenk machen, ohne dass sie vorher davon weiß *„Er hat seine Frau mit einem Blumenstrauß überrascht"* **3** **jemanden (bei etwas) überraschen** in dem Moment kommen, in dem jemand etwas tut, was verboten ist *„Der Einbrecher wurde von einem Nachbarn überrascht und flüchtete zu Fuß"*

über·rascht ADJEKTIV **(über jemanden/etwas) überrascht** nicht auf jemanden/etwas vorbereitet *„Er war überrascht, als sie ihn zur Party einlud"*

Über·ra·schung (-, -en) **1** ein Ereignis, das unerwartet ist ⟨*etwas ist eine (un)angenehme, freudige, böse Überraschung*⟩ *„Der Sieg des Außenseiters war eine große Überraschung"* **2** ein Geschenk (das man nicht erwartet hat) *„Ich habe eine kleine Überraschung für dich"*

über·re·den (*überredete, hat überredet*) **jemanden (zu etwas) überreden** so lange mit einer Person reden, bis sie etwas tut, das sie eigentlich nicht tun wollte *„jemanden zum Kauf eines Autos überreden"* | *„Sie überredete ihren Freund (dazu), in Norwegen Urlaub zu machen"* ⓘ ≠ überzeugen • *hierzu* **Über·re·dung** *die*

übers PRÄPOSITION *mit Artikel; besonders gesprochen* über das ⓘ In Wendungen wie *jemanden übers Ohr hauen* und *jemanden übers Knie legen* kann *übers* nicht durch *über das* ersetzt werden.

über·schät·zen (*überschätzte, hat überschätzt*) **jemanden/etwas überschätzen** eine Person, eine Sache oder sich selbst für besser halten, als sie oder man selbst wirklich ist ⟨*seine Kräfte überschätzen*⟩

über·schau·bar ADJEKTIV so klar oder begrenzt, dass man den Umfang oder die Konsequenzen sehen kann ⟨*ein Risiko*⟩

über·schla·gen (*überschlägt, überschlug, hat überschlagen*) **jemand/etwas überschlägt sich** jemand/etwas dreht sich meist ohne Absicht um die horizontale Achse des eigenen Körpers *„Er stürzte vom Fahrrad und überschlug sich dabei"*

über·schnei·den (*überschnitt sich, hat sich überschnitten*) **1** **etwas überschneidet sich mit etwas; Dinge überschneiden sich** geometrische Figuren haben einen Punkt bzw. eine Fläche gemeinsam **2** **etwas überschneidet sich mit etwas; Dinge überschneiden sich** Themen, Interessen o. Ä. sind teilweise gleich **3** **etwas überschneidet sich mit etwas; Dinge überschneiden sich** Sendungen, Veranstaltungen usw. finden zu einem Teil zur gleichen Zeit statt • *hierzu* **Über·schnei·dung** *die*

über·schrei·ten (*überschritt, hat überschritten*) **1** **etwas überschreiten** über eine Linie oder Grenze gehen oder fahren *„Die feindlichen Truppen hatten bereits die Grenze überschritten"* **2** **die Geschwindigkeit überschreiten** schneller fahren, als erlaubt ist • *hierzu*

Über·schrei·tung *die*

die **Über·schrift** die Worte, die über einem Text stehen und meist das Thema des Textes angeben ≈ Titel **K** Kapitelüberschrift

der **Über·schuss** **1** das Geld, das übrig bleibt, wenn man die Ausgaben von den Einnahmen abgezogen hat ≈ Gewinn **2** **ein Überschuss (an etwas** (*Dativ*)) mehr von etwas, als man braucht *„einen Überschuss an Energie haben"* • *zu* (2) **über·schüs·sig** ADJEKTIV

über·schüt·ten (*überschüttete, hat überschüttet*) **jemanden mit etwas überschütten** jemandem sehr viel von etwas geben ⟨*jemanden mit Geschenken, mit Lob, mit Kritik, mit Vorwürfen überschütten*⟩

die **Über·schwem·mung** ≈ Hochwasser

über·se·hen (*übersieht, übersah, hat übersehen*) **jemanden/etwas übersehen** jemanden/etwas ohne Absicht nicht sehen *„beim Korrigieren eines Diktats ein paar Fehler übersehen"* | *„jemanden in einer Menschenmenge übersehen"*

über·set·zen (*übersetzte, hat übersetzt*) **(etwas) übersetzen** einen Text mündlich oder schriftlich in einer anderen Sprache wiedergeben ⟨*etwas frei, sinngemäß, wörtlich übersetzen*⟩ *„einen Roman vom Deutschen ins Englische übersetzen"*

der **Über·set·zer** eine Person, die (beruflich) Texte übersetzt • *hierzu* **Über·set·ze·rin** *die*

die **Über·set·zung** (-, *-en*) **1** ein übersetzter Text *„einen Roman in einer neuen Übersetzung herausgeben"* **2** das Übersetzen *„Die Übersetzung von Redensarten ist oft sehr schwierig"* **K** Übersetzungsarbeit, Übersetzungsproblem ⓘ nicht in der Mehrzahl verwendet **3** das Verhältnis, in dem die Kraft z. B. von den Pedalen eines Fahrrads oder einem Motor auf die Räder übertragen wird ⟨*eine große, kleine Übersetzung*⟩

die **Über·sicht** (-, *-en*) **1** die Fähigkeit, Zusammenhänge zu erkennen ⟨*die Übersicht verlieren*⟩ ⓘ nicht in der Mehrzahl verwendet **2** **eine Übersicht (über etwas** (*Akkusativ*)) eine kurze Zusammenfassung einer Sache (oft in Form einer Tabelle) *„Die Ansagerin gab eine Übersicht über das Abendprogramm"* **K** Übersichtskarte

über·sicht·lich ADJEKTIV **1** so, dass man alles gut sieht ⟨*ein Gelände*⟩ **2** so geordnet oder gegliedert, dass man es gut und schnell lesen oder verstehen kann • *hierzu* **Über·sicht·lich·keit** *die*

über·sie·deln (*siedelte über, ist übergesiedelt*), **über·sie·deln** (*übersiedelte, ist übersiedelt*) **irgendwohin übersiedeln** an einen anderen Ort gehen (ziehen), um dort zu wohnen *„Sie ist von Düsseldorf nach Berlin übergesiedelt"*

über·sprin·gen[1] (*sprang über, ist übergesprungen*) **etwas springt über** etwas bewegt sich schnell von einem Ort zu einem anderen oder von einer Person zu einer anderen *„Die Begeisterung sprang auf das Publikum über"*

über·sprin·gen[2] (*übersprang, hat übersprungen*) **1** **etwas überspringen** über etwas springen ⟨*ein Hindernis überspringen*⟩ **2** **etwas überspringen** ≈ auslassen *„Er hat beim Lesen einige Seiten übersprungen"*

über·ste·hen[1] (*überstand, hat überstanden*) **etwas (irgendwie) überstehen** eine unangenehme oder gefährliche Situation hinter sich bringen *„Sie hat die Operation gut überstanden"* | *„Heute war die letzte Prüfung. Das Schlimmste wäre damit überstanden"*

über·ste·hen[2] (*stand über, hat übergestanden*) **etwas steht über** etwas ragt über einen Rand hinaus ⟨*ein Dach steht über*⟩

über·stei·gen (*überstieg, hat überstiegen*) **1** **etwas übersteigt etwas** etwas geht über etwas hinaus *„Eine Bergtour würde meine Kräfte übersteigen"* **2** **etwas übersteigt etwas** etwas ist größer als etwas *„Die Kosten werden tausend Euro nicht übersteigen"* die **Über·stun·de** (eine Stunde) Arbeit, die man zusätzlich zur normalen Arbeitszeit macht ⟨*Überstunden machen; Überstunden bezahlt/vergütet bekommen*⟩

über·tra·gen (*überträgt, übertrug, hat übertragen*) KRANKHEITEN USW.: **1** **etwas (auf jemanden) übertragen** eine Krankheit o. Ä. an jemanden weitergeben „*Malaria wird durch Insekten(stiche) übertragen*" MEDIEN: **2** **etwas übertragen** etwas, das irgendwo geschieht, dort aufnehmen und (gleichzeitig) im Radio oder Fernsehen senden „*die Debatte im Parlament live im Fernsehen übertragen*" SCHRIFTLICH: **3** **etwas auf/in etwas** (*Akkusativ*) **übertragen** etwas an einer anderen Stelle noch einmal zeichnen oder schreiben „*eine Zwischensumme auf die nächste Seite übertragen*" AUFGABE: **4** **etwas auf jemanden übertragen** ein Amt, Recht o. Ä. an jemanden weitergeben „*seine Fahrkarte auf jemanden übertragen*" **5** **jemandem etwas übertragen** jemandem eine Aufgabe geben „*jemandem die Leitung eines Projekts übertragen*" SONSTIGE VERWENDUNGEN: **6** **etwas überträgt Kraft/Energie (auf etwas** (*Akkusativ*)**)** ein Teil einer Maschine gibt Kraft/Energie an einen anderen Teil weiter „*Die Kardanwelle überträgt die Kraft des Motors auf die Vorder- bzw. Hinterachse*" • *hierzu* **Über·tra·gung** *die*; *zu* (1) **Über·trä·ger** *der*

über·tref·fen (*übertrifft, übertraf, hat übertroffen*) **1** **jemanden/etwas übertreffen** in der Leistung oder Qualität besser sein als eine andere Person oder Sache „*Im Tennis ist sie nicht zu übertreffen*" **2** **jemanden/etwas an etwas** (*Dativ*) **übertreffen** eine Eigenschaft in höherem Maße als als eine andere Person oder Sache haben „*Diese Brücke übertrifft alle anderen an Größe*" **3** **etwas übertrifft etwas** etwas ist größer als etwas, geht über etwas hinaus „*Das übertrifft meine schlimmsten Befürchtungen/meine kühnsten Hoffnungen*"

über·trei·ben (*übertrieb, hat übertrieben*) **1** **(etwas) übertreiben** etwas als größer, wichtiger, besser, schlechter usw. beschreiben, als es in Wirklichkeit ist ⟨*maßlos, schamlos übertreiben*⟩ „*Sie hat nicht übertrieben, als sie sagte, dass wir von dem Buch begeistert sein würden*" **2** **etwas übertreiben** etwas, das eigentlich positiv ist, zu oft, zu intensiv, zu lange o. Ä. tun „*Er übertreibt das Joggen*" • *hierzu* **Über·trei·bung** *die*

über·trie·ben ADJEKTIV **1** zu groß, zu stark o. Ä. „*jemandes übertriebene Sparsamkeit*"
ADVERB **2** zu (sehr) „*Sie ist übertrieben ängstlich*"

über·wa·chen (*überwachte, hat überwacht*) **1** **jemanden überwachen** eine Person längere Zeit beobachten, um festzustellen, ob sie etwas Verbotenes tut **2** **etwas überwachen** beobachten, ob etwas richtig abläuft ⟨*den Verkehr überwachen*⟩ ≈ kontrollieren • *hierzu* **Über·wa·chung** *die*

über·wei·sen (*überwies, hat überwiesen*) **1** **etwas überweisen** Geld von einem Bankkonto auf ein anderes Bankkonto buchen lassen ⟨*jemandem/an jemanden Geld überweisen*⟩ **2** **eine Person (an jemanden/etwas) überweisen**; **eine Person (zu jemandem/etwas)** (als Arzt) einen Patienten zu einem anderen Arzt oder in eine Klinik schicken „*Mein Hausarzt hat mich an einen/zum Orthopäden überwiesen*"

die **Über·wei·sung** **1** ein Formular, mit dem man Geld auf ein anderes Konto überweist ⟨*eine Überweisung ausfüllen*⟩ **2** ein Formular, mit dem ein Arzt einen Patienten überweist ⟨*eine Überweisung bekommen*⟩ **3** **eine Überweisung (über** +*Zahlenangabe*) eine Geldsumme, die überwiesen wurde „*Auf dem Konto ist eine Überweisung über 350 Euro eingegangen*"

über·wie·gend ADJEKTIV, **über·wie·gend** **1** den größeren Teil einer Sache bildend „*die überwiegende Mehrheit der Bevölkerung*" die große Mehrheit

2 hauptsächlich, vorwiegend, vor allem *„Es sind überwiegend Jugendliche, die das Lokal besuchen"*

über·wịn·den (*überwand, hat überwunden*) 1 **etwas überwinden** mit etwas Schwierigem (körperlich) fertig werden ⟨*ein Hindernis, eine Steigung überwinden*⟩ *„eine große Entfernung zu Fuß überwinden"* 2 **etwas überwinden** einen sehr schlimmen Zustand o. Ä. beseitigen oder eine Krankheit besiegen *„den Hunger in der Welt überwinden wollen"* • *hierzu* **Über·wịn·dung** *die*

über·zeu·gen (*überzeugte, hat überzeugt*) 1 **jemanden (von etwas) überzeugen** durch Argumente bewirken, dass jemand etwas glaubt oder als richtig anerkennt ⟨*jemanden von der Notwendigkeit/der Richtigkeit einer Sache überzeugen*⟩ *„Er lässt sich einfach nicht (davon) überzeugen, dass Rauchen schädlich ist"* ℹ ≠ überreden 2 **eine Person/Sache überzeugt (jemanden)** eine Person oder Sache vermittelt einen positiven Eindruck *„Die Leistungen des Schülers überzeugen nicht"* 3 **sich von etwas überzeugen** etwas genau prüfen, um festzustellen, ob es wirklich wahr oder richtig ist *„Er hatte sich von der Richtigkeit ihrer Behauptungen persönlich überzeugt"*

über·zeu·gend ADJEKTIV so, dass es jemanden überzeugt *„eine überzeugende Geschichte"* | *„überzeugend argumentieren"*

über·zeugt ADJEKTIV 1 **von etwas überzeugt sein** keine Zweifel über etwas haben *„Wir sind von seiner Ehrlichkeit überzeugt"* | *„Er ist überzeugt (davon), das Richtige zu tun/dass er das Richtige tut"* 2 ganz sicher, dass etwas richtig oder gültig ist ⟨*ein Christ, ein Demokrat, ein Pazifist, ein Marxist*⟩

U

die **Über·zeu·gung** (-, *-en*) eine feste Meinung, die man sich gebildet hat ⟨*der Überzeugung sein, dass ...; zu der Überzeugung gelangen/kommen, dass ...; gegen seine Überzeugung handeln; etwas aus (innerer) Überzeugung tun*⟩ K Überzeugungskraft

über·zie·hen (*überzog, hat überzogen*) 1 **etwas (mit etwas) überziehen** eine neue Schicht gleichmäßig auf einer Sache verteilen *„Die Torte war mit Zuckerguss überzogen"* 2 **etwas (mit etwas) überziehen** etwas in eine neue Hülle aus Stoff geben *„Das Sofa muss neu überzogen werden"* | *„die Betten frisch überziehen"* 3 **(das Konto) überziehen** mehr Geld vom Konto abheben oder überweisen, als dort vorhanden ist 4 **(etwas) überziehen** (bei einem Auftritt, einer Rede o. Ä.) mehr Zeit brauchen als geplant oder erlaubt ⟨*die Sendezeit überziehen*⟩ • *zu* (3,4) **Über·zie·hung** *die*

Über·zug eine (dünne) Schicht, die einen Gegenstand gleichmäßig bedeckt ⟨*ein Überzug aus Schokolade, Kunststoff, Lack*⟩

üb·lich ADJEKTIV so, wie es meistens, normalerweise ist *„Es ist üblich, dass die ganze Familie zur Hochzeit eingeladen wird"* | *„Wir treffen uns wie üblich im Café"* • *hierzu* **üb·li·cher·wei·se** ADVERB

üb·rig ADJEKTIV noch (als Rest) vorhanden ⟨*übrig bleiben; etwas übrig behalten, haben, lassen*⟩ *„Sind noch Brötchen vom Frühstück übrig (geblieben)?"* | *„Lass mir bitte ein Stück Kuchen übrig!"*

üb·ri·gens PARTIKEL *unbetont* verwendet, um eine Bemerkung einzuleiten. Man drückt damit aus, dass das neue Thema nicht sehr wichtig ist und dass man auch wieder zum alten Thema zurückkommen will *„Übrigens, da fällt mir ein, du schuldest mir noch zwanzig Euro"* | *„Das Buch, das du mir geliehen hast, war übrigens sehr gut"*

üb·rig·ha·ben (*hat übrig, hatte übrig, hat übriggehabt*) **etwas/viel/wenig/nichts für jemanden/etwas übrighaben** etwas/viel/wenig/kein Interesse an jemandem/etwas haben ℹ aber: *noch Geld übrig haben* (getrennt geschrieben)

die **Übung** (-, -*en*) **1** das Wiederholen gleicher oder ähnlicher Handlungen, damit man sie besser kann ⟨*etwas zur Übung tun; etwas erfordert viel Übung*⟩ **K** Übungsarbeit, Übungsaufgabe ⓘ nicht in der Mehrzahl verwendet **2** **Übung (in etwas** (*Dativ*)) wenn man etwas oft tut und deshalb gut kann, hat man Übung darin ⟨*jemandem fehlt die Übung; in Übung kommen, sein, bleiben; aus der Übung kommen, sein*⟩ *„Er hat wenig Übung im Skifahren"* **3** eine Handlung oder Aufgabe, die man (mehrmals) macht, um besser zu werden *„Heute machen wir Übung 7 auf Seite 40"* **K** Übungsbuch; Sprechübung **4** eine Reihenfolge von Bewegungen, z. B. beim Turnen *„eine Übung am Reck turnen"* **K** Gymnastikübung, Turnübung; Entspannungsübung

das **Ufer** (-s, -) das Land am Rand eines Flusses, Sees, Meeres o. Ä. ⟨*ein flaches, steiles, befestigtes Ufer*⟩ *„ans Ufer geschwemmt werden"* **K** Uferpromenade; Flussufer, Seeufer

die **Uhr** (-, -*en*) **1** ein Gerät, mit dem man die Zeit misst ⟨*das Zifferblatt, die Zeiger einer Uhr; die Uhr tickt, geht vor/nach/genau/richtig*⟩ *„Auf/Nach meiner Uhr ist es jetzt fünf nach vier"* | *„Meine Uhr geht jeden Tag zehn Minuten vor"* **K** Uhrzeiger; Armbanduhr, Turmuhr **2** verwendet, um die Uhrzeit anzugeben *„Es ist jetzt genau/Punkt zwölf Uhr"* | *„Wann geht unser Zug?" – „Um 10 Uhr 24."* **3** **Wie viel Uhr ist es?** verwendet, um nach der Uhrzeit zu fragen **4** **rund um die Uhr** 24 Stunden pro Tag ⟨*rund um die Uhr arbeiten, geöffnet haben*⟩

der **Uhr·zei·ger|sinn** die Richtung, in die sich die Zeiger einer Uhr drehen *„etwas im Uhrzeigersinn/gegen den Uhrzeigersinn/entgegen dem Uhrzeigersinn drehen"* ⓘ nicht in der Mehrzahl verwendet

die **Uhr·zeit** die Zeit des Tages, die eine Uhr anzeigt *„Haben Sie die genaue Uhrzeit?" – „Ja, es ist jetzt genau acht Uhr fünfzehn."*

der **Ul·tra·schall** Töne von so hoher Frequenz, dass der Mensch sie nicht hören kann *„eine Schwangere mit Ultraschall untersuchen, um die Entwicklung des Kindes zu beobachten"* ⓘ nicht in der Mehrzahl verwendet

um *PRÄPOSITION mit Akkusativ* KREIS, BOGEN: **1** **um etwas (herum)** bezeichnet eine Bewegung oder eine Lage in der Form eines Kreises oder eines Bogens *„sich einen Schal um den Hals binden"* | *„Ein Auto bog um die Ecke"* ZEIT: **2** **um ein/zwei/... (Uhr)** verwendet zur Angabe der Uhrzeit, zu der etwas geschieht *„um zehn (Uhr) ins Bett gehen"* **3** **um** *+Zeitangabe* **(herum)** verwendet zur Angabe einer ungefähren Zeit *„Die Sitzung wird so um elf Uhr herum vorbei sein"* ZAHLENGRÖẞE: **4** nennt einen Betrag oder Wert (oft bei Vergleichen oder Veränderungen) *„sich um drei Euro verrechnen"* | *„die Menge um hundert Gramm verringern"* GRUND: **5** nennt den Grund für ein Gefühl *„sich Sorgen um jemanden machen"* ZWECK, ZIEL: **6** nennt den Zweck oder das Ziel einer Handlung, Sache *„um Hilfe rufen"* | *„um Rat fragen"* THEMA, GEGENSTAND: **7** nennt das Thema einer Sache *„In dem Gespräch ging es um Schulprobleme"* | *„Bei diesem Tier handelt es sich um ein Insekt"* VERLUST: **8** nennt die Sache, die jemand/etwas verliert, nicht bekommt o. Ä. *„ums Leben kommen"* bei einem Unfall sterben

BINDEWORT **9** **um zu** *+Infinitiv* verwendet, wenn man eine Absicht oder einen Zweck bezeichnen will *„Er öffnete die Tür, um sie hereinzulassen"* **10** **zu** *+Adjektiv*, **um zu** *+Infinitiv* verwendet, wenn man den Grund nennen will, warum etwas nicht möglich ist *„Er ist zu krank, um zu arbeiten"*

um-[1] (*im Verb, betont und trennbar, sehr produktiv; Diese Verben werden so gebildet: umwerfen, warf um, umgeworfen*) **1** **jemand/etwas fällt um, kippt um; etwas umbiegen, umkippen, umwerfen; jemanden/etwas umdre-**

U

hen, umstoßen** *und andere* drückt aus, dass die Stellung oder Lage einer Person oder Sache verändert wird (z. B. von vorn nach hinten, von innen nach außen oder vom Stehen zum Liegen) *„Der Sturm knickte die Bäume um"* Der Sturm knickte die Bäume, sodass ihre Spitzen nicht mehr nach oben, sondern zum Boden gerichtet waren **2** **umsiedeln, umziehen**; **etwas umfüllen, umladen**; **jemanden umbetten, umsiedeln** *und andere* drückt aus, dass eine Bewegung von einem Ort an einen anderen, von einem Behälter in einen anderen führt *„Er pflanzte die Rosen in ein anderes Beet um"* Er nahm die Rosen aus dem einen Beet heraus und pflanzte sie in ein anderes **3** **(etwas) umbestellen, umbuchen**; **etwas umbenennen, umstellen**; **jemanden umkleiden** *und andere* drückt aus, dass eine Handlung in neuer, anderer Weise wiederholt wird, um einen Zustand zu ändern *„Die Schule wurde in ein Museum umgebaut"* Die Schule wurde so verändert, dass daraus ein Museum wurde

um-² (*im Verb, unbetont, nicht trennbar, begrenzt produktiv; Diese Verben werden so gebildet: umfließen, umfloss, umflossen*) **1** **etwas umfahren, umfliegen**; **jemanden/etwas umgehen, umlagern** *und andere* drückt eine Bewegung oder Lage in der Form eines Kreises oder eines Bogens aus *„Sie beschlossen, wegen der Staus die Innenstadt zu umfahren"* Sie fuhren nicht durch das Zentrum, sondern außen herum **2** **etwas umgrenzen, umrahmen**; **jemanden/etwas umfassen, umschlingen** *und andere* drückt aus, dass etwas auf allen Seiten um eine Person oder Sache herum entsteht oder wächst, gebaut oder angeordnet wird *„ein Grundstück umzäunen"* einen Zaun um ein Grundstück herum bauen

um·ar·men (*umarmte, hat umarmt*) **jemanden/etwas umarmen** die Arme (aus Freude oder in Liebe) um eine andere Person oder eine Sache legen • *hierzu* **Um·ar·mung** *die*

der **Um·bau** (*-(e)s, -ten*) das Umbauen *„Der Umbau des Museums wird vier bis fünf Monate dauern"*

um·bau·en (*hat*) **(etwas) umbauen** etwas durch Bauen verändern *„eine Mühle in ein/zu einem Wohnhaus umbauen"* | *„Wir bauen um! Wir bitten um Ihr Verständnis"*

um·bin·den (*hat*) **(jemandem) etwas umbinden** (jemandem oder sich selbst) etwas um einen Körperteil binden ⟨*sich* (*Dativ*) *einen Schal, ein Kopftuch, eine Schürze umbinden*⟩

um·blät·tern (*hat*) ein Blatt in einem Buch o. Ä. nach links legen, damit man zur nächsten Seite kommt

um·brin·gen (*hat*); *gesprochen* **jemanden umbringen** jemanden oder sich selbst töten

um·bu·chen (*hat*) **(jemanden/etwas) umbuchen** jemandes Buchung ändern *„eine Reise umbuchen"* | *„jemanden auf einen anderen Flug umbuchen"* • *hierzu* **Um·bu·chung** *die*

um·dre·hen **1** **jemanden/etwas umdrehen** (*hat*) jemanden/etwas im Bogen oder im Kreis von einer Seite auf die andere Seite bewegen *„den Schlüssel zweimal (im Schloss) umdrehen"* | *„Er drehte die Verletzte um"* **2** *gesprochen* (*hat/ist*) sich wieder in die Richtung bewegen, aus der man gekommen ist ≈ umkehren *„Als der Weg plötzlich aufhörte, mussten wir umdrehen"* **3** **sich (nach jemandem/etwas) umdrehen** (*hat*) den Kopf und den Körper nach hinten drehen (um jemandem/etwas mit den Augen zu folgen) *„sich nach einer hübschen Frau umdrehen"*

die **Um·dre·hung** eine Bewegung um die eigene Achse, durch die ein vollständiger Kreis entsteht ⟨*eine halbe, volle Umdrehung*⟩

um·ei·nan·der ADVERB eine Person/Sache um die andere (drückt eine Gegenseitigkeit aus) *„Ute und Martin kümmern sich umeinander"* Ute kümmert sich um Martin, und Martin

U

kümmert sich um Ute

um·fah·ren¹ *(fährt um, fuhr um, hat umgefahren)* **jemanden/etwas umfahren** beim Fahren so gegen eine Person oder Sache stoßen, dass sie umfällt *„ein Straßenschild umfahren"*

um·fah·ren² *(umfuhr, hat umfahren)* **etwas umfahren** in einem Bogen um ein Hindernis o. Ä. fahren *„eine große Stadt umfahren, um nicht im Berufsverkehr stecken zu bleiben"*

um·fal·len *(ist)* das Gleichgewicht verlieren und vom Stehen zum Liegen kommen *„Er fiel tot um"* | *„an ein Glas stoßen, sodass es umfällt"*

r **Um·fang** **1** die Länge einer Linie, die um die äußerste Begrenzung eines Gegenstandes herum läuft *„den Umfang eines Kreises berechnen"* **K** Bauchumfang, Erdumfang, Kreisumfang **2** die Dimensionen oder die Reichweite von etwas (meist Negativem) ≈ Ausmaß *„ein Problem in seinem vollen Umfang erkennen"*

um·fas·sen *(umfasste, hat umfasst)* **etwas umfasst etwas** etwas enthält etwas in der genannten Menge oder Zahl *„Das Buch umfasst dreihundert Seiten"*

e **Um·fra·ge** bei einer Umfrage stellt man vielen Personen die gleichen Fragen zu einem Thema *„Eine Umfrage unter Schülern hat ergeben, dass viele auch außerhalb der Schule Sport treiben"*

um·fül·len *(hat)* **etwas (in etwas** *(Akkusativ)***) umfüllen** etwas von einem Gefäß in ein anderes füllen *„Zucker aus der Tüte in ein Glas umfüllen"*

er **Um·gang** **1** **der Umgang (mit jemandem)** die regelmäßigen (freundschaftlichen) Kontakte zu jemandem ⟨*mit jemandem Umgang haben, pflegen*⟩ ⓘ nicht in der Mehrzahl verwendet **2** die Art von Menschen, zu denen man regelmäßig Kontakt hat ⟨*guten, schlechten Umgang haben*⟩ **3** **der Umgang mit jemandem/etwas** das Behandeln von jemandem/die Handhabung einer Sache ⟨*Erfahrung im Umgang mit jemandem/etwas haben*⟩ *„geschickt im Umgang mit Werkzeugen sein"* ⓘ nicht in der Mehrzahl verwendet

um·ge·ben *(umgibt, umgab, hat umgeben)* **1** **etwas umgibt jemanden/etwas** etwas ist auf allen Seiten rund um jemanden/etwas herum *„Hohe Mauern umgeben das Gefängnis"* **2** **sich mit Personen umgeben** oft die Gesellschaft der genannten Personen suchen *„Der Star umgibt sich gern mit Bewunderern"*

die **Um·ge·bung** *(-, -en)* **1** das Gebiet, das um einen Ort oder um eine Stelle herum liegt ⟨*die nächste, unmittelbare, nähere, weitere Umgebung*⟩ *„Die Stadt liegt in einer reizvollen Umgebung"* **2** der Ort, an dem man lebt, und die Menschen, mit denen man Kontakt hat ⟨*die gewohnte, vertraute Umgebung*⟩ ≈ Umwelt

um·ge·hen¹ *(ging um, ist umgegangen)* **mit jemandem/etwas irgendwie umgehen** jemanden/etwas irgendwie behandeln *„mit jemandem streng umgehen"* | *„mit dem Werkzeug sorgfältig umgehen"*

um·ge·hen² *(umging, hat umgangen)* **1** **jemanden/etwas umgehen** im Kreis oder Bogen um jemanden/etwas herum gehen oder fahren *„ein Hindernis umgehen"* **2** **etwas umgehen** etwas Unangenehmes vermeiden ⟨*Schwierigkeiten*⟩ *„Es lässt sich nicht umgehen, dass du dich bei ihm entschuldigst"* • hierzu **Um·ge·hung** *die*

um·ge·kehrt ADJEKTIV so, dass das Gegenteil der Fall ist (dass z. B. der Anfang das Ende ist) *„Es war alles genau umgekehrt!"* genau das Gegenteil war der Fall

um·keh·ren **1** *(ist)* sich wieder in die Richtung bewegen, aus der man gekommen ist *„auf halbem Weg/kurz vor dem Ziel umkehren"* **2** **etwas umkehren** *(hat)* etwas in das Gegenteil verändern ⟨*eine Entwicklung, eine Reihenfolge umkehren*⟩

um·kip·pen *(hat/ist)* **1** *(ist)* ≈ umfallen *„mit dem Stuhl nach hinten umkippen"*

U

2 **etwas umkippen** (*hat*) bewirken, dass etwas umfällt *„mit dem Arm ein Glas umkippen"*

ụm·kni·cken **1** **etwas umknicken** (*hat*) etwas so stark biegen, dass es an einer Stelle bricht *„Der Sturm hat die Telefonmasten umgeknickt"* **2** **etwas knickt um** (*ist*) etwas wird umgeknickt *„Die Blumen knickten im Wind um"*

der **Ụm·laut** ein Vokal, den man mit zwei Punkten schreibt, wie *ä*, *ö*, *ü* und *äu*

ụm·le·gen (*hat*) **1** **etwas umlegen** etwas aus der senkrechten in die waagrechte Lage bringen *„Den Mast kann man umlegen, damit das Boot unter flachen Brücken durchfahren kann"* **2** **etwas umlegen** die Lage einer Sache verändern, indem man sie auf die andere Seite dreht, kippt oder klappt ⟨*einen Hebel, einen Kragen, einen Schalter umlegen*⟩ *„die Lehnen der Rücksitze im Auto nach vorne umlegen"* **3** **etwas umlegen** etwas auf einen anderen Zeitpunkt legen ⟨*einen Termin umlegen*⟩ **4** **(jemandem) etwas umlegen** jemandem oder sich selbst etwas um die Schultern oder den Hals legen *„Ich habe mir einen einen Schal umgelegt"*

ụm·lei·ten (*hat*) **jemanden/etwas umleiten** jemanden/etwas in eine andere Richtung leiten ⟨*einen Bach, einen Fluss, den Verkehr umleiten*⟩

die **Ụm·lei·tung** **1** eine Strecke, über die der Verkehr geleitet wird, weil eine andere Straße gesperrt ist ⟨*eine/auf einer Umleitung fahren*⟩ **2** das Umleiten *„die Umleitung eines Baches"* ⓘ nicht in der Mehrzahl verwendet

ụm·rech·nen (*hat*) **etwas (in etwas** (*Akkusativ*)**) umrechnen** durch eine Rechnung herausfinden, wie groß, wie teuer, wie viel o. Ä. etwas in einer anderen Maßeinheit oder Währung ist *„Yen in Euro umrechnen"*

die **Ụm·rech·nung** das Umrechnen **K** Umrechnungskurs

der **Ụm·riss** der Rand oder die Linie, die die äußere Form einer Person oder Sache gegen einen Hintergrund zeigen ≈ Konturen *„im Licht der Scheinwerfer die Umrisse eines Baumes erkennen"*

ụm·rüh·ren (*hat*) **(etwas) umrühren** in etwas rühren, um es gut zu mischen *„die Suppe von Zeit zu Zeit umrühren, damit sie nicht anbrennt"*

ụms PRÄPOSITION *mit Artikel* um das ⓘ In Wendungen wie *ums Leben kommen* kann *ums* nicht durch *um das* ersetzt werden.

der **Ụm·satz** der Gesamtwert der Waren, die in einem begrenzten Zeitraum verkauft werden ⟨*der Umsatz steigt, sinkt, stagniert*⟩ *„Der Umsatz an/von Computerspielen ist in den letzten Jahren stark zurückgegangen"* **K** Umsatzrekord, Umsatzrückgang, Umsatzsteuer

ụm·schal·ten (*hat*) **1** **((von etwas) auf/in etwas** (*Akkusativ*)**) umschalten** ein anderes Programm wählen *„vom ersten aufs dritte Programm umschalten"* **2** **etwas schaltet ((von etwas) auf etwas** (*Akkusativ*)**) um** etwas ändert (automatisch) die Einstellung *„Die Ampel schaltet von Grün auf Gelb um"*

der **Ụm·schlag** **1** eine Hülle, in die man einen Brief steckt, um ihn mit der Post zu schicken ⟨*einen Brief, ein Schreiben in einen Umschlag stecken*⟩ **K** Briefumschlag **2** eine Hülle aus dickem Papier oder dünnem Plastik, mit der man ein Buch oder Heft vor Schmutz schützt *„Der Umschlag des Buches ist eingerissen"* **K** Schutzumschlag **3** ein feuchtes Tuch, das man einem Kranken um einen Körperteil legt (um Fieber oder Schmerzen zu bekämpfen) ⟨*jemandem (heiße, warme, kalte, feuchte) Umschläge machen*⟩

um·schrei·ben (*umschrieb, hat umschrieben*) **etwas umschreiben** etwas mit anderen Worten sagen ≈ paraphrasieren *„einen schwierigen Begriff zu umschreiben versuchen"* • *hierzu* **Um·schrei·bung** *die*

ụm·schüt·ten (*hat*) **1** **etwas umschütten** so gegen etwas stoßen, dass der Inhalt herausfließt *„eine Tasse Tee *umschütten"* **2** **etwas (in etwas** (*Akkusativ*)) **umschütten** ≈ umfüllen *„Zucker aus der Tüte in ein Glas umschütten"*

um·se·hen (*hat*) **1** **sich (irgendwo) umsehen** nach allen Seiten blicken und die nähere Umgebung genau betrachten *„Sieh dich ruhig in meinem Zimmer um"* **2** **sich (nach jemandem/etwas) umsehen** den Kopf nach hinten drehen, um jemanden/etwas zu sehen *„Er hat sich noch mehrmals nach der Frau umgesehen"* **3** **sich (nach etwas) umsehen** etwas suchen *„sich nach einem Geburtstagsgeschenk für jemanden umsehen"*

um·set·zen (*hat*) **1** **etwas (in die Praxis/Tat) umsetzen** so handeln, wie es einer Sache entspricht, damit sie Wirklichkeit wird ⟨*eine Idee, einen Plan, ein Vorhaben, einen Vorschlag umsetzen*⟩ **2** **etwas umsetzen** Waren verkaufen ≈ absetzen *„Die Firma hat in diesem Jahr Maschinen im Wert von 10 Millionen Euro umgesetzt"* **3** **jemanden umsetzen** jemandem einen anderen Sitzplatz geben *„einen Schüler umsetzen, weil er sich dauernd mit seinem Nachbarn unterhält"* **4** **etwas umsetzen** etwas an eine andere Stelle pflanzen, setzen ⟨*einen Baum, den Zaun umsetzen*⟩ • *hierzu* **Um·set·zung** *die*

um·so BINDEWORT **umso** *+Komparativ* verwendet, um zu sagen, dass eine bereits vorhandene Eigenschaft oder ein Zustand noch verstärkt wird *„Je länger sie das Bild ansah, umso schöner fand sie es"*

um·sonst ADVERB; *gesprochen* **1** ohne dass es Geld kostet ⟨*etwas ist umsonst*⟩ ≈ kostenlos **2** ohne Erfolg ⟨*jemandes Anstrengungen, Bemühungen, alle Versuche sind umsonst*⟩ ≈ vergeblich

der **Um·stand** **1** eine Tatsache oder ein Detail, die ein Geschehen oder eine Situation (mit) bestimmen ⟨*ein entscheidender, wichtiger, günstiger, glücklicher Umstand; die näheren Umstände einer Sache schildern*⟩ *„Den Patienten geht es den Umständen entsprechend (gut)"* dem Patienten geht es so gut, wie es einer Person gehen kann, die eine solche Krankheit bzw. Verletzung hat **2** **unter Umständen** vielleicht, möglicherweise **3** **unter (gar) keinen Umständen** auf (gar) keinen Fall **4** zusätzliche Arbeit, unnötiger Aufwand *„Mach dir meinetwegen keine großen Umstände"* Mach dir nicht viel Arbeit wegen mir ⓘ nur in der Mehrzahl verwendet

um·ständ·lich ADJEKTIV **1** *abwertend* ziemlich langsam und ungeschickt *„Komm, sei doch nicht so umständlich!"* **2** so, dass etwas viel Mühe macht und viel Zeit kostet ⟨*eine Methode, ein Verfahren*⟩ ≈ aufwändig

um·stei·gen (*ist*) **1** **((von etwas) in etwas** (*Akkusativ*)) **umsteigen** von einem (öffentlichen) Fahrzeug in ein anderes steigen, um damit weiterzufahren *„Geht dieser Zug bis Dortmund durch, oder muss ich umsteigen?"* **K** Umsteigemöglichkeit **2** **((von etwas) auf etwas** (*Akkusativ*)) **umsteigen** von einer Sache zu etwas anderem oder etwas Neuem wechseln *„auf vegetarische Ernährung umsteigen"* • *hierzu* **Um·stieg** *der*

um·stel·len[1] (*stellte um, hat umgestellt*) **1** **(etwas) umstellen** etwas von einem Platz an einen anderen stellen *„Möbel umstellen"* **2** **(jemanden/etwas) ((von etwas) auf etwas** (*Akkusativ*)) **umstellen** etwas (für jemanden) ändern *„die Ernährung völlig umstellen"* | *„Wir müssen (die Buchhaltung) auf ein neues Programm umstellen"* **3** **sich ((von etwas) auf etwas** (*Akkusativ*)) **umstellen** sich veränderten Umständen oder Situationen anpassen ⟨*sich umstellen müssen*⟩ • *hierzu* **Um·stel·lung** *die*

um·stel·len[2] (*umstellte, hat umstellt*) **Personen umstellen jemanden/etwas** viele Personen stellen sich um jemanden oder etwas herum (z. B. um eine Person zu fangen) *„Hier spricht die Polizei: Das Haus ist umstellt, kommen Sie mit erhobenen Händen heraus!"*

um·strịt·ten ADJEKTIV so, dass es Stimmen dafür, aber auch Stimmen dagegen gibt ⟨*eine Methode, eine Theorie, ein Autor, ein Gelehrter*⟩

ụm·tau·schen (*hat*) **1** **etwas (gegen/in etwas** (*Akkusativ*)**) umtauschen** etwas, das man gekauft oder geschenkt bekommen hat, wieder in das Geschäft zurückbringen und etwas anderes dafür bekommen *„ein Geschenk umtauschen"* **2** **etwas (in etwas** (*Akkusativ*)**) umtauschen** Geld gegen Geld einer anderen Währung tauschen ≈ wechseln *„vor der Reise Geld umtauschen"* | *„Euro in Dollar umtauschen"* • *hierzu* **Ụm·tausch** *der*

der **Ụm·weg** ein Weg zu einem Ziel, der länger ist als der direkte Weg dorthin ⟨*einen Umweg machen, fahren; das Ziel auf Umwegen erreichen*⟩

die **Ụm·welt** **1** die Erde, die Luft, das Wasser und die Pflanzen als Lebensraum für die Menschen und Tiere *„gegen die Verschmutzung der Umwelt kämpfen"* **K** Umweltkatastrophe, Umweltverschmutzung **i** nicht in der Mehrzahl verwendet **2** die gesellschaftlichen Verhältnisse, in denen eine Person lebt und von denen sie beeinflusst wird **K** Umwelteinflüsse **i** nicht in der Mehrzahl verwendet

der **Ụm·welt|schutz** alle Anordnungen, Gesetze und Handlungen, mit denen man die Umwelt vor Verschmutzung und Zerstörung schützt *„Er setzt sich in seiner Freizeit für den Umweltschutz ein"* **K** Umweltschutzgesetz, Umweltschutzorganisation **i** nicht in der Mehrzahl verwendet • *hierzu* **Ụm·welt|schüt·zer** *der*

ụm·wer·fen (*hat*) **1** **jemanden/etwas umwerfen** kurz und kräftig (mit oder ohne Absicht) gegen eine Person oder Sache stoßen, sodass diese zu Boden fällt *„ein volles Glas Wein umwerfen"* **2** **etwas wirft jemanden um** *gesprochen* etwas überrascht jemanden sehr

ụm·zie·hen **1** **(irgendwohin) umziehen** (*ist*) die Wohnung (und den Wohnort) wechseln *„von Wien nach Graz umziehen"* **2** **jemanden umziehen** (*hat*) jemandem oder sich selbst andere Kleidung anziehen *„Ich komme gleich, ich ziehe mich nur noch schnell um"*

der **Ụm·zug** **1** das Wechseln der Wohnung (und des Wohnortes) *„der Umzug nach Köln"* **2** das Gehen vieler Menschen durch die Straßen (z. B. im Karneval) ⟨*einen Umzug machen/veranstalten*⟩

ụn·ab·hän·gig ADJEKTIV **1** **(von jemandem/etwas) unabhängig** so, dass man keine Hilfe braucht *„von den Eltern finanziell unabhängig sein"* **2** so, dass die genannten Bedingungen nicht wichtig sind *„im Urlaub vom Wetter unabhängig sein"* **3** mit eigener Regierung und Verwaltung ⟨*ein Staat*⟩ ≈ souverän • *hierzu* **Ụn·ab·hän·gig·keit** *die*

ụn·an·ge·nehm ADJEKTIV **1** für jemanden schwierig oder ungünstig ⟨*in einer unangenehmen Lage sein*⟩ **2** so, dass man sich dabei körperlich unwohl fühlt ⟨*ein Geruch*⟩ ≈ übel **3** **etwas ist jemandem unangenehm** jemand schämt sich für etwas, das passiert ist ≈ peinlich

ụn·an·stän·dig ADJEKTIV so, dass eine Person oder eine Handlung gegen die guten Sitten oder gegen die Moral verstoßen ⟨*ein Ausdruck, ein Lied, ein Witz*⟩

ụn·auf·fäl·lig ADJEKTIV **1** nicht auffällig ⟨*eine Farbe, eine Kleidung*⟩ **2** ohne dass es niemand bemerkt *„Er verließ unauffällig den Saal"* • *hierzu* **Ụn·auf·fäl·lig·keit** *die*

ụn·be·dingt ADVERB, **un·be·dịngt** auf jeden Fall, unter allen Umständen *„etwas unbedingt wissen wollen"*

ụn·be·kannt ADJEKTIV **1** nicht bekannt oder nicht erkannt *„Ein unbekannter Mann hat die Bank ausgeraubt"* **2** nicht berühmt *„Nur relativ unbekannte Künstler waren bei der Ausstellung vertreten"*

ụn·be·liebt ADJEKTIV **(bei jemandem) unbeliebt** (von jemandem) nicht gern

U

gesehen oder geschätzt *„ein bei den Schülern unbeliebtes Fach / unbeliebter Lehrer"* • *hierzu* **Un·be·liebt·heit** *die*

un·be·nutzt *ADJEKTIV* (noch) nicht benutzt ≈ sauber, frisch *„ein unbenutztes Handtuch"*

un·be·re·chen·bar *ADJEKTIV*, **un·be·re·chen·bar** *abwertend* so, dass man nie genau weiß, wie sich jemand verhalten oder wie jemand reagieren wird *„Wenn er schlechter Laune ist, ist er unberechenbar"*

un·be·stimmt *ADJEKTIV* so, dass man etwas nicht genau bestimmen oder identifizieren kann ⟨*Ängste; einen unbestimmten Verdacht hegen*⟩

und *BINDEWORT* **1** verwendet, um (in einer Art Aufzählung) einzelne Wörter, Satzteile oder Sätze miteinander zu verbinden *„Susanne und Monika" | „Ich habe Klavier gespielt, und er hat gelesen"* **2** verwendet, wenn man beim Rechnen Summen bildet ≈ plus ↔ minus *„Zwei und zwei ist/ergibt/macht vier"* 2 + 2 = 4 **3** **und so weiter** verwendet, um zu sagen, dass man eine Aufzählung um ähnliche Dinge erweitern könnte ℹ Abkürzung: *usw.* **4** **und Ähnliche(s)** ≈ und so weiter ℹ Abkürzung: *u. Ä.* **5** **und dergleichen** und ähnliche Dinge, die man nicht nennen kann oder will ℹ Abkürzung: *u. dergl.*

un·deut·lich *ADJEKTIV* **1** schlecht zu erkennen ⟨*ein Foto; etwas nur undeutlich erkennen können*⟩ **2** ohne klare Formen ⟨*eine Schrift; undeutlich schreiben*⟩ **3** so gesprochen, dass man es schlecht versteht ⟨*eine Aussprache*⟩

un·dicht *ADJEKTIV* so, dass Wasser oder Luft hindurch kommen können ⟨*eine Leitung, ein Ventil, ein Dach, ein Fenster*⟩

un·end·lich *ADJEKTIV* **1** (scheinbar) ohne räumliche Grenzen *„die unendliche Weite des Ozeans"* **2** (scheinbar) ohne zeitliches Ende *„Die Zeit des Wartens schien ihm unendlich"* **3** sehr groß, stark, intensiv, viel *„unendliche Geduld mit jemandem haben"* **4** verwendet, um Adjektive und Verben zu verstärken ≈ sehr *„unendlich traurig über etwas sein"*

un·ent·schie·den *ADJEKTIV* **1** noch nicht entschieden ⟨*eine Frage, etwas ist noch unentschieden*⟩ **2** so, dass beide Spieler oder Mannschaften (noch) die gleiche Zahl von Punkten, Toren o. Ä. haben ⟨*ein Spiel steht, endet unentschieden*⟩ *„Die beiden Mannschaften trennten sich unentschieden"* • *zu* (2) **Un·ent·schie·den** *das*

un·er·war·tet, **un·er·war·tet** *ADJEKTIV* so, dass niemand daran gedacht hat oder darauf vorbereitet war ⟨*ein Besuch, eine Nachricht, ein Wiedersehen; etwas kommt (für jemanden) unerwartet*⟩ ≈ überraschend

un·fä·hig *ADJEKTIV* **1** **(zu etwas) unfähig** nicht in der Lage, etwas (oder das Genannte) zu tun *„Er ist unfähig, eine Entscheidung zu treffen"* **2** für die Aufgaben nicht geeignet ⟨*ein Mitarbeiter*⟩ • *hierzu* **Un·fä·hig·keit** *die*

un·fair *ADJEKTIV* **1** nicht fair und nicht gerecht oder angemessen ⟨*ein Verhalten; zu unfairen Mitteln greifen*⟩ **2** nicht den Regeln des Sports entsprechend ⟨*ein Spieler; unfair kämpfen*⟩ *„Das Spiel war hart, aber nicht unfair"*

der **Un·fall** bei einem Unfall werden Menschen verletzt oder getötet und/oder Dinge beschädigt oder zerstört ⟨*ein leichter, schwerer, tödlicher Unfall; einen Unfall haben, verursachen, verschulden; bei einem Unfall ums Leben kommen*⟩ ≈ Unglück **K** Unfallfolgen, Unfallursache, Unfallversicherung; Arbeitsunfall, Autounfall, Sportunfall

un·freund·lich *ADJEKTIV* nicht freundlich ⟨*jemanden unfreundlich behandeln*⟩ ≈ unhöflich • *hierzu* **Un·freund·lich·keit** *die*

der **Un·fug** (-(e)s) **1** ≈ Unsinn *„Das ist doch Unfug, was du da sagst!"* **2** unpassendes oder übermütiges Benehmen, durch das andere Leute gestört werden

un·ge·fähr, **un·ge·fähr** *ADJEKTIV* **1** nicht deutlich, nicht klar *„eine ungefähre Vorstellung von etwas haben"*

| *„Bei dem Nebel konnten wir nur die ungefähren Umrisse der Berge erkennen"* **2** nicht genau, sondern vielleicht ein bisschen mehr/später oder ein bisschen weniger/früher *„Die Strecke ist ungefähr 10 Kilometer lang"* | *„Im Zimmer waren ungefähr 20 Personen"* | *„Er kommt so ungefähr um Mitternacht zurück"*

un·ge·heu·er, **un·ge·heu·er** *ADJEKTIV* **1** sehr groß, stark oder intensiv **2** verwendet, um Adjektive, Adverbien oder Verben zu verstärken ≈ sehr *„eine ungeheuer wichtige Nachricht bekommen"* ❶ *ungeheuer → ungeheure Angst*

das **Un·ge·heu·er** (-s, -) ein großes und meist böses Tier, wie es in Märchen, Sagen und Mythen vorkommt

un·ge·ra·de *ADJEKTIV* **eine ungerade Zahl** eine Zahl wie 1, 3, 5, 7 *usw.* (die man nicht ohne Rest durch 2 teilen kann)

un·ge·recht *ADJEKTIV* nicht gerecht ⟨*ein Lehrer, ein Richter; eine Note, eine Strafe, ein Urteil; jemanden ungerecht beurteilen, behandeln*⟩

un·ge·sund *ADJEKTIV* schlecht für die Gesundheit ≈ schädlich *„Rauchen ist ungesund"*

un·ge·wöhn·lich *ADJEKTIV* **1** anders als sonst, anders als erwartet *„Er ist noch nicht im Büro." – „Das ist aber ungewöhnlich!"* **2** stärker oder intensiver als normal *„Dieser Winter ist ungewöhnlich mild"*

das **Un·glück** (-(e)s, -e) **1** ein plötzliches Ereignis, bei dem Menschen verletzt oder getötet und/oder Sachen schwer beschädigt oder zerstört werden (wie z. B. ein Erdbeben) ⟨*ein (schweres) Unglück geschieht, passiert, ereignet sich*⟩ *„Das Unglück hat mehrere Verletzte gefordert"* **K** Unglücksstelle; Zugunglück ❶ Anstelle der Mehrzahl *Unglücke* wird meist *Unglücksfälle* verwendet. **2** ein Zustand, in dem Menschen (als Folge eines schlimmen Ereignisses) großen Kummer, Armut oder Krankheit ertragen müssen ⟨*jemanden/sich ins Unglück bringen/stürzen*⟩ *„Der Krieg hat Unglück über das Land gebracht"* ❶ nicht in der Mehrzahl verwendet **3** etwas Unangenehmes oder Schlechtes, dass einer Person passiert, ohne dass jemand daran Schuld hat ≈ Pech *„Sie hat den Spiegel kaputt gemacht." – „Das bringt Unglück!"* ❶ nicht in der Mehrzahl verwendet

un·glück·lich *ADJEKTIV* **1** traurig und deprimiert ⟨*zutiefst unglücklich sein*⟩ **2** (in der gegebenen Situation) nicht günstig ⟨*ein Zufall, ein Zeitpunkt, ein Zusammentreffen*⟩

un·gül·tig *ADJEKTIV* den Vorschriften nicht entsprechend und daher nicht wirksam ⟨*eine Stimme, ein Stimmzettel, eine Fahrkarte; etwas für ungültig erklären*⟩ • *hierzu* **Un·gül·tig·keit** *die*

un·güns·tig *ADJEKTIV* **ungünstig (für jemanden/etwas)** (in der gegebenen Situation oder für einen Zweck) schlecht, mit Nachteilen verbunden *„zu einem ungünstigen Zeitpunkt"* | *„im ungünstigsten Fall"*

un·heim·lich, **un·heim·lich** *ADJEKTIV* so, dass es den Menschen Angst macht ⟨*eine Erscheinung, eine Gestalt*⟩ *„Mir ist unheimlich (zumute)"* ich habe Angst | *„Er ist mir ein bisschen unheimlich"* ich habe irgendwie Angst vor ihm

die **Uni** (-, -s); *gesprochen* Kurzwort für *Universität*

die **Uni·form**, **Uni·form**; (-, -en) Kleidung, die in Stoff, Farbe und Form einheitlich gestaltet ist und die z. B. Polizisten oder Soldaten tragen ⟨*(eine) Uniform tragen; in Uniform sein, kommen*⟩ **K** Polizeiuniform, Schuluniform

die **Uni·on** (-, -en) ein Zusammenschluss von mehreren Institutionen oder Staaten zu einer Organisation, die ihre gemeinsamen Interessen verfolgt ⟨*die Europäische Union*⟩ ≈ Vereinigung *„Die Staaten schlossen sich zu einer Union zusammen"*

die **Uni·ver·si·tät** [-v-]; (-, -en) eine Institution, an der verschiedene Wissenschaften gelehrt werden und an der

Forschungen in diesen Wissenschaften gemacht werden ⟨*an der Universität studieren; auf die/zur Universität gehen*⟩ *„Er studiert Medizin an der Universität Heidelberg"* **K** Universitätsbibliothek, Universitätsklinik ⓘ → Extras, S. 692: **Schule und Ausbildung**

un·klar ADJEKTIV **1** nicht deutlich genug, dass man es verstehen kann ⟨*sich unklar ausdrücken*⟩ ≈ missverständlich **2** so, dass man noch nicht weiß, was geschehen ist oder wird *„Der Ausgang der Sache ist noch völlig unklar"* **3** ohne deutliche Umrisse ⟨*ein Bild*⟩ ≈ unscharf • zu (2,3) **Un·klar·heit** *die*

un·mit·tel·bar ADJEKTIV **1** so, dass in einer Reihenfolge oder Hierarchie keine andere Person/Sache dazwischenkommt ⟨*eine Folge, ein Nachfolger, ein Nachkomme*⟩ ≈ direkt *„Die Behörde untersteht unmittelbar dem Ministerium"* **2** ganz nahe (bei jemandem/etwas) ≈ direkt *„In unmittelbarer Nähe der Kirche hat es gebrannt"* **3** kurze Zeit nach einem anderen Ereignis ⟨*unmittelbar danach, darauf*⟩

un·mög·lich, un·mög·lich ADJEKTIV **1** so, dass man es nicht tun kann ⟨*etwas ist technisch unmöglich*⟩ ↔ machbar *„Was du von mir verlangst, ist völlig unmöglich!"* **2** **etwas ist unmöglich** so, dass es nicht wahr oder wirklich passiert sein kann *„Es ist unmöglich, dass Peter in München war. Er war nämlich bei mir in Stuttgart"* | *„Die Ampel war gleichzeitig rot und grün? Das ist unmöglich!"* **3** *gesprochen, abwertend* (in der Art, im Benehmen) von den gesellschaftlichen Normen abweichend ⟨*ein Mensch; sich unmöglich benehmen*⟩

un·nö·tig ADJEKTIV **1** nicht (unbedingt) notwendig ⟨*eine Maßnahme für unnötig halten*⟩ *„sich unnötig in Gefahr bringen"* **2** so, dass es Möglichkeiten gibt, das Genannte zu verhindern ⟨*ein Fehler, ein Missverständnis*⟩

die **Un·ord·nung** der Zustand, in dem keine Ordnung und keine Übersicht herrscht ⟨*etwas in Unordnung bringen; irgendwo herrscht (eine große, schreckliche) Unordnung*⟩ ⓘ nicht in der Mehrzahl verwendet

un·recht ADJEKTIV **1** **unrecht/Unrecht haben** sich irren, etwas Falsches glauben *„mit einer Vermutung unrecht haben"* **2** **jemandem unrecht/Unrecht tun** jemanden ungerecht beurteilen oder behandeln

das **Un·recht** **1** eine (oft böse) Handlung, durch die man anderen Leuten schadet ⟨*jemandem ein Unrecht antun, zufügen*⟩ ⓘ → auch **unrecht** ⓘ nicht in der Mehrzahl verwendet **2** **zu Unrecht** obwohl ein Vorwurf o. Ä. nicht stimmt ⟨*jemanden zu Unrecht beschuldigen, verdächtigen, anklagen*⟩ ⓘ nicht in der Mehrzahl verwendet **3** **im Unrecht sein** bei einem (juristischen) Streit o. Ä. nicht im Recht sein ⓘ nicht in der Mehrzahl verwendet

un·re·gel·mä·ßig ADJEKTIV **1** nicht regelmäßig ⟨*etwas ist unregelmäßig geformt*⟩ **2** in unterschiedlichen Abständen oder Intervallen ⟨*jemandes Puls(schlag), Atmung*⟩ ↔ gleichmäßig **3** so, dass die Formen eines Wortes nicht nach der üblichen Art gebildet werden ⟨*eine Form, ein Plural, ein Verb*⟩

die **Un·ru·he** (-, -*n*) **1** ein Zustand, in dem man nervös ist, Sorgen hat o. Ä. *„Voll Unruhe blickte sie immer wieder auf die Uhr"* ⓘ nicht in der Mehrzahl verwendet **2** störende Geräusche, die dadurch entstehen, dass sich viele Menschen bewegen oder miteinander reden ↔ Stille *„Ich kann mich bei dieser Unruhe nicht konzentrieren"* ⓘ nicht in der Mehrzahl verwendet **3** Kämpfe auf der Straße aus Protest o. Ä. **K** Studentenunruhen ⓘ nur in der Mehrzahl verwendet

un·ru·hig ADJEKTIV **1** nervös (und voller Sorge oder Angst) *„Sie wurde unruhig, als das Kind nicht aus der Schule heimkam"* **2** durch ständige Störungen gekennzeichnet *„eine unruhige Nacht verbringen"* **3** ständig in Bewegung, laut usw. ⟨*ein Kind*⟩ **4** mit viel Verkehr, viel Lärm ⟨*eine Gegend, eine Straße*⟩

ụns PRONOMEN *1. Person Mehrzahl* (*wir*), *Akkusativ und Dativ „Kannst du uns anrufen?" | „Wir freuen uns sehr" | „Wir umarmten uns"* ⓘ → Extras, S. 715: **Pronomen**

ụn·scharf ADJEKTIV so, dass man die Dinge nicht klar erkennen kann ⟨*ein Foto*⟩ ≈ verschwommen

die **Ụn·schuld** die Tatsache, dass man (vor allem an einem Verbrechen) keine Schuld hat ⟨*jemandes Unschuld beweisen*⟩ *„Der Richter zweifelte an seiner Unschuld, musste ihn jedoch aus Mangel an Beweisen freisprechen"* **K** Unschuldsbeteuerung ⓘ nicht in der Mehrzahl verwendet

ụn·schul·dig ADJEKTIV **1** so, dass man nichts Böses oder Falsches getan hat ⟨*unschuldig im Gefängnis sitzen*⟩ *„Der Angeklagte war unschuldig"* **2** **unschuldig (an etwas** (*Dativ*)) an etwas nicht beteiligt *„Bei dem Attentat wurden auch viele Unschuldige verletzt"* **3** noch nicht fähig, Böses zu erkennen ⟨*ein Kind*⟩

ụn·ser ARTIKEL *zur 1. Person Mehrzahl* (*wir*) **1** mit *unser* werden solche Dinge, Zustände, Vorgänge, Handlungen oder Personen näher bezeichnet, welche mit der Gruppe, zu welcher der Sprecher gehört (*wir*), in Zusammenhang sind *„Morgen besuchen wir unseren Vater" | „Nach dem Essen gehen wir wieder in unser Hotel zurück"* das Hotel, in dem wir übernachten | *„Bei unserer Ankunft regnete es sehr stark"*

PRONOMEN **2** *1. Person Mehrzahl* (*wir*) verwendet, um sich auf eine (oft bereits erwähnte) Sache oder Person zu beziehen, die zu der Gruppe gehört, bei denen der Sprecher ist *„Ihre Kinder spielen oft mit (den) unseren"* **3** *1. Person Mehrzahl* (*wir*), *Genitiv „Wer erinnert sich unser?"* ⓘ → Extras, S. 715: **Pronomen**

ụn·si·cher ADJEKTIV **1** so, dass noch nicht feststeht, wie es enden oder sein wird ⟨*eine Zukunft, eine Angelegenheit*⟩ *„Es ist noch unsicher, ob sie kommen wird"* **2** so, dass man sich darauf nicht verlassen kann ⟨*ein Ergebnis, eine Methode*⟩ **3** so, dass man etwas nicht genau weiß, sich einer Sache nicht (mehr) sicher ist *„jemanden mit vielen Fragen unsicher machen" | „Jetzt bin ich (mir) doch unsicher, ob ich die Tür wirklich abgeschlossen habe"* **4** so, dass eine Person Angst hat, dass andere Personen sie nicht mögen oder anerkennen ⟨*ein Auftreten, ein Blick*⟩ ≈ schüchtern **5** so, dass man etwas (noch) nicht gut kann und Angst davor hat, Fehler zu machen ⟨*unsicher auf den Beinen sein*⟩ **6** ⟨*eine Gegend, eine Straße, Straßenverhältnisse*⟩ ≈ gefährlich • *hierzu* **Ụn·si·cher·heit** *die*

der **Ụn·sinn** **1** eine Aussage, eine Handlung o. Ä., die nicht klug oder vernünftig ist *„Es war Unsinn, bei diesem schlechten Wetter zum Baden zu gehen" | „Du glaubst doch jeden Unsinn, den man dir erzählt!"* ⓘ nicht in der Mehrzahl verwendet **2** etwas, das man aus Übermut tut ⟨*nichts als Unsinn im Kopf haben*⟩ *„zusammen mit Freunden viel Unsinn machen/treiben" | „Lass den Unsinn, das kitzelt!"* ⓘ nicht in der Mehrzahl verwendet

ụn·sym·pa·thisch ADJEKTIV **1** **(jemandem) unsympathisch** nicht nett und angenehm ⟨*ein Mensch*⟩ **2** **etwas ist jemandem unsympathisch** etwas gefällt jemandem nicht *„Das heiße Wetter in Florida ist mir unsympathisch"*

ụn·ten ADVERB **1** an einer Stelle, die (meist vom Sprecher oder vom Handelnden aus gesehen) tiefer als eine andere Stelle liegt *„Er ging nach unten in den Keller" | „Die Katze sah von unten zu dem Spatz hinauf"* **2** an dem Teil, der näher zum Boden hin liegt, an der Unterseite *„Die Papiere liegen ganz unten in meinem Schreibtisch"* **3** auf einem Blatt Papier oder in einem geschriebenen Text an einer Stelle, die tiefer liegt oder zu der man beim Lesen erst später kommt *„Die Unterschrift steht* *links unten, am Ende des Briefes"* | *„Auf der Landkarte ist Norden oben und Süden unten"* **4** von niedrigem sozialen Status, einer niedrigen Position in einer Hierarchie ⟨*sich von unten hocharbeiten, hochdienen, hochkämpfen*⟩

ụn·ter[1] *PRÄPOSITION* ORT: **1** *mit Dativ* nennt die Lage oder Position an einer tieferen Stelle als die genannte Sache/Person ↔ auf, über *„Die Katze sitzt unter dem Tisch"* ⓘ → Extras, S. 717: **Präpositionen** **2** *mit Akkusativ* nennt die Richtung einer Bewegung hin zu einer tiefer gelegenen Stelle ↔ auf, über *„unter den Tisch kriechen"* ⓘ → Extras, S. 717: **Präpositionen** **3** *mit Dativ* drückt aus, dass etwas von der genannten Sache völlig oder teilweise bedeckt ist ↔ über *„ein Hemd unter dem Pullover tragen"* GRUPPE, MENGE: **4** *mit Dativ* in einer Gruppe oder Menge mit anderen Personen/Dingen *„Ist einer unter euch, der die Antwort kennt?"* **5** *mit Dativ* drückt aus, dass an einer Handlung nur die genannte Gruppe von Personen beteiligt ist ≈ zwischen *„Es gab Streit unter den Schülern"* ZUORDNUNG, KATEGORIE: **6** *mit Dativ* drückt aus, dass jemand/etwas zu einer Kategorie o. Ä. gehört *„ein Bericht unter der Überschrift „Künstler der Gegenwart"* | *„Unter welcher Telefonnummer kann ich Sie erreichen?"* NIVEAU: **7** *mit Dativ* drückt aus, dass ein Wert oder Niveau niedriger ist als das Genannte ↔ über *„Eintritt frei für Kinder unter sechs Jahren"* **8** *mit Akkusativ* drückt aus, dass ein Wert oder Niveau niedriger wird als das Genannte ↔ über HERRSCHAFT, LEITUNG: **9** *mit Dativ* nennt einen Zustand, in dem die genannte Person, Gruppe oder Institution die Macht, Leitung o. Ä. hat *„Als Abteilungsleiter hat er 20 Mitarbeiter unter sich"* UMSTAND, ZUSTAND: **10** *mit Dativ* nennt einen Umstand, der für eine Handlung gilt *„Sie rettete das Kind unter Gefahr für das eigene Leben aus dem brennenden Haus"* **11** *mit Dativ* nennt den Zustand, in dem jemand/etwas ist *„Der Kessel steht unter Druck"*

ụn·ter[2] *ADVERB* weniger als ↔ über *„Ich bin noch unter 40"* ich bin noch nicht 40 Jahre alt | *„Es waren unter 100 Leute beim Konzert"*

der **Ụn·ter·arm** der Teil des Armes zwischen Hand und Ellbogen

un·ter·brẹ·chen (*unterbricht, unterbrach, hat unterbrochen*) **1** **etwas unterbrechen** mit einer Handlung für kurze Zeit aufhören *„die Arbeit unterbrechen, um kurz zu telefonieren"* **2** **(jemanden/etwas) unterbrechen** bewirken, dass jemand aufhören muss zu sprechen (z. B. indem man selbst zu sprechen anfängt) ⟨*ein Gespräch, eine Unterhaltung unterbrechen*⟩ *„jemanden mit einer Zwischenfrage unterbrechen"* | *„Wo war ich stehen geblieben, als ich vorhin unterbrochen wurde?"* • *hierzu* **Un·ter·brẹ·chung** *die*

un·ter·brin·gen (*hat*) **1** **jemanden/etwas (irgendwo) unterbringen** einen Platz für jemanden/etwas finden *„Bringst du die Bücher noch im Koffer unter, oder ist er schon zu voll?"* | *„Sie konnte ihre Tochter nicht im Kindergarten unterbringen"* **2** **jemanden irgendwo unterbringen** eine Person eine Zeit lang irgendwo wohnen lassen oder ihr einen Arbeitsplatz verschaffen *„Flüchtlinge in Lagern unterbringen"* • *hierzu* **Ụn·ter·brin·gung** *die*

un·ter·dẹs, un·ter·dẹs·sen *ADVERB* ≈ inzwischen

un·ter·ei·nạn·der *ADVERB* **1** eine Person oder Sache unter die andere oder unter der anderen *„mehrere Nägel untereinander in das Brett schlagen"* Nägel in einer geraden Linie von oben nach unten in das Brett schlagen **2** eine Person mit der anderen und umgekehrt *„sich untereinander gut verstehen"* | *„die Plätze untereinander tauschen"*

der **Ụn·ter·gang** **1** das Verschwinden unter der Oberfläche des Wassers *„der Untergang der Titanic"* **2** das Verschwinden hinter dem Horizont

↔ Aufgang **K** Monduntergang, Sonnenuntergang **3** bei einem Untergang wird alles schlechter und zerstört, bis nichts mehr existiert *„der Untergang des Römischen Reiches"* ⓘ nicht in der Mehrzahl verwendet

un·ter·ge·hen (*ist*) **1** **jemand/etwas geht unter** jemand/etwas verschwindet unter der Oberfläche des Wassers ⟨*ein Schiff*⟩ *„Er schrie noch um Hilfe, dann ging er unter"* **2** **etwas geht unter** etwas verschwindet hinter dem Horizont ⟨*die Sonne, der Mond*⟩ **3** **jemand/etwas geht unter** etwas hört auf zu existieren, jemand/etwas wird vernichtet ⟨*eine Kultur, ein Reich, die Welt*⟩ **4** **jemand/etwas geht (in etwas** (*Dativ*)**) unter** jemand/etwas wird nicht mehr bemerkt, weil jemand/etwas anderes zu viel Aufmerksamkeit auf sich lenkt *„Ihre leise Stimme ging in dem Lärm völlig unter"*

das **Un·ter·ge·schoss**, **Un·ter·ge·schoß** Ⓐ (in großen Gebäuden) eine Ebene, die unter der Erde (dem Erdgeschoss) liegt

un·ter·halb PRÄPOSITION *mit Genitiv* tiefer als das Genannte ≈ unter *„Schläge unterhalb der Gürtellinie sind beim Boxen verboten"* | *„Die meisten Vitamine liegen direkt unterhalb der Schale des Apfels"* ⓘ auch verwendet mit *von*: *unterhalb vom Gipfel*

un·ter·hal·ten (*unterhält, unterhielt, hat unterhalten*) **1** **jemand unterhält sich mit jemandem (über Personen/ Dinge)**; **Personen unterhalten sich (über Personen/Dinge)** zwei oder mehrere Personen sprechen miteinander (vor allem zum Vergnügen) über eine andere Person oder über ein Thema *„sich stundenlang mit einem Freund am Telefon unterhalten"* **2** **jemanden irgendwie unterhalten** jemanden oder sich selbst so beschäftigen, dass die Zeit angenehm schnell vergeht *„Ich habe mich auf dem Fest sehr gut unterhalten"* | *„In den Pausen wurde das Publikum mit Musik unterhalten"* **3** **etwas unterhalten** Geld dafür verwenden, dass etwas in gutem Zustand bleibt ⟨*eine Anlage, ein Gebäude, eine Straße unterhalten*⟩ **4** **jemanden unterhalten** Geld für die Kleidung, Nahrung und Wohnung einer Person zahlen *„eine große Familie zu unterhalten haben"*

die **Un·ter·hal·tung** **1** ≈ Gespräch *„eine vertrauliche Unterhaltung mit jemandem haben"* **K** Privatunterhaltung **2** die Zeit, welche man ohne Arbeit und Pflichten verbringt und Dinge tut, die Spaß machen ⟨*jemandem gute, angenehme Unterhaltung wünschen*⟩ *„zu jemandes Unterhaltung Witze und Geschichten erzählen"* **K** Unterhaltungselektronik, Unterhaltungsprogramm ⓘ nicht in der Mehrzahl verwendet

das **Un·ter·hemd** ein Hemd (meist ohne Ärmel), das man unter der anderen Kleidung direkt auf der Haut trägt ↔ Oberhemd ⓘ → Abb. unter **Bekleidung**

die **Un·ter·ho·se** eine meist kurze Hose, die man unter einer anderen Hose, einem Rock o. Ä. direkt auf der Haut trägt ⟨*kurze, lange Unterhosen tragen*⟩ ⓘ → Abb. unter **Bekleidung**

un·ter·ir·disch ADJEKTIV unter der Oberfläche der Erde ⟨*ein Gang, ein Kanal*⟩

der **Un·ter·kie·fer** der untere, bewegliche Teil des Kiefers

der **Un·ter·kör·per** der untere Teil des Körpers (ab der Taille)

die **Un·ter·kunft** (-, *Un·ter·künf·te*) ein Zimmer, eine Wohnung o. Ä., in denen man für kurze Zeit als Gast wohnt *„Bei dieser Arbeit wird eine Unterkunft kostenlos zur Verfügung gestellt"* **K** Notunterkunft

die **Un·ter·la·ge** **1** etwas, das zum Schutz unter jemanden/etwas gelegt wird *„eine Unterlage zum Schreiben"* | *„einen Verletzten auf eine weiche Unterlage legen"* **K** Filzunterlage, Schreibunterlage **2** geschriebene Texte (Akten, Dokumente usw.), die man zum

U

Arbeiten oder als Beweis braucht *„Unterlagen für eine Sitzung zusammenstellen"* | *„Haben Sie alle erforderlichen Unterlagen für Ihre Bewerbung dabei?"* **K** Bewerbungsunterlagen, Sitzungsunterlagen

ụn·ter·le·gen[1] *(legte unter, hat untergelegt)* **etwas unterlegen** etwas unter jemanden/etwas legen

un·ter·le̲·gen[2] ADJEKTIV **(jemandem/etwas) unterlegen** schwächer als eine andere Person oder Sache ⟨*jemandem geistig, körperlich unterlegen sein*⟩ • *hierzu* **Un·ter·le̲·gen·heit** *die*

Ụn·ter·lip·pe die untere Lippe des Mundes *„sich auf die Unterlippe beißen"*

ụn·term PRÄPOSITION *mit Artikel; gesprochen* unter dem

un·ter·ne̲h·men *(unternimmt, unternahm, hat unternommen)* **1** **etwas unternehmen** irgendwohin gehen oder fahren, um sich zu vergnügen ⟨*etwas, nichts, einen Ausflug, eine Reise unternehmen*⟩ *„Ich habe Lust, heute Abend etwas mit dir zu unternehmen"* **2** **(etwas/nichts (gegen jemanden/etwas) unternehmen** etwas/nichts tun, um etwas zu verhindern oder jemanden daran zu hindern, etwas (Negatives) zu tun *„Er hat in dieser Angelegenheit nichts unternommen"* | *„etwas gegen die Luftverschmutzung unternehmen"* • *zu* (1) **Un·ter·ne̲h·mung** *die*

s **Un·ter·ne̲h·men** (-s, -) **1** eine (komplexe) Aktion, mit der man ein Ziel erreichen will ⟨*ein gewagtes, schwieriges Unternehmen*⟩ **2** eine Firma, ein Betrieb (vor allem in der Industrie und im Handel) ⟨*ein Unternehmen gründen, aufbauen, führen, leiten*⟩

er **Un·ter·ne̲h·mer** (-s, -) der Besitzer (und Leiter) einer Firma, eines Unternehmens **K** Unternehmerorganisation, Unternehmerverband • *hierzu* **Un·ter·ne̲h·me·rin** *die*

er **Ụn·ter·richt** (-(e)s) **Unterricht (in etwas** *(Dativ)*) Lehrer geben Schülern Unterricht, damit sie etwas lernen ⟨*Unterricht bekommen, nehmen; den Unterricht besuchen; am Unterricht teilnehmen; der Unterricht fällt aus*⟩ *„jemandem Unterricht in Englisch geben"* | *„Unterricht im Geigespielen nehmen"* **K** Unterrichtsgegenstand, Unterrichtsmaterial; Deutschunterricht, Musikunterricht, Sportunterricht • *hierzu* **ụn·ter·richts·frei** ADJEKTIV

un·ter·rịch·ten *(unterrichtete, hat unterrichtet)* **1** **(etwas) (an etwas** *(Dativ)*) **unterrichten** (an einer Schule o. Ä.) das genannte Fach lehren *„Er unterrichtet (Musik) an der Volksschule"* **2** **jemanden (in etwas** *(Dativ)*) **unterrichten** jemandem das nötige Wissen eines Faches vermitteln *„Sie unterrichtet die 11. Klasse (in Englisch)"*

ụn·ters PRÄPOSITION *mit Artikel; gesprochen* unter das

un·ter·schei̲·den *(unterschied, hat unterschieden)* **1** **jemanden/etwas von einer Person/Sache unterscheiden; Personen/Dinge unterscheiden** erkennen, dass zwei oder mehrere Personen oder Dinge in einigen Merkmalen nicht gleich sind *„Er ist farbenblind: Er kann Rot von/und Grün nicht unterscheiden"* **2** **zwischen Personen/Dingen unterscheiden (können)** die eine Person/Sache von der anderen genau trennen (und dabei bewerten) *„Er kann nicht zwischen Wichtigem und Unwichtigem unterscheiden"* **3** **eine Person/Sache unterscheidet sich (durch etwas/in etwas** *(Dativ)*) **von jemandem/etwas; Personen/Dinge unterscheiden sich** eine Person/Sache ist (im genannten Merkmal) anders als eine andere Person oder Sache *„Worin unterscheiden sich die beiden Bilder?"* • *zu* (1,2) **Un·ter·schei̲·dung** *die*

der **Ụn·ter·schen·kel** der Teil des Beines zwischen Knie und Fuß ≈ Wade
ⓘ → Abb. unter **Körper**

der **Ụn·ter·schied** (-(e)s, -e) **1** **der Unterschied (zwischen Personen/Sachen** *(Dativ)*) das (Merkmal), worin zwei oder mehrere Personen oder Sachen nicht gleich sind ⟨*ein kleiner, feiner, großer,* *gravierender Unterschied〉 „Worin liegt/besteht der Unterschied zwischen dir und mir/uns beiden?"* **2** **(zwischen Personen/Sachen) einen Unterschied machen** verschiedene Personen oder Sachen unterschiedlich bewerten **3** **im Unterschied zu jemandem/etwas; zum Unterschied von jemandem/etwas** anders als jemand/etwas *„Im Unterschied zu mir geht sie gern ins Theater"* | *„Zum Unterschied von gestern ist es heute sehr warm"*

un·ter·schied·lich ADJEKTIV in Bezug auf manche Merkmale anders (als eine andere Person oder Sache) ≈ verschieden ↔ gleich *„unterschiedliche Ansichten über etwas haben"* | *„Er behandelt seine Kinder unterschiedlich"*

un·ter·schrei·ben (*unterschrieb, hat unterschrieben*) **(etwas) unterschreiben** den eigenen Namen unter einen Brief, ein Dokument o. Ä. schreiben (z. B. um damit etwas zu bestätigen) 〈*mit vollem Namen unterschreiben; einen Brief, einen Vertrag unterschreiben*〉

die **Un·ter·schrift** der eigene Name, den man unter einen Brief, ein Dokument o. Ä. schreibt 〈*eine eigenhändige, digitale, unleserliche Unterschrift; eine Unterschrift fälschen, verweigern*〉 **K** Unterschriftsfälschung

der **Un·ter·set·zer** (*-s, -*) ein kleiner, flacher (oft runder) Gegenstand, auf den man meist Gläser oder Blumentöpfe stellt (z. B. um den Tisch zu schonen)

un·ter·stel·len[1] (*stellte unter, hat untergestellt*) **1** **etwas (irgendwo) unterstellen** etwas in einen Raum stellen, um es dort aufzubewahren *„die Fahrräder im Keller unterstellen"* **2** **sich (irgendwo) unterstellen** sich zum Schutz gegen Regen, Schnee o. Ä. für kurze Zeit unter ein Dach o. Ä. stellen

un·ter·stel·len[2] (*unterstellte, hat unterstellt*) **jemandem etwas unterstellen** von jemandem etwas Negatives glauben oder behaupten, obwohl man es nicht beweisen kann *„Du willst mir doch wohl nicht unterstellen, dass ich das absichtlich getan habe!"*

un·ter·strei·chen (*unterstrich, hat unterstrichen*) **etwas unterstreichen** einen Strich unter etwas Geschriebenes ziehen (um es so zu markieren)

un·ter·stüt·zen (*unterstützte, hat unterstützt*) **1** **jemanden unterstützen** einer Person helfen, indem man ihr etwas gibt, das sie braucht 〈*jemanden finanziell, materiell, mit Rat und Tat unterstützen*〉 **2** **jemanden (bei etwas) unterstützen** jemandem bei etwas helfen *„jemanden beim Bau seines Hauses unterstützen"*

die **Un·ter·stüt·zung** (*-, -en*) **1** eine Handlung oder ein Verhalten, mit dem man jemandem hilft 〈*jemandem Unterstützung anbieten, zusagen*〉 **2** eine finanzielle Hilfe (meist vom Staat) 〈*(eine) Unterstützung beantragen, bekommen, beziehen*〉 **K** Arbeitslosenunterstützung

un·ter·su·chen (*untersuchte, hat untersucht*) **1** **etwas untersuchen** etwas genau prüfen, um herauszufinden, wie es funktioniert, wirkt o. Ä. 〈*etwas gründlich, eingehend untersuchen*〉 *„Er untersuchte, wie sich ein Reaktorunfall auswirken würde"* **2** **jemanden/etwas untersuchen** als Arzt einen Patienten/einen Körperteil genau betrachten und anfassen oder prüfen, um festzustellen, ob er krank oder verletzt ist *„jemandes Lunge genau untersuchen"*

die **Un·ter·su·chung** (*-, -en*) die Überprüfung, wie etwas funktioniert, ob etwas in Ordnung ist, wie etwas passiert ist o. Ä. 〈*eine ärztliche, eine polizeiliche Untersuchung*〉 ≈ Prüfung *„eine genaue Untersuchung der Unglücksursache"* | *„die Untersuchung des Bluts auf Cholesterin (hin)"* **K** Untersuchungsbefund, Untersuchungsergebnis; Bluntuntersuchung, Herzuntersuchung

die **Un·ter·tas·se** ein kleiner, flacher Teller, auf den die Tasse gestellt wird

das **Un·ter·teil** das untere Stück oder Teil einer Sache *„das Unterteil eines Schran-*

kes/Bikinis"

Un·ter·wä·sche das, was man unter der Kleidung trägt (Unterhose, Unterhemd, Büstenhalter, Unterrock) ⓘ nicht in der Mehrzahl verwendet

un·ter·wegs *ADVERB* [1] auf dem Weg zu einem Ziel *„Unterwegs traf sie ihren Bruder"* [2] **unterwegs sein** auf Reisen sein *„Er ist geschäftlich viel unterwegs"*

un·ter·zeich·nen *(unterzeichnete, hat unterzeichnet); geschrieben* **(etwas) unterzeichnen** (etwas) unterschreiben ⟨*ein Dokument, einen Vertrag*⟩ • *hierzu* **Un·ter·zeich·nung** *die*

un·ver·än·dert, un·ver·än·dert *ADJEKTIV* ohne Veränderung ⟨*etwas unverändert lassen*⟩ ≈ gleichbleibend *„Ihr gesundheitlicher Zustand ist seit Tagen unverändert"*

un·ver·nünf·tig *ADJEKTIV* ohne Vernunft ⟨*ein Verhalten*⟩ *„Wir mussten das so machen, alles andere wäre unvernünftig gewesen"* • *hierzu* **Un·ver·nunft** *die*

un·ver·schämt *ADJEKTIV* [1] so frech, dass andere Menschen provoziert oder beleidigt werden ⟨*eine Person; unverschämt grinsen*⟩ *„Werd bloß nicht unverschämt!"* [2] *gesprochen* in sehr hohem Maße *„Das Kleid war unverschämt teuer"* • *zu* (1) **Un·ver·schämt·heit** *die*

un·wahr·schein·lich *ADJEKTIV* so, dass es mit ziemlicher Sicherheit nicht passieren, eintreten, zutreffen o. Ä. wird ⟨*etwas für unwahrscheinlich halten*⟩ ≈ fraglich *„Es ist unwahrscheinlich, dass er heute noch anruft"*

un·wirk·lich *ADJEKTIV; geschrieben* so, als ob es gar nicht wirklich existieren würde ⟨*eine Situation, eine Szene; etwas kommt jemandem unwirklich vor*⟩

un·zu·frie·den *ADJEKTIV* **unzufrieden (mit jemandem/etwas)** (von jemandem, sich selbst oder etwas) enttäuscht, nicht glücklich über einen Zustand o. Ä. • *hierzu* **Un·zu·frie·den·heit** *die*

er **Urin** (-s) die gelbliche Flüssigkeit, die in den Nieren gebildet wird und mit der Stoffe aus dem Körper ausgeschieden werden ⟨*Urin ausscheiden*⟩ K Urinprobe, Urinuntersuchung

die **Ur·kun·de** (-, -n) ein (amtliches) Dokument, durch das etwas offiziell bestätigt wird ⟨*eine Urkunde fälschen*⟩ K Urkundenfälschung; Geburtsurkunde, Heiratsurkunde

URKUNDE

der **Ur·laub** (-(e)s, -e) [1] die Zeit, in der man (im Beruf) nicht arbeiten muss (damit man sich erholen kann) ⟨*in Urlaub gehen; Urlaub haben, machen; in/im Urlaub sein*⟩ *„im Urlaub ans Meer/in die Berge fahren"* K Urlaubsreise, Urlaubstag; Erziehungsurlaub [2] ein Erholungsaufenthalt weg von der Arbeit und weg von zu Hause ⟨*in Urlaub fahren; irgendwo Urlaub machen, auf/in Urlaub sein*⟩ ≈ Ferien *„ein kurzer Urlaub am Meer"* K Abenteuerurlaub, Erholungsurlaub

die **Ur·ne** (-, -n) [1] ein Behälter, in dem die Asche eines Toten aufbewahrt (und beigesetzt) wird K Urnengrab [2] Kurzwort für *Wahlurne*

die **Ur·sa·che** **die Ursache** (+*Genitiv*) die Ursache sorgt dafür, dass etwas geschieht ⟨*die eigentliche, genaue, mögliche, wesentliche Ursache; Ursache und Wirkung*⟩ ≈ Grund *„die Ursachen des Feuers ermitteln"* | *„Bewegungsmangel ist die häufigste Ursache für/von Rückenschmerzen."* K Todesursache, Unfallursache ID **Keine Ursache!** verwendet als Antwort, nachdem sich jemand bedankt hat

der **Ur·sprung** der Zeitpunkt oder der Ort, an dem etwas (vor allem eine Entwicklung) angefangen hat *„Die Ursprünge des Tangos liegen in Argentinien"* | *„Das Wort „Philosophie" ist griechi-*

U

schen Ursprungs" kommt aus dem Griechischen [K] Ursprungsland

ur·sprüng·lich, **ur·sprüng·lich** ADJEKTIV so, wie es zuerst, ganz am Anfang war *„den ursprünglichen Plan ändern"*

das **Ur·teil** [1] **ein Urteil (über jemanden/etwas)** die Entscheidung eines Richters (am Ende eines Prozesses) ⟨*ein hartes, mildes, gerechtes Urteil*⟩ *„Das Urteil lautete auf zehn Jahre Haft"* [K] Gerichtsurteil [2] **ein Urteil (über jemanden/etwas)** eine Aussage, mit der man eine Person oder Sache bewertet, nachdem man sie genau geprüft hat ⟨*ein fachmännisches Urteil*⟩

der **USB** [uːǀɛs'beː]; (-(s), -s) Kurzwort für *Universal Serial Bus:* eine Technologie, mit der man externe Geräte an elektronische Geräte wie zum Beispiel einen Computer anschließen kann [K] USB-Schnittstelle, USB-Stick

usw. Abkürzung für *und so weiter* → und

V

das **V**, **v** [fau]; (-, -/ *gesprochen* -s) der zweiundzwanzigste Buchstabe des Alphabets • *hierzu* **v-för·mig**, **V-för·mig** ['fau-] ADJEKTIV

va·ge [v-] ADJEKTIV nicht genau oder nur schwer erkennbar ⟨*eine Andeutung, eine Beschreibung, eine Erinnerung, eine Vorstellung*⟩

das **Va·ku·um** ['vaːkuʊm]; (-s, *Va·ku·en/Va·kua*) ein Raum(inhalt), in dem (fast) keine Luft ist und ein sehr niedriger Druck herrscht [K] vakuumverpackt

die **Va·nil·le** [va'nɪlə, va'nɪljə]; (-) ein Gewürz für süße Speisen, das aus den Früchten einer tropischen Pflanze gewonnen wird ⟨*echte, künstliche Vanille*⟩ [K] Vanilleeis, Vanillepudding, Vanillesoße

die **Va·ri·an·te** [v-]; (-, -*n*) eine von mehreren Möglichkeiten oder eine leicht abweichende Form einer Sache *„regionale Varianten in der Aussprache"*

die **Va·se** [v-]; (-, -*n*) ein Gefäß (z. B. aus Glas oder Porzellan), in das man Wasser füllt und Blumen stellt *„eine Vase mit Tulpen"* [K] Blumenvase ⓘ → Abb. *Behälter und Gefäße* unter **Behälter**

der **Va·ter** [f-]; (-s, *Vä·ter*) [1] ein Mann, der ein Kind gezeugt hat ⟨*ein guter, schlechter, liebevoller, strenger Vater; jemandes leiblicher Vater*⟩ *„Er ist Vater von drei Kindern"* ⓘ → Abb. unter **Familie** [2] ein Mann, der Kinder so versorgt, als ob er der Vater wäre *„Sie bekamen einen neuen Vater, als ihre Mutter wieder heiratete"* [K] Pflegevater, Stiefvater [3] in christlichen Religionen verwendet als Bezeichnung für Gott ⟨*der Vater im Himmel*⟩ ⓘ nicht in der Mehrzahl verwendet [4] **der Heilige Vater** ≈ Papst

v. Chr. Abkürzung für *vor Christus* → Christus

der **Ve·ge·ta·ri·er** [vege'taːri̯ɐ]; (-s, -) eine Person, die kein Fleisch isst • *hierzu* **ve·ge·ta·risch** ADJEKTIV; **Ve·ge·ta·ri·e·rin** [vege'taːri̯ərɪn] *die*

die **Ve·ne** [v-]; (-, -*n*) eine Ader, in der das Blut zum Herzen hin fließt [K] Venenentzündung

das **Ven·til** [v-]; (-s, -*e*) mit Ventilen in Rohren und Schläuchen werden Flüssigkeiten oder Gase dort gehalten oder abgelassen *„das Ventil eines Fahrradreifens öffnen, um die Luft herauszulassen"* [K] Sicherheitsventil ⓘ → Abb. unter **Fahrrad**

der **Ven·ti·la·tor** [v-]; (-s, *Ven·ti·la·to·ren*) ein Gerät mit einem kleinen Propeller, der die Luft so bewegt, dass frische, kühle Luft irgendwohin gelangt

ver·ab·re·den (*verabredete, hat verabredet*) [1] **(mit jemandem) etwas verabreden** mit jemandem beschließen, dass man etwas gemeinsam tut ⟨*Aktionen, ein Treffen, einen Treffpunkt, einen Termin verabreden*⟩ ≈ vereinbaren *„Ich habe mit ihm verabredet, dass wir uns um zwei Uhr im Café treffen"* [2] **sich**

(mit jemandem) verabreden mit jemandem beschließen, dass man sich in der Freizeit trifft *„sich mit der Freundin zum Radfahren/im Restaurant/auf einen Kaffee verabreden"*

ver·ạb·schie·den (*verabschiedete, hat verabschiedet*) **1** **sich (von jemandem) verabschieden** sich mit einem Gruß von jemandem trennen *„sich mit einem Kuss von den Kindern verabschieden"* **2** **etwas verabschieden** (nach einer Debatte) etwas offiziell beschließen ⟨*ein Gesetz, einen Haushaltsplan verabschieden*⟩ • *hierzu* **Ver·ạb·schie·dung** *die*

ver·ạch·ten (*verachtete, hat verachtet*) **jemanden/etwas verachten** jemanden/etwas für wertlos oder schlecht halten und deshalb stark ablehnen *„jemanden wegen seiner Feigheit verachten"* • *hierzu* **Ver·ạch·tung** *die*

ver·ạl·tet ADJEKTIV nicht mehr üblich oder auf dem aktuellen Stand der Technik ≈ überholt *„Unsere Ausrüstung war hoffnungslos veraltet"* | *„Diese Bezeichnung ist veraltet und wird heute nicht mehr verwendet"*

ver·ạ̈n·dern (*veränderte, hat verändert*) **1** **jemanden/etwas verändern** bewirken, dass jemand/etwas anders wird ⟨*die Welt verändern wollen*⟩ *„Das Kind hat unser Leben sehr verändert"* **2** **sich verändern** anders werden ⟨*sich zum Vorteil/Nachteil, seinen Gunsten/Ungunsten verändern*⟩

die **Ver·ạ̈n·de·rung** **1** eine Handlung, durch die etwas anders wird ⟨*eine Veränderung vornehmen*⟩ **2** der Vorgang, der Prozess, durch den etwas anders wird ⟨*eine Veränderung tritt ein, geht in jemandem/etwas vor*⟩ **3** das Ergebnis einer Veränderung *„Es sind keine Veränderungen sichtbar"*

ver·ạn·stal·ten (*veranstaltete, hat veranstaltet*) **etwas veranstalten** etwas, das für viele Menschen bestimmt ist oder bei dem viele Personen mitmachen, organisieren und durchführen ⟨*eine Demonstration, ein Fest, ein Preisausschreiben, einen Basar veranstalten*⟩ • *hierzu* **Ver·ạn·stal·ter** *der*

die **Ver·ạn·stal·tung** (*-, -en*) **1** das Organisieren und Durchführen einer Sache ⟨*die Veranstaltung einer Tagung, eines Kongresses, eines Konzerts*⟩ ⓘ nicht in der Mehrzahl verwendet **2** etwas, das organisiert und veranstaltet wird, z. B. ein Kongress ⟨*eine geschlossene, öffentliche Veranstaltung*⟩ **K** Veranstaltungskalender

ver·ạnt·wort·lich ADJEKTIV **1** **für jemanden/etwas verantwortlich** mit der Pflicht, dafür zu sorgen, dass mit einer Person/Sache nichts Unangenehmes geschieht oder dass etwas (richtig) gemacht wird *„sich für den kleinen Bruder verantwortlich fühlen"* | *„dafür verantwortlich sein, dass eine Maschine gut funktioniert"* **2** **jemand/etwas ist für etwas verantwortlich** eine Person oder Sache ist schuld an etwas Negativem, ist die Ursache davon *„Das kalte Wetter ist für die schlechte Ernte verantwortlich"* **3** **jemanden/etwas für etwas verantwortlich machen** sagen, dass eine Person/Sache schuld an etwas Negativem ist

die **Ver·ạnt·wor·tung** (-) **1** **die Verantwortung (für jemanden/etwas)** die Pflicht, dafür zu sorgen, dass einer anderen Person nichts passiert oder dass etwas in Ordnung ist, zustande kommt, verwirklicht wird o. Ä. ⟨*eine große, schwere Verantwortung; eine Verantwortung übernehmen, haben, tragen, ablehnen*⟩ **2** das Bewusstsein, Verantwortung zu haben, und die Bereitschaft, die Konsequenzen des eigenen Handelns zu tragen ⟨*ohne Gefühl für Verantwortung handeln*⟩ **K** Verantwortungsbewusstsein **3** **jemanden zur Verantwortung ziehen** jemanden die negativen Folgen einer Sache tragen lassen (weil er dafür verantwortlich war) • *zu* (1,2) **ver·ạnt·wor·tungs·voll** ADJEKTIV; *zu* (2) **ver·ạnt·wor·tungs·los** ADJEKTIV

ver·ạr·bei·ten (*verarbeitete, hat verarbeitet*) **1** **etwas (zu etwas) verarbei-**

V

ten etwas als Material verwenden und daraus etwas herstellen ⟨*gut, schlecht verarbeitet sein*⟩ *„Holz zu einem Schrank verarbeiten"* | *„In einer Schmiede wird Metall verarbeitet"* **2** **etwas verarbeiten** etwas psychisch oder rational bewältigen ⟨*einen Eindruck, eine Enttäuschung, ein Erlebnis, eine Information verarbeiten*⟩ • *hierzu* **Ver·ar·bei·tung** *die*

ver·är·gern (*verärgerte, hat verärgert*) **jemanden verärgern** bewirken, dass sich jemand ärgert *„Sie war über die Bemerkungen sehr verärgert"*

ver·ar·men (*verarmte, ist verarmt*) arm werden und so in Not kommen • *hierzu* **Ver·ar·mung** *die*

das **Verb** [v-]; (*-s, -en*) Verben beschreiben, was getan wird oder geschieht; ihre Form im Satz richtet sich nach der Person, nach der Zahl der Handelnden und nach der Zeit ≈ Zeitwort *„Gebraucht" ist das Partizip Perfekt des Verbs „brauchen"* **K** Verbform

der **Ver·band** [f-]; (*-(e)s, Ver·bän·de*) FÜR WUNDEN: **1** ein Stück Stoff o. Ä., das man um den verletzten Teil des Körpers legt ⟨*einen Verband anlegen, umbinden, abnehmen, wechseln, erneuern*⟩ **K** Verbandskasten, Verbandszeug; Gipsverband ALS GRUPPE: **2** eine relativ große Organisation, die sich meist aus vielen kleineren Vereinigungen und Organisationen zusammensetzt ⟨*einem Verband beitreten, angehören*⟩ **K** Verbandsvorsitzende(r); Journalistenverband, Wohlfahrtsverband **3** ein Teil einer Armee, der aus verschiedenen Einheiten besteht, die gemeinsam kämpfen ⟨*militärische, motorisierte Verbände*⟩

ver·bes·sern (*verbesserte, hat verbessert*) **1** **etwas verbessern** etwas so ändern, dass es besser wird *„durch fleißiges Lernen die Leistungen verbessern"* **2** **etwas verbessern** die Fehler suchen und ändern, die z. B. in einem Text sind ⟨*Fehler, einen Aufsatz, die Hausaufgaben, eine Schulaufgabe verbessern*⟩ ≈ korrigieren **3** **jemanden verbessern** jemandem sagen, welche Fehler er beim Sprechen oder Schreiben gemacht hat *„Hör endlich auf, mich ständig zu verbessern!"* **4** **sich verbessern** sofort das richtige Wort oder die richtige Form sagen, nachdem man beim Sprechen einen Fehler gemacht hat **5** **sich verbessern** besser werden *„Er hat sich in Latein sehr verbessert"*

die **Ver·bes·se·rung**, **Ver·bess·rung**; (*-, -en*) **1** das Korrigieren, die Berichtigung *„die Verbesserung eines Fehlers"* **2** das Bessermachen *„die Verbesserung der Arbeitsbedingungen"* **K** Verbesserungsvorschlag **3** etwas, womit man sich/etwas verbessert *„Das neue Herstellungsverfahren stellt eine entscheidende Verbesserung gegenüber der alten Methode dar"*

ver·beu·gen (*verbeugte sich, hat sich verbeugt*) **sich (vor jemandem) verbeugen** den Kopf und Oberkörper nach vorne beugen, um höflich zu grüßen oder zu danken ⟨*sich vor dem Publikum verbeugen*⟩ • *hierzu* **Ver·beu·gung** *die*

ver·beult ADJEKTIV mit Beulen, beschädigt *„Das Auto hat eine verbeulte Stoßstange"*

ver·bie·gen (*verbog, hat verbogen*) **1** **etwas verbiegen** die Form einer Sache verändern, indem man sie biegt *„ein völlig verbogener Nagel"* **2** **etwas verbiegt sich** etwas verliert die (gerade) Form *„Die Bretter des Regals haben sich verbogen"* **3** **sich verbiegen** sich so sehr anpassen, dass man gegen die eigenen Überzeugungen handelt ⟨*sich nicht verbiegen lassen*⟩ *„Für diesen Posten müsste ich mich völlig verbiegen, da verzichte ich lieber"*

ver·bie·ten (*verbot, hat verboten*) **(jemandem) etwas verbieten** bestimmen, dass jemand etwas nicht tun darf oder dass es etwas nicht mehr geben darf ⟨*Betreten, Durchfahrt, Fotografieren, Rauchen, Zutritt verboten!; etwas ist gesetzlich, polizeilich verboten*⟩ ↔ erlauben *„Mein Vater wird mir verbieten,* *mit dem Moped nach Italien* zu *fahren" | „Der Film ist für Jugendliche unter sechzehn Jahren verboten"*

ver·bin·den (*verband, hat verbunden*) **1** **Dinge (zu etwas) verbinden; etwas mit/durch etwas (zu etwas) verbinden** zwei oder mehrere Gegenstände o. Ä. so zusammenbringen oder (aneinander) befestigen, dass sie eine Einheit bilden ↔ trennen *„zwei Schnüre durch einen Knoten verbinden"* **2** **Dinge (zu etwas) verbinden; etwas mit/durch etwas (zu etwas) verbinden** zwei oder mehrere Orte, Dinge o. Ä. in Kontakt miteinander bringen ↔ trennen *„Diese Eisenbahnlinie verbindet Hannover mit Bremen"* **3** **(jemandem) etwas verbinden; jemanden (an etwas** (*Dativ*)**) verbinden** jemandem oder sich selbst einen Verband anlegen *„jemandem den Arm verbinden" | „einen Verletzten (am Kopf) verbinden"* **4** **jemandem die Augen verbinden** jemandem ein Stück Stoff so vor die Augen binden, dass er nichts mehr sehen kann **5** **(jemanden/etwas (mit einer Person/etwas)) verbinden** Telefonleitungen so zusammenbringen, dass eine Person mit einer anderen Person am Telefon sprechen kann *„Ich hätte gern die Verkaufsabteilung gesprochen." – „Moment bitte, ich verbinde!"*

e **Ver·bin·dung** **1** **eine Verbindung (mit/zu jemandem/etwas** (*Dativ*)**); eine Verbindung zwischen Personen/Dingen** (*Dativ*) die Situation, wenn ein Kontakt zwischen Orten oder Personen z. B. durch Straßen, Routen, Fahrzeuge oder Medien möglich ist *„Das Telefon ist ihre einzige Verbindung zur Außenwelt"* **K** Verbindungsstraße, Verbindungsstück; Bahnverbindung, Busverbindung **2** **eine Verbindung (mit/zu jemandem/etwas); eine Verbindung (zwischen Personen/Dingen** (*Dativ*)**)** ein Zusammenhang oder eine Beziehung zwischen Personen oder Dingen ⟨*jemanden/etwas mit einer Person/Sache in Verbindung bringen, setzen*⟩ **3** **eine Verbindung (mit/zu jemandem); eine Verbindung (zwischen Personen** (*Dativ*)**)** eine Beziehung zwischen Menschen, die sich treffen, Briefe schreiben o. Ä. ⟨*Verbindung mit jemandem aufnehmen, haben, halten; sich mit jemandem in Verbindung setzen*⟩ ≈ Kontakt *„Lass uns in Verbindung bleiben!"* **4** **eine Verbindung (mit jemandem/irgendwohin)** der Kontakt über ein Telefon oder Funk ⟨*die Verbindung ist unterbrochen*⟩ *„Die Verbindung war sehr schlecht. Ich konnte kaum verstehen, was er sagte"* **ID** **in Verbindung mit** **a** im Zusammenhang mit *„In Verbindung mit ihrer Tätigkeit als Dolmetscherin kommt sie oft nach Brüssel"* **b** zusammen mit *„Der Studentenausweis ist nur in Verbindung mit dem Personalausweis gültig"*

ver·blu·ten (*verblutete, ist verblutet*) **ein Mensch/ein Tier verblutet** ein Mensch/ein Tier verliert so viel Blut, dass er/es stirbt

ver·bor·gen PARTIZIP PERFEKT → verbergen

das **Ver·bot** (-(*e*)*s*, -*e*) eine Vorschrift, ein Befehl, etwas nicht oder nicht länger zu tun ⟨*ein Verbot aussprechen, befolgen, beachten, einhalten, übertreten; gegen ein Verbot verstoßen*⟩ **K** Verbotsschild; Parkverbot, Rauchverbot • *hierzu* **ver·bots·wid·rig** ADJEKTIV

ver·bo·ten ADJEKTIV nicht erlaubt *„Rauchen verboten!" | „In den Autos der Schmuggler fand man verbotene Waffen"*

der **Ver·brauch** (-(*e*)*s*) **der Verbrauch (von/an etwas** (*Dativ*)**)** die Menge, die verbraucht wird **K** Benzinverbrauch, Stromverbrauch

ver·brau·chen (*verbrauchte, hat verbraucht*) **etwas verbrauchen** eine Menge einer Sache für einen Zweck verwenden (bis nichts mehr da ist) ⟨*Geld, Kraft, Material, Vorräte verbrauchen*⟩ *„im Urlaub zweitausend Euro verbrauchen" | „bei einer Arbeit viel Kraft verbrauchen"*

der **Ver·brau·cher** (-*s*, -) eine Person, die Waren kauft und verbraucht ≈ Konsument **K** Verbraucherberatung, Verbraucherschutz • *hierzu* **Ver·brau·che·rin** *die*

ver·braucht ADJEKTIV mit wenig Sauerstoff

das **Ver·bre·chen** (-s, -) eine (böse) Tat, die gegen das Gesetz verstößt und die vom Staat bestraft wird ‹*ein gemeines, brutales, schweres Verbrechen; ein Verbrechen begehen, verüben*› *„Mord und andere schwere Verbrechen wurden früher mit dem Tod bestraft"* **K** Gewaltverbrechen, Kriegsverbrechen

der **Ver·bre·cher** (-s, -) eine Person, die (regelmäßig) Verbrechen begeht **K** Verbrecherjagd; Kriegsverbrecher, Schwerverbrecher • *hierzu* **Ver·bre·che·rin** *die*

ver·brei·ten (*verbreitete, hat verbreitet*) **1** **etwas verbreiten** bewirken, dass es etwas in einem größeren Gebiet gibt als vorher *„Die Pollen der Blumen werden meist durch Bienen verbreitet"* **2** **etwas verbreiten** eine Nachricht vielen Menschen mitteilen *„eine Suchmeldung über den Rundfunk verbreiten"* **3** **etwas (irgendwo) verbreiten** das genannte Gefühl in anderen Menschen entstehen lassen ‹*Entsetzen, Angst und Schrecken verbreiten; (gute) Stimmung verbreiten*› **4** **etwas verbreitet sich (irgendwo)** etwas wird vielen Menschen bekannt ‹*eine Nachricht, eine Neuigkeit, ein Gerücht verbreitet sich wie ein Lauffeuer* (= *sehr schnell*)› • *hierzu* **Ver·brei·tung** *die*

ver·brei·tet ADJEKTIV so, dass es in einem großen Gebiet oder bei vielen Menschen vorkommt *„Diese Ansicht ist sehr verbreitet"*

ver·bren·nen (*verbrannte, hat/ist verbrannt*) **1** **jemand/etwas verbrennt** (*ist*) eine Person wird durch Feuer getötet, eine Sache wird durch Feuer zerstört *„Das Auto fing nach dem Unfall Feuer und verbrannte"* **2** **jemand/etwas verbrennt** (*ist*) eine Person/Sache nimmt durch zu viel Hitze oder Sonnenstrahlen Schaden *„Ich habe den Braten vergessen, jetzt ist er verbrannt und ungenießbar"* **3** **jemanden/etwas verbrennen** (*hat*) durch Feuer bewirken, dass ein Körper oder eine Sache zerstört wird *„Gartenabfälle verbrennen"* **4** **sich** (*Dativ*) **etwas (an etwas** (*Dativ*)**) verbrennen** (*hat*) sich verletzen oder wehtun, weil man etwas Heißes berührt oder zu lange in der Sonne liegt *„Ich habe mir (am Ofen) die Finger verbrannt"*

die **Ver·bren·nung** (-, -en) **1** die Handlung, durch die absichtlich eine Person durch Feuer getötet oder eine Sache zerstört wird **K** Hexenverbrennung, Müllverbrennung **2** eine Wunde, die man durch Feuer oder große Hitze bekommen hat ≈ Brandwunde *„schwere Verbrennungen davontragen"*

ver·brin·gen (*verbrachte, hat verbracht*) **1** **etwas irgendwo verbringen** eine Zeit lang an einem Ort sein *„einen freien Tag am Meer verbringen"* **2** **etwas (irgendwie/irgendwo/mit etwas) verbringen** während des genannten Zeitraums sich irgendwie beschäftigen oder irgendwo sein *„mit Freunden einen schönen Abend verbringen"* | *„Sie verbrachten den ganzen Tag mit Faulenzen/am Computer/vor dem Fernseher"*

ver·bun·den ADJEKTIV **1** **etwas ist mit etwas verbunden** etwas hängt mit etwas zusammen, tritt mit etwas zusammen auf *„Der Aufbruch war mit großer Hektik verbunden"* **2** **falsch verbunden sein** die falsche Telefonnummer gewählt haben **3** **jemandem irgendwie verbunden** mit der genannten Beziehung zu jemandem ‹*jemandem freundschaftlich, in Liebe verbunden sein*› • *zu* (3) **Ver·bun·den·heit** *die*

der **Ver·dacht** (-(e)s) **1** **ein Verdacht (gegen jemanden)** das Gefühl oder der Gedanke, dass jemand etwas Verbotenes oder Illegales getan haben könnte ‹*Verdacht schöpfen, hegen*› *„jemanden wegen des Verdachts auf Drogenhandel verhaften"* **2** die Situation, in der sich eine Person befindet, die verdächtigt wird ⟨in/unter Verdacht stehen⟩ *„Er steht in/im Verdacht, den Schmuck gestohlen zu haben"* **3** **ein Verdacht (auf etwas** (*Akkusativ*)) die Vermutung, dass etwas (wahrscheinlich) der Fall ist *„Es besteht der Verdacht, dass sie entführt wurde"* | *„Man weiß noch nicht, was sie hat, aber es besteht Verdacht auf Krebs"*

ver·dạmmt ADJEKTIV **1** *gesprochen, abwertend* verwendet, um großen Ärger auszudrücken *„So ein verdammter Mist!"* | *„Verdammt (nochmal)!"* **2** *gesprochen* so, dass das normale Maß überschritten wird *„Es ist verdammt kalt hier"*

ver·dạn·ken (*verdankte, hat verdankt*) **jemand verdankt einer Person/Sache etwas; jemand hat einer Person/Sache etwas zu verdanken; etwas ist einer Person/Sache zu verdanken** *oft ironisch* die genannte Person oder die genannte Situation ist der Grund für etwas *„Er verdankt sein Leben einem glücklichen Zufall"* | *„Ich habe nur dir/deiner Hilfe zu verdanken, dass ich rechtzeitig fertig geworden bin"* | *„Das relativ milde Klima in Irland ist dem Golfstrom zu verdanken"*

ver·dạrb *Präteritum, 1. und 3. Person Singular* → verderben

ver·dau·en (*verdaute, hat verdaut*) **jemand/etwas verdaut (etwas)** die Nahrung wird im Magen und im Darm aufgelöst und verwertet

die **Ver·dau·ung** (-) das Verdauen der Nahrung **K** Verdauungsorgan, Verdauungsstörung

ver·dẹ·cken (*verdeckte, hat verdeckt*) **1** **eine Person/Sache verdeckt jemanden/etwas** eine Person oder Sache befindet sich so vor einer anderen Person oder Sache, dass man diese nicht sehen kann *„Die Wolken verdecken die Sonne"* **2** **jemanden/etwas (mit etwas) verdecken** eine Person oder Sache mit etwas bedecken, damit man sie nicht mehr sehen kann *„Sie verdeckte das Loch in der Wand mit einem Bild"*

ver·dẹr·ben (*verdirbt, verdarb, hat/ist verdorben*) **1** **etwas verdirbt** (*ist*) Lebensmittel kommen in einen Zustand, dass man sie nicht mehr essen oder trinken kann *„Die Milch verdirbt, wenn sie nicht gekühlt wird"* **2** **jemand/etwas verdirbt (einer Person) etwas** (*hat*) jemand/etwas bewirkt, dass etwas Schönes nicht mehr möglich ist oder eine Person keine Freunde daran hat ⟨*jemandem den Appetit, die Freude, die (gute) Laune/Stimmung, den Spaß verderben*⟩ *„einen schönen Tag durch einen Streit verderben"* **3** **jemanden/etwas verderben** den Charakter einer Person oder eine Sache sehr negativ beeinflussen *„Das verdirbt den Charakter, wenn du den Kindern keine Grenzen setzt"* **4** **sich** (*Dativ*) **die Augen/den Magen verderben** (*hat*) durch das eigene Verhalten bewirken, dass man nicht mehr gut sieht/dass der Bauch wehtut • zu (1) **ver·dẹrb·lich** ADJEKTIV

das **Ver·dẹr·ben** (-s); *geschrieben* ≈ Untergang, Ruin *„Krieg bringt Tod und Verderben"*

ver·die·nen (*verdiente, hat verdient*) **1** **((sich** (*Dativ*)) **etwas) verdienen** Geld als Lohn für die Arbeit bekommen ⟨*ehrlich verdientes Geld*⟩ *„zwölf Euro in der Stunde/pro Stunde/die Stunde verdienen"* | *„Ich verdiene mir mit Nachhilfestunden ein paar Euro nebenbei"* **2** **(etwas) (bei/mit/an etwas** (*Dativ*)) **verdienen** durch ein Geschäft o. Ä. Geld bekommen *„An diesem Auftrag verdiene ich fast 300 Euro"* **3** **jemand verdient etwas** eine Person hat etwas gemacht und bekommt dafür (zu Recht) etwas *„Er hat ein Lob/eine Strafe verdient"* | *„Nach dieser Anstrengung habe ich eine Pause verdient"*

der **Ver·dienst**[1] (-(e)s, -e) **1** das Geld, das man für die Arbeit bekommt ⓘ → Extras, S. 672: **Arbeit** **2** das Geld, das man durch den Verkauf von Waren verdient ≈ Gewinn **K** Verdienstspanne

das **Ver·dienst**[2] (-(e)s, -e) eine Tat oder eine Leistung, die die Anerkennung

V

anderer findet ⟨*jemandem etwas als/zum Verdienst anrechnen*⟩ *„Es ist sein Verdienst, dass das Museum gebaut werden konnte"* **K** Verdienstorden • *hierzu* **ver·dienst·voll** ADJEKTIV

ver·dirbt *Präsens, 3. Person Singular* → verderben

ver·dop·peln (*verdoppelte, hat verdoppelt*) **1** **etwas verdoppeln** die Menge, Zahl, Größe o. Ä. zweimal so groß machen *„die Anstrengungen verdoppeln"* **2** **etwas verdoppelt sich** etwas wird doppelt so viel, so groß o. Ä.

ver·dor·ben PARTIZIP PERFEKT → verderben

ver·dün·nen (*verdünnte, hat verdünnt*) **etwas (mit etwas) verdünnen** eine Flüssigkeit mit Wasser mischen, damit sie nicht mehr so konzentriert ist *„Farbe mit Wasser verdünnen"* • *hierzu* **Ver·dün·nung** *die*

ver·duns·ten (*verdunstete, ist verdunstet*) **etwas verdunstet** eine Flüssigkeit wird allmählich weniger, weil sie zu Gas wird (aber ohne zu kochen) • *hierzu* **Ver·duns·tung** *die*

ver·durs·ten (*verdurstete, ist verdurstet*) sterben, weil man nichts zu trinken hat *„in der Wüste verdursten"*

ver·eh·ren (*verehrte, hat verehrt*) **1** **jemanden verehren** jemanden ehren und bewundern *„jemanden als großen Künstler verehren"* **2** **jemanden verehren** eine Person als ein höheres Wesen o. Ä. ansehen und zu ihr beten ⟨*jemanden als (einen) Gott verehren*⟩ • *hierzu* **Ver·eh·rer** *der*; **Ver·eh·rung** *die*

der **Ver·ein** (*-(e)s, -e*) eine Organisation von Leuten mit ähnlichen Interessen oder Zielen ⟨*ein eingetragener, gemeinnütziger, wohltätiger Verein; einen Verein gründen; einem Verein beitreten; in einen Verein eintreten; aus einem Verein austreten*⟩ *„Mitglied in einem Verein zum Schutz der Vögel sein"* **K** Vereinsmitglied, Vereinssatzung; Fußballverein, Sportverein, Tierschutzverein

die **Ver·ein·ba·rung** (*-, -en*) **eine Vereinbarung (mit jemandem)** etwas, das man gemeinsam besprochen und beschlossen hat ⟨*eine Vereinbarung treffen; sich an eine Vereinbarung halten*⟩

die **Ver·ei·ni·gung** (*-, -en*) **1** eine Organisation mit einem (meist politischen) Ziel *„Dem Angeklagten wird die Mitgliedschaft in einer terroristischen Vereinigung vorgeworfen"* **2** das Zusammenkommen oder Zusammenbringen von verschiedenen Dingen *„Damals hielt man eine Vereinigung der beiden deutschen Staaten für sehr unwahrscheinlich"*

ver·fah·ren (*verfährt, verfuhr, hat/ist verfahren*) **1** **sich (irgendwo) verfahren** (*hat*) aus Versehen in die falsche Richtung fahren *„sich in der Großstadt verfahren"* **2** **etwas verfahren** (*hat*) beim Fahren die genannte Menge Benzin o. Ä. verbrauchen *„zehn Liter Benzin verfahren"* **3** **irgendwie verfahren** (*ist*) auf die genannte Art und Weise handeln *„Wir müssen besprechen, wie wir in solchen Fällen künftig verfahren wollen"*

das **Ver·fah·ren** (*-s, -*) **1** die Art und Weise, wie z. B. in der Industrie etwas gemacht wird ⟨*ein chemisches, technisches Verfahren*⟩ ≈ Methode *„ein neuartiges Verfahren zur Reinigung von Abwässern"* **K** Produktionsverfahren **2** **ein Verfahren (gegen jemanden/etwas)** die Untersuchungen, mit denen ein Rechtsfall von einer Behörde oder einem Gericht geklärt wird ⟨*ein arbeits-, familien-, straf-, zivilrechtliches Verfahren; ein Verfahren läuft, ist abgeschlossen*⟩ ≈ Prozess **K** Strafverfahren; Gerichtsverfahren **3** die Methode, nach der man an etwas arbeitet *„Ihr Antrag wird in einem beschleunigten/vereinfachten Verfahren bearbeitet"*

ver·fal·len (*verfällt, verfiel, ist verfallen*) **1** **etwas verfällt** etwas wird ungültig oder wertlos ⟨*ein Anspruch, eine Briefmarke, eine Fahrkarte, ein Gutschein, ein Pfand, ein Wechsel*⟩ ⓘ aber:

ein Reisepass/ein Ausweis/eine Kreditkarte läuft ab **2** **etwas verfällt** ein altes Gebäude, das nicht mehr gepflegt oder benutzt wird, fällt allmählich zusammen *„eine stillgelegte Fabrik verfallen lassen"* • *hierzu* **Ver·fạll** *der*

s **Ver·fạlls·da·tum** das Datum, bis zu dem der Hersteller garantiert, dass Lebensmittel genießbar sind

ver·fạs·sen (*verfasste, hat verfasst*) **etwas verfassen** sich einen Text ausdenken und aufschreiben ‹*einen Aufsatz, einen Brief, ein Buch, einen Roman verfassen*› ≈ schreiben • *hierzu* **Ver·fạs·ser** *der*

e **Ver·fạs·sung** **1** der allgemeine (gesundheitliche) Zustand einer Person *„Nach dem Strapazen war ich in schlechter körperlicher/nervlicher Verfassung befinden"* **2** die Regeln in einem Staat, welche die Form der Regierung und die Rechte und Pflichten der Bürger bestimmen **K** Verfassungsänderung, Verfassungsgericht • *zu* (2) **ver·fạs·sungs·wid·rig** *ADJEKTIV*

ver·fau·len (*verfaulte, ist verfault*) **etwas verfault** etwas wird faul und verdirbt *„Wenn es zu viel regnet, verfaulen die Kartoffeln in der Erde"*

ver·flu·chen (*verfluchte, hat verflucht*) **jemanden/etwas verfluchen** sich sehr über eine Person oder Sache ärgern und ihr Böses wünschen

ver·fọl·gen (*verfolgte, hat verfolgt*) **1** **jemanden verfolgen** einer Person oder einem Tier bzw. deren Spuren folgen oder sie suchen, um sie zu fangen ‹*einen Verbrecher, eine heiße Spur, Wild verfolgen*› **2** **jemanden/etwas verfolgen** hinter einer Person hergehen, herfahren o. Ä., um sie zu beobachten oder weil man etwas von ihr will *„Die Touristen wurden von bettelnden Kindern verfolgt"* **3** **jemanden verfolgen** eine Person schlecht behandeln und sie leiden lassen, weil sie eine andere Hautfarbe, Religion oder politische Überzeugung hat ‹*sich verfolgt fühlen*› *„politisch Verfolgten Asyl gewähren"* **4** **etwas verfolgen** voll Interesse zusehen, zuhören oder eine Entwicklung beobachten *„gespannt die Nachrichten verfolgen"* **5** **jemand/etwas verfolgt etwas** versuchen, etwas zu verwirklichen oder anzuwenden ‹*eine Absicht, einen Plan, ein Ziel, einen Zweck verfolgen*›

ver·fü·gen (*verfügte, hat verfügt*) **1** **etwas verfügen** den offiziellen Befehl zu etwas geben ≈ anordnen *„den Bau einer Straße verfügen"* **2** **über jemanden/etwas verfügen** das Recht oder die Möglichkeit haben, über andere Personen oder Sachen zu bestimmen oder etwas für die eigenen Zwecke zu benutzen *„über seine Zeit frei verfügen können"* **3** **über etwas** (*Akkusativ*) **verfügen** *geschrieben* etwas besitzen *„über ein großes Vermögen verfügen"*

die **Ver·fü·gung** **1** eine Anordnung einer Behörde ‹*eine einstweilige, gerichtliche Verfügung; eine Verfügung erlassen*› **2** das Recht oder die Möglichkeit, über eine andere Person oder eine Sache zu bestimmen oder etwas für die eigenen Zwecke zu benutzen ‹*etwas zur Verfügung haben; jemandem zur Verfügung stehen; (jemandem) etwas zur Verfügung stellen*› *„Halten Sie sich bitte für weitere Auskünfte zur Verfügung"*

ver·füh·ren (*verführte, hat verführt*) **1** **jemanden verführen** eine andere Person durch das eigene Verhalten dazu bringen, dass sie Sex haben will **2** **jemanden zu etwas verführen** eine Person dazu bringen, etwas zu tun, das nicht vernünftig ist oder das sie eigentlich nicht tun wollte • *hierzu* **Ver·füh·rer** *der;* **Ver·füh·rung** *die*

ver·gạn·gen *ADJEKTIV* direkt vor dem aktuellen Zeitpunkt ‹*vergangene Woche, vergangenes Jahr*›

die **Ver·gạn·gen·heit** (-) **1** die Zeit, die schon vorbei ist ‹*etwas liegt in der Vergangenheit*› **2** die Form eines Verbs, die zeigt, dass eine Handlung oder ein Zustand in der Vergangenheit

V

war ‹*die Formen der Vergangenheit*› *„die erste Vergangenheit"* das Präteritum | *„die zweite Vergangenheit"* das Perfekt | *„die dritte Vergangenheit"* das Plusquamperfekt **K** Vergangenheitsform

ver·gaß *Präteritum, 1. und 3. Person Singular* → vergessen

ver·ge·ben (*vergibt, vergab, hat vergeben*) **1** **(jemandem) (etwas) vergeben** einer Person nicht mehr böse sein, obwohl man selbst wegen ihr einen Schaden hat ≈ verzeihen *„Du brauchst dich nicht zu entschuldigen, das ist bereits vergeben und vergessen"* **2** **etwas (an jemanden/etwas) vergeben** einer Person oder Firma etwas geben, worum sie sich beworben hat ‹*einen Auftrag (an eine Firma), einen Preis, ein Stipendium, eine Stelle, ein Zimmer vergeben*› *„Die Wohnung, die ich haben wollte, ist bereits vergeben"* • *zu* (1) **Ver·ge·bung** *die*

ver·geb·lich ADJEKTIV ohne Erfolg ‹*Mühe, ein Versuch*›

ver·ge·hen (*verging, hat/ist vergangen*) **1** **etwas vergeht** (*ist*) etwas geht vorbei, wird zur Vergangenheit *„Wir hatten so viel Spaß, da verging die Zeit wie im Fluge"* verging sehr schnell **2** **etwas vergeht** (*ist*) etwas hört (allmählich) auf ‹*Schmerzen, eine Wirkung*› **3** **jemandem vergeht etwas** (*ist*) jemand verliert ein gutes, positives Gefühl ‹*jemandem vergeht der Appetit; jemandem vergeht die Freude an etwas, die Lust auf etwas*›

ver·ges·sen (*vergisst, vergaß, hat vergessen*) **1** **(jemanden/etwas) vergessen** eine Person oder Sache aus dem Gedächtnis verlieren und sich nicht mehr an sie erinnern können *„Ich habe ganz vergessen, wie man das macht"* | *„Ich habe vergessen, wer das Buch haben wollte"* **2** **(jemanden/etwas) vergessen** nicht mehr an jemanden/etwas denken *„Leider habe ich vergessen, dass Oliver gestern Geburtstag hatte"* | *„Und vergiss nicht, die Blumen zu gießen!"* **3** **etwas (irgendwo) vergessen** nicht daran denken, etwas mitzunehmen, wenn man weggeht, aussteigt o. Ä. *„den Schirm im Zug vergessen"*

ver·gess·lich ADJEKTIV so, dass jemand schnell und oft Dinge vergisst • *hierzu* **Ver·gess·lich·keit** *die*

ver·ge·wal·ti·gen (*vergewaltigte, hat vergewaltigt*) **jemanden vergewaltigen** jemanden (meist eine Frau) zum Sex zwingen • *hierzu* **Ver·ge·wal·ti·gung** *die*; **Ver·ge·wal·ti·ger** *der*

ver·gif·ten (*vergiftete, hat vergiftet*) **1** **jemand vergiftet etwas** jemand mischt etwas absichtlich mit Gift *„Jemand hatte den Wein vergiftet"* **2** **jemanden vergiften** jemanden, sich selbst oder ein Tier mit Gift töten oder krank machen

die **Ver·gif·tung** (-, -*en*) der Zustand, durch Gift krank zu sein ‹*an einer Vergiftung leiden, sterben*› **K** Alkoholvergiftung, Bleivergiftung

ver·gisst *Präsens, 2. und 3. Person Singular* → vergessen

der **Ver·gleich** (-(*e*)*s*, -*e*) **1** **ein Vergleich (mit jemandem/etwas); ein Vergleich zwischen Personen/Dingen** (*Dativ*) das Betrachten von zwei oder mehreren Personen oder Dingen, um Ähnlichkeiten und Unterschiede herauszufinden *„Im Vergleich zum Vorjahr ist es dieses Jahr trocken und warm"* **2** ein (feststehender) sprachlicher Ausdruck (z. B. *schwarz wie die Nacht*), der eine Eigenschaft anschaulicher macht **3** *admin* die Einigung mit der gegnerischen Partei, damit ein Prozess vor Gericht nicht zu Ende geführt werden muss ‹*sich auf einen Vergleich einigen*› **K** Vergleichsvorschlag **ID** **Das ist kein Vergleich!** *gesprochen* Das ist viel besser, schlechter o. Ä. als … • *zu* (1) **ver·gleich·bar** ADJEKTIV

ver·glei·chen (*verglich, hat verglichen*) **1** **eine Person/Sache mit jemandem/etwas vergleichen; Personen/Dinge (miteinander) vergleichen** die Eigenschaften von zwei oder mehreren Personen oder Dingen betrachten, um Ähnlichkeiten und Unterschiede herauszufinden *„die Preise (miteinander) vergleichen, bevor man etwas kauft"* **2** **eine Person/Sache mit jemandem/etwas vergleichen** sagen oder denken, dass eine große Ähnlichkeit zwischen den genannten Personen oder Sachen besteht *„Er vergleicht sich gern mit großen Philosophen"* **3** **eine Person vergleicht sich mit jemandem; Personen vergleichen sich** *admin* zwei oder mehrere Personen einigen sich, sodass ein Prozess nicht vor Gericht weitergeführt werden muss

das **Ver·gnü·gen** (-s, -) das Gefühl der Freude und Zufriedenheit, das man empfindet, wenn man etwas Angenehmes tut oder erlebt *„Es machte ihm Vergnügen, mit dem Kind zu spielen"* ⓘ nicht in der Mehrzahl verwendet

die **Ver·gnü·gun·gen** *Mehrzahl* Dinge, die man zum Vergnügen tut **K** Vergnügungsfahrt

ver·gra·ben (*vergräbt, vergrub, hat vergraben*) **etwas vergraben** ein Loch in die Erde machen, etwas in das Loch legen und das Loch wieder mit Erde füllen *„Der Hund hat den Knochen im Garten vergraben"*

ver·grö·ßern (*vergrößerte, hat vergrößert*) **1** **etwas vergrößern** etwas größer machen *„ein Zimmer vergrößern, indem man die Wand zum Nebenzimmer herausreißt"* **2** **etwas vergrößern** etwas beim Drucken, Kopieren o. Ä. größer machen ⟨*ein Foto vergrößern*⟩ **3** **etwas vergrößert (irgendwie)** etwas lässt etwas optisch größer erscheinen, als es in Wirklichkeit ist *„Dieses Fernglas vergrößert sehr stark"* **4** **etwas vergrößert sich** etwas wird größer *„Die Geschwulst hat sich vergrößert"* • *hierzu* **Ver·grö·ße·rung** *die*

ver·haf·ten (*verhaftete, hat verhaftet*) **jemanden verhaften** eine Person ins Gefängnis bringen (weil sie verdächtigt wird, ein Verbrechen begangen zu haben, oder um sie zu bestrafen) *„Die Polizei verhaftete ihn noch am Tatort"* • *hierzu* **Ver·haf·tung** *die*

ver·hal·ten (*verhält, verhielt, hat verhalten*) **1** **sich irgendwie verhalten** in der genannten Art und Weise in einer Situation handeln oder reagieren **2** **etwas verhält sich zu etwas wie ...** etwas steht in dem genannten Verhältnis zu etwas anderem *„3 verhält sich zu 1 wie 6 zu 2"*

das **Ver·hal·ten** (-s) die Art und Weise, wie ein Mensch oder Tier in verschiedenen Situationen handelt oder reagiert ⟨*ein kluges, mutiges, seltsames Verhalten zeigen; das Verhalten (gegenüber jemandem) ändern*⟩ **K** Verhaltensregel, Verhaltenstherapie, Verhaltensweise; Fahrverhalten, Freizeitverhalten, Wählerverhalten

das **Ver·hält·nis** (*-ses, -se*) **1** **das Verhältnis (von etwas zu etwas); das Verhältnis zwischen Dingen** (*Dativ*) die Beziehung zwischen zwei oder mehreren Dingen, die man messen oder vergleichen kann ≈ Relation *„Saft und Wasser im Verhältnis zwei zu eins (2 : 1) mischen"* | *„das Verhältnis zwischen Aufwand und Ergebnis"* **K** Größenverhältnis, Mischungsverhältnis **2** **ein Verhältnis (zu jemandem/etwas)** die Art der persönlichen Beziehung, die eine Person zu einer anderen Person oder einer Sache hat **K** Vertrauensverhältnis

ver·han·deln (*verhandelte, hat verhandelt*) **1** **(mit jemandem) (über etwas** (*Akkusativ*)**) verhandeln** mit einer Person (meist relativ lange) über etwas sprechen, um ein Problem zu lösen oder um sich mit ihr zu einigen *„Die beiden Staaten verhandeln über neue Möglichkeiten der kulturellen Zusammenarbeit"* **2** **ein Gericht verhandelt gegen jemanden** ein Gerichtsprozess wird gegen jemanden geführt *„Das Gericht verhandelt gegen sie wegen Diebstahls"*

die **Ver·hand·lung** **1** die Diskussionen zu einem Thema (mit der Absicht, ein Ergebnis zu erreichen) *„Die Verhandlungen verliefen ergebnislos"* **K** Verhandlungspartner; Friedensverhandlungen **i** nur in der Mehrzahl verwendet **2** ein Prozess vor Gericht *„Die Verhandlung musste kurz unterbrochen werden"* **K** Gerichtsverhandlung • *zu* (1) **ver·hand·lungs·be·reit** *ADJEKTIV*

der/das **Ver·hau** (-(e)s, -e) **1** ein Hindernis aus vielen Dingen, die durcheinander sind **K** Drahtverhau **2** *gesprochen* ≈ Unordnung **i** nicht in der Mehrzahl verwendet

ver·hei·ra·tet *ADJEKTIV* in einer Ehe lebend ⟨*eine Frau, ein Mann*⟩ **i** Abkürzung: *verh.*

ver·hin·dern (*verhinderte, hat verhindert*) **etwas verhindern** bewirken, dass etwas nicht geschieht oder dass jemand etwas nicht tun kann *„ein Unglück/einen Krieg/einen Unfall verhindern"* | *„Ich konnte nicht verhindern, dass sie wegfuhr"* • *hierzu* **Ver·hin·de·rung** *die*

ver·hö·ren (*verhörte, hat verhört*) **1** **jemanden verhören** als Polizist einem Verdächtigen Fragen stellen **i** aber: einen Zeugen *vernehmen* **2** **sich verhören** etwas falsch hören *„Da haben Sie sich wohl verhört!"*

ver·hül·len (*verhüllte, hat verhüllt*) **jemanden/etwas (mit etwas) verhüllen** Stoff, Tücher o. Ä. um jemanden/etwas legen *„das Gesicht mit einem Schleier verhüllen"*

ver·hun·gern (*verhungerte, ist verhungert*) sterben, weil man nicht genug zu essen hat

ver·hü·ten (*verhütete, hat verhütet*) **1** **etwas verhüten** verhindern, dass etwas geschieht, das man nicht wünscht *„Der Unfall hätte verhütet werden können"* **2** Maßnahmen ergreifen, damit eine Frau beim Sex nicht schwanger wird *„Habt ihr denn nicht verhütet?"* • *hierzu* **Ver·hü·tung** *die*

das **Ver·hü·tungs·mit·tel** ein Mittel (z. B. Kondome oder die Pille), das man verwendet, um zu verhindern, dass eine Frau schwanger wird

ver·ir·ren (*verirrte sich, hat sich verirrt*) **sich (irgendwo) verirren** nicht den richtigen Weg finden und somit nicht ans Ziel kommen ≈ sich verlaufen *„sich im Wald verirren"*

der **Ver·kauf** **1** das Verkaufen von Waren ⟨*(jemandem) etwas zum Verkauf anbieten*⟩ **K** Verkaufspreis, Verkaufsstand **2** die Abteilung eines Unternehmens, die Produkte verkauft *„im Verkauf tätig sein"* **i** nicht in der Mehrzahl verwendet

ver·kau·fen (*verkaufte, hat verkauft*) **((jemandem) etwas) verkaufen; (etwas (an jemanden)) verkaufen** einer Person die gewünschte Ware geben und dafür Geld bekommen *„Er verkauft an seinem Kiosk Zeitungen und Zigaretten"*

der **Ver·käu·fer** (-s, -) **1** eine Person, die beruflich Waren verkauft *„Er arbeitet als Verkäufer in einem Möbelgeschäft"* **2** eine Person, die eine Sache verkauft *„Als Verkäufer habe ich bei Onlineauktionen meist gute Erfahrungen gemacht"* • *hierzu* **Ver·käu·fe·rin** *die*

der **Ver·kehr** (-(e)s) **1** die Bewegung der Fahrzeuge auf den Straßen, auf Schienen und der Flugzeuge in der Luft ⟨*flüssiger, zähflüssiger, stockender Verkehr; es herrscht starker, reger, wenig Verkehr; eine Straße für den Verkehr sperren, freigeben*⟩ *„An der Unfallstelle regelte ein Polizist den Verkehr"* **K** Verkehrsampel, Verkehrslärm, Verkehrsstau; Flugverkehr, Kreisverkehr, Straßenverkehr **2** der Kontakt und die Beziehungen, die man zu jemandem hat ⟨*den Verkehr mit jemandem abbrechen, wieder aufnehmen*⟩ **3** **etwas aus dem Verkehr ziehen** nicht mehr erlauben, dass etwas weiter verwendet wird *„alte Geldscheine aus dem Verkehr ziehen"*

ver·keh·ren (*verkehrte, hat/ist verkehrt*) **1** **etwas verkehrt (irgendwann)** (*hat/ist*) etwas fährt (regelmäßig) auf einer Strecke ⟨*Busse, Straßenbahnen, Züge*⟩ *„Die Straßenbahn vom Bahnhof zum Zoo verkehrt alle zehn Minuten"* **2** **mit jemandem (irgendwie) verkehren** (*hat*) mit jemandem Kontakt haben

as **Ver·kehrs·mit·tel** *admin* ein Fahrzeug ⟨*ein öffentliches Verkehrsmittel*⟩

e **Ver·kehrs·re·gel** eine von vielen gesetzlichen Vorschriften, wie man sich im Straßenverkehr verhalten muss

ver·kehrs·si·cher ADJEKTIV in einem technisch so guten Zustand, dass es den Verkehr nicht gefährdet ⟨*ein Fahrzeug*⟩ • *hierzu* **Ver·kehrs·si·cher·heit** *die*

as **Ver·kehrs·zei·chen** ein Schild mit einem Symbol, das den Verkehr regelt

ver·kehrt ADJEKTIV anders als gewollt, nicht richtig ⟨*etwas verkehrt machen*⟩ ≈ falsch *„Ich bin aus Versehen in den verkehrten Zug eingestiegen"*

ver·kla·gen (*verklagte, hat verklagt*) **jemanden (auf etwas** (*Akkusativ*)) **verklagen** gegen jemanden vor Gericht (in einem Zivilprozess) klagen *„eine Firma auf Schadenersatz verklagen"*

ver·klebt ADJEKTIV so schmutzig, dass ein Ding am anderen klebt ⟨*Fell, Gefieder, Haare*⟩

ver·klei·den (*verkleidete, hat verkleidet*) **jemanden (als etwas) verkleiden** jemandem oder sich selbst etwas anziehen, um anders auszusehen oder um nicht erkannt zu werden *„sich im Karneval als Prinzessin verkleiden"*

ver·klei·nern (*verkleinerte, hat verkleinert*) **1 etwas verkleinern** etwas kleiner machen *„ein Zimmer verkleinern, indem man eine Wand einzieht"* **2 etwas verkleinern** etwas beim Drucken, Kopieren o. Ä. kleiner machen ⟨*ein Foto verkleinern*⟩ **3 etwas verkleinert sich** etwas wird kleiner *„Die Geschwulst hat sich verkleinert"* • *hierzu* **Ver·klei·ne·rung** *die*

ver·kraf·ten (*verkraftete, hat verkraftet*) **etwas verkraften** die geistige Stärke besitzen, mit etwas (sehr) Negativem zurechtzukommen *„Diese Enttäuschung hat er nur schwer verkraftet"*

ver·kramp·fen (*verkrampfte sich, hat sich verkrampft*) **1 etwas verkrampft sich** die Muskeln eines Körperteils ziehen sich sehr stark zusammen wie in einem Krampf **2 jemand verkrampft sich** eine Person verhält sich nicht mehr natürlich, vor allem weil sie Angst hat oder unsicher ist

ver·küh·len (*verkühlte sich, hat sich verkühlt*) **sich verkühlen** eine Erkältung bekommen • *hierzu* **Ver·küh·lung** *die*

ver·kün·den (*verkündete, hat verkündet*) **etwas verkünden** etwas öffentlich sagen ⟨*ein Urteil, das Wahlergebnis verkünden*⟩ *„Auf der anschließenden Feier verkündete er, dass er heiraten wolle"* • *hierzu* **Ver·kün·dung** *die*

ver·kür·zen (*verkürzte, hat verkürzt*) **1 etwas verkürzen** etwas kürzer machen *„Die Arbeitszeit um zwei Stunden auf achtunddreißig Stunden verkürzen"* **2 etwas verkürzt sich** etwas wird kürzer *„Durch die neue Straße hat sich mein Weg zur Arbeit erheblich verkürzt"*

ver·la·den (*verlädt/gesprochen verladet, verlud, hat verladen*) **Personen/Dinge verladen** Menschen, Tiere oder Waren in großer Zahl in/auf ein Fahrzeug laden, um sie zu transportieren

der **Ver·lag** (-(e)s, -e) ein Betrieb, der Bücher, Zeitungen o. Ä. macht und von Buchhändlern verkaufen lässt ⟨*etwas erscheint bei/in einem Verlag, wird von einem Verlag herausgegeben, verlegt; als Lektor, Redakteur bei/in einem Verlag arbeiten*⟩ **K** Schulbuchverlag, Zeitungsverlag

ver·la·gern (*verlagerte, hat verlagert*) **1 etwas (irgendwohin) verlagern** die Körperhaltung so ändern, dass das Gewicht auf einem anderen Punkt liegt ⟨*das Gewicht, den Schwerpunkt (nach vorn, auf das andere Bein) verlagern*⟩ **2 etwas verlagert sich (irgendwohin)** etwas ändert die Position ⟨*ein Hoch(druckgebiet), ein Tief(druckgebiet)*⟩ • *hierzu* **Ver·la·ge·rung** *die*

ver·lan·gen (*verlangte, hat verlangt*) **1 etwas (von jemandem) verlangen** einer Person deutlich sagen, dass man etwas von ihr (haben) will oder dass man von ihr gute Leistungen erwartet ≈ fordern *„Sie verlangte, zu ihm gelassen*

V

zu werden" | *„Ich verlange, dass du sofort mein Haus verlässt!"* **2** **etwas (für etwas) verlangen** etwas als Preis für eine Ware oder Leistung haben wollen *„Er verlangt 2.000 Euro für das Boot"* **3** **etwas verlangen** (als Polizist o. Ä.) einer Person sagen, dass sie etwas zeigen soll ⟨*jemandes Ausweis, jemandes Führerschein, jemandes Papiere verlangen*⟩ **4** **etwas verlangen** einen Verkäufer, Kellner o. Ä. um etwas bitten *„die Rechnung/ein Kilo Hackfleisch verlangen"*

das **Ver·lan·gen** (-s) **1** **ein Verlangen (nach etwas)** ein starkes Bedürfnis, ein starker Wunsch ⟨*das Verlangen haben, etwas zu tun*⟩ ≈ Sehnsucht **2** **auf Verlangen** wenn jemand es verlangt oder fordert *„auf Verlangen die Fahrkarte vorzeigen"*

ver·län·gern (*verlängerte, hat verlängert*) **1** **etwas (um etwas) verlängern** etwas länger dauern lassen, als es vorgesehen war ⟨*eine Frist, den Urlaub, den Aufenthalt verlängern*⟩ *„Als das Spiel unentschieden endete, wurde es um zweimal 15 Minuten verlängert"* **2** **etwas (um etwas) verlängern** etwas länger machen *„eine Hose um zwei Zentimeter verlängern"*

die **Ver·län·ge·rung** (-, *-en*) **1** das Verlängern *„die Verlängerung eines Passes beantragen"* **2** der Zeitraum, um den etwas verlängert wird *„in der Verlängerung ein Tor schießen"*

ver·las·sen[1] (*verlässt, verließ, hat verlassen*) **1** **etwas verlassen** nicht an einem Ort bleiben, sich an einen anderen Ort bewegen *„das Haus durch den Hinterausgang verlassen"* **2** **etwas verlassen** aufhören, an einem bestimmten Ort zu leben *„Im Jahr 1896 verließ er seine Heimat und wanderte aus"* **3** **jemanden verlassen** seine Familie, seinen Ehepartner o. Ä. alleinlassen und nicht mehr für sie sorgen *„Er hat sie wegen einer anderen Frau verlassen"* **4** **sich auf jemanden/etwas verlassen** annehmen oder darauf vertrauen, dass eine andere Person etwas macht oder dass etwas geschieht *„Ich verlasse mich darauf, dass Sie alles vorbereiten"*

ver·las·sen[2] ADJEKTIV **1** ohne Menschen ⟨*ein Haus, ein Strand, eine Straße*⟩ **2** weit (von einer Stadt o. Ä.) entfernt und mit wenigen Straßen ⟨*eine Gegend*⟩ **3** allein oder einsam und hilflos ⟨*sich verlassen fühlen, vorkommen*⟩

der **Ver·lauf** (-(*e*)*s*) **1** die Richtung, in der etwas geht *„den Verlauf einer Grenze festlegen"* **2** die Entwicklung einer Situation, einer Krankheit o. Ä. ≈ Ablauf *„Zum typischen Verlauf dieser Krankheit gehört hohes Fieber"*

ver·lau·fen (*verläuft, verlief, hat/ist verlaufen*) **1** **etwas verläuft (irgendwie/irgendwohin)** (*ist*) z. B. ein Weg hat die genannte Richtung, geht in die genannte Richtung *„Die Grenze verläuft mitten durch den Ort"* **2** **etwas verläuft irgendwie** (*ist*) etwas geschieht auf die genannte Art und Weise ⟨*eine tödlich verlaufende Krankheit*⟩ *„Die Demonstration verlief ohne Zwischenfälle"* **3** **jemand verläuft sich** (*hat*) jemand wählt den falschen Weg oder geht in die falsche Richtung und weiß nicht mehr, wo er ist ⟨*sich im Wald verlaufen*⟩ ≈ sich verirren

ver·le·gen[1] (*verlegte, hat verlegt*) **1** **etwas (irgendwohin) verlegen** den Ort ändern, an dem etwas für lange Zeit ist *„Die Haltestelle wurde verlegt"* **2** **jemanden (irgendwohin) verlegen** jemanden (z. B. einen Kranken) an einen anderen Ort bringen *„einen Kranken in/auf die Intensivstation verlegen"* **3** **etwas (auf etwas** (*Akkusativ*)**) verlegen** den vorgesehenen Zeitpunkt oder Termin für etwas ändern *„Das Rennen wurde wegen des schlechten Wetters auf übermorgen verlegt"* **4** **etwas verlegen** etwas auf eine Strecke oder eine Fläche legen und dort festmachen ⟨*Fliesen, Gleise, Kabel, Leitungen, ein Parkett, Rohre, einen Teppichboden verlegen*⟩ **5** **etwas verlegen** etwas an irgendeinen Ort legen und es nicht mehr fin-

V

den „*Oma hat ihre Brille verlegt. Hilf ihr bitte suchen!*" **6** **jemand/ein Verlag verlegt etwas** der Besitzer eines Verlags/ein Verlag lässt etwas drucken, um es zu verkaufen ⟨*Bücher, Zeitschriften verlegen*⟩ ≈ herausbringen • *zu* (1 – 4) **Ver·le·gung** *die*

ver·le·gen[2] ADJEKTIV (in einer besonderen Situation) ängstlich und unsicher ⟨*ein Blick, ein Lächeln, eine Pause, ein Schweigen; verlegen sein, werden*⟩ „*Ihre Blicke machten ihn verlegen*"

die **Ver·le·gen·heit** (-, -*en*) **1** der Zustand, verlegen zu sein „*Er brachte vor lauter Verlegenheit kein Wort heraus*" ❶ nicht in der Mehrzahl verwendet **2** eine unangenehme Situation ⟨*in Verlegenheit sein; in die Verlegenheit kommen, etwas tun zu müssen*⟩

der **Ver·leih** (-*s*, -*e*) ein Betrieb, der Gegenstände gegen Bezahlung verleiht **K** Bootsverleih, Fahrradverleih

ver·lei·hen (*verlieh, hat verliehen*) **1** **etwas (an jemanden) verleihen** jemandem etwas für eine Zeit geben (und oft Geld dafür verlangen) „*Ich verleihe meine Bücher nur noch an Leute, die sorgfältig mit ihnen umgehen*" **2** **jemandem etwas verleihen** einer Person einen Preis geben, um sie zu ehren ⟨*jemandem einen Preis, einen Orden, einen Titel verleihen*⟩ • *zu* (2) **Ver·lei·hung** *die*

ver·ler·nen (*verlernte, hat verlernt*) **etwas verlernen** etwas, das man eigentlich kann, allmählich vergessen, weil man es so selten tut

ver·let·zen (*verletzte, hat verletzt*) **1** **jemanden verletzen** dem Körper eines anderen Schaden zufügen ⟨*jemanden leicht, schwer, lebensgefährlich, tödlich verletzen*⟩ „*jemanden durch einen Schuss ins Bein verletzen*" **2** **sich** (*Dativ*) **etwas verletzen**; **sich (an etwas** (*Dativ*)**) verletzen** (meist unabsichtlich) dem eigenen Körper (durch eine Wunde o. Ä.) schaden „*Ich habe mir bei dem Sturz den Fuß verletzt*" **3** **jemand/etwas verletzt eine Person/Sache** jemand/etwas bewirkt, dass eine Person traurig wird, weil sie meint, dass man sie nicht mag oder dass man schlecht von ihr denkt ⟨*jemanden tief, zutiefst verletzen*⟩ ≈ beleidigen „*verletzende Worte sagen*" | „*Sein Schweigen verletzte sie*" **4** **etwas verletzen** sich nicht an Regeln, Pflichten oder Konventionen halten ⟨*ein Gesetz, das Recht, einen Vertrag, eine Vorschrift verletzen; den Anstand, die Pflicht verletzen*⟩

der/die **Ver·letz·te** (-*n*, -*n*) eine Person, die körperlich verletzt ist ⟨*ein tödlich Verletzter*⟩ „*Der Unfall forderte drei Verletzte und einen Toten*" **K** Leichtverletzte, Schwerverletzte ❶ *ein Verletzter; der Verletzte; den, dem, des Verletzten;* Soldaten, die im Krieg verletzt werden, nennt man *Verwundete*.

die **Ver·let·zung** (-, -*en*) **1** eine Wunde o. Ä., eine Stelle am/im Körper, die verletzt ist ⟨*leichte, schwere, tödliche Verletzungen davontragen, erleiden*⟩ „*mit lebensgefährlichen Verletzungen ins Krankenhaus eingeliefert werden*" **K** Knieverletzung, Kopfverletzung, Schussverletzung **2** eine Handlung, durch die man gegen eine Regel oder Norm verstößt **K** Pflichtverletzung

ver·lie·ben (*verliebte sich, hat sich verliebt*) **sich (in jemanden) verlieben** beginnen, Liebe für ein andere Person zu empfinden • *hierzu* **Ver·lieb·te** *der/die*; **Ver·liebt·heit** *die*

ver·lie·ren (*verlor, hat verloren*)
NICHT GEWINNEN: **1** **(etwas) verlieren** in einem Spiel oder Wettkampf schlechter sein bzw. weniger Tore, Punkte o. Ä. bekommen als der Gegner „*ein Spiel 0 : 4* (null zu vier) *verlieren*" **2** **(einen Kampf/Krieg) verlieren** in einem Kampf vom Gegner, in einem Krieg vom Feind besiegt werden **3** **(etwas) verlieren** bei etwas keinen Erfolg haben ⟨*einen Prozess verlieren*⟩ **4** **(etwas) verlieren** Geld zahlen müssen, weil man bei einem Spiel Pech hatte oder schlechter war als der Gegner „*beim Pokern hundert Euro ver-*

lieren" **5** **(eine Wette) verlieren** bei einer Wette unrecht haben NICHT MEHR FINDEN: **6** **etwas verlieren** etwas irgendwo liegen oder fallen lassen und es nicht mehr finden *„Hier hast du den Schlüssel! Verlier ihn nicht!"* NICHT MEHR HABEN: **7** **jemanden verlieren** einen Menschen nicht mehr haben, weil er stirbt *„Frau und Kinder durch einen tragischen Unfall verlieren"* **8** **jemand verliert einen Freund/jemanden als Freund** eine Person ist nicht mehr jemandes Freund **9** **etwas verlieren** durch Fehler oder negative Umstände etwas Positives nicht mehr haben *„Viele Mitarbeiter haben ihren Job/Arbeitsplatz verloren"* | *„Ich verliere allmählich die Geduld mit dir!"* INHALT, TEIL: **10** **etwas verliert etwas** etwas lässt (meist durch ein Loch) eine Flüssigkeit oder ein Gas nach außen kommen *„Der Reifen verliert Luft"* **11** **jemand/etwas verliert etwas** Blut kommt nach außen oder ein Teil wird vom Körper oder von einer Pflanze getrennt ⟨*Haare, einen Zahn verlieren*⟩ *„Er hat viel Blut verloren und braucht dringend eine Transfusion"* MIT SICH: **12** **etwas verliert sich** etwas wird schwächer, verschwindet allmählich *„Der unangenehme Geruch des neuen Teppichbodens verliert sich nach ein paar Wochen"* **13** **sich in etwas** (*Dativ*) **verlieren** sich intensiv mit etwas beschäftigen und anderes nicht mehr bemerken ⟨*in Gedanken verloren sein*⟩ **ID** **Du hast hier nichts verloren** *gesprochen* Du bist hier nicht erwünscht • *zu* (1 – 6) **Ver·lie·rer** *der*

ver·lobt ADJEKTIV **(mit jemandem) verlobt** so, dass man einer anderen Person die Heirat versprochen hat *„Nachdem sie ein Jahr miteinander verlobt waren, heirateten sie"* • *hierzu* **Ver·lob·te** *der/die*

die **Ver·lo·bung** (-, -*en*) **eine Verlobung (mit jemandem)** das offizielle Versprechen, dass man die genannte Person heiraten wird ⟨*eine Verlobung bekannt geben, (auf)lösen; Verlobung feiern*⟩ **K** Verlobungsfeier

ver·lo·ren PARTIZIP PERFEKT **1** → verlieren

ADJEKTIV **2** einsam und allein ⟨*verloren aussehen; sich verloren fühlen*⟩ ≈ verlassen **3** **hoffnungslos/rettungslos verloren sein** völlig hilflos sein und keine Chance haben, gerettet zu werden

ver·lo·ren ge·hen, **ver·lo·ren·ge·hen** (*ging verloren, ist verloren gegangen/verlorengegangen*) **jemand/etwas geht verloren** jemand/etwas ist nicht mehr zu finden *„Mein Ausweis ist verloren gegangen"*

ver·lo·sen (*verloste, hat verlost*) **etwas verlosen** etwas als Preis zur Verfügung stellen und durch Lose bestimmen, wer es bekommt • *hierzu* **Ver·lo·sung** *die*

der **Ver·lust** (-*(e)s*, -*e*) **1** der Vorgang, bei dem man einen Besitz verliert und deshalb nicht mehr hat ⟨*ein empfindlicher Verlust*⟩ *„den Verlust seines Schlüsselbunds melden"* **2** nach einem Verlust hat man/etwas eine positive oder nützliche Sache nicht mehr oder weniger davon **K** Gewichtsverlust; Blutverlust **3** ein Verlust an Zeit bedeutet, dass man mehr Zeit für etwas braucht als geplant **K** Zeitverlust **i** nicht in der Mehrzahl verwendet **4** die Situation, wenn eine Firma mehr Geld ausgibt als sie einnimmt ⟨*Verlust(e) machen; mit Verlust arbeiten*⟩ ↔ Gewinn **K** Verlustgeschäft

ver·meh·ren (*vermehrte, hat vermehrt*) **1** **Tiere/Pflanzen vermehren sich** wenn sich Tiere und Pflanzen (z. B. durch Sex, durch das Legen von Eiern usw.) vermehren, entstehen junge Tiere und neue Pflanzen ≈ sich fortpflanzen **2** **etwas vermehrt sich** etwas wird mehr *„Die Zahl der Erkrankten vermehrte sich sprunghaft"* • *hierzu* **Ver·meh·rung** *die*

ver·mei·den (*vermied, hat vermieden*) **etwas vermeiden** so handeln, dass etwas Unangenehmes oder Negatives nicht geschieht oder nötig wird *„Die*

Operation hätte sich vermeiden lassen/hätte vermieden werden können, wenn er früher zum Arzt gegangen wäre" • *hierzu* **ver·meid·bar** ADJEKTIV; **Ver·mei·dung** *die*

ver·mie·ten (*vermietete, hat vermietet*) **(jemandem) (etwas) vermieten**; **(etwas) (an jemanden) vermieten** jemandem ein Haus, eine Wohnung oder ein Fahrzeug zum Benutzen überlassen und dafür Geld nehmen ⟨*ein Haus, ein Zimmer, eine Wohnung vermieten; Boote, Autos vermieten*⟩ • *hierzu* **Ver·mie·ter** *der*; **Ver·mie·tung** *die*

ver·mi·schen (*vermischte, hat vermischt*) **etwas mit etwas (zu etwas) vermischen**; **Dinge (miteinander) (zu etwas) vermischen** Dinge zusammenbringen und mischen *„Wenn man Gelb und Blau (miteinander) vermischt, erhält man Grün"*

ver·mis·sen (*vermisste, hat vermisst*) **1 jemanden/etwas vermissen** bedauern, dass jemand/etwas nicht da ist *„Ich habe dich sehr vermisst!"* **2 jemanden/etwas vermissen** feststellen, dass eine Person oder Sache nicht da ist und dass man nicht weiß, wo sie ist *„Ich vermisse meinen Regenschirm! Hast du ihn vielleicht gesehen?"*

ver·misst ADJEKTIV so, dass die Familie nicht weiß, wo eine Person ist und fürchtet, dass ihr etwas passiert ist ⟨*jemanden als vermisst melden*⟩ • *hierzu* **Ver·miss·te** *der/die*

ver·mit·teln (*vermittelte, hat vermittelt*) **1 (jemandem) eine Person/Sache vermitteln**; **eine Person an jemanden vermitteln** jemandem helfen, eine Person oder Sache zu bekommen *„jemandem eine neue Wohnung/eine Arbeitsstelle/einen Babysitter vermitteln"* **2 etwas vermitteln** bewirken, dass etwas, an dem verschiedene Leute teilnehmen, zustande kommt ⟨*ein Gespräch, ein Geschäft, ein Treffen, eine Ehe vermitteln*⟩ **3 (jemandem) etwas vermitteln** etwas so zeigen oder erklären, dass es eine andere Person versteht, lernt o. Ä. ⟨*Kenntnisse, Wissen vermitteln*⟩ *„Dieses Buch vermittelt uns einen guten Eindruck vom Leben des Künstlers"* **4 (zwischen Personen** (*Dativ*)**) vermitteln** mit den Gegnern in einem Streit o. Ä. sprechen, damit sie zu einer Lösung des Streits kommen ≈ schlichten • *zu* (1,2,4) **Ver·mitt·ler** *der*

die **Ver·mitt·lung** (-, -*en*) **1** das Vermitteln *„die Vermittlung von Arbeitskräften"* **K** Vermittlungsgebühr, Vermittlungsprovision; Stellenvermittlung **i** nicht in der Mehrzahl verwendet **2** der Versuch, durch Gespräche und Verhandlungen einen Streit zwischen zwei Gruppen o. Ä. zu beenden **3** die Weitergabe von Informationen o. Ä. ⟨*die Vermittlung von Kenntnissen*⟩ **i** nicht in der Mehrzahl verwendet

das **Ver·mö·gen** (-*s*, -) **1 ein Vermögen (an etwas** (*Dativ*)**)** der (große) Besitz einer Person, einer Firma o. Ä. an Geld und wertvollen Dingen ⟨*Vermögen haben*⟩ **K** Vermögensverhältnisse **2 ein Vermögen** *gesprochen* viel Geld *„Der Unfall kostet mich ein Vermögen"*

ver·mum·men (*vermummte sich, hat sich vermummt*) **sich vermummen** Kopf und Gesicht bedecken, damit man nicht erkannt wird *„Die Demonstranten waren vermummt"* • *hierzu* **Ver·mum·mung** *die*

ver·mu·ten (*vermutete, hat vermutet*) **(etwas) vermuten** denken, dass etwas möglich oder wahrscheinlich ist *„Ich habe ihn schon lange nicht mehr gesehen. Ich vermute, dass er viel zu tun hat"*

ver·mut·lich ADJEKTIV möglich oder wahrscheinlich ⟨*der Aufenthaltsort, der Täter*⟩ *„Sie ist jetzt vermutlich schon zu Hause"*

die **Ver·mu·tung** (-, -*en*) das, was jemand für möglich oder wahrscheinlich hält ⟨*eine Vermutung haben, aussprechen, äußern*⟩ ≈ Annahme *„Die Vermutung, dass es sich um einen Rechenfehler handle, hat sich bestätigt"*

ver·neh·men (*vernimmt, vernahm,*

hat vernommen) **jemanden vernehmen** (als Polizist oder vor Gericht) einem Zeugen Fragen stellen

ver·nei·nen *(verneinte, hat verneint)* **1** **etwas verneinen** etwas mit „nein" beantworten ⟨*eine Frage verneinen*⟩ ↔ bejahen **2** **etwas verneinen** etwas mit Wörtern wie *nicht, nichts, nie, niemand, nirgends* usw. negativ formulieren ≈ negieren • *hierzu* **Ver·nei·nung** *die*

ver·nịch·ten *(vernichtete, hat vernichtet)* **jemanden/etwas vernichten** bewirken, dass es jemanden/etwas nicht mehr gibt ≈ zerstören *„Das Feuer hat alle Vorräte vernichtet"*

die **Ver·nụnft** (-) die Fähigkeit des Menschen, Situationen, Ereignisse und Dinge mit dem Verstand zu beurteilen und sich danach zu richten (auch wenn es nicht den Gefühlen oder Wünschen entspricht)

ver·nụ̈nf·tig ADJEKTIV **1** klug und mit Vernunft *„eine vernünftige Entscheidung treffen"* **2** so, wie es jemandes Erwartungen, Wünschen entspricht ≈ ordentlich *„Ich will endlich mal wieder etwas Vernünftiges essen!"* • *zu* (1) **ver·nụ̈nf·ti·ger·wei·se** ADVERB

ver·ọ̈f·fent·li·chen *(veröffentlichte, hat veröffentlicht)* **etwas veröffentlichen** ein Buch oder einen Text für ein Buch oder eine Zeitschrift schreiben (die ein Publikum lesen kann) *„Sie hat mehrere Romane veröffentlicht"* • *hierzu* **Ver·ọ̈f·fent·li·chung** *die*

ver·pạ·cken *(verpackte, hat verpackt)* **etwas (in etwas** *(Akkusativ)*) **verpacken** etwas in eine (feste) Hülle tun, um es so zu verkaufen oder zu transportieren *„Könnten Sie mir das Buch bitte als Geschenk verpacken?"*

die **Ver·pạ·ckung** *(-, -en)* die Hülle, in die man etwas verpackt *„eine Verpackung aus Plastik"* **K** Verpackungsmaterial; Originalverpackung

ver·pạs·sen *(verpasste, hat verpasst)* **1** **jemanden/etwas verpassen** nicht zur richtigen Zeit an einem Ort sein und deswegen jemanden nicht treffen

VERPACKUNG

oder etwas nicht erreichen ≈ versäumen *„Wir sind zu spät ins Kino gegangen und haben den Anfang des Films verpasst"* **2** **etwas verpassen** den richtigen Zeitpunkt für etwas nicht nutzen ⟨*eine Chance, eine Gelegenheit verpassen*⟩ ≈ versäumen *„den Anschluss an die moderne Technik nicht verpassen wollen"*

ver·pfle·gen *(verpflegte, hat verpflegt)*

jemanden verpflegen jemanden oder sich selbst mit Essen versorgen

e **Ver·pfle·gung** (-) **1** die Versorgung mit Essen **2** das Essen, das man z. B. in einem Hotel bekommt *„Unterkunft und Verpflegung waren sehr gut"*

ver·pflich·ten (*verpflichtete, hat verpflichtet*) **1** **etwas verpflichtet (jemanden) zu etwas** etwas bewirkt, dass jemand die Pflicht hat, etwas zu tun ⟨*zu etwas verpflichtet sein*⟩ *„Das Öffnen der Packung verpflichtet zum Kauf/verpflichtet Sie zum Kauf der Ware"* **2** **jemanden zu etwas verpflichten** in einem Vertrag bestimmen, dass jemand die Pflicht zu etwas hat *„einen Kunden dazu verpflichten, eine Rechnung innerhalb von 14 Tagen zu zahlen"* **3** **sich (zu etwas) verpflichten** fest versprechen, etwas zu tun ⟨*sich vertraglich verpflichten*⟩

ver·pflich·tet ADJEKTIV **((jemandem) zu etwas) verpflichtet** aus moralischen Gründen oder weil man jemandem etwas schuldet, mehr oder weniger gezwungen, etwas zu tun ⟨*sich zu etwas verpflichtet fühlen*⟩ *„jemandem zu Dank verpflichtet sein"* jemandem sehr dankbar sein

e **Ver·pflich·tung** (-, *-en*) etwas, das man vor allem aus moralischen Gründen tun muss ⟨*berufliche, gesellschaftliche, vertragliche Verpflichtungen*⟩ *„Sie konnte aus terminlichen Schwierigkeiten ihren Verpflichtungen nicht mehr nachkommen"*

ver·prü·geln (*verprügelte, hat verprügelt*) **jemanden verprügeln** jemanden mehrmals sehr stark schlagen

ver·ra·ten (*verrät, verriet, hat verraten*) **1** **(jemandem) etwas verraten** jemandem etwas sagen oder zeigen, das geheim bleiben sollte ⟨*ein Geheimnis, einen Plan, ein Versteck verraten*⟩ *„Soll ich dir verraten, was du zu Weihnachten bekommst?"* **2** **jemanden verraten**; **etwas (an jemanden) verraten** durch das Weitergeben von Informationen (meist absichtlich) jemandem/etwas schaden ⟨*einen Freund, das Vaterland*⟩ *„Er hat Geschäftsgeheimnisse an die Konkurrenz verraten"* • hierzu **Ver·rä·ter** *der*

ver·rech·nen (*verrechnete, hat verrechnet*) **sich verrechnen** beim Rechnen einen Fehler machen

ver·rei·sen (*verreiste, ist verreist*) eine Reise machen ⟨*geschäftlich verreisen; verreist sein*⟩ *„Sie ist vor zwei Wochen überraschend verreist"*

ver·ren·ken (*verrenkte, hat verrenkt*) **jemandem etwas verrenken** etwas so bewegen oder drehen, dass es gedehnt und verletzt wird ≈ verzerren *„Ich habe mir beim Joggen den Fuß verrenkt"*

ver·rückt ADJEKTIV **1** ständig nicht fähig, klar zu denken oder vernünftig zu handeln ≈ wahnsinnig *„Und dann ist er verrückt geworden und kam in die Psychiatrie"* **2** nervlich so stark belastet, dass man ganz nervös o. Ä. wird ⟨*verrückt vor Angst, Schmerzen, Sorgen*⟩ *„Der Lärm/Die Ungewissheit macht mich ganz verrückt"* **3** ungewöhnlich und meist nicht vernünftig ⟨*ein Einfall, ein Gedanke, eine Idee*⟩ *„etwas ganz Verrücktes tun wollen"* **4** **wie verrückt** sehr heftig oder intensiv *„Es regnete wie verrückt"* **5** **auf etwas** (*Akkusativ*)**/nach etwas verrückt sein** etwas sehr gern haben oder genießen wollen *„ganz verrückt nach Cowboyfilmen sein"*

der **Vers** [f-]; (*-es, -e*) eine Zeile mit einem deutlichen Rhythmus, Reim usw. in einem Gedicht oder einem Theaterstück ⟨*etwas in Verse bringen, fassen*⟩ *„eine Strophe aus/mit sechs Versen"*

ver·sa·gen (*versagte, hat versagt*) **1** die erwartete Leistung nicht bringen ⟨*in einer Prüfung, in der Schule, am Arbeitsplatz versagen*⟩ **2** **etwas versagt** etwas bringt die normale Leistung nicht mehr ⟨*die Augen, das Herz, die Bremsen*⟩

der **Ver·sa·ger** (*-s, -*); *abwertend* eine Person, die oft oder in wichtigen Dingen nicht die erwartete Leistung bringt

ver·sal·zen (*versalzte, hat versalzen/versalzt*) **etwas versalzen** zu viel Salz in

V

etwas geben ⟨*die Suppe versalzen*⟩

ver·sam·meln (*versammelte, hat versammelt*) **Personen versammeln sich (irgendwo)** Personen treffen sich in einer Gruppe, vor allem um über etwas zu sprechen *„sich in einem Saal zu einer Sitzung versammeln"*

die **Ver·samm·lung** (-, *-en*) ein Treffen einer großen Gruppe von Menschen, die über etwas sprechen wollen *„zur Versammlung des Sportvereins gehen"* **K** Mitgliederversammlung

der **Ver·sand** (-(*e*)*s*) das Schicken von Waren an die Leute, die die Waren bestellt haben *„Waren zum Versand verpacken"* **K** Versandkosten

ver·säu·men (*versäumte, hat versäumt*) **1** **etwas versäumen** nicht rechtzeitig an einem Ort sein, um etwas zu erreichen ≈ verpassen *„den Bus versäumen"* **2** **etwas versäumen** an etwas nicht teilnehmen (können) *„wegen Krankheit den Unterricht versäumen"* **3** **etwas versäumen** etwas nicht tun *„seine Pflicht versäumen"* **4** **etwas versäumen** etwas nicht nutzen ⟨*eine Chance, eine Gelegenheit versäumen*⟩

ver·schaf·fen (*verschaffte, hat verschafft*) **jemandem etwas verschaffen** dafür sorgen, dass jemand oder man selbst etwas bekommt *„jemandem einen Job verschaffen"*

ver·schi·cken (*verschickte, hat verschickt*) **Dinge verschicken** etwas (meist in großer Zahl) irgendwohin schicken ⟨*Briefe, Einladungen, Waren verschicken*⟩

ver·schie·ben (*verschob, hat verschoben*) **1** **etwas verschieben** etwas an einen anderen Ort schieben *„den Tisch verschieben"* **2** **etwas verschieben** etwas zu einem späteren Zeitpunkt tun ⟨*etwas auf später verschieben*⟩ *„einen Test um zwei Tage verschieben"* **3** **etwas verschieben** Daten, Dateien innerhalb des Computers in einem anderen Verzeichnis, Laufwerk o. Ä. speichern • *zu* (2,3) **Ver·schie·bung** *die*

ver·schie·den ADJEKTIV **1** **verschieden (von jemandem/etwas)** so, dass die eine Person oder Sache nicht so ist wie eine andere Person oder Sache ≈ anders ↔ gleich *„Wir waren verschiedener Meinung: Ich fand den Film schlecht, sie fand ihn gut"* | *„Die Schuhe sind verschieden groß"* **2** **verschiedene Personen/Dinge** mehr als zwei Personen oder Dinge ≈ mehrere *„verschiedene Einwände gegen einen Vorschlag haben"* • *zu* (1) **ver·schie·den·ar·tig** ADJEKTIV

ver·schim·meln (*verschimmelte, ist verschimmelt*) **etwas verschimmelt** etwas schimmelt und wird dadurch schlecht

ver·schla·fen (*verschläft, verschlief, hat verschlafen*) **1** nicht rechtzeitig aufwachen *„zu spät zur Arbeit kommen, weil man verschlafen hat"* **2** **etwas verschlafen** *gesprochen* an etwas nicht rechtzeitig denken ⟨*einen Termin verschlafen*⟩ ≈ versäumen

ver·schlam·pen (*verschlampte, hat verschlampt*); *gesprochen, abwertend* **etwas verschlampen** etwas irgendwohin legen und später nicht mehr finden

ver·schlech·tern (*verschlechterte, hat verschlechtert*) **1** **etwas verschlechtern** durch das Verhalten o. Ä. bewirken, dass etwas schlechter wird ⟨*eine Lage, einen Zustand verschlechtern*⟩ ↔ verbessern **2** **etwas verschlechtert sich** etwas wird schlechter ↔ sich bessern *„Das Wetter hat sich verschlechtert"* • *hierzu* **Ver·schlech·te·rung** *die*

ver·schlie·ßen (*verschloss, hat verschlossen*) **1** **etwas verschließen** etwas mit einem Schlüssel o. Ä. schließen ⟨*das Haus, die Haustür, das Auto verschließen*⟩ **2** **etwas verschließen** etwas fest schließen, sodass es nicht von selbst aufgehen kann *„ein Marmeladenglas mit einem Schraubdeckel verschließen"* • *hierzu* **ver·schließ·bar** ADJEKTIV

ver·schlu·cken (*verschluckte, hat verschluckt*) **sich (an etwas (*Dativ*)) verschlucken** wenn man sich beim Essen oder Trinken verschluckt, gerät et-

V

was in die Luftröhre und man bekommt keine Luft und muss husten

Ver·schlụss ein Gegenstand (wie z. B. ein Deckel, eine Schnalle oder ein Haken), mit dem man etwas verschließen kann ⟨*ein kindersicherer Verschluss*⟩ **K** Schraubverschluss **i** → Abb. unter **Deckel**

ver·schlụ̈s·seln (*verschlüsselte, hat verschlüsselt*) **etwas verschlüsseln** wenn man eine Nachricht verschlüsselt, kann sie nicht jeder verstehen (sondern nur diejenigen, die den Code kennen) ≈ codieren • *hierzu* **Ver·schlụ̈s·se·lung** *die*

ver·schmi̱e̱·ren (*verschmierte, hat verschmiert*) **1** **etwas verschmieren** (aus Versehen) über eine feuchte Farbe o. Ä. wischen, sodass es Flecken gibt **2** **etwas verschmieren** eine weiche Masse, ein Öl o. Ä. auf einer Oberfläche verteilen **3** **etwas verschmieren** etwas schmutzig machen, indem man vor allem mit den Fingern Schmutz, etwas Klebriges o. Ä. daraufbringt *„ein Kind, dessen Gesicht mit Schokolade verschmiert ist"*

ver·schmụt·zen (*verschmutzte, hat/ist verschmutzt*) **1** **etwas verschmutzen** (*hat*) etwas schmutzig machen *„beim Spielen die Kleidung verschmutzen"* **2** **etwas verschmutzt** (*ist*) etwas wird schmutzig

ver·schna̱u̱·fen (*verschnaufte, hat verschnauft*); *gesprochen* eine Pause machen, um sich ein bisschen auszuruhen **K** Verschnaufpause

ver·schnụpft ADJEKTIV; *gesprochen* mit einem Schnupfen ⟨*verschnupft sein*⟩

ver·schre̱i̱·ben (*verschrieb, hat verschrieben*) **1** **(jemandem) etwas verschreiben** (als Arzt) bestimmen, welche Behandlung oder welche Medikamente der Patient bekommen soll *„Mein Arzt hat mir einen Hustensaft verschrieben"* **2** **sich verschreiben** beim Schreiben (aus Versehen) einen Fehler machen • *zu* (1) **Ver·schre̱i̱·bung** *die*

ver·schụl·den (*verschuldete, hat verschuldet*) **1** **etwas verschulden** an einem Problem, Unfall usw. schuld sein *„Er hat den Unfall selbst verschuldet"* **2** **sich verschulden** hohe Schulden machen ⟨*hoch verschuldet sein*⟩

ver·schwẹn·den (*verschwendete, hat verschwendet*) **1** **etwas verschwenden** viel Geld für unnötige Dinge ausgeben **2** **etwas verschwenden** viel von etwas verbrauchen, ohne dass es einen Nutzen oder Erfolg hat ⟨*Zeit, Energie verschwenden*⟩ • *hierzu* **Ver·schwẹn·dung** *die*; **Ver·schwẹn·der** *der*

ver·schwịn·den (*verschwand, ist verschwunden*) **1** weggehen, wegfahren o. Ä. und nicht mehr zu sehen sein *„Das Reh verschwand im Wald/in den Wald"* **2** für jemanden nicht zu finden sein *„Ich weiß, dass der Ausweis in der Tasche war. Aber jetzt ist er verschwunden"* **3** **jemanden/etwas verschwinden lassen** *gesprochen* bewirken, dass eine lästige Person oder Sache nicht mehr da ist, indem man sie tötet oder zerstört ⟨*Beweismittel, Zeugen verschwinden lassen*⟩

ver·schwọm·men ADJEKTIV ≈ unklar

das **Ver·se̱·hen** (-s, -) **1** ein meist kleiner Fehler (vor allem weil man nicht gut aufgepasst hat) ≈ Irrtum **2** **aus Versehen** ohne Absicht *„jemanden aus Versehen stoßen"*

ver·sẹn·den (*versandte/versendete, hat versandt/versendet*) **Dinge (an Personen) versenden** etwas (in großer Zahl, Menge) durch Post oder Bahn an jemanden schicken ⟨*Prospekte, Waren*⟩

ver·sẹn·ken (*versenkte, hat versenkt*) **etwas versenken** ein Schiff angreifen und so beschädigen, dass es sinkt

ver·sẹt·zen (*versetzte, hat versetzt*) **1** **etwas versetzen** etwas von einer Stelle an eine andere bringen *„eine Mauer (um drei Meter) versetzen"* | *„einen Baum versetzen"* **2** **jemand wird (irgendwohin) versetzt** jemand bekommt von seiner Firma oder Behörde einen anderen Arbeitsplatz **3** **jemand wird versetzt** ein Schüler darf im nächsten

Schuljahr die nächste, höhere Klasse besuchen **4** **jemanden versetzen** *gesprochen* zu einem Treffen mit jemandem nicht kommen, obwohl man es versprochen hat **5** **sich in jemanden/etwas versetzen** sich vorstellen, an jemandes Stelle oder in einer Situation zu sein *„Versuch doch mal, dich in meine Lage zu versetzen!"* • *zu* (1 – 3) **Ver·set·zung** *die*

ver·si·chern (*versicherte, hat versichert*) **jemanden/etwas (gegen etwas) versichern** eine Versicherung abschließen, damit man im Falle von Krankheit, Unfällen, Schäden usw. nicht so viel Geld bezahlen muss *„Jedes Haus muss gegen Feuer versichert werden"*

die **Ver·si·cher·ten·kar·te** eine kleine Karte aus Plastik, auf der die persönlichen Daten gespeichert sind und die beweist, dass man Mitglied bei einer Krankenkasse ist

die **Ver·si·che·rung** (-, *-en*) **1** **eine Versicherung (gegen etwas)** ein Vertrag mit einer Firma, der man regelmäßig Geld zahlt, damit sie die Kosten übernimmt, die bei einem Schaden entstehen ‹*eine Versicherung abschließen, kündigen*› *„eine Versicherung gegen Feuer und Glasschäden"* **K** Versicherungsbeitrag, Versicherungsschutz; Haftpflichtversicherung, Krankenversicherung **2** eine Firma, mit der man solche Verträge machen kann **K** Versicherungsgesellschaft, Versicherungsvertreter

ver·si·ckern (*versickerte, ist versickert*) **etwas versickert** etwas fließt langsam in die Erde ‹*das Wasser, der Regen*›

die **Ver·si·on** (-, *-en*) **1** **eine Version (von etwas/** *+Genitiv*) eine von mehreren Möglichkeiten, ein Ereignis darzustellen und zu deuten *„die offizielle Version vom Vorfall"* | *„Die Zeugen lieferten unterschiedliche Versionen vom Überfall"* **2** eine von mehreren Formen eines Textes ‹*eine ältere, deutschsprachige, gedruckte, (un)gekürzte Version; die endgültige, ursprüngliche Version*› *„Den beliebten Comic gibt es auf Deutsch auch in einer bayrischen und einer schwäbischen Version"* **3** eines von mehreren sehr ähnlichen Produkten ≈ Variante *„Dieses Automodell gibt es in einer zweitürigen und einer viertürigen Version"*

ver·söh·nen (*versöhnte, hat versöhnt*) **eine Person versöhnt sich mit jemandem; Personen versöhnen sich** zwei oder mehrere Personen leben nach einem Streit wieder in Frieden miteinander • *hierzu* **Ver·söh·nung** *die*

ver·sor·gen (*versorgte, hat versorgt*) **1** **jemanden/etwas (mit etwas) versorgen** bewirken, dass eine Sache, eine Person oder man selbst das bekommt, was gebraucht wird *„jemanden mit Nahrung und Kleidung versorgen"* **2** **jemanden/etwas versorgen** dafür sorgen, dass ein Mensch oder ein Tier die nötige Pflege bekommt ‹*ein Kind, einen Kranken, einen Pflegebedürftigen versorgen*› • *hierzu* **Ver·sor·gung** *die*

ver·spä·ten (*verspätete sich, hat sich verspätet*) **1** **jemand/etwas verspätet sich** jemand/etwas kommt später als geplant *„Er hat sich um zehn Minuten verspätet"* **2** **jemand/etwas erscheint verspätet; jemand/etwas trifft verspätet ein** eine Person oder Sache kommt später als geplant *„Der Zug traf verspätet ein"*

die **Ver·spä·tung** (-, *-en*) **1** die Zeit, um die man zu spät kommt *„Entschuldigen Sie bitte meine Verspätung!"* **2** **etwas hat Verspätung** ein Zug oder Bus fährt, ein Flugzeug fliegt später ab bzw. kommt später an als geplant

ver·spielt ADJEKTIV so, dass es immer spielen will ‹*ein Kind, ein Tier*›

ver·spot·ten (*verspottete, hat verspottet*) **jemanden/etwas verspotten** über jemanden/etwas spotten

ver·spre·chen (*verspricht, versprach, hat versprochen*) **1** **(jemandem) etwas versprechen** jemandem sagen, dass man etwas ganz sicher tun wird *„Sie hat versprochen, ihm zu helfen"* | *„Ich* *habe ihr versprochen, dass ich sie besuchen werde"* **2** **sich versprechen** ohne Absicht etwas anders sagen oder aussprechen, als man wollte *„Er war so nervös, dass er sich ständig versprach"*

das **Ver·spre·chen** (-s, -) Worte, mit denen eine Person einer anderen Person sagt, dass sie etwas ganz sicher tun wird ⟨*jemandem ein Versprechen geben*⟩

der **Ver·spre·cher** (-s, -) ein Fehler beim Sprechen oder bei der Aussprache eines Wortes

die **Ver·spre·chung** (-, *-en*) **jemandem große/leere Versprechungen machen** jemandem viel versprechen, aber dann das Versprechen nicht halten

der **Ver·stand** (-(e)s) die Fähigkeit des Menschen, zu denken und zu urteilen ⟨*einen klaren, scharfen, keinen (Funken) Verstand haben; den Verstand gebrauchen*⟩ *„Du solltest genug Verstand haben, nicht solche gefährlichen Sachen zu machen"* **ID** **den Verstand verlieren** wegen eines schrecklichen Ereignisses geistig verwirrt, wahnsinnig werden

ver·stän·di·gen (*verständigte, hat verständigt*) **1** **jemanden (über etwas** (*Akkusativ*)**/von etwas) verständigen** jemandem mitteilen, dass etwas geschehen ist ⟨*die Polizei verständigen*⟩ *„Die Ärzte verständigten die Angehörigen vom Tod des Patienten"* **2** **sich (mit jemandem) (irgendwie) verständigen** sich auf irgendeine Weise verständlich machen ⟨*sich in einer Fremdsprache, sich durch Zeichen verständigen*⟩

die **Ver·stän·di·gung** (-) **1** *geschrieben* die Mitteilung, dass etwas geschehen ist *„die Verständigung der Angehörigen"* **2** ein Gespräch, bei dem jeder versteht, was die Person, welche gerade spricht, sagen will *„Die Verständigung mit dem Gast aus Japan war schwierig"*

ver·ständ·lich ADJEKTIV **1** deutlich und gut zu hören ⟨*eine Aussprache; klar und verständlich sprechen*⟩ *„Bei dem Lärm waren ihre Worte für mich kaum verständlich"* **2** so, dass der Sinn leicht zu erkennen, verstehen ist *„ein schwer verständlicher wissenschaftlicher Text"* **3** so, dass man den Grund dafür erkennt und akzeptiert ⟨*eine Forderung, ein Wunsch, eine Sorge, eine Reaktion*⟩ **4** **sich (irgendwie) verständlich machen** so sprechen oder sich so verhalten, dass eine andere Person versteht, was man meint ⟨*sich durch Zeichen, mit Gesten verständlich machen*⟩ • *hierzu* **Ver·ständ·lich·keit** *die*; *zu* (3) **ver·ständ·li·cher·wei·se** ADVERB

das **Ver·ständ·nis** (*-ses*) **1** **Verständnis (für jemanden/etwas)** die Fähigkeit, jemanden/etwas zu verstehen und zu akzeptieren, was eine andere Person denkt, fühlt oder tut *„Meine Eltern haben kein Verständnis dafür, dass ich mit dem Motorrad nach Sizilien fahren will"* **2** *geschrieben* das Verstehen und Begreifen ⟨*jemandem das Verständnis eines Textes erleichtern*⟩ • *zu* (1) **ver·ständ·nis·los** ADJEKTIV; *zu* (1) **ver·ständ·nis·voll** ADJEKTIV

ver·stär·ken (*verstärkte, hat verstärkt*) **1** **etwas verstärken** etwas kräftiger und stabiler machen ⟨*eine Mauer verstärken*⟩ **2** **etwas verstärken** etwas stärker, intensiver machen ⟨*den Ton (durch/über Lautsprecher) verstärken*⟩ • *hierzu* **Ver·stär·kung** *die*

der **Ver·stär·ker** (-s, -) ein Gerät zur Verstärkung der Leistung elektrischer Geräte, z. B. von E-Gitarren

ver·staubt ADJEKTIV *abwertend* ⟨*verstaubte Ansichten (über etwas) haben*⟩ ≈ altmodisch, veraltet

ver·stau·chen (*verstauchte, hat verstaucht*) **sich** (*Dativ*) **etwas verstauchen** durch eine plötzliche, starke Belastung ein Gelenk oder die Bänder beschädigen ⟨*sich den Fuß, den Knöchel verstauchen*⟩ • *hierzu* **Ver·stau·chung** *die*

ver·stau·en (*verstaute, hat verstaut*) **Dinge (irgendwo) verstauen** Dinge in einen Behälter o. Ä. legen (meist sorgfältig, weil wenig Platz ist) *„das Gepäck im Kofferraum verstauen"*

das **Ver·steck** (-(e)s, *-e*) ein Ort, an dem

jemand/etwas versteckt ist oder an dem jemand/etwas versteckt werden kann

ver·ste·cken (*versteckte, hat versteckt*) **eine Person/Sache (vor jemandem) verstecken** dafür sorgen, dass andere Personen eine Person oder Sache nicht finden können *„Das Kind versteckte sich/seine Puppe hinter einem Busch"* | *„Was hast du da hinter deinem Rücken versteckt?"*

ver·ste·hen (*verstand, hat verstanden*) AKUSTISCH: **1** **jemanden/etwas verstehen** erkennen, welche Worte jemand spricht oder singt und welchen Sinn sie ergeben ⟨*jemanden/etwas gut deutlich, falsch, schlecht, schwer verstehen*⟩ *„Bei dem Lärm konnte ich nicht verstehen, was sie sagte"* INHALTLICH: **2** **etwas verstehen** wissen oder erkennen, wie etwas ist oder warum es so ist ≈ begreifen, kapieren *„Verstehst du diese Frage? Ich nicht!"* | *„Ich verstehe einfach nicht, wie so ein Fehler möglich war"* | *„Verstehst du jetzt, warum ich dich davor gewarnt habe?"* **3** **etwas unter etwas verstehen**; **etwas irgendwie verstehen** eine Bezeichnung in der genannten Bedeutung verwenden *„Unter „VDSL" versteht man eine schnelle Form der Datenübertragung"* EMOTIONAL, INTUITIV: **4** **jemanden/etwas verstehen** die Gründe für das Verhalten einer Person erkennen und das Verhalten akzeptieren *„Ich kann gut verstehen, dass dich das ärgert"* **5** **jemand versteht sich mit jemandem irgendwie**; **Personen verstehen sich irgendwie** die Beziehung zwischen Personen ist von der genannten Art *„Früher gab es schon mal Streit, aber jetzt verstehen wir uns prima"*

ver·stel·len (*verstellte, hat verstellt*) **1** **etwas verstellen** die Position einer Sache ändern *„Diesen Schreibtischstuhl kann man in der Höhe verstellen"* **2** **etwas (mit etwas) verstellen** Gegenstände irgendwo hinstellen und dadurch bewirken, dass eine Sperre entsteht ⟨*den Eingang, den Ausgang verstellen*⟩ ≈ versperren **3** **etwas/sich verstellen** sein Verhalten oder etwas mit Absicht so ändern, dass man jemanden täuscht ⟨*die Stimme, die Handschrift verstellen*⟩ • *zu* (1) **ver·stell·bar** ADJEKTIV

ver·stimmt ADJEKTIV **1** so, dass ein Musikinstrument falsch klingt ⟨*die Gitarre, der Flügel, das Klavier*⟩ **2** ≈ ärgerlich, verärgert • *zu* (2) **Ver·stim·mung** *die*

ver·stop·fen (*verstopfte, hat verstopft*) **etwas verstopft etwas** etwas bewirkt, dass nur noch wenig oder nichts mehr durch eine Öffnung, ein Rohr o. Ä. gelangt *„eine verstopfte Nase haben"*

der/die **Ver·stor·be·ne** (*-n, -n*); *geschrieben* eine Person, die (vor kurzer Zeit) gestorben ist ℹ *ein Verstorbener; der Verstorbene; den, dem, des Verstorbenen*

der **Ver·stoß** **ein Verstoß (gegen etwas)** eine Tat, für die man bestraft werden kann ⟨*ein (schwerer) Verstoß gegen das Gesetz, die Regeln*⟩ **K** Regelverstoß

ver·sto·ßen (*verstößt, verstieß, hat verstoßen*) **gegen etwas verstoßen** nicht so handeln, wie es eine Regel, ein Gesetz o. Ä. verlangt ⟨*gegen eine Vorschrift, eine Regel, ein Gesetz, die Spielregeln, den Anstand, die guten Sitten verstoßen*⟩

der **Ver·such** (*-(e)s, -e*) **1** eine Handlung, mit der man versucht, etwas zu tun ⟨*einen Versuch machen/wagen*⟩ *„der Versuch der Polizei, die Demonstration aufzulösen"* **K** Fluchtversuch, Mordversuch **2** **ein Versuch (an/mit jemandem/etwas)** eine oder mehrere Handlungen, mit denen man etwas (wissenschaftlich) prüfen, feststellen oder beweisen will ⟨*ein physikalischer, wissenschaftlicher Versuch*⟩ ≈ Experiment, Test *„Versuche an/mit Tieren machen, um die Wirkung eines Medikaments zu testen"* **K** Tierversuch, Laborversuch

ver·su·chen (*versuchte, hat versucht*) **1** **etwas versuchen** sich Mühe geben, etwas (Schwieriges) mit Erfolg zu tun

„Sie versuchte, ihm zu helfen" **2** **etwas versuchen** etwas tun, um festzustellen, ob etwas möglich ist *„versuchen, ob der Schlüssel in das Schloss passt"* **3** **(etwas) versuchen** den Geschmack einer Sache prüfen (bevor man mehr davon isst oder trinkt) ≈ probieren *„Hier, versuch mal! Schmeckts?"*

Ver·su·chung (-, *-en*) der starke Wunsch, etwas zu tun, das man meist aus moralischen Gründen nicht tun will oder nicht tun sollte ⟨*in Versuchung geraten/kommen; jemanden in Versuchung bringen/führen*⟩

ver·tei·di·gen (*verteidigte, hat verteidigt*) **1** **eine Person/etwas (gegen jemanden/etwas) verteidigen** eine Person, sich selbst oder eine Sache gegen einen Angriff schützen, indem man zu kämpfen beginnt ⟨*das Land, eine Stadt (gegen den Feind, einen Angreifer) verteidigen*⟩ ↔ angreifen **2** **eine Person/Sache (gegen jemanden/etwas) verteidigen** mit Argumenten erklären, dass ein Verhalten oder eine Meinung richtig war *„jemanden gegen eine Anschuldigung verteidigen"* **3** **jemanden verteidigen** als Rechtsanwalt einen Angeklagten vor Gericht vertreten

die **Ver·tei·di·gung** (-) **1** die Handlungen, mit denen man jemanden/etwas in einem Kampf verteidigt **K** Verteidigungsbereitschaft **2** der Rechtsanwalt, der einen Angeklagten vor Gericht verteidigt

ver·tei·len (*verteilte, hat verteilt*) **1** **(Dinge) (an Personen) verteilen** mehreren Personen einige Dinge (derselben Art) geben ≈ austeilen *„Die Lehrerin verteilte Süßigkeiten an die Kinder"* **2** **etwas verteilen** eine Menge oder Masse in einzelne Teile teilen und meist gleichmäßig an verschiedene Stellen bringen, legen o. Ä. *„die Kisten gleichmäßig auf dem Lastwagen verteilen"* **3** **etwas verteilt sich (irgendwo)** etwas kommt (in ungefähr gleicher Menge oder Zahl) an verschiedene Stellen einer Fläche oder eines Raumes *„Das Wasser verteilte sich auf dem ganzen Boden"* • hierzu **Ver·tei·lung** *die*

ver·tip·pen (*vertippte sich, hat sich vertippt*) **sich vertippen** *gesprochen* beim Tippen falsche Tasten treffen

der **Ver·trag** (-(e)s, *Ver·trä·ge*) **1** eine Vereinbarung zwischen zwei oder mehreren Partnern, an die sich beide Partner halten müssen ⟨*einen Vertrag mit jemandem (ab)schließen*⟩ **K** Arbeitsvertrag, Ausbildungsvertrag, Kaufvertrag, Mietvertrag **2** ein Dokument, in dem steht, was durch einen Vertrag bestimmt wurde ⟨*einen Vertrag unterschreiben, unterzeichnen*⟩

ver·tra·gen (*verträgt, vertrug, hat vertragen*) **1** **etwas vertragen** etwas essen, trinken, erleben o. Ä. können, ohne sich schlecht zu fühlen oder krank zu werden *„Ich vertrage diese Hitze schlecht/nicht"* | *„Er verträgt ziemlich viel"* Er kann viel Alkohol trinken, ohne betrunken zu werden **2** **eine Person verträgt sich mit jemandem; Personen vertragen sich** zwei oder mehrere Personen leben in Frieden und Harmonie **3** **etwas verträgt sich mit etwas; Dinge vertragen sich** zwei oder mehrere Dinge passen gut zueinander, beeinflussen sich nicht negativ *„Viele Medikamente vertragen sich nicht mit Alkohol"*

ver·trag·lich ADJEKTIV durch einen Vertrag bestimmt ⟨*eine Vereinbarung; etwas vertraglich festlegen, regeln, vereinbaren*⟩

ver·trau·en (*vertraute, hat vertraut*) **jemandem vertrauen; auf jemanden/etwas vertrauen** fest davon überzeugt sein, dass jemand zuverlässig ist, dass etwas stimmt o. Ä.

das **Ver·trau·en** (-s) **1** **das Vertrauen (zu jemandem/in jemanden)** der feste Glaube daran, dass jemand zuverlässig ist und nicht lügt o. Ä. ⟨*jemandem sein Vertrauen schenken; im Vertrauen auf jemanden/etwas*⟩ *„Warum liest du heimlich meine Briefe? Hast du denn kein Vertrauen zu mir?"* **K** Vertrauensbruch

2 **das Vertrauen (in etwas** (*Akkusativ*)**)** der feste Glaube daran, dass etwas Erfolg haben und gut für jemanden sein wird *„das Vertrauen in die moderne Technik"* **3** **jemandem etwas im Vertrauen sagen** einer Person etwas sagen, das sie anderen Leuten nicht sagen darf • *zu* (1) **ver·trau·en·er·we·ckend** ADJEKTIV; *zu* (1) **ver·trau·ens·wür·dig** ADJEKTIV

ver·traut ADJEKTIV **1** **(mit jemandem) vertraut** sehr gut bekannt und befreundet *„Wir sind sehr vertraut (miteinander)"* **2** **(jemandem) vertraut** jemandem so gut bekannt, dass er es nicht als fremd empfindet ⟨*ein Gesicht, eine Gestalt, eine Umgebung*⟩ *„Plötzlich hörte ich eine mir vertraute Stimme"* **3** **mit etwas vertraut sein** etwas gut kennen (und daher können) *„Sie war mit der Arbeit am Computer vertraut"* • *hierzu* **Ver·traut·heit** *die*

ver·trei·ben (*vertrieb, hat vertrieben*) **1** **jemanden vertreiben** jemanden oder ein Tier zwingen, den Platz zu verlassen ⟨*jemanden von seinem Platz vertreiben*⟩ *„Menschen aus ihrer Heimat vertreiben"* **2** **jemand/etwas vertreibt etwas** eine Person oder Sache bewirkt, dass etwas nicht mehr da ist, dass etwas verschwindet *„Der Wind vertrieb die Wolken"* | *„Er erzählte lustige Geschichten, um die schlechte Laune zu vertreiben"* **3** **sich** (*Dativ*) **die Zeit (mit etwas) vertreiben** etwas tun, damit die Zeit schneller vergeht *„Ich vertrieb mir die Wartezeit mit Lesen"* • *zu* (1) **Ver·trei·bung** *die*

ver·tre·ten (*vertritt, vertrat, hat vertreten*) **1** **jemanden vertreten** für eine gewisse Zeit für jemanden die Arbeit machen *„eine erkrankte Kollegin vertreten"* **2** **sich** (*Dativ*) **die Beine vertreten** aufstehen und ein bisschen umherlaufen, nachdem man lange gesessen hat

der **Ver·tre·ter** (-*s*, -) **1** **ein Vertreter (für etwas)** eine Person, die zu den Kunden kommt, um dort für eine Firma Waren zu verkaufen *„ein Vertreter für Staubsauger"* **K** Vertreterbesuch; Staubsaugervertreter, Versicherungsvertreter **2** eine Person, die sich um die Interessen anderer Leute kümmert ≈ Repräsentant *„Die Abgeordneten sind Vertreter des Volkes"* **3** eine Person, die Arbeit für eine andere Person macht, die gerade krank oder in Urlaub ist ≈ Stellvertreter • *hierzu* **Ver·tre·te·rin** *die*

die **Ver·tre·tung** (-, -*en*) **1** die Arbeit, die man für eine andere Person macht, weil diese gerade selbst nicht arbeitet (meist, weil sie krank ist, einen wichtigen Termin hat o. Ä.) *„die Vertretung für eine erkrankte Kollegin übernehmen"* **2** **jemandes Vertretung**; **die Vertretung (von jemandem/für jemanden)** eine Person, die eine andere Person vertritt *„Dr. Müller ist nächste Woche im Urlaub, da müssen Sie zu seiner Vertretung gehen"*

ver·un·glü·cken (*verunglückte, ist verunglückt*) einen Unfall haben und dabei verletzt oder getötet werden ⟨*mit dem Auto (schwer, tödlich) verunglücken*⟩ • *hierzu* **Ver·un·glück·te** *der/die*

ver·ur·sa·chen (*verursachte, hat verursacht*) **jemand/etwas verursacht etwas** jemand/etwas ist die Ursache für eine Situation (meist eines Problems oder Unfalls) *„Die Bauarbeiten verursachen viel Lärm"* | *„Er hat einen schweren Autounfall verursacht"* • *hierzu* **Ver·ur·sa·cher** *der*; **Ver·ur·sa·chung** *die*

ver·ur·tei·len (*verurteilte, hat verurteilt*) **1** **jemanden (zu etwas) verurteilen** als Richter bestimmen, dass eine Person schuldig ist und für ihre Tat die im Gesetz vorgeschriebene Strafe bekommt *„jemanden zu einer Geldstrafe/zu zehn Jahren Haft verurteilen"* **2** **jemanden/etwas verurteilen** eine Person oder ihr Verhalten sehr scharf kritisieren ⟨*jemandes Verhalten aufs Schärfste verurteilen*⟩ • *hierzu* **Ver·ur·tei·lung** *die*

ver·wäh·len (*verwählte sich, hat sich*

V

verwählt) **sich verwählen** beim Telefonieren aus Versehen eine falsche Nummer wählen

ver·wal·ten *(verwaltete, hat verwaltet)* **etwas verwalten** (im Auftrag von jemandem) dafür sorgen und verantwortlich sein, dass in einem bestimmten Bereich alles in Ordnung ist ⟨*einen Besitz, ein Vermögen, einen Nachlass, ein Haus, eine Kasse, Gelder, ein Gut (treulich) verwalten*⟩

Ver·wal·tung *(-, -en)* **1** alle Ämter und Behörden in einer Gemeinde oder in einem Staat ⟨*die öffentliche, staatliche, kommunale Verwaltung*⟩ **K** Gemeindeverwaltung **2** das Verwalten ⟨*etwas steht unter staatlicher Verwaltung*⟩ **i** nicht in der Mehrzahl verwendet **3** die Abteilung in einer Firma, die für die Bilanzen und für das Personal verantwortlich ist ⟨*in der Verwaltung arbeiten*⟩ **K** Personalverwaltung

ver·wan·deln *(verwandelte, hat verwandelt)* **1** **etwas verwandelt jemanden/etwas** etwas lässt eine Person oder Sache (in ihrem Wesen oder Aussehen) ganz anders werden *„Die neue Tapete hat den Raum verwandelt"* **2** **eine Person/Sache verwandelt jemanden/etwas in etwas** *(Akkusativ)* eine Person oder Sache verändert sich selbst oder andere so, dass sie zu etwas anderem werden *„Die Fans verwandelten das Stadion in einen Hexenkessel"* | *„Der Frosch verwandelte sich durch den Kuss in einen Prinzen"* • *hierzu* **Ver·wand·lung** *die*

ver·wandt ADJEKTIV zur gleichen Familie gehörig, mit gleichen Vorfahren ⟨*eng, nahe, entfernt, weitläufig verwandt*⟩ *„Bist du mit ihr/Seid ihr (miteinander) verwandt?"*

der/die **Ver·wand·te** *(-n, -n)* eine Person, die mit einer anderen Person verwandt ist ⟨*ein enger, naher, entfernter, weitläufiger Verwandter (von jemandem); Verwandte besuchen*⟩ **K** Verwandtenbesuch, Verwandtenkreis **i** *ein Verwandter; der Verwandte; den, dem, des Verwandten*

die **Ver·wandt·schaft** *(-, -en)* **1** alle Verwandten, die jemand hat ⟨*eine große Verwandtschaft haben*⟩ **i** nicht in der Mehrzahl verwendet **2** **die Verwandtschaft (mit jemandem/etwas); die Verwandtschaft zwischen Personen/Dingen** *(Dativ)* die Beziehung zwischen verwandten oder ähnlichen Personen oder Dingen

ver·war·nen *(verwarnte, hat verwarnt)* **jemanden verwarnen** (als Richter, Polizist usw.) eine Person offiziell wegen eines falschen Verhaltens tadeln und ihr mit einer Strafe drohen

die **Ver·war·nung** *(-, -en)* ein Zettel, mit dem meist ein Polizist eine Person schriftlich verwarnt (z. B. weil sie falsch geparkt hat)

ver·wech·seln *(verwechselte, hat verwechselt)* **1** **eine Person/Sache mit jemandem/etwas verwechseln; Personen/Dinge (miteinander) verwechseln** Personen oder Dinge, die einander ähnlich sind, nicht unterscheiden können und deshalb die eine für die andere, das eine für das andere halten *„sich zum Verwechseln ähnlich sein/sehen"* | *„Ich habe sie mit ihrer Schwester verwechselt"* **2** **etwas mit etwas verwechseln; Dinge verwechseln** etwas aus Versehen anstelle von etwas anderem nehmen oder benutzen ⟨*Namen, Begriffe verwechseln*⟩ ≈ vertauschen • *hierzu* **Ver·wechs·lung** *die*

ver·wei·gern *(verweigerte, hat verweigert)* **1** **(jemandem) etwas verweigern** einer Person nicht geben oder nicht tun, was sie will oder fordert ⟨*die Annahme (eines Briefes), den Befehl, den Gehorsam, die Zustimmung, die Erlaubnis verweigern*⟩ **2** **jemandem etwas verweigern** nicht zulassen, dass eine Person etwas tut ↔ erlauben *„An der Grenze wurde ihm die Einreise verweigert"* • *hierzu* **Ver·wei·ge·rung** *die*

der **Ver·weis** *(-es, -e)* **1** eine Kritik oder ein Tadel, oft in schriftlicher Form ⟨*einen Verweis erhalten*⟩ **2** **ein Verweis**

V

(**auf etwas** (*Akkusativ*)) ein kurzer Kommentar in einem Buch (wie z. B. „siehe …", „vergleiche …"), der dem Leser sagt, wo er weitere Informationen zu einem Thema o. Ä. findet

ver·wen·den (*verwendete/verwandte, hat verwendet/verwandt*) **1** **etwas (für/zu etwas) verwenden**; **etwas bei/in etwas** (*Dativ*) **verwenden** etwas zu einem Zweck nehmen und benutzen *„für den/beim Bau eines Hauses nur gute Materialien verwenden" | „ein Motiv in einem Roman verwenden"* **2** **jemanden/etwas als etwas verwenden**; **jemanden für/zu etwas verwenden** jemandem/etwas eine Aufgabe oder Funktion geben *„eine Zeitung als Unterlage verwenden"*

die **Ver·wen·dung** (-) **die Verwendung (für/zu etwas)**; **die Verwendung bei/in etwas** (*Dativ*) das Benutzen einer Sache, damit diese eine Aufgabe oder Funktion erfüllt *„Dieses Buch ist zur Verwendung im Unterricht gedacht"* **K** Verwendungsmöglichkeit, Verwendungszweck

ver·we·sen (*verweste, ist verwest*) **etwas verwest** ein toter Körper oder Fleisch fängt zu stinken an und zerfällt ⓘ Pflanzen oder Früchte usw. *verfaulen*.

ver·wirk·li·chen (*verwirklichte, hat verwirklicht*) **etwas verwirklichen** etwas Wirklichkeit werden lassen ⟨*eine Idee, einen Plan, einen Traum verwirklichen*⟩ • *hierzu* **Ver·wirk·li·chung** *die*

ver·wir·ren (*verwirrte, hat verwirrt*) **jemanden verwirren** bewirken, dass jemand nicht mehr klar denken kann *„jemanden mit zu vielen Informationen verwirren"* • *hierzu* **Ver·wirrt·heit** *die*

ver·wit·wet ADJEKTIV in dem Zustand, Witwe oder Witwer zu sein

ver·wöh·nen (*verwöhnte, hat verwöhnt*) **1** **jemanden verwöhnen** die Wünsche einer Person öfter erfüllen, als es gut für ihre Erziehung oder ihren Charakter ist ≈ verziehen *„Du bist egoistisch wie ein verwöhntes Kind!"* **2** **jemanden verwöhnen** sehr nett zu einer Person sein und ihre Wünsche erfüllen, damit sie sich wohlfühlt *„sich in einem Luxushotel verwöhnen lassen"*

ver·wüs·ten (*verwüstete, hat verwüstet*) **jemand/etwas verwüstet etwas** jemand/etwas zerstört irgendwo viel *„Das Erdbeben hat das Land verwüstet"* • *hierzu* **Ver·wüs·tung** *die*

ver·zäh·len (*verzählte sich, hat sich verzählt*) **sich verzählen** beim Zählen einen Fehler machen

ver·zau·bern (*verzauberte, hat verzaubert*) **1** **jemand verzaubert jemanden/etwas (in jemanden/etwas)** eine Hexe o. Ä. zaubert, dass aus einer Person, einem Tier oder einer Sache jemand/etwas anderes wird *„Die böse Fee verzauberte den Prinzen in einen Frosch"* **2** **eine Person/Sache verzaubert jemanden** eine Person oder Sache ist so schön o. Ä., dass jemand voller Bewunderung ist • *hierzu* **Ver·zau·be·rung** *die*

das **Ver·zeich·nis** (*-ses, -se*) eine Liste mit den Namen von Personen oder Dingen *„das Verzeichnis lieferbarer Buchtitel"* **K** Adressenverzeichnis, Hotelverzeichnis

ver·zei·hen (*verzieh, hat verziehen*) **(jemandem) (etwas) verzeihen** wenn man einer Person verzeiht, dann ist man ihr nicht mehr böse, obwohl diese Person Unrecht oder Böses getan hat *„jemandem eine Beleidigung verzeihen" | „Ich werde ihm nie verzeihen,* dass *er mich mit einer anderen Frau betrogen hat"*

die **Ver·zei·hung** (-) **1** die Handlung, mit der man jemandem etwas verzeiht ⟨*jemanden um Verzeihung für etwas bitten*⟩ **2** **Verzeihung!** verwendet, um einer Person zu sagen, dass man sie nur aus Versehen gestört, gestoßen o. Ä. hat **3** **Verzeihung?** Bitte sagen Sie das noch einmal, ich habe es nicht verstanden!

der **Ver·zicht** (*-(e)s*) **der Verzicht (auf jemanden/etwas)** das Verzichten ⟨*Ver-*

V

zicht leisten; seinen Verzicht erklären⟩ **K** Verzicht(s)erklärung

ver·zich·ten (*verzichtete, hat verzichtet*) **(auf jemanden/etwas) verzichten** einen Anspruch oder eine Forderung (freiwillig) aufgeben oder etwas nicht tun *„Wir mussten aus Geldmangel darauf verzichten, in Urlaub zu fahren"*

die **Ver·zie·rung** (-, *-en*) etwas, mit dem etwas verziert ist ≈ Ornament, Schmuck

ver·zö·gern (*verzögerte, hat verzögert*) **1** **etwas verzögert sich** etwas geschieht später oder dauert länger als geplant *„Die Ankunft des Zuges wird sich voraussichtlich um 10 Minuten verzögern"* **2** **etwas verzögern** bewirken, dass etwas später geschieht als es geplant ist oder erwartet wird • *hierzu* **Ver·zö·ge·rung** *die*

ver·zol·len (*verzollte, hat verzollt*) **etwas verzollen** Zoll für etwas bezahlen *„Haben Sie etwas zu verzollen?"*

ver·zwei·felt ADJEKTIV **1** so, dass sich eine Person um eine Gefahr nicht kümmert, weil sie keine Hoffnung mehr hat ⟨*ein Kampf, eine Tat*⟩ **2** ohne Hoffnung auf Erfolg ⟨*eine Lage, eine Situation*⟩

die **Ver·zweif·lung** (-) der Zustand, in dem jemand keine Hoffnung mehr hat *„Sie weinte aus/vor Verzweiflung "*

der **Vet·ter** ['fɛtɐ]; (-s, -n) ≈ Cousin

vgl. Abkürzung für *vergleiche*, eine Anweisung in einem Buch, an einer anderen Stelle oder in einem anderen Buch etwas nachzuschlagen

die **VHS** [fauha'|ɛs]; (-, -) Abkürzung für *Volkshochschule*

via [v-] PRÄPOSITION *mit Akkusativ* so, dass die Reise über den genannten Ort geht, aber nicht dort endet *„ein Flug von Paris nach New York via London"*

vib·rie·ren [v-] (*vibrierte, hat vibriert*) **etwas vibriert** etwas schwingt mit kleinen (hörbaren) Bewegungen *„Der Fußboden vibrierte, als der Zug vorbeifuhr"* • *hierzu* **Vib·ra·ti·on** *die*

das **Vi·deo** [v-]; (-s, -s) **1** *meist ohne Artikel* die Technik, mit der man einen Film auf eine Festplatte o. Ä. speichert oder abspielt ⟨*etwas auf/mit Video aufnehmen*⟩ **K** Videofilm, Videokamera **2** *gesprochen* ein Film o. Ä., der sich auf einem Datenträger befindet oder den man im Internet ansehen kann

das **Vieh** [fiː]; (-(e)s) **1** alle Nutztiere, die in der Landwirtschaft gehalten werden *„zehn Stück Vieh"* **K** Viehfutter, Viehzucht **2** **das Vieh** die Rinder *„das Vieh auf die Weide treiben"* **K** Viehherde, Viehweide

viel [f-] (*mehr, meist-*) ADJEKTIV **1** *mit dem Singular* eine relativ große Menge vom Genannten ↔ wenig *„Diese Arbeit macht viel Schmutz"* | *„Der viele Schmutz ist das Schlimmste bei dieser Arbeit"* **2** *mit dem Mehrzahl* eine relativ große Zahl von Personen oder Sachen (die jeweils von der gleichen Art sind) ↔ wenig *„Er hat viele gute Freunde"* | *„Sie freute sich über die vielen Geschenke"* **3** verwendet nach manchen Verben zur Angabe einer großen Menge und Zahl einer nicht genannten, aber bekannten Sache *„Sie weiß wirklich viel"* | *„Das kostet ziemlich viel"* **4** verwendet, um ganz allgemein eine große Gruppe oder Menge oder eine große Zahl von Personen oder Dingen zu bezeichnen *„Ich kenne viele, die Schulden haben"* viele Leute | *„Vieles ist sehr zweifelhaft"* **5** verwendet bei formelhaften höflichen Redewendungen *„Viel Glück!"* | *„Vielen Dank!"*
ADVERB **6** *gesprochen* ≈ oft, häufig ↔ selten *„Die Müllers gehen viel ins Theater"* **7** **viel** +*Komparativ* **(als ...)** verwendet, um einen großen Unterschied auszudrücken *„Er ist viel fleißiger als du"* **8** in hohem Maße *„Hier ist es viel zu kalt"* | *„Sie ist eine viel beschäftigte Frau"* **9** so, dass das Genannte oft geschieht, unter Beteiligung von vielen Leuten *„eine viel befahrene Straße"* | *„ein viel gelesenes Buch"* ⓘ Die Adjektive können auch mit *viel* zusammengeschrieben werden: *eine vielbeschäftigte Frau*

die **Viel·falt** (-) die Fülle von vielen verschiedenen Dingen, Arten, Sorten usw. *„die Vielfalt der Blumen"* | *„ein Bild mit einer Vielfalt an/von Farben"* • *hierzu* **viel·fäl·tig** *ADJEKTIV*

viel·leicht [fi'laiçt] *ADVERB* **1** das Genannte ist möglich *„Er hat vielleicht recht"* **2** drückt aus, dass eine Angabe nur geschätzt ist und nicht richtig sein muss *„Der Baum ist vielleicht zwölf Meter hoch"*
PARTIKEL unbetont **3** verwendet in der Form einer Frage, um jemanden höflich um etwas zu bitten ≈ bitte *„Können Sie mir vielleicht sagen, wie spät es ist?"* **4** verwendet in Fragen oder Feststellungen, um zu sagen, dass man keine Geduld mehr hat *„Vielleicht ist jetzt bald Schluss!"*

die **Viel·zahl** eine große Zahl verschiedener Dinge/Personen *„eine Vielzahl von Büchern/ungelöster Probleme haben"* ⓘ nicht in der Mehrzahl verwendet

vier *ZAHLWORT* **1** (als Zahl, Ziffer) 4 *„zwei plus/und zwei ist/macht/gibt vier"* 2 + 2 = 4 ⓘ → Extras, S. 700: **Zahlen** **2** **um vier** *gesprochen* um 4 oder um 16 Uhr *„Wir treffen uns heute um vier"* **3** **vier (Jahre alt) sein** vor vier Jahren geboren worden sein *„Mein kleiner Bruder ist erst vier"* **ID** **auf allen vieren (gehen/krabbeln/kriechen)** sich wie ein kleines Kind auf Händen und Füßen bewegen

die **Vier** (-, -*en*) **1** die Zahl 4 **2** jemand/etwas mit der Ziffer/Nummer 4 *„Die Drei, die Vier und die Sechs fahren zum Bahnhof"* **3** eine Schulnote, mit der man (auf der Skala von 1 – 6) eine Prüfung gerade noch bestanden hat ≈ ausreichend *„Er hat in Mathematik eine Vier"*

das **Vier·eck** (-*s*, -*e*) eine Fläche, die von vier geraden Linien begrenzt ist *„Quadrate, Rechtecke und Trapeze sind Vierecke"* • *hierzu* **vier·eckig** *ADJEKTIV*

der **Vie·rer** (-*s*, -) **1** *gesprochen* etwas, das mit der Zahl 4 bezeichnet wird, meist ein Bus oder eine Straßenbahn *„Mit dem Vierer nach Hause fahren"* **2** *gesprochen* ≈ Vier *„Ich habe in Deutsch einen Vierer"*

vier·hun·dert *ZAHLWORT* (als Zahl) 400

viert *ADJEKTIV* **1** in einer Reihenfolge an der Stelle vier *„der vierte Januar"* | *„Heinrich der Vierte"* Heinrich IV. | *„Er beendete das Rennen als Vierter"* **2** **der vierte Teil (von etwas)** ¼ **3** **zu viert** (mit) insgesamt 4 Personen *„Heute Abend sind wir zu viert"*

vier·tau·send *ZAHLWORT* (als Zahl) 4000

vier·tel ['fɪrtl̩] *ADJEKTIV nur in dieser Form* **1** den vierten Teil eines Ganzen bildend ≈ ¼ *„ein viertel Liter/Zentner"* ⓘ Häufige Maßangaben werden meist zusammengeschrieben *Viertelliter, Viertelstunde* usw. **2** **drei viertel** verwendet, um drei Viertel eines Ganzen zu bezeichnen *„Die Flasche ist noch drei viertel voll"* **3** **viertel eins/zwei/...** *gesprochen* verwendet, um zu sagen, dass es 45 Minuten vor der genannten Uhrzeit ist *„viertel sieben"* 06:15 oder 18:15 Uhr) **4** **drei viertel eins/zwei/...** verwendet, um zu sagen, dass es 15 Minuten vor der genannten Uhrzeit ist *„drei viertel sieben"* 06:45 oder 18:45 Uhr)

das **Vier·tel** ['fɪrtl̩]; (-*s*, -) **1** der vierte Teil (¼) einer Sache, die man messen kann *„ein Viertel der Strecke hinter sich haben"* **K** Vierteljahr, Viertelliter, Viertelstunde **2** ein Gebiet in einer Stadt **K** Bahnhofsviertel, Hafenviertel; Stadtviertel **3** **Viertel nach eins/zwei/...** *gesprochen* eine Uhrzeit 15 Minuten nach der genannten Stunde *„Viertel nach sieben"* 07:15 oder 19:15 Uhr **4** **Viertel vor eins/zwei/...** *gesprochen* eine Uhrzeit 15 Minuten vor der genannten Stunde *„Viertel vor sieben"* 06:45 oder 18:45 Uhr **5** **drei Viertel** *gesprochen* 15 Minuten vor der vollen Stunde *„Der Bus kommt um fünf vor drei Viertel"*

die **Vier·tel·stun·de** ein Zeitraum von 15 Minuten ⓘ aber: *eine halbe Stunde*

vier·tens *ADVERB* verwendet bei einer Aufzählung, um anzuzeigen, dass etwas an 4. Stelle kommt

vier·zehn ['fɪr-] *ZAHLWORT* (als Zahl) 14

ⓘ → Extras, S. 700: **Zahlen** und Beispiele unter **vier**

vier·zig ['fɪr-] ZAHLWORT (als Zahl) 40 ⓘ → Extras, S. 700: **Zahlen** und Beispiele unter **vier**

vi·o·lẹtt [v-] ADJEKTIV von der Farbe, die aus einer Mischung von Blau und Rot entsteht • *hierzu* **Vi·o·lẹtt** *das*

vir·tu·ẹll [v-] ADJEKTIV nur im Internet, nicht in der realen Welt ⟨*Beziehungen, Kontakte, Geld, ein Handelsplatz*⟩

s/der **Vi·rus** [v-]; (-, *Vi·ren*) **1** ein sehr kleiner Organismus, der in die Zellen von Menschen, Tieren und Pflanzen eindringt und dort Krankheiten verursachen kann **K** Virusinfektion; Aidsvirus, Grippevirus **2** ein verstecktes Computerprogramm, das zur teilweisen oder völligen Zerstörung der vorhandenen Daten führt

s **Vi·sum** [v-]; (-s, *Vi·sa/Vi·sen*) ein Eintrag (meist ein Stempel) im Reisepass, mit dem jemandem erlaubt wird, in einen Staat zu reisen ⟨*ein Visum beantragen; jemandem ein Visum ausstellen, erteilen; ein Visum läuft ab*⟩ **K** Visum(s)antrag, Visum(s)pflicht

s **Vi·ta·min** [v-]; (-s, -e) Obst und Gemüse enthalten Vitamine, die für die Gesundheit sehr wichtig sind *„die Vitamine B und C"* **K** Vitaminmangel • *hierzu* **vi·ta·min·arm** ADJEKTIV; **vi·ta·min·reich** ADJEKTIV

er **Vo·gel** [f-]; (-s, *Vö·gel*) ein Tier mit Federn, Flügeln und einem Schnabel, das Eier legt und meist fliegen kann **K** Vogelfutter, Vogelnest **ID** **Er/Sie hat einen Vogel** *gesprochen, abwertend* Er/Sie hat seltsame, verrückte Ideen

er **Vo·kal** [v-]; (-s, -e) ein Laut, der so gebildet wird, dass der Atem ohne Hindernisse aus Kehle und Mund kommen kann, also [a, e, i, o, u] ≈ Selbstlaut ↔ Konsonant

as **Vọlk** [f-]; (-(e)s, *Völ·ker*) **1** alle Menschen mit derselben Sprache, Kultur und Geschichte (die in einem Staat zusammenleben) *„das deutsche/italienische/polnische Volk"* | *„die Völker Afrikas"* **2** alle Einwohner, Bürger eines Landes oder Staates ≈ Bevölkerung *„Das Parlament wird vom Volk gewählt"* **K** Volksaufstand, Volksvertreter

das **Vọlks·fest** eine öffentliche Veranstaltung (im Freien), bei der es Karussells, Bierzelte o. Ä. gibt

die **Vọlks|hoch·schu·le** eine Institution, in der Erwachsene (neben ihrer beruflichen Arbeit) Vorträge über verschiedene Themen hören und Kurse (z. B. in Fremdsprachen) besuchen können, um sich weiterzubilden ⓘ Abkürzung: *VHS*

die **Vọlks·mu·sik** eine Musik (meist mit einfachen Liedern), die für eine Gegend typisch ist

vọll [f-] ADJEKTIV (*voller, vollst-*) **1** so, dass nichts oder keine Person mehr darin Platz hat ↔ leer *„Dein Glas ist ja noch voll"* | *„Die vollen Taschen waren ganz schön schwer"* **2** **etwas ist voll/voller** *+Substantiv* viele Personen oder Dinge sind an der genannten Stelle, in dem genannten Gebäude oder Behälter *„Der Gehsteig war voll/voller Laub"* | *„Das Diktat war voller Fehler"* **3** **etwas voll** *+Substantiv* so viel von etwas, wie in den genannten Behälter o. Ä. passt *„Sie aß einen Teller voll Nudeln"* | *„Er brachte uns eine Tüte voll Äpfel"* **4** so, dass nichts fehlt ⟨*ein voller Erfolg; jemandem die volle Wahrheit sagen; für etwas den vollen Preis zahlen müssen*⟩ ≈ ganz, vollständig *„Ich habe eine volle Stunde auf dich gewartet"* **5** (mit Adjektiven in der Form des Partizip Perfekts) vollständig ⟨*voll automatisiert, bepackt, besetzt*⟩ *„ein voll klimatisiertes Gebäude"* ⓘ Die genannten Adjektive können auch mit *voll* zusammengeschrieben werden: *ein*

VOLL
LEER

voll leer

V

vollbesetzter Bus.

vọl·ler ADJEKTIV **1** *Komparativ* → voll **2** *nur in dieser Form* voll mit etwas ⟨*voller Dreck, Farbe, Fett, Menschen, Sand*⟩ *„Lisa umarmte Peter voller Freude"* ⓘ nur vor einem Substantiv verwendet

(das) **Vọll·gas** **Vollgas geben** so auf das Gaspedal treten, dass ein Fahrzeug so schnell wie möglich fährt

vọ̈l·lig ADJEKTIV im höchsten möglichen Maß, Grad ≈ganz *„Es herrschte völlige Stille"* | *„Das habe ich völlig vergessen!"* | *„Es ist mir völlig egal, ob du das glaubst oder nicht"*

vọll·jäh·rig ADJEKTIV in dem Alter, ab dem man z. B. wählen und ohne die Erlaubnis der Eltern heiraten darf ↔minderjährig

voll·kọm·men ADJEKTIV **1** ohne Fehler oder Schwächen ⟨*ein Kunstwerk*⟩ ≈perfekt *„Kein Mensch ist vollkommen"* **2** ≈völlig, vollständig *„Das ist doch vollkommener Unsinn!"* | *„Ich bin vollkommen anderer Meinung als du"* • zu (1)

Voll·kọm·men·heit *die*

vọll·ma·chen (*hat*); *gesprochen* **etwas vollmachen** etwas ganz füllen *„die Gießkanne vollmachen"*

die **Vọll·macht** (-, -*en*) **die Vollmacht (für/zu etwas)** eine Erlaubnis, die eine Person einer anderen gibt. Mit einer Vollmacht darf man Dinge tun, die sonst nur die betreffende Person selbst tun darf (wie z. B. über eine Summe Geld verfügen) ≈Ermächtigung

die **Vọll·milch** Milch, die ca. 3,5 % Fett hat **K** Vollmilchschokolade

der **Vọll·mond** der Mond, wenn man ihn als runde Scheibe sieht ⟨*es ist Vollmond*⟩ *„Heute haben wir Vollmond"* ⓘ nicht in der Mehrzahl verwendet

die **Vọll·pen·si·on** ein Zimmer in einem Hotel o. Ä. mit Frühstück, Mittag- und Abendessen ⟨*ein Zimmer mit Vollpension; Vollpension buchen*⟩ ⓘ nicht in der Mehrzahl verwendet

vọll·stän·dig ADJEKTIV **1** so, dass kein Teil fehlt ⟨*ein Register, ein Verzeichnis; Angaben*⟩ *„eine vollständige Ausgabe der Werke Goethes"* **2** ohne Rest ≈völlig, total *„Die Stadt wurde durch das Erdbeben fast vollständig zerstört"* • zu (1)

Vọll·stän·dig·keit *die*

das **Vo·lu̲·men** [v-]; (-*s*, -/*Vo·lu·mi·na*) der Inhalt eines geometrischen Körpers (der in Kubikzentimetern, Kubikmetern usw. gemessen wird) ≈Rauminhalt *„das Volumen eines Würfels berechnen"*

vọm [f-] PRÄPOSITION *mit Artikel* von dem ⓘ In Wendungen wie *vom Lande stammen, vom Fach sein* und *Der Wind weht vom Meer* kann *vom* nicht durch *von dem* ersetzt werden.

vọn [f-] PRÄPOSITION *mit Dativ* RICHTUNG: **1** aus der genannten Richtung *„Die von rechts kommenden Fahrzeuge haben hier Vorfahrt"* ORT: **2** nennt den Ort oder den Punkt, wo etwas anfängt *„Von hier ist es nicht mehr weit zum Bahnhof"* | *„von München nach Stuttgart fahren"* **3** nennt die Sache oder Stelle, wo etwas war/ist, das entfernt wurde/wird *„ein Stück von der Wurst abschneiden"* | *„einen Topf vom Herd nehmen"* ZEIT: **4** nennt den Zeitpunkt, an dem etwas anfängt *„Das Festival dauerte von Freitag bis Sonntag"* HANDELNDE PERSON: **5** nennt in Passivkonstruktionen die Person, das Tier, die Maschine o. Ä., die eine Handlung ausführen *„von einer Schlange gebissen werden"* **6** nennt die Personen, Tiere o. Ä., die etwas getan, geschaffen haben oder der Grund für etwas sind *„ein Brief von meiner Schwester"* | *„Bisse von Katzen entzünden sich oft"* BEZIEHUNG, BESITZ: **7** drückt aus, dass Personen/Dinge zusammengehören *„Er ist ein Freund von mir"* **8** nennt die Gruppe oder das Ganze, zu dem jemand/etwas gehört *„Jeder von uns hat seine Fehler"* ⓘ zu 7 und 8: Die Verbindung mit *von* anstelle des Genitivs ist in der gesprochenen Sprache sehr häufig: *Goethes Werke/die Werke von Goethe; Rainers Mutter/die Mutter von Rainer* ZUSAMMENHANG: **9** nennt die Person oder Sache, an die man denkt oder über die man spricht

V

„Ich weiß von ihm nur, dass er aus Berlin kommt" **10** nennt den Grund für eine Sache ≈ wegen *„müde von der Arbeit sein"* **11** verwendet, um eine Ergänzung anzuschließen *„Er hängt finanziell von seinen Eltern ab"* **ID** **von jemandem aus** **a** drückt aus, dass jemand einverstanden ist *„Von mir aus können wir gerne noch warten"* **b** drückt aus, dass jemand etwas selbst entscheidet oder freiwillig tut *„Wir haben von uns aus auf das Geld verzichtet"*

von·ei·nan·der *ADVERB* eine Person/Sache von der anderen (drückt eine Gegenseitigkeit aus) *„Wir hatten lange nichts mehr voneinander gehört"* | *„Wir mussten uns bald wieder voneinander verabschieden"* | *„die Teile vorsichtig voneinander lösen"*

vor [f-] *PRÄPOSITION* ORT: **1** *mit Dativ* nahe bei einer Person/Sache, so dass man das Gesicht oder die vordere Seite sieht ↔ hinter *„vor dem Spiegel stehen"* | *„auf dem Platz vor der Kirche"* **2** *mit Dativ* nahe bei einer Person/Sache, so dass man den Rücken oder die hintere Seite sieht ↔ hinter *„Er stand vor mir in der Schlange"* ℹ → Extras, S. 717: **Präpositionen** **3** *mit Akkusativ* in die Nähe oder in Richtung auf die Seite, die näher oder vorne ist ↔ hinter *„Er setzte sich vor den Fernseher"* ℹ → Extras, S. 717: **Präpositionen** ZEIT: **4** *mit Dativ* früher als der genannte Vorgang, der genannte Zeitpunkt ↔ nach *„sich vor dem Essen die Hände waschen"* | *„Es ist zehn (Minuten) vor elf (Uhr)"* **5** *mit Dativ* zu einem Zeitpunkt in der Vergangenheit mit dem genannten Abstand zu heute ↔ nach *„vor langer Zeit"* | *„Er hat vor fünf Minuten angerufen"* **6** *mit Dativ* in einer Reihenfolge früher als andere(s) ↔ nach *„Halt, ich komme vor dir dran!"* GRUND: **7** *mit Dativ, ohne Artikel* nennt den Grund für einen körperlichen oder psychischen Zustand *„vor Angst/Kälte zittern"* ALS ERGÄNZUNG: **8** *mit Dativ* verwendet, um Ergänzungen anzuschließen *„sich vor einem bissigen Hund fürchten"* | *„die Angst vor der Einsamkeit"* *ADVERB* **9** nach vorn *„einen Schritt vor machen"*

vo·ran|kom·men (*kam voran, ist vorangekommen*) **1** einem Ziel näher kommen *„Wir sind mit dem Auto gut vorangekommen"* **2** **jemand/etwas kommt voran** jemand/etwas macht Fortschritte

vo·raus [fo'raus] *ADVERB* **1** **(jemandem/etwas) voraus** vor allen anderen in einer Gruppe *„Wir liefen Vater entgegen, der Hund (uns allen) voraus"* **2** **im Voraus** zeitlich vor einer anderen Handlung oder einem anderen Ereignis oder bevor es passieren müsste ⟨*etwas im Voraus bezahlen*⟩

vo·raus·ge·hen (*ist*) **(jemandem/etwas) vorausgehen** vor allen anderen in einer Gruppe oder früher als andere Leute irgendwohin gehen *„Ihr könnt ja noch bleiben. Ich gehe schon mal voraus!"*

vo·raus·ge·setzt *BINDEWORT* **vorausgesetzt (, dass ...)** verwendet, um einen Nebensatz einzuleiten, der eine Annahme oder Bedingung enthält *„Morgen fahren wir zum Baden, vorausgesetzt, dass es nicht regnet/vorausgesetzt, es regnet nicht"*

die **Vo·raus·sa·ge** (-, -n) **eine Voraussage (über etwas** (*Akkusativ*)**)** eine Aussage über ein Ereignis in der Zukunft

vo·raus·se·hen (*hat*) **etwas voraussehen** ahnen oder sehen können, wie etwas werden oder sich entwickeln wird ⟨*eine Entwicklung voraussehen*⟩ ≈ abschätzen *„Es war vorauszusehen, dass dieses Projekt scheitern würde"* • hierzu **vo·raus·seh·bar** *ADJEKTIV*

vo·raus·set·zen (*hat*) **1** **etwas voraussetzen** glauben, dass etwas sicher oder vorhanden ist ⟨*etwas stillschweigend, als bekannt, als selbstverständlich voraussetzen*⟩ *„Ich setze voraus, dass Sie Englisch können"* **2** **jemand/etwas setzt etwas voraus** eine Person oder Sache verlangt etwas als notwendige Bedin-

V

gung *„Diese Tätigkeit setzt gründliche IT-Kenntnisse voraus"*

die **Vo·raus·set·zung** (-, *-en*) **1** etwas, das man als Grundlage für das weiteres Tun oder Überlegungen usw. nimmt ⟨*von falschen Voraussetzungen ausgehen*⟩ **2** **die Voraussetzung (für etwas)** etwas, das unbedingt vorhanden sein muss, um etwas anderes möglich zu machen ⟨*die Voraussetzungen (für etwas) sind erfüllt, gegeben; unter der Voraussetzung, dass …*⟩

vo·raus·sicht·lich ADJEKTIV sehr wahrscheinlich *„Der Zug hat voraussichtlich fünf Minuten Verspätung"*

vor·bei *ADVERB* **1** **(an jemandem/etwas) vorbei** verwendet, um zu sagen, dass eine Person oder Sache von der Seite kommt, kurz neben einer anderen Person oder Sache ist und sich dann weiterbewegt *„Bevor wir winken konnten, war der Bus schon wieder an uns vorbei"* **2** zu Ende *„Der Sommer/Die Gefahr ist vorbei"*

vor·be·rei·ten (*bereitete vor, hat vorbereitet*) **1** **etwas vorbereiten** die notwendigen Arbeiten schon vorher machen, damit später etwas schneller und ohne Probleme abläuft ⟨*das Essen, ein Fest, eine Feier, eine Reise vorbereiten; eine Rede gut vorbereiten*⟩ **2** **jemanden (auf etwas** (*Akkusativ*)**) vorbereiten** (vor einer Prüfung, einem Wettkampf o. Ä.) die notwendigen Arbeiten machen, damit eine Person oder man selbst das Beste leisten kann *„sich auf eine Prüfung vorbereiten"* | *„einen Sportler intensiv auf einen Wettkampf vorbereiten"*

vor·be·rei·tet ADJEKTIV **(auf jemanden/etwas) vorbereitet** so, dass man jemanden/etwas erwartet und deshalb nicht überrascht ist *„Nanu, Heinz ist ja auch hier: Darauf war ich nicht vorbereitet"*

die **Vor·be·rei·tung** (-, *-en*) die Arbeit(en), mit denen man sich selbst, eine andere Person oder etwas vorbereitet oder auf etwas vorbereitet ⟨*Vorbereitungen (für etwas) treffen; die Vorbereitungen sind in vollem Gange*⟩ **K** Vorbereitungszeit; Reisevorbereitungen

vor·beu·gen (*hat*) **einer Sache** (*Dativ*) **vorbeugen** durch Maßnahmen oder Verhaltensweisen verhindern, dass etwas Negatives geschieht ⟨*einer Krankheit, einer Gefahr, einem Streit vorbeugen*⟩

das **Vor·bild** **1** **ein Vorbild (für jemanden)** eine Person, die man (wegen guter Eigenschaften oder Fähigkeiten) so bewundert, dass man so werden will wie sie ⟨*ein leuchtendes, schlechtes Vorbild; sich* (*Dativ*) *jemanden zum Vorbild nehmen*⟩ **2** eine Person oder Sache, die als Muster für etwas dient *„eine Romanfigur nach historischem Vorbild"*

vor·bild·lich ADJEKTIV so, dass eine Person oder ein Verhalten für andere Personen ein Vorbild ist

vor·de·r- [f-] ADJEKTIV da, wo vorne ist ↔ hinter- *„die vorderen Räder des Autos"* | *„einen Platz in der vordersten Reihe haben"* **K** Vordereingang, Vorderrad, Vorderteil

der **Vor·der·grund** der Teil eines Raumes oder Bildes, der näher beim Betrachter liegt ⓘ nicht in der Mehrzahl verwendet

die **Vor·der·sei·te** die Seite einer Sache, die vorne ist ⟨*die Vorderseite eines Gebäudes*⟩ ↔ Rückseite

der **Vor·fahr** (*-en, -en*) eine Person, von der man abstammt (und die vor langer Zeit gelebt hat) *„Viele seiner Vorfahren waren Musiker"* ⓘ *der Vorfahr; den, dem, des Vorfahren*

die **Vor·fahrt** (-) das Recht (z. B. eines Autofahrers), als Erster fahren zu dürfen ⟨*die Vorfahrt beachten, verletzen; jemandem die Vorfahrt lassen, nehmen*⟩ *„Wer von rechts kommt, hat Vorfahrt"* **K** Vorfahrtsschild

der **Vor·fall** ein Ereignis, das meist als negativ empfunden wird ⟨*ein aufsehenerregender, merkwürdiger, peinli-*

cher, unangenehmer Vorfall⟩
vor·füh·ren *(hat)* **1** **(jemandem) etwas vorführen** einem Publikum etwas zeigen ⟨*einen Film, Kunststücke, ein Theaterstück, neue Modelle vorführen*⟩ **2** **(jemandem) etwas vorführen** jemandem zeigen, wie man etwas macht oder wie etwas funktioniert *„dem Kunden vorführen, wie man das Gerät bedient"* • *hierzu* **Vor·füh·rung** *die*

r **Vor·gang** etwas, das über einen längeren Zeitraum geschieht oder geschehen ist ⟨*ein einfacher, komplizierter Vorgang*⟩

vor·ge·hen *(ist)* **1** **eine Uhr geht vor** eine Uhr geht zu schnell und zeigt eine spätere Zeit als die richtige Zeit an **2** **etwas geht vor** etwas geschieht (zu einem Zeitpunkt) *„Was geht hier eigentlich vor?"* **3** **irgendwie vorgehen** in der genannten Art und Weise handeln oder entsprechende Mittel anwenden ⟨*brutal, energisch, geschickt, schlau, zögernd, raffiniert vorgehen*⟩ **K** Vorgehensweise **4** **gegen jemanden/etwas vorgehen** gegen eine Person oder Sache aktiv werden ⟨*gerichtlich gegen jemanden vorgehen*⟩ *„gegen die Mückenplage mit Insektenspray vorgehen"* **5** **jemand/etwas geht vor** eine Person oder Sache ist wichtiger als eine andere Person oder Sache *„Sicherheit geht vor!"* **6** *gesprochen* (meist als Erster) in einer Reihe vor einer anderen Person gehen ≈ vorausgehen *„Geh schon mal vor, ich komme gleich nach"* **7** **(irgendwohin) vorgehen** *gesprochen* nach vorne gehen *„bis zur vordersten Reihe vorgehen"* • *zu* (3,4) **Vor·ge·hen** *das*

er/die **Vor·ge·setz·te** (*-n, -n*) eine Person, die in einer Firma, beim Militär, in einem Amt o. Ä. einen höheren Rang hat und so bestimmt, was andere Leute machen müssen ⓘ *ein Vorgesetzter; der Vorgesetzte; den, dem, des Vorgesetzten*

vor·ges·tern ADVERB vor zwei Tagen *„die Zeitung von vorgestern"*

vor·ha·ben (*hat vor, hatte vor, hat vorgehabt*) **etwas vorhaben** die Absicht haben, etwas zu tun ⟨*viel, nichts Besonderes vorhaben*⟩ *„Was hast du am Sonntag vor?"* | *„Er hat vor, sein Haus zu verkaufen"*

das **Vor·ha·ben** (*-s, -*); *geschrieben* etwas, das man tun will ⟨*ein ehrgeiziges, teures Vorhaben*⟩ ≈ Plan **K** Bauvorhaben, Forschungsvorhaben

vor·han·den ADJEKTIV so, dass es da ist, existiert *„Die vorhandenen Freikarten waren schnell vergeben"* | *„Vom Vermögen seines Vaters ist nichts mehr vorhanden"* • *hierzu* **Vor·han·den·sein** *das*

der **Vor·hang** (*-(e)s, Vor·hän·ge*) **1** ein langes Stück Stoff, das meist neben einem Fenster hängt und das man vor das Fenster ziehen kann ⟨*die Vorhänge öffnen, schließen, aufhängen, abnehmen*⟩ **K** Vorhangstange **2** der Vorhang vor der Bühne eines Theaters ⟨*der Vorhang fällt, geht auf, hebt sich, senkt sich, öffnet sich*⟩

vor·her, vor·her ADVERB vor dem genannten oder bekannten Zeitpunkt ⟨*kurz vorher; am Tag vorher; zwei Wochen vorher*⟩ *„Das hättest du schon 'vorher sagen müssen!"* | *„Konntest du dir das nicht 'vorher überlegen?"*

die **Vor·her·sa·ge** (*-, -n*) **die Vorhersage (über etwas** (*Akkusativ*)**)** eine Aussage über zukünftige Entwicklungen o. Ä. *„Die Vorhersage über den Ausgang der Wahlen hat sich bestätigt"* **K** Wettervorhersage

vor·her·se·hen (*sieht vorher, sah vorher, hat vorhergesehen*) **etwas vorhersehen** wissen, was in der Zukunft geschieht *„Er konnte nicht vorhersehen, welche Folgen die Erfindung haben würde"* | *„Wir haben nicht vorgesehen, dass sich das Produkt so gut verkaufen würde"* • *hierzu* **vor·her·seh·bar** ADJEKTIV

vor·hin, vor·hin ADVERB vor wenigen Minuten, gerade (eben) *„Vorhin schien noch die Sonne, und jetzt regnet es schon wieder"*

vo·ri·g- ADJEKTIV direkt vor dem jetzi-

V

gen Zeitpunkt o. Ä. ↔ nächst- *„vorige Woche" | „voriges Mal" | „im Dezember vorigen Jahres"*

die **Vor·keh·rung** (-, -*en*) eine der Maßnahmen, die vor etwas schützen sollen ⟨*Vorkehrungen treffen*⟩

vor·kom·men (*ist*) **1** **etwas kommt irgendwo vor** etwas existiert irgendwo oder ist vorhanden *„Koalas kommen nur in Australien vor"* **2** **etwas kommt (jemandem) vor** etwas passiert, geschieht (jemandem) *„So etwas/So eine Unverschämtheit ist mir noch nie vorgekommen!" | „Es kann schon mal vorkommen, dass man keine Lust zum Arbeiten hat"* **3** **eine Person/Sache kommt jemandem irgendwie vor** eine Person/Sache macht den genannten Eindruck auf jemanden *„Es kam mir verdächtig vor, dass er seinen Namen nicht nennen wollte" | „Es kam mir (so) vor, als ob er das alles so geplant hätte"*

das **Vor·kom·men** (-*s*, -) das Vorhandensein von Bodenschätzen (meist in großer Menge) **K** Goldvorkommen, Kohlevorkommen

die **Vor·la·ge** **1** das Zeigen und Vorlegen eines Dokuments *„etwas zur Vorlage beim Standesamt benötigen" | „etwas nur gegen Vorlage der Quittung erhalten"* **i** nicht in der Mehrzahl verwendet **2** ein Plan oder ein Muster, nach dem man etwas (meist in Handarbeit) herstellt *„Ich habe den Pullover zu eng gestrickt, weil ich keine Vorlage hatte"* **K** Bastelvorlage, Malvorlage

vor·las·sen (*hat*) **jemanden vorlassen** *gesprochen* (vor allem in einem Geschäft oder an einem Schalter) erlauben, dass jemand früher als man selbst bedient o. Ä. wird *„jemanden an der Kasse im Supermarkt vorlassen"*

vor·läu·fig ADJEKTIV nur für kurze Zeit gültig, nicht endgültig ⟨*eine Genehmigung, ein Ergebnis, eine Regelung*⟩ *„Er wohnt vorläufig bei seinem Freund, bis er eine eigene Wohnung findet"* • *hierzu* **Vor·läu·fig·keit** *die*

vor·le·gen (*hat*) **(jemandem/einer Behörde** *o. Ä.*) **etwas vorlegen** ein Dokument zu einer Behörde o. Ä. bringen (vor allem wenn man einen Antrag stellen will) ⟨(*jemandem*) *ein Attest, Beweismaterial, eine Bescheinigung, die Papiere, die Zeugnisse vorlegen*⟩

vor·le·sen (*hat*) **(jemandem) (etwas) vorlesen** etwas laut lesen, damit andere Leute es hören *„den Kindern Märchen vorlesen"* **K** Vorlesewettbewerb

vor·letz·t- ADJEKTIV **1** direkt vor dem Letzten einer Reihe oder Gruppe *„auf der vorletzten Seite der Zeitung"* **2** zeitlich direkt vor dem letzten *„vorletzte Woche"* nicht letzte Woche, sondern die Woche davor

die **Vor·lie·be** **eine Vorliebe (für jemanden/Dinge)** ein besonderes Interesse für eine Person oder Sache *„Er hat eine Vorliebe für alte Lokomotiven" | „Sie trägt mit Vorliebe kurze Röcke"* Sie trägt am liebsten kurze Röcke

vorm PRÄPOSITION *mit Artikel; gesprochen* vor dem

vor·mer·ken (*hat*) **1** **sich** (*Dativ*) **etwas vormerken** etwas aufschreiben, damit man später daran denkt ⟨*einen Termin, eine Bestellung vormerken*⟩ **2** **jemanden (als/für etwas) vormerken** aufschreiben, dass jemand an etwas Interesse hat oder an etwas teilnehmen möchte ⟨*jemanden für einen Kurs vormerken*⟩ • *hierzu* **Vor·mer·kung** *die*

der **Vor·mit·tag** **1** die Zeit zwischen dem Morgen und 12 Uhr mittags ⟨*am Vormittag*⟩ **K** Montagvormittag **2** ungefähr in der Zeit zwischen 8 Uhr morgens und 12 Uhr mittags ⟨*gestern, heute, morgen Vormittag*⟩ **i** mit den Namen von Wochentagen zusammengeschrieben: *Er kam Sonntagvormittag*

vor·mit·tags ADVERB am Vormittag

vorn ADVERB **1** vorn ist da, wo unser Gesicht, Brust und Bauch sind ↔ hinten *„Der Wind kam von vorn" | „nach vorn sehen"* **2** vorn ist da, wo etwas anfängt ↔ hinten *„Der Haupteingang ist vorn, auf der Straßenseite" | „weiter vorn im*

V

Buch" **3** **von vorn** von Anfang an ⟨*wieder von vorn anfangen (müssen)*⟩

r **Vor·na·me** der Name, den man zusätzlich zum Familiennamen bekommt und mit dem man in der Familie und von Freunden angeredet wird *„Sein Vorname ist Hans" | „Mit Vornamen heißt er Hans"*

vor·ne *ADVERB* → vorn

vor·nehm *ADJEKTIV* **1** sehr gepflegt und sehr teuer ⟨*eine Einrichtung, ein Geschäft, ein Hotel, eine Straße, ein Stadtviertel; vornehm gekleidet*⟩ ≈ elegant **2** mit hoher sozialer Stellung • *hierzu* **Vor·nehm·heit** *die*

er **Vor·ort** ein (meist kleiner) Ort am Rande einer großen Stadt ↔ Zentrum *„Wohnst du im Zentrum von Köln oder in einem Vorort?"*

er **Vor·rang** **Vorrang (vor jemandem/etwas)** die größere Bedeutung als eine andere Person oder Sache ⟨*Vorrang gegenüber, vor jemandem/etwas haben*⟩

er **Vor·rat** (-(e)s, *Vor·rä·te*) eine Menge einer Sache, die man aufbewahrt, damit man immer genug davon hat ⟨*einen Vorrat anlegen, aufbrauchen*⟩ ≈ Reserve **K** Vorratsglas, Vorratskeller; Lebensmittelvorrat, Wintervorrat **i** zu *Vorratsglas* → Abb. *Behälter und Gefäße* unter **Behälter**

ie **Vor·rich·tung** (-, *-en*) eine Konstruktion an einem größeren Gegenstand, die eine Hilfsfunktion hat *„Der Lastwagen hat eine Vorrichtung zum Kippen"* **K** Haltevorrichtung

vors *PRÄPOSITION mit Artikel; gesprochen* vor das

ie **Vor·schau** **eine Vorschau (auf etwas** (*Akkusativ*)**)** eine Ankündigung von Sendungen im Fernsehen oder Veranstaltungen **K** Programmvorschau

er **Vor·schlag** der Rat oder die Empfehlung an jemanden, etwas zu tun ⟨*jemandem einen Vorschlag machen; einen Vorschlag ablehnen, annehmen*⟩ *„Auf Vorschlag der Versammlung wurde eine Prüfung der Finanzen beschlossen"* **K** Verbesserungsvorschlag

vor·schla·gen (*hat*) **1** **(jemandem) etwas vorschlagen** jemandem einen Rat oder eine Empfehlung geben *„Er schlug einen Kompromiss vor" | „Ich schlage vor, dass wir umkehren"* **2** **jemanden (für/als etwas) vorschlagen** jemanden für eine Aufgabe, als Kandidaten o. Ä. empfehlen *„Er wurde als neuer Trainer vorgeschlagen"*

die **Vor·schrift** Vorschriften bestimmen, was man in einem speziellen Fall tun muss ⟨*eine Vorschrift erlassen, beachten, einhalten, missachten; jemandem Vorschriften machen; gegen die Vorschriften verstoßen; sich an die Vorschriften halten*⟩

die **Vor·schu·le** in der Vorschule werden Kinder mit besonderen Bedürfnissen ein Jahr lang auf die Schule vorbereitet **K** Vorschulerziehung, Vorschulkind **i** nicht in der Mehrzahl verwendet

die **Vor·sicht** **1** ein Verhalten, bei dem man sehr darauf achtet, dass kein Unfall und kein Schaden entsteht ⟨*größte, äußerste Vorsicht; zur Vorsicht mahnen*⟩ **K** Vorsichtsmaßnahme **i** nicht in der Mehrzahl verwendet **2** **Vorsicht!** verwendet, um jemanden vor einer Gefahr zu warnen *„Vorsicht, bissiger Hund!" | „Vorsicht, Stufe!"*

vor·sich·tig *ADJEKTIV* so, dass man versucht, Gefahren, Fehler oder Ärger zu vermeiden *„Du solltest auf diesen glatten Straßen etwas vorsichtiger fahren!"*

vor·sichts·hal·ber *ADVERB* aus Vorsicht, um ganz sicher zu sein ≈ sicherheitshalber

vor·sin·gen (*hat*) **(jemandem) etwas vorsingen** etwas singen, um eine Person zu unterhalten oder damit diese Person es lernt

der/die **Vor·sit·zen·de** (*-n, -n*) eine Person, die eine Konferenz oder Versammlung leitet **i** *ein Vorsitzender; der Vorsitzende; den, dem, des Vorsitzenden*

die **Vor·sor·ge** alle Maßnahmen, durch die man verhindern will, dass eine Gefahr oder eine schlimme Situation entsteht

die **Vor·spei·se** ein kleines Essen, das man vor dem Hauptgericht isst

vor·spie·len (*hat*) **1** **(jemandem) (etwas) vorspielen; (etwas) vor jemandem vorspielen** vor Zuhörern auf einem Musikinstrument etwas spielen *„Kannst du (uns) ein Stück auf dem Akkordeon vorspielen?"* **2** **(jemandem) etwas vorspielen; etwas vor jemandem vorspielen** vor Zuschauern Theater spielen ≈ aufführen **3** **jemandem etwas vorspielen** sich absichtlich so verhalten, dass andere Leute etwas glauben, das nicht wahr ist *„Er ist gar nicht so mutig, er spielt uns das nur vor"*

der **Vor·sprung** **1** der Abstand, den jemand vor anderen Leuten hat *„Im Ziel hatte er einen Vorsprung von 20 Sekunden"* **K** Zeitvorsprung **2** ein Teil einer Sache, der aus einer senkrechten Fläche heraussteht **K** Felsvorsprung, Mauervorsprung

der **Vor·stand** eine Gruppe von Personen, die gemeinsam ein Unternehmen, einen Verein o. Ä. leiten *„Die Mitglieder des Vereins wählten einen neuen Vorstand"* **K** Vorstandsmitglied, Vorstandssitzung, Vorstandswahl; Vereinsvorstand

vor·stel·len (*hat*) **1** **(jemandem) eine Person vorstellen** jemandem sagen, wie eine Person oder man selbst heißt und wer sie/man ist *„Darf ich Ihnen meinen Kollegen Herrn Scholz vorstellen?"* **2** **(jemandem) etwas vorstellen** etwas einem Kunden, einem Publikum o. Ä. zeigen, damit es bekannt wird ⟨*ein Kunstwerk, ein Modell, ein Produkt*⟩ **3** **sich** (*Dativ*) **jemanden/etwas (irgendwie) vorstellen** ein Bild, eine Vorstellung von einer Person oder Sache haben, die man noch nicht kennt ⟨*sich* (*Dativ*) *etwas lebhaft, kaum, nur schwer vorstellen können*⟩ *„Unseren neuen Skilehrer hatten wir uns ganz anders vorgestellt"* **4** **etwas vorstellen** die Zeiger einer Uhr weiterdrehen, sodass sie eine spätere Zeit anzeigen *„Wenn die Sommerzeit beginnt, müssen alle Uhren (um) eine Stunde vorgestellt werden"* • zu (3) **vor·stell·bar** ADJEKTIV

die **Vor·stel·lung** **1** ein persönliches Gespräch im Rahmen einer Bewerbung um eine Stelle *„Ich habe eine Einladung zur persönlichen Vorstellung bei dem neuen Verlag bekommen"* **2** das Bild, das man sich in Gedanken von jemandem/etwas macht *„Nach seiner Vorstellung sollten seine Mitarbeiter mindestens eine Fremdsprache sprechen"* **K** Gehaltsvorstellung **3** etwas, das man sich wünscht oder das man nur in Gedanken sieht ⟨*etwas existiert nur in jemandes Vorstellung*⟩ ≈ Fantasie **K** Wunschvorstellung **i** nicht in der Mehrzahl verwendet **4** die Aufführung eines Theaterstücks o. Ä. ⟨*eine Vorstellung ankündigen, absagen, besuchen, geben; die Vorstellung findet statt, fällt aus, ist ausverkauft*⟩ **K** Vorstellungsbeginn; Abendvorstellung, Zirkusvorstellung

der **Vor·teil** **1** etwas (z. B. ein Umstand, eine Eigenschaft), das für eine Person günstig ist und ihr etwas erleichtert ↔ Nachteil *„Es ist für ihn/für seinen Beruf von Vorteil, dass er zwei Fremdsprachen spricht"* **2** die Eigenschaft(en) einer Sache, durch die sie besser ist als andere ↔ Nachteil *„Das neue Auto hat den großen Vorteil, weniger Benzin zu verbrauchen"*

der **Vor·trag** (-(e)s, *Vor·trä·ge*) **ein Vortrag (über jemanden/etwas)** eine ziemlich lange Rede vor einem Publikum über ein Thema ⟨*ein Vortrag über ein Thema*⟩ *„Er hat einen interessanten Vortrag über seine Reise nach Indien gehalten"* **K** Vortragsabend; Diavortrag

der **Vor·tritt** **jemandem den Vortritt lassen** aus Höflichkeit jemanden als Ersten durch eine Tür in einen Raum, ein Zimmer o. Ä. gehen lassen **i** nicht in der Mehrzahl verwendet

vo·rü·ber ADVERB; *geschrieben* ≈ vorbei

vo·rü·ber|ge·hend ADJEKTIV nur für kurze Zeit ⟨*vorübergehend geschlossen;*

V

eine Abwesenheit, eine Wetterbesserung〉 „Die Flüchtlinge sind vorübergehend in einem Lager untergebracht"

s **Vor·ur·teil ein Vorurteil (gegen jemanden/etwas); ein Vorurteil (über jemanden/etwas)** eine feste, meist negative Meinung über Menschen oder Dinge, von denen man nicht viel weiß oder versteht 〈*ein gängiges, hartnäckiges, weitverbreitetes Vorurteil; Vorurteile gegen Fremde, gegen Ausländer; Vorurteile abbauen, haben*〉

er **Vor·ver·kauf** der Verkauf von Eintrittskarten in den Tagen oder Wochen vor der Veranstaltung *„Im Vorverkauf waren die Karten 10 % teurer"* **K** Vorverkaufspreis; Kartenvorverkauf **i** nicht in der Mehrzahl verwendet

e **Vor·wahl** die Telefonnummer, die man wählt, um jemanden in einer anderen Stadt oder in einem anderen Land zu erreichen *„Die Vorwahl von München ist 089, die von Frankfurt ist 069"*

er **Vor·wand** (-(e)s, *Vor·wän·de*) eine Begründung für ein Verhalten, die nicht der Wahrheit entspricht 〈*etwas als Vorwand benutzen*〉 ≈ Ausrede *„Unter dem Vorwand, krank zu sein, blieb er zu Hause"*

vor·wärts, vor·wärts ADVERB **1** in die Richtung nach vorn 〈*einen Salto, einen Sprung, einen Schritt vorwärts machen*〉 **2** weiter in Richtung auf ein Ziel *„Die Meisterprüfung ist ein wichtiger Schritt vorwärts auf dem Weg zur beruflichen Selbstständigkeit"*

vor·wer·fen (*hat*) **1 jemandem etwas vorwerfen** einer Person deutlich sagen, welche Fehler sie gemacht hat *„Er wirft dir vor, nicht die Wahrheit* zu *sagen"* | *„Ich lasse mir nicht vorwerfen, ich sei an allem schuld/*dass *ich an allem schuld sei"* **2 etwas einem Tier vorwerfen** etwas einem Tier zum Fressen hinwerfen

vor·wie·gend ADVERB; *geschrieben* in den meisten Fällen, zum größten Teil *„Er hat vorwiegend Jugendbücher geschrieben"* | *„Auf den Bergen wird es morgen vorwiegend sonnig sein"*

der **Vor·wurf der Vorwurf (gegen jemanden)** eine Äußerung, mit der man einer Person deutlich sagt, welche Fehler sie gemacht hat 〈*jemandem Vorwürfe, etwas zum Vorwurf machen*〉 *„Er musste sich gegen den Vorwurf verteidigen, Gelder der Firma unterschlagen zu haben"* • *hierzu* **vor·wurfs·voll** ADJEKTIV

vor·zie·hen (*hat*) **eine Person/Sache (jemandem/etwas) vorziehen** die (zuerst) genannte Person oder Sache lieber mögen oder für besser halten als eine andere *„das Tennisturnier dem Spielfilm vorziehen"* | *„Er hat es vorgezogen, wegen seiner Erkältung zu Hause* zu *bleiben"*

vul·gär [v-] ADJEKTIV; *geschrieben* 〈*ein Ausdruck, ein Fluch, ein Mensch, ein Wort*〉 so, dass sie gegen die guten Sitten und gegen den guten Geschmack verstoßen ≈ ordinär

W

das **W, w** [veː]; (-, -/ *gesprochen auch* -s) der dreiundzwanzigste Buchstabe des Alphabets

die **Waa·ge** (-, -n) ein Gerät, mit dem man das Gewicht von Gegenständen oder Personen bestimmt 〈*sich auf die Waage stellen*〉

waa·ge·recht, waag·recht ADJEKTIV parallel zum Boden ≈ horizontal *„Weinflaschen sollen waagerecht gelagert werden"* • *hierzu* **Waa·ge·rech·te, Waag·rech·te** *die*

die **Wa·be** (-, -n) eine sechseckige Zelle aus Wachs, in der die Bienen den Honig speichern

wach ADJEKTIV (*wacher, wachst-*) nicht (mehr) schlafend 〈*wach sein, werden, bleiben*〉 *„Sie lag die ganze Nacht wach"* **i** meist nach einem Verb wie *sein*

die **Wa·che** (-, -n) **1** das Beobachten von

Gebäuden oder Personen, um mögliche Gefahren zu erkennen und zu verhindern ⟨*Wache haben, halten, stehen*⟩ **K** Wachhund, Wachposten **i** nicht in der Mehrzahl verwendet **2** eine Person oder eine Gruppe von Personen, die auf Wache ist **3** eine Dienststelle der Polizei

wa·chen (*wachte, hat gewacht*) **1** **über jemanden/etwas wachen** auf jemanden/etwas gut aufpassen und so auch schützen **2** **über etwas** (*Akkusativ*) **wachen** kontrollieren, ob Regeln usw. befolgt werden

das **Wachs** [vaks]; (*-es, -e*) **1** aus Wachs macht man z. B. Kerzen **K** Bienenwachs **i** nicht in der Mehrzahl verwendet **2** eine weiche Masse, ähnlich dem Wachs, mit der man den Fußboden, die Möbel usw. pflegt **i** Die Mehrzahl verwendet man, um über verschiedene Arten von Wachs zu sprechen.

wach·sen ['vaksn̩] (*wächst, wuchs, ist gewachsen*) **1** **jemand/etwas wächst** ein Kind, ein (junges) Tier oder eine Pflanze wird größer (und kräftiger) *„Sie ist fünf Zentimeter gewachsen"* **2** **etwas wächst** etwas wird länger ⟨*der Bart, die Fingernägel*⟩ **3** **etwas wächst** etwas vermehrt sich, etwas wird größer ⟨*das Vermögen, eine Familie, Stadt*⟩ **ID** **einer Sache** (*Dativ*) **gewachsen sein** in der Lage sein, etwas Schwieriges zu tun

das **Wachs·tum** ['vaks-]; (*-s*) der Vorgang des Größerwerdens, des Wachsens *„Das Wachstum des Tumors ist zum Stillstand gekommen"* | *„Das wirtschaftliche Wachstum verlangsamt sich"* **K** wachstumsfördernd

der **Wäch·ter** (*-s, -*) eine Person, die jemanden/etwas bewacht **K** Parkwächter • *hierzu* **Wäch·te·rin** *die*

der **Wa·ckel·kon·takt** wenn ein Gerät einen Wackelkontakt hat, wird der Strom von der Sicherung unterbrochen

W

wa·ckeln (*wackelte, hat gewackelt*) **1** **etwas wackelt** etwas ist nicht stabil oder fest ⟨*ein Stuhl, eine Leiter, ein Zahn*⟩ **2** **etwas wackelt** etwas bewegt sich leicht wegen einer Erschütterung ⟨*das Haus, die Wände*⟩ **3** **mit etwas** (*Dativ*) **wackeln** etwas leicht hin und her bewegen ⟨*mit dem Kopf, mit dem Zeigefinger wackeln*⟩

die **Wa·de** (*-, -n*) die hintere Seite des Unterschenkels beim Menschen ⟨*stramme, muskulöse Waden*⟩ **K** Wadenkrampf **i** → Abb. unter **Körper**

die **Waf·fe** (*-, -n*) ein Ding zum Kämpfen, z. B. ein Schwert, ein Gewehr *„einen Stein als Waffe benutzen"* **K** Waffenbesitz, Waffenhändler; Schusswaffe **ID** **die Waffen niederlegen** aufhören zu kämpfen

die **Waf·fel** (*-, -n*) ein flaches, süßes Gebäck, das auf beiden Seiten ein Muster aus viereckigen Vertiefungen hat

der **Waf·fen·still·stand** das vereinbarte Ende der Kämpfe, meist mit dem Ziel, einen Krieg zu beenden ⟨*Waffenstillstand schließen; den Waffenstillstand einhalten, brechen*⟩

wa·gen (*wagte, hat gewagt*) **etwas wagen** genug Mut haben, um etwas zu tun ⟨*einen Blick, einen Versuch, eine Wette, einen Sprung, ein Spiel wagen*⟩ *„Ich wagte nicht, ihm* zu *widersprechen"*

der **Wa·gen** (*-s, -/ süddeutsch* Ⓐ *Wä·gen*) **1** ein Fahrzeug auf Rädern zum Transport von Personen oder schweren Dingen **K** Eisenbahnwagen, Güterwagen **2** *gesprochen* ≈ Auto *„Er ist mit dem Wagen da"*

der **Wag·gon** [va'gɔŋ, va'gõ:, va'go:n]; (*-s, -s*) ein Wagen der Eisenbahn **K** Güterwaggon

die **Wahl** (*-, -en*) **1** **die Wahl(en) zu etwas** das Verfahren, bei dem vor allem Personen für ein politisches Amt gewählt werden ⟨*die Wahlen zum Parlament*⟩ **K** Wahlergebnis, Wahlniederlage, Wahlsieg; Landtagswahl **2** die Entscheidung zwischen verschiedenen Möglichkeiten ⟨*eine Wahl treffen*⟩ *„Sie haben die freie Wahl zwischen mehreren Modellen"* **K** Wahlmöglichkeit **i** nicht in der Mehrzahl verwendet

wäh·len (*wählte, hat gewählt*) **1** **(jemanden/etwas (zu etwas)) wählen** bei einer Wahl die Hand heben oder Namen auf einer Liste ankreuzen, um mit anderen Leuten zusammen zu entscheiden, wer ein Amt ausüben soll *„Die Partei hat ihn zum Vorsitzenden gewählt" | „Wir gehen morgen wählen"* **2** **(etwas) wählen** sich für eine von mehreren Möglichkeiten entscheiden *„Er hat den falschen Beruf gewählt" | „Du kannst unter den angebotenen Zimmern frei wählen"* **3** **(etwas) wählen** sich im Restaurant für eine angebotene Speise entscheiden *„Haben Sie schon gewählt?"* **4** **(eine Nummer) wählen** am Telefon die Ziffern einer Telefonnummer drücken

der **Wäh·ler** (-s, -) eine Person, die bei einer Wahl ihre Stimme abgibt oder abgegeben hat • *hierzu* **Wäh·le·rin** *die*

das **Wahl·fach** ein Unterrichtsfach, an dem Schüler oder Studenten freiwillig teilnehmen können

die **Wahl·ur·ne** ein geschlossener Behälter mit einem schmalen Schlitz oben, in den die Stimmzettel bei Wahlen eingeworfen werden

der **Wahn** (-(e)s) eine unrealistische, oft krankhafte Vorstellung oder Hoffnung *„Er lebt in dem Wahn, ständig beobachtet zu werden"* **K** Wahnvorstellung

der **Wahn·sinn** **1** *gesprochen* etwas, das völlig unsinnig, nicht vernünftig oder nicht verständlich ist **i** nicht in der Mehrzahl verwendet **2** *gesprochen* verwendet, um Begeisterung auszudrücken *„Wahnsinn, was für ein tolles Geschenk!"* **K** Wahnsinnsidee, Wahnsinnsglück **i** nicht in der Mehrzahl verwendet

wahn·sin·nig *ADJEKTIV; gesprochen* **1** unvernünftig oder gefährlich ⟨*ein Plan, ein Unternehmen*⟩ **2** das normale Maß weit überschreitend ⟨*Schmerzen, Angst, Glück*⟩ *„Ich habe wahnsinnigen Hunger" | „sich wahnsinnig freuen"* **3** an einer Krankheit leidend, wegen der man nicht mehr richtig oder vernünftig denken kann *„Er ist wahnsinnig geworden"*

wahr *ADJEKTIV* **1** so, wie es in Wirklichkeit ist oder war *„eine wahre Geschichte" | „An diesem Bericht ist kein Wort wahr"* **2** so, wie man es sich nur wünschen kann ⟨*ein Freund, die Liebe, das Glück*⟩

wäh·rend *PRÄPOSITION mit Genitiv/gesprochen auch Dativ* **1** im Laufe der genannten Zeit, im Verlauf der genannten Tätigkeit o. Ä. ⟨*während des Sommers, der Ferien, der letzten Jahre, des Essens*⟩ **i** → Extras, S. 717: **Präpositionen**

BINDEWORT **2** die beschriebenen Vorgänge oder Ereignisse geschehen zur gleichen Zeit *„Während ich koche, kannst du den Tisch decken"* **3** die beschriebenen Tatsachen, Vorgänge o. Ä. stehen im Gegensatz zueinander *„Während sie sehr sparsam ist, kauft er sich das teuerste Handy"*

die **Wahr·heit** (-, *-en*) **1** das, was wirklich geschehen ist **i** nicht in der Mehrzahl verwendet **2** eine Aussage, die etwas so beschreibt, wie es wirklich ist ⟨*die Wahrheit sagen, verschweigen, herausfinden*⟩ **ID** **in Wahrheit** in Wirklichkeit

wahr·neh·men (*nimmt wahr, nahm wahr, hat wahrgenommen*) **1** **etwas wahrnehmen** wenn man etwas wahrnimmt, dann sieht, hört, riecht, schmeckt oder fühlt man es *„Sie war so konzentriert, dass sie kaum wahrnahm, dass es immer kälter wurde"* **2** **jemanden/etwas wahrnehmen** eine Person/Sache beachten, auf sie reagieren *„Sie ist ein stilles Kind und wird von den anderen kaum wahrgenommen"* **3** **etwas wahrnehmen** etwas nutzen ⟨*eine Chance, eine Gelegenheit, ein Recht, einen Vorteil wahrnehmen*⟩ **4** **etwas wahrnehmen** eine Aufgabe oder eine (meist vertragliche oder gesellschaftliche) Verpflichtung erfüllen ⟨*eine Pflicht, eine Verantwortung wahrnehmen*⟩ ≈ übernehmen

wahr·schein·lich *ADJEKTIV* so, dass

W

etwas mit ziemlicher Sicherheit der Fall ist, war oder sein wird ⟨*eine Ursache*⟩ *„Es ist sehr wahrscheinlich, dass er recht hat"* | *„Wahrscheinlich ist sie krank"*

die **Wahr·schein·lich·keit** (-, *-en*) der Grad der Möglichkeit, dass etwas der Fall ist, war oder sein wird ⟨*eine geringe, hohe Wahrscheinlichkeit; mit großer, größter, an Sicherheit grenzender Wahrscheinlichkeit*⟩

die **Wäh·rung** (-, *-en*) **1** die Art von Geld, die in einem Staat verwendet wird *„in europäischer Währung bezahlen"* **2** das System, mit dem das Geldwesen in einem Staat geordnet wird **K** Währungspolitik

das **Wahr·zei·chen** ein Bauwerk, eine Gestalt aus der Sage o. Ä., die oft auf Andenken an eine Stadt oder Gegend abgebildet sind *„Der Eiffelturm ist das Wahrzeichen von Paris"*

die **Wai·se** (-, *-n*) ein Kind, dessen Eltern gestorben sind **K** Waisenheim

der **Wald** (-(e)s, *Wäl·der*) ein relativ großes Gebiet, in dem sehr viele Bäume wachsen ⟨*ein dichter, dunkler, lichter Wald*⟩ **K** Waldbrand, Waldrand, Waldweg

die **Wal·ze** (-, *-n*) **1** ein Teil eines Gerätes oder einer Maschine, das die Form eines Zylinders hat und mit dem man etwas pressen, glätten, transportieren o. Ä. kann ⟨*die Walze einer Druckmaschine, eines Laserdruckers*⟩ **2** ein Fahrzeug mit einer schweren Walze **K** Straßenwalze

wäl·zen (*wälzte, hat gewälzt*) **1** **etwas (irgendwohin) wälzen** etwas Schweres bewegen, indem man es (mit großer Mühe) rollt ⟨*ein Fass, einen großen Stein wälzen*⟩ **2** **etwas in etwas** (*Dativ*) **wälzen** flache Stücke meist von Fleisch oder Teig auf Mehl oder Zucker usw. legen und darin wenden *„das Fleisch in Paniermehl wälzen"* **3** **sich wälzen** sich im Liegen hin und her drehen ⟨*sich vor Schmerzen am Boden wälzen*⟩

der **Wal·zer** (-s, -) ein Tanz im Dreivierteltakt (bei dem man sich mit dem Partner meist drehend bewegt)

wand *Präteritum, 1. und 3. Person Singular* → winden

die **Wand** (-, *Wän·de*) **1** Wände sind die festen Seiten, die ein Zimmer oder Haus hat *„ein Bild an die Wand hängen"* | *„den Schrank an die Wand schieben"* **K** Wandfarbe; Hauswand, Trennwand **2** Kurzwort für *Felswand „Kletterhilfen an einer Wand anbringen"* **ID** **die eigenen vier Wände** ein eigenes Haus, eine eigene Wohnung

der **Wan·del** (-s) der Übergang von einem Zustand in einen anderen ⟨*ein grundlegender, radikaler, tiefgreifender Wandel*⟩ ≈ Veränderung

wan·dern (*wanderte, ist gewandert*) **1** eine relativ lange Strecke zu Fuß gehen, außerhalb der Stadt und weil man sich erholen will **K** Wanderkarte, Wanderrucksack, Wanderweg **2** regelmäßig von einem Ort zum nächsten ziehen ⟨*Nomaden, ein Zirkus*⟩

die **Wan·de·rung** (-, *-en*) das Wandern zu Fuß ⟨*eine Wanderung machen*⟩

wand·te *Präteritum, 1. und 3. Person Singular* → wenden

die **Wan·ge** (-, *-n*); *geschrieben* ≈ Backe *„ein Kuss auf die Wange"* **i** → Abb. unter **Gesicht**

wann ADVERB/FRAGEWORT **1** zu welcher Zeit, zu welchem Zeitpunkt *„Wann fährt der Zug ab?"* **i** auch in indirekten Fragen: *Ich weiß nicht, wann er kommt* **2** **seit wann** seit welcher Zeit, seit welchem Zeitpunkt *„Seit wann kennst du ihn?"* **3** unter welchen Bedingungen *„Wann setzt man ein Komma?"*

die **Wan·ne** (-, *-n*) in vielen Badezimmern gibt es eine Wanne, in die man sich zum Baden und Waschen legen oder setzen kann **K** Wannenbad; Badewanne

die **Wan·ze** (-, *-n*) **1** ein flaches Insekt, das Pflanzensäfte oder das Blut von Menschen und Tieren saugt **2** ein kleines Mikrofon, das z. B. in einem Zimmer versteckt wird, wenn man dort Gespräche abhören will das **Wạp·pen** (-s, -) ein Zeichen in der Form eines Schildes, das als Symbol für eine Familie, einen Staat usw. dient **K** Stadtwappen

wa̲r *Präteritum, 1. und 3. Person Singular* → sein

wạrb *Präteritum, 1. und 3. Person Singular* → werben

die **Wa̲·re** (-, *-n*) eine Sache, die produziert wird, um verkauft zu werden ⟨*Waren herstellen, verkaufen, liefern, bestellen, im Preis herabsetzen*⟩ *„Reduzierte Ware ist vom Umtausch ausgeschlossen"* **K** Warensortiment; Backwaren

wä̲·re *Konjunktiv II, 1. und 3. Person Singular* → sein

das **Wa̲·ren·haus** *geschrieben* ≈ Kaufhaus

wạrf *Präteritum, 1. und 3. Person Singular* → werfen

wạrm ADJEKTIV (*wärmer, wärmst-*) **1** mit/von relativ hoher Temperatur, aber nicht heiß ⟨*das Essen warm machen, halten*⟩ ↔ kühl *„die ersten warmen Tage nach dem Winter genießen"* **2** gegen Kälte schützend ⟨*Kleidung; eine Decke; sich warm anziehen*⟩ **3** so, dass in der Miete die Heizkosten schon enthalten sind *„Die Wohnung kostet 800 Euro Miete." – „Warm oder kalt?"* **K** Warmmiete **4** **jemandem ist warm** jemand findet es angenehm warm oder ein bisschen zu warm, wo er ist **5** **etwas warm stellen** Speisen oder Getränke an einen Ort stellen, wo sie warm bleiben

die **Wä̲r·me** (-) **1** eine nicht sehr hohe, meist als angenehm empfundene Temperatur **K** Körperwärme **2** Freundlichkeit ⟨*menschliche Wärme*⟩

wä̲r·men (*wärmte, hat gewärmt*) **1** **etwas wärmt (jemanden/etwas)** etwas bewirkt, dass jemand/etwas warm wird *„eine wärmende Jacke anziehen"* **2** **sich irgendwo wärmen** sich z. B. an einen Heizkörper o. Ä. stellen, damit man nicht mehr friert *„Er wärmte sich am Feuer"*

die **Wä̲rm·fla·sche** ein Behälter (meist aus Gummi), der mit heißem Wasser gefüllt wird, um das Bett zu wärmen

das **Wạrn·drei·eck** ein dreieckiges Schild (weiß mit rotem Rand), das man im Auto mitnehmen muss (und z. B. bei einer Panne oder einem Unfall hinter dem Auto aufstellt)

WARNDREIECK

wạr·nen (*warnte, hat gewarnt*) **1** **(eine Person) (vor jemandem/etwas) warnen** jemanden auf eine Gefahr hinweisen *„Vor Taschendieben wird gewarnt!"* | *„Er warnte uns* davor, *bei dem unsicheren Wetter eine Bergtour* zu *machen"* **K** Warnruf, Warnsignal **2** **jemanden warnen** jemandem drohen *„Ich warne dich: Lass das!"*

die **Wạr·nung** (-, *-en*) **1** **eine Warnung (vor jemandem/etwas)** ein Hinweis auf eine Gefahr ⟨*eine Warnung vor dem Sturm, dem Hochwasser*⟩ **K** Lawinenwarnung, Sturmwarnung **2** eine dringende Aufforderung oder Drohung, etwas nicht zu tun ⟨*eine nachdrückliche, eindringliche Warnung*⟩ *„Das ist meine letzte Warnung!"*

die **Wạr·te·lis·te** eine Liste von Personen, die auf etwas warten, z. B. auf einen Platz in einem Kurs; wenn ein Platz frei wird, bekommt ihn die erste Person auf der Liste

wạr·ten (*wartete, hat gewartet*) **1** **(auf jemanden/etwas) warten** nichts tun, nicht weggehen o. Ä., bis jemand kommt oder etwas geschieht ⟨*auf den Zug warten*⟩ *„Ich warte schon seit zwei Stunden auf dich!"* | *„Wir haben zwei Stunden auf ihn gewartet"* **K** Warteraum, Wartezeit **2** **etwas warten** etwas pflegen und kontrollieren, damit es funktioniert ⟨*eine Maschine, ein Auto, eine technische Anlage warten*⟩ **ID** **Da**

W

kannst du lange warten! *gesprochen* Das geschieht wahrscheinlich nie

der **Wär·ter** (-s, -) eine Person, die etwas pflegt oder jemanden/etwas bewacht **K** Gefängniswärter, Museumswärter, Zoowärter • *hierzu* **Wär·te·rin** *die*

der **War·te·saal** ein Raum in einem Bahnhof o. Ä., in dem Reisende warten können

die **War·te·schlei·fe** **1** eine zusätzliche Runde, die ein Flugzeug fliegt, weil es noch nicht landen darf **2** die Situation, wenn man am Telefon Musik oder eine automatische Ansage hört, während man warten muss, bis man mit einem Mitarbeiter einer Firma sprechen kann ⟨*in der Warteschleife hängen*⟩

das **War·te·zim·mer** ein Raum (in der Praxis eines Arztes), in dem die Patienten darauf warten, dass der Arzt sie behandelt

die **War·tung** (-, *-en*) das Pflegen und Kontrollieren von Geräten **K** Wartungsarbeiten

wa·rum [va'rʊm] *FRAGEWORT* verwendet, um nach dem Grund für etwas zu fragen *„Warum muss ich immer alles machen?"* ⓘ auch in indirekten Fragen: *Ich weiß nicht, warum sie nicht gekommen ist*

die **War·ze** (-, *-n*) eine kleine, runde Wucherung auf der Haut, z. B. an den Händen und im Gesicht (oft mit rauer Oberfläche)

was *PRONOMEN nur in dieser Form* **1** verwendet, um sich auf die Aussage des Hauptsatzes zu beziehen *„Ich will Schauspieler werden, was meine Eltern aber gar nicht gut finden"* ..., aber meine Eltern finden das gar nicht gut **2** verwendet, um sich auf ein einzelnes Wort des Hauptsatzes zu beziehen *„Das ist alles, was ich weiß"* | *„Das ist das Schlimmste, was passieren konnte"* **3** *gesprochen* verwendet, wenn man eine Sache nicht genauer bezeichnen will/ kann oder erst später nennt ≈ etwas *„Ich will euch mal was erzählen"* | *„Weißt du was Neues?"*

FRAGEWORT **4** verwendet, um nach einer Sache oder einem Sachverhalt zu fragen *„Was möchtest du trinken?"* | *„Was bedeutet dieses Wort?"* ⓘ auch in indirekten Fragen: *Ich weiß nicht, was das bedeuten soll* **5** **was kostet ...?** *gesprochen* wie viel kostet ...? **6** **was ist etwas?** Welche Bedeutung hat das genannte Wort, wie wird es erklärt? *„Was ist Literatur?"* **7** **was ist jemand?** Welchen Beruf hat die genannte Person? *„Was willst du einmal werden?"* **8** **an was, auf was, aus was** *usw. gesprochen* anstelle von Fragewörtern mit *wo(r)-* verwendet *„Um was handelt es sich denn?"* **9** **was für ...?** *gesprochen* verwendet, um nach der Art oder den Eigenschaften einer Person/Sache zu fragen *„Was für Preise gibt es zu gewinnen?"* | *„Ich hab CDs für dich dabei." – „Was denn für welche?"* **ID** **Was?** *gesprochen* **a** verwendet, um Erstaunen auszudrücken *„Was, das weißt du noch nicht?"* **b** verwendet, um jemanden zu bitten, etwas noch einmal zu sagen ⓘ Diese Verwendung gilt als unhöflich, man sagt stattdessen besser *Wie bitte?*; **Was macht ...?** Wie geht es ...?

die **Wasch·an·la·ge** eine große Anlage, in der Autos gewaschen werden

das **Wasch·be·cken** Waschbecken haben einen Wasserhahn und einen Abfluss. Man wäscht sich dort Hände und Gesicht oder putzt sich die Zähne

die **Wä·sche** (-, *-n*) **1** das Bettzeug, die Tücher, die Tischdecken usw., die im Haushalt verwendet werden **K** Bettwäsche, Tischwäsche ⓘ nicht in der Mehrzahl verwendet **2** alle Textilien, die gewaschen werden (sollen) oder gewaschen worden sind ⟨*frische, saubere, schmutzige Wäsche; die Wäsche waschen, spülen, schleudern, aufhängen, stärken, bügeln*⟩ *„Das Hemd ist in der Wäsche"* in dem Korb mit den Sachen, die gewaschen werden sollen **K** Wäschekorb, Wäscheleine ⓘ nicht in der Mehrzahl verwendet **3** Kurzwort für *Unterwäsche* ⟨*frische Wäsche anzie-*

W

hen⟩ ℹ nicht in der Mehrzahl verwendet 4 der Vorgang, eine Person oder ein Auto zu waschen *„das Auto nach der Wäsche mit Wachs behandeln"*

wa·schen (*wäscht, wusch, hat gewaschen*) 1 **(etwas) waschen** etwas mit Waschmittel und Wasser sauber machen ⟨*die Wäsche, das Auto waschen*⟩ K Waschpulver, Waschtag 2 **jemanden waschen; (jemandem) etwas waschen** jemanden, sich selbst oder etwas mit Wasser und Seife sauber machen *„einem Kind die Haare waschen"* | *„Habt ihr euch auch die/eure Hände gewaschen?"*

der **Wasch·lap·pen** ein Lappen meist aus Frottee, mit dem man sich wäscht

die **Wasch·ma·schi·ne** eine Maschine (im Haushalt), mit der man die Wäsche wäscht

das **Wasch·mit·tel** ein Pulver oder eine Flüssigkeit, mit denen man Wäsche wäscht K Feinwaschmittel, Vollwaschmittel

das **Was·ser** (*-s, -/Wäs·ser*) 1 Wasser fällt als Regen vom Himmel und füllt Flüsse, Seen und Meere ⟨*Wasser verdunstet, verdampft, gefriert, kocht, siedet, tropft, rinnt, fließt*⟩ K Wassermangel, Wasserpflanze; wasserdicht; Leitungswasser, Regenwasser; Trinkwasser ℹ chemische Formel: H_2O ℹ nicht in der Mehrzahl verwendet 2 *gesprochen Mehrzahl: Wässer* Mineralwasser (oft mit Kohlensäure) zum Trinken ⟨*ein Glas, eine Kiste, eine Flasche (mit) Wasser*⟩ *„Ein Wasser bitte!"* K Wasserglas ℹ zu *Wasserglas* → Abb. unter **Glas** 3 *gesprochen* ≈ Schweiß *„Das Wasser tropfte ihm von der Stirn"* ℹ nicht in der Mehrzahl verwendet 4 **mit fließendem Wasser** mit Wasser direkt aus dem Wasserhahn ⟨*ein Haus, ein Zimmer*⟩ 5 **stilles Wasser** (*Mehrzahl: Wässer*) Mineralwasser ohne Kohlensäure zum Trinken ≈ Tafelwasser ID **etwas fällt ins Wasser** *gesprochen* etwas Geplantes kann nicht ausgeführt werden

das **-was·ser** (*-s, -wäs·ser*) 1 **Kirschwasser, Zwetschgenwasser** *und andere* ein starkes, farbloses alkoholisches Getränk mit dem genannten Aroma 2 **Haarwasser, Rasierwasser, Rosenwasser** *und andere* eine farblose, parfümierte Flüssigkeit mit Alkohol, die zur Pflege der Haut oder Haare dient

was·ser·dicht ADJEKTIV ⟨*eine Jacke, eine Uhr*⟩ so, dass in sie kein Wasser eindringen kann

der **Was·ser·fall** fließendes Wasser, das steil über Felsen herabfällt

die **Was·ser·far·be** eine Farbe zum Malen auf Papier, die mit wenig Wasser gemischt wird

der **Was·ser·hahn** mit dem Wasserhahn (meist an einem Waschbecken, einem Spülbecken oder einer Badewanne) wird das Fließen des Wassers aus der Leitung reguliert

die **Was·ser·waa·ge** ein Gerät, mit dem man feststellen kann, ob eine Fläche genau waagrecht bzw. senkrecht ist. Eine kleine Luftblase zeigt die Lage an

der **Was·ser·wer·fer** ein Fahrzeug der Polizei, das mit starken Wasserstrahlen die Leute bei Krawallen vertreibt

wat·scheln (*watschelte, ist gewatschelt*) **eine Ente/Person watschelt** eine Ente oder eine Person geht so, dass der ganze Körper hin und her wackelt ℹ bei Menschen sehr negativ oder abwertend

das **Watt**[1] (*-(e)s, -en*) ein Teil der Küste, der mit Schlamm bedeckt und bei Ebbe nicht überflutet ist

das **Watt**[2] (*-s, -*) eine physikalische Einheit, mit der man die Leistung misst *„eine Glühbirne mit 20 Watt"* ℹ Abkürzung: *W*

die **Wat·te** (*-*) eine weiche und lockere Masse aus vielen Fasern *„eine Wunde mit Watte abtupfen"*

das **WC** [veːˈtseː]; (*-(s), -(s)*) ≈ Toilette, Klo

we·ben (*webte/wob, hat gewebt/gewoben*) **(etwas) weben** einen Stoff, einen Teppich o. Ä. machen, indem man mit einer Maschine Fäden miteinander kreuzt ⟨*einen Teppich weben; Tuch weben*⟩

der **Wẹch·sel** [-ks-]; (-s, -) **1** eine (meist relativ schnelle) Veränderung eines Zustands *„der plötzliche Wechsel (in) seiner Laune"* **K** Temperaturwechsel **2** die Situation, wenn verschiedene Phasen einer Entwicklung regelmäßig aufeinanderfolgen *„der Wechsel der Jahreszeiten"* **3** das Wechseln (oft des Berufs) *„sein Wechsel (vom Finanzministerium) ins Außenministerium"* **K** Berufswechsel, Ortswechsel, Schulwechsel **4** das Ersetzen eines Gegenstands oder einer Person ⟨*der Wechsel eines Autoreifens*⟩

das **Wẹch·sel·geld** [-ks-] Geld, das man zurückbekommt, wenn man mit einem Geldschein oder Geldstück bezahlt, dessen Wert über dem geforderten Preis liegt ⓘ nicht in der Mehrzahl verwendet

wẹch·seln [-ks-] (*wechselte, hat/ist gewechselt*) ERSATZ: **1 etwas wechseln** (*hat*) die eine Sache durch die andere Sache mit derselben Funktion ersetzen ⟨*einen Reifen, die CD, die DVD, das Hemd wechseln*⟩ **2 etwas (in etwas** (*Akkusativ*)**) wechseln** (*hat*) Geld einer Währung gegen Geld einer anderen Währung tauschen *„Pesos in Euro wechseln"* **K** Wechselkurs **3 (jemandem) etwas (in etwas** (*Akkusativ*)**) wechseln** (*hat*) jemandem für Münzen oder Geldscheine Geld in kleineren (oder größeren) Einheiten, aber im gleichen Wert geben *„Kannst du mir fünfzig Euro wechseln?"* ÄNDERUNG: **4 etwas wechseln** (*hat*) z. B. eine Arbeitsstelle oder Wohnung aufgeben und dafür eine neue wählen *„Als es ihr zu persönlich wurde, hat sie schnell das Thema gewechselt"* Sie hat über ein anderes Thema gesprochen **5 jemanden wechseln** (*hat*) einen neuen Partner, Arzt, Freund usw. wählen **6 etwas wechselt** (*hat*) etwas ändert sich ⟨*das Wetter, die Temperatur, die Mode*⟩ **7 (irgendwohin) wechseln** (*ist*) eine neue Arbeit in einem anderen Bereich beginnen

W

wẹ·cken (*weckte, hat geweckt*) **jemanden wecken** eine Person, die schläft, wach machen *„Wecke mich bitte um sieben Uhr"*

der **Wẹ·cker** (-s, -) eine Uhr, die zu einer vorher eingestellten Zeit läutet und den Schlafenden weckt ⟨*der Wecker rasselt, klingelt*⟩ *„den Wecker auf acht Uhr stellen"*

we̱·deln (*wedelte, hat/ist gewedelt*) **1 ein Hund wedelt mit dem Schwanz** (*hat*) ein Hund bewegt den Schwanz hin und her **2 mit etwas wedeln** (*hat*) etwas durch die Luft hin- und herbewegen *„Sie wedelte einladend mit einem Geldschein"*

we̱·der BINDEWORT **weder … noch (… noch)** die eine Sache ist nicht der Fall und die andere (oder noch zusätzlich Genanntes) auch nicht *„Er wollte weder essen noch (wollte er) trinken"* | *„Ich habe dafür weder Zeit noch Geld (noch Lust)"*

wẹg ADVERB **1** nicht mehr da *„Der Zug ist schon weg!"* **2 weg von jemandem/etwas** in eine Richtung, die sich von jemandem/etwas entfernt ≈ fort **3** verwendet, um jemanden aufzufordern, wegzugehen oder etwas zu entfernen *„Hände weg!"* | *„Weg mit der Pistole!"* **4 weit weg** in einer relativ großen Entfernung

der **We̱g** (-(e)s, -e) **1** ein relativ schmaler Streifen des Bodens, auf dem man durch ein Gelände fahren oder gehen kann **K** Feldweg, Radweg, Wanderweg **2** die Entfernung, die man gehen oder fahren muss, um einen Ort zu erreichen ⟨*ein langer, weiter Weg*⟩ **3** die Richtung und der Verlauf einer Strecke hin zu einem Ort ⟨*nach dem Weg fragen*⟩ *„Ich finde nicht mehr den Weg zum Hotel zurück"* | *„Ich bin gerade auf dem Weg zur Schule/ zur Arbeit/nach Berlin"* Ich gehe/fahre gerade dorthin **K** Heimweg, Rückweg **4** die Art und Weise, in der man vorgeht, um eine Angelegenheit zu regeln oder ein Problem zu lösen ⟨*auf friedlichem, gerichtlichem, schriftlichem, diplomatischem Weg; einen Weg suchen, finden*⟩ **K** Rechtsweg **ID sich auf dem Weg**

der Besserung befinden, **auf dem Weg der Besserung sein** wieder gesund werden ⟨*der Patient, der Kranke*⟩; **sich auf den Weg machen** gerade einen Ort verlassen, um irgendwohin zu gehen, zu fahren oder zu reisen *„Er machte sich auf den Weg nach Hause"*; **einer Sache** (*Dativ*) **aus dem Weg gehen** etwas Unangenehmes vermeiden; **etwas aus dem Weg räumen** ein Hindernis beseitigen; **eine Person ist mir über den Weg gelaufen** *gesprochen* ich bin einer Person zufällig begegnet

wẹg- (*im Verb, betont und trennbar, sehr produktiv; Diese Verben werden so gebildet: weggehen, ging weg, weggegangen*) **1** **wegfahren, wegfliegen, weggehen**; **jemanden/etwas wegschieben**; **etwas weggeben, wegstellen, wegwischen**; **jemanden wegjagen** *und andere* so, dass sich jemand selbst von einem Ort oder einer Stelle entfernt oder dass eine Person/Sache von einem Ort entfernt wird *„Das Auto rutschte auf dem Glatteis einfach weg"* Das Auto rutschte zur Seite, von der Straße **2** **etwas weglegen, wegrationalisieren, wegschütten, wegwerfen** *und andere* drückt aus, dass etwas nicht mehr benötigt wird (und man sich deshalb davon trennt) *„Den Wintermantel kannst du jetzt weghängen"* Du kannst ihn bis zum nächsten Winter in den Schrank hängen

we̲·gen PRÄPOSITION *mit Genitiv/gesprochen auch Dativ* verwendet, um den Grund für etwas anzugeben *„Wegen des schlechten Wetters wurde der Start verschoben"* | *„Wegen seiner Verletzung konnte er nur sehr langsam gehen"*
ⓘ → Extras, S. 717: **Präpositionen**
ID **Von wegen!** **a** verwendet, um Widerspruch oder Ablehnung auszudrücken *„Ist viel Brot übrig geblieben?" – „Von wegen, es hat nicht einmal für alle gereicht!"* **b** verwendet, um Ärger darüber auszudrücken, dass etwas nicht wie angekündigt oder versprochen geschehen ist *„Von wegen, er macht das schon! Bis heute ist nichts geschehen"* obwohl er es versprochen hat

wẹg·ge·hen (*ist*) **1** einen Ort verlassen *„Wir sollten von hier weggehen und woanders ein neues Leben anfangen"* **2** **etwas geht weg** *gesprochen* etwas verschwindet *„Das Fieber ging bald wieder weg"*

wẹg·kön·nen (*hat*); *gesprochen* **1** einen Ort verlassen können *„Ich kann jetzt nicht weg, weil noch viel zu tun ist!"* **2** **etwas kann weg** etwas kann weggeräumt, weggeworfen o. Ä. werden

wẹg·las·sen (*hat*) **1** **jemanden weglassen** *gesprochen* zulassen oder erlauben, dass jemand einen Ort verlässt **2** **etwas weglassen** etwas nicht erwähnen, verwenden o. Ä.

wẹg·lau·fen (*ist*) **1** **(vor jemandem/etwas) weglaufen** laufen und so einen Ort verlassen, vor jemandem/etwas fliehen *„vor einem Hund weglaufen"* **2** **ein Kind läuft (aus/von etwas)/(jemandem) weg** ein Kind bleibt nicht dort, wo es hingehört oder bei der Person, die sich um das Kind kümmert *„Das Kind ist von zu Hause/aus dem Heim weggelaufen"*

wẹg·ma·chen (*hat*); *gesprochen* **etwas wegmachen** ≈ entfernen

wẹg·müs·sen (*hat*); *gesprochen* **1** weggehen, wegfahren o. Ä. müssen **2** **etwas muss weg** etwas muss irgendwohin gebracht werden *„Die Ware muss heute noch weg"*

wẹg·neh·men (*hat*) **jemandem etwas wegnehmen** etwas von jemandem nehmen, sodass er es nicht mehr hat *„Mama, Benny hat mir meinen Ball weggenommen!"*

wẹg·schi·cken (*hat*) **1** **jemanden wegschicken** einer Person sagen, dass sie weggehen soll **2** **etwas wegschicken** etwas durch die Post o. Ä. irgendwohin bringen lassen

der **We̲g·wei·ser** (-s, -) ein Schild, das die Richtung und Entfernung zu einer Stadt oder zu einem Ziel anzeigt

wẹg·wer·fen (*hat*) **1** **etwas weg-**

werfen etwas, das man nicht mehr haben will, zum Müll werfen, tun *„Abfälle/kaputtes Spielzeug wegwerfen"* **2** **etwas wegwerfen** etwas, das man in der Hand hält, von sich weg irgendwohin werfen *„Igitt, pfui, wirf das weg!"*

weg·zie·hen (*ist*) die Wohnung verlassen und an einen anderen Ort ziehen

weh [veː] ADJEKTIV so, dass jemand an einer Stelle/einem Körperteil Schmerzen hat ≈ schmerzend *„einen wehen Zeh haben"* **ID** **O weh!/Ach weh!** Wie traurig/schlimm!

we·he! [ˈveːə] verwendet als Drohung *„Wehe (dir), wenn du gelogen hast!"*

die **We·he** [ˈveːə]; (-, -*n*) das schmerzhafte Zusammenziehen der Muskeln in der Gebärmutter, kurz vor und während der Geburt des Kindes ⟨*Wehen bekommen, haben*⟩

we·hen [ˈveːən] (*wehte, hat geweht*) **1** **etwas weht eine Sache irgendwohin** der Wind oder der Sturm bewegt etwas irgendwohin *„Der Wind wehte die welken Blätter auf den Rasen"* **2** **etwas weht (irgendwoher)** der Wind oder der Sturm bläst (aus einer Richtung) *„Heute weht ein starker Wind (aus Osten)"*

der **Wehr·dienst** eine Ausbildung und der Dienst als Soldat in einer Armee *„Seit 2011 ist der Wehrdienst in Deutschland freiwillig"* ⓘ nicht in der Mehrzahl verwendet

weh·ren (*wehrte, hat gewehrt*) **1** **sich (gegen jemanden/etwas) wehren** sich gegen einen Angriff schützen, indem man zu kämpfen beginnt ⟨*sich heftig, tapfer, vergeblich wehren*⟩ ≈ sich verteidigen **2** **sich gegen etwas wehren** mit Argumenten erklären, dass ein Verhalten oder eine Meinung richtig war ⟨*sich gegen Vorwürfe, Verdächtigungen wehren*⟩

weh·tun, **weh tun** (*tut weh, tat weh, hat wehgetan/weh getan*) **1** **jemandem wehtun** jemandem einen körperlichen oder seelischen Schmerz zufügen *„Deine Bemerkung hat mir wehgetan"* | *„Lass das, du tust mir weh!"* **2** **etwas tut (jemandem) weh** etwas ist in einem Zustand, in dem jemand Schmerzen spürt *„Mein rechter Fuß tut weh"* | *„Mir tut der Kopf weh"* | *„Wo tut es weh?"*

das **Weib·chen** (-s, -) ein weibliches Tier *„Ist dein Hase ein Männchen oder ein Weibchen?"*

weib·lich ADJEKTIV **1** Frauen und Mädchen sind weiblich, sie gehören zum weiblichen Geschlecht ↔ männlich **2** (bei Tieren) von dem Geschlecht, das Junge bekommen oder Eier legen kann **3** in der Grammatik mit dem Artikel „die" verwendet ⟨*ein Substantiv, ein Artikel*⟩ ≈ feminin

weich ADJEKTIV **1** so, dass etwas leicht geformt werden kann und bei Druck nachgibt ⟨*eine Masse, ein Teig*⟩ ↔ hart **2** so, dass es angenehm ist, etwas zu berühren ⟨*Wolle, das Fell, Samt*⟩ ↔ rau **3** elastisch und so, dass man bequem darauf sitzen oder liegen kann ⟨*ein Bett, ein Kissen, eine Matratze, ein Sessel*⟩ **4** sehr reif oder lange gekocht und daher leicht zu kauen ⟨*eine Birne, eine Tomate; weich gedünstet, gekocht*⟩ *„Das Gemüse ist noch nicht weich"*

die **Wei·che** (-, -*n*) über Weichen an Schienen fahren Züge, Straßenbahnen o. Ä. auf ein anderes Gleis ⟨*die Weichen stellen*⟩

die **Wei·de** (-, -*n*) **1** ein Stück Land, das mit Gras bewachsen ist und auf dem Kühe, Pferde, Schafe o. Ä. fressen **K** Weideland **2** ein Baum mit langen, biegsamen Zweigen, der meist in der Nähe von Flüssen oder Seen wächst

wei·gern (*weigerte sich, hat sich geweigert*) **sich weigern (zu +Infinitiv)** nicht bereit sein, etwas zu tun *„Er weigert sich zu gehorchen"* • *hierzu* **Wei·ge·rung** *die*

die **Wei·he** [ˈvaiə]; (-, -*n*) eine katholische Zeremonie, bei der man um den Segen Gottes für jemanden/etwas bittet

die **Weih·nacht** (-) ≈ Weihnachten **K** Weihnachtsgeschenk, Weihnachtslied • *hierzu* **weih·nacht·lich** ADJEKTIV

W

(das) **Weih·nach·ten** (-, -) **1** der 25. Dezember, an dem die christliche Kirche die Geburt von Jesus Christus feiert **2** die Zeit vom Heiligen Abend (24. Dezember) bis zum zweiten Weihnachtsfeiertag (26. Dezember) ⟨*zu/an, nach, vor, über Weihnachten*⟩ *„Frohe Weihnachten und ein glückliches neues Jahr!"*

weil BINDEWORT verwendet, um eine Begründung einzuleiten *„Er kann nicht kommen, weil er krank ist" | „Warum gehst du schon?" – „Weil ich noch einkaufen muss."*

die **Wei·le** (-) eine Zeit von unbestimmter Dauer ⟨*eine kleine, ganze, geraume Weile*⟩ *„Er kam nach einer Weile zurück"*

der **Wein** (-(e)s, -e) ein alkoholisches Getränk, das aus Weintrauben hergestellt wird **K** Weinflasche, Weinglas; Rotwein, Weißwein (i) Die Mehrzahl verwendet man nur, um über verschiedene Sorten von Wein zu sprechen; zu *Weinglas* → Abb. unter **Glas**

wei·nen (*weinte, hat geweint*) **(aus/vor etwas** (*Dativ*)**) weinen** Tränen in den Augen haben (und schluchzen), weil man traurig ist oder Schmerzen hat ⟨*aus Angst, vor Kälte, vor Kummer, vor Schmerzen weinen*⟩ *„Das ist nicht schlimm, deswegen brauchst du doch nicht zu weinen!"*

die **Wein·trau·be** die Beeren des Weinstocks, die an einem Stiel wachsen (i) → Abb. unter **Obst**

wei·se ADJEKTIV **1** klug und erfahren ⟨*weise handeln, urteilen*⟩ **2** ⟨*ein Rat, ein Spruch*⟩ so, dass sie Weisheit und Erfahrung enthalten

die **Wei·se** (-, -n) verwendet, um zu sagen, wie etwas geschieht oder gemacht wird ⟨*auf diese Art und Weise*⟩ *„So lernen Kinder auf spielerische Weise"*

die **Weis·heit** (-, -en) **1** große Erfahrung, durch die jemand gelassen gute Entscheidungen trifft (i) nicht in der Mehrzahl verwendet **2** eine Aussage, die Weisheit enthält

weiß PRÄSENS, 1. UND 3. PERSON SINGULAR **1** → wissen
ADJEKTIV **2** von der Farbe von Schnee oder Milch ⟨*blendend, strahlend weiß*⟩ ↔ schwarz **3** (in Bezug auf Menschen) mit heller Haut ⟨*die Hautfarbe*⟩

das **Weiß** (-(es), -) **1** die Farbe von frisch gefallenem Schnee **2** **in Weiß** in weißer Kleidung *„Sie heiratet in Weiß"* Sie trägt bei der Hochzeit ein weißes Brautkleid

das **Weiß·bier** helles Bier, das aus Weizen gebraut ist ≈ Weizen(bier) (i) → Abb. unter **Bier**

das **Weiß·brot** ein helles Brot, das aus Weizenmehl gemacht wird

weiß·lich ADJEKTIV fast weiß

weit ADJEKTIV (*weiter, weitest-*) **1** so, dass eine Entfernung groß ist *„Er wohnt ziemlich weit von hier" | „Das Ziel ist noch weit (entfernt/weg)"* **2** verwendet mit einer Maßangabe, um eine Distanz anzugeben *„Er springt sechs Meter weit" | „Wie weit ist es noch bis zum Bahnhof?"* **3** so, dass Kleidung nicht eng am Körper liegt *„ein zu weites Kleid enger machen"* **4** so, dass etwas eine große Fläche bedeckt ⟨*das Meer, ein Tal, die Wälder*⟩ **5** mit großem zeitlichen Abstand oder Unterschied *„weit nach Mitternacht"* **6** an einem späten Punkt einer Entwicklung *„Die Verhandlungen sind schon weit fortgeschritten"* **7** **von Weitem/weitem** aus großer Entfernung *„Man konnte schon von Weitem sehen, dass …"* **ID** **Das geht zu weit!** Das ist nicht mehr akzeptabel; **das Weite suchen** *gesprochen* davonlaufen; **so weit, so gut** bis hierher oder bis jetzt ist alles in Ordnung

WEIT
ENG

weit eng

die **Wei·te** (-, -n) **1** eine sehr große Fläche ⟨*die Weite des Meeres*⟩ *„die endlose Weite der Sahara"* **2** die Größe eines Kleidungsstücks in Bezug auf den Umfang *„ein Rock mit verstellbarer Weite"*

wei·ter ADVERB **1** so, dass jemand/etwas nicht aufhört ≈ weiterhin *„Wenn es weiter so stark schneit …"* **2** **und so weiter** → und
ADJEKTIV **3** neu hinzukommend, zusätzlich *„Ein weiteres Problem ist das Geld"* **4** später in einem Text, Gespräch oder Verlauf *„Im weiteren Verlauf des Interviews/Im Weiteren äußerte sich der Botschafter zufrieden über …"* **5** **ohne Weiteres/weiteres** einfach so, ohne Schwierigkeiten *„Sie könnte das ohne Weiteres tun"* **6** **bis auf Weiteres/weiteres** bis etwas anderes mitgeteilt wird ≈ vorläufig

wei·ter·bil·den (*hat*) **sich weiterbilden** einen Kurs machen oder Fachbücher lesen, um das berufliches Wissen zu erweitern und zu aktualisieren
• *hierzu* **Wei·ter·bil·dung** *die*

wei·ter·ge·ben (*hat*) **1** **etwas (an jemanden) weitergeben** etwas, das man selbst von einer Person bekommen hat, einer anderen Person geben *„Sie nahm sich eines der Blätter und gab die restlichen weiter"* **2** **etwas (an jemanden) weitergeben** jemandem etwas mitteilen *„Gebt die Informationen bitte an diejenigen weiter, die heute fehlen"*

wei·ter·ge·hen (*ist*) **1** nicht an einem Ort bleiben, nicht stehen bleiben *„Wollen wir hier Rast machen oder weitergehen?"* **2** nach einer Pause einen Weg fortsetzen *„Wir ruhten uns eine Weile aus und gingen dann weiter"* **3** **etwas geht weiter** etwas wird fortgesetzt, hört nicht auf *„Nach einer kurzen Pause geht das Konzert weiter"*

wei·ter·hin ADVERB **1** auch in der Zukunft *„Diese Probleme wird es wohl auch weiterhin geben"* | *„Weiterhin viel Erfolg!"* **2** auch jetzt noch *„Er weigert sich weiterhin, seine Mittäter zu nennen"*

wei·ter·kom·men (*ist*) **1** einen Weg fortsetzen können *„Hier ist der Weg überschwemmt, da kommen wir nicht weiter"* **2** **mit etwas weiterkommen** bei etwas Fortschritte machen *„Seid ihr bei der Lösung der Aufgabe weitergekommen?"*

wei·ter·ma·chen (*hat*; *gesprochen*) **(mit etwas) weitermachen** eine Tätigkeit fortsetzen *„Lasst uns weitermachen, damit wir bald fertig werden"*

der **Wei·zen** (-s) eine Getreideart, aus deren Körnern helles Brot gemacht wird **K** Weizenmehl

wẹlch FRAGEWORT **1** verwendet, um nach einer einzelnen Person/Sache aus einer Gruppe zu fragen *„Welches Buch gehört dir?"* | *„Welcher von euch beiden war das?"* ℹ auch in indirekten Fragen: *Ich weiß nicht, welchen Grund er dafür hat*
ARTIKEL/PRONOMEN **2** verwendet als Einleitung in Relativsätzen, um sich auf die gerade genannte Person/Sache zu beziehen *„Erfindungen, welche unser Leben verändern"* | *„Hier ist das Buch, über welches wir gesprochen haben"* ℹ In dieser Verwendung steht statt *welch-* oft eine Form von *der*, *die* oder *das*. **3** verwendet in Nebensätzen, um sich auf eine Person/Sache zu beziehen, die zur genannten Gruppe, Art oder Sorte gehört *„Es ist egal, welches Material man nimmt"* **4** alleine verwendet, um sich auf eine unbestimmte Zahl oder Menge von Personen/Sachen zu beziehen *„Sind genug Gabeln auf dem Tisch?" – „Ich glaube, da fehlen noch welche"*

wẹlk ADJEKTIV nicht mehr frisch ⟨*Blumen, Blätter, Gemüse, Laub*⟩ ≈ schlaff

wẹl·ken (*welkte, ist gewelkt*) **etwas welkt** etwas wird welk ⟨*Blumen, Blätter, Laub*⟩

die **Wẹl·le** (-, -n) **1** z. B. wenn starker Wind geht, gibt es im Wasser Wellen *„Nach dem Sturm waren die Wellen zu hoch zum Baden"* **K** Flutwelle **2** **Wellen** im Haar sind Haare, die nicht gerade sind, sondern leichte Bögen haben

W

3 die Art, wie sich Licht, Schall und andere Formen von Energie ausbreiten K Schallwelle 4 der Bereich der Länge von Funkwellen, in dem ein Radiosender sein Programm sendet ≈ Frequenz

der **Wel·len·gang** die Bewegung der Wellen im Meer ⟨*hoher, starker Wellengang*⟩

der **Wel·len·sit·tich** ein kleiner Papagei, der oft im Käfig gehalten wird

wel·lig ADJEKTIV mit einer Form, die aus meist vielen kleinen Kurven besteht, die auf und ab gehen

der **Wel·pe** (-*n*, -*n*) das Junge von Hund, Fuchs, Wolf ⓘ *der Welpe; den, dem, des Welpen*

die **Welt** (-, -*en*) 1 die Erde oder ein großer Teil der Erde ⟨*die Welt kennenlernen; um die Welt reisen*⟩ ⓘ nicht in der Mehrzahl verwendet 2 das Leben, die Lebensverhältnisse ⟨*die Welt verändern*⟩ ⓘ nicht in der Mehrzahl verwendet 3 viele Menschen in vielen Ländern *„Diese Nachricht hat die Welt erschüttert"* ⓘ nicht in der Mehrzahl verwendet 4 der Planet Erde mit dem gesamten Weltall ≈ Universum *„die Entstehung der Welt"* ⓘ nicht in der Mehrzahl verwendet 5 **die Dritte/Vierte Welt** die armen/ärmsten Länder der Erde ID **aus aller Welt** von überall her

das **Welt·all** der gesamte Weltraum mit allen Sternen, Planeten, Monden usw. ≈ Universum, Kosmos

der **Welt·krieg** einer der beiden großen Kriege im 20. Jahrhundert *„der Erste Weltkrieg (1914 – 1918)"* | *„der Zweite Weltkrieg (1939 – 1945)"*

der **Welt·raum** der unendliche Raum außerhalb der Erdatmosphäre K Weltraumforschung ⓘ nicht in der Mehrzahl verwendet

wem → wer

wen → wer

die **Wen·de** (-, -*n*) 1 eine entscheidende Änderung ⟨*eine Wende in der Entwicklung, im Leben, in der Politik*⟩ ⓘ nicht in der Mehrzahl verwendet 2 der Übergang zwischen zwei Zeitabschnitten *„um die Wende des 20. Jahrhunderts"* K Jahrhundertwende ⓘ nicht in der Mehrzahl verwendet 3 der Punkt einer Strecke, an dem ein Sportler im Wettkampf wieder umkehren muss 4 das Umkehren eines Sportlers an der Wende

wen·den (*wendete/wandte, hat gewendet/gewandt*) 1 **etwas wenden** (*wendete*) die Rückseite oder Unterseite einer Sache nach vorne bzw. oben drehen ⟨*ein Blatt Papier, einen Braten wenden*⟩ *„das Heu zum Trocknen wenden"* 2 **etwas/sich irgendwohin wenden** (*wendete/wandte*) etwas/sich in die genannte Richtung drehen *„Sie wandte ihre Augen nicht vom Fenster"* | *„An der Kreuzung wenden Sie sich nach rechts"* 3 (*wendete*) (mit dem Auto, beim Schwimmen usw.) kurz stoppen und sich danach in die entgegengesetzte Richtung zurückbewegen 4 **sich an jemanden wenden** (*wendete/wandte*) jemanden um Rat und Hilfe bitten *„Sie können sich in dieser Angelegenheit jederzeit an mich wenden"* ID **Bitte wenden!** Lesen Sie bitte auf der Rückseite des Blattes weiter ⓘ Abkürzung: *b. w.*

wen·dig ADJEKTIV 1 leicht zu lenken ⟨*ein Auto, ein Boot*⟩ 2 körperlich oder geistig sehr beweglich

die **Wen·dung** (-, -*en*) eine Änderung der Richtung, eine Drehung ⟨*eine Wendung nach links, rechts, um 180°*⟩

we·nig ADJEKTIV 1 so, dass nur eine geringe Menge oder Anzahl da ist *„Er zeigte wenig Interesse an dem Angebot"* | *„Wenige Tage später war alles vorbei"* | *„Sie verdient wenig"* | *„Er hat viele Freunde, aber nur wenige waren bei seiner Party"* 2 in geringem Maß ≈ kaum *„Das hat ihn wenig interessiert"* 3 **ein wenig** +*Substantiv* eine ziemlich kleine Menge einer Sache ≈ etwas, ein bisschen *„Ich brauche noch ein wenig Zeit"* 4 **ein wenig** +*Adjektiv* in geringem Maße, aber deutlich erkennbar *„Ich muss sagen, ich bin ein wenig enttäuscht"*

we·ni·ger 1 *Komparativ* → wenig

W

BINDEWORT **2** *gesprochen* drückt aus, dass eine Zahl abgezogen wird ≈ minus *„Fünf weniger drei ist zwei"*

we̲·nigs·tens ADVERB verwendet, um über die kleinste Zahl, Summe, Dauer oder die geringste Anforderung zu sprechen *„Wir wollen wenigstens drei Wochen verreisen"*

wẹnn BINDEWORT **1** der Nebensatz mit *wenn* nennt eine Voraussetzung oder Bedingung *„Das lernst du ganz schnell, wenn du fleißig übst"* | *„Wenn nötig, kann der Vorgang wiederholt werden"* **2** zusammen mit dem Konjunktiv II wird ausgedrückt, dass eine Voraussetzung nicht erfüllt wird und etwas daher nicht geschieht *„Wenn ich Zeit hätte, würde ich Urlaub machen"* Ich habe keine Zeit und werde deshalb keinen Urlaub machen **3** der Nebensatz mit *wenn* nennt einen nicht sehr wahrscheinlichen, möglichen Fall und der Hauptsatz etwas, was in diesem Fall geschieht oder geschehen soll ≈ falls *„Wenn sie anrufen sollte, sagst du, dass ich nicht da bin"* **4** der Nebensatz mit *wenn* nennt einen Zeitpunkt oder Zeitraum in der Zukunft *„Ich komme zu dir, wenn ich mit meiner Arbeit hier fertig bin"* **5** der Nebensatz mit *wenn* nennt eine Situation, in der etwas immer der Fall ist *„Jedes Mal, wenn das Telefon läutet, glaube ich, dass sie es ist"* **6** verwendet, um sich auf einen Zeitpunkt oder Zeitraum zu beziehen, in dem etwas der Fall ist *„In dem Moment, wenn der Startschuss fällt, musst du voll konzentriert sein"* **7** **als/wie wenn** verwendet, um eine Situation oder Sache mit einer anderen zu vergleichen, die möglich, aber nicht wirklich ist *„Das Buch sieht aus, wie/als wenn es noch neu wäre"* es ist aber schon gebraucht

we̲r FRAGEWORT (*wen, wem, wessen*) verwendet, um nach einer Person oder mehreren Personen zu fragen *„Wer mag noch ein Stück Kuchen?"* | *„Wen möchten Sie sprechen?"* | *„Wem soll ich das Buch geben?"* | *„Wessen Brille ist das?"*

wẹr·ben (*wirbt, warb, hat geworben*) **1** **eine Person (für jemanden/etwas) werben** versuchen, eine Person zu finden, die ein Produkt kauft, eine Idee unterstützt o. Ä. ⟨*neue Abonnenten (für eine Zeitung), Käufer werben*⟩ **2** **(für etwas) werben** ein Produkt, ein Vorhaben, eine Idee o. Ä. so vorteilhaft beschreiben, dass sich andere Leute dafür interessieren *„für eine Zigarettenmarke werben"*

die **Wẹr·bung** (-) eine Aktion (z. B. eine Anzeige in der Zeitung, ein Spot im Fernsehen), mit der man versucht, Leute für ein Produkt zu interessieren ⟨*Werbung für jemanden/etwas machen*⟩

wẹr·den[1] (*wird, wurde, ist geworden*) **1** *Adjektiv* + **werden** die genannte Eigenschaft bekommen oder in den genannten Zustand kommen *„Ich werde allmählich müde"* **2** **etwas** (*Nominativ*) **werden** einen Beruf erlernen oder aufnehmen *„Sie wird Lehrerin"* **3** **etwas** (*Nominativ*) **werden** in die genannte Beziehung zu einer Person kommen *„Wir wurden schon bald Freunde"* **4** *Zahl* + **werden** (beim nächsten Geburtstag) das genannte Alter erreichen *„Wenn sie 18 wird, will sie eine große Party feiern"* **5** **etwas wird etwas** (*Nominativ*); **etwas wird zu etwas** etwas entwickelt sich zur genannten Sache, in der genannten Weise *„Ich hoffe, der Plan wird bald Wirklichkeit"* **6** **jemand wird zu etwas** eine Person erreicht die genannte (soziale oder berufliche) Stellung *„Er wurde zu einem der reichsten Männer der Welt"* **7** **etwas wird (et)was/nichts** *gesprochen* etwas gelingt/gelingt nicht *„Sind die Fotos was geworden?"* **8** **es wird etwas/irgendwie** ein Zeitraum (mit dem genannten Zustand) beginnt ⟨*es wird Tag, Nacht, Frühling, Sommer*⟩ *„Draußen wird es schon hell/dunkel"* **9** **jemandem wird (es) irgendwie** jemand empfindet das genannte Gefühl *„Wenn dir kalt wird, kannst du die Heizung anmachen"* **ID** **Das wird schon**

wieder *gesprochen* verwendet, um jemanden zu trösten oder zu beruhigen

wẹr·den² HILFSVERB (*wird, wurde, ist Partizip Perfekt + worden*) **1** **werden** *+Infinitiv* verwendet zur Bildung des Futurs *„Morgen werde ich die Arbeit beendet haben"* **2** **würde(n)** *+Infinitiv* verwendet zur Bildung des Konjunktivs II *„Ich würde gern kommen, wenn ich Zeit hätte"* **3** **werden** *+Partizip Perfekt* verwendet zur Bildung des Passivs *„Wir werden beobachtet"* ℹ Das Partizip Perfekt ist in diesem Fall *worden*, nicht *geworden*. Vergleiche: *Sie ist Direktorin geworden/Sie ist zur Direktorin befördert worden.* **4** **werden** *+Partizip Perfekt* verwendet, um eine energische Aufforderung auszudrücken *„Jetzt wird nicht mehr geredet!"*

wẹr·fen (*wirft, warf, hat geworfen*) **1** **(etwas) (irgendwohin) werfen** z. B. einen Stein oder Ball mit einer starken Bewegung des Arms aus der Hand fliegen lassen ⟨*etwas in die Höhe/Luft werfen; gut, weit werfen können*⟩ *„Sie warf ihre Tasche in die Ecke"* | *„Die Kinder warfen mit Schneebällen"* **2** **jemanden/etwas irgendwohin werfen** eine Person oder Sache fallen oder mit Schwung irgendwohin gelangen lassen *„Der Sturm warf Ziegel vom Dach"* | *„Er wurde aus dem Sattel/vom Fahrrad geworfen"* **3** **jemanden irgendwohin werfen** jemanden zwingen, ein Haus, eine Firma o. Ä. zu verlassen *„einen Betrunkenen aus dem Lokal werfen"* **4** **etwas werfen** den Ball, Würfel usw. so werfen, dass man in einem Spiel oder Wettkampf Punkte erzielt ⟨*einen Korb, ein Tor, einen neuen Rekord werfen; beim Würfeln eine Eins, Zwei usw. werfen*⟩ **5** **etwas wirft Licht/Schatten (irgendwohin)** etwas lässt Licht/Schatten irgendwohin gelangen *„Der Baum wirft zu viel Schatten"*

die **Wẹrft** (-, *-en*) eine Anlage, in der Schiffe gebaut und repariert werden

das **Wẹrk** (*-(e)s, -e*) **1** eine große (meist künstlerische oder wissenschaftliche) Leistung *„ein Werk der Weltliteratur"* | *„die Werke Michelangelos"* **K** Kunstwerk **2** etwas, das jemand getan oder hergestellt hat *„Das Attentat war ein Werk der Terroristen"* | *„Der Aufbau dieser Organisation war sein Werk"* ℹ nicht in der Mehrzahl verwendet **3** eine Fabrik mit allen Gebäuden und technischen Anlagen *„Der Konzern will mehrere Werke schließen"* **K** Werk(s)halle; Elektrizitätswerk, Stahlwerk **ID** **ein gutes Werk tun** einer anderen Person aus Nächstenliebe helfen; **sich ans Werk machen** mit der Arbeit beginnen

die **Wẹrk·statt** (-, *Werk·stät·ten*) der Arbeitsraum von handwerklich tätigen Personen *„Ledertaschen aus eigener Werkstatt"* **K** Autowerkstatt, Schneiderwerkstatt

der **Wẹrk·tag** ein Tag, an dem die Leute arbeiten, also Montag bis Samstag, im Gegensatz zu Sonntag und Feiertagen ≈ Wochentag

wẹrk·tags ADVERB an Werktagen *„Dieser Bus verkehrt nur werktags"*

das **Wẹrk·zeug** (*-s, -e*) ein Gegenstand (z. B. ein Hammer, eine Zange), den man benutzt, um eine Arbeit leichter oder überhaupt machen zu können *„Manche Vögel sind intelligent genug, Werkzeuge zu benutzen"* ℹ → Abb. nächste Seite

wẹrt ADJEKTIV **1** **etwas ist etwas wert** etwas hat den genannten finanziellen Wert ⟨*etwas ist viel, nichts wert*⟩ *„Mein altes Auto ist noch 1500 Euro wert"* **2** **etwas ist (jemandem) etwas** (*Akkusativ*) **wert** etwas ist in der Qualität o. Ä. so gut, dass der Preis, die damit verbundene Anstrengung o. Ä. nicht zu viel dafür sind *„Berlin ist immer eine Reise wert"* | *„Die Karten fürs Konzert sind mir das Geld wert"*

der **Wẹrt** (*-(e)s, -e*) **1** der Preis, den etwas kostet oder kosten würde ⟨*etwas fällt, steigt im Wert*⟩ *„Juwelen im Wert von 3000 Euro"* ℹ nicht in der Mehrzahl verwendet **2** die Nützlichkeit und Qualität einer Sache ⟨*der erzieherische, geistige, künstlerische, praktische Wert*⟩

WERKZEUGE

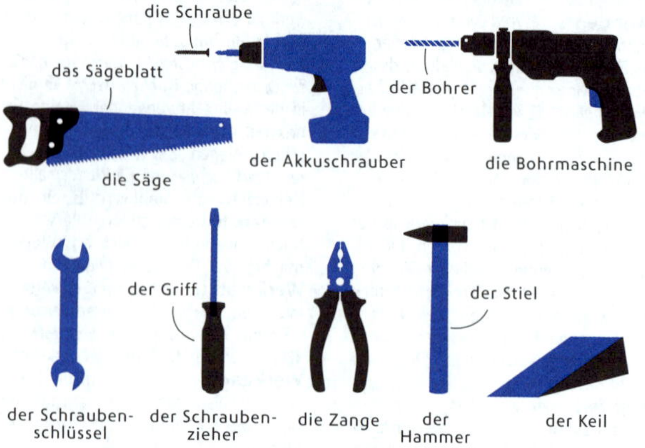

„Diese Informationen sind leider ohne Wert für uns, weil wir sie nicht veröffentlichen dürfen" **K** Unterhaltungswert **3** Dinge, die wertvoll sind *„Im Krieg gingen unermessliche Werte verloren"* **4** das Ergebnis einer Messung oder Untersuchung, in Zahlen ausgedrückt *„Die Temperatur erreicht morgen Werte um 30 °C"* **K** Durchschnittswert; Messwert **ID** **(großen/viel) Wert auf etwas** (*Akkusativ*) **legen** etwas für (sehr) wichtig halten; **etwas hat keinen/wenig Wert** etwas nützt nichts/wenig, ist nicht sinnvoll *„Es hat wenig Wert, die Übung zu wiederholen, wenn du dich nicht konzentrierst"*

wert·los *ADJEKTIV* **1** ohne finanziellen Wert **2** **wertlos (für jemanden)** so, dass es keinen Nutzen oder Vorteil bringt

die **Wert·mar·ke** eine Marke, die man kauft, um sie auf einen Fahrausweis o. Ä. zu kleben, der dann wieder für eine bestimmte Zeit gültig ist

wert·voll *ADJEKTIV* **1** von großem (finanziellem oder geistigem) Wert 〈*Schmuck*〉 **2** sehr nützlich 〈*ein Hinweis, ein Rat, ein Ergebnis*〉

das **We·sen** (-s, -) **1** die charakterlichen Eigenschaften einer Person 〈*ein angenehmes, einnehmendes Wesen haben*〉 **i** nicht in der Mehrzahl verwendet **2** etwas, das in irgendeiner (oft nur gedachten) Gestalt existiert oder erscheint *„an ein höheres, göttliches Wesen glauben"*

we·sent·lich *ADJEKTIV* **1** sehr wichtig 〈*ein Anteil, ein Bestandteil, ein Element, ein Punkt, ein Unterschied*〉 **2** drückt aus, dass ein Unterschied oder eine Menge groß ist 〈*wesentlich älter, besser, größer*〉

wes·halb *FRAGEWORT* verwendet, um nach dem Grund für etwas zu fragen ≈ warum *„Weshalb hast du das getan?"* **i** auch in indirekten Fragen: *Ich weiß nicht, weshalb sie nicht gekommen ist*

die **Wes·pe** (-, -*n*) ein schwarz-gelb gestreiftes Insekt mit giftigem Stachel **K** Wespenstich

wes·sen → wer

West *ohne Artikel; nur in dieser Form*

W

die Richtung, in der die Sonne am Abend zu sehen ist ⟨*Wind aus, von West; ein Kurs nach West*⟩ ↔ Ost *„von West nach Ost"* **K** Westeuropa, Westküste

die **Wẹs·te** (-, *-n*) **1** ein ärmelloses Kleidungsstück, das bis zur Hüfte reicht und über Hemd oder Bluse getragen wird **K** Anzugweste **2** eine Jacke aus Wolle o. Ä. **K** Strickweste

der **Wẹs·ten** (*-s*) **1** die Himmelsrichtung des Sonnenuntergangs ⟨*im, gegen, aus, von, nach Westen*⟩ ↔ Osten **2** der westliche Teil eines Gebietes *„im Westen der Stadt"* **3** die USA und die Länder Westeuropas (als politische Verbündete)

wẹst·lich ADJEKTIV **1** nach Westen (gerichtet) ⟨*ein Kurs; in westliche Richtung fahren*⟩ **2** von Westen nach Osten ⟨*ein Wind; der Wind kommt, weht aus westlicher Richtung*⟩ **3** im Westen ⟨*ein Land, die Seite, der Teil*⟩ **4** zu den politischen Verbündeten des Westens gehörig ⟨*Diplomaten; das Bündnis*⟩ PRÄPOSITION *mit Genitiv* **5** (in der genannten Entfernung) weiter im Westen als etwas ↔ östlich *„fünf Kilometer westlich der Grenze"* ⓘ Folgt ein Wort ohne Artikel, verwendet man *westlich von*: *westlich von Deutschland*.

der **Wẹtt·be·werb** (*-s, -e*) **1** eine Veranstaltung, bei der die Teilnehmer ihre Leistungen auf einem Gebiet untereinander vergleichen und bei der es für die besten oft Preise gibt ⟨*einen/in einem Wettbewerb gewinnen*⟩ **K** Fotowettbewerb, Schönheitswettbewerb **2** der Kampf um Vorteile zwischen Personen, Institutionen oder Firmen ⟨*fairer, harter, unlauterer Wettbewerb*⟩ ⓘ nicht in der Mehrzahl verwendet

die **Wẹt·te** (-, *-n*) **eine Wette (um etwas)** eine Vereinbarung zwischen zwei oder mehr Personen, dass diejenige, deren Behauptung nicht richtig ist, etwas zahlen oder leisten muss ⟨*eine Wette gewinnen, verlieren*⟩ *„eine Wette um eine Flasche Wein"*

wẹt·ten (*wettete, hat gewettet*) **1** **(mit jemandem) (etwas) wetten** eine Wette machen, den Einsatz für eine Wette angeben *„Ich wette mit dir (um) 10 Euro, dass Inter Mailand gewinnt."* **2** **wetten, (dass) ...** zum Ausdruck bringen, dass man sich einer Sache ganz sicher ist *„Ich wette, sie kommt nicht"* **3** **auf etwas** (*Akkusativ*) **wetten** bei einem Wettrennen einen Tipp abgeben ⟨*auf ein Pferd wetten*⟩

das **Wẹt·ter** (*-s*) die Situation, ob die Sonne scheint oder ob es Regen, Schnee, Wind, Wolken usw. gibt ⟨*regnerisches, trübes, schönes Wetter; das Wetter ist beständig, wechselhaft, schlägt um*⟩ *„Wie wird das Wetter morgen?"* **K** Wetteraussichten; Frühlingswetter; Regenwetter; Badewetter

der **Wẹt·ter·be·richt** aktuelle Informationen im Fernsehen, Radio usw., wie das Wetter in verschiedenen Regionen gerade ist (und wie sich in den nächsten Tagen wahrscheinlich entwickeln wird)

der **Wẹtt·kampf** ein (meist sportlicher) Kampf um die beste Leistung • *hierzu* **Wẹtt·kämp·fer** *der*

der **Wẹtt·lauf** die Situation, bei der mehrere Personen so schnell laufen, wie sie können, um so herauszufinden, wer am schnellsten ist • *hierzu* **Wẹtt·läu·fer** *der*

wịch·tig ADJEKTIV **1** **wichtig (für jemanden/etwas)** mit großer Wirkung auf eine Situation, mit deutlichen Folgen *„Diese Entscheidung war wichtig für die Zukunft"* | *„Es ist wichtig, dass wir uns einigen"* **2** **wichtig (für jemanden/etwas)** mit großem Einfluss oder viel Macht *„Er kennt viele wichtige Leute"* **3** **jemandem wichtig** so, dass jemand großen Wert auf etwas legt *„Mir ist nicht wichtig, wie ein Mann aussieht, sondern welchen Charakter er hat"*

die **Wịch·tig·keit** (-) die Eigenschaft, wichtig zu sein ⟨*etwas ist von großer Wichtigkeit für jemanden/etwas; die Wichtigkeit einer Sache für etwas*⟩

der **Wị·ckel** (*-s, -*) ein feuchtes Tuch, das

man z. B. um die Brust legt, um das Fieber zu senken **K** Wadenwickel

wi·ckeln (*wickelte, hat gewickelt*) **1** **etwas um etwas wickeln** eine Schnur, einen Verband usw. mit einer drehenden Bewegung mehrmals um etwas legen *„einen Verband um das verletzte Bein wickeln"* **2** **ein Kind wickeln** einem Kleinkind eine saubere Windel anlegen **K** Wickelkommode, Wickeltisch **3** **etwas in etwas** (*Akkusativ*) **wickeln** etwas in Papier verpacken

wi·der PRÄPOSITION *mit Akkusativ* bezeichnet einen Gegensatz, Widerspruch o. Ä. *„Ich wurde wider Willen dort festgehalten"* obwohl ich es nicht wollte

wi·der·lich ADJEKTIV **1** sehr unsympathisch ⟨*ein Mensch, ein Benehmen*⟩ **2** so, dass man davor Ekel empfindet ⟨*ein Anblick, ein Gestank*⟩

wi·der·spre·chen (*widerspricht, widersprach, hat widersprochen*) **1** **(jemandem/etwas) widersprechen** jemandes Meinung für falsch erklären und eine andere vertreten ⟨*einer Äußerung, einer Behauptung widersprechen*⟩ *„Ich muss Ihnen leider widersprechen"* **2** **etwas widerspricht einer Sache** (*Dativ*) etwas passt nicht zu etwas anderem *„Seine Aussage widerspricht den Tatsachen"* **3** **sich** (*Dativ*) **widersprechen** etwas sagen, das nicht dazu passt, was man bereits vorher gesagt hat *„Du widersprichst dir doch ständig!"*

der **Wi·der·spruch** **1** das Aussprechen einer entgegengesetzten Meinung *„Seine unvernünftigen Ansichten reizen zum Widerspruch"* ⓘ nicht in der Mehrzahl verwendet **2** die Situation, dass eine Sache nicht zur anderen passt ⟨*etwas ist voller Widersprüche*⟩ ≈ Gegensatz *„Seine Ansichten standen in krassem Widerspruch zur öffentlichen Meinung"* **3** *admin* der Antrag an ein Gericht oder eine Behörde, eine Entscheidung noch einmal zu überprüfen, weil man für falsch hält ⟨*Widerspruch gegen etwas einlegen*⟩ *„Wir haben vier Wochen Zeit für den Widerspruch"* ⓘ nicht in der Mehrzahl verwendet

der **Wi·der·stand** **1** **Widerstand gegen jemanden/etwas** Handlungen, mit denen man sich gegen eine Person oder Situation wehrt ⟨*(jemandem) Widerstand leisten; auf Widerstand stoßen; den Widerstand aufgeben*⟩ ⓘ nicht in der Mehrzahl verwendet **2** eine Sache, die eine Person daran hindert, etwas zu tun *„Wir konnten das Projekt allen Widerständen zum Trotz rechtzeitig abschließen"* **3** eine Kraft, die eine Bewegung bremst **K** Luftwiderstand ⓘ nicht in der Mehrzahl verwendet **4** die Eigenschaft eines Materials, das Fließen des elektrischen Stroms zu hemmen ⓘ nicht in der Mehrzahl verwendet **5** ein Bauelement in einem Stromkreis mit einem elektrischen Widerstand

wid·men (*widmete, hat gewidmet*) **1** **jemandem etwas widmen** jemanden mit einem Kunstwerk, einer wissenschaftlichen Arbeit o. Ä. ehren *„Beethoven widmete dem Kaiser Napoleon seine dritte Symphonie"* **2** **sich/etwas einer Person/Sache widmen** viel Zeit und Kraft für eine Person, ein Ziel o. Ä. verwenden *„Sie hat ihr Leben der medizinischen Forschung gewidmet"*

-wid·rig *im Adjektiv, unbetont, begrenzt produktiv* **1** **gesetzeswidrig, sittenwidrig, verfassungswidrig, verkehrswidrig** *und andere* drückt aus, dass etwas gegen ein Gesetz verstößt **2** **befehlswidrig, ordnungswidrig, regelwidrig, vertragswidrig** *und andere* drückt aus, dass etwas der genannten Sache nicht entspricht

wie FRAGEWORT BESCHREIBUNG: **1** verwendet, um zu fragen, auf welche Weise etwas geschieht oder geschehen ist *„Wie hast du das gemacht?"* ⓘ auch in indirekten Fragen: *Ich weiß nicht, wie das passieren konnte* **2** verwendet, um nach Eigenschaften oder Zuständen, nach den näheren Umständen zu fragen *„Wie war das Wetter?"* **3** **wie** *+Adjektiv/Adverb* verwendet, um nach

W

Maßen, der Menge, dem Ausmaß o. Ä. zu fragen *„Wie alt bist du?"*
BINDEWORT VERGLEICH: **4** verwendet, um einen Vergleich herzustellen *„Er ist stark wie ein Bär" | „Sie ist so alt wie ich"* AUFZÄHLUNG: **5** verwendet, um Beispiele oder Aufzählungen einzuleiten *„Manche Tiere, wie (z. B.) Bären oder Hamster, halten einen Winterschlaf"*
MENGE, ZAHL: **6** **wie viel(e)** (in direkten und indirekten Fragen) verwendet, um nach einer Menge oder Zahl zu fragen *„Wie viel(e) Leute kommen zu deiner Party?" | „Wie viel ist 39 geteilt durch 13?"*

wie·der *ADVERB* **1** verwendet, um zu sagen, dass etwas nicht zum ersten Mal, sondern noch einmal geschieht ⟨*immer wieder; schon wieder; nie wieder*⟩ *„Wann gehen wir wieder einmal schwimmen?" | „Die neue Platte ist wieder ein Erfolg"* **2** verwendet, um zu sagen, dass ein früherer Zustand hergestellt wird *„die Gefangenen wieder freilassen" | „Es geht dir bald wieder besser"*

wie·der·be·le·ben (*belebte wieder, hat wiederbelebt*) **jemanden wiederbeleben** wenn jemand nicht mehr atmet oder sein Herz nicht mehr schlägt, kann man versuchen, ihn wiederzubeleben • *hierzu* **Wie·der·be·le·bung** *die*

wie·der·er·ken·nen (*hat*) **jemanden/etwas wiedererkennen** jemanden/etwas (nach längerer Abwesenheit) noch erkennen *„Ich habe sie kaum wiedererkannt!"*

wie·der·fin·den (*hat*) **jemanden/etwas wiederfinden** eine Person oder Sache, die man zuvor längere Zeit gesucht hat, finden

wie·der·ge·ben (*hat*) **1** **etwas wiedergeben** über etwas berichten, was man selbst erlebt, gelesen, gehört o. Ä. hat *„Er gab den Inhalt des Vortrags sinngemäß wieder"* **2** **etwas gibt etwas wieder** etwas macht Klänge, Farben o. Ä. hörbar/sichtbar *„Der Lautsprecher gibt die Bässe zu stark wieder"* • *hierzu* **Wie·der·ga·be** *die*

wie·der·ho·len (*wiederholte, hat wiederholt*) **1** **etwas wiederholen** etwas noch einmal machen, sagen, tun **2** **etwas wiederholen** etwas, das man lernen muss, üben, indem man es noch einmal liest, spricht o. Ä. ⟨*unregelmäßige Verben wiederholen*⟩ **3** **etwas wiederholen** noch einmal an etwas teilnehmen ⟨*eine Klasse, eine Prüfung, einen Kurs wiederholen*⟩ • *hierzu* **Wie·der·ho·lung** *die*

wie·der·holt *ADJEKTIV* verwendet, um zu sagen, dass etwas noch einmal gemacht, gesagt usw. wurde ⟨*eine Aufforderung, eine Warnung*⟩

das **Wie·der·hö·ren** **ID** **Auf Wiederhören!** verwendet, um sich am Telefon von jemandem zu verabschieden

wie·der·kom·men (*ist*) **1** ≈ zurückkommen *„Wann kommt ihr abends wieder?"* **2** noch einmal kommen *„Kommen Sie bitte morgen wieder!"*

das **Wie·der·se·hen** (*-s*) das Treffen einer Person, die man längere Zeit nicht gesehen hat **K** Wiedersehensfreude **ID** **Auf Wiedersehen!** verwendet, um sich von jemandem zu verabschieden

wie·der·se·hen (*hat*) **jemanden/etwas wiedersehen** jemanden/etwas erneut sehen oder besuchen *„Ich hoffe, dass wir uns bald wiedersehen"*

die **Wie·ge** (*-, -n*) ein kleines Bett für einen Säugling, das auf abgerundeten Brettern steht, sodass man es damit schaukeln kann

wie·gen¹ (*wog, hat gewogen*) **1** **jemanden/etwas wiegen** (mit einer Waage) das Gewicht von Personen oder Dingen feststellen *„einen Säugling/ein Paket wiegen"* **2** **jemand/etwas wiegt** *+Gewichtsangabe* jemand/etwas hat das genannte Gewicht *„Er wiegt 80 kg"*

wie·gen² (*wiegte, hat gewiegt*) **jemanden wiegen** jemanden sanft hin und her bewegen ⟨*ein Kind (in den Armen, in der Wiege) wiegen*⟩

wie·hern ['viːɐn] (*wieherte, hat ge-*

wiehert) **ein Pferd wiehert** ein Pferd gibt die Laute von sich, die für seine Art typisch sind

die **Wie·ner** (-, -) eine dünne Wurst aus Rind- und Schweinefleisch, die zum Essen im Wasser heiß gemacht wird ⟨*ein Paar Wiener*⟩

die **Wie·se** (-, -*n*) eine relativ große Fläche, auf der Gras und Blumen wachsen

wie·so ADVERB/FRAGEWORT; *gesprochen* ≈ warum *„Wieso hast du das getan?"* | *„Er sagte mir, wieso er sie angelogen hatte"*

wie·viel·t- ADJEKTIV (*in direkten Fragen*) verwendet, um nach der Zahl in einer Reihenfolge zu fragen *„Die wievielte Zigarette ist das heute schon?"*

wild ADJEKTIV (*wilder, wildest-*) **1** in einem natürlichen Zustand, nicht oder nur wenig von menschlicher Kultur beeinflusst ⟨*Gegenden, Pflanzen, Tiere*⟩ **K** Wildbach **2** unkontrolliert (und heftig, schnell oder laut), durch nichts abgeschwächt oder eingeschränkt ⟨*eine Flucht, eine Jagd, ein Sturm, eine Verfolgung*⟩ *„wild wucherndes Gestrüpp"* | *„Nicht so wild, du musst sanft sein!"* **3** an einem Ort, der nicht dafür vorgesehen ist **ID** **wild sein auf etwas** (*Akkusativ*) etwas unbedingt haben oder tun wollen; **wie wild** äußerst heftig *„Sie schrien wie wild"*; **etwas ist nicht so/halb so wild** *gesprochen* etwas ist nicht so schlimm

das **Wild** (-(*e*)*s*) **1** frei lebende Tiere, die gejagt werden **K** Großwild, Rehwild **2** Fleisch von Wild **K** Wildbraten

will *Präsens, 1. und 3. Person Singular* → wollen

der **Wil·le** (-*ns*) **1** die Fähigkeit des Menschen, sich für oder gegen etwas zu entscheiden **i** *der Wille; den, dem Willen; des Willens* **2** eine feste Absicht ⟨*den Willen haben, etwas zu tun*⟩ **3** das, was jemand (unbedingt) haben, tun o. Ä. will ⟨*den Willen durchsetzen*⟩

wil·len PRÄPOSITION *mit Genitiv* **um jemandes/etwas willen** *geschrieben* der genannten Person oder Sache zuliebe *„Tu es um unserer Freundschaft willen"* | *„um des lieben Friedens willen"* damit es keinen Streit gibt **ID** **Um Gottes/Himmels willen!** verwendet, um Entsetzen auszudrücken oder etwas energisch zurückzuweisen

wil·lig ADJEKTIV; *auch abwertend* bereit, das zu tun, was andere Leute erwarten

will·kom·men ADJEKTIV **1** erwünscht, angenehm ⟨*eine Abwechslung, eine Gelegenheit, eine Pause*⟩ *„Spenden sind jederzeit willkommen"* **2** **(jemandem) willkommen** (bei jemandem) gern gesehen, beliebt ⟨*ein Gast*⟩ *„Du bist uns immer herzlich willkommen"* **ID** **Herzlich willkommen!** verwendet zur Begrüßung nach längerer Trennung oder bei offiziellen Anlässen; **jemanden willkommen heißen** *geschrieben* jemanden (offiziell) begrüßen

das **Will·kom·men** (-*s*); *geschrieben* die freundschaftliche Begrüßung, wenn jemand (zu Besuch) kommt

willst *Präsens, 2. Person Singular* → wollen

wim·meln (*wimmelte, hat gewimmelt*) **etwas wimmelt von Personen/Tieren/Dingen** etwas enthält eine große Anzahl von Personen/Tieren/Dingen *„Der See wimmelt von Fischen"*

die **Wim·per** (-, -*n*) eines der kurzen, leicht gebogenen Haare am vorderen Rand des Augenlids **i** → Abb. unter **Auge**

der **Wind** (-(*e*)*s*, -*e*) die spürbare Bewegung oder Strömung der Luft im Freien ⟨*ein schwacher, starker, stürmischer Wind*⟩ **K** Windrichtung; windgeschützt **ID** **bei Wind und Wetter** bei jedem, auch bei schlechtem Wetter

die **Win·de** (-, -*n*) ein Gerät, mit dem man durch Drehen einer Kurbel Lasten hebt oder zieht

die **Win·del** (-, -*n*) Babys und kleine Kinder tragen Windeln, bis sie lernen, die Toilette zu benutzen ⟨(*einem Baby*) *die Windel*(*n*) *wechseln*⟩ **K** Windelhöschen

win·den (*wand, hat gewunden*) **1** **eine Pflanze windet sich (um etwas)** eine Pflanze wächst um eine Stange o. Ä.

W

herum **2** **ein Tier windet sich (irgendwohin)** eine Schlange, ein Wurm o. Ä. bewegt sich kriechend in kleinen Kurven **3** **etwas windet sich (irgendwohin)** etwas führt in vielen kleinen Kurven irgendwohin ⟨*ein Weg, ein Pfad, ein Bach*⟩ **4** **sich (vor etwas** (*Dativ*)**) winden** den Körper in einer unnatürlichen, verkrampften Haltung haben ⟨*sich vor Schmerzen, Krämpfen winden*⟩ **5** **etwas (zu etwas) winden** etwas durch Drehen oder Flechten (zu etwas) formen ⟨*Blumen zu einem Kranz winden*⟩

wịn·dig ADJEKTIV mit relativ starkem Wind

die **Wịnd·ja·cke** eine leichte Jacke (aus imprägniertem Material) zum Schutz gegen Regen

das **Wịnd·rad** eine Maschine, deren Flügel durch den Wind gedreht werden und die so Energie erzeugt

die **Wịnd·schutz|schei·be** die vordere Glasscheibe des Autos ≈ Frontscheibe **i** → Abb. unter **Auto**

wịnd·still ADJEKTIV ohne jede Bewegung der Luft • *hierzu* **Wịnd·stil·le** *die*

der **Win·kel** ['vɪŋkl̩]; (-s, -) **1** wenn sich zwei Linien oder Flächen an einem Punkt treffen, bilden sie zwischen sich einen Winkel *„Die Winkel im Dreieck ergeben zusammen 180°"* **2** **ein rechter Winkel** ein Winkel von 90° **3** ein Platz oder Ort, der meist ruhig und einsam ist *„in einem abgelegenen Winkel des Waldes"*

win·ken ['vɪŋkn̩] (*winkte, hat gewinkt/gesprochen auch gewunken*) **1** **(jemandem) (mit etwas) winken** mit der erhobenen Hand oder mit einem Tuch o. Ä. eine Bewegung machen, die meist einen Gruß ausdrückt **2** **jemandem/etwas winken** jemanden durch eine Bewegung der Hand auffordern zu kommen ⟨*dem Kellner, einem Taxi winken*⟩

der **Wịn·ter** (-s, -) die Jahreszeit, in der es am kältesten ist und am frühesten dunkel wird. In Europa dauert der Winter von Ende Dezember bis Ende März *„Wir fahren jeden Winter zum Skilaufen"* **K** Winterabend, Winterzeit

wịn·ter·lich ADJEKTIV **1** typisch für den Winter ⟨*Temperaturen, eine Landschaft*⟩ **2** den Bedingungen im Winter angepasst ⟨*Kleidung*⟩

wịn·zig ADJEKTIV sehr klein

die **Wịp·pe** (-, -n) zwei Kinder können auf einer Wippe abwechselnd nach oben und unten schwingen

wi̲r PRONOMEN *1. Person Mehrzahl* verwendet, wenn man von zwei oder mehr Personen spricht, zu denen man selbst gehört *„Wir gehen heute Abend ins Kino"* **i** → Extras, S. 715: **Pronomen**

der **Wịr·bel** (-s, -) **1** eine schnelle, kreisende Bewegung vor allem der Luft oder des Wassers **K** Wirbelsturm **2** ein aufgeregtes Durcheinander, Hektik ⟨*einen großen Wirbel veranstalten*⟩ **3** ein einzelner Knochen der Wirbelsäule oder einer ähnlichen Verbindung von Knochen **K** Brustwirbel

die **Wịr·bel·säu·le** eine Reihe von Knochen, die beweglich miteinander verbunden sind und die den Rücken stützen

das **Wịr·bel·tier** ein Tier, das eine Wirbelsäule hat

wịrbt *Präsens, 3. Person Singular* → werben

wịrd *Präsens, 3. Person Singular* → werden

wịrft *Präsens, 3. Person Singular* → werfen

wịr·ken (*wirkte, hat gewirkt*) **1** **etwas wirkt irgendwie (auf jemanden/etwas)** etwas hat den genannten Einfluss auf jemanden/etwas *„Kaffee wirkt auf die meisten Menschen anregend"* **2** **etwas wirkt (gegen etwas/irgendwie)** etwas heilt (die genannte Krankheit), hat (den genannten) Erfolg *„Diese Tabletten wirken schmerzlindernd/gegen Kopfschmerzen"* | *„Ich habe den Kindern mit Fernsehverbot gedroht, das hat gewirkt"*

W

3 **eine Person/Sache wirkt irgendwie (auf jemanden)** eine Person oder Sache macht den genannten Eindruck (auf jemanden) ⟨*bedrohlich, fröhlich, merkwürdig, müde, traurig wirken*⟩

wirk·lich *ADJEKTIV* **1** der Realität entsprechend, tatsächlich vorhanden *„Es ist wirklich so geschehen, es war kein Traum"* **2** verwendet, um eine Aussage zu verstärken *„Das weiß ich wirklich nicht"* | *„Das tut mir wirklich leid"*

die **Wirk·lich·keit** (-, *-en*) **1** das, was tatsächlich existiert ≈ Realität **2** **in Wirklichkeit** so, wie die Dinge wirklich sind

wirk·sam *ADJEKTIV* **1** so, dass etwas die gewünschte Wirkung hat ⟨*ein Medikament; eine Maßnahme*⟩ **2** nach bestehenden Gesetzen gültig ⟨*eine Kündigung, ein Vertrag; etwas wird wirksam*⟩ ≈ rechtsgültig • *hierzu* **Wirk·sam·keit** *die*

die **Wir·kung** (-, *-en*) **1** eine Veränderung, die als Folge einer Ursache zu beobachten ist oder geschieht *„ein Medikament mit fiebersenkender Wirkung"* | *„Die Maßnahme zeigte keine positive/wenig Wirkung"* **2** der Eindruck, den eine Person oder Sache bei jemandem hinterlässt *„Er hat eine ziemliche Wirkung auf sie gehabt"* Er hat sie stark beeindruckt

wirr *ADJEKTIV* so, dass man keine Ordnung, kein System sehen kann ⟨*wirres Zeug reden; wirr im Kopf sein, werden*⟩ *„Die Haare hingen im wirr in die Stirn"*

wirst *Präsens, 2. Person Singular* → werden

der **Wirt** (-(*e*)*s*, *-e*) Kurzwort für *Gastwirt* **K** Wirtshaus • *hierzu* **Wir·tin** *die*

die **Wirt·schaft** (-, *-en*) **1** alle Firmen, Geschäfte, Institutionen und Maßnahmen, die mit der Herstellung und Verteilung von Waren zu tun haben **K** Wirtschaftsminister, Wirtschaftswachstum **2** Kurzwort für *Gastwirtschaft* ⟨*in die Wirtschaft gehen*⟩

wirt·schaft·lich *ADJEKTIV* **1** die Wirtschaft betreffend, zu ihr gehörend ⟨*die Lage, die Situation, die Verhältnisse*⟩ ≈ ökonomisch **2** die Finanzen, das Geld betreffend ⟨*eine Notlage*⟩ ≈ finanziell **3** sparsam, nicht verschwenderisch **4** so, dass man damit Geld verdient und keine Verluste macht ⟨*ein Geschäft, eine Produktion*⟩ • *zu* (3,4) **Wirt·schaft·lich·keit** *die*

wi·schen (*wischte, hat/ist gewischt*) **1** **etwas wischen** (*hat*) etwas durch Reiben mit einem (nassen) Tuch sauber machen ⟨*den Tisch, den Boden, die Treppe wischen; Staub wischen*⟩ **2** **(mit etwas) über etwas wischen** (*hat*) etwas mit leichtem Druck über eine Fläche bewegen *„mit dem Ärmel über das Fenster wischen"*

wis·sen (*weiß, wusste, hat gewusst*) **1** **etwas wissen** durch allgemeine Kenntnisse, durch Lesen o. Ä. gewisse Informationen haben ⟨*die Antwort, die Lösung* (*eines Rätsels*), *einen Rat wissen*⟩ *„Weißt du, wie alt er ist?"* **2** **(et)was/viel/wenig/nichts über jemanden/etwas wissen** viele/einige/keine Informationen über eine Person/Sache haben *„Niemand weiß etwas über unseren Plan"* **ID** **von jemandem/etwas nichts (mehr) wissen wollen** mit jemandem/etwas nichts (mehr) zu tun haben wollen; **Was weiß 'ich!** *gesprochen* Ich weiß es nicht und es interessiert mich auch nicht

das **Wis·sen** (*-s*) **1** **das Wissen in etwas** (*Dativ*) alle Kenntnisse (auf einem Gebiet oder überhaupt) ⟨*großes, umfassendes Wissen*⟩ **K** Grundwissen, Spezialwissen **2** **das Wissen über etwas** (*Akkusativ*)**/von etwas** die Kenntnis einer Tatsache, eines Sachverhalts o. Ä. *„Sein Wissen über die Zusammenhänge in diesem Fall ist von großer Bedeutung"*

die **Wis·sen·schaft** (-, *-en*) alle Tätigkeiten, die mit dem systematischen Erforschen verschiedener Bereiche der Welt zusammenhängen, um diese besser verstehen und erklären zu können **K** Naturwissenschaft, Sprachwissenschaft

der **Wis·sen·schaft·ler** (-s, -) eine Person mit einem Hochschulstudium, die in einer Wissenschaft arbeitet ⟨*ein bedeutender, herausragender, anerkannter Wissenschaftler*⟩ • *hierzu* **Wis·sen·schaft·le·rin** *die*

wis·sen·schaft·lich *ADJEKTIV* **1** die Wissenschaft betreffend ⟨*eine Tagung, eine Zeitschrift*⟩ **2** auf den Prinzipien einer Wissenschaft basierend ⟨*eine Untersuchung, eine Methode*⟩

wit·tern (*witterte, hat gewittert*) **ein Tier wittert jemanden/etwas** ein Tier nimmt jemanden/etwas am Geruch wahr *„Der Hund witterte das Reh"*

die **Wit·we** (-, -n) eine Frau, deren Ehemann gestorben ist

der **Wit·wer** (-s, -) ein Mann, dessen Ehefrau gestorben ist

der **Witz** (-es, -e) eine kurze Geschichte mit einem überraschenden Ende, über das man lachen muss ⟨*einen Witz erzählen*⟩

wit·zig *ADJEKTIV* so, dass jemand oder etwas eine andere Person zum Lachen bringt **ID 'Sehr witzig!** *gesprochen, ironisch* Das finde ich gar nicht lustig

wo *FRAGEWORT* **1** verwendet, um nach einem Ort, einem Platz oder einer Stelle zu fragen *„Wo seid ihr gewesen?"* | *„Wo wohnst du?"* ℹ auch in indirekten Fragen: *Sie wollte wissen, wo ich herkomme*

ADVERB **2** verwendet wie ein Pronomen, um sich auf einen Ort o. Ä. zu beziehen, der bereits genannt wurde oder der aus dem Zusammenhang bekannt ist *„Das war in Wien, wo sie seit vier Jahren lebte"* | *„Wo ich herkomme, ist alles anders"* dort, wo ich herkomme

wo·an·ders *ADVERB* an einem anderen Ort, an einer anderen Stelle

wob *Präteritum, 1. und 3. Person Singular* → weben

wo·bei *FRAGEWORT*, **wo·bei** bei welcher Sache oder Tätigkeit *„Wobei hast du dir das Bein gebrochen?" – „Beim Skifahren!"* ℹ auch in indirekten Fragen: *Ich weiß nicht, wobei ich ihm helfen soll*

die **Wo·che** (-, -n) **1** ein Zeitraum von sieben Tagen und Nächten **K** Ferienwoche **2** der Zeitraum von Sonntag bis einschließlich Samstag ⟨*Anfang, Mitte, Ende der Woche; seit, vor, in, nach einer Woche*⟩ **ID die Woche über, unter/während der Woche** in der Zeit von Montag bis Freitag und nicht am Wochenende

das **Wo·chen·en·de** Samstag und Sonntag (als die Tage, an denen die meisten nicht im Beruf arbeiten) ⟨*übers Wochenende verreisen*⟩ **K** Wochenendausflug

wo·chen·lang *ADJEKTIV* mehrere Wochen dauernd

der **Wo·chen·tag** **1** einer der sieben Tage, aus denen eine Woche besteht **2** einer der Tage von Montag bis Samstag, an denen die Geschäfte geöffnet sind ≈ Werktag

wö·chent·lich *ADJEKTIV* in jeder Woche, jede Woche wieder *„wöchentliche Kontrollen"* | *„Er kommt wöchentlich auf Besuch"*

wo·durch *FRAGEWORT*, **wo·durch** durch welche Sache, Handlung o. Ä. *„Wodurch unterschieden sich die beiden Bilder?"* ℹ auch in indirekten Fragen: *Mich würde interessieren, wodurch der Unfall verursacht wurde*

wo·für *FRAGEWORT*, **wo·für** für welche Sache, welchen Zweck o. Ä. *„Wofür hast du das Geld ausgegeben?"* ℹ auch in indirekten Fragen: *Ich wüsste nicht, wofür ich mich entschuldigen soll*

wog *Präteritum, 1. und 3. Person Singular* → wiegen

wo·her, **wo·her** *FRAGEWORT* **1** von welchem Ort, aus welcher Richtung *„Woher kommst du?"* ℹ auch in indirekten Fragen: *Er fragte, woher wir unseren Wein beziehen* **2** fragt nach der Quelle, Herkunft oder Ursache *„Woher weißt du das?"* Von wem weißt du das?

BINDEWORT **3** von dem genannten Ort, aus der genannten Richtung *„Er ging dorthin zurück, wo'her er gekommen*

W

war"

wo·hin, **wo·hin** *ADVERB FRAGEWORT* **1** in welche Richtung, zu welchem Ziel *„Wohin gehst du?"* ⓘ auch in indirekten Fragen: *Ich wüsste gern, wohin diese Straße führt*
BINDEWORT **2** in die genannte Richtung, zu dem genannten Ziel *„Sie kam aus Kanada zurück, wo'hin sie als Jugendliche ausgewandert war"* **ID** **Ich muss mal wohin** *gesprochen* Ich muss auf die Toilette gehen

wohl *ADVERB* GUT: **1** (*wohler, am wohlsten*) körperlich und geistig fit und gesund *„Ist Ihnen nicht wohl?"* Ist Ihnen schlecht? **2** *besser, am besten* genau und sorgfältig oder wie es sein sollte ⟨*etwas wohl überlegen, planen*⟩ ⓘ → auch **wohl-** VERMUTUNG: **3** *unbetont* etwas ist wahrscheinlich der Fall ≈ vermutlich *„Sie wird wohl den Zug verpasst haben"* GEGENSATZ: **4** **wohl oder übel** ob man will oder nicht *„Die Rechnung werden wir wohl oder übel bezahlen müssen"*

das **Wohl** (-(*e*)*s*) der Zustand, in dem man gesund und zufrieden oder glücklich ist ⟨*das Wohl der Familie; sich um jemandes Wohl sorgen/kümmern*⟩ **ID** **für das leibliche Wohl der Gäste sorgen** sich um das Essen und die Getränke für die Gäste kümmern; **Zum Wohl!** ≈ Prost!

wohl·füh·len (*fühlte sich wohl, hat sich wohlgefühlt/wohl gefühlt*) **1** **sich wohlfühlen** sich körperlich und geistig fit und gesund fühlen *„Ich fühle mich heute nicht ganz wohl"* **2** **sich (irgendwo/bei etwas) wohlfühlen** an einem Ort oder in einer Situation ein positives Gefühl haben *„Ich fühle mich nicht wohl bei dem Gedanken"* ⓘ *sich wohlfühlen*, aber: *sich sehr wohl fühlen* (= getrennt geschrieben)

wohl·ha·bend *ADJEKTIV* so, dass jemand in guten finanziellen Verhältnissen lebt ≈ vermögend, begütert

W

der **Wohl·stand** die Situation, wenn alles reichlich vorhanden ist, was man zum Leben braucht ⟨*im Wohlstand leben; es zu Wohlstand bringen*⟩ ⓘ nicht in der Mehrzahl verwendet

der **Wohn·block** (-*s*, -*s*) ein großes Gebäude mit mehreren Stockwerken, in dem viele Wohnungen sind

woh·nen (*wohnte, hat gewohnt*) **1** **irgendwo wohnen** an einem Ort, in einem Gebäude zu Hause sein ⟨*in der Stadt, in einem Wohnblock wohnen*⟩ **2** **zur Miete wohnen** das Haus, die Wohnung o. Ä. nicht besitzen, sondern darin nur gegen eine Miete wohnen dürfen **3** **irgendwo wohnen** für relativ kurze Zeit irgendwo ein Zimmer haben, um zu übernachten *„Wenn ich in Hamburg bin, wohne ich immer im selben Hotel"*

die **Wohn·ge·mein·schaft** eine Gruppe von Personen (die aber keine Familie sind), die in einer Wohnung zusammenleben und einen gemeinsamen Haushalt führen ⟨*in eine Wohngemeinschaft einziehen*⟩ ⓘ Abkürzung: *WG*

das **Wohn·mo·bil** (-*s*, -*e*) ein großes Auto mit Betten, mit einer kleinen Küche usw., sodass man damit reisen und darin übernachten kann

der **Wohn·sitz** *admin* jemandes Wohnort (und volle Adresse)

die **Woh·nung** (-, -*en*) die Zimmer in einem Haus, die zusammengehören und in denen eine Person oder Familie lebt ⟨*eine Wohnung mieten, einrichten, beziehen, kündigen; aus einer Wohnung ausziehen*⟩ **K** Wohnungseinrichtung, Wohnungstür; Zweizimmerwohnung; Eigentumswohnung

der **Wohn·wa·gen** ein Anhänger für ein Auto, in dem man auf Reisen wohnen kann

das **Wohn·zim·mer** der Raum in einer Wohnung, in dem man sich vor allem zur Unterhaltung und Entspannung aufhält

der **Wolf** (-(*e*)*s*, *Wöl·fe*) Wölfe sind wilde Tiere, die wie Hunde aussehen **K** Wolfsrudel • *hierzu* **Wöl·fin** *die*

die **Wol·ke** (-, -*n*) **1** eine große (meist

weiße oder graue) Menge von sehr kleinen Wassertropfen, die hoch in der Luft schwebt ⟨*Wolken ziehen auf, stehen am Himmel*⟩ „*Die Berge sind in Wolken gehüllt*" **K** Wolkenhimmel; Gewitterwolke **2** eine Menge kleiner Teilchen einer Sache, die in der Luft schwebt oder sich in einer Flüssigkeit ausbreitet **K** Duftwolke, Rauchwolke, Staubwolke

ie **Wol·le** (-, -*n*) **1** die weichen Haare vor allem von Schafen, aus denen Garn gemacht wird ⟨*Wolle spinnen*⟩ **K** Schafwolle **i** nicht in der Mehrzahl verwendet **2** die langen Fäden aus Wolle, die man beim Stricken, Weben o. Ä. verwendet ⟨*ein Knäuel Wolle*⟩ „*einen Pullover aus Wolle stricken*" **K** Wollfaden; Strickwolle **3** ein Gewebe, das aus Wolle hergestellt wurde ⟨*reine Wolle*⟩ **K** Wolldecke, Wolljacke

wol·len[1] (*will, wollte, hat wollen*); *Modalverb* **1** *Infinitiv* + **wollen** die Absicht oder den Wunsch haben, etwas zu tun oder zu erleben „*Wir wollten in den Ferien ans Meer fahren*" **2** **jemand will etwas haben/werden** jemand hat den Wunsch, etwas zu bekommen oder werden „*Meine Tochter will unbedingt einen Hund haben*" | „*Sie will Ärztin werden*" **3** **wollen Sie (bitte)** +*Infinitiv* verwendet als höfliche Aufforderung an jemanden, etwas zu tun „*Wenn Sie mir bitte folgen wollen!*"

wollen[2] (*will, wollte, hat gewollt*) **1** **etwas wollen** einen Wunsch haben oder äußern „*Jetzt willst du sicher einen Kaffee*" | „*Ich will, dass ihr mich in Ruhe lasst!*" **2** **irgendwohin wollen** irgendwohin gehen, fahren o. Ä. wollen „*Wir wollen nach Köln. Können Sie uns mitnehmen?*"

wo·mit, **wo·mit** FRAGEWORT **1** mit welcher Sache, Handlung o. Ä. „*Womit habt ihr euch dort denn den ganzen Tag beschäftigt?*" **i** auch in indirekten Fragen: *Ich weiß nicht, womit ich das verdient habe*
BINDEWORT **2** mit der genannten Sache, Handlung o. Ä. „*Die Verhandlungen waren nicht erfolgreich, wo'mit allerdings zu rechnen gewesen war*"

wo·mög·lich ADVERB vielleicht, möglicherweise „*Das war womöglich ein Irrtum*"

wo·nach FRAGEWORT, **wo·nach** nach welcher Sache, Tätigkeit o. Ä. „*Wonach suchst du?*" **i** auch in indirekten Fragen: *Ich weiß jetzt, wonach ich mich richten muss*

wo·ran FRAGEWORT, **wo·ran** an welche(r) Sache o. Ä. „*Woran denkst du gerade?*" **i** auch in indirekten Fragen: *Ich weiß nicht, woran es liegt, dass wir keinen Erfolg haben*

wo·rauf FRAGEWORT, **wo·rauf** auf welche/welcher Sache „*Worauf wartest du noch?*" **i** auch in indirekten Fragen: *Sag mir bitte, worauf ich mich verlassen kann*

wo·raus FRAGEWORT, **wo·raus** aus welcher Sache, Tätigkeit o. Ä. „*Woraus wird Bier gemacht?*" **i** auch in indirekten Fragen: *Er hat nicht gesagt, woraus seine Aufgaben bestehen*

wo·rin FRAGEWORT, **wo·rin** in welcher Sache, Tätigkeit o. Ä. „*Worin besteht das Problem?*" **i** auch in indirekten Fragen: *Ich weiß nicht, worin sich die beiden unterscheiden*

das **Wort** (-(e)*s*, *Wor·te/Wör·ter*) **1** (*Mehrzahl: Wörter*) wenn wir sprechen, reihen wir Wörter zu Sätzen aneinander; jedes Wort hat seine eigene Bedeutung „*Computer ist ein Wort, das aus dem Englischen kommt*" **K** Wortbedeutung **2** (*Mehrzahl: Worte*) Worte sind die Dinge, die wir jemandem sagen oder die wir schreiben ⟨*ein deutliches, ernstes, offenes Wort mit jemandem reden*⟩ **3** die Äußerung gegenüber einer Person, dass man etwas ganz sicher tun wird ⟨*sein Wort geben, halten, brechen*⟩ ≈ Versprechen **i** nicht in der Mehrzahl verwendet **ID** **etwas ist jemandes letztes Wort** jemand hat sich endgültig entschieden

die **Wort·art** die grammatische Kategorie eines Wortes „*Substantiv, Verb und Ad-*

jektiv sind die wichtigsten Wortarten"

das **Wör·ter·buch** ein Buch, in dem die Wörter einer Sprache, einer Fachsprache oder zweier Sprachen (alphabetisch) aufgeführt und erklärt oder übersetzt sind ⟨*etwas in einem Wörterbuch nachschlagen*⟩

wört·lich *ADJEKTIV* dem Originaltext exakt entsprechend ⟨*etwas wörtlich übersetzen, zitieren*⟩

wo·rü·ber, **wo·rü·ber** *FRAGEWORT* **1** über welche/welcher Sache ⓘ auch in indirekten Fragen: *Ich weiß nicht, worüber er so traurig ist*
BINDEWORT **2** über die genannte/über der genannten Sache *„Sie kommt oft zu spät, wo'rüber sich aber niemand aufregt"*

wo·rum *FRAGEWORT*, **wo·rum** um welche Sache *„Worum streiten sie sich?"* ⓘ auch in indirekten Fragen: *Ich weiß nicht, worum es bei dem Gespräch ging*

wo·run·ter *FRAGEWORT*, **wo·run·ter** unter welche/welcher Sache oder welchen Sachen *„Ich finde das Buch nicht. Worunter ist es eingeordnet?"* ⓘ auch in indirekten Fragen: *Ich weiß nicht, worunter die Münze versteckt ist*

wo·von, **wo·von** *FRAGEWORT* **1** von welcher Sache *„Wovon sprecht ihr?"* ⓘ auch in indirekten Fragen: *Ich weiß nicht mehr, wovon ich geträumt habe*
BINDEWORT **2** von der genannten Sache *„Es gab Erdbeerkuchen, wo'von ich nie genug bekomme" | „Sie hat viele Jahre geraucht, wo'von sie dann auch Lungenkrebs bekam"*

wo·vor, **wo·vor** *FRAGEWORT* **1** vor welche(r) Sache *„Wovor läufst du denn davon?"* ⓘ auch in indirekten Fragen: *Ich weiß nicht, wovor er solche Angst hat*
BINDEWORT **2** vor die genannte oder vor der genannten Sache *„Jetzt ist geschehen, wo'vor ich immer gewarnt habe"*

wo·zu, **wo·zu** *FRAGEWORT* **1** zu welcher Sache, zu welchem Zweck *„Wozu braucht man das?"* ⓘ auch in indirekten Fragen: *Ich weiß nicht, wozu ich mir überhaupt die Mühe mache*
BINDEWORT **2** zu der genannten Sache *„Es gab Entenbraten, wo'zu Rotwein getrunken wurde" | „Sie könnten verkaufen, wo'zu ich Ihnen aber nicht raten würde"*

wuchs [vu:ks] *Präteritum, 1. und 3. Person Singular* → wachsen

die **Wucht** (-) die Kraft bei einem starken Schlag, Wurf, Stoß usw. ⟨*mit voller Wucht*⟩

wüh·len (*wühlte, hat gewühlt*) **1** **jemand wühlt (mit etwas) in etwas** (*Dativ*) jemand oder ein Tier gräbt (mit den Händen bzw. mit der Schnauze oder den Pfoten) im Erdboden ⟨*im Schlamm, im Sand wühlen*⟩ **2** **irgendwo (nach etwas) wühlen** in einer Menge von Gegenständen etwas suchen und dabei Unordnung machen

wund *ADJEKTIV* (*wunder, wundest-*) so, dass Stellen am Körper durch Reibung an der Hautoberfläche verletzt oder entzündet sind ⟨*Füße, Knie*⟩

die **Wun·de** (-, -*n*) eine Verletzung der Haut (und des Gewebes, das darunterliegt) ⟨*die Wunde blutet, eitert, nässt, schmerzt, brennt, heilt, vernarbt*⟩
K Wundversorgung; Brandwunde, Schnittwunde

das **Wun·der** (-*s*, -) **1** ein Ereignis, bei dem göttliche oder übernatürliche Kräfte beteiligt sind ⟨*an Wunder glauben*⟩ **K** Wunderheiler **2** ein Ereignis, das zu einem glücklichen Ende führt (das man eigentlich nicht erwarten konnte) *„Es war ein Wunder, dass sie den Flugzeugabsturz überlebte"* **3** ein außergewöhnliches Werk, Produkt o. Ä. ⟨*ein Wunder der Technik, der Natur*⟩
K Wunderwerk **ID** **Kein Wunder!** Das ist keine Überraschung

wun·der·bar *ADJEKTIV* **1** wie bei einem Wunder, übernatürlich erscheinend *„Auf wunderbare Weise wurde er wieder gesund"* **2** herrlich, großartig ⟨*das Wetter, ein Konzert*⟩ **3** auf sehr angenehme Weise *„ein wunderbar erfrischendes Getränk"*

wụn·dern (*wunderte, hat gewundert*) **1** **etwas wundert jemanden** etwas erstaunt, überrascht jemanden sehr *„Sein schlechtes Benehmen wunderte seine Eltern sehr"* **2** **sich (über jemanden/etwas) wundern** über jemanden/etwas sehr erstaunt, überrascht sein *„Ich wundere mich über seine Kochkünste"* | *„Er wunderte sich (darüber), dass alles so gut klappte"*

der **Wụnsch** (-(e)s, *Wün·sche*) **1** **der Wunsch (nach etwas)** eine Sache, die jemand gerne haben möchte (oder die Vorstellung davon) ⟨*einen Wunsch haben, äußern*⟩ *„Mein einziger Wunsch ist ein schöner Urlaub"* | *„Hast du einen Wunsch für Weihnachten?"* Was möchtest du als Geschenk? **2** vor allem in festen Wendungen verwendet, mit denen man gratuliert o. Ä. *„Die besten Wünsche zum Geburtstag/zur Hochzeit!"* **K** Glückwunsch

wụ̈n·schen (*wünschte, hat gewünscht*) **1** **sich** (*Dativ*) **etwas (von jemandem) (zu etwas) wünschen** den Wunsch haben (und meist auch aussprechen), dass man etwas bekommen könnte *„Sie wünschte sich von den Eltern eine Torte zum Geburtstag"* | *„Was wünscht du dir denn zu Weihnachten?"* **2** **jemandem etwas wünschen** hoffen, dass jemand eine positive Sache erlebt (und ihm dies sagen) *„Ich wünsche ihr, dass sie es schafft"* | *„Er wünschte mir viel Glück"* **i** oft in festen Wendungen verwendet: *jemandem guten Appetit, gute Fahrt, einen guten Tag, viel Erfolg, alles Gute zum Geburtstag wünschen* **ID** **Was wünschen Sie?** (*als Frage des Verkäufers*) Was möchten Sie kaufen?

der **Wụnsch·zet·tel** ein Blatt Papier, auf das ein Kind schreibt, was es sich zu Weihnachten wünscht

wụr·de *Präteritum, 1. und 3. Person Singular* → werden

die **Wụ̈r·de** (-, *-n*) **1** der (innere) Wert, den man als Mensch hat und den andere Menschen respektieren sollen ⟨*jemandes Würde achten, verletzen, antasten*⟩ *„Die Würde des Menschen gilt als unantastbar"* **K** Menschenwürde **i** nicht in der Mehrzahl verwendet **2** ein starker, positiver Eindruck, durch den man Respekt für eine Person empfindet **i** nicht in der Mehrzahl verwendet **3** der Respekt, den man vor manchen Institutionen hat (und die damit verbundenen Pflichten) ⟨*die Würde des Gerichts*⟩ **i** nicht in der Mehrzahl verwendet **4** ein Amt oder Titel mit hohem Ansehen ⟨*die Würde eines Bischofs*⟩

wụ̈r·dig ADJEKTIV **1** so ernst und feierlich, wie es dem Anlass entspricht ⟨*eine Ansprache, ein Verhalten*⟩ **2** ⟨*ein Gegner, Nachfolger*⟩ so, dass sie die gleiche Kraft oder Qualität wie die Vergleichsperson haben

der **Wụrf** (-(e)s, *Wür·fe*) **1** die Tätigkeit (der Vorgang oder das Ergebnis) des Werfens *„Ihr gelang ein Wurf von über 80 m"* **K** Diskuswurf, Hammerwurf, Steinwurf **2** die Tätigkeit (und das Ergebnis) des Würfelns **3** die jungen Tiere, die das Muttertier auf einmal zur Welt gebracht hat ⟨*ein Wurf Katzen, Hunde, Ferkel*⟩

der **Wụ̈r·fel** (-s, -) **1** Würfel haben sechs quadratische und gleich große Seiten, die in rechten Winkeln zueinander stehen **2** ein kleiner Würfel, der zum Spielen verwendet wird und auf dessen Seitenfläche Punkte (eins bis sechs) sind

wụ̈r·feln (*würfelte, hat gewürfelt*) **1** **(um etwas) würfeln** ein Spiel mit Würfeln (um Geld o. Ä.) machen **2** **etwas würfeln** beim Würfeln das genannte Ergebnis erzielen ⟨*eine Fünf würfeln*⟩

wụ̈r·gen (*würgte, hat gewürgt*) **1** **jemanden würgen** versuchen, eine Person zu töten, indem man ihr die Kehle zusammendrückt **K** Würgegriff **2** **(an etwas** (*Dativ*)**) würgen** etwas nur schwer hinunterschlucken können, weil es zäh ist, schlecht schmeckt oder zum Erbrechen führen könnte

der **Wụrm** (-(e)s, *Wür·mer*) Würmer sehen wie kleine Schlangen aus und leben in

W

der Erde oder in Äpfeln, Himbeeren, im Darm von Tieren usw. **K** Holzwurm, Regenwurm

wụr·mig *ADJEKTIV* mit einem oder mehreren Würmern darin ⟨*ein Apfel, eine Himbeere*⟩

die **Wụrst** (-, *Würs·te*) eine Masse aus gehacktem Fleisch, Innereien und Gewürzen, die in eine dünne Hülle oder Haut aus Darm oder Kunststoff gefüllt und gekocht oder geräuchert gegessen wird ⟨*eine Scheibe Wurst*⟩ **K** Wurstaufschnitt, Wurstbrot, Wurstsalat; Streichwurst **i** → Abb. unter **Aufschnitt**

das **Wụ̈rst·chen** (-s, -) eine kleine Wurst, die meist paarweise verkauft und warm (mit Senf) gegessen wird *„Wiener Würstchen"*

die **Wụr·zel** (-, -*n*) **1** Pflanzen haben Wurzeln, mit denen sie im Boden festgewachsen sind und Wasser und Nahrung aus der Erde bekommen **K** Baumwurzel **2** Zähne und Haare haben Wurzeln, mit denen sie im Körper festgewachsen sind *„Der Zahnarzt bohrte bis an die Wurzel"* **K** Zahnwurzel **3** die mathematische Größe, die als √ geschrieben wird ⟨*die Wurzel ziehen*⟩ *„Die Wurzel aus 9 ist 3"* √9 = 3 **K** Quadratwurzel

wụ̈r·zen (*würzte, hat gewürzt*) **(etwas) (mit etwas) würzen** den Geschmack einer Speise oder eines Getränks durch Gewürze verbessern ⟨*etwas scharf, stark, pikant würzen*⟩ *„eine Soße mit Kräutern würzen"*

wụ̈r·zig *ADJEKTIV* mit kräftigem Geschmack oder Geruch

wusch *Präteritum, 1. und 3. Person Singular* → waschen

wụss·te *Präteritum, 1. und 3. Person Singular* → wissen

wüst *ADJEKTIV* **1** ⟨*eine Gegend, ein Land*⟩ so, dass Menschen dort nicht wohnen oder siedeln (können) **2** sehr unordentlich ⟨*ein Durcheinander*⟩ **3** aggressiv und schlimm ⟨*eine Drohung, ein Lärm, eine Schlägerei*⟩

die **Wüs·te** (-, -*n*) in der Wüste wachsen kaum Pflanzen, meist weil es nur Sand und Steine gibt *„die Wüste Sahara"* **K** Wüstenwind; Sandwüste

die **Wut** (-) **Wut (auf jemanden/etwas)**; **Wut (über etwas** (*Akkusativ*)) das heftige Gefühl, z. B. wenn andere gemein oder ungerecht zu uns sind ⟨*voll(er) Wut; in Wut kommen, geraten*⟩ **K** Wutausbruch

wü·tend *ADJEKTIV* **1** **wütend (auf jemanden/etwas)** voller Wut gegenüber jemandem/etwas *„Ist sie immer noch wütend auf mich?"* **2** **wütend über etwas** (*Akkusativ*) voller Wut wegen eines Vorfalls *„Sie war schrecklich wütend darüber, dass ich sie belogen habe"*

X

das **X**, **x** [ɪks]; (-, -) **1** der vierundzwanzigste Buchstabe des Alphabets **2** *großgeschrieben* verwendet anstelle eines Namens, wenn der Name beliebig ist oder nicht genannt werden soll *„Frau X, die hier nicht genannt werden möchte, sagte dazu: …"* **3** *gesprochen kleingeschrieben* ≈ viele *„Ich warte schon seit x Stunden auf dich!"* • zu (1) **x-för·mig**, **X-för·mig** ['ɪks-] *ADJEKTIV*

x-be·lie·big ['ɪks-] *ADJEKTIV; gesprochen* egal, wer oder welche(r, -s) ≈ irgendein *„eine x-beliebige Zahl nennen"*

x-fach ['ɪks-] *ADJEKTIV; gesprochen* viele Male *„x-fach erprobt/überprüft"*

das **x-fa·che** ['ɪks-]; (-*n*); *gesprochen* eine um viele Male größere Anzahl, Menge *„Heute zahlt man dafür das x-fache von damals"* **i** *ein x-faches; das x-fache; den, dem, des x-fachen*

x-mal ['ɪks-] *ADVERB; gesprochen* viele Male ≈ tausendmal *„Den Film habe ich schon x-mal gesehen"*

x-t- ['ɪkst-] *ADJEKTIV; gesprochen* verwendet, um eine große, unbestimmte Ordnungszahl zu bezeichnen *„Das ist schon das x-te Buch zu diesem Thema"*

Y

das **Y**, **y** ['ʏpsilɔn]; (-, -/*gesprochen auch* -s) der fünfundzwanzigste Buchstabe des Alphabets

das **Yp·si·lon** (-(s), -s) der Buchstabe *Y, y*

Z

das **Z**, **z** [tsɛt]; (-, -/ *gesprochen auch* -s) der letzte Buchstabe des Alphabets

zack! sehr schnell, mit Schwung *„Ich bin gleich fertig, das geht bei mir zack, zack"*

die **Za·cke** (-, -n) eine von mehreren Spitzen am Rand eines meist flachen Gegenstandes oder einer flachen Form *„ein Stern mit fünf Zacken"*

zäh, **zä·he** ADJEKTIV (*selten zäher, selten zäh(e)st-*) **1** ⟨*Fleisch*⟩ so, dass es auch nach langem Kochen nicht weich wird *„Das Fleisch ist zäh wie Leder"* **2** ⟨*Harz, Honig*⟩ so, dass sie schwer und langsam fließen ≈ dickflüssig **K** zähflüssig **3** so gesund und voller Kraft, dass Anstrengungen lange ertragen werden können ⟨*ein Mensch, ein Bursche*⟩ **4** so, dass der Betroffene oder eine Sache auch über längere Zeit nicht an Kraft verliert ⟨*Fleiß, Widerstand*⟩ • zu (3,4) **Zä·hig·keit** *die*

die **Zahl** (-, -en) **1** mit Zahlen kann man rechnen, Dinge zählen und Größen und Werte bestimmen ⟨*eine einstellige, zweistellige, mehrstellige Zahl; eine hohe, große, niedrige, kleine Zahl*⟩ *„die Zahlen von 1 bis 100"* **K** Zahlenfolge, Zahlenkombination; Jahreszahl, Seitenzahl **2** ein schriftliches Zeichen für eine Zahl *„eine Zahl schreiben"* **i** *Ziffern* sind einzelne Symbole, größere *Zahlen* bestehen aus mehreren Ziffern **3** **die Zahl** (+*Genitiv*); **die Zahl (von Personen/Dingen)** die Größe einer Gruppe, die aus einzelnen Personen/Dingen besteht, die man zählen kann ≈ Anzahl *„Die Zahl der Mitglieder hat sich in den letzten zehn Jahren verdoppelt"* **K** Besucherzahl, Einwohnerzahl, Stückzahl **i** nicht in der Mehrzahl verwendet **4** **die arabischen Zahlen** die Ziffern 1, 2, 3 usw. **5** **die römischen Zahlen** die Ziffern I, II, III, IV usw. **6** **eine gerade Zahl** eine Zahl wie 2, 4, 6 usw. (die man durch 2 dividieren kann) **7** **eine ungerade Zahl** eine Zahl wie 1, 3, 5 usw. (die man nicht durch 2 dividieren kann) **ID** **in den roten Zahlen sein**, **rote Zahlen schreiben** finanzielle Verluste haben ⟨*ein Betrieb, ein Geschäft*⟩; **in den schwarzen Zahlen sein**, **schwarze Zahlen schreiben** keine finanziellen Verluste machen

zah·len (*zahlte, hat gezahlt*) **1** **((jemandem) etwas) (für etwas) zahlen** (jemandem) Geld für eine Arbeit, eine Ware o. Ä. geben ⟨*in Euro, Schweizer Franken zahlen; bar, mit Karte zahlen; im Voraus, in Raten zahlen; die Miete, eine Rechnung, eine Strafe, Steuern, Zoll zahlen*⟩ *„Ich habe 200 Euro für das Ticket gezahlt"* | *„Er zahlt mir zehn Euro* dafür, dass *ich ihm helfe"* **2** **(jemanden) zahlen** jemandem für eine Leistung Geld geben ⟨*gut, schlecht zahlen*⟩ *„Sie zahlt (ihre Angestellten) recht gut"* **ID** **Bitte zahlen!**, **Zahlen bitte!** verwendet, wenn man in einem Restaurant o. Ä. um die Rechnung bittet

zäh·len (*zählte, hat gezählt*) MIT ZAHLEN: **1** **(jemanden/etwas) zählen** feststellen, wie viele Personen oder Dinge irgendwo vorhanden sind ⟨*Geld zählen; falsch, richtig zählen*⟩ *„ein Gerät, das die* *vorbeifahrenden Autos zählt"* **2** die Zahlen (meist ab Eins) in der richtigen Reihenfolge (kennen und) sagen *„rückwärts zählen"* z. B. von 10 bis 1 | *„Ich zähle bis drei, dann lauft ihr los"* WERT, BEDEUTUNG: **3** **etwas zählt (viel/wenig/nicht)** etwas wird in der genannten Weise als wichtig beachtet *„In seinem Job zählt nur Leistung"* **4** **etwas zählt (nicht)** etwas ist (nicht) gültig *„Der Wurf zählt nicht! Der Würfel ist auf den Boden gefallen"* ZUGEHÖRIGKEIT: **5** **jemand zählt zu etwas** jemand ist Teil einer Gruppe *„Er zählt zu den reichsten Männern der Welt"* ID → drei • *zu* (1,2)

Zäh·lung *die*

der **Zäh·ler** (-s, -) **1** ein Gerät, das (an-)zeigt, wie groß die Menge oder Anzahl von etwas ist oder wie viel von etwas verbraucht wurde **K** Gaszähler, Stromzähler **2** die Zahl über dem Strich in einem Bruch *„Der Zähler in 7/8 ist 7"*

zahl·reich ADJEKTIV in einer großen Anzahl (vorkommend) *„Am Wochenende kam es zu zahlreichen Unfällen"*

die **Zah·lung** (-, -en) der Vorgang, wenn man für eine Ware, eine Leistung o. Ä. zahlt ⟨*die Zahlung der Löhne, der Miete, der Zinsen*⟩ *„Er wurde zur Zahlung einer Geldstrafe verurteilt"* **K** Zahlungsfrist; Barzahlung, Ratenzahlung

das **Zahl·wort** ein Wort, das eine Zahl bezeichnet, z. B. *eins, zwei, drei, vier* usw. *„Für die Zahl „2" verwendet man das Zahlwort „zwei"*

zahm ADJEKTIV (*zahmer, zahmst-*) verwendet, wenn einzelne Tiere einer wild lebenden Art an Menschen gewöhnt sind und keine Angst vor ihnen haben

der **Zahn** (-(e)s, *Zäh·ne*) **1** Zähne brauchen wir zum Beißen und Kauen ⟨*sich* (*Dativ*) *die Zähne putzen; ein Zahn hat ein Loch, schmerzt, tut weh, wackelt, fällt aus*⟩ *„ein Tier mit scharfen Zähnen"* | *„Das Baby bekommt schon Zähne"* **K** Zahnarzt, Zahnbürste, Zahncreme, Zahnweh ℹ zu *Zahnbürste* → Abb. unter **Bürste** **2** einer der spitzen Teile an Kämmen, Sägen usw. • *zu* (1)

zahn·los ADJEKTIV

die **Zahn·pas·ta** (-, -s/*Zahn·pas·ten*) eine weiche Masse, die man (aus einer Tube) auf die Zahnbürste drückt, um die Zähne zu putzen

das **Zahn·rad** ein Rad mit Zacken, das (als Teil einer Maschine) beim Drehen ein anderes solches Rad bewegen kann **K** Zahnradbahn

der **Zahn·sto·cher** (-s, -) ein kleiner, spitzer Stab (meist aus Holz), mit dem man kleine Reste von Speisen entfernt, die zwischen den Zähnen sind

die **Zan·ge** (-, -n) **1** mit Zangen kann man z. B. Nägel aus dem Holz ziehen, Drähte schneiden oder fest sitzende Metallteile greifen und drehen *„die Nägel mit einer Zange aus der Wand ziehen"* **K** Beißzange ℹ → Abb. unter **Werkzeug** **2** Krebse und Skorpione haben Zangen, mit denen sie ihre Beute greifen ≈ Schere

zap·fen (*zapfte, hat gezapft*) **etwas zapfen** Flüssigkeit aus einem großen Gefäß, z. B. einem Fass (durch einen Hahn) fließen lassen ⟨*Bier, Wein, Benzin zapfen*⟩ **K** Zapfhahn

der **Zap·fen** (-s, -) die Früchte von Nadelbäumen heißen Zapfen **K** Tannenzapfen

die **Zapf·säu·le** aus einer Zapfsäule (an der Tankstelle) wird das Benzin in ein Fahrzeug gefüllt

zap·peln (*zappelte, hat gezappelt*) aufgeregt oder unruhig sein und kurze schnelle Bewegungen machen, vor allem mit den Armen und Beinen *„Viele Fische zappelten im Netz"*

zart ADJEKTIV (*zarter, zartest-*) **1** leicht oder sanft und voller Liebe oder Rücksicht ⟨*eine Berührung, ein Kuss*⟩ **2** glatt und weich ⟨*die Haut*⟩ **3** sehr weich und daher leicht zu kauen ⟨*Fleisch, Gemüse*⟩

zart·bit·ter ADJEKTIV ein bisschen bitter ⟨*Schokolade*⟩

zärt·lich ADJEKTIV so, dass dabei Liebe oder Zuneigung ruhig und sanft, nicht heftig ausgedrückt wird ⟨*ein Blick, ein Kuss, Worte; jemanden zärtlich streicheln, berühren, ansehen, anlächeln*⟩

die **Zärt·lich·keit** (-, *-en*) [1] ein starkes Gefühl der Liebe, verbunden mit dem Wunsch, dieses Gefühl zu zeigen ⓘ nicht in der Mehrzahl verwendet [2] Küsse, Umarmungen o. Ä., mit denen man einer Person zeigt, dass man sie gernhat

der **Zau·ber** (*-s*) [1] eine Handlung, bei der der Eindruck entsteht, als habe jemand besondere (übernatürliche) Kräfte ≈ Magie [K] Zauberstab, Zaubertrick [2] eine Eigenschaft, die Bewunderung erregt ≈ Magie *„der Zauber des verschneiten Waldes"*

der **Zau·be·rer** (*-s, -*) [1] eine Person in einem Märchen o. Ä., die magische, übernatürliche Kräfte hat ⟨*ein böser, guter Zauberer*⟩ ≈ Magier [2] eine Person, die Zaubertricks vorführt ≈ Zauberkünstler • *hierzu* **Zau·be·rin**, **Zaub·re·rin** *die*

zau·bern (*zauberte, hat gezaubert*) [1] **(etwas) zaubern** einen Zauber machen (und so etwas entstehen lassen) ≈ hexen *„Hexen können angeblich zaubern"* [2] **(etwas) zaubern** etwas so geschickt tun, dass andere Leute glauben, man könne zaubern *„ein Kaninchen aus dem Hut zaubern"*

der **Zaun** (*-(e)s, Zäu·ne*) Zäune aus Draht, Stäben oder Brettern dienen als Grenze um Grundstücke oder Gärten [K] Zaunlatte, Zaunpfahl; Gartenzaun

z. B. Abkürzung für *zum Beispiel*

der **Zeb·ra·strei·fen** weiße Streifen auf der Straße, die anzeigen, wo die Fußgänger über die Straße gehen dürfen (und die Autos deshalb halten müssen)

der **Zeh** (*-s, -en*) ≈ Zehe

die **Ze·he** ['tse:ə]; (*-, -n*) [1] einer der fünf beweglichen Teile am vorderen Ende des Fußes (vor allem bei Menschen und Affen) [K] Zehennagel ⓘ → Abb. unter **Fuß** [2] einer der vielen kleinen Teile beim Knoblauch [K] Knoblauchzehe

die **Ze·hen·spit·zen** ['tse:ən-]; *Mehrzahl* [ID] **auf Zehenspitzen** leise und vorsichtig, um nicht bemerkt zu werden

zehn ZAHLWORT (als Zahl) 10 ⓘ → Extras, S. 700: **Zahlen** und Beispiele unter **vier**

die **Zehn** (*-, -en*) [1] die Zahl 10 [2] jemand/etwas mit der Zahl/Nummer 10

der **Zeh·ner** (*-s, -*) [1] *gesprochen* ein Geldschein im Wert von 10 Euro, Franken o. Ä. [2] eine Münze im Wert von 10 Cent, Rappen o. Ä.

zehnt ADJEKTIV [1] in einer Reihenfolge an der Stelle 10 ≈ 10. ⓘ → Beispiele unter **viert-** [2] **der zehnte Teil (von etwas)** ≈ 1/10 [3] **zu zehnt** (mit) insgesamt 10 Personen *„Wir sind zu zehnt"* | *„zu zehnt am Tisch sitzen"*

zehn·tau·send ZAHLWORT (als Zahl) 10000

zehn·tel ADJEKTIV *nur in dieser Form* den 10. Teil einer Menge bildend ≈ 1/10

das **Zehn·tel** (*-s, -*) der 10. Teil einer Menge *„ein Zehntel der Strecke hinter sich haben"* [K] Zehntelsekunde

das **Zei·chen** (*-s, -*) [1] Zeichen schreibt oder zeichnet man, um auf etwas aufmerksam zu machen, hinzuweisen *„Der Wanderweg ist mit blauen Zeichen markiert"* [K] Zeichenerklärung; Erkennungszeichen [2] ein Zeichen, dessen Bedeutung oder Zweck allgemein bekannt ist und mit dem man so Informationen geben kann ≈ Symbol *„Das Zeichen „=" steht für Summen oder Gleichheit"* | *„H_2O ist das chemische Zeichen für Wasser"* [K] Gleichheitszeichen; Notenzeichen; Verkehrszeichen [3] eine Bewegung, ein Blick o. Ä., mit denen man anderen Personen etwas mitteilt ⟨*ein heimliches, verabredetes Zeichen; jemandem ein Zeichen geben/machen*⟩ *„Auf sein Zeichen hin liefen alle los und versteckten sich"* [4] ein Geräusch oder etwas, das man sieht und das eine Information gibt *„Dieser Ton ist das Zeichen dafür, dass der Akku fast leer ist"* [K] Klingelzeichen [5] etwas, an dem man erkennt, in welchem Zustand sich jemand/etwas befindet ⟨*ein deutliches, sicheres, untrügliches Zeichen*⟩ *„Er hält Freundlichkeit für ein Zeichen von Schwäche"* [K] Alarmzeichen, Warnzeichen [6] Kurzwort für *Satzzeichen* [K] Anführungszeichen, Ausrufezeichen, Fragezeichen

der **Zei·chen·trick·film** ein Film, der aus sehr vielen Zeichnungen besteht, die sich zu bewegen scheinen

zeich·nen (*zeichnete, hat gezeichnet*) **(jemanden/etwas) zeichnen** mit einem Stift auf Papier Striche machen, sodass ein Bild entsteht ⟨*ein Porträt, eine Karikatur, einen Plan, einen Entwurf zeichnen*⟩ (i) Man zeichnet mit Stiften und malt mit Pinseln.

die **Zeich·nung** (-, *-en*) das Bild, das entsteht, wenn jemand zeichnet [K] Bleistiftzeichnung, Kohlezeichnung

der **Zei·ge·fin·ger** der Finger neben dem Daumen ⟨*mit dem Zeigefinger auf etwas zeigen, deuten*⟩ (i) → Abb. unter **Hand**

zei·gen (*zeigte, hat gezeigt*) SEHEN LASSEN: [1] **(jemandem) (etwas) zeigen** jemanden etwas sehen lassen *„dem Polizisten seinen Ausweis zeigen"* | *„Sind die Bilder gut geworden? Zeig mal!"* [2] **etwas zeigt sich (irgendwo)** etwas ist irgendwo zu sehen *„Am Himmel zeigten sich die ersten Wolken"* [3] **jemandem etwas zeigen** eine Person durch ein Gebiet, Gebäude o. Ä. führen und sie Dinge sehen lassen, die dort interessant sind *„Unsere Freunde haben uns die Stadt/die Sehenswürdigkeiten gezeigt"* [4] **etwas zeigen** im Kino, Fernsehen, Theater o. Ä. das Publikum etwas sehen lassen *„Wir zeigen das Fußballspiel um 22:00 in der Sportschau"* MIT DEM FINGER, STOCK, ZEIGER: [5] **auf jemanden/etwas zeigen**; **irgendwohin zeigen** den Finger, einen Stock o. Ä. auf ein Ziel richten und jemanden auf etwas aufmerksam machen *„Er zeigte zum Himmel und sagte: „Sieh mal!"* [K] Zeigestab [6] **etwas zeigt irgendwohin** ein Zeiger, Pfeil o. Ä. deutet in eine Richtung oder gibt einen gemessenen Wert an *„Der Pfeil zeigt zum Ausgang"* [7] **etwas zeigt etwas** ein Messgerät gibt einen Wert mit Zeigern, Ziffern o. Ä. an *„Die Uhr zeigt fünf vor zwölf"* | *„Die Waage zeigte 65 Kilo"* ERKLÄREN: [8] **jemandem etwas zeigen** jemandem mit Worten und Bewegungen der Arme erklären, wo etwas ist und wie man dorthin kommt *„jemandem den Weg zeigen"* | *„jemandem zeigen, wie er zum Bahnhof kommt"* [9] **jemandem etwas zeigen** einer Person erklären, wie etwas geht, indem man es vor ihren Augen macht und die Handlungen kommentiert *„jemandem zeigen, wie man einen Reifen wechselt"* SICHTBAR WERDEN LASSEN: [10] **jemand zeigt etwas**; **jemand zeigt sich irgendwie** eine Person handelt so, dass man deutlich erkennt, was sie fühlt, was sie kann oder welche Eigenschaften sie hat *„Er zeigte kein Verständnis für unsere Probleme"* | *„Zeig mal, was du kannst!"*

der **Zei·ger** (-s, -) [1] die Zeiger von Uhren bewegen sich über das Zifferblatt und zeigen die Stunden und Minuten (und Sekunden) an *„Die Zeiger stehen auf zwei Uhr"* [K] Minutenzeiger, Stundenzeiger [2] Messgeräte haben oft einen Zeiger, der auf einen Wert in einer Skala zeigt

die **Zei·le** (-, *-n*) [1] eine von mehreren (tatsächlichen oder gedachten) parallelen Linien auf einem Blatt Papier, auf denen man schreibt [2] eine Reihe von Wörtern, die in einem gedruckten oder geschriebenen Text nebeneinanderstehen

die **Zeit** (-, *-en*) [1] wir messen die Zeit, die vergeht, in Stunden, Tagen, Jahren usw. ⟨*die Zeit vergeht rasch, schnell, langsam, wie im Flug(e)*⟩ [K] Zeitabschnitt (i) nicht in der Mehrzahl verwendet [2] ein Zeitraum oder eine Phase, die mit einem Ereignis oder Zustand verbunden ist ⟨*in Zeiten der Not, des Überflusses; eine schöne, unangenehme Zeit verleben, verbringen; vor/seit/nach kurzer, langer Zeit; in* *letzter, nächster Zeit〉 „Es wird einige Zeit dauern, bis hier wieder Pflanzen wachsen können"* **K** Weihnachtszeit; Urlaubszeit; Schulzeit **i** nicht in der Mehrzahl verwendet **3** **Zeit (für jemanden/etwas)**; **Zeit zu** *+Infinitiv* die Zeit, die für etwas zur Verfügung steht oder die man für etwas braucht 〈*viel, wenig, keine Zeit haben*〉 *„Wir haben noch genug Zeit, in Ruhe zu frühstücken"* | *„Die Zeit ist um!"* der vorgesehene Zeitraum ist vorbei | *„Bis der Zug fährt, haben wir noch eine Stunde Zeit"* **K** Zeitaufwand, Zeitmangel, Zeitverlust, Zeitverschwendung; Besuchszeit, Sprechzeit **i** nicht in der Mehrzahl verwendet **4** das Ergebnis einer Messung der Zeit, die jemand für eine bestimmte Leistung braucht (z. B. im Sport) 〈*die Zeit stoppen, nehmen, messen; etwas in einer bestimmten Zeit tun, schaffen, erledigen*〉 **K** Bestzeit, Fahrzeit, Rekordzeit, Siegerzeit **5** ein Abschnitt der Geschichte 〈*vergangene, kommende, (zu)künftige Zeiten; in unserer Zeit*〉 ≈ Epoche *„zur Zeit der Reformation"* | *„zu Goethes Zeit/Zeiten"* **K** Barockzeit; Steinzeit; Ritterzeit **6** die Zeit, die auf einer Uhr angezeigt wird 〈*jemanden nach der Zeit fragen; jemandem die (genaue) Zeit sagen; eine Zeit ausmachen, verabreden; die Zeit ansagen*〉 ≈ Uhrzeit *„Um welche Zeit wollte sie kommen?"* **K** Abfahrt(s)zeit, Abflug(s)zeit, Ankunftszeit **i** nicht in der Mehrzahl verwendet **7** die Uhrzeit in einer Zone der Erde (nach einem künstlichen System eingeteilt) *„die mitteleuropäische Zeit"* **K** Zeitunterschied; Sommerzeit, Winterzeit **8** der Zeitpunkt oder Zeitraum, zu dem bzw. innerhalb dessen etwas passiert oder gemacht wird 〈*zu jeder Zeit*〉 **K** Essenszeit, Schlafenszeit **9** eine Form des Verbs, die anzeigt, ob etwas in der Vergangenheit, der Gegenwart oder der Zukunft abläuft oder passiert ≈ Tempus **K** Zeitform **ID** **auf Zeit** (nur) für eine bestimmte Dauer 〈*ein Vertrag auf Zeit; jemanden auf Zeit einstellen, anstellen*〉; **im Laufe der Zeit** langsam, nach und nach, allmählich; **mit der Zeit** langsam, allmählich; **von Zeit zu Zeit** ≈ manchmal; **es ist/wird (höchste) Zeit** jetzt muss etwas (dringend) getan werden; **Das hat Zeit** Das kann man auch später tun; **keine Zeit verlieren (dürfen)** etwas so bald wie möglich tun (müssen); **eine Zeit lang** für relativ kurze Zeit; **(Ach) du liebe Zeit!** *gesprochen* verwendet, um auszudrücken, dass man erschrocken ist; **eine ganze Zeit** *gesprochen* relativ lange

zeit·ge·mäß ADJEKTIV 〈*eine Ansicht, ein Ideal*〉 so, dass sie zu den Vorstellungen der Zeit (Gegenwart) passen

zeit·lich ADJEKTIV in Bezug darauf, wie lange etwas dauert und in welcher Reihenfolge es geschieht 〈*der Ablauf, die Reihenfolge; etwas zeitlich begrenzen*〉

die **Zeit·lu·pe** ein Verfahren, bei dem man im Film Bewegungen viel langsamer zeigt, als sie in Wirklichkeit sind *„das entscheidende Tor in Zeitlupe wiederholen"*

der **Zeit·punkt** **der Zeitpunkt (für etwas)**; **der Zeitpunkt** *+Genitiv* der Moment, in dem etwas geschieht (oder geschehen soll) 〈*bis zu diesem Zeitpunkt; von diesem Zeitpunkt an; zum jetzigen Zeitpunkt*〉 *„den Start auf einen späteren Zeitpunkt verschieben"* | *„Zum Zeitpunkt des Unglücks befanden sich 200 Personen im Zug"*

der **Zeit·raum** ein (oft relativ langer) Abschnitt der Zeit *„eine Entwicklung über einen langen Zeitraum hinweg beobachten"* | *„Die Garantie gilt für einen Zeitraum von fünf Jahren ab Kaufdatum"* | *„Der Umsatz ist gegenüber dem gleichen Zeitraum des Vorjahres um 2 % gestiegen"*

die **Zeit·schrift** ein Heft mit Fotos, Werbung und verschiedenen Texten zur Information und Unterhaltung, das regelmäßig erscheint 〈*eine medizinische, wissenschaftliche Zeitschrift*〉 **K** Fachzeitschrift, Fernsehzeitschrift, Frauenzeitschrift der **Zeit·strahl** ein vereinfachter, grafischer Überblick eines zeitlichen Verlaufs, zum Beispiel für geschichtliche Ereignisse ‹*die Entwicklung eines Konflikts auf einem Zeitstrahl abbilden*›

die **Zei·tung** (-, *-en*) in der Zeitung kann man jeden Tag lesen, was gerade in der Welt geschehen ist ‹*eine überregionale, regionale, lokale Zeitung; Zeitungen austragen; etwas steht in der Zeitung*› **K** Zeitungsartikel, Zeitungsbericht, Zeitungspapier, Zeitungsverkäufer; Tageszeitung

zeit·wei·se ADVERB **1** für kurze Zeit *„Die Pässe sind bei Schneefall zeitweise gesperrt"* **2** immer wieder, zu verschiedenen Zeiten *„Das kommt zeitweise vor, aber nicht besonders oft"*

die **Zel·le** (-, *-n*) **1** ein sehr kleiner Raum in einem Gefängnis oder Kloster, in dem jemand lebt ‹*einen Gefangenen in eine Zelle bringen, führen, sperren*› **K** Einzelzelle, Gefängniszelle, Klosterzelle **2** unser Körper besteht aus vielen Millionen winziger Zellen ‹*die Zellen wachsen (nach), sterben ab, teilen sich*› **K** Zellgewebe, Zellteilung; Eizelle, Gehirnzelle **3** elektrische Batterien bestehen aus Zellen, in denen der Strom produziert wird

das **Zelt** (-(*e*)*s*, *-e*) in einem Zelt aus festem Stoff kann man im Freien vor Regen geschützt sitzen und schlafen ‹*ein Zelt aufstellen, aufbauen, abbauen*› *„ein Campingplatz für tausend Zelte"* **K** Zeltlager; Bierzelt, Zirkuszelt

zel·ten (*zeltete, hat gezeltet*) in einem Zelt schlafen, Urlaub machen *„auf einem Campingplatz zelten"* | *„im Urlaub (am Meer) zelten"*

der **Ze·ment** (-(*e*)*s*) ein feines, graues Pulver, aus dem man Beton oder Mörtel machen kann **K** Zementboden

die **Zen·sur** (-, *-en*) die Note, mit der die Leistung eines Schülers bewertet wird ‹*eine gute, schlechte Zensur*›

der **Zen·ti·me·ter** ein hundertstel Meter *„30 cm Stoff"* | *„eine Schnur von neun Zentimetern Länge"* **i** Abkürzung nach Zahlen: *cm*

der **Zent·ner** (-*s*, -) **1** 50 Kilogramm *„zwei Zentner Kartoffeln"* **K** zentnerschwer **i** Abkürzung nach Zahlen: *Z.* oder *Ztr.* **2** Ⓐ Ⓒⓗ 100 Kilogramm **i** Abkürzung nach Zahlen: *q*

zent·ral ADJEKTIV **1** ungefähr in der Mitte eines Ortes, also dort, wo die meisten wichtigen Gebäude sind ‹*etwas ist zentral gelegen*› **2** von einer höheren (vor allem staatlichen) Stelle gemacht oder geleitet **K** Zentralverwaltung

die **Zent·ra·le** (-, *-n*) **1** der Teil einer (größeren) Organisation, der die Planung leitet und die Arbeit organisiert und steuert **K** Bankzentrale, Parteizentrale **2** die Stelle in einer Firma, einer Behörde, bei der man Informationen erhalten kann **K** Telefonzentrale

die **Zent·ral·hei·zung** ein System, bei dem die Wärme von einem großen Heizkessel im Keller in mehrere Zimmer oder Wohnungen geleitet wird

das **Zent·rum** (-*s*, *Zent·ren*) **1** der Punkt, der von allen Seiten gleich weit entfernt ist ‹*das Zentrum eines Kreises, eines Erdbebens*› ≈ Mittelpunkt **2** die Gegend in der Mitte einer Stadt, in der die wichtigsten Geschäfte usw. sind ≈ Innenstadt **3** ein Bereich oder ein Ort, der für eine Tätigkeit sehr wichtig ist ‹*ein kulturelles, industrielles Zentrum; ein Zentrum der Macht, der Wirtschaft*› **K** Einkaufszentrum, Industriezentrum

zer·bre·chen (*zerbrach, hat/ist zerbrochen*) **1** **etwas zerbricht** (*ist*) etwas bricht in mehrere Teile und geht so kaputt *„Die Vase ist vom Tisch gefallen und zerbrochen"* **2** **etwas zerbrechen** (*hat*) meist etwas fallen lassen, sodass es in einzelne Teile bricht *„eine Tasse/einen Teller zerbrechen"*

zer·brech·lich ADJEKTIV **1** so, dass etwas (leicht) zerbrechen kann ‹*Glas*› **2** mit einem zarten, schwachen Körper • hierzu **Zer·brech·lich·keit** *die*

die **Ze·re·mo·nie** [tseremo'niː, -'moːni̯ə]; (-, *-n* [-'niːən, -'moːni̯ən]) eine meist lange und feierliche Handlung mit festen und traditionellen Regeln ‹*eine religiöse, kirchliche Zeremonie*› *„die Zere-*

monie der Trauung" **K** Begrüßungszeremonie, Trauungszeremonie • *hierzu* **ze·re·mo·ni·ell** ADJEKTIV

zer·fal·len (*zerfällt, zerfiel, ist zerfallen*) **1** **etwas zerfällt** etwas löst sich in einzelne Teile auf ⟨*eine alte Mauer, ein altes Bauwerk zerfällt; etwas zerfällt in/zu Staub*⟩ **2** **etwas zerfällt** etwas wird schwächer und existiert dann nicht mehr ⟨*ein Imperium, ein Weltreich*⟩ **3** **etwas zerfällt (zu etwas)** ein meist radioaktiver Stoff bildet Teilchen (spaltet sie ab) und wird so zu einem anderen Stoff

zer·klei·nern (*zerkleinerte, hat zerkleinert*) **etwas zerkleinern** aus etwas kleine(re) Stücke machen *„Nüsse zerkleinern"*

zer·knül·len (*zerknüllte, hat zerknüllt*) **etwas zerknüllen** etwas so in der Hand zusammendrücken, dass eine Kugel entsteht ⟨*ein (Stück) Papier, einen Brief zerknüllen*⟩

zer·le·gen (*zerlegte, hat zerlegt*) **1** **etwas zerlegen** alle Teile eines Gegenstands voneinander trennen, ohne sie zu beschädigen ⟨*etwas in Einzelteile zerlegen*⟩ *„einen Motor/eine Uhr zerlegen"* | *„Den Schrank kann man für den Transport zerlegen"* **2** **etwas zerlegen** Geflügel, einen Fisch o. Ä. in Portionen aufteilen • *zu* (1) **zer·leg·bar** ADJEKTIV

zer·quet·schen (*zerquetschte, hat zerquetscht*) **jemanden/etwas zerquetschen** jemanden durch starkes Drücken o. Ä. schwer verletzen oder etwas stark beschädigen bzw. zerstören

zer·rei·ßen (*zerriss, hat/ist zerrissen*) **1** **etwas zerreißen** (*hat*) etwas in zwei oder mehrere Stücke reißen **2** **etwas zerreißt jemanden/etwas** (*hat*) ein Geschoss, eine Explosion o. Ä. reißt jemanden/etwas in Stücke *„Die Kugel hat ihm die Wade zerrissen"* **3** **sich** (*Dativ*) **etwas zerreißen** (*hat*) ein Stück der eigenen Kleidung beschädigen *„sich beim Klettern die Hose zerreißen"*

zer·ren (*zerrte, hat gezerrt*) **1** **jemanden/etwas in etwas** (*Akkusativ*) **zerren**; **jemanden/etwas aus etwas** (*Dativ*) **zerren** eine Person gegen ihren Willen oder etwas mit großer Kraft in/aus etwas ziehen *„jemanden mit Gewalt aus dem Auto/ins Haus zerren"* **2** **sich** (*Dativ*) **etwas zerren** etwas so anstrengen und spannen, dass man sich verletzt ⟨*sich* (*Dativ*) *einen Muskel, eine Sehne zerren*⟩ **3** **an jemandem/etwas zerren** (immer wieder) stark an jemandem/etwas ziehen *„Der Hund zerrte an der Leine"*

die **Zer·rung** (-, *-en*) eine Verletzung eines Muskels oder einer Sehne, die entsteht, wenn diese zu stark gedehnt worden sind

zer·schnei·den (*zerschnitt, hat zerschnitten*) **etwas zerschneiden** etwas in zwei oder mehrere Teile schneiden

zer·sprin·gen (*zersprang, ist zersprungen*) **etwas zerspringt** etwas bricht in Stücke oder Scherben

zer·stö·ren (*zerstörte, hat zerstört*) **jemand/etwas zerstört etwas** eine Person oder Sache beschädigt etwas so, dass man es nicht mehr reparieren kann ⟨*etwas völlig, restlos, mutwillig zerstören*⟩ *„Im Krieg wurden viele Häuser durch Bomben völlig zerstört"* • *hierzu* **Zer·stö·rung** *die*

das **Zer·ti·fi·kat** (-(*e*)*s*, *-e*) **1** eine Urkunde für eine bestandene Prüfung **2** ein Blatt Papier, auf dem jemand bestätigt, dass etwas echt ist ≈ Bescheinigung **K** Echtheitszertifikat

zer·trüm·mern (*zertrümmerte, hat zertrümmert*) **etwas zertrümmern** etwas mit großer Kraft oder Gewalt zerbrechen oder in Stücke schlagen

der **Zet·tel** (*-s*, *-*) ein (kleines) Blatt Papier für/mit Notizen *„An der Tür hing ein Zettel mit der Aufschrift „Komme gleich""* **K** Notizzettel

das **Zeug** (-(*e*)*s*) **1** *gesprochen, meist abwertend* etwas, das man nicht mit der eigentlichen Bezeichnung nennt (z. B. weil die Bezeichnung nicht wichtig ist oder man die Sache lästig/schlecht findet) *„Hier liegt so viel Zeug herum, räum bitte auf!"* **2** *gesprochen, abwertend* eine Äußerung, die nicht klug oder ver-

Z

nünftig ist ⟨*dummes Zeug reden*⟩ ≈ Unsinn

der **Zeu·ge** (-*n*, -*n*) **1** Zeugen sind Personen, die dabei sind, wenn etwas geschieht, aber selbst nicht an der Sache beteiligt sind **K** Augenzeuge, Tatzeuge, Unfallzeuge **2** Zeugen sind Personen, die bei der Polizei oder vor Gericht Fragen zu einem Fall beantworten ⟨*ein Zeuge der Anklage, der Verteidigung*⟩ *„Die Aussage des Zeugen belastete den Angeklagten schwer"* **K** Zeugenaussage **3** bei manchen Vorgängen werden Zeugen gebraucht, damit diese juristisch gültig sind ⟨*ein Testament vor Zeugen abfassen, eröffnen*⟩ **K** Trauzeuge **i** *der Zeuge; den, dem, des Zeugen* • *hierzu* **Zeu·gin** *die*

zeu·gen (*zeugte, hat gezeugt*) **1** **ein Kind zeugen** (als Mann oder Paar) durch Sex ein Kind entstehen lassen **i** eine Frau *empfängt* ein Kind **2** **etwas zeugt von etwas** etwas ist ein Zeichen für etwas, macht etwas deutlich *„Ihre Reaktion zeugt nicht gerade von Begeisterung"*

das **Zeug·nis** (-*ses*, -*se*) **1** eine Urkunde, auf der in Form von Noten steht, wie gut die Leistungen eines Schülers, Lehrlings o. Ä. waren **K** Abiturzeugnis, Abschlusszeugnis, Jahreszeugnis **2** eine schriftliche Bescheinigung, die ein Arbeiter oder Angestellter vom Arbeitgeber (als Beweis für die Leistungen) bekommt, wenn er die Firma verlässt **K** Arbeitszeugnis

das **Zeugs** (-); *gesprochen, abwertend* ≈ Zeug

die **Zeu·gung** (-) der Vorgang des Zeugens von Kindern aus der Sicht des Mannes **K** zeugungsfähig

Zick·zack **im Zickzack** in einer Linie, die dauernd von links nach rechts und wieder nach links geht ⟨*im Zickzack fahren*⟩ • *hierzu* **zick·zack** ADVERB

die **Zie·ge** (-, -*n*) ein mittelgroßes Tier mit Hörnern, das gut auf steilen Wiesen klettern kann und das wegen der Milch gehalten wird ⟨*die Ziege meckert*⟩ **K** Ziegenbock, Ziegenkäse, Ziegenmilch **i** → Abb. unter **Tier**

der **Zie·gel** (-*s*, -) **1** Ziegel sind die Steine, mit denen man die Mauern von Häusern baut **K** Ziegelmauer **2** Ziegel sind die flachen Platten, die auf den Dächern von Häusern liegen **K** Dachziegel

zie·hen (*zog, hat/ist gezogen*) MIT DEN HÄNDEN, MIT KRAFT: **1** **jemand/etwas zieht (jemanden/etwas)** (*hat*) eine Person, ein Tier oder Fahrzeug bewegt Personen/Dinge hinter sich her in die gleiche Richtung *„Du schiebst, und ich ziehe!"* **2** **(jemanden/etwas irgendwohin/irgendwoher) ziehen** (*hat*) jemanden/etwas mit den Händen festhalten und näher zu sich bewegen *„jemanden zu sich ins Boot ziehen"* | *„Sie zog mit aller Kraft"* **3** **etwas (aus etwas) ziehen** (*hat*) etwas durch Ziehen aus etwas nehmen ⟨*etwas aus der Tasche, den Nagel aus der Wand, den Korken aus der Flasche ziehen*⟩ **4** **etwas ziehen**; **an etwas** (*Dativ*) **ziehen** (*hat*) einen Mechanismus durch Ziehen betätigen ⟨*die Handbremse, die Notbremse ziehen; an der Glocke, an der Klingel, an der Schnur ziehen*⟩ **5** **etwas ziehen** (*hat*) etwas durch Ziehen befestigen und spannen ⟨*eine Schnur, eine Leine, einen Draht ziehen*⟩ **6** **jemanden an etwas** (*Dativ*) **ziehen** (*hat*) jemanden irgendwo greifen und dann ziehen ⟨*jemanden am Ärmel, an den Haaren ziehen*⟩ AN EINEN ORT: **7** **irgendwohin ziehen** (*ist*) den Wohnsitz an einen anderen Ort verlegen ⟨*in die Stadt, aufs Land, nach Stuttgart/Italien /... ziehen*⟩ **8** **irgendwohin ziehen** (*ist*) sich (in einer Gruppe) irgendwohin bewegen *„Die Demonstranten zogen vors/zum Rathaus"* **9** **es zieht** (*hat*) kalte Luft strömt durch oder in einen Raum, sodass es unangenehm ist *„Bitte mach das Fenster zu, es zieht!"* SPIELFIGUR, WAFFE, GEWINNER, KARTE: **10** **(etwas) (irgendwohin) ziehen** (*hat*) eine Spielfigur bewegen *„den Turm/mit dem Turm ziehen"* **11** **(etwas) ziehen** (*hat*) schnell zur Waffe greifen ⟨*die*

Pistole, den Revolver, das Schwert ziehen⟩ **12** **jemanden/etwas ziehen** (*hat*) aus einer Menge von Zahlen, Karten o. Ä. eine (oder mehrere) herausnehmen und so einen Gewinner feststellen ⟨*die Lottozahlen, den Gewinner ziehen*⟩ KLEIDUNG: **13** **etwas über/unter etwas** (*Akkusativ*) **ziehen** (*hat*) ein Kleidungsstück anziehen, sodass es über/unter einem anderen ist *„einen Pullover über das Hemd ziehen"* TEE: **14** **der Tee zieht** (*hat*) die Teeblätter o. Ä. bleiben im heißen Wasser, bis der Tee genug Geschmack und Wirkung hat *„Ich habe den Tee aufgegossen, jetzt muss er noch ziehen"* SAUGEN: **15** **an etwas** (*Dativ*) **ziehen** (*hat*) Rauch oder Flüssigkeit in den Mund saugen ⟨*an einer Zigarette, an einem Strohhalm ziehen*⟩ BAUEN, ZEICHNEN, HERSTELLEN: **16** **etwas ziehen** (*hat*) eine Linie zeichnen ⟨*eine Linie, einen Strich, einen Kreis ziehen*⟩ ZUR UMSCHREIBUNG: **17** **etwas ziehen** (*hat*) verwendet zusammen mit einem Substantiv, um ein Verb zu umschreiben *„Lehren aus etwas ziehen"* aus etwas lernen | *„Vergleiche ziehen"* Dinge/Personen miteinander vergleichen

das **Ziel** (-(e)s, -e) **1** die Stelle, an der ein Rennen endet (und die Zeit gemessen wird) ↔ Start **K** Zielgerade, Ziellinie **2** der Ort, den jemand am Ende einer Reise, Fahrt, Wanderung o. Ä. erreichen will ⟨*am Ziel ankommen*⟩ **K** Zielbahnhof; Ausflugsziel, Reiseziel **3** das, was ein Pfeil, Schuss o. Ä. treffen soll ⟨*das Ziel treffen, verfehlen, anvisieren*⟩ *„ein Schuss mitten ins Ziel"* **4** **das Ziel** (+*Genitiv*) das, was eine Person mit ihren Handlungen erreichen möchte ⟨*etwas zum Ziel haben*⟩ *„Sein Ziel ist, Politiker zu werden"* **K** Berufsziel, Lebensziel

zie·len (*zielte, hat gezielt*) **1** **(auf jemanden/etwas) zielen** eine Waffe o. Ä. so auf eine Person oder Sache richten, dass man sie mit dem Schuss trifft ⟨*ein gut gezielter Schuss, Wurf*⟩ *„auf ein Reh zielen"* **2** **etwas zielt auf etwas** (*Akkusativ*) eine Handlung hat den genannten Zweck *„Die Maßnahmen zielen auf die Verbesserung der sozialen Bedingungen"*

die **Ziel·schei·be** eine Scheibe, Platte o. Ä. mit Kreisen, an der man das Zielen übt

ziem·lich ADVERB **1** im Vergleich zu anderen Personen, Dingen oder Gelegenheiten ≈ relativ *„ein ziemlich heißer Tag"* | *„ziemlich viel trinken"* | *„Diese Aufgabe ist ziemlich schwierig"* **2** **(so) ziemlich** *gesprochen* ≈ fast *„Sie hat so ziemlich alles, was man sich wünschen kann"*

die **Zif·fer** (-, -n) **1** ein geschriebenes Zeichen, das für eine Zahl steht *„eine Zahl mit vier Ziffern"* **2** *gesprochen* ≈ Zahl **3** **die arabischen Ziffern** die Zeichen 1, 2, 3, 4 usw. **4** **die römischen Ziffern** die Zeichen I, II, III, IV usw.

das **Zif·fer·blatt** der flache Teil einer Uhr, auf dem die Stunden im Kreis angeordnet sind

zig *gesprochen* sehr viele *„Er hat zig Freundinnen"*

die **Zi·ga·ret·te** (-, -n) eine kleine Rolle Tabak, die in eine Hülle aus Papier eingewickelt ist und die man raucht ⟨*eine Zigarette anzünden, rauchen, ausdrücken; an einer Zigarette ziehen; eine Schachtel Zigaretten*⟩ **K** Zigarettenautomat, Zigarettenqualm

die **Zi·gar·re** (-, -n) eine Rolle aus braunen Tabakblättern, die man raucht

das **Zim·mer** (-s, -) **1** ein Raum in einer Wohnung oder in einem Haus, in dem man arbeitet, schläft usw. *„eine Wohnung mit zwei Zimmern, Küche, Bad und WC"* **K** Badezimmer, Gästezimmer, Schlafzimmer, Wohnzimmer **2** ein Raum in einem Hotel o. Ä., in dem Gäste z. B. im Urlaub wohnen ⟨*ein Zimmer reservieren, bestellen, nehmen*⟩ *„ein Zimmer mit Dusche und WC"* | *„Haben Sie noch Zimmer frei?"* **K** Hotelzimmer, Einzelzimmer, Doppelzimmer

der **Zimt** (-(e)s) ein gelblich braunes Gewürz, das als Pulver oder in kleinen Stangen für süße Speisen verwendet wird *„Milchreis mit Zimt und Zucker bestreuen"*

der **Zins** (*-es, -en*) Zinsen zahlt man z. B., wenn man sich Geld leiht, und bekommt man, wenn man bei einer Bank Geld spart ⟨*hohe, niedrige Zinsen; etwas bringt, trägt Zinsen; jemandem Zinsen zahlen*⟩ *„Wie hoch sind die Zinsen bei diesem Sparvertrag?"* | *„Für den Kredit zahlen wir leider sehr hohe Zinsen"* **K** Zinserhöhung; Kreditzinsen

der **Zip·fel** (*-s, -*) das Ende eines Tuchs oder an der Kleidung *„die Zipfel eines Taschentuchs"* | *„eine lustige Mütze mit langem Zipfel"* **K** Zipfelmütze; Hemdzipfel, Schürzenzipfel

zir·ka ADVERB **zirka** *+Zahl/Maßangabe* nicht genau, sondern vielleicht etwas mehr oder weniger ≈ ungefähr *„Ich bin in ca. einer Stunde zurück"* | *„Er wiegt ca. 80 Kilo"* ❶ Abkürzung: *ca.*

der **Zir·kel** (*-s, -*) ein Gerät, ungefähr von der Form eines umgekehrten V, mit dem man Kreise zeichnen kann

der **Zir·kus** (*-, -se*) **1** ein Unternehmen, das die Leute mit Akrobatik, Clowns, dressierten Tieren usw. unterhält **K** Zirkusclown, Zirkusdirektor **2** eine einzelne Vorstellung eines Zirkus *„Der Zirkus beginnt um 20 Uhr"* **3** das Zelt, in dem man die Akrobaten, Clowns und dressierten Tiere eines Zirkus sehen kann

zi·schen (*zischte, hat/ist gezischt*) **1** **ein Tier zischt** (*hat*) eine Gans, eine Schlange o. Ä. gibt schnell hintereinander Laute von sich, die wie *s, sch* oder *z* klingen **2** **etwas zischt** etwas produziert Laute, die wie *s, sch* oder *z* klingen *„Heißes Fett zischt, wenn Wasser dazukommt"*

das **Zi·tat** (*-(e)s, -e*) eine Äußerung, die man wörtlich aus einem (meist bekannten) Text nimmt *„ein Zitat aus Shakespeares „Hamlet"* **K** Goethezitat, Shakespearezitat

zi·tie·ren (*zitierte, hat zitiert*) **(jemanden/etwas) zitieren** jemandes Worte genau wiedergeben

die **Zit·ro·ne** (*-, -n*) eine kleine Frucht mit einer dicken gelben Schale, die sehr sauer schmeckt ⟨*eine Zitrone auspressen*⟩ **K** Zitronensaft, Zitronenscheibe; zitronengelb

zit·tern (*zitterte, hat gezittert*) (meist aus Angst, Nervosität oder Schwäche) schnelle, kleine, unkontrollierte Bewegungen machen ⟨*vor Angst, Wut, Nervosität, Kälte zittern; am ganzen Körper zittern*⟩ *„Seine Hände zitterten"*

zi·vil [-v-] ADJEKTIV nicht für das Militär bestimmt, nicht zum Militär gehörig ⟨*die Luftfahrt*⟩ *„Er ist im zivilen Leben Elektrotechniker, bei der Armee war er Funker"* **K** Zivilbevölkerung, Zivilperson

die **Zi·vi·li·sa·ti·on** [tsiviliza'tsio:n]; (*-, -en*) **1** die Stufe in der Entwicklung der Gesellschaft, auf der es technischen Fortschritt, soziale und politische Ordnung und kulturelles Leben gibt ❶ nicht in der Mehrzahl verwendet **2** eine Gesellschaft in einer Phase ihrer Entwicklung, in der eine besondere Form der Zivilisation herrscht

der **Zoff** (*-s*); *gesprochen* Streit, Zank, Ärger ⟨*mit jemandem Zoff bekommen, haben; es gibt Zoff*⟩

zog *Präteritum, 1. und 3. Person Singular* → ziehen

zö·gern (*zögerte, hat gezögert*) **zögern zu** *+Infinitiv*; **(mit etwas) zögern** etwas (noch) nicht tun, weil man Angst hat oder weil man nicht weiß, ob es richtig ist usw. *„Er zögerte lange mit der Antwort"* | *„Er zögerte nicht, die Frage zu beantworten"*

der **Zoll** (*-(e)s, Zöl·le*) **1** eine Art Steuer, die man einem Staat zahlen muss, wenn man manche Waren über die Grenze bringt ⟨*Zoll (be)zahlen*⟩ **K** Einfuhrzoll **2** die Behörde, welche die Vorschriften ausführt, die für Zölle gelten **K** Zollabfertigung, Zollamt ❶ nicht in der Mehrzahl verwendet

die **Zo·ne** (*-, -n*) **1** ein (meist geografisches) Gebiet im genannten Zustand

Z

oder mit der genannten Lage *„eine entmilitarisierte/atomwaffenfreie Zone"* | *„die tropische/arktische Zone"* K Erdbebenzone, Gefahrenzone, Uferzone, Zeitzone 2 ein (begrenztes) Gebiet, in dem besondere Preise (z. B. für das Telefonieren und die öffentlichen Verkehrsmittel) gelten K Gebührenzone, Tarifzone

der **Zoo** (-*s*, -*s*) im Zoo kann man viele verschiedene Tiere in Käfigen und Gehegen sehen ⟨*einen Zoo besuchen; in den Zoo gehen*⟩ K Zoodirektor

der **Zopf** (-(*e*)*s*, *Zöp·fe*) 1 lange Haare, die in drei gleich starke Teile gebunden (geflochten) sind ⟨*Zöpfe flechten, tragen*⟩ 2 ein meist süßes Brot in der Form eines breiten Zopfes K Nusszopf

der **Zorn** (-(*e*)*s*) **Zorn (auf jemanden/über etwas** (*Akkusativ*)**)** das heftige Gefühl, wenn z. B. andere Personen gemein oder ungerecht zu uns sind ⟨*in Zorn geraten; etwas erregt jemandes Zorn*⟩ ≈ Wut *„Der Zorn der Zuschauer richtete sich gegen den Schiedsrichter"*

zor·nig ADJEKTIV voller Zorn ⟨*ein Mensch; zornig sein, werden*⟩ ≈ wütend

z. T. Abkürzung für *zum Teil* → Teil

zu [tsuː, tsʊ] *PRÄPOSITION mit Dativ* RICHTUNG, ZIEL: 1 nennt das Ziel einer Bewegung *„zum Bahnhof fahren"* 2 in die Nähe der genannten Person, Sache oder Gruppe *„Setz dich doch ein bisschen zu mir"* 3 nennt den Ort, auf den eine Sache gerichtet ist *„ein Fenster zum Hof"* 4 durch die genannte Öffnung *„Sie ging zur Tür hinein/hinaus"* 5 nennt eine Veranstaltung oder Institution als Ziel, zu dem man einmal oder regelmäßig geht oder fährt *„Kommst du auch zu der Party?"* LAGE, ORT: 6 nennt den Ort, wo eine Person oder Sache ist bzw. geschieht *„zu Hause sein"* ZEIT: 7 nennt einen Zeitpunkt, an dem etwas geschieht, gilt oder existiert *„Zu Beginn war ich noch etwas unsicher"* | *„Kommst du zu Ostern nach Hause?"* MENGE, ZAHL, PREIS: 8 nennt die Zahl der beteiligten Personen ⟨*zu zweit, zu dritt, zu viert, zu Tausenden*⟩ 9 nennt den Preis einer Ware *„Im Kaufhaus werden Socken zu 4 Euro das Paar angeboten"* 10 stellt die Zahl der Tore oder Punkte gegenüber, die zwei Gegner in einem Wettkampf erzielen *„Das Fußballspiel endete drei zu zwei"* 3 : 2 ZWECK, ABSICHT: 11 nennt den Anlass oder Zweck einer Handlung *„jemandem etwas zum Geburtstag schenken"* ERGEBNIS: 12 nennt das Ergebnis eines Vorgangs oder einer Handlung *„jemanden zum Lachen/zum Weinen/zur Verzweiflung bringen"* | *„zu einem Ergebnis kommen"* MITTEL: 13 nennt etwas, das man für einen Zweck benutzt oder benötigt *„Zum Fotografieren braucht man eine gute Kamera"* ALS ERGÄNZUNG: 14 verwendet, um Adjektive oder Substantive mit Verben zu ergänzen *„Er ist fähig, das zu tun"* SONSTIGES: 15 nennt etwas, das man mit einer Sache kombinieren kann *„Die Schuhe passen nicht zu diesem Kleid"* ADVERB *unbetont* 16 **zu** *+Adjektiv* so, dass es nicht mehr normal, erlaubt, in Ordnung, passend o. Ä. ist *„Du bist zu spät gekommen! Der Film hat schon angefangen"* | *„Das Wasser ist mir noch zu kalt zum Baden"* 17 verwendet, um jemanden aufzufordern, etwas zu schließen *„Tür zu, es zieht!"* 18 **etwas ist zu** *gesprochen* etwas ist geschlossen, verschlossen oder verstopft, etwas ist nicht offen oder geöffnet *„Das Fenster ist zu"* ℹ → Abb. unter **auf** BINDEWORT 19 **zu** *+Infinitiv oder Partizip Präsens* drückt aus, dass etwas getan werden muss oder notwendig ist *„Da wären noch ein paar Fragen zu klären"* 20 **zu** *+Infinitiv*; **zu** *+Partizip Präsens* drückt aus, dass etwas möglich ist *„Hier gibt es immer viel zu sehen"* | *„die zu erwartende Flut von Protesten"* 21 **zu** *+Infinitiv* verwendet, um ein Verb im Infinitiv als Ergänzung oder Objekt anzuschließen *„Es fängt an zu regnen"*

zu- (*im Verb, betont und trennbar, sehr produktiv; Diese Verben werden so gebil-*

det: zumachen, machte zu, hat zugemacht) **1** **etwas zudecken, zuklappen, zukleben, zuschaufeln, zuschrauben** *und andere* drückt aus, dass etwas, das offen war, geschlossen, bedeckt oder gefüllt wird *„Der See ist zugefroren"* Der See ist ganz mit Eis bedeckt **2** **auf jemanden/etwas zufahren, zufliegen, zukommen, zulaufen** *und andere* nennt die Richtung mit einer Person oder Sache als Ziel *„Er ging auf die Frau zu"* **3** **jemandem zujubeln, zulächeln, zunicken, zuwinken; jemandem etwas zuflüstern, zurufen** *und andere* drückt aus, dass sich jemand durch Worte oder eine Geste an eine Person wendet **4** **zubeißen, zugreifen, zupacken, zuschnappen** *und andere* drückt aus, dass eine Person oder ein Tier etwas schnell und plötzlich mit Energie und Willenskraft tut *„Als sie die Schlange sah, nahm sie einen Stock und schlug zu"* Sie schlug schnell und fest mit dem Stock auf die Schlange

das **Zu·be·hör** (-(e)s) einzelne Gegenstände, die zu einem technischen Gerät, einer Maschine o. Ä. gehören (und mit denen man das Gerät besser oder anders nützen kann) *„eine Nähmaschine mit allem Zubehör"*

zu·be·rei·ten *(bereitete zu, hat zubereitet)* **etwas zubereiten** Speisen (meist durch Kochen) zum Essen fertig machen *„das Mittagessen zubereiten"* | *„Weißt du, wie man Wild zubereitet?"* • *hierzu* **Zu·be·rei·tung** *die*

zu·bin·den *(hat)* **etwas zubinden** Bänder, Schnüre usw. so binden, dass etwas geschlossen oder fest ist *„einen Sack zubinden"*

der **Zu·brin·ger** (-s, -) **1** eine Straße, die andere Straßen (oder einen Ort) mit der Autobahn verbindet **K** Autobahnzubringer **2** ein Bus o. Ä., der Personen an den Ort bringt, von dem sie ihre Reise mit einem anderen Verkehrsmittel (vor allem einem Flugzeug) fortsetzen

die **Zuc·chi·ni** [tsʊ'ki:ni]; (-, -) eine lange, grüne Frucht, ähnlich wie eine Gurke, die man als Gemüse isst **i** → Abb. unter **Gemüse**

züch·ten *(züchtete, hat gezüchtet)* **Tiere/Pflanzen züchten** Tiere oder Pflanzen halten, um weitere junge Tiere bzw. neue Pflanzen meist mit besonderen Eigenschaften zu bekommen *„Kakteen züchten"* | *„Rinder mit hoher Fleischqualität züchten"* • *hierzu* **Züch·ter** *der;* **Züch·tung** *die*

zu·cken *(zuckte, hat gezuckt)* **1** eine kurze, schnelle Bewegung machen (die man nicht kontrollieren kann) *„Er zuckte, als ihm der Arzt die Spritze gab"* **2** **mit den Schultern/Achseln zucken** die Schultern kurz heben und damit sagen, dass man etwas nicht weiß oder dass man kein Interesse hat

der **Zu·cker** (-s, -) **1** eine weiße oder braune Substanz (in Form von Pulver, kleinen Kristallen oder Würfeln), mit der man Speisen und Getränke süß macht ⟨*brauner, weißer, feiner Zucker; ein Stück, ein Löffel Zucker*⟩ *„Nehmen Sie Zucker in den/zum Tee?"* | *„Ich trinke den Kaffee ohne Zucker"* **K** Zuckerdose, Zuckerstreuer; Puderzucker **i** nicht in der Mehrzahl verwendet; zu *Zuckerdose* → Abb. unter **Frühstück** **2** eine von mehreren süß schmeckenden chemischen Substanzen, die in Pflanzen gebildet werden **K** Fruchtzucker, Traubenzucker **3** *gesprochen* ⟨*Zucker haben; an Zucker leiden, erkrankt sein*⟩ ≈ Diabetes **i** nicht in der Mehrzahl verwendet • *zu* (1,2) **zu·cker·hal·tig** *ADJEKTIV*

zu·de·cken *(hat)* **1** **etwas zudecken** einen Deckel o. Ä. über etwas legen *„den Topf zudecken"* **2** **jemanden zudecken** eine Decke über jemanden oder sich selbst legen

zu·dem *ADVERB; geschrieben* verwendet, um zu sagen, dass zu dem bereits Genannten noch etwas zusätzliches hinzukommt ≈ außerdem

zu·ei·nan·der *ADVERB* eine Person/Sache zu der anderen (drückt eine Gegenseitigkeit aus) *„Seid nett zueinander!"*

Z

zu·ei·nan·der·hal·ten (*hielten zueinander, haben zueinandergehalten*) **Personen halten zueinander** zwei oder mehrere Personen helfen und unterstützen sich gegenseitig

zu·ei·nan·der·pas·sen (*passten zueinander, haben zueinandergepasst*) **Personen/Dinge passen zueinander** zwei oder mehrere Personen oder Dinge haben ähnliche Eigenschaften und kommen daher gut miteinander aus

zu·erst ADVERB, **zu·erst** **1** (als Erstes) vor allen anderen Tätigkeiten *„Ich möchte mir zuerst die Hände waschen"* **2** als Erster, Erste oder Erstes *„Sie war zuerst da"* **3** zum ersten Mal *„Die Atombombe wurde zuerst von den Amerikanern gebaut"* **4** während der ersten Zeit ≈ anfangs *„Zuerst hat die Wunde sehr wehgetan"*

die **Zu·fahrt** eine Straße oder ein Weg zu einem Ort oder Haus (aber nicht weiter als bis dorthin)

der **Zu·fall** etwas, das einfach so geschehen ist und das auch ganz anders hätte kommen können ⟨*ein seltsamer, merkwürdiger, (un)glücklicher Zufall; etwas dem Zufall überlassen, verdanken*⟩ *„Es war reiner Zufall, dass ich die Schlüssel gefunden habe, ich hatte gar nicht danach gesucht"* **K** Zufallsfund

zu·fal·len (*ist*) **etwas fällt zu** etwas schließt sich mit einer schnellen Bewegung *„Die Tür fiel plötzlich zu"* **ID** **jemandem fallen die Augen zu** eine Person ist sehr müde, sodass sie fast einschläft

zu·fäl·lig ADJEKTIV **1** durch einen Zufall *„Wir haben uns zufällig auf der Straße getroffen"* **2** *gesprochen* in einer Frage verwendet, um eine höfliche Bitte auszudrücken *„Weißt du zufällig, wann der letzte Bus fährt?"* • *hierzu* **zu·fäl·li·ger·wei·se** ADVERB

zu·fol·ge PRÄPOSITION *mit Dativ*; , *nachgestellt* verwendet, um sich auf jemandes Angaben oder auf einen Text zu beziehen *„Dem Zeugen zufolge/Seiner Aussage zufolge hatte der Radfahrer keine Schuld an dem Unfall"*

zu·frie·den ADJEKTIV **zufrieden (mit jemandem/etwas)**; **zufrieden über etwas** (*Akkusativ*) froh, dass alles so ist, wie man es will (sodass man also keine neuen Wünsche hat und nichts kritisieren muss) ⟨*ein zufriedenes Gesicht machen; zufrieden sein, aussehen, wirken*⟩ *„mit jemandes Leistungen zufrieden sein"* | *„Ich bin sehr zufrieden (darüber), dass alles geklappt hat"* • *hierzu* **Zu·frie·den·heit** *die*

zu·frie·den·las·sen (*lässt zufrieden, ließ zufrieden, hat zufriedengelassen*) **jemanden zufriedenlassen** *gesprochen* jemanden in Ruhe lassen (und nicht stören) *„Ach, lass ihn doch zufrieden!"*

zu·fü·gen (*hat*) **jemandem etwas zufügen** bewirken, dass jemand etwas Unangenehmes empfindet, Schaden hat o. Ä. ⟨*jemandem Leid, Schmerzen, Unrecht, eine Niederlage zufügen*⟩

der **Zug** (-(*e*)*s*, *Zü·ge*) FAHRZEUG: **1** Züge bestehen aus einer Lokomotive o. Ä. und mehreren Waggons und fahren auf Schienen ⟨*(mit dem) Zug fahren; den Zug nehmen, benutzen; der Zug fährt/läuft (im Bahnhof) ein, hält, fährt ab*⟩ *„der Zug nach Wien"* **K** Zugunglück; Güterzug, U-Bahn-Zug; Nahverkehrszug ALS GRUPPE: **2** eine lange Reihe von Menschen, die miteinander in dieselbe Richtung gehen *„Immer mehr Menschen schlossen sich dem Zug von Flüchtlingen an"* **K** Demonstrationszug, Festzug, Trauerzug BEWEGUNG: **3** die Bewegung (z. B. von Vögeln oder Wolken) über eine weite Entfernung hinweg *„der Zug der Vögel in den Süden"* **K** Vogelzug **i** nicht in der Mehrzahl verwendet **4** die Bewegung einer Figur an einen anderen Platz bei einem Brettspiel, wie z. B. Schach ⟨*ein kluger, geschickter, guter Zug*⟩ *„jemanden in fünf Zügen besiegen"* **5** die Bewegung mit den Armen beim Schwimmen *„ein paar Züge schwimmen"* **6** eine Strömung von meist kühler Luft, die man als unangenehm empfindet ‹*im Zug sitzen; empfindlich gegen Zug sein*› K Zugluft ℹ nicht in der Mehrzahl verwendet CHARAKTERISTISCH: **7** ein (typisches) Merkmal im Aussehen oder Charakter einer Person, einer Stadt, einer Landschaft *„einen verbitterten Zug um den Mund haben"* | *„Dieses Stadtviertel trägt noch dörfliche Züge"* K Charakterzug, Gesichtszug, Wesenszug SONSTIGE VERWENDUNGEN: **8** die Wirkung einer Kraft, die etwas in eine Richtung zieht ↔ Druck *„der Zug der Schwerkraft"* **9** ein großer Schluck *„Er leerte das Glas in wenigen Zügen"* **10** das Einatmen von Tabakrauch ‹*einen Zug an einer Zigarette, Zigarre, Pfeife tun, machen*› K Lungenzug ID **am Zug sein** an der Reihe sein und handeln müssen

die **Zu·ga·be** **Zugabe!** oft ruft das Publikum am Ende eines Konzerts o. Ä. „Zugabe!", wenn es noch mehr Stücke hören will

der **Zu·gang** **1** **ein Zugang (zu etwas)** der Weg, der zu einem Gebäude oder Gebiet führt *„Alle Zugänge zur Fabrik waren von Streikenden besetzt"* **2** **der Zugang (zu jemandem/etwas)** die Möglichkeit, mit jemandem/etwas Kontakt zu bekommen oder in etwas hineinzukommen *„Sie verschafften sich gewaltsam Zugang zum Gebäude"* ℹ nicht in der Mehrzahl verwendet **3** **der Zugang (zu etwas)** die Möglichkeit, in einem elektronischen System Daten abzurufen oder einzugeben *„Ihr Zugang wird bald freigeschaltet"* K Zugangsberechtigung; Internetzugang ℹ nicht in der Mehrzahl verwendet

zu·gäng·lich ADJEKTIV **zugänglich (für jemanden/etwas)** so, dass man dahin gehen (und es betreten, benutzen, anschauen o. Ä.) kann *„etwas der breiten Öffentlichkeit zugänglich machen"* • *hierzu* **Zu·gäng·lich·keit** *die*

der **Zug·be·glei·ter** eine Person, die in Zügen die Fahrkarten kontrolliert • *hierzu* **Zug·be·glei·te·rin** *die*

zu·ge·ben (*hat*) **1** **etwas zugeben** sagen, dass man etwas getan hat, was böse oder nicht richtig war *„Sie gab zu, die Uhr gestohlen zu haben"* | *„Ich muss zugeben, dass ich das Problem falsch eingeschätzt habe"* **2** **(einer Sache** (*Dativ*)**) etwas zugeben** etwas mit einer Masse oder anderen Zutaten mischen *„Das Eiweiß zu einer festen Masse schlagen und den Zucker nach und nach zugeben"*

zu·ge·hen (*ist*) **1** **auf jemanden/etwas zugehen** in die Richtung einer Person oder Sache gehen *„Sie ging entschlossen auf ihn zu"* **2** **etwas geht zu** *gesprochen* etwas schließt sich oder kann geschlossen werden *„Der Koffer geht nicht zu"* **3** **es geht irgendwie zu** etwas geschieht oder verläuft in der genannten Art und Weise *„Auf unseren Partys geht es immer sehr lustig zu"*

der **Zü·gel** (-s, -) die Riemen, mit denen man Pferde am Kopf führt und lenkt

zü·gig ADJEKTIV relativ schnell (und ohne Unterbrechung oder Stockung) *„mit der Arbeit zügig vorankommen"*

zu·gleich ADVERB **1** genau zur selben Zeit ≈ gleichzeitig *„Ich kann nicht zugleich essen und sprechen"* **2** drückt aus, dass beides zutrifft ≈ auch *„Die Kanne ist praktisch und zugleich schön"* | *„Sie ist Komponistin und Sängerin zugleich"*

zu·grei·fen (*hat*) **1** etwas mit der Hand greifen und festhalten oder sich nehmen *„Greift ruhig zu, es sind genug Kekse für alle da"* **2** **auf etwas** (*Akkusativ*) **zugreifen** ein elektronisches System benutzen und Daten abrufen oder eingeben *„Der Anschluss ist gestört, ich konnte heute nicht aufs Internet zugreifen"*

zu·grun·de, zu Grun·de ADVERB **1** **(an etwas** (*Dativ*)**) zugrunde gehen** (durch etwas) sterben oder zerstört werden *„Die Tiere hatten kein Wasser mehr und gingen jämmerlich zugrunde"* **2** **etwas liegt einer Sache** (*Dativ*) **zugrunde** etwas ist die Grundlage oder

Basis einer Sache *„Unserer Schätzung liegen die aktuellen Zahlen zugrunde"*

zu·gụns·ten, zu Gụns·ten PRÄPOSITION *mit Dativ/Genitiv* zum Vorteil von *„eine Sammlung zugunsten der Welthungerhilfe"* | *„den Kindern zugunsten/zu Gunsten der Kinder"* ℹ → Extras, S. 717: **Präpositionen**

as **Zu·hau·se** (-s) das Haus, die Wohnung oder der Ort, wo man lebt oder wo man aufgewachsen ist (und sich wohlfühlt) ⟨*ein schönes, kein Zuhause haben; irgendwo, bei jemandem ein zweites Zuhause finden*⟩ ℹ aber: *Ich bin jetzt zu Hause*

zu·hö·ren (*hat*) **(jemandem/etwas) zuhören** bewusst (hin)hören ⟨*aufmerksam, genau zuhören; nicht richtig zuhören*⟩ *„Sie hörte der Diskussion schweigend zu"* • *hierzu* **Zu·hö·rer** *der*

die **Zu·kunft** (-) **1** die Zeit, die noch nicht da ist; die kommende Zeit *„Pläne für die Zukunft machen"* **2** das, was (mit jemandem/etwas) in der Zukunft geschehen wird *„die Zukunft voraussagen können"* **K** Zukunftsroman **3** positive Aussichten für die persönliche Entwicklung in der Zukunft ⟨*keine, eine Zukunft haben*⟩ *„Ihr wurde eine große Zukunft als Pianistin prophezeit"* | *„Er denkt überhaupt nicht an seine Zukunft"* **4** die Form eines Verbs, die ausdrückt, dass etwas in der Zukunft geschehen wird ≈ Futur **5** **in Zukunft** von jetzt an

zu·künf·tig ADJEKTIV in der Zukunft oder zur Zukunft gehörig ⟨*die Entwicklung, die Gesellschaft, Generation*⟩ *„Die zukünftigen Ereignisse werden zeigen, wer recht hat"*

zu·las·sen (*hat*) **1** **etwas zulassen** etwas erlauben, gestatten *„Ich werde nie zulassen, dass du allein verreist"* **2** **eine Behörde lässt jemanden/etwas (zu/für etwas) zu** eine Behörde o. Ä. erlaubt jemandem/etwas, an etwas teilzunehmen ⟨*ein Auto (für den Verkehr) zulassen*⟩ **3** **etwas zulassen** *gesprochen* etwas nicht öffnen

zu·läs·sig ADJEKTIV (von einer Behörde) erlaubt ↔ unzulässig *„die zulässige Geschwindigkeit überschreiten"* | *„Es ist nicht zulässig, aus diesem Stoff Medikamente herzustellen"* • *hierzu* **Zu·läs·sig·keit** *die*

zu·lei·de, zu Lei·de ADVERB **ID** **jemandem/einem Tier etwas/nichts zuleide tun** etwas/nichts tun, was jemandem/einem Tier schadet oder wehtut

zu·lẹtzt ADVERB **1** (als Letztes) nach allen anderen Tätigkeiten *„die Teile aussägen, glätten und zuletzt bemalen"* **2** als Letzte(r) oder Letztes *„Für den, der zuletzt kommt, gibt es keinen Sitzplatz mehr"* **3** das Mal direkt vor dem aktuellen Zeitpunkt/Mal *„Wann warst du zuletzt beim Arzt?"* **ID** **nicht zuletzt** (zu einem großen Teil) auch *„Dass die Ernte so schlecht war, lag nicht zuletzt an dem viel zu warmen Winter"*

zu·lie·be PRÄPOSITION *mit Dativ, nachgestellt* **jemandem zuliebe** um einer Person eine Freude zu machen oder ihr zu helfen *„Das habe ich doch dir zuliebe getan!"*

zụm PRÄPOSITION MIT ARTIKEL **1** zu dem *„zum Rathaus fahren"* ℹ In Wendungen wie *zum Beispiel, etwas zum Vergnügen tun* oder *zum Schwimmen gehen* kann *zum* nicht durch *zu dem* ersetzt werden. **2** **zum einen ...** verwendet, um eines von mehreren Dingen zu nennen oder zwei Dinge gegenüberzustellen *„Die Folge davon sind zum einen niedrige Preise, zum andern/aber auch/außerdem ..."*

zu·ma·chen (*hat*) **1** **etwas zumachen** etwas schließen ↔ öffnen *„Mach bitte die Tür zu, es zieht"* **2** **(etwas) zumachen** ein Geschäft o. Ä. für kurze Zeit oder für immer schließen *„Wir machen über Mittag zu"* | *„Er musste (den Laden) zumachen, weil er finanzielle Schwierigkeiten hatte"* **3** **etwas macht zu** etwas ist nicht mehr für Kunden offen *„Die Bank macht heute um vier Uhr zu"*

zu·mịn·dest PARTIKEL **1** verwendet,

um zu sagen, dass etwas das Minimum ist, was man erwarten kann ≈ wenigstens *„Du hättest dich zumindest bedanken müssen, wenn du die Einladung schon nicht annimmst"* **2** verwendet als tröstende oder aufmunternde Einschränkung einer negativen Aussage ≈ wenigstens *„Bei dem Sturm wurden viele Häuser beschädigt, aber zumindest wurde niemand verletzt"*

zu·mu·te, **zu Mu·te** *ADVERB* **jemandem ist irgendwie zumute** eine Person ist in einer solchen Stimmung, dass sie das Genannte haben oder tun möchte *„Ihr ist zum Weinen zumute"*

zu·nächst *ADVERB* **1** als Erstes *„Zunächst (einmal) will ich mich ausruhen"* **2** am Anfang, zu Beginn *„Wir hatten zunächst gezögert, dem Vorschlag zuzustimmen"* **3** was die nächste Zeit betrifft ≈ vorerst *„Ich mache mir da zunächst keine Sorgen"*

die **Zu·nah·me** (-, *-n*) das Zunehmen *„Für die nächsten Jahre ist mit einer weiteren Zunahme des Verkehrs zu rechnen"*

das **Zünd·holz** (*-es, Zünd·höl·zer*) ≈ Streichholz **K** Zündholzschachtel

zu·neh·men (*hat*) **1** **etwas nimmt zu** etwas wird größer, stärker, intensiver o. Ä. *„Die Zahl der Studenten nimmt ständig zu"* **2** (dicker und) schwerer werden *„Er hat mindestens 20 Kilo zugenommen"* **3** **der Mond nimmt zu** der Mond ist in der Phase, in der man täglich mehr davon sieht *„bei zunehmendem Mond"*

die **Zu·nei·gung** (-) **Zuneigung (zu jemandem/für jemanden)** die Sympathie, die ein Mensch für jemanden empfindet ⟨*Zuneigung empfinden; jemandem seine Zuneigung schenken, zeigen, beweisen*⟩

die **Zun·ge** (-, *-n*) mit der Zunge schmeckt man Speisen und die Zunge bewegt man beim Essen und Sprechen im Mund ⟨*sich (Dativ) auf/in die Zunge beißen*⟩ **K** Zungenspitze

zu·ord·nen (*hat*) **jemanden/etwas einer Sache/Person** (*Dativ*) **zuordnen** entscheiden oder feststellen, dass eine Person oder Sache zu einer Person, Sache oder Kategorie gehört *„Katzen werden den Raubtieren zugeordnet"* | *„Die Polizei konnte mehrere Einbrüche der Bande zuordnen"* • *hierzu* **Zu·ord·nung** *die*

zur, **zur** *PRÄPOSITION mit Artikel* zu der *„zur Tür hinausgehen"* ⓘ In Wendungen wie *sich zur Ruhe begeben* oder *etwas zur Genüge kennen* kann *zur* nicht durch *zu der* ersetzt werden.

zu·rück *ADVERB* **1** (wieder) dorthin (zu dem Ausgangspunkt), woher man/es gekommen ist ↔ hin *„Zum Bahnhof sind wir mit der Straßenbahn gefahren, den Weg zurück sind wir zu Fuß gegangen"* | *„Zwei Fahrkarten nach Essen und zurück!"* **2** **(von etwas) zurück sein** wieder zu Hause sein ⟨*von einer Reise, Fahrt, einem Spaziergang, der Arbeit zurück sein*⟩

zu·rück·be·kom·men (*bekam zurück, hat zurückbekommen*) **1** **etwas (von jemandem) zurückbekommen** etwas, das man einer Person gegeben hat, wieder von ihr bekommen *„Wann bekomme ich endlich die Bücher zurück, die ich dir geliehen habe?"* **2** **etwas zurückbekommen** etwas als Wechselgeld von jemandem bekommen *„Ich habe Ihnen einen Hunderter gegeben, also bekomme ich noch 45 Euro zurück"*

zu·rück·er·stat·ten (*erstattete zurück, hat zurückerstattet*) **(jemandem) etwas zurückerstatten** jemandem das Geld, das er für etwas bezahlt hat, zurückgeben ≈ zurückzahlen *„jemandem die Kosten für eine Dienstreise zurückerstatten"*

zu·rück·fah·ren **1** (*ist*) wieder dorthin fahren, wo man vorher war *„Sie ist (den ganzen Weg) allein zurückgefahren"* | *„mit dem Zug nach Hause zurückfahren"* **2** (*ist*) rückwärts, nach hinten fahren *„ein Stück zurückfahren, um leichter aus der Parklücke herauszukommen"* **3** **jemanden/etwas zurückfahren** (*hat*) eine Person/Sache mit einem

Z

Fahrzeug dorthin bringen, wo sie vorher war *„Wartest du bitte auf mich und fährst mich nachher wieder zurück?"*

zu·rụck·ge·ben (*hat*) **(jemandem) etwas zurückgeben** einer Person etwas geben, das man vorher von ihr genommen, geliehen, gekauft o. Ä. hat *„Gib mir sofort mein Geld zurück!"*

zu·rụck·ge·hen (*ist*) **1** dorthin gehen, wo man vorher war *„Ich denke, es wird Zeit, dass wir zum Hotel zurückgehen"* **2** einen oder mehrere Schritte nach hinten machen ↔ vorgehen *„Bitte gehen Sie ein bisschen zurück und machen Platz für die Sanitäter"* **3** **(irgendwohin) zurückgehen** wieder dorthin gehen, wo man gelebt hat, bevor man eine längere Zeit woanders war *„Sie wird nach dem Studium in ihre Heimatstadt zurückgehen"* **4** **etwas geht zurück** etwas wird im Grad, Ausmaß geringer ≈ sinken ↔ steigen

zu·rụck·hal·ten (*hat*) **1** **jemanden zurückhalten** jemanden nicht weggehen, wegfahren o. Ä. lassen ≈ aufhalten *„jemanden an der Grenze zurückhalten, um seine Papiere zu kontrollieren"* **2** **etwas zurückhalten** Gefühle nicht zeigen ⟨*den Zorn, die Wut zurückhalten*⟩ **3** **jemanden (von etwas) zurückhalten** jemanden an einer Handlung hindern oder von etwas abhalten *„jemanden von einer Dummheit zurückhalten"* **4** **sich (mit etwas) zurückhalten** nicht so handeln, wie man es gern täte ≈ sich beherrschen *„Ich musste mich zurückhalten, um nicht zu schreien/weinen"*

zu·rụck·hal·tend ADJEKTIV **1** so, dass jemand nicht gern selbst im Mittelpunkt des Interesses steht ⟨*ein Mensch, ein Verhalten, ein Wesen*⟩ ≈ bescheiden **2** ohne Interesse oder Begeisterung *„Die Reaktion auf das Angebot war sehr zurückhaltend"* • hierzu **Zu·rụck·hal·tung** *die*

zu·rụck·keh·ren (*ist*); *geschrieben* **(von/aus etwas) (zu jemandem/nach etwas) zurückkehren** (wieder) dorthin kommen, wo man vorher war *„von einer Reise nach Hause zurückkehren"*

zu·rụck·kom·men (*ist*) **(von/aus etwas) (nach etwas/zu jemandem) zurückkommen** wieder dorthin kommen, wo man vorher war *„von einem Spaziergang zurückkommen"* | *„Wann kommst du heute aus der Arbeit zurück?"*

zu·rụck·lie·gen *hat/süddeutsch* Ⓐ Ⓒⓗ *ist* **etwas liegt schon ein Jahr/ein paar Jahre/lange/... zurück** etwas ist vor relativ langer Zeit (der genannten Zeit) geschehen

zu·rụck·ste·cken (*hat*) **1** **etwas zurückstecken** etwas wieder dorthin stecken, wo man es herausgeholt hat *„Steck dein Geld wieder zurück, heute zahle ich"* **2** mit weniger zufrieden sein, als man gewollt und erwartet hat ⟨*zurückstecken müssen*⟩

zu·rụck·tre·ten (*ist*) **1** einen oder wenige Schritte nach hinten machen *„Der Zug fährt ein. Bitte treten Sie (von der Bahnsteigkante) zurück"* **2** **(von etwas) zurücktreten** eine (meist politische) Position oder Funktion aufgeben, ein Amt niederlegen *„Er ist so verärgert, dass er von seinem Amt als Vorsitzender zurücktreten will"* **3** **(von etwas) zurücktreten** erklären, dass etwas nicht mehr gilt ⟨*von einem Vertrag, einer Abmachung, vom Kauf zurücktreten*⟩

zu·rụck·zah·len (*hat*) **(jemandem) etwas zurückzahlen** das Geld, das man von einer Person, einer Bank o. Ä. geliehen hat, dieser wieder geben ⟨*Schulden, ein Darlehen, einen Kredit (ratenweise) zurückzahlen*⟩

zu·rụck·zie·hen **1** **sich zurückziehen** (*hat*) an einen Ort gehen, wo man allein ist, oder sich so verhalten, dass man nur wenig Kontakt zu Menschen hat ⟨*zurückgezogen leben*⟩ *„Er hat sich auf eine Hütte in den Bergen zurückgezogen"* **2** **sich (von/aus etwas) zurückziehen** (*hat*) bei etwas nicht mehr aktiv sein ⟨*sich aus der Politik, vom Geschäft, vom Hochleistungssport zurückziehen*⟩ **3** **jemanden/etwas zurückziehen** (*hat*) jemanden/etwas nach hinten ziehen oder von etwas weg ⟨*die Gardine, die Vorhänge zurückziehen*⟩ *„Als das Kind dem Feuer zu nahe kam, zog ich es zurück"*

zur·zeit *ADVERB* zum aktuellen Zeitpunkt ≈ gerade *„Ich bin zurzeit krank"* ⓘ Abkürzung: *zz.* oder *zzt.*; aber: *zur Zeit Goethes*

zu·sạm·men *ADVERB* **1** nicht allein, sondern mit einer anderen Person bzw. mit anderen Personen ≈ gemeinsam *„Wir fuhren zusammen in Urlaub, trennten uns aber nach ein paar Tagen"* **2** als Ganzes oder Einheit betrachtet ≈ insgesamt *„Alles zusammen hat einen Wert von 10.000 Euro"*

zu·sạm·men·ar·bei·ten (*hat*) **eine Person arbeitet mit jemandem (an etwas** (*Dativ*)**) zusammen; Personen arbeiten (an etwas** (*Dativ*)**) zusammen** zwei oder mehr Personen arbeiten am gleichen Ziel oder Projekt ⓘ aber: *Wir haben in einem Zimmer zusammen* (=*gemeinsam*) *gearbeitet* (getrennt geschrieben) • *hierzu* **Zu·sạm·men·ar·beit** *die*

zu·sạm·men·bre·chen (*ist*) **1** **jemand bricht zusammen** jemand verliert plötzlich die psychische oder körperliche Kraft (und wird ohnmächtig, fällt auf den Boden oder beginnt zu weinen) ⟨*vor Schmerzen, unter einer Last zusammenbrechen*⟩ **2** **etwas bricht zusammen** etwas funktioniert als System (oder Kreislauf) nicht mehr ⟨*die Stromversorgung, das Telefonnetz, der Verkehr, der Kreislauf*⟩ **3** **etwas bricht zusammen** etwas zerfällt in einzelne Teile und stürzt auf den Boden ≈ einstürzen *„Diese alten Mauern brechen bald zusammen"* • *hierzu* **Zu·sạm·men·bruch** *der*

zu·sạm·men·brin·gen (*hat*) **1** **eine Person mit jemandem zusammenbringen; Personen zusammenbringen** zwei oder mehrere Personen miteinander bekannt machen **2** **Dinge zusammenbringen** die nötige Menge von etwas finden oder beschaffen *„Ich weiß nicht, wie ich das Geld für die nächste Miete zusammenbringen soll"*

zu·sạm·men·fas·sen (*hat*) **1** **etwas zusammenfassen** das Wichtigste aus einem längeren Text (meist am Schluss) noch einmal in wenigen Sätzen wiederholen ⟨*eine Rede, einen Vortrag, ein Buch zusammenfassen*⟩ *„Sie fasste ihre Ansichten zum Schluss in drei Thesen zusammen"* **2** **Dinge (in etwas** (*Akkusativ*)**/zu etwas) zusammenfassen** aus einzelnen Gruppen oder Teilen ein Ganzes bilden *„Die über das ganze Land verstreuten Gruppen wurden zu einer Partei zusammengefasst"* • *hierzu* **Zu·sạm·men·fas·sung** *die*

zu·sạm·men·fü·gen (*hat*) **Dinge zusammenfügen** *geschrieben* aus einzelnen Teilen ein Ganzes meist bauen oder basteln ≈ zusammensetzen

zu·sạm·men·ge·hö·ren (*hat*) **Personen/Dinge gehören zusammen** zwei (oder mehr) Personen oder Dinge bilden ein Paar, eine Einheit oder ein Ganzes *„Der Tisch und die Stühle gehören zusammen"* • *hierzu* **zu·sạm·men·ge·hö·rig** *ADJEKTIV*; **Zu·sạm·men·ge·hö·rig·keit** *die*

der **Zu·sạm·men·hang** **der Zusammenhang (mit etwas); der Zusammenhang (zwischen Dingen** (*Dativ*)**)** eine Beziehung oder Verbindung zwischen Dingen, Ereignissen oder Tatsachen ⟨*einen Zusammenhang herstellen*⟩ *„Zwischen Lungenkrebs und Rauchen besteht ein enger Zusammenhang"* **K** Satzzusammenhang, Sinnzusammenhang • *hierzu* **zu·sạm·men·hang(s)·los** *ADJEKTIV*

zu·sạm·men·hän·gen (*hing zusammen, hat/süddeutsch* Ⓐ Ⓒⓗ *auch ist zusammengehangen*) **1** **etwas hängt mit einer Sache zusammen** etwas ist die Folge oder das Ergebnis einer Sache oder der Grund dafür *„Die hohe Anzahl der Verkehrsunfälle hängt unter anderem damit zusammen, dass die Leute zu schnell fahren"* | *„der Verpackungsmüll und die damit zusammenhängenden Probleme"* **2** **etwas hängt mit etwas**

zusammen; **Dinge hängen zusammen** Dinge sind miteinander fest verbunden *„Die Blätter des Buches hängen nur noch lose zusammen"*

zu·sạm·men·klap·pen **etwas zusammenklappen** (*hat*) Dinge wie Liegestühle, Taschenmesser usw. kann man nach der Benutzung zusammenklappen, damit sie kleiner werden

zu·sạm·men·kom·men (*ist*) **1** **eine Person kommt mit jemandem zusammen**; **Personen kommen zusammen** zwei oder mehrere Personen treffen sich (meist um etwas gemeinsam zu tun) *„Sie kamen jeden Tag zusammen, um für die Prüfung zu lernen"* ⓘ aber: *wir sind zu'sammen* (= *gemeinsam*) *ge'kommen* (getrennt geschrieben) **2** **etwas kommt zusammen** eine Menge wird größer *„Bei der Sammlung ist viel Geld zusammengekommen"*

zu·sạm·men·le·ben (*hat*) **eine Person lebt mit jemandem zusammen**; **Personen leben zusammen** meist zwei Personen wohnen als Paar oder Freunde in einer gemeinsamen Wohnung • *hierzu* **Zu·sạm·men·le·ben** *das*

zu·sạm·men·le·gen (*hat*) **1** **etwas zusammenlegen** die einzelnen Teile einer Sache so legen oder falten, dass es möglichst klein und flach wird ⟨*die Zeitung, die Serviette, die Kleider, die Wäsche zusammenlegen*⟩ **2** **Personen legen (für etwas) zusammen** mehrere Personen bringen gemeinsam das Geld auf, das man für einen Zweck braucht *„Peter hatte sein Geld vergessen, und wir mussten für seine Fahrkarte zusammenlegen"* • *zu* (1) **Zu·sạm·men·le·gung** *die*

zu·sạm·men·neh·men (*hat*) **1** **Dinge zusammennehmen** verschiedene Dinge im Ganzen, als Einheit betrachten *„Wenn man alle Kosten zusammennimmt, muss ich im Monat 1000 Euro für die Wohnung zahlen"* **2** **etwas zusammennehmen** etwas auf einen Zweck, ein Ziel konzentrieren ⟨*den ganzen Mut, den Verstand, die ganze Kraft zusammennehmen*⟩ **3** **sich zusammennehmen** die Gefühle und Reaktionen unter Kontrolle haben *„Nimm dich doch zusammen und schrei nicht so!"*

zu·sạm·men·pas·sen (*hat*) **1** **etwas passt mit etwas zusammen**; **Dinge passen zusammen** man kann die genannten Sachen miteinander verbinden, weil sie eine bestimmte Größe oder Form haben *„Die Teile passen nicht zusammen"* **2** **etwas passt mit etwas zusammen**; **Dinge passen zusammen** Dinge machen zusammen einen harmonischen Eindruck *„Manche Farben passen gut/schlecht zusammen"* **3** **jemand passt mit jemandem zusammen**; **Personen passen zusammen** Personen haben ähnliche Interessen, Meinungen und Temperamente

zu·sạm·men·rei·ßen (*hat*) **sich zusammenreißen** *gesprochen* mit großer Anstrengung vermeiden, starke Emotionen zu zeigen oder etwas Unangenehmes zu sagen

das **Zu·sạm·men·sein** (-s) ein Treffen, bei dem Menschen privat miteinander reden, etwas trinken, spielen o. Ä. ⟨*ein gemütliches, geselliges Zusammensein*⟩ *„zu einem zwanglosen Zusammensein bei Kaffee und Kuchen einladen"*

zu·sạm·men·set·zen (*hat*) **1** **etwas zusammensetzen** etwas aus verschiedenen kleinen Teilen bauen ≈ zusammenbauen *„Er nahm das Radio auseinander, aber dann konnte er es nicht mehr zusammensetzen"* **2** **etwas setzt sich aus Personen/Dingen zusammen** etwas besteht aus verschiedenen Personen oder Teilen • *hierzu* **Zu·sạm·men·set·zung** *die*

zu·sạm·men·stel·len (*hat*) **1** **etwas zusammenstellen** etwas planen und organisieren ⟨*ein Menü, ein Programm, eine Reise zusammenstellen*⟩ **2** **Dinge zusammenstellen** zwei oder mehrere Dinge so stellen, dass sie nahe beieinander sind ⟨*die Betten, die Stühle, die Tische zusammenstellen*⟩ • *zu* (1) **Zu-**

sam·men·stel·lung *die*

zu·sam·men·sto·ßen (*ist*) **eine Person/Sache stößt mit jemandem/etwas zusammen; Personen/Dinge stoßen zusammen** zwei oder mehrere Personen, Fahrzeuge o. Ä. stoßen beim Gehen oder Fahren gegeneinander • *hierzu* **Zu·sam·men·stoß** *der*

zu·sam·men·tra·gen (*hat*) **Dinge zusammentragen** Dinge, die man an verschiedenen Stellen findet, sammeln oder an denselben Ort bringen *„Brennholz für den Winter zusammentragen"* ⓘ aber: *Wir können die Kiste zusammen* (= zu zweit) *tragen* (getrennt geschrieben)

zu·sam·men·tref·fen (*ist*) **1 eine Person trifft mit jemandem zusammen; Personen treffen zusammen** zwei oder mehrere Personen begegnen sich *„Wir trafen zufällig mit alten Freunden zusammen"* **2 etwas trifft mit etwas zusammen; Dinge treffen zusammen** etwas geschieht gleichzeitig mit etwas anderem • *hierzu* **Zu·sam·men·tref·fen** *das*

zu·sam·men·zäh·len (*hat*) **(Dinge/Zahlen) zusammenzählen** eine Summe errechnen ≈ addieren *„Nun zähl mal zusammen!"*

der **Zu·satz** eine Substanz, die einer anderen hinzugefügt wird, um diese zu verändern oder irgendwie zu beeinflussen *„Viele Lebensmittel enthalten Zusätze wie Konservierungsmittel und Farbstoffe"* **K** Zusatzstoff

zu·sätz·lich ADJEKTIV **zusätzlich (zu jemandem/etwas)** drückt aus, dass jemand/etwas (als Ergänzung) zu den bereits vorhandenen Personen/Dingen hinzukommt ⟨*eine Belastung; Kosten*⟩ *„ein paar Stunden zusätzlich arbeiten"*

zu·schau·en (*hat*); *gesprochen* **(jemandem/etwas) zuschauen; (jemandem) bei etwas zuschauen** ≈ zusehen

der **Zu·schau·er** (-s, -) eine Person, die bei etwas (im Fernsehen oder bei einer Veranstaltung) zusieht ⟨*ein unfreiwilliger Zuschauer*⟩ *„Die Zuschauer klatschten Beifall"* **K** Zuschauertribüne • *hierzu* **Zu·schau·e·rin** *die*

der **Zu·schlag** ein Betrag, der zu einer Gebühr, einem Gehalt, einem Preis o. Ä. hinzukommen kann *„Der Film kostet einen Zuschlag wegen Überlänge"*

zu·schla·gen **1** (*hat*) einen Schlag ausführen *„Schlag zu, wenn du dich traust!"* **2** (*hat*) plötzlich angreifen, gegen jemanden aktiv o. Ä. werden **3 etwas zuschlagen** (*hat*) etwas mit Schwung schließen, sodass dabei ein lautes Geräusch entsteht *„Sie schlug ihr Buch zu und sah mich an"*

zu·schnei·den (*hat*) **etwas zuschneiden** die Stoffstücke, die man braucht, um etwas zu nähen, mit der Schere in die richtige Größe bringen *„einen Rock zuschneiden"* **ID etwas ist auf jemanden/etwas zugeschnitten** etwas ist so gestaltet, dass es für jemanden/etwas gut passt *„Das Programm war ganz auf den Geschmack junger Leute zugeschnitten"*

der **Zu·schuss** **ein Zuschuss (für/zu etwas)** Geld, das eine Person oder Organisation bekommt, damit sie etwas finanzieren kann ≈ Unterstützung *„einen Zuschuss zu den Baukosten bekommen"*

zu·se·hen (*hat*) **1 (jemandem/etwas) zusehen; (jemandem) bei etwas zusehen** aufmerksam mit Blicken verfolgen, wie jemand etwas tut oder wie etwas geschieht *„bei einem Fußballspiel zusehen"* **2 (bei etwas) zusehen** etwas geschehen lassen, ohne etwas dagegen zu tun oder ohne aktiv zu werden *„Wir mussten hilflos zusehen, wie unser Haus abbrannte"*

der **Zu·stand** **1** der Zustand einer Sache ist z. B. welche Form sie hat, ob sie neu, ganz, beschädigt oder kaputt usw. ist **2** der Zustand einer Person ist, wie es ihr körperlich oder psychisch geht ≈ Verfassung *„Hat sich sein gesundheitlicher Zustand gebessert?"* **K** Gesundheitszustand, Straßenzustand **3** die allgemeine Lage oder die äußeren Umstände, die das Leben bestimmen

≈ Situation **K** Ausnahmezustand

zu·stạn·de, **zu Stạn·de** *ADVERB* **1** **etwas kommt zustande** etwas entsteht oder gelingt (vor allem trotz Schwierigkeiten) *„Nach langen Verhandlungen kam der Vertrag doch noch zustande"* **2** **etwas zustande bringen** bewirken, dass etwas gelingt *„Du hast doch noch nie etwas Vernünftiges zustande gebracht!"* • *zu* (1) **Zu·stạn·de·kom·men** *das*

zu·stän·dig *ADJEKTIV* **(für jemanden/etwas) zuständig** verpflichtet und berechtigt, die vorgesehenen Entscheidungen zu treffen oder etwas zu tun ⟨*der Beamte, die Behörde, das Gericht, die Stelle*⟩ *„für die Bearbeitung eines Falles zuständig sein"* • *hierzu* **Zu·stän·dig·keit** *die*

zu·stel·len (*hat*) **1** **eine Person/etwas stellt (jemandem) etwas zu** ein Postbote o. Ä./eine Behörde übergibt jemandem etwas **2** **etwas zustellen** eine Öffnung schließen oder verdecken, indem man etwas davorstellt *„eine Tür mit einem Schrank zustellen"* • *zu* (1) **Zu·stel·lung** *die*

zu·stim·men (*hat*) **(jemandem) zustimmen** sagen (oder deutlich machen), dass man der gleichen Meinung wie eine andere Person ist ⟨*zustimmend nicken*⟩ *„Ich kann Ihnen da nur zustimmen, Sie haben vollkommen recht"*

die **Zu·stim·mung** **1** **die Zustimmung (zu etwas)** das Zustimmen ⟨*etwas findet allgemeine, jemandes Zustimmung*⟩ **2** **die Zustimmung (zu etwas)** das offizielle Einverständnis, dass jemand etwas tun darf ⟨*die Zustimmung geben, verweigern*⟩ ≈ Erlaubnis

die **Zu·tat** (-, *-en*) die Dinge, die man braucht, um etwas zu kochen, zu backen o. Ä. *„die Zutaten für einen Kuchen abwiegen"* **K** Backzutaten

zu·tref·fen (*hat*) **1** **etwas trifft zu** etwas ist richtig ⟨*eine Annahme, eine Aussage, eine Behauptung, ein Vorwurf*⟩ ≈ stimmen *„Sein Verdacht erwies sich als zutreffend"* **2** **etwas trifft auf jemanden/etwas zu** etwas gilt für jemanden/etwas **ID** **Zutreffendes bitte ankreuzen!** *admin* verwendet auf Formularen als Aufforderung, diejenige der genannten Möglichkeiten zu wählen, die im eigenen Fall gilt

der **Zu·tritt** **1** **Zutritt (zu etwas)** das Betreten eines Raumes oder Gebiets *„Zutritt für Unbefugte verboten!"* ⓘ nicht in der Mehrzahl verwendet **2** **Zutritt (zu etwas) (haben)** die Erlaubnis (haben), ein Gebäude, einen Raum o. Ä. zu betreten

zu·ver·läs·sig *ADJEKTIV* so, dass man sich auf eine Person oder Sache verlassen kann ⟨*ein Mensch, ein Freund, ein Auto, eine Maschine*⟩ *„Der Motor funktioniert zuverlässig"* • *hierzu* **Zu·ver·läs·sig·keit** *die*

zu·vor *ADVERB* zeitlich vor etwas anderem ≈ vorher *„Nach der Reparatur klang das Radio schlechter als zuvor"* | *„Nie zuvor gab es hier so wenig Wasser"*

der **Zu·wachs** (*-es*) die Menge, um die etwas größer wird ≈ Zunahme *„Der Umsatz hatte letztes Jahr einen Zuwachs von drei Prozent"* **K** Umsatzzuwachs

zwạng *Präteritum, 1. und 3. Person Singular* → zwingen

der **Zwạng** (-(*e*)*s*, *Zwän·ge*) **1** der Druck, der durch Androhung oder Anwendung von Gewalt entsteht und der bewirkt, dass der Betroffene etwas tut, was er nicht tun möchte ⟨*etwas unter Zwang tun*⟩ **2** Umstände, auf die man keinen Einfluss hat und welche die Handlungsweise bestimmen ⟨*wirtschaftliche Zwänge*⟩ **K** Zwangspause

zwạ̈n·gen (*zwängte, hat gezwängt*) **1** **etwas irgendwohin zwängen** etwas mit Mühe in etwas hinein- oder durch etwas hindurchpressen *„die Füße in zu kleine Schuhe zwängen"* **2** **sich irgendwohin zwängen** sich mit Mühe durch eine enge Öffnung o. Ä. drücken *„sich durch ein Loch im Zaun zwängen"*

zwạn·zig *ZAHLWORT* (als Zahl) 20 ⓘ → Extras, S. 700: **Zahlen** und Beispiele unter **vier**

die **Zwan·zig** (-, -en) jemand/etwas mit der Zahl/Nummer 20

zwan·zi·ger ADJEKTIV nur in dieser Form die zehn Jahre (eines Jahrhunderts oder Menschenlebens) zwischen 20 und 29 betreffend *„in den zwanziger Jahren des 19. Jahrhunderts"* **K** Zwanzigerjahre

der **Zwan·zi·ger** (-s, -); *gesprochen* **1** eine Person, die zwischen 20 und 29 Jahre alt ist **2** ein Geldschein im Wert von 20 Euro, Dollar, Franken usw. **3** eine Münze im Wert von 20 Cent o. Ä.

zwan·zigs·t- ADJEKTIV in einer Reihenfolge an der Stelle 20 ≈ 20.

zwar ADVERB **1** verwendet bei Feststellungen, bei denen man etwas zugibt oder als Grund akzeptiert (und nach denen ein Nebensatz mit *aber* oder *doch* steht *„Er war zwar krank, aber er ging trotzdem zur Arbeit"* | *„Ich habe zwar wenig Zeit, aber ich helfe dir (trotzdem)"* **2** **und zwar** verwendet, um etwas näher zu bestimmen ≈ nämlich *„Wir kaufen einen Hund, und zwar einen Dackel"*

der **Zweck** (-(e)s, *Zwe·cke*) **1** das, was man mit einer Handlung erreichen will ⟨*etwas hat einen Zweck*⟩ ≈ Ziel *„Der Zweck dieser Übung ist, die Muskeln zu stärken"* **2** das Benutzen einer Sache für eine Aufgabe oder Funktion *„ein Gerät für medizinische Zwecke"* **K** Verwendungszweck, Geschäftszwecke, Versuchszwecke **3** ≈ Sinn *„Es hat keinen Zweck mehr, das Radio noch zu reparieren. Es ist schon zu alt"* **i** nicht in der Mehrzahl verwendet

zwei ZAHLWORT (als Zahl, Ziffer) 2 **i** → Extras, S. 700: **Zahlen** und Beispiele unter **vier**

die **Zwei** (-, -en) **1** jemand/etwas mit der Ziffer/Nummer 2 **2** eine gute Schulnote auf der Skala von 1 – 6 ≈ gut

der **Zwei·er** (-s, -); *gesprochen* ≈ Zwei

der **Zwei·fel** (-s, -) **1** **Zweifel (an etwas** (*Dativ*)) das Gefühl, dass etwas nicht wahr oder richtig sein könnte *„Er wurde von Zweifeln geplagt, ob er sich richtig verhalten hatte"* | *„Mir kommen allmählich Zweifel daran, dass wir uns richtig verhalten haben"* **2** **(sich** (*Dativ*)**) über etwas** (*Akkusativ*) **im Zweifel sein** etwas nicht sicher wissen oder noch nicht entschieden haben **3** **ohne Zweifel** ganz sicher *„Das wird ohne Zweifel geschehen"*

zwei·feln (*zweifelte, hat gezweifelt*) **1** **an jemandem/etwas zweifeln** nicht sicher sein, ob man jemandem oder an etwas glauben oder auf jemanden/etwas vertrauen kann *„Ich zweifle nicht daran, dass er es ehrlich meint"* **2** **an sich** (*Dativ*) **zweifeln** an Selbstbewusstsein verlieren und Selbstzweifel haben *„Wenn du etwas erreichen willst, darfst du nicht so viel an dir zweifeln"*

der **Zweig** (-(e)s, -e) **1** ein kleiner Ast **K** Birkenzweig **2** ein relativ selbstständiger Bereich *„ein neuer Zweig der Elektroindustrie"* **K** Industriezweig, Wirtschaftszweig

zweit **ID** **zu zweit** mit zwei Personen, als Paar

zwei·t- ADJEKTIV in einer Reihenfolge an der Stelle zwei ≈ 2. **i** → Beispiele unter **viert-**

zwei·tau·send ZAHLWORT (als Zahl) 2000

zwei·tens ADVERB drückt bei Aufzählungen aus, dass etwas an 2. Stelle kommt

der **Zwerg** (-(e)s, -e) eine Figur aus Märchen oder Sagen, die wie ein sehr kleiner Mann aussieht, oft mit langem Bart und spitzer Mütze ↔ Riese *„das Märchen von Schneewittchen und den sieben Zwergen"*

die **Zwet·sche** (-, -n) eine kleine, dunkelblaue Pflaume **i** → Abb. unter **Obst**

die **Zwetsch·ge** (-, -n); ≈ Zwetsche **i** → Abb. unter **Obst**

zwi·cken (*zwickte, hat gezwickt*) **(jemanden (irgendwohin)) zwicken** ein Stück der Haut zwischen zwei Finger nehmen, kurz daran ziehen und so drücken, dass es leicht wehtut ≈ kneifen *„Er zwickte sie in den Arm"* | *„Zwick mich,* *wenn ich einschlafe!"*

die **Zwie·bel** (-, *-n*) **1** ein Gemüse mit intensivem Geruch und Geschmack, das aus vielen Häuten besteht ⟨*Zwiebeln hacken, (in Ringe/Würfel) schneiden*⟩ *„Tomatensalat mit Zwiebeln"* **K** Zwiebelkuchen, Zwiebelschale ℹ → Abb. unter **Gemüse** **2** Blumen wie Tulpen und Krokusse wachsen aus Zwiebeln **K** Blumenzwiebel, Tulpenzwiebel

der **Zwie·bel·turm** ein Kirchturm o. Ä. mit einem Dach, das die Form einer Zwiebel hat ℹ → Abb. unter **Kirche**

der **Zwil·ling** (-*s*, -*e*) eines von zwei Kindern einer Mutter, die zur gleichen Zeit geboren worden sind **K** Zwillingsbruder, Zwillingsschwester

zwin·gen (*zwang, hat gezwungen*) **1** **jemanden zu etwas zwingen** jemanden durch Drohungen, Gewalt o. Ä. dazu bringen, etwas zu tun *„Er zwang uns, ihm Geld zu geben"* **2** **etwas zwingt jemanden zu etwas** etwas macht das genannte Verhalten notwendig *„Der Sturm zwang uns (dazu,) umzukehren"* **3** **jemanden irgendwohin zwingen** jemanden gewaltsam an den genannten Ort oder in die genannte Position bringen *„jemanden zu Boden zwingen"* **4** **sich zu etwas zwingen** streng gegen sich selbst sein und etwas tun, was man nicht mag *„sich zur Ruhe zwingen"* | *„sich zwingen, wach zu bleiben"*

zwin·kern (*zwinkerte, hat gezwinkert*) eines oder beide Augen (mehrmals) kurz schließen, meist um so jemandem etwas zu signalisieren ⟨*nervös, freundlich zwinkern*⟩ *„Das war nur ein Scherz von ihm. Hast du nicht gesehen, wie er gezwinkert hat?"* ℹ Man *zwinkert* mit Absicht und *blinzelt*, wenn das Licht zu hell ist

zwi·schen PRÄPOSITION ORT: **1** *mit Dativ* an einer Stelle mit den genannten Dingen/Personen auf zwei Seiten *„Sie saß zwischen ihrem Mann (auf der rechten Seite) und ihrem Sohn (auf der linken Seite)"* ℹ → Extras, S. 717: **Präpositionen** **2** *mit Akkusativ* hin zu einer Stelle mit den genannten Dingen/Personen auf zwei Seiten *„einen Faden zwischen die Finger nehmen"* ℹ → Extras, S. 717: **Präpositionen** **3** *mit Dativ* von einem Punkt oder Ort zum anderen *„Zwischen den Tischen ist nicht viel Platz"* GRUPPE, MENGE: **4** *mit Dativ* (an einer Stelle) in einer Gruppe oder Menge *„Der Ausweis war zwischen den Papieren in der Schublade"* ZEIT: **5** *mit Dativ* innerhalb der genannten Zeitpunkte *„Er hat irgendwann zwischen dem 1. und 15. Mai Geburtstag"* **6** *mit Akkusativ* in einen Zeitraum hinein, der innerhalb der genannten Zeitpunkte liegt *„den Urlaub zwischen Ende Januar und Mitte Februar legen"* GRENZE: **7** *mit Dativ* innerhalb der genannten Grenzen oder Werte *„Temperaturen zwischen zehn und fünfzehn Grad"* BEZIEHUNG: **8** *mit Dativ* verwendet, um Beziehungen zu beschreiben *„Herrscht noch immer Streit zwischen dir und ihm?"* **9** *mit Dativ* verwendet, um Alternativen oder Gegensätze aufeinander zu beziehen *„Er schwankte zwischen Hoffnung und Verzweiflung"*

die **Zwi·schen·zeit** **in der Zwischenzeit** in der Zeit zwischen zwei Zeitpunkten oder Ereignissen ≈ inzwischen, währenddessen

zwo ZAHLWORT; *gesprochen* ≈ zwei ℹ *Zwo* wird vor allem am Telefon für *zwei* verwendet, damit die andere Person es nicht (aus Versehen) mit *drei* verwechselt.

zwölf ZAHLWORT (als Zahl) 12 ℹ → Extras, S. 700: **Zahlen** und Beispiele unter **vier** **ID** **Es ist kurz/fünf vor zwölf** Es ist schon fast zu spät, um etwas Schlimmes zu verhindern

die **Zwölf** (-, *-en*) jemand/etwas mit der Ziffer/Nummer 12

zwölf·tel ADJEKTIV *nur in dieser Form* den zwölften Teil einer Menge bildend ≈ 1/12

das **Zwölf·tel** (-*s*, -) der 12. Teil einer

Menge

zwölf·tens *ADVERB* verwendet bei einer Aufzählung, um anzuzeigen, dass etwas an 12. Stelle kommt

der **Zy·lin·der** [tsi-, tsy-]; (-s, -) **1** ein geometrischer Körper in Form eines Rohrs o. Ä., das an beiden Enden geschlossen ist **2** ein steifer, meist schwarzer Hut für Männer, der oben wie ein breites Rohr aussieht *„Der Zauberer zog ein Kaninchen aus dem Zylinder"* • *zu* (1) **zy·lind·risch** *ADJEKTIV*

zy·nisch *ADJEKTIV* so, dass die Schwächen und Probleme anderer Leute und Situationen auf verletztende, spöttische Art kritisiert oder ausgenutzt werden • *hierzu* **Zy·ni·ker** *der*

Extras

Wörter und Situationen

Wörter und Situationen

Auf den folgenden Seiten stehen kurze Texte oder Listen. Die Wörter, die in diesen Texten und Listen stehen, sind nötig, wenn man in Situationen und Bereichen des täglichen Lebens reden will.

Abkürzungen

Allgemeine Abkürzungen

allg.	allgemein	l	Liter
bzw.	beziehungsweise	m	Meter
cm	Zentimeter	Nr.	Nummer
d. h.	das heißt	o. Ä.	oder Ähnliches
Dr.	Doktor (*Titel*)	u. Ä.	und Ähnliches
evtl.	eventuell	u. a. m.	und andere(s) mehr
i. Allg.	im Allgemeinen	usw.	und so weiter
h	Stunde	wg.	wegen
km	Kilometer	z. B.	zum Beispiel

Abkürzungen in Wohnungsanzeigen

AB	Altbau	NK	Nebenkosten
BLK	Balkon	NR	Nichtraucher
DG	Dachgeschoss	TG	Tiefgarage
EBK	Einbauküche	WG	Wohngemeinschaft
EG	Erdgeschoss	Whg.	Wohnung
HK	Heizkosten	WM	Warmmiete
KM	Kaltmiete	ZH	Zentralheizung
KoNi	Kochnische (*eine Art kleine Küche im Zimmer*)	Zi	Zimmer
		ZKB	Zimmer, Küche, Bad
KT	Kaution	2 ZKB	zwei Zimmer, Küche, Bad
NB	Neubau		

Abkürzungen in SMS und E-Mail

Vor allem in privaten Chats, SMS und E-Mails gibt es immer mehr Abkürzungen wie **LG** für „liebe Grüße“, **HDL** für „Hab dich lieb“ oder **WE** für „Wochenende“. Im Internet gibt es aktuelle Listen, die man z. B. mit „Abkürzungen SMS“ finden kann.

Ablehnen

Wenn mir jemand etwas zu essen oder zu trinken anbietet, und ich möchte das nicht oder habe keinen Appetit, sage ich:

- **Nein, danke!**

Wenn ich ein Geschenk nicht haben möchte, sage ich:

- **(Danke, aber) das kann ich nicht annehmen.**

Hilfe, die ich nicht brauche, lehne ich ab mit:

- **Danke / Vielen Dank, ich komme zurecht.**

Eine Einladung lehne ich immer mit einer Begründung ab:

- **Danke, aber da kann ich leider nicht kommen.**
- **Danke, aber da habe ich leider keine Zeit.**

Will ich in einem Geschäft etwas nicht kaufen, das mir der Verkäufer anbietet, sage ich:

- **Danke, das muss ich mir noch überlegen.**

Abschied

Man kann sich, je nach Situation, mit folgenden Worten verabschieden:

- **Höflich und neutral** mit **(Auf) Wiedersehen!**, in Süddeutschland auch mit **Auf Wiederschauen!** oder in der Schweiz mit **Auf Wiederluege!**

- Etwas **weniger formell** verabschiedet man sich z. B. mit **Bis später!**, **Bis morgen!**, **Bis bald!**, **Bis zum nächsten Mal!**

- **Am Freitag**, vor dem Wochenende, verabschiedet man sich mit **Schönes Wochenende!**

- **Am Telefon** sagt man **(Auf) Wiederhören!**

- **Von Freunden** verabschiedet man sich mit **Tschüs(s)!**, **Machs gut!** oder **Man sieht sich!** In Süddeutschland sagt man auch **Servus!**, in Österreich **Baba!** und in der Schweiz **Salü!**

Anrede

Du

Du sagen alle Erwachsenen zu Kindern und jüngeren Jugendlichen.
Du sagen immer Mitglieder einer Familie und Verwandte zueinander.
Freunde, gute Bekannte, Kinder und Jugendliche sagen ebenfalls **Du** zueinander.
Du zueinander sagt man außerdem in vielen Situationen, in denen die anwesenden Personen ein Gefühl der Zusammengehörigkeit betonen wollen, z. B. unter Mitgliedern einer Partei, eines Vereins oder beim Sport.
Du sagt man auch, wenn man mit Dingen oder Tieren spricht, als wären sie Menschen.
Du sagt man ebenfalls, wenn man mit Gott spricht.
Mehrere Leute, zu denen man einzeln **du** sagt, spricht man mit **ihr** an.

Unter Erwachsenen setzt die Anrede mit **du** das Einverständnis der angeredeten Person voraus. Dieses Einverständnis ergibt sich entweder aus der Situation oder eine Person sagt ausdrücklich, dass sie mit **du** angesprochen werden möchte (nachdem man sich vorher gegenseitig mit **Sie** angeredet hat).

Sie

Sie sagen ältere Kinder und Jugendliche zu Erwachsenen, wenn diese keine Verwandten oder Freunde der Familie sind.
Sie zueinander sagen Erwachsene in formellen Situationen, oft bei Unterschieden in der sozialen oder beruflichen Stellung, und vor allem dann, wenn sie einander nicht oder nicht gut kennen.

Mehrere Personen, zu denen man einzeln **Sie** sagt, spricht man auch mit **Sie** an. Spricht man mit mehreren Personen, von denen man nur einige sonst mit **du** anredet (und die anderen mit **Sie**), sagt man immer **Sie**.

In Briefen

→ Brief und E-Mail

Arbeit

Personen

der / die Angestellte, Arbeiter – Arbeiterin, Arbeitnehmer – Arbeitnehmerin, Chef – Chefin, Mitarbeiter – Mitarbeiterin, Kollege – Kollegin, Beamter – Beamtin, der / die Selbstständige

Geld

Einkommen, Gehalt, Gehaltsgruppe, Gewinn, Honorar, Lohn, Lohngruppe, Rente, Pension, Steuerklasse, Tarif, Tarifvertrag, Umsatz, Verdienst, Verlust

Regelungen

Arbeitserlaubnis, Arbeitslosengeld I, Arbeitslosengeld II, Arbeitslosigkeit, Arbeitsvertrag, Arbeitszeit, Elternzeit, Festanstellung, Kernzeit, Kündigung, Kurzarbeit, Mutterschaftsurlaub, Mutterschutz, Nachtarbeit, Pension, Rente, Schichtarbeit, Schwangerschaftsurlaub, Sozialversicherung, Sozialhilfe, Teilzeitarbeit, unbefristeter Vertrag, Urlaub

Institutionen

Agentur für Arbeit, Arbeitsamt, Arbeitsvermittlung, Jobbörse

Beim Arzt

Ärzte und Ärztinnen

Allgemeinarzt, Augenarzt, Chirurg – Chirurgin, Herr / Frau Doktor, Facharzt, Frauenarzt, Gynäkologe – Gynäkologin, Hals-Nasen-Ohren-Arzt, Internist – Internistin, Kinderarzt, Notarzt, Orthopäde – Orthopädin, Röntgenarzt, Spezialist – Spezialistin, Urologe – Urologin

ⓘ Die Wörter mit **-arzt** haben jeweils die weibliche Form **-ärztin**.

Symptome

Appetitlosigkeit, Atemnot, Ausschlag, Bauchschmerzen, Bauchweh, hoher / niedriger Blutdruck, Durchfall, Entzündung, Erbrechen, Fieber, Gliederschmerzen, Halsschmerzen, Halsweh, Husten, Juckreiz, Kopfschmerzen, Kopfweh, Kreislaufbeschwerden, Kreislaufkollaps, Müdigkeit, hoher / niedriger Puls, Schmerzen, Schnupfen, Schwäche, Schwindel, Verstopfung

Krank sein

Ich bin müde, schwach. Ich fühle mich nicht wohl.
Jemand ist bettlägerig, bewusstlos, ohnmächtig, verletzt.

Krankheiten

AIDS, Allergie, Blasenentzündung, Bluthochdruck, Bruch, Erkältung, Grippe, Herzanfall, Krebs, Lungenentzündung, Masern, Mumps, Nierenentzündung, Röteln, Schlaganfall, Schnitt, Verbrennung, Verletzung, Verstauchung, Windpocken, Zucker (Diabetes)

Gesund sein

Ich bin gesund, ich fühle mich wohl. Mir geht es gut.
Jemand ist fit, jemand ist gesund. Es fehlt einem nichts, man hat nichts.

Patienten und Pflegende

Altenpfleger – Altenpflegerin, Hebamme, der / die Kranke, der Krankenpfleger, die Krankenschwester, Patient – Patientin, Physiotherapeut – Physiotherapeutin, der / die Schwerkranke, der / die (Schwer-)Verletzte

Behandlung und Pflege

behandeln, Behandlung, ambulante Behandlung, stationäre Behandlung, Besserung, Diagnose, diagnostizieren, Diät halten, Fieber messen, heilen, Heilung, impfen, Impfung, künstliche Ernährung, Kur, Medikament, Operation, operieren, Pflaster, Tabletten, Tropfen, Verband, verbessern, verbinden, verschlechtern, Verschlechterung, Zäpfchen

Gebäude und Institutionen

Intensivstation, Klinik, Klinikum, Krankenhaus, Kurklinik, Pflegeheim, Praxis, Reha-Klinik, Sanatorium, Station

Bad

Im Bad wasche ich mich, oder ich dusche (mich), manchmal nehme ich auch ein Bad. Nach dem Waschen trockne ich mich ab und creme mich ein. Ich putze mir die Zähne. Wenn es nötig ist, schneide ich mir die Nägel. Wenn ich mir die Haare (mit Shampoo) gewaschen habe, trockne ich sie (mir) mit dem Föhn. Wenn ich mich frisiere (oder rasiere oder schminke), stehe ich vor dem Spiegel. In den meisten Badezimmern gibt es auch eine Toilette. Man „geht auf die Toilette".

Bank

Bei einer Bank kann man ein Konto eröffnen. Ein Girokonto richtet man ein, damit auf dieses Konto Geld überwiesen werden kann (z. B. der Lohn oder das Gehalt) oder damit man auf ein anderes Konto überweisen kann, um so Rechnungen zu bezahlen.

Wenn man ein Konto hat, kann man auch Geld darauf einzahlen oder man kann Geld von diesem Konto abheben (z. B. mit einer Bankkarte am Automaten). Am Automaten erhält man auch die Kontoauszüge. Wenn man weniger Geld hat als man braucht, kann man bei der Bank einen Kredit beantragen.

Brief und E-Mail

Anrede

- Wenn man den Empfänger nicht persönlich kennt oder nicht sehr gut kennt, schreibt man z. B.
  - **Sehr geehrte Frau Huber, ...**
  - **Sehr geehrte Frau Dr. Ahrend, ...**
  - **Sehr geehrter Herr Huber, ...**
  - **Sehr geehrter Herr Professor, ...**

- Wenn man an eine Firma oder an eine Organisation schreibt und nicht wissen kann, wer den Brief oder die E-Mail lesen wird (oder wenn der Brief an mehrere Empfänger gerichtet ist), verwendet man als Anrede **Sehr geehrte Damen und Herren, ...**

- Schreibt man an Personen, die man gut kennt, verwendet man z. B.
  - **Liebe Frau** (+ *Familienname*), ...
  - **Lieber Herr** (+ *Familienname*), ...

- In einem Brief oder einer E-Mail an Freunde schreibt man z. B.
  - **Lieber Karl, ...**
  - **Liebe Anna, ...**

- Unter jungen Leuten oder Freunden gibt es auch andere Anreden, z. B.
  - **Hi** oder **Hallo**
  - **Hallo zusammen** usw.

- An enge Freunde oder Verwandte kann man schreiben: **Ihr Lieben, ...**

Betreff

In geschäftlichen Briefen steht immer vor der Anrede eine Zeile, in der man kurz schreibt, worum es in dem Brief geht, z. B. **Buchungsbestätigung für Ihre Reise nach New York** oder **Bestellung von 10 Bildschirmen**. Bei E-Mails gibt es eine eigene Zeile für den Betreff.

Schluss

- In geschäftlichen Briefen und E-Mails schreibt man:
  - **Mit freundlichen Grüßen, ...**
  - oder, ziemlich förmlich und offiziell **In Erwartung Ihrer Antwort verbleibe ich mit freundlichen Grüßen, ...**

- In einem Brief oder einer E-Mail an Freunde schreibt man z. B.
  - **Viele / Liebe / Herzliche Grüße, …**
  - **Herzlichst, Dein(e) / Euer / Eure …**

- Unter jungen Leuten oder Freunden gibt es natürlich auch andere Formulierungen, z. B.
  - **Mach's gut!**
  - **Alles Gute / Liebe von …**
  - **Viele Grüße an alle von …**

- Am Ende von Briefen an Personen, zu denen man **du** sagt, schreibt man **Dein / Deine /Euer / Eure** (+ *Vorname*). In Briefen an Personen, zu denen man **Sie** sagt, schreiben ältere Personen meist **Ihr / Ihre** (+ *Vorname und Nachname*).

Danke!

Wenn man sich bei einer anderen Person bedanken will, kann man einfach **Danke!** sagen. Man kann auch deutlicher sagen, dass man dankbar ist, zum Beispiel mit

- **Danke vielmals!**
- **Vielen Dank!**
- **Vielen, vielen Dank!**
- **Herzlichen Dank!**
- **Vielen Dank, das war sehr freundlich!**
- **Besten Dank für alles!**

Datum

Die üblichen Angaben für ein Datum werden nach dem Muster von

- **der dritte Februar**
- **1. Mai 2008**
- **am 3. 7. 2014**
- **am Montag, dem 31. Oktober**
- **am Morgen des 5. September 2024**

angegeben.

ⓘ Der Tag wird immer vor dem Monat genannt.
→ Die Zeit

Einkaufen

Man geht einkaufen, weil man etwas braucht oder haben will. Es kann sein, dass man ein Paar Schuhe braucht, oder dass das Brot ausgegangen ist. Im Supermarkt bekommt man vieles, in anderen Geschäften (beim Bäcker; beim Metzger; im Schuhgeschäft usw.) gibt es nur relativ wenige und bestimmte Waren (Brot, Brötchen, Kuchen; Fleisch und Wurst; Schuhe).
Wenn man in ein Geschäft kommt, in dem man bedient wird, grüßt man, z. B. mit **Guten Tag!** oder **Guten Morgen!**
Meist wird man dann gefragt: **Bitte schön?** oder **Was hätten Sie denn gerne?**
Dann antwortet man **Ich möchte / hätte gerne ein ...**
Wenn man alles hat, was man kaufen wollte, sagt man
Danke, das wäre alles!
Nach dem Preis fragt man mit **Was kostet das?**
Vielleicht wird man gefragt, ob man mit Karte zahlen will oder bar.

Entschuldigen

Mit den Worten **Entschuldigen Sie (bitte)!** oder **Verzeihen Sie (bitte)!** kann man eine höfliche Frage beginnen:
Entschuldigen Sie bitte, wissen Sie, ob der Zug Verspätung hat?

Manchmal tut man ohne Absicht etwas, was einer anderen Person nicht recht ist, was sie nicht mag, oder was ihr in irgendeiner Weise wehtut. Wenn man sieht, dass das der Fall ist, dann entschuldigt man sich, z. B. mit

- **Entschuldige bitte!**
- **Entschuldige bitte, das wollte ich nicht!**
- **Entschuldigung, das tut mir leid!**

Man kann auch sagen:

- **Entschuldige bitte, habe ich dir wehgetan?**
- **Entschuldigen Sie bitte, ich wollte nicht stören!** usw.

Manchmal ist man im Stress und benimmt sich nicht immer sehr höflich oder mit der nötigen Rücksicht. Dann kann man **Entschuldigung!** oder **Entschuldigen Sie!** sagen und eine kurze Bemerkung angeben, warum man sich so verhält, z. B.:

- **Darf ich bitte zur Tür, ich muss hier aussteigen!**
- **Könnten Sie mich durchlassen, ich muss zum Zug!**
- **Ich muss jetzt leider gehen, ich muss morgen sehr früh aufstehen.**

Essen und Trinken

Allgemeines
abnehmen, Diät, sich (un)gesund ernähren, fasten, Figur, Kalorien, Mineralien, Kohlenhydrate, Übergewicht, Untergewicht, Vitamine, zunehmen

Getränke
Bier, Cola, Kaffee, Kakao, Limonade, Milch, Mineralwasser, Saft, Schorle, Sprudel, Tee, Wasser, Wein

Brot und Kuchen
Brezel, Brot, Brötchen, Roggenbrot, Schwarzbrot, Semmel, Vollkornbrot, Weißbrot, Weizenbrot; Keks, Kuchen, Torte
→ **Abbildung „Backwaren", S. 76**

Fett
Bratfett, Butter, Margarine, Öl, Olivenöl, Schmalz

Gewürze
Basilikum, Knoblauch, Paprika, Petersilie, Pfeffer, Rosmarin, Salbei, Salz, Schnittlauch, Zucker

Beilagen
Bratkartoffeln, Gemüse, Gratin, Kartoffeln, Kartoffelpüree, Nudeln, Pommes frites, Reibekuchen, Reis, Sauerkraut

Aufstrich
Frischkäse, Gelee, Honig, Konfitüre, Marmelade, Nougatcreme, Streichwurst

Käse
Bergkäse, Edamer, Emmentaler, Gouda, Hartkäse, Scheibenkäse, Schimmelkäse, Weichkäse

Gemüse
Artischocke, Aubergine, Blaukraut, Blumenkohl, Bohnen, Brokkoli, Chinakohl, Endiviensalat, Erbsen, Feldsalat, Fenchel, Grünkohl, Gurke, Karotten, Knoblauch, Kohl, Kohlrabi, Kopfsalat, Kürbis, Lauch, Paprika, Radieschen, Rettich, Rosenkohl, Rote Bete, Rotkohl, Rucola, Salat, Sellerie, Spargel, Spinat, Tomate, Weißkraut, Zucchini, Zwiebel
→ **Abbildung „Gemüse", S. 228**

Fleisch, Wurst
Aufschnitt, Braten, Bratwurst, Dauerwurst, Ente, Frikadelle, Frischwurst, Gans, Geflügel, Grillfleisch, Gulasch, Hackfleisch, Hammel, Huhn, Kalbfleisch, Kotelett, Lamm, Leberwurst, Mettwurst, Rindfleisch, Salami, Schnitzel, Schweinefleisch, Weißwurst, Wiener, Wild

Fisch
Forelle, Hering, Kabeljau, Karpfen, Sardinen, Scholle, Thunfisch, Tintenfisch

Obst
Ananas, Apfel, Aprikose, Banane, Birne, Blaubeeren, Brombeeren, Erdbeeren, Heidelbeeren, Himbeeren, Honigmelone, Johannisbeeren, Kirsche, Kiwi, Limette, Mandarine, Melone, Nektarine, Orange, Pfirsich, Pflaume, Preiselbeeren, Stachelbeeren, Wassermelone, Weintrauben, Zitrone, Zwetsch(g)e
→ **Abbildung „Obst", S. 401**

Nachtisch
Eis, Joghurt, Kuchen, Obst, Pudding
→ **Die Mahlzeiten**

Fahrzeuge und Verkehr

Fahrzeuge

Auto, Bahn, Bus, Fähre, Fahrrad, Flugzeug, Lastwagen, Lastkraftwagen / LKW, Moped, Motorrad, Motorroller, Omnibus, PKW, S-Bahn, Schiff, Straßenbahn, U-Bahn, Zug

Verkehr

Autoverkehr, Bahnverkehr, Fernverkehr, Güterverkehr, Luftverkehr, Nahverkehr, Personenverkehr, Reiseverkehr, Schiffsverkehr, Stau, Warenverkehr

Menschen

Autofahrer, Busfahrer, Beifahrer, Fahrradfahrer, Fluggast, Fußgänger – Fußgängerin, Insasse – Insassin, Kapitän – Kapitänin, Lenker – Lenkerin, Lokomotivführer, Mitfahrer, Motorradfahrer, Passagier – Passagierin, Pilot – Pilotin, der / die Reisende

ⓘ Die Wörter mit **-fahrer** oder **-führer** haben jeweils die weibliche Form **-fahrerin / -führerin.**

Auto, Fahrrad

aufpumpen, Inspektion, Maut, Panne, Reifenwechsel, Reparatur, tanken, TÜV, Werkstatt

ⓘ Die einzelnen Teile von Autos und Fahrrädern sind auf den
→ **Abbildungen „Auto", S. 75 und „Fahrrad", S. 183** zu sehen.

Beim Fahren

beschleunigen, blinken, bremsen, fahren, Gas geben, die Handbremse ziehen, die Kupplung treten, lenken, parken, steuern

Bahn

Wenn man mit der Bahn fahren will, erkundigt man sich im Internet oder am Bahnhof nach den Zugverbindungen. Man kauft eine Fahrkarte, z. B. nach Berlin, 2. Klasse, hin und zurück, für eine Person, morgen oder am Freitag.

Wenn man sicher einen Platz in einem Zug bekommen will, muss man ihn reservieren. Die Platzreservierung kostet meistens extra. Man sollte rechtzeitig und pünktlich vor Abfahrt des Zuges am Bahnsteig sein. Wenn man eingestiegen ist und das Gepäck verstaut hat, kann man die Fahrt in Ruhe genießen. Wenn der Zugbegleiter oder die Zugbegleiterin die Fahrkarten kontrolliert, zeigt man ihm/ihr die Fahrkarte.
Es gibt verschiedene Arten von Zügen: ICE (Intercity-Express), EC (Eurocity), IC (Intercity), Regionalbahn, S-Bahn und viele andere.
→ **Fahrkarten**, → **Reise**

Fahrkarten

Fahrkarten (oder Tickets) kauft man am Fahrkartenautomaten, am Fahrkartenschalter oder im Internet. Am Schalter nennt man das Ziel der Reise, den Tag und die Uhrzeit.
Eine einfache Fahrt macht man, wenn man nur zu dem Ziel fährt. Wenn man eine Fahrkarte auch für die Fahrt zurück will, ist das eine Rückfahrkarte (man sagt auch **hin und zurück**). Also z. B.

- **„Bitte eine einfache Fahrt nach Hamburg, morgen Nachmittag."**
- „Zweite Klasse?"
- **„Ja, bitte!"**
- „Mit Platzreservierung?"
- **„Nein, danke!"**

Online-Tickets kauft man im Internet. Man muss die Fahrkarte dann selbst ausdrucken. Wenn man die Fahrkarte auf dem Smartphone haben möchte, kauft man ein Handy-Ticket. Dem Zugbegleiter oder der Zugbegleiterin zeigt man das digitale Ticket auf dem Handy.
Es gibt auch ermäßigte Fahrkarten, Jahreskarten, Monatskarten, Tageskarten oder Wochenkarten.
→ **Reise**

Am Flughafen

Beim Einchecken wird man nach dem Pass oder Ausweis und nach dem Ticket oder Buchungsbeleg gefragt. Man bekommt eine Bordkarte und erfährt, wann das Boarding ist und zu welchem Flugsteig oder Gate man gehen muss. Das Handgepäck kann man behalten, die Koffer stellt man auf das Band. Bei der Sicherheitskontrolle muss man Taschen, Schlüssel, Gürtel usw. auf das Band legen.
→ **Reise**

Fragen

Eine Frage wird oft als Fragesatz formuliert. Viele Fragen enthalten die Wörter **können**, **bitte** oder **sagen**.

- Nach dem Preis einer Ware oder Leistung kann man fragen mit
  - **Was / Wie viel kostet das?**
  - **Wie teuer ist das?**

- Nach dem Weg fragt man z. B. mit
  - **Entschuldigen Sie bitte! Wie komme ich zum Bahnhof?**
  - **Können Sie mir bitte sagen, wo der Bahnhof ist?**
  - **Entschuldigung, ist das hier der Weg zum Bahnhof?**

- Nach der Gesundheit oder dem allgemeinen Befinden einer anderen Person fragt man z. B. mit
  - **Wie geht's dir / Ihnen?**
  - **Wie fühlst du dich?**
  - **Geht es dir wirklich gut?**
  - **Geht es dir wieder besser?**
  - **Kann ich dir irgendwie helfen?**

- Wenn man wissen möchte, wo die Toilette ist, fragt man
  Bitte, wo ist hier die Toilette?

Gefühle

angenehme Gefühle

Erregung, Freude, Freundschaft, Fröhlichkeit, Glück, Hoffnung, Liebe, Stolz, Sympathie, Trost, Vertrauen, Zufriedenheit, Zuneigung

unangenehme Gefühle

Abneigung, Abscheu, Angst, Ärger, Aufregung, Eifersucht, Ekel, Erregung, Furcht, Hass, Misstrauen, Neid, Sorge, Trauer, Traurigkeit, Verdruss, Wut, Zorn

Geld

Mit Geld kann man für eine Ware oder Leistung zahlen bzw. bezahlen. Man bekommt Geld als Lohn oder Gehalt, während der Ausbildung manchmal als Stipendium oder Beihilfe, und wenn man älter ist, als Rente oder Pension. Wenn man mehr Geld hat, als man für das normale Leben braucht, kann man sparen, und diejenigen, die viel Geld haben, können ihr Geld durch Zinsen oder Investitionen vermehren.
Im Alltag bezahlen wir oft bar, mit Scheinen und Münzen. Größere Geldbeträge bezahlen wir mit Karten. Rechnungen werden überwiesen oder über ein Konto bei der Bank bezahlt. Auf Reisen muss man gelegentlich Geld wechseln, z. B. Euro in Dollar oder britische Pfund in Euro.
→ **Bank**

Grüßen

Mit einem Gruß zeigt man einer Person unter anderem, dass man bereit ist, mit ihr zu reden. Erwachsene, die einander mit **Sie** anreden (oder anreden würden), grüßen einander bis ungefähr zehn Uhr mit **Guten Morgen!** Anschließend sagt man **Guten Tag!** bis zu der Zeit, an der es anfängt, dunkel zu werden. Dann sagt man **Guten Abend!** (**Gute Nacht!** ist kein Gruß, sondern der Wunsch, dass die andere Person eine ruhige Nacht haben möge.)
Jüngere Leute, Kinder und alle Personen, die **du** zueinander sagen, verwenden oft **Hallo!** oder **Hi!**
Wie man grüßt, hängt auch von der Region ab (z. B. **Grüezi!** in der Schweiz oder **Moin, moin!** in Norddeutschland).

Hilfe!

Wenn man Hilfe braucht und in Not ist, kann man **Hilfe!** rufen oder **Helfen Sie mir!**
In einem Notfall wählt man in Deutschland die Notrufnummer 110 (Polizei) oder 112 (Feuerwehr, Arzt), in Österreich und der Schweiz immer die Nummer 112.

Meist verwendet man **bitte**, wenn man Hilfe braucht:

- **Könnten Sie mir bitte helfen?**
- **Bitte, ich brauche Hilfe!**

und gibt den Grund an, warum man Hilfe braucht.

Im Hotel

Im Hotel kann man übernachten. Man nimmt ein Zimmer, ein Einzelzimmer oder Doppelzimmer, für die gewünschte Zeit (z. B. für heute Nacht, für drei Nächte, für eine Woche, für zehn Tage), mit oder ohne Frühstück, mit oder ohne Vollpension (mit Frühstück, Mittagessen und Abendessen), mit oder ohne Halbpension (mit Frühstück und Abendessen). Den Zimmerschlüssel oder die Zimmerkarte bekommt man am Empfang bzw. an der Rezeption. Man kann ein Zimmer natürlich auch schon vor der Ankunft telefonisch oder über das Internet reservieren lassen. In den meisten Hotels wird man gebeten, sich anzumelden. Das heißt, man nennt den eigenen Namen, gibt seine Adresse an, nennt den Tag der Abreise, zeigt den Ausweis oder Pass. Wenn man wieder abreist, muss man das Zimmer meistens bis zu einer bestimmten Uhrzeit verlassen. Man gibt dann den Schlüssel oder die Zimmerkarte an der Rezeption ab.

Kirche und Religion

Geistliche

Bischof – Bischöfin, Diakon – Diakonin, Geistlicher – Geistliche, Imam, Kardinal, Papst, Pfarrer – Pfarrerin, Priester – Priesterin, Rabbiner – Rabbinerin, Seelsorger – Seelsorgerin

Gemeinde

Gläubige, Kirchenverwaltung, Pfarramt, Pfarrgemeinderat

Religionen

buddhistisch, evangelisch, hinduistisch, jüdisch, katholisch, muslimisch, orthodox, protestantisch

Gebäude

Dom, Kapelle, Kathedrale, Kirche, Kloster, Münster, Moschee, Pagode, Synagoge, Tempel

Ereignisse und Handlungen in christlichen Religionen

Abendmahl, Beerdigung, Beichte, Buße, Eheschließung, Firmung, Gebet, Glaube, Gottesdienst, Kommunion, Konfession, Konfirmation, Krankensalbung, Letzte Ölung, Messe, Predigt, Priesterweihe, Sakrament, Segen, Sünde, Taufe, Trauerfeier

Kommunikation

In diesem Abschnitt sind Wörter und Strukturen gesammelt, mit denen man das Miteinander beim Sprechen, Hören, Schreiben oder Lesen beschreiben kann.

Eine andere Person informieren, ganz allgemein, schriftlich oder mündlich

etwas andeuten	jemandem etwas erzählen
etwas ausdrücken	jemanden (über etwas (*Akkusativ*)) informieren
etwas ausführen	mit jemandem über etwas (*Akkusativ*) kommunizieren
sich (zu etwas) äußern	jemandem etwas mitteilen
etwas (gegenüber einer Person) äußern	etwas erwähnen
jemandem etwas berichten	sich mit jemandem verständigen

Eine andere Person informieren, mündlich

jemanden anrufen	jemandem etwas sagen
etwas mit jemandem besprechen, bereden, erörtern, diskutieren	mit jemandem (über jemanden / etwas) reden, sprechen

mit jemandem ein Gespräch führen	mit jemandem telefonieren
jemandem eine Nachricht (auf dem Anrufbeantworter) hinterlassen	sich mit jemandem über etwas / eine Person unterhalten

Eine andere Person informieren, schriftlich

jemandem (etwas) mailen, simsen, texten	(jemandem) einen Brief, eine E-Mail, eine Karte, eine Nachricht, eine SMS schicken
jemandem eine Notiz hinterlassen	einen Brief, ein Schreiben usw. verfassen
(jemandem) einen Brief, eine E-Mail, eine Karte, eine Nachricht schreiben	eine E-Mail usw. (ver)senden

In der Zeitung, im Radio oder Fernsehen, im Internet

etwas ansagen	etwas mailen
etwas berichten	etwas melden
bloggen	eine Sendung moderieren
mit jemandem chatten	etwas senden / übertragen
jemanden interviewen	twittern
etwas kommentieren	

Erklären und Verstehen

jemandem etwas erklären	jemandem etwas vermitteln
jemandem etwas klarmachen	etwas verstehen

Hören und Lesen

den Anrufbeantworter abhören	fernsehen
etwas / nichts hören	etwas lesen
jemandem zuhören	etwas sorgfältig studieren, durcharbeiten
eine Sendung (an)hören	etwas überfliegen

eine Sendung (an)sehen, anschauen	Informationen abrufen
Radio hören	einen Brief usw. bekommen, erhalten
etwas (mit Mühe) entziffern	eine E-Mail, ein Fax, eine SMS empfangen

Fehler bei der Kommunikation

etwas missverstehen	sich verschreiben
sich verhören	sich vertippen
sich verlesen	sich versprechen

Ohne Worte

jemandem etwas anmerken, ansehen, anhören	mit Händen und Füßen sprechen
(auf etwas) deuten, zeigen	jemandem ein Zeichen geben
(wild) gestikulieren	sich in / mit Zeichensprache verständigen

Körper

Kopf

Augen, Augenbrauen, Augenlider, Backen, Gehirn, Gesicht, Haare, Kinn, Lippen, Mund, Nase, Oberlippe, Ohr, Stirn, Unterlippe, Wangen, Zähne, Zunge

→ **Abbildung „Der Kopf“, S. 321**

Arme und Beine

Arm, Bein, Daumen, Ellbogen, Ferse, Finger, Fuß, Fußsohle, Hand, Handgelenk, kleiner Finger, Knie, Kniekehle, Knöchel, Mittelfinger, Oberarm, Oberschenkel, Ringfinger, Schenkel, Schlüsselbein, Schulter, Unterarm, Unterschenkel, Wade, Zeh, Zeigefinger

Andere Körperteile

Bauch, Becken, Blase, Bronchien, Brust, Brustkorb, Darm, Dickdarm, Dünndarm, Geschlechtsorgan, Hals, Herz, Hüfte, Kehle, Kreuz, Leber, Luftröhre, Lunge, Magen, Mandeln, Milz, Nabel, Nacken, Niere, Oberkörper, Po, Rachen, Rücken, Rückgrat, Speiseröhre, Taille

→ **Abbildung „Der Körper", S. 323**

Kunst

Schreiben

Autor – Autorin, Dichter, Dichtung, Drama, Dramatiker, Erzähler, Gedicht, Künstler, Lyrik, Lyriker, Roman, Romanautor(in), Schriftsteller

ⓘ Die Wörter auf -er enden in der weiblichen Form auf -erin.

Fotografie, Malen und Plastik

Bild, Bildhauer, Designer, Fotograf – Fotografin, Grafiker, Künstler, Maler, Zeichner, Zeichnung

ⓘ Die Wörter auf -er enden in der weiblichen Form auf -erin.

Musik

Band, Chor, Dirigent – Dirigentin, Instrument, Komponist – Komponistin, Konzert, Künstler – Künstlerin, Musiker – Musikerin, Orchester, Sänger – Sängerin (Sopran, Alt, Tenor, Bass), Solist – Solistin

Film, Tanz, Theater

Ballett, Bühne, Darsteller, Künstler, Regisseur – Regisseurin, Schauspieler, Tänzer

ⓘ Die Wörter auf -er enden in der weiblichen Form auf -erin.

Im Lokal

Man geht in ein Lokal, um dort etwas zu essen oder zu trinken. Man setzt sich an einen freien Tisch oder sagt, dass man gerne einen Tisch für z. B. zwei Personen hätte. Wenn man essen möchte, fragt man nach der Speisekarte (**Könnten wir bitte die Karte haben?**) und sucht sich etwas aus (**Ich nehme die Nudeln mit Lachs**; **Ich hätte gerne Spargel mit Schinken**). Wenn man später einen Nachtisch möchte, bittet man „noch einmal" um die Karte. Irgendwann muss man dann bezahlen. Wenn man Glück hat, kommt der Kellner oder die Kellnerin am Tisch vorbei, oder man ruft sie mit **Entschuldigung!** und sagt **Wir möchten gerne bezahlen**. Dann bekommt man die Rechnung und zahlt ungefähr 10 % mehr als auf der Rechnung steht: Man gibt Trinkgeld.

Die Mahlzeiten

Morgens gibt es das Frühstück, am Mittag das Mittagessen, abends das Abendessen. Am Wochenende oder wenn man Zeit hat, trifft man sich nachmittags vielleicht zum Kaffeetrinken. Wenn man Hunger hat, kann man eine kleine Pause machen und einen Snack essen. Die Bezeichnungen für die Mahlzeiten können von Region zu Region verschieden sein. So spricht man in Norddeutschland vom **Abendbrot**, in der Schweiz vom **Nachtessen**. Wenn man in Süddeutschland etwas in einer Pause isst, bezeichnet man das als **Brotzeit** oder **Vesper**, in der Schweiz ist ein kleines Essen in einer Pause am Vormittag ein **Znüni** und in Österreich ist eine Pause mit Essen eine **Jause**.

Mathematische Zeichen

$+$	und / plus	$\geq$	größer gleich
$-$	weniger / minus	$\leq$	kleiner gleich
$\times$ *oder* $\cdot$	mal / multipliziert mit	2^3	zwei hoch drei (dritte Potenz von zwei)
$:$	geteilt durch / dividiert durch	∞	unendlich
$=$	(ist) gleich / ist	$\sqrt{4}$, $\sqrt[2]{4}$	(zweite) Wurzel / Quadratwurzel aus vier
$\neq$	(ist) ungleich	$\sqrt[3]{4}$	dritte Wurzel / Kubikwurzel aus vier
$>$	größer als	%	Prozent
$<$	kleiner als	‰	Promille

Mengen	$a \in A$	a ist ein Element von A
Brüche	½, ⅔, ¼	ein halb, zwei Drittel, ein Viertel
Gleichung	$a^2 + b^2 = c^2$	a Quadrat plus b Quadrat gleich c Quadrat
Addition addieren / zusammenzählen:	$3 + 2 = 5$ ↑ Summe	drei und / plus zwei gleich / ist (gleich) fünf
Subtraktion subtrahieren / abziehen:	$3 - 2 = 1$ ↑ Differenz	drei weniger / minus zwei gleich / ist (gleich) eins
Multiplikation multiplizieren / malnehmen:	$3 \cdot 2 = 6$ ↑ Produkt	drei mal zwei gleich / ist (gleich) sechs
Division dividieren / teilen:	$6 : 2 = 3$ ↑ Quotient	sechs (geteilt) durch zwei gleich / ist (gleich) drei
Wurzelgleichung die Wurzel ziehen:	$\sqrt[2]{9} = 3$	die (zweite) Wurzel aus neun ist drei

Nein!

Manchmal will man ganz deutlich sagen, dass man eine ganz andere Meinung hat oder dass man etwas wirklich nicht tun will oder tun kann. Wenn man nicht gleich streiten und sich ärgern will, kann man das Nein ein wenig freundlicher ausdrücken.

Ist man anderer Meinung, kann man z. B. sagen
- **Nein, das sehe ich (ein wenig) anders!**
- oder man fragt zurück mit **Ist das wirklich so?**
- oder sagt **Das hätte ich nicht gedacht!**
- oder **Das glaube ich nicht!**

Wenn ein anderer will oder möchte, dass man etwas tut (und man selbst hat dazu überhaupt keine Lust), dann muss man nicht gleich sagen **Kommt nicht in Frage!**
Man kann sagen:
- **Das geht leider nicht.** und eine kurze Begründung geben wie **Ich kenne mich mit diesen Sachen nicht so gut aus.**
- oder **Da habe ich schon was (vor).**
- oder **Das mache ich eigentlich nicht so gerne.**

Noten

Noten in der Schule

In der Schule und auch bei anderen Prüfungen werden die Leistungen mit Noten bewertet. In Deutschland ist die beste Note die 1 (sehr gut), die schlechteste Note ist die 6 (ungenügend), in Österreich ist die beste Note die 1, die schlechteste die 5 (nicht genügend). In der Schweiz ist die beste Note die 6, die schlechteste die 1.

Noten in der Musik

Die Töne der Tonart C-Dur sind c, d, e, f, g, a, h und c.
Die Töne der Tonart a-moll sind a, h, c, d, e, f, g und a.
Cis, dis, eis, fis, gis und ais sind durch das Vorzeichen # erhöhte Töne.
Ces, des, es, ges, as und ♭ sind durch das Vorzeichen ♭ ermäßigte Töne.

Reise

Viele Leute sind unterwegs. Manche machen eine Geschäftsreise oder Dienstreise, andere eine Urlaubsreise, wieder andere machen eine Reise zu ihren Verwandten oder zu Freunden oder eine Reise in ihre Heimatstadt. Wer eine Reise machen will, muss sie planen. Man muss sich in den Fahrplänen der Bahn und der Busse informieren oder in den Flugplänen der Fluglinien. Bei einer größeren Reise lohnt es sich, Reisekataloge zu studieren, ein Reisebüro zu fragen oder im Internet zu suchen: Oft gibt es Sonderangebote mit günstigen Preisen.
Ein Reisebüro hilft beim Organisieren der Reise, dort kann man auch eine Reise buchen (mit allen Fahrkarten, Tickets und Hotelreservierungen). Es gibt Versicherungen für den Fall, dass man eine geplante und bezahlte Reise nicht antreten kann und auch für den Fall, dass man unterwegs krank wird. Gute Reise!

→ **Fahrkarten**, → **Fahrzeuge**, → **Verkehr**, → **Im Hotel**, → **Taxi**

Schule und Ausbildung

Institutionen und Abschnitte in der Ausbildung

Kindergarten, Vorschule, Grundschule, (Kinder-)Hort, Förderschule, Hauptschule, Realschule, Gymnasium, Berufsoberschule, Berufsschule, Fachakademie, Fachoberschule, Fachhochschule, Universität

Die Fächer in der Schule

Biologie, Chemie, Deutsch, Englisch, Erdkunde, Ethik, Französisch, Handarbeit, Hauswirtschaft, Kunst, Latein, Mathematik, Physik, Religion, Sozialkunde, Spanisch, Sport, Werken, Wirtschaft

Die Schüler und Schülerinnen

der / die Auszubildende, der / die Azubi, Berufsschüler, Grundschüler, Grundschulkind, Gymnasiast – Gymnasiastin, Hauptschüler, Kindergartenkind, Lehrling, Realschüler, der / die Studierende, Vorschulkind

ⓘ Die Wörter auf -er enden in der weiblichen Form auf -erin.

Die Lehrer und Lehrerinnen
Biologielehrer, Chemielehrer, Deutschlehrer, Direktor – Direktorin, Englischlehrer usw.

ⓘ Die Wörter auf **-er** enden in der weiblichen Form auf **-erin**.

Zeugnisse und Prüfungen
Aufnahmeprüfung, Abitur, Abschlussarbeit, Abschlussprüfung, Abschlusszeugnis, Bericht, Berichtsheft, Ex, Fachabitur, Halbjahreszeugnis, Hausarbeit, Jahreszeugnis, Klassenarbeit, Klausur, Kurzarbeit, Kurzprobe, Mittlere Reife, mündliche Leistung, Praktikum, Praktikumsbericht, Prüfung, Quali, Referat, schriftliche Leistung, Schulaufgabe, Schularbeit, Zeugnis, Zwischenzeugnis

Räume in der Schule
Aula, Handarbeitsraum, Klassenzimmer, Mensa, Pausenhof, Physikraum, Schulgarten, Schulküche, Turnhalle, Unterrichtsraum, Werkraum

Sport

Die Sportarten oder Disziplinen

Mannschaftssport
Basketball, Baseball, Eishockey, Fußball, Handball, Hockey, Volleyball, Wasserball

Im Wasser
Brustschwimmen, Delfin, Kanu fahren, Kraulen, Paddeln, Rückenschwimmen, Rudern, Segeln, Synchronschwimmen, Tauchen, Turmspringen

Kampfsport
Boxen, Ringen, Judo, Karate

Laufen, Werfen, Springen usw.
Bobfahren, Diskuswerfen, Dreisprung, Eiskunstlauf, Eisschnelllauf, Hammerwerfen, Hochsprung, Hürdenlauf, Inlineskaten, Joggen, Klettern,

Kugelstoßen, Marathon, Reiten, Rodeln, Schießen, Schlittenfahren, Skateboard fahren, Skifahren, Skilanglauf, Skispringen, Stabhochsprung, Staffellauf, Tennis, Turnen, Weitsprung

Die Sportler und Sportlerinnen

Amateur – Amateurin, Athlet – Athletin, Berufssportler, Leichtathlet – Leichtathletin, Profi, Schwerathlet – Schwerathletin, Sportler, Trainer
Boxer, Diskuswerfer, Hürdenläufer, Turner, Weitspringer usw.
ⓘ Die Wörter auf **-er** enden in der weiblichen Form auf **-erin**.

Vorbereitung, Wettkampf, Ergebnisse

Ausscheiden, Bronzemedaille, Europameister, Europameisterschaft, Form, Goldmedaille, Meisterschaft, Niederlage, die Olympischen Spiele, Pokal, Sieg, Silbermedaille, Training, Qualifikation, Unentschieden, Weltmeister, Weltmeisterschaft, Wettkampf

Fußball

Abseits, Ecke, Elfmeter, Flanke, Foul, Freistoß, Fußball, Pass, Strafstoß, Stürmer – Stürmerin, Torfrau, Torschuss, Torwart, Verteidiger – Verteidigerin

Stadt und Gemeinde

Ausländeramt, Ausländerbehörde, Bauamt, Behörde, Bürgermeister – Bürgermeisterin, Einwohnermeldeamt, Finanzamt, Landrat, Landratsamt, Polizei, Polizeipräsidium, Polizeiwache, Rathaus, Stadtverwaltung, Standesamt, Stelle, Verwaltung

Arbeitserlaubnis, Asylantrag, Aufenthaltsgenehmigung, Ausweis, Fundbüro, Pass, Visum

Tankstelle

An der Tankstelle tankt man Benzin (Super oder Super Plus) oder Diesel und füllt damit den Tank des Fahrzeugs voll oder halb voll. Bei der Gelegenheit kann man auch den Ölstand des Motors prüfen bzw. kontrollieren und Öl nachfüllen. Vielleicht braucht die Scheibenwischanlage Wasser, und vor einer längeren Fahrt misst man den Reifendruck und pumpt die Reifen auf, wenn es notwendig ist.

Taxi

Wenn man an einem Taxistand in ein Taxi steigt (oder wenn man ein fahrendes freies Taxi zu sich herangewunken hat), dann grüßt man und nennt dann die Adresse oder sagt z. B.: **Könnten Sie mich bitte in die Maximilianstraße fahren, Nummer 14?**
Wenn man bei einem Taxiunternehmen anruft, um ein Taxi zu bestellen, sagt man: **Könnte ich bitte ein Taxi haben?** Dann nennt man die Adresse, zu der das Taxi kommen soll und die Zeit (z. B. **jetzt gleich** oder **heute Nachmittag um 16 Uhr 30**). Schließlich nennt man noch den eigenen Namen (z. B. **für Herrn Schuster**) oder den Namen der Person, die mit dem Taxi fahren wird.

Am Telefon

Mit einem Smartphone oder Handy kann man überall telefonieren (wenn der Empfang gut ist). Andere Telefone haben einen festen Anschluss in einem Gebäude (die Festnetztelefone).
Bei Telefonen kann man oft auf dem Display erkennen, wer anruft, und entsprechend meldet man sich und sagt z. B.

- **Guten Morgen, Frau / Herr ...!**
- **Hallo, Thomas! Was gibt's?**
- **Gut, dass du anrufst!**

Wenn man den Anrufenden oder die Anrufende nicht kennt oder nicht erkennt, nennt man den eigenen Namen, manche sagen auch: **Ja, bitte?**

Wenn man selbst anruft, kann man natürlich zu Freunden z. B. sagen: **Hallo, ich bin's!** Ansonsten muss man den eigenen Namen sagen und vielleicht auch, warum man anruft.
Wenn man bei der Zentrale eines Betriebes oder einer Institution anruft, muss man sich verbinden lassen: **Könnten Sie mich bitte mit ... verbinden?** Dann wird man mit der entsprechenden Nebenstelle verbunden.

Sollte es beim Gespräch Probleme mit der technischen Qualität geben, kann man sagen:

- **Ich kann Sie nur sehr schwach / leise hören.**
- **Ich verstehe Sie kaum.**
- **Ich habe hier kein Netz.**
- **Mein Akku ist fast leer.**

Dann ist es oft am besten, wenn man das Gespräch abbricht und noch einmal anruft oder zurückruft.

Unfall, Katastrophe

Unfälle und Katastrophen

Arbeitsunfall, Autounfall, Badeunfall, Bergunglück, Brand, Einsturz, Explosion, Hungersnot, Katastrophe, menschliches Versagen, Sportunfall, technischer Defekt, Terroranschlag, Unfallursache, Unglück

Naturereignisse

Blitzschlag, Dürre, Erdbeben, Flut, Hagel, Hochwasser, Lawine, Orkan, Seebeben, Sturm, Tornado, Trockenheit, Tsunami, Überschwemmung, Unwetter, Vulkanausbruch, Wirbelsturm

Folgen

Absturz, Ertrinken, Hunger, das Leben verlieren, der / die Leichtverletzte, Leid, der / die Obdachlose, Opfer, Schaden, der / die Schwerverletzte, Tod, der / die Tote, der / die Überlebende, Unfallopfer, Verbrennung, der / die Verletzte, Verletzung, verschüttet, Verwüstung, Zerstörung

Hilfe
Bergung, Bergungsmannschaft, Bergungsarbeiten, Erste Hilfe, Geldspenden, Hilfsorganisation, internationale Hilfe, Räumung, Rettung, Rotes Kreuz, Sanitäter – Sanitäterin, schweres Gerät, Unfallort, Wiederaufbau

Vorschlagen

So kann man unter Freunden und Bekannten einen Vorschlag formulieren oder einleiten:

- **Wir könnten doch ins Kino gehen!**
- **Wie wäre es mit einer kleinen Fahrradtour?**
- **Hat jemand was gegen eine Pause?**
- **Ich hätte schon Lust, in das Konzert zu gehen.**
- **Hast du Lust, mit auf die Party zu gehen?**
- **Ich hätte da eine Idee: ...**

Wenn man einander nicht so gut kennt oder wenn es sich um eine offizielle Gelegenheit handelt:

- **Ich würde vorschlagen, dass ...**
- **Mein Vorschlag wäre: ...**
- **Darf ich einen Vorschlag machen?**
- **Wenn ich mir einen Vorschlag erlauben darf: ...**

Vorstellen

Unter jungen Leuten, Freunden und guten Bekannten kann man andere vorstellen, indem man z. B. sagt: **Das ist Peter** oder **Das ist Susanne.**
Wenn man mit Leuten zusammen ist, die alle **du** zueinander sagen, stellt man sich selbst vor mit z. B. **Ich heiße Peter.**
Wenn man sich selbst gegenüber Fremden vorstellt, sagt man z. B.: **Mein Name ist Hans Altmann.** Meist fügt man dann noch etwas hinzu, etwa **Ich habe bei Ihnen ein Zimmer reserviert** oder **Ich komme wegen der Versicherung** usw.
Wenn man in förmlichen Situationen eine Person einer anderen Personen vorstellt, sagt man zuerst **Darf ich vorstellen?** Dann nennt man die Nachnamen der Betreffenden (**Herr Müller, Frau Maier, Frau Dr. Pütz**) und

die so Vorgestellten grüßen einander mit **Guten Tag!** o. Ä. Will man alles ganz korrekt machen, dann stellt man die jüngere Person der älteren Person vor oder die männliche Person der weiblichen Person.

Das Wetter

Das Wetter ist manchmal gut, dann ist es heiter, sonnig, warm, angenehm, mild, frisch, freundlich. Manchmal ist es schlecht, dann ist es kalt, regnerisch, stürmisch oder windig.
Wenn es gut ist, kann es schlechter werden, dann wird es kühl, wolkig, trüb, neblig, unfreundlich. Im Sommer gibt es gelegentlich große Hitze, im Winter starken Frost, große Kälte und heftige Schneeschauer. Heftiger Regen, heftige Gewitter, heftige Stürme oder stürmische Winde sind immer mal möglich. Manchmal ist es für die Jahreszeit zu kalt oder zu warm oder zu feucht oder zu trocken.

Wohnen

Wohnung

Altbauwohnung, Apartment, Dachgeschosswohnung, Eigentumswohnung, Erdgeschosswohnung, Mietwohnung, Neubauwohnung;
Einzimmerwohnung, Zweizimmerwohnung, Dreizimmerwohnung usw.
→ **Abkürzungen in Wohnungsanzeigen**

Zimmer

Arbeitszimmer, Bad, Büro, Esszimmer, Kinderzimmer, Küche, Schlafzimmer, Toilette, Wohnzimmer

Küche

Ausguss, Besteck, Biomüll, Geschirr, Gefrierschrank, Geschirrspülmaschine, Herd, Kaffeemaschine, Kühlschrank, Mixer, Mülleimer, Pfanne, Schüssel, Toaster, Topf, Wasserkocher

Wünschen

Wenn man einer Person etwas wünscht, dann hofft man, dass diese Person eine gute Zeit haben wird. Man kann dies z. B. bei einem Abschied tun mit

- **Viel Glück!**
- **Alles Gute!**
- **Gute Zeit!**

Man kann natürlich auch sagen: **Ich wünsche dir / Ihnen viel Glück** usw., unter Freunden auch **Mach's gut!** oder **Ich denk an dich!**
Mit dem Gruß **Guten Morgen!** oder **Guten Tag!** wünscht man natürlich der anderen Person auch einen guten Morgen usw.
In Geschäften wünscht man der Kundschaft oft **Einen schönen Tag!**
Mit **Gute Nacht!** wünscht man der anderen Person, dass sie gut schläft.
Einer Person, die krank ist, wünscht man **(Alles Gute und) Gute Besserung!**
Zu einer Person, die auf eine Reise geht, sagt man: **Gute Reise!**
Vor einer schwierigen Aufgabe wünscht man **Viel Erfolg!**
Vor einer Zeit, die hoffentlich angenehm ist, sagt man

- **Schöne Ferien!**
- **Schönen Urlaub!**
- **Schönen Feiertag!**
- **Schönes Wochenende!**

Zahlen

Grundzahlen

1	eins, ein
2	zwei
3	drei
4	vier
5	fünf
6	sechs
7	sieben
8	acht
9	neun
10	zehn
11	elf
12	zwölf
13	dreizehn
14	vierzehn
15	fünfzehn
16	sechzehn
17	siebzehn
18	achtzehn
19	neunzehn
20	zwanzig
21	einundzwanzig
22	zweiundzwanzig
23	dreiundzwanzig
24	vierundzwanzig
25	fünfundzwanzig
26	sechsundzwanzig
27	siebenundzwanzig
28	achtundzwanzig
29	neunundzwanzig
30	dreißig
40	vierzig
50	fünfzig
60	sechzig
70	siebzig
80	achtzig
90	neunzig
100	(ein)hundert
101	(ein)hunderteins
102	(ein)hundertzwei
200	zweihundert
300	dreihundert
1000	(ein)tausend
2000	zweitausend
10 000	zehntausend
20 000	zwanzigtausend
100 000	(ein)hunderttausend
1 000 000	eine Million
1 000 000 000	eine Milliarde

Bruchzahlen

0,5	null Komma fünf
4,21	vier Komma zwei eins; vier Komma einundzwanzig

Ordnungszahlen

1. (der, die, das) erste
2. (der, die, das) zweite
3. (der, die, das) dritte
4. (der, die, das) vierte
5. (der, die, das) fünfte
6. (der, die, das) sechste
7. (der, die, das) sieb(en)te
8. (der, die, das) achte
9. (der, die, das) neunte
10. (der, die, das) zehnte
11. (der, die, das) elfte
12. (der, die, das) zwölfte
13. (der, die, das) dreizehnte
14. (der, die, das) vierzehnte
15. (der, die, das) fünfzehnte
16. (der, die, das) sechzehnte
17. (der, die, das) siebzehnte
18. (der, die, das) achtzehnte
19. (der, die, das) neunzehnte
20. (der, die, das) zwanzigste
21. (der, die, das) einundzwanzigste
22. (der, die, das) zweiundzwanzigste
23. (der, die, das) dreiundzwanzigste
24. (der, die, das) vierundzwanzigste
25. (der, die, das) fünfundzwanzigste
26. (der, die, das) sechsundzwanzigste
27. (der, die, das) siebenundzwanzigste
28. (der, die, das) achtundzwanzigste
29. (der, die, das) neunundzwanzigste
30. (der, die, das) dreißigste
40. (der, die, das) vierzigste
50. (der, die, das) fünfzigste
60. (der, die, das) sechzigste
70. (der, die, das) siebzigste
80. (der, die, das) achtzigste
90. (der, die, das) neunzigste
100. (der, die, das) (ein)hundertste
101. (der, die, das) hunderterste
102. (der, die, das) hundertzweite
200. (der, die, das) zweihundertste
300. (der, die, das) dreihundertste
1 000. (der, die, das) (ein)tausendste
2 000. (der, die, das) zweitausendste
10 000. (der, die, das) zehntausendste
20 000. (der, die, das) zwanzigtausendste
100 000. (der, die, das) hunderttausendste
1 000 000. (der, die, das) millionste
1 000 000 000. (der, die, das) milliardste

Die Zeit

Die Uhrzeit: Wie spät ist es?

Mitternacht / null Uhr / zwölf Uhr nachts		Mittag / zwölf Uhr mittags
ein Uhr morgens / nachts		ein Uhr mittags
drei Uhr morgens / nachts		drei Uhr nachmittags
sechs Uhr morgens / früh		sechs Uhr abends
zehn Uhr morgens / vormittags		zehn Uhr abends
elf Uhr vormittags		elf Uhr nachts

Bei wichtigen Zeitangaben oder Terminen am Nachmittag und Abend werden die Zahlen 13 bis 24 verwendet: **Abfahrt des Zuges um 17 Uhr 45.**

Zeitverschiebung

Sommerzeit: die Uhr (um) eine Stunde vorstellen 

Winterzeit: die Uhr (um) eine Stunde zurückstellen 

Das Messen von Zeit

die Sekunde	der Monat
die Minute	das Vierteljahr / das Quartal
die Viertelstunde	das Halbjahr
die halbe Stunde	das Jahr
die Dreiviertelstunde	das Jahrzehnt
die Stunde	das Jahrhundert
der Tag	das Jahrtausend / das Millennium
die Woche	das Zeitalter / die Epoche

Die Tageszeiten

der Morgen	am Morgen = morgens
der Vormittag	am Vormittag = vormittags
der Mittag	am Mittag = mittags
der Nachmittag	am Nachmittag = nachmittags
der Abend	am Abend = abends
die Nacht	in der Nacht = nachts
am frühen Morgen	frühmorgens
am frühen Vormittag	am späten Vormittag
am frühen Nachmittag	am späten Nachmittag, spätnachmittags
am frühen Abend	am späten Abend, spätabends

Die Tage

der Montag	am Montag = montags
der Dienstag	am Dienstag = dienstags
der Mittwoch	am Mittwoch = mittwochs
der Donnerstag	am Donnerstag = donnerstags
der Freitag	am Freitag = freitags
der Samstag / der Sonnabend	am Samstag = samstags / am Sonnabend = sonnabends
der Sonntag	am Sonntag = sonntags
werktags / wochentags, sonn- und feiertags, am Wochenende	
vorgestern – gestern – heute – morgen – übermorgen	

Wochen und Monate

der Januar	der Mai	der September
der Februar	der Juni	der Oktober
der März	der Juli	der November
der April	der August	der Dezember

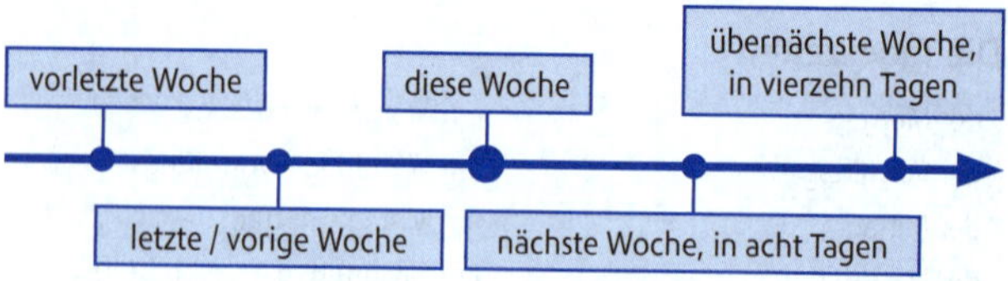

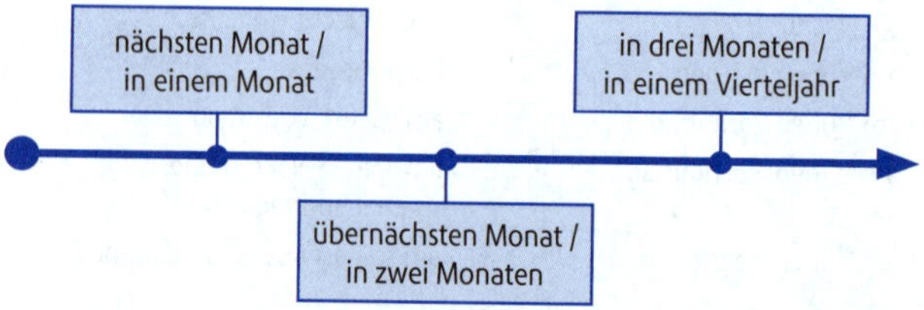

Die Jahreszeiten

der Frühling / das Frühjahr	der Sommer	der Herbst	der Winter
Vorfrühling	Frühsommer, Hochsommer, Spätsommer	Frühherbst, Spätherbst	

Zeit im Leben eines Menschen

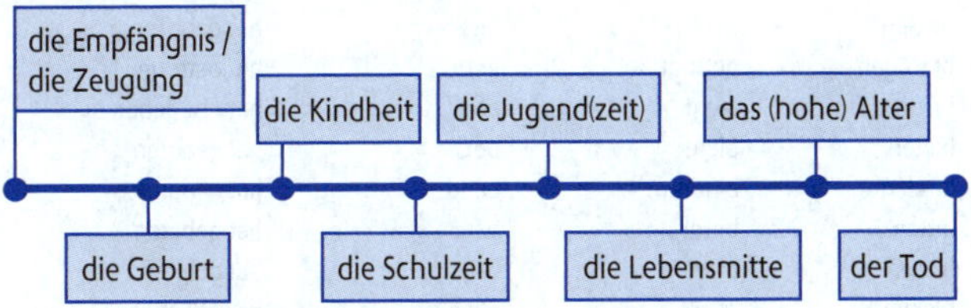

- das Kind im Mutterleib / das ungeborene Kind, der Embryo
- das Neugeborene, das Baby / der Säugling
- das Kleinkind, das Kindergartenkind, das Schulkind
- der / die Jugendliche, der Teenager
- der / die Volljährige / Erwachsene
- der / die Alte, der Greis / die Greisin, die Senioren
- der Mann / die Frau in den Zwanzigern, in den Dreißigern, in den Vierzigern usw.

Wörter und Formen

Verben

Die wichtigsten unregelmäßigen Verben

Grundform	Präsens (*3. Person Einzahl*)	Präteritum (*3. Person Einzahl*)	Perfekt (*3. Person Einzahl*)
backen	bäckt / backt	backte	hat gebacken
befehlen	befiehlt	befahl	hat befohlen
beginnen	beginnt	begann	hat begonnen
beißen	beißt	biss	hat gebissen
betrügen	betrügt	betrog	hat betrogen
biegen	biegt	bog	hat / ist gebogen
bieten	bietet	bot	hat geboten
binden	bindet	band	hat gebunden
bitten	bittet	bat	hat gebeten
blasen	bläst	blies	hat geblasen
bleiben	bleibt	blieb	ist geblieben
braten	brät	briet	hat gebraten
brechen	bricht	brach	hat / ist gebrochen
brennen	brennt	brannte	hat gebrannt
bringen	bringt	brachte	hat gebracht
denken	denkt	dachte	hat gedacht
dringen	dringt	drang	ist gedrungen
dürfen	darf	durfte	hat gedurft
empfangen	empfängt	empfing	hat empfangen
empfehlen	empfiehlt	empfahl	hat empfohlen
empfinden	empfindet	empfand	hat empfunden
erlöschen	erlischt	erlosch	ist erloschen
erschrecken*	erschrickt	erschrak	ist erschrocken
essen	isst	aß	hat gegessen
fahren	fährt	fuhr	hat / ist gefahren
fallen	fällt	fiel	ist gefallen
fangen	fängt	fing	hat gefangen
finden	findet	fand	hat gefunden

* Hier gibt es auch eine regelmäßige Form. Vgl. dazu das jeweilige Stichwort im Hauptteil.

Grundform	Präsens (*3. Person Einzahl*)	Präteritum (*3. Person Einzahl*)	Perfekt (*3. Person Einzahl*)
fliegen	fliegt	flog	hat / ist geflogen
fliehen	flieht	floh	ist geflohen
fließen	fließt	floss	ist geflossen
fressen	frisst	fraß	hat gefressen
frieren	friert	fror	hat gefroren
gebären	gebärt	gebar	hat geboren
geben	gibt	gab	hat gegeben
gehen	geht	ging	ist gegangen
gelingen	gelingt	gelang	ist gelungen
gelten	gilt	galt	hat gegolten
genesen	genest	genas	ist genesen
genießen	genießt	genoss	hat genossen
geraten	gerät	geriet	ist geraten
geschehen	geschieht	geschah	ist geschehen
gewinnen	gewinnt	gewann	hat gewonnen
gießen	gießt	goss	hat gegossen
gleichen	gleicht	glich	hat geglichen
glimmen	glimmt	glomm / glimmte	hat geglommen / geglimmt
graben	gräbt	grub	hat gegraben
greifen	greift	griff	hat gegriffen
haben	hat	hatte	hat gehabt
halten	hält	hielt	hat gehalten
hängen*	hängt	hing	hat gehangen
hauen	haut	haute / (hieb)	hat gehauen
heben	hebt	hob	hat gehoben
heißen	heißt	hieß	hat geheißen
helfen	hilft	half	hat geholfen
kennen	kennt	kannte	hat gekannt
klingen	klingt	klang	hat geklungen
kommen	kommt	kam	ist gekommen
können	kann	konnte	hat gekonnt
kriechen	kriecht	kroch	ist gekrochen
laden	lädt	lud	hat geladen
lassen	lässt	ließ	hat gelassen
laufen	läuft	lief	ist gelaufen

* Hier gibt es auch eine regelmäßige Form. Vgl. dazu das jeweilige Stichwort im Hauptteil.

Grundform	Präsens (*3. Person Einzahl*)	Präteritum (*3. Person Einzahl*)	Perfekt (*3. Person Einzahl*)
leiden	leidet	litt	hat gelitten
leihen	leiht	lieh	hat geliehen
lesen	liest	las	hat gelesen
liegen	liegt	lag	hat gelegen
lügen	lügt	log	hat gelogen
mahlen	mahlt	mahlte	hat gemahlen
meiden	meidet	mied	hat gemieden
messen	misst	maß	hat gemessen
mögen	mag	mochte	hat gemocht
müssen	muss	musste	hat gemusst
nehmen	nimmt	nahm	hat genommen
nennen	nennt	nannte	hat genannt
pfeifen	pfeift	pfiff	hat gepfiffen
raten	rät	riet	hat geraten
reiben	reibt	rieb	hat gerieben
reißen	reißt	riss	hat / ist gerissen
reiten	reitet	ritt	hat / ist geritten
rennen	rennt	rannte	ist gerannt
riechen	riecht	roch	hat gerochen
ringen	ringt	rang	hat gerungen
rinnen	rinnt	rann	ist geronnen
rufen	ruft	rief	hat gerufen
salzen	salzt	salzte	hat gesalzen
saufen	säuft	soff	hat gesoffen
schaffen	schafft	schuf	hat geschaffen
scheiden	scheidet	schied	hat / ist geschieden
scheinen	scheint	schien	hat geschienen
schieben	schiebt	schob	hat geschoben
schießen	schießt	schoss	hat / ist geschossen
schinden	schindet	schindete	hat geschunden
schlafen	schläft	schlief	hat geschlafen
schlagen	schlägt	schlug	hat geschlagen
schleichen	schleicht	schlich	ist geschlichen
schleifen*	schleift	schliff	hat geschliffen
schließen	schließt	schloss	hat geschlossen
schlingen	schlingt	schlang	hat geschlungen

* Hier gibt es auch eine regelmäßige Form. Vgl. dazu das jeweilige Stichwort im Hauptteil.

Grundform	Präsens *(3. Person Einzahl)*	Präteritum *(3. Person Einzahl)*	Perfekt *(3. Person Einzahl)*
schmeißen	schmeißt	schmiss	hat geschmissen
schmelzen	schmilzt	schmolz	ist geschmolzen
schneiden	schneidet	schnitt	hat geschnitten
schreiben	schreibt	schrieb	hat geschrieben
schreien	schreit	schrie	hat geschrien
schreiten	schreitet	schritt	ist geschritten
schweigen	schweigt	schwieg	hat geschwiegen
schwellen	schwillt	schwoll	ist geschwollen
schwimmen	schwimmt	schwamm	hat / ist geschwommen
schwinden	schwindet	schwand	ist geschwunden
schwingen	schwingt	schwang	hat geschwungen
schwören	schwört	schwor	hat geschworen
sehen	sieht	sah	hat gesehen
sein	ist	war	ist gewesen
senden	sendet	sandte / sendete	hat gesandt / gesendet
singen	singt	sang	hat gesungen
sinken	sinkt	sank	ist gesunken
sitzen	sitzt	saß	hat gesessen
sollen	soll	sollte	hat gesollt
spalten	spaltet	spaltete	hat gespalten
speien	speit	spie	hat gespien
sprechen	spricht	sprach	hat gesprochen
sprießen	sprießt	spross	ist gesprossen
springen	springt	sprang	ist gesprungen
stechen	sticht	stach	hat gestochen
stehen	steht	stand	hat gestanden
stehlen	stiehlt	stahl	hat gestohlen
steigen	steigt	stieg	ist gestiegen
sterben	stirbt	starb	ist gestorben
stinken	stinkt	stank	hat gestunken
stoßen	stößt	stieß	hat / ist gestoßen
streichen	streicht	strich	hat gestrichen
streiten	streitet	stritt	hat gestritten
tragen	trägt	trug	hat getragen
treffen	trifft	traf	hat getroffen
treiben	treibt	trieb	hat getrieben
treten	tritt	trat	hat / ist getreten

Grundform	Präsens (*3. Person Einzahl*)	Präteritum (*3. Person Einzahl*)	Perfekt (*3. Person Einzahl*)
trinken	trinkt	trank	hat getrunken
trügen	trügt	trog	hat getrogen
tun	tut	tat	hat getan
verderben	verdirbt	verdarb	hat / ist verdorben
vergessen	vergisst	vergaß	hat vergessen
verlieren	verliert	verlor	hat verloren
verlöschen	verlischt	verlosch	ist verloschen
verzeihen	verzeiht	verzieh	hat verziehen
wachsen	wächst	wuchs	ist gewachsen
wägen	wägt	wog	hat gewogen
waschen	wäscht	wusch	hat gewaschen
weichen	weicht	wich	ist gewichen
weisen	weist	wies	hat gewiesen
wenden	wendet	wandte / wendete	hat gewandt / gewendet
werben	wirbt	warb	hat geworben
werden	wird	wurde	ist geworden
werfen	wirft	warf	hat geworfen
wiegen	wiegt	wog	hat gewogen
winden	windet	wand	hat gewunden
wissen	weiß	wusste	hat gewusst
wollen	will	wollte	hat gewollt
ziehen	zieht	zog	hat / ist gezogen
zwingen	zwingt	zwang	hat gezwungen

Das Verb **sein**

Sein kann als Vollverb benutzt werden: **Das Haus ist alt** oder **Mark war Maler.**

Als Hilfsverb bildet **sein** zusammen mit einem anderen Verb zusammengesetzte Zeitformen:
Ich bin / war / wäre nach Hause gelaufen oder **Wirst du dann schon zurückgekommen sein?**

Das Partizip Perfekt lautet **gewesen**, die Befehlsform in der Einzahl **sei**, in der Mehrzahl **seid**.

Die anderen Formen sind:

	Präsens	**Präteritum**	**Konjunktiv I**	**Konjunktiv II**
ich	bin	war	sei	wäre
du	bist	warst	seiest	wärest
er / sie / es	ist	war	sei	wäre
wir	sind	waren	seien	wären
ihr	seid	wart	seiet	wäret
sie	sind	waren	seien	wären

Artikel

Der bestimmte Artikel der

Nominativ				Dativ			
Einzahl				Einzahl			
männlich	der	große	Tisch	männlich	dem	großen	Tisch
weiblich	die	große	Bank	weiblich	der	großen	Bank
sächlich	das	große	Bett	sächlich	dem	großen	Bett
Mehrzahl	die	großen	Dinge	**Mehrzahl**	den	großen	Dingen
Akkusativ				**Genitiv**			
Einzahl				**Einzahl**			
männlich	den	großen	Tisch	männlich	des	großen	Tisches
weiblich	die	große	Bank	weiblich	der	großen	Bank
sächlich	das	große	Bett	sächlich	des	großen	Bettes
Mehrzahl	die	großen	Dinge	**Mehrzahl**	der	großen	Dinge

Der unbestimmte Artikel ein

Nominativ				Dativ			
Einzahl				Einzahl			
männlich	ein	großer	Tisch	männlich	einem	großen	Tisch
weiblich	eine	große	Bank	weiblich	einer	großen	Bank
sächlich	ein	großes	Bett	sächlich	einem	großen	Bett
Mehrzahl		große	Dinge	**Mehrzahl**		großen	Dingen
Akkusativ				**Genitiv**			
Einzahl				**Einzahl**			
männlich	einen	großen	Tisch	männlich	eines	großen	Tisches
weiblich	eine	große	Bank	weiblich	einer	großen	Bank
sächlich	ein	großes	Bett	sächlich	eines	großen	Bettes
Mehrzahl		große	Dinge	**Mehrzahl**		großer	Dinge

Die Formen des Adjektivs

	Deklinationstyp A	Deklinationstyp B	Deklinationstyp C
Nominativ			
Einzahl			
männlich	jener junge Mann	frischer Wind	kein junger Mann
weiblich	jene junge Frau	frische Luft	keine junge Frau
sächlich	jenes junge Tier	frisches Wasser	kein junges Tier
Mehrzahl	jene jungen Leute	(einige) junge Leute	keine jungen Leute
Akkusativ			
Einzahl			
männlich	jenen jungen Mann	(für) frischen Wind	keinen jungen Mann
weiblich	jene junge Frau	(für) frische Luft	keine junge Frau
sächlich	jenes junge Tier	(für) frisches Wasser	kein junges Tier
Mehrzahl	jene jungen Leute	(einige) junge Leute	keine jungen Leute
Dativ			
Einzahl			
männlich	jenem jungen Mann	(mit) frischem Wind	keinem jungen Mann
weiblich	jener jungen Frau	(mit) frischer Luft	keiner jungen Frau
sächlich	jenem jungen Tier	(mit) frischem Wasser	keinem jungen Tier
Mehrzahl	jenen jungen Leuten	(einigen) jungen Leuten	keinen jungen Leuten
Genitiv			
Einzahl			
männlich	jenes jungen Mannes	(trotz) frischen Windes	keines jungen Mannes
weiblich	jener jungen Frau	(trotz) frischer Luft	keiner jungen Frau
sächlich	jenes jungen Tieres	(trotz) frischen Wassers	keines jungen Tieres
Mehrzahl	jener jungen Leute	(einiger) junger Leute	keiner jungen Leute
	Adjektive, die nach dem bestimmten Artikel **der** stehen (→ Tabelle S. 712), und Adjektive, die auf **derjenige, derselbe, dieser, jeder, mancher** und **welcher** folgen, werden nach **Deklinationstyp A** („schwache Deklination") flektiert.	Adjektive, die nach **manch, solch, viel, welch** und **irgendein** stehen, werden nach **Deklinationstyp B** („starke Deklination") flektiert. Adjektive, die auf **ein paar, einzelne, etliche, gewisse, lauter, mehrere, viele** und auf Zahlen ab **zwei** folgen, werden wie das Adjektiv gebildet, das auf **einige** folgt.	Adjektive, denen ein Pronomen wie **dein, mein, sein, ihr** usw. vorausgeht, werden nach **Deklinationstyp C** („gemischte Deklination") flektiert. Zur Deklination der Adjektive mit dem unbestimmten Artikel siehe auch die Tabelle auf S. 712.

Pronomen

Das Pronomen der

	Einzahl			Mehrzahl
	männlich	weiblich	sächlich	
Nominativ	der	die	das	die
Akkusativ	den	die	das	die
Dativ	dem	der	dem	denen
Genitiv	dessen	deren	dessen	derer

derjenige

Nominativ		**Dativ**	
Einzahl		**Einzahl**	
männlich	derjenige	männlich	demjenigen
weiblich	diejenige	weiblich	derjenigen
sächlich	dasjenige	sächlich	demjenigen
Mehrzahl	diejenigen	**Mehrzahl**	denjenigen
Akkusativ		**Genitiv**	
Einzahl		**Einzahl**	
männlich	denjenigen	männlich	desjenigen
weiblich	diejenige	weiblich	derjenigen
sächlich	dasjenige	sächlich	desjenigen
Mehrzahl	diejenigen	**Mehrzahl**	derjenigen

dieser

Nominativ				**Dativ**			
Einzahl				**Einzahl**			
männlich	dieser	junge	Hund	männlich	diesem	jungen	Hund
weiblich	diese	junge	Katze	weiblich	dieser	jungen	Katze
sächlich	dieses	junge	Pferd	sächlich	diesem	jungen	Pferd
Mehrzahl	diese	jungen	Tiere	**Mehrzahl**	diesen	jungen	Tieren

Akkusativ				Genitiv			
Einzahl				Einzahl			
männlich	diesen	jungen	Hund	männlich	dieses	jungen	Hundes
weiblich	diese	junge	Katze	weiblich	dieser	jungen	Katze
sächlich	dieses	junge	Pferd	sächlich	dieses	jungen	Pferdes
Mehrzahl	diese	jungen	Tiere	**Mehrzahl**	dieser	jungen	Tiere

Die Formen der Pronomen ich, du usw.

Einzahl			
Nominativ	**Akkusativ**	**Dativ**	**Genitiv**
ich Ich bin krank.	**mich** Wer pflegt mich?	**mir** Wer hilft mir?	**meiner** Wer erbarmt sich meiner?
du Du bist krank.	**dich** Wer pflegt dich?	**dir** Wer hilft dir?	**deiner** Wer erbarmt sich deiner?
er Er ist krank.	**ihn** Wer pflegt ihn?	**ihm** Wer hilft ihm?	**seiner** Wer erbarmt sich seiner?
sie Sie ist krank.	**sie** Wer pflegt sie?	**ihr** Wer hilft ihr?	**ihrer** Wer erbarmt sich ihrer?
es Es ist krank.	**es** Wer pflegt es?	**ihm** Wer hilft ihm?	**seiner** Wer erbarmt sich seiner?
Mehrzahl			
Nominativ	**Akkusativ**	**Dativ**	**Genitiv**
wir Wir sind krank.	**uns** Wer pflegt uns?	**uns** Wer hilft uns?	**unser** Wer erbarmt sich unser?
ihr Ihr seid krank.	**euch** Wer pflegt euch?	**euch** Wer hilft euch?	**euer** Wer erbarmt sich euer?
sie Sie sind krank.	**sie** Wer pflegt sie?	**ihnen** Wer hilft ihnen?	**ihrer** Wer erbarmt sich ihrer?
Höflichkeitsform (Einzahl und Mehrzahl)			
Nominativ	**Akkusativ**	**Dativ**	**Genitiv**
Sie Sie sind krank.	**Sie** Wer pflegt Sie?	**Ihnen** Wer hilft Ihnen?	**Ihrer** Wer erbarmt sich Ihrer?

Die Formen von mein, dein, sein usw.

Person in der Einzahl			
ich			
Einzahl			
männlich	mein	junger	Hund
weiblich	meine	junge	Katze
sächlich	mein	junges	Pferd
Mehrzahl	meine	jungen	Tiere
du			
Einzahl			
männlich	dein	junger	Hund
weiblich	deine	junge	Katze
sächlich	dein	junges	Pferd
Mehrzahl	deine	jungen	Tiere
er / es			
Einzahl			
männlich	sein	junger	Hund
weiblich	seine	junge	Katze
sächlich	sein	junges	Pferd
Mehrzahl	seine	jungen	Tiere
sie			
Einzahl			
männlich	ihr	junger	Hund
weiblich	ihre	junge	Katze
sächlich	ihr	junges	Pferd
Mehrzahl	ihre	jungen	Tiere

Personen in der Mehrzahl			
wir			
Einzahl			
männlich	unser	junger	Hund
weiblich	unsere	junge	Katze
sächlich	unser	junges	Pferd
Mehrzahl	unsere	jungen	Tiere
ihr			
Einzahl			
männlich	euer	junger	Hund
weiblich	eure	junge	Katze
sächlich	euer	junges	Pferd
Mehrzahl	eure	jungen	Tiere
sie			
Einzahl			
männlich	ihr	junger	Hund
weiblich	ihre	junge	Katze
sächlich	ihr	junges	Pferd
Mehrzahl	ihre	jungen	Tiere

Höflichkeitsform			
Sie			
Einzahl			
männlich	Ihr	junger	Hund
weiblich	Ihre	junge	Katze
sächlich	Ihr	junges	Pferd
Mehrzahl	Ihre	jungen	Tiere

Sie			
Einzahl			
männlich	Ihr	junger	Hund
weiblich	Ihre	junge	Katze
sächlich	Ihr	junges	Pferd
Mehrzahl	Ihre	jungen	Tiere

Präpositionen

Präpositionen mit dem Akkusativ

Das Baby krabbelt über den Teppich.
Das Kind kriecht unter den Weihnachtsbaum.
Der Vater legt den Teddybär in den Karton.
Der Hund springt auf den Sessel.
Die Mutter legt das Geschenk vor den Sessel.

Der Vater hängt die Kugel an den Baum.
Die Mutter stellt den Tisch neben den Sessel.
Der Hund läuft zwischen die Beine des Vaters.
Das Baby krabbelt hinter den Sessel.

Präpositionen mit dem Dativ

Das Geschenk liegt unter dem Weihnachtsbaum.
Die Kugel hängt über dem Geschenk.
Die Kugeln hängen an dem Baum.
Der Tisch steht hinter dem Geschenk.
Das Geschenk liegt vor dem Tisch.
Der Adventskranz steht zwischen dem Baum und dem Sessel.
Der Hund sitzt auf dem Sessel.
Der Karton steht neben dem Sessel.
Das Geschenk ist in dem Karton.

Präpositionen …

… mit Dativ

aus, außer, bei, entgegen, entsprechend, fern, gegenüber, gemäß, gleich, mit, mitsamt, nach, nächst, nahe, nebst, samt, seit, von, zu, zufolge, zuliebe, zuwider

… mit Akkusativ

à, bis, durch, für, gegen, je, ohne, per, pro, um, wider

Die Präposition **bis** wird auch zusammen mit anderen Präpositionen verwendet. Dann bestimmen diese Präpositionen den Fall des nachfolgenden Substantivs:
bis an das Haus (*Akkusativ*) – aber: **bis zum Ende** (*Dativ*)

... mit Dativ oder Akkusativ

an, auf, entlang, hinter, in, neben, unter, über, vor, zwischen

Wenn man sagt, **wo** eine Person, ein Tier oder eine Sache ist, liegt, steht usw., folgt ein Substantiv im **Dativ**:

- **Das Auto steht in der Garage.**
- **Der Ordner liegt auf dem Schreibtisch.**

Wenn man sagt, **wohin** oder in **welche Richtung** sich eine Person, ein Tier oder eine Sache bewegt (oder bewegt wird), folgt ein Substantiv im **Akkusativ**:

- **Oliver fährt das Auto in die Garage.**
- **Anette legt den Ordner auf den Schreibtisch.**

Bei diesen Präpositionen ist der Kasus in der Strukturformel angegeben, wenn er nicht deutlich erkennbar ist.

Ausnahme: Die Präposition **ab** wird in der geschriebenen Sprache nur mit dem Dativ, in der gesprochenen Sprache auch mit dem Akkusativ verwendet.

... mit Genitiv

abseits*, anfangs, angesichts*, anhand*, anlässlich, anstelle*, aufgrund*, aufseiten, außerhalb*, beiderseits*, diesseits*, halber (nachgestellt), infolge*, inmitten*, innerhalb*, jenseits*, kraft, links*, minus, mithilfe, namens, nördlich*, oberhalb*, östlich*, plus, rechts*, südlich*, seitens, um ... willen, unterhalb*, unweit*, vonseiten, vorbehaltlich, westlich*, zeit

Alle mit * markierten Präpositionen werden auch mit **von** + *Dativ* verwendet: **links von dem Haus**

... mit Genitiv oder Dativ

Den Präpositionen **längs, laut, statt, trotz, während, wegen** folgt ein Substantiv im Genitiv; in der gesprochenen Sprache werden diese Präpositionen auch mit dem Dativ verwendet:
trotz des Regens – trotz dem Regen

Kurze Formen

Kurze Präpositionen und die Artikel in den Formen **dem, den** und **das** können zu einem Wort verbunden werden, zum Beispiel:

- **ans** (= an das)
- **am** (= an dem)
- **beim** (= bei dem)
- **im** (= in dem)
- **untern** (= unter den)
- **unterm** (= unter dem)
- **zum** (= zu dem)